中國國家圖書館編

国家圖書館藏敦煌遺書

第一百二十五冊 北敦一四二八六號——北敦一四三五〇號

北京圖書館出版社

圖書在版編目(CIP)數據

國家圖書館藏敦煌遺書·第一百二十五冊/中國國家圖書館編;任繼愈主編.—北京:北京圖書館出版社,2010.3
ISBN 978-7-5013-3687-6

Ⅰ.國… Ⅱ.①中…②任… Ⅲ.敦煌學—文獻 Ⅳ.K870.6

中國版本圖書館 CIP 數據核字(2009)第 225920 號

書　　名	國家圖書館藏敦煌遺書·第一百二十五冊
著　　者	中國國家圖書館編　任繼愈主編
責任編輯	徐　蜀　孫　彦
封面設計	李　璀

出　　版	北京圖書館出版社　（100034　北京西城區文津街 7 號）
發　　行	010-66139745　66151313　66175620　66126153
	66174391（傳真）　66126156（門市部）
E-mail	btsfxb@nlc.gov.cn（郵購）
Website	www.nlcpress.com → 投稿中心
經　　銷	新華書店
印　　刷	北京文津閣印務有限責任公司

開　　本	八開
印　　張	57.5
版　　次	2010 年 3 月第 1 版第 1 次印刷
印　　數	1-250 冊（套）

書　　號	ISBN 978-7-5013-3687-6/K·1650
定　　價	990.00 圓

編輯委員會

主　編　任繼愈

常務副主編　方廣錩

副主編　李際寧　張志清

編委（按姓氏筆畫排列）　王克芬　王姿怡　吳玉梅　周春華　陳穎　黃霞（常務）　黃建　程佳羽　劉玉芬

出版委員會

主任　詹福瑞

副主任　陳力

委員（按姓氏筆畫排列）　李健　姜紅　郭又陵　徐蜀　孫彥

攝製人員（按姓氏筆畫排列）

于向洋　王富生　王遂新　谷韶軍　張軍　張紅兵　張陽　曹宏　郭春紅　楊勇　嚴平

原件修整人員（按姓氏筆畫排列）

朱振彬　杜偉生　李英　胡玉清　胡秀菊　張平　劉建明

目　錄

北敦一四二八六號　藏文（無量壽宗要經甲本）……………一

北敦一四二八七號一　藏文（無量壽宗要經甲本）……………四

北敦一四二八七號二　藏文（無量壽宗要經甲本）……………七

北敦一四二八七號三　藏文（無量壽宗要經甲本）……………一〇

北敦一四二八七號四　藏文（無量壽宗要經甲本）……………一三

北敦一四二八七號五　藏文（無量壽宗要經甲本）……………一六

北敦一四二八八號一　藏文（無量壽宗要經甲本）……………一九

北敦一四二八八號二　藏文（無量壽宗要經甲本）……………二二

北敦一四二八八號三　藏文（無量壽宗要經甲本）……………二五

北敦一四二八八號四　藏文（無量壽宗要經甲本）……………二八

北敦一四二八九號　藏文（無量壽宗要經甲本）……………三一

北敦一四二九〇號　藏文（無量壽宗要經乙本）……………三四

北敦一四二九一號一　藏文（無量壽宗要經甲本）……………三七

北敦一四二九一號二 藏文（無量壽宗要經甲本）……四〇
北敦一四二九一號三 藏文（無量壽宗要經甲本）……四三
北敦一四二九一號四 藏文（無量壽宗要經甲本）……四六
北敦一四二九一號五 藏文（無量壽宗要經甲本）……四九
北敦一四二九一號六 藏文（無量壽宗要經甲本）……五二
北敦一四二九二號 藏文（無量壽宗要經甲本）……五五
北敦一四二九三號 藏文（無量壽宗要經甲本）……五八
北敦一四二九四號一 藏文（無量壽宗要經甲本）……六一
北敦一四二九四號二 藏文（無量壽宗要經甲本）……六四
北敦一四二九四號三 藏文（無量壽宗要經甲本）……六七
北敦一四二九五號 藏文（無量壽宗要經甲本）……七〇
北敦一四二九六號一 藏文（無量壽宗要經甲本）……七三
北敦一四二九六號二 藏文（無量壽宗要經甲本）……七六
北敦一四二九六號三 藏文（無量壽宗要經甲本）……七九
北敦一四二九六號四 藏文（無量壽宗要經甲本）……八二
北敦一四二九六號五 藏文（無量壽宗要經甲本）……八五
北敦一四二九七號 藏文（無量壽宗要經甲本）……八八
北敦一四二九八號 藏文（無量壽宗要經甲本）……九一
北敦一四二九九號 藏文（無量壽宗要經甲本）……九四
北敦一四三〇〇號一 藏文（無量壽宗要經甲本）……九七

北敦一四三〇〇號二 藏文（無量壽宗要經甲本）............ 一〇〇
北敦一四三〇〇號三 藏文（無量壽宗要經甲本）............ 一〇三
北敦一四三〇〇號四 藏文（無量壽宗要經甲本）............ 一〇六
北敦一四三〇一號 藏文（無量壽宗要經甲本）............ 一〇九
北敦一四三〇二號 藏文（無量壽宗要經甲本）............ 一一二
北敦一四三〇三號 藏文（無量壽宗要經甲本）............ 一一六
北敦一四三〇四號 藏文（無量壽宗要經甲本）............ 一一九
北敦一四三〇五號 藏文（無量壽宗要經甲本）............ 一二二
北敦一四三〇六號一 藏文（無量壽宗要經甲本）............ 一二五
北敦一四三〇六號二 藏文（無量壽宗要經甲本）............ 一二八
北敦一四三〇六號三 藏文（無量壽宗要經甲本）............ 一三一
北敦一四三〇六號四 藏文（無量壽宗要經甲本）............ 一三四
北敦一四三〇六號五 藏文（無量壽宗要經甲本）............ 一三七
北敦一四三〇六號六 藏文（無量壽宗要經甲本）............ 一四〇
北敦一四三〇六號七 藏文（無量壽宗要經甲本）............ 一四三
北敦一四三〇六號八 藏文（無量壽宗要經甲本）............ 一四六
北敦一四三〇六號九 藏文（無量壽宗要經甲本）............ 一四九
北敦一四三〇六號一〇 藏文（無量壽宗要經甲本）............ 一五二
北敦一四三〇七號一 藏文（無量壽宗要經甲本）............ 一五六
北敦一四三〇七號二 藏文（無量壽宗要經甲本）............ 一五九

北敦一四三〇七號三 藏文（無量壽宗要經甲本）............ 一六二
北敦一四三〇七號四 藏文（無量壽宗要經甲本）............ 一六五
北敦一四三〇七號五 藏文（無量壽宗要經甲本）............ 一六八
北敦一四三〇七號六 藏文（無量壽宗要經甲本）............ 一七一
北敦一四三〇七號七 藏文（無量壽宗要經甲本）............ 一七四
北敦一四三〇七號八 藏文（無量壽宗要經甲本）............ 一七七
北敦一四三〇七號九 藏文（無量壽宗要經甲本）............ 一八〇
北敦一四三〇七號一〇 藏文（無量壽宗要經甲本）............ 一八三
北敦一四三〇八號一 藏文（無量壽宗要經甲本）............ 一八六
北敦一四三〇八號二 藏文（無量壽宗要經甲本）............ 一八九
北敦一四三〇九號 藏文（無量壽宗要經甲本）............ 一九二
北敦一四三一〇號一 藏文（無量壽宗要經甲本）............ 一九五
北敦一四三一〇號二 藏文（無量壽宗要經甲本）............ 一九八
北敦一四三一〇號三 藏文（無量壽宗要經甲本）............ 二〇一
北敦一四三一〇號四 藏文（無量壽宗要經甲本）............ 二〇四
北敦一四三一一號 藏文（無量壽宗要經甲本）............ 二〇七
北敦一四三一二號 藏文（無量壽宗要經乙本）............ 二一一
北敦一四三一三號一 藏文（無量壽宗要經乙本）............ 二一四
北敦一四三一三號二 藏文（無量壽宗要經乙本）............ 二一七
北敦一四三一三號三 藏文（無量壽宗要經乙本）............ 二二〇

條目	內容	頁碼
北敦一四三一三號	藏文（無量壽宗要經乙本）	二二三
北敦一四三一四號	藏文（無量壽宗要經乙本）	二二六
北敦一四三一五號	藏文（無量壽宗要經乙本）	二二九
北敦一四三一六號	藏文（無量壽宗要經乙本）	二三二
北敦一四三一七號	藏文（無量壽宗要經乙本）	二三五
北敦一四三一八號	藏文（無量壽宗要經乙本）	二三八
北敦一四三一九號	藏文（無量壽宗要經乙本）	二四一
北敦一四三二〇號	藏文（無量壽宗要經乙本）	二四四
北敦一四三二一號	藏文（無量壽宗要經甲本）	二四七
北敦一四三二二號	藏文（無量壽宗要經甲本）	二五〇
北敦一四三二三號	藏文（無量壽宗要經甲本）	二五三
北敦一四三二四號	藏文（無量壽宗要經甲本）	二五六
北敦一四三二五號	藏文（無量壽宗要經甲本）	二五九
北敦一四三二六號	藏文（無量壽宗要經乙本）	二六二
北敦一四三二七號	藏文（無量壽宗要經乙本）	二六五
北敦一四三二八號	藏文（無量壽宗要經乙本）	二六八
北敦一四三二九號	藏文（無量壽宗要經乙本）	二七一
北敦一四三三〇號	藏文（無量壽宗要經乙本）	二七四
北敦一四三三一號	藏文（無量壽宗要經乙本）	二七八
北敦一四三三二號	藏文（無量壽宗要經乙本）	二八二

北敦一四三二四號 藏文（無量壽宗要經乙本） ……………… 二八五
北敦一四三二五號 藏文（無量壽宗要經乙本） ……………… 二八八
北敦一四三二六號 藏文（無量壽宗要經乙本） ……………… 二九一
北敦一四三二七號 藏文（無量壽宗要經乙本） ……………… 二九五
北敦一四三二八號 藏文（無量壽宗要經乙本） ……………… 二九八
北敦一四三二九號 藏文（無量壽宗要經乙本） ……………… 三〇一
北敦一四三三〇號 藏文（無量壽宗要經乙本） ……………… 三〇四
北敦一四三三一號 藏文（無量壽宗要經乙本） ……………… 三〇七
北敦一四三三二號 藏文（無量壽宗要經乙本） ……………… 三一〇
北敦一四三三三號 藏文（無量壽宗要經乙本） ……………… 三一三
北敦一四三三四號 藏文（無量壽宗要經乙本） ……………… 三一六
北敦一四三三五號一 藏文（無量壽宗要經甲本） ……………… 三一九
北敦一四三三五號二 藏文（無量壽宗要經甲本） ……………… 三二二
北敦一四三三五號三 藏文（無量壽宗要經甲本） ……………… 三二五
北敦一四三三六號 藏文（無量壽宗要經乙本） ……………… 三二八
北敦一四三三七號 藏文（無量壽宗要經甲本） ……………… 三三二
北敦一四三三八號一 藏文（無量壽宗要經甲本） ……………… 三三六
北敦一四三三八號二 藏文（無量壽宗要經甲本） ……………… 三三九
北敦一四三三九號 藏文（無量壽宗要經甲本） ……………… 三四二
北敦一四三四〇號 藏文（無量壽宗要經甲本） ……………… 三四六

北敦一四三四一號 藏文（無量壽宗要經甲本） ………… 三五〇
北敦一四三四二號一 藏文（無量壽宗要經甲本） ………… 三五三
北敦一四三四二號二 藏文（無量壽宗要經甲本） ………… 三五六
北敦一四三四二號三 藏文（無量壽宗要經甲本） ………… 三五九
北敦一四三四二號四 藏文（無量壽宗要經甲本） ………… 三六二
北敦一四三四三號一 藏文（無量壽宗要經甲本） ………… 三六五
北敦一四三四三號二 藏文（無量壽宗要經甲本） ………… 三六八
北敦一四三四三號三 藏文（無量壽宗要經甲本） ………… 三七一
北敦一四三四三號四 藏文（無量壽宗要經甲本） ………… 三七四
北敦一四三四四號 藏文（無量壽宗要經甲本） ………… 三七七
北敦一四三四五號一 藏文（無量壽宗要經甲本） ………… 三八〇
北敦一四三四五號二 藏文（無量壽宗要經甲本） ………… 三八三
北敦一四三四五號三 藏文（無量壽宗要經甲本） ………… 三八六
北敦一四三四五號四 藏文（無量壽宗要經甲本） ………… 三八九
北敦一四三四五號五 藏文（無量壽宗要經甲本） ………… 三九二
北敦一四三四六號 藏文（無量壽宗要經乙本） ………… 三九五
北敦一四三四七號 藏文（無量壽宗要經甲本） ………… 三九八
北敦一四三四八號一 藏文（無量壽宗要經甲本） ………… 四〇一
北敦一四三四八號二 藏文（無量壽宗要經甲本） ………… 四〇四
北敦一四三四八號三 藏文（無量壽宗要經甲本） ………… 四〇七

北敦一四三三四九號　藏文（無量壽宗要經甲本）……四一〇

北敦一四三三五〇號　藏文（無量壽宗要經甲本）……四一三

著錄凡例……一

條記目錄……三

新舊編號對照表……三一

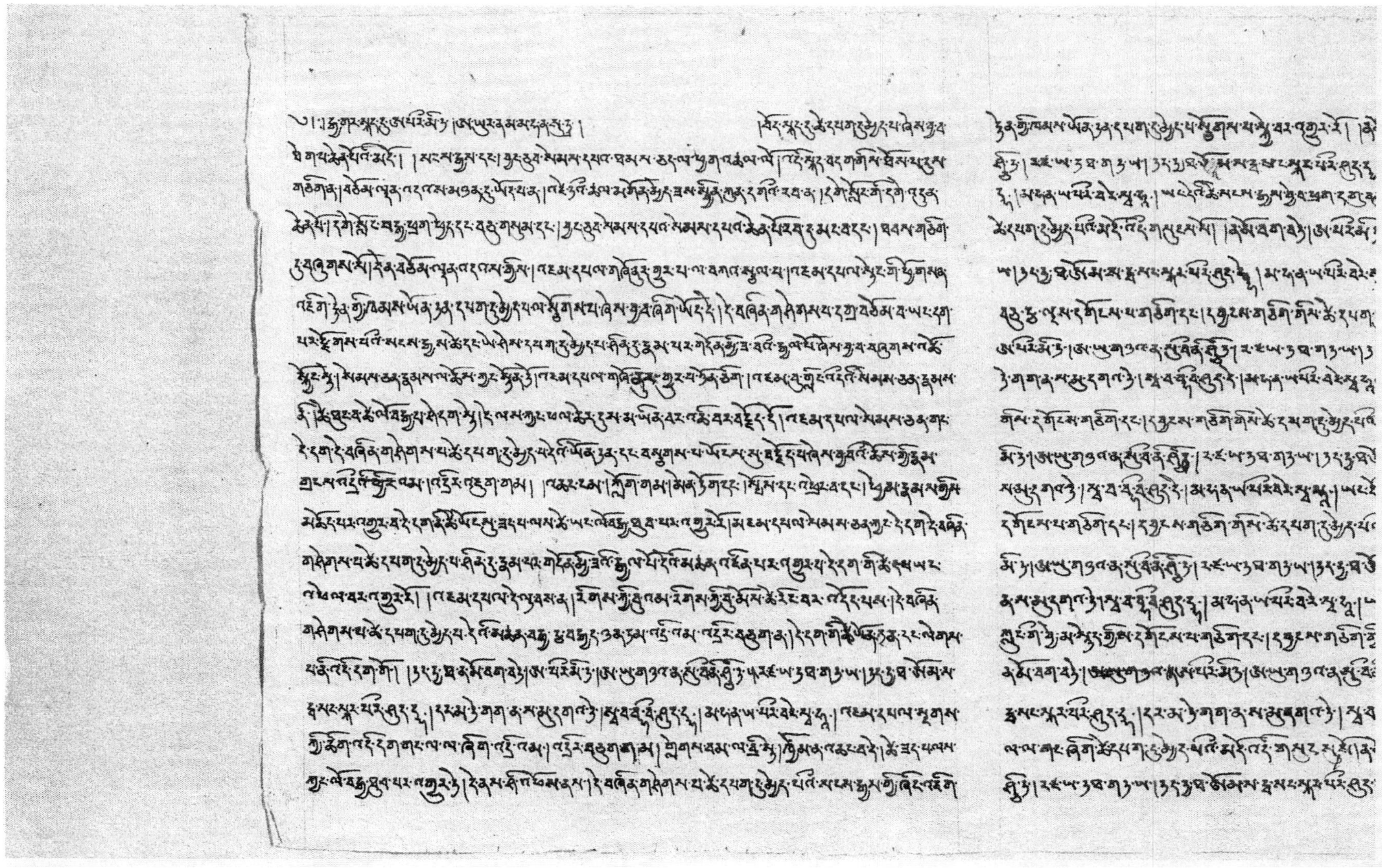

BD14286 號　藏文（無量壽宗要經甲本）　　（6–1）

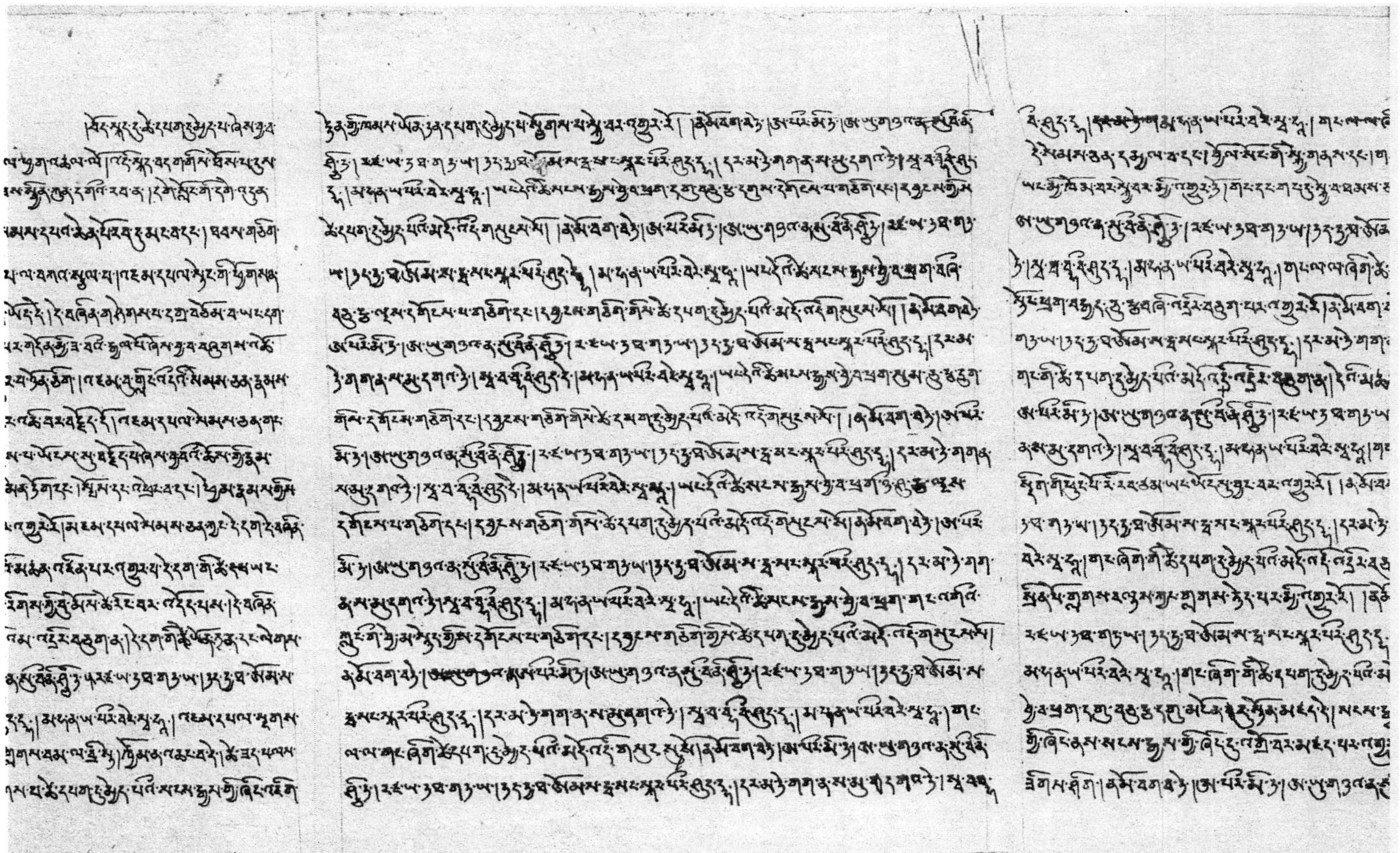

BD14286 號　藏文（無量壽宗要經甲本）　　（6–2）

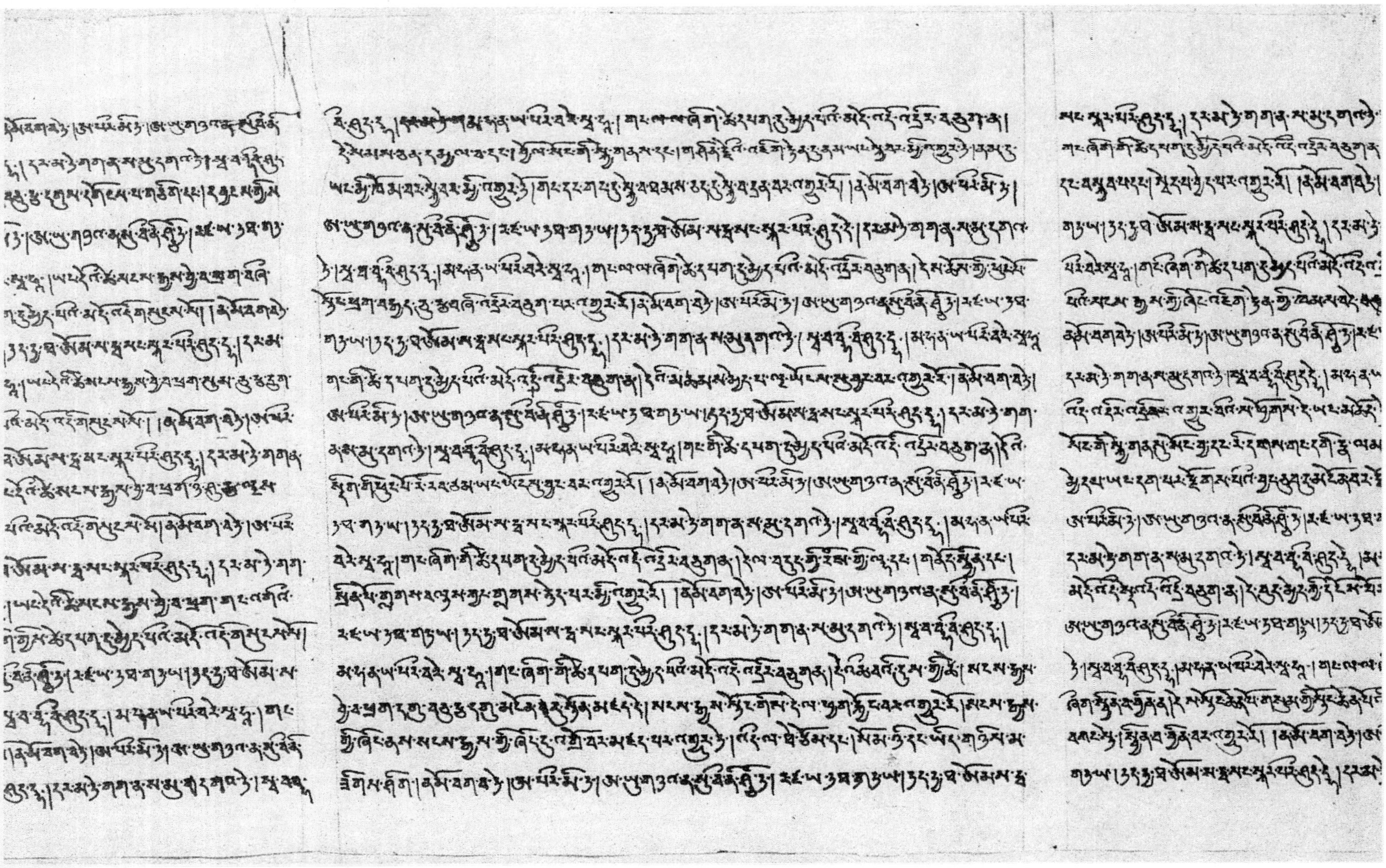

BD14286 號　藏文（無量壽宗要經甲本）　（6–3）

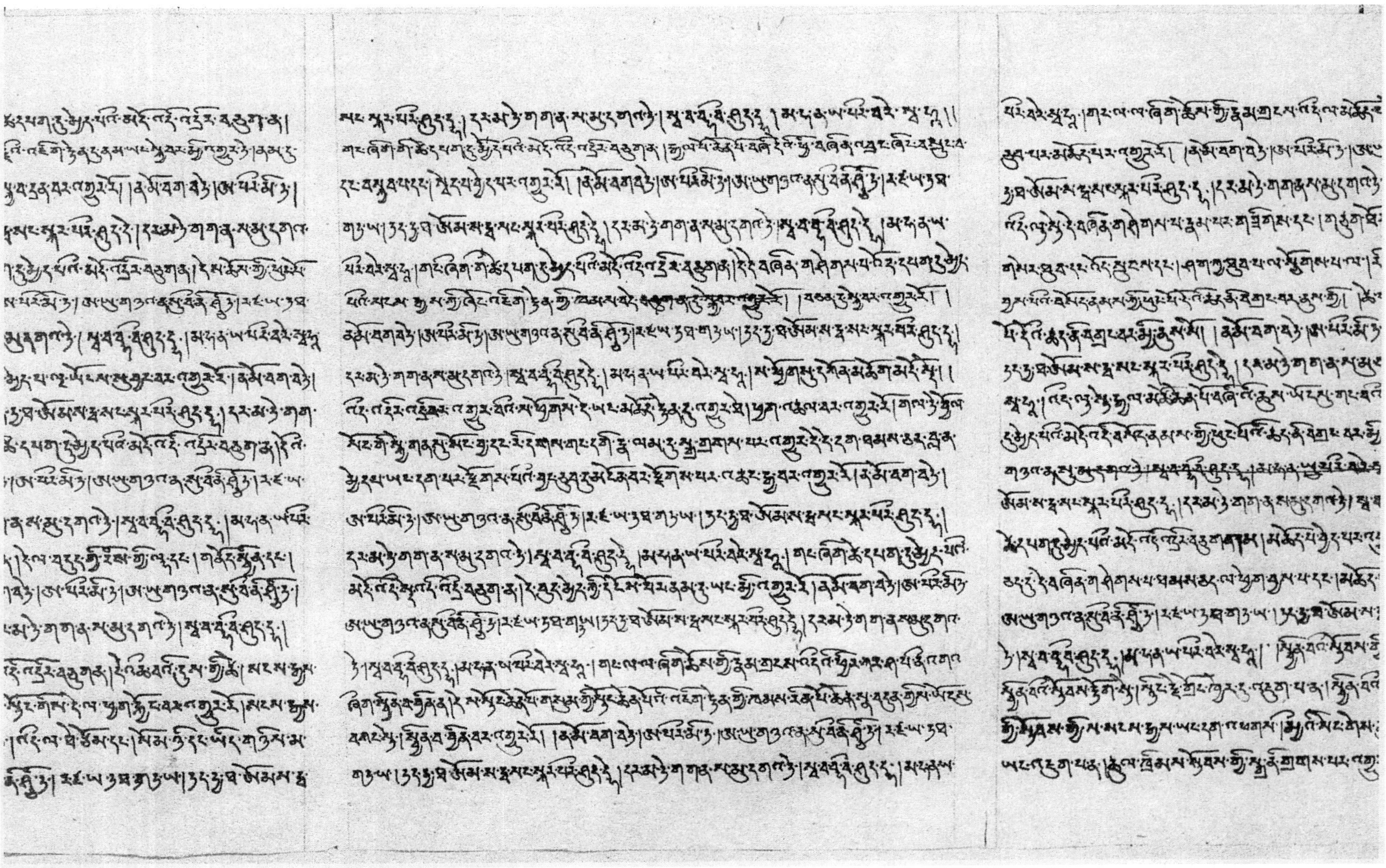

BD14286 號　藏文（無量壽宗要經甲本）　（6–4）

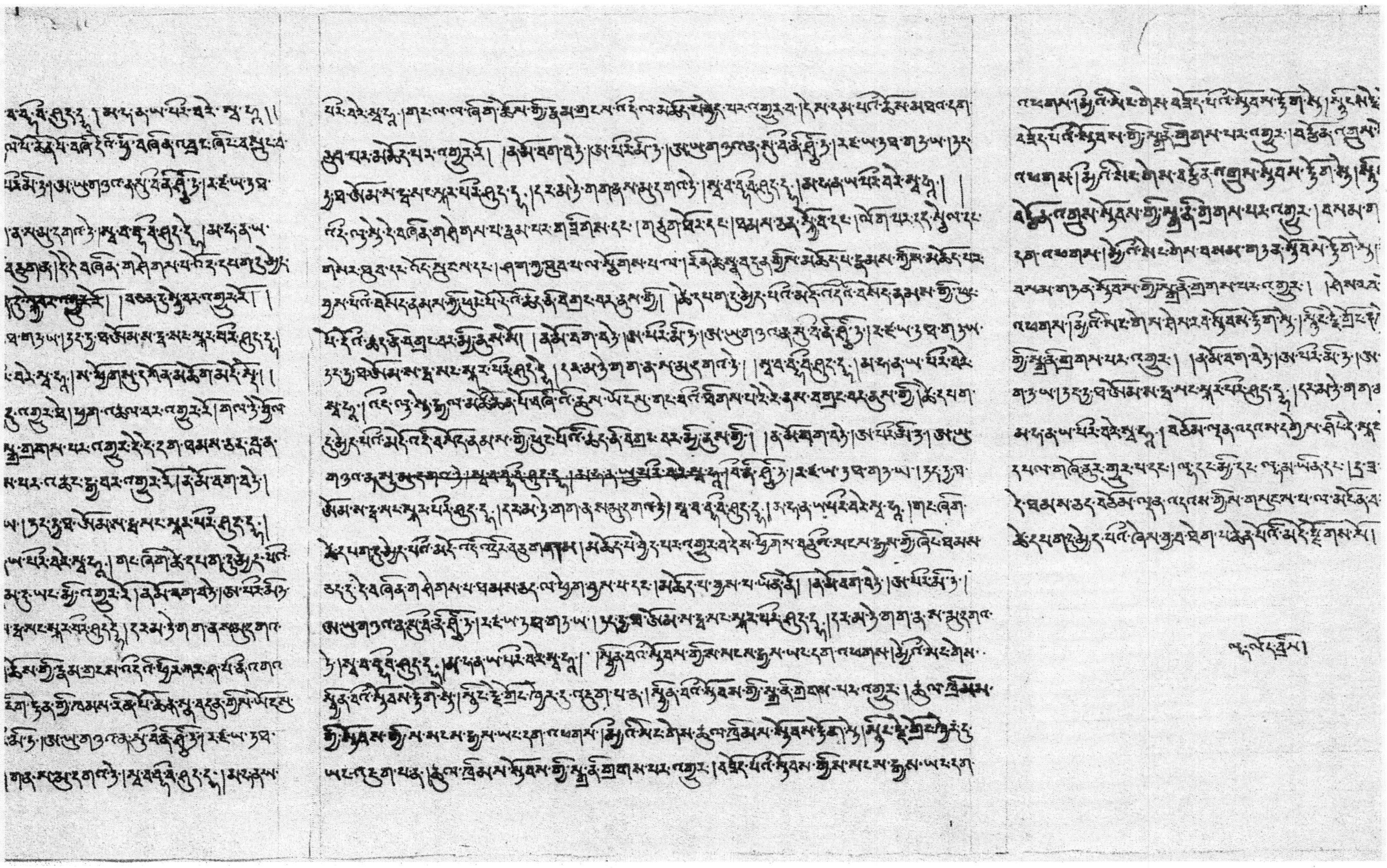

BD14286號　藏文(無量壽宗要經甲本)　　(6–5)

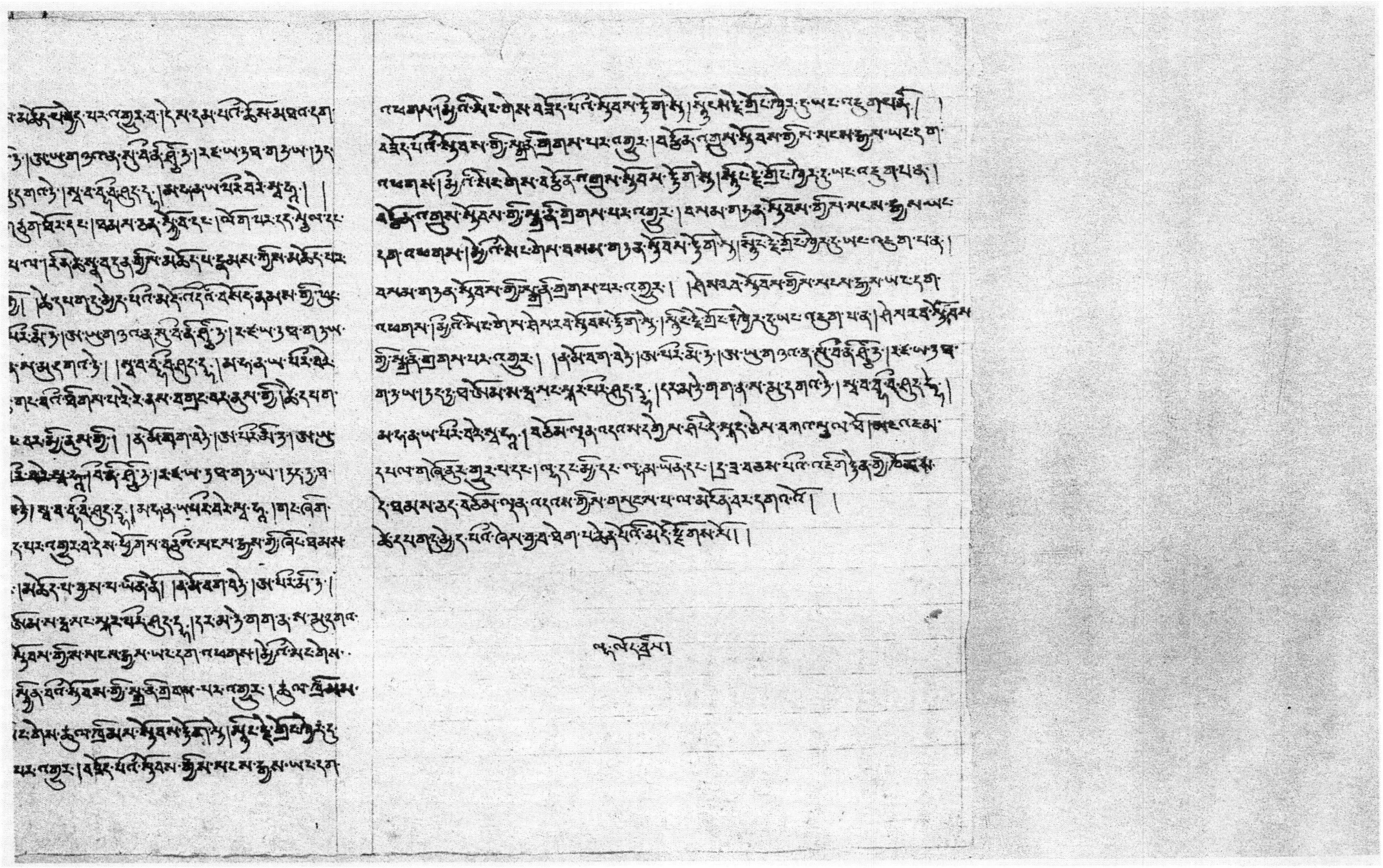

BD14286號　藏文(無量壽宗要經甲本)　　(6–6)

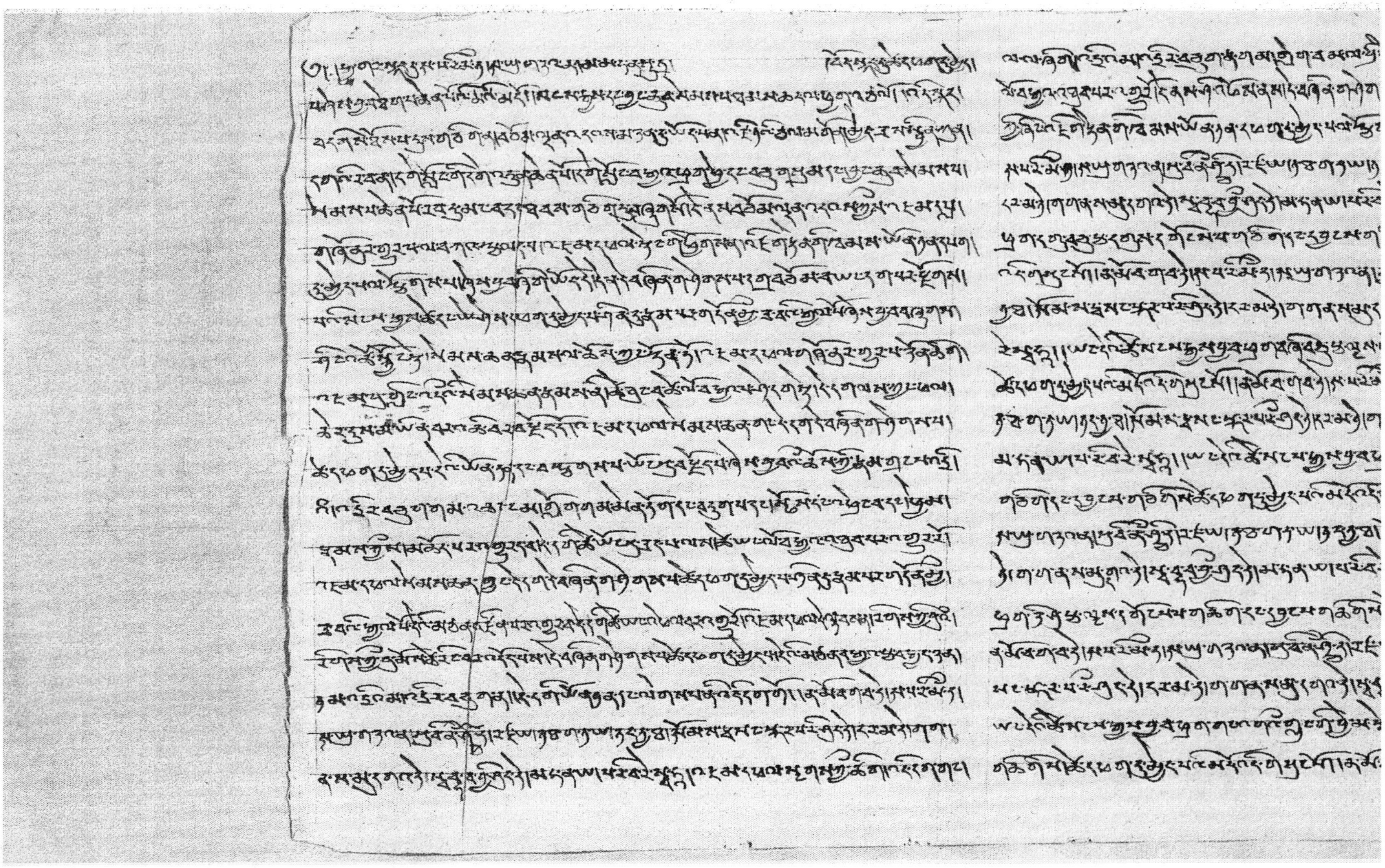

BD14287 號 1　藏文（無量壽宗要經甲本）　（30–1）

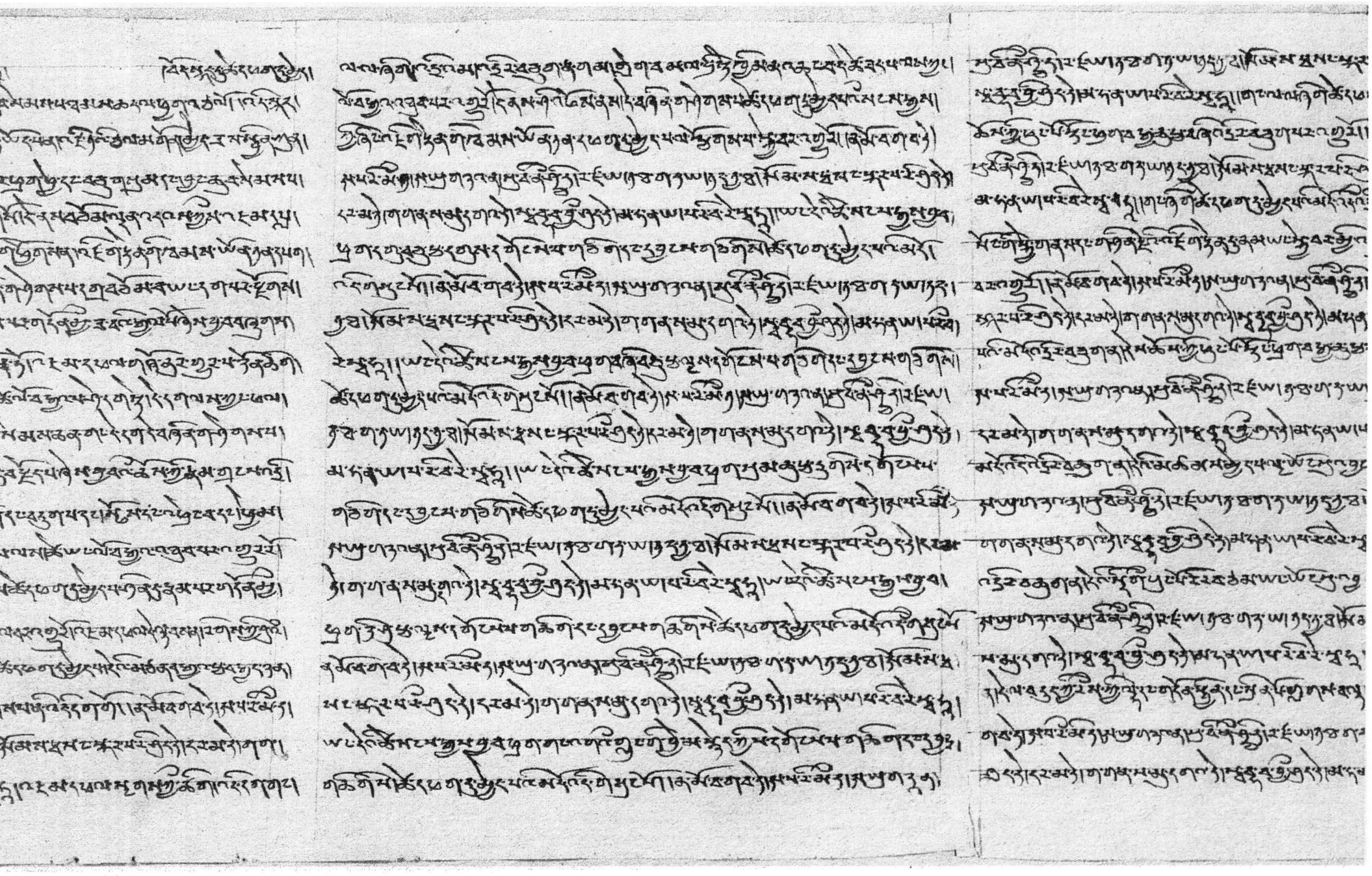

BD14287 號 1　藏文（無量壽宗要經甲本）　（30–2）

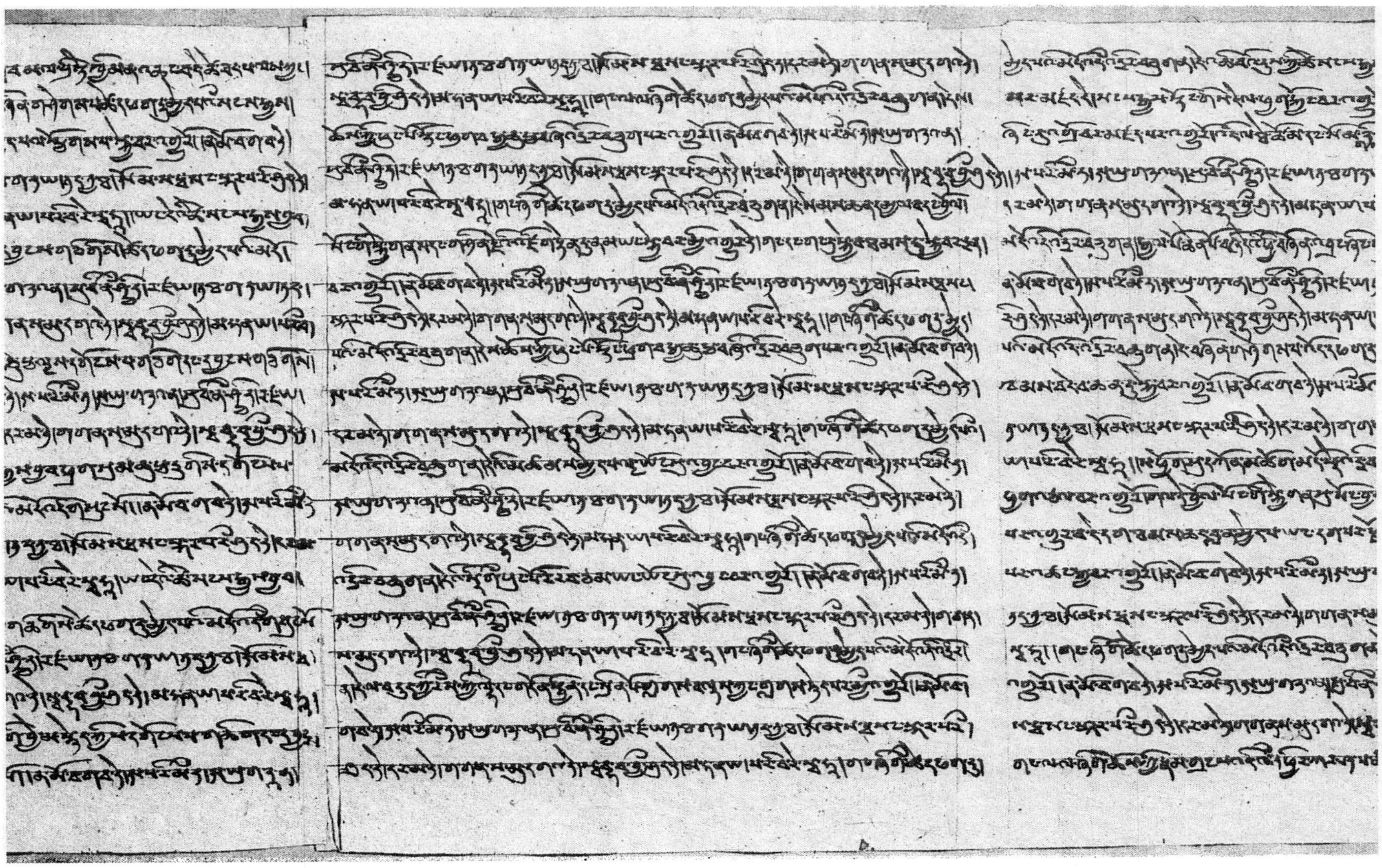

BD14287 號 1　藏文（無量壽宗要經甲本）　（30–3）

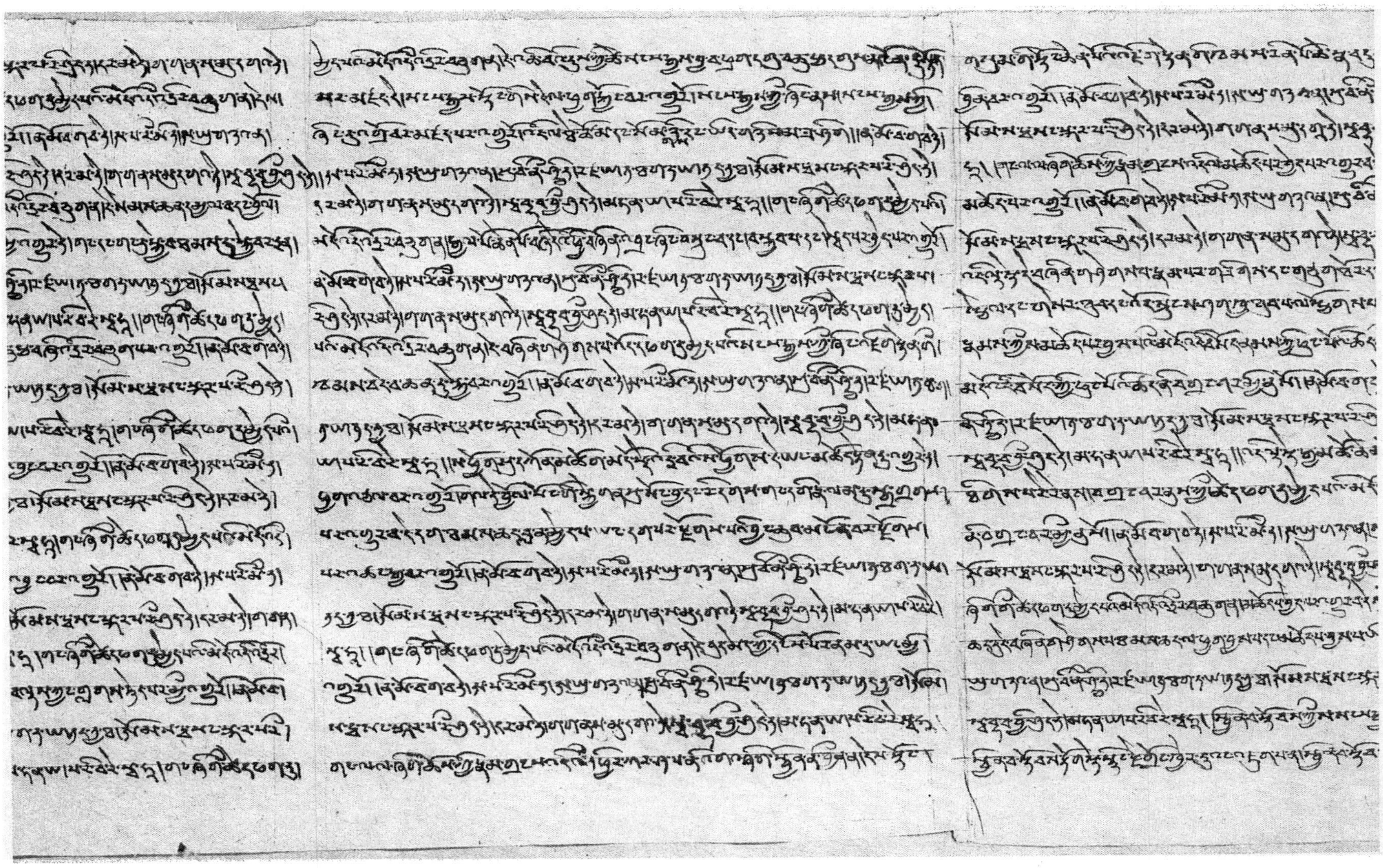

BD14287 號 1　藏文（無量壽宗要經甲本）　（30–4）

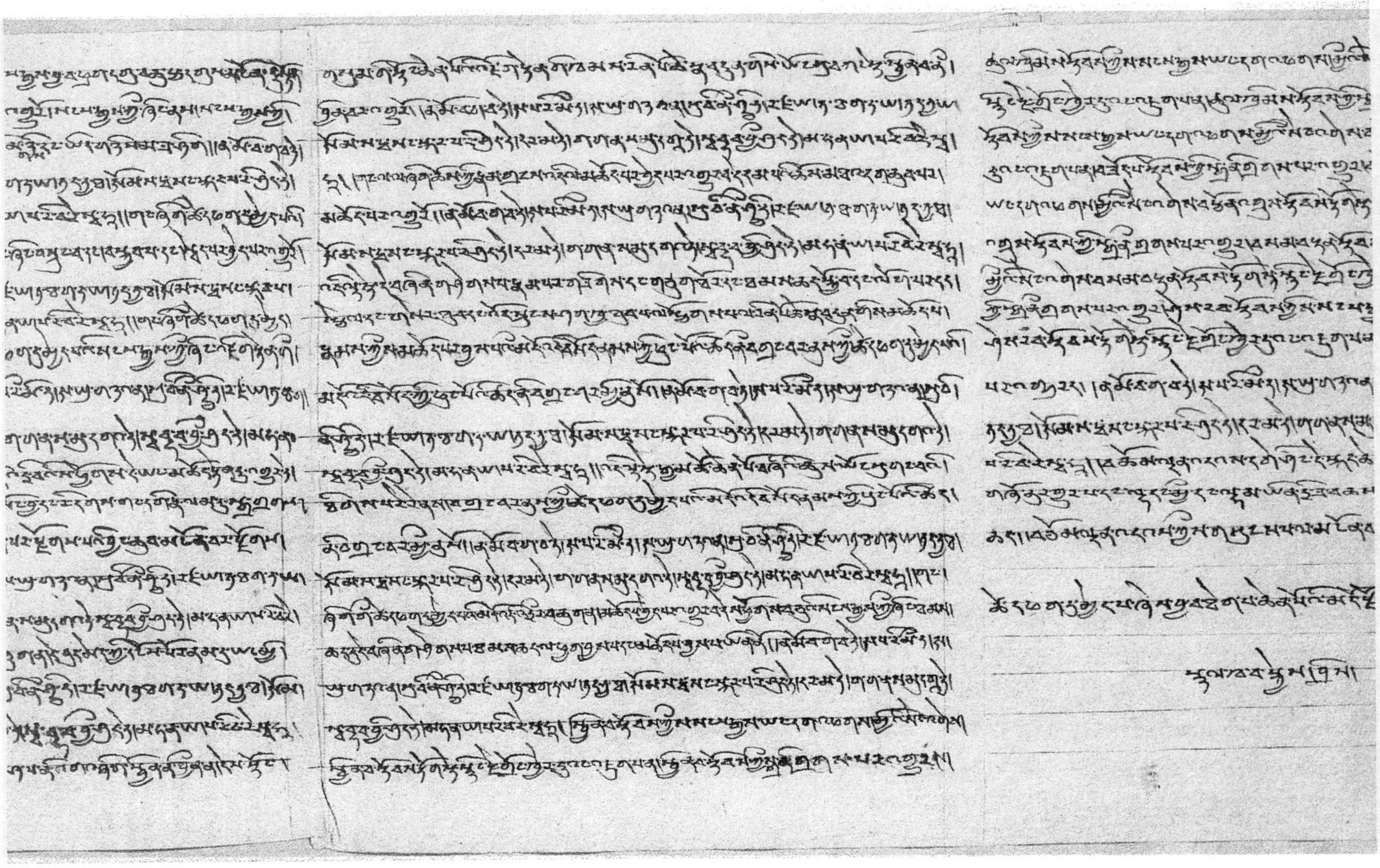

BD14287 號 1　藏文（無量壽宗要經甲本）　　（30–5）

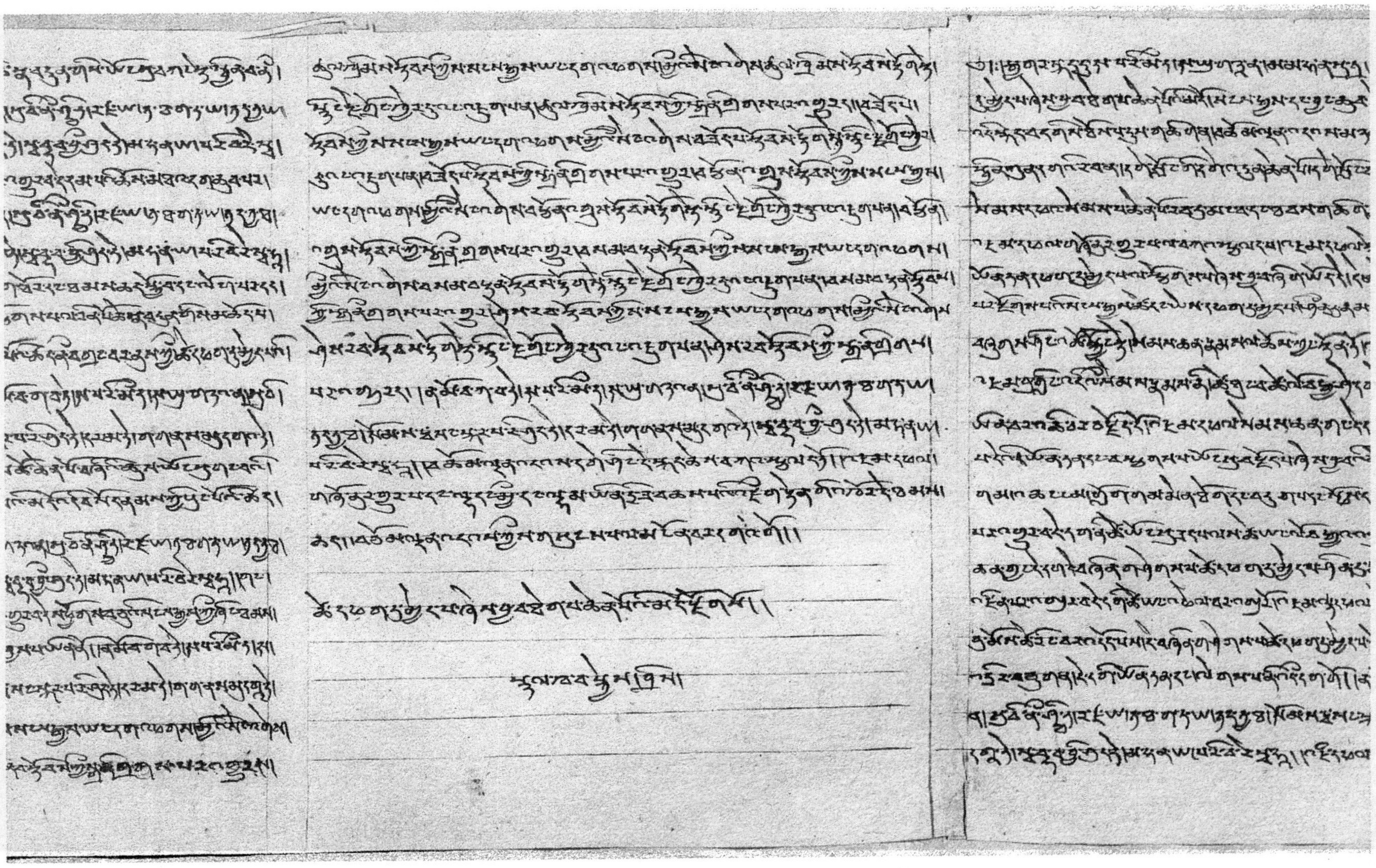

BD14287 號 1　藏文（無量壽宗要經甲本）　　（30–6）

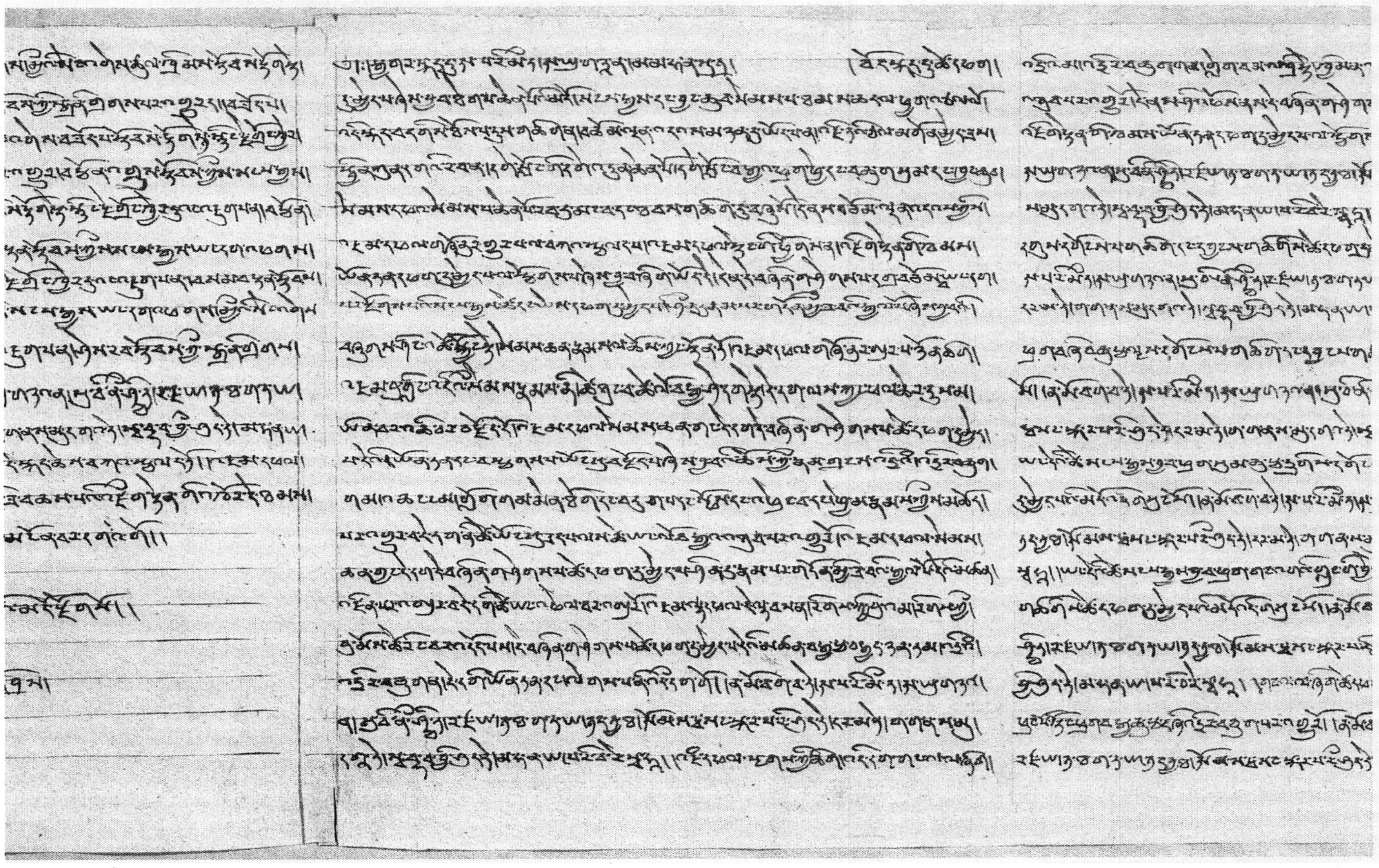

BD14287 號 2　藏文（無量壽宗要經甲本）　（30–7）

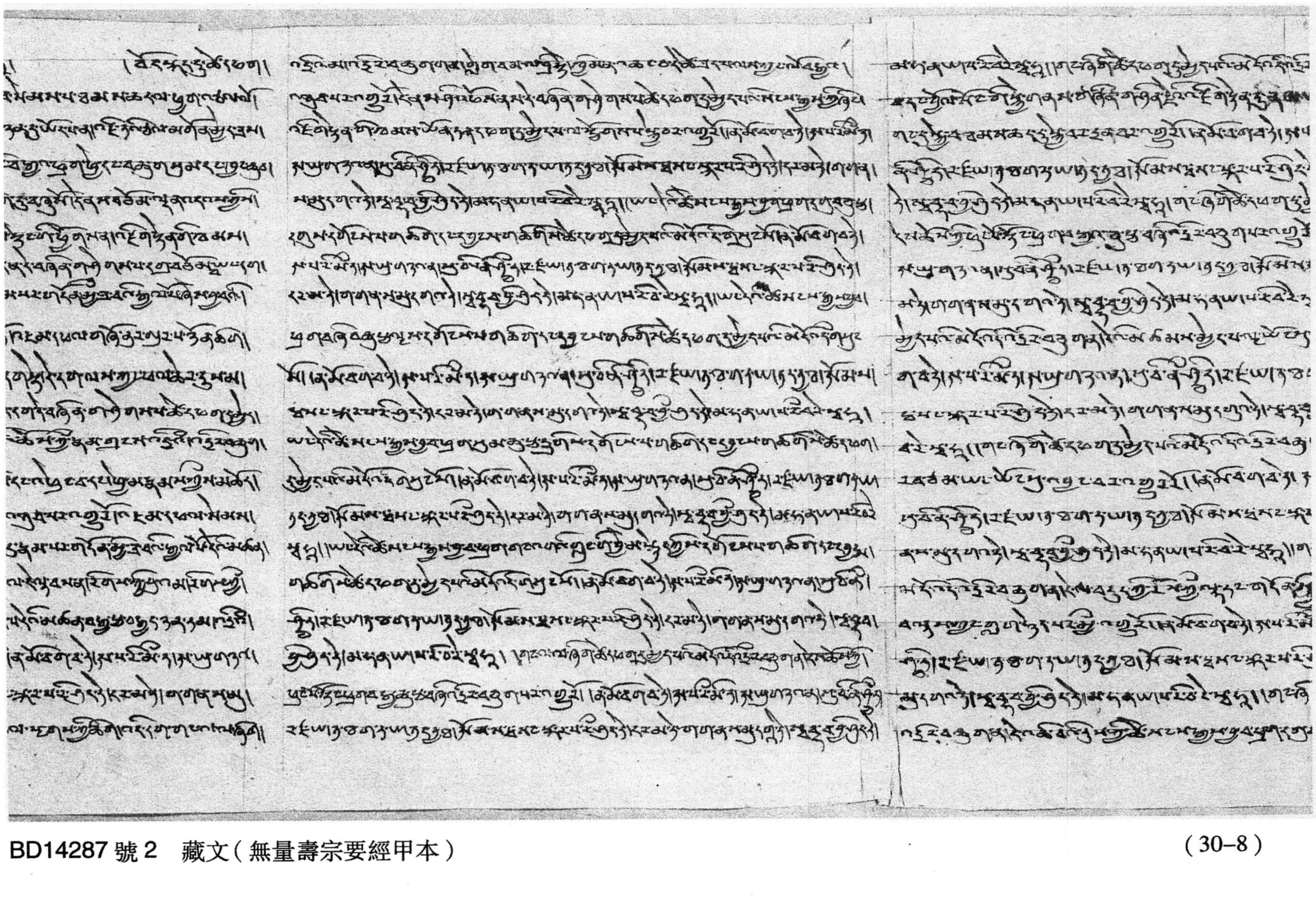

BD14287 號 2　藏文（無量壽宗要經甲本）　（30–8）

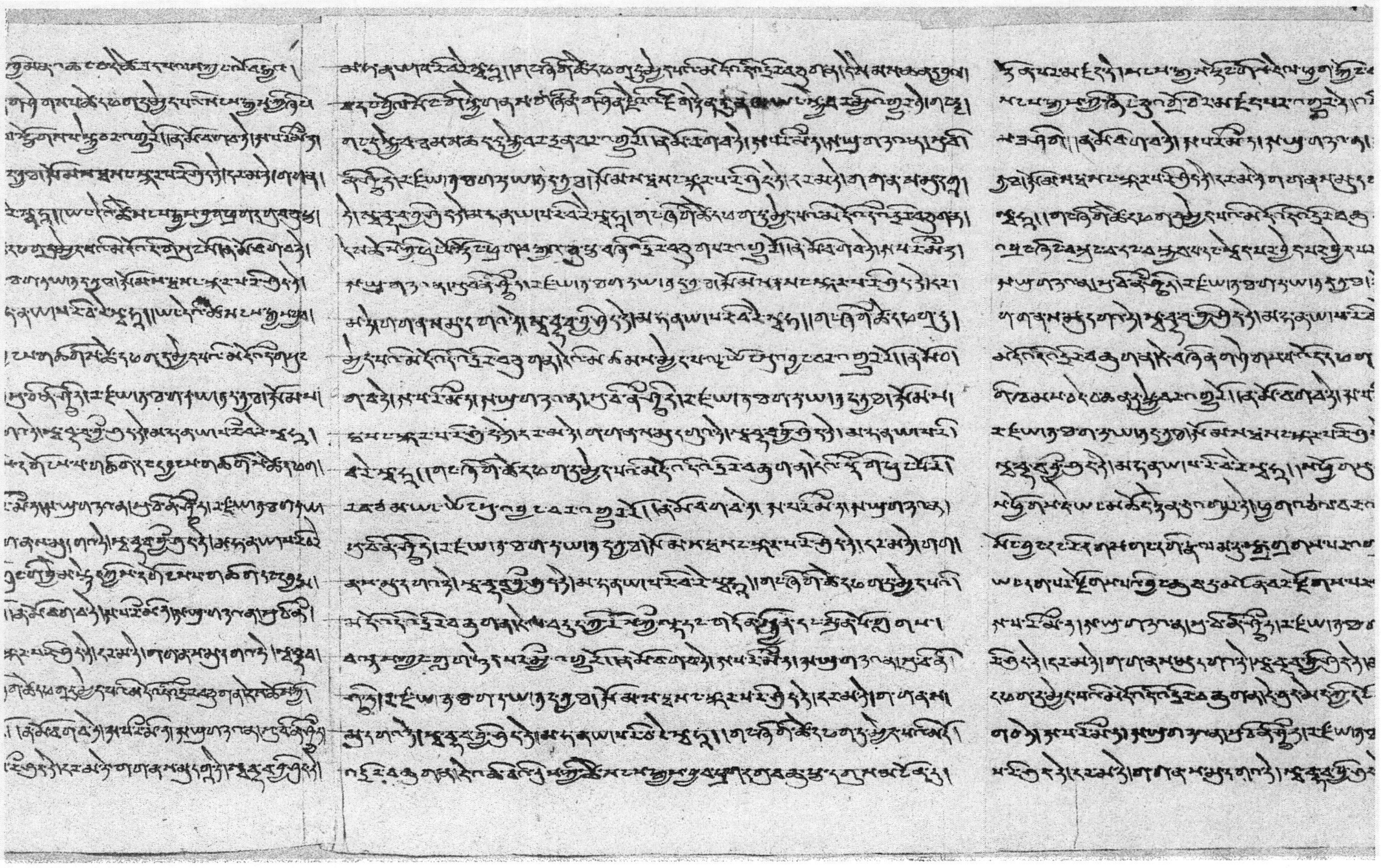

BD14287 號 2　藏文（無量壽宗要經甲本）　（30–9）

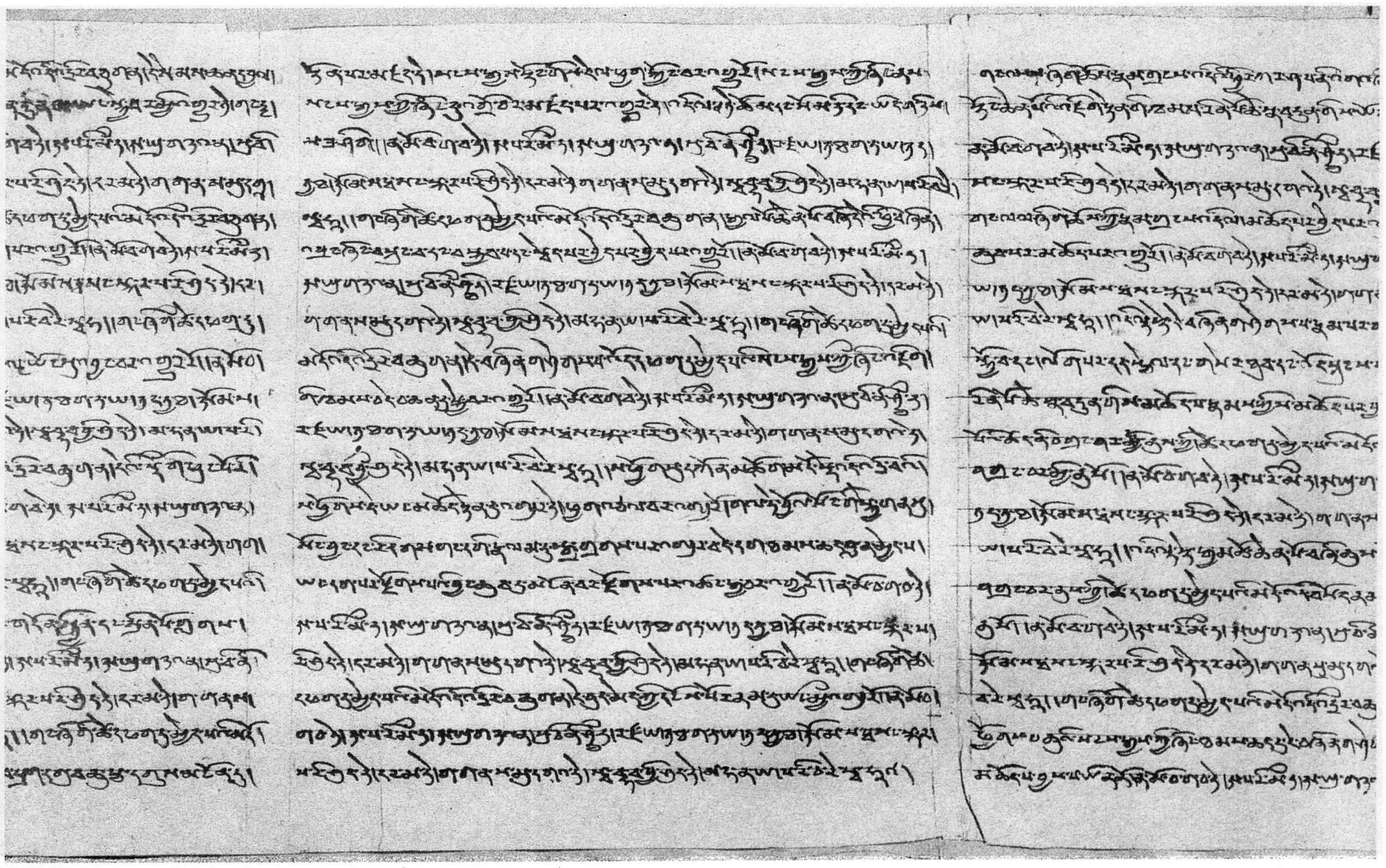

BD14287 號 2　藏文（無量壽宗要經甲本）　（30–10）

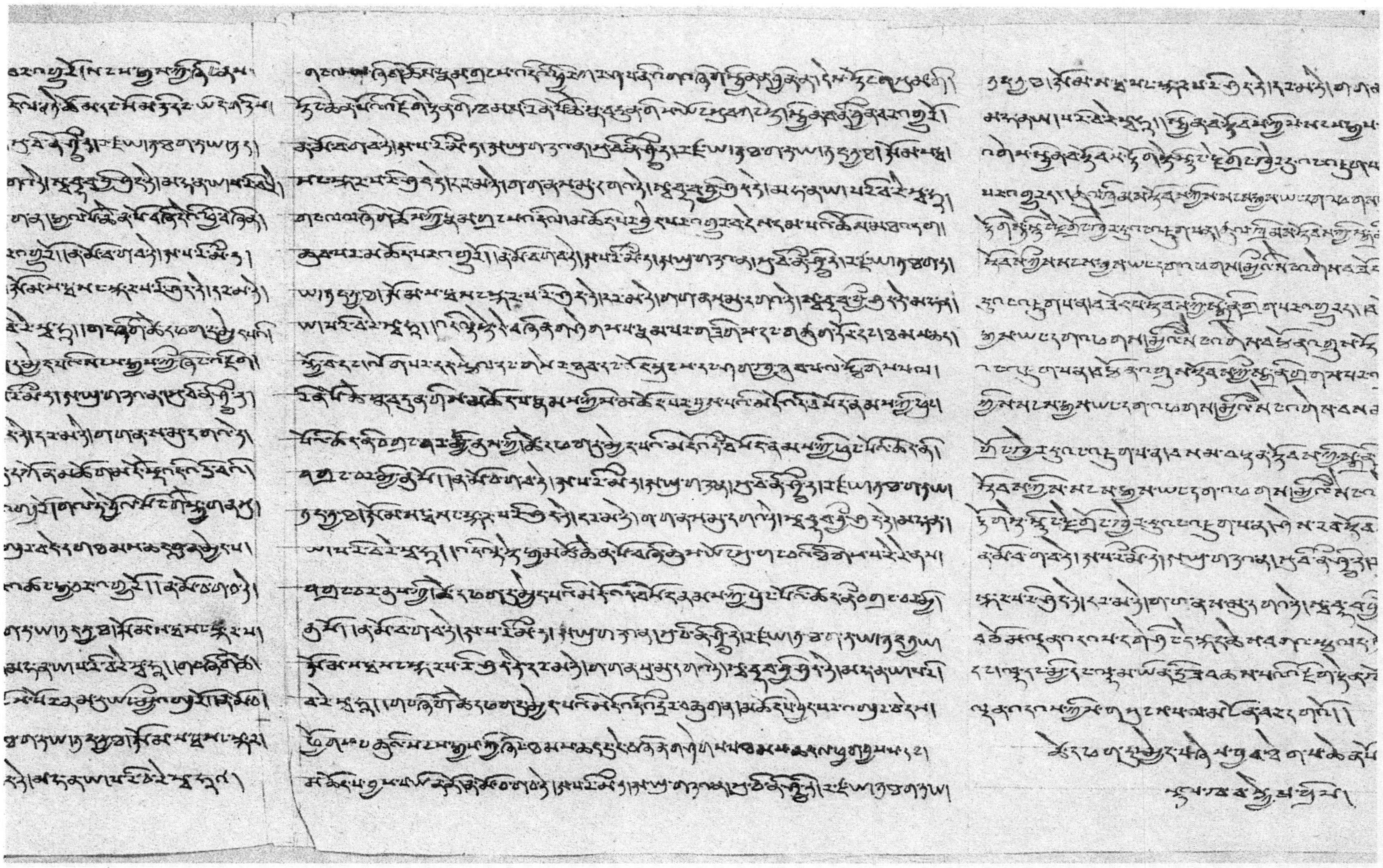

BD14287 號 2　藏文（無量壽宗要經甲本）　　（30–11）

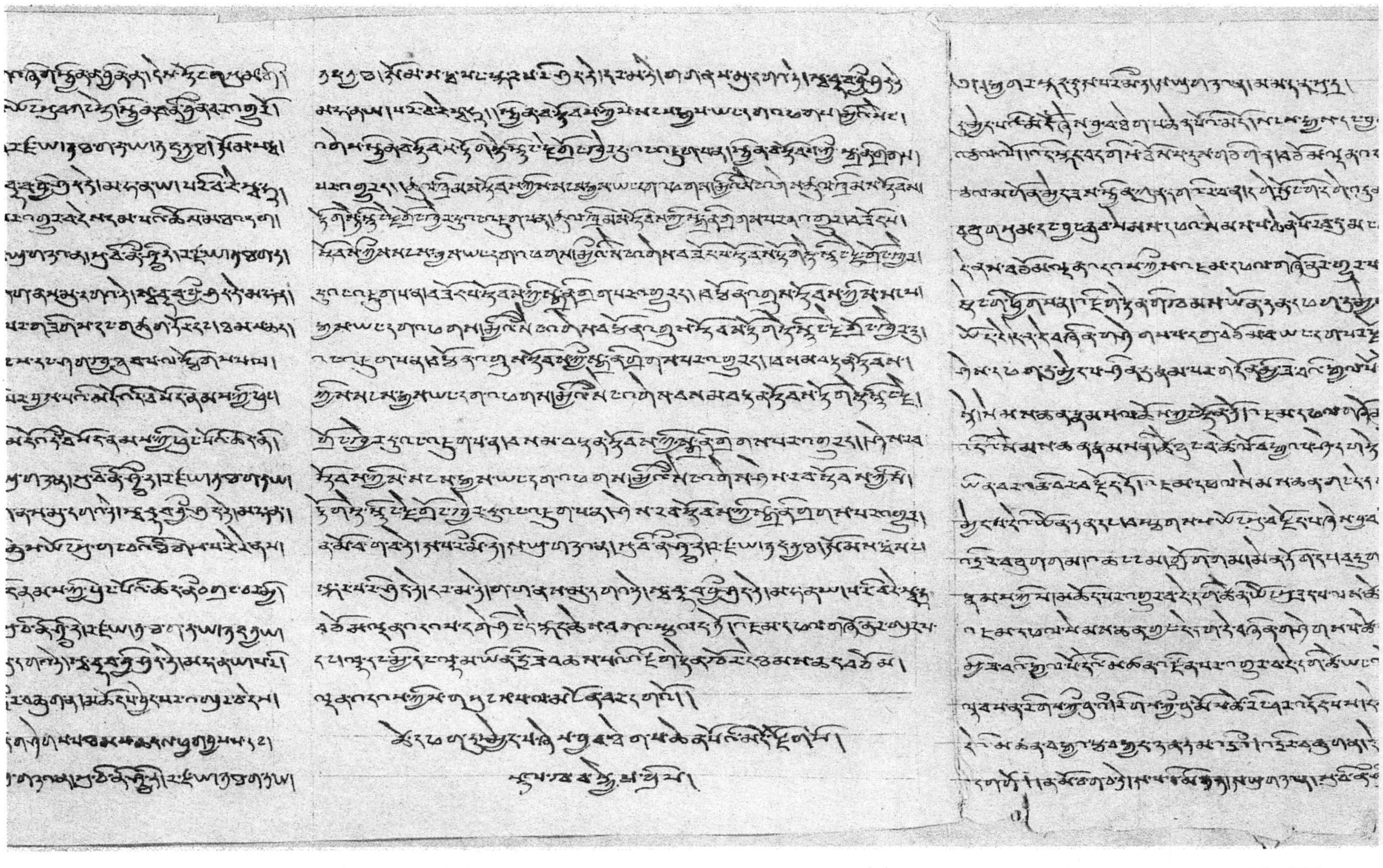

BD14287 號 2　藏文（無量壽宗要經甲本）　　（30–12）

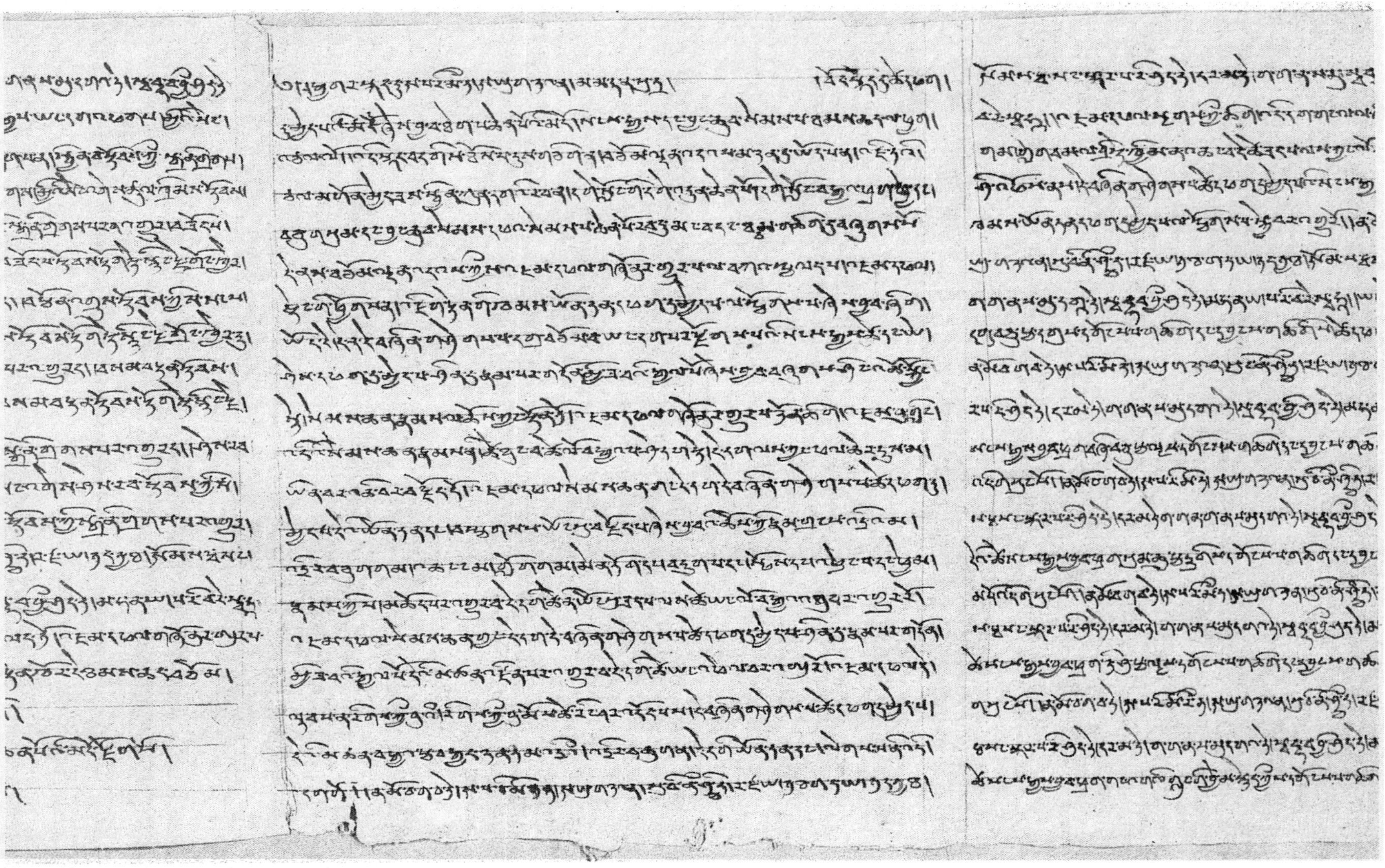

BD14287 號 3　藏文(無量壽宗要經甲本)　　(30–13)

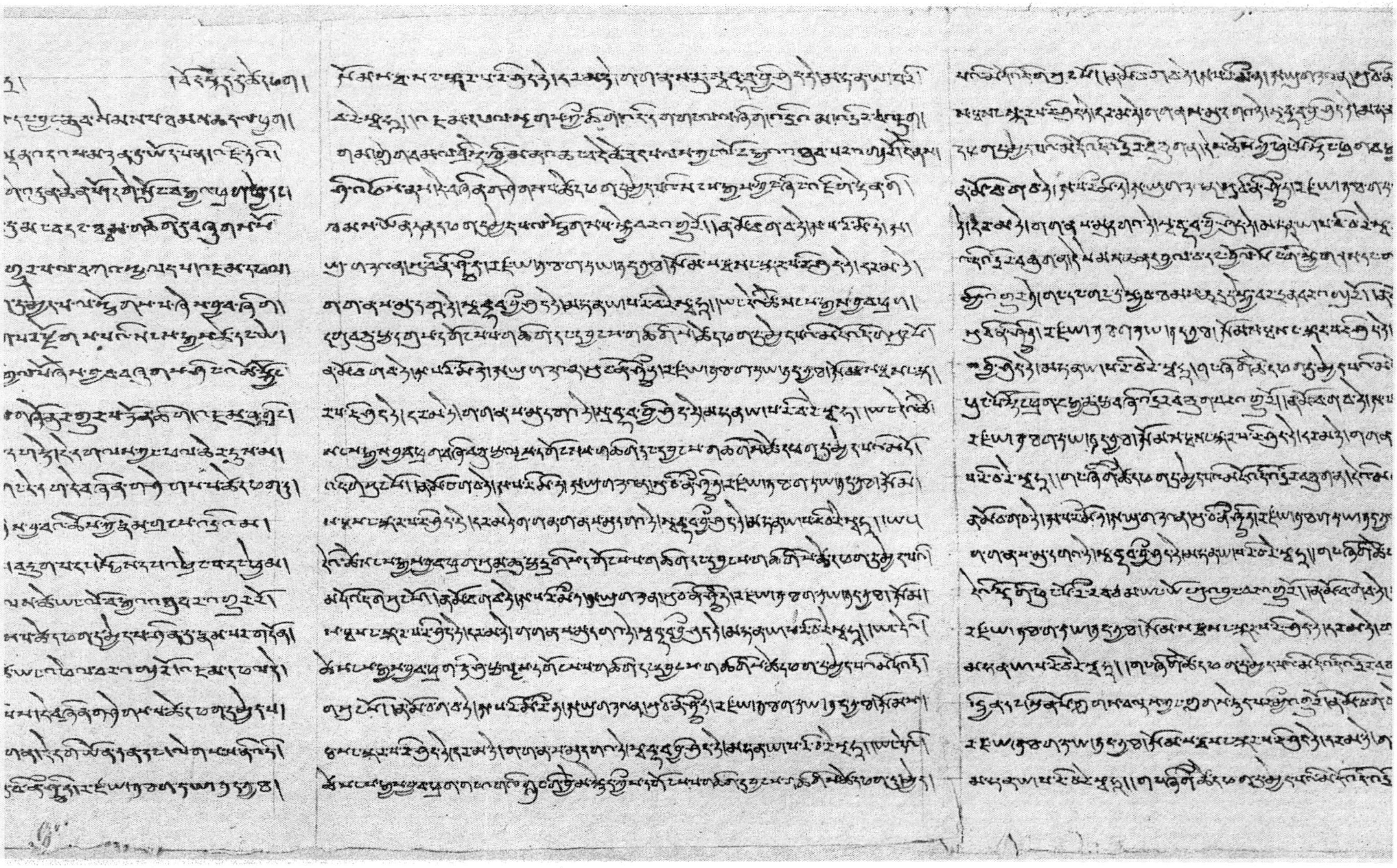

BD14287 號 3　藏文(無量壽宗要經甲本)　　(30–14)

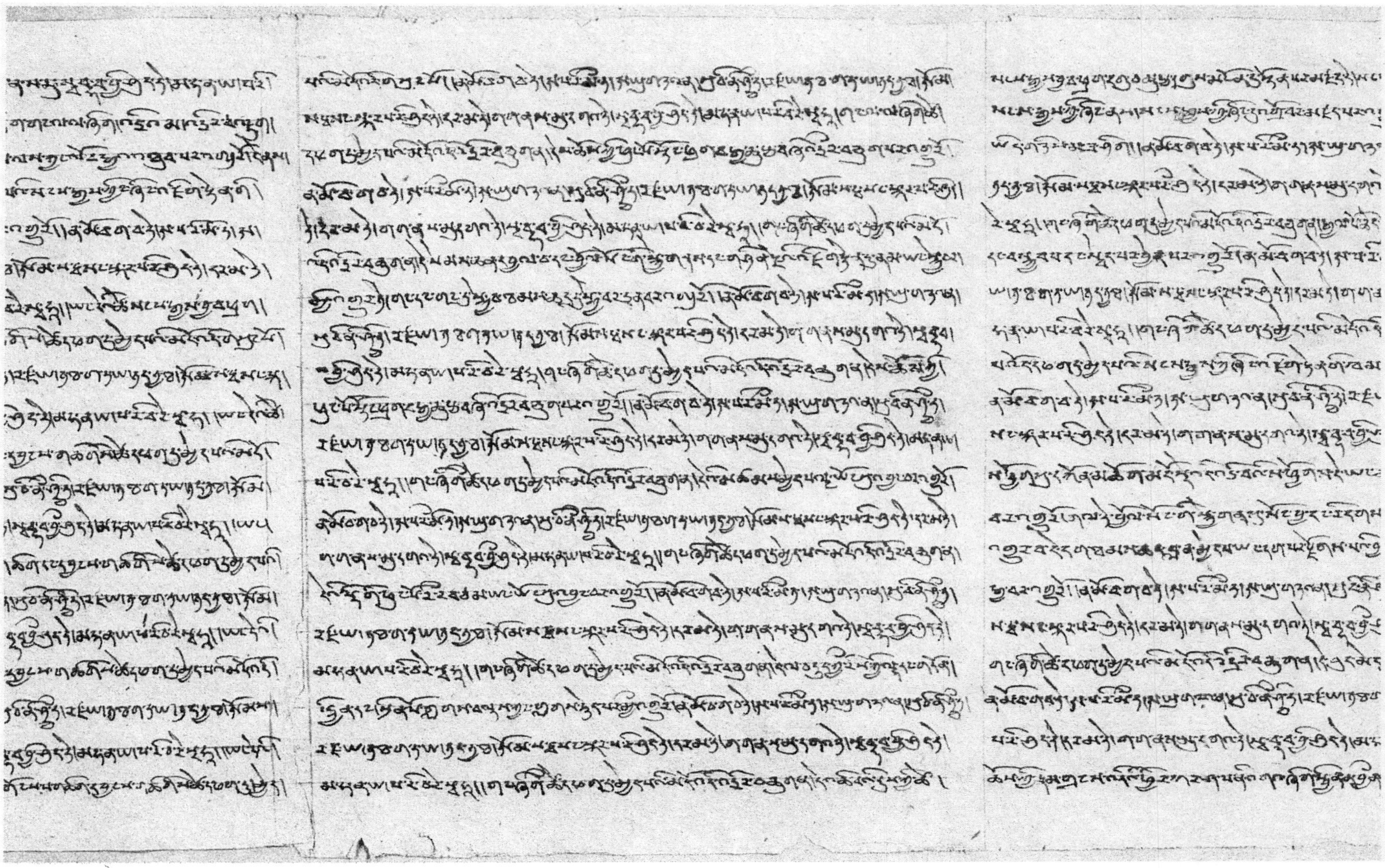

BD14287 號 3　藏文（無量壽宗要經甲本）　　（30–15）

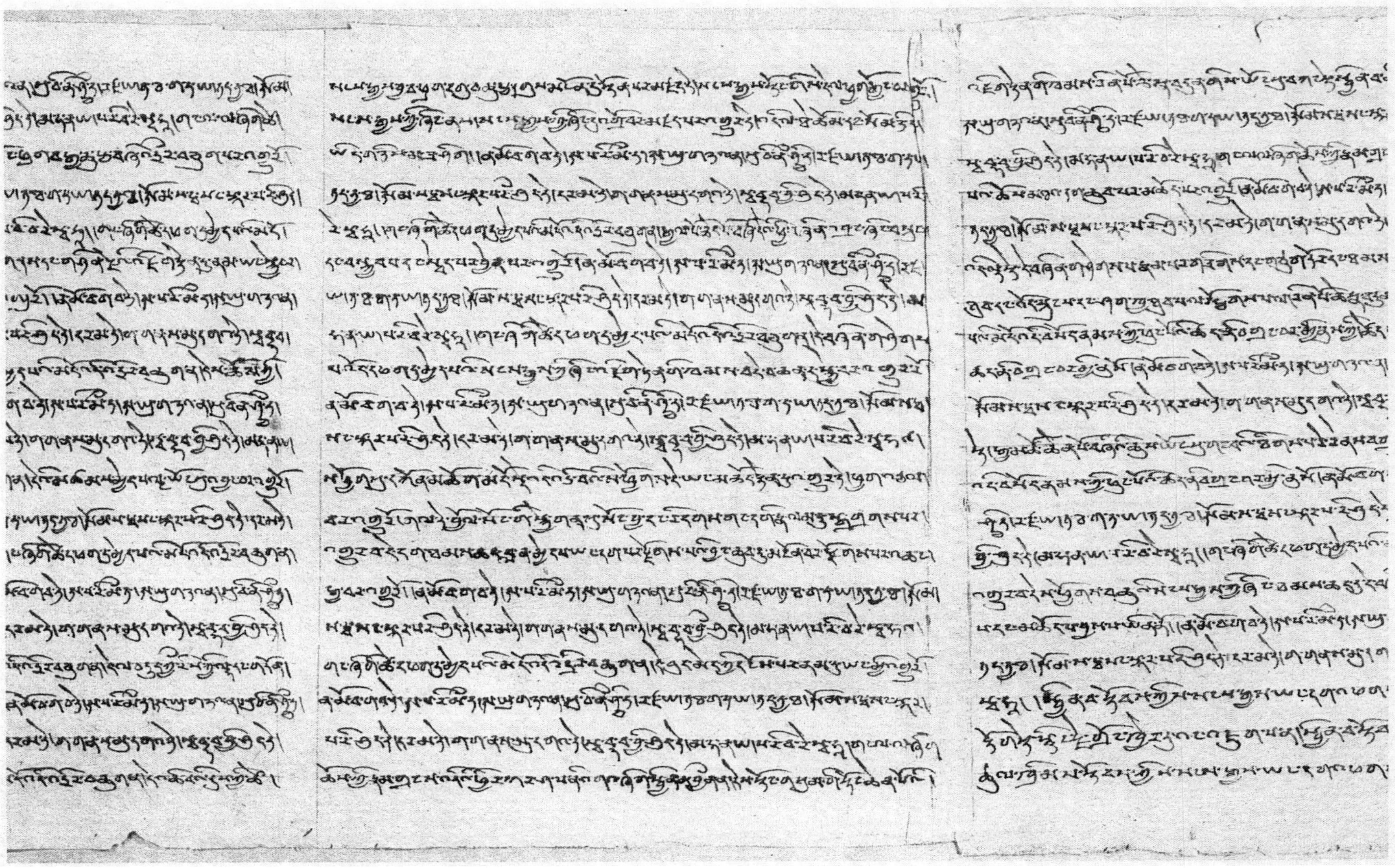

BD14287 號 3　藏文（無量壽宗要經甲本）　　（30–16）

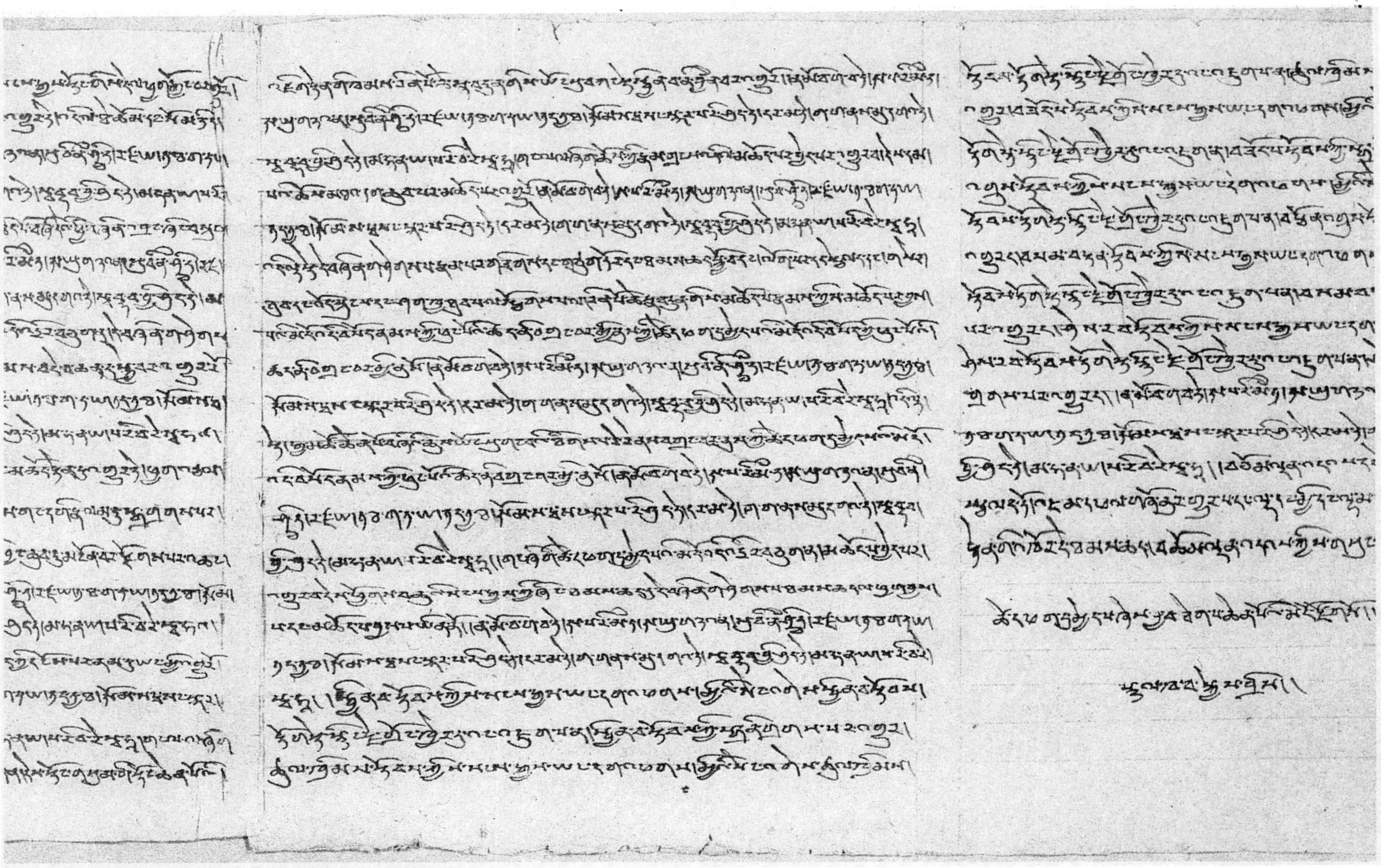

BD14287 號 3　藏文（無量壽宗要經甲本）　（30–17）

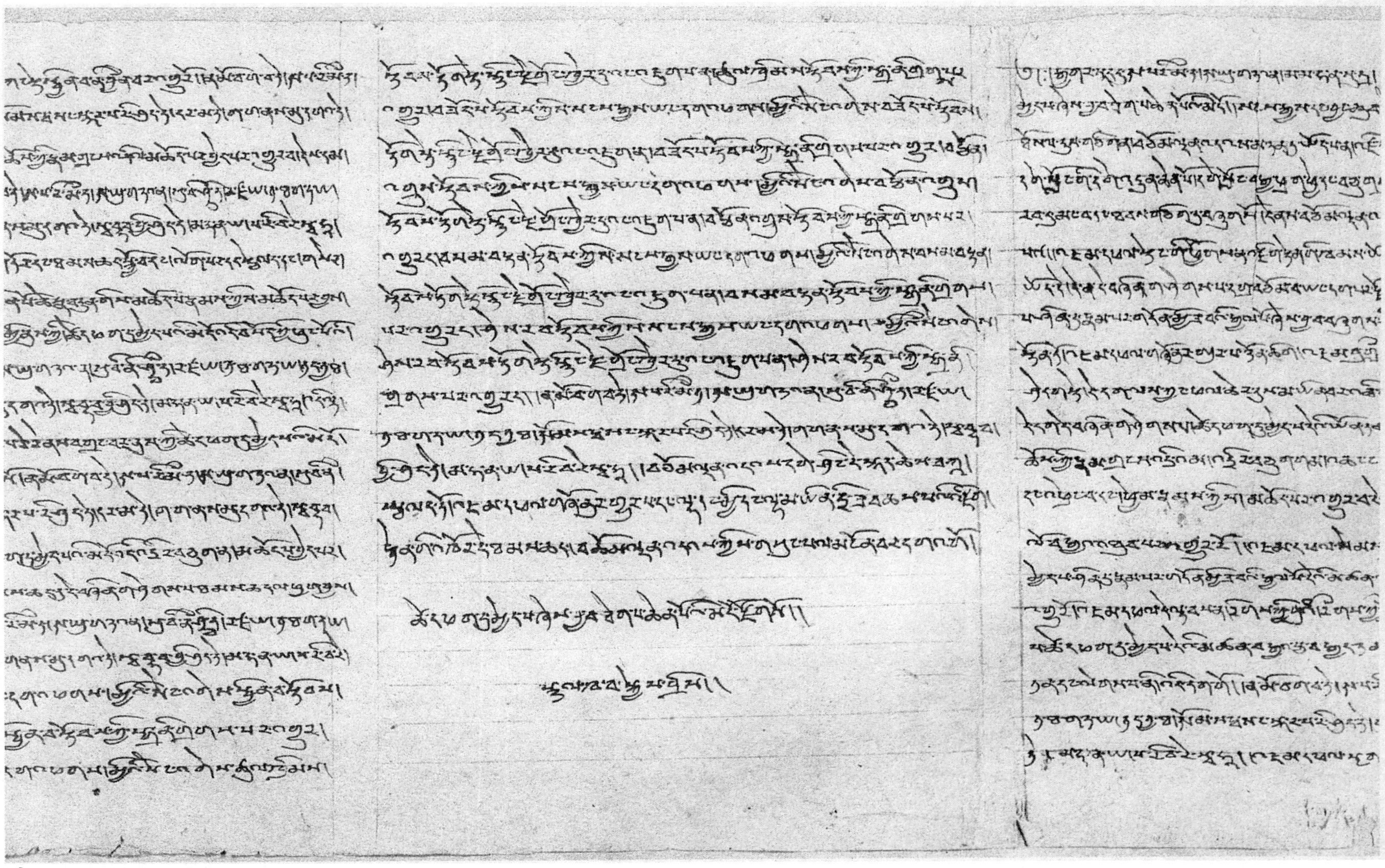

BD14287 號 3　藏文（無量壽宗要經甲本）　（30–18）

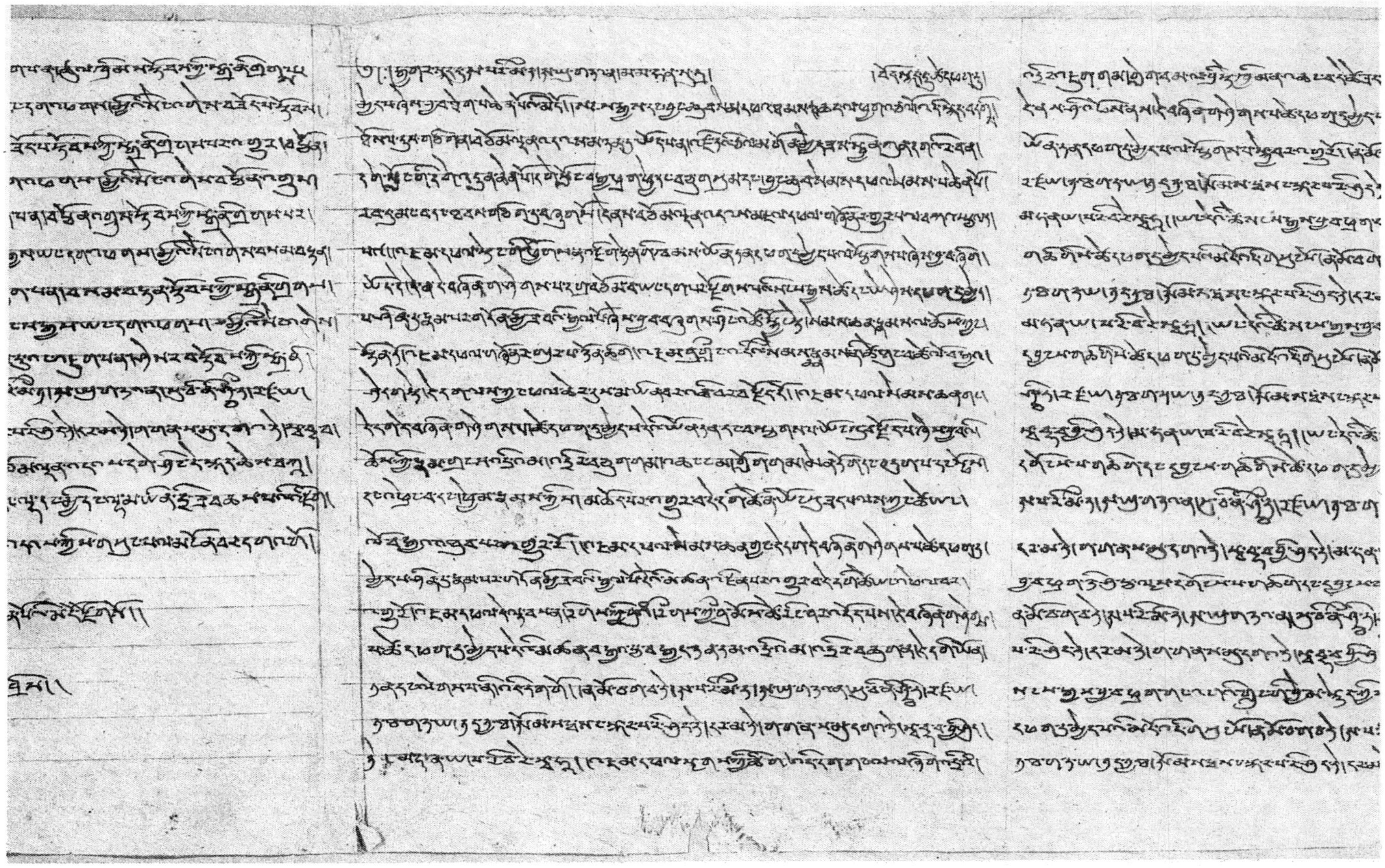

BD14287 號 4　藏文（無量壽宗要經甲本）　（30–19）

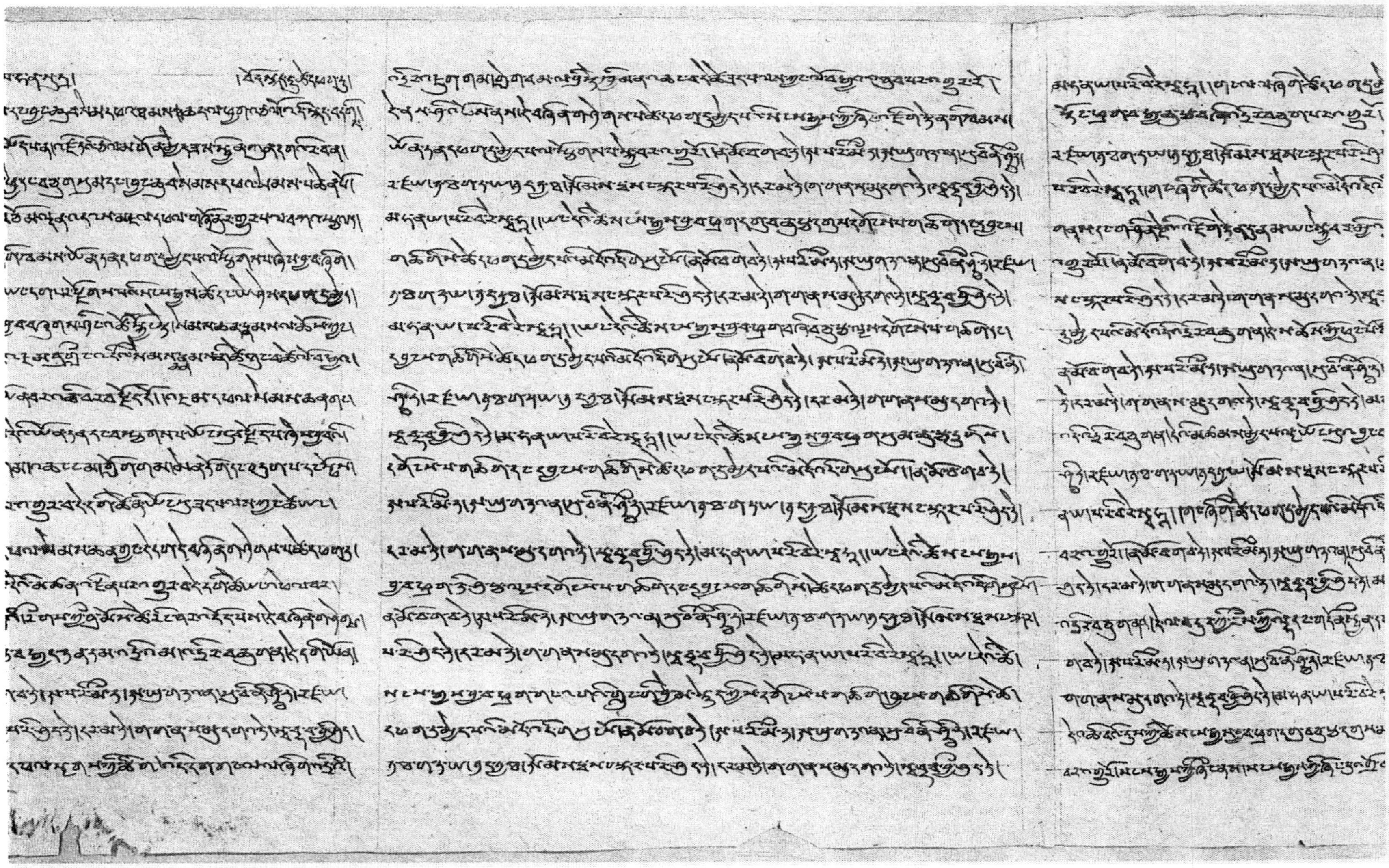

BD14287 號 4　藏文（無量壽宗要經甲本）　（30–20）

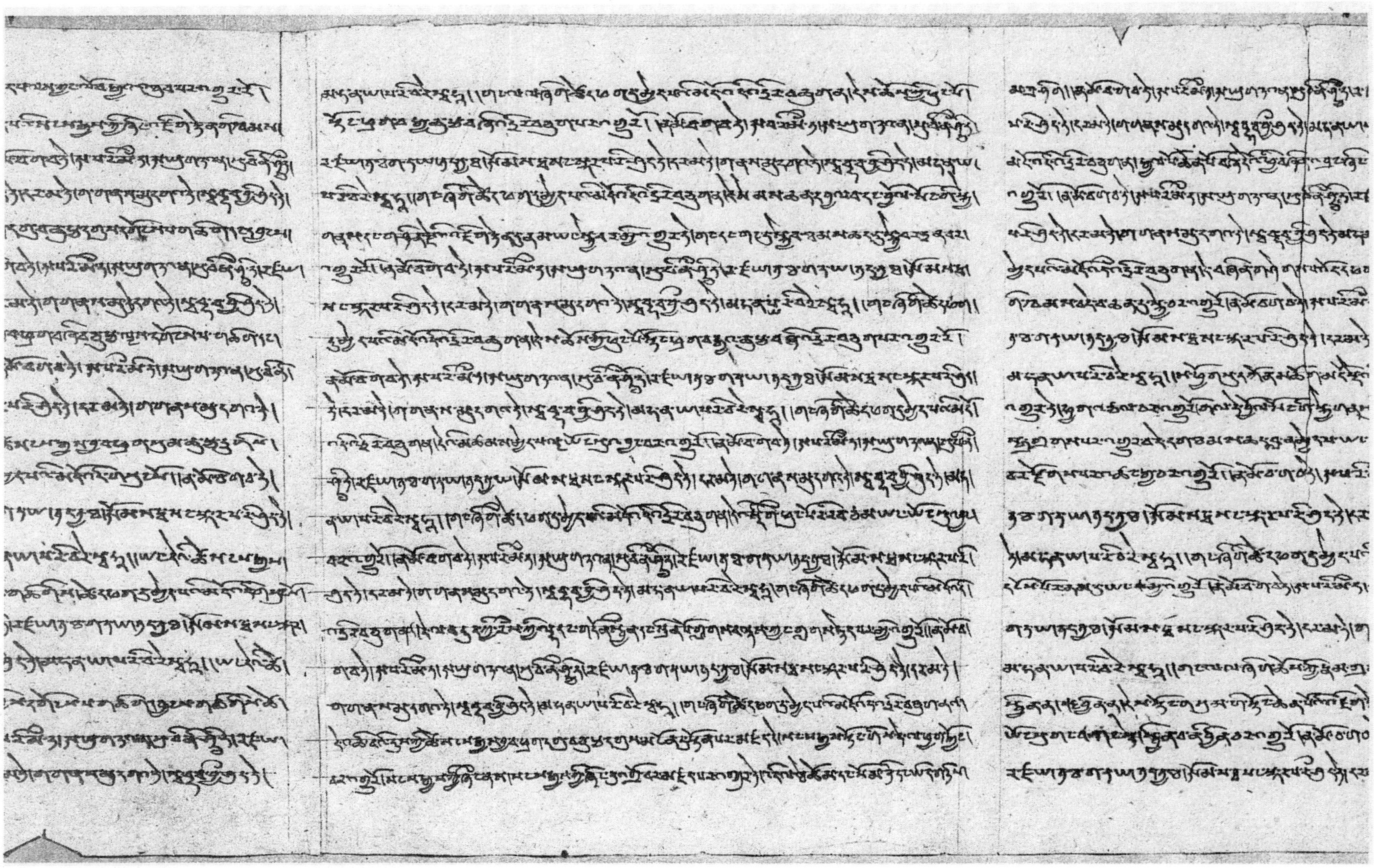

BD14287 號 4　藏文（無量壽宗要經甲本）　（30–21）

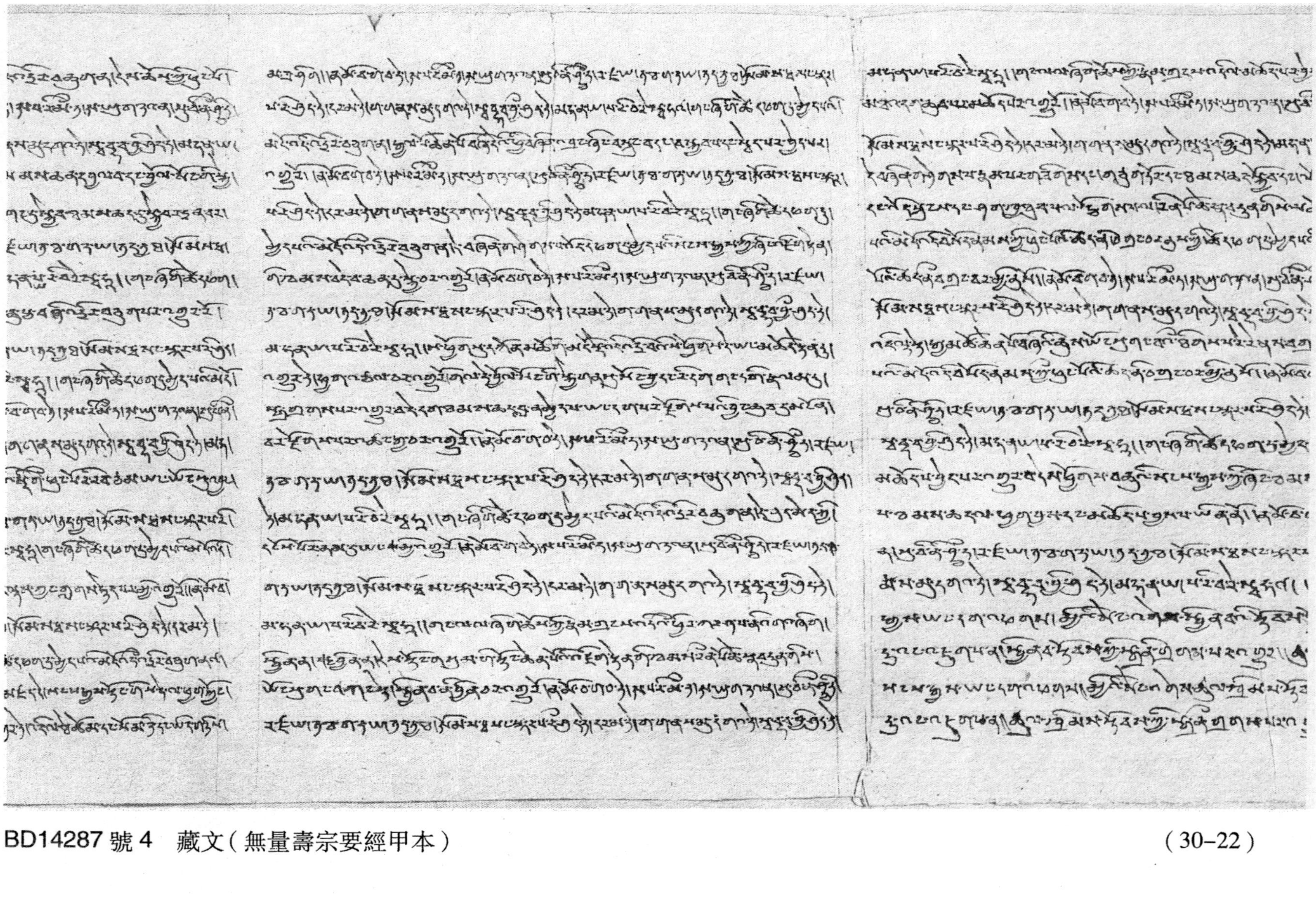

BD14287 號 4　藏文（無量壽宗要經甲本）　（30–22）

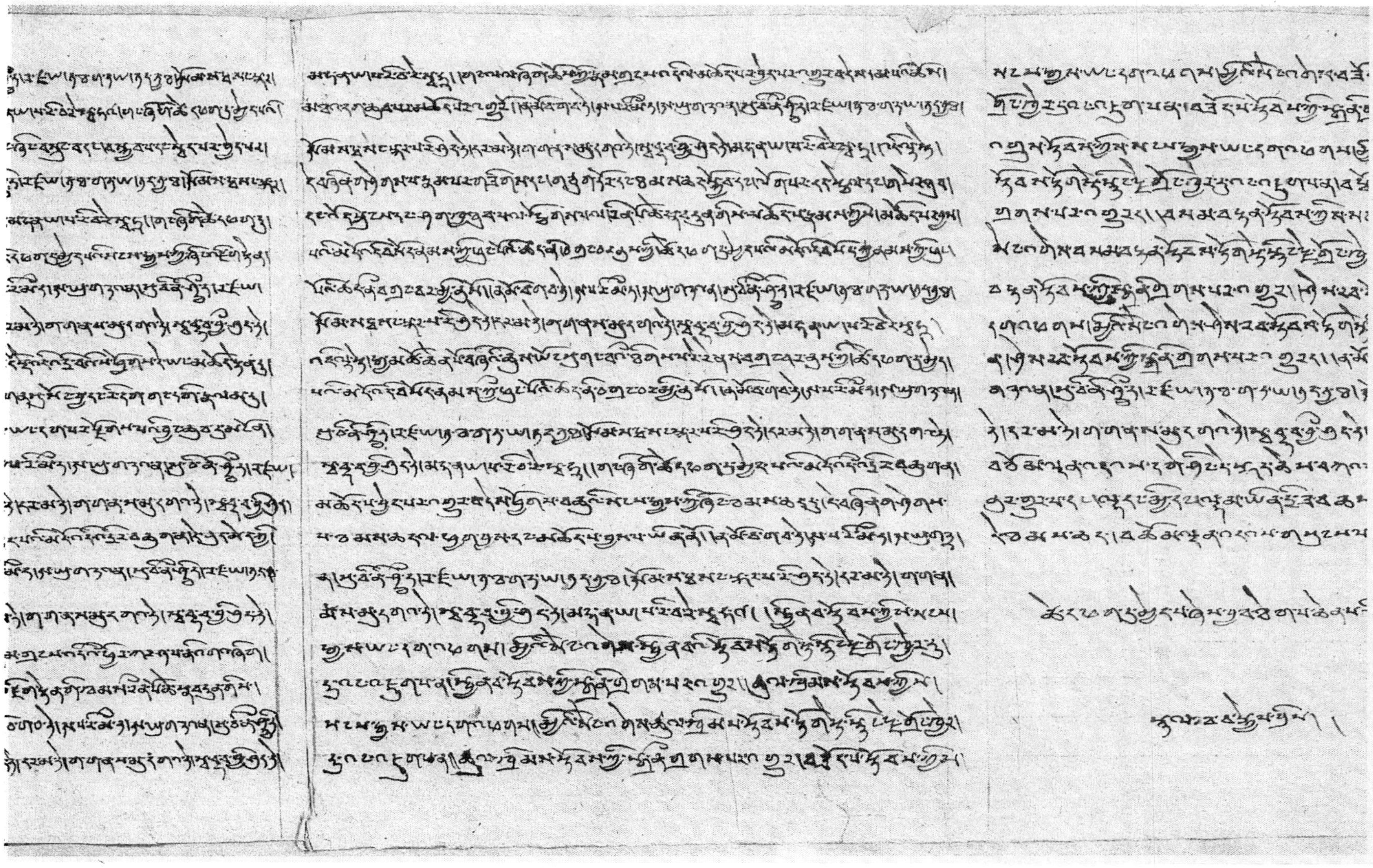

BD14287 號 4　藏文（無量壽宗要經甲本）　　（30–23）

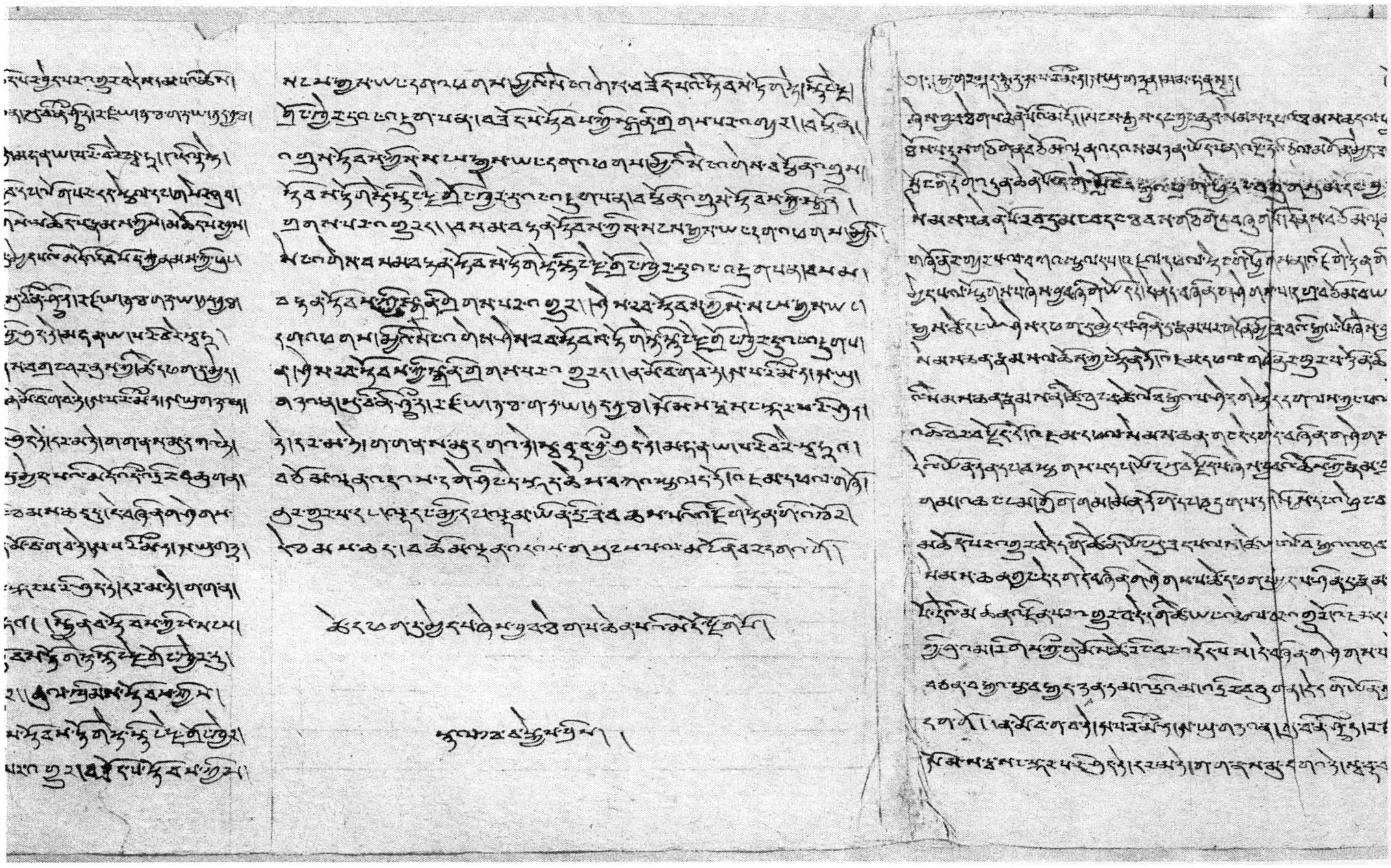

BD14287 號 4　藏文（無量壽宗要經甲本）　　（30–24）

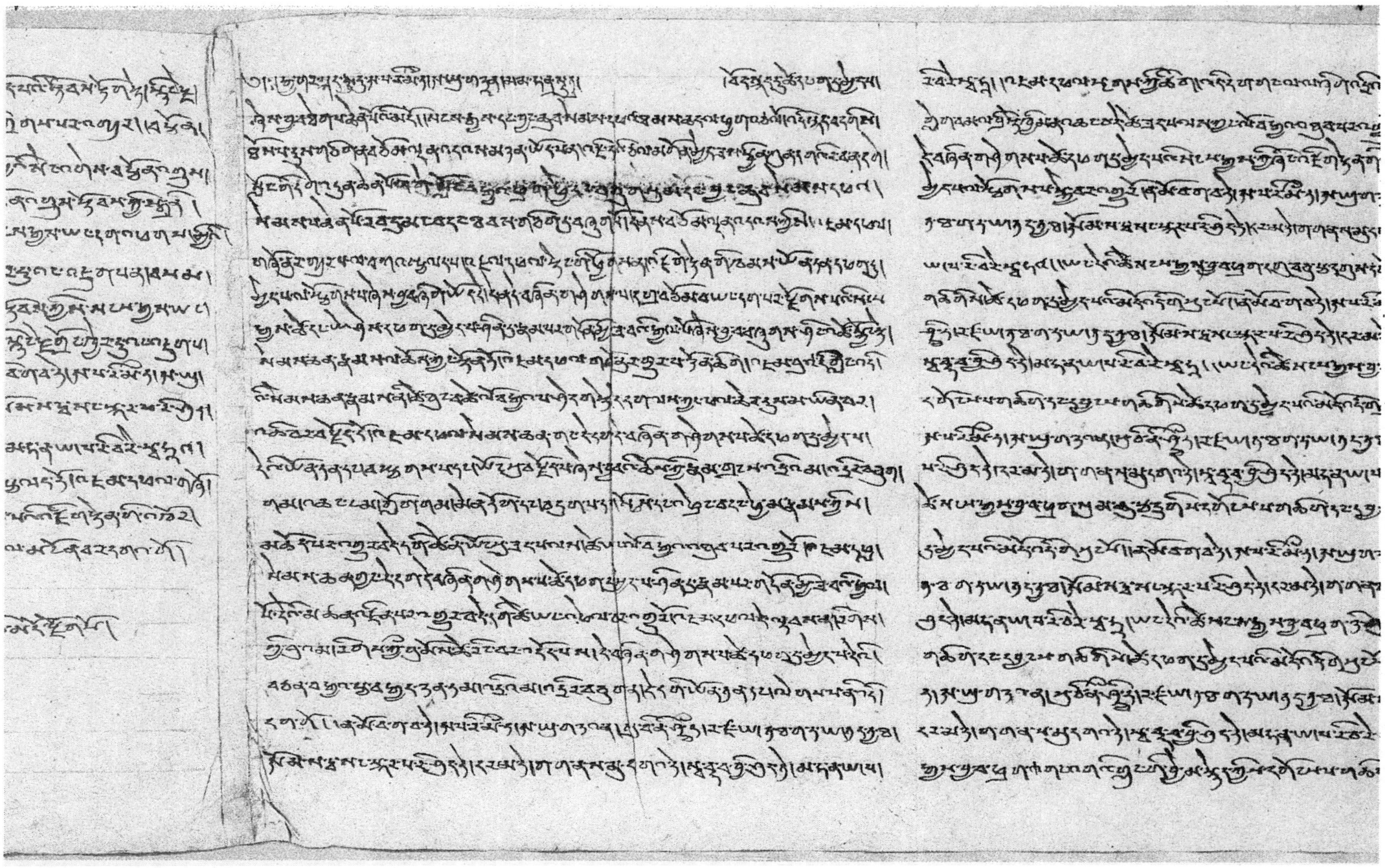

BD14287 號 5　藏文（無量壽宗要經甲本）　（30–25）

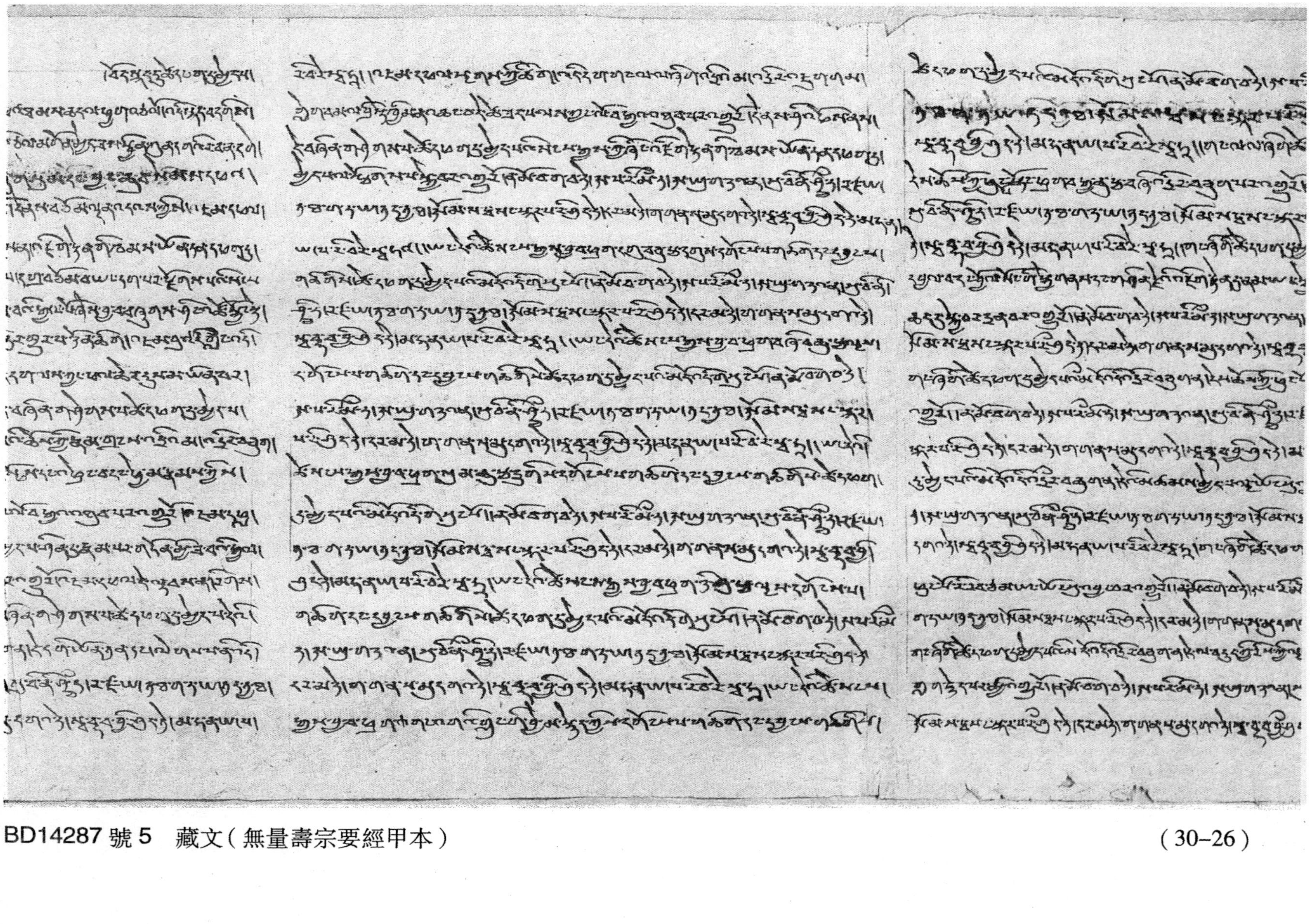

BD14287 號 5　藏文（無量壽宗要經甲本）　（30–26）

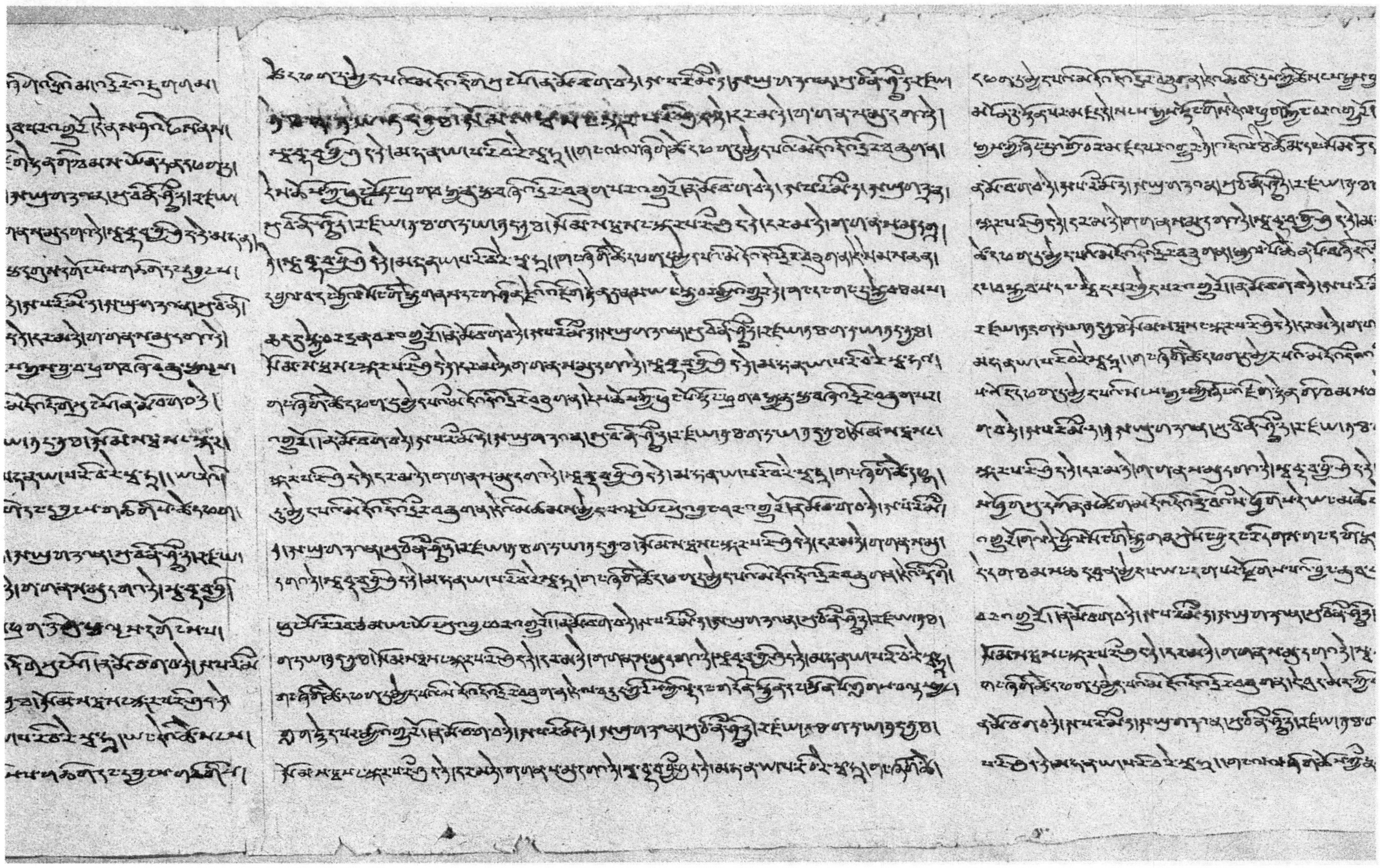

BD14287 號 5　藏文（無量壽宗要經甲本）　（30–27）

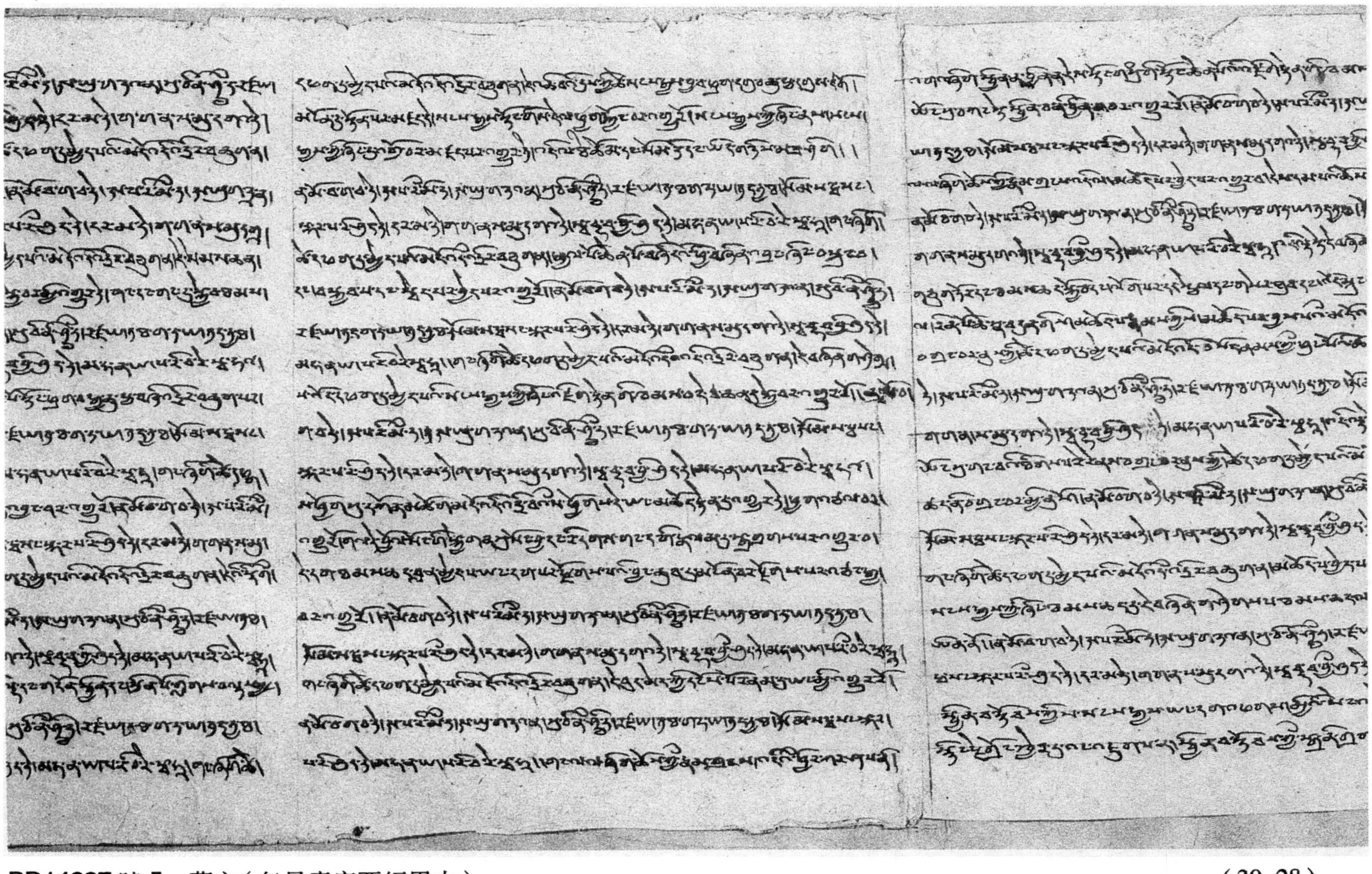

BD14287 號 5　藏文（無量壽宗要經甲本）　（30–28）

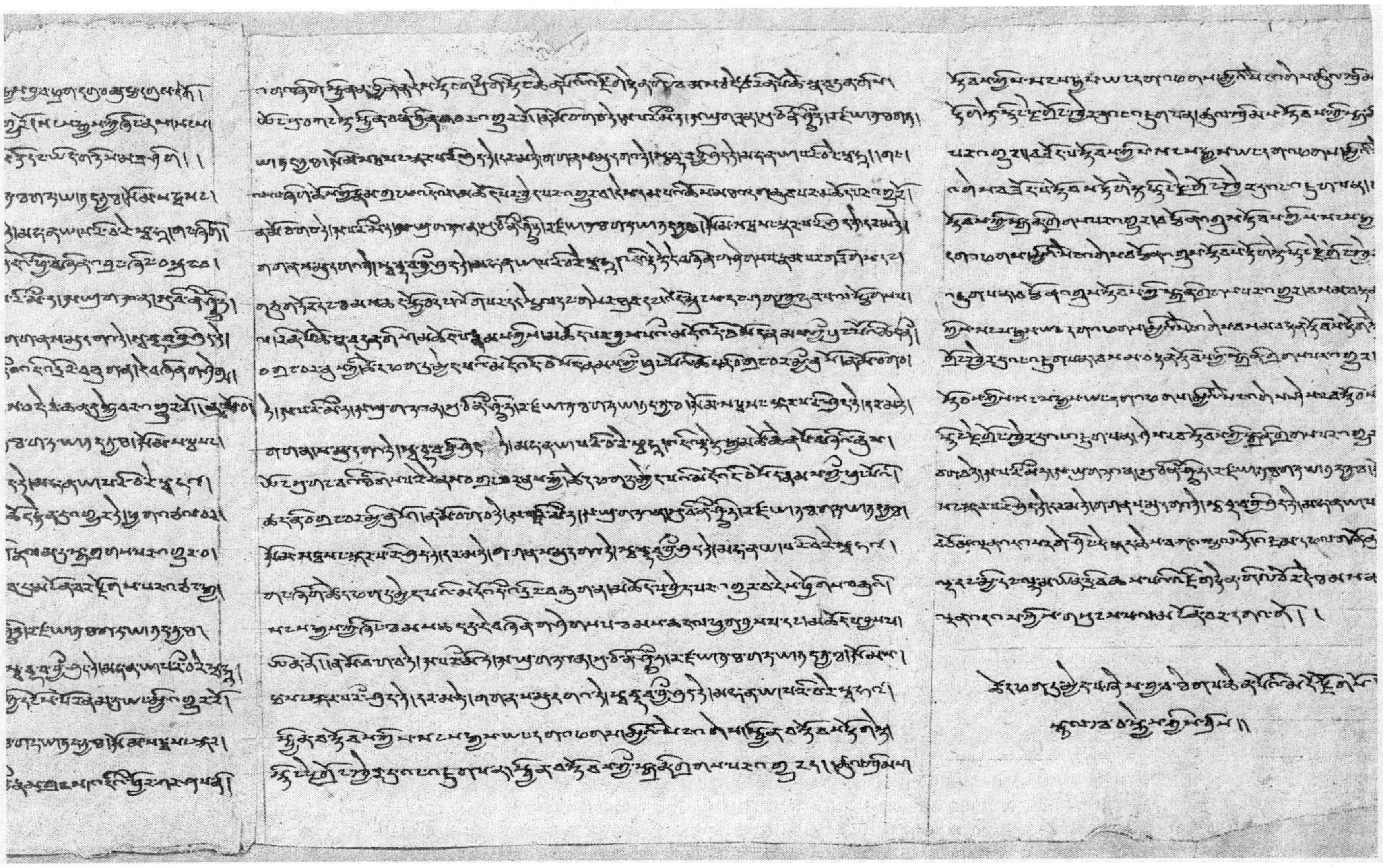

BD14287 號 5　藏文（無量壽宗要經甲本）　　（30–29）

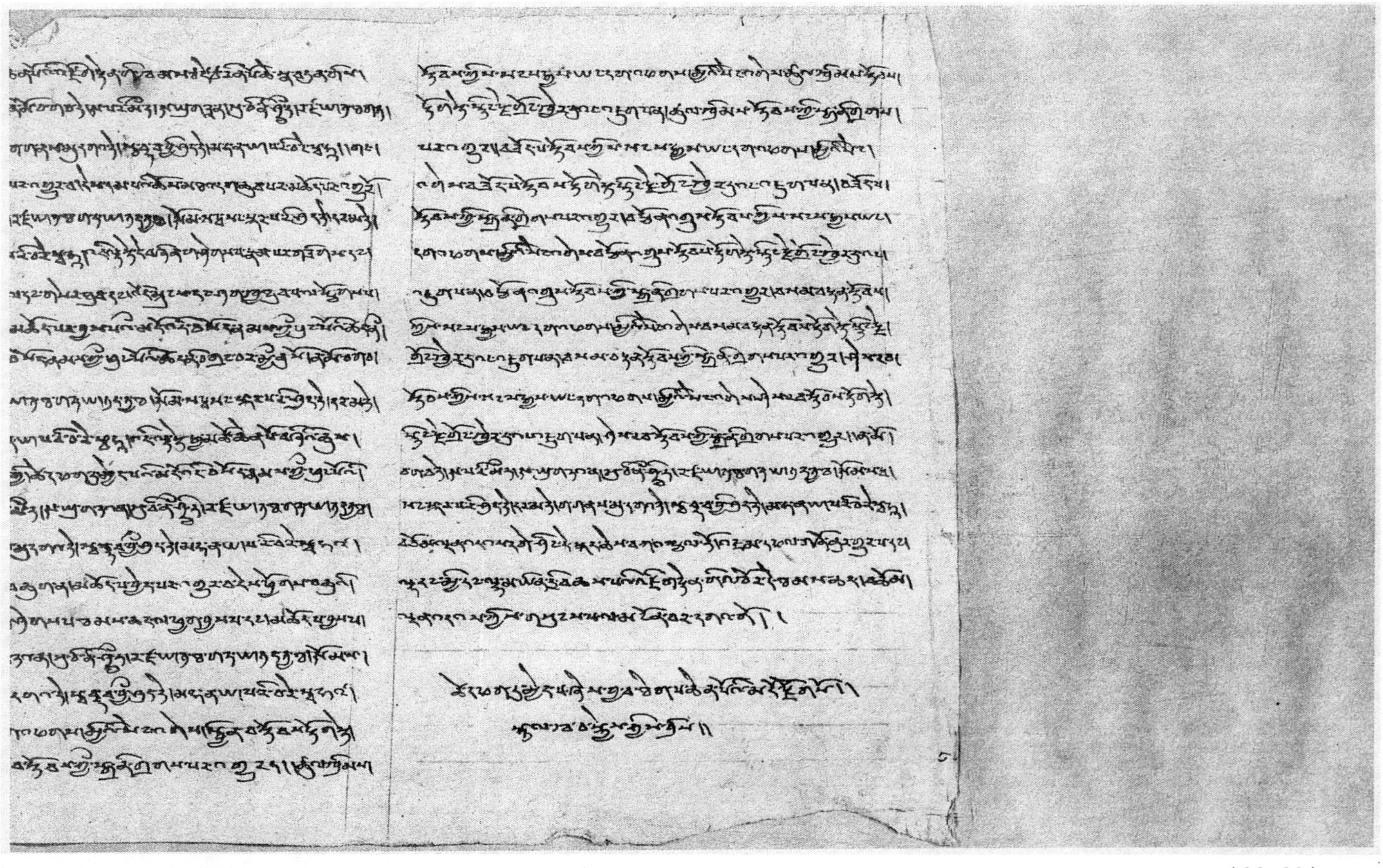

BD14287 號 5　藏文（無量壽宗要經甲本）　　（30–30）

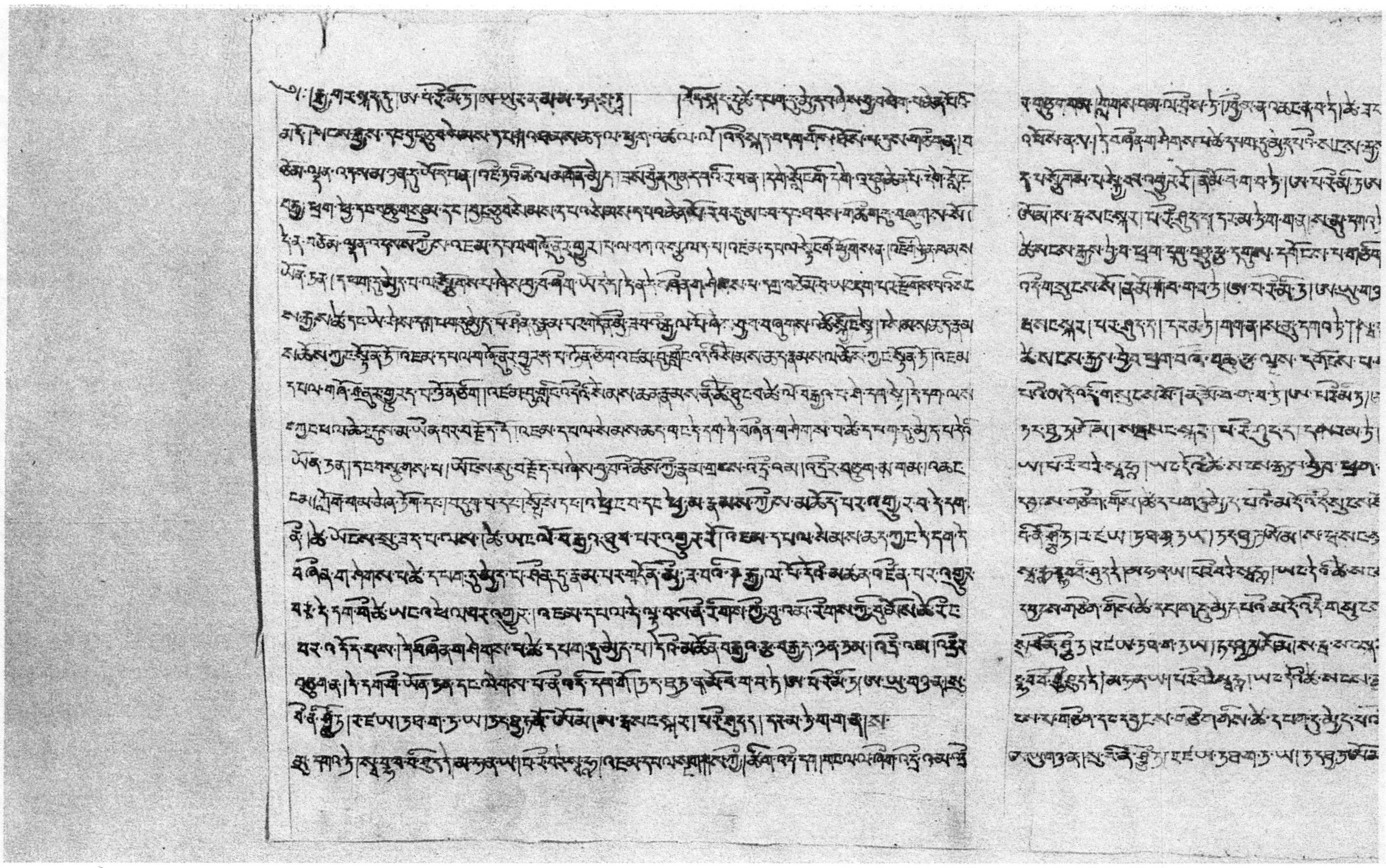

BD14288 號 1　藏文（無量壽宗要經甲本）　　（24–1）

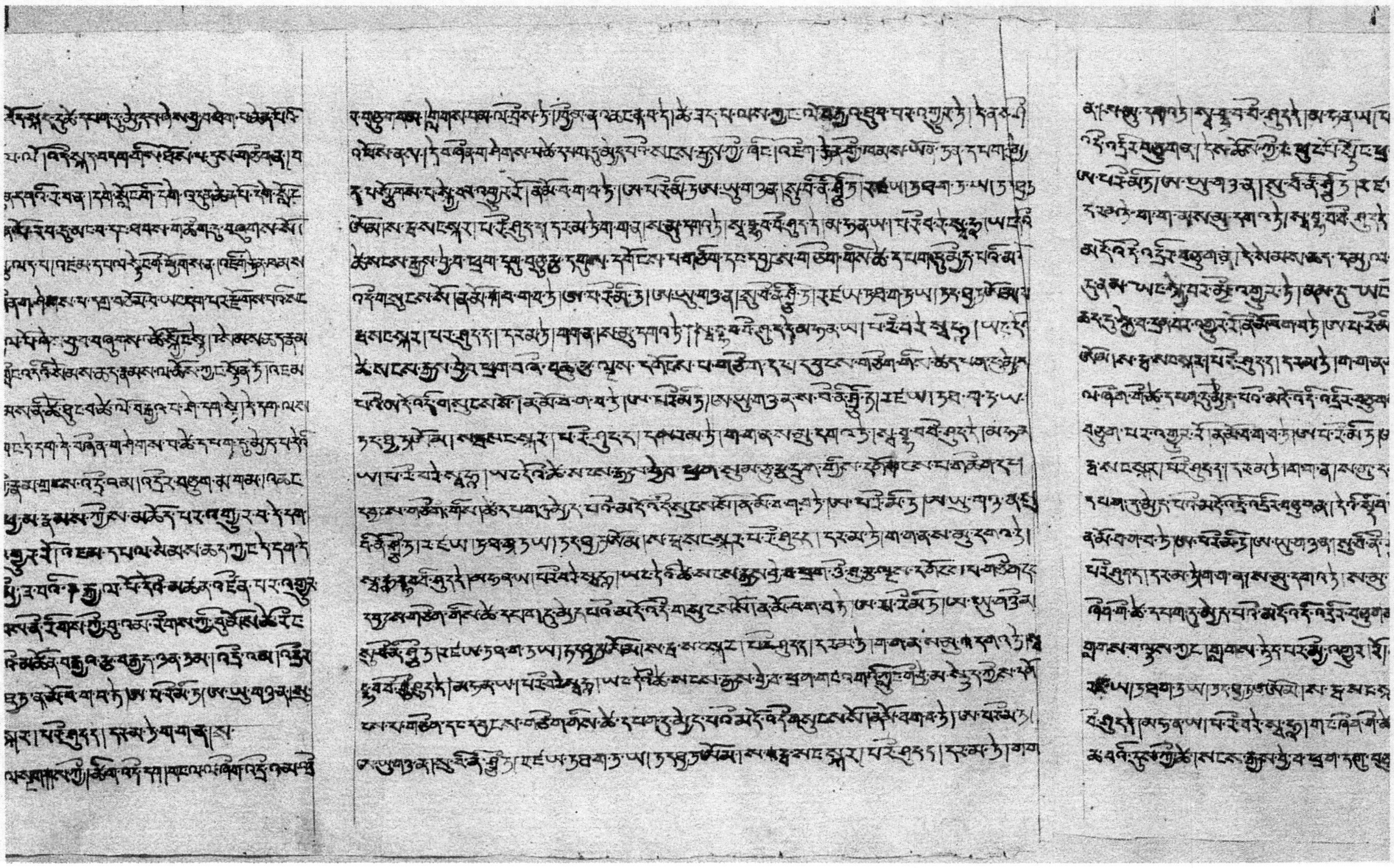

BD14288 號 1　藏文（無量壽宗要經甲本）　　（24–2）

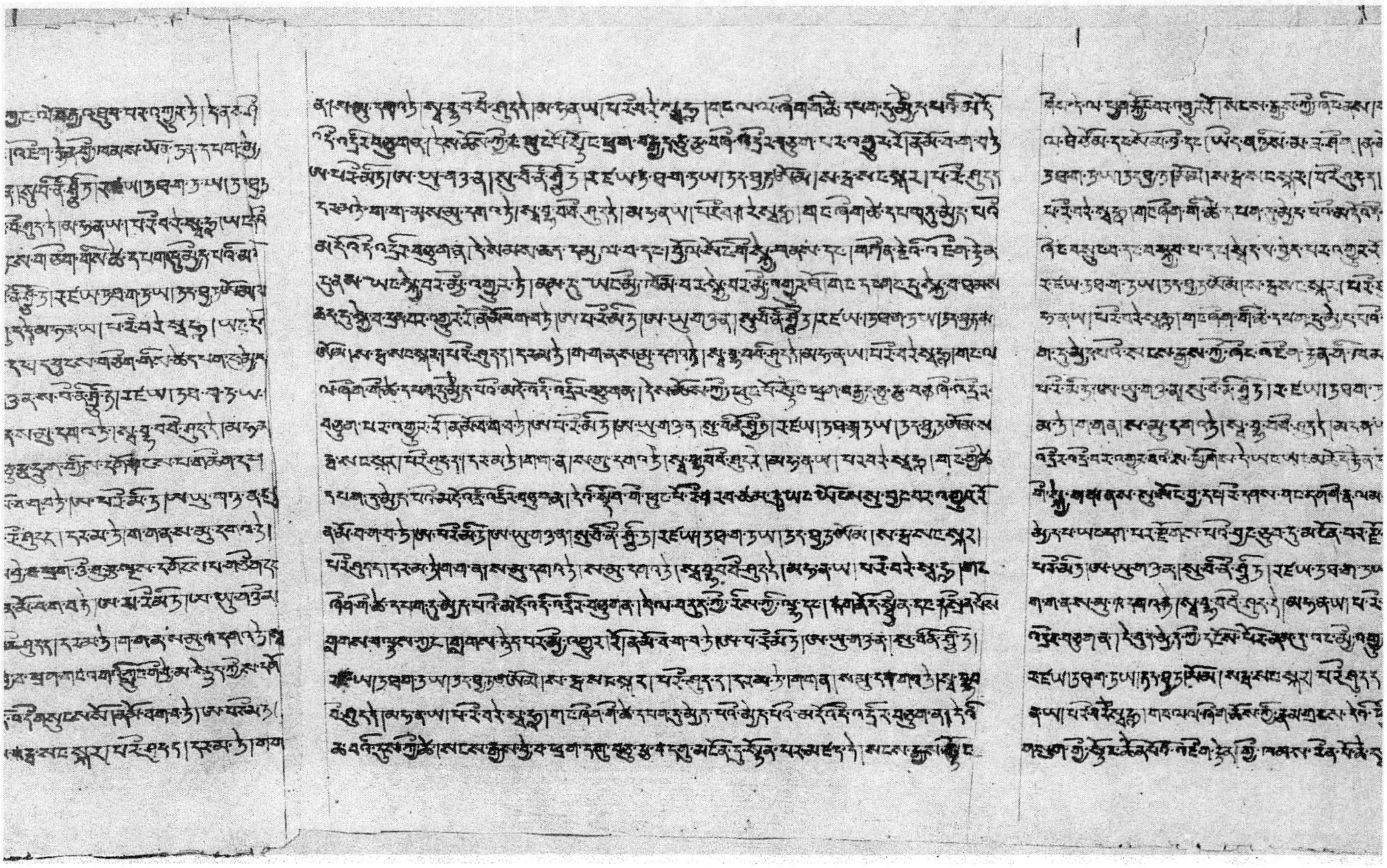

BD14288 號 1　藏文（無量壽宗要經甲本）　（24–3）

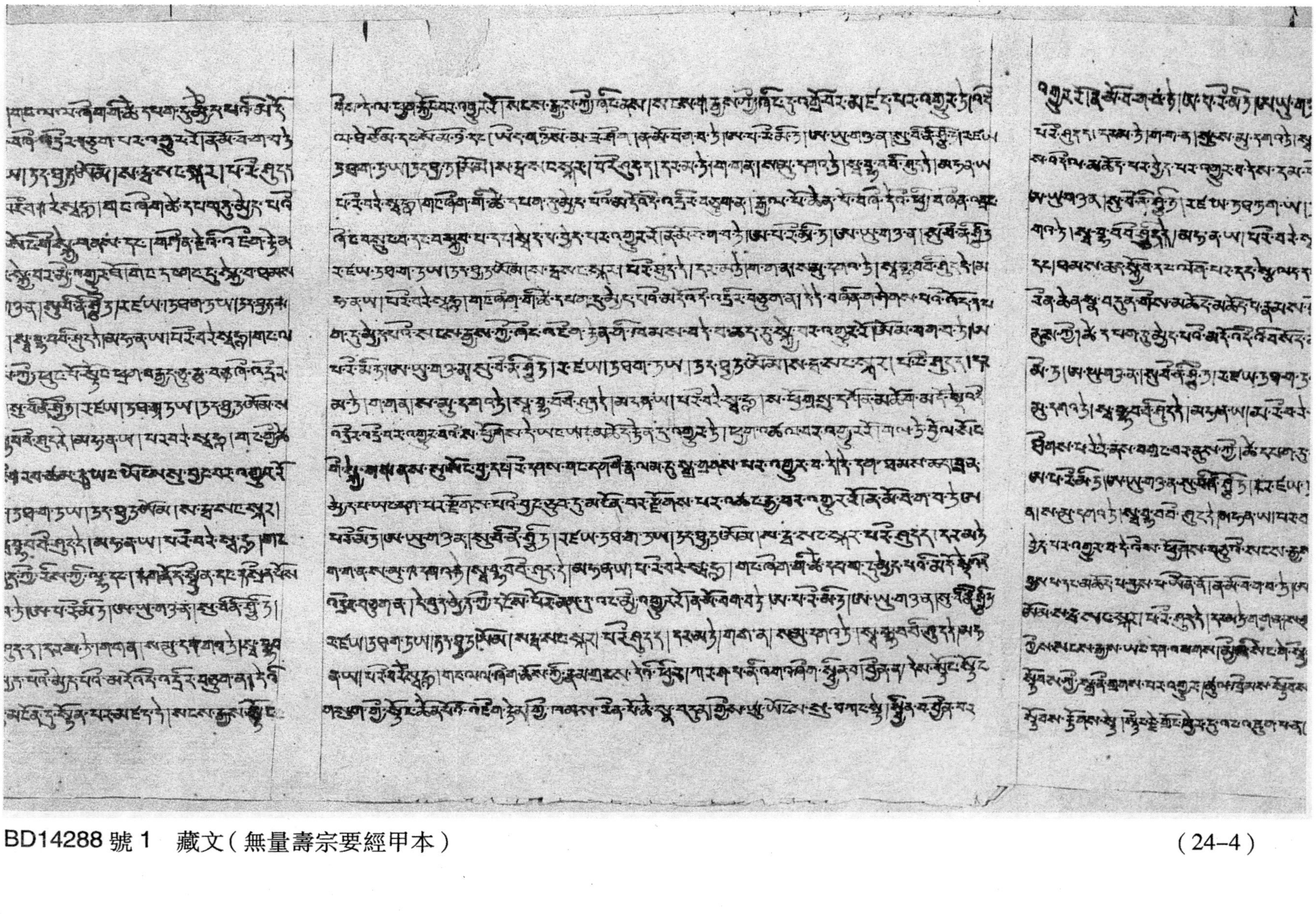

BD14288 號 1　藏文（無量壽宗要經甲本）　（24–4）

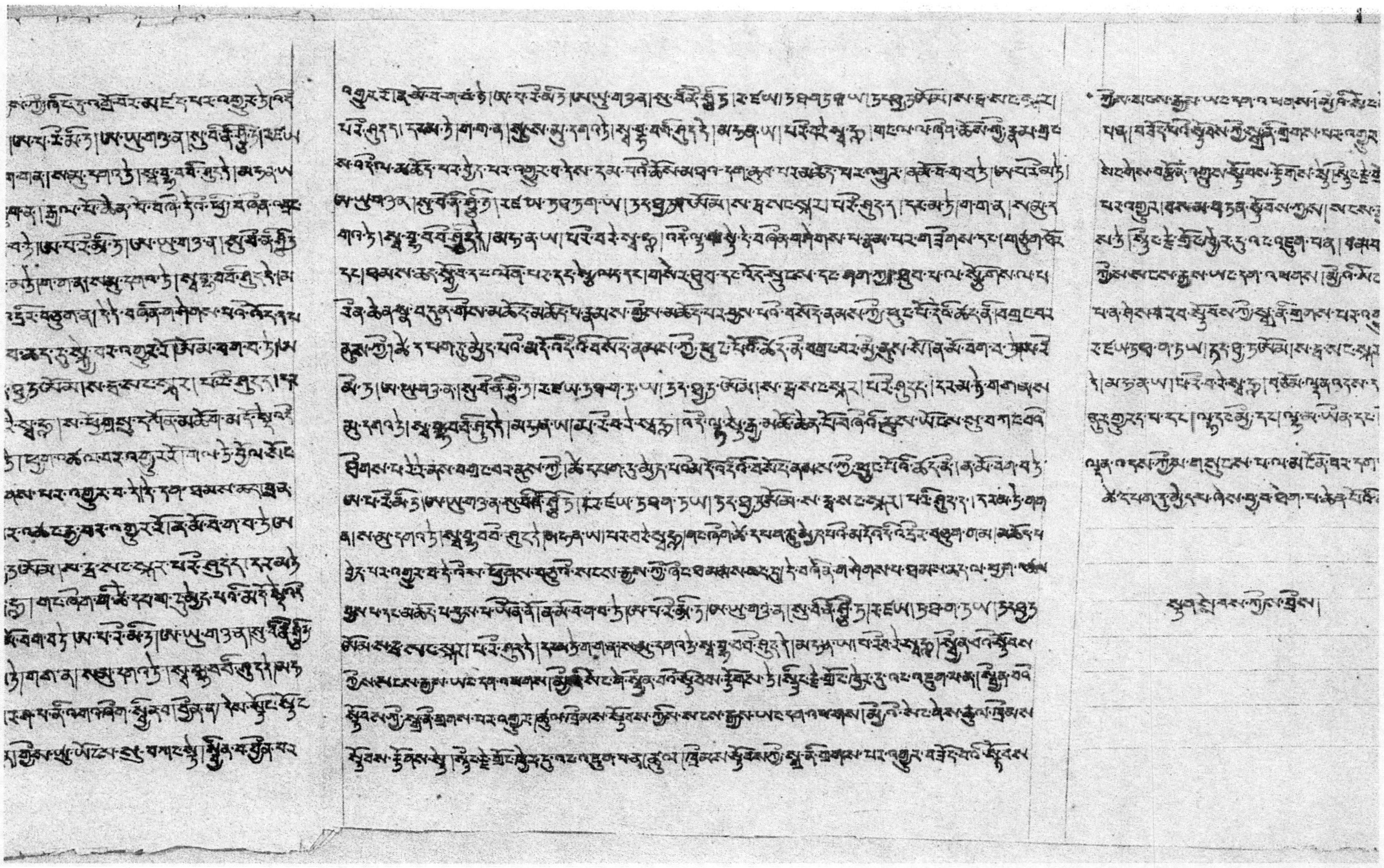

BD14288 號 1　藏文（無量壽宗要經甲本）　（24–5）

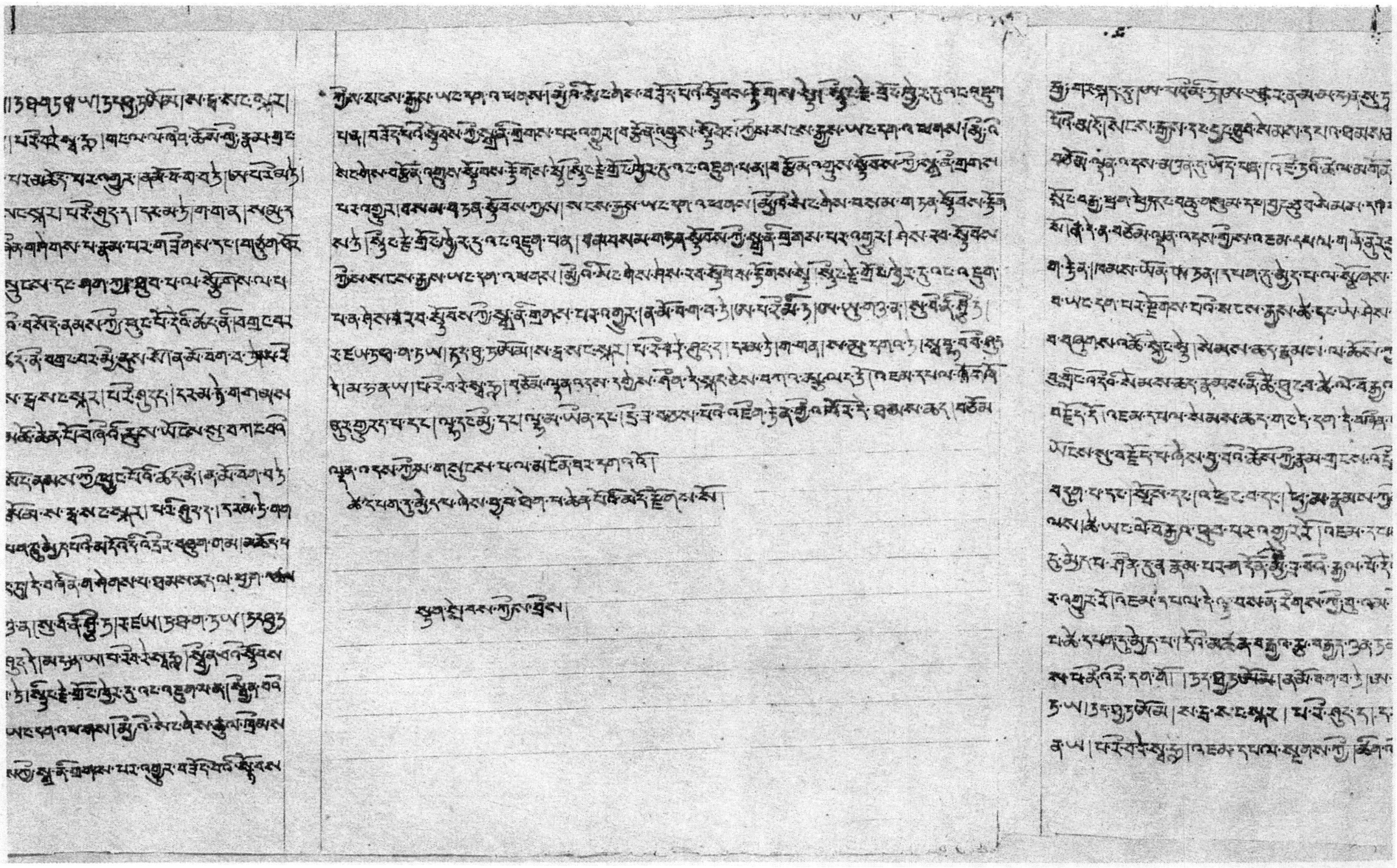

BD14288 號 1　藏文（無量壽宗要經甲本）　（24–6）

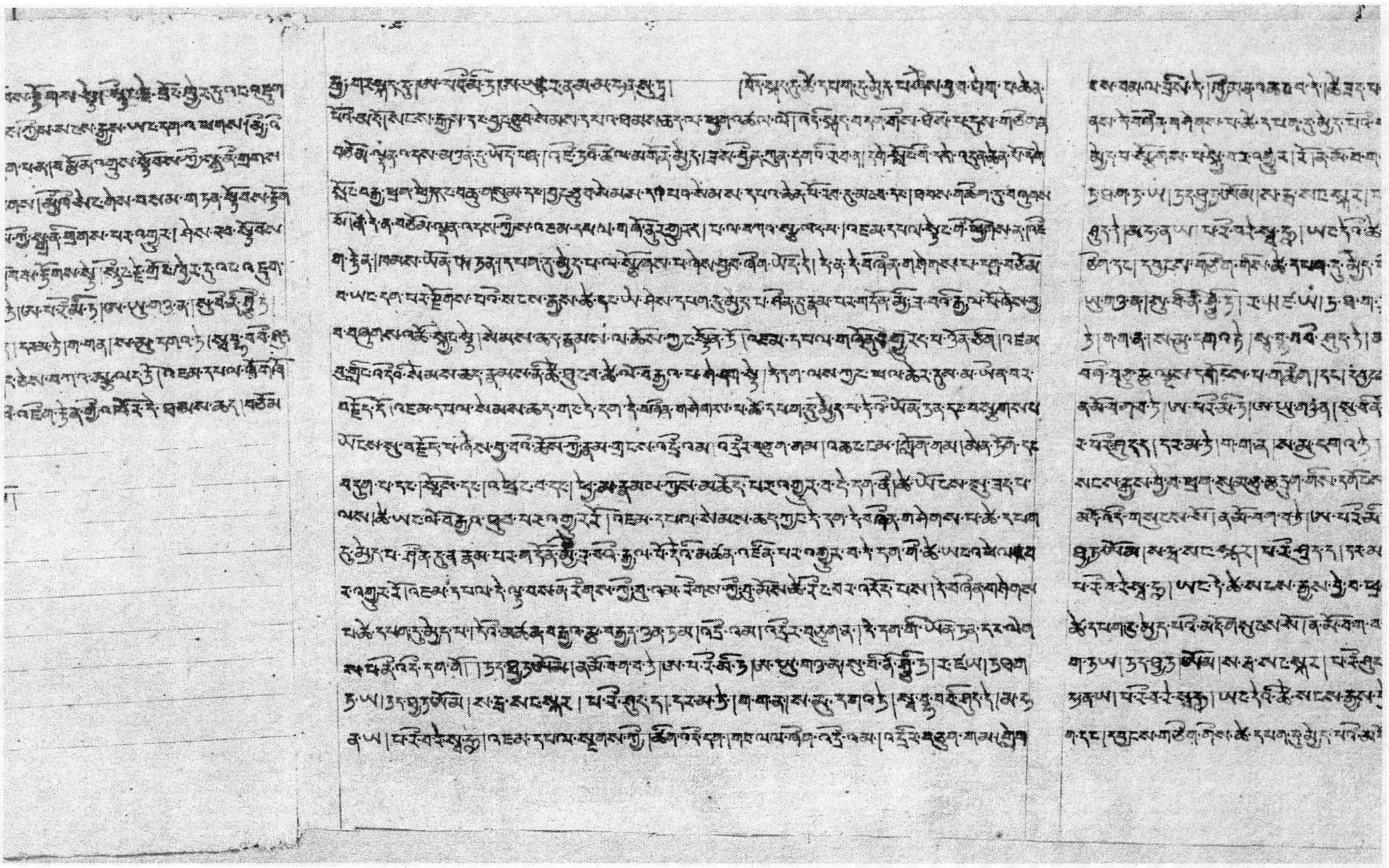

BD14288 號 2　藏文（無量壽宗要經甲本）　　（24–7）

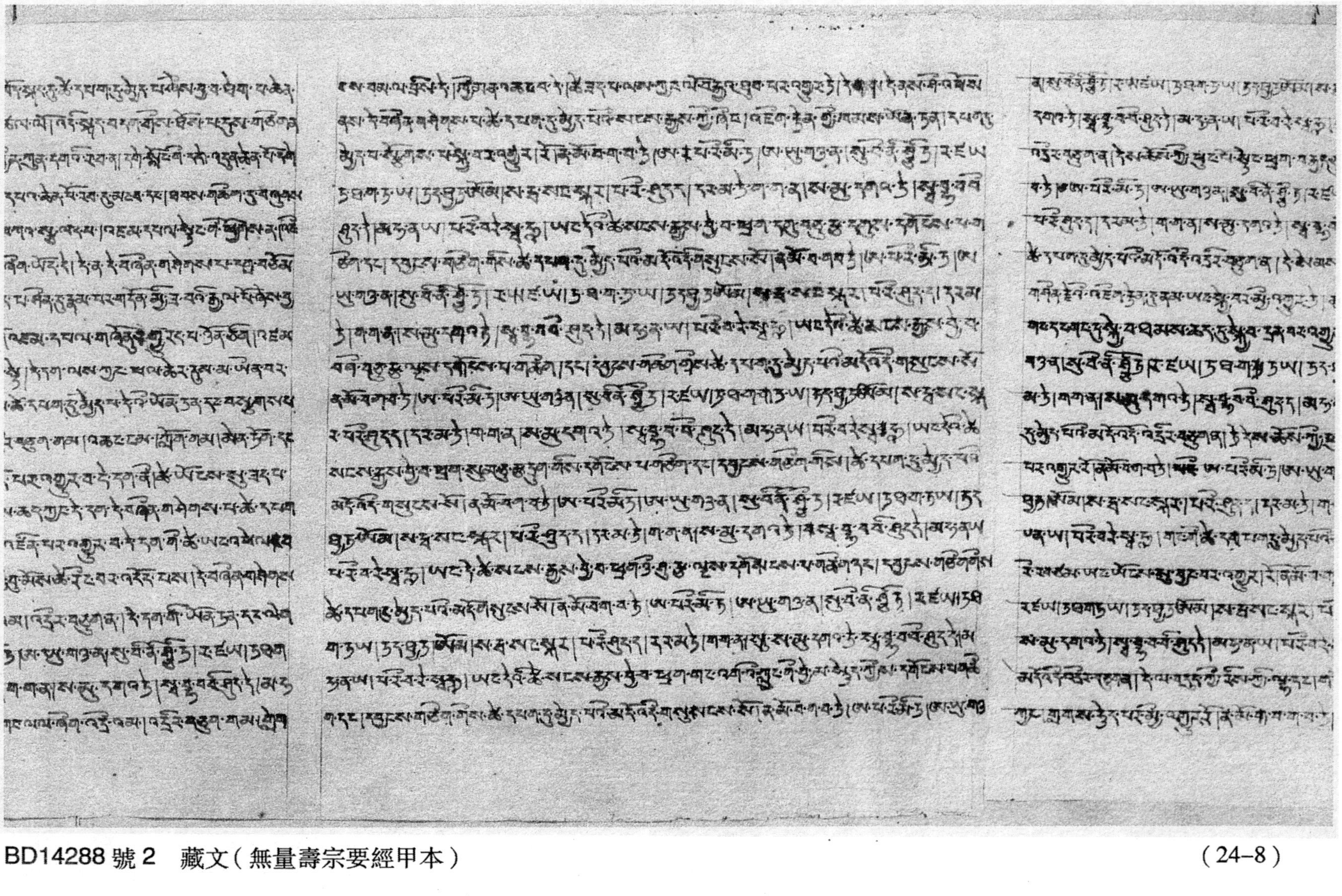

BD14288 號 2　藏文（無量壽宗要經甲本）　　（24–8）

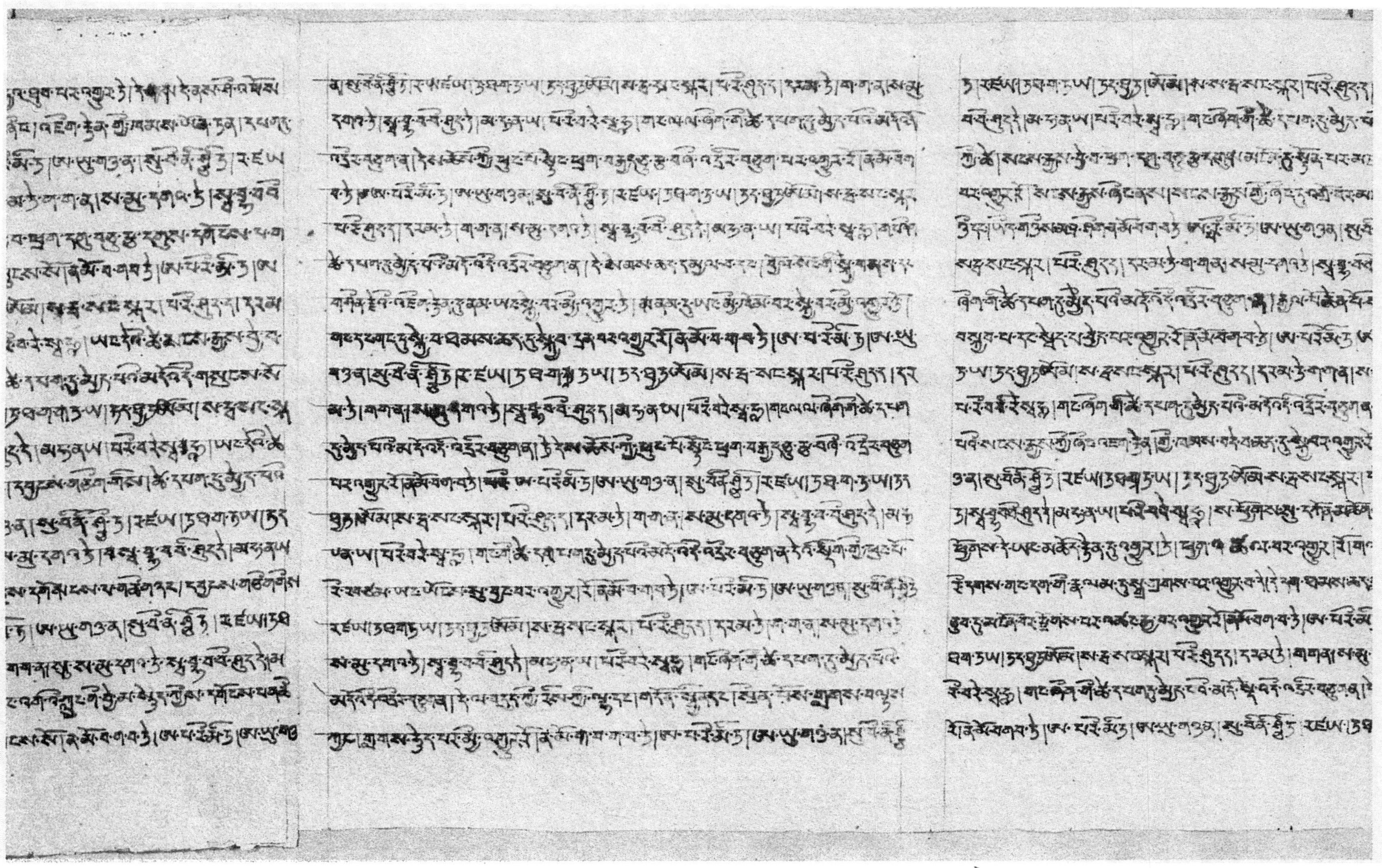

BD14288 號 2　藏文（無量壽宗要經甲本）　　（24–9）

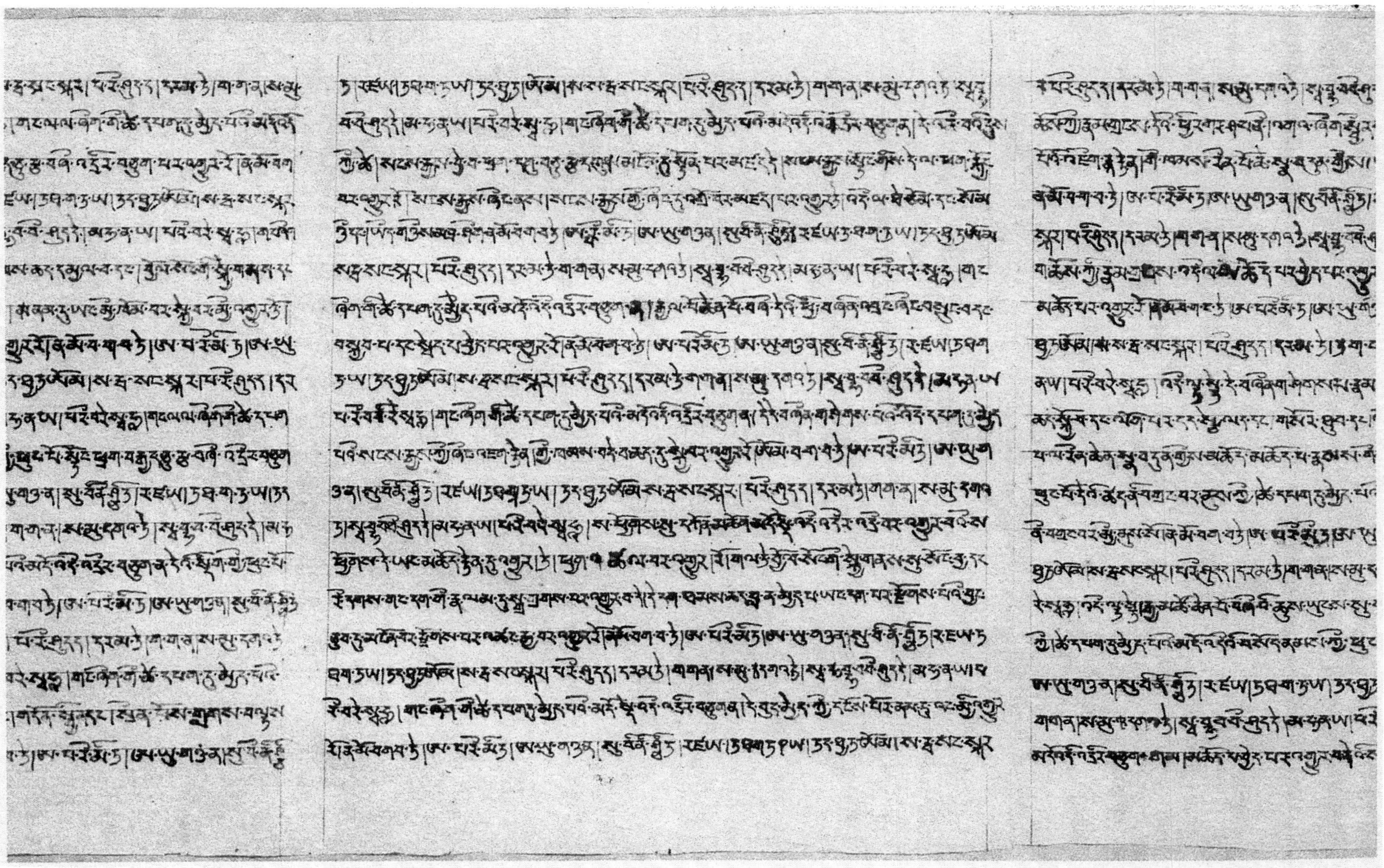

BD14288 號 2　藏文（無量壽宗要經甲本）　　（24–10）

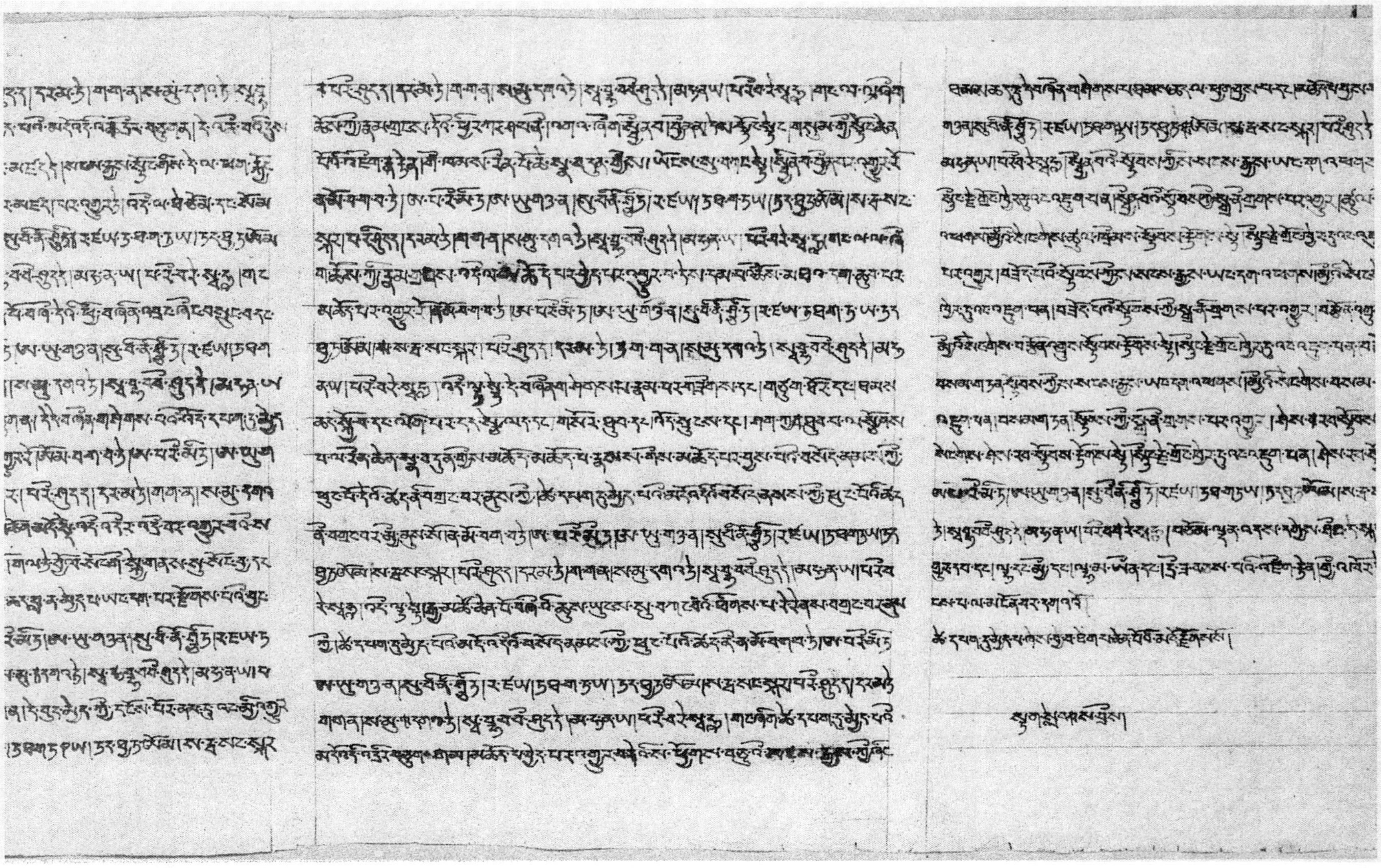

BD14288 號 2　藏文（無量壽宗要經甲本）　（24–11）

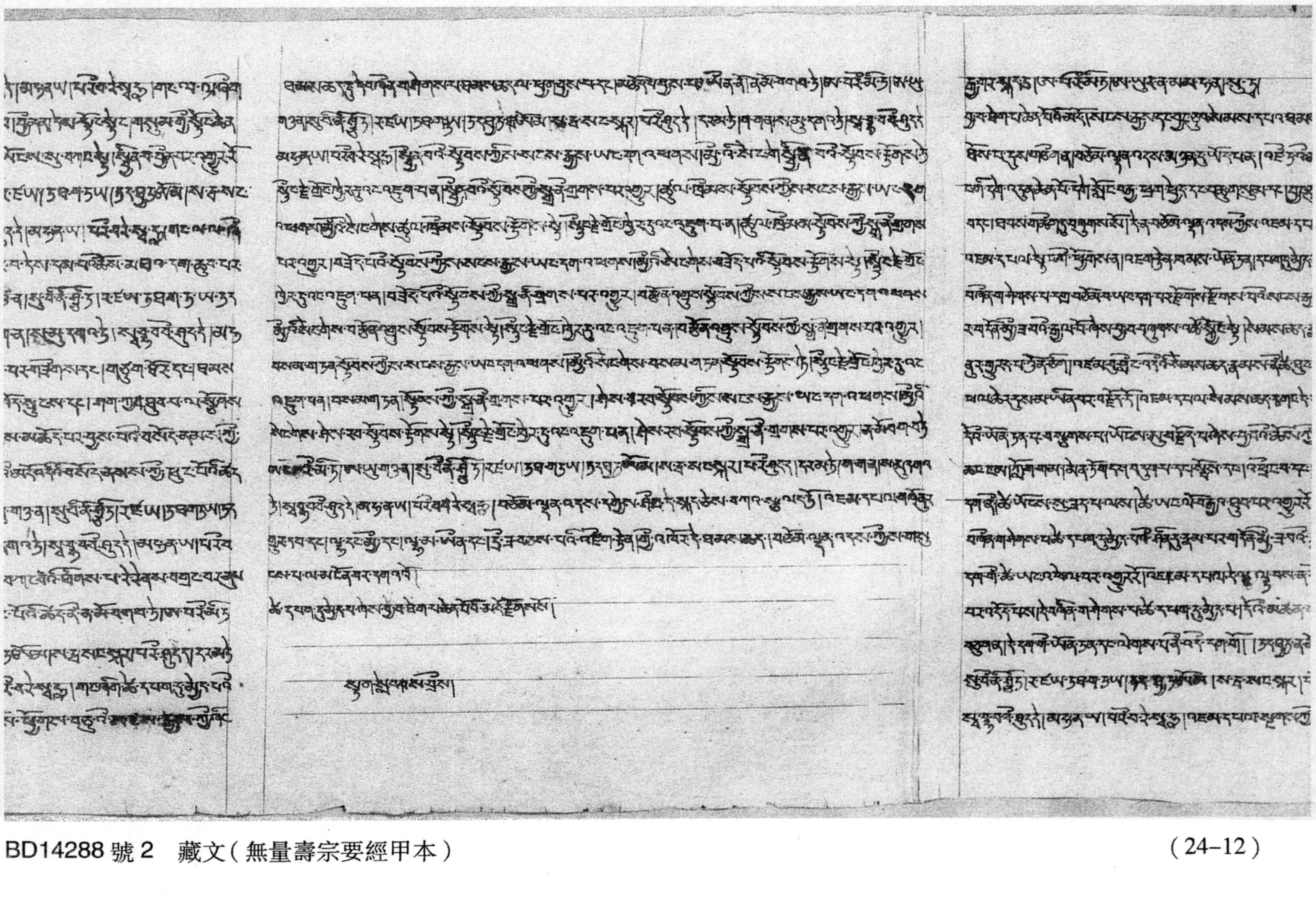

BD14288 號 2　藏文（無量壽宗要經甲本）　（24–12）

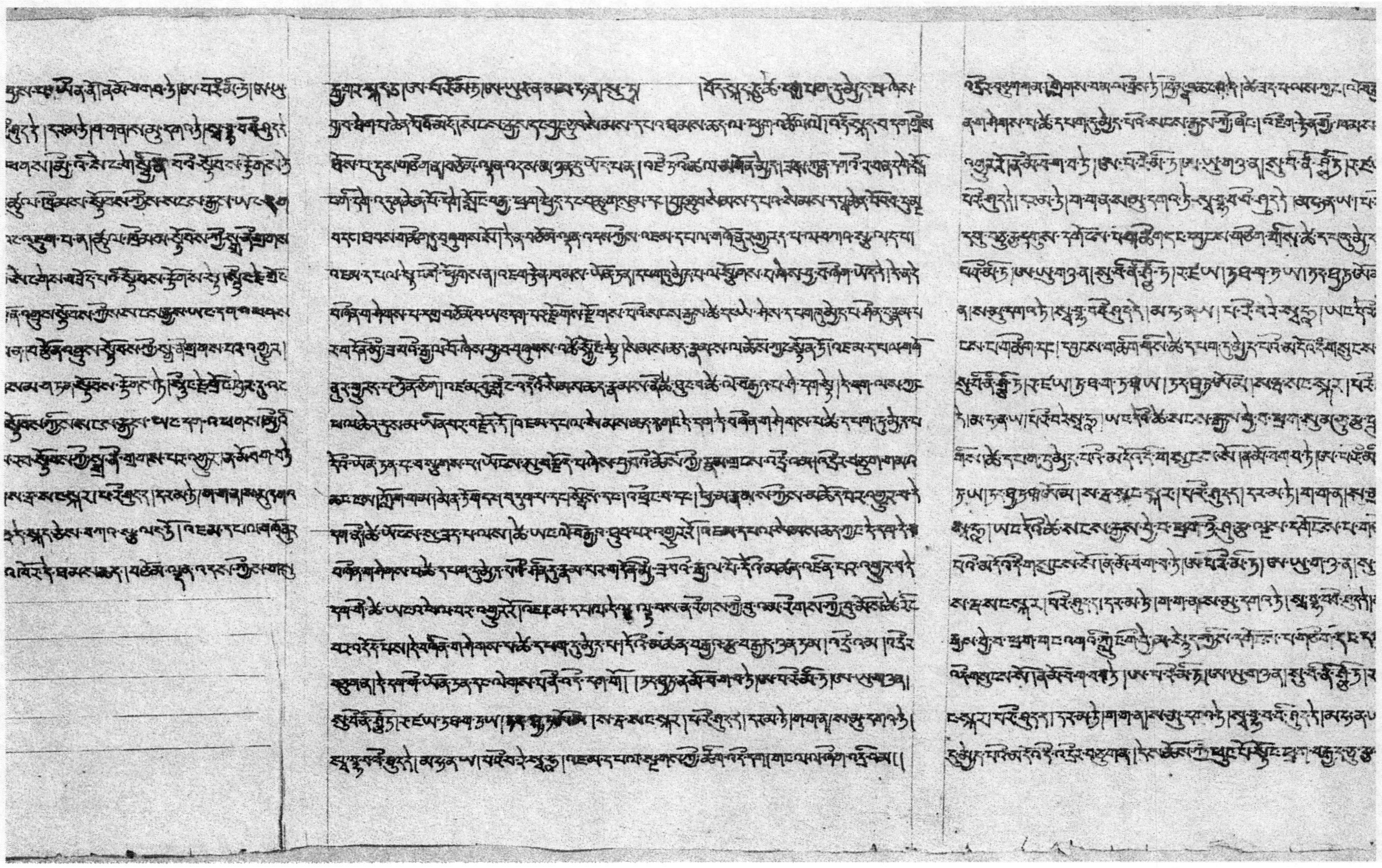

BD14288 號 3　藏文（無量壽宗要經甲本）　（24–13）

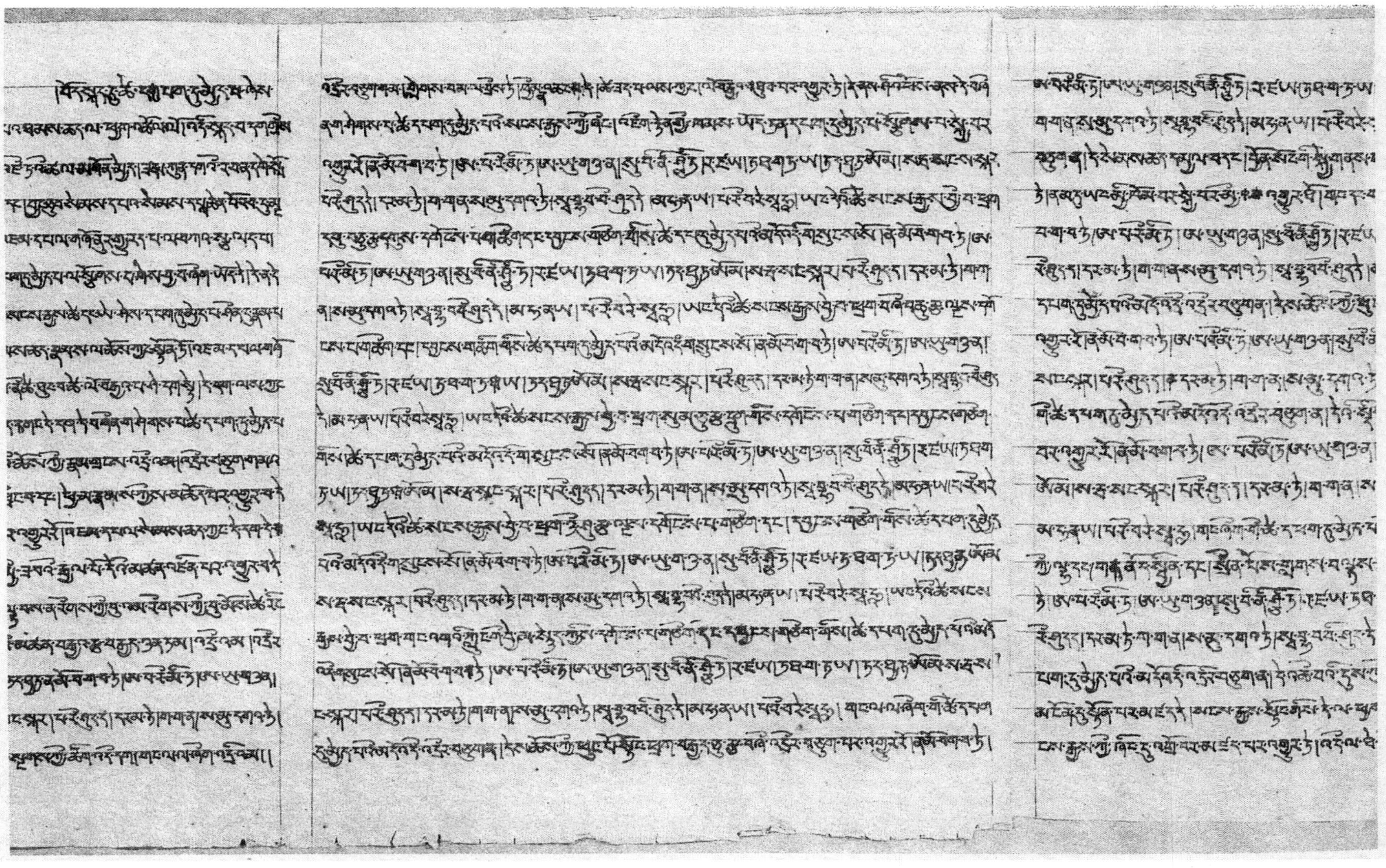

BD14288 號 3　藏文（無量壽宗要經甲本）　（24–14）

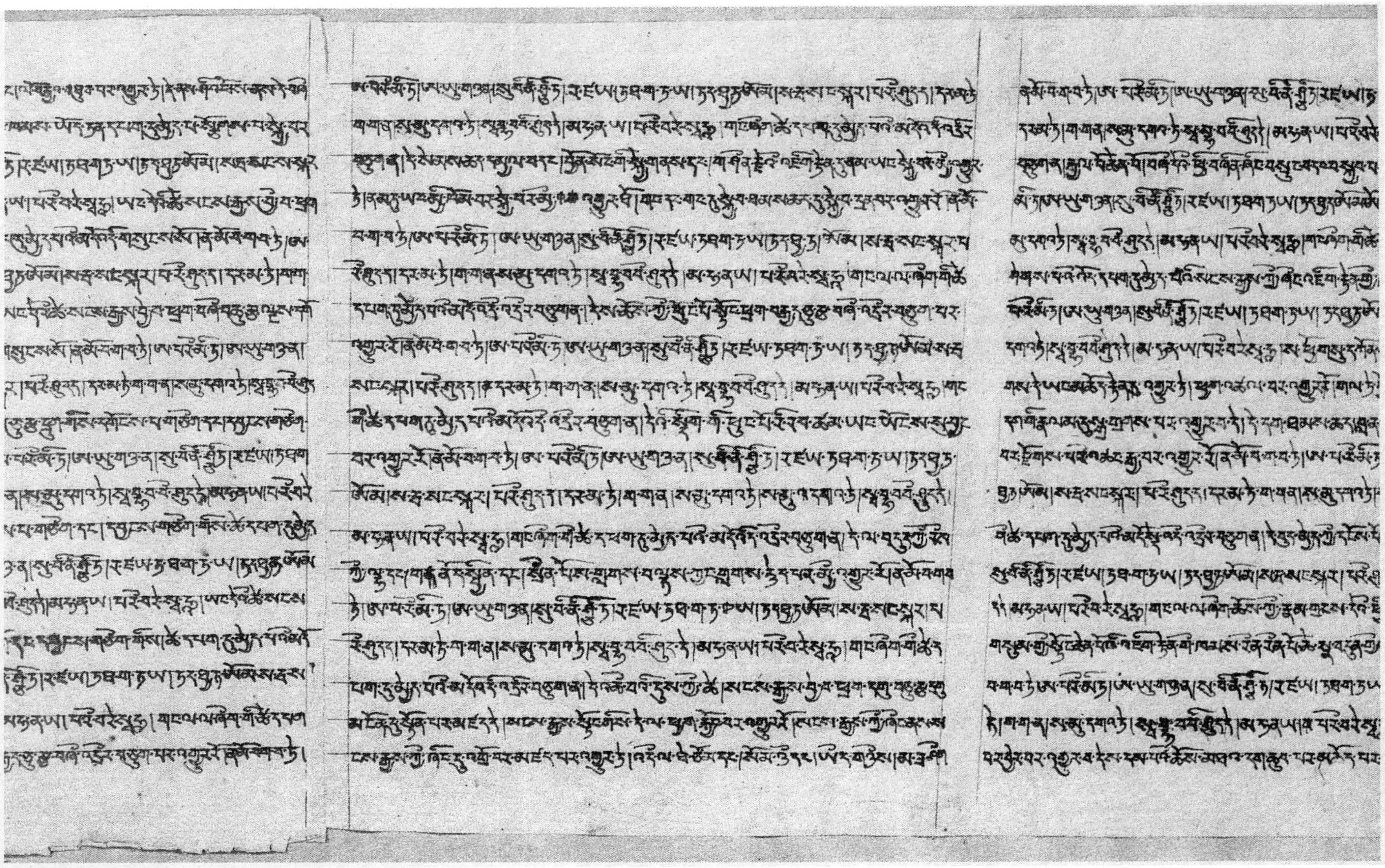

BD14288 號 3　藏文（無量壽宗要經甲本）　　（24–15）

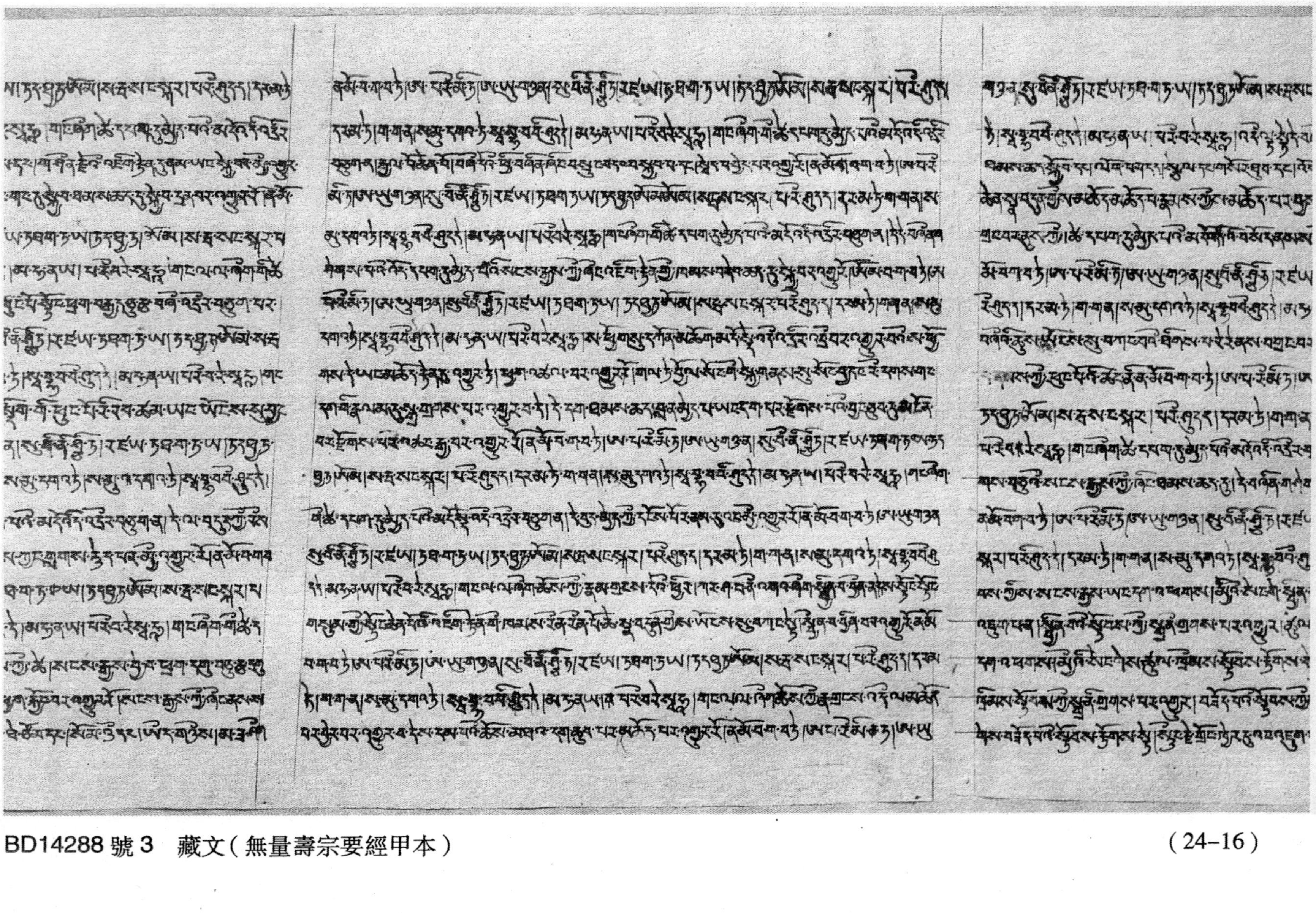

BD14288 號 3　藏文（無量壽宗要經甲本）　　（24–16）

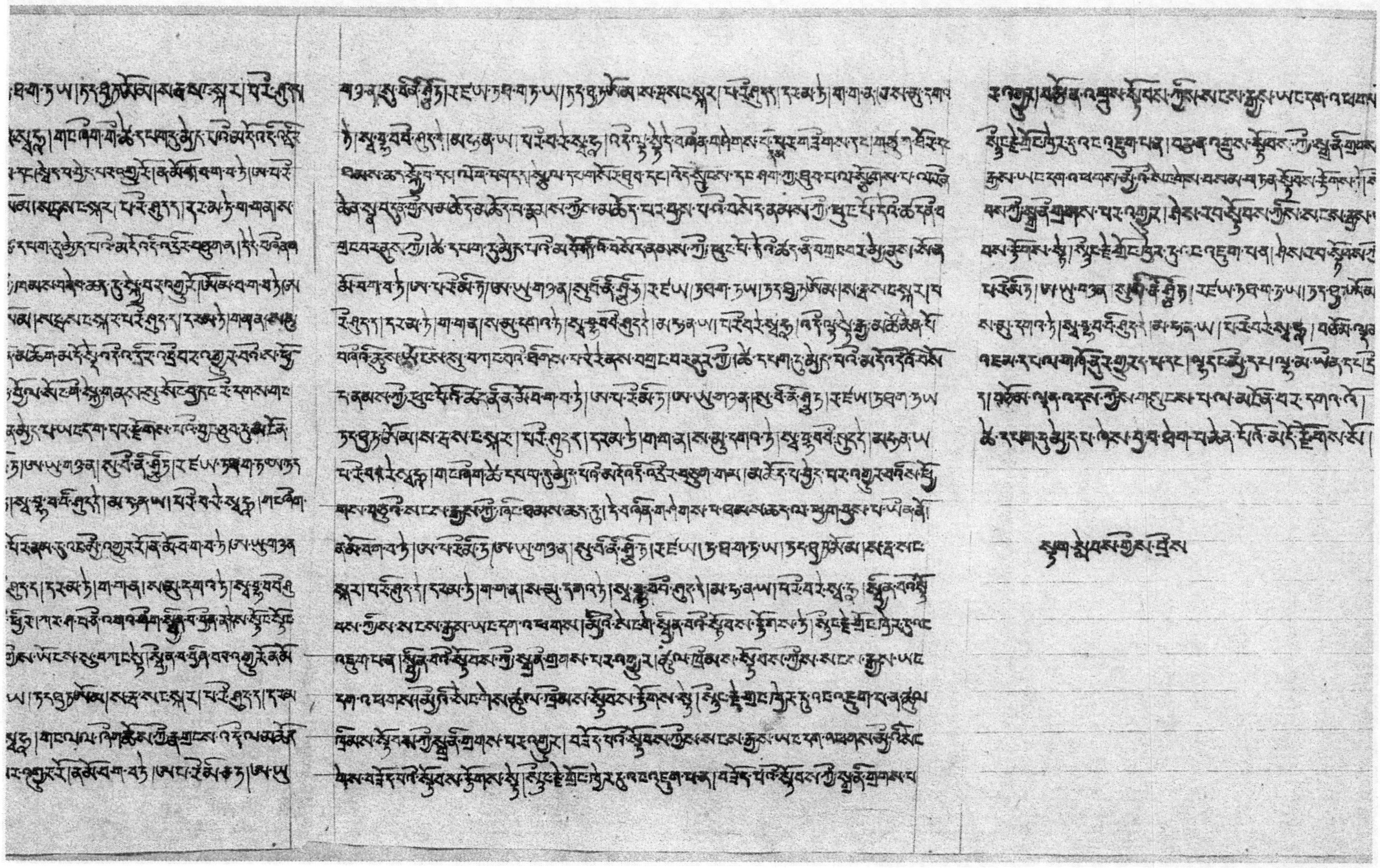

BD14288 號 3　藏文（無量壽宗要經甲本）　　（24–17）

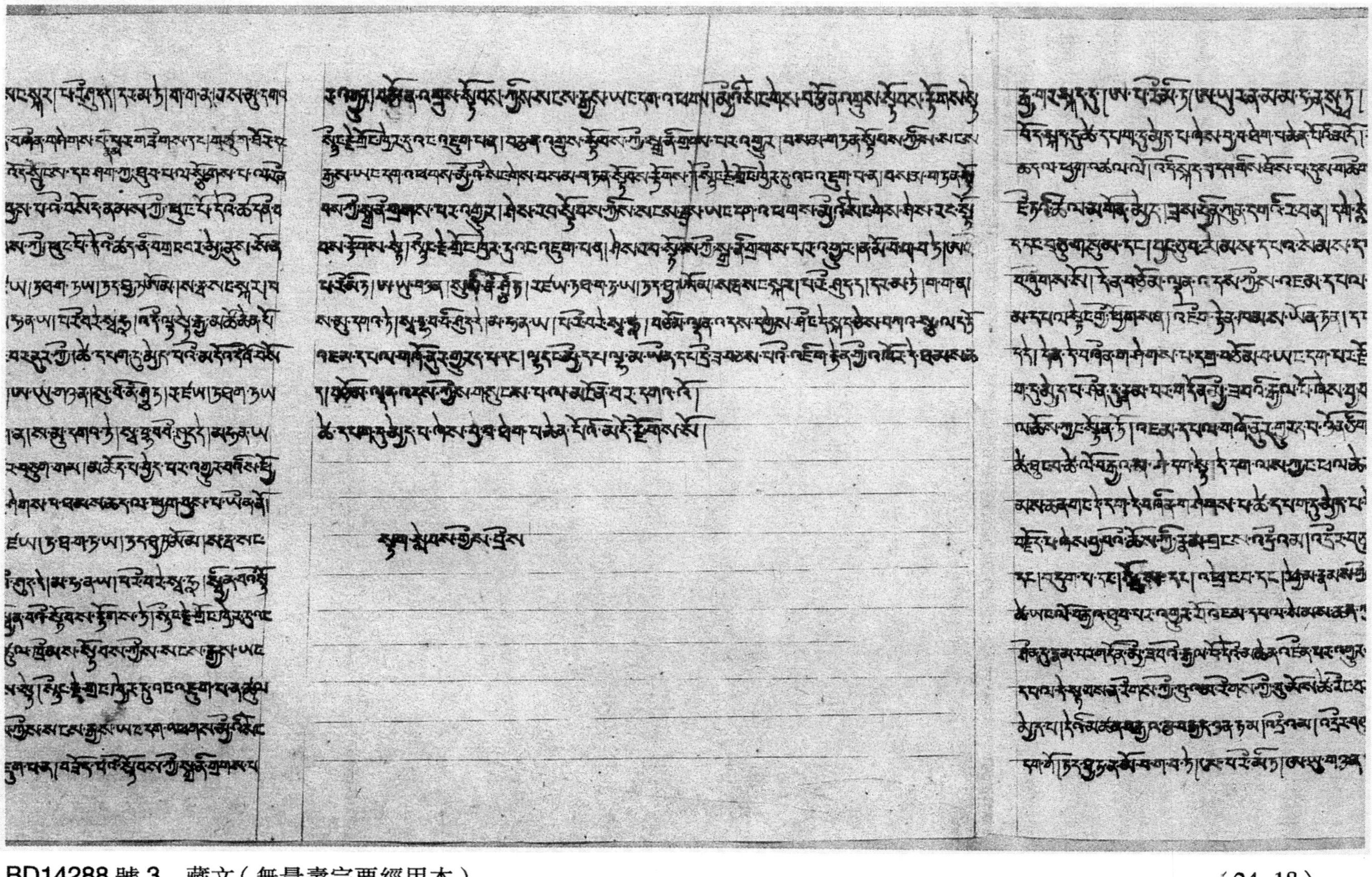

BD14288 號 3　藏文（無量壽宗要經甲本）　　（24–18）

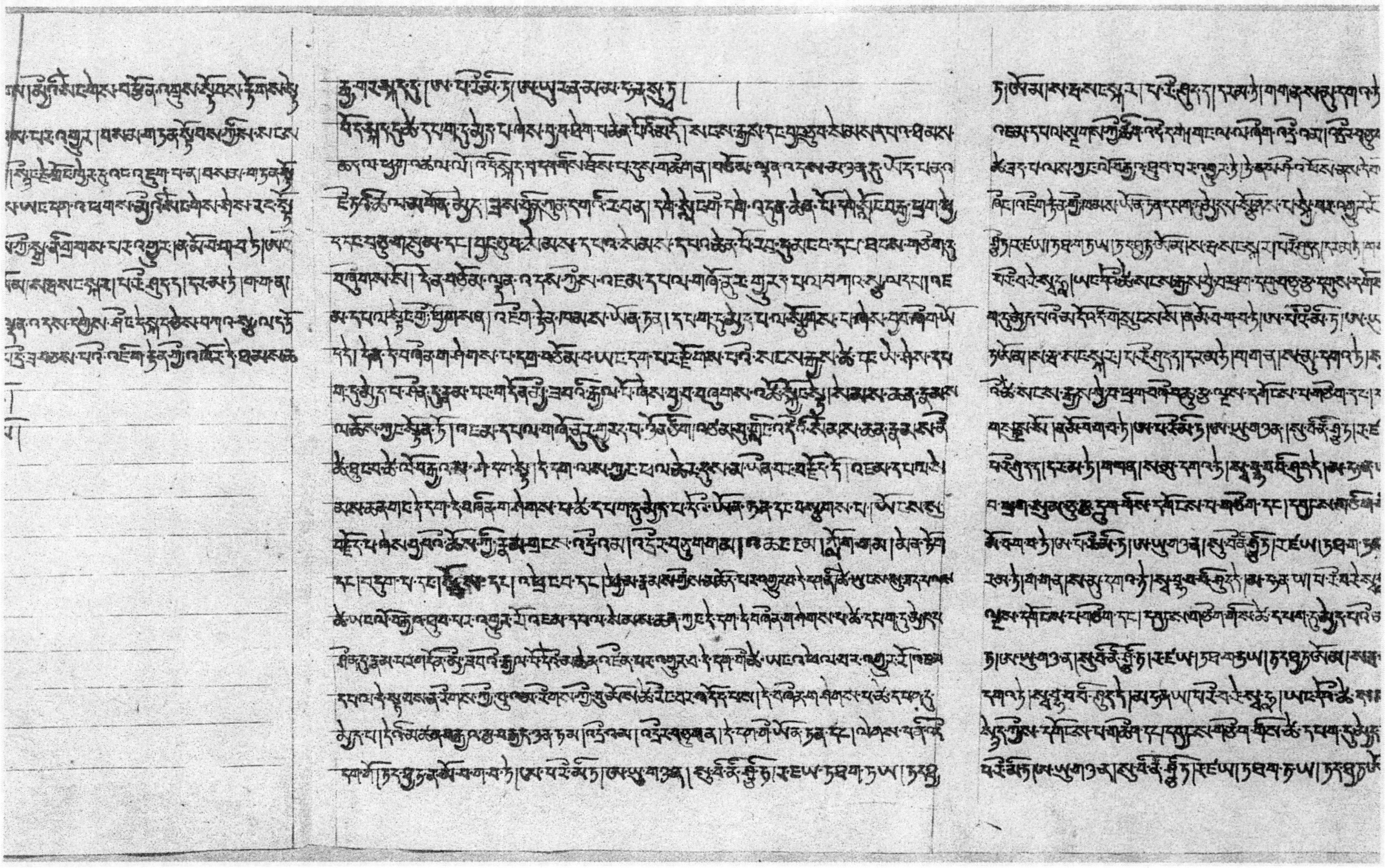

BD14288 號 4　藏文（無量壽宗要經甲本）　　　　（24–19）

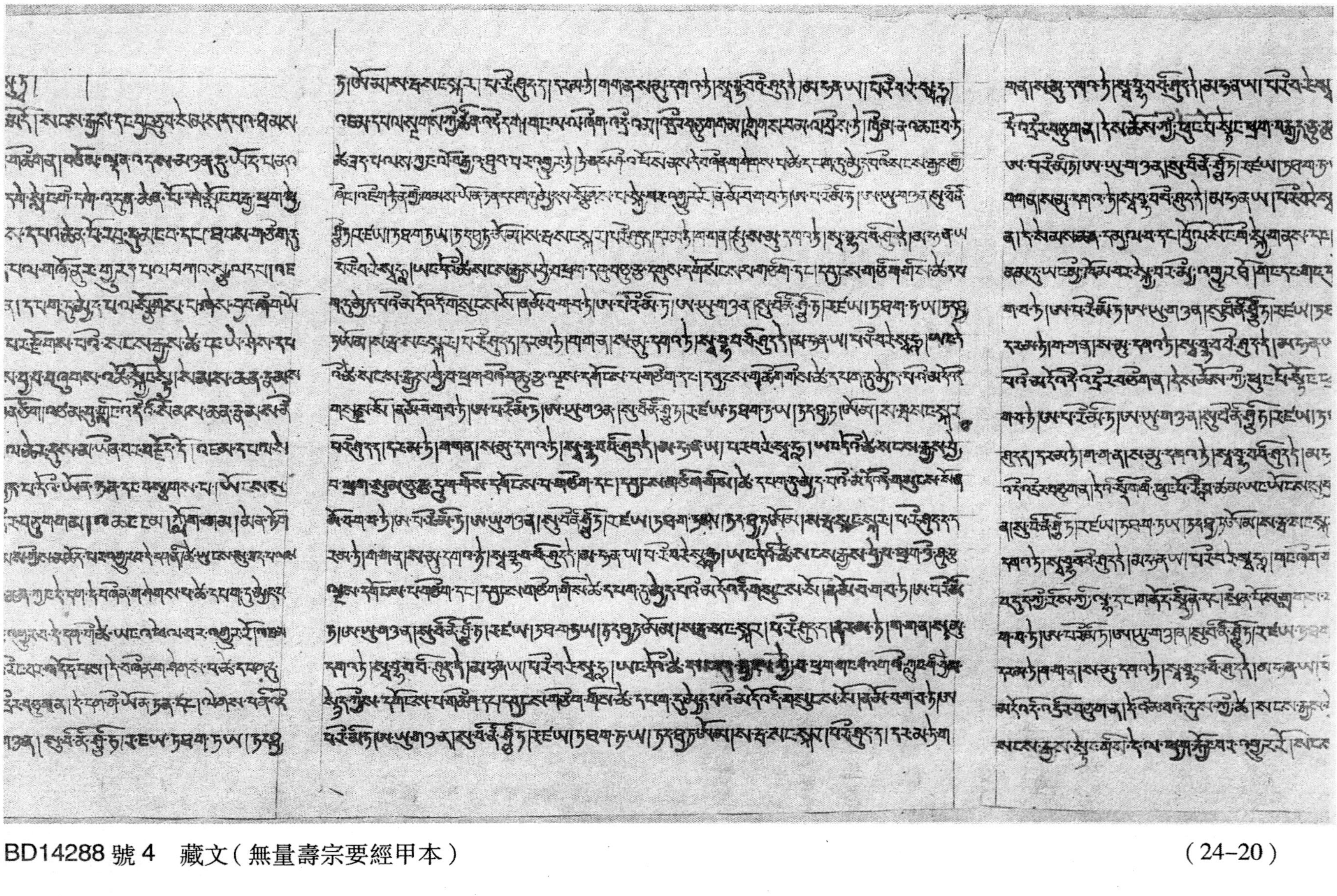

BD14288 號 4　藏文（無量壽宗要經甲本）　　　　（24–20）

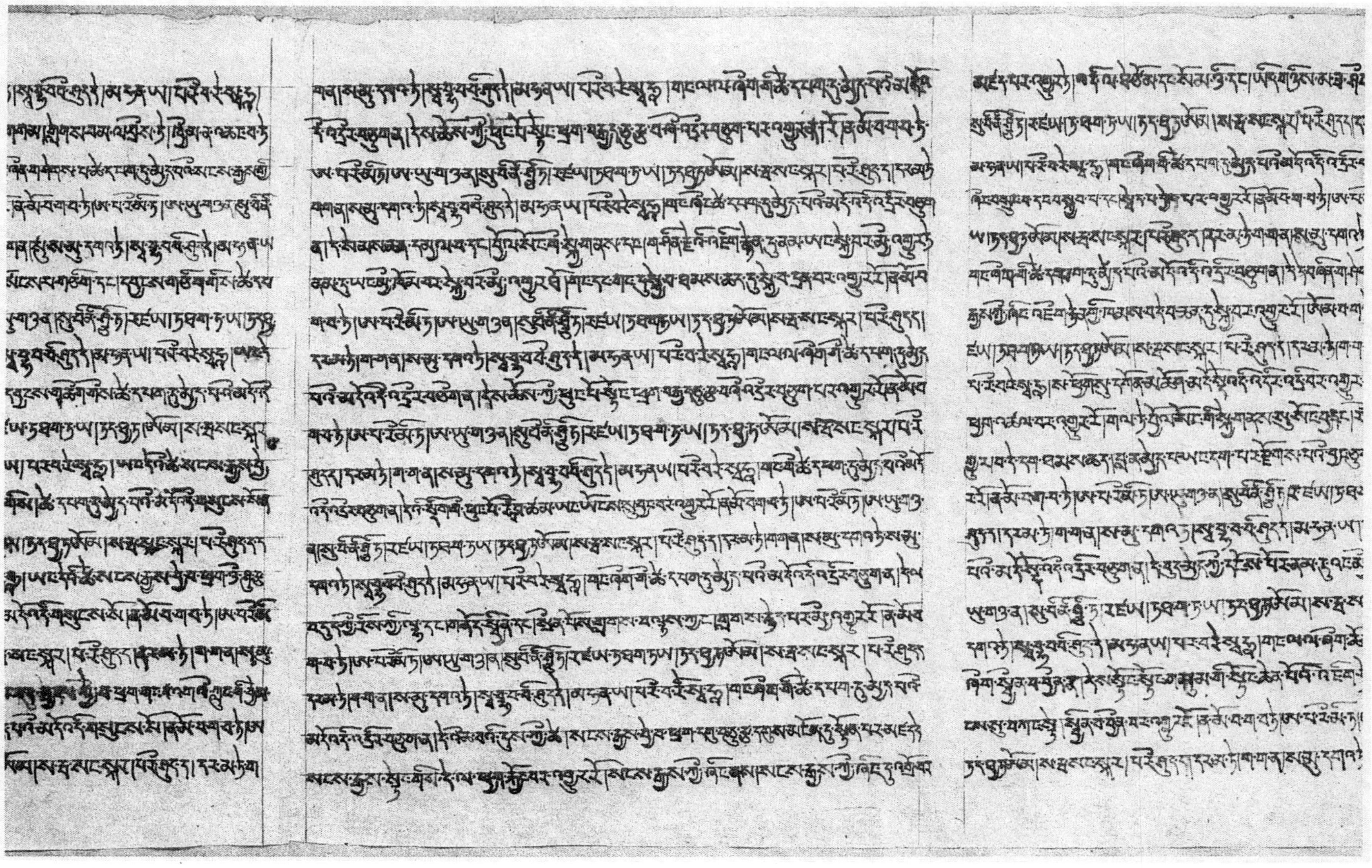

BD14288 號 4　藏文（無量壽宗要經甲本）　　（24–21）

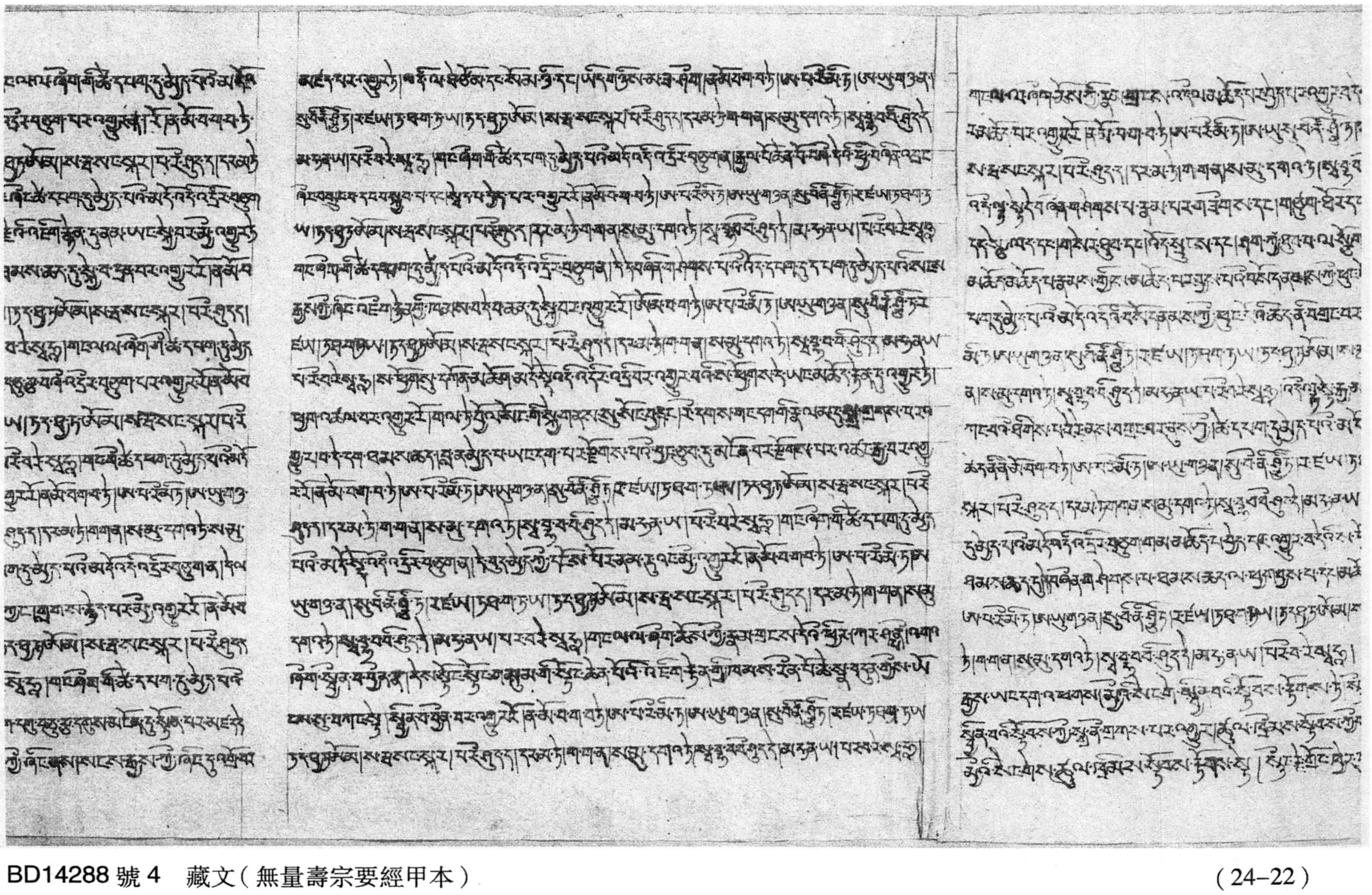

BD14288 號 4　藏文（無量壽宗要經甲本）　　（24–22）

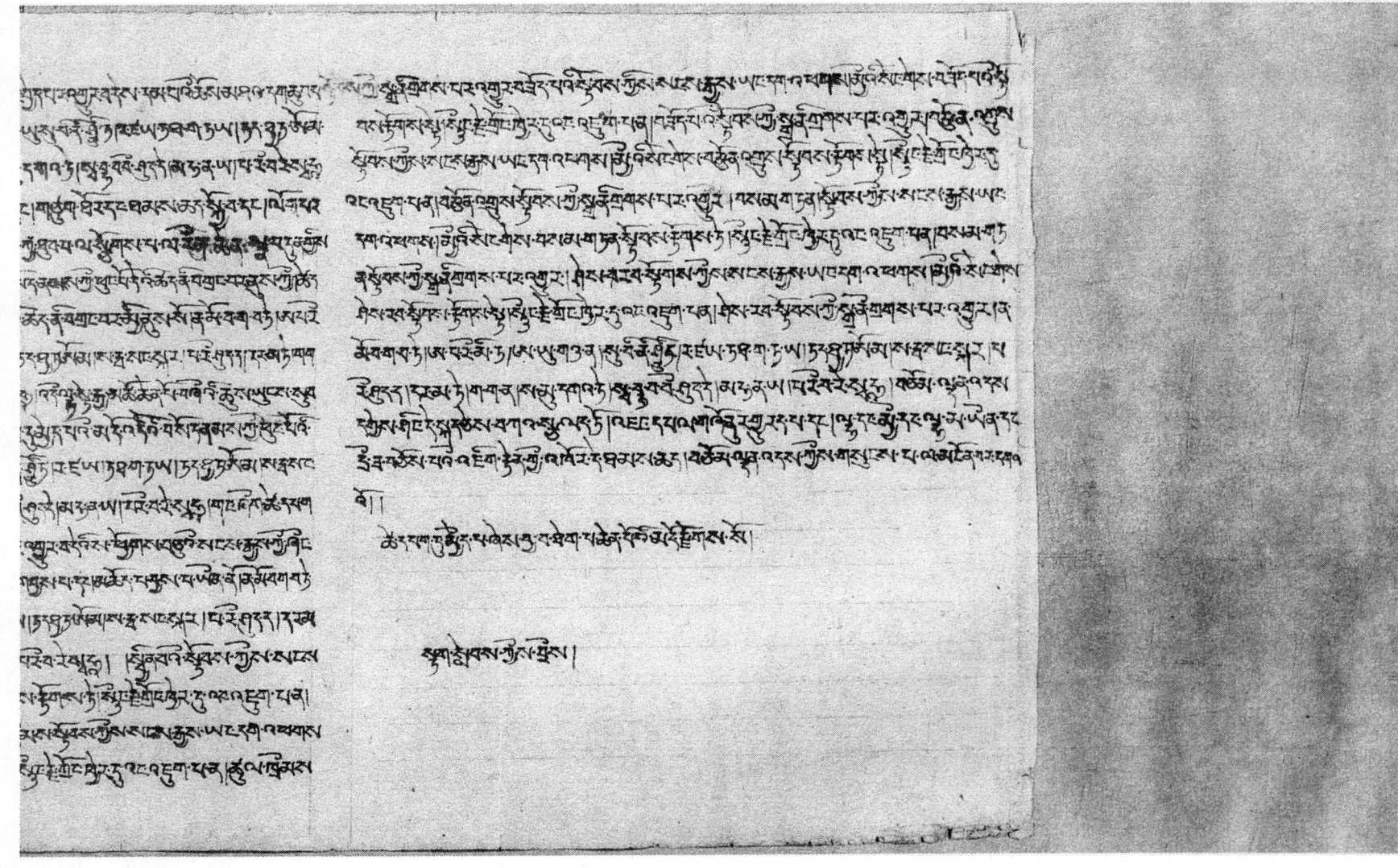

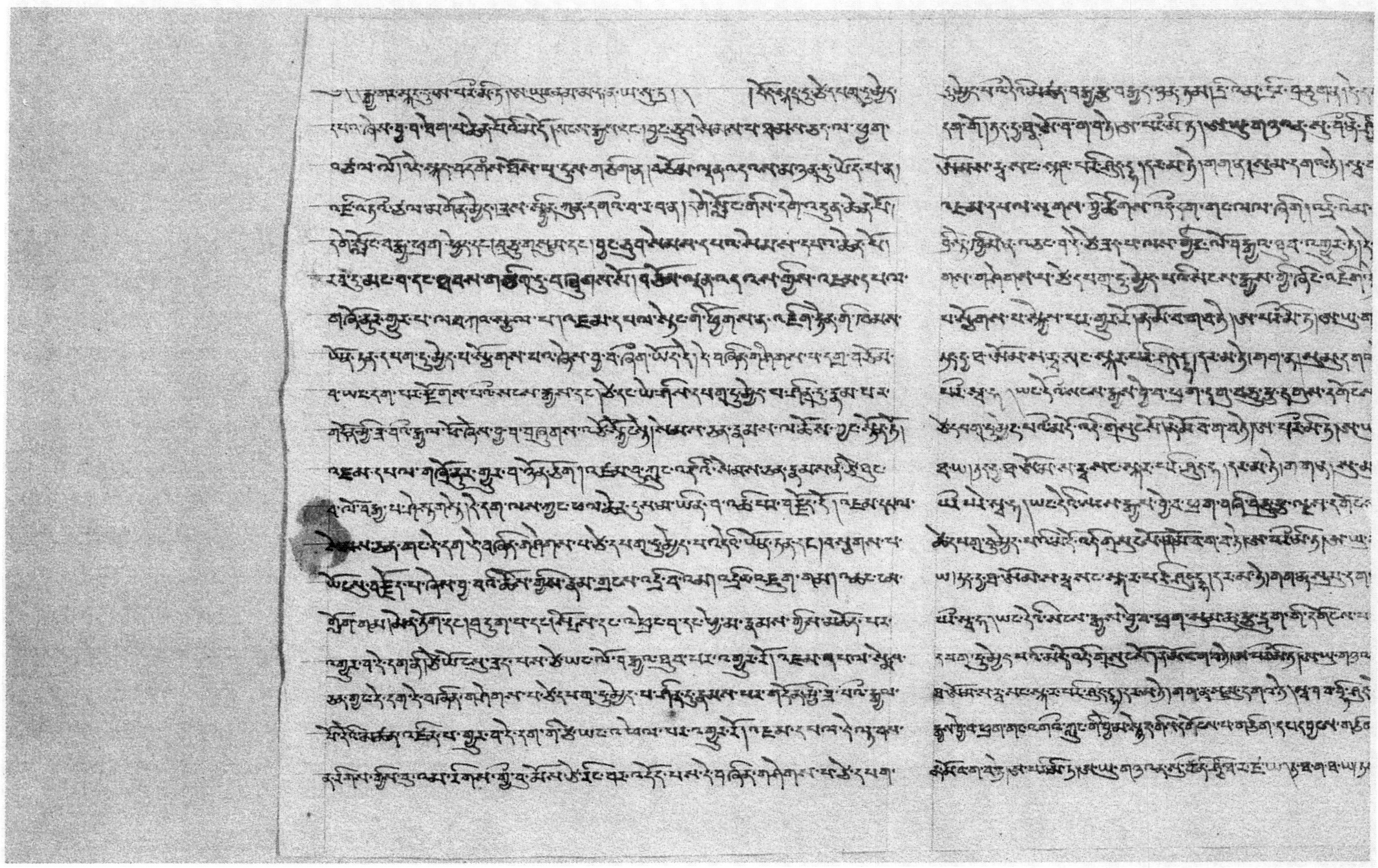

BD14289 號　藏文（無量壽宗要經甲本）　（6–1）

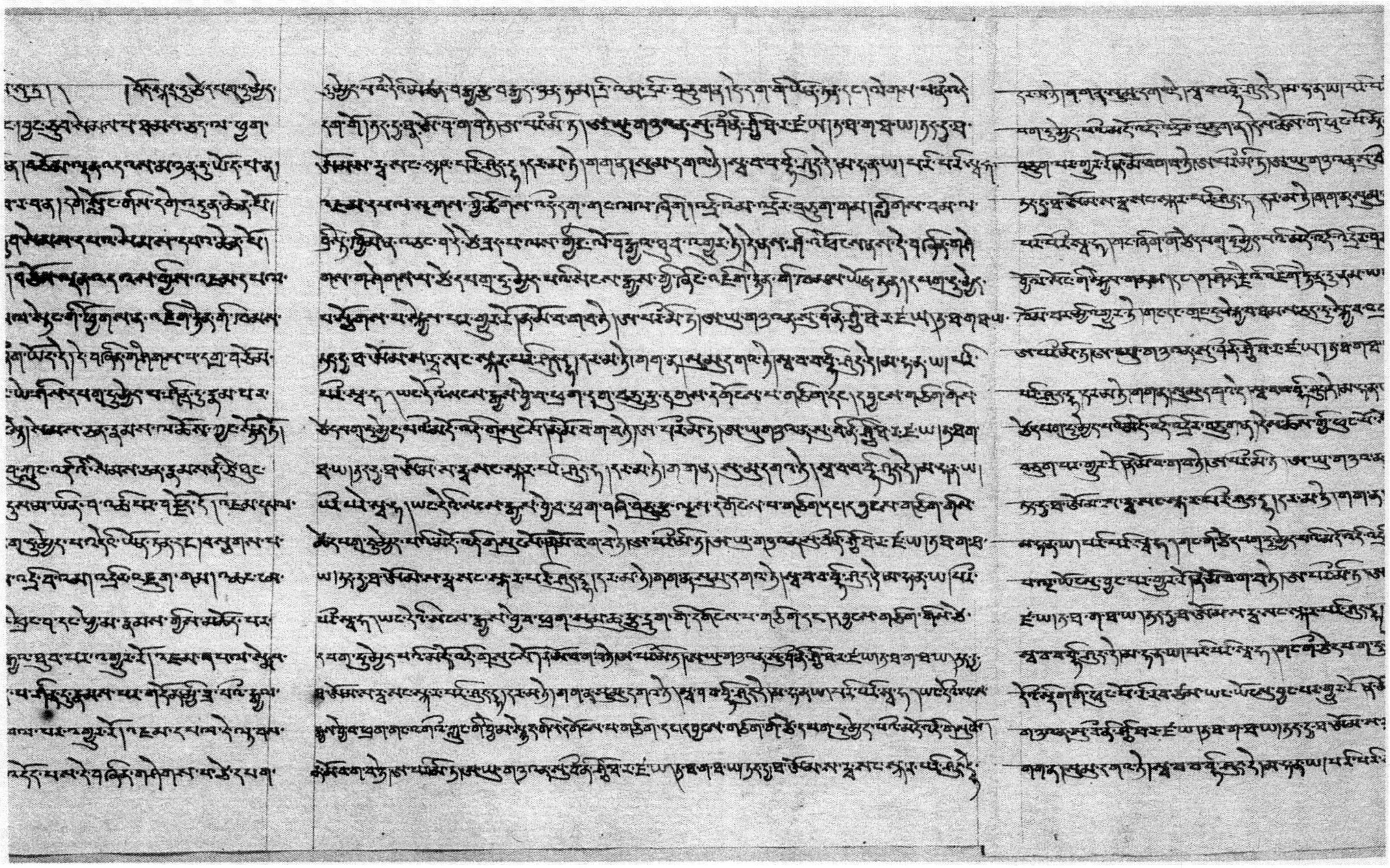

BD14289 號　藏文（無量壽宗要經甲本）　（6–2）

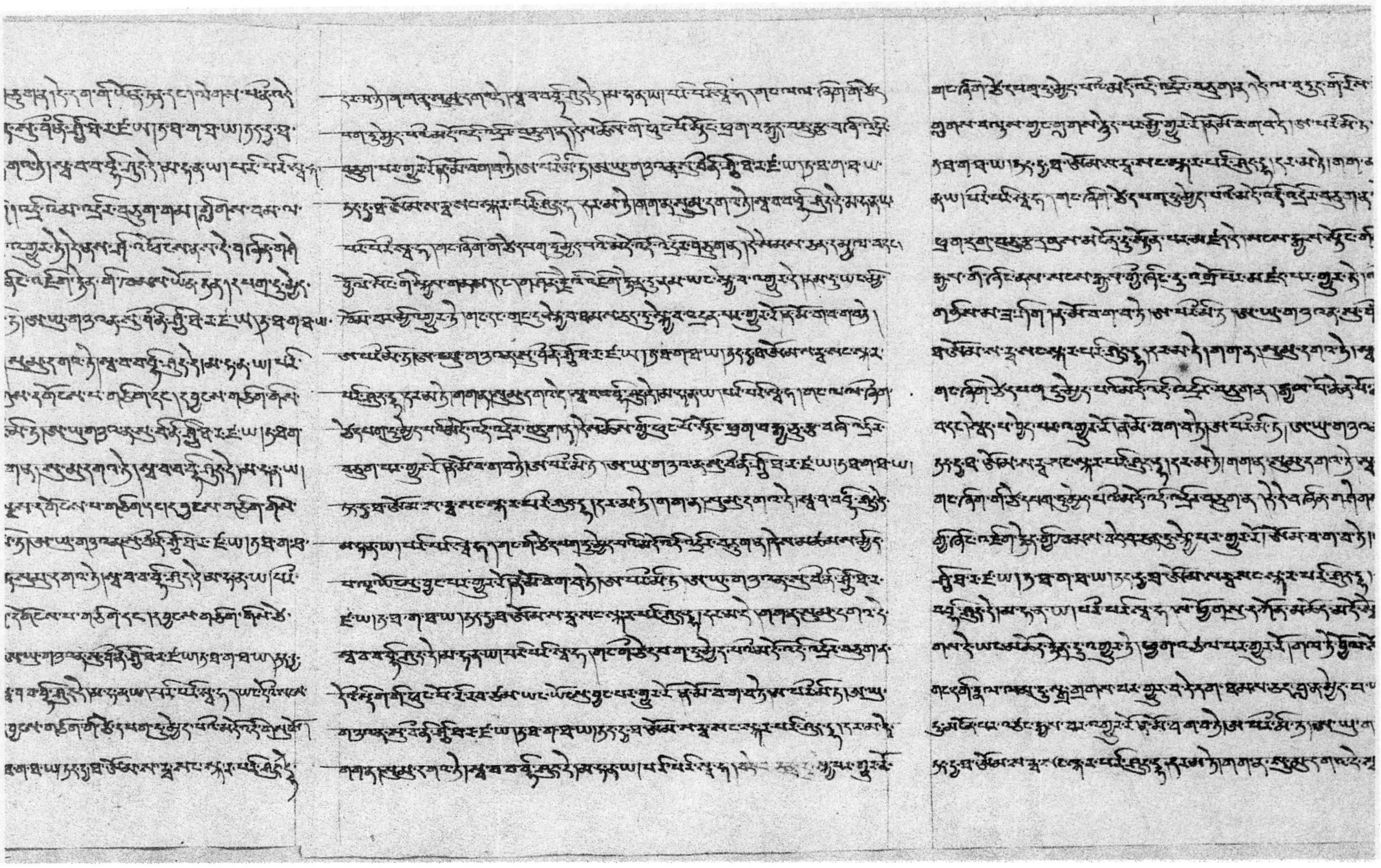

BD14289 號　藏文（無量壽宗要經甲本）　　（6–3）

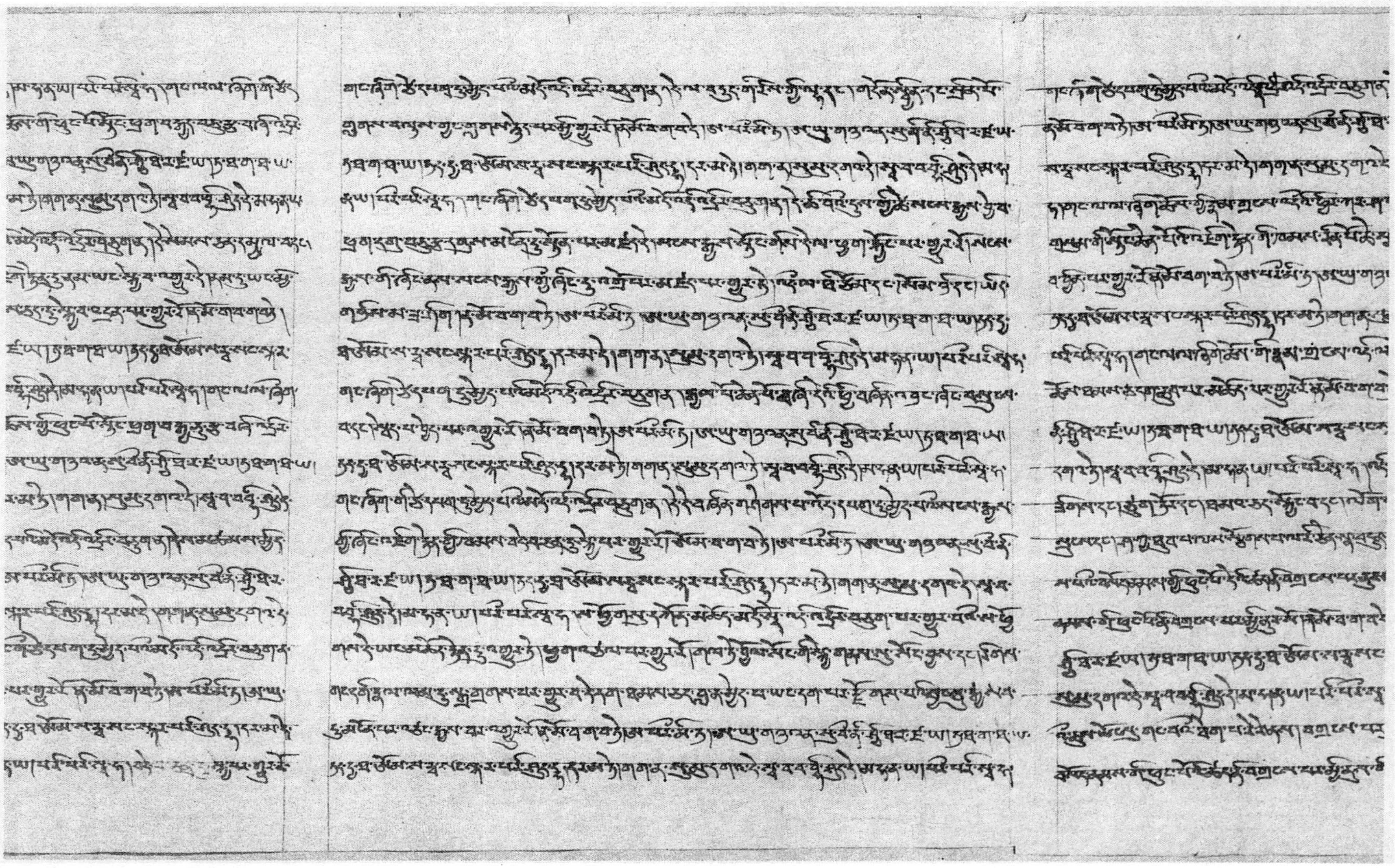

BD14289 號　藏文（無量壽宗要經甲本）　　（6–4）

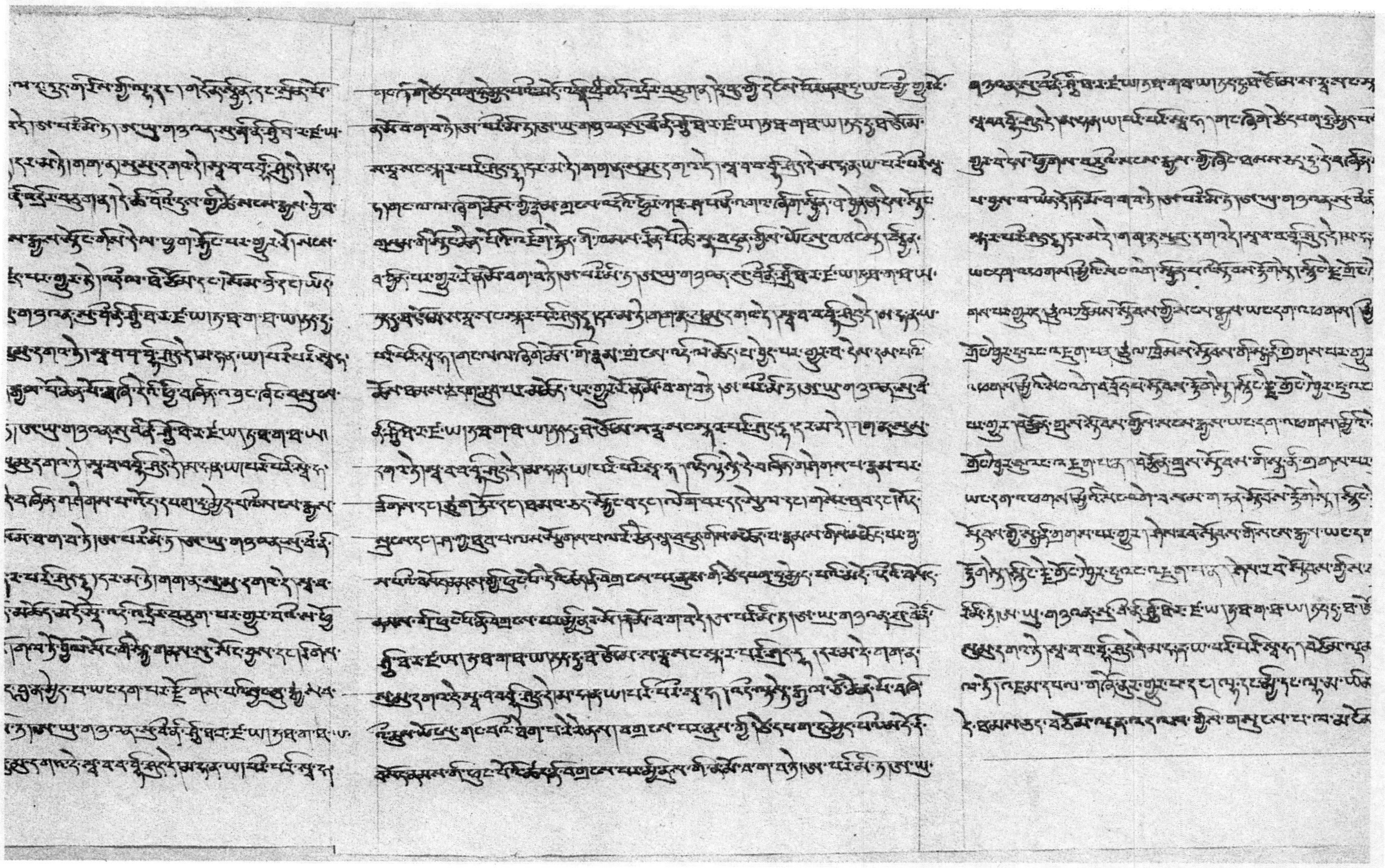

BD14289號　藏文（無量壽宗要經甲本）　（6–5）

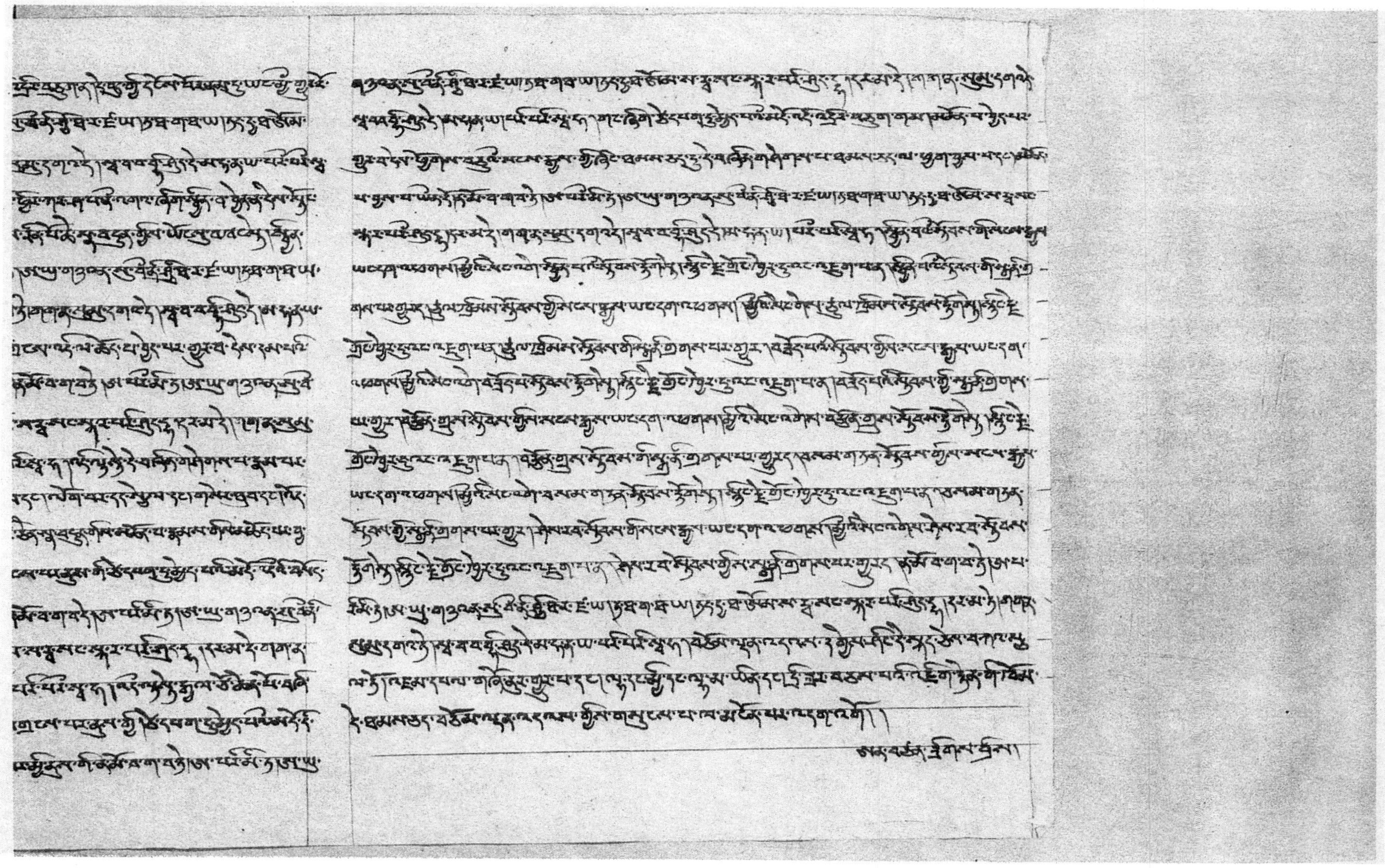

BD14289號　藏文（無量壽宗要經甲本）　（6–6）

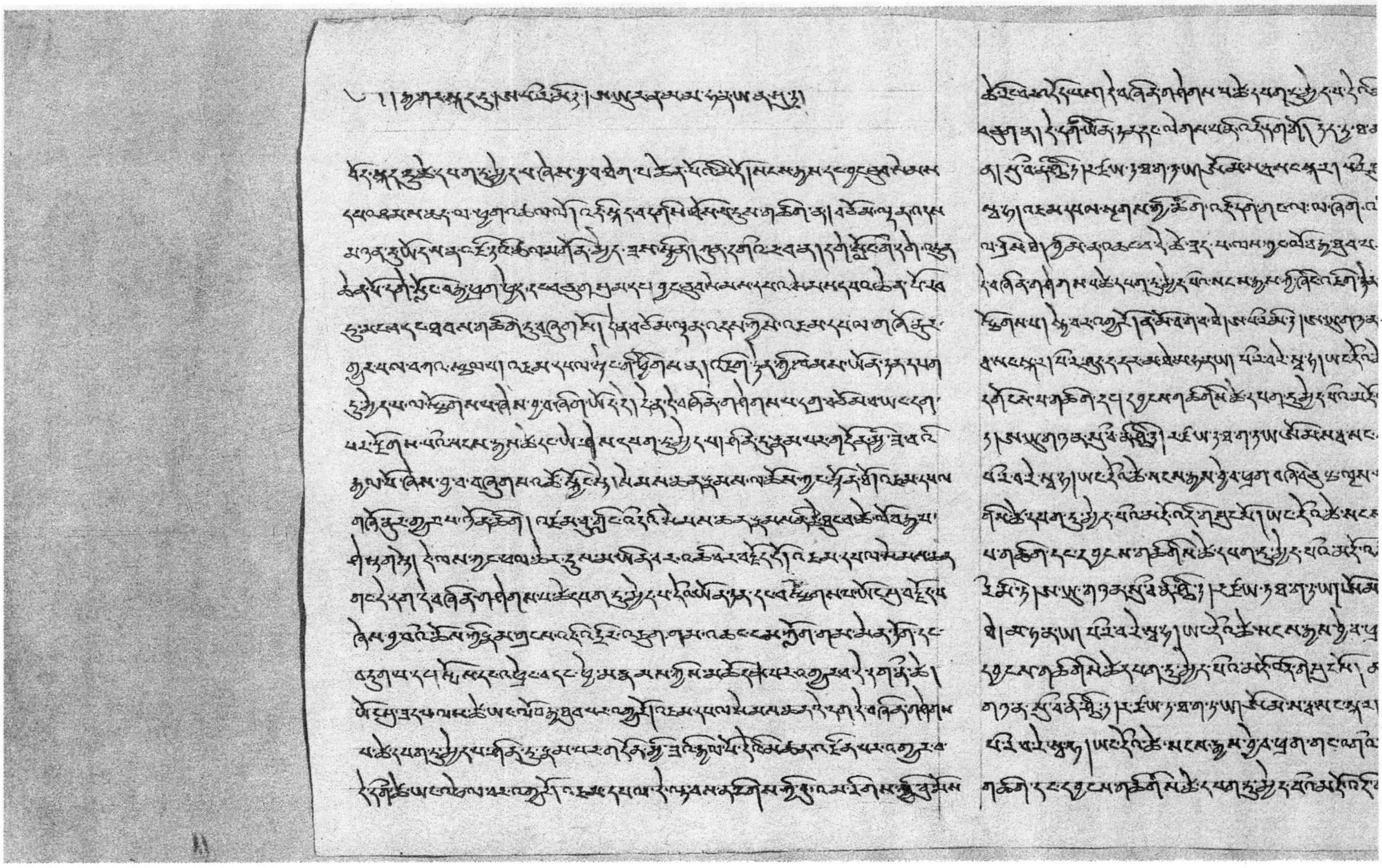

BD14290 號　藏文（無量壽宗要經乙本）　（6–1）

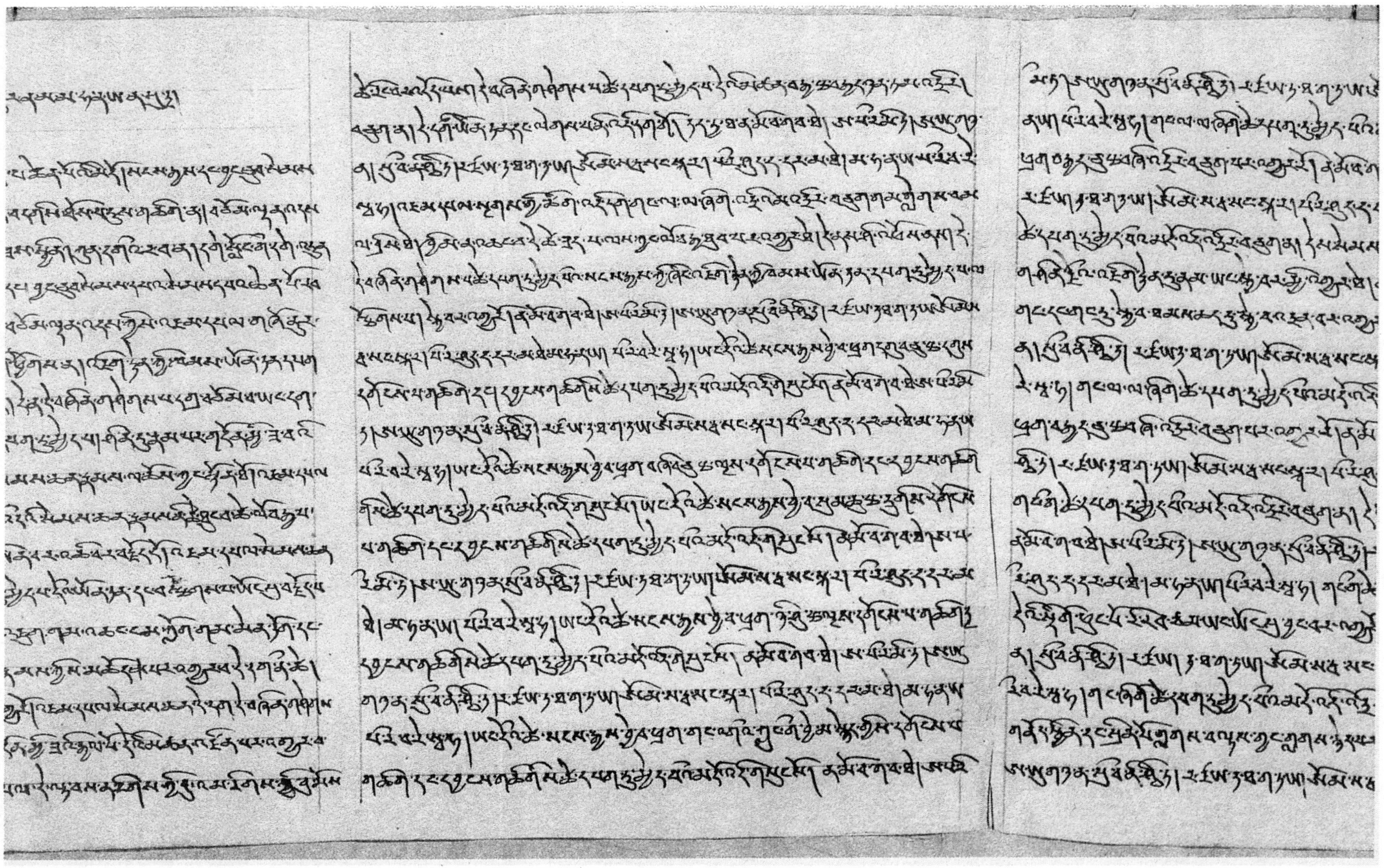

BD14290 號　藏文（無量壽宗要經乙本）　（6–2）

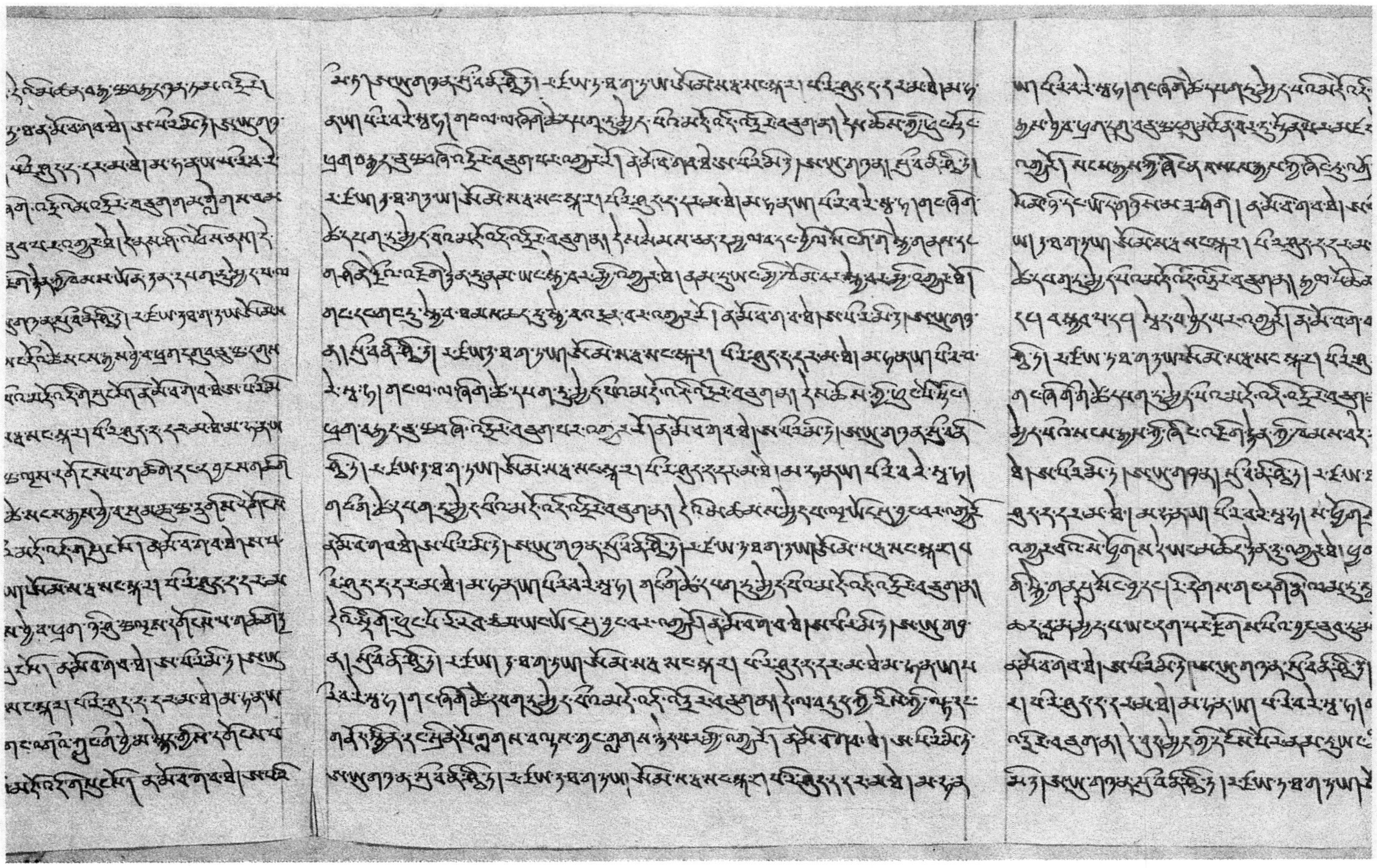

BD14290號　藏文（無量壽宗要經乙本）　（6–3）

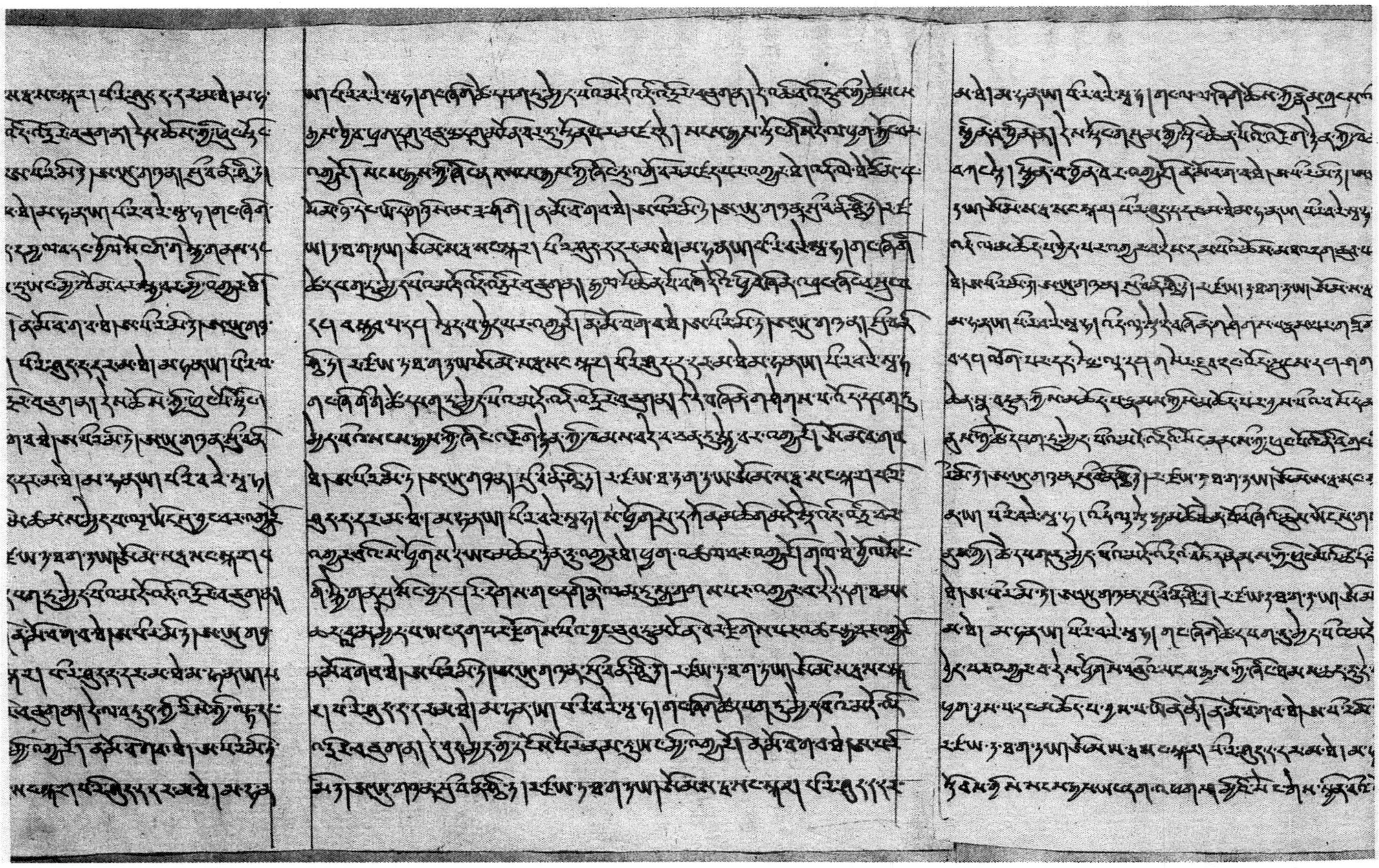

BD14290號　藏文（無量壽宗要經乙本）　（6–4）

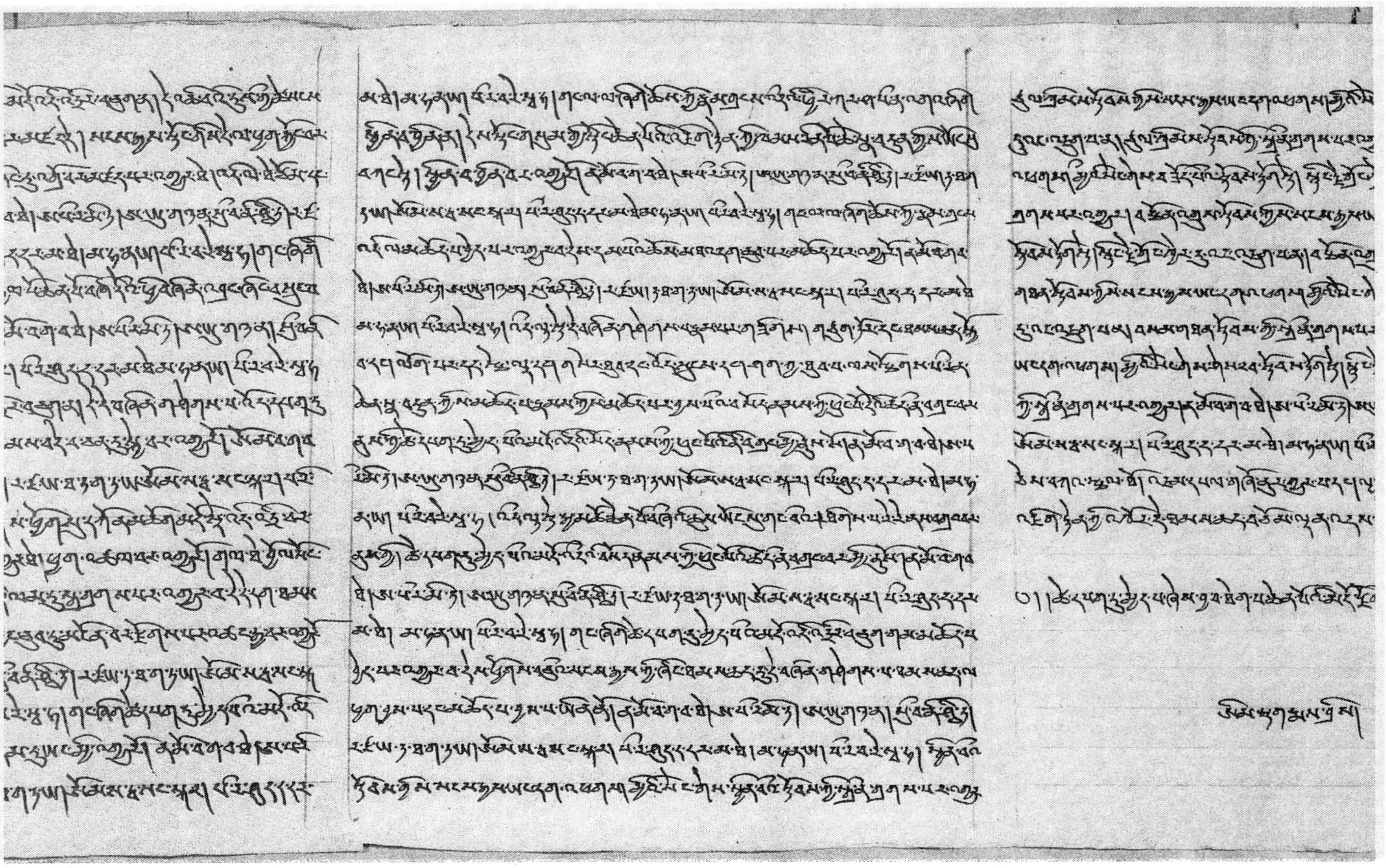

BD14290 號　藏文（無量壽宗要經乙本）　（6–5）

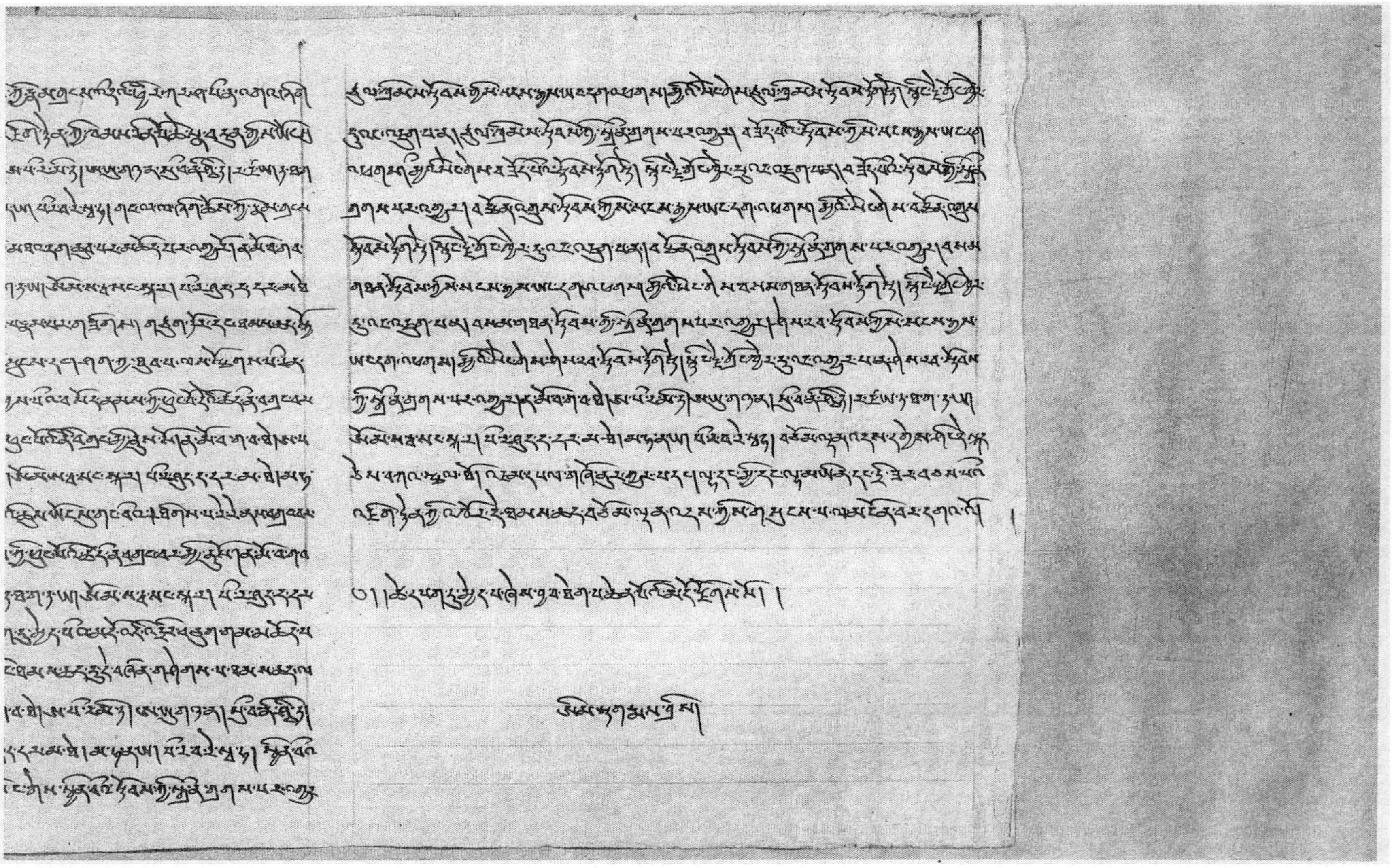

BD14290 號　藏文（無量壽宗要經乙本）　（6–6）

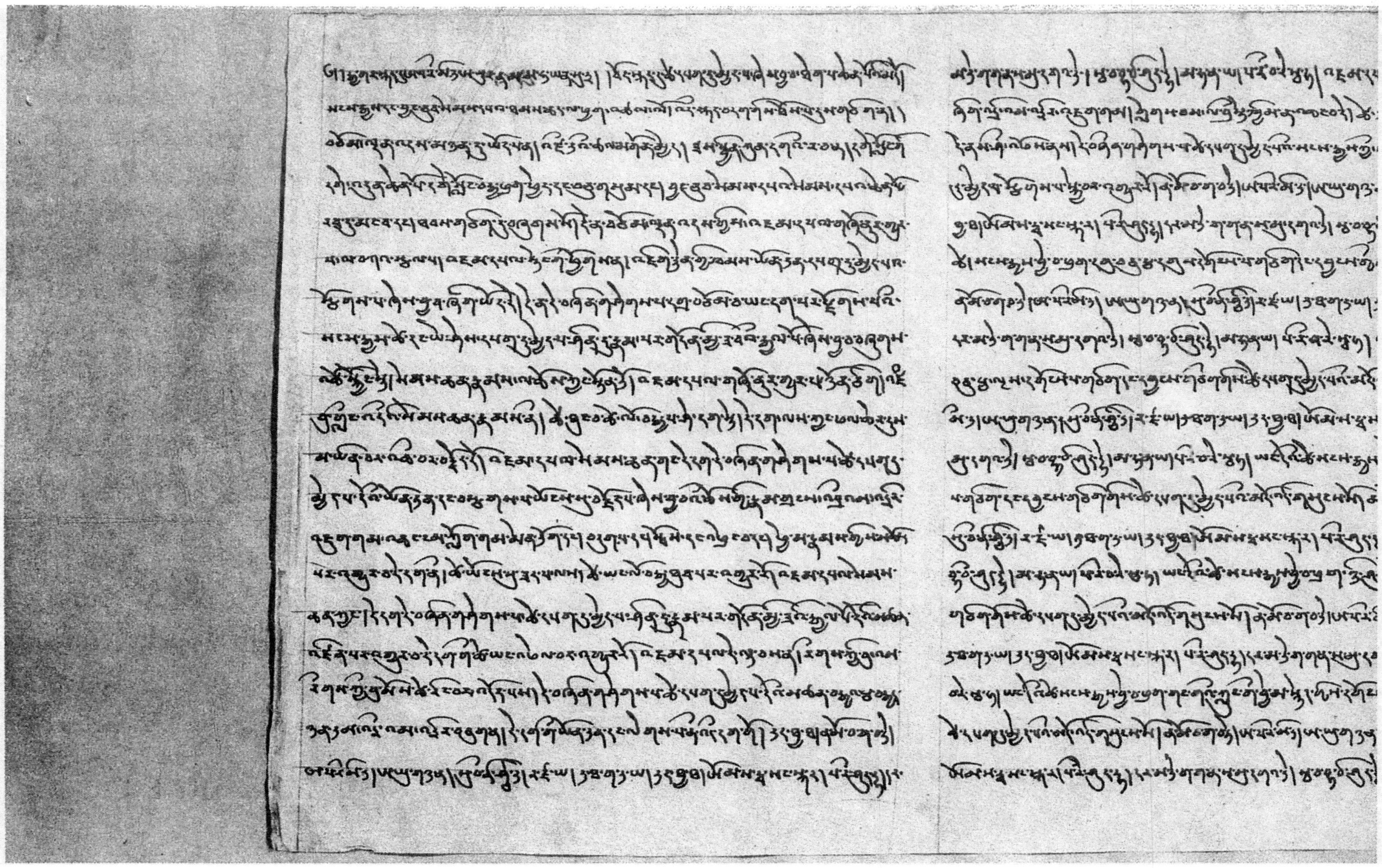

BD14291 號 1　藏文（無量壽宗要經甲本）　（36–1）

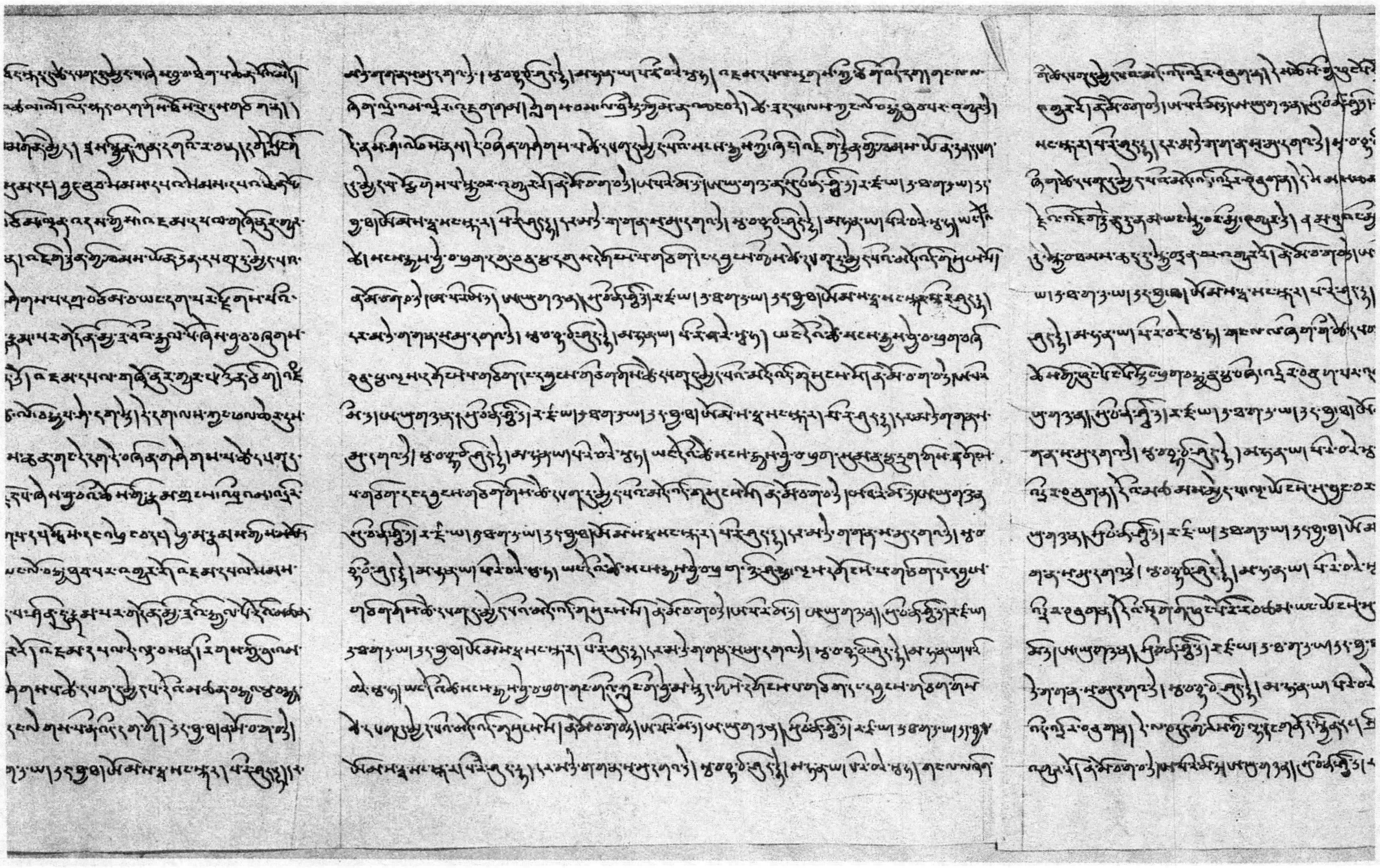

BD14291 號 1　藏文（無量壽宗要經甲本）　（36–2）

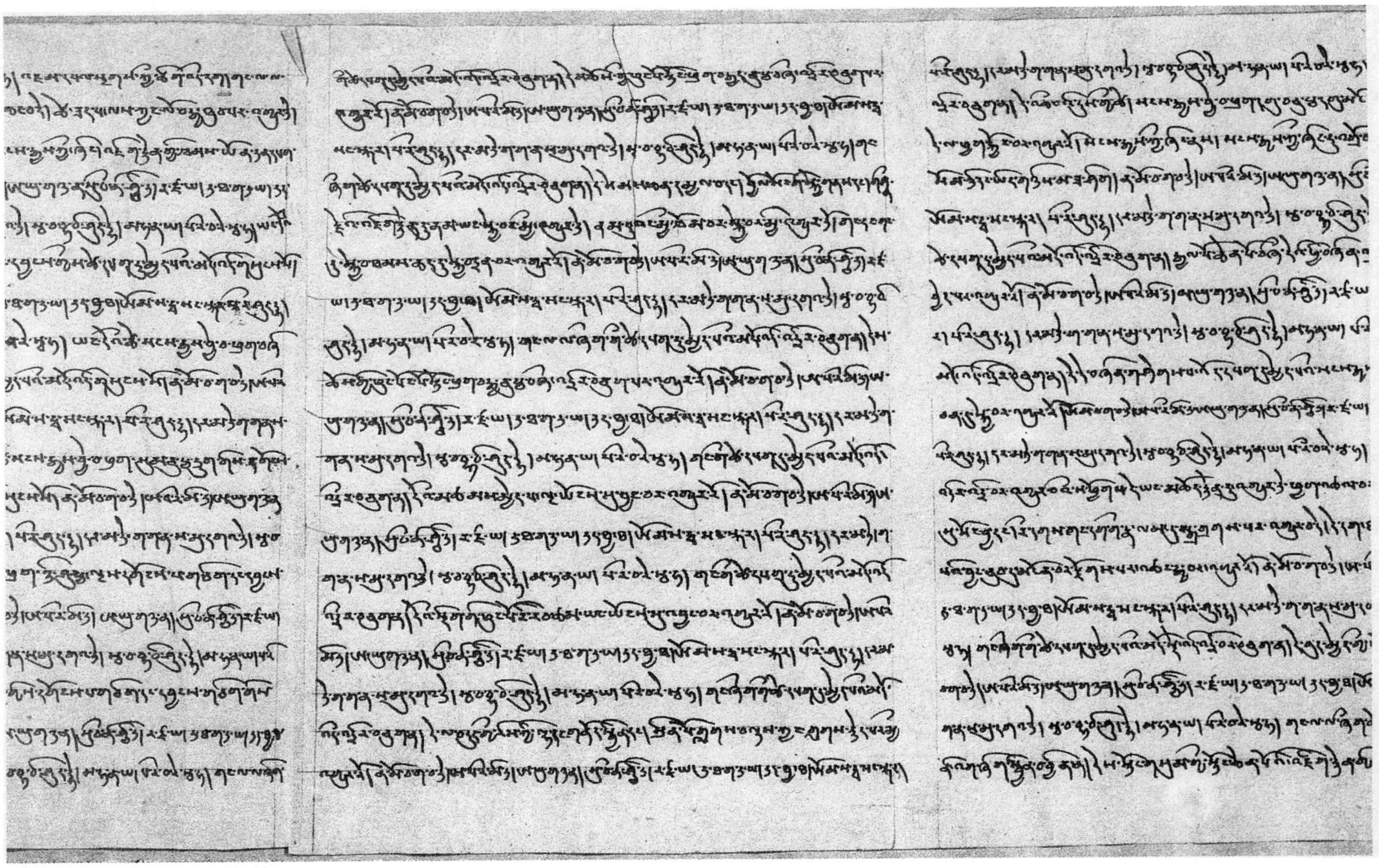

BD14291 號 1　藏文（無量壽宗要經甲本）　（36–3）

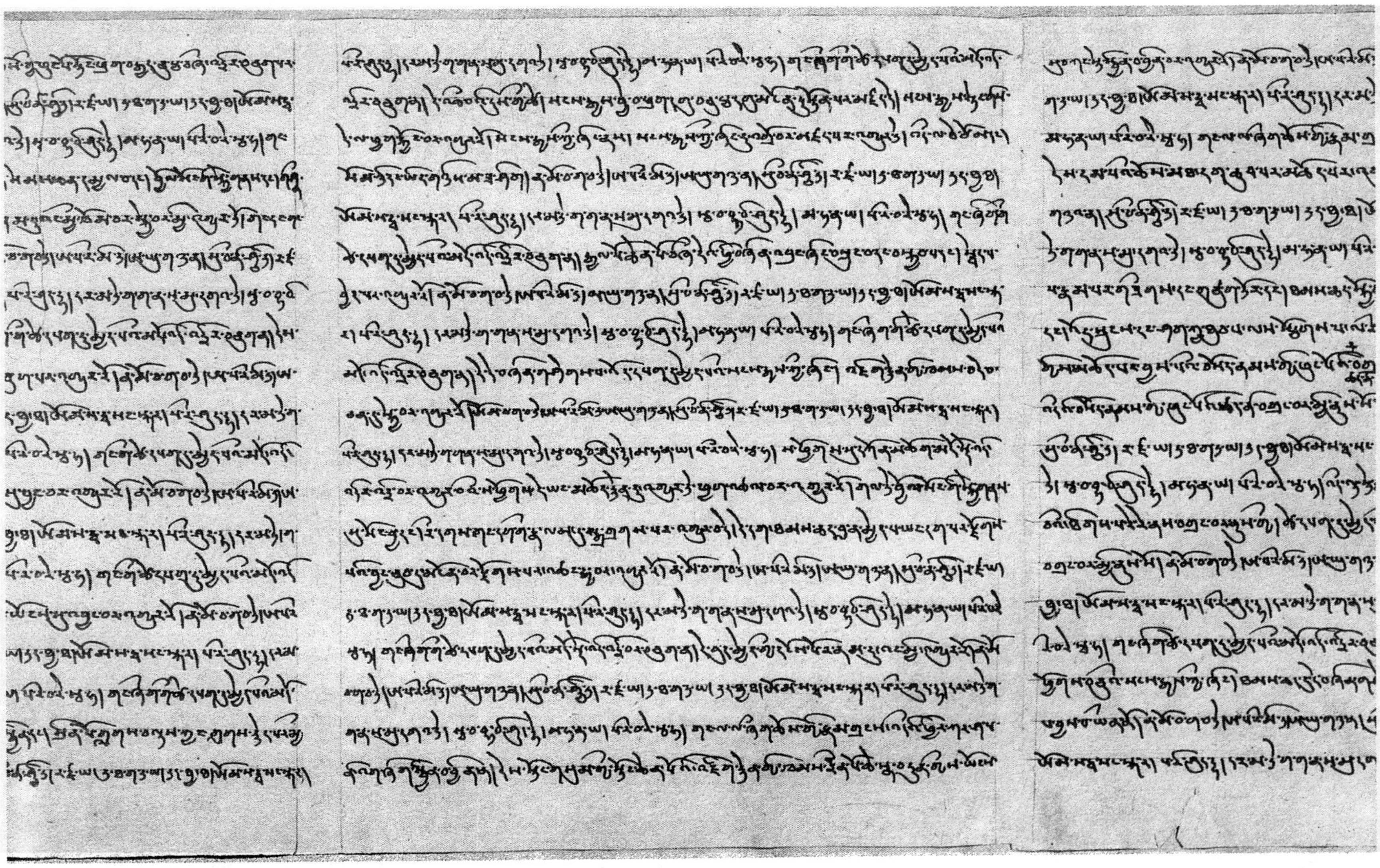

BD14291 號 1　藏文（無量壽宗要經甲本）　（36–4）

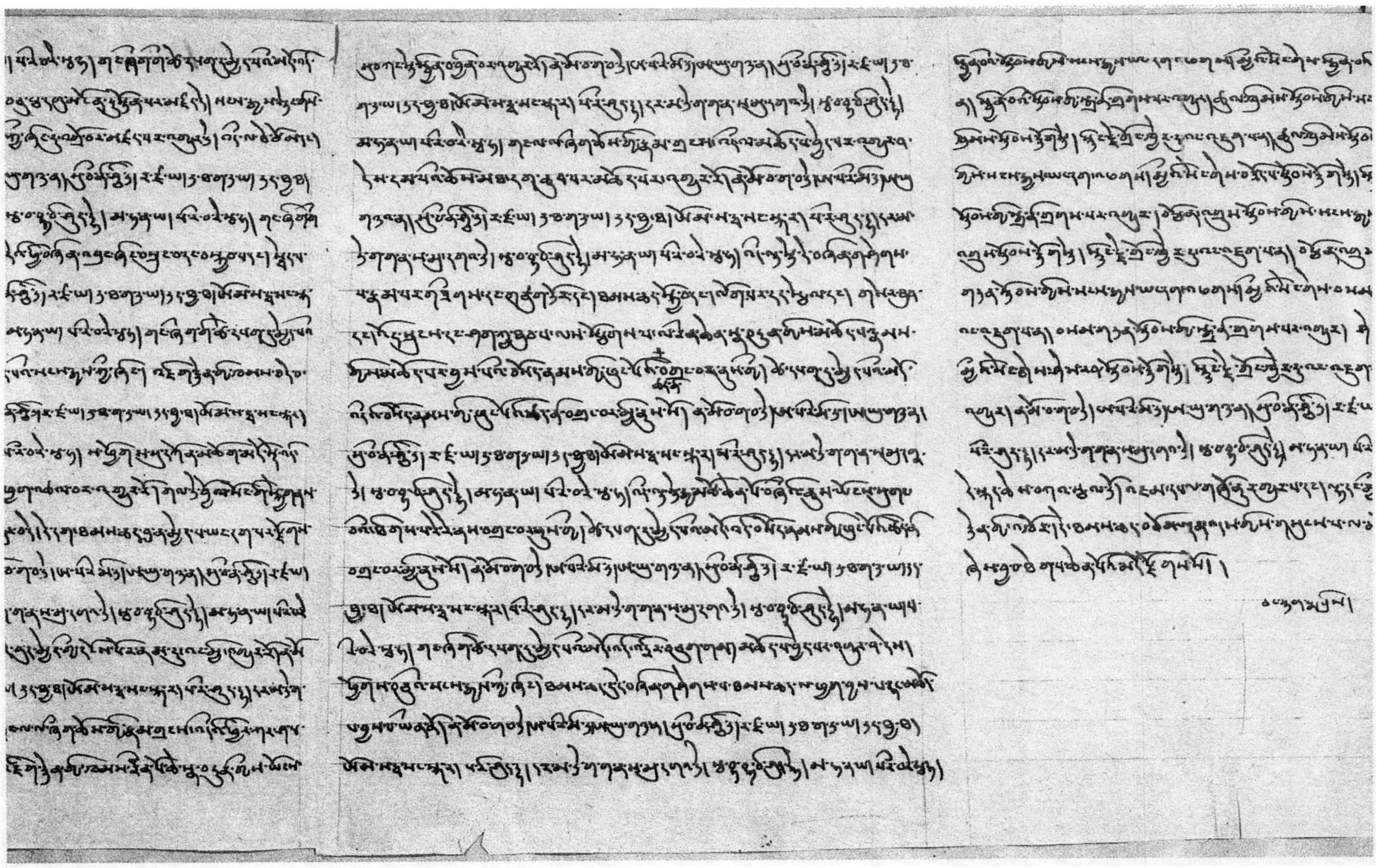

BD14291 號 1　藏文（無量壽宗要經甲本）　　（36--5）

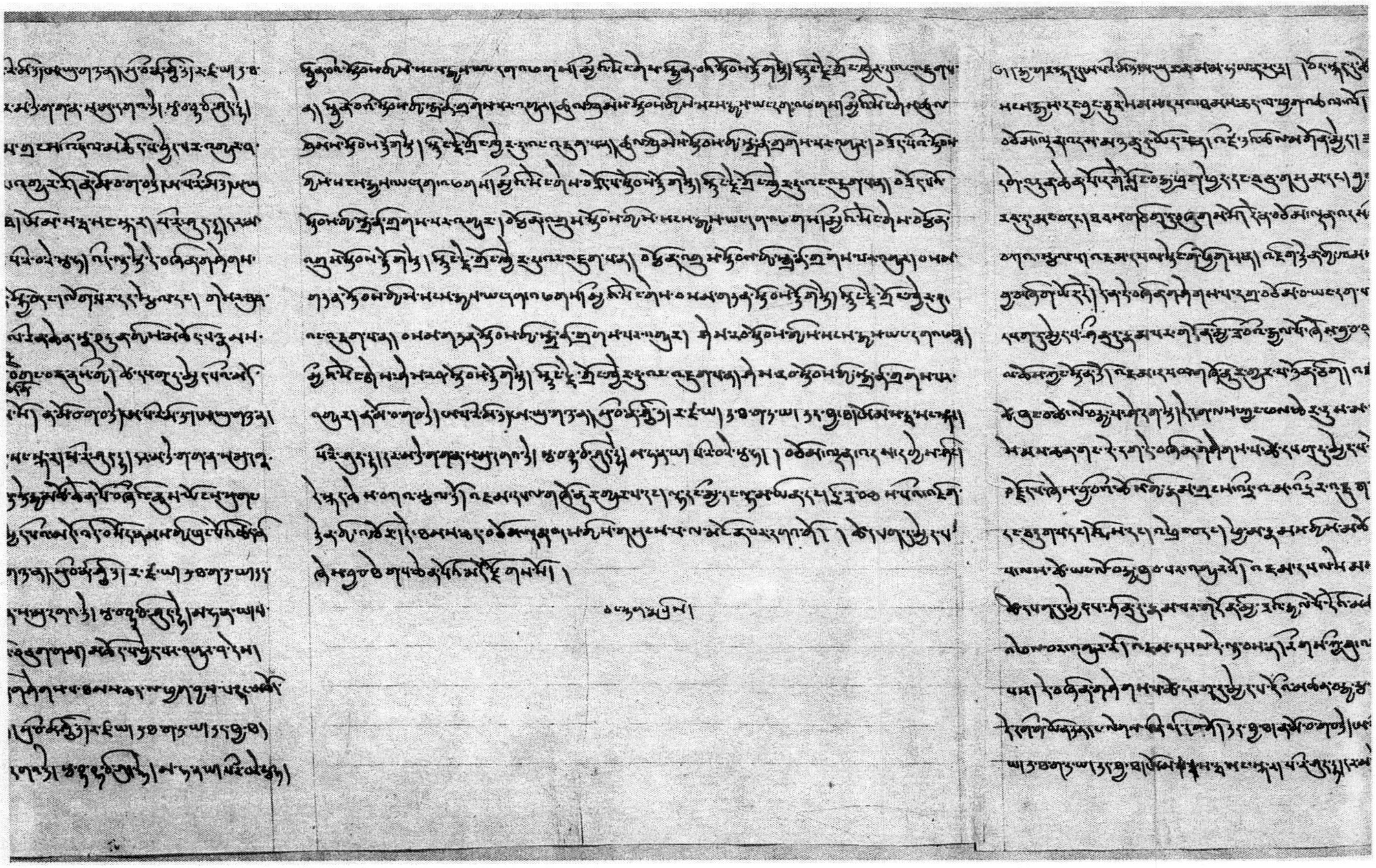

BD14291 號 1　藏文（無量壽宗要經甲本）　　（36–6）

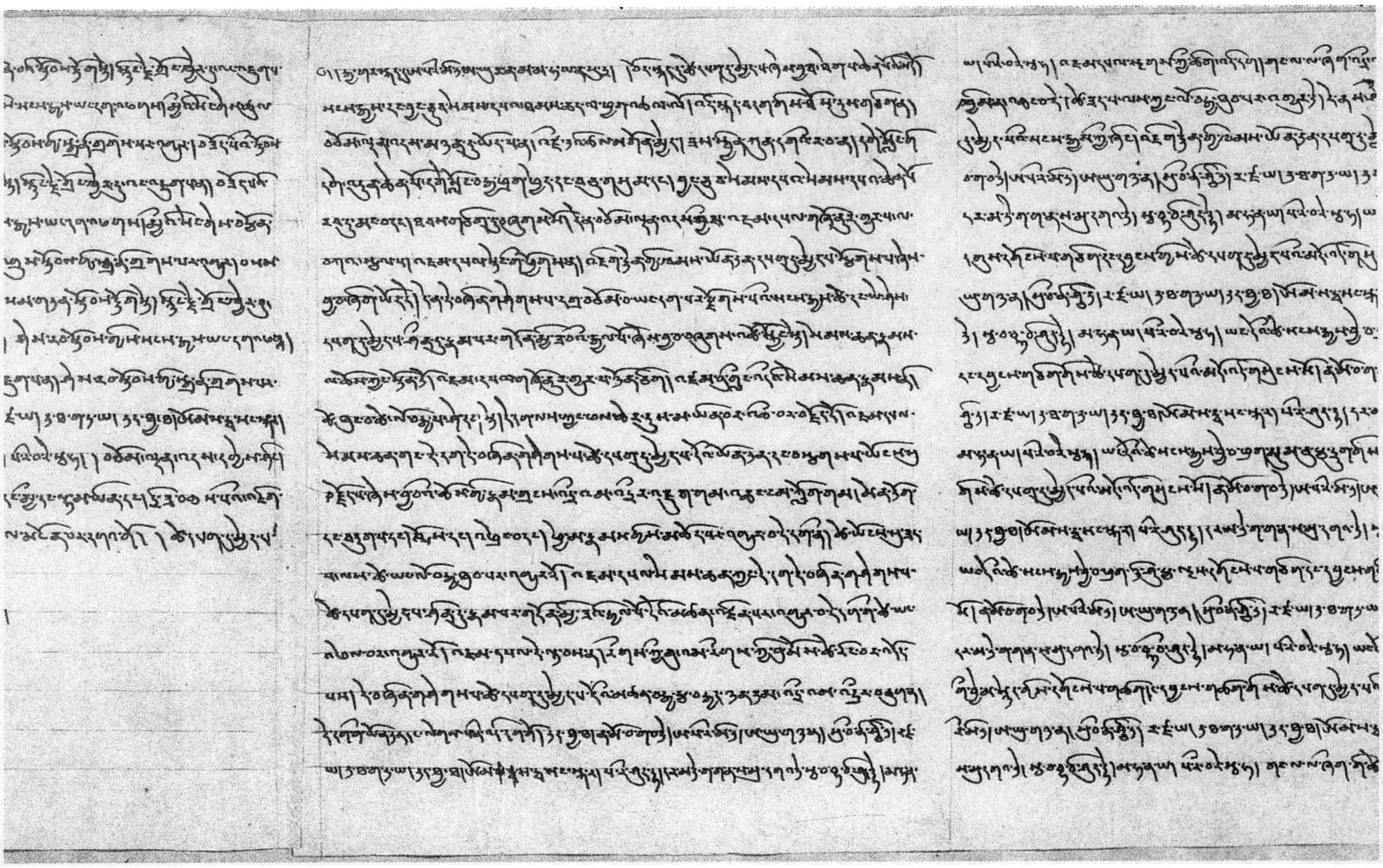

BD14291 號 2　藏文（無量壽宗要經甲本）　　（36–7）

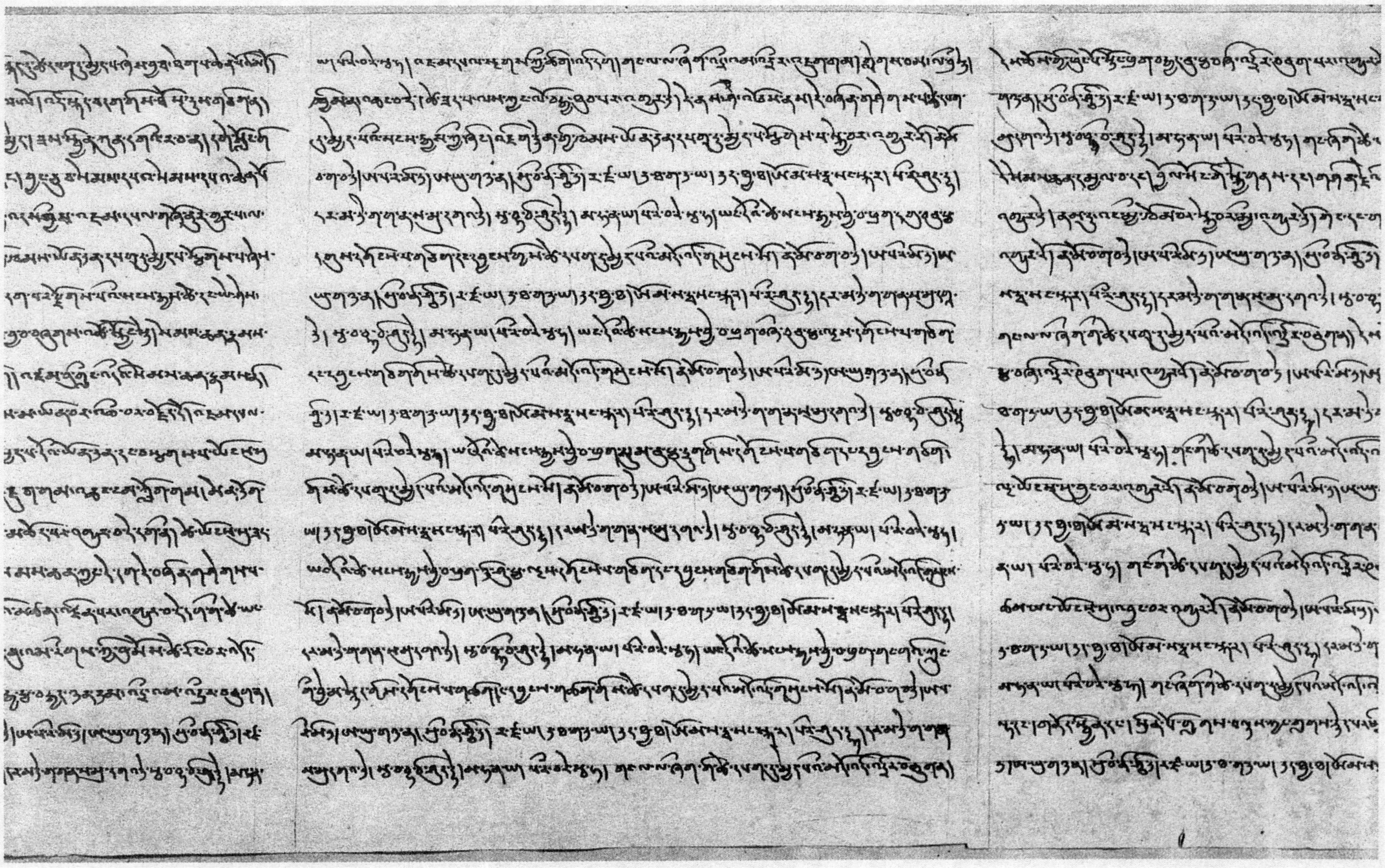

BD14291 號 2　藏文（無量壽宗要經甲本）　　（36–8）

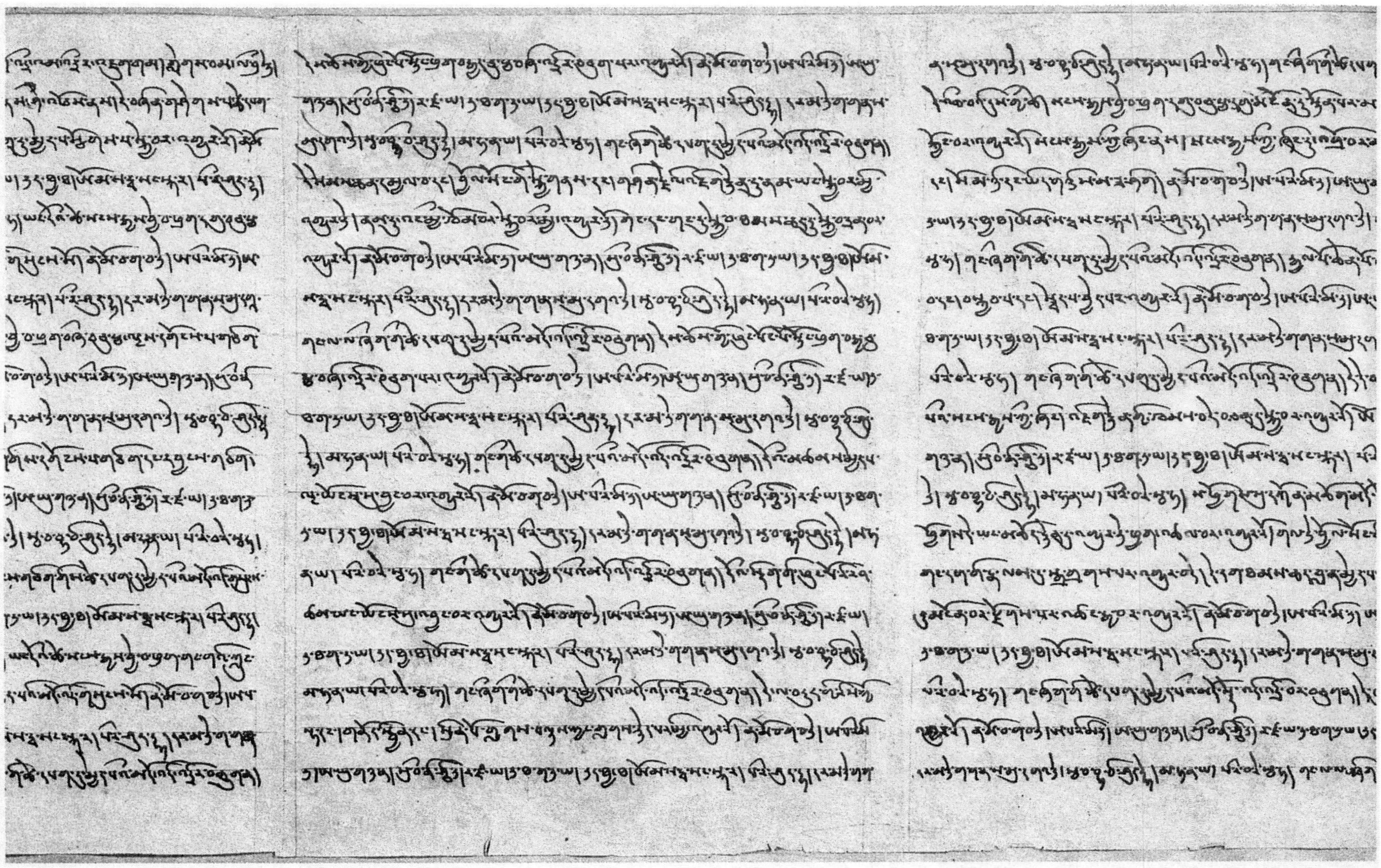

BD14291 號 2 藏文（無量壽宗要經甲本） （36–9）

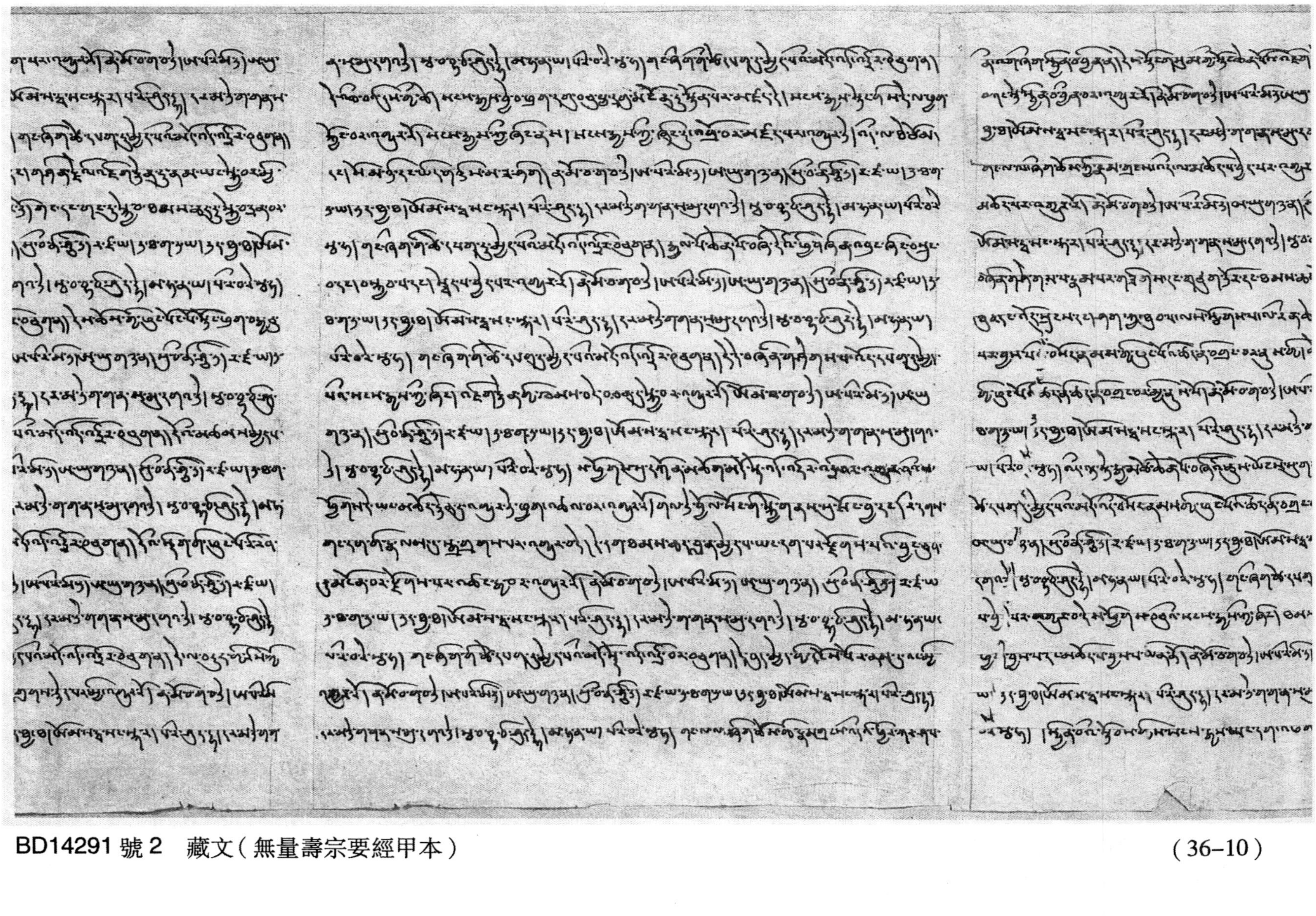

BD14291 號 2 藏文（無量壽宗要經甲本） （36–10）

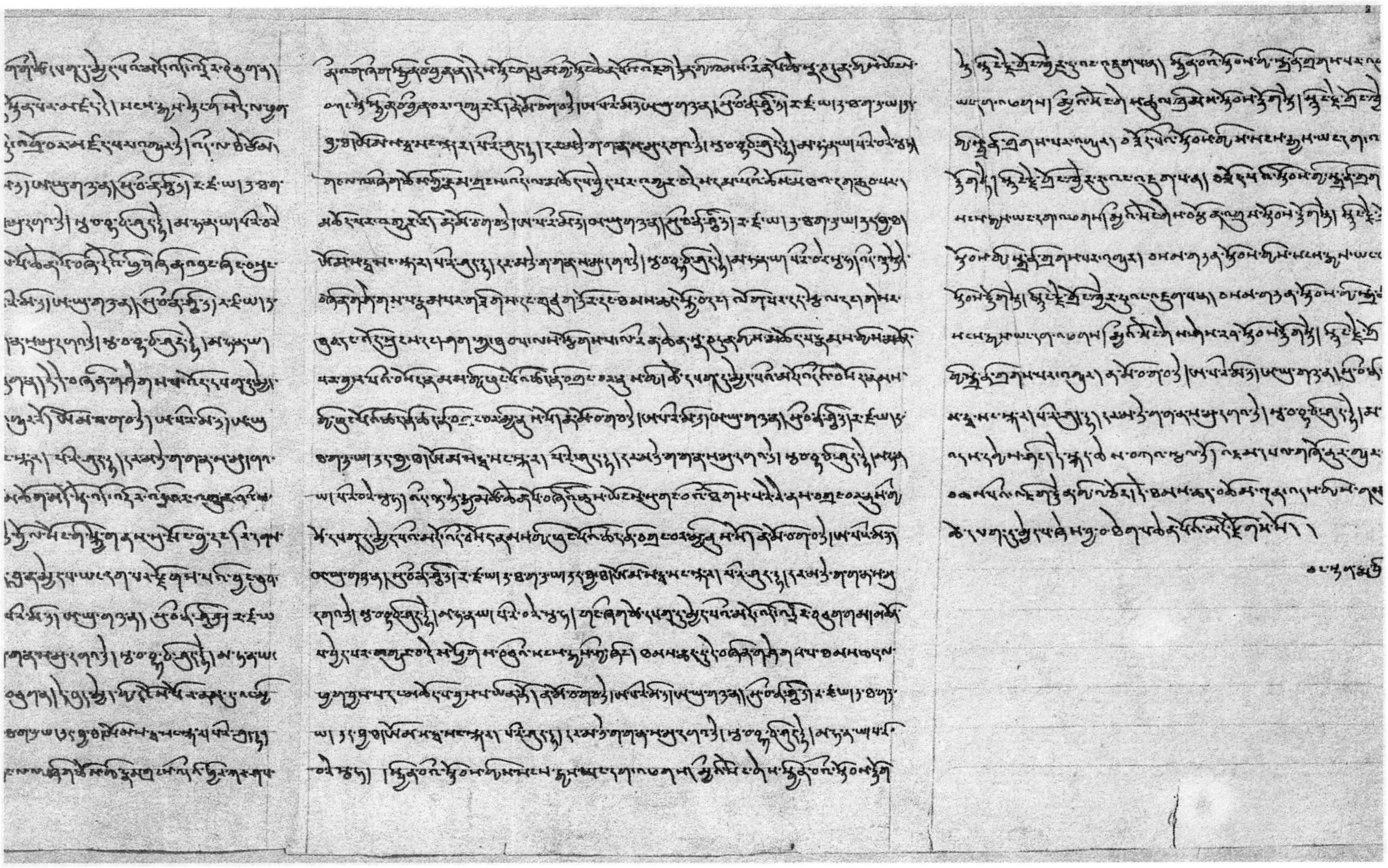

BD14291 號 2　藏文（無量壽宗要經甲本）　（36–11）

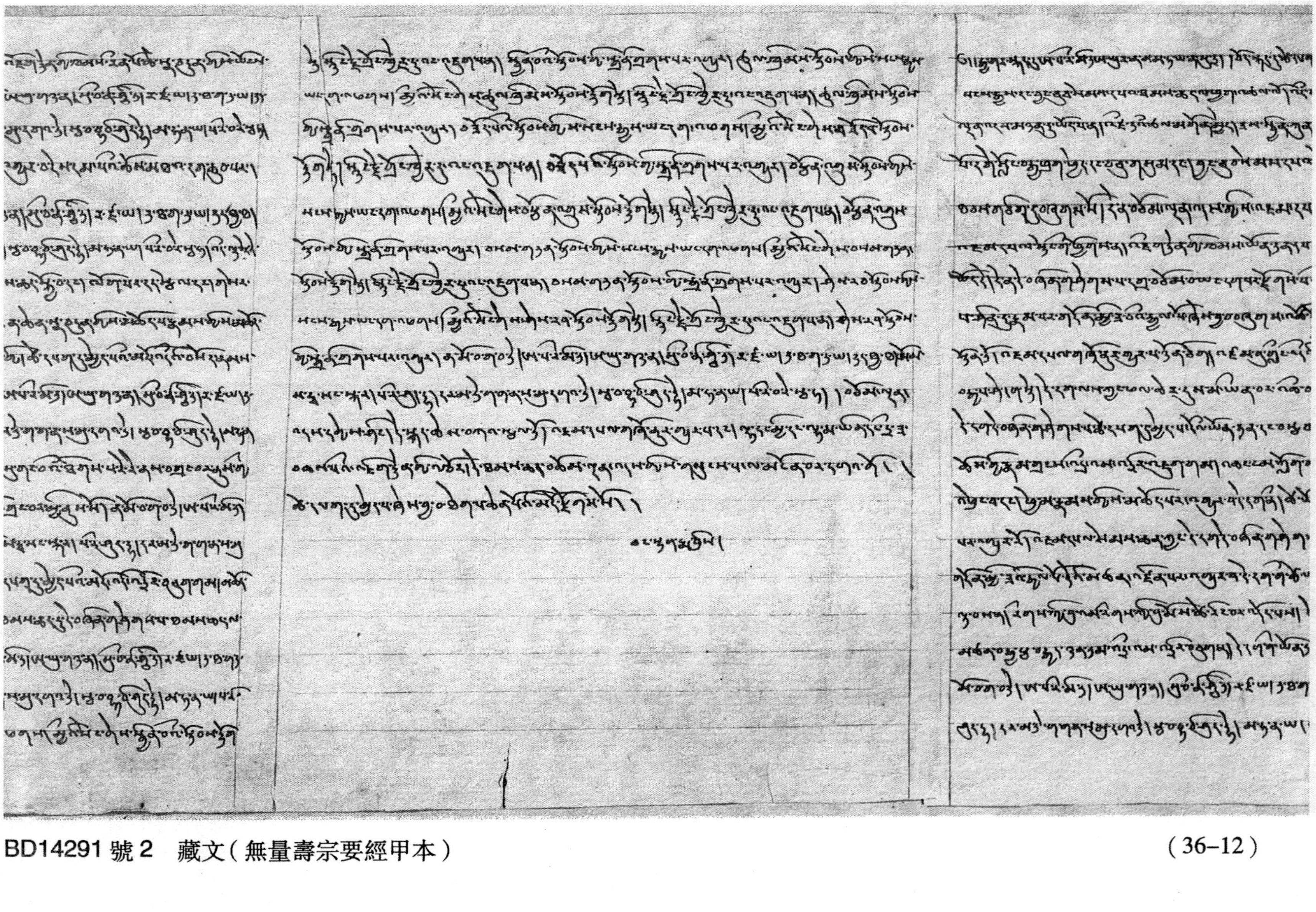

BD14291 號 2　藏文（無量壽宗要經甲本）　（36–12）

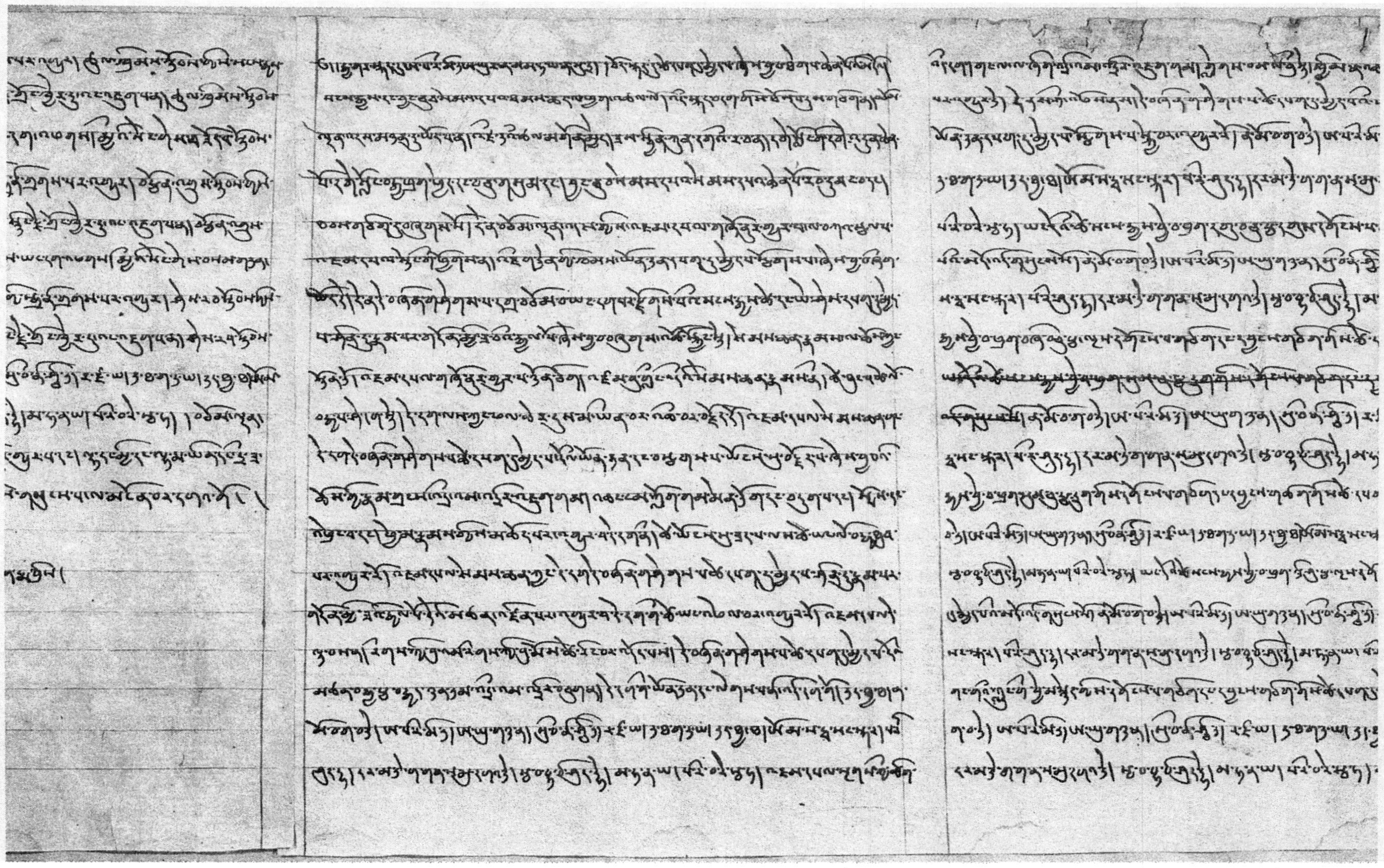

BD14291 號 3　藏文（無量壽宗要經甲本）　（36–13）

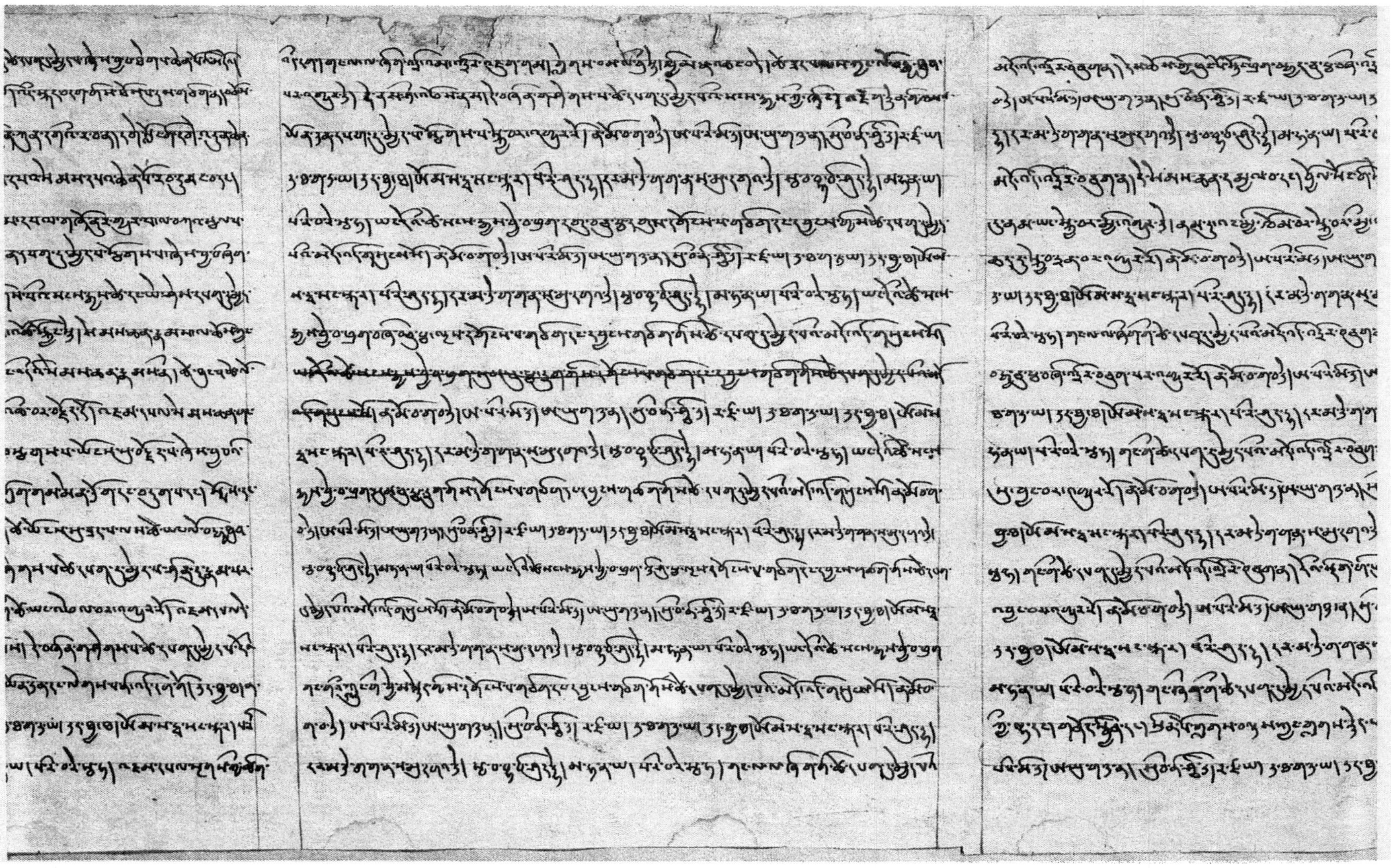

BD14291 號 3　藏文（無量壽宗要經甲本）　（36–14）

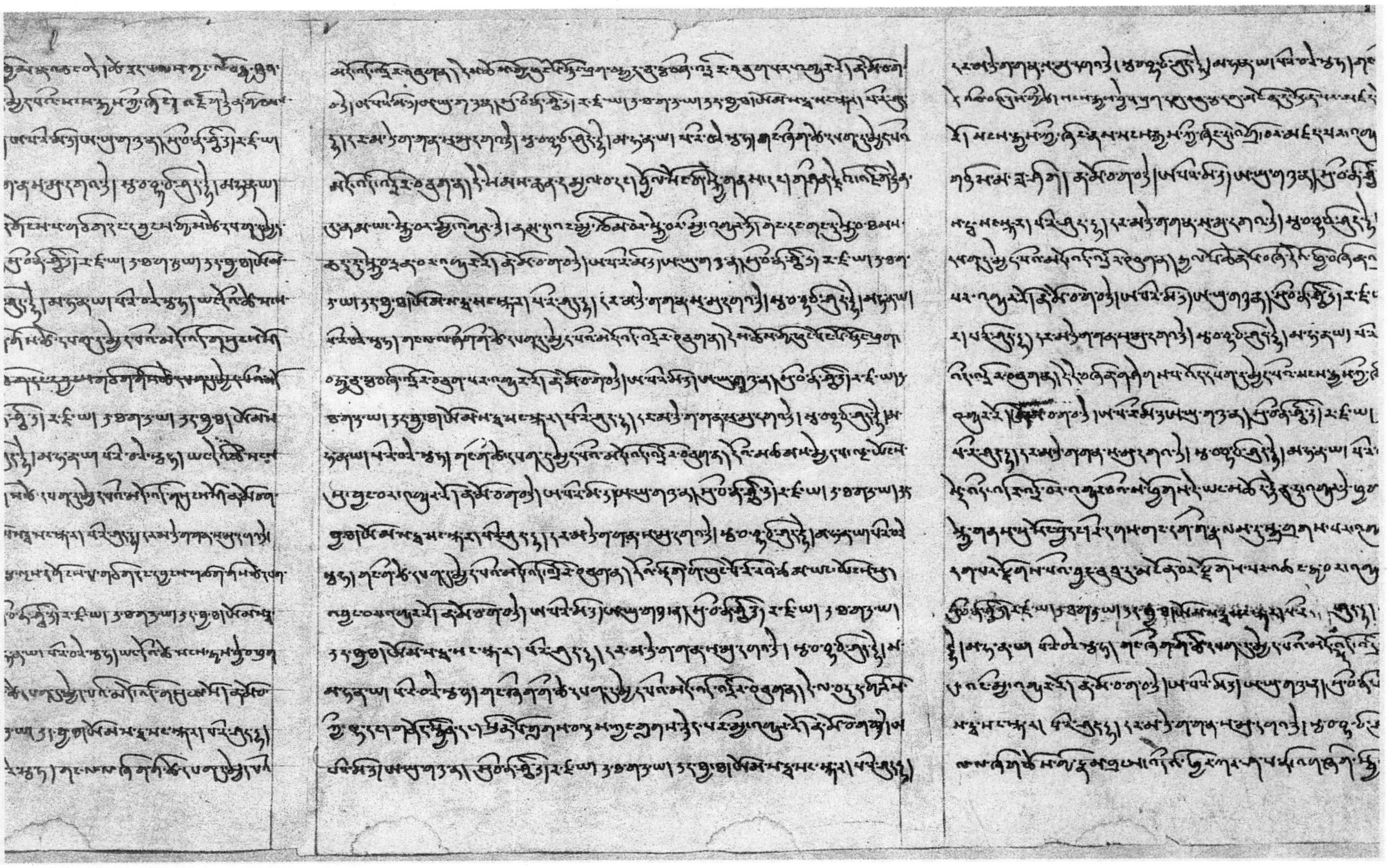

BD14291 號 3　藏文（無量壽宗要經甲本）　（36–15）

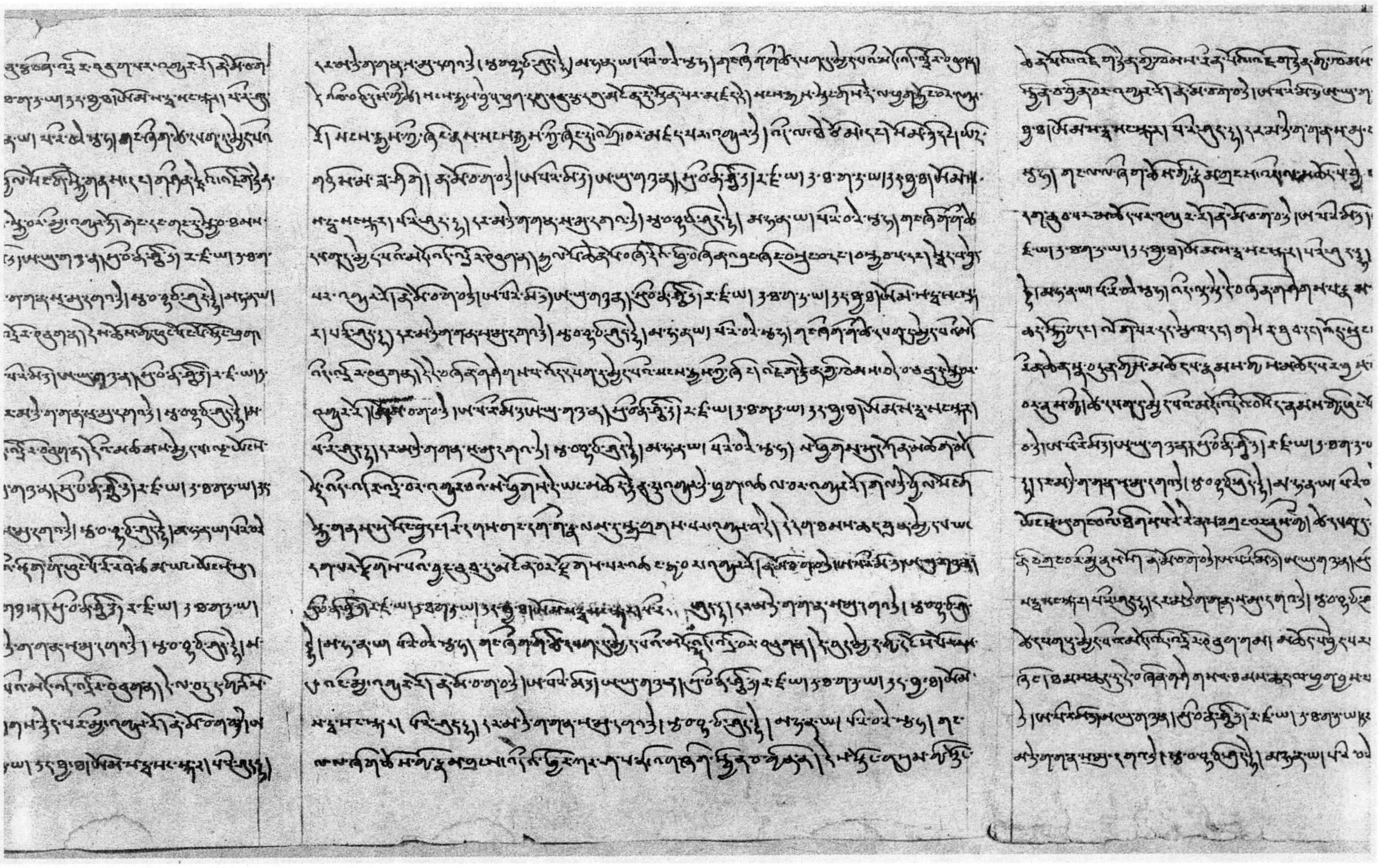

BD14291 號 3　藏文（無量壽宗要經甲本）　（36–16）

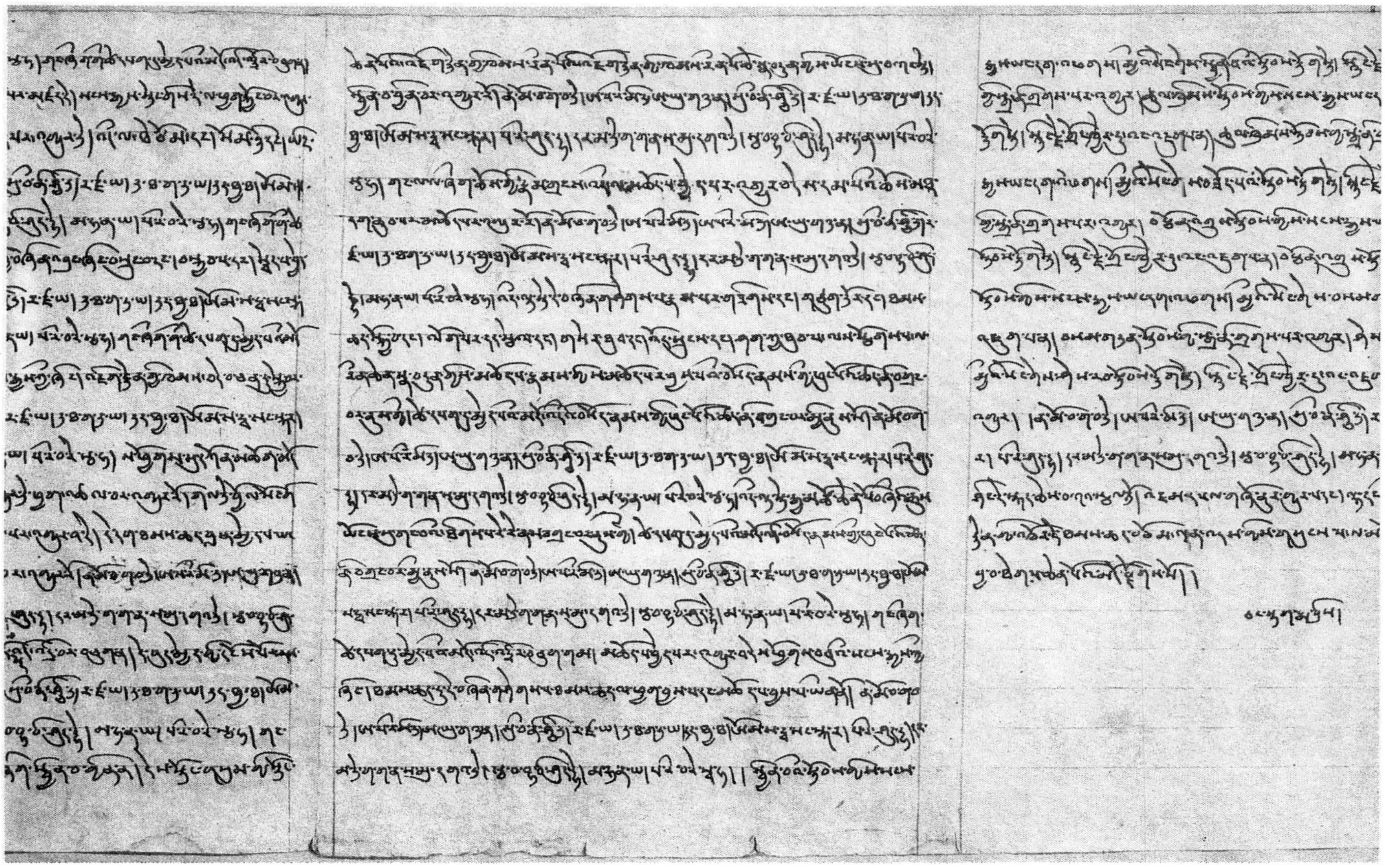

BD14291 號 3　藏文（無量壽宗要經甲本）　（36–17）

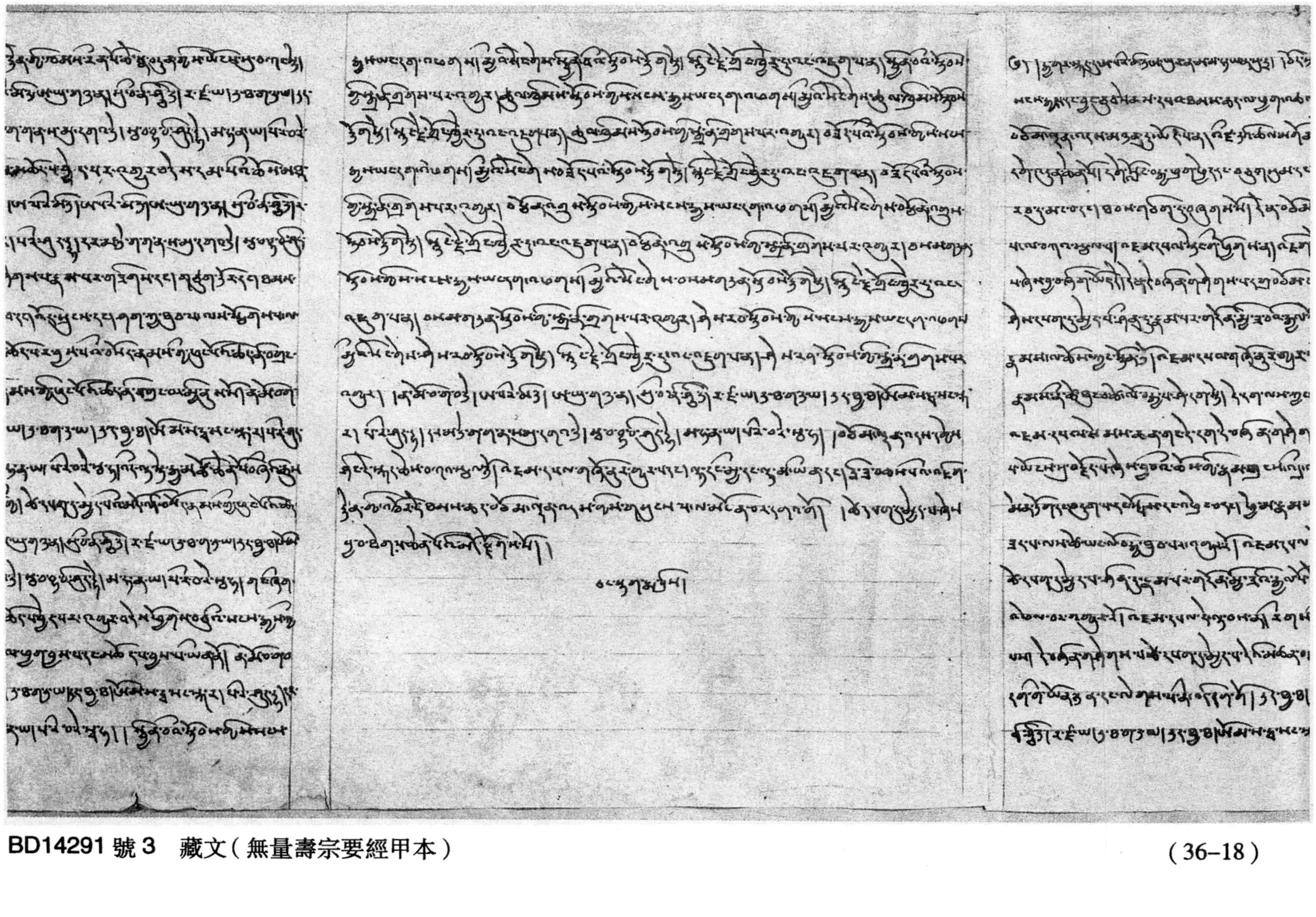

BD14291 號 3　藏文（無量壽宗要經甲本）　（36–18）

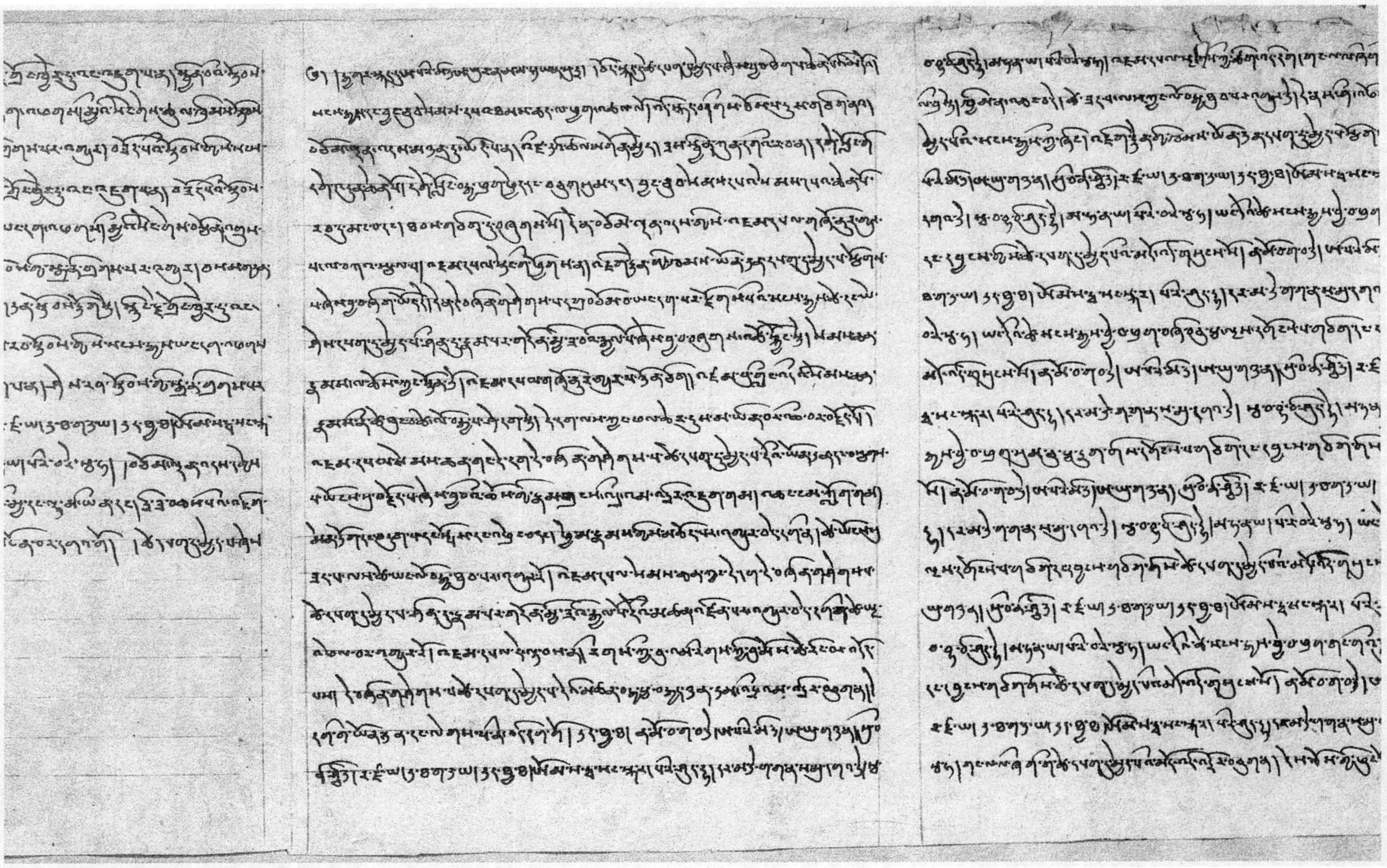

BD14291 號 4　藏文（無量壽宗要經甲本）　　（36–19）

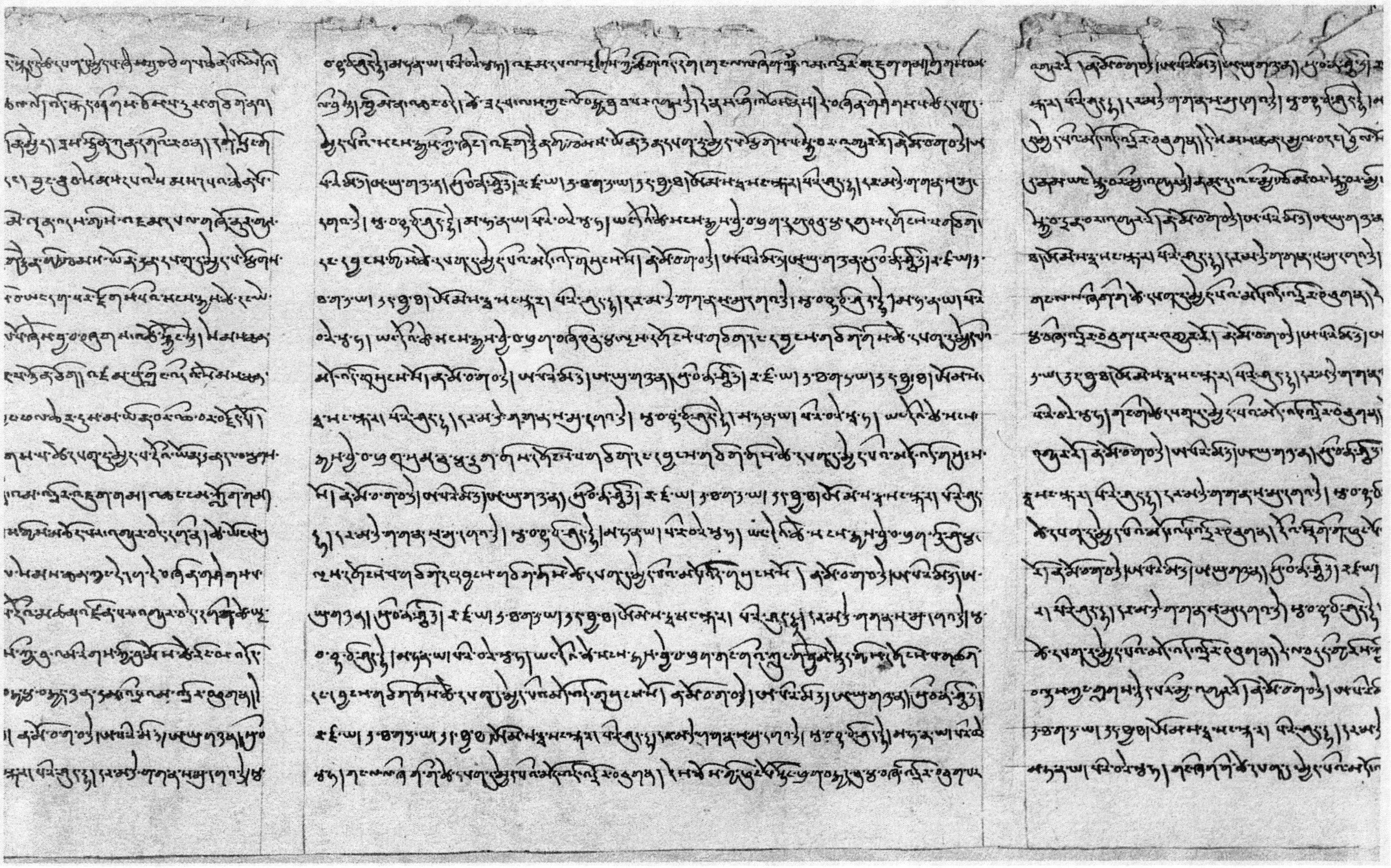

BD14291 號 4　藏文（無量壽宗要經甲本）　　（36–20）

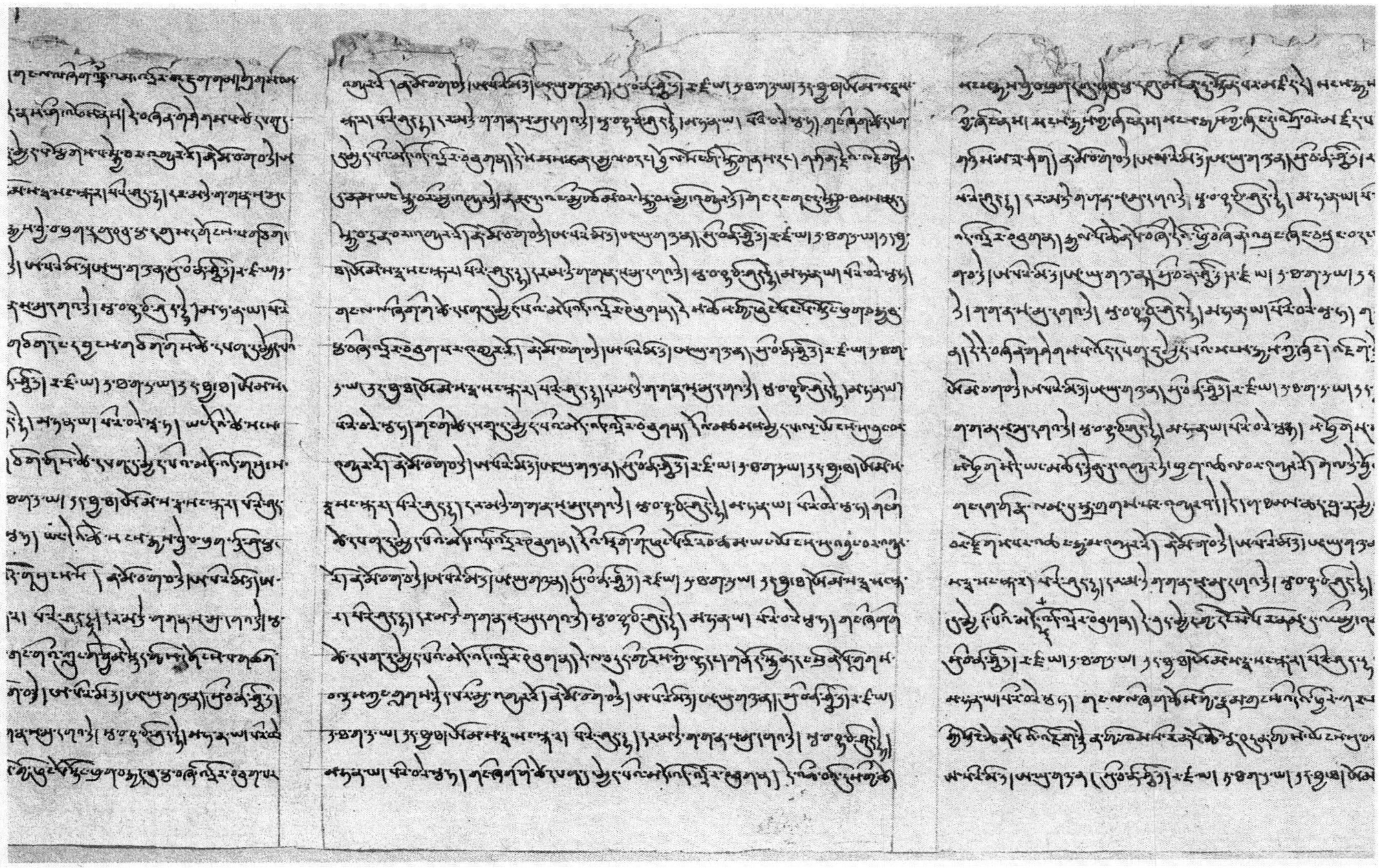

BD14291 號 4　藏文（無量壽宗要經甲本）　　（36–21）

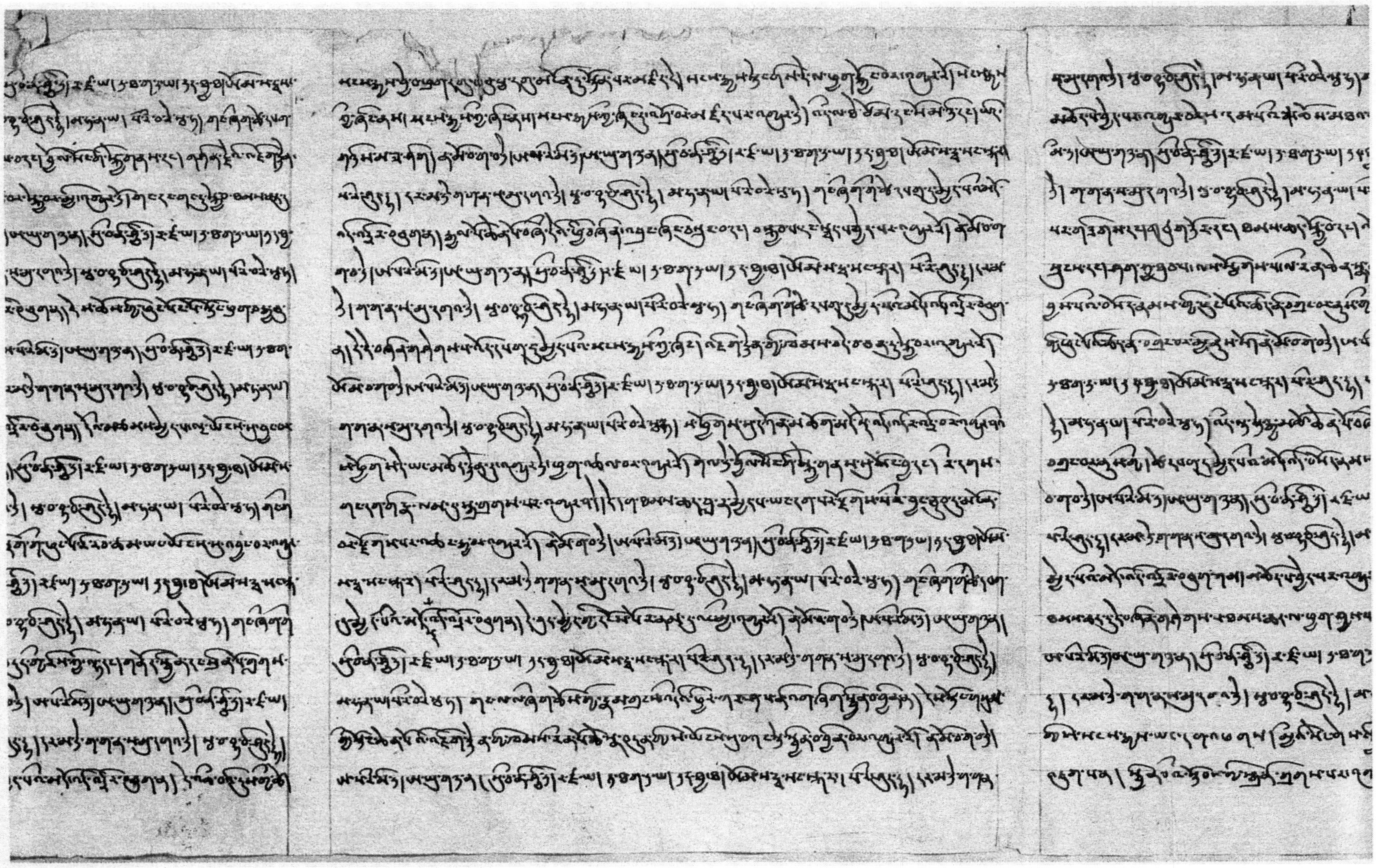

BD14291 號 4　藏文（無量壽宗要經甲本）　　（36–22）

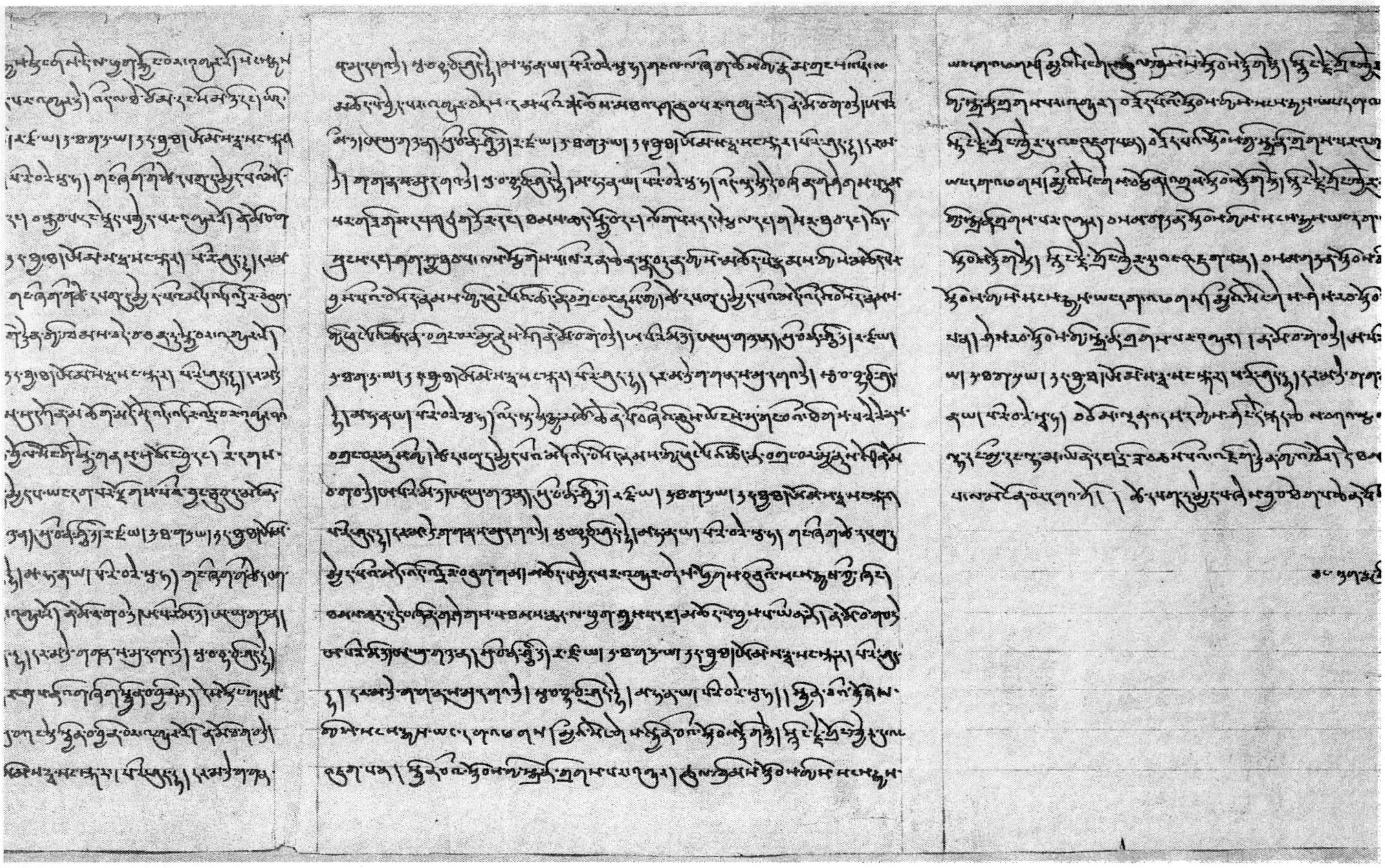

BD14291 號 4　藏文（無量壽宗要經甲本）　　（36–23）

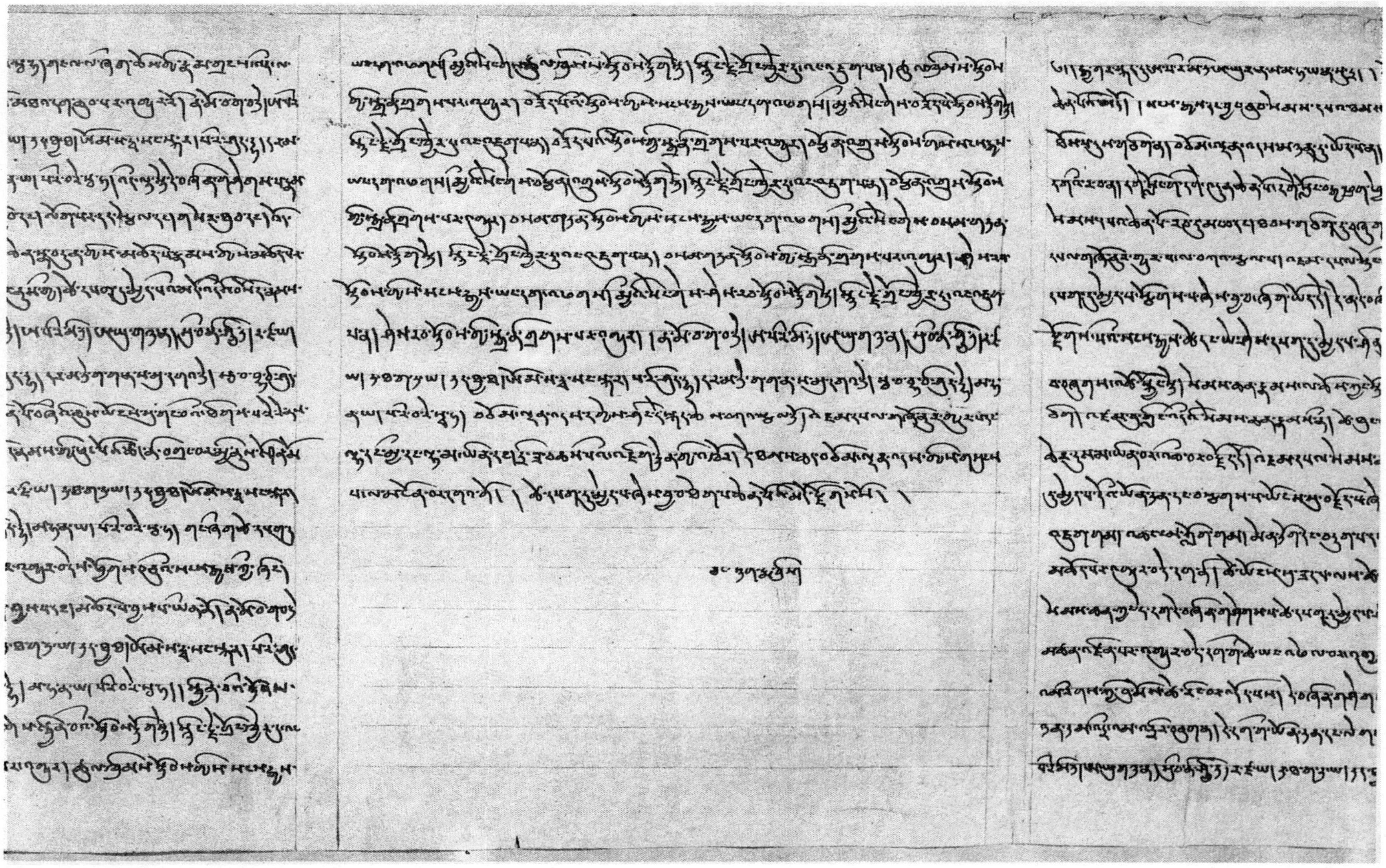

BD14291 號 4　藏文（無量壽宗要經甲本）　　（36–24）

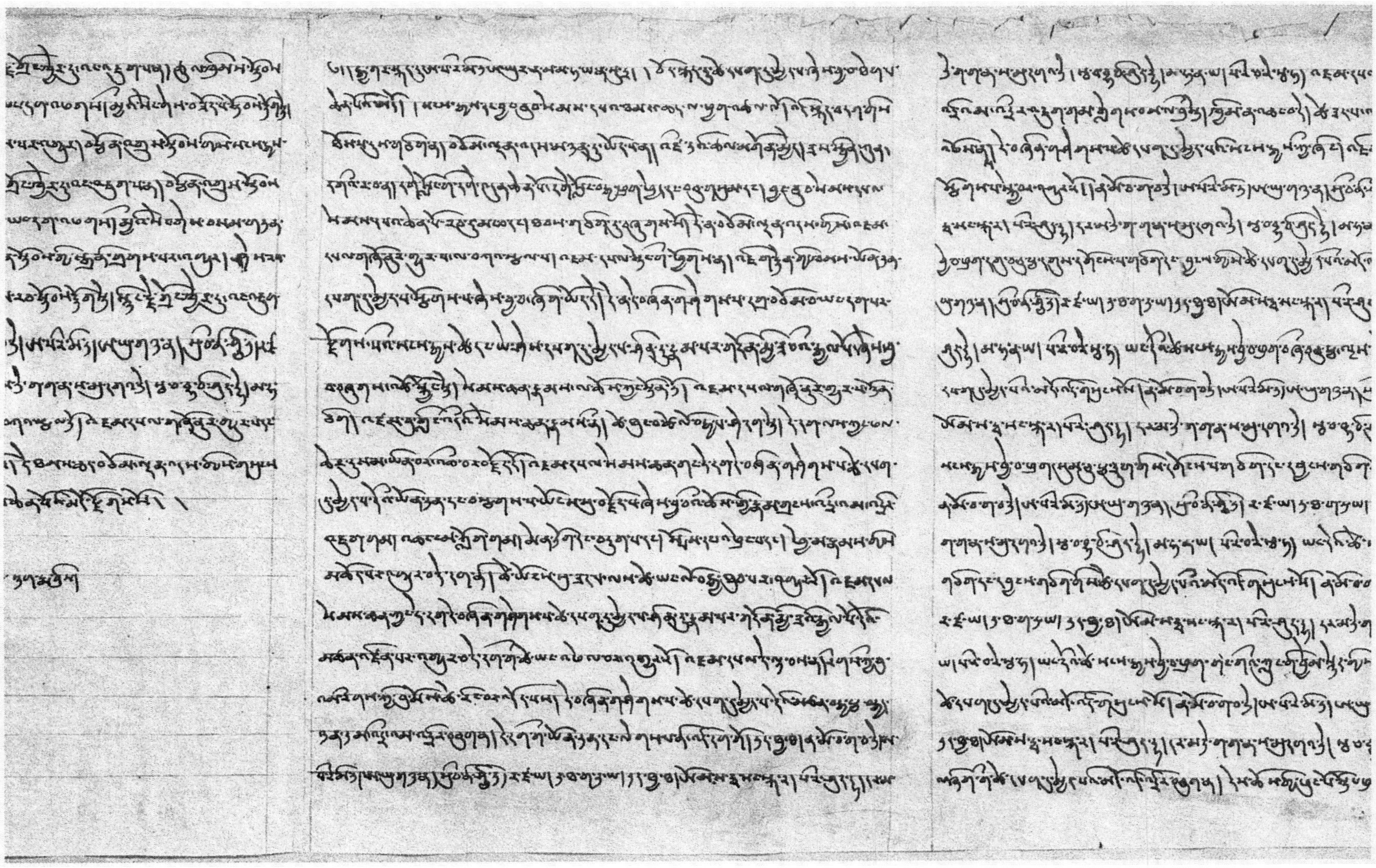

BD14291 號 5　藏文（無量壽宗要經甲本）　（36–25）

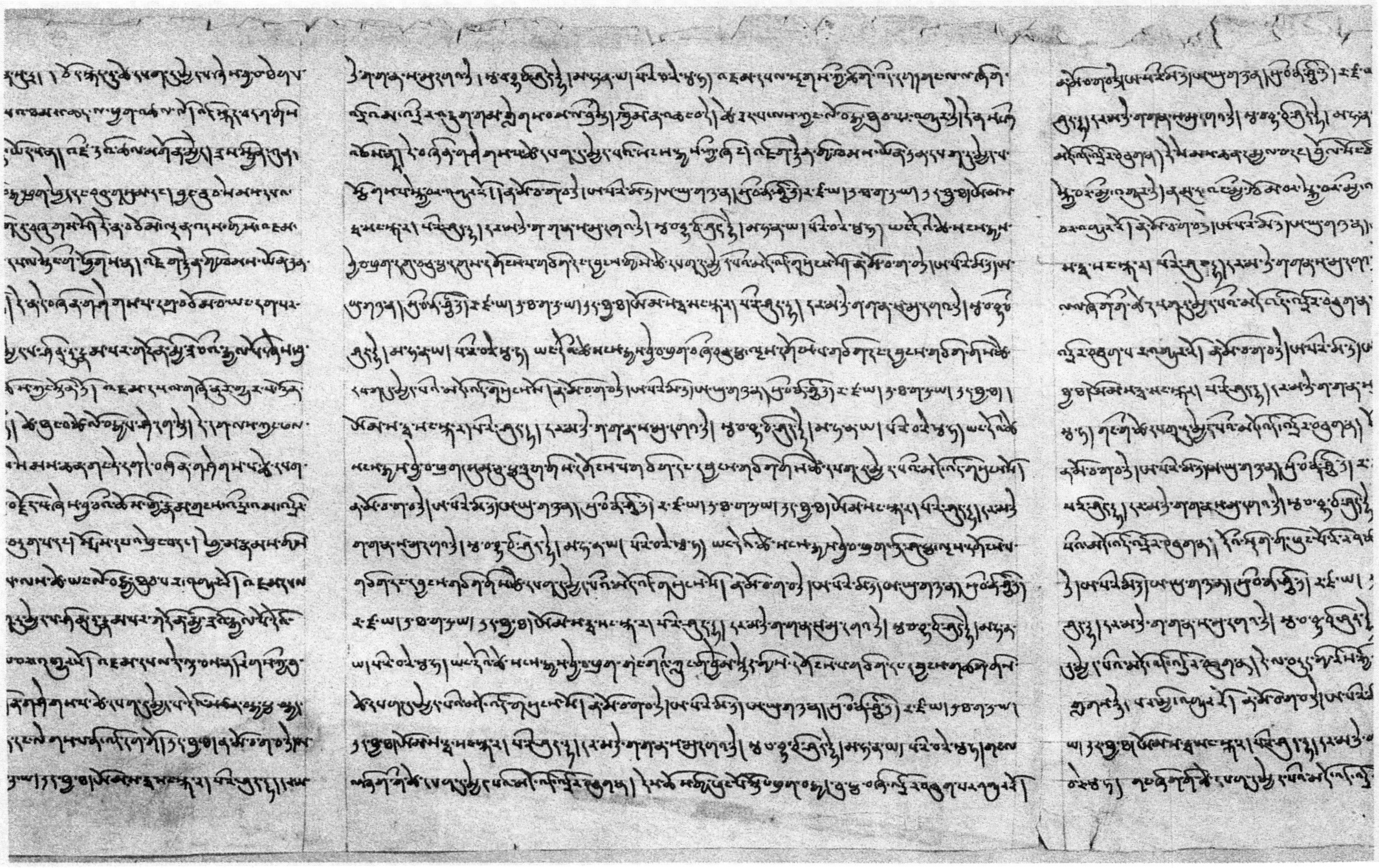

BD14291 號 5　藏文（無量壽宗要經甲本）　（36–26）

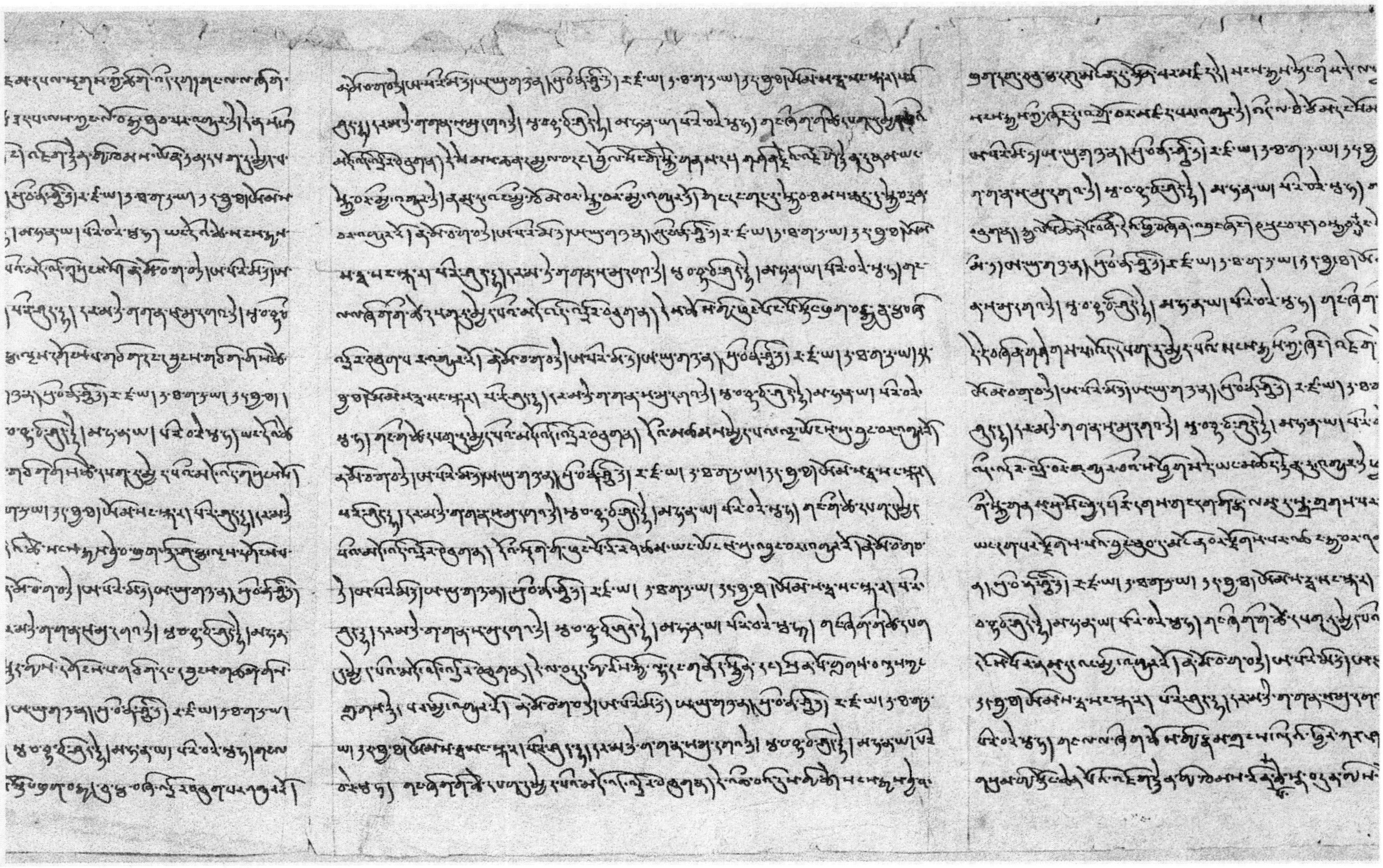

BD14291 號 5　藏文（無量壽宗要經甲本）　（36–27）

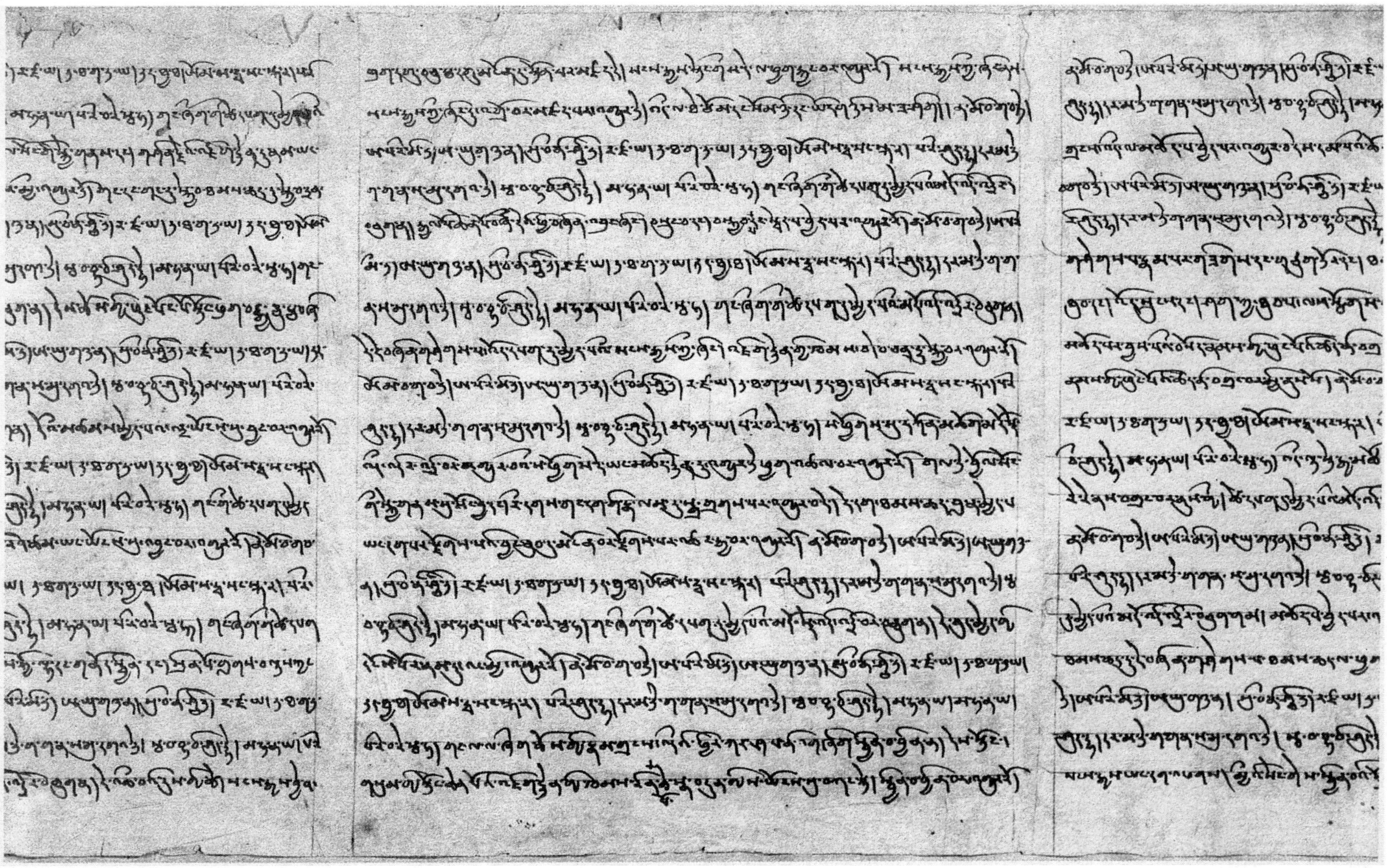

BD14291 號 5　藏文（無量壽宗要經甲本）　（36–28）

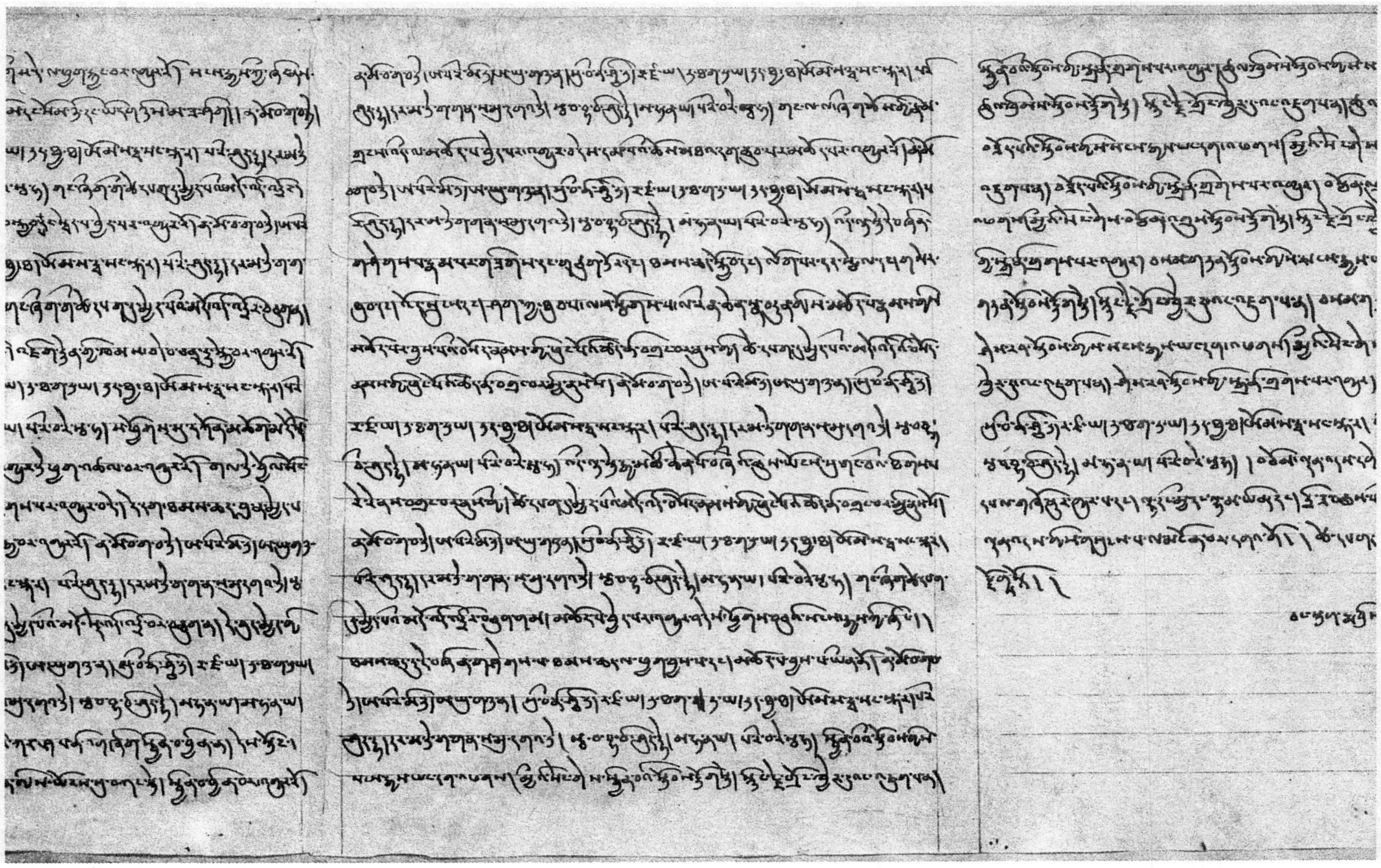

BD14291 號 5　藏文（無量壽宗要經甲本）　　（36–29）

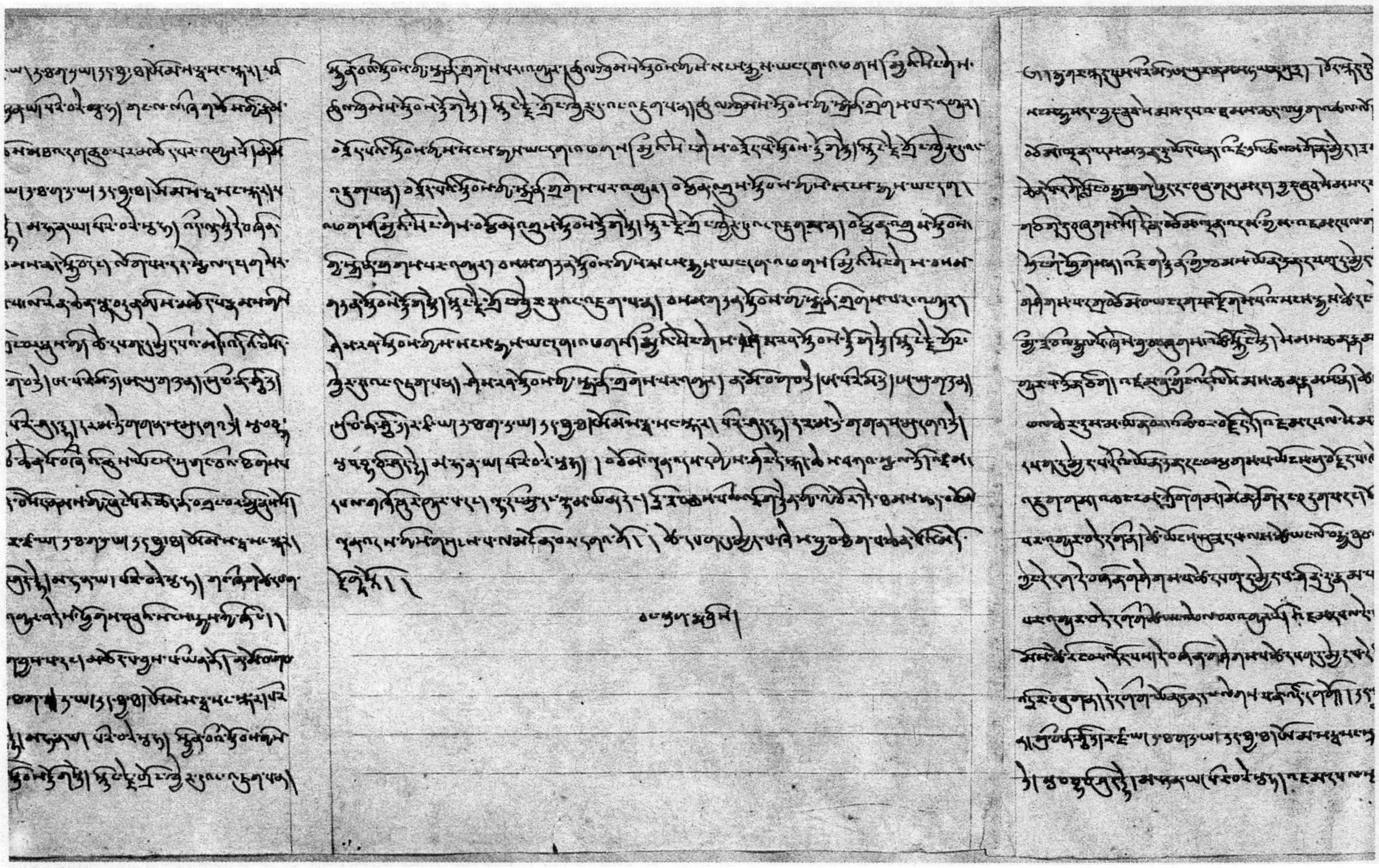

BD14291 號 5　藏文（無量壽宗要經甲本）　　（36–30）

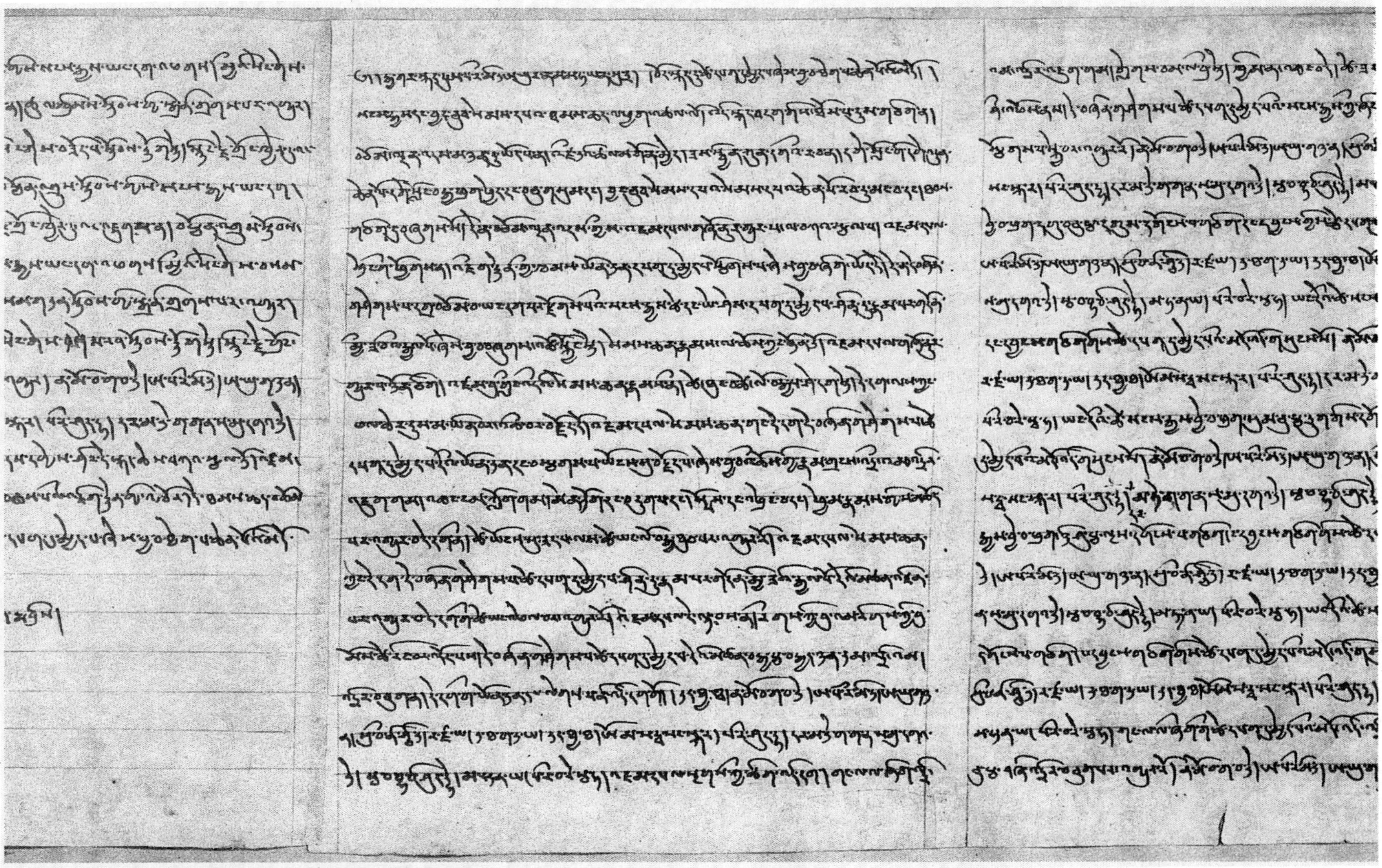

BD14291 號 6　藏文（無量壽宗要經甲本）　　（36–31）

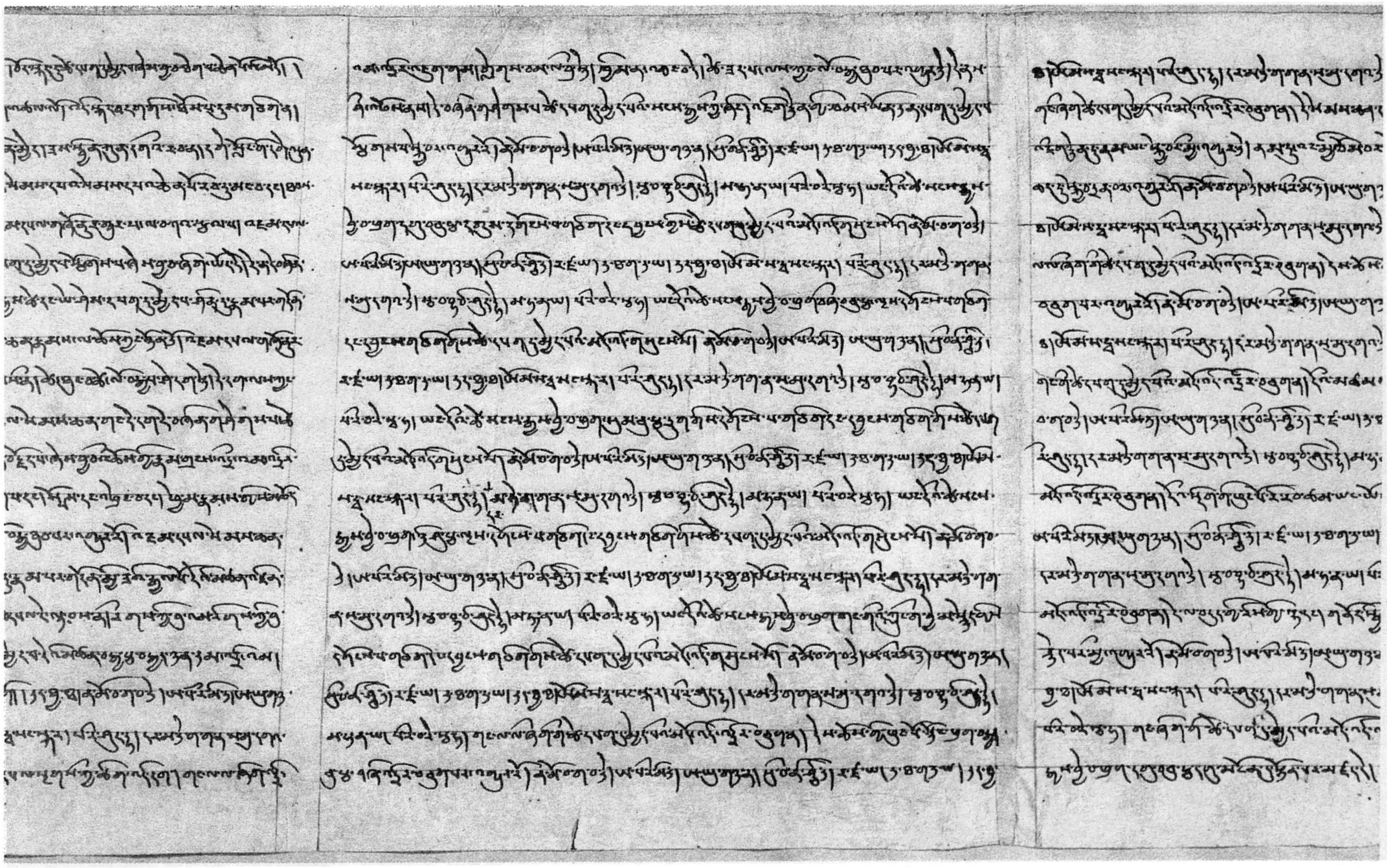

BD14291 號 6　藏文（無量壽宗要經甲本）　　（36–32）

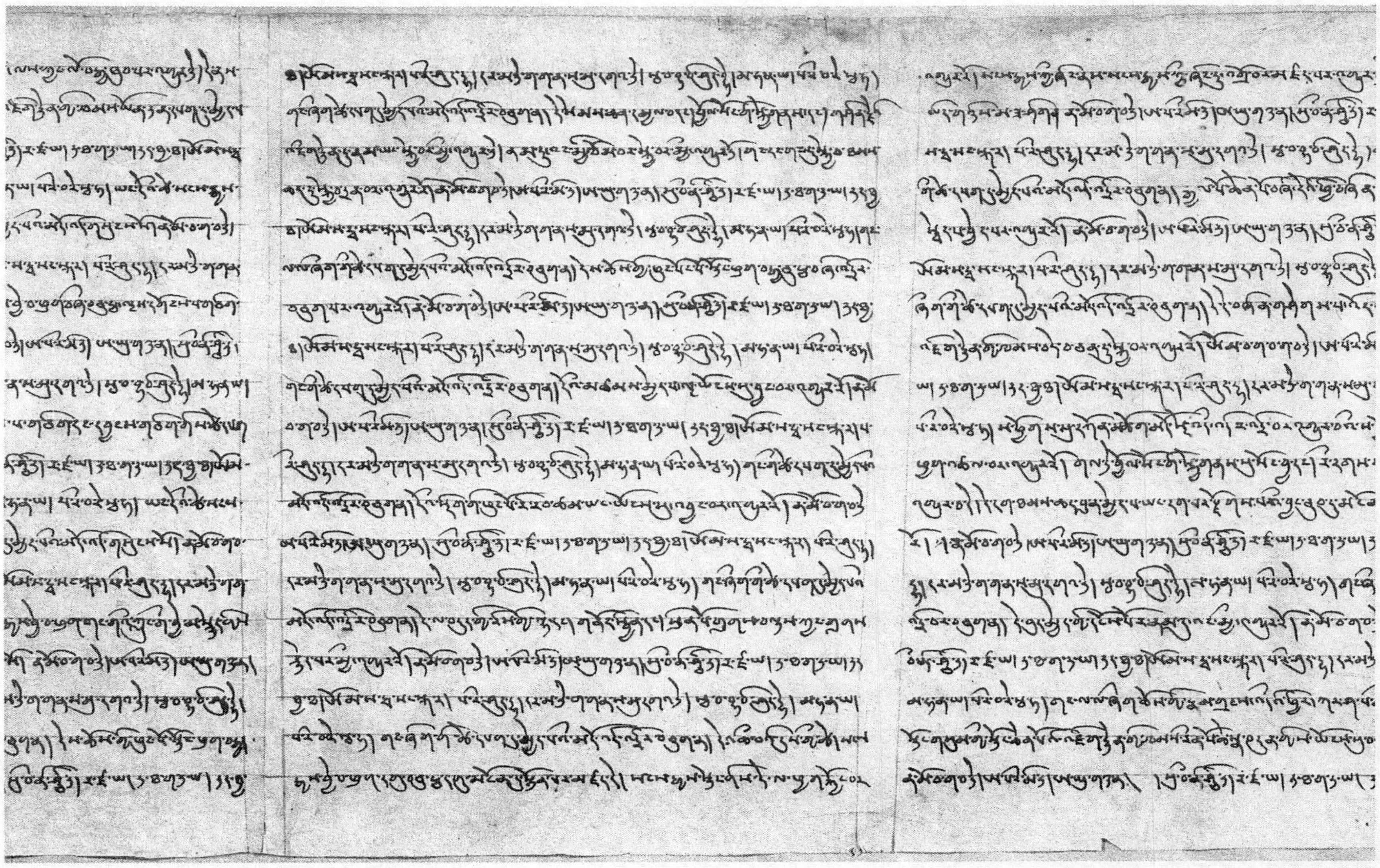

BD14291 號 6　藏文（無量壽宗要經甲本）　　（36–33）

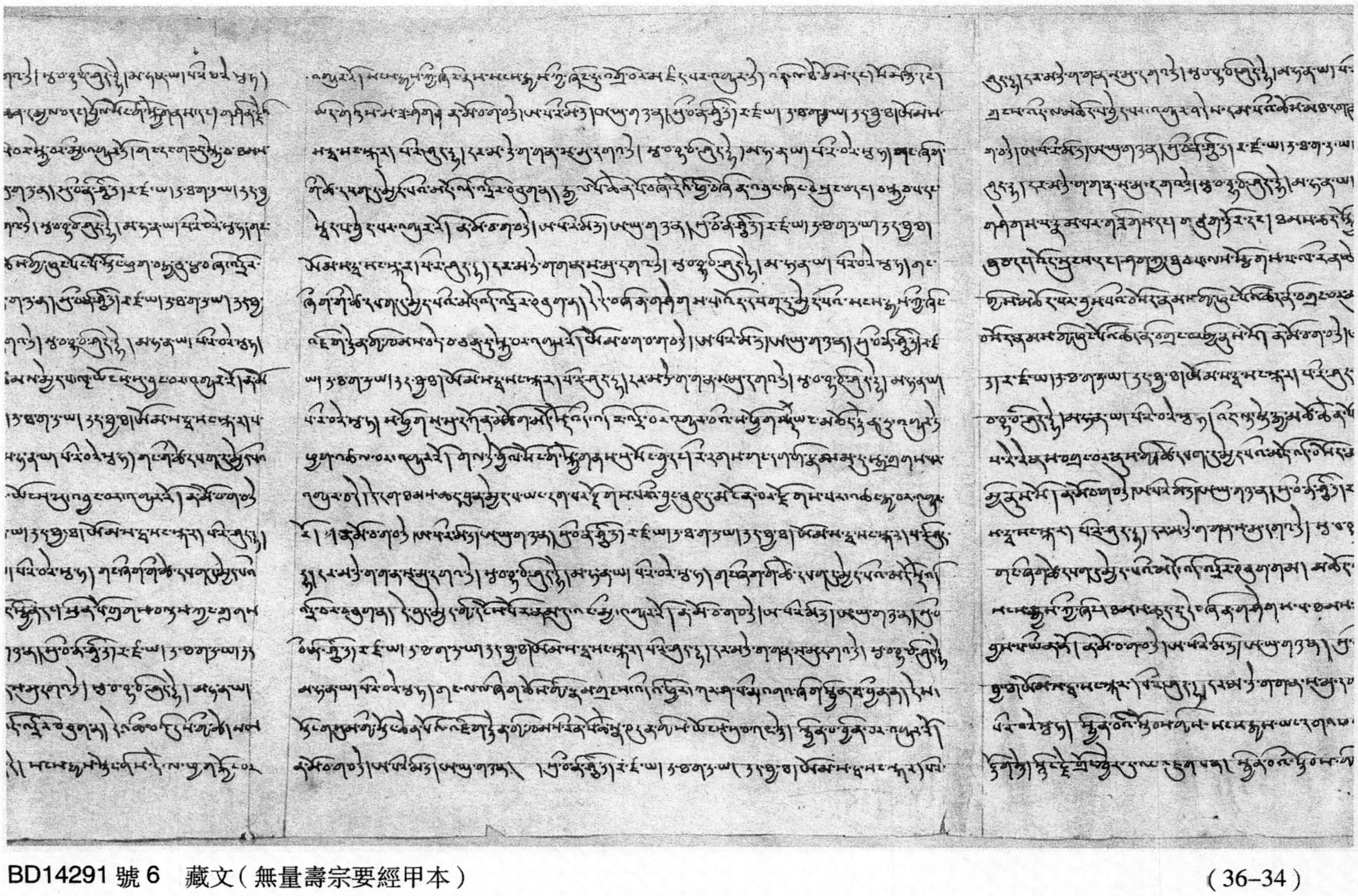

BD14291 號 6　藏文（無量壽宗要經甲本）　　（36–34）

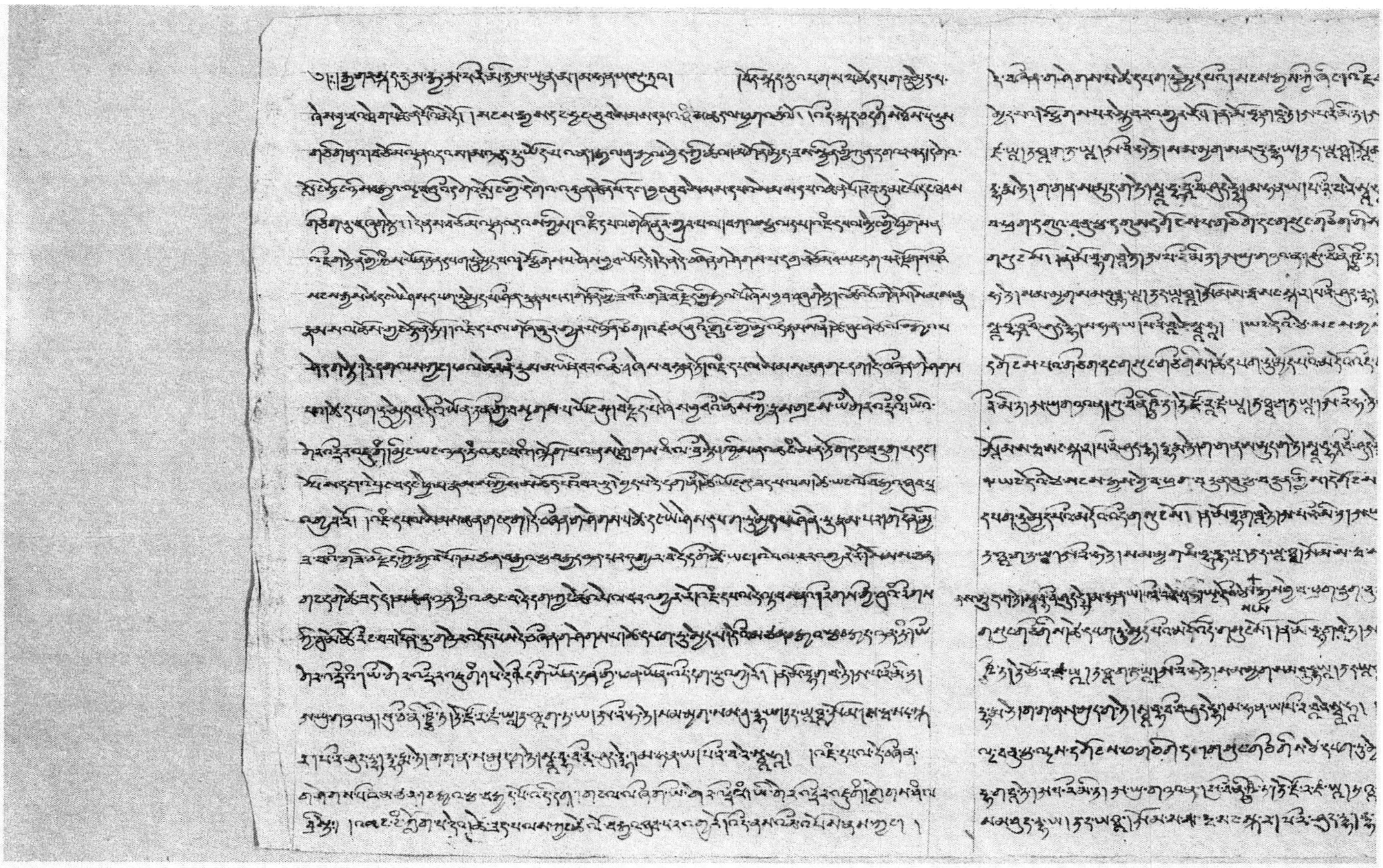

BD14292 號　藏文（無量壽宗要經甲本）　　（6–1）

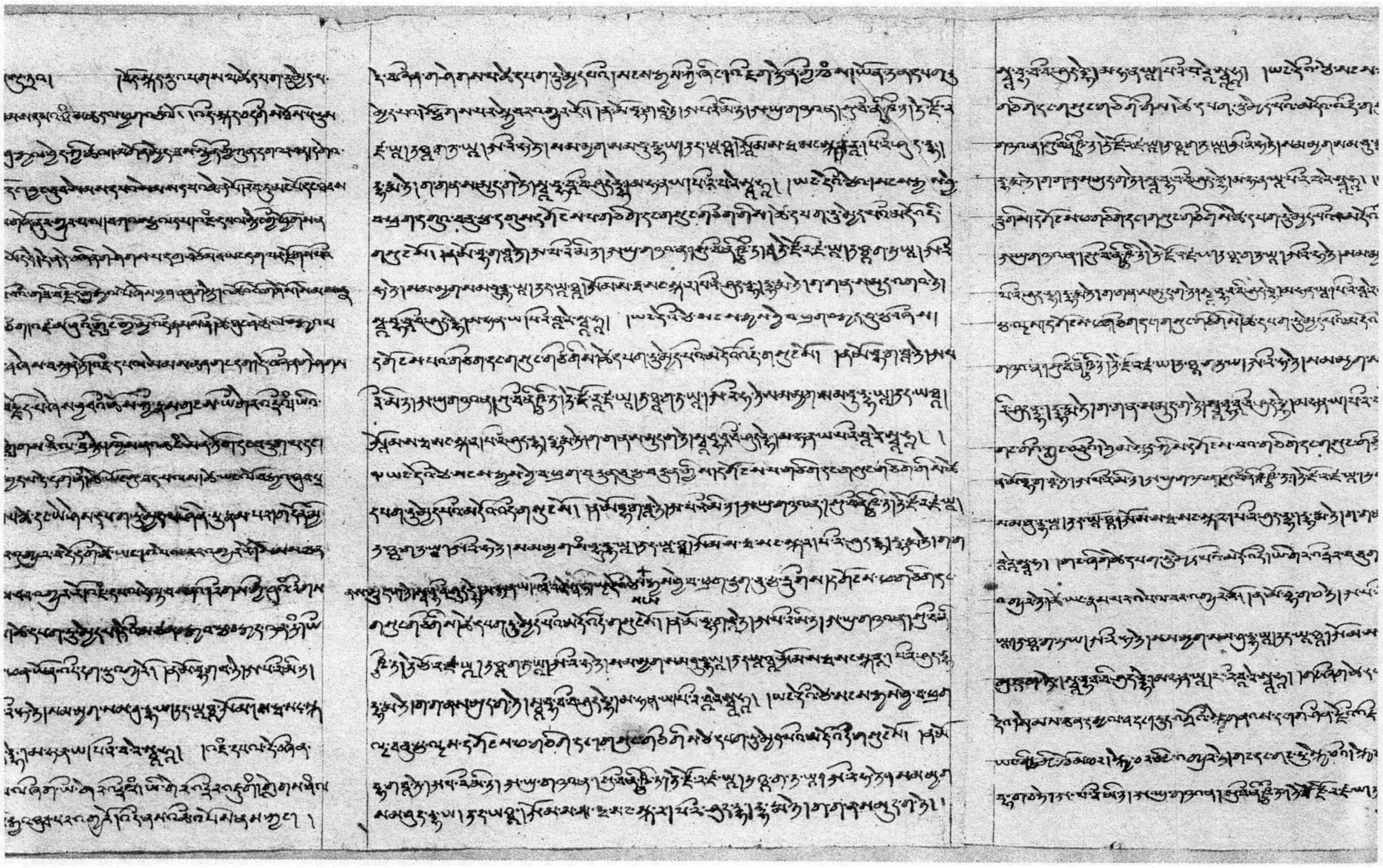

BD14292 號　藏文（無量壽宗要經甲本）　　（6–2）

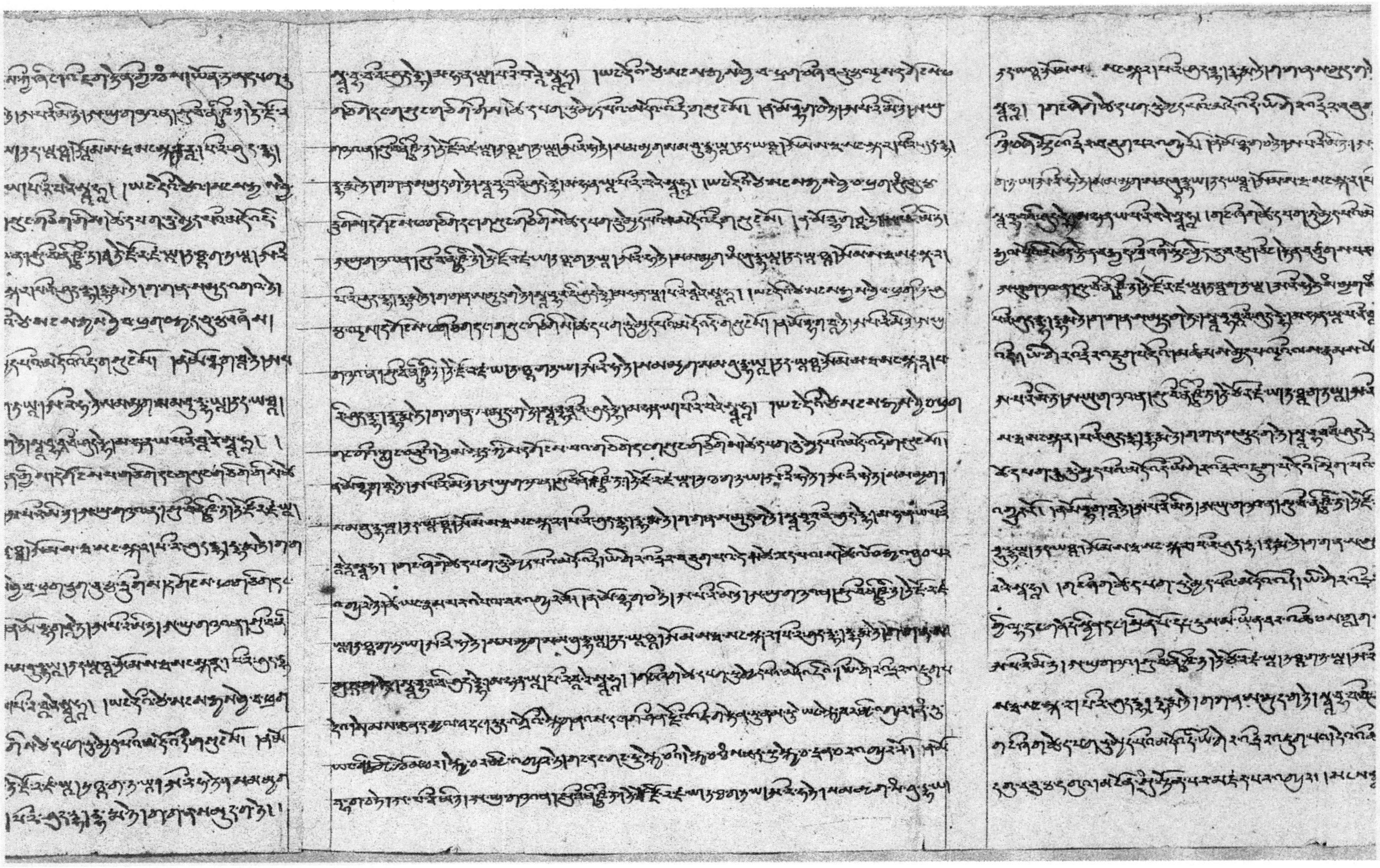

BD14292 號　藏文（無量壽宗要經甲本）　　（6–3）

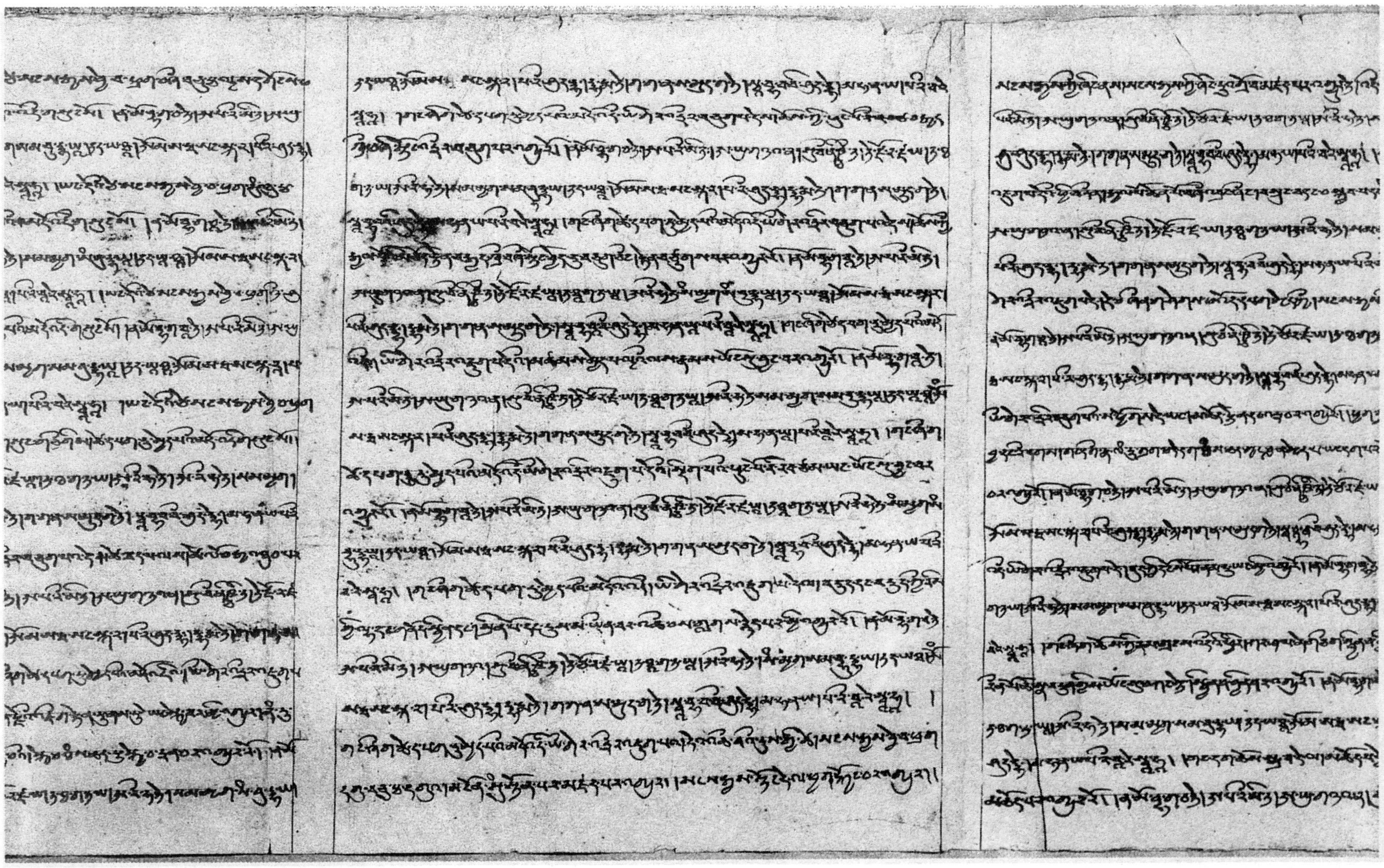

BD14292 號　藏文（無量壽宗要經甲本）　　（6–4）

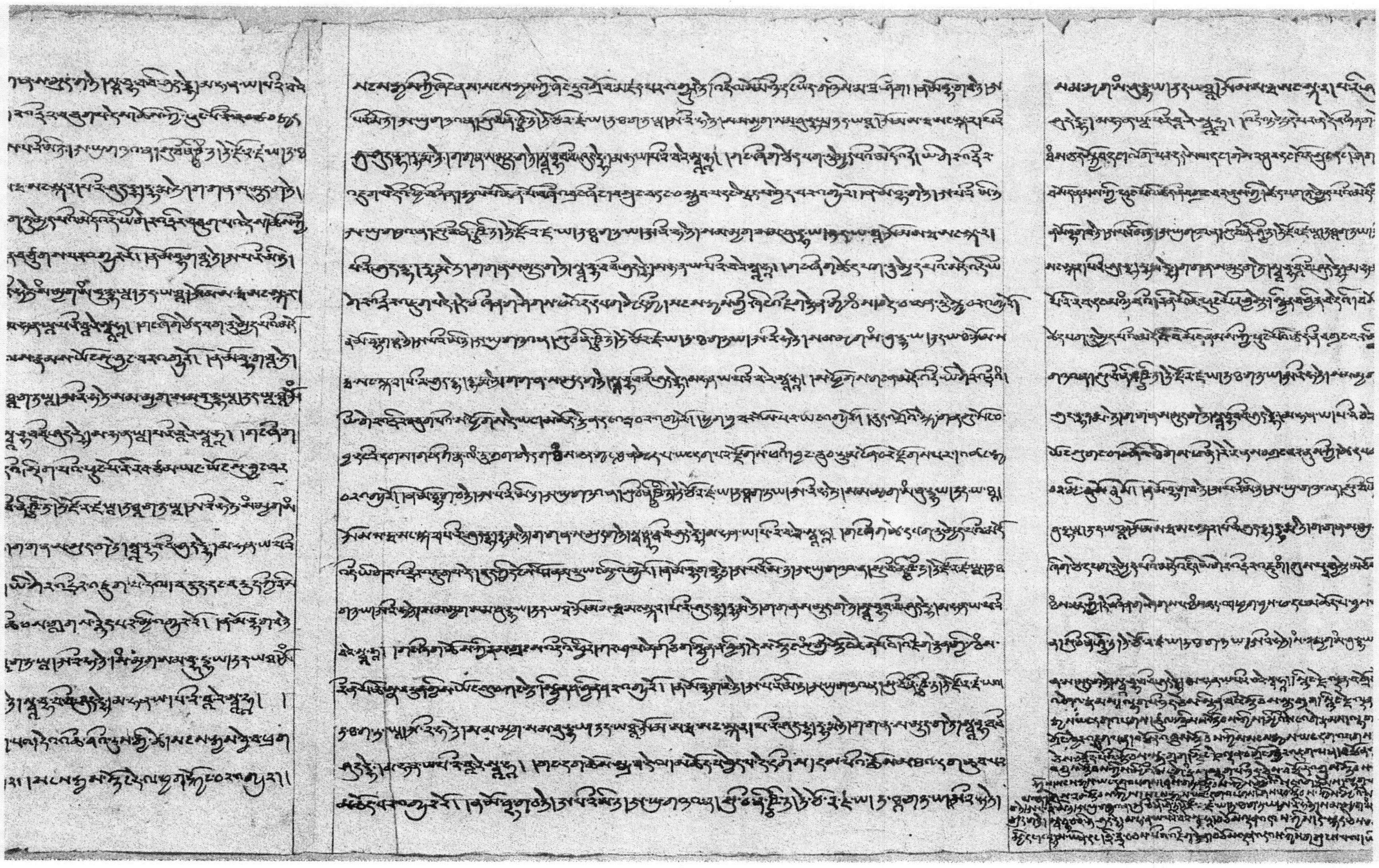

BD14292 號　藏文（無量壽宗要經甲本）　　（6–5）

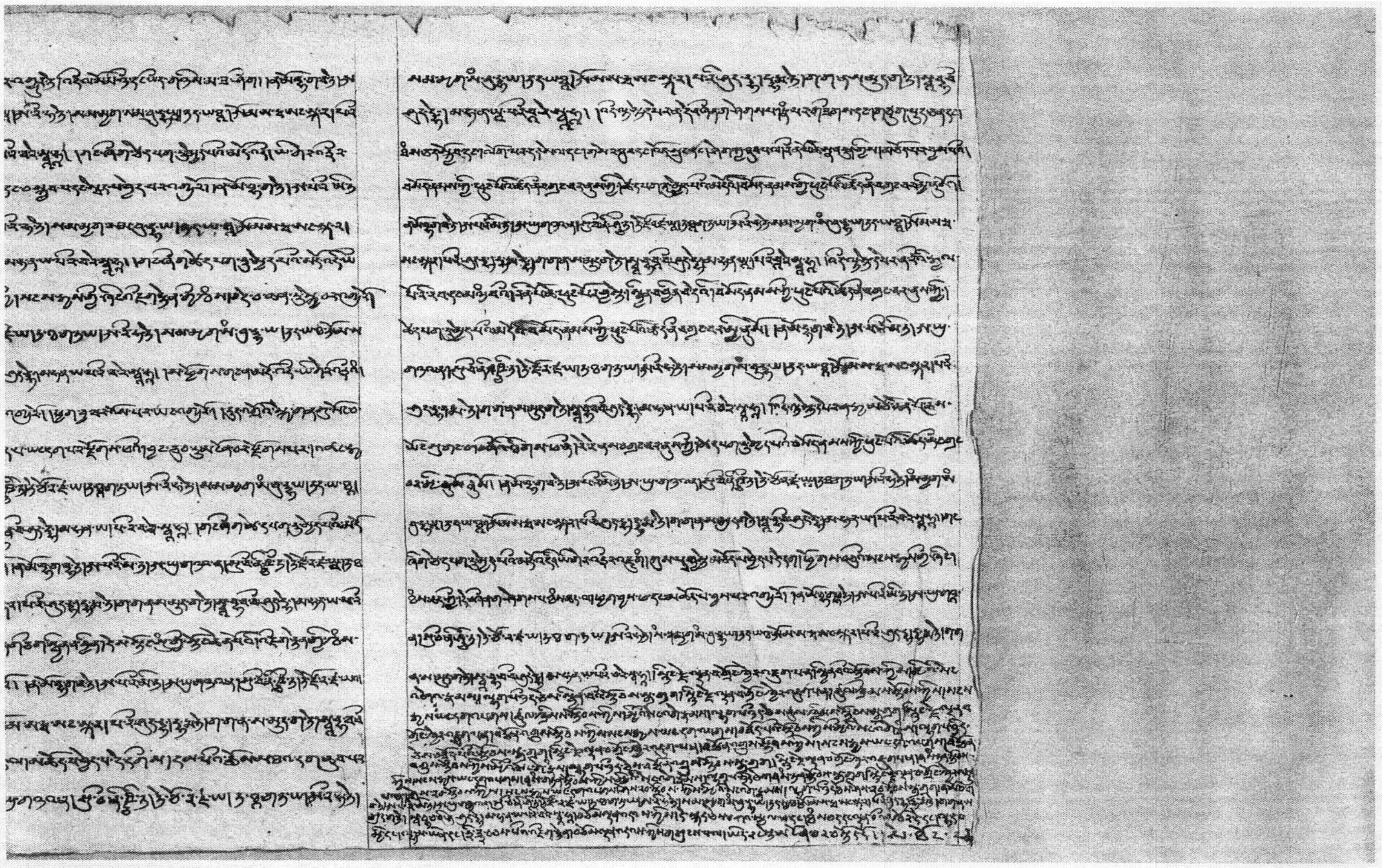

BD14292 號　藏文（無量壽宗要經甲本）　　（6–6）

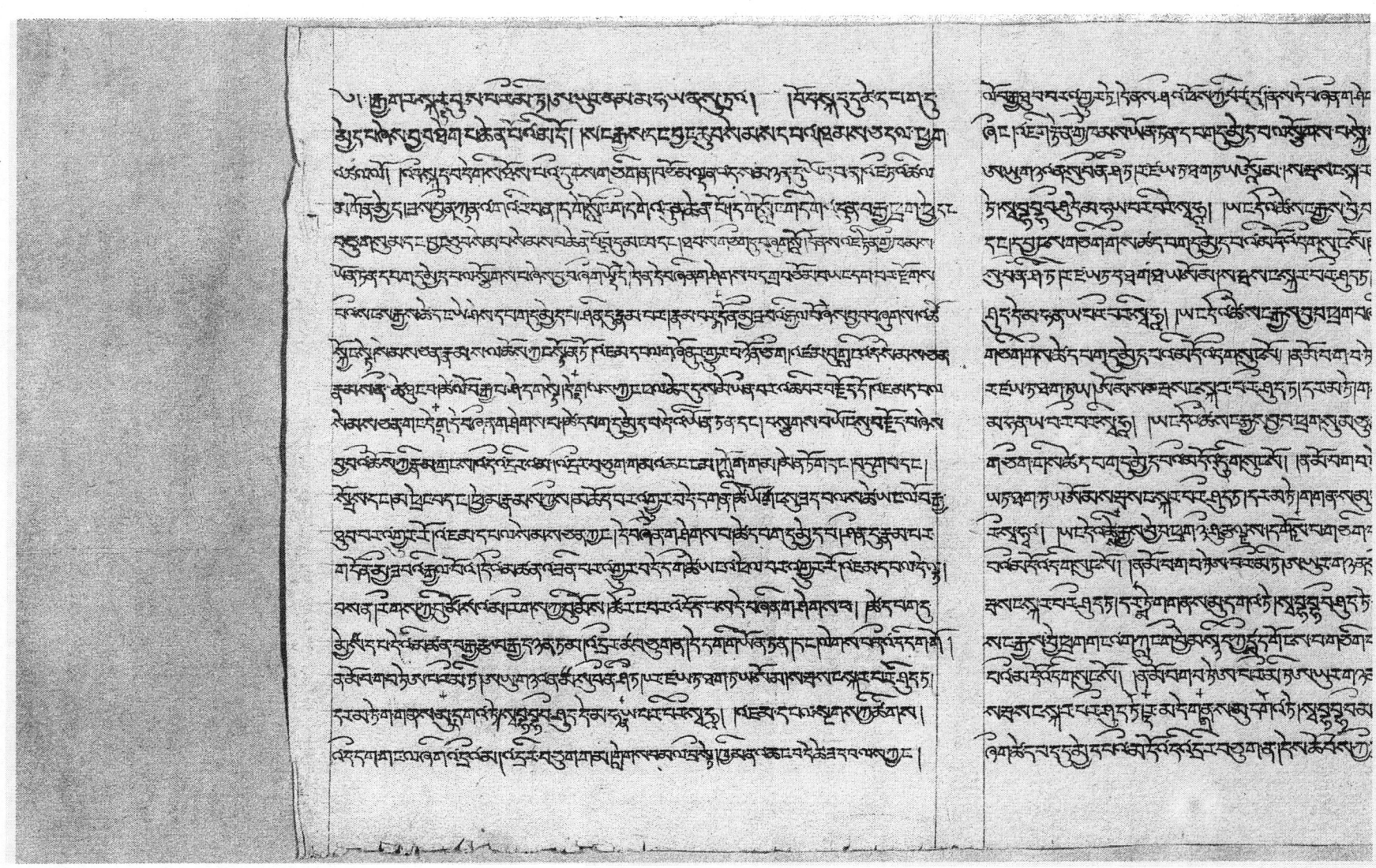

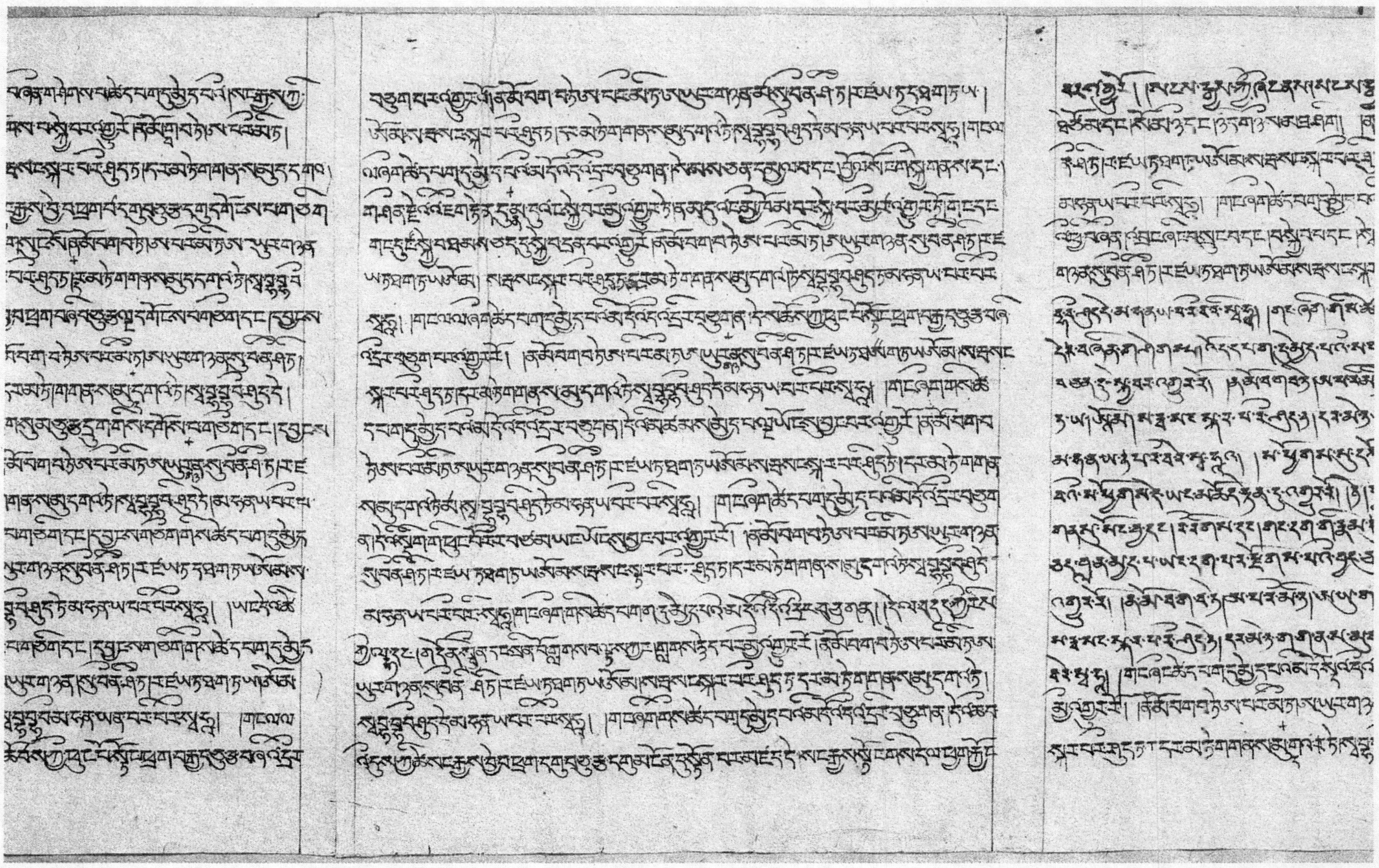

BD14293 號　藏文（無量壽宗要經甲本）　（6–3）

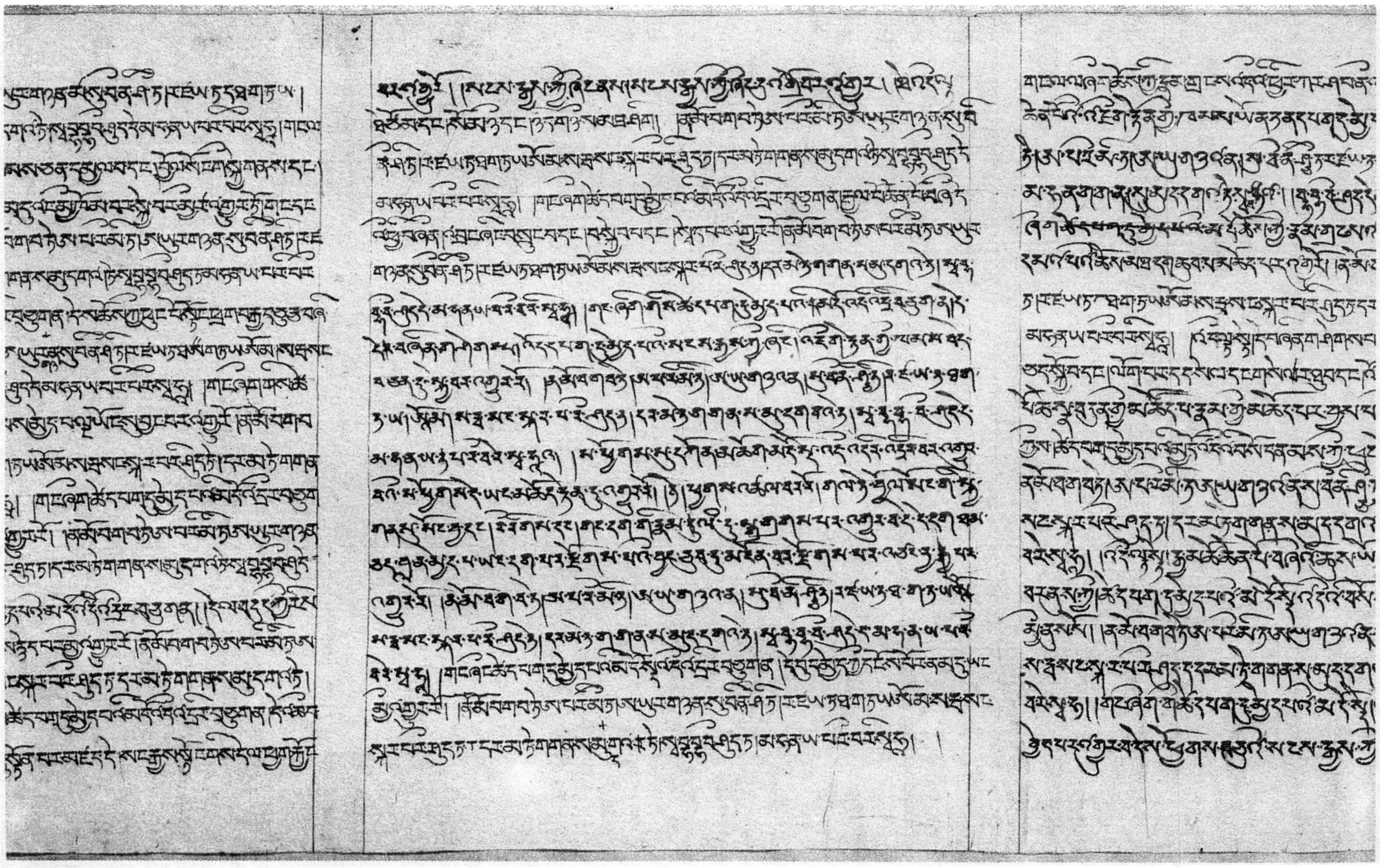

BD14293 號　藏文（無量壽宗要經甲本）　（6–4）

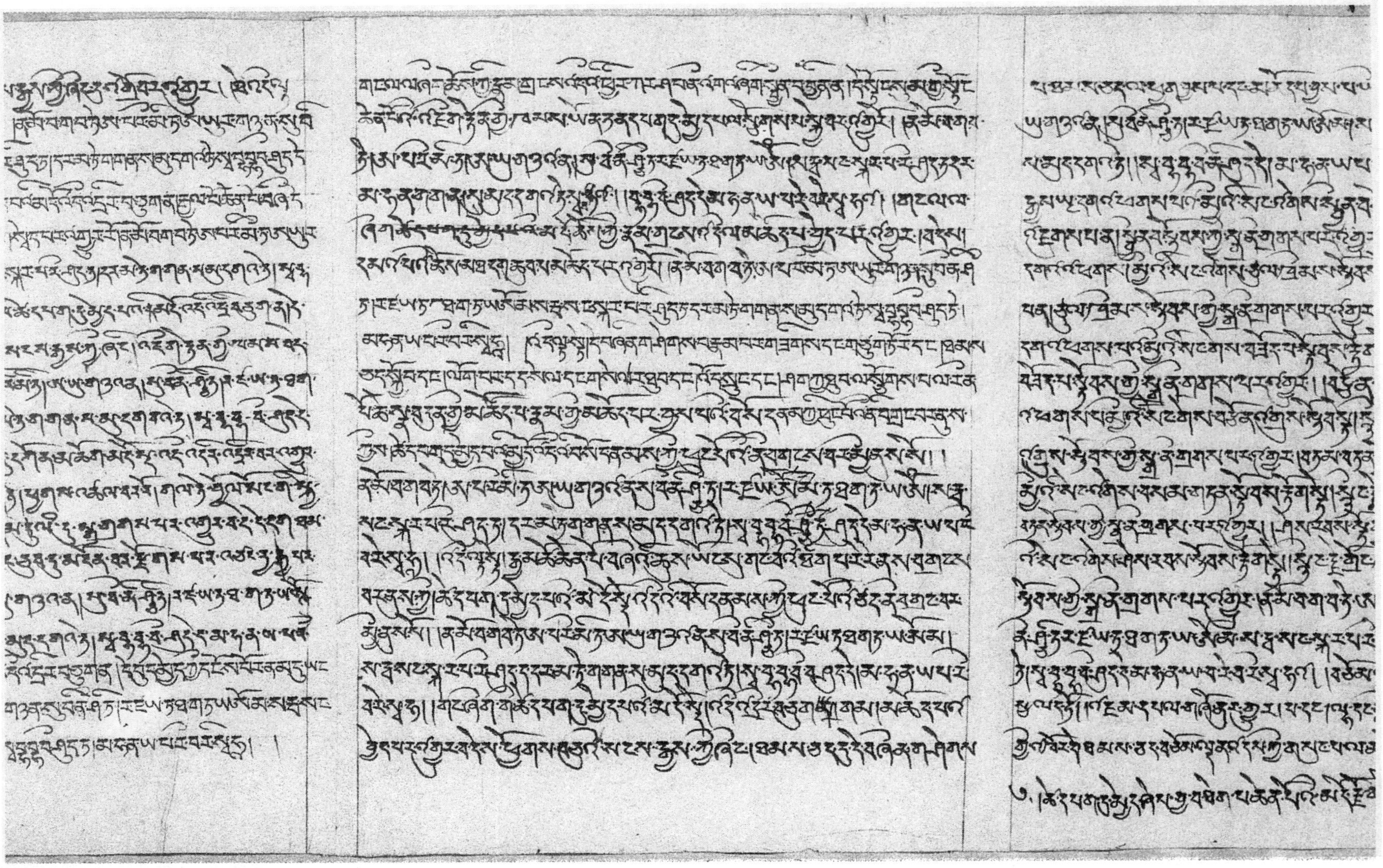

BD14293號　藏文（無量壽宗要經甲本）　（6–5）

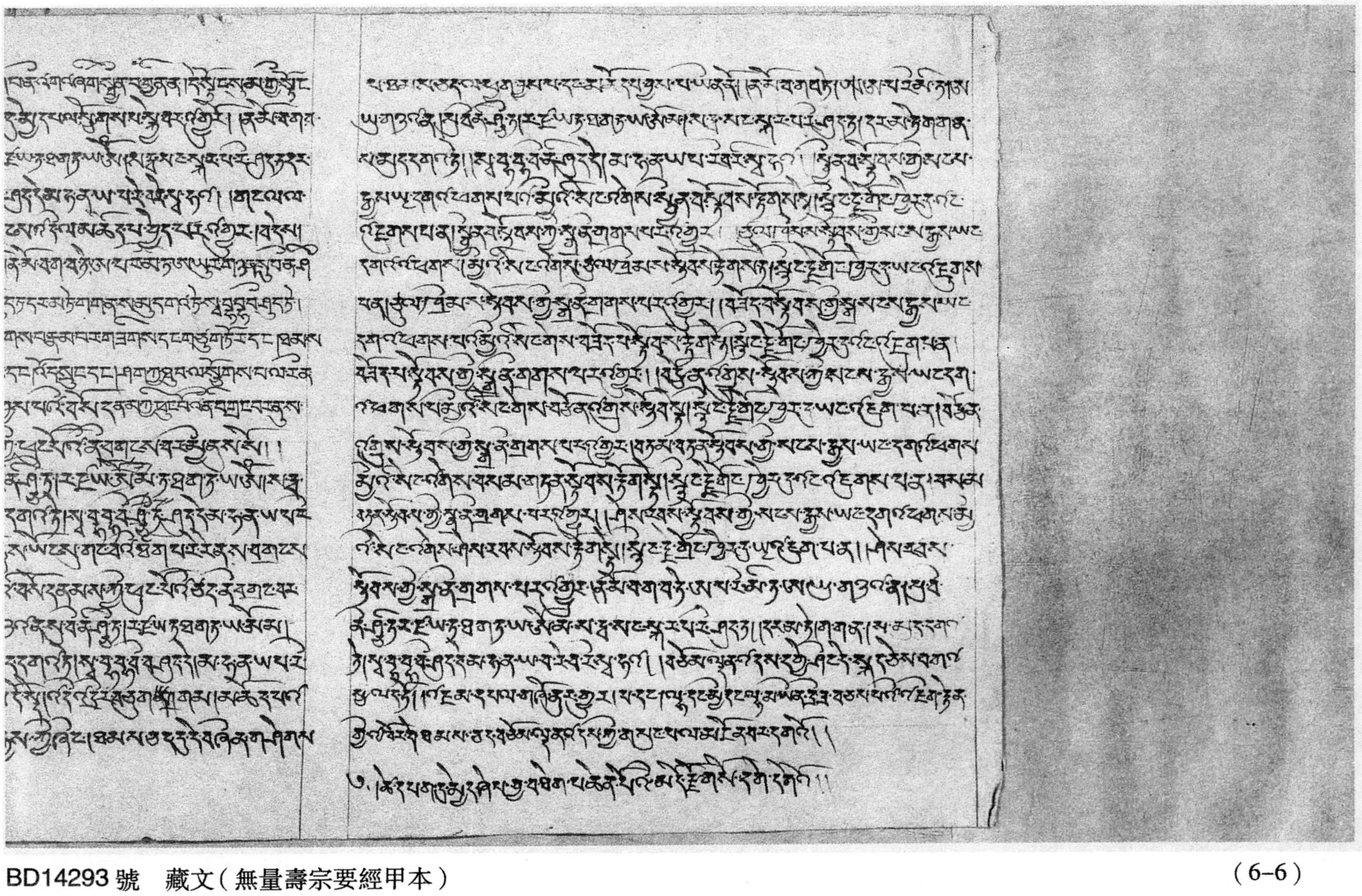

BD14293號　藏文（無量壽宗要經甲本）　（6–6）

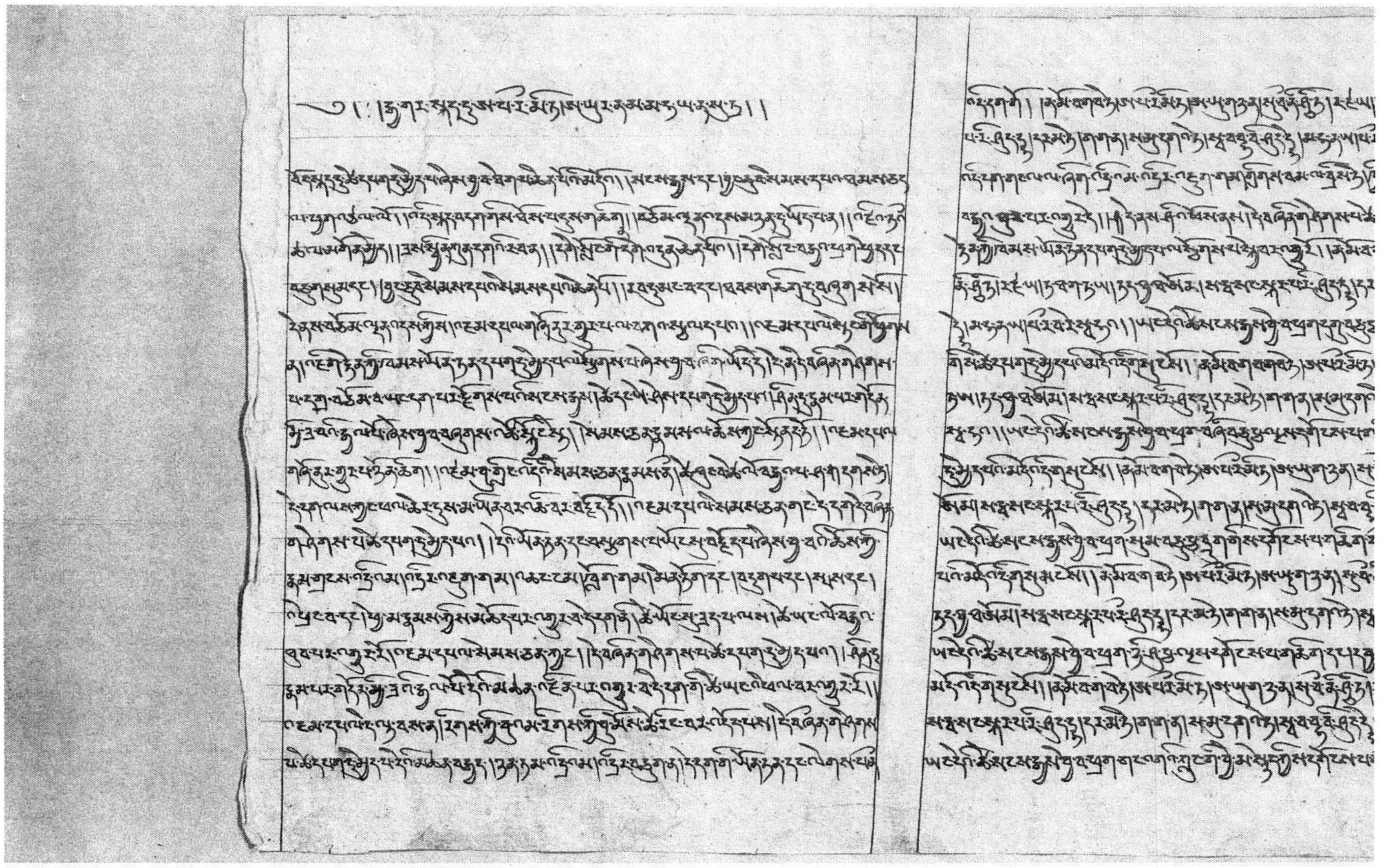

BD14294 號 1　藏文（無量壽宗要經甲本）　　（18–1）

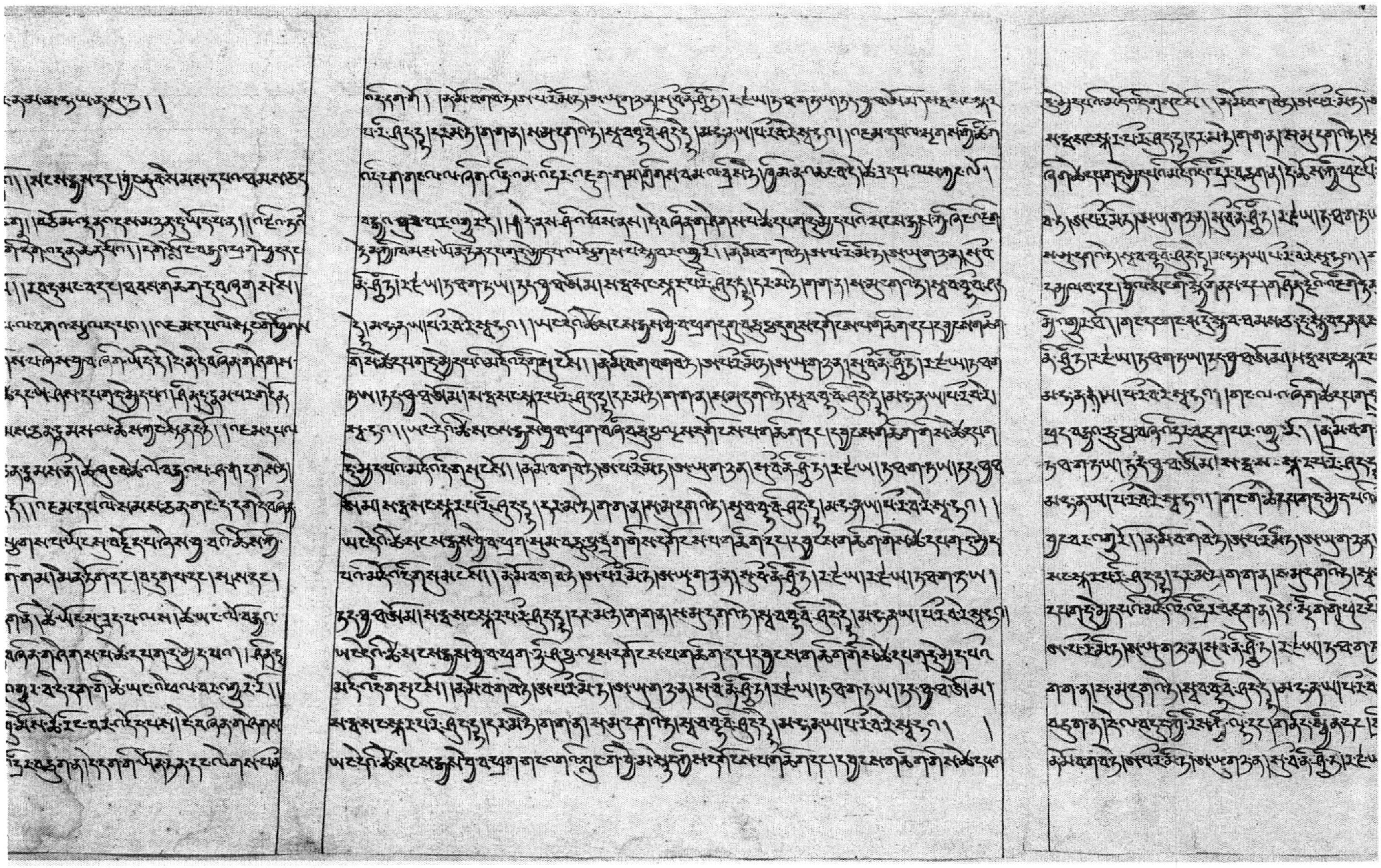

BD14294 號 1　藏文（無量壽宗要經甲本）　　（18–2）

BD14294號1 藏文（無量壽宗要經甲本） (18-3)

BD14294號1 藏文（無量壽宗要經甲本） (18-4)

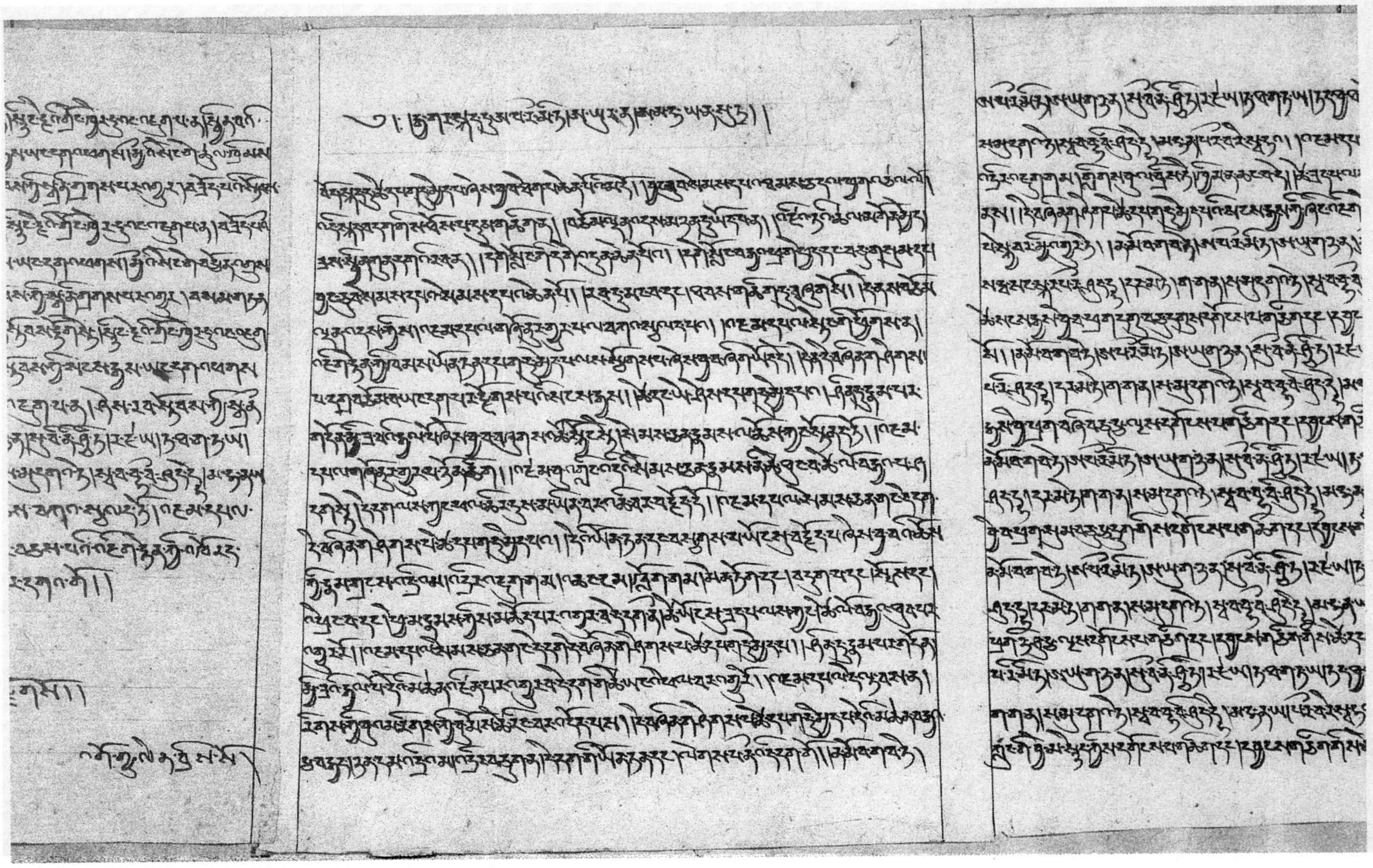

BD14294 號 2　藏文（無量壽宗要經甲本）　　（18–7）

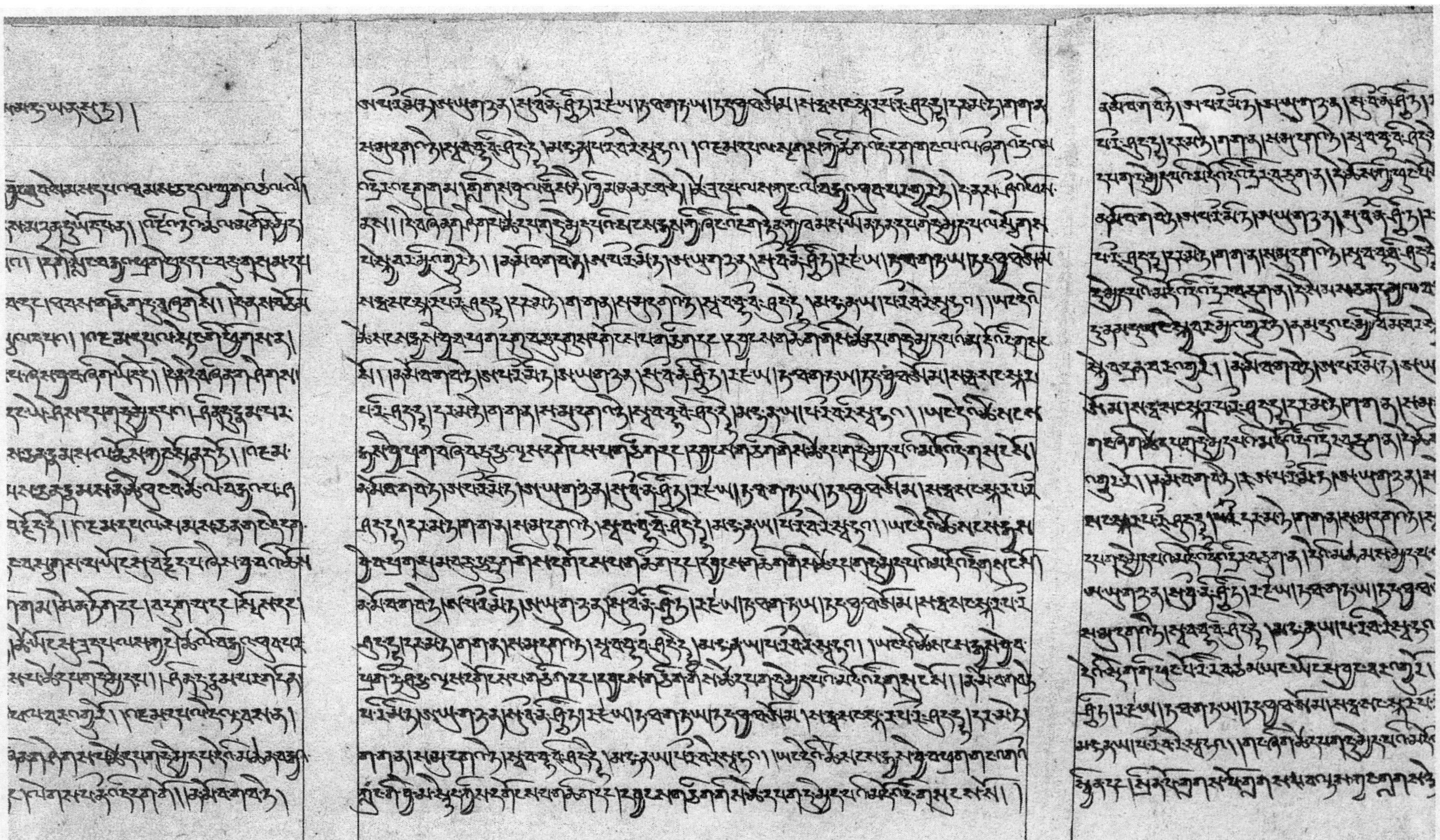

BD14294 號 2　藏文（無量壽宗要經甲本）　　（18–8）

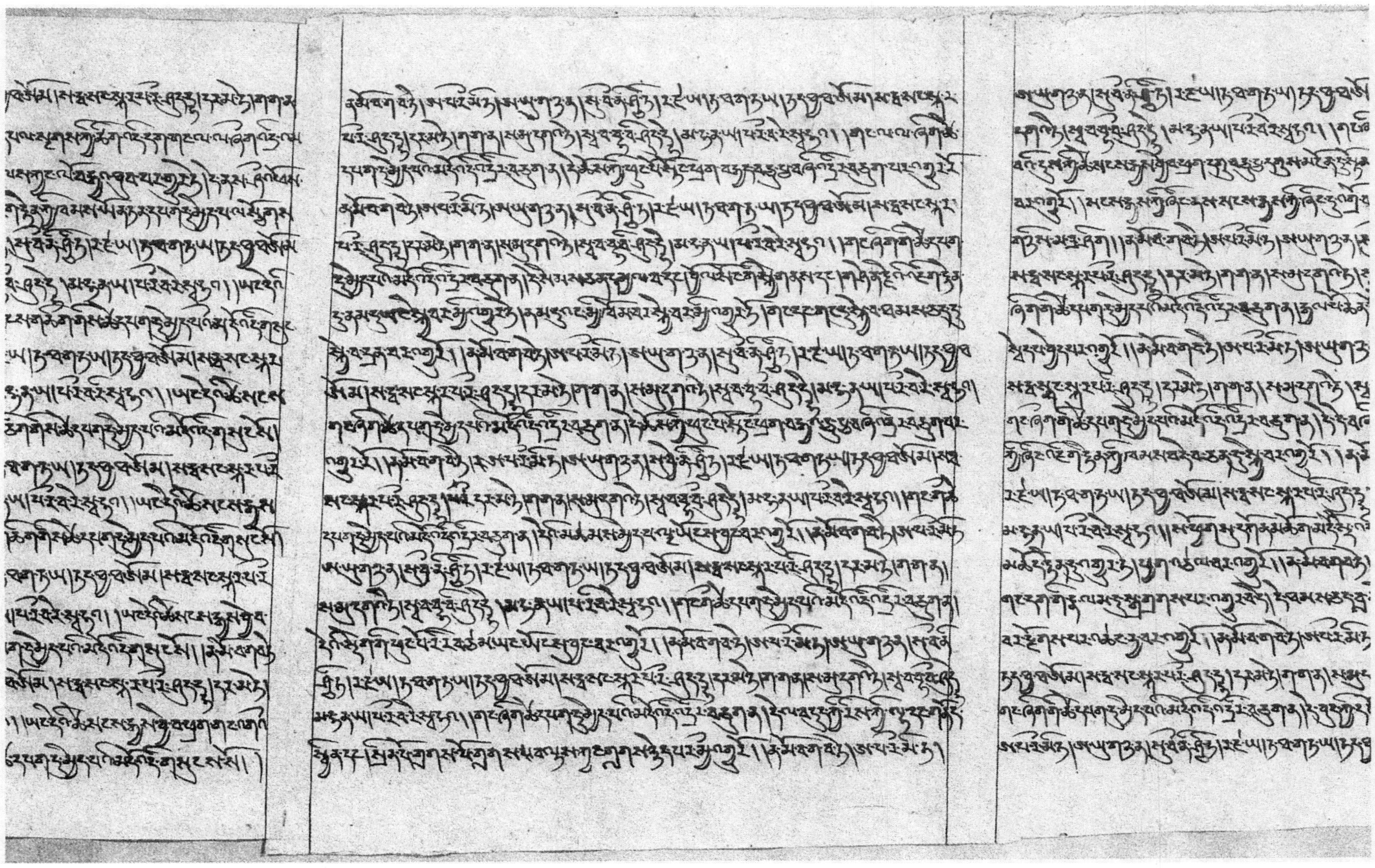

BD14294 號 2　藏文（無量壽宗要經甲本）　（18–9）

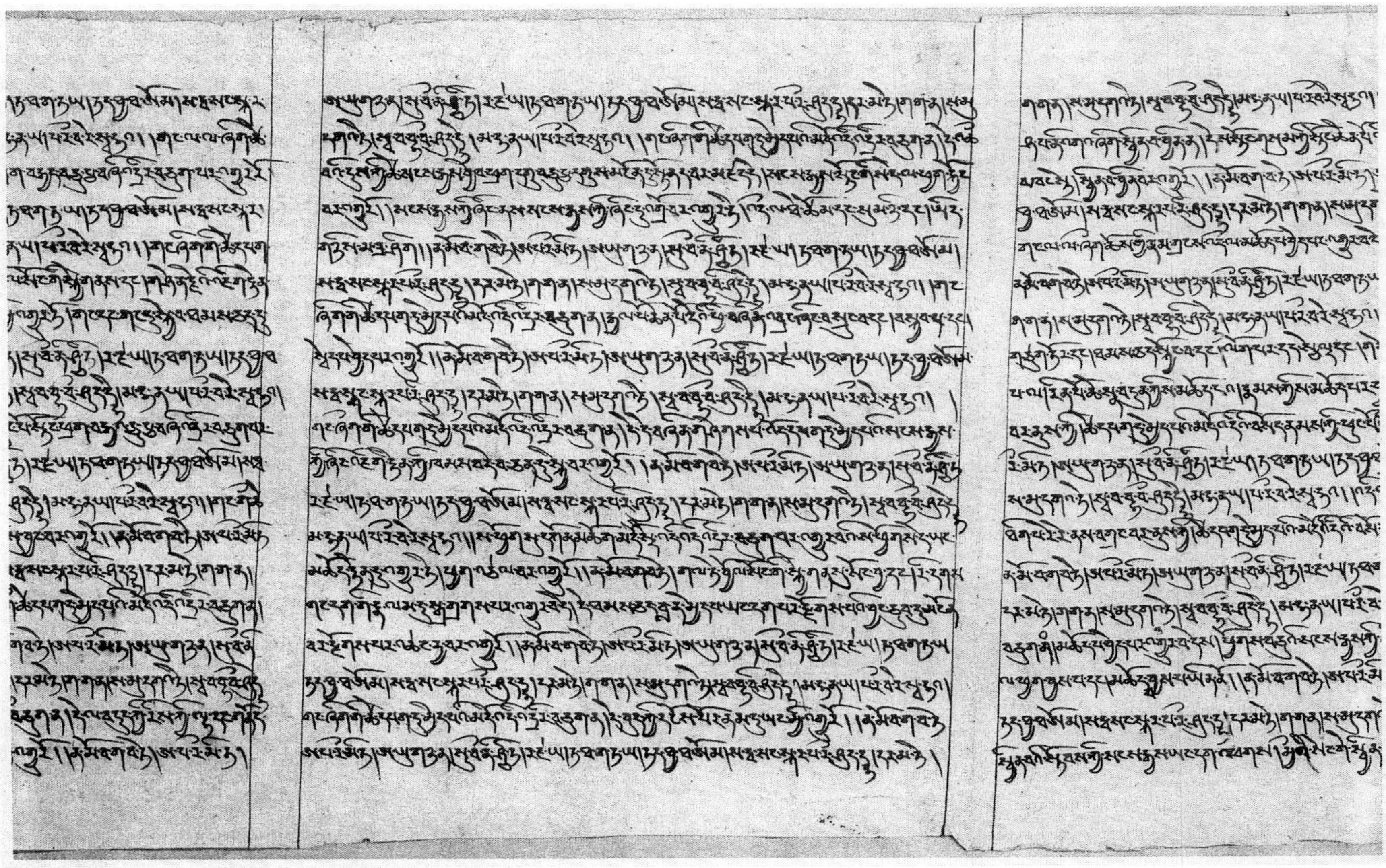

BD14294 號 2　藏文（無量壽宗要經甲本）　（18–10）

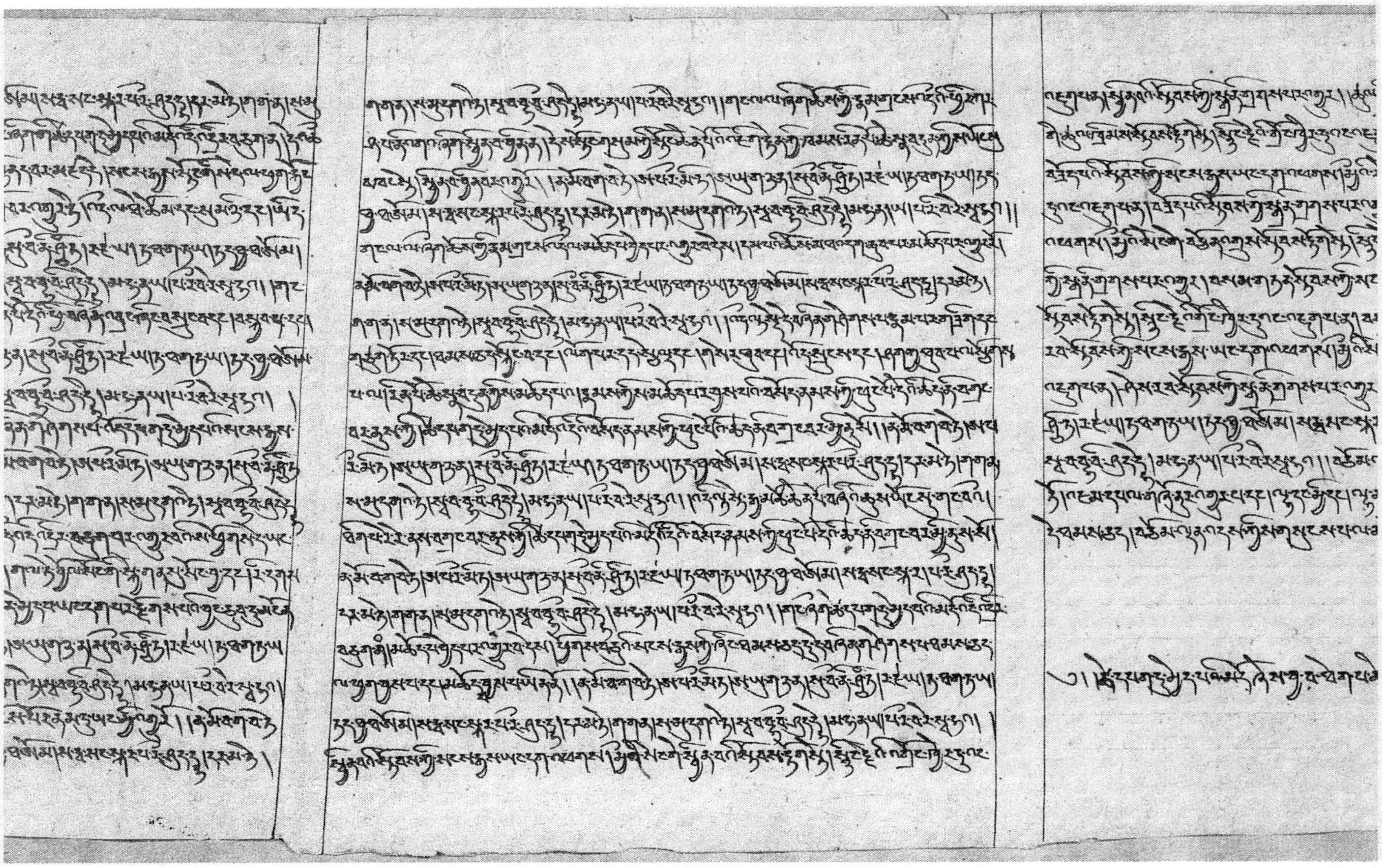

BD14294號2 藏文（無量壽宗要經甲本）

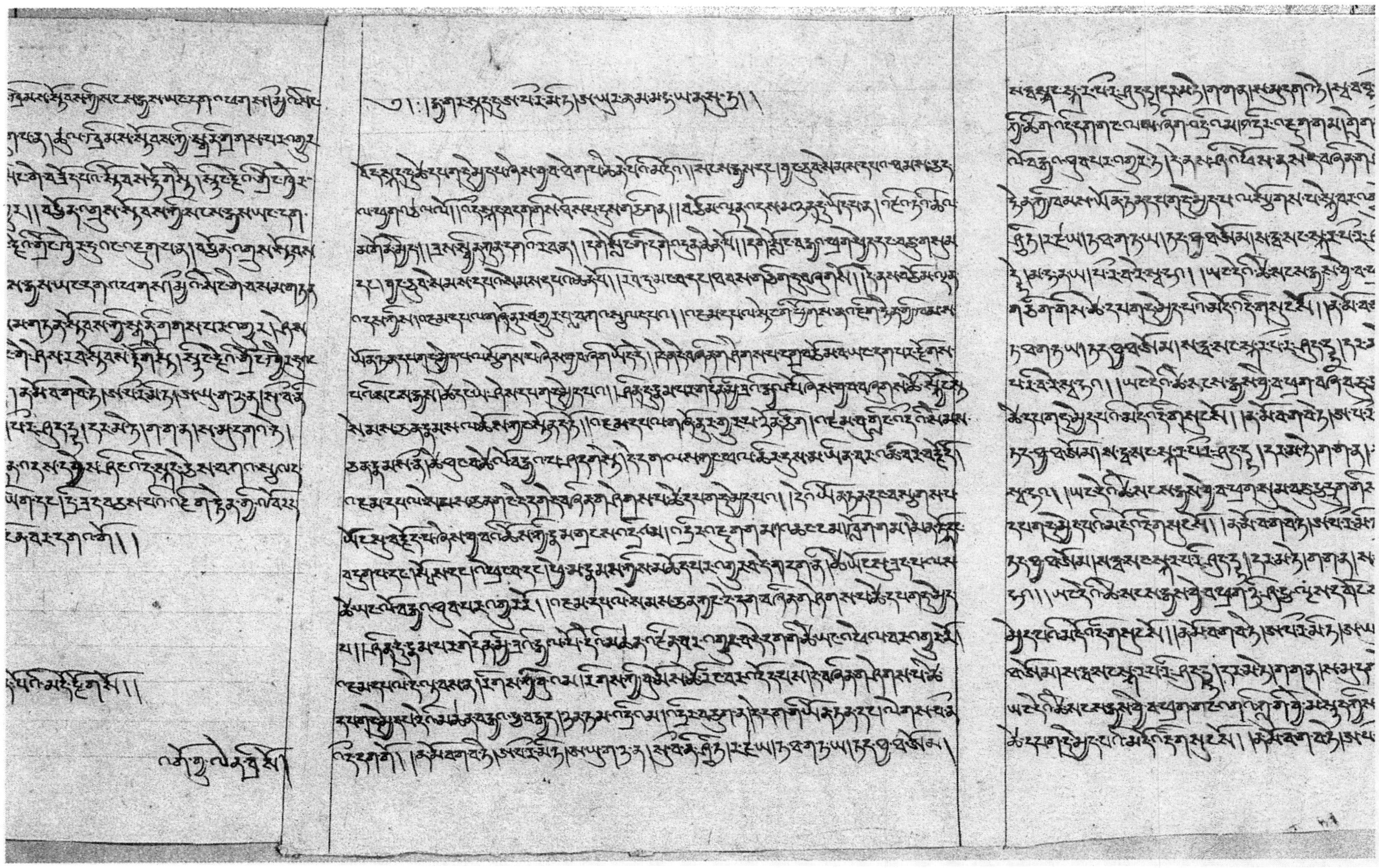

BD14294 號 3　藏文（無量壽宗要經甲本）　　（18–13）

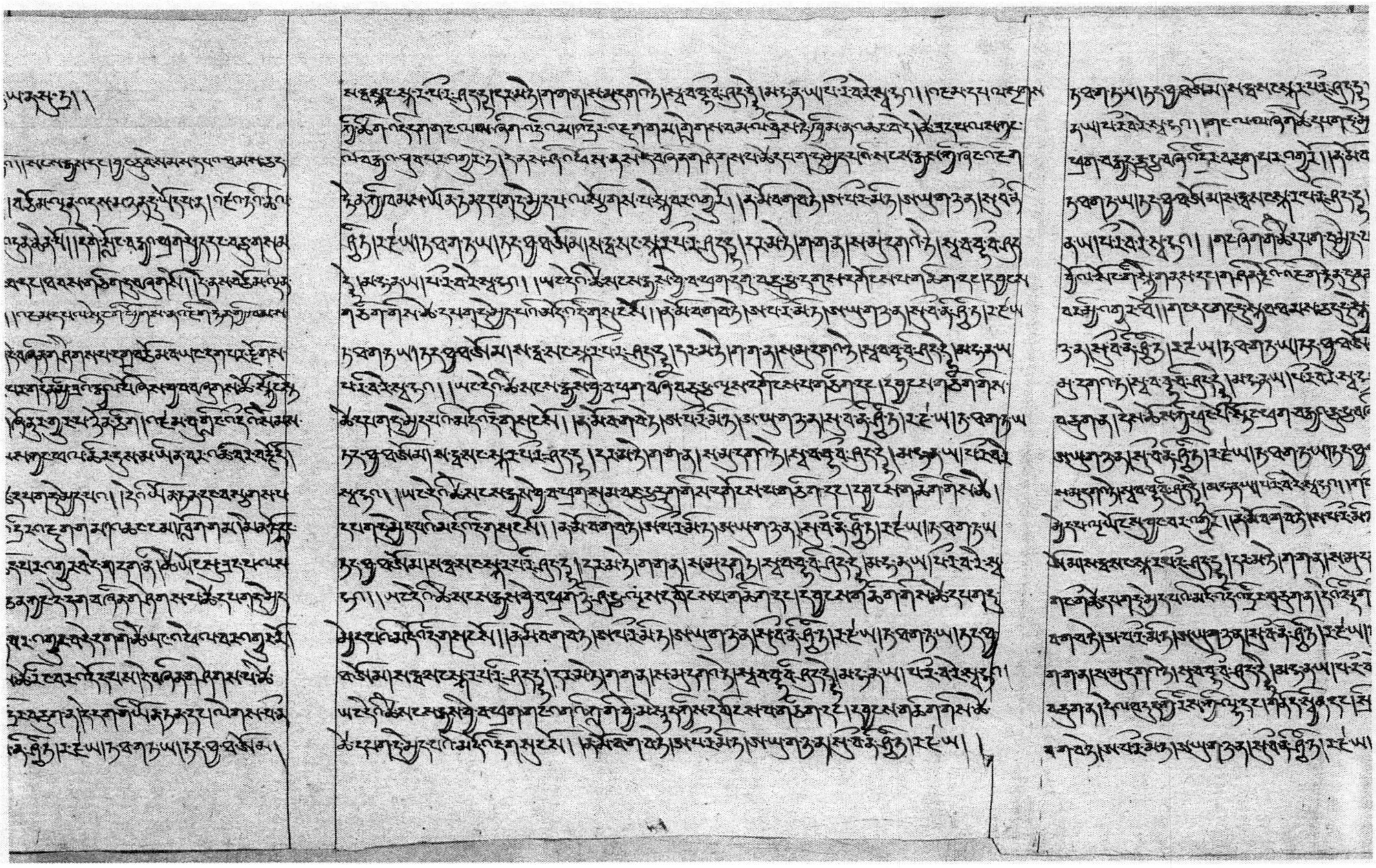

BD14294 號 3　藏文（無量壽宗要經甲本）　　（18–14）

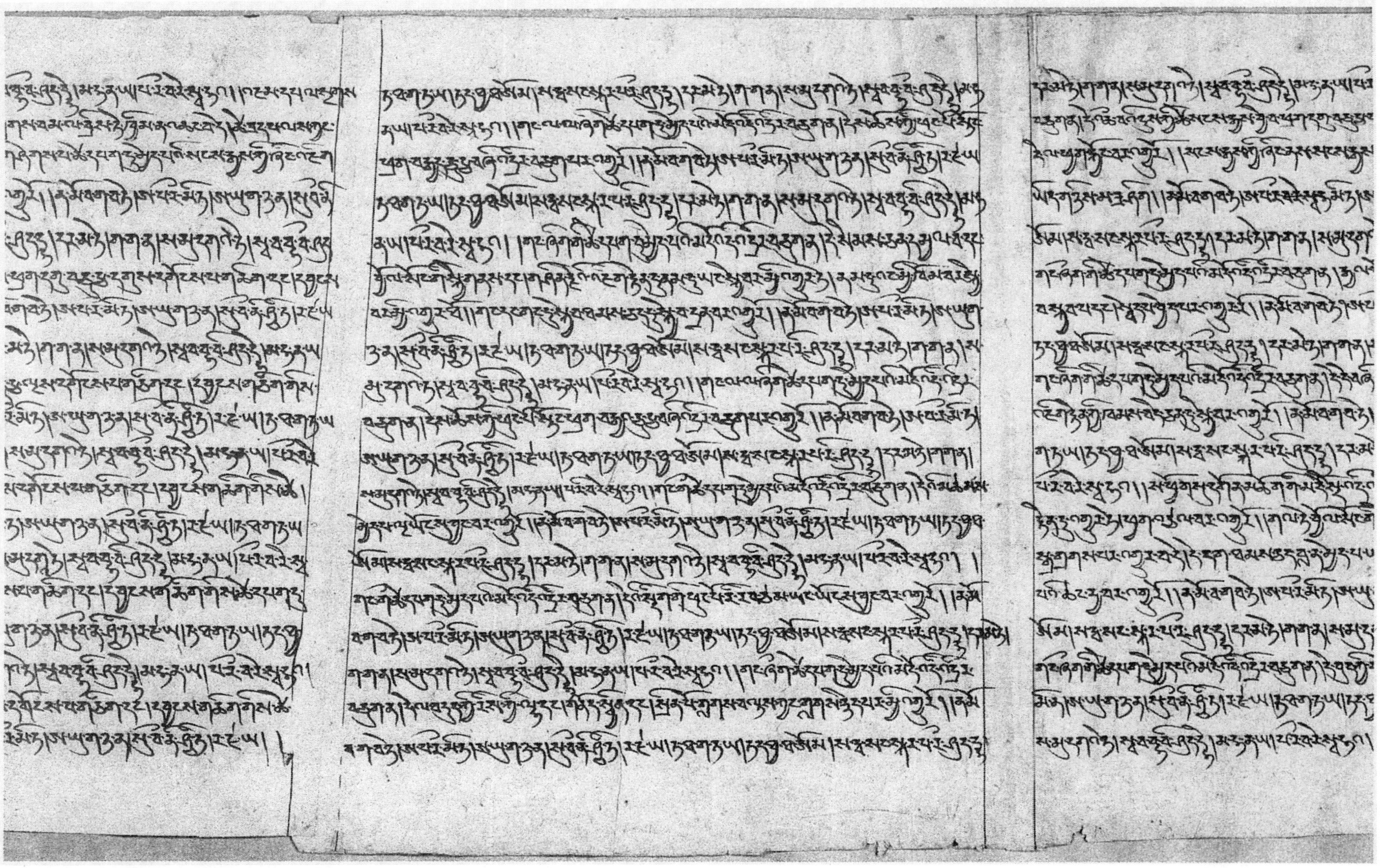

BD14294 號 3　藏文（無量壽宗要經甲本）　（18–15）

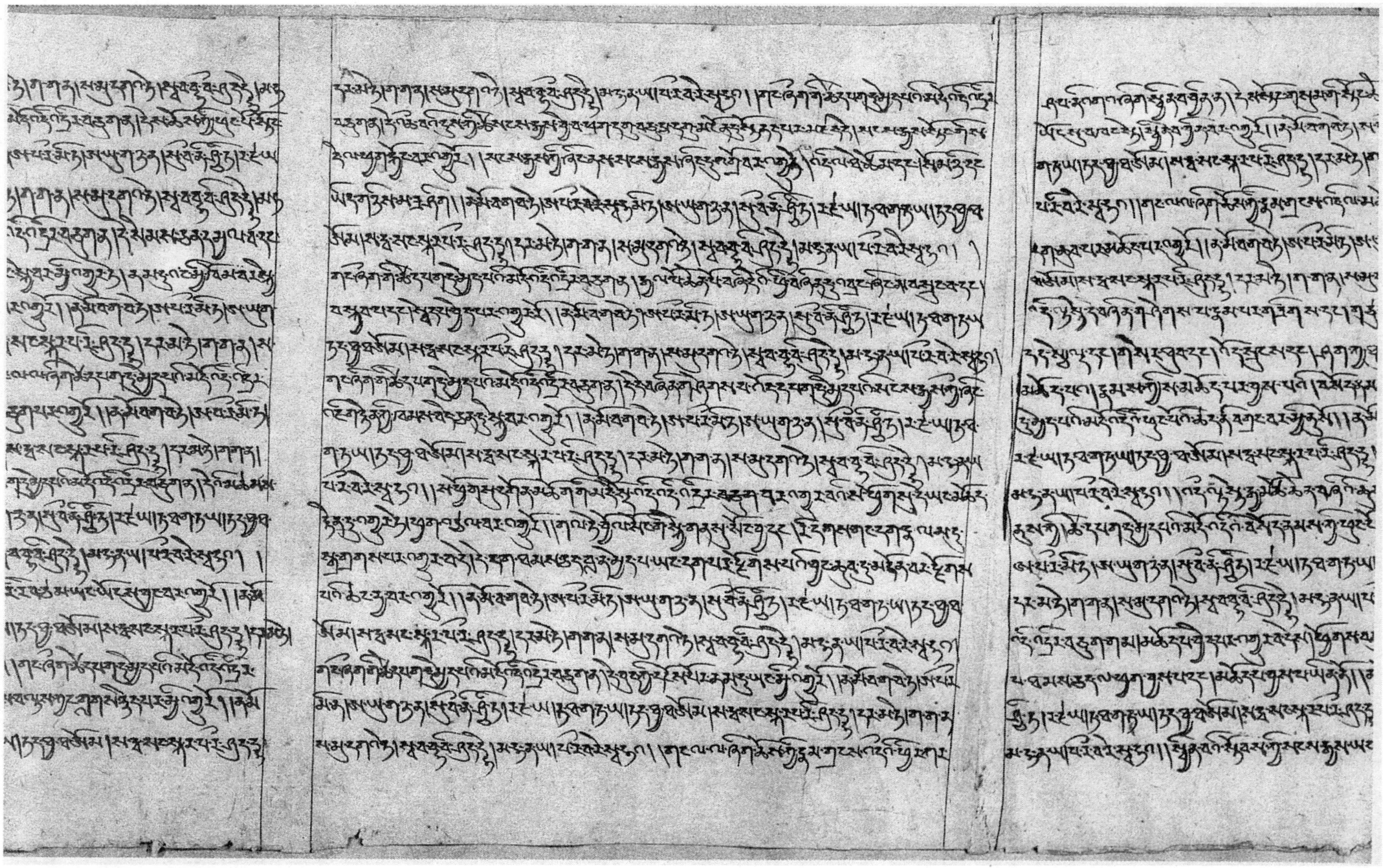

BD14294 號 3　藏文（無量壽宗要經甲本）　（18–16）

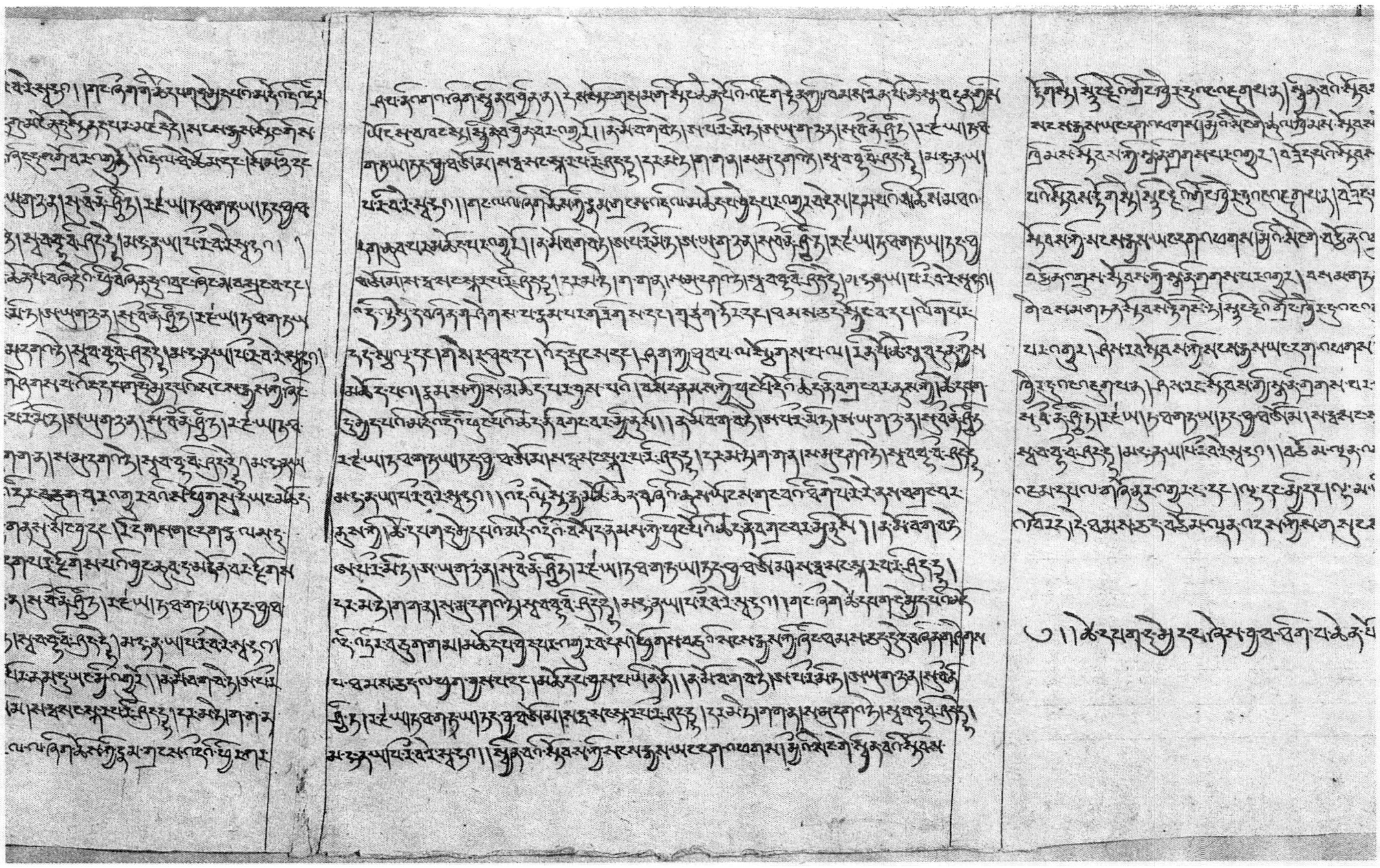

BD14294 號 3　藏文（無量壽宗要經甲本）　　（18–17）

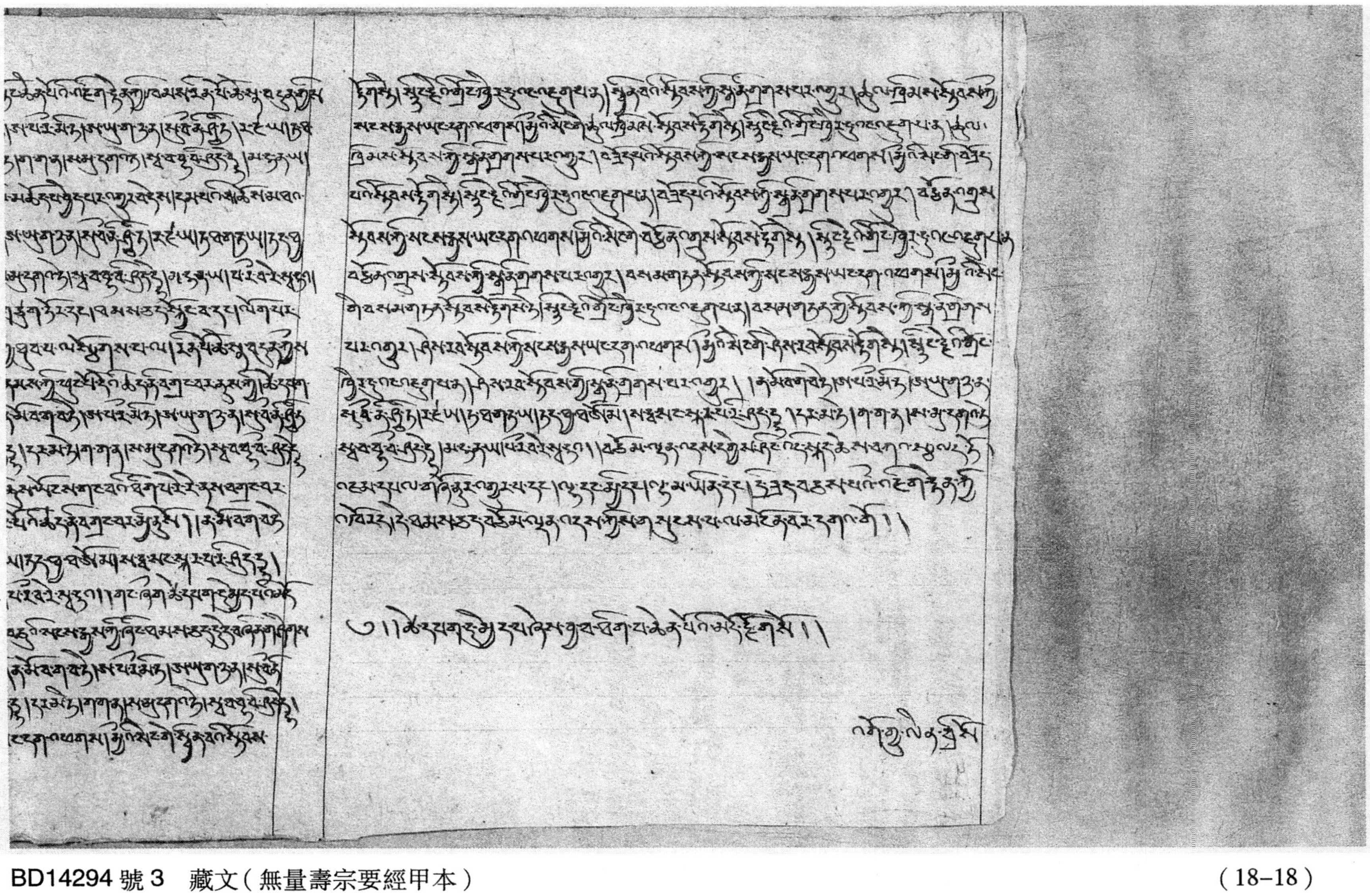

BD14294 號 3　藏文（無量壽宗要經甲本）　　（18–18）

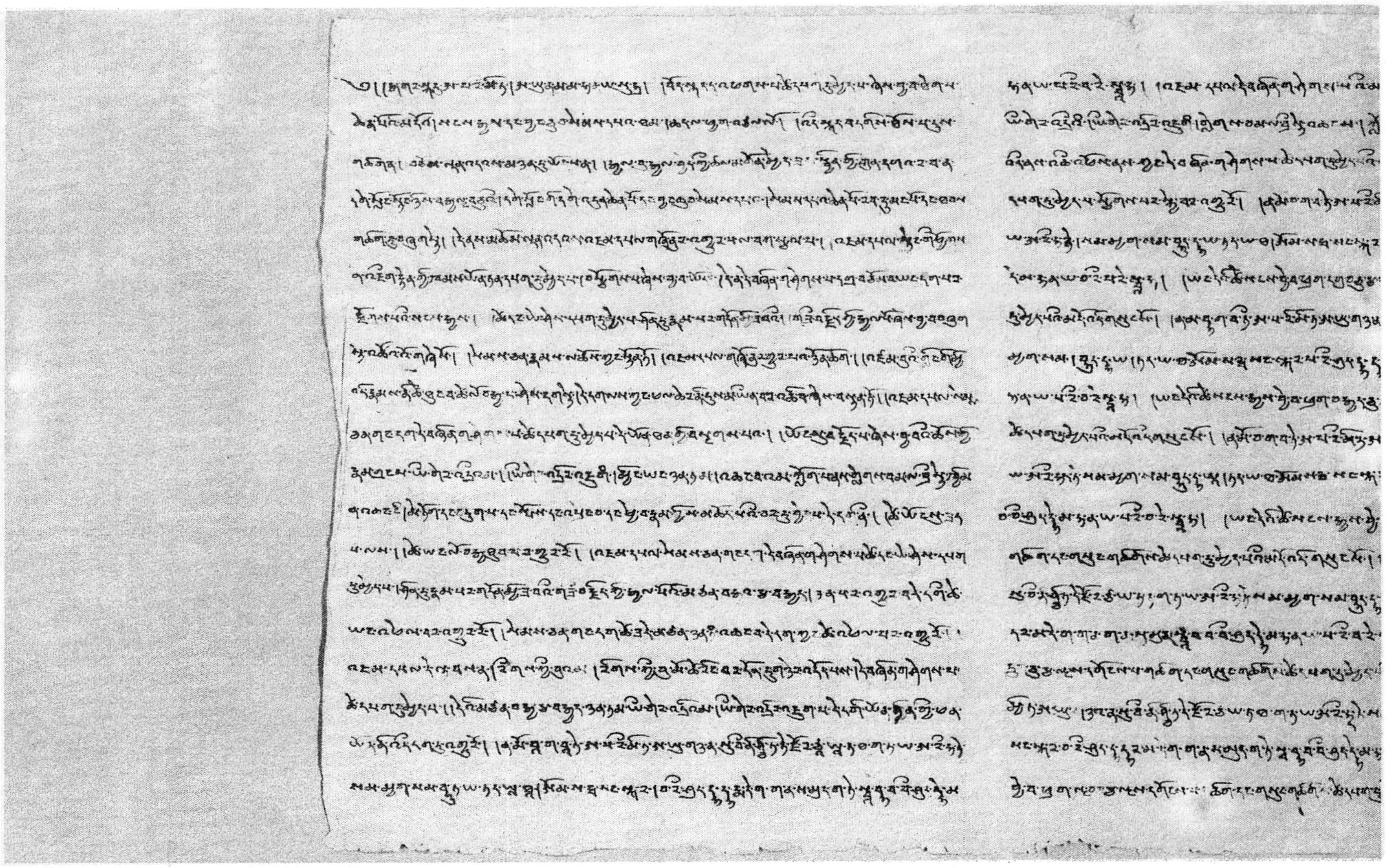

BD14295 號　藏文（無量壽宗要經甲本）　　（6–1）

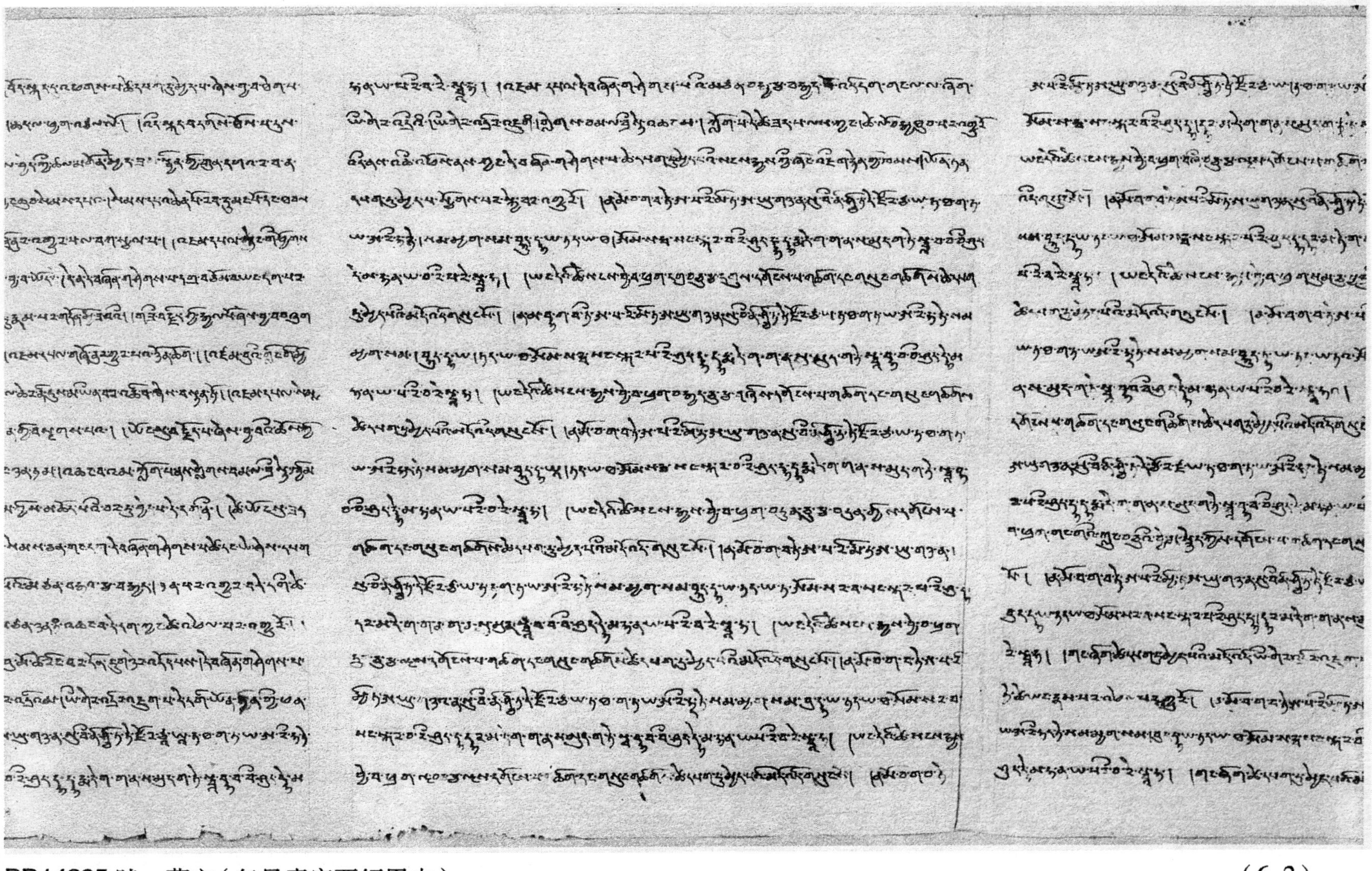

BD14295 號　藏文（無量壽宗要經甲本）　　（6–2）

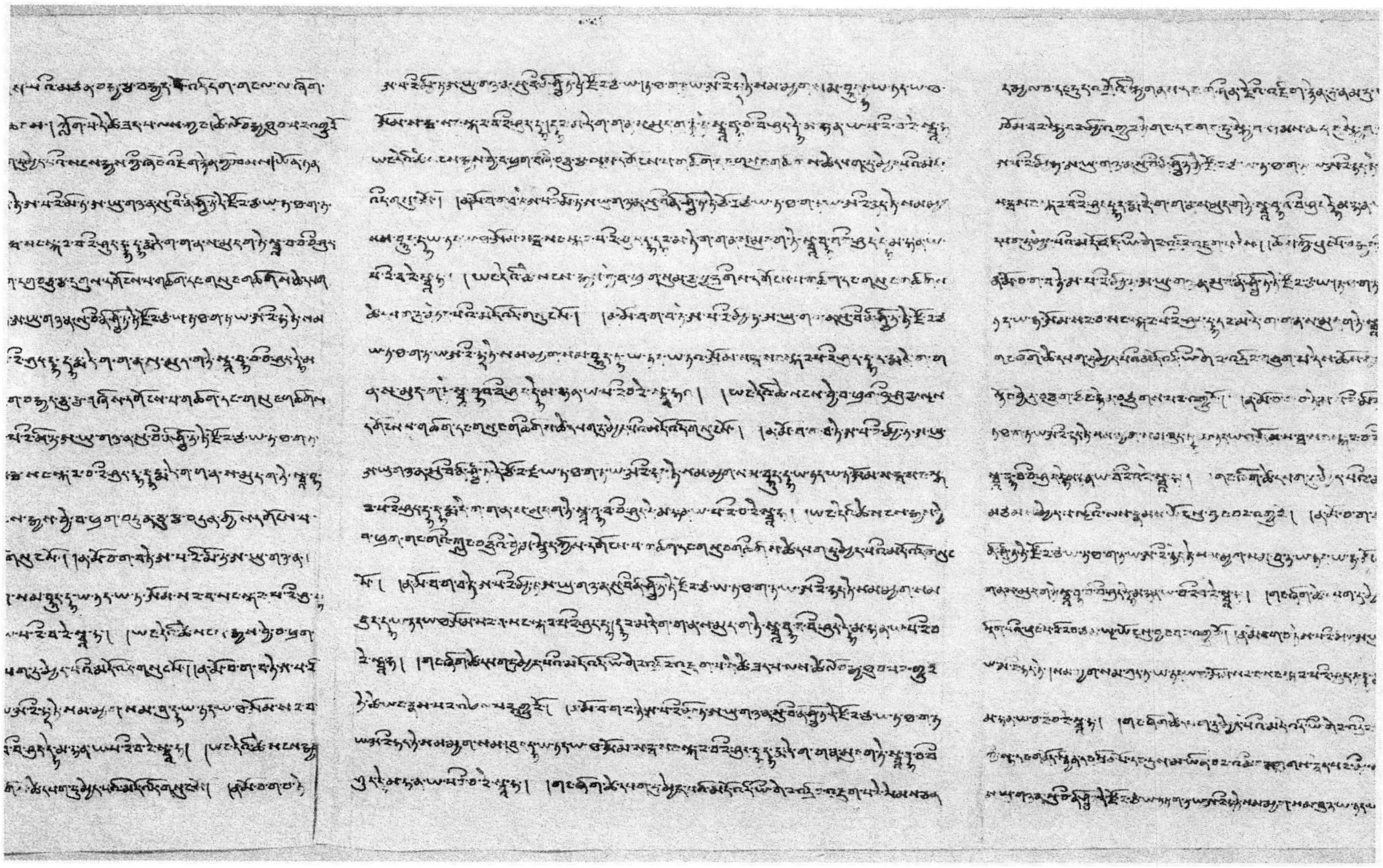

BD14295號　藏文（無量壽宗要經甲本）　　（6–3）

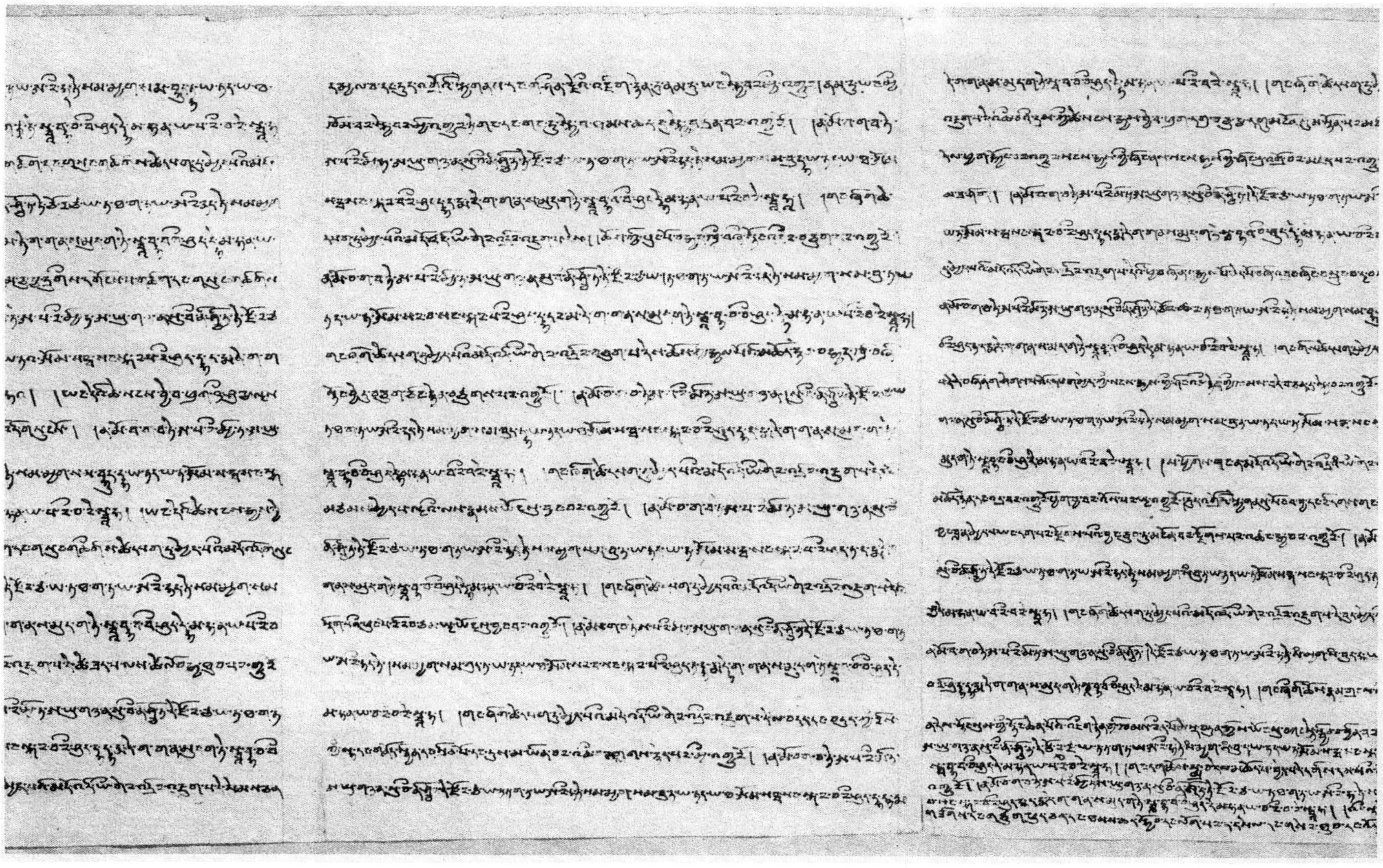

BD14295號　藏文（無量壽宗要經甲本）　　（6–4）

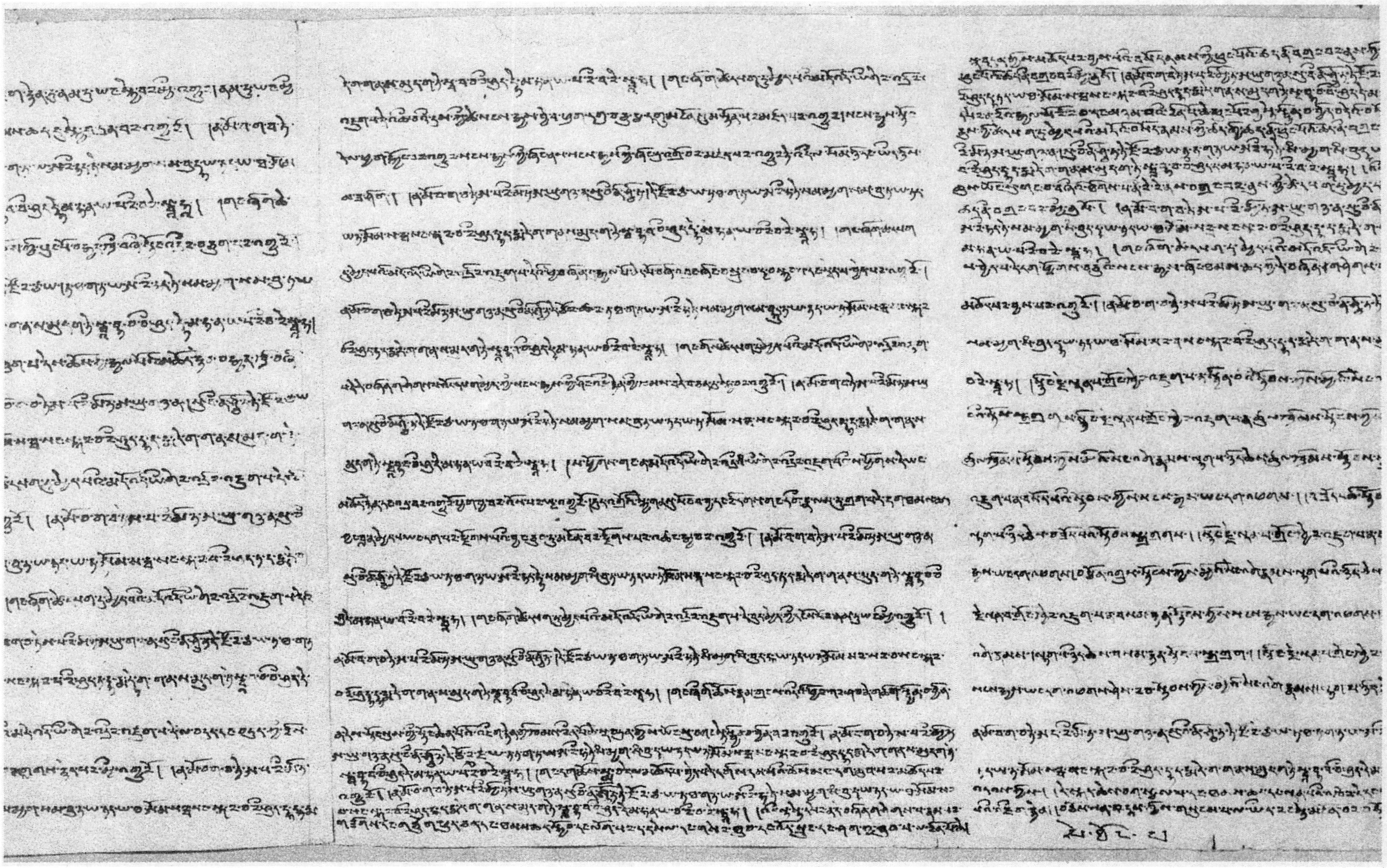

BD14295 號　藏文（無量壽宗要經甲本）　　（6–5）

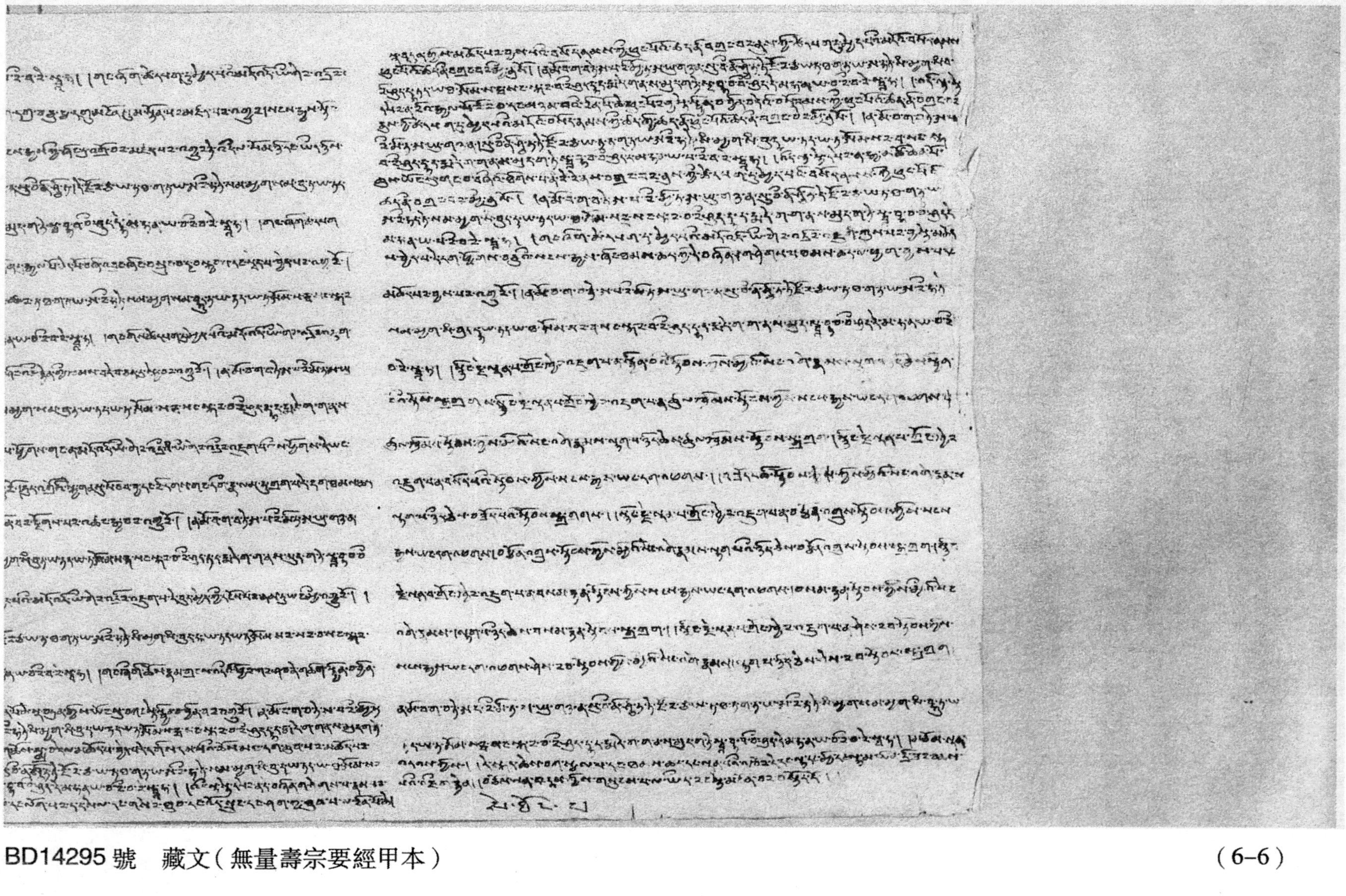

BD14295 號　藏文（無量壽宗要經甲本）　　（6–6）

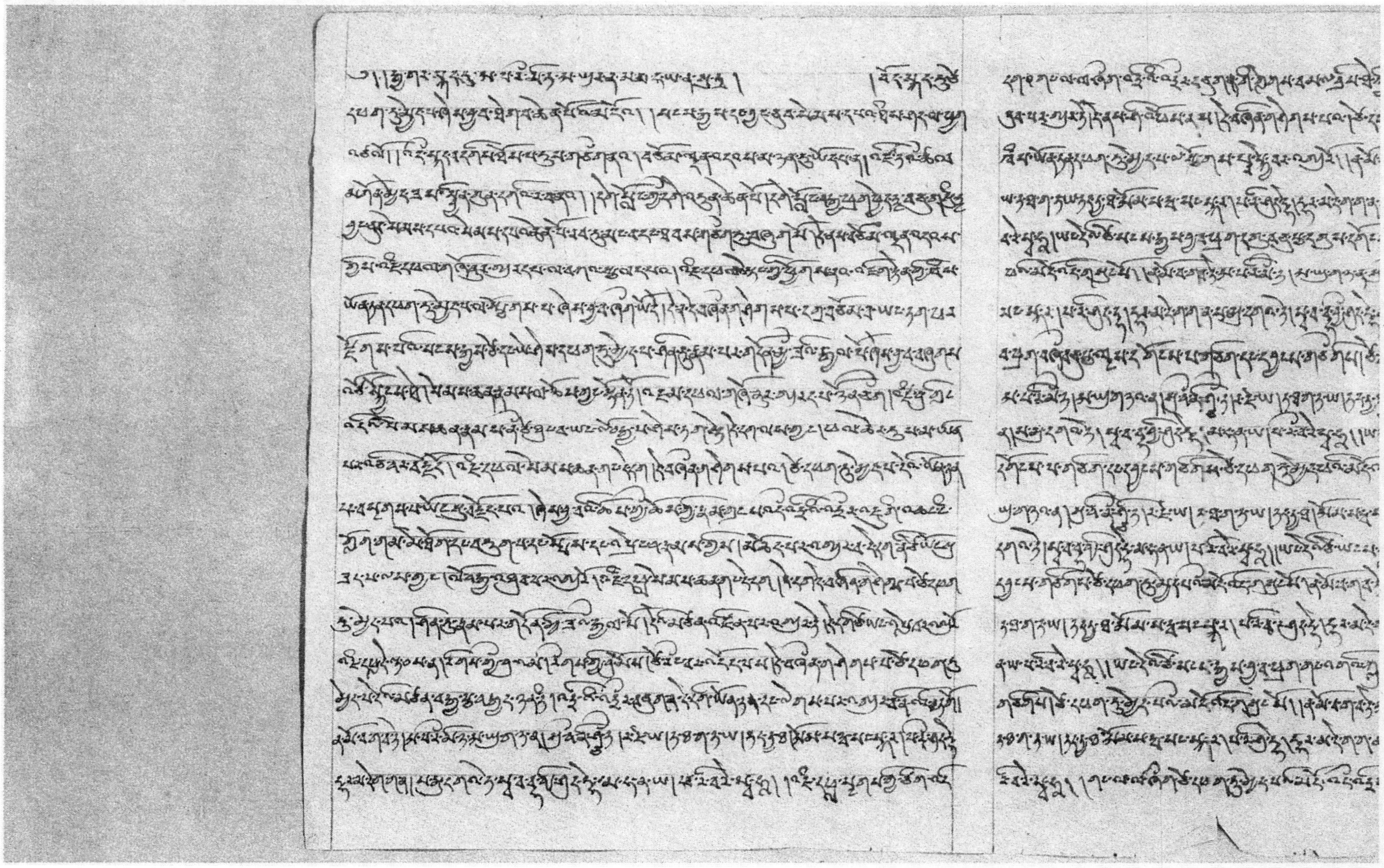

BD14296 號 1　藏文（無量壽宗要經甲本）　（30–1）

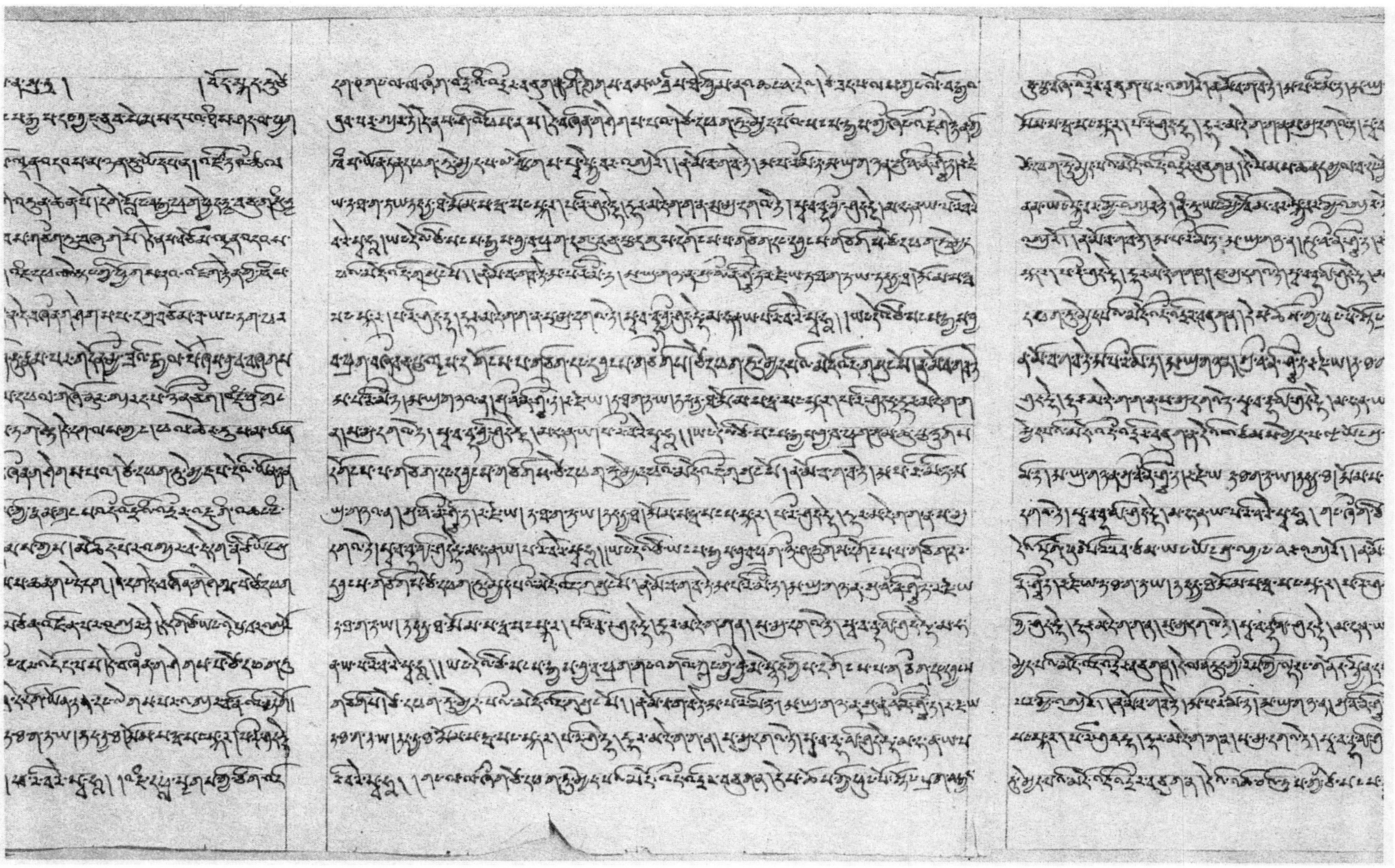

BD14296 號 1　藏文（無量壽宗要經甲本）　（30–2）

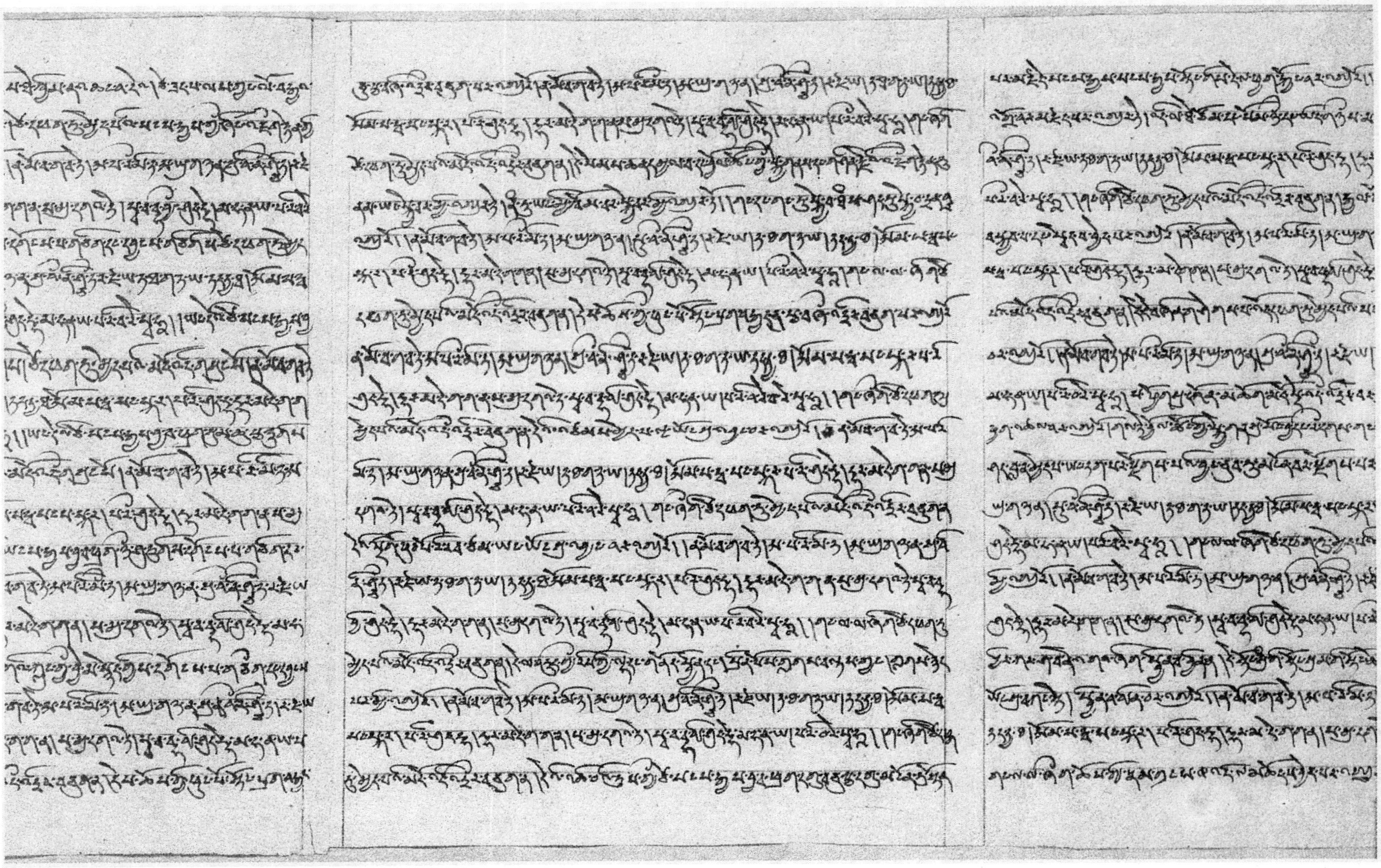

BD14296 號 1　藏文（無量壽宗要經甲本）　（30–3）

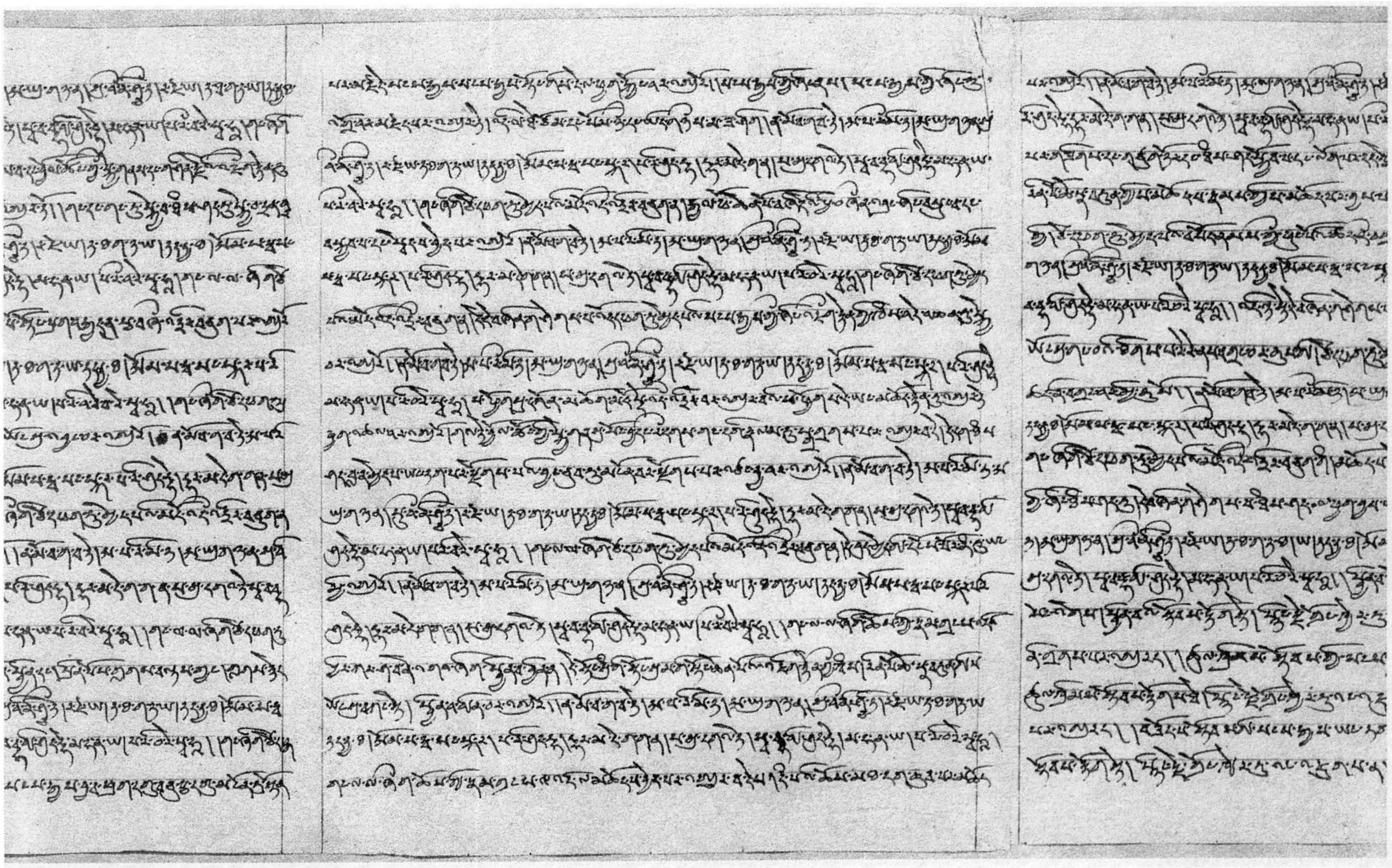

BD14296 號 1　藏文（無量壽宗要經甲本）　（30–4）

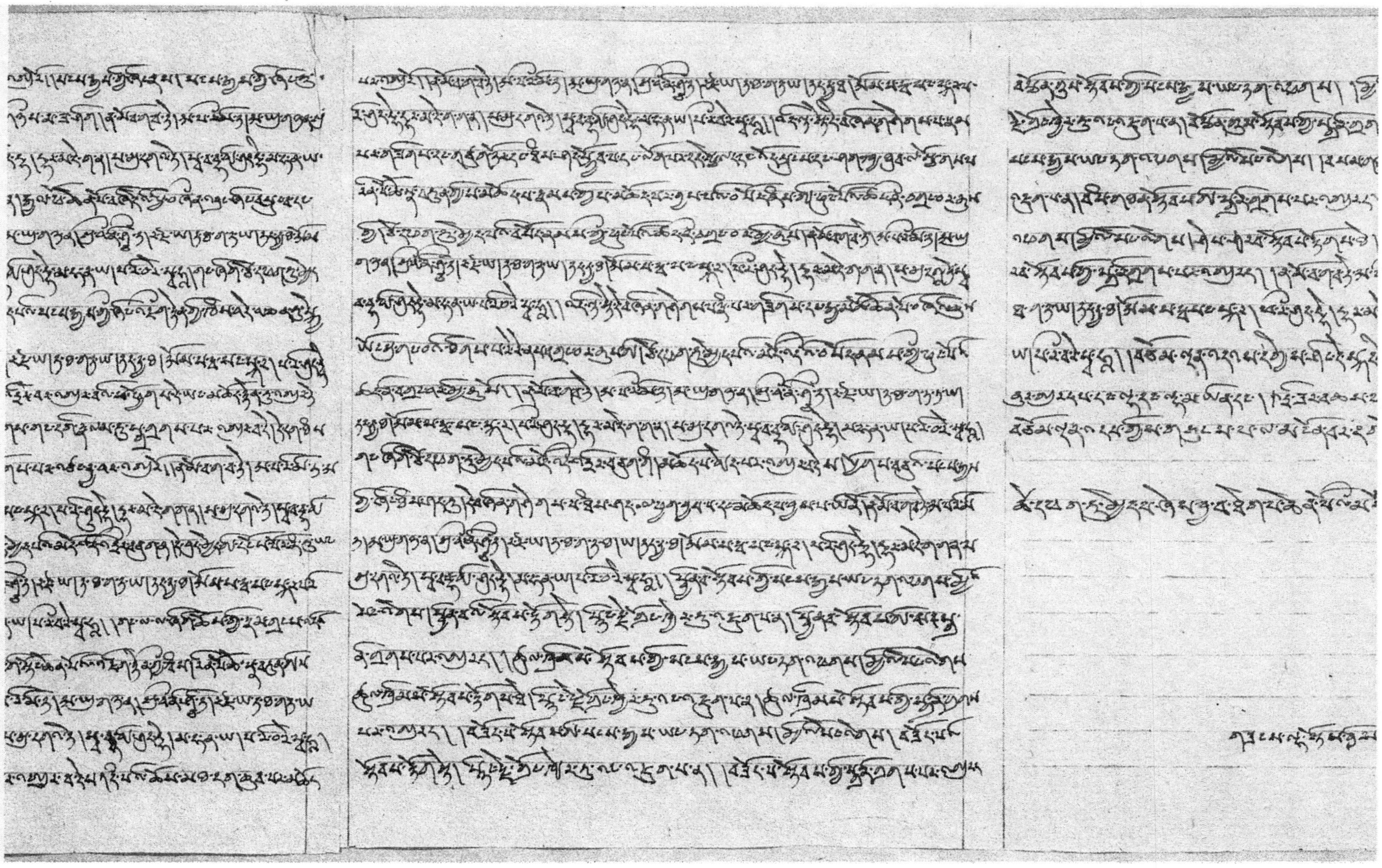

BD14296 號 1　藏文（無量壽宗要經甲本）　　　　　　　　　　　　　　　　　　　　　　　　　　（30-5）

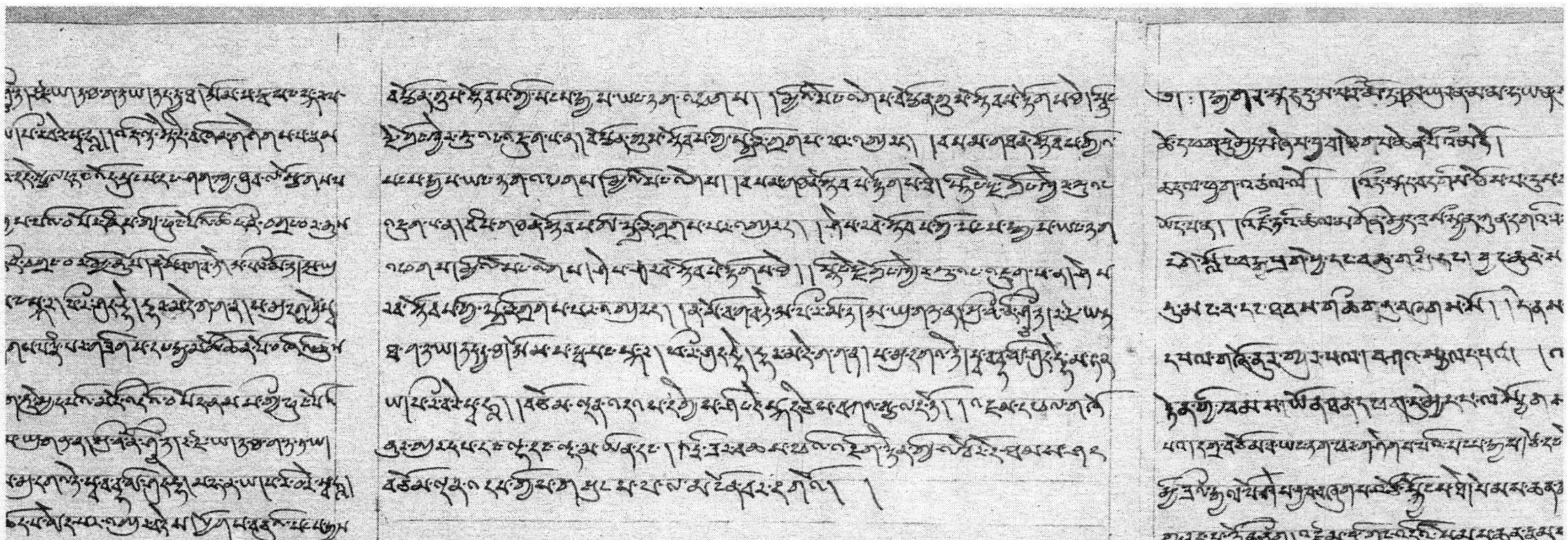

BD14296 號 1　藏文（無量壽宗要經甲本）　　　　　　　　　　　　　　　　　　　　　　　　　　（30-6）

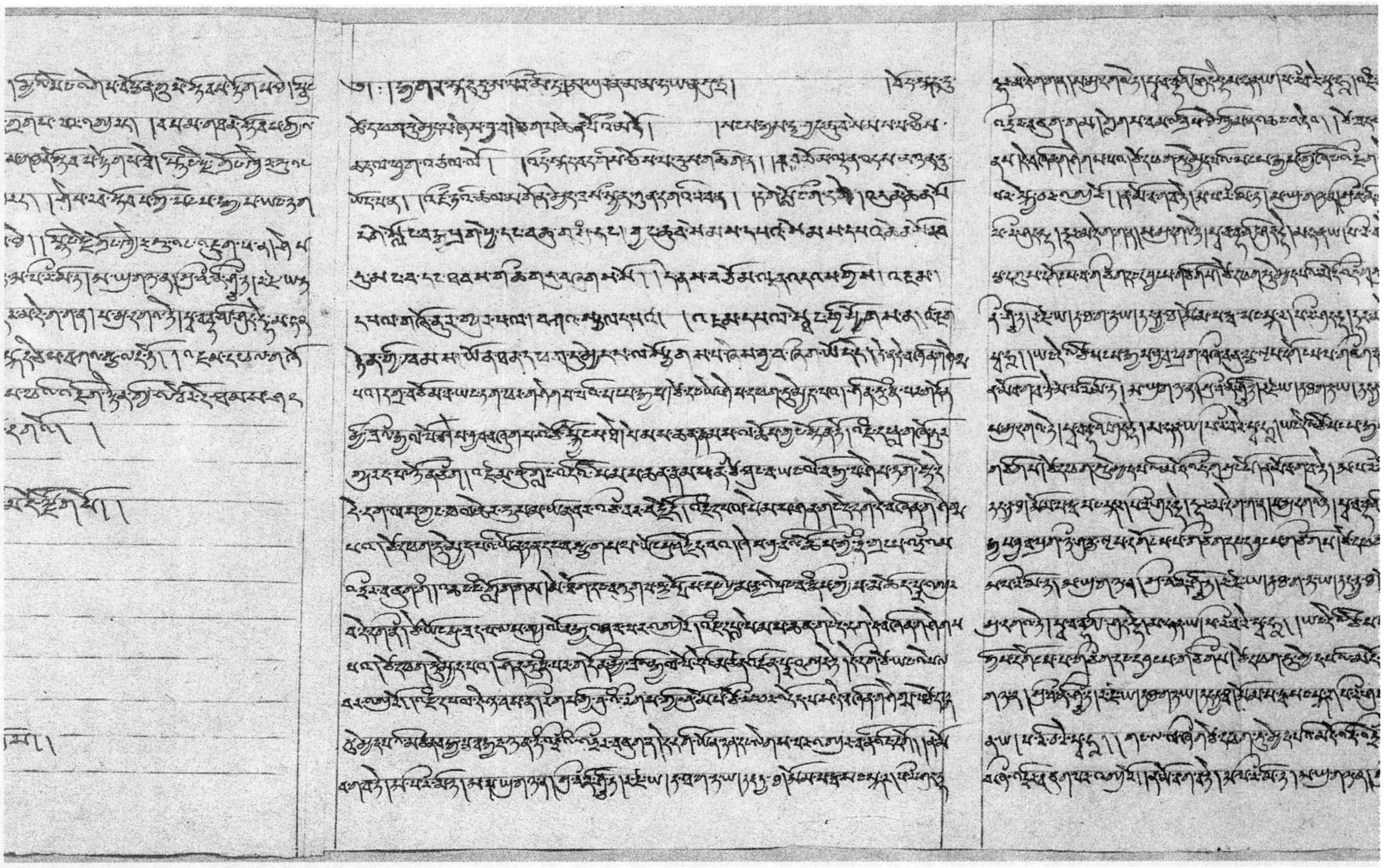

BD14296 號 2　藏文（無量壽宗要經甲本）　（30–7）

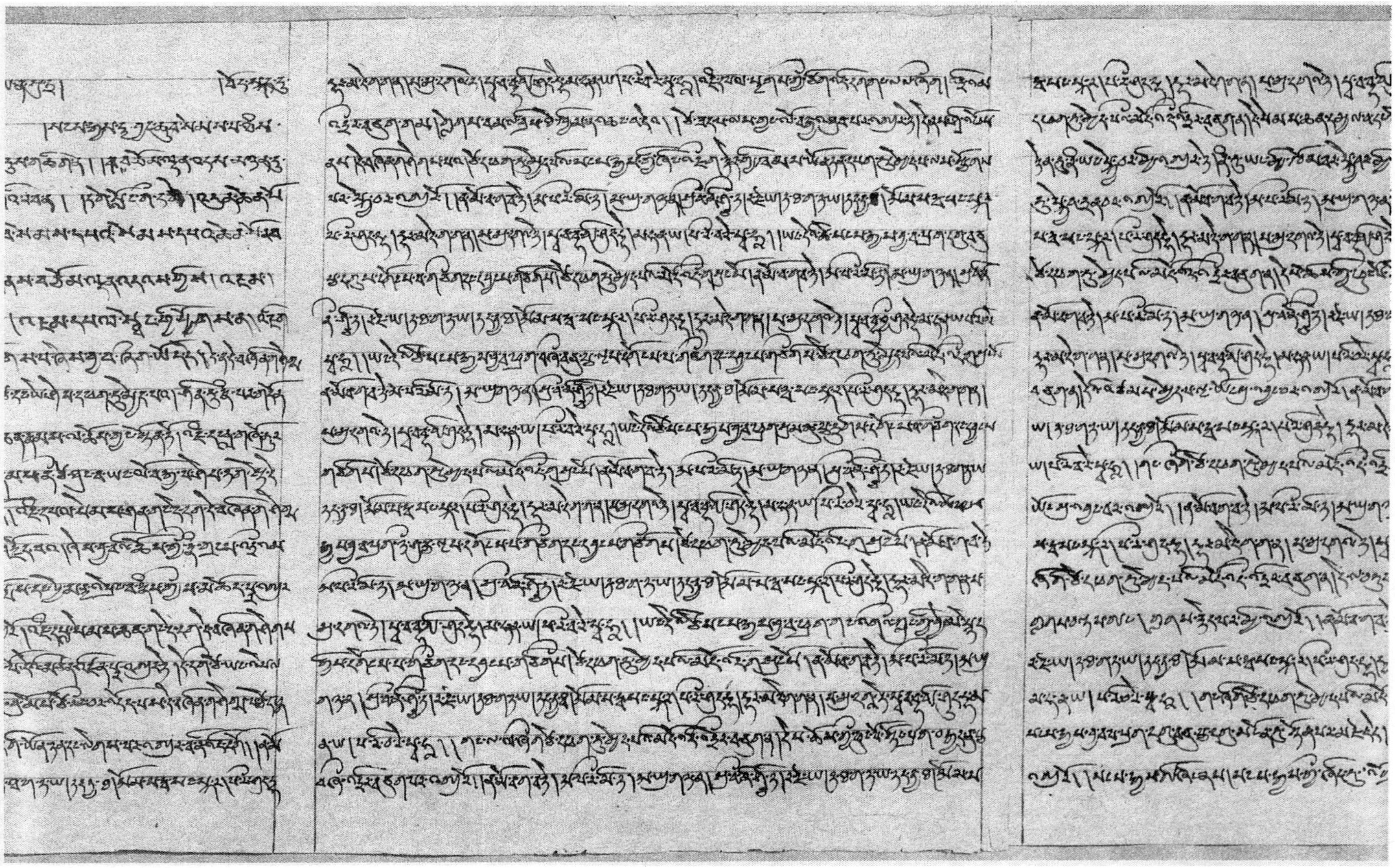

BD14296 號 2　藏文（無量壽宗要經甲本）　（30–8）

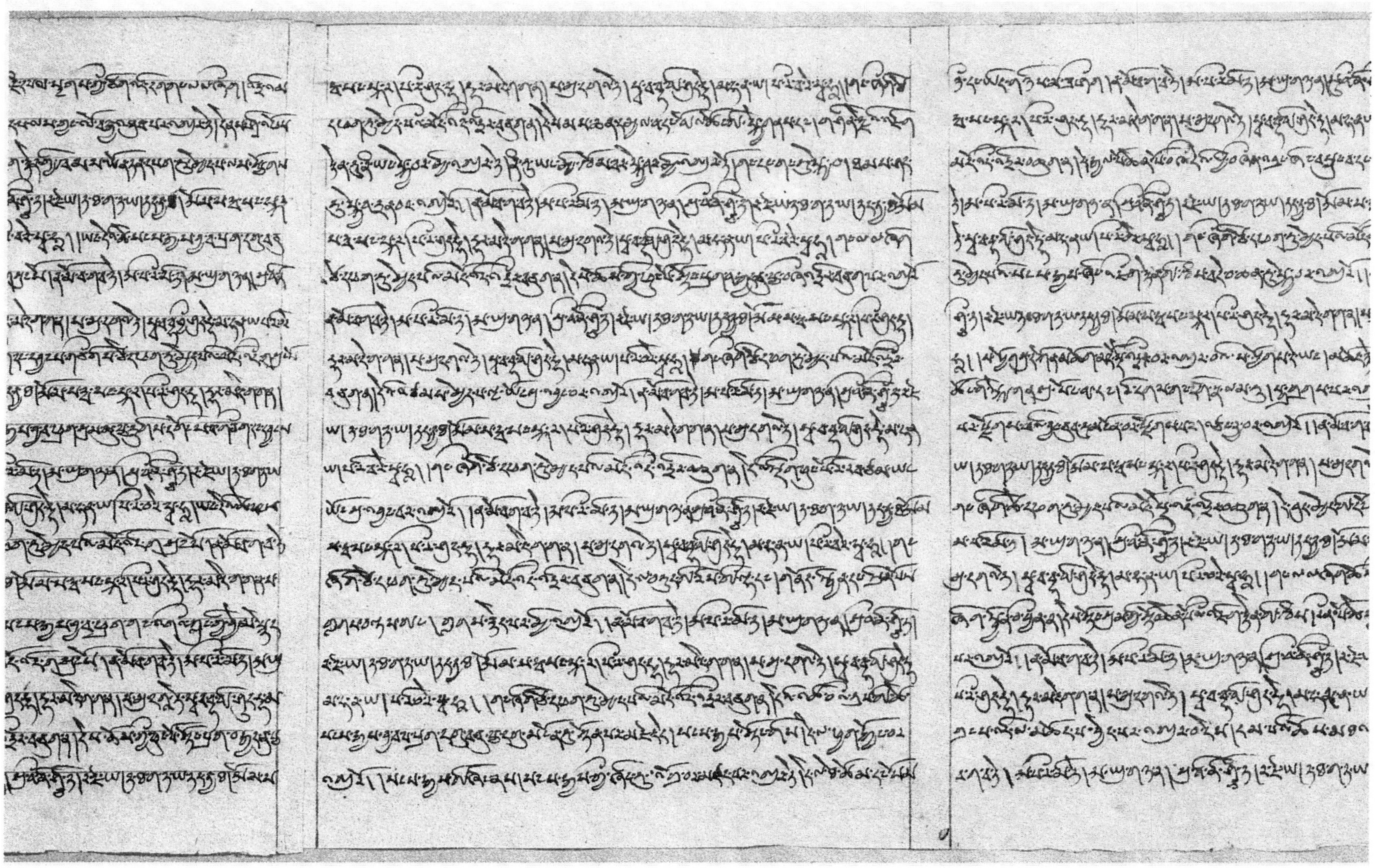

BD14296 號 2　藏文（無量壽宗要經甲本）　（30–9）

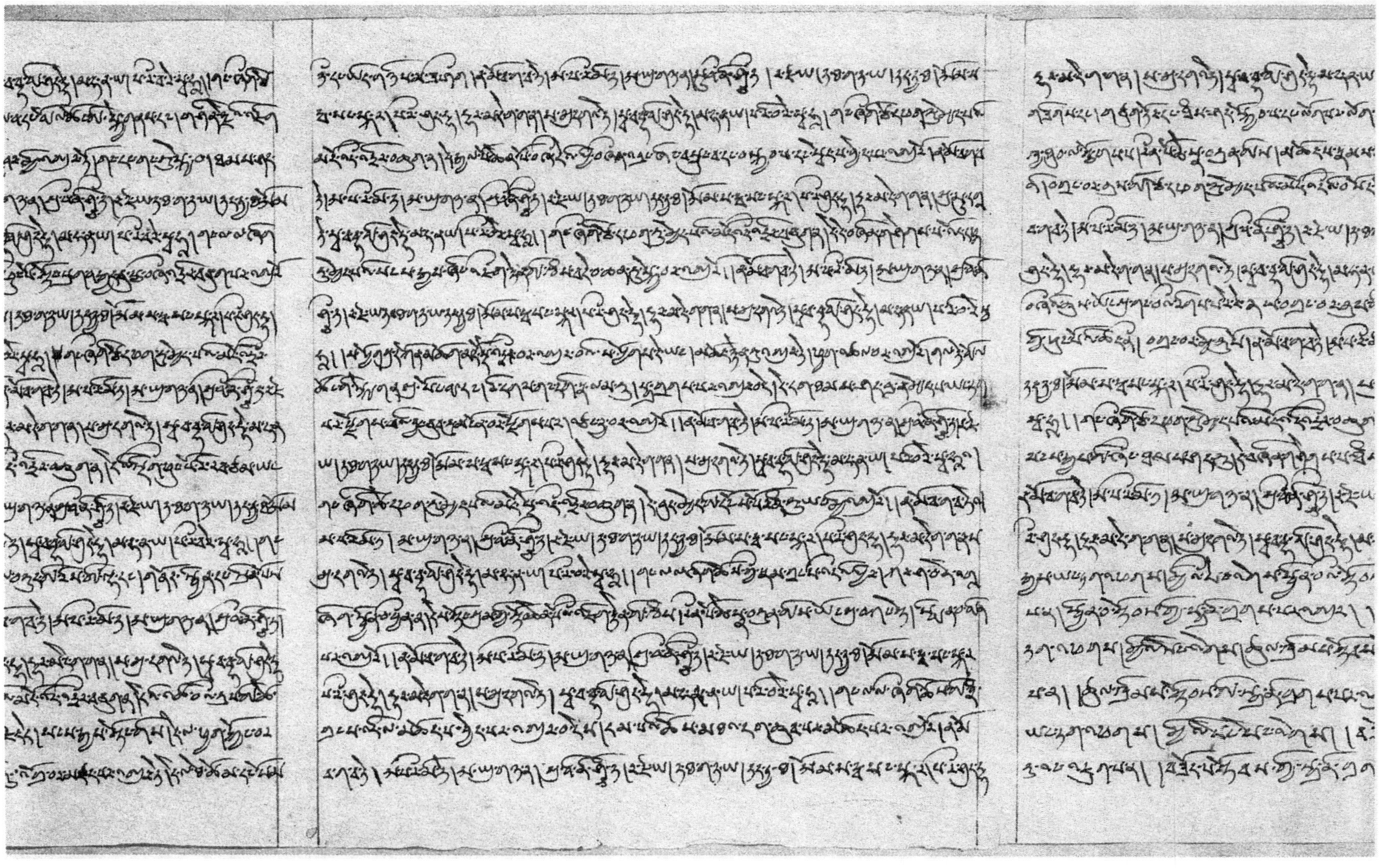

BD14296 號 2　藏文（無量壽宗要經甲本）　（30–10）

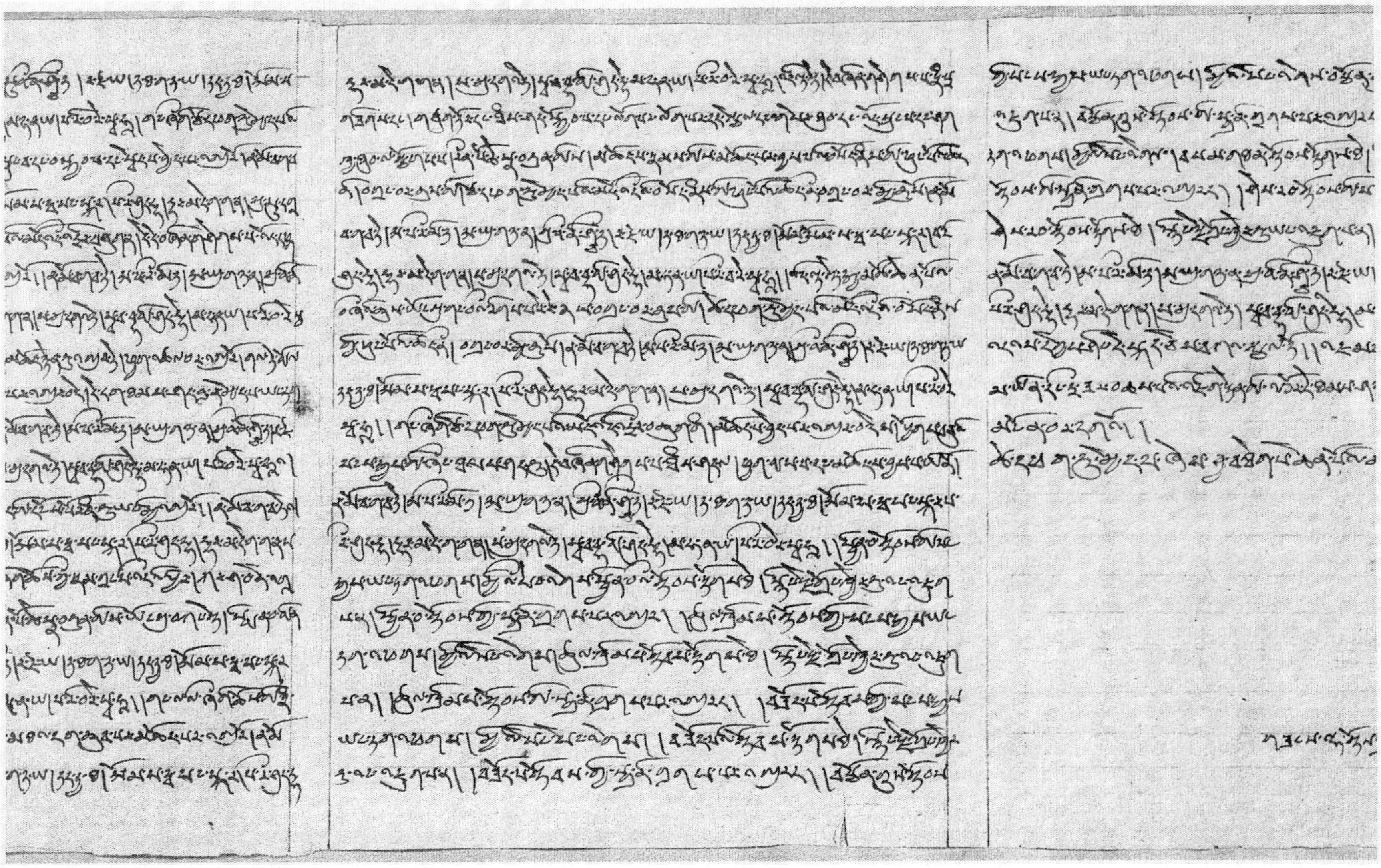

BD14296 號 2　藏文（無量壽宗要經甲本）　（30–11）

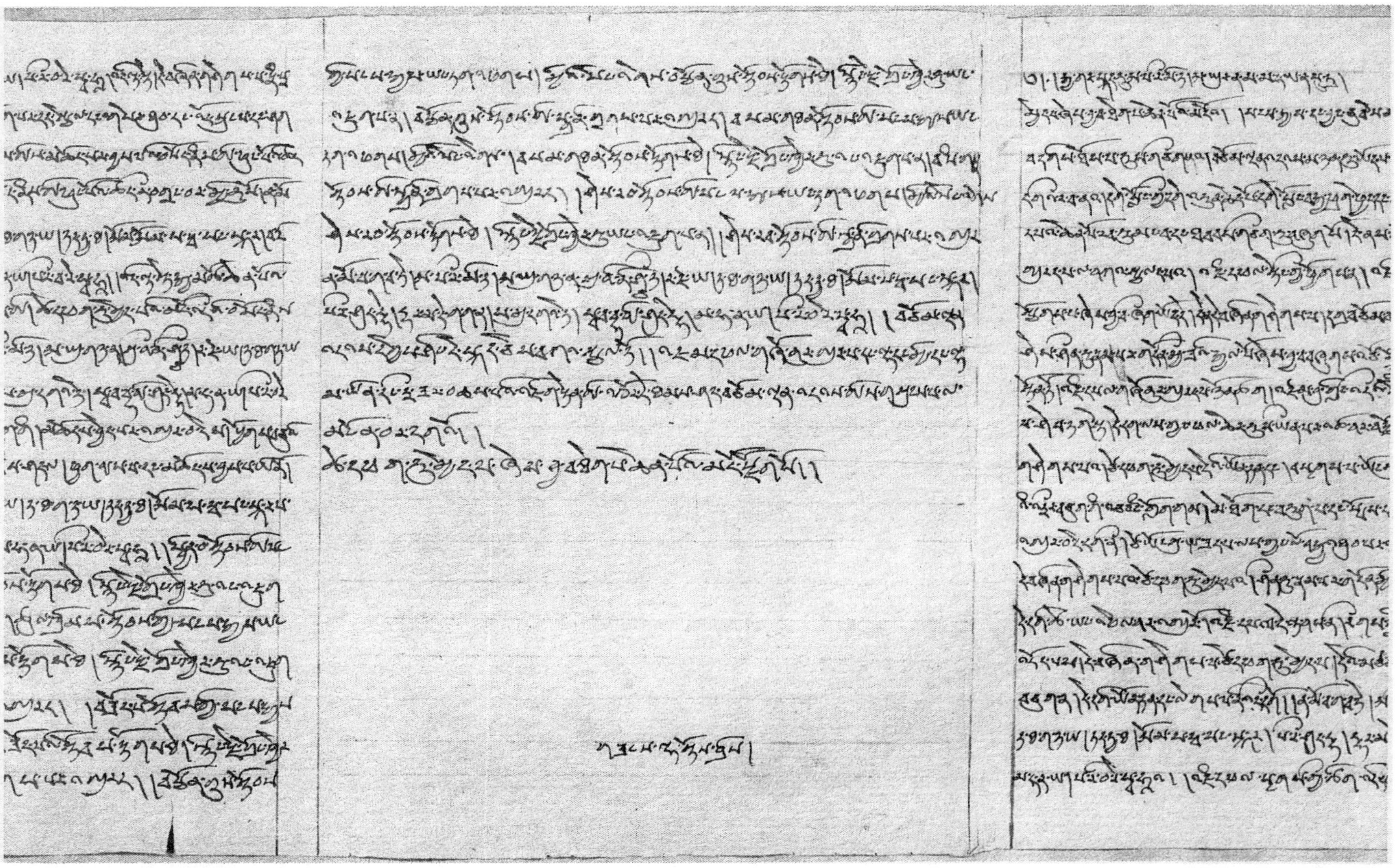

BD14296 號 2　藏文（無量壽宗要經甲本）　（30–12）

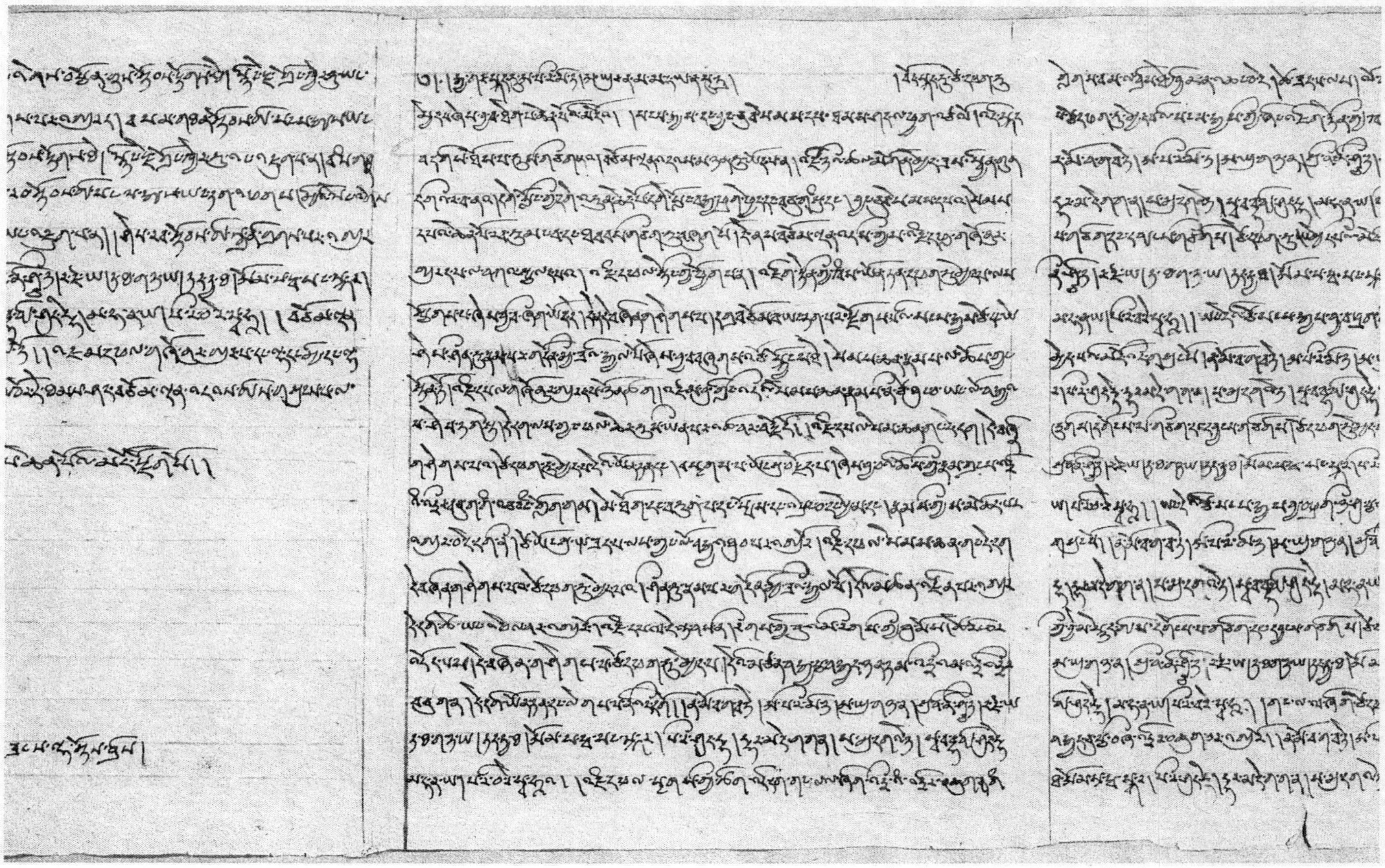

BD14296 號 3　藏文（無量壽宗要經甲本）　　（30–13）

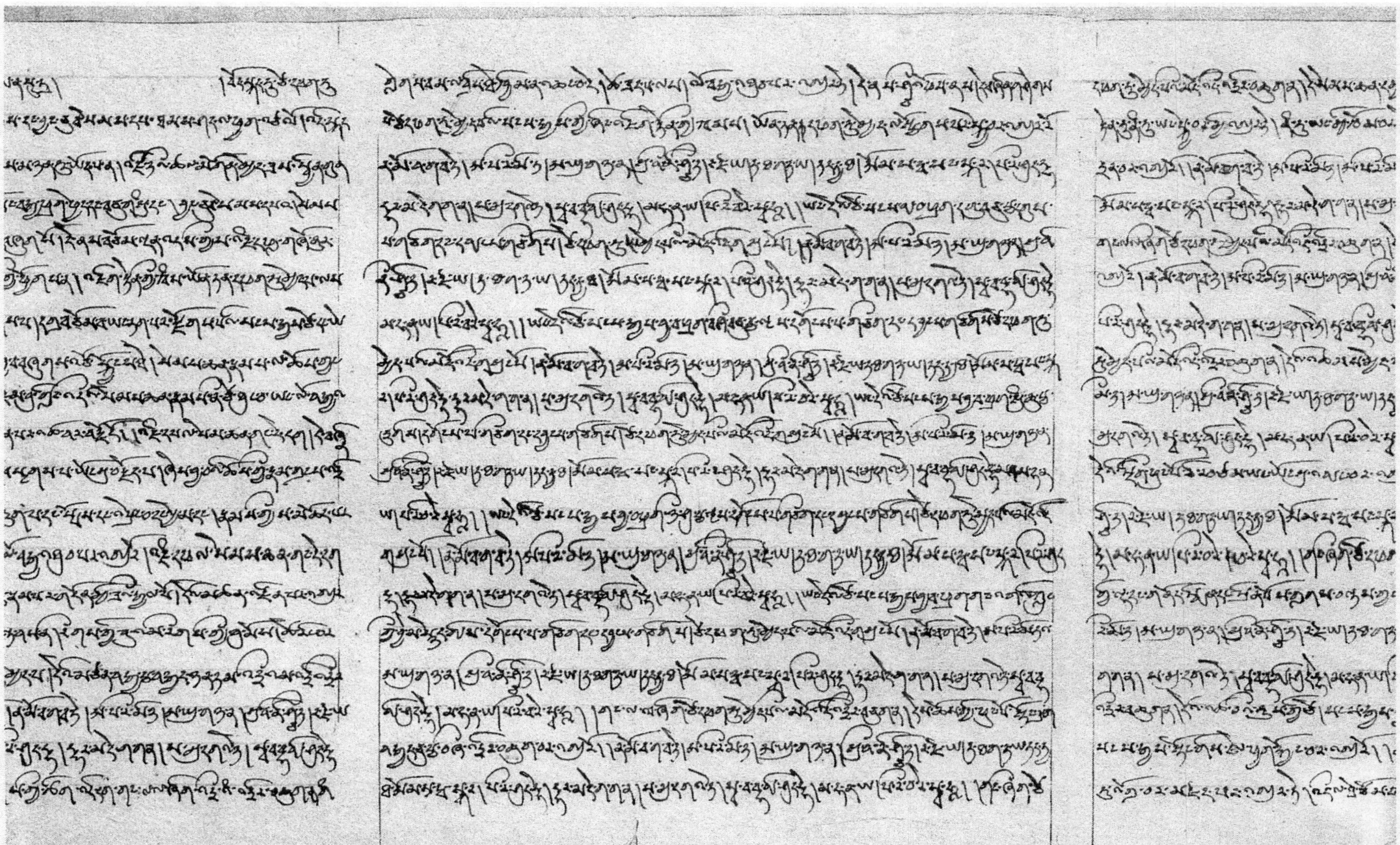

BD14296 號 3　藏文（無量壽宗要經甲本）　　（30–14）

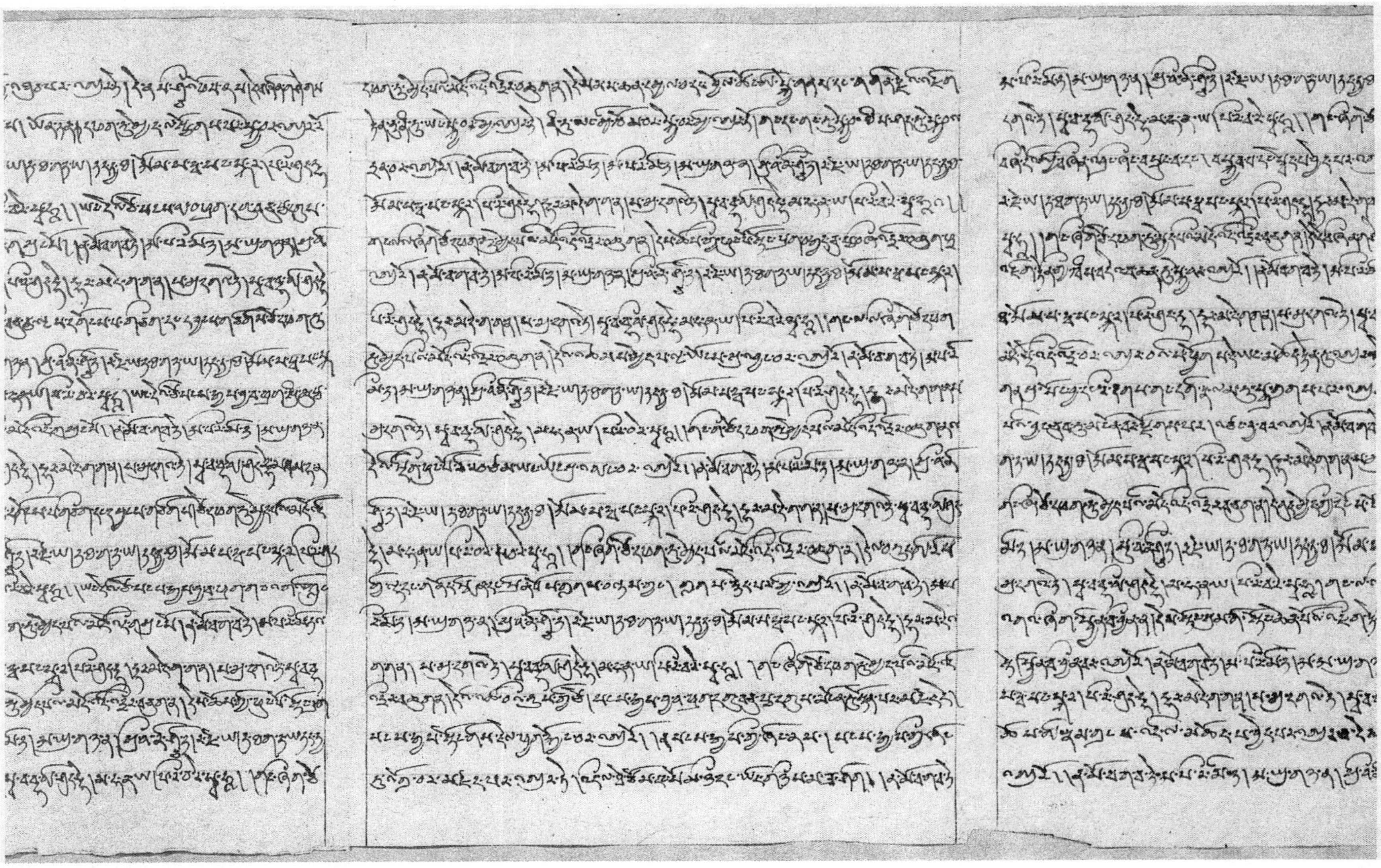

BD14296 號 3　藏文（無量壽宗要經甲本）　　（30–15）

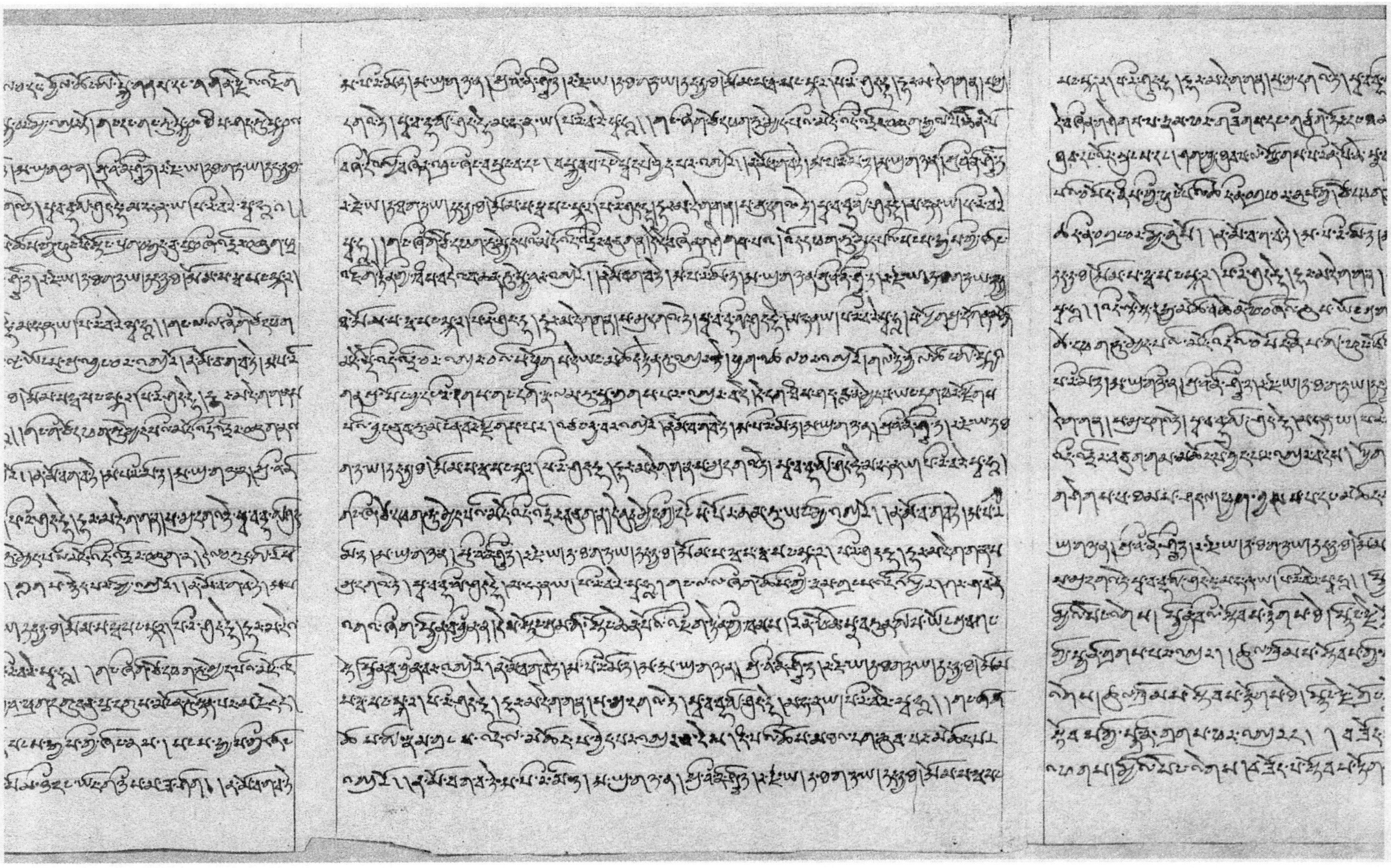

BD14296 號 3　藏文（無量壽宗要經甲本）　　（30–16）

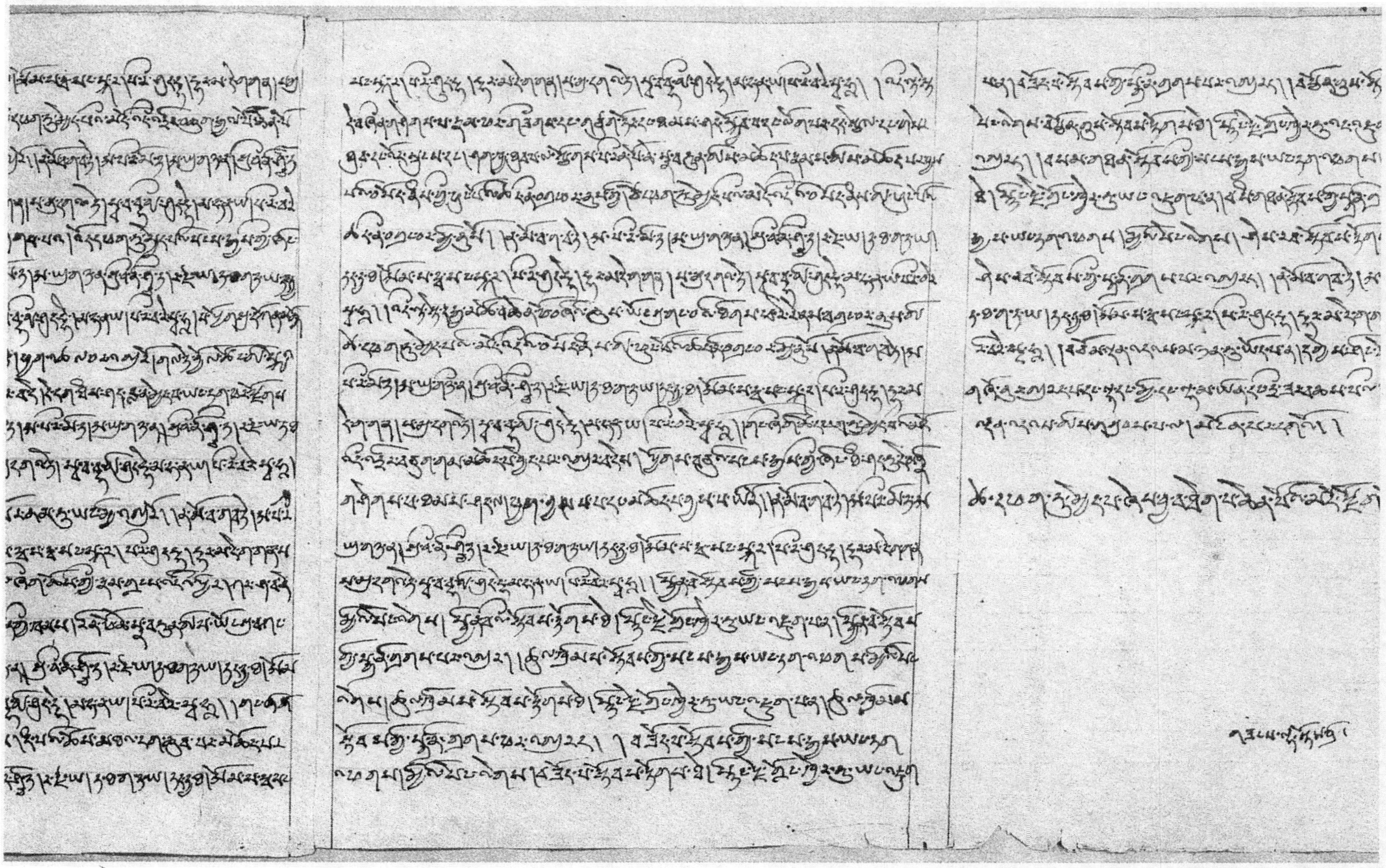

BD14296 號 3　藏文（無量壽宗要經甲本）　　（30–17）

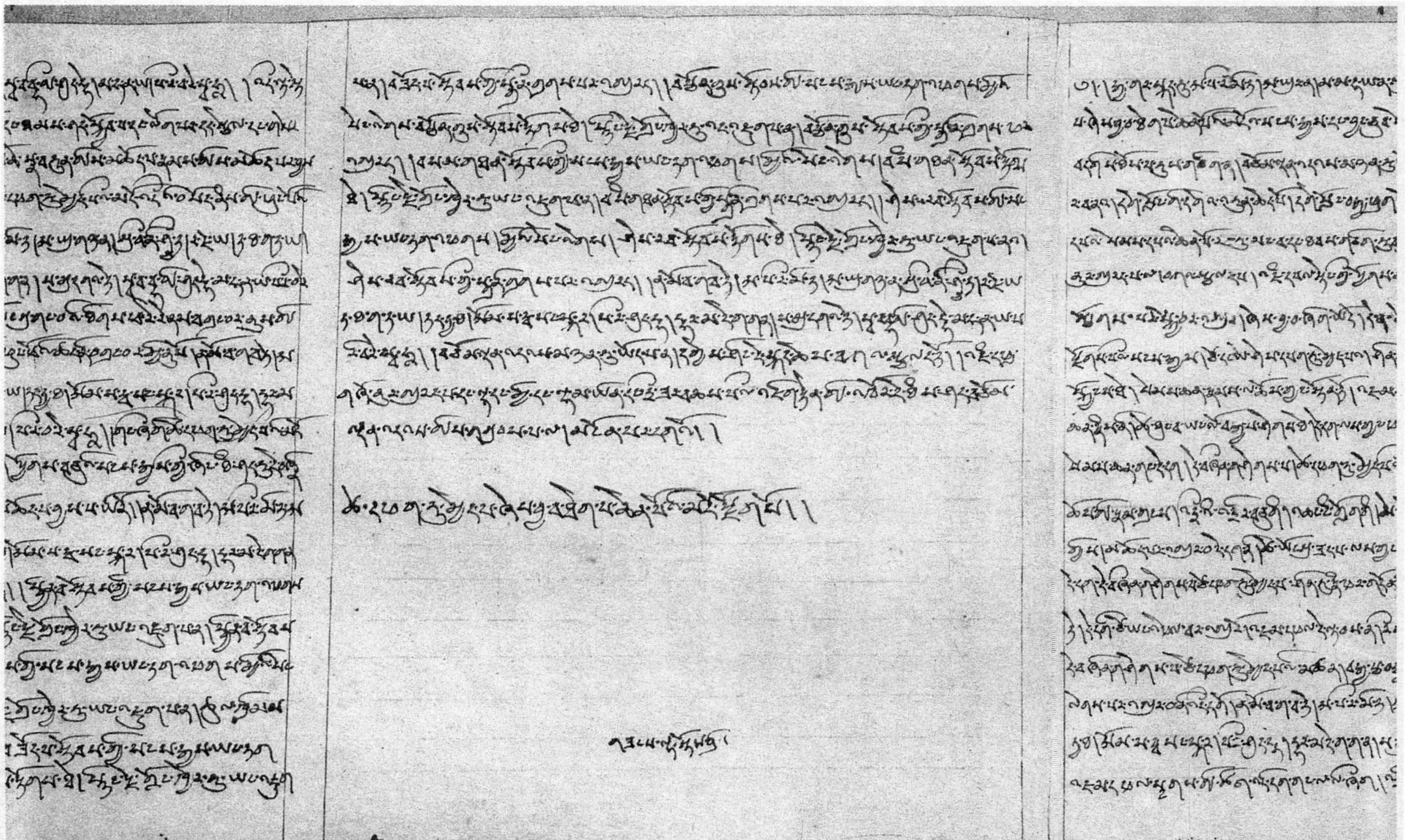

BD14296 號 3　藏文（無量壽宗要經甲本）　　（30–18）

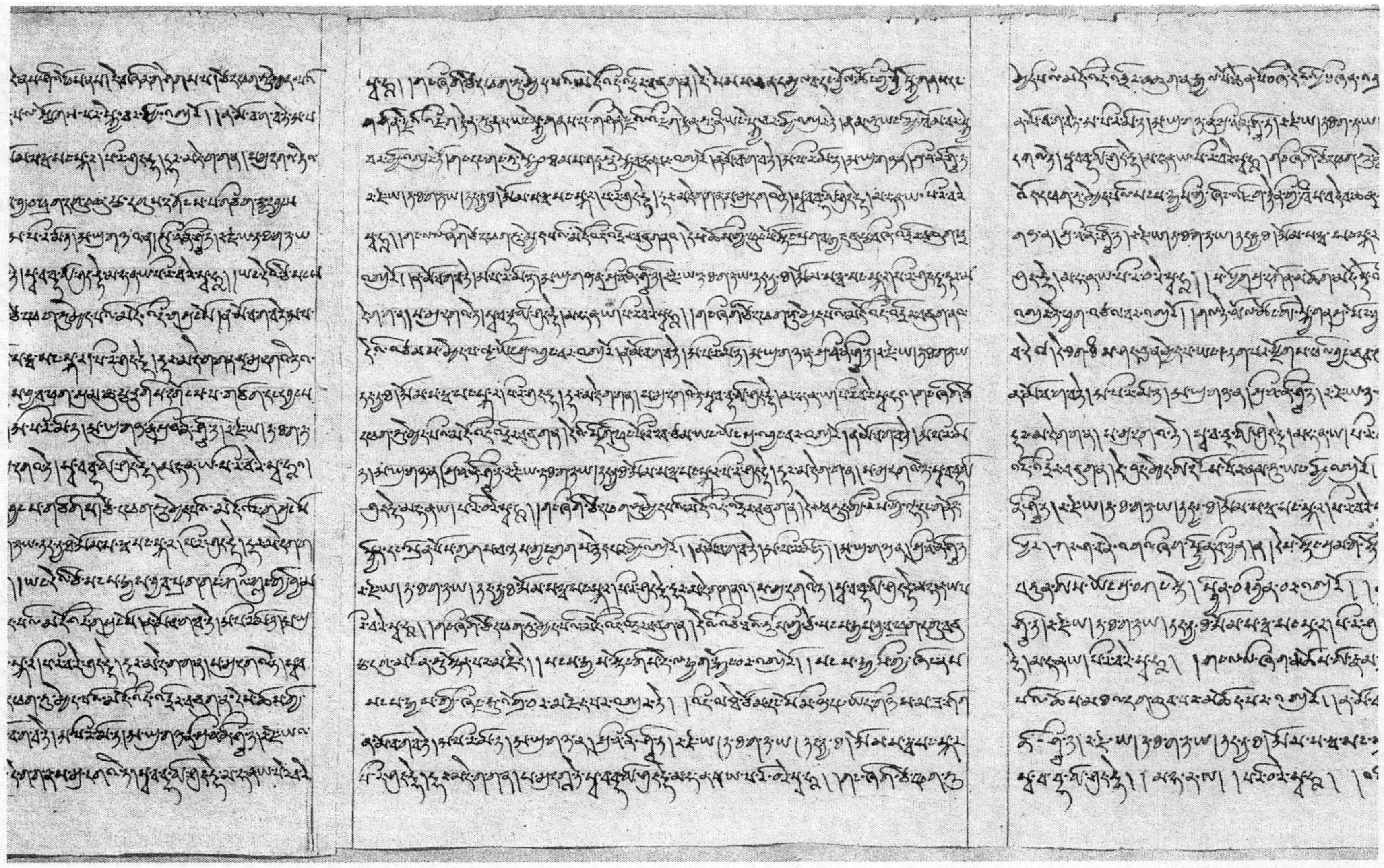

BD14296 號 4　藏文（無量壽宗要經甲本）　（30–21）

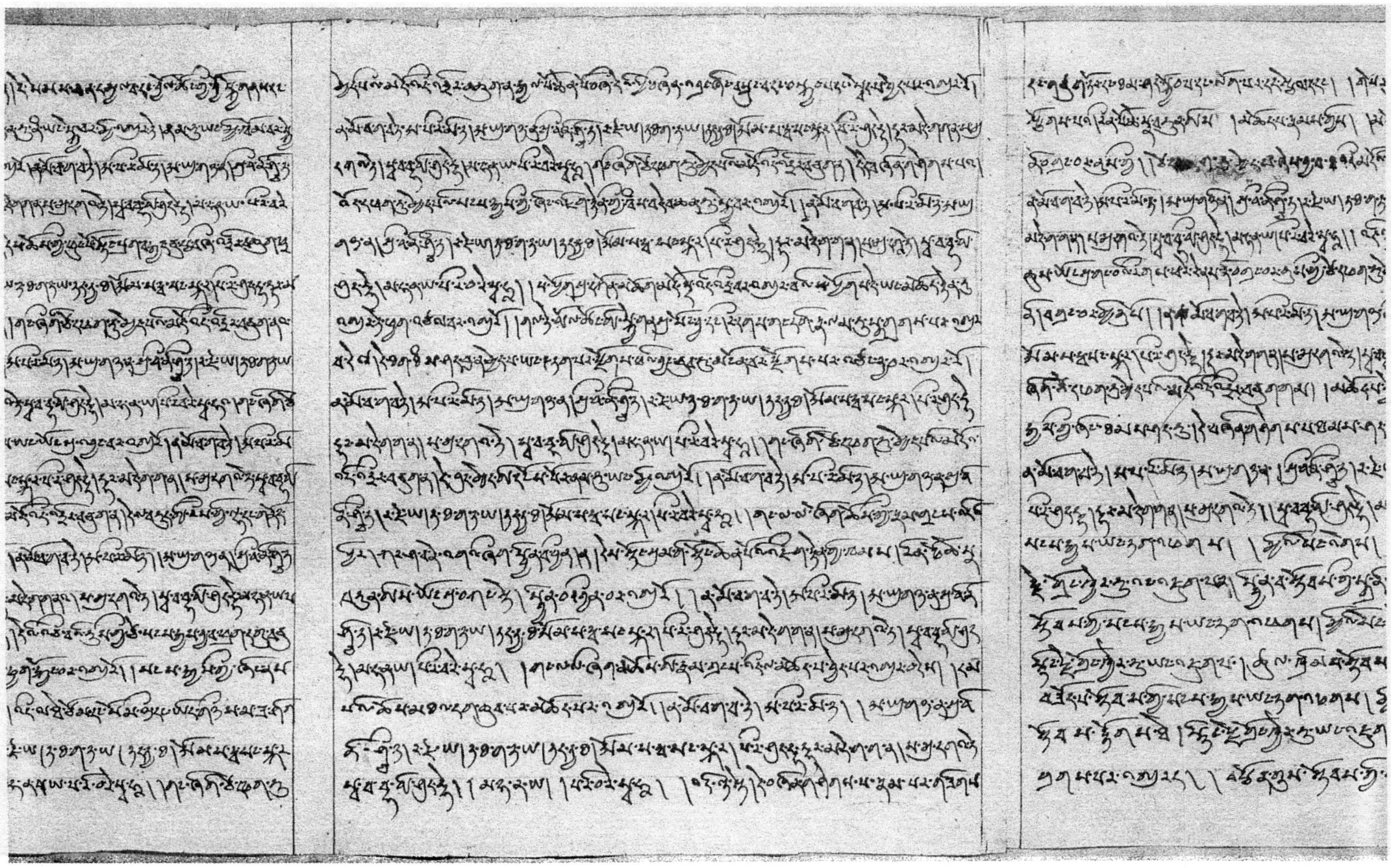

BD14296 號 4　藏文（無量壽宗要經甲本）　（30–22）

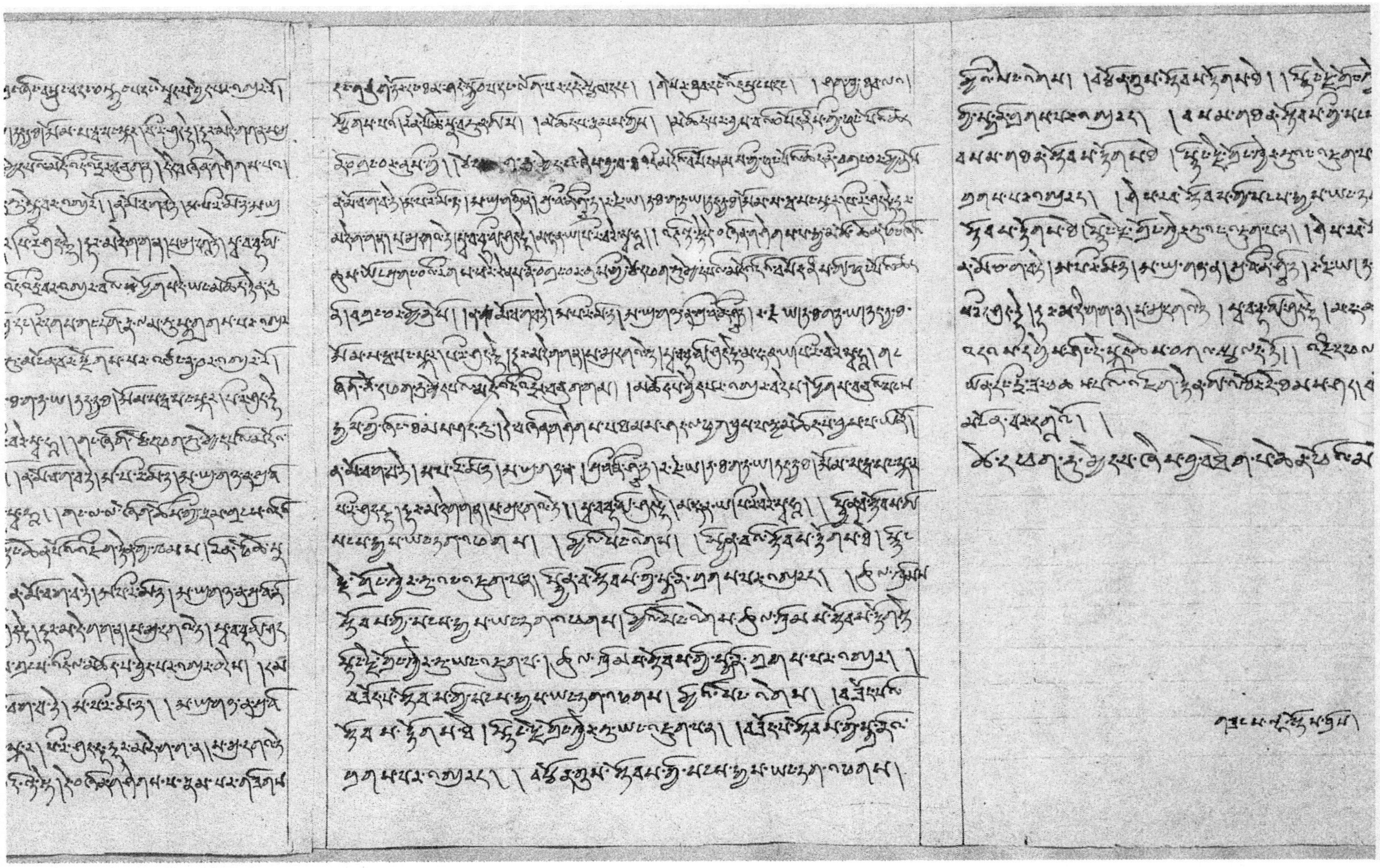

BD14296 號 4　藏文（無量壽宗要經甲本）　（30–23）

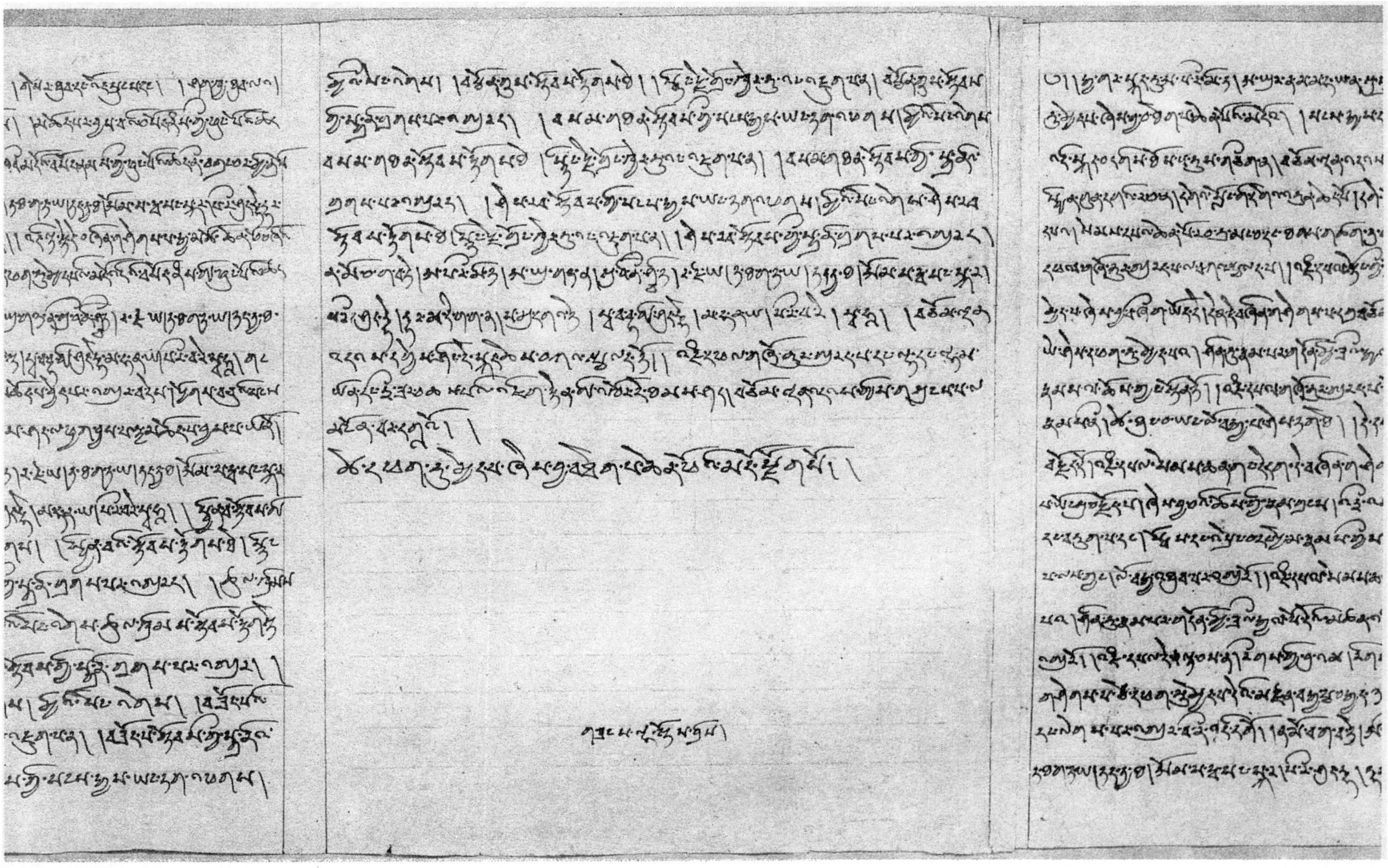

BD14296 號 4　藏文（無量壽宗要經甲本）　（30–24）

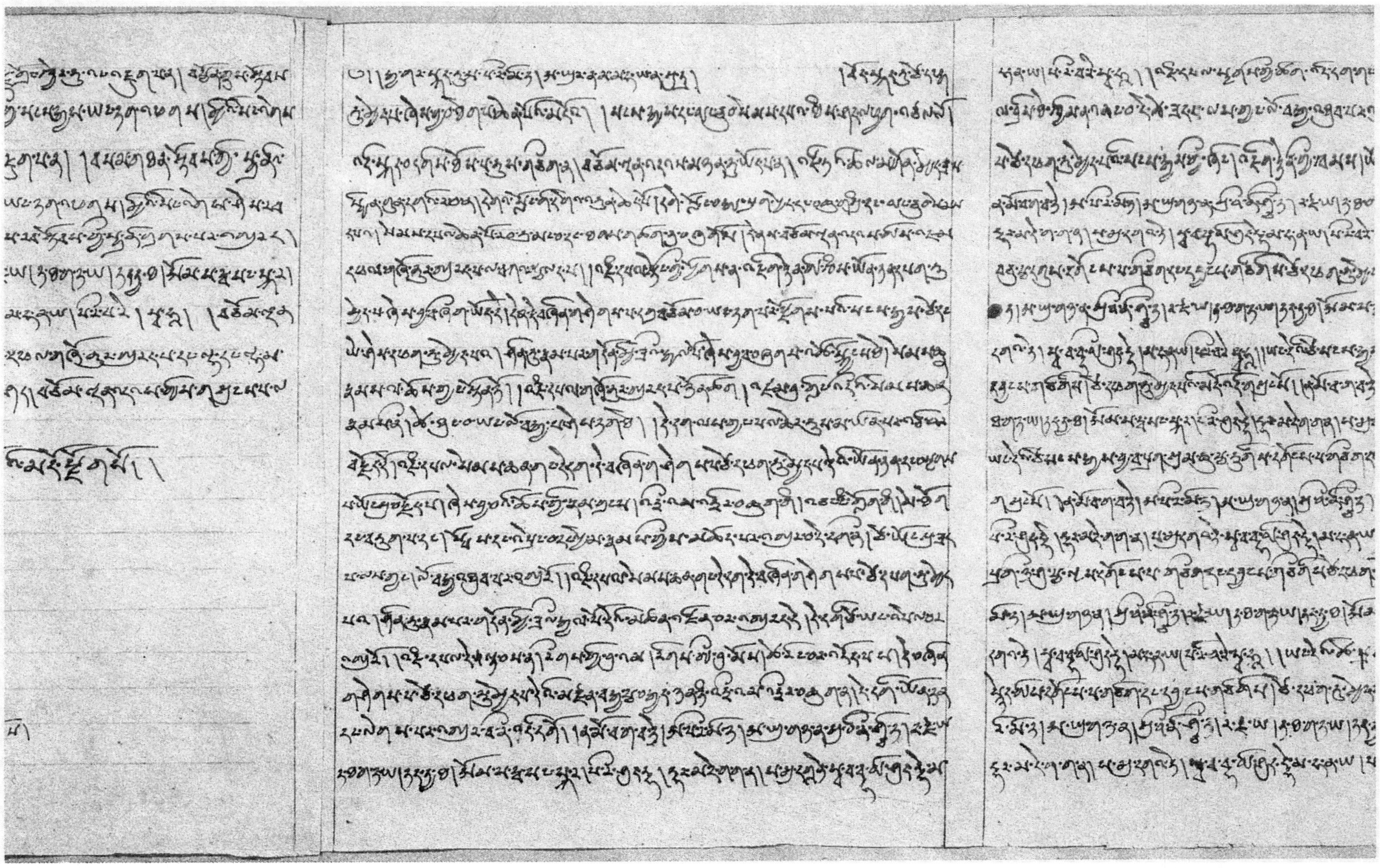

BD14296 號 5　藏文（無量壽藏文（無量壽宗要經甲本）宗要經甲本）　（30–25）

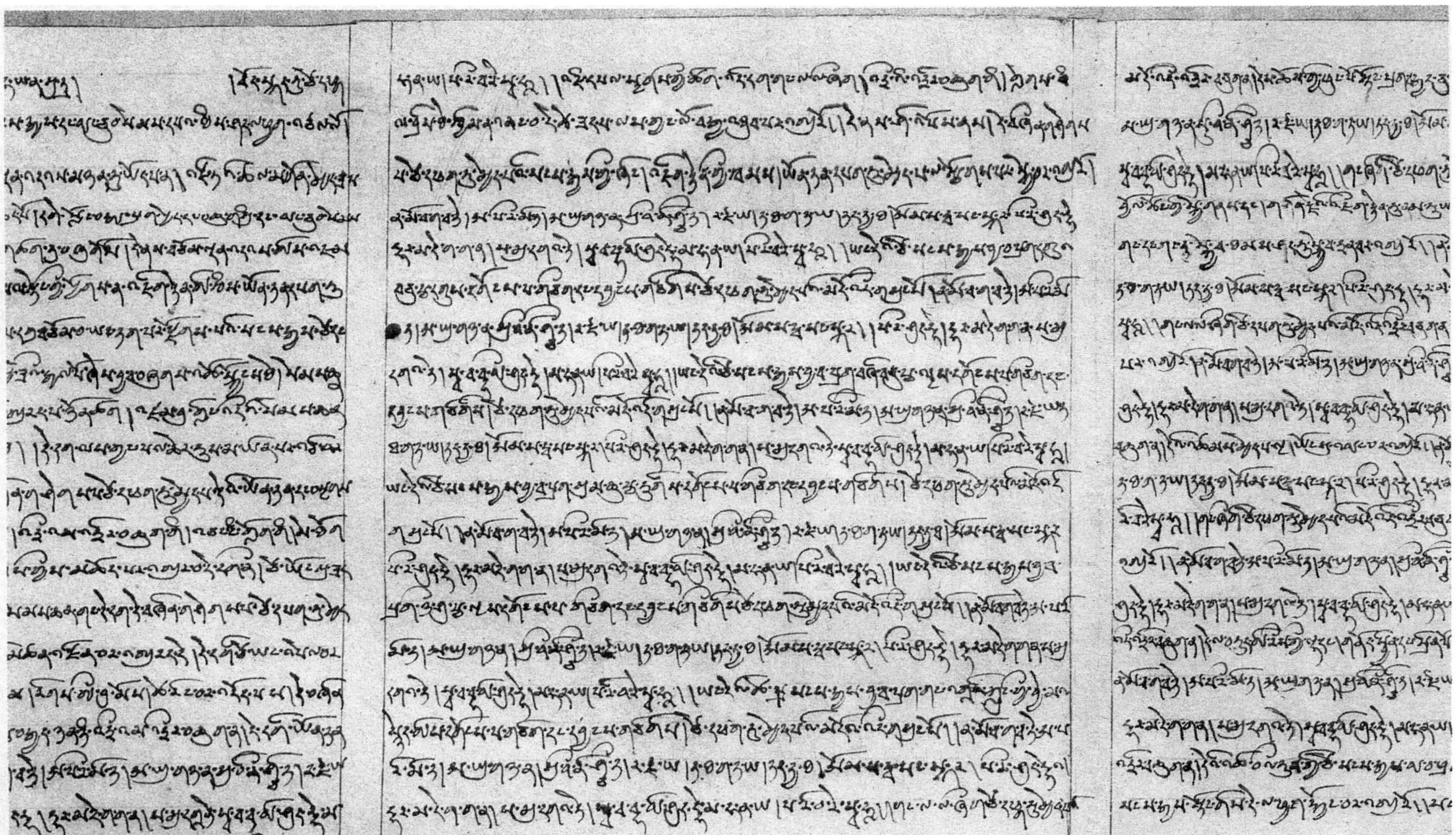

BD14296 號 5　藏文（無量壽藏文（無量壽宗要經甲本）宗要經甲本）　（30–26）

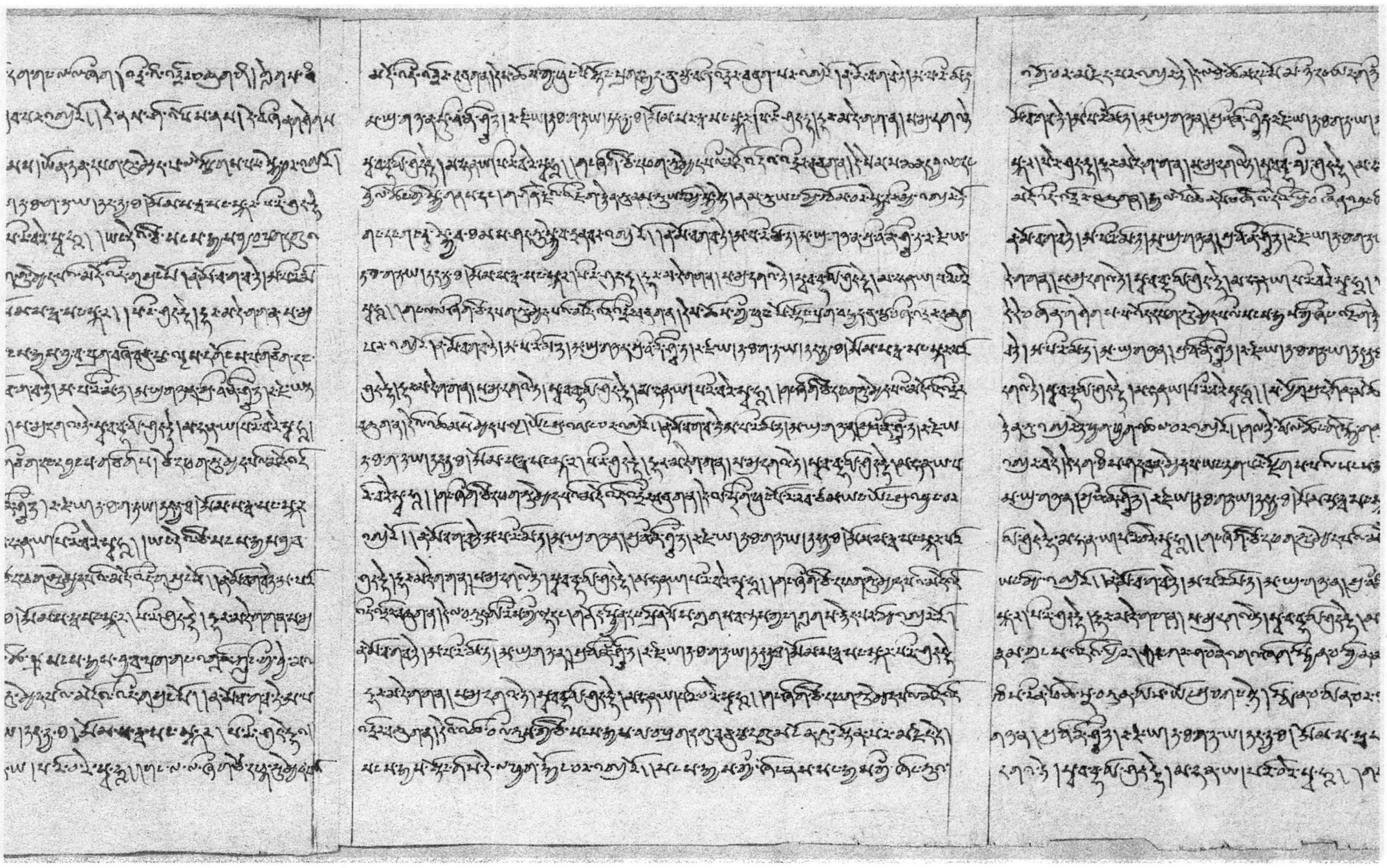

BD14296 號 5　藏文（無量壽藏文（無量壽宗要經甲本）宗要經甲本）　　（30–27）

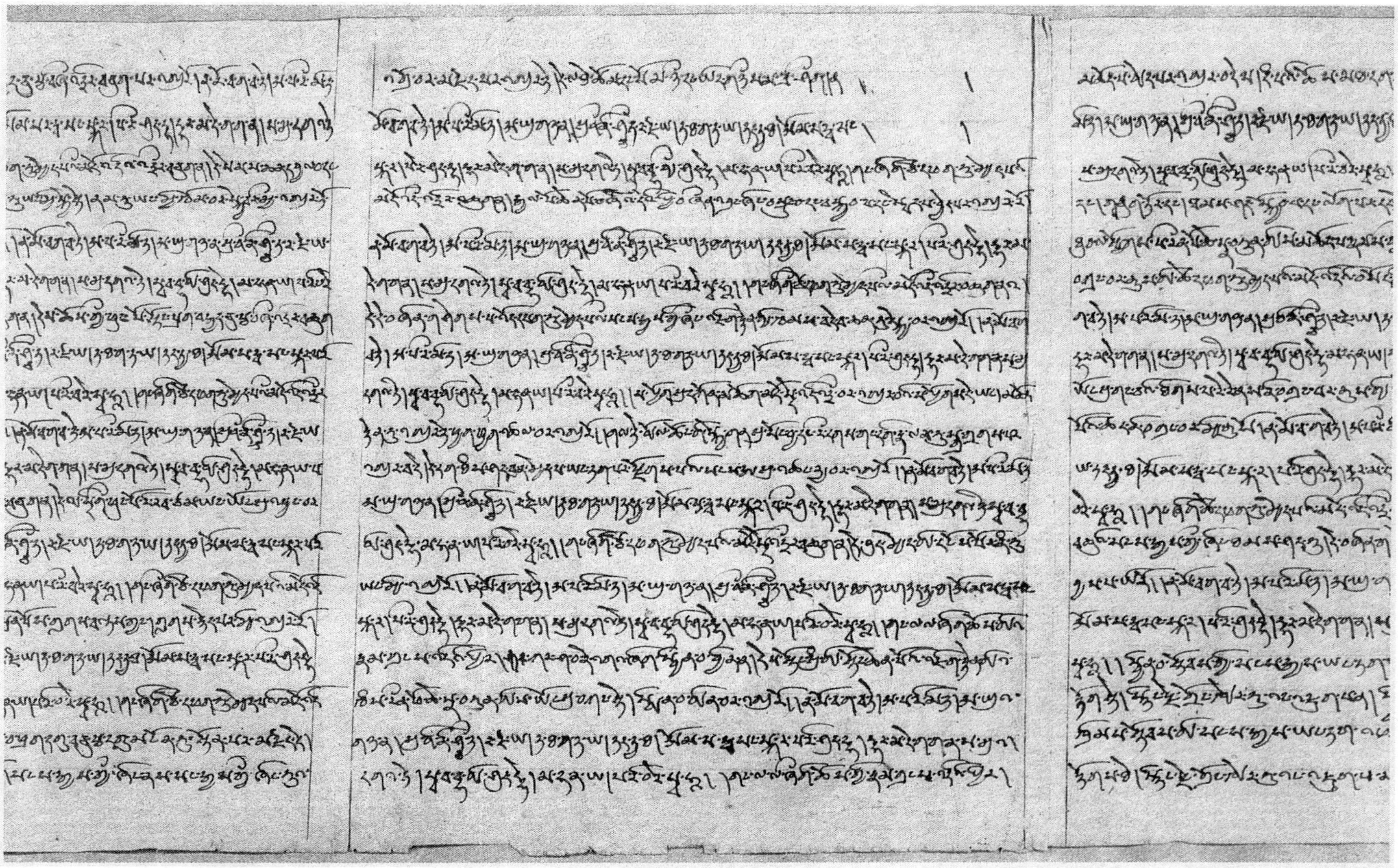

BD14296 號 5　藏文（無量壽藏文（無量壽宗要經甲本）宗要經甲本）　　（30–28）

BD14296 號 5　藏文（無量壽藏文（無量壽宗要經甲本）宗要經甲本）　（30–29）

BD14296 號 5　藏文（無量壽藏文（無量壽宗要經甲本）宗要經甲本）　（30–30）

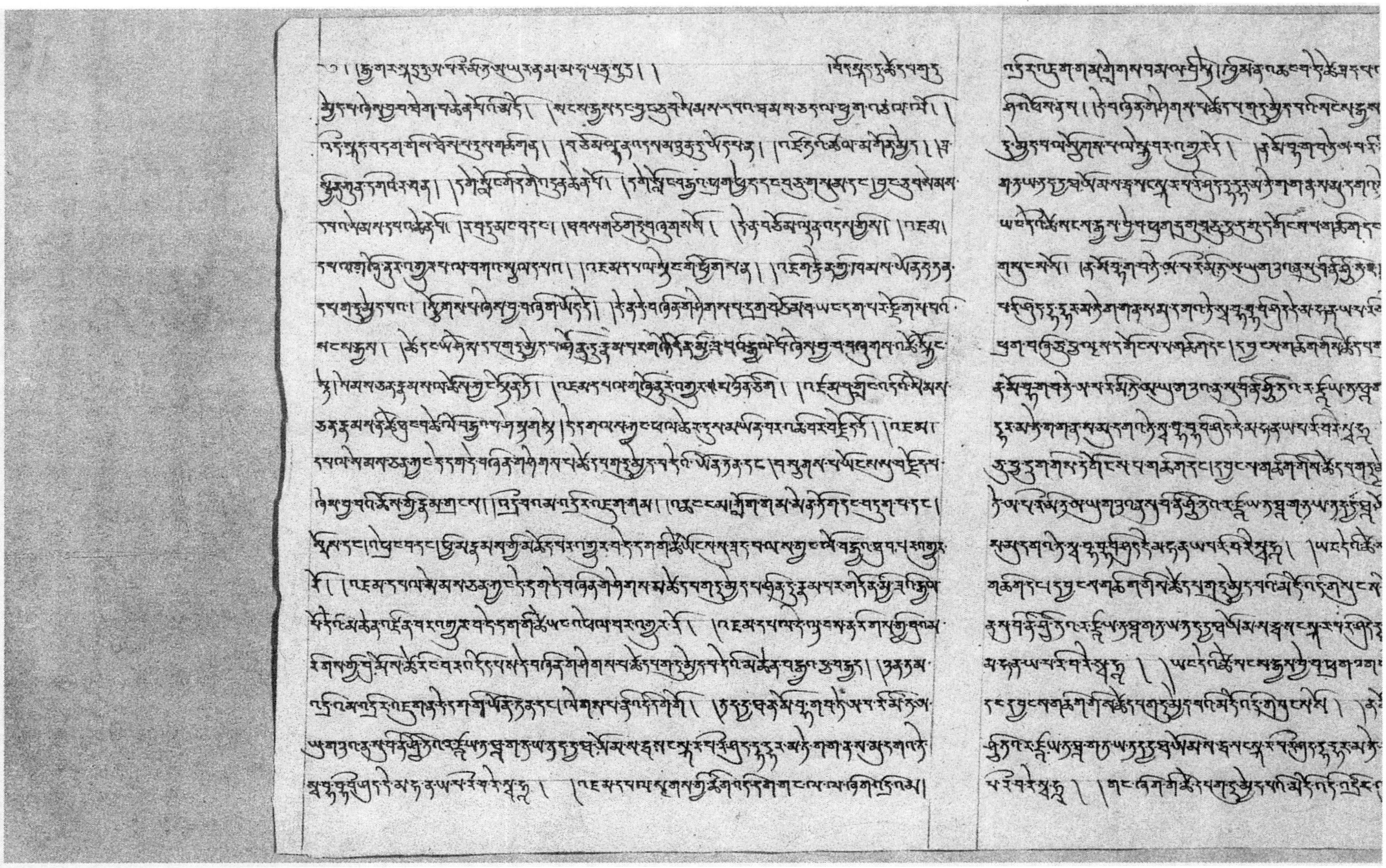

BD14297 號　藏文（無量壽宗要經甲本）　　（6–1）

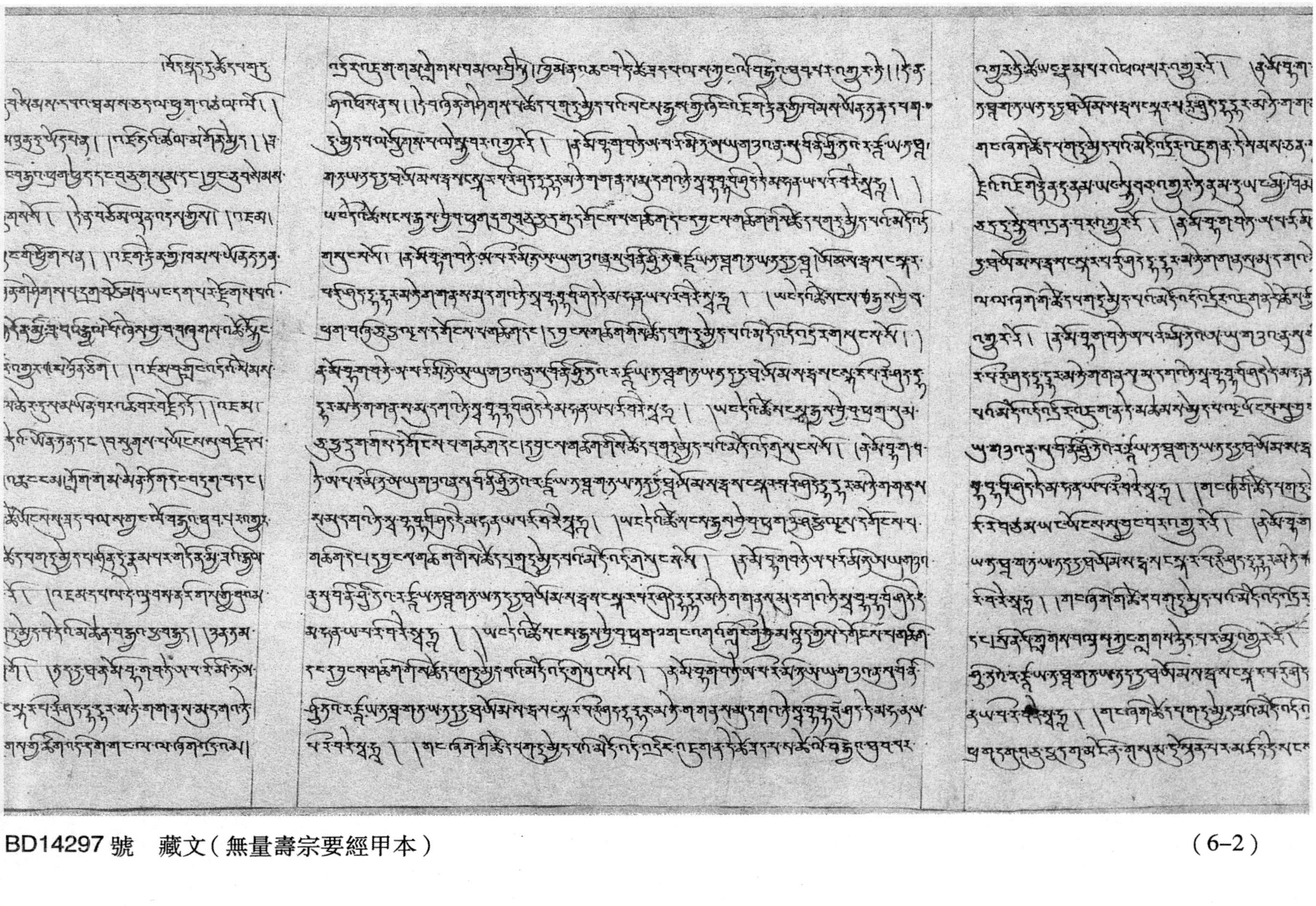

BD14297 號　藏文（無量壽宗要經甲本）　　（6–2）

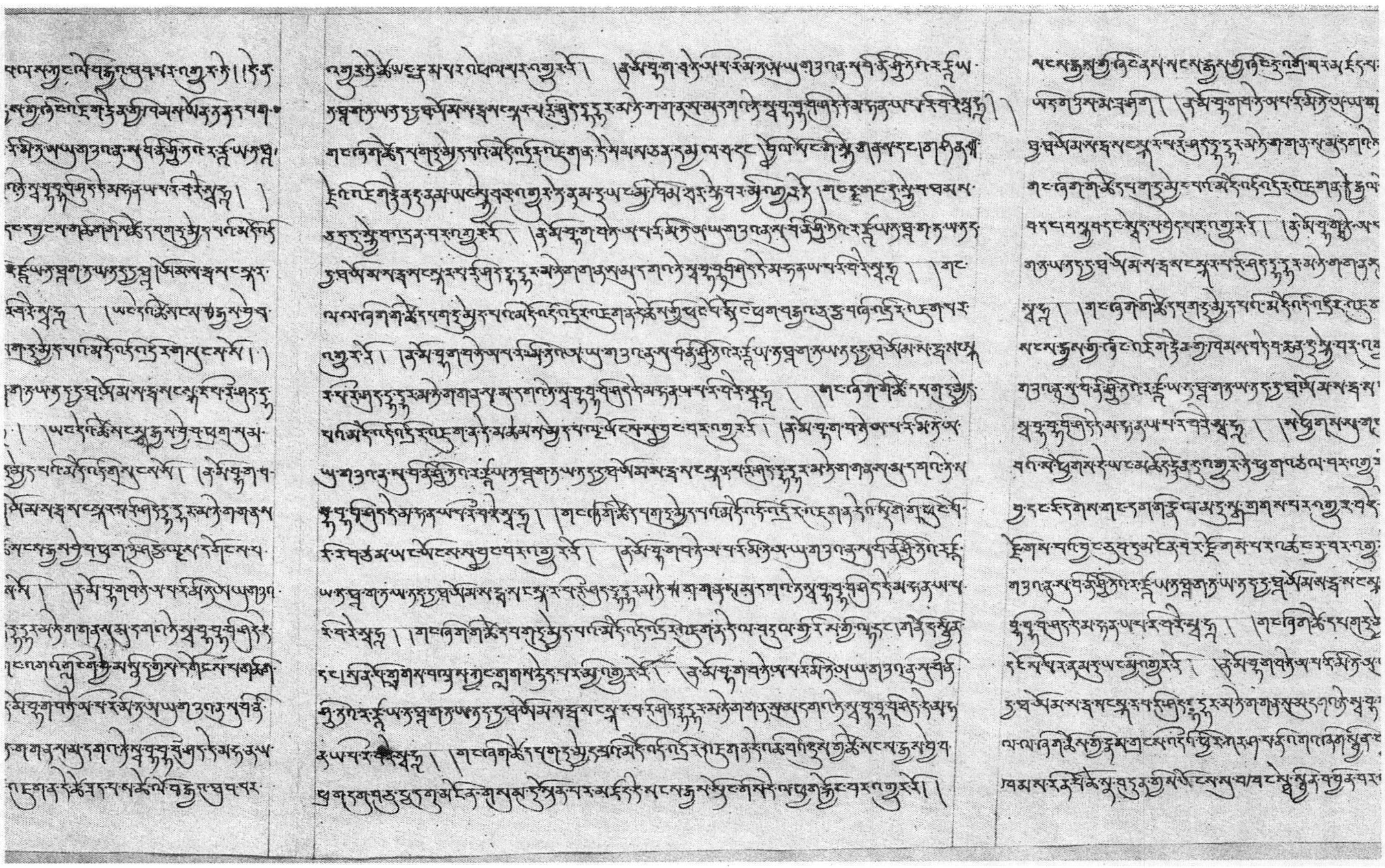

BD14297 號　藏文（無量壽宗要經甲本）　（6–3）

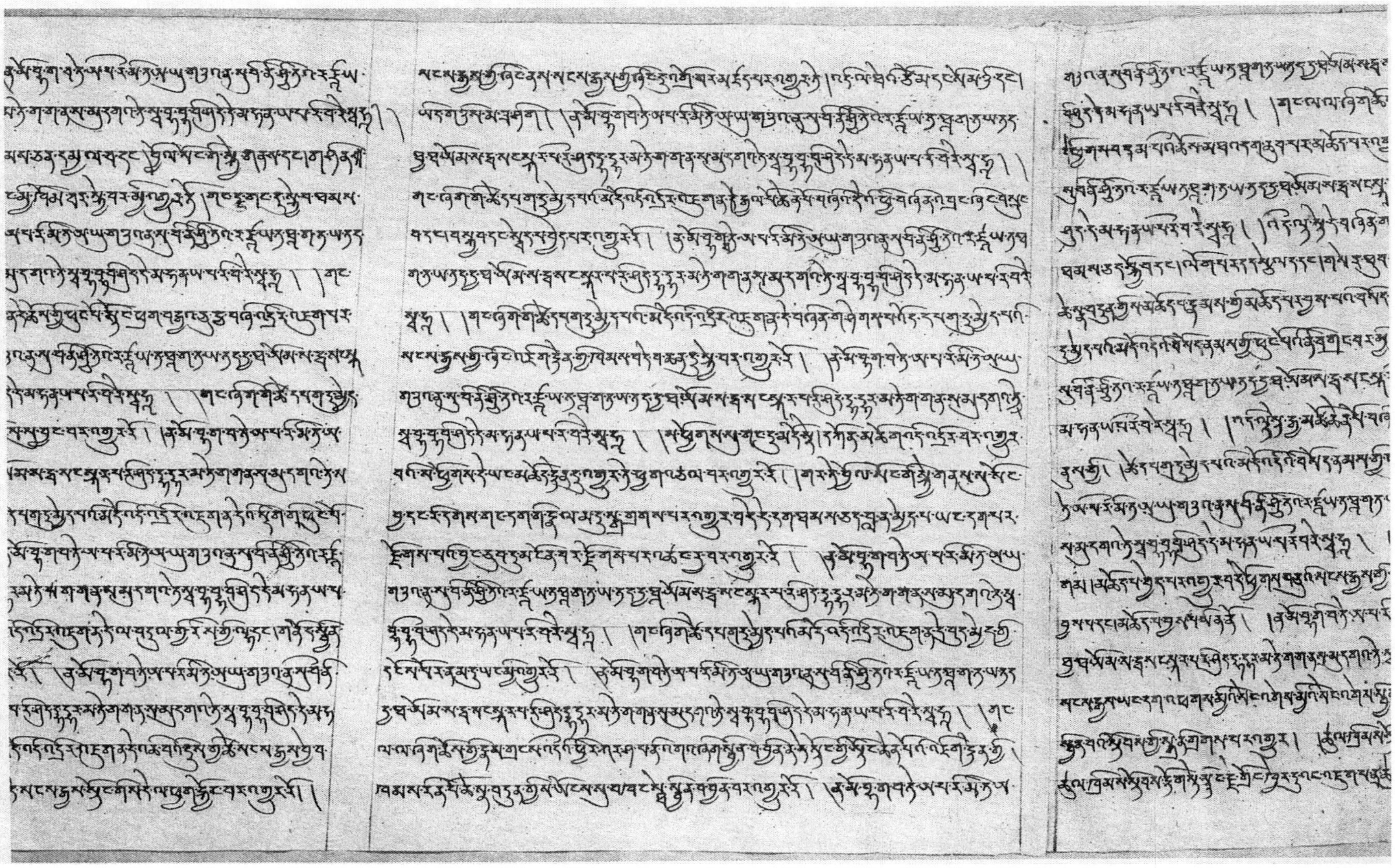

BD14297 號　藏文（無量壽宗要經甲本）　（6–4）

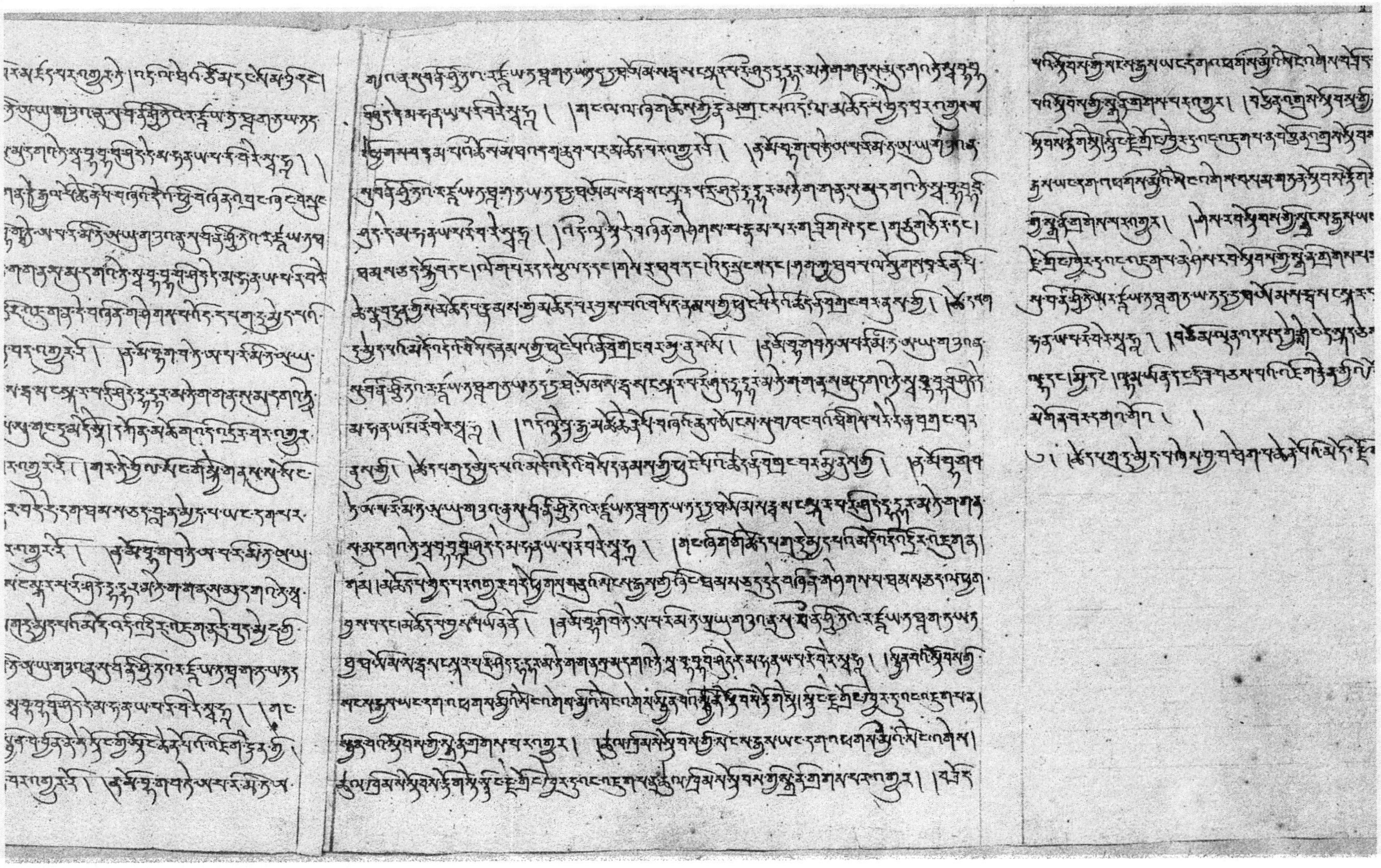

BD14297 號　藏文（無量壽宗要經甲本）　（6–5）

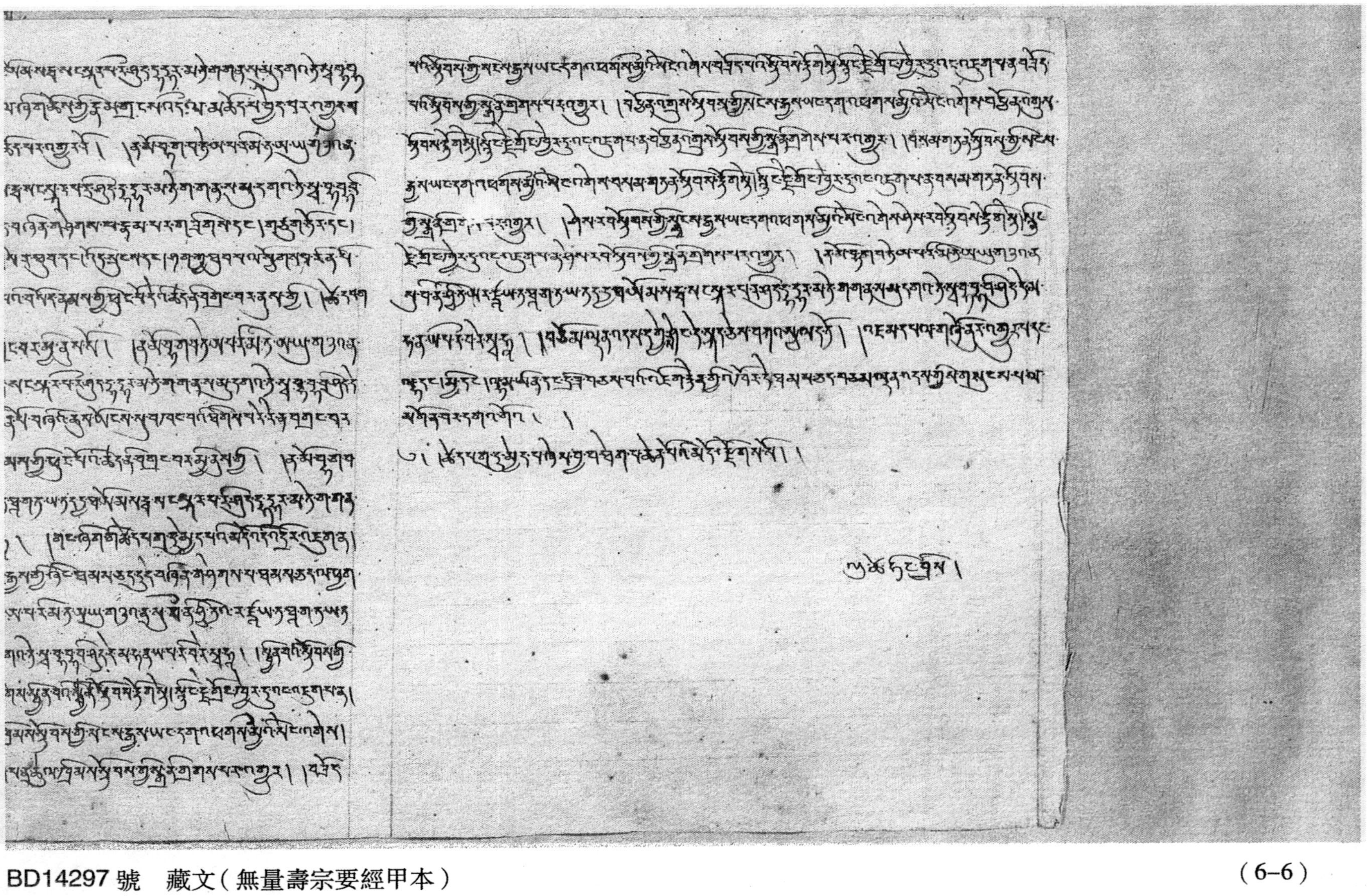

BD14297 號　藏文（無量壽宗要經甲本）　（6–6）

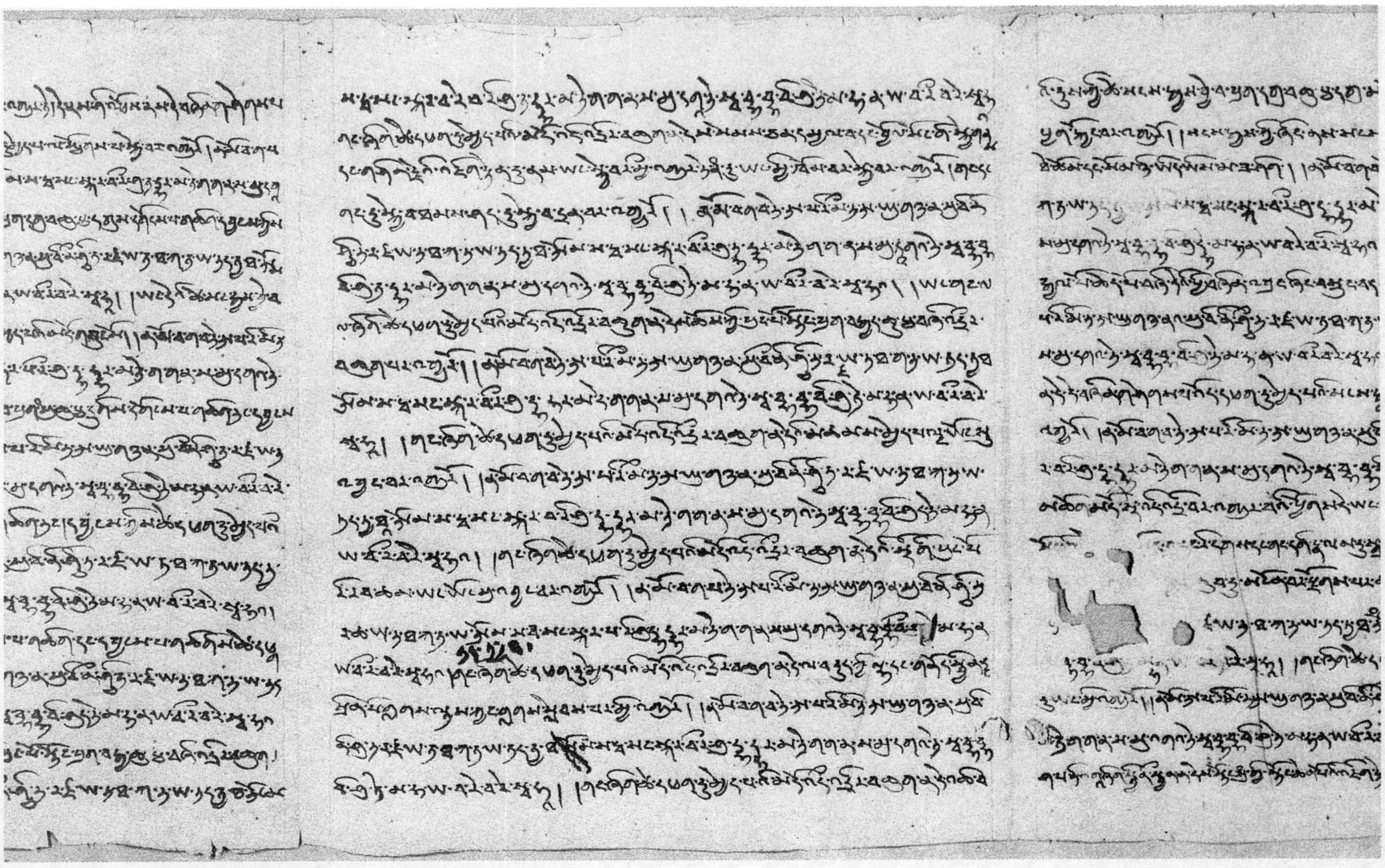

BD14298 號　藏文（無量壽宗要經甲本）　（6–3）

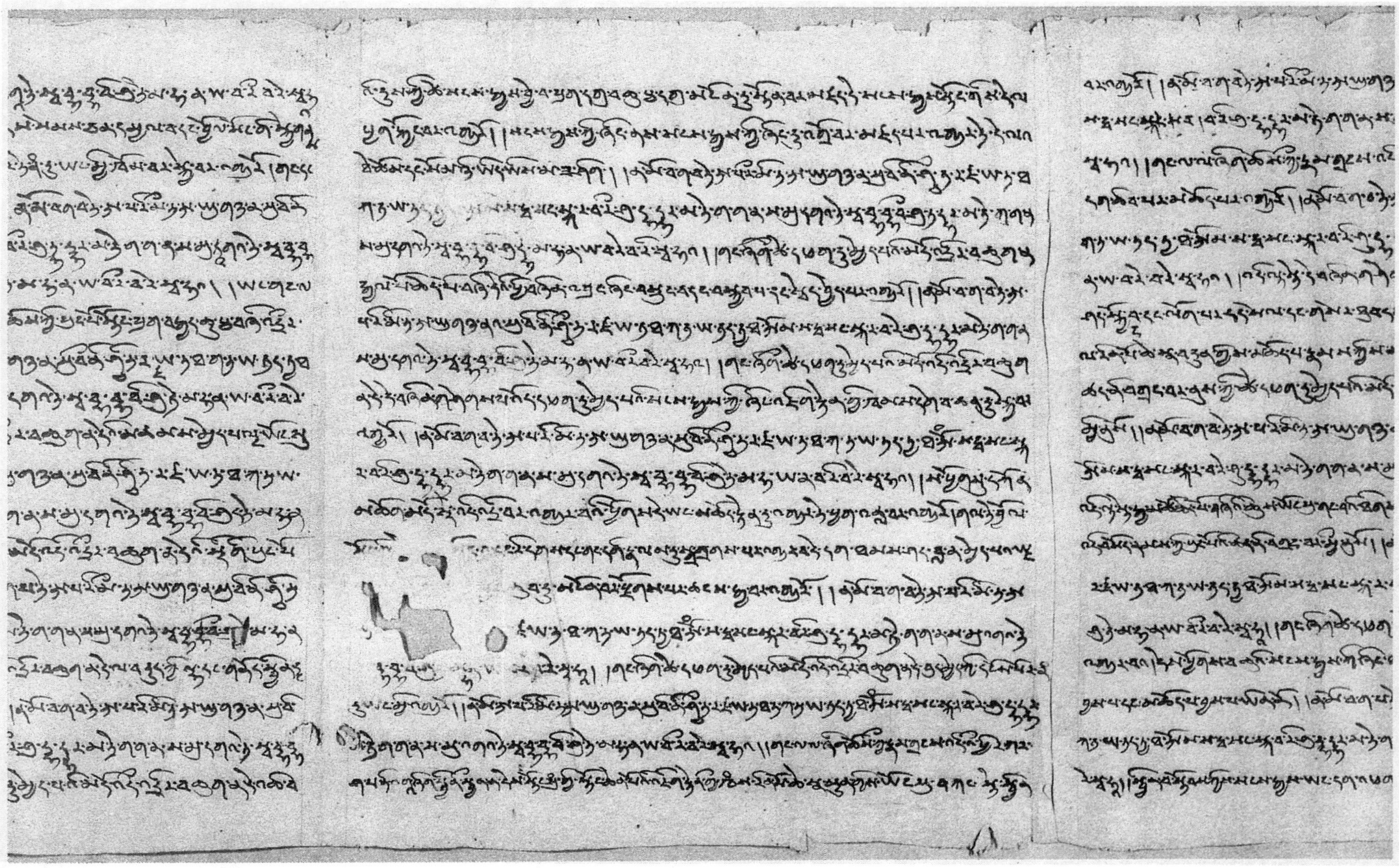

BD14298 號　藏文（無量壽宗要經甲本）　（6–4）

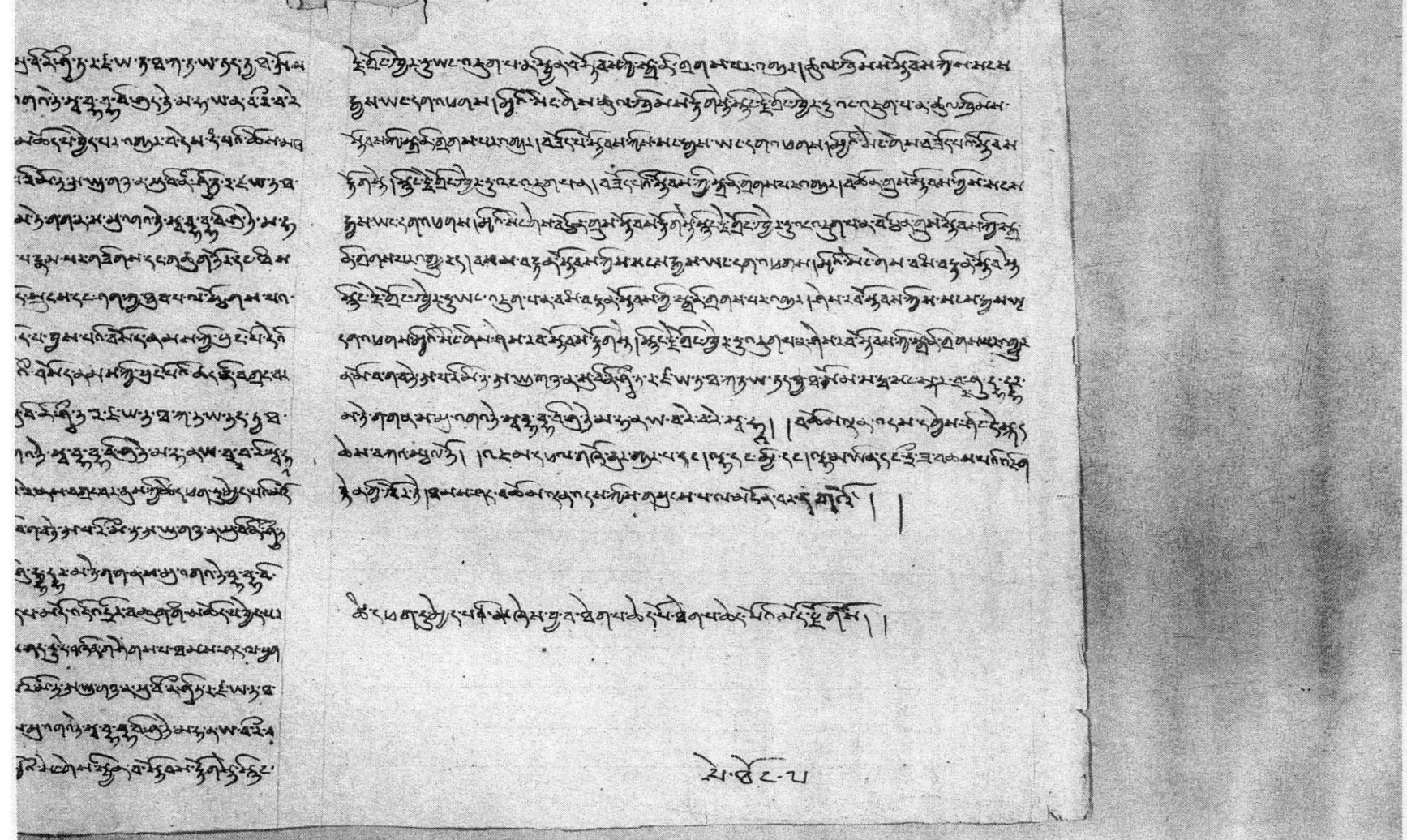

BD14298號背 雜寫

BD14299號 藏文（無量壽宗要經甲本）

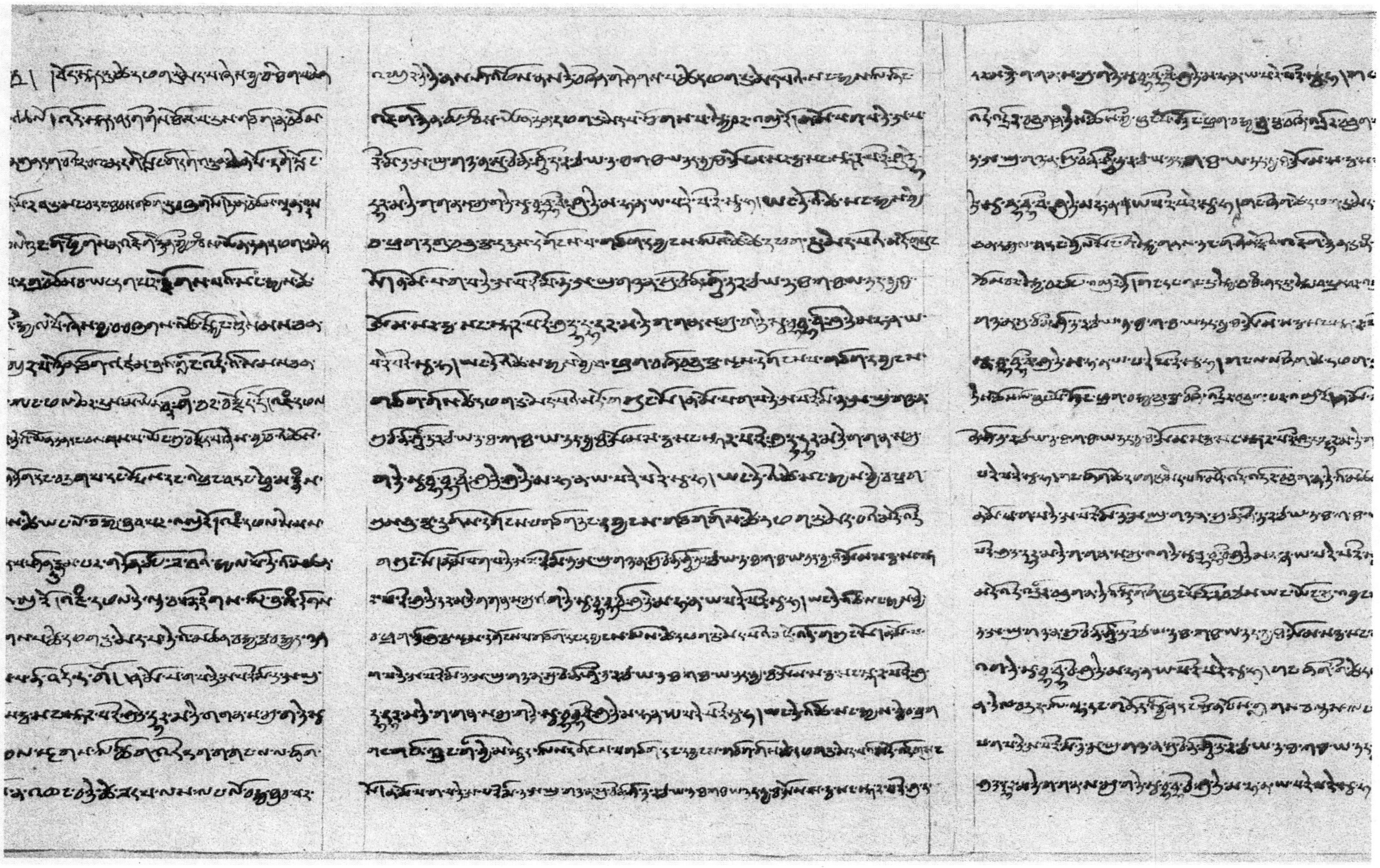

BD14299號　藏文（無量壽宗要經甲本）　　（6–2）

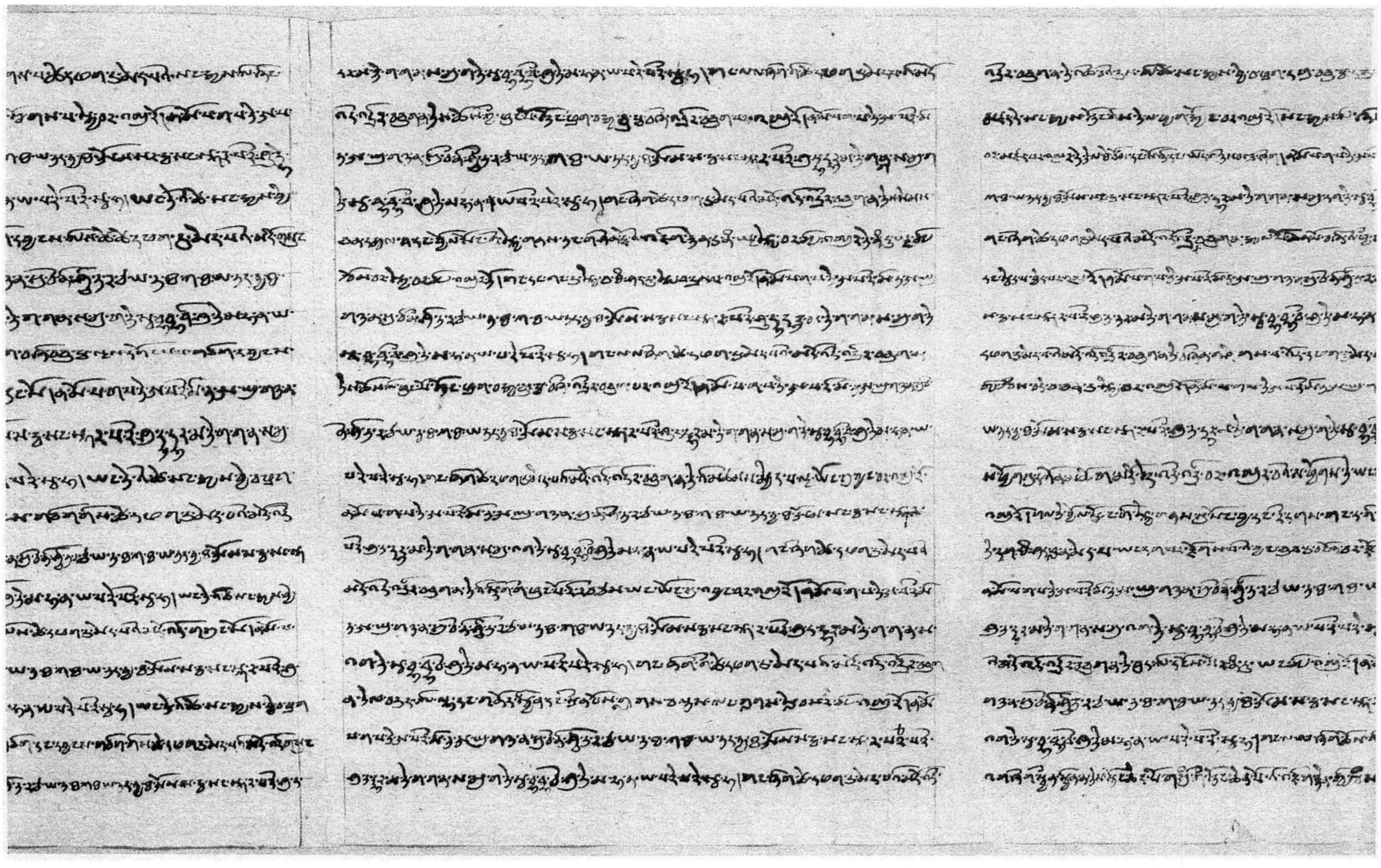

BD14299號　藏文（無量壽宗要經甲本）　　（6–3）

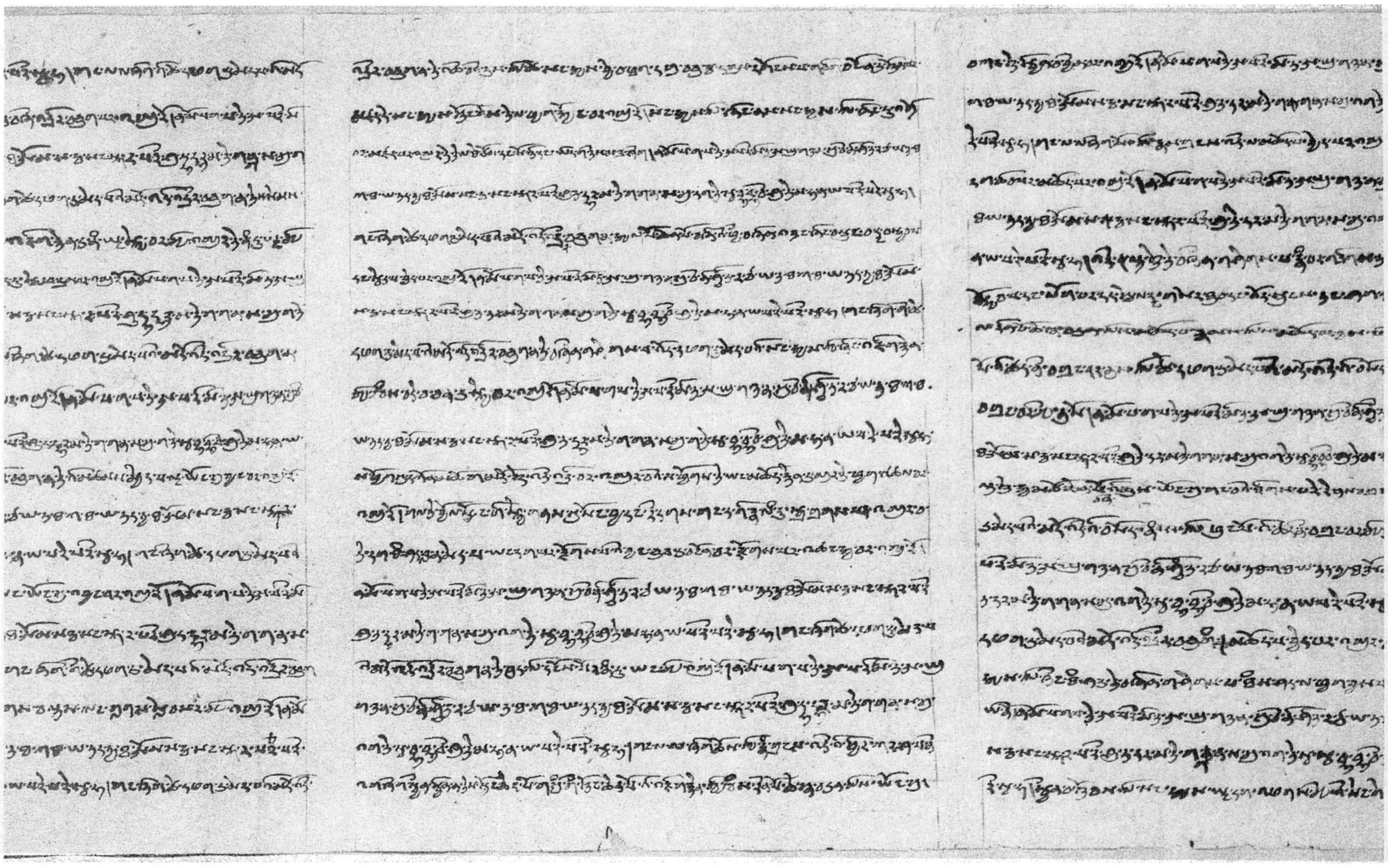

BD14299 號　藏文（無量壽宗要經甲本）　（6–4）

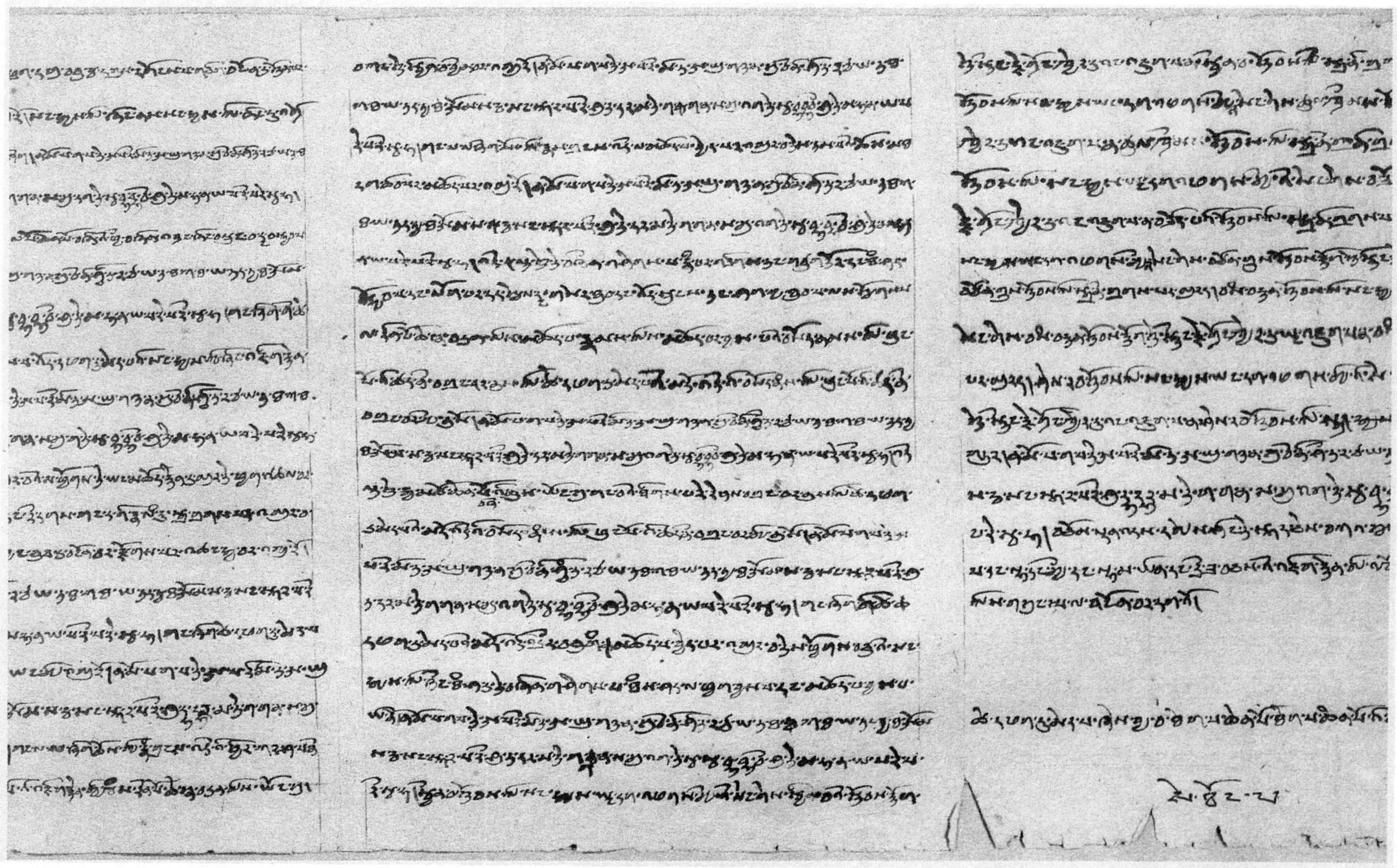

BD14299 號　藏文（無量壽宗要經甲本）　（6–5）

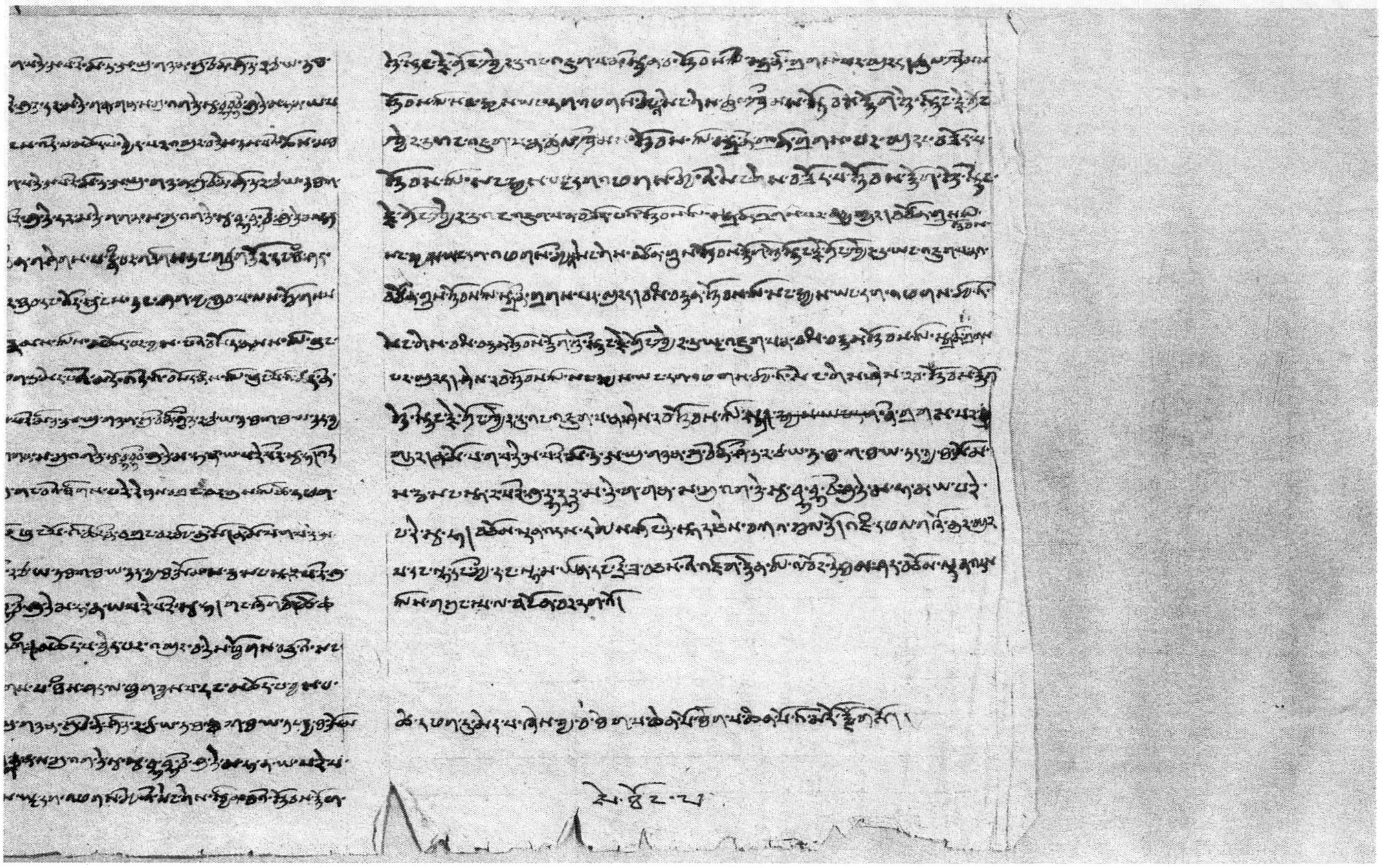

BD14299 號　藏文（無量壽宗要經甲本）　（6–6）

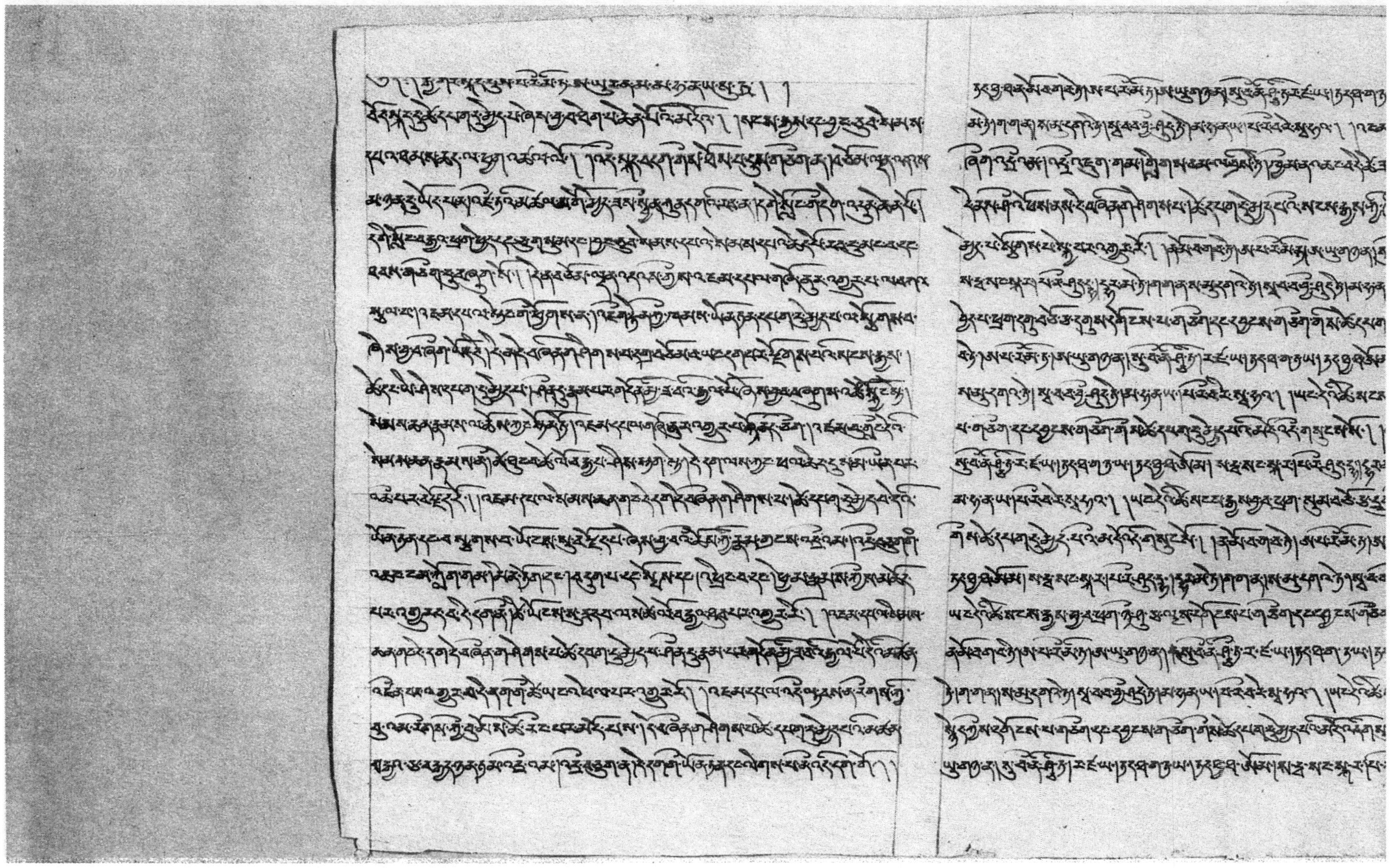

BD14300 號 1　藏文（無量壽宗要經甲本）　（24–1）

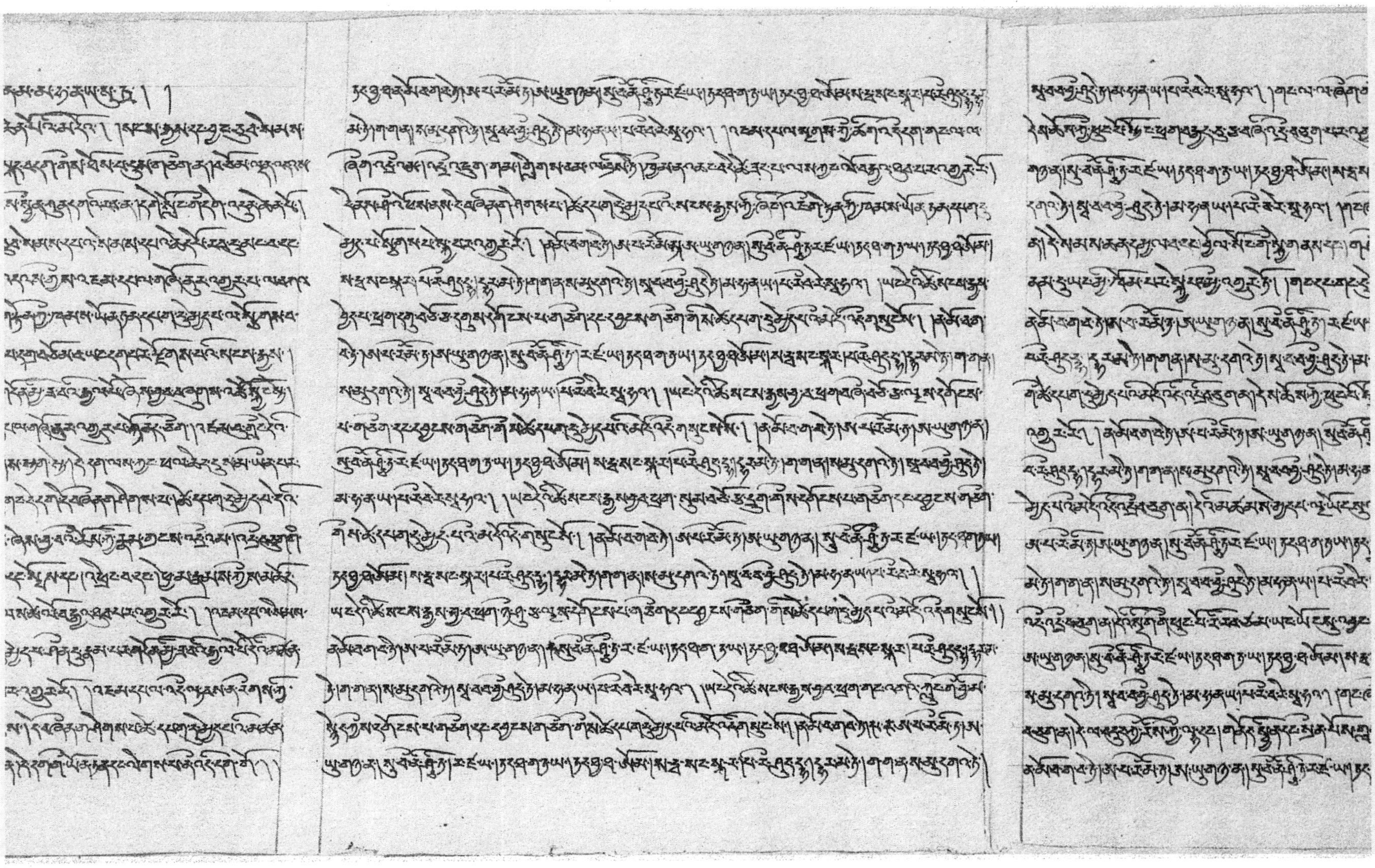

BD14300 號 1　藏文（無量壽宗要經甲本）　（24–2）

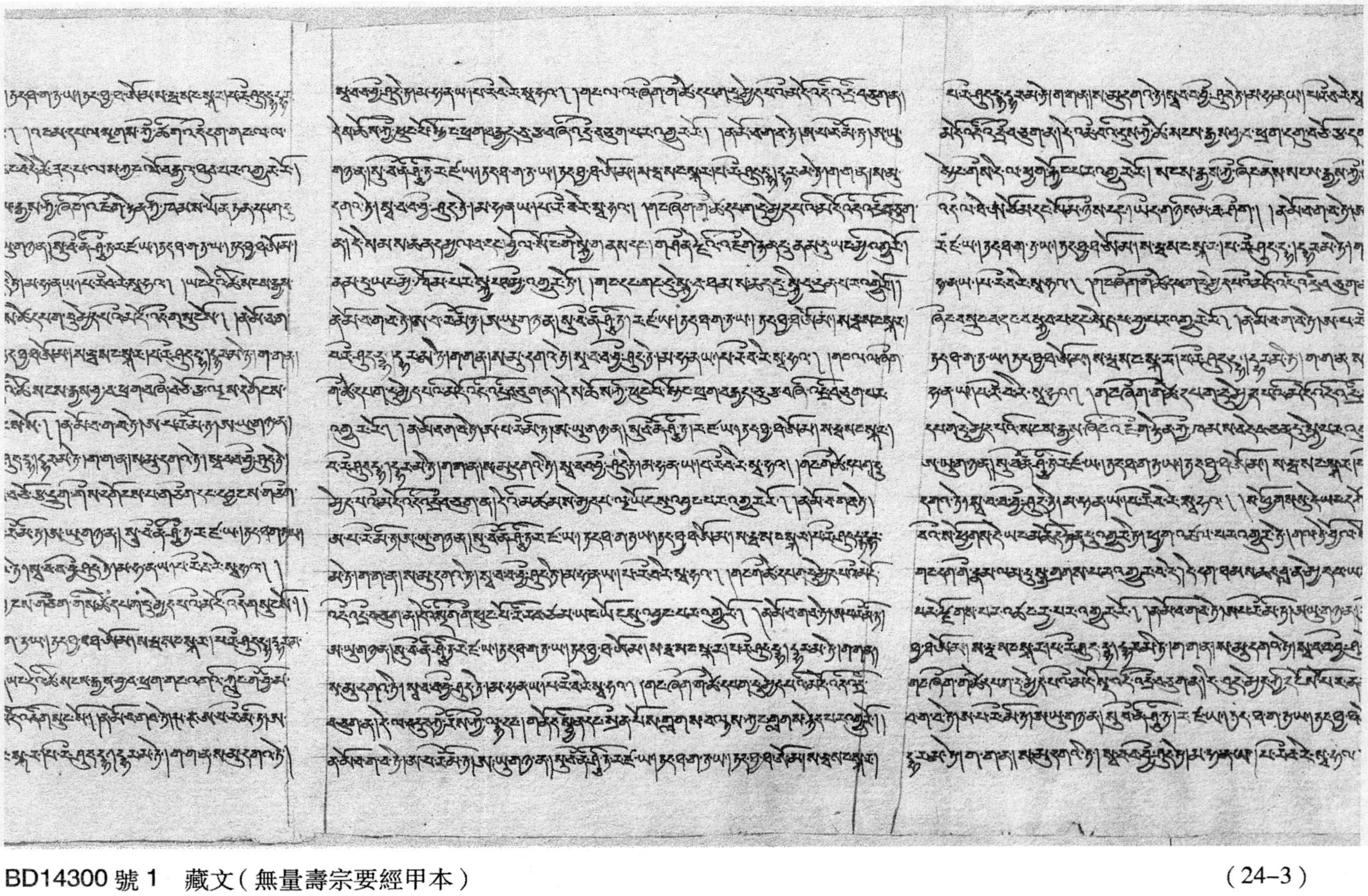

BD14300 號 1　藏文（無量壽宗要經甲本）　（24–3）

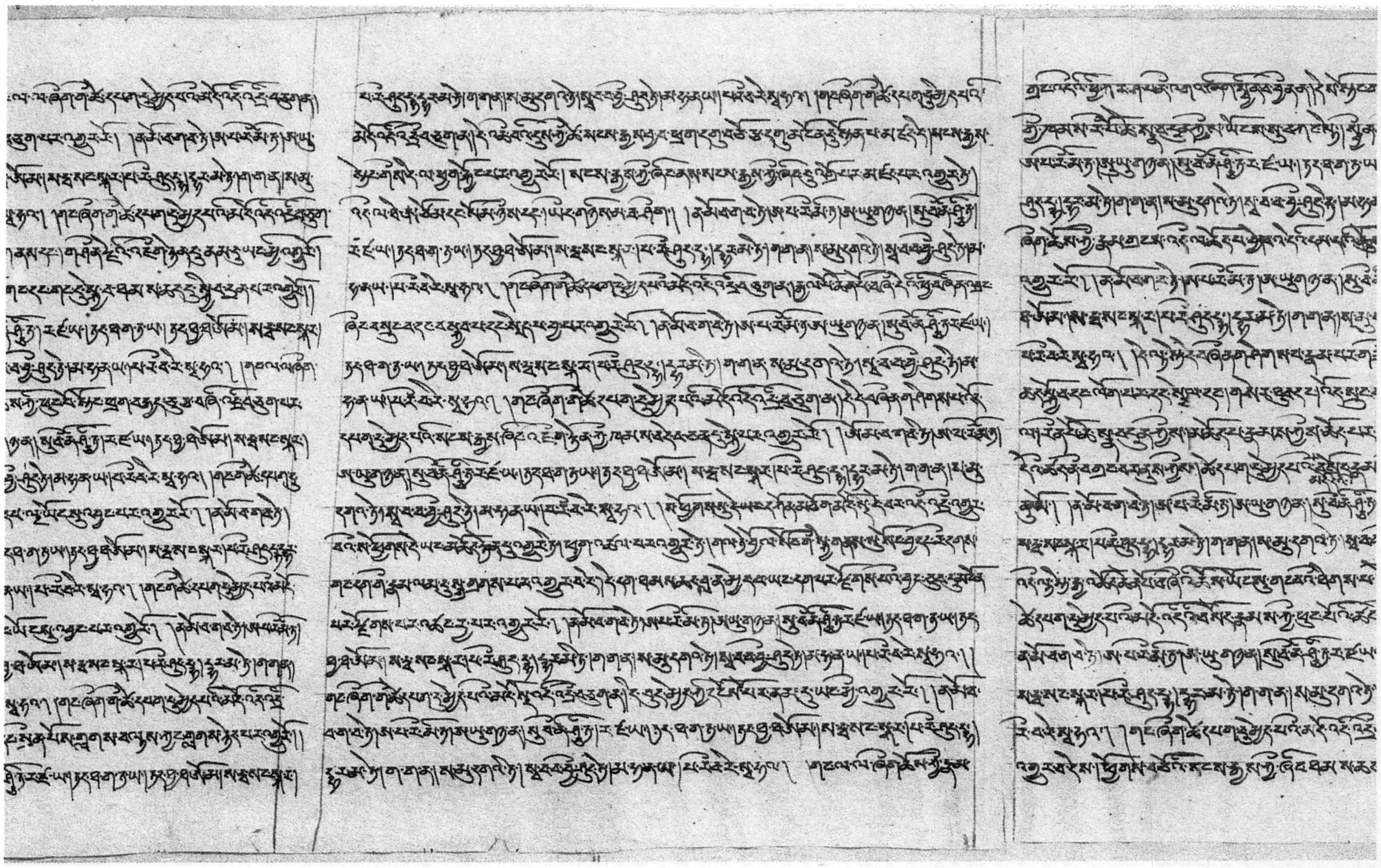

BD14300 號 1　藏文（無量壽宗要經甲本）　　（24–4）

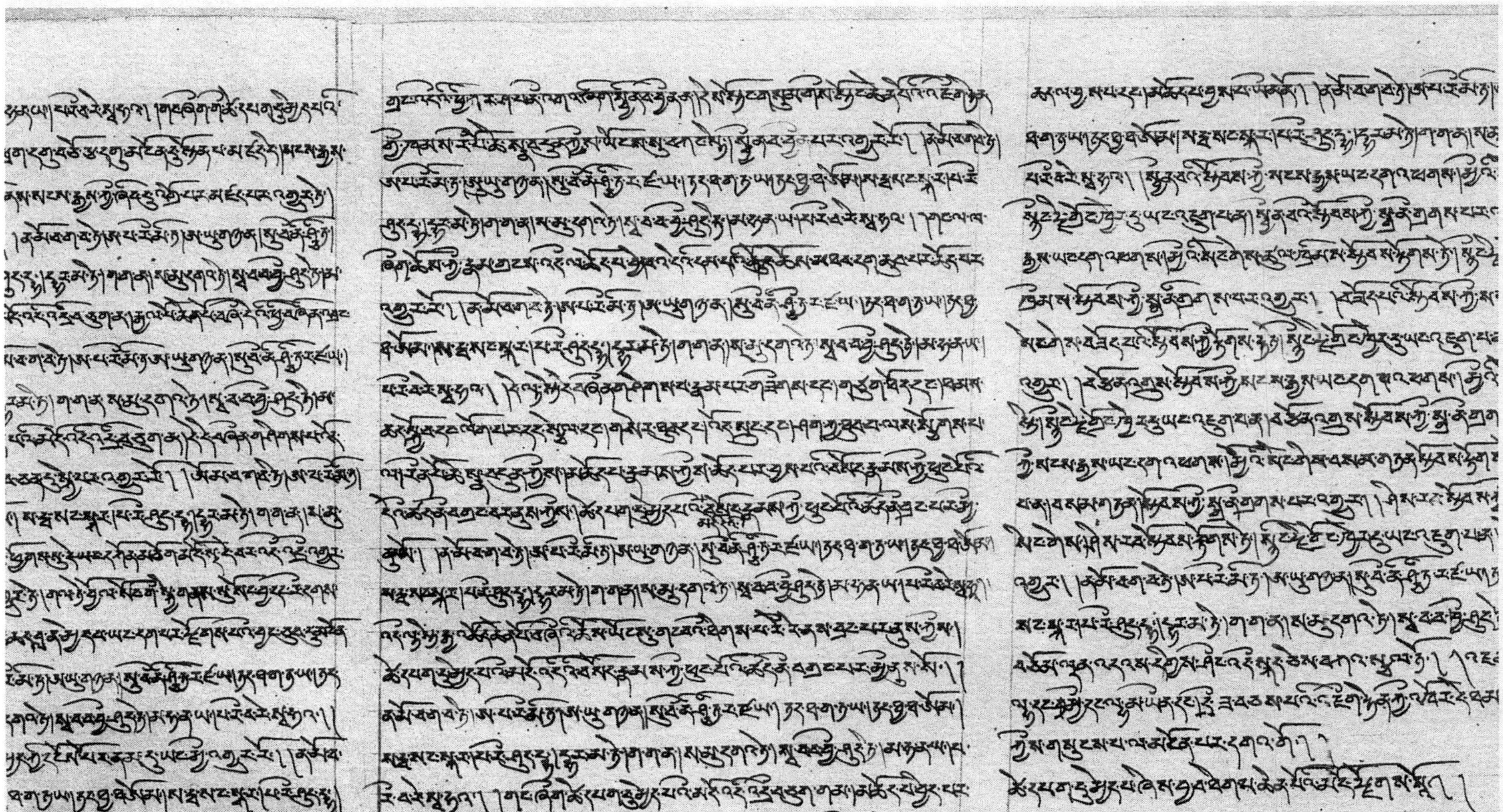

BD14300 號 1　藏文（無量壽宗要經甲本）　　（24–5）

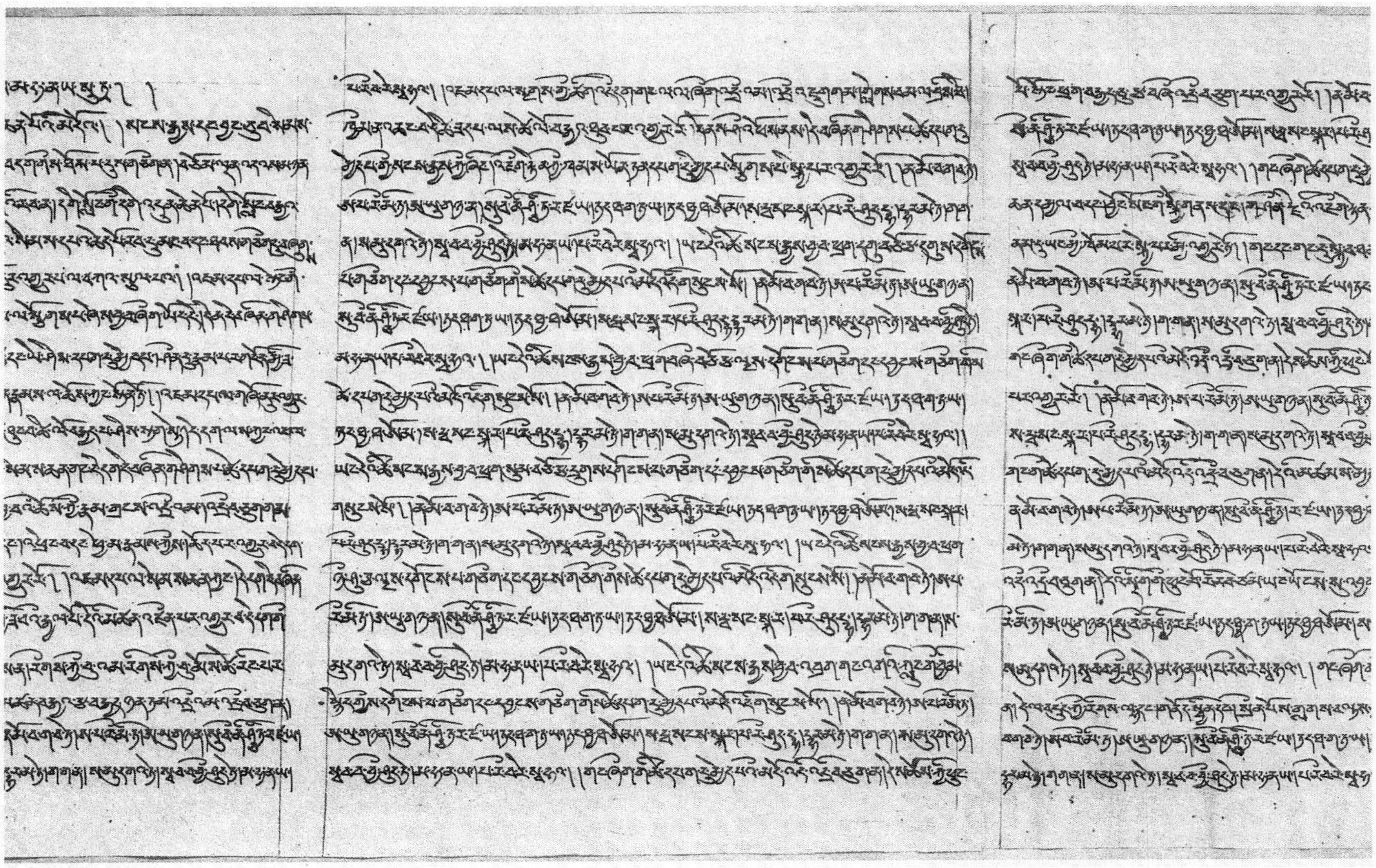

BD14300 號 2　藏文（無量壽宗要經甲本）　（24–8）

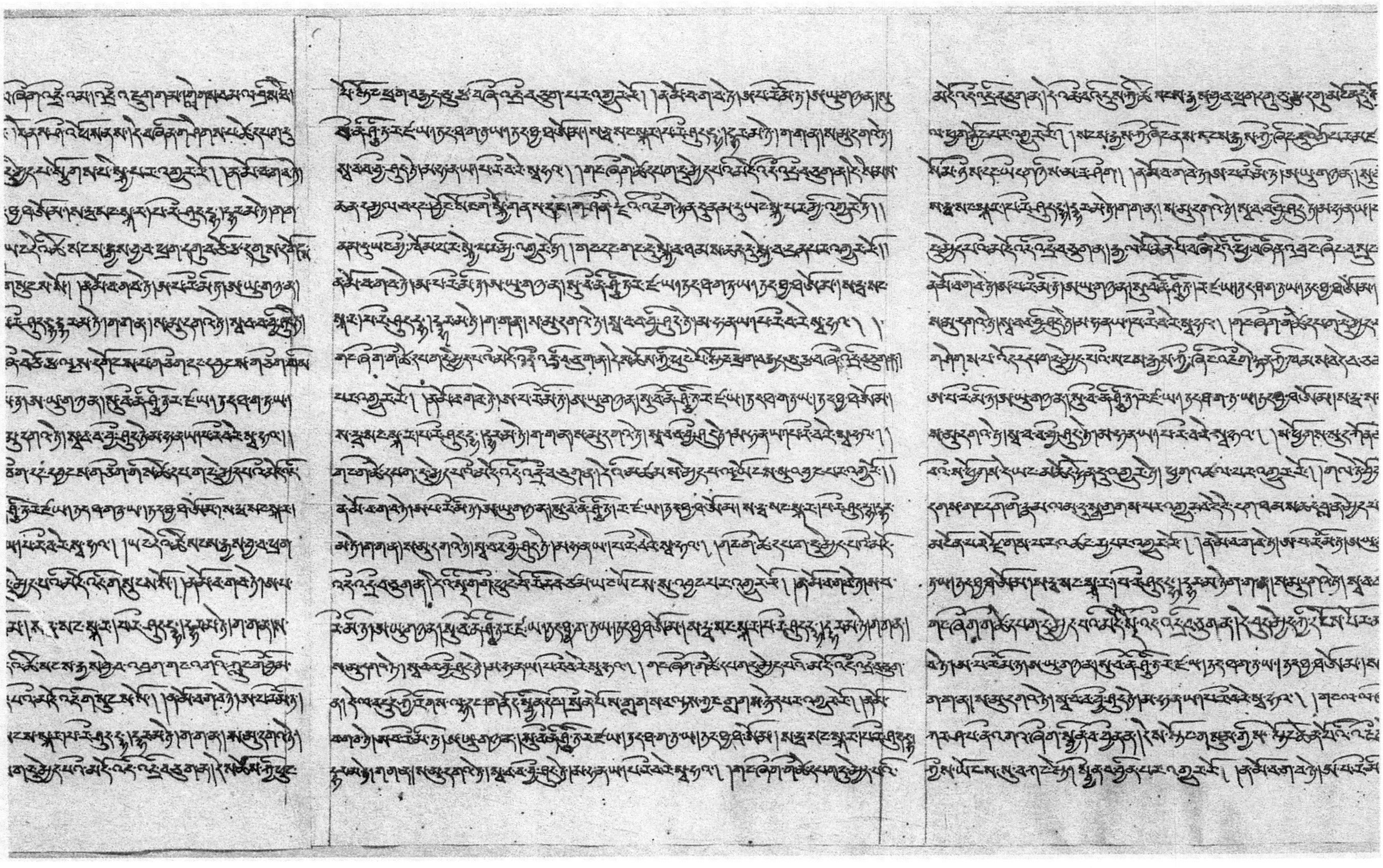

BD14300 號 2　藏文（無量壽宗要經甲本）　（24–9）

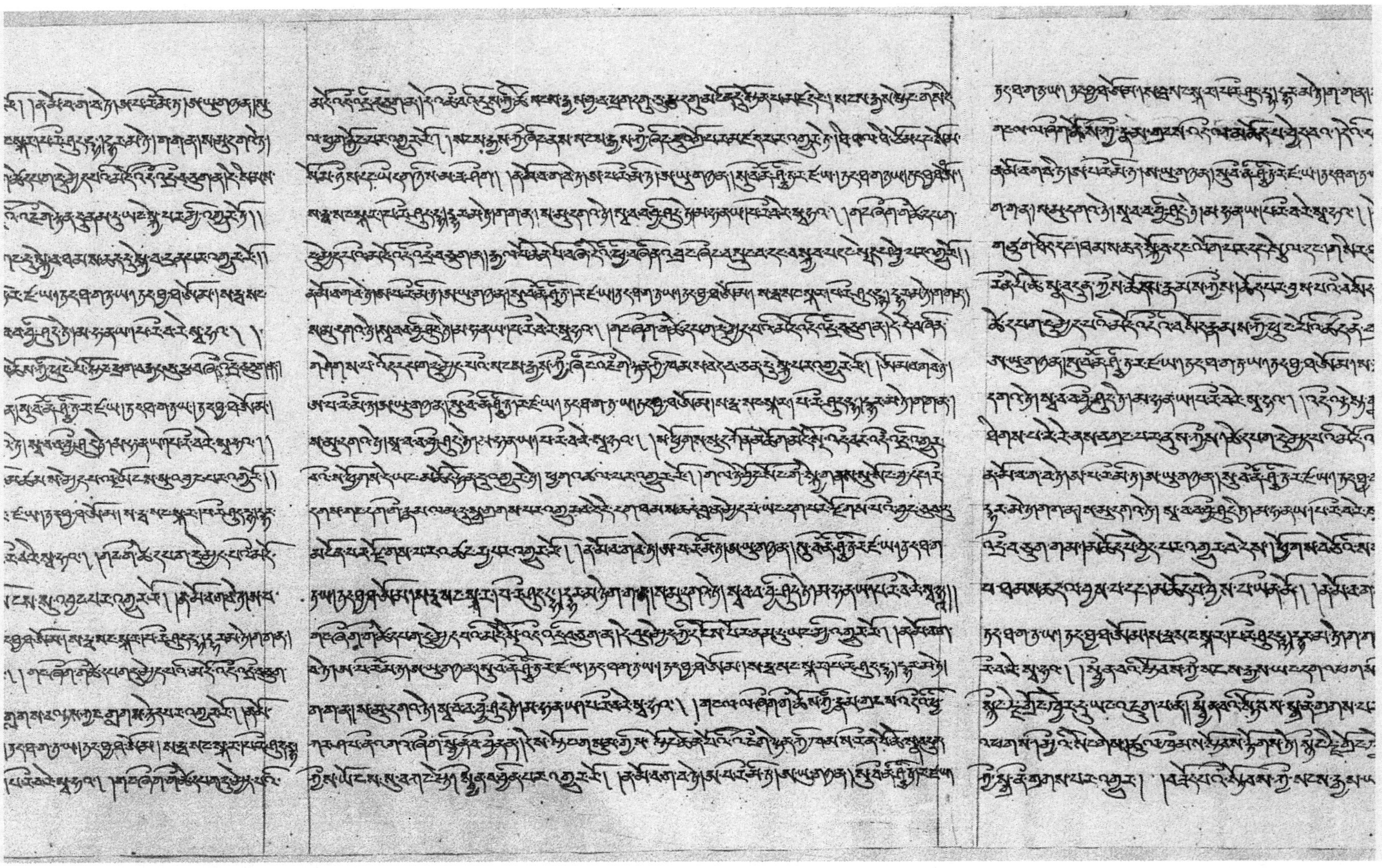

BD14300 號 2　藏文（無量壽宗要經甲本）　　（24–10）

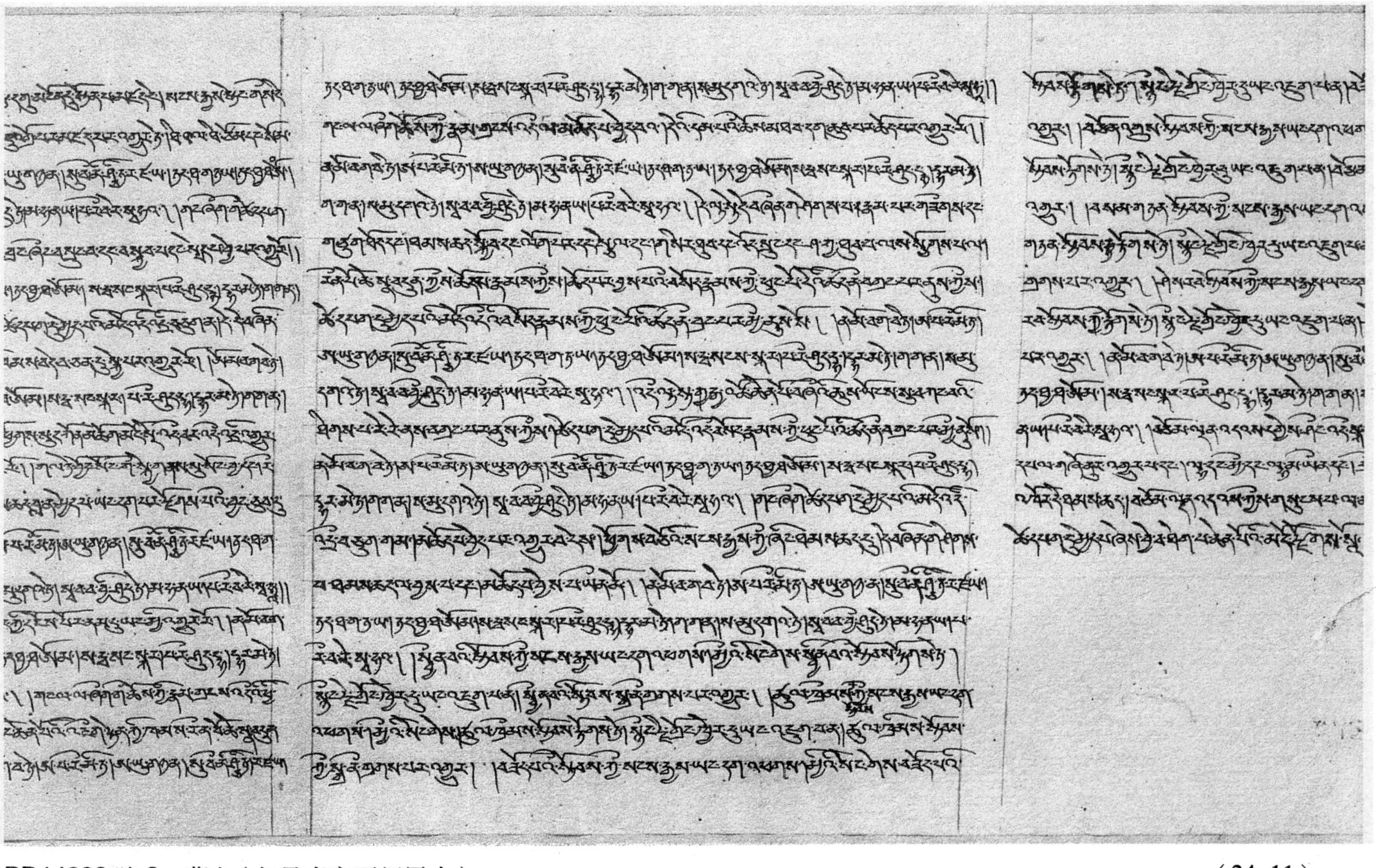

BD14300 號 2　藏文（無量壽宗要經甲本）　　（24–11）

BD14300號2　藏文（無量壽宗要經甲本）

BD14300號3　藏文（無量壽宗要經甲本）

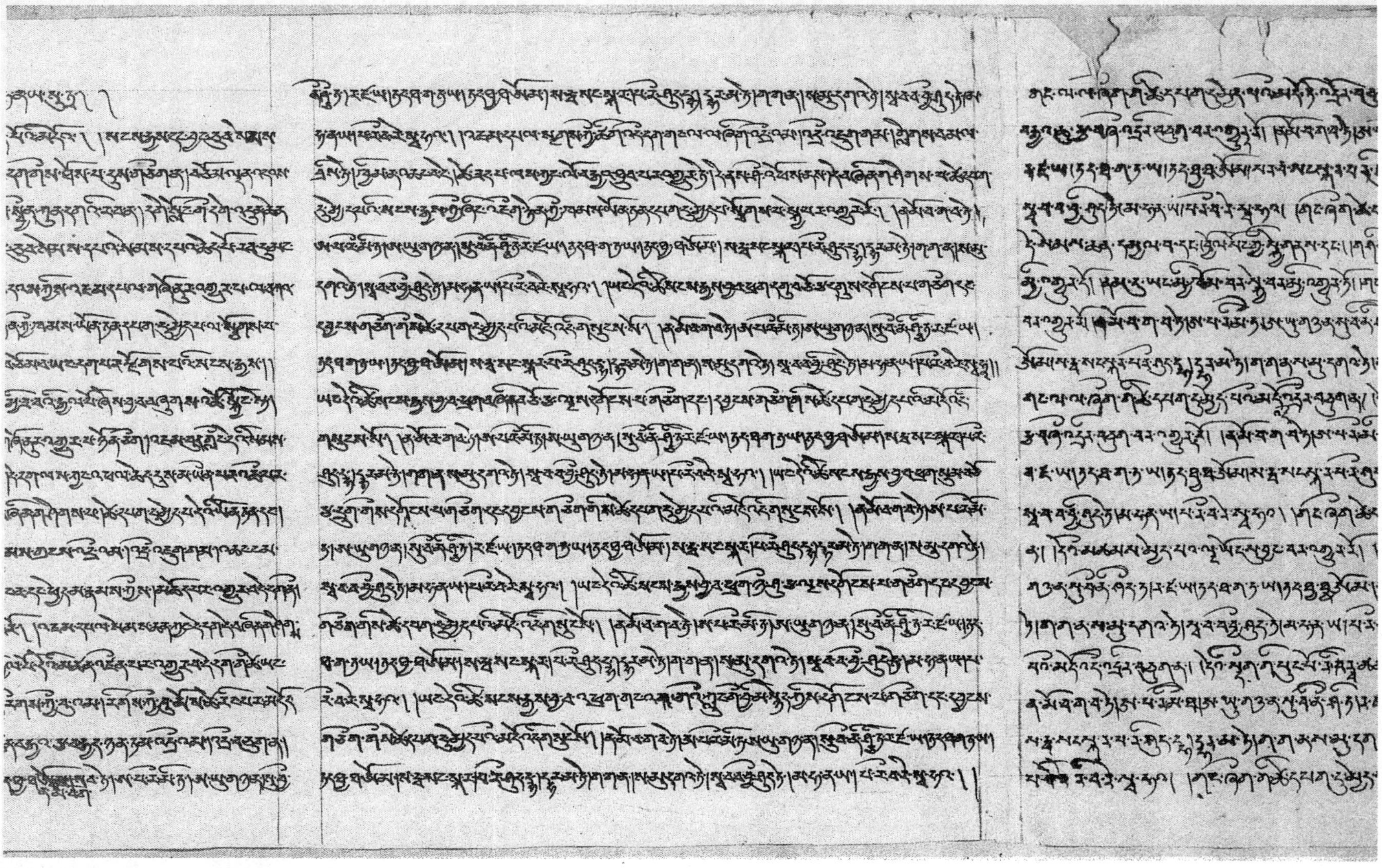

BD14300 號 3　藏文（無量壽宗要經甲本）　　　　（24–14）

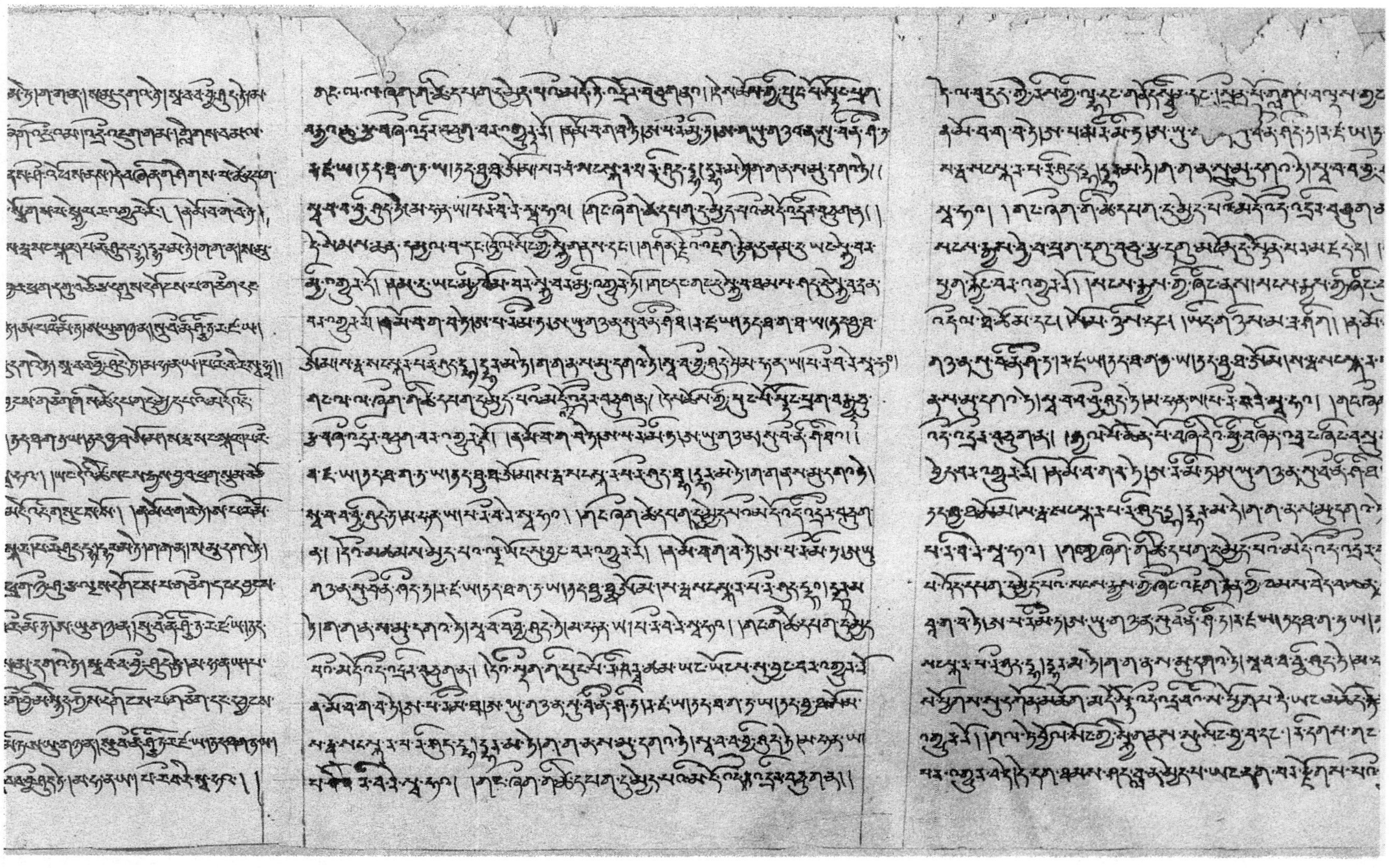

BD14300 號 3　藏文（無量壽宗要經甲本）　　　　（24–15）

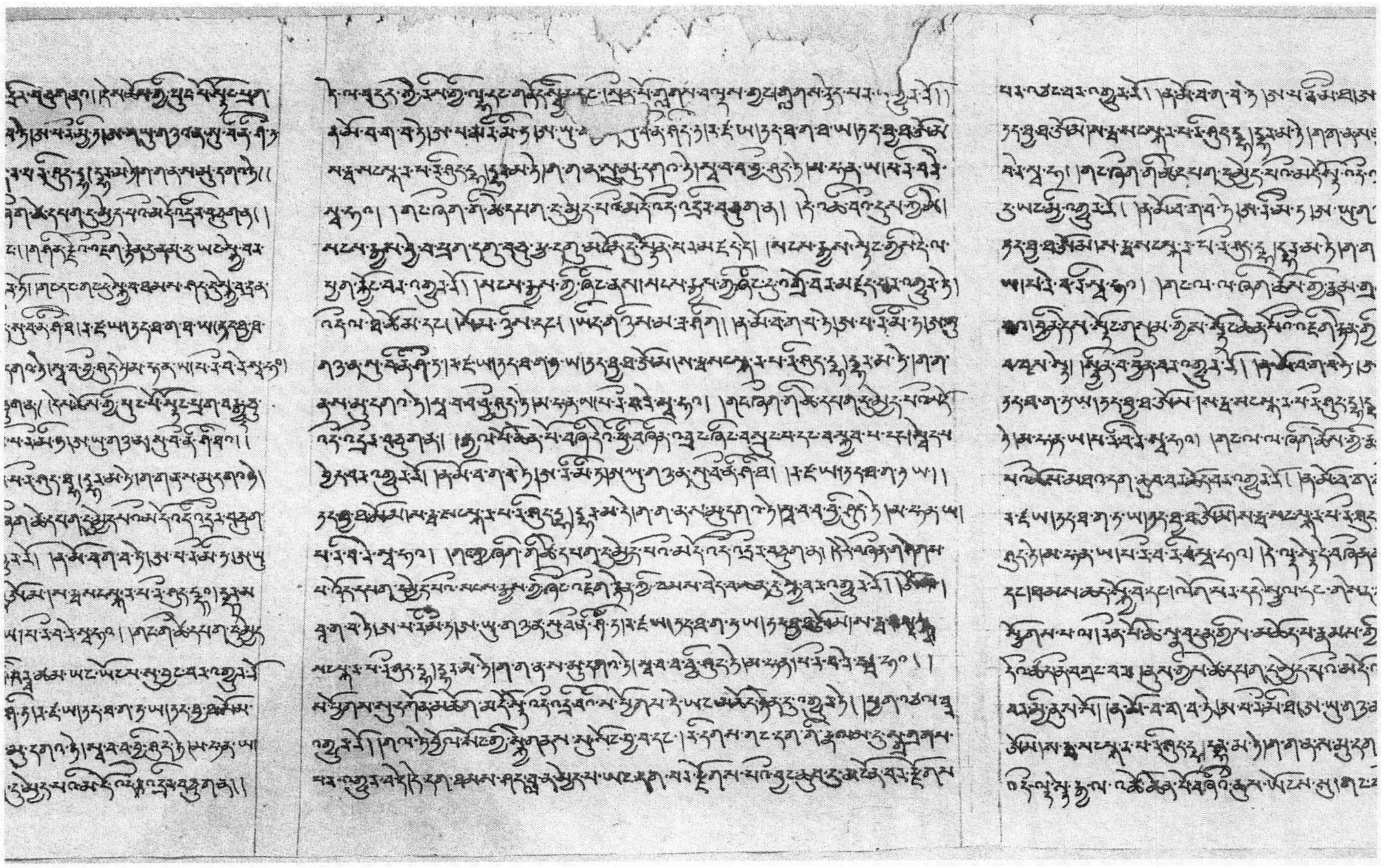

BD14300 號 3　藏文（無量壽宗要經甲本）　（24–16）

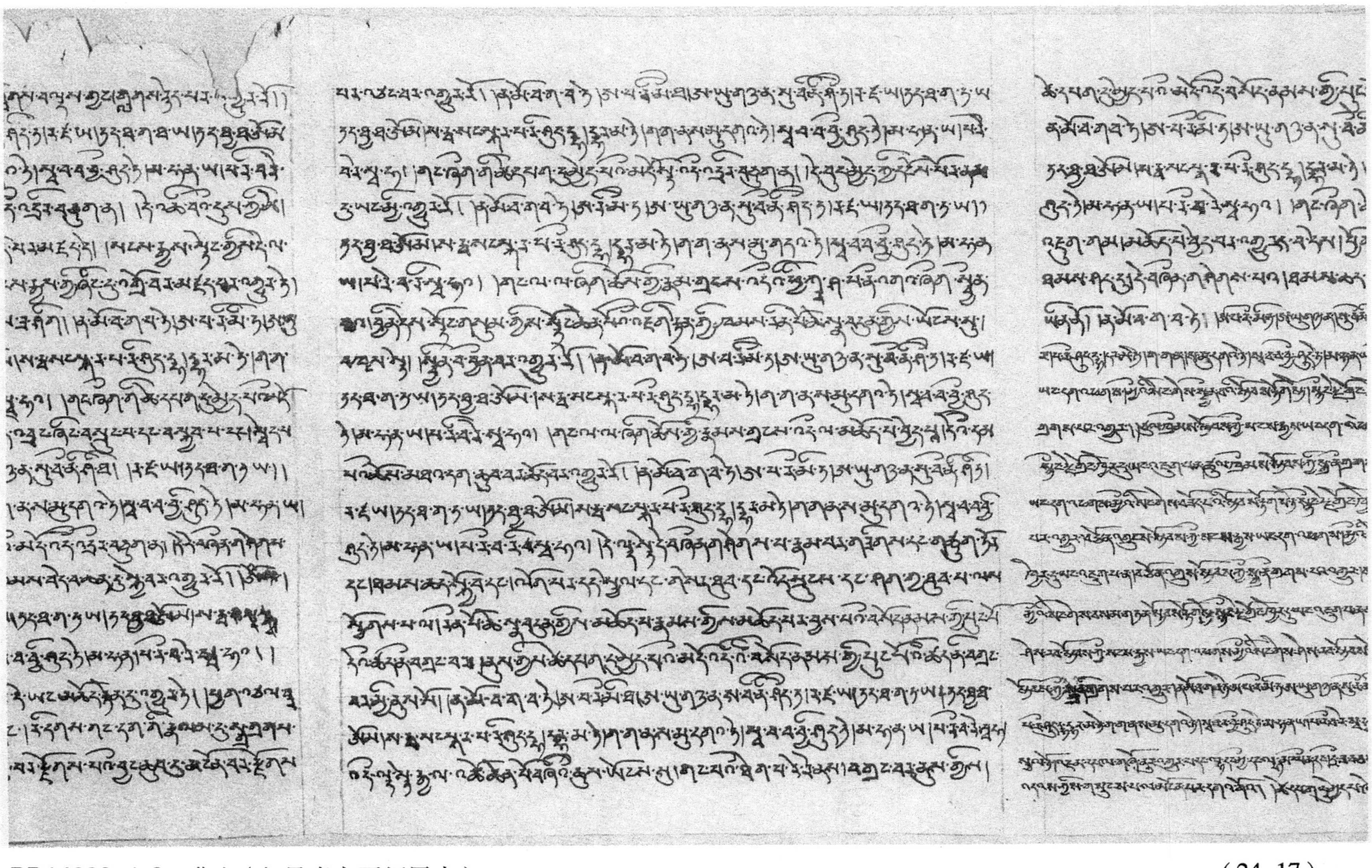

BD14300 號 3　藏文（無量壽宗要經甲本）　（24–17）

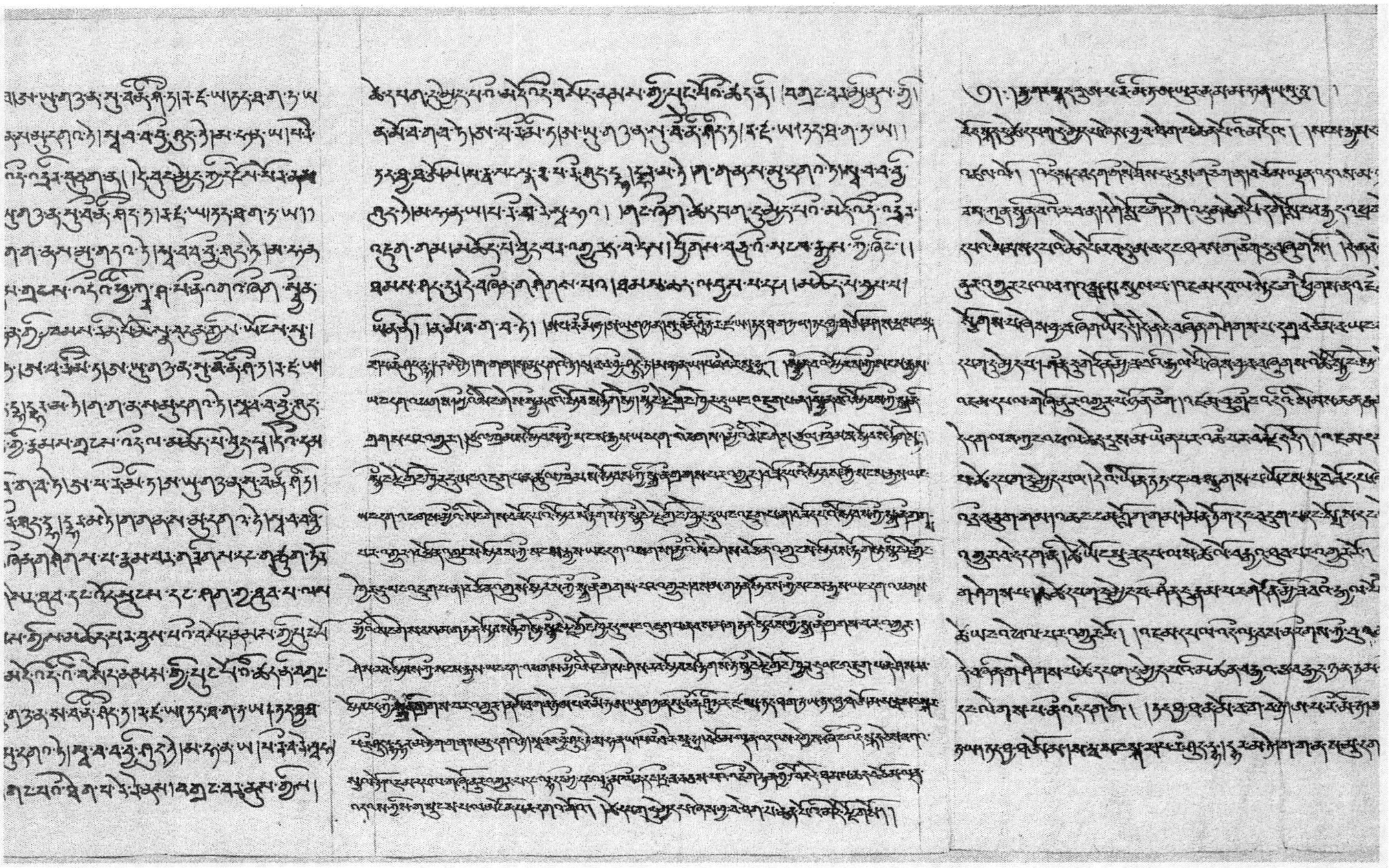

BD14300 號 3　藏文（無量壽宗要經甲本）　（24–18）

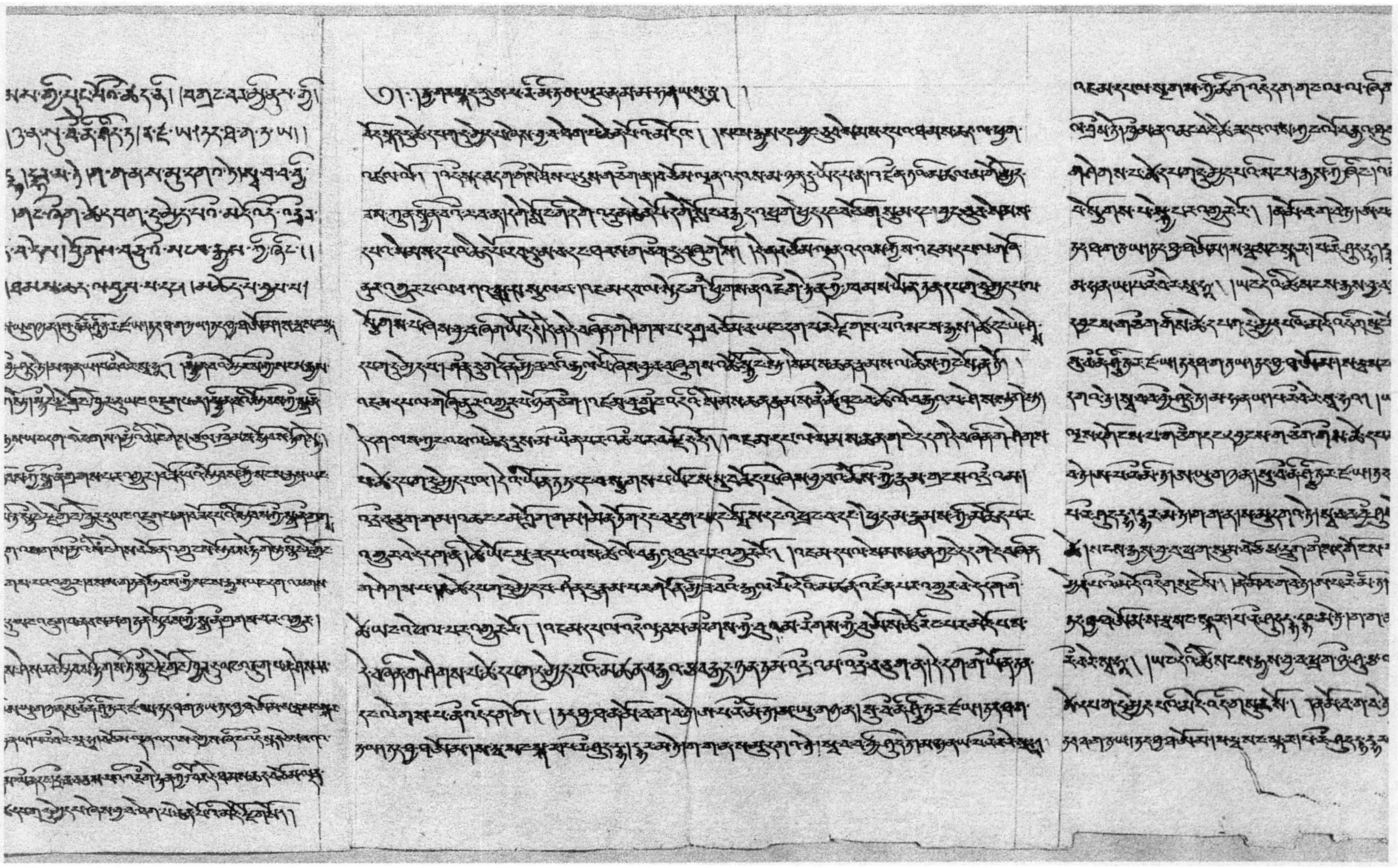

BD14300 號 4　藏文（無量壽宗要經甲本）　（24–19）

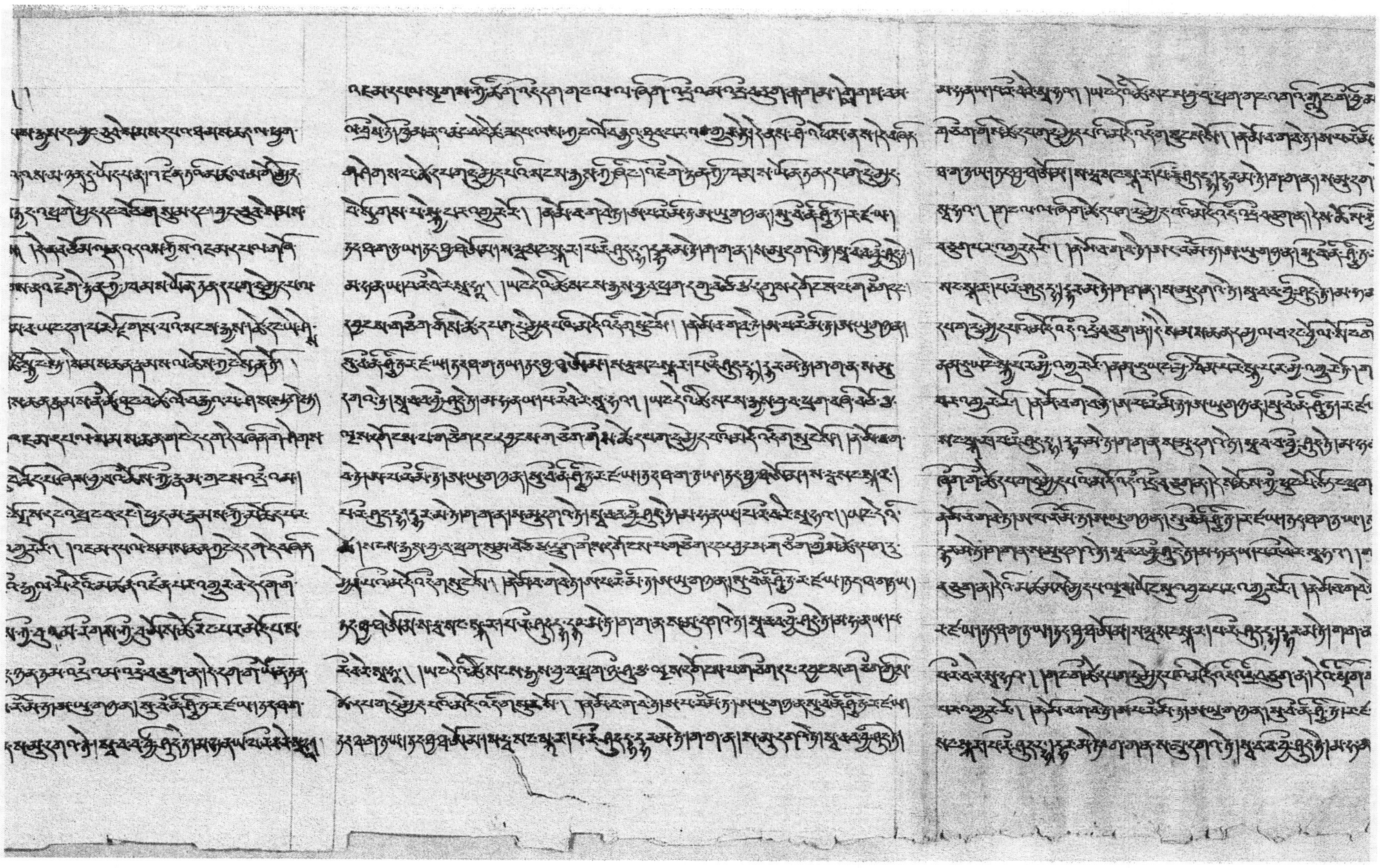

BD14300 號 4　藏文（無量壽宗要經甲本）　（24–20）

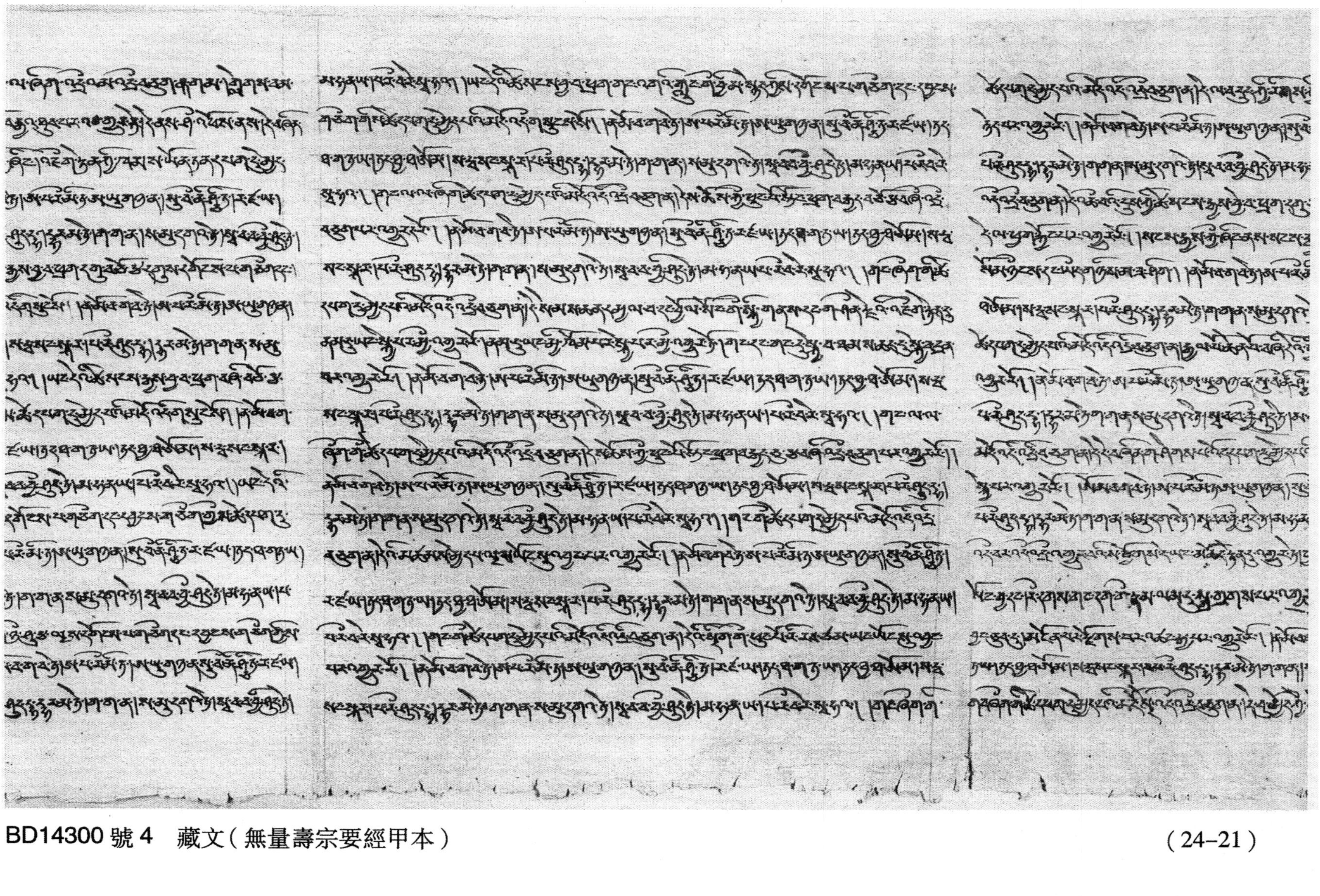

BD14300 號 4　藏文（無量壽宗要經甲本）　（24–21）

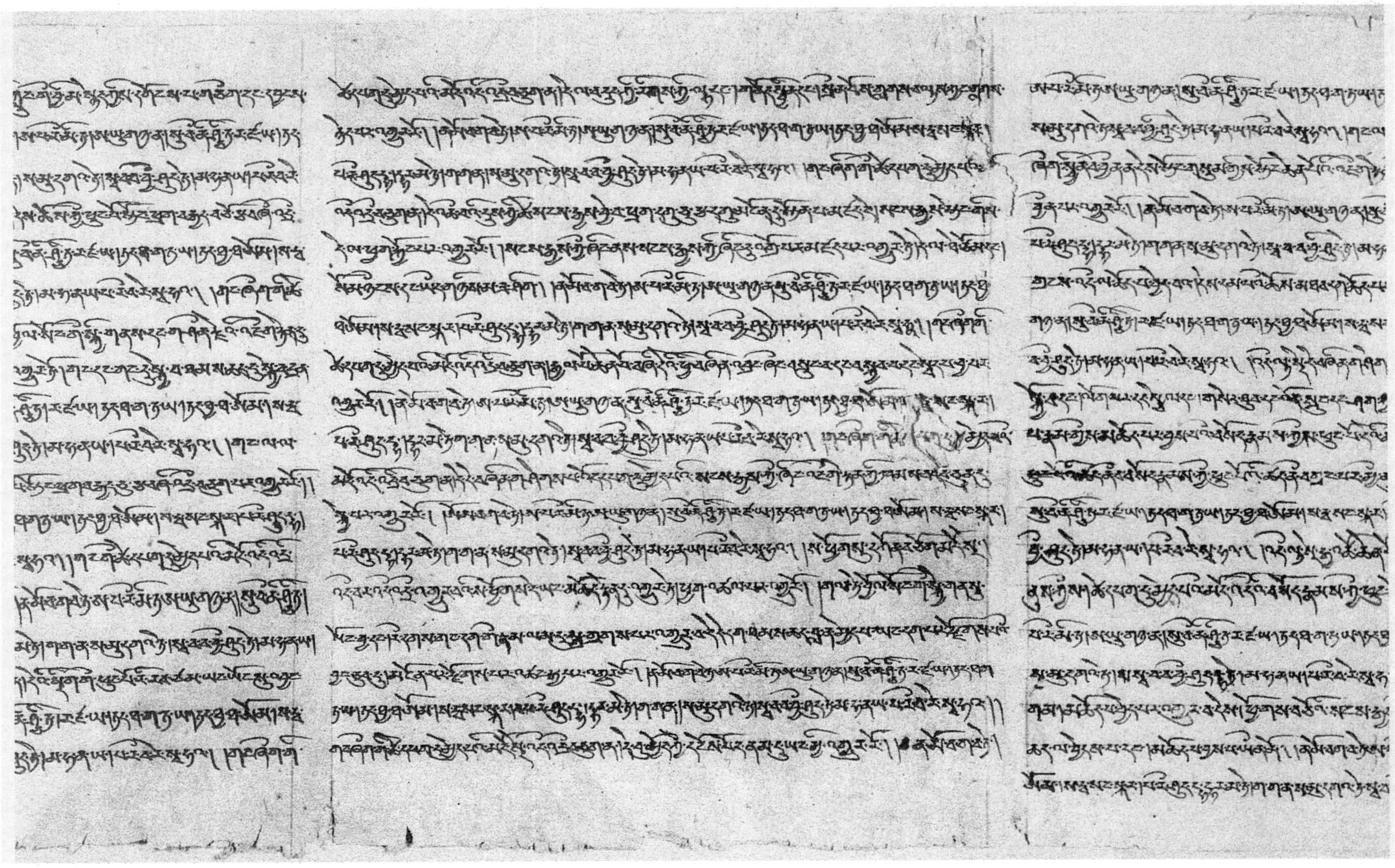

BD14300 號 4　藏文（無量壽宗要經甲本）　　（24–22）

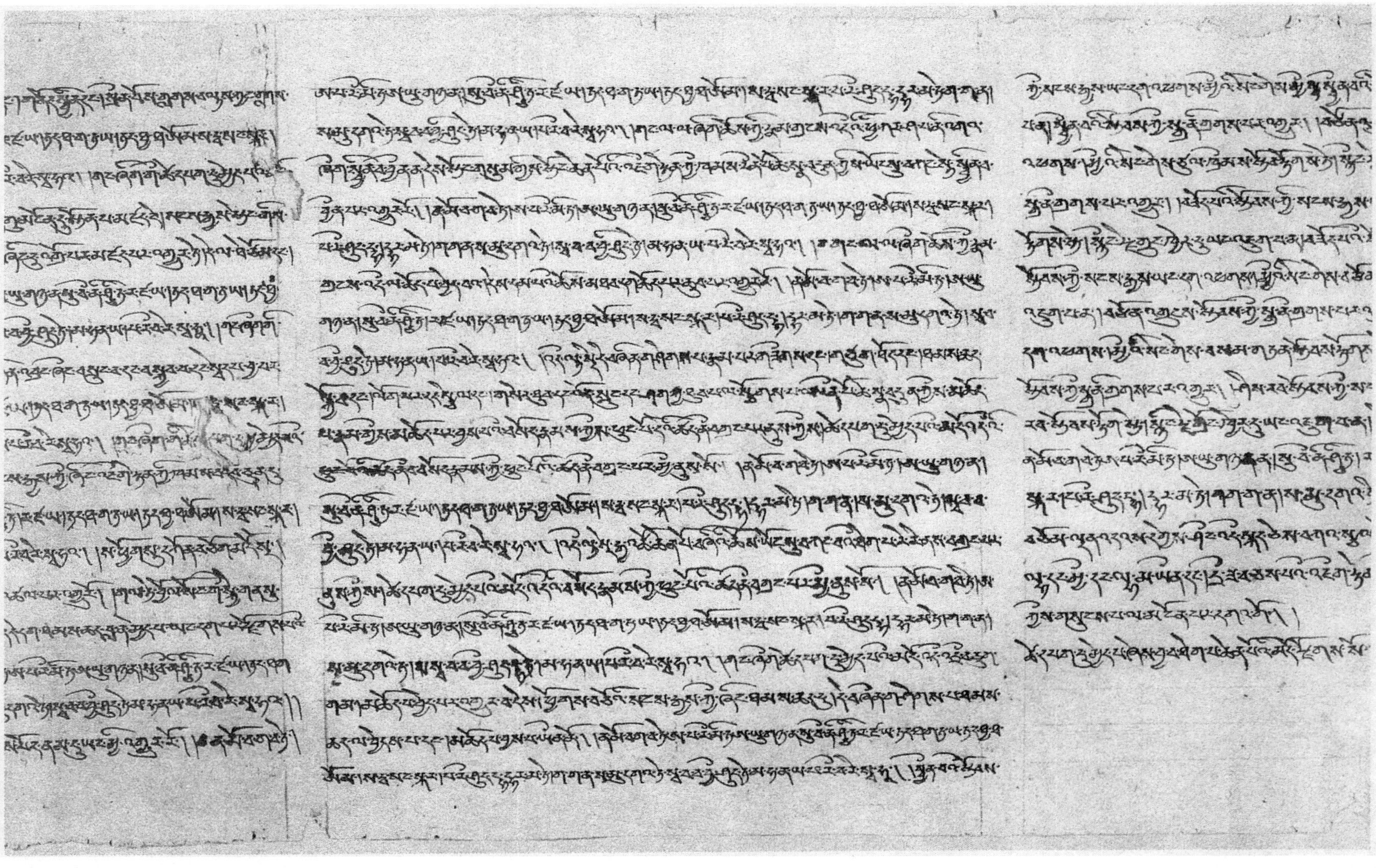

BD14300 號 4　藏文（無量壽宗要經甲本）　　（24–23）

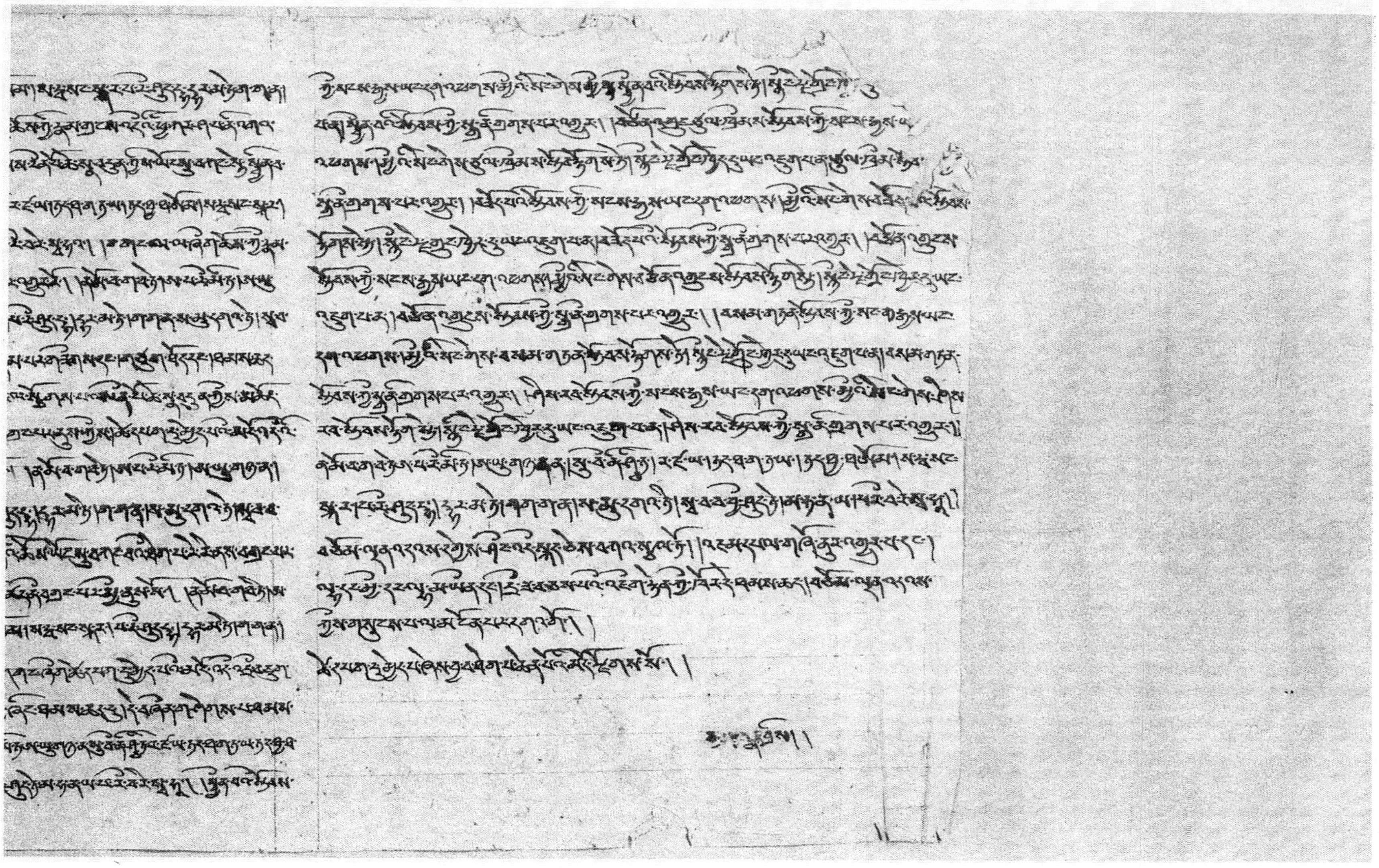

BD14300 號 4　藏文（無量壽宗要經甲本）　（24–24）

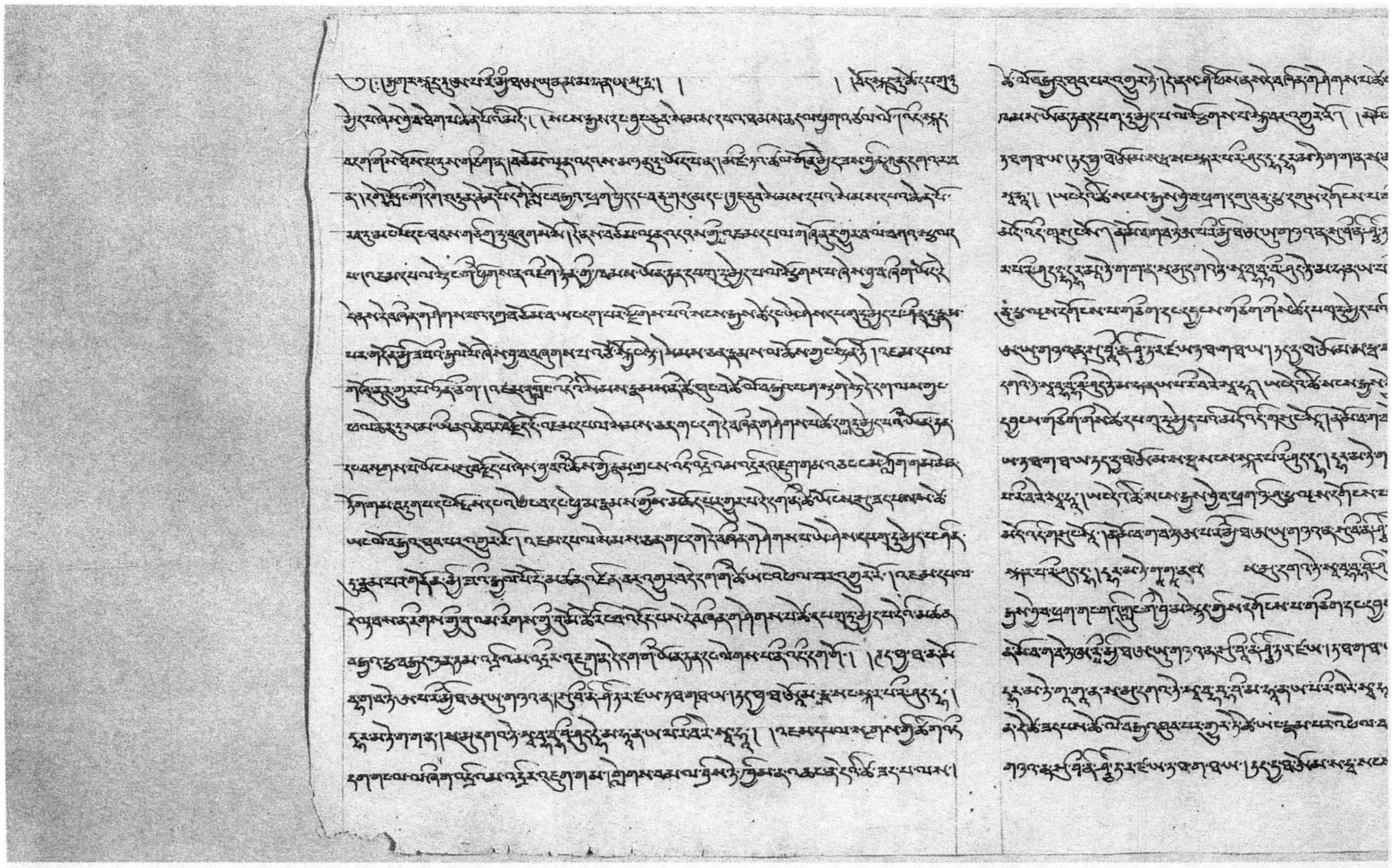

BD14301 號　藏文（無量壽宗要經甲本）　（6–1）

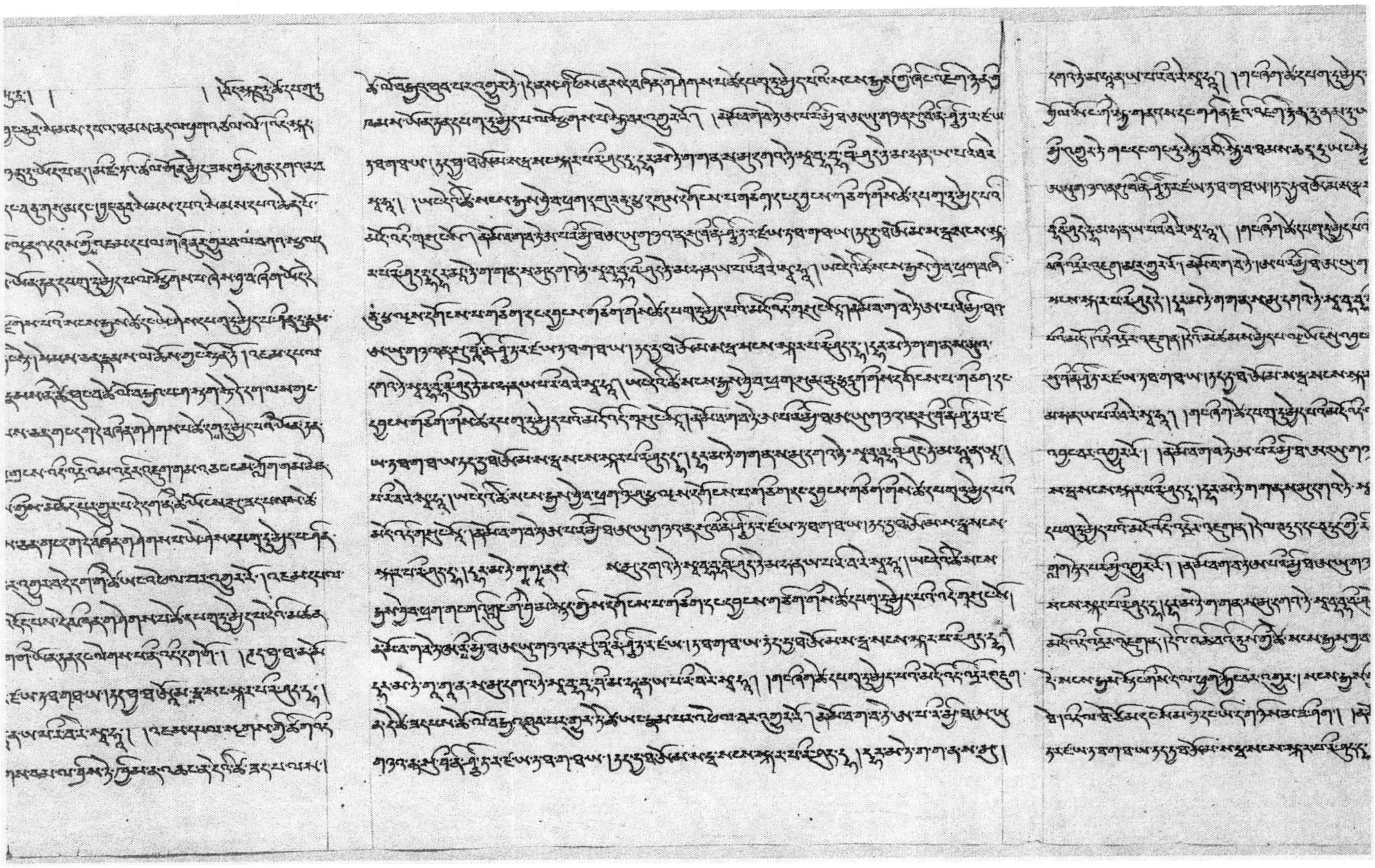

BD14301 號　藏文（無量壽宗要經甲本）　（6–2）

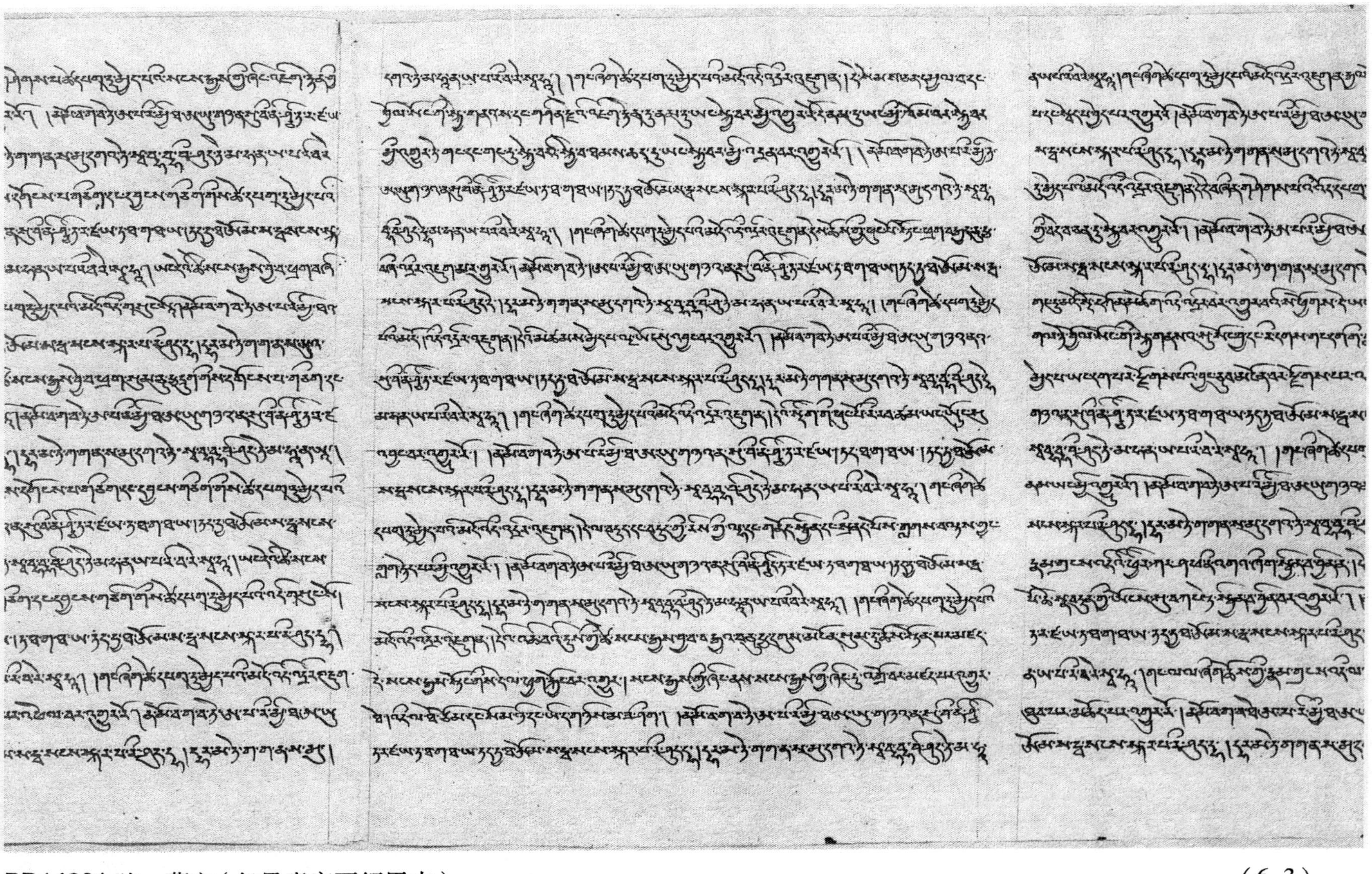

BD14301 號　藏文（無量壽宗要經甲本）　（6–3）

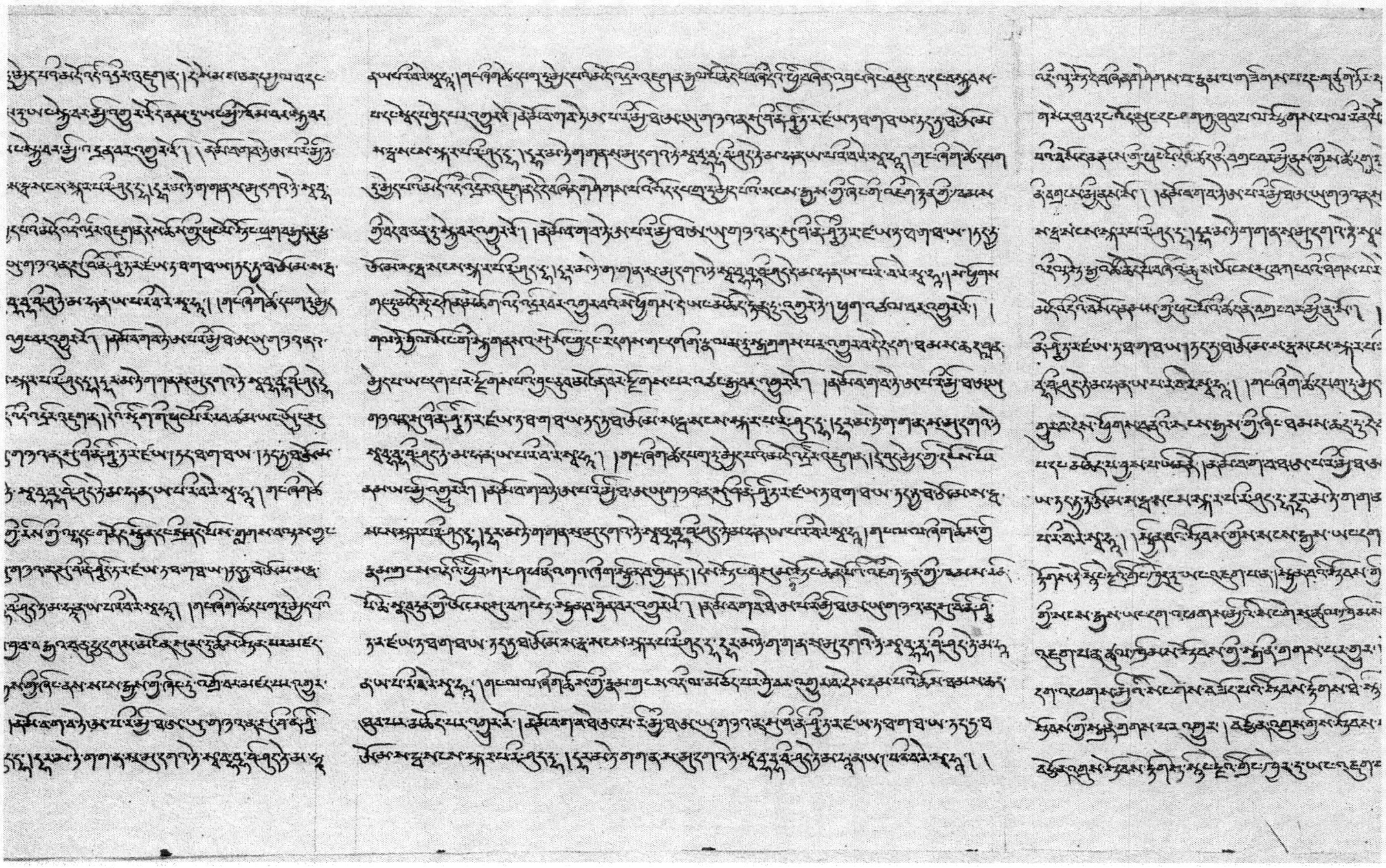

BD14301 號　藏文（無量壽宗要經甲本）　　　　（6–4）

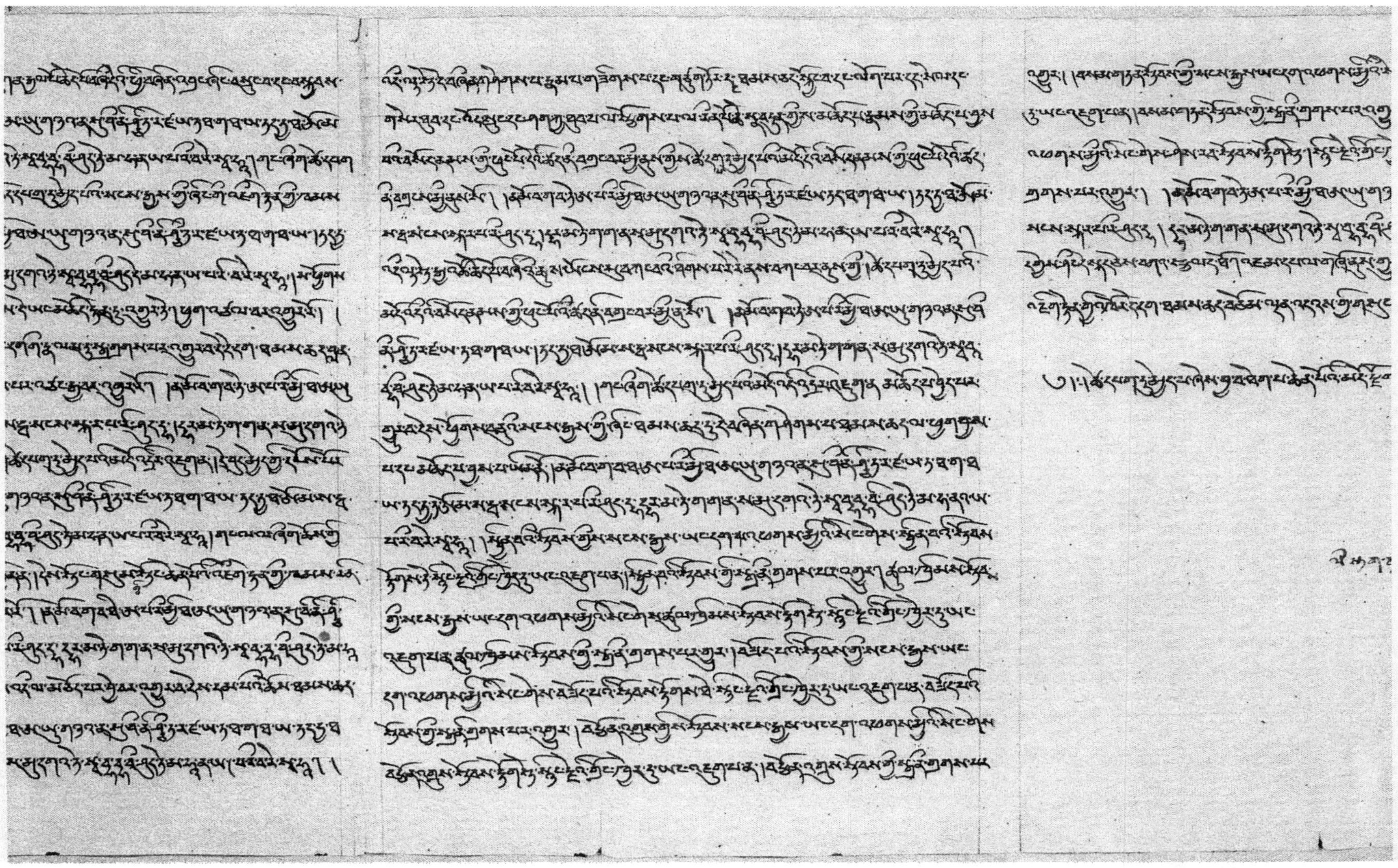

BD14301 號　藏文（無量壽宗要經甲本）　　　　（6–5）

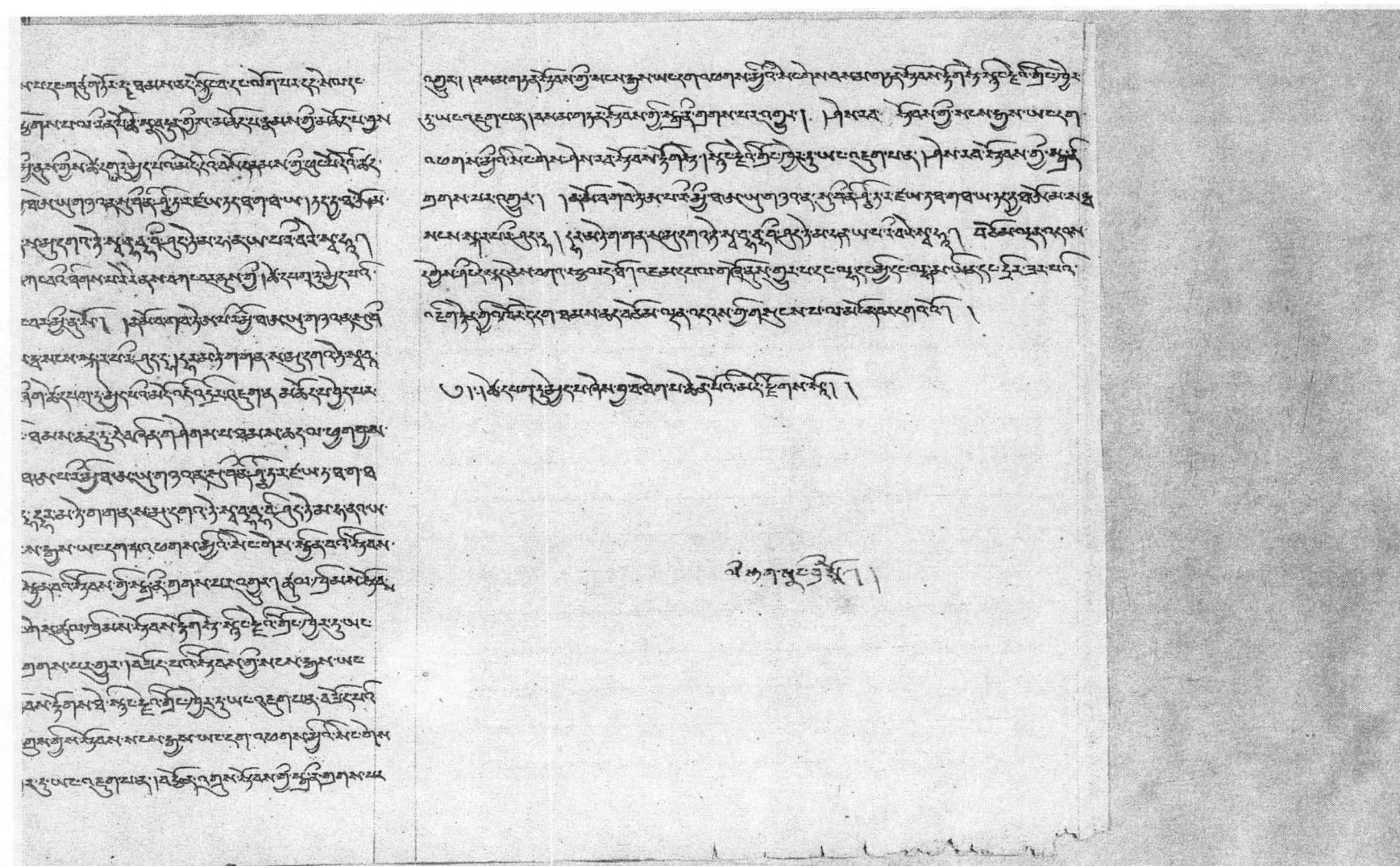

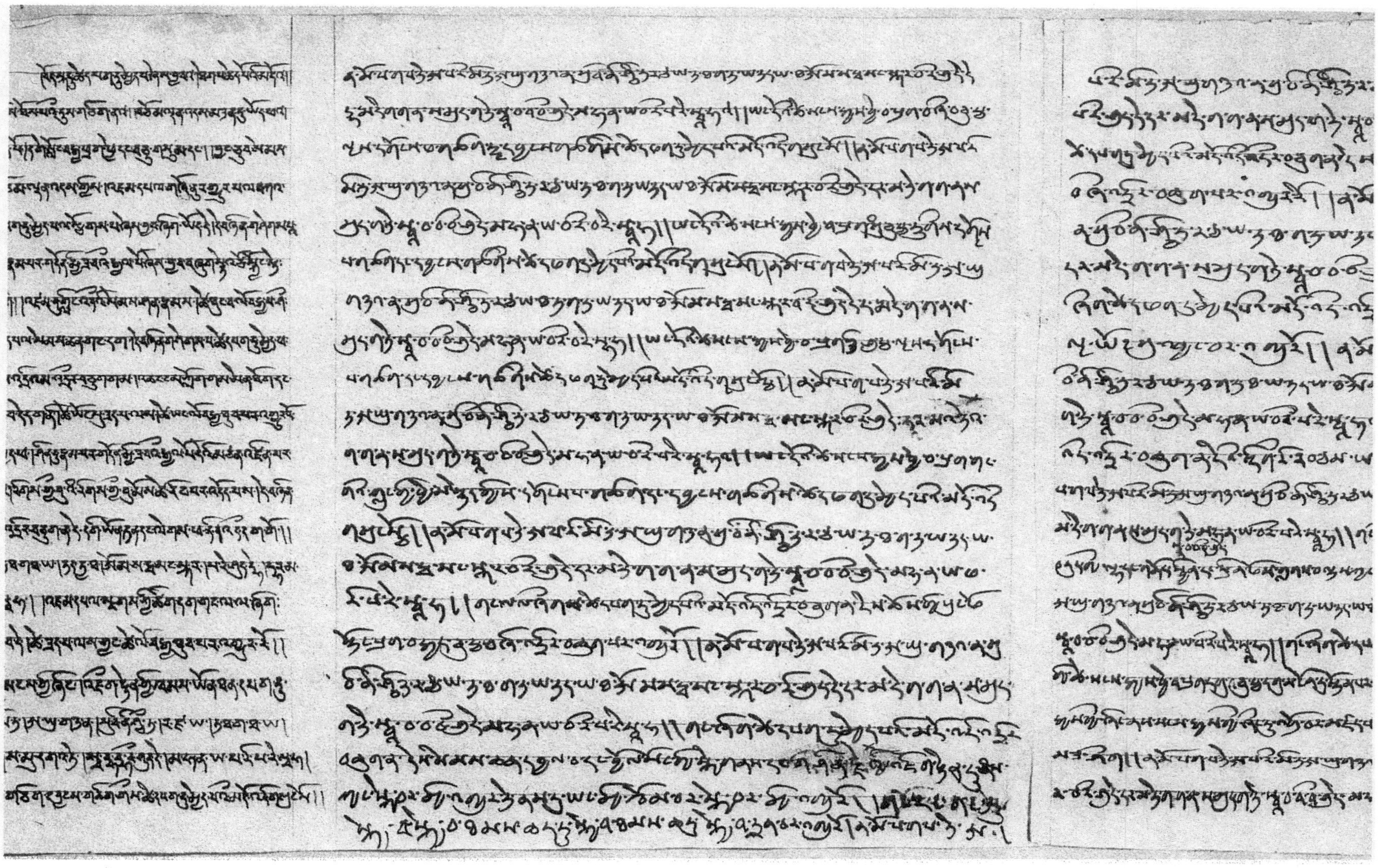

BD14302 號　藏文（無量壽宗要經甲本）　（6–2）

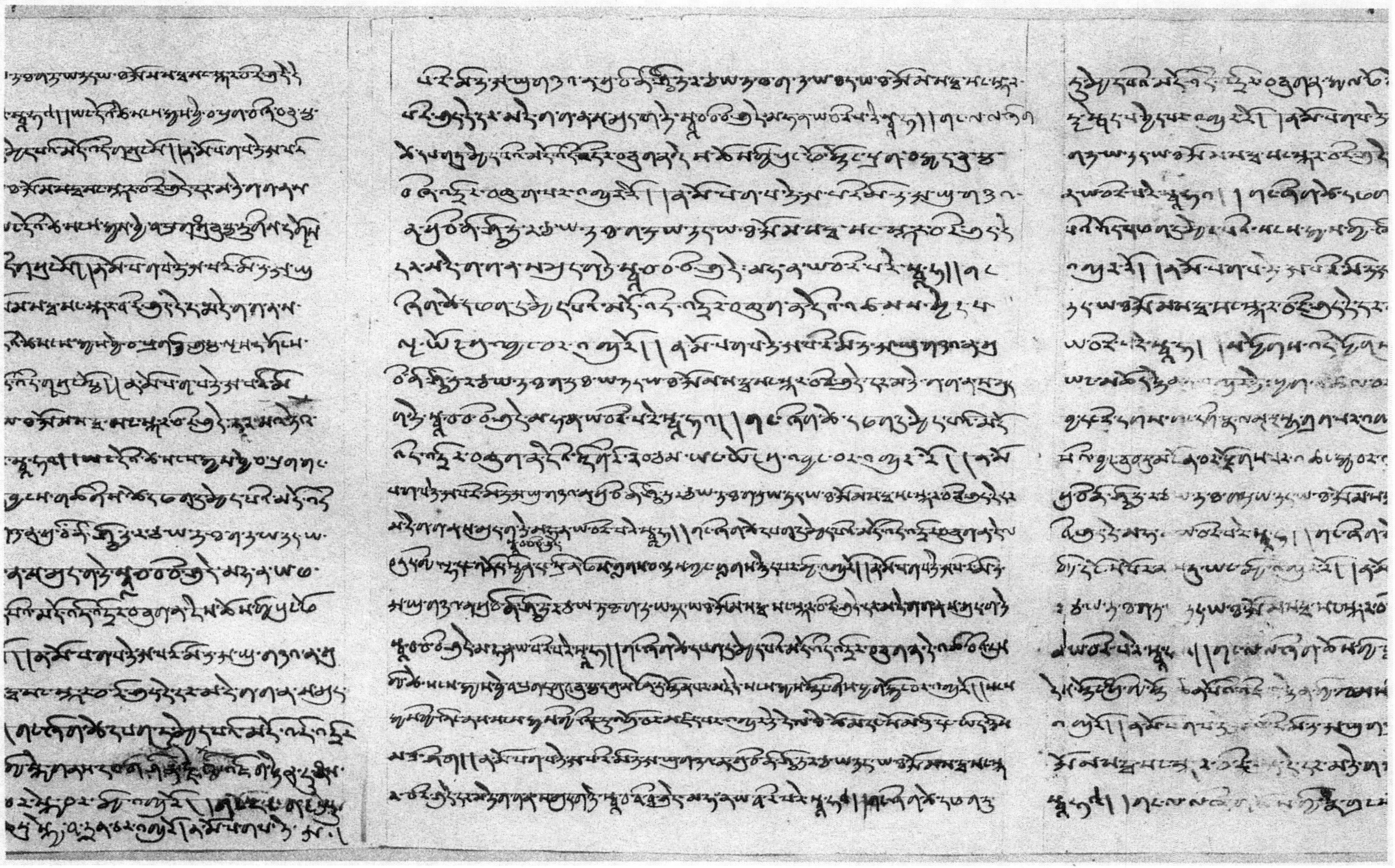

BD14302 號　藏文（無量壽宗要經甲本）　（6–3）

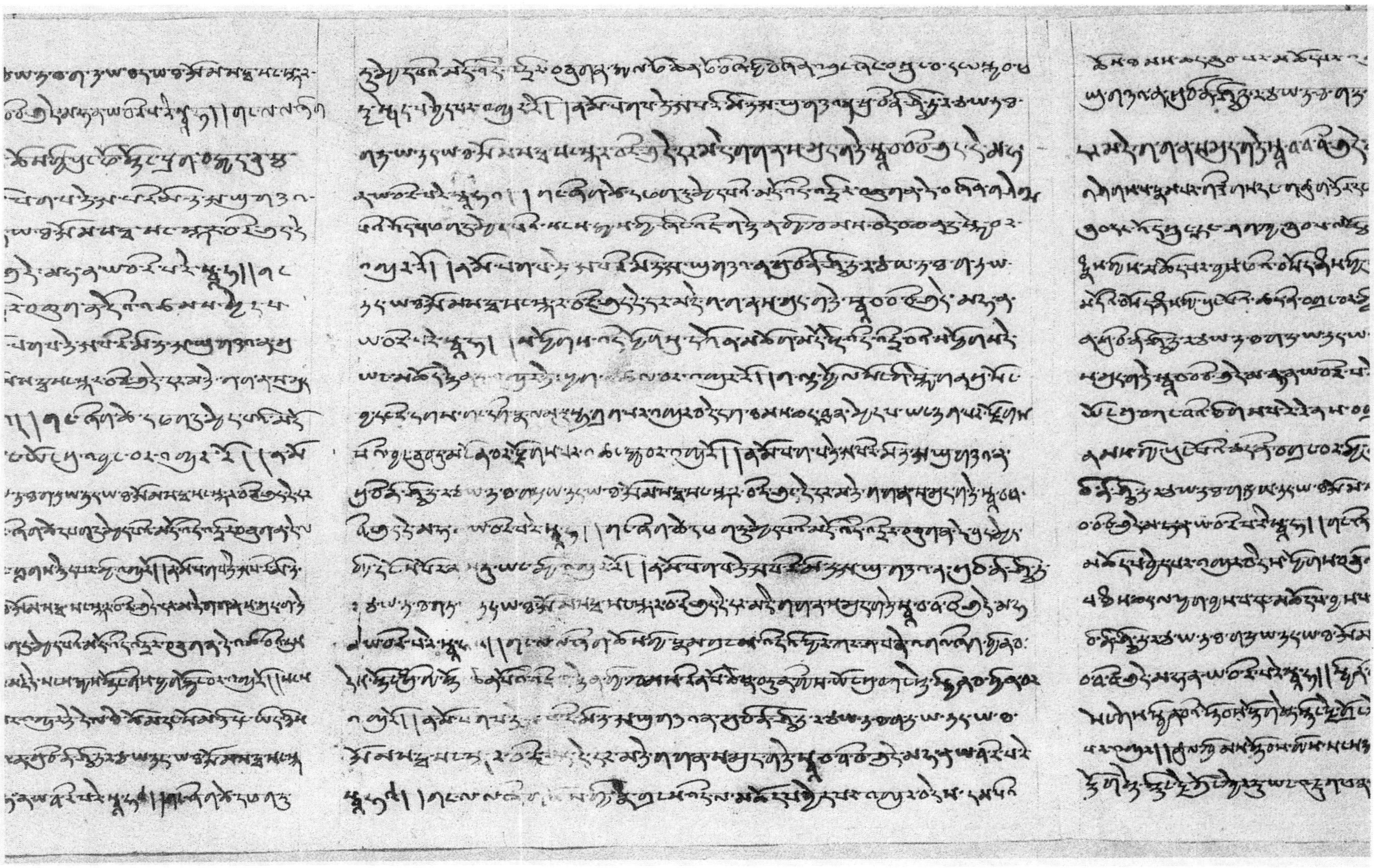

BD14302 號　藏文（無量壽宗要經甲本）　　（6–4）

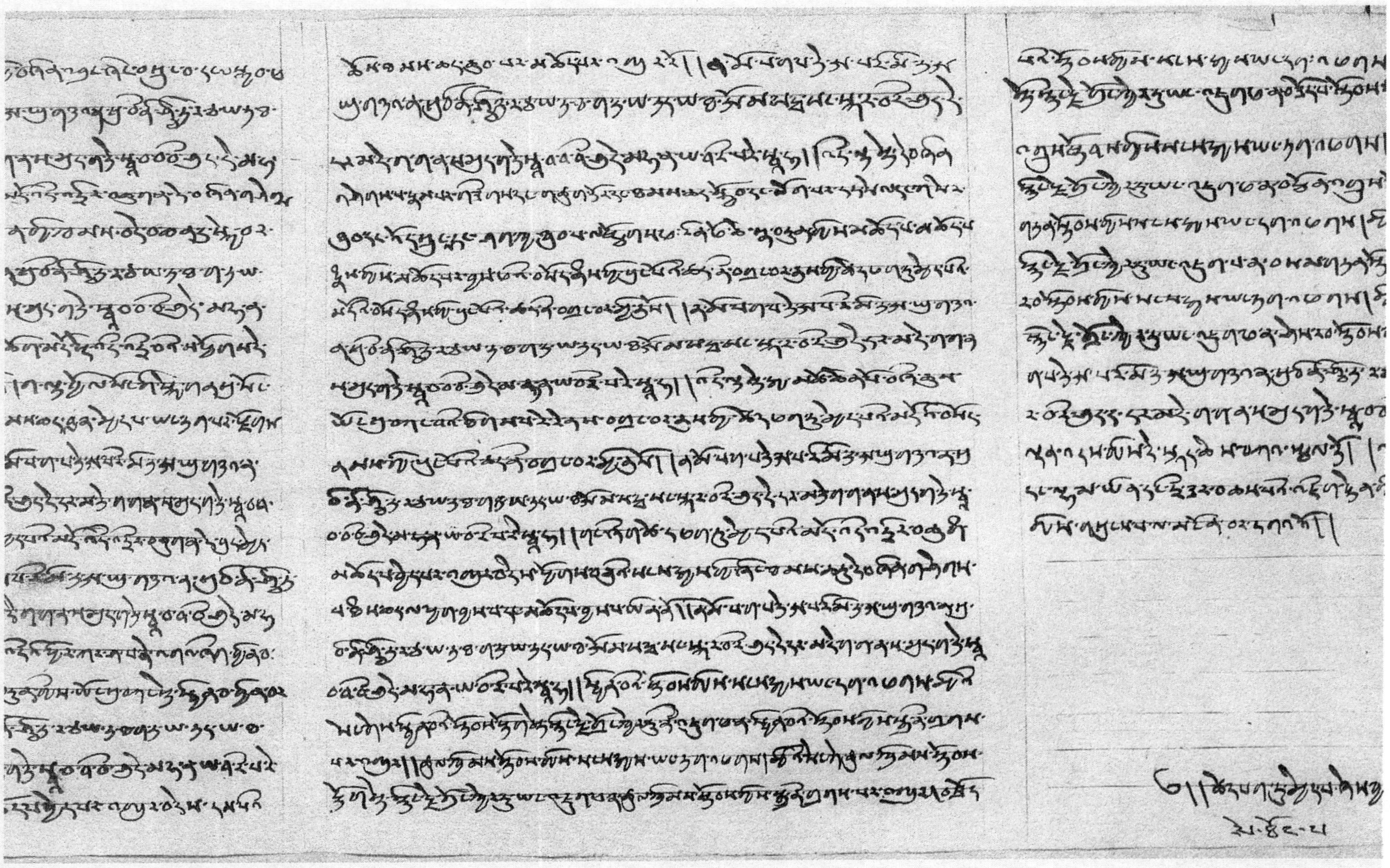

BD14302 號　藏文（無量壽宗要經甲本）　　（6–5）

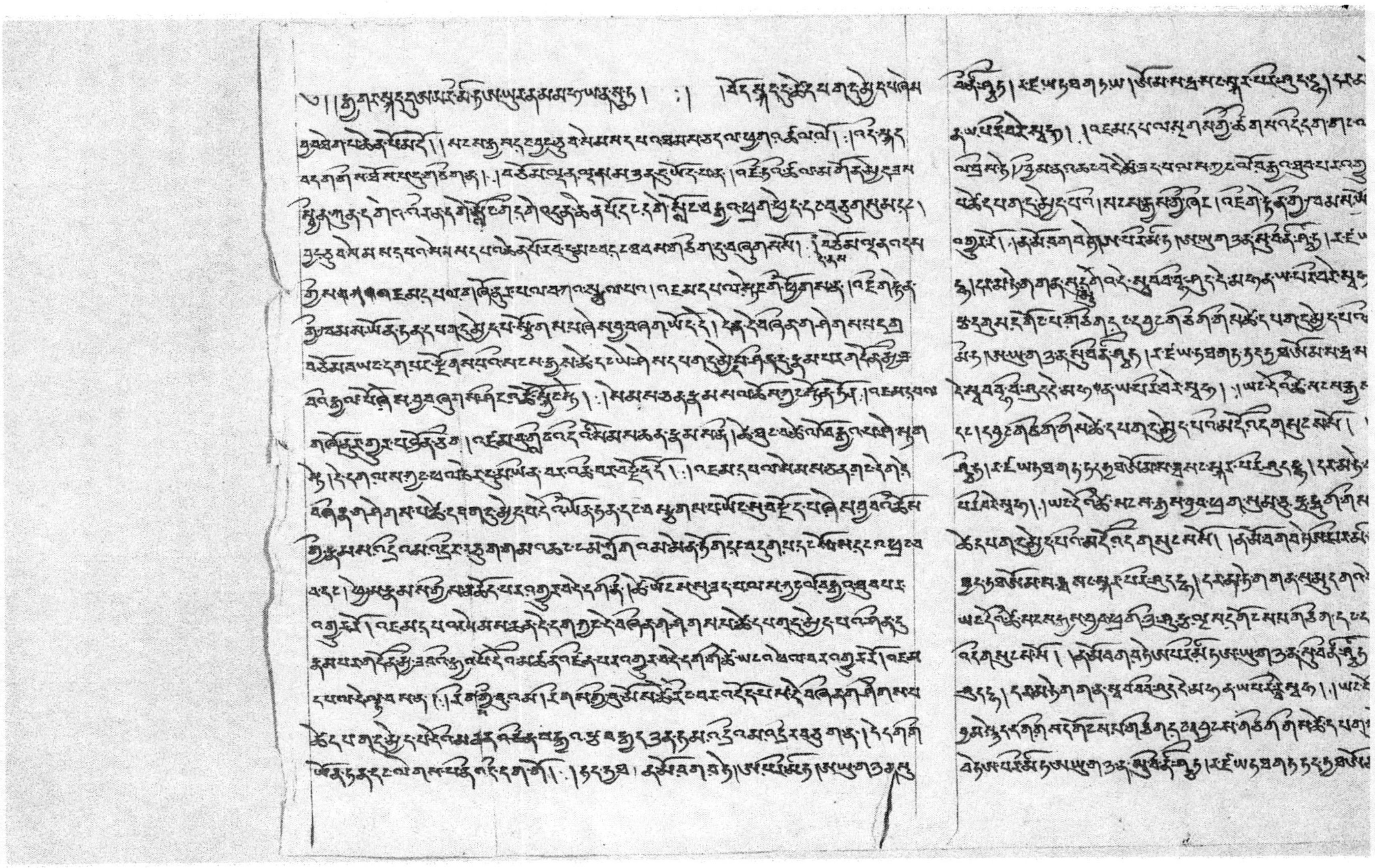

BD14303號　藏文（無量壽宗要經甲本）　（6–1）

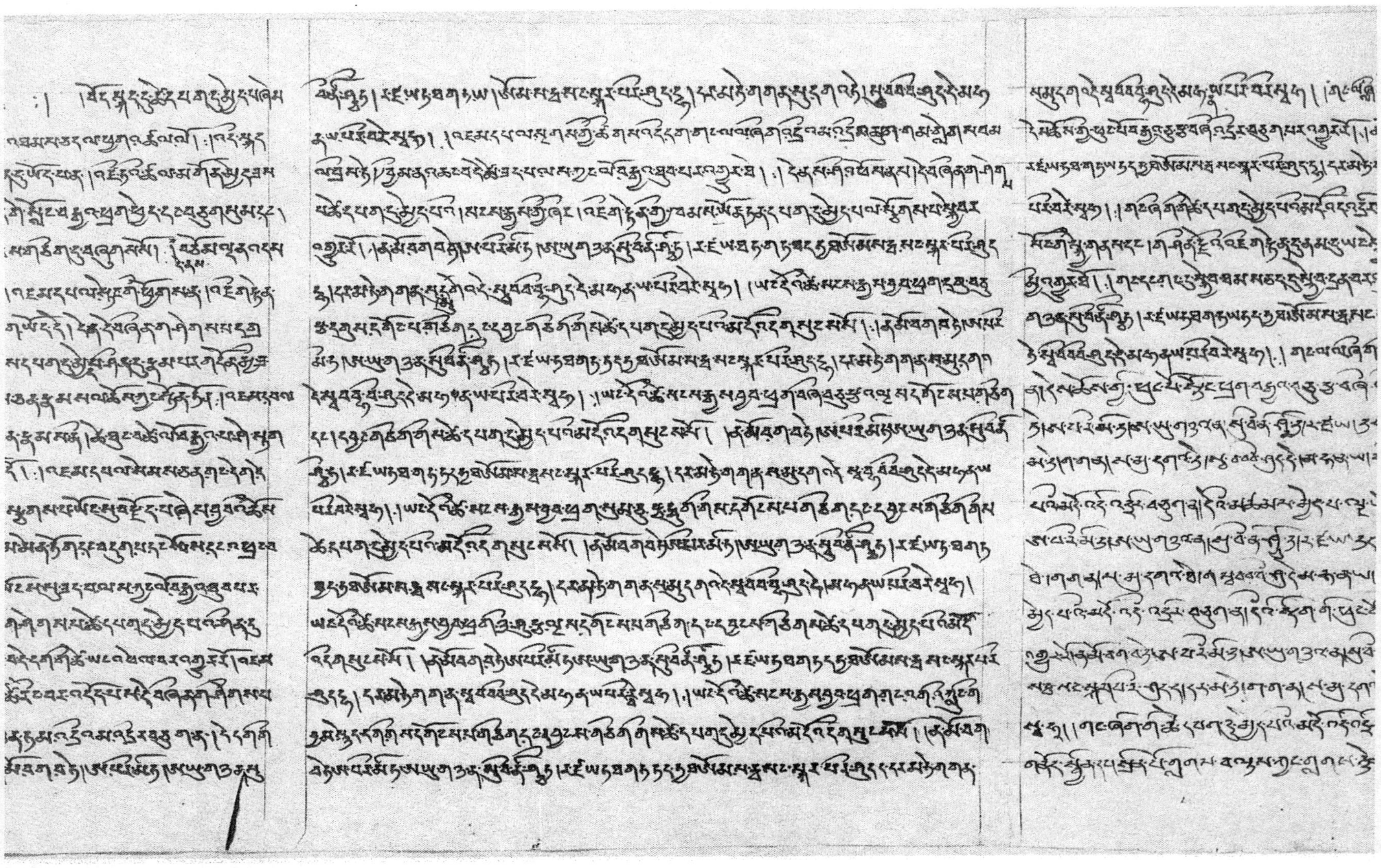

BD14303號　藏文（無量壽宗要經甲本）　（6–2）

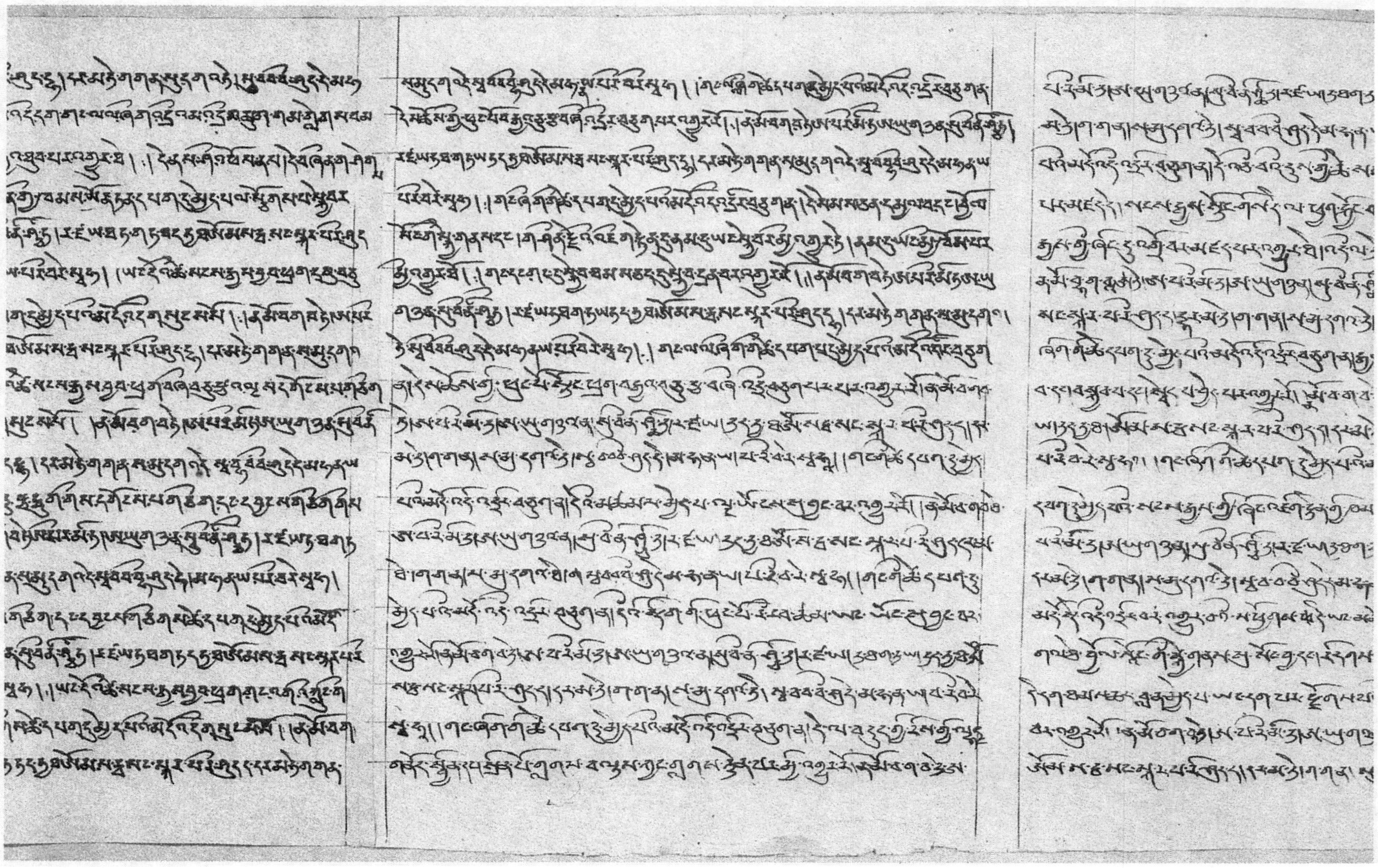

BD14303 號　藏文（無量壽宗要經甲本）　（6–3）

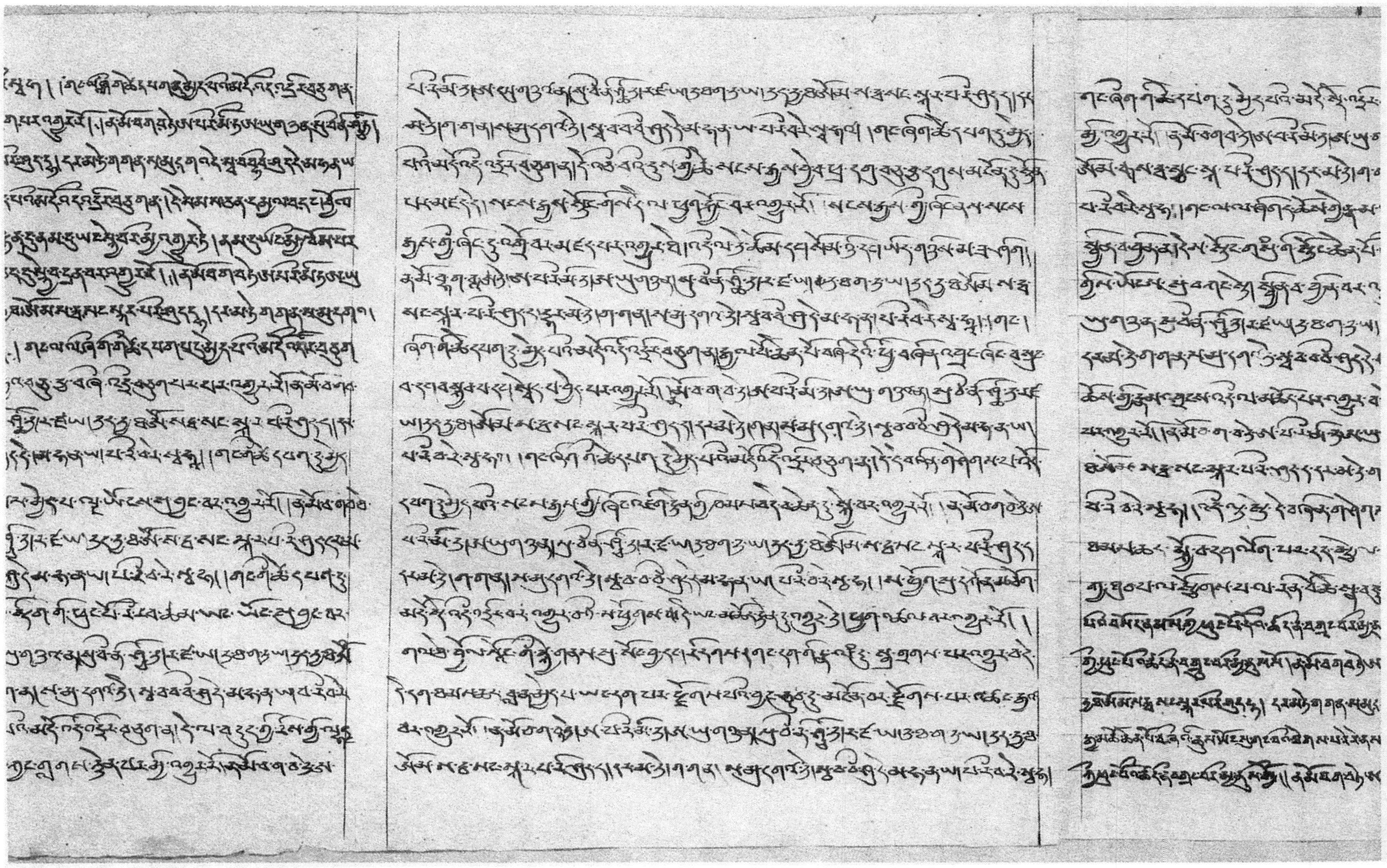

BD14303 號　藏文（無量壽宗要經甲本）　（6–4）

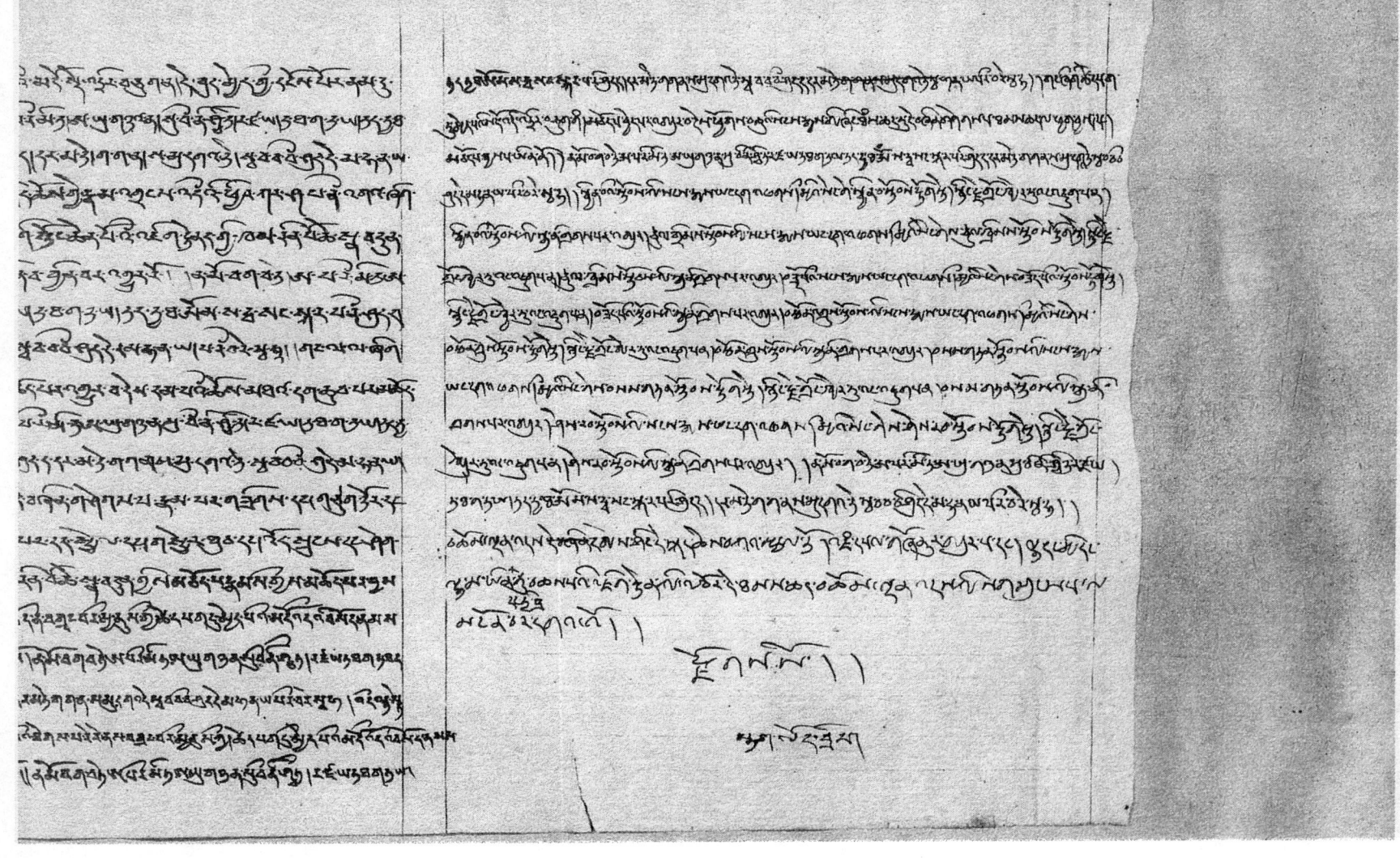

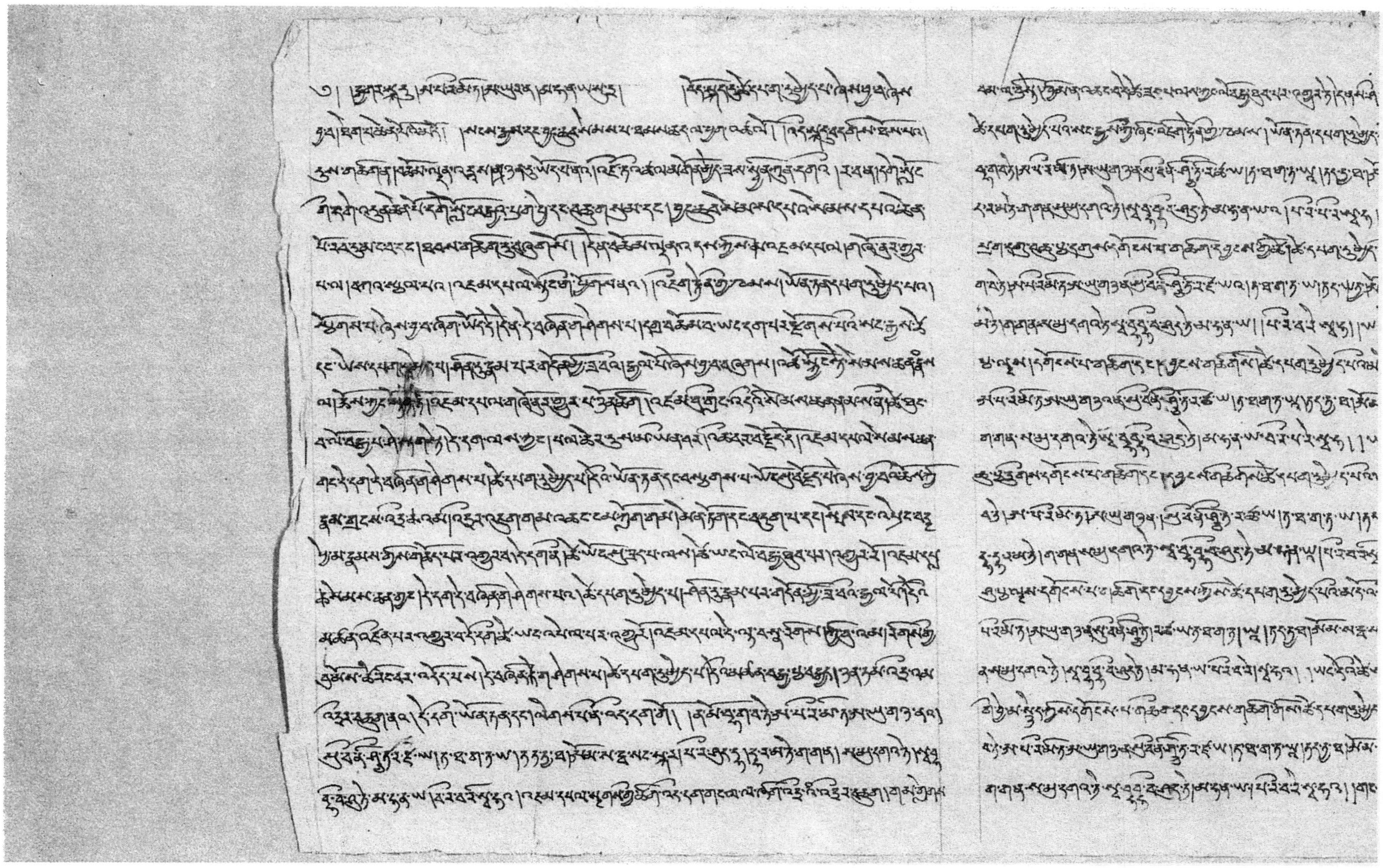

BD14304 號　藏文（無量壽宗要經甲本）　　（6–1）

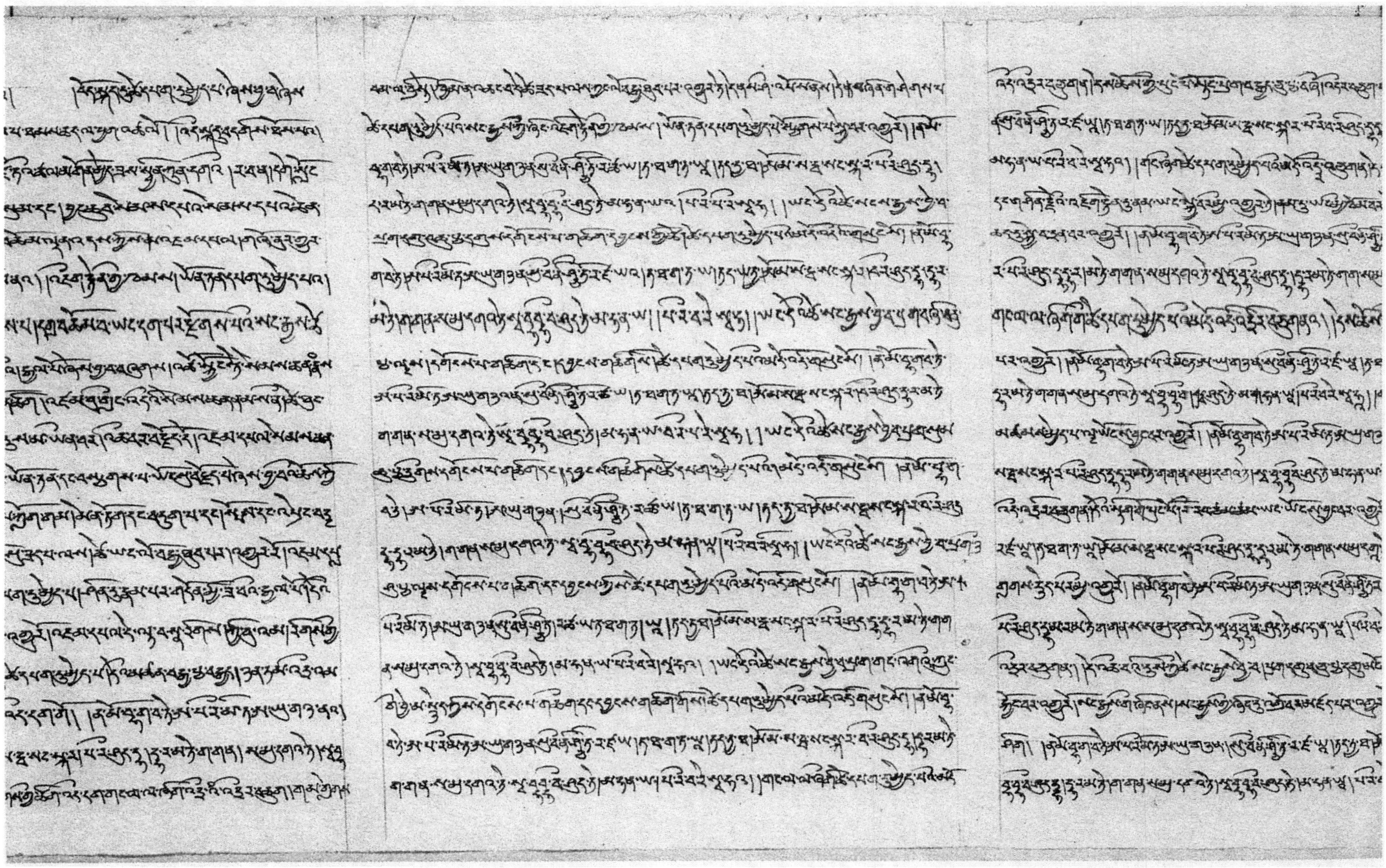

BD14304 號　藏文（無量壽宗要經甲本）　　（6–2）

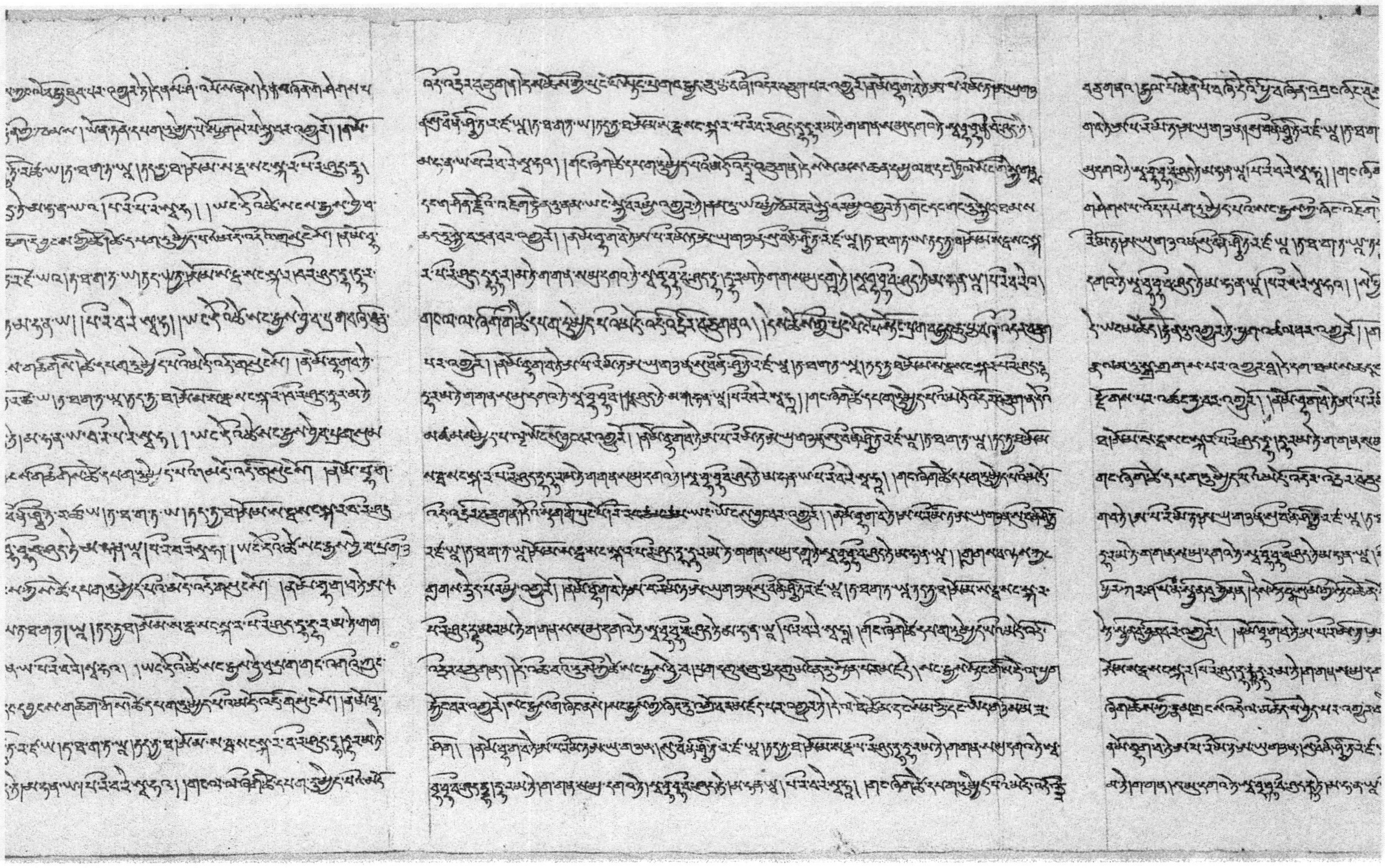

BD14304 號　藏文（無量壽宗要經甲本）　　（6–3）

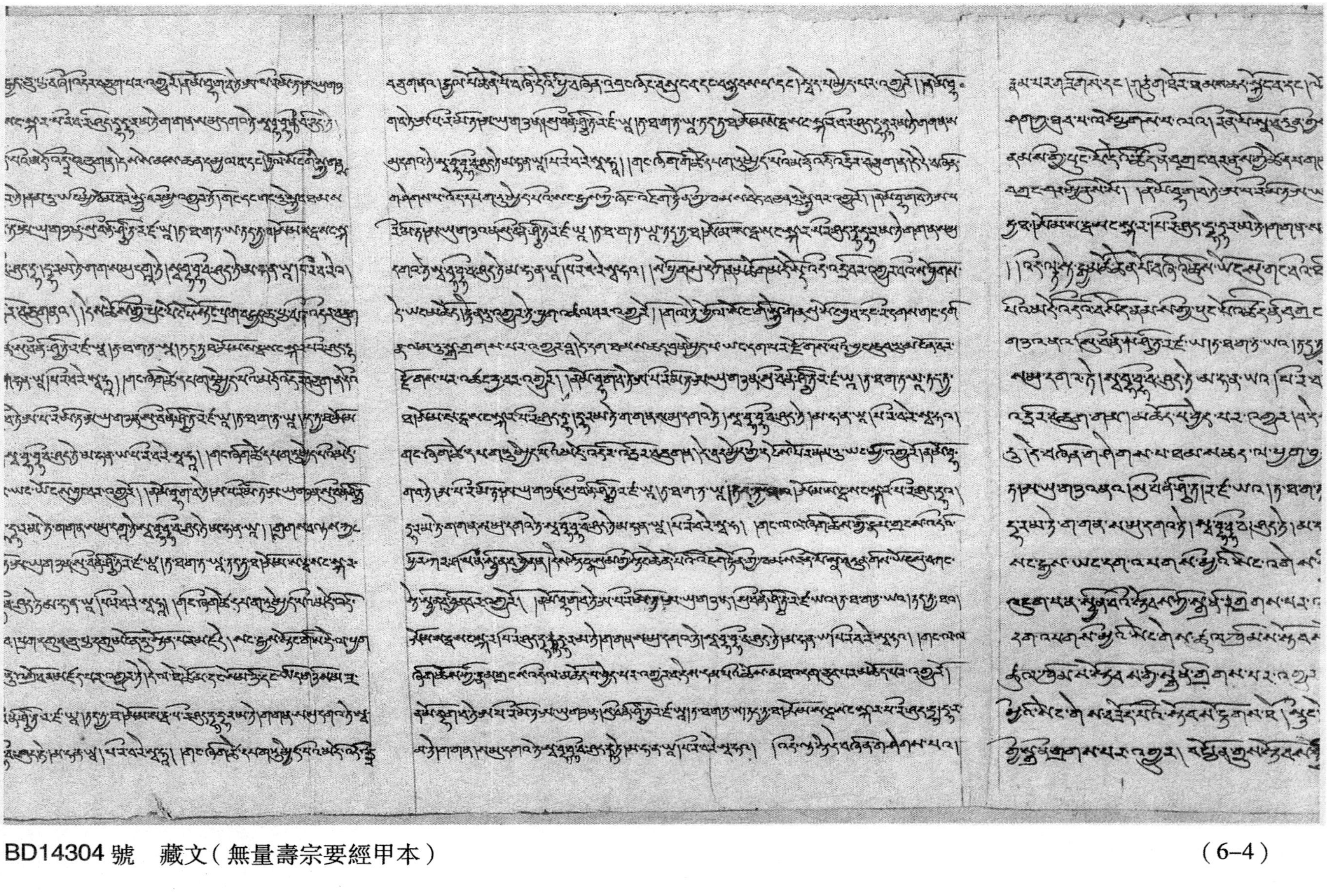

BD14304 號　藏文（無量壽宗要經甲本）　　（6–4）

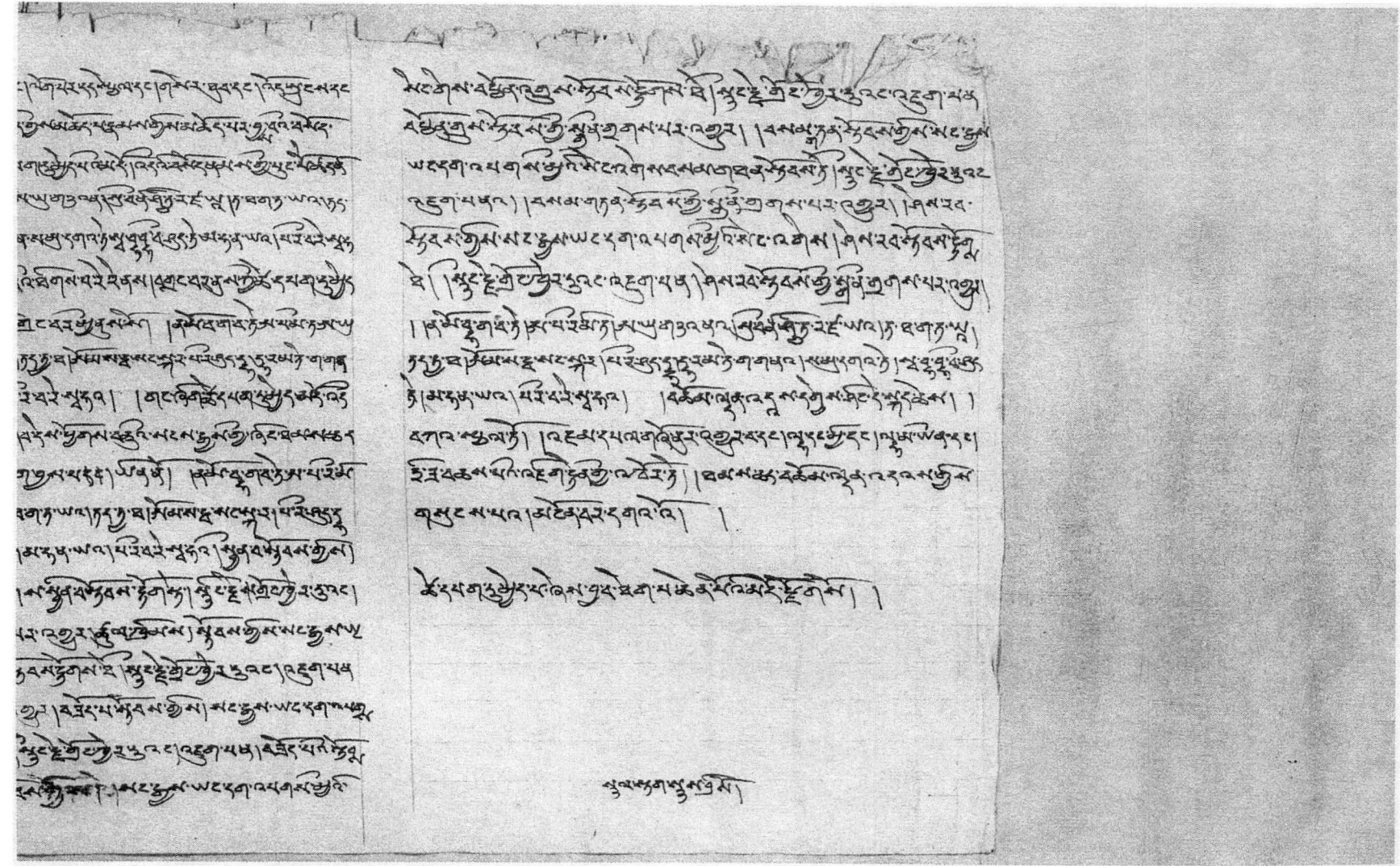

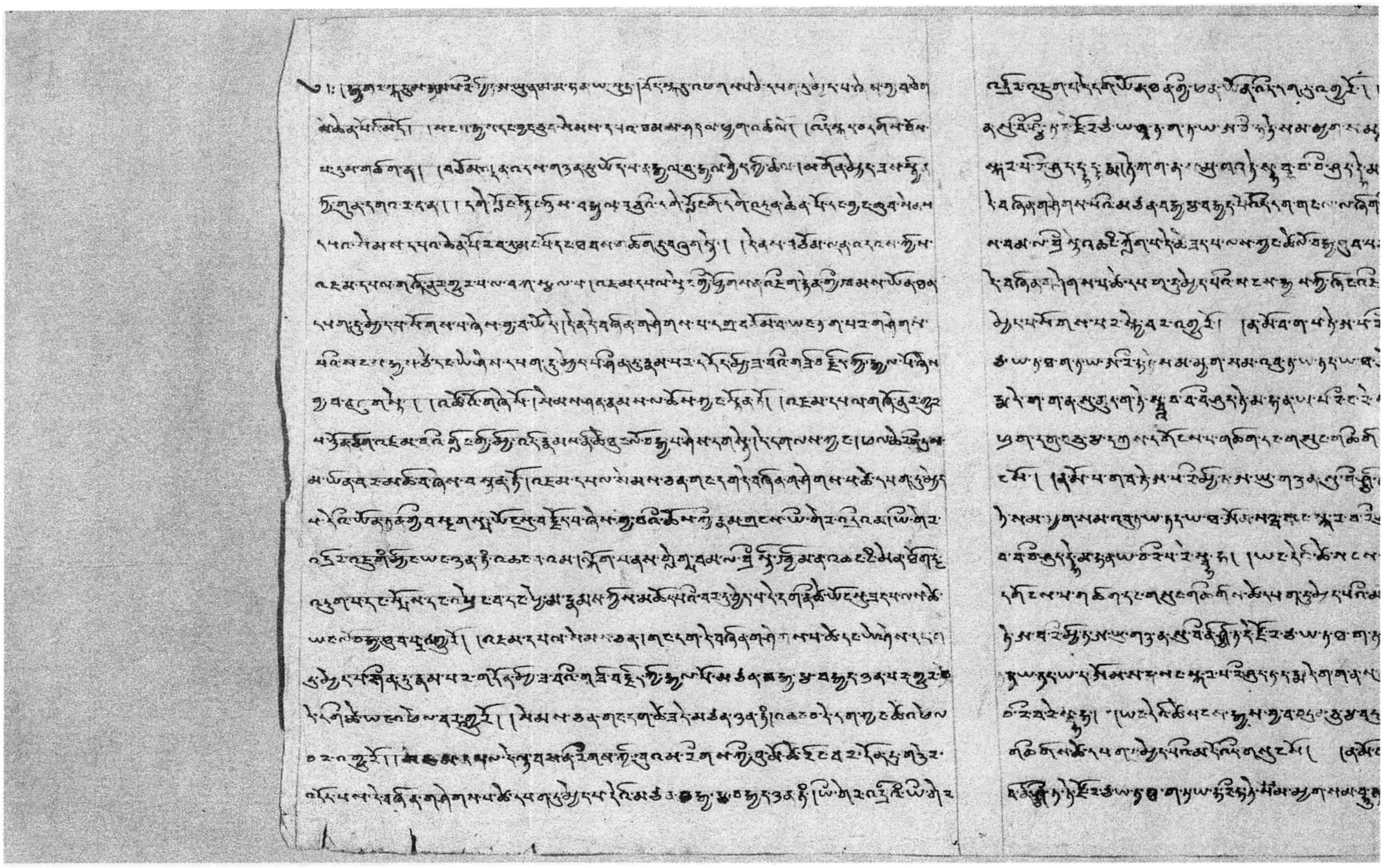

BD14305 號　藏文（無量壽宗要經甲本）　　（6–1）

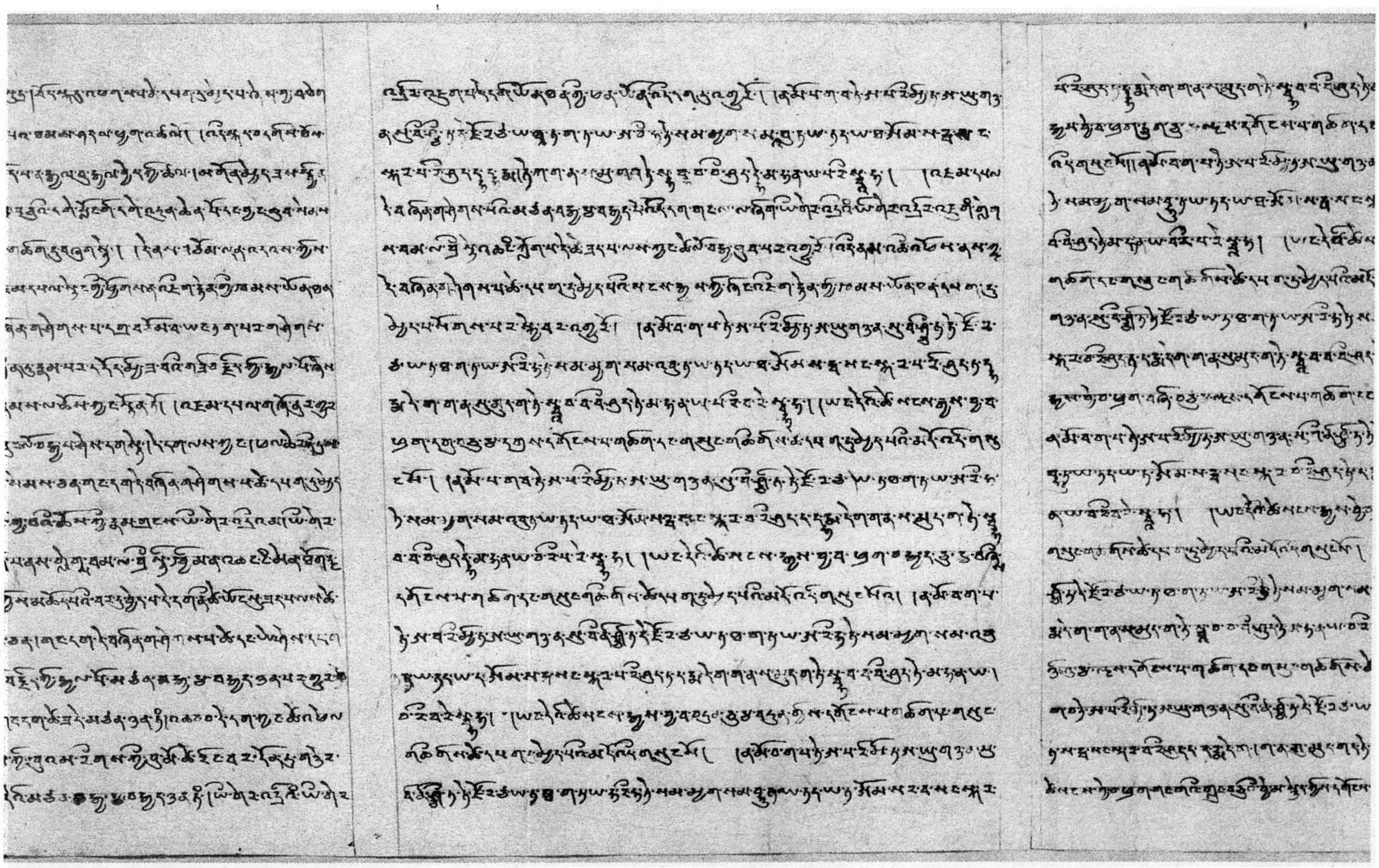

BD14305 號　藏文（無量壽宗要經甲本）　　（6–2）

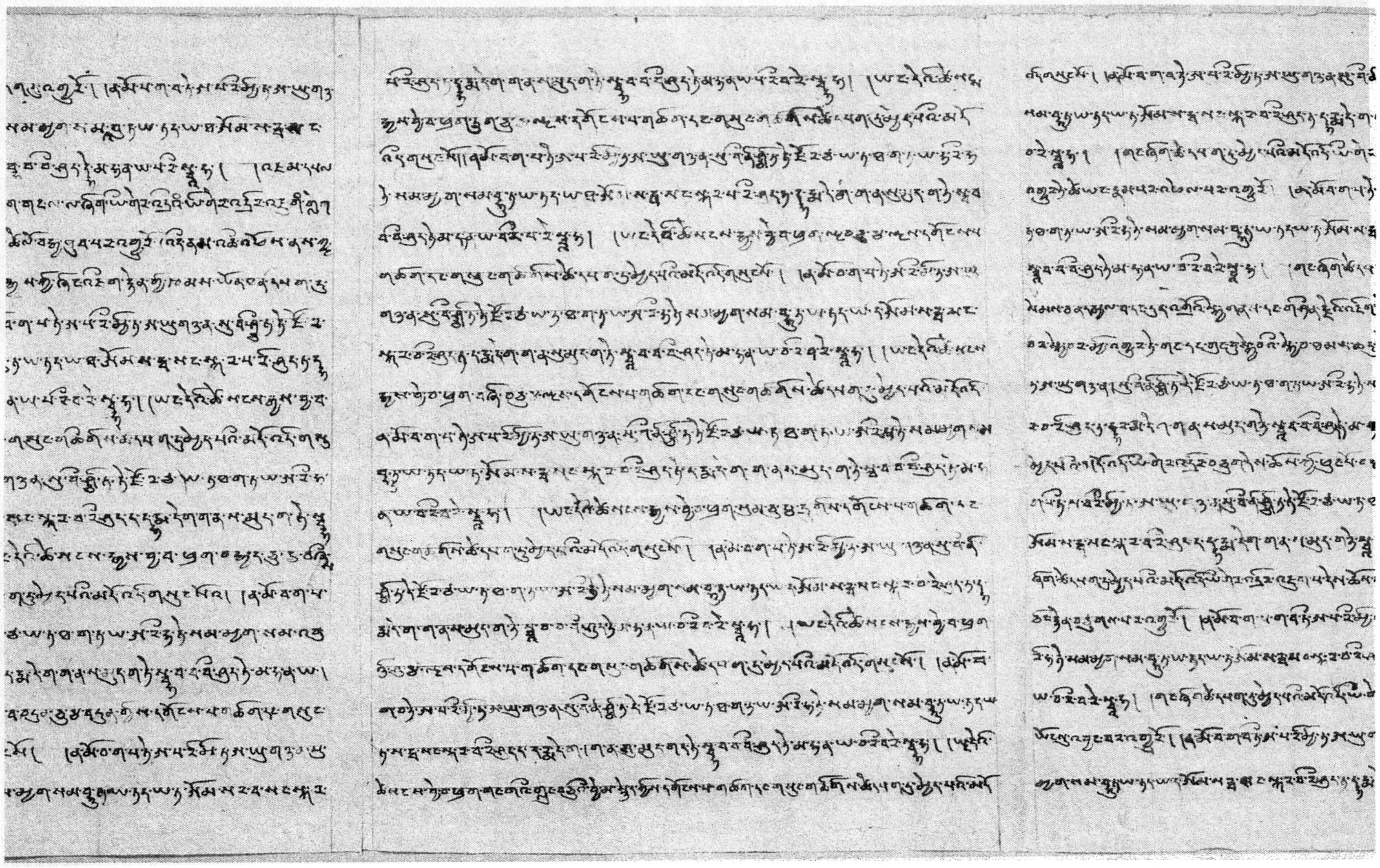

BD14305 號　藏文（無量壽宗要經甲本）　（6–3）

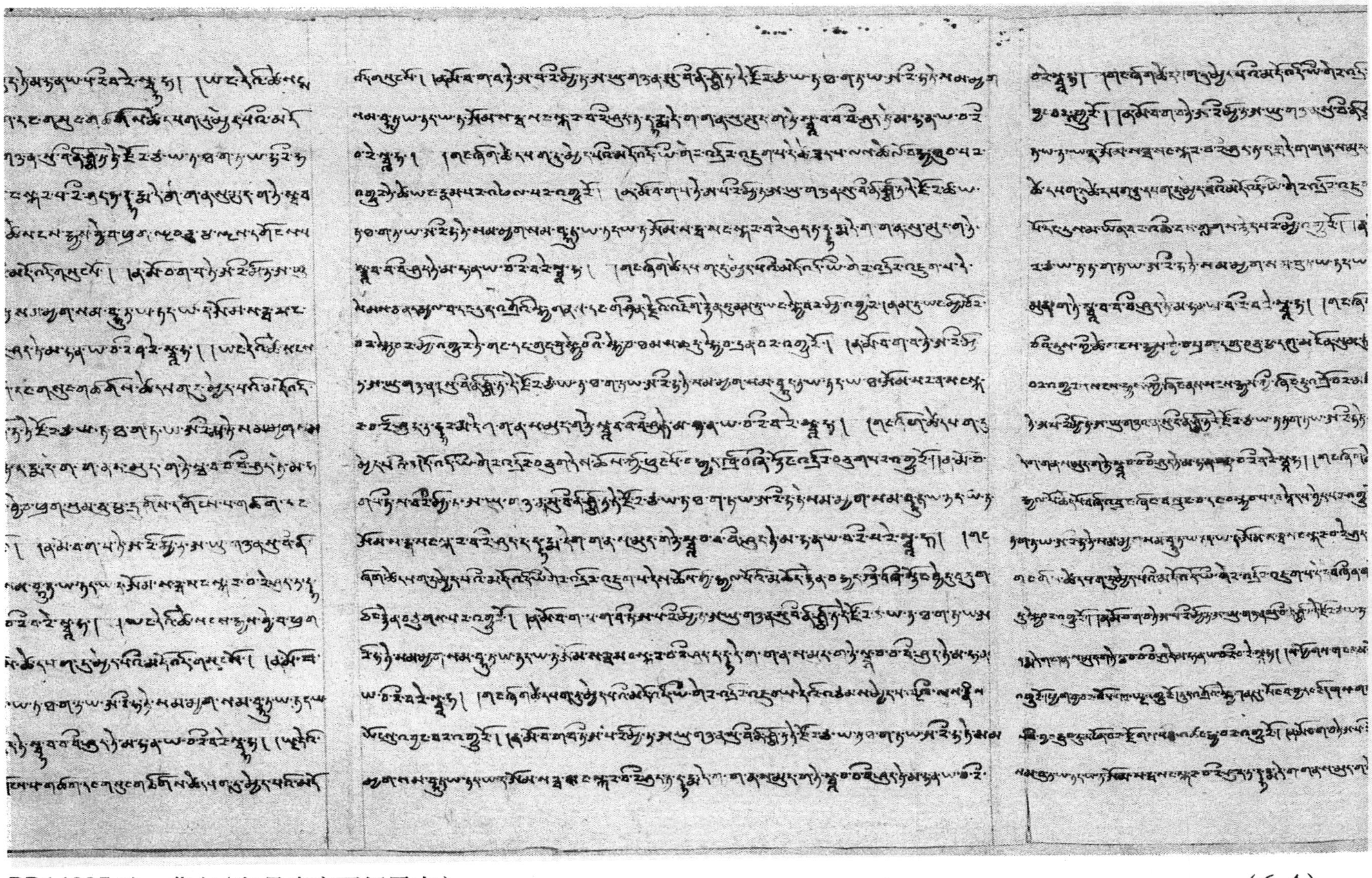

BD14305 號　藏文（無量壽宗要經甲本）　（6–4）

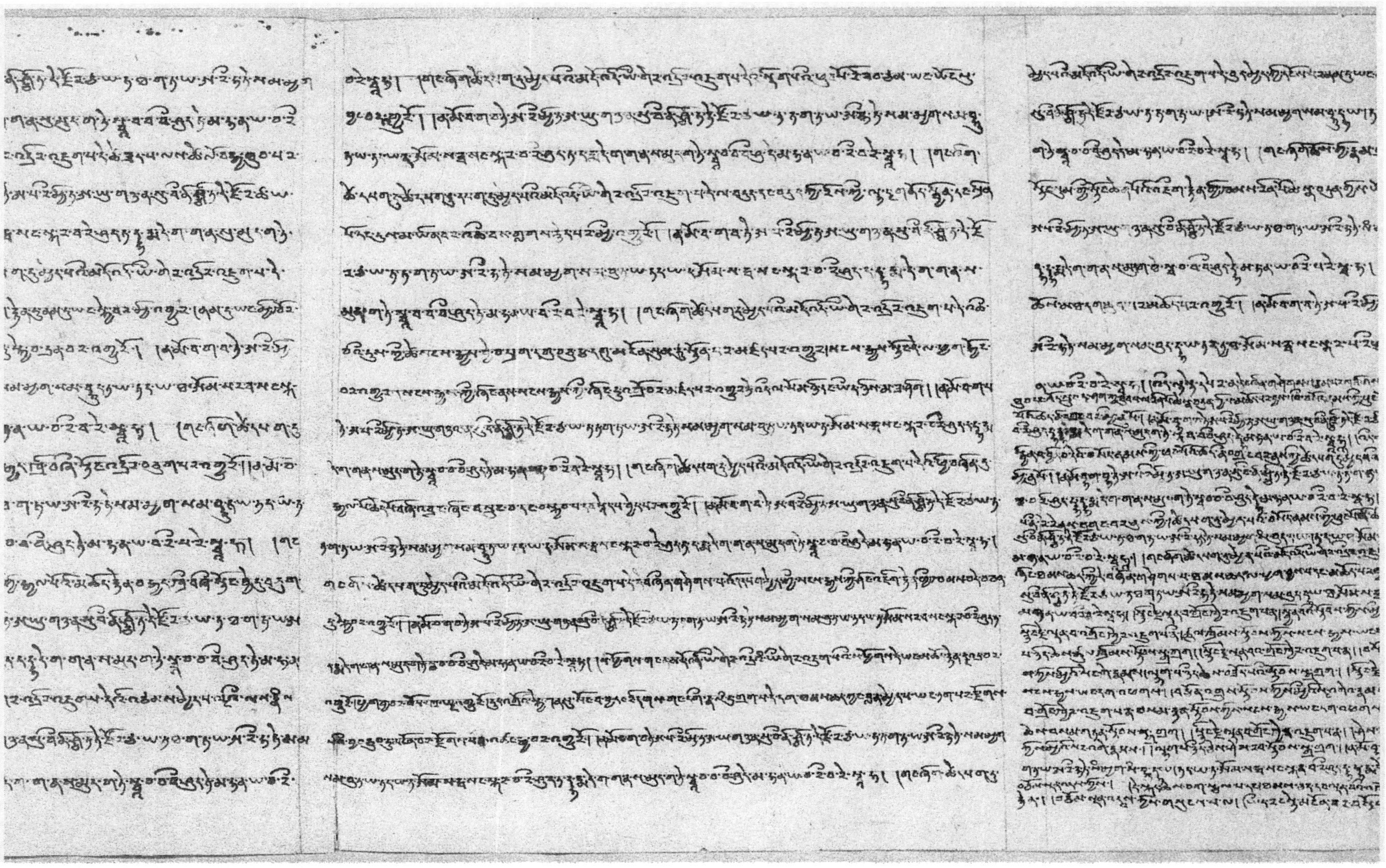

BD14305 號　藏文（無量壽宗要經甲本）　（6–5）

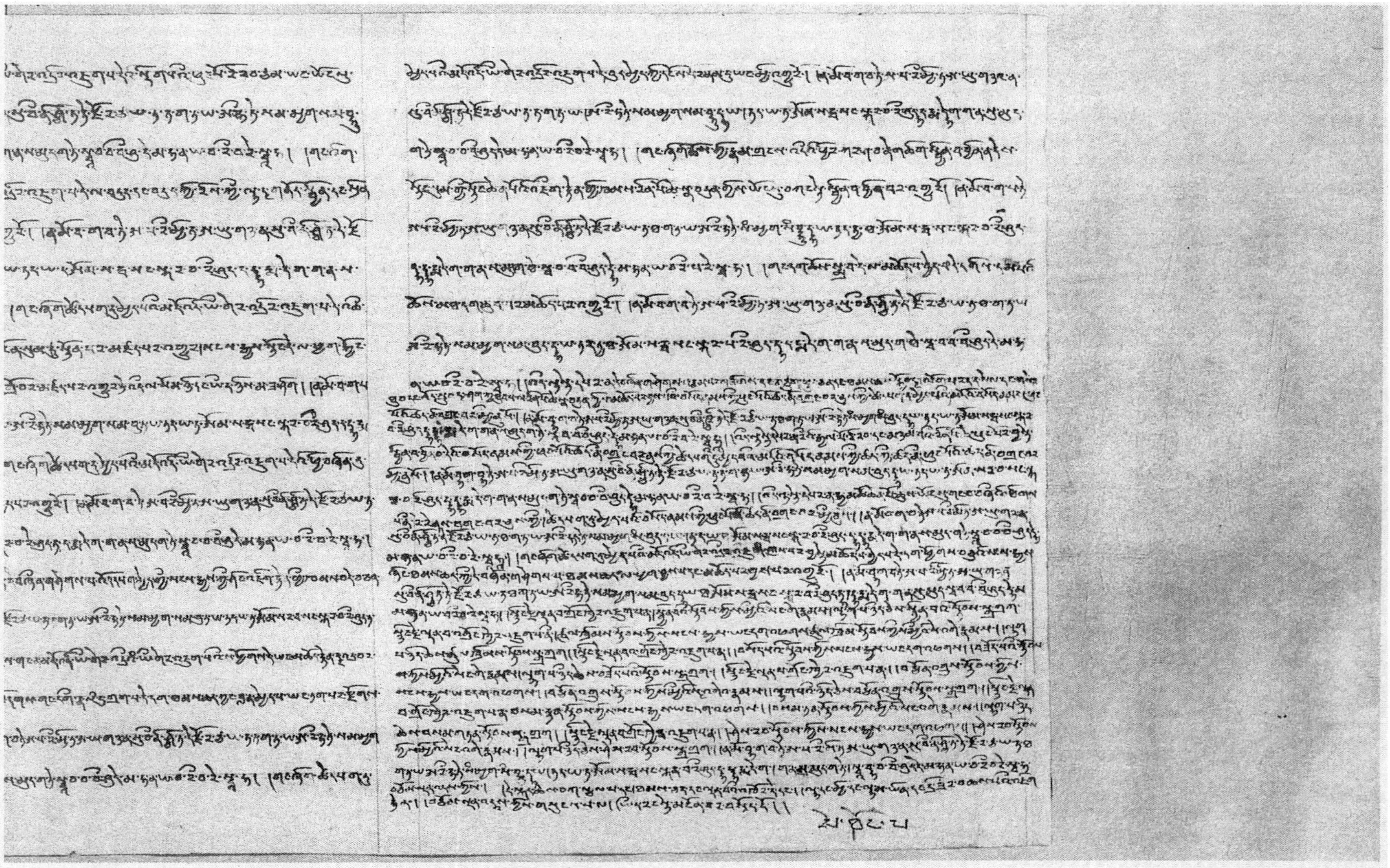

BD14305 號　藏文（無量壽宗要經甲本）　（6–6）

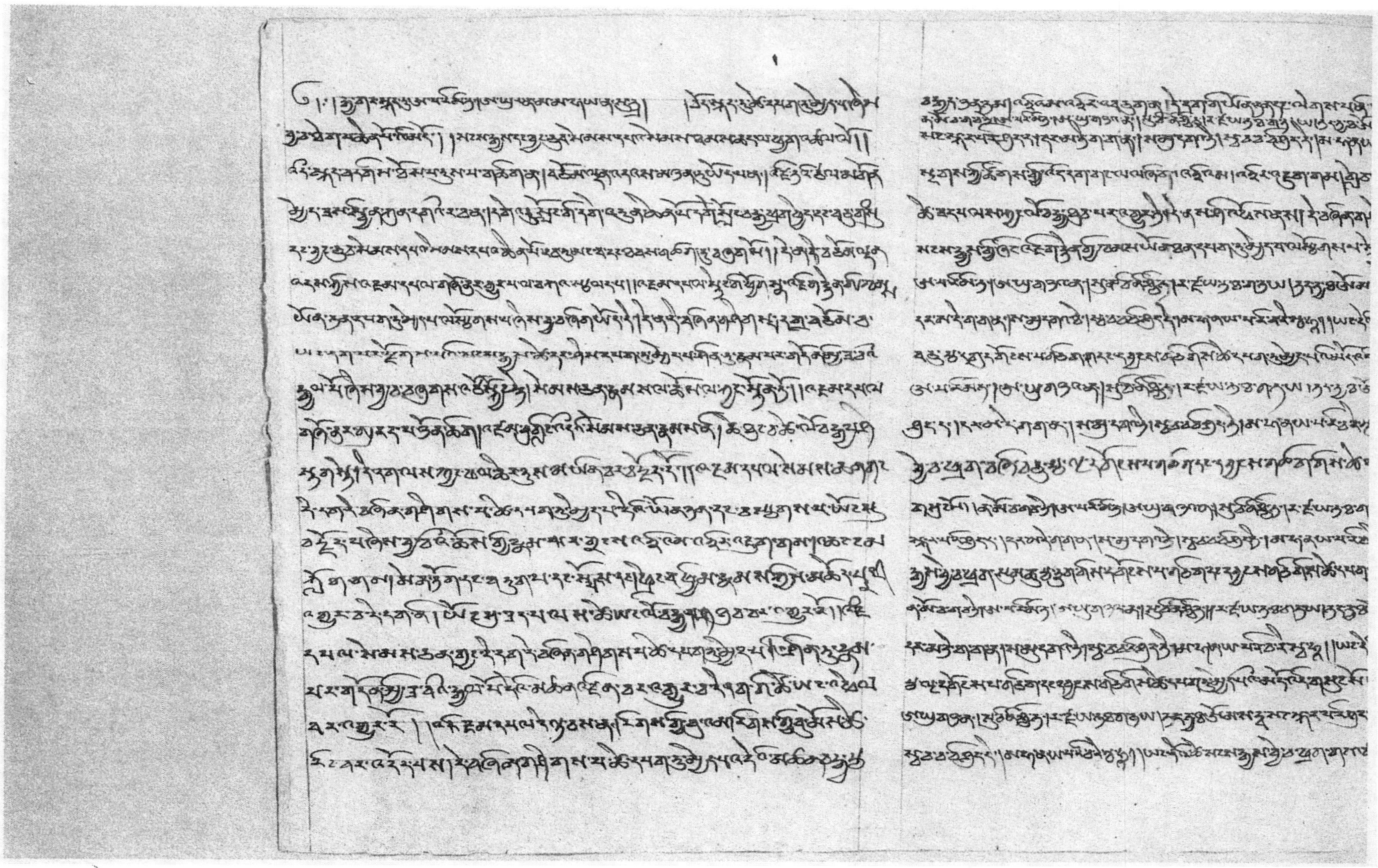

BD14306 號 1　藏文（無量壽宗要經甲本）　（60–1）

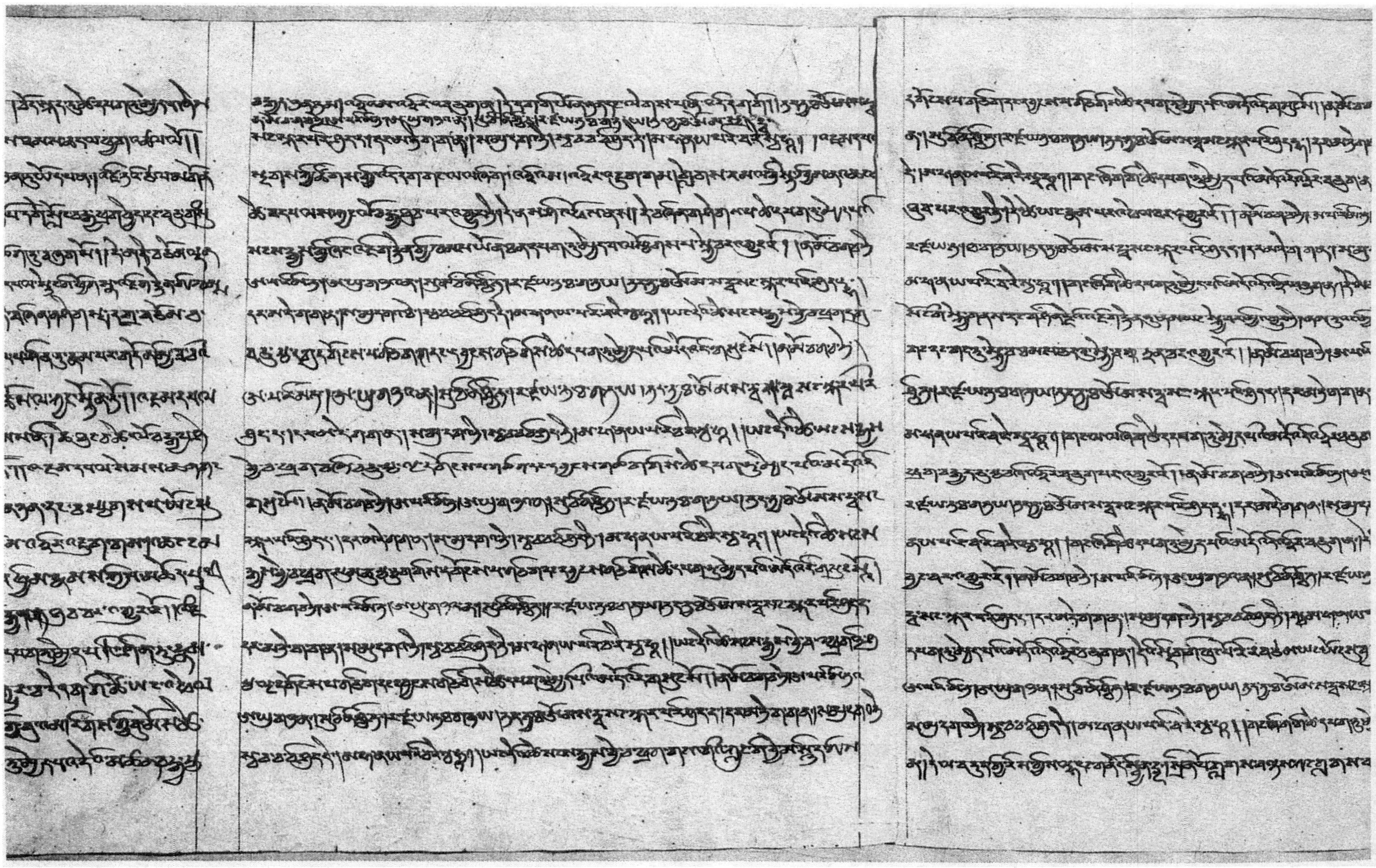

BD14306 號 1　藏文（無量壽宗要經甲本）　（60–2）

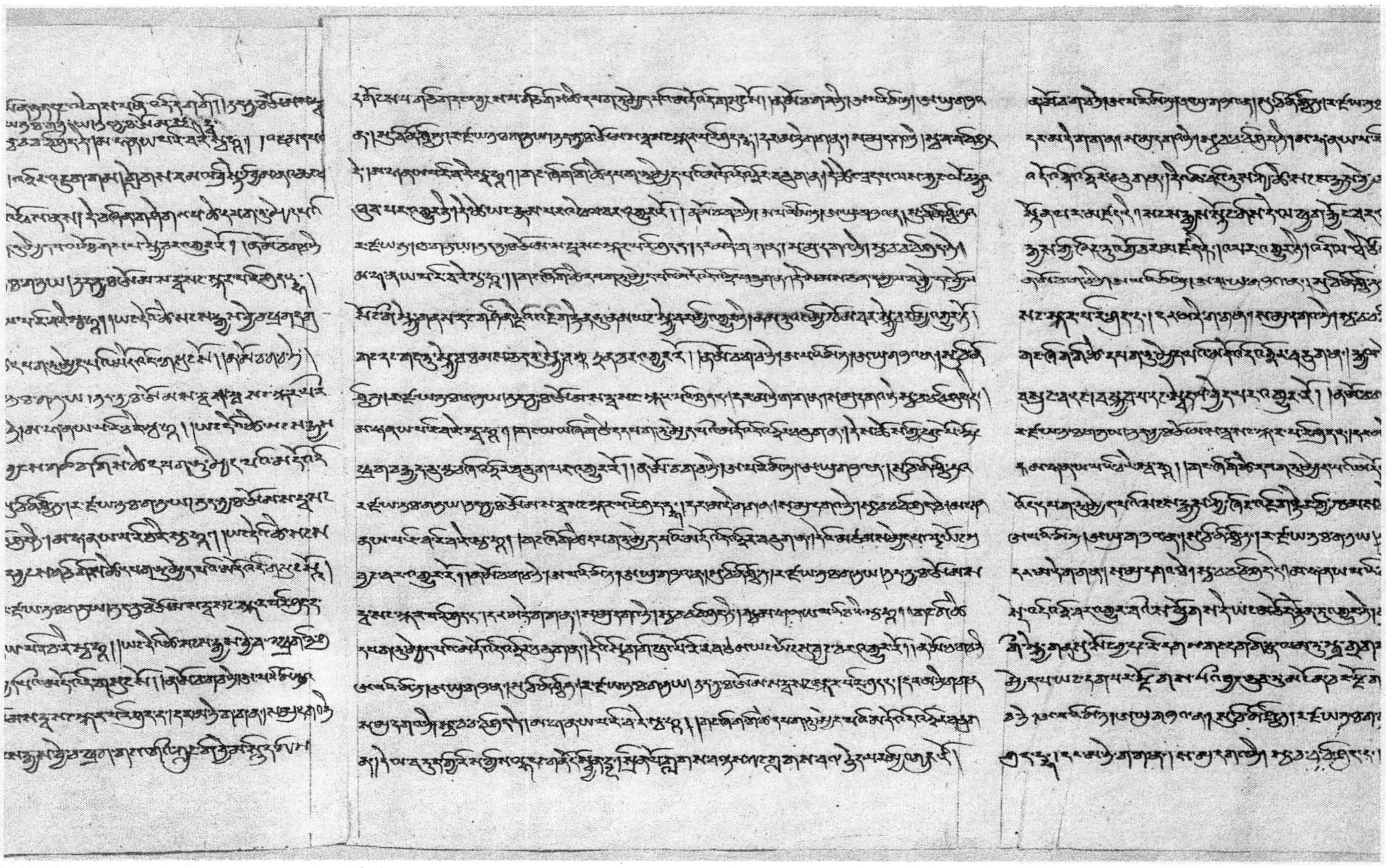

BD14306 號 1　藏文（無量壽宗要經甲本）　　（60–3）

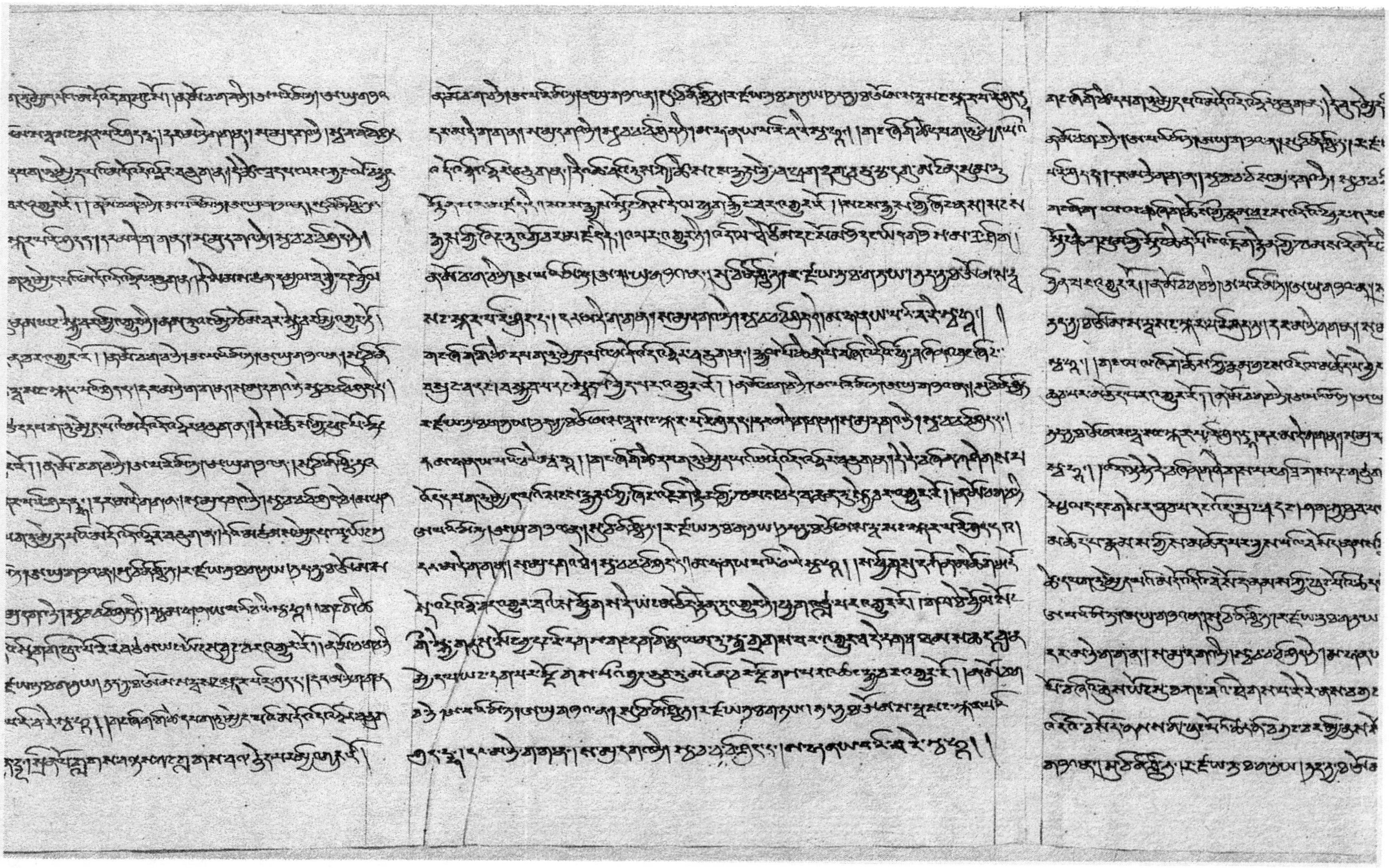

BD14306 號 1　藏文（無量壽宗要經甲本）　　（60–4）

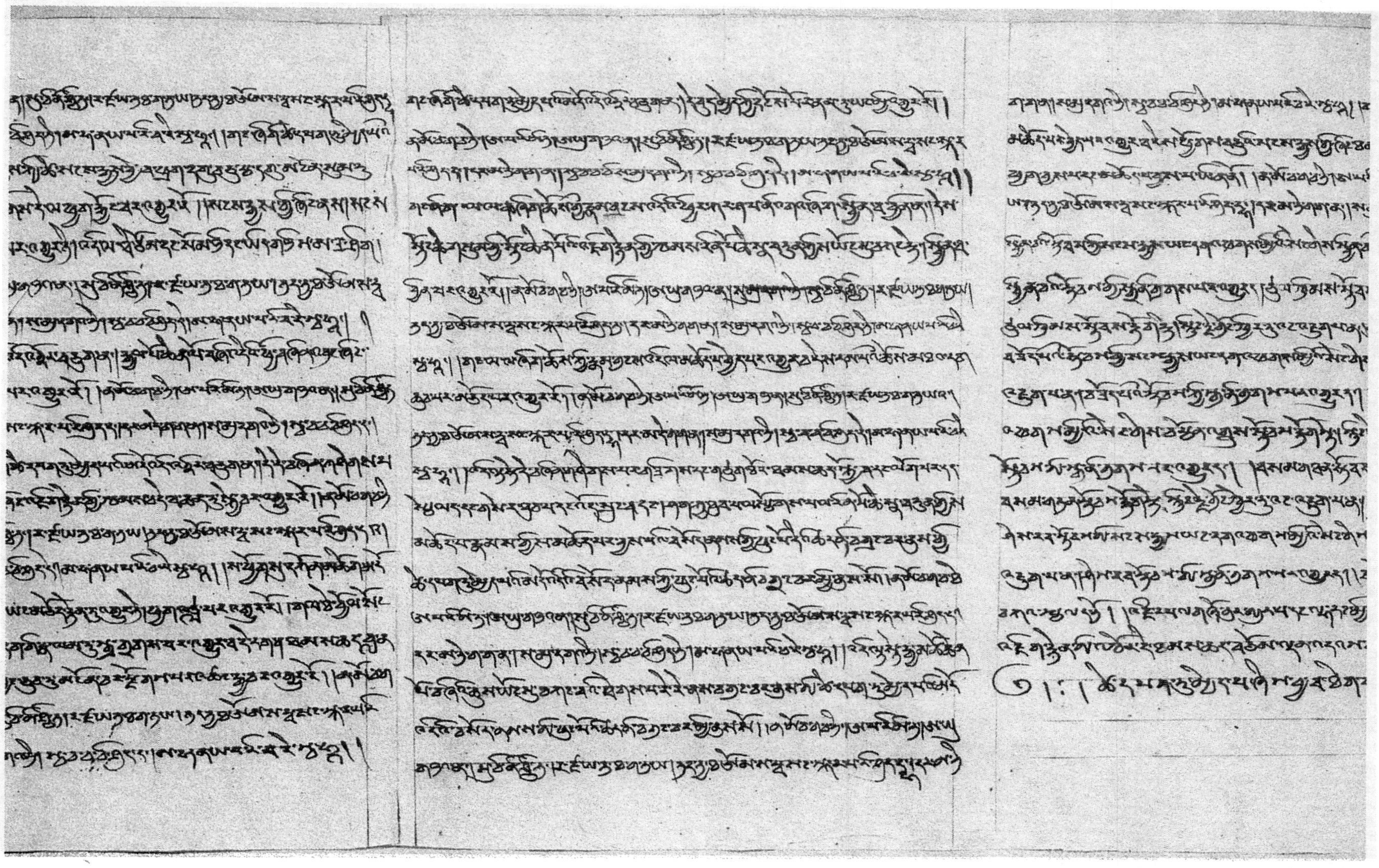

BD14306 號 1　藏文（無量壽宗要經甲本）　　（60–5）

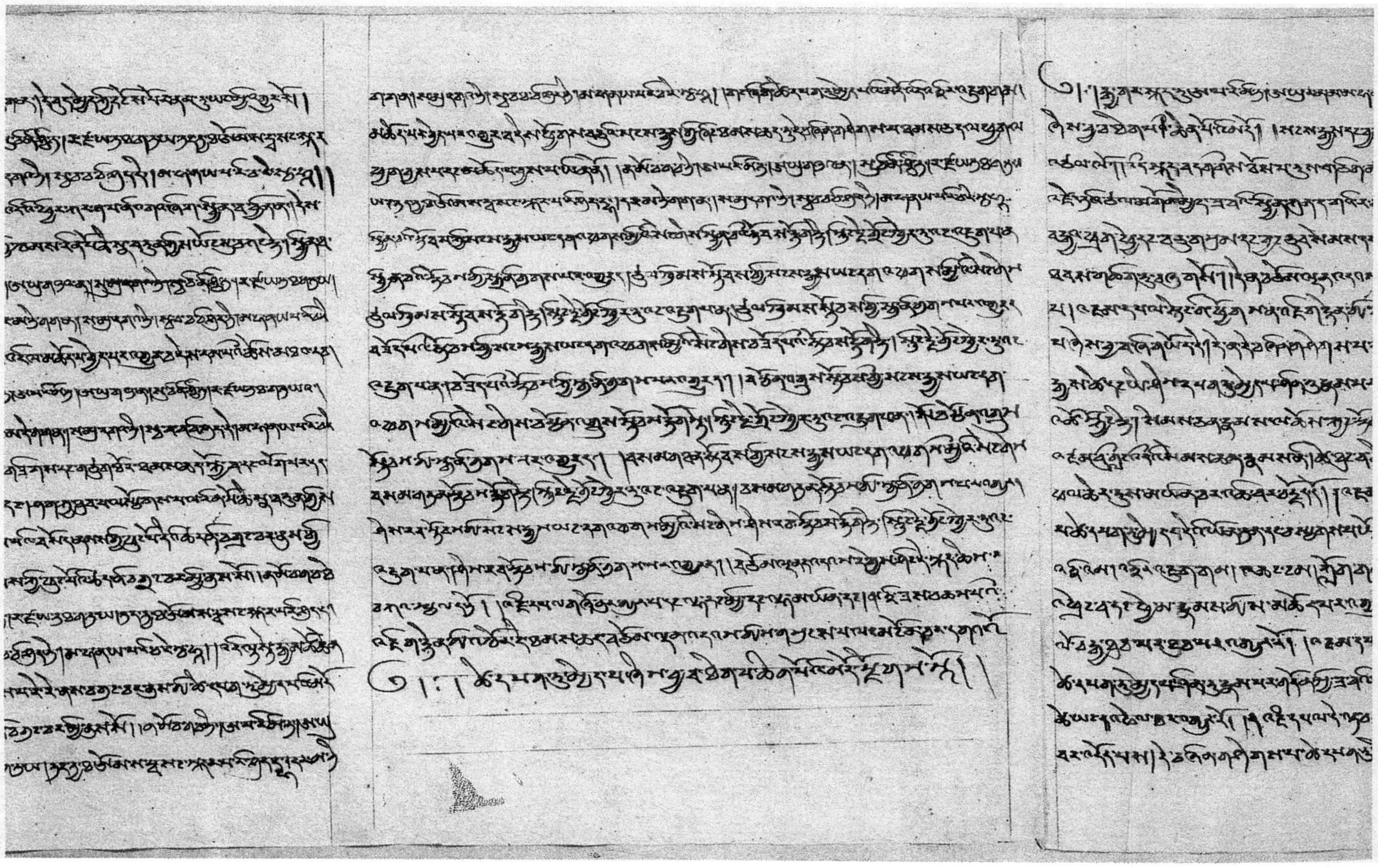

BD14306 號 1　藏文（無量壽宗要經甲本）　　（60–6）

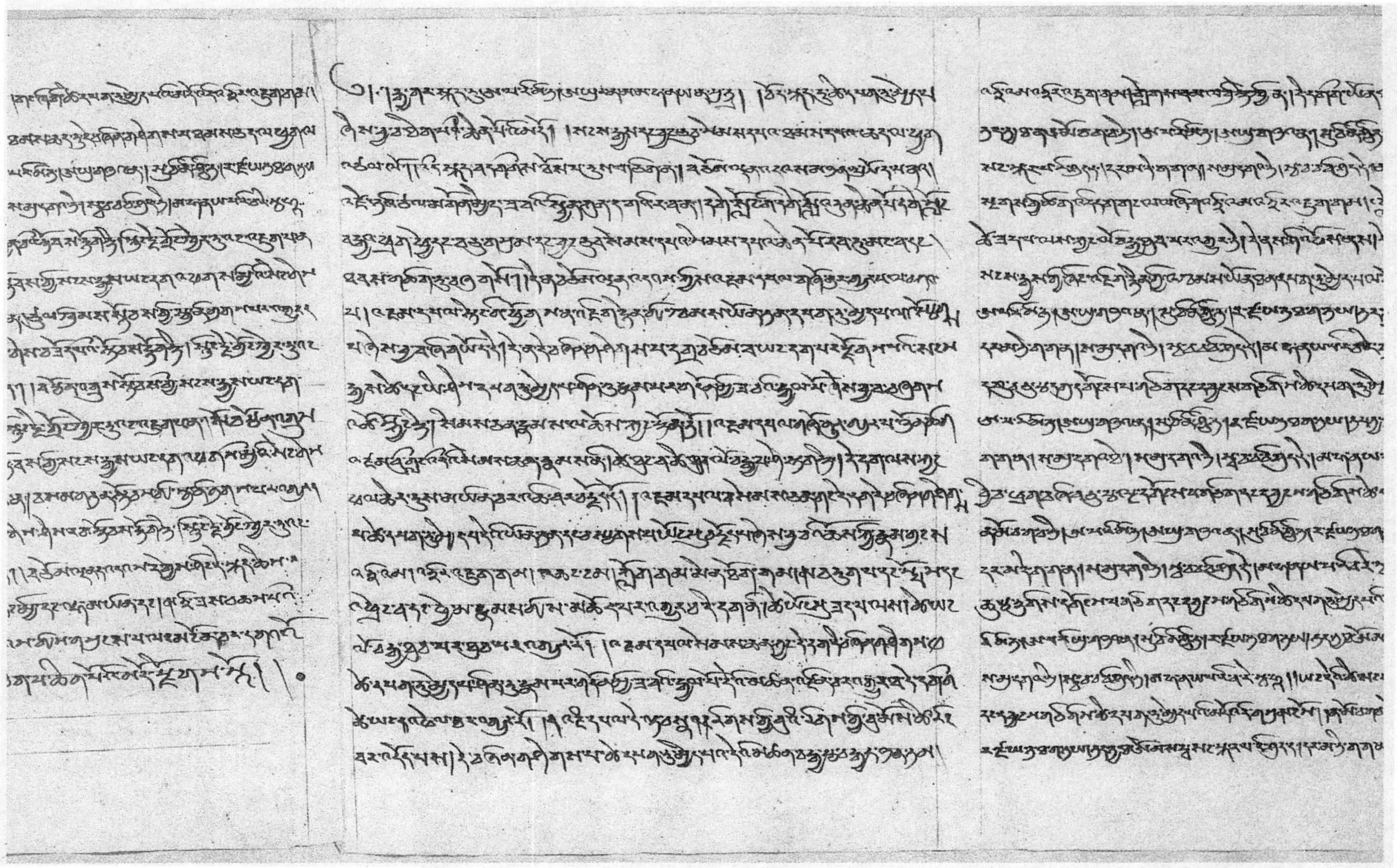

BD14306 號 2　藏文（無量壽宗要經甲本）　（60–7）

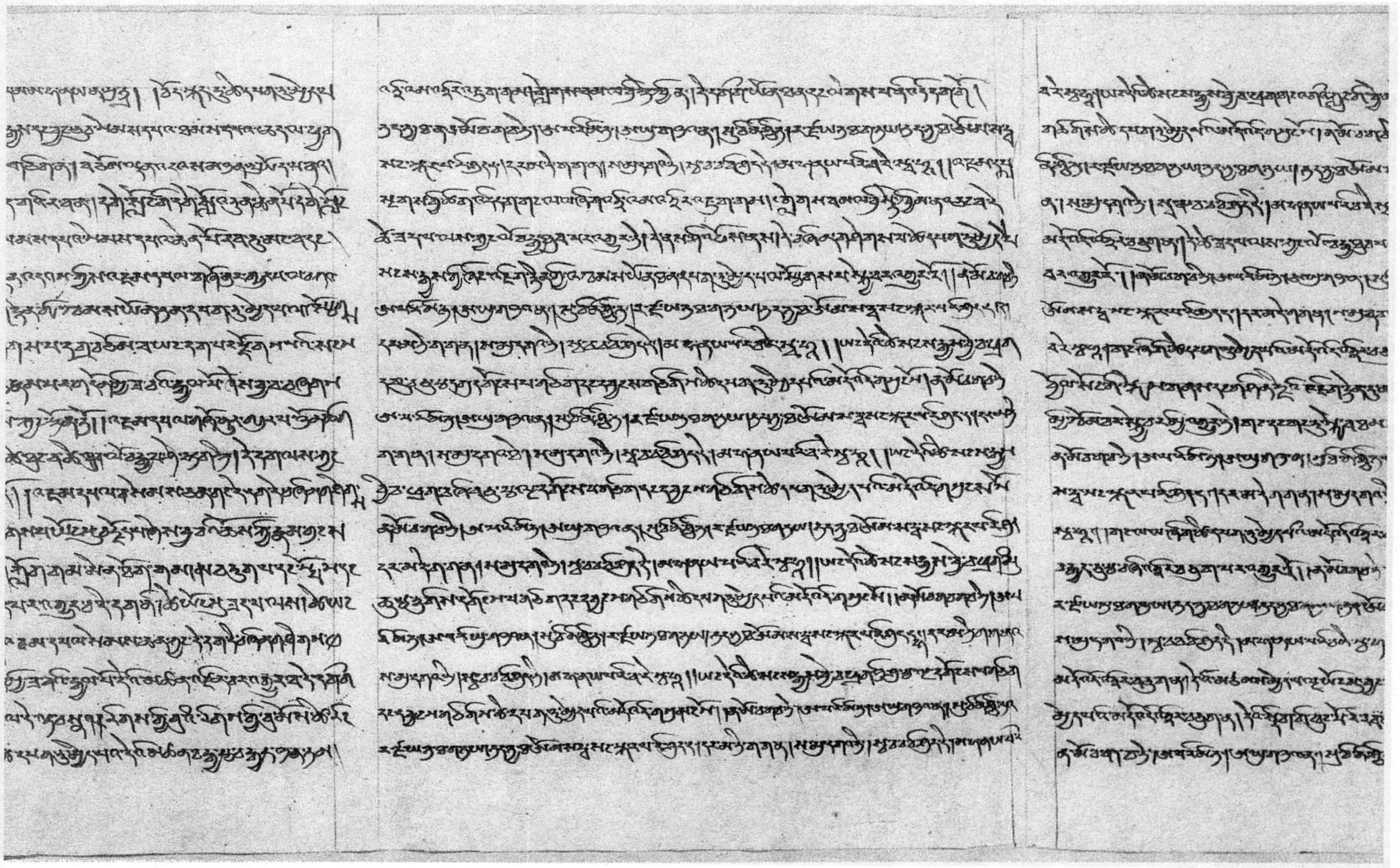

BD14306 號 2　藏文（無量壽宗要經甲本）　（60–8）

BD14306號 2 藏文（無量壽宗要經甲本）

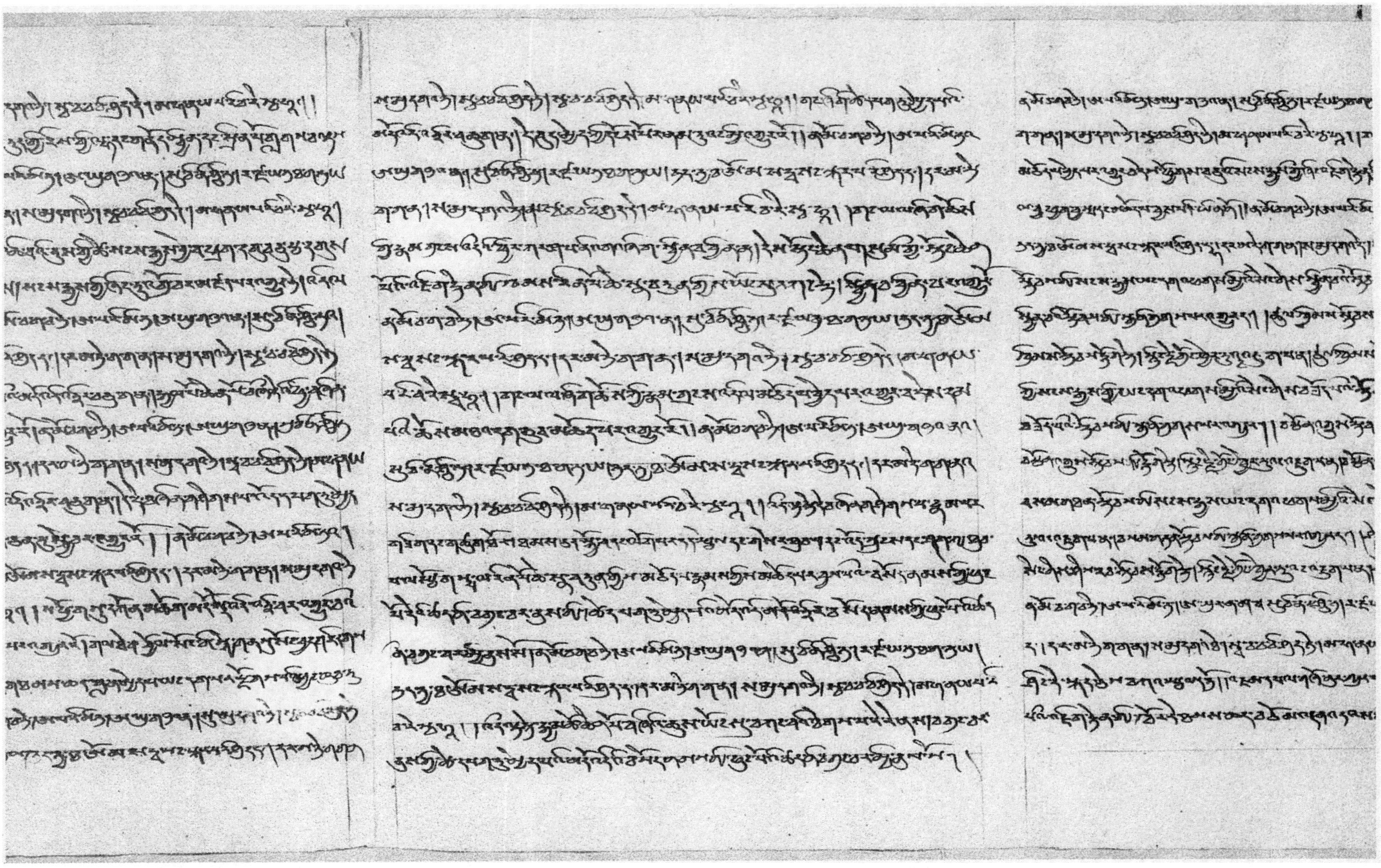

BD14306 號 2　藏文（無量壽宗要經甲本）　　（60–11）

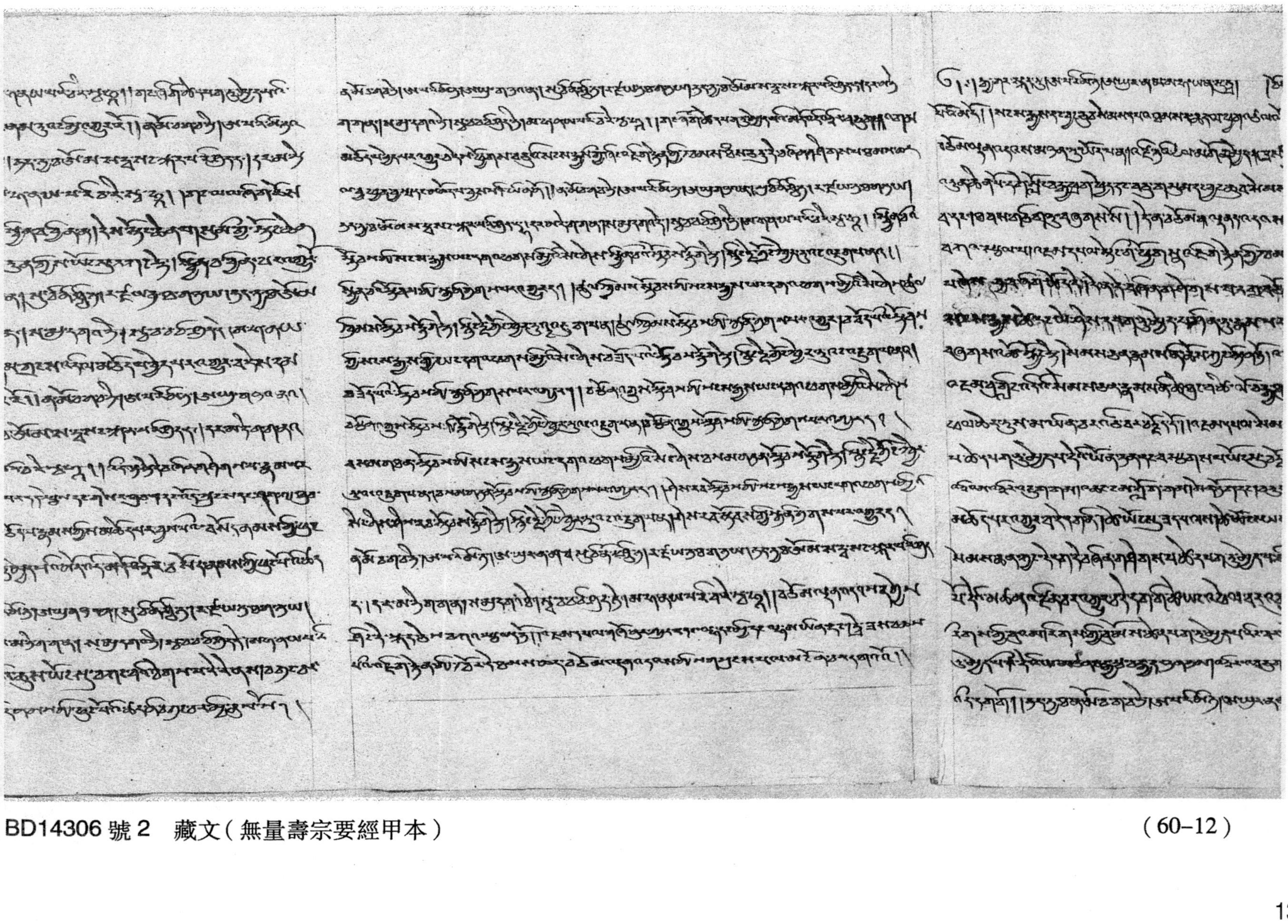

BD14306 號 2　藏文（無量壽宗要經甲本）　　（60–12）

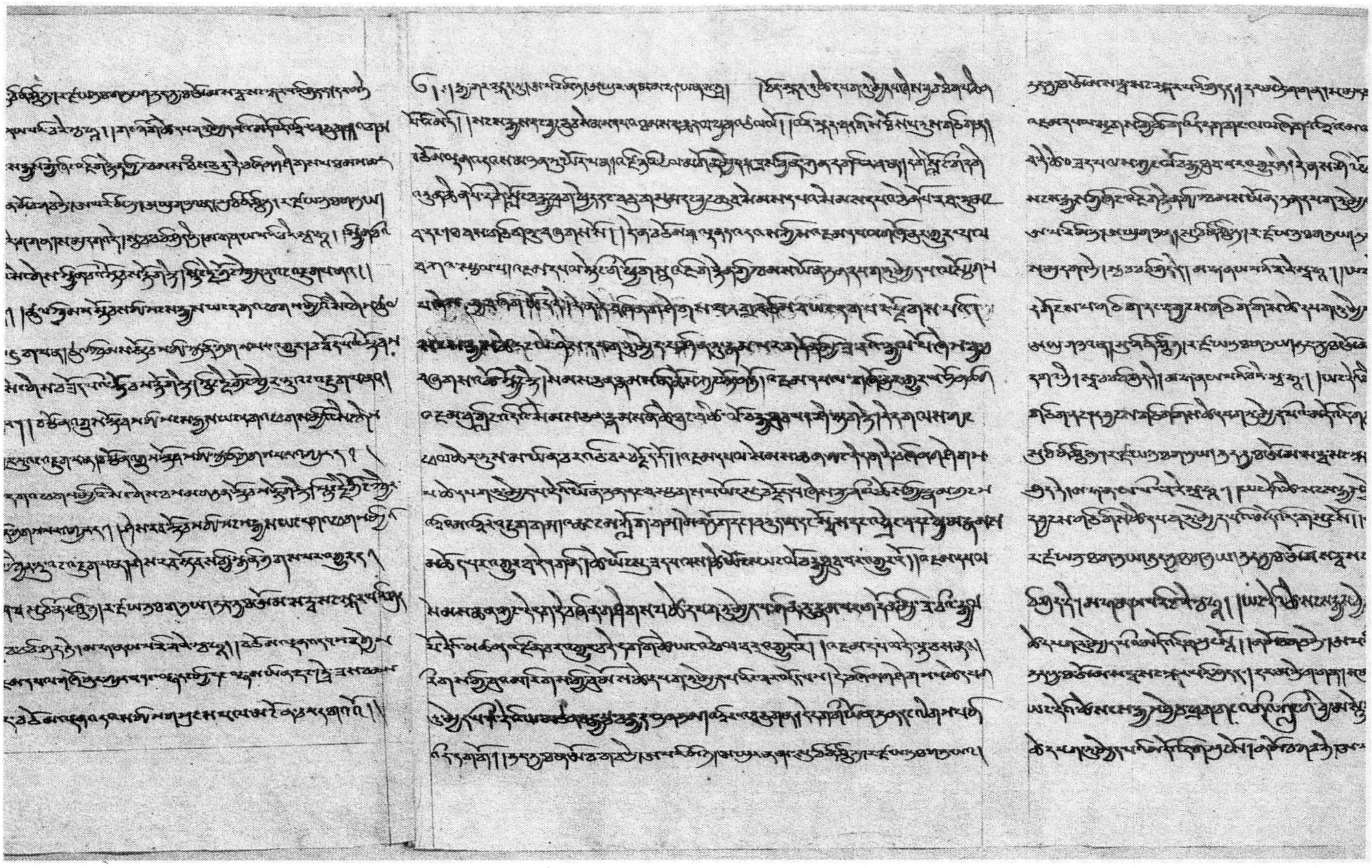

BD14306 號 3　藏文（無量壽宗要經甲本）　　（60–13）

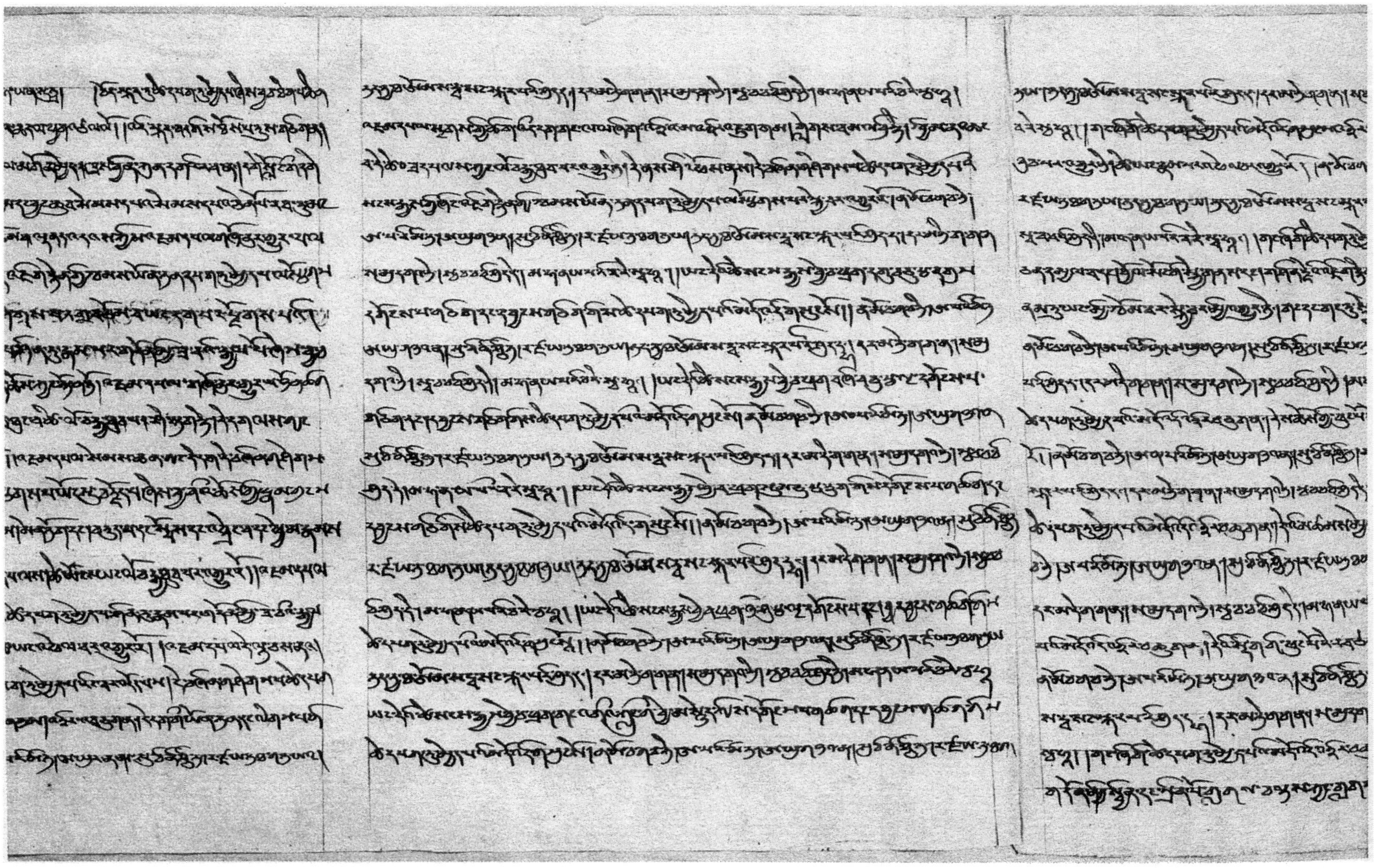

BD14306 號 3　藏文（無量壽宗要經甲本）　　（60–14）

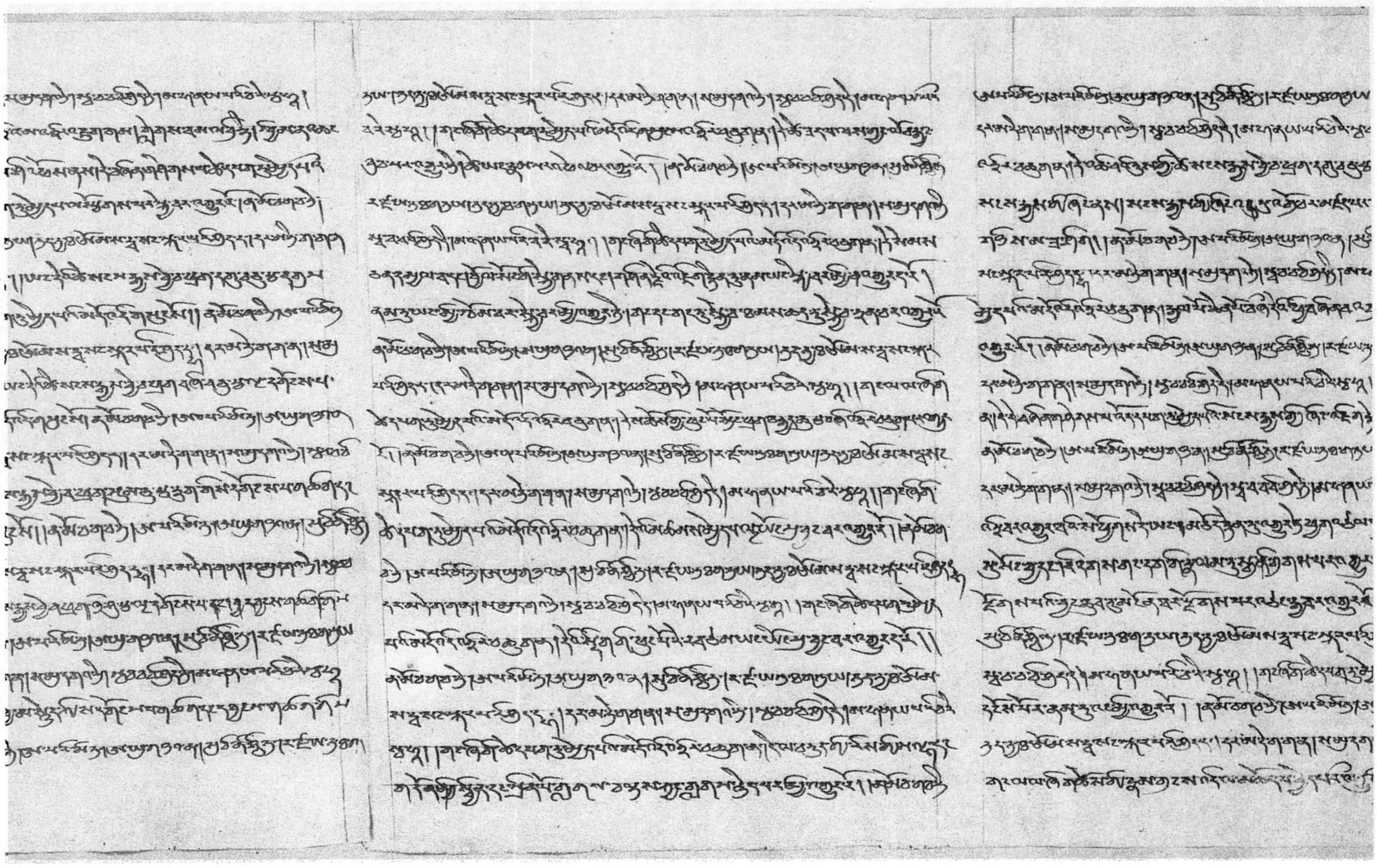

BD14306 號 3　藏文（無量壽宗要經甲本）　　（60–15）

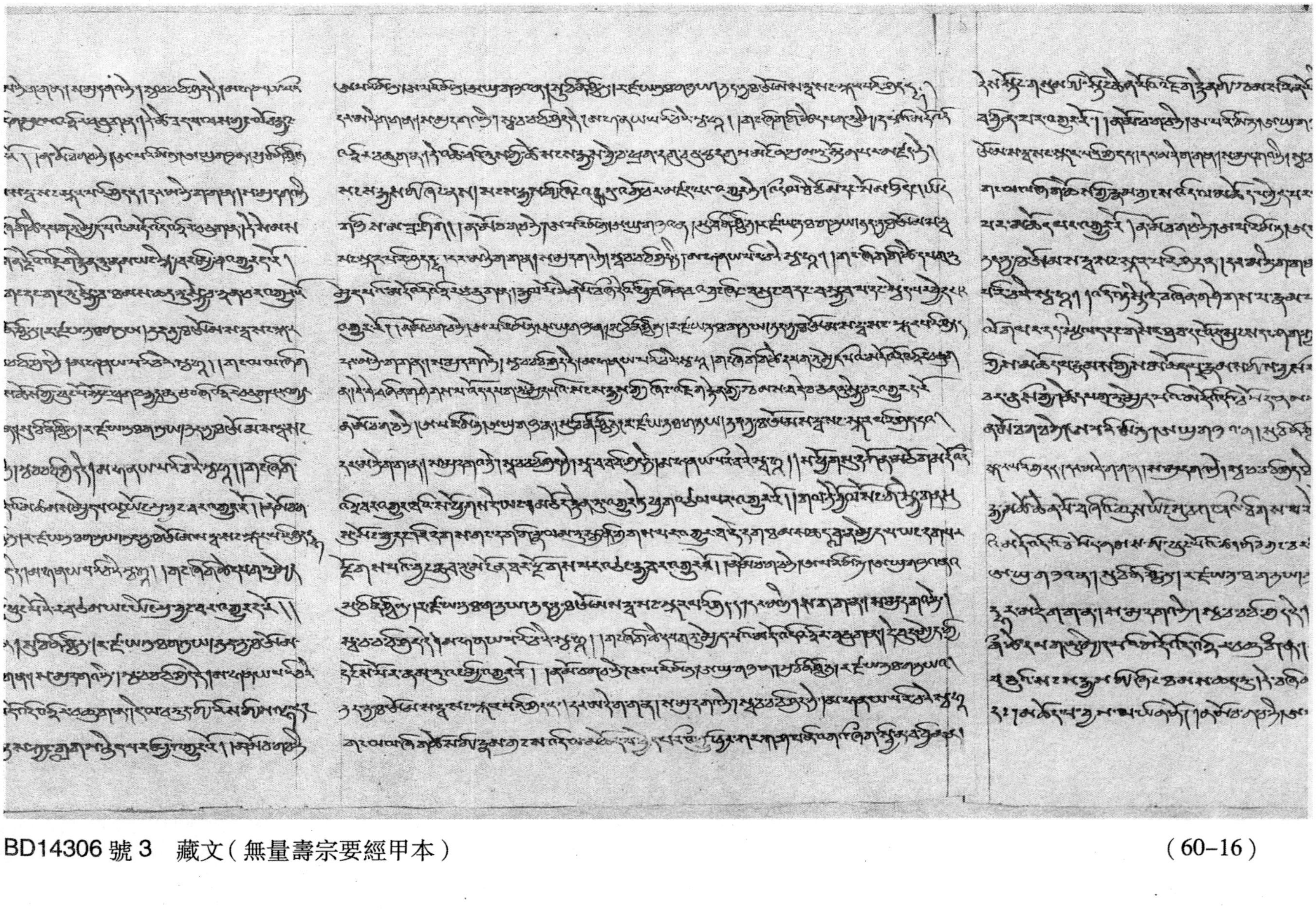

BD14306 號 3　藏文（無量壽宗要經甲本）　　（60–16）

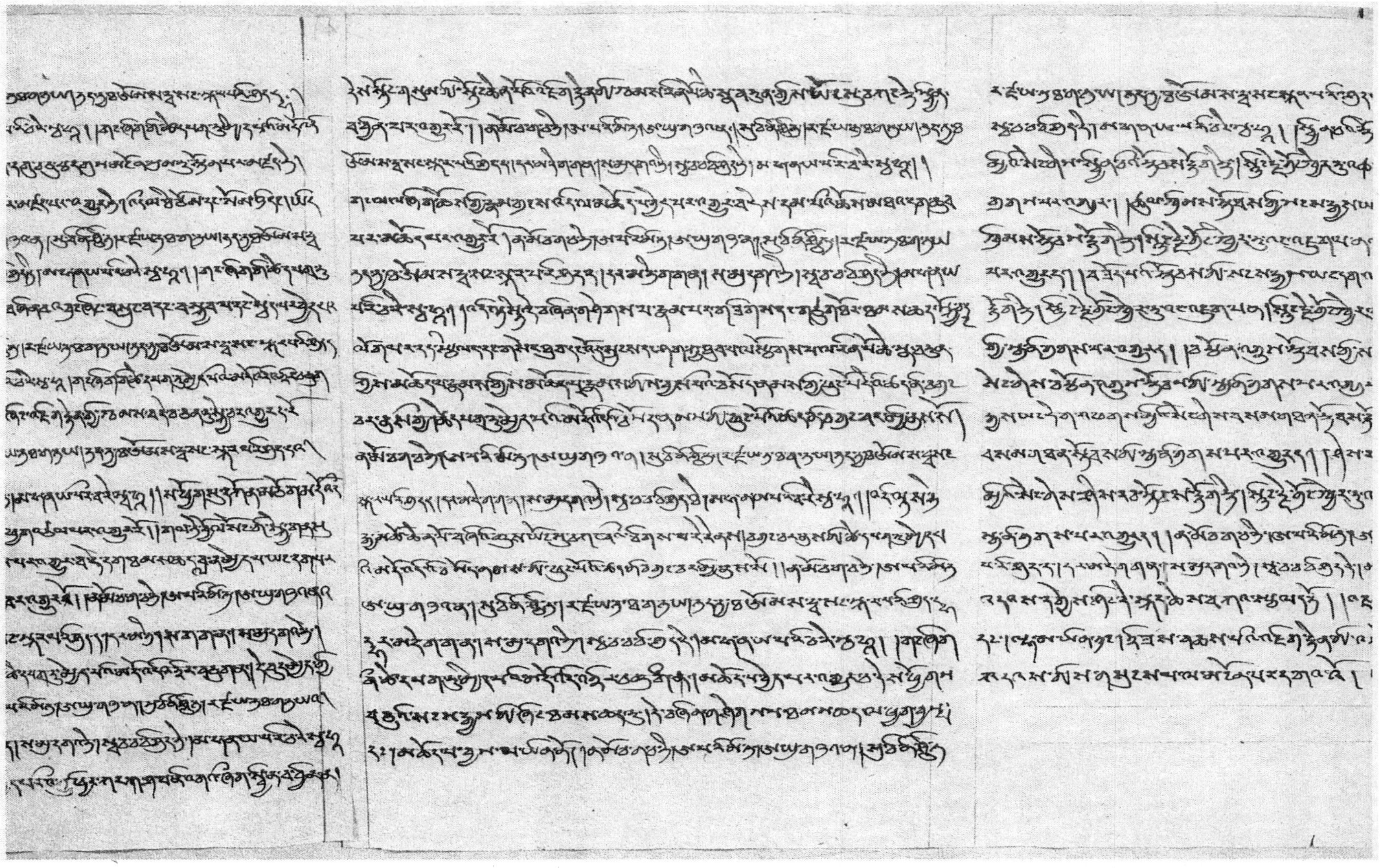

BD14306 號 3　藏文（無量壽宗要經甲本）　　（60–17）

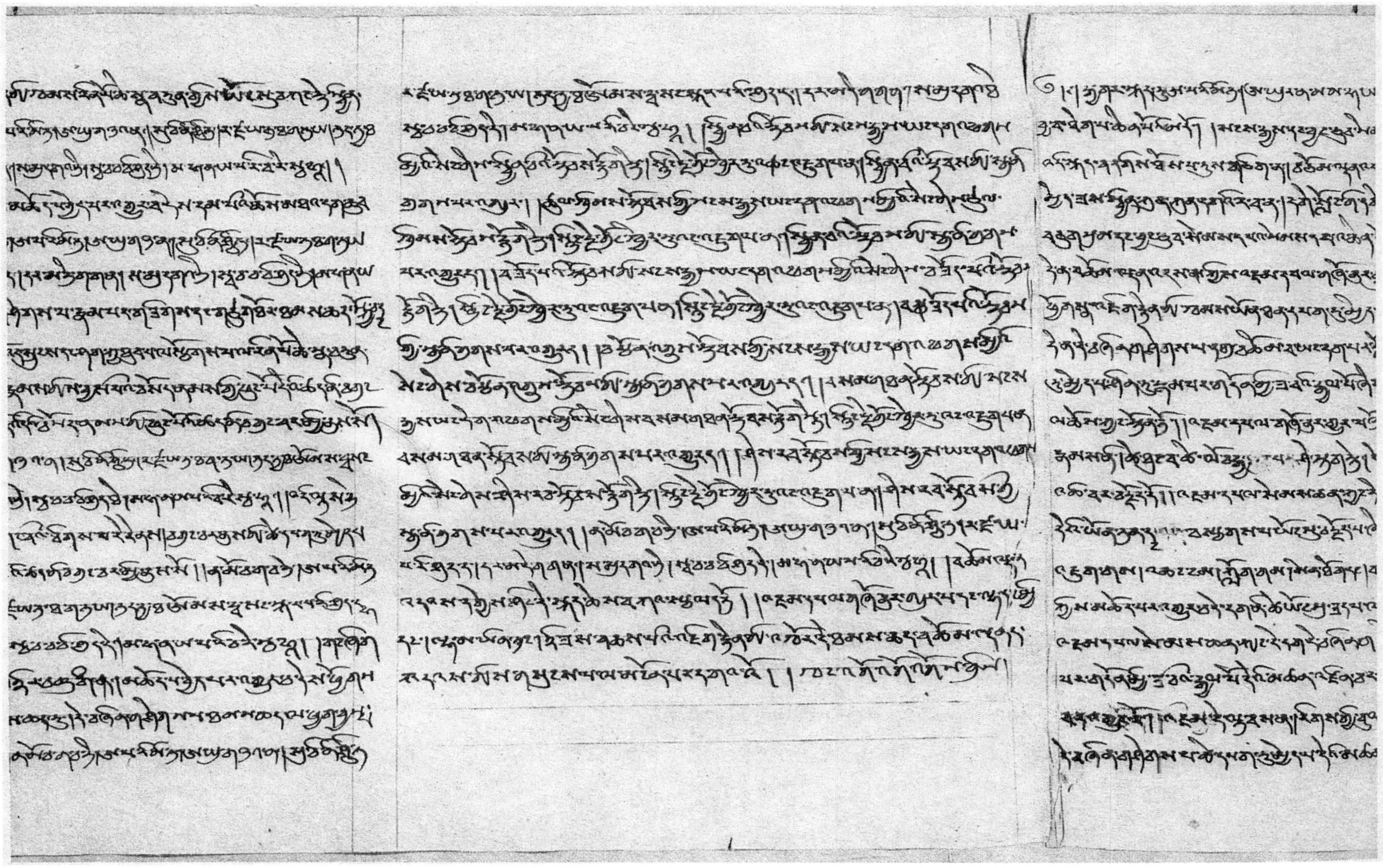

BD14306 號 3　藏文（無量壽宗要經甲本）　　（60–18）

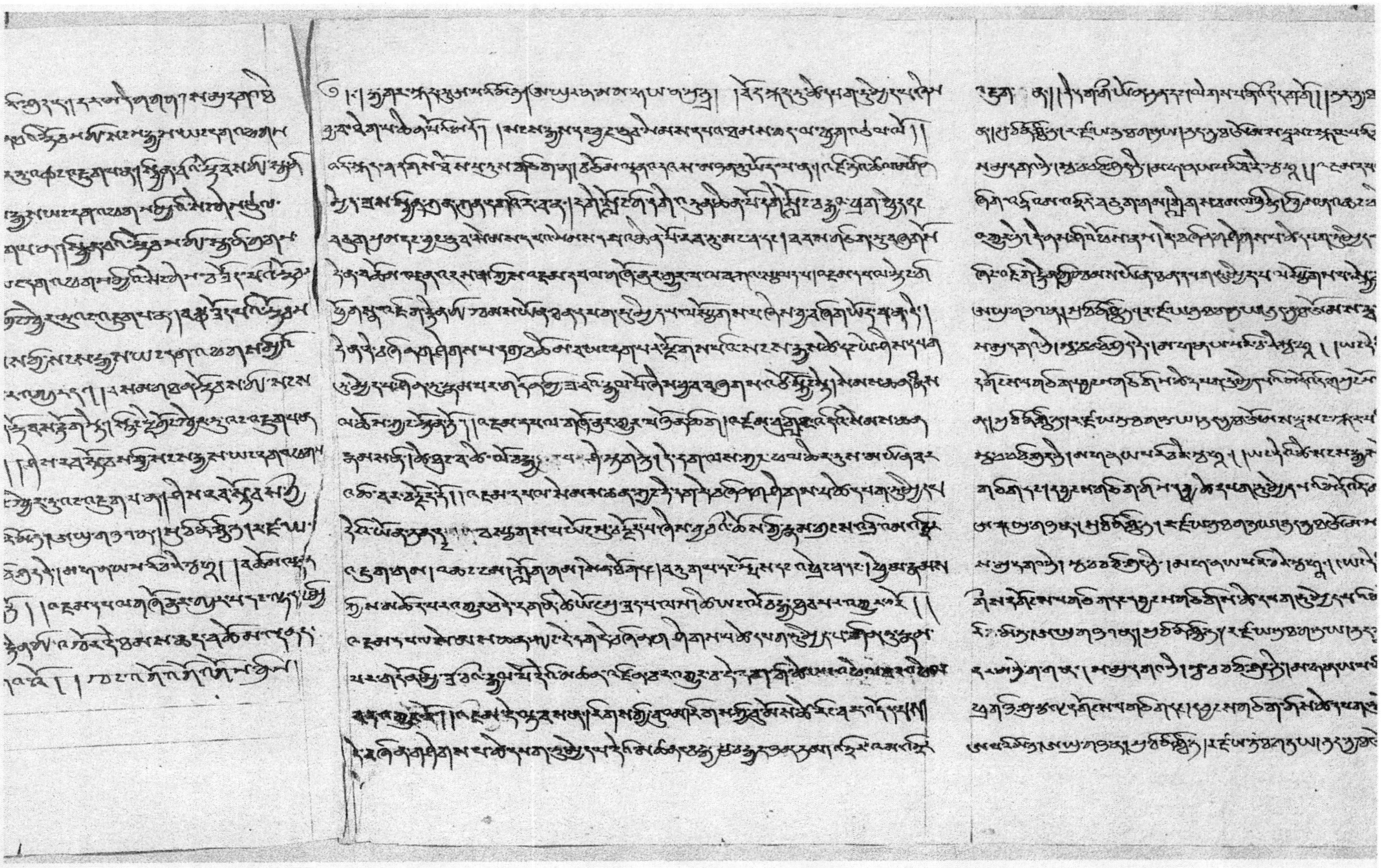

BD14306 號 4　藏文（無量壽宗要經甲本）　　（60–19）

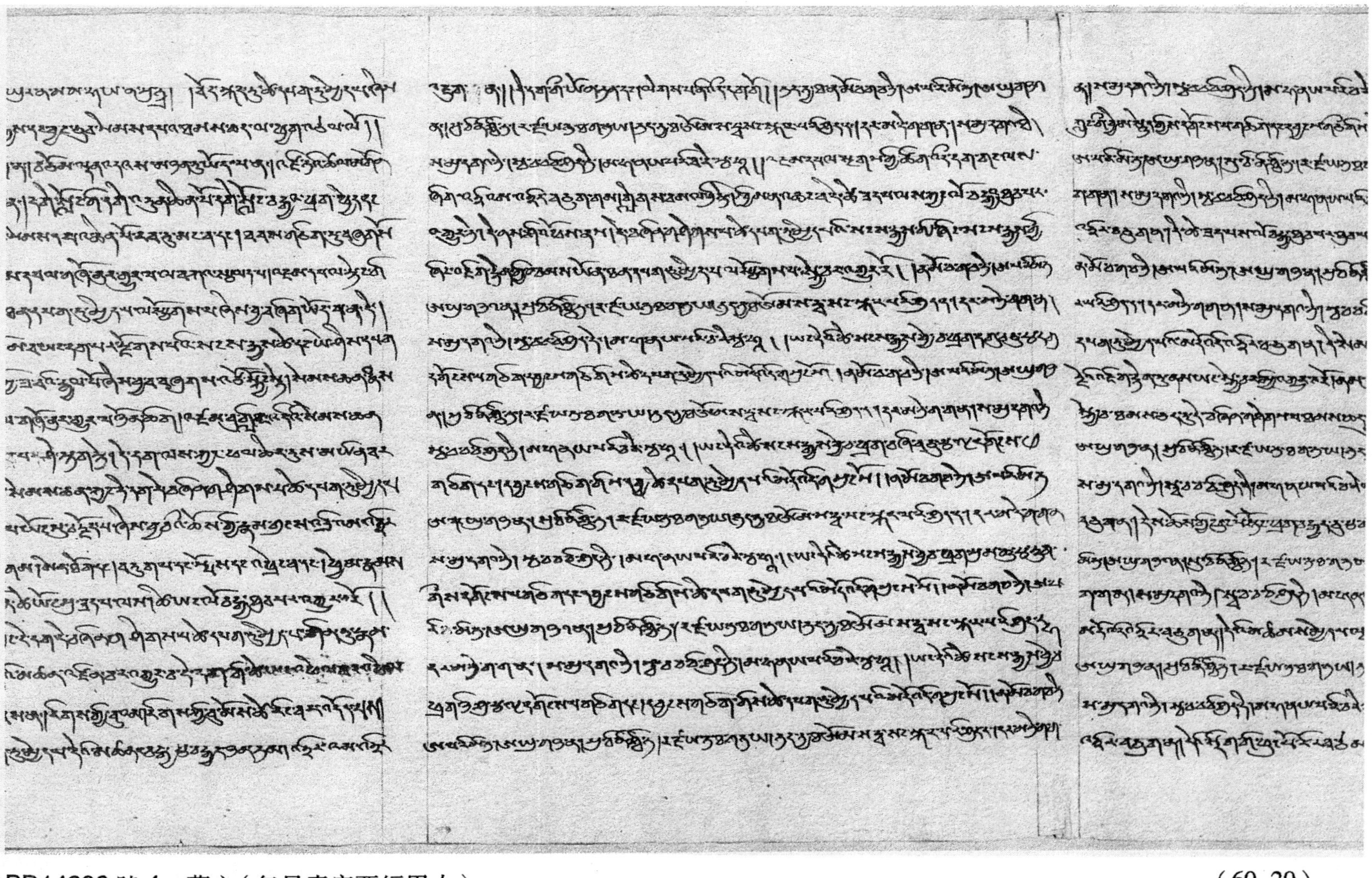

BD14306 號 4　藏文（無量壽宗要經甲本）　　（60–20）

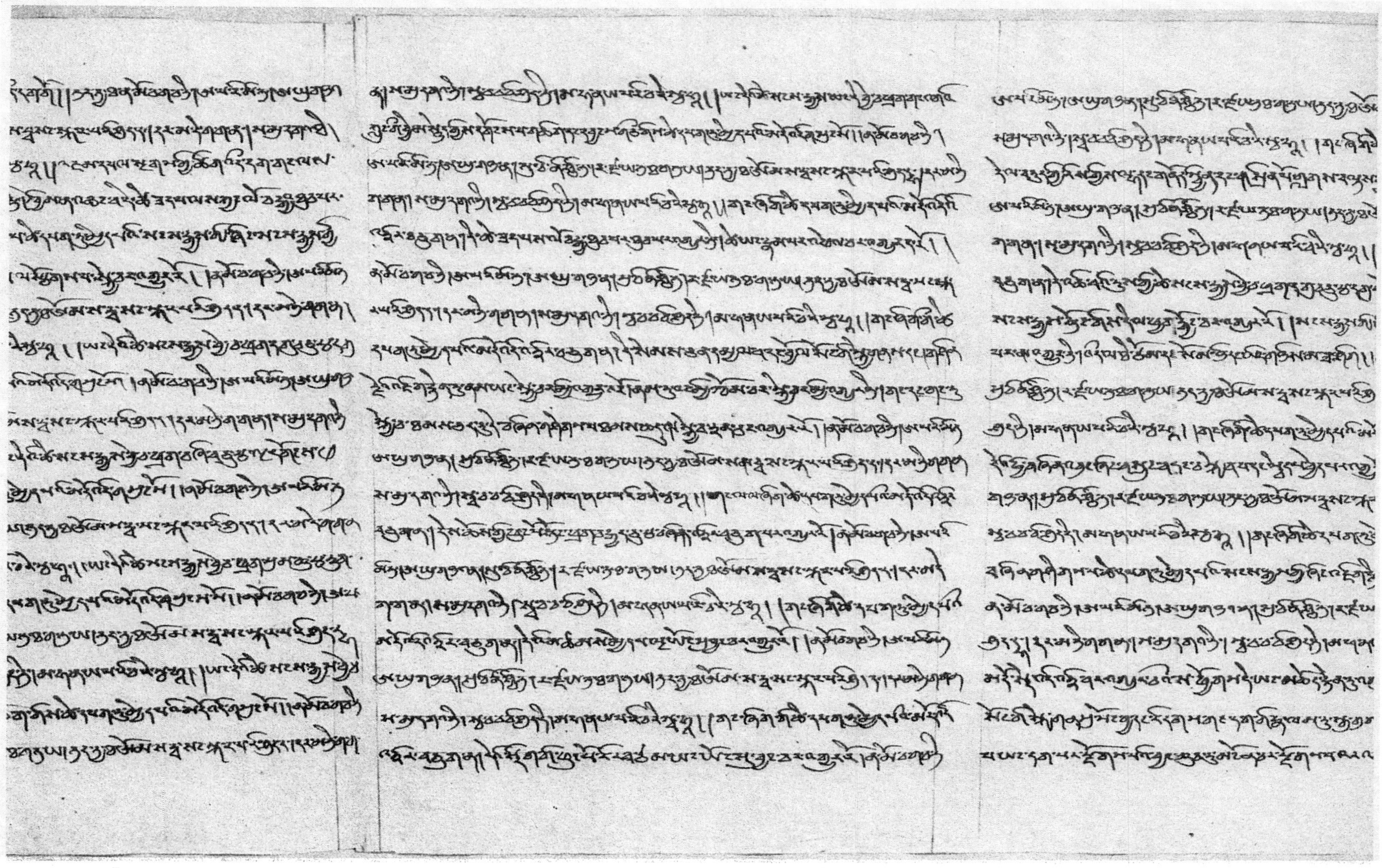

BD14306號 4　藏文（無量壽宗要經甲本）　（60–21）

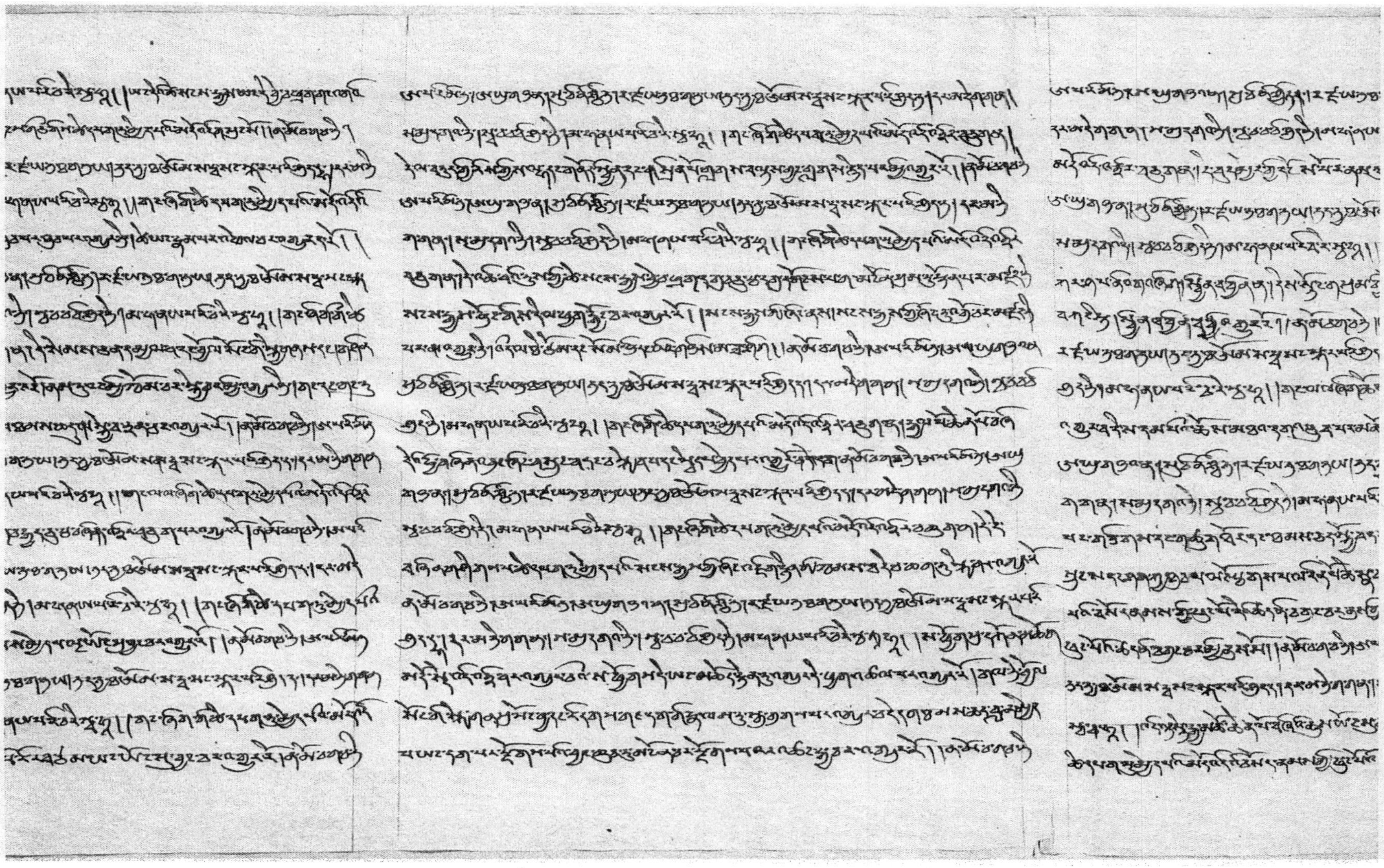

BD14306號 4　藏文（無量壽宗要經甲本）　（60–22）

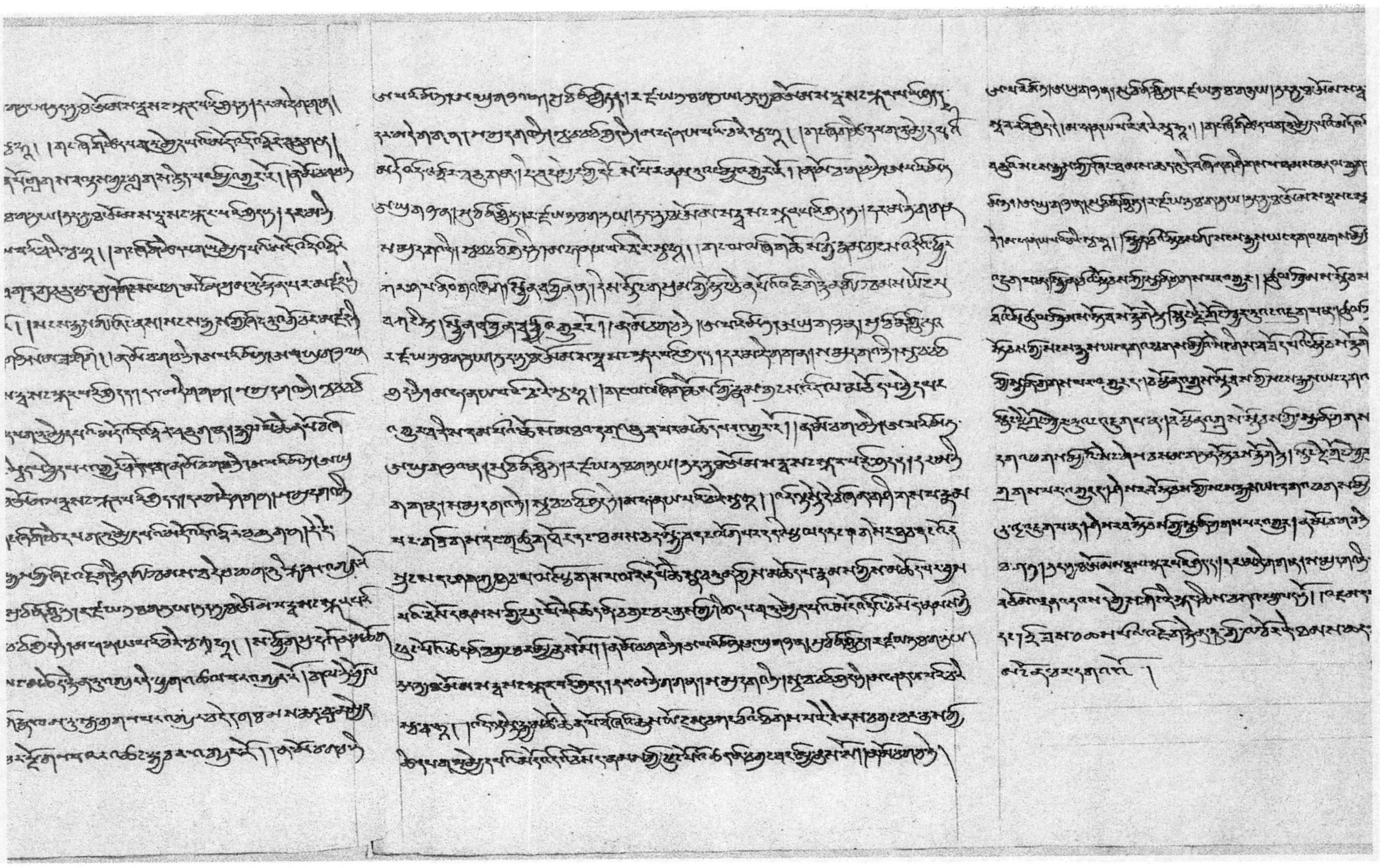

BD14306 號 4　藏文（無量壽宗要經甲本）　（60–23）

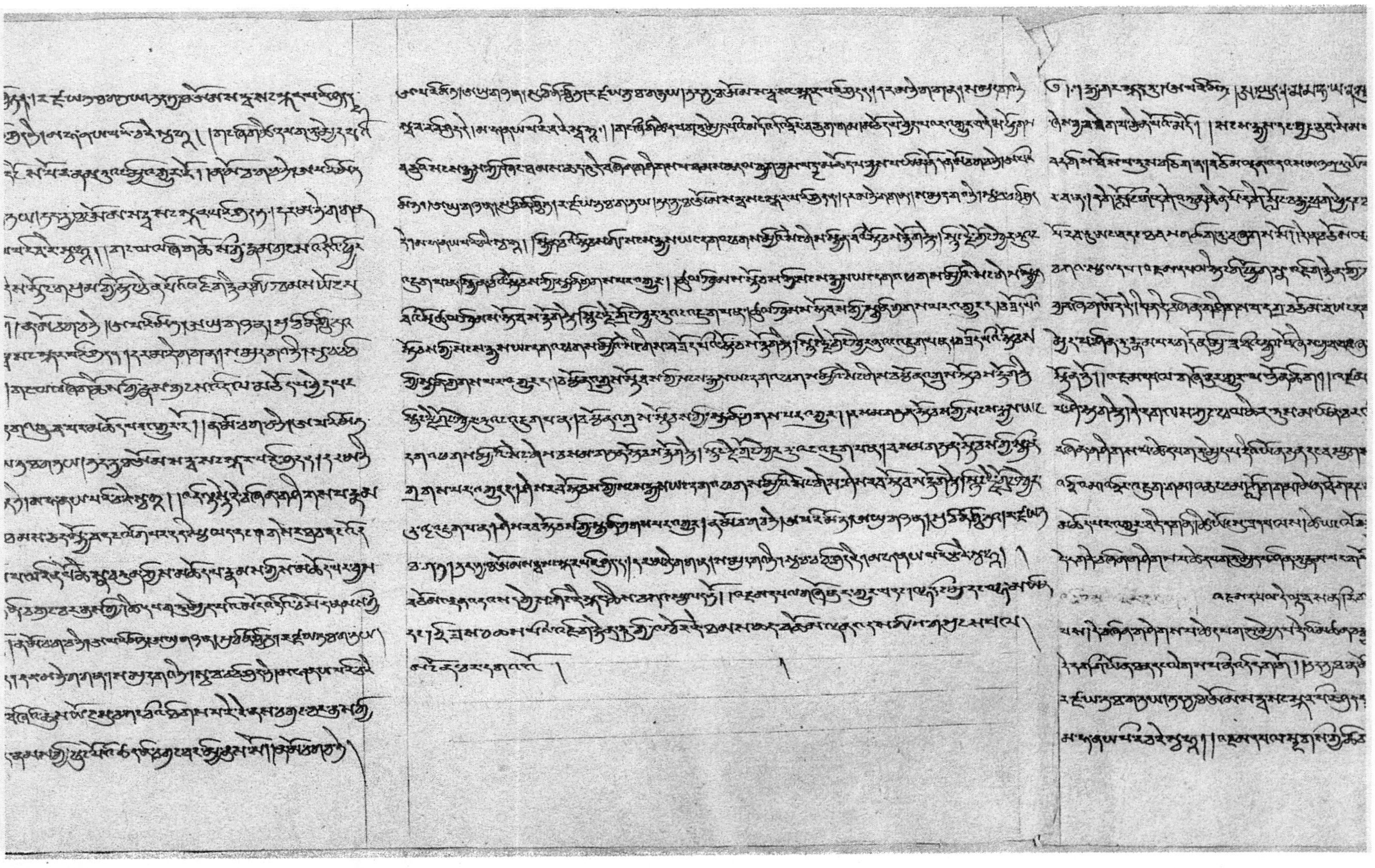

BD14306 號 4　藏文（無量壽宗要經甲本）　（60–24）

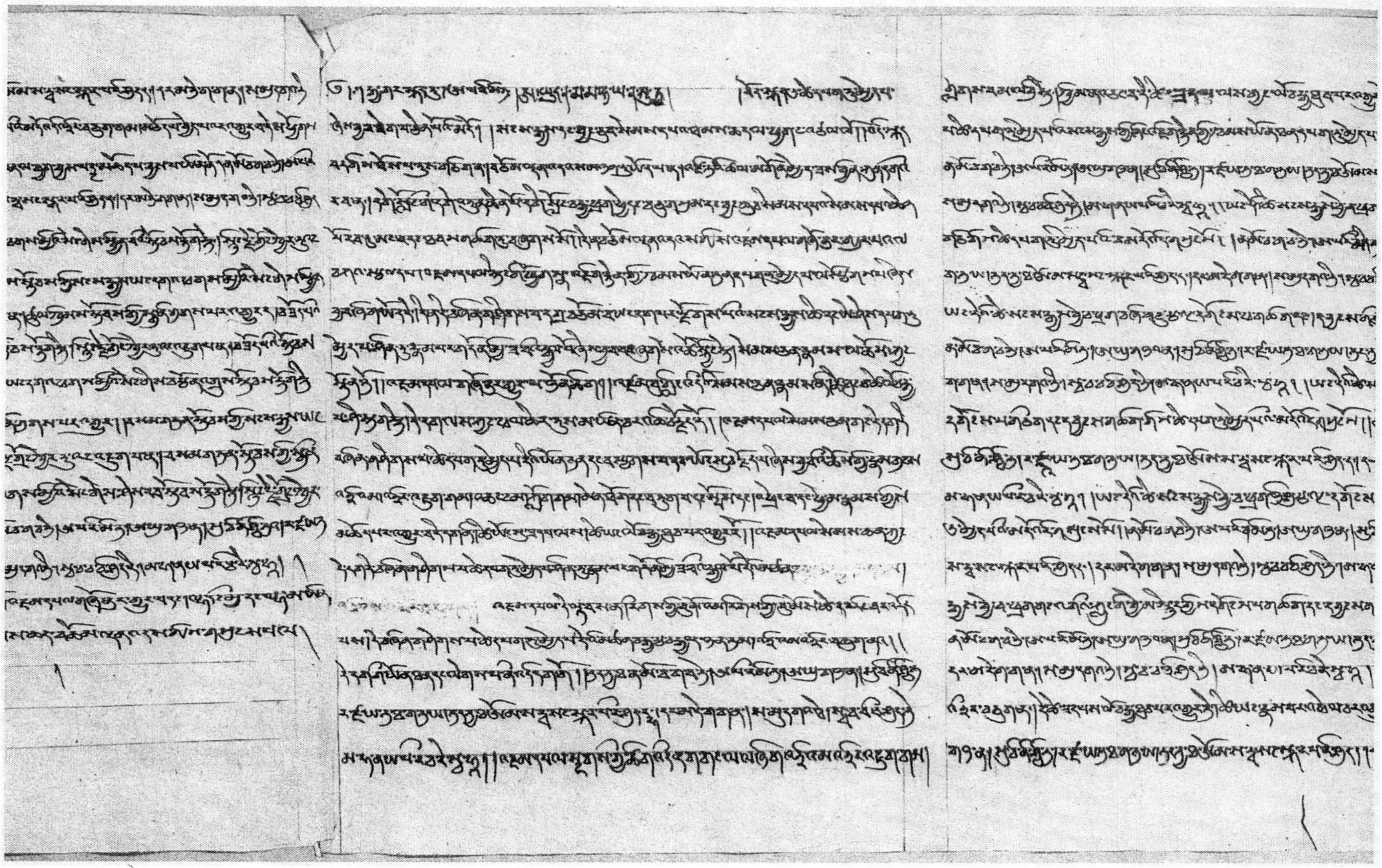

BD14306 號 5　藏文（無量壽宗要經甲本）　（60–25）

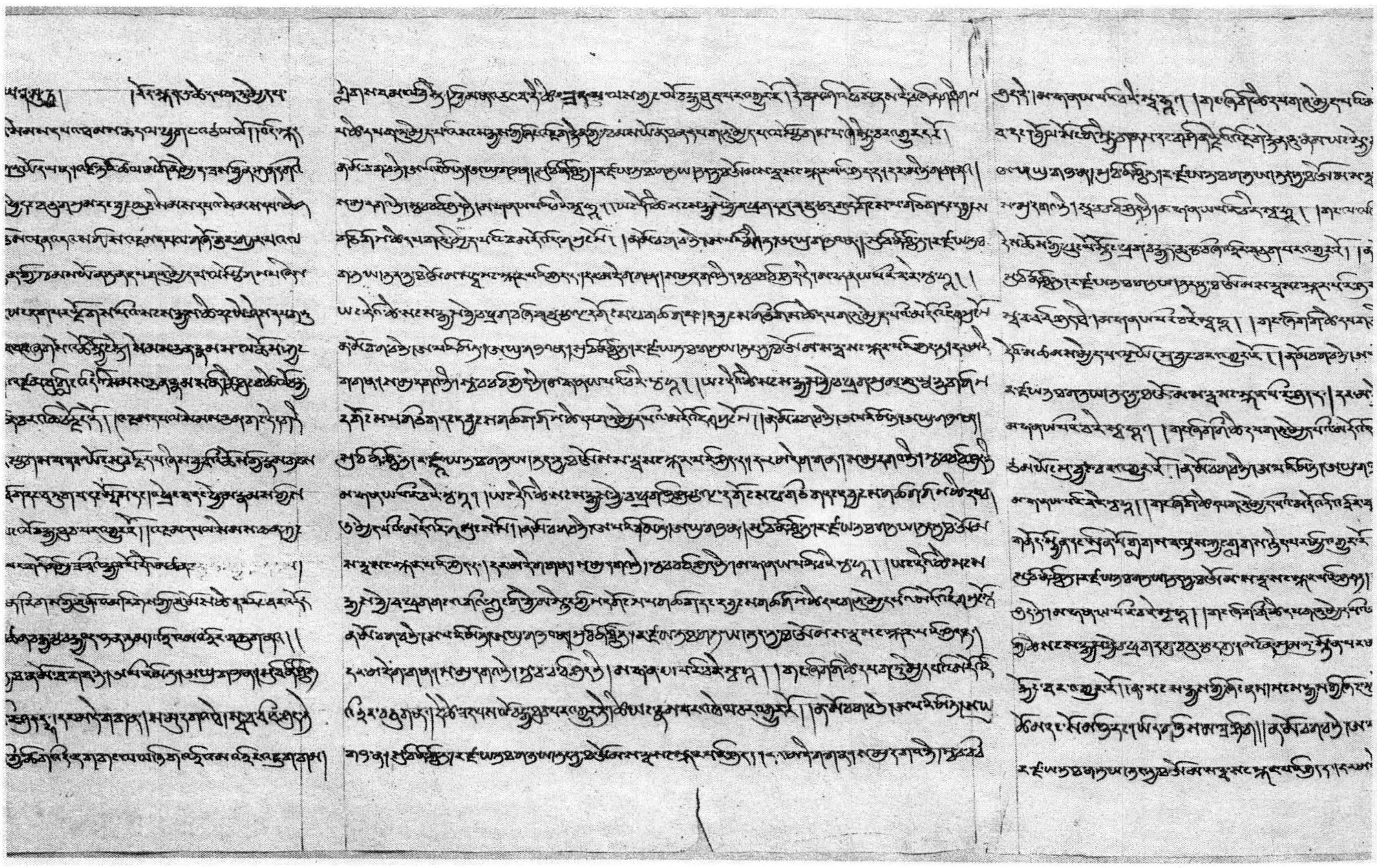

BD14306 號 5　藏文（無量壽宗要經甲本）　（60–26）

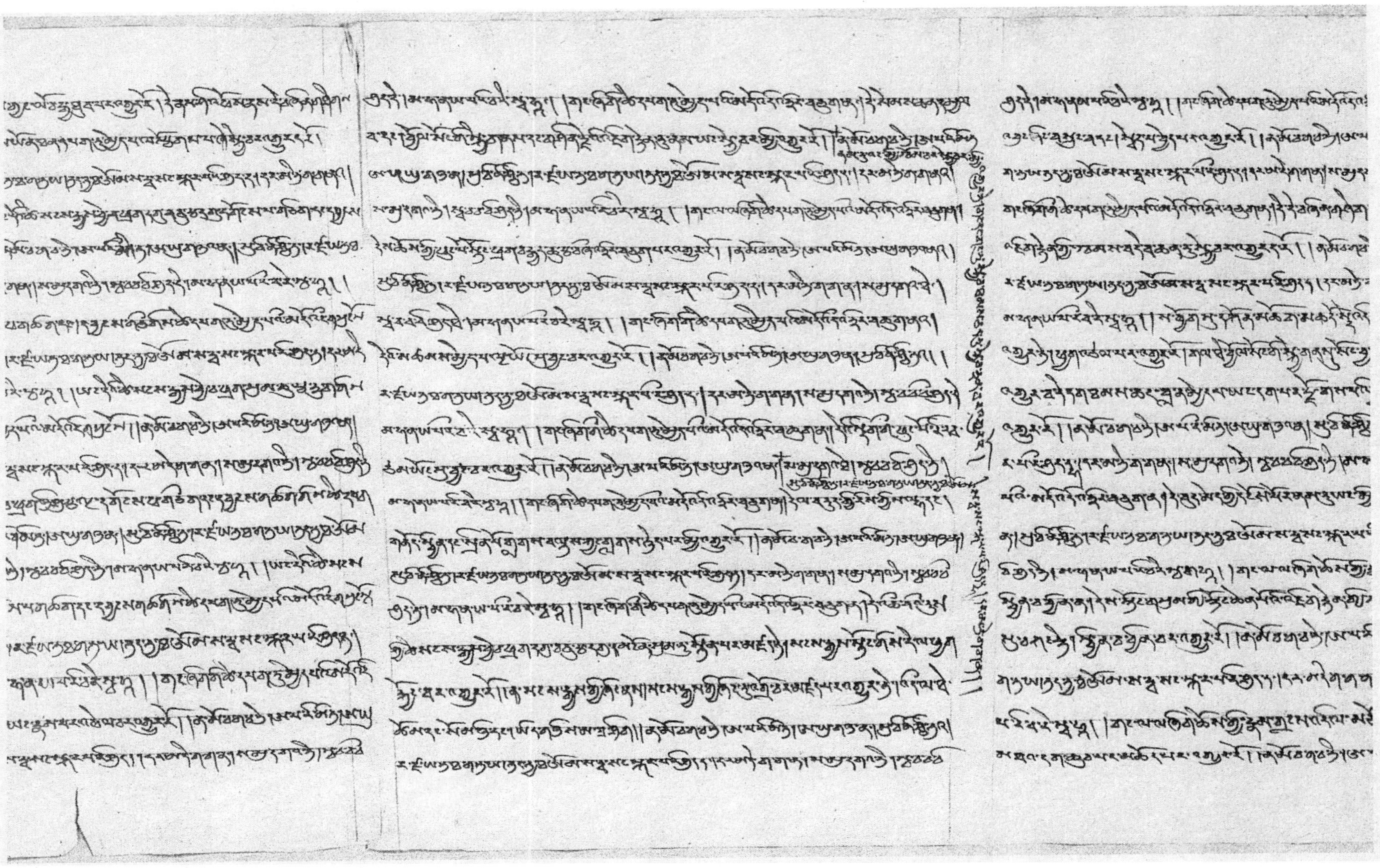

BD14306 號 5　藏文（無量壽宗要經甲本）　（60–27）

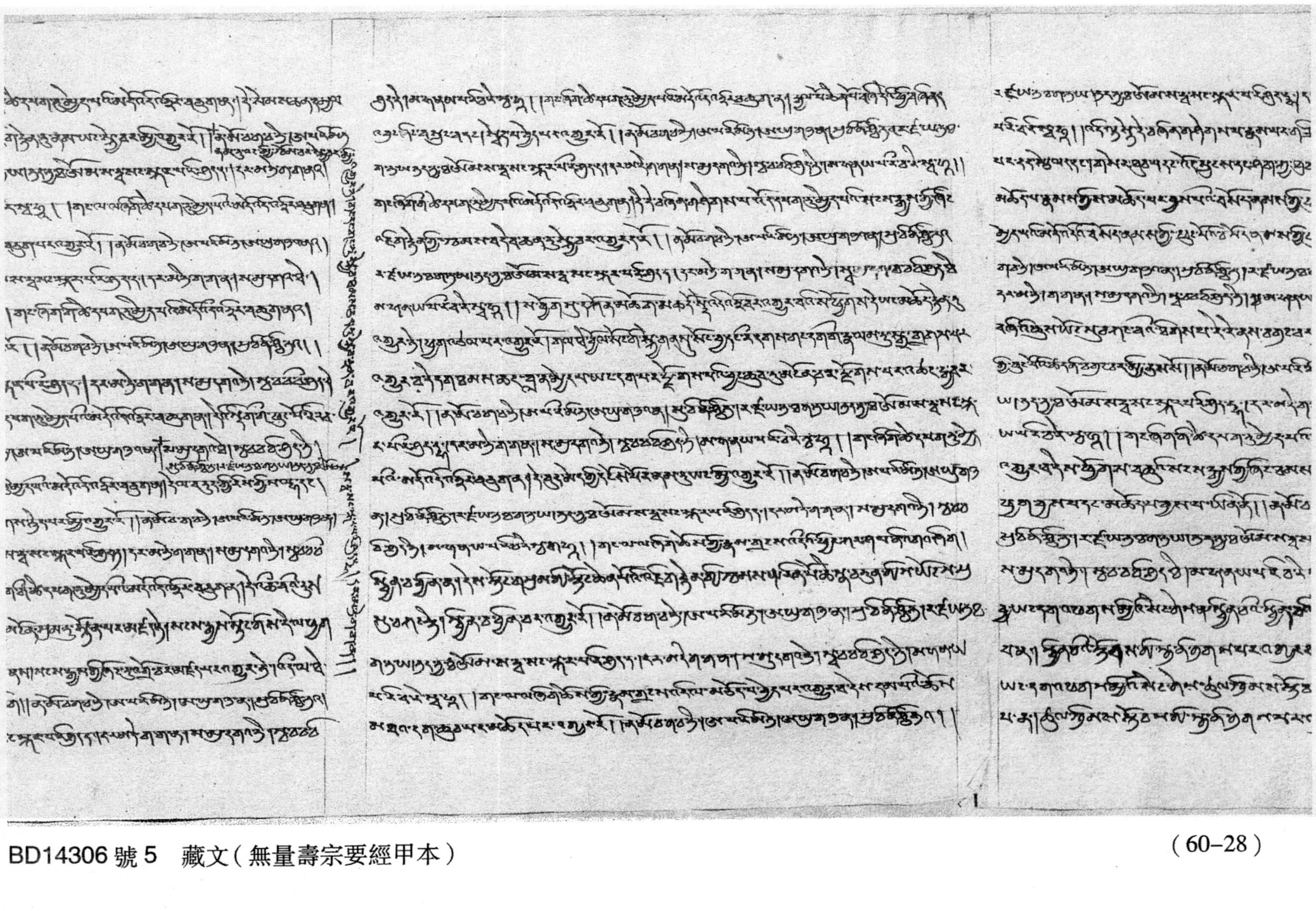

BD14306 號 5　藏文（無量壽宗要經甲本）　（60–28）

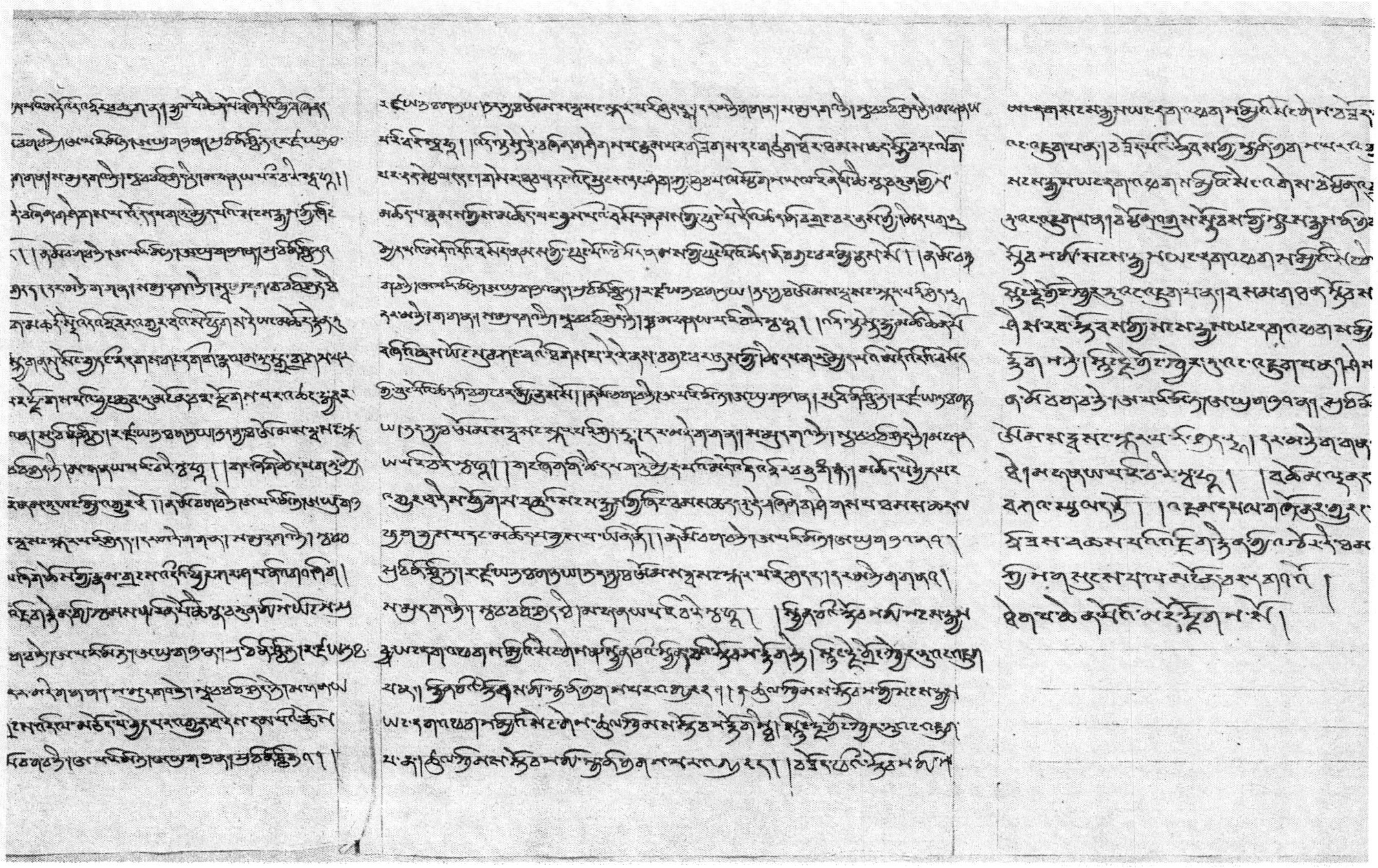

BD14306號 5　藏文（無量壽宗要經甲本）　（60–29）

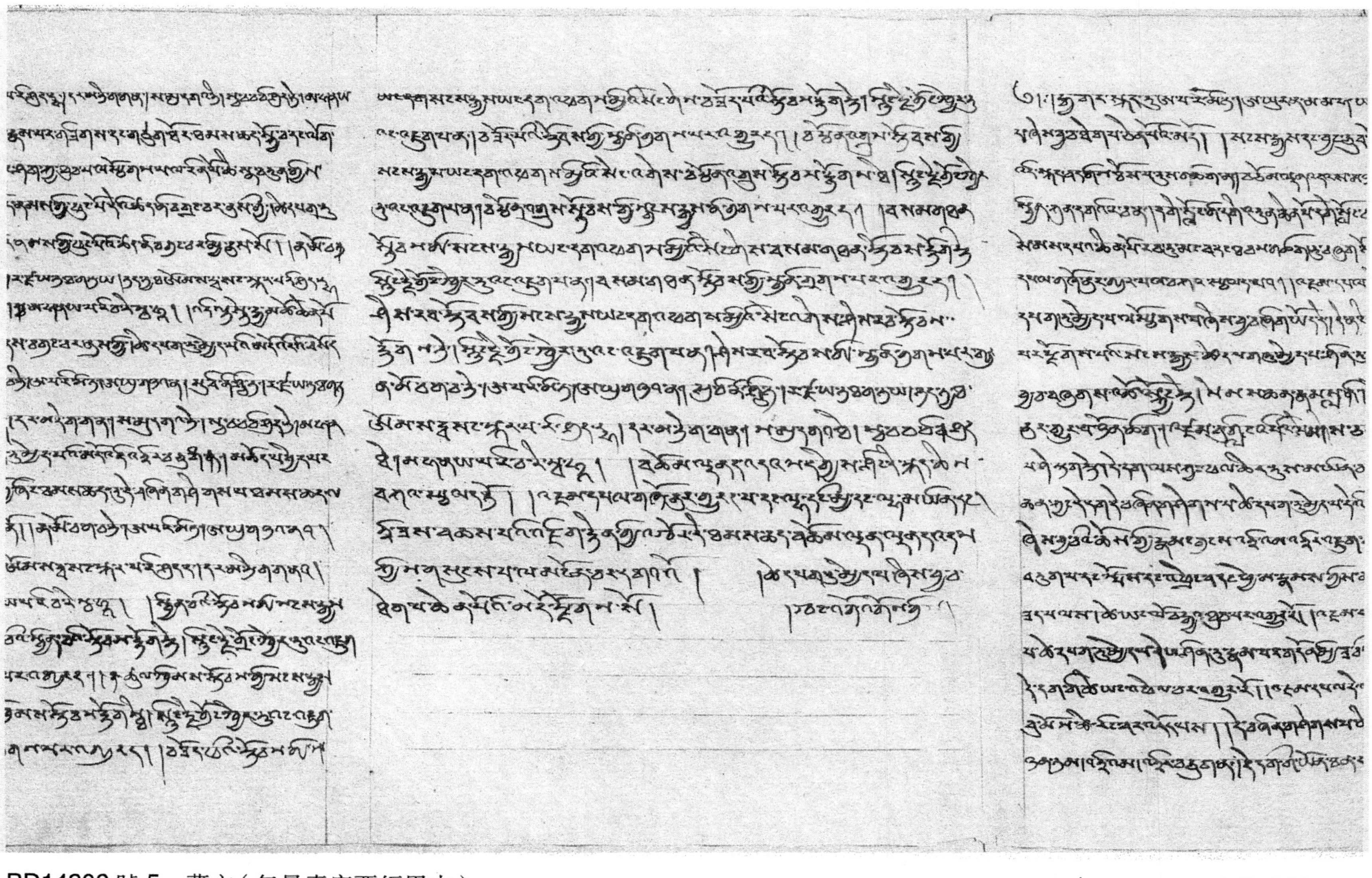

BD14306號 5　藏文（無量壽宗要經甲本）　（60–30）

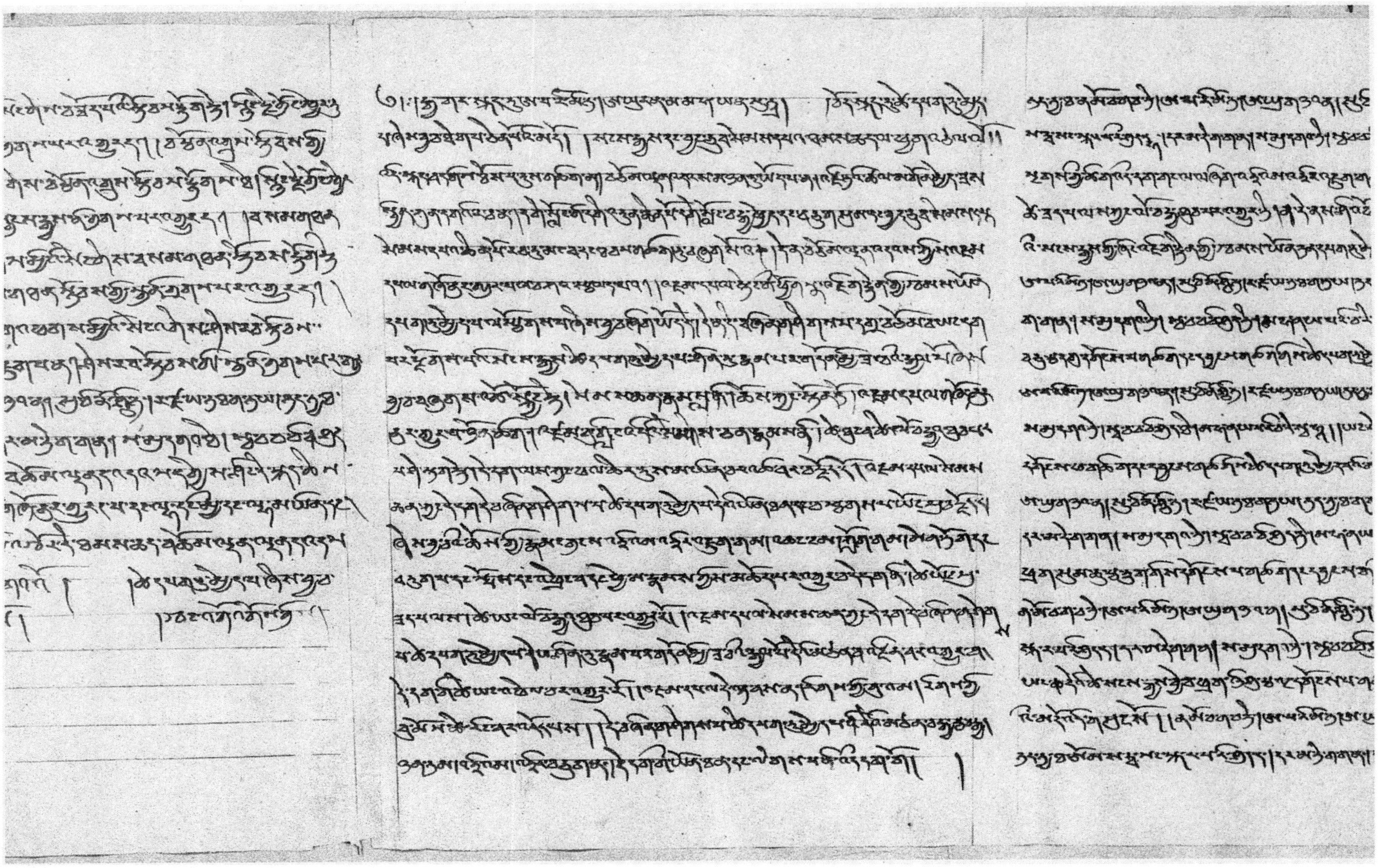

BD14306 號 6　藏文（無量壽宗要經甲本）　（60–31）

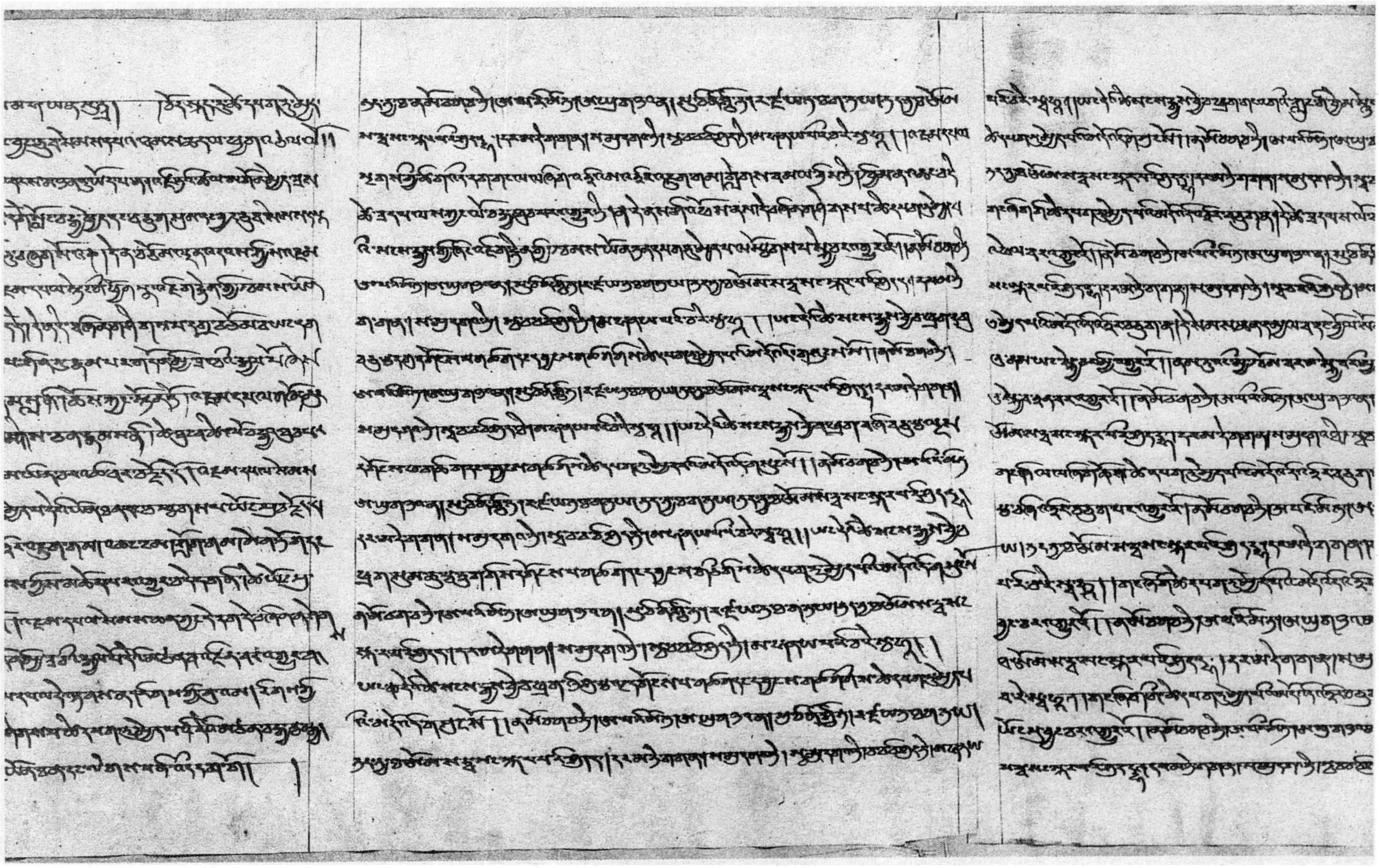

BD14306 號 6　藏文（無量壽宗要經甲本）　（60–32）

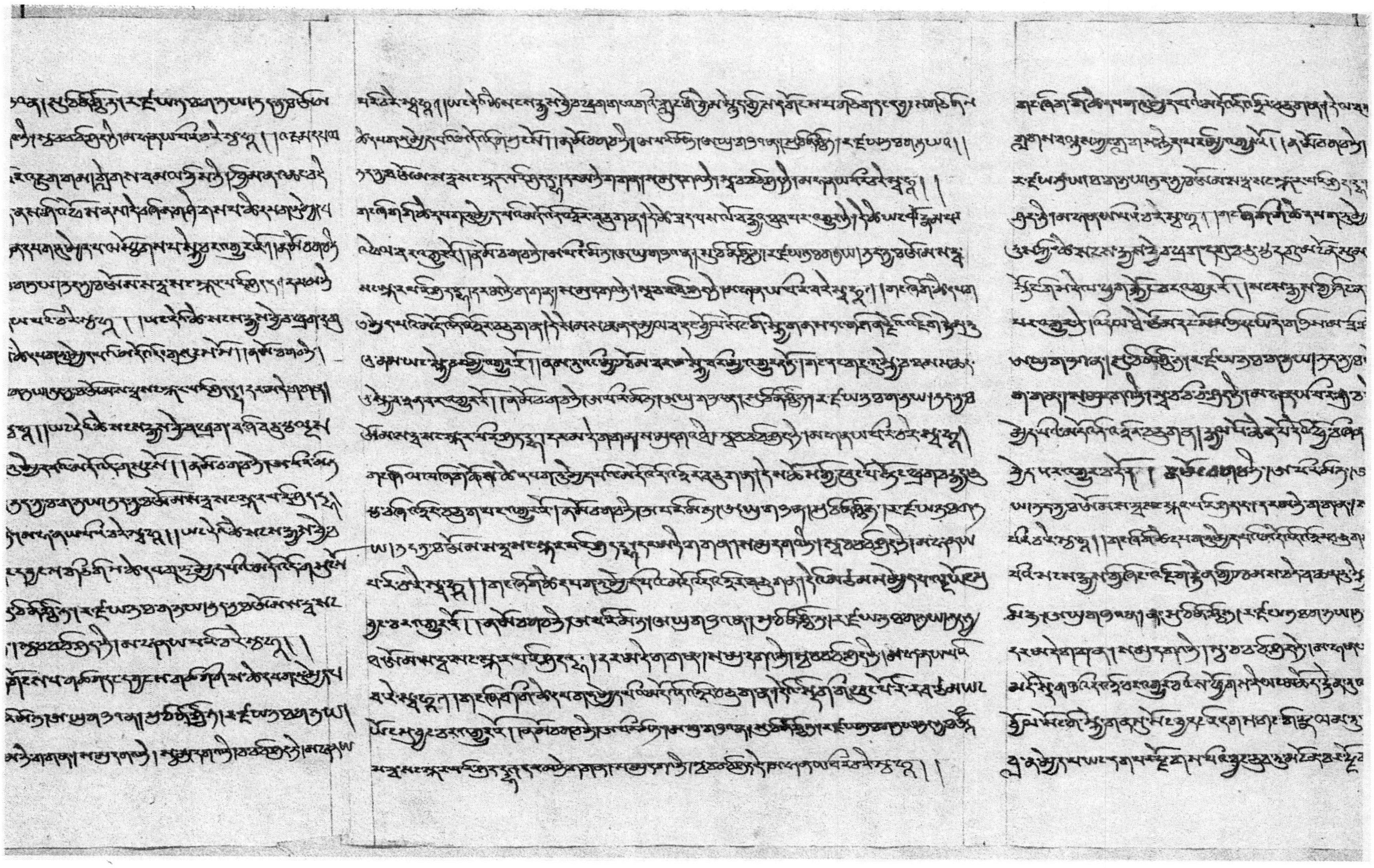

BD14306 號 6　藏文（無量壽宗要經甲本）　（60–33）

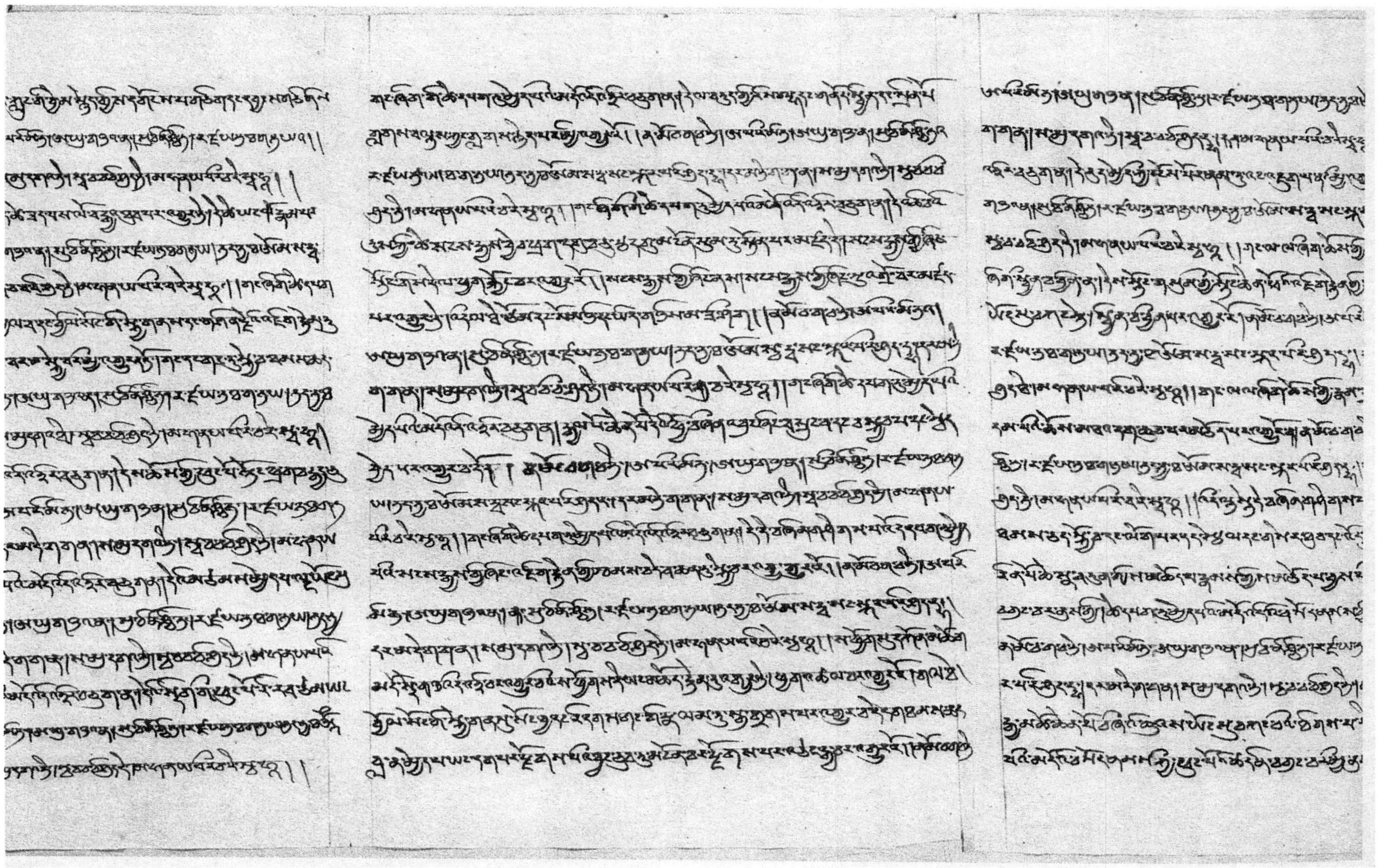

BD14306 號 6　藏文（無量壽宗要經甲本）　（60–34）

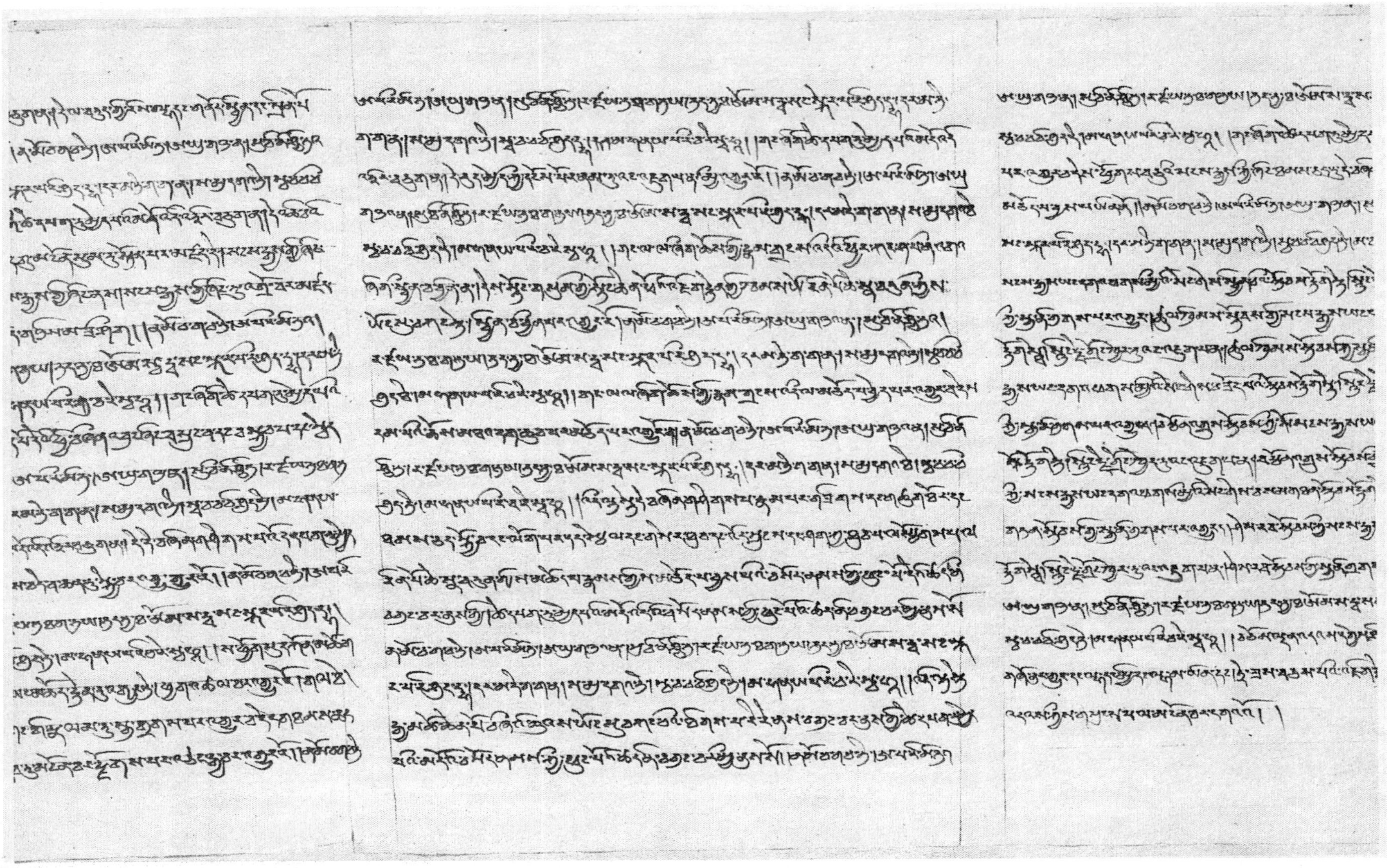

BD14306 號 6　藏文（無量壽宗要經甲本）　（60–35）

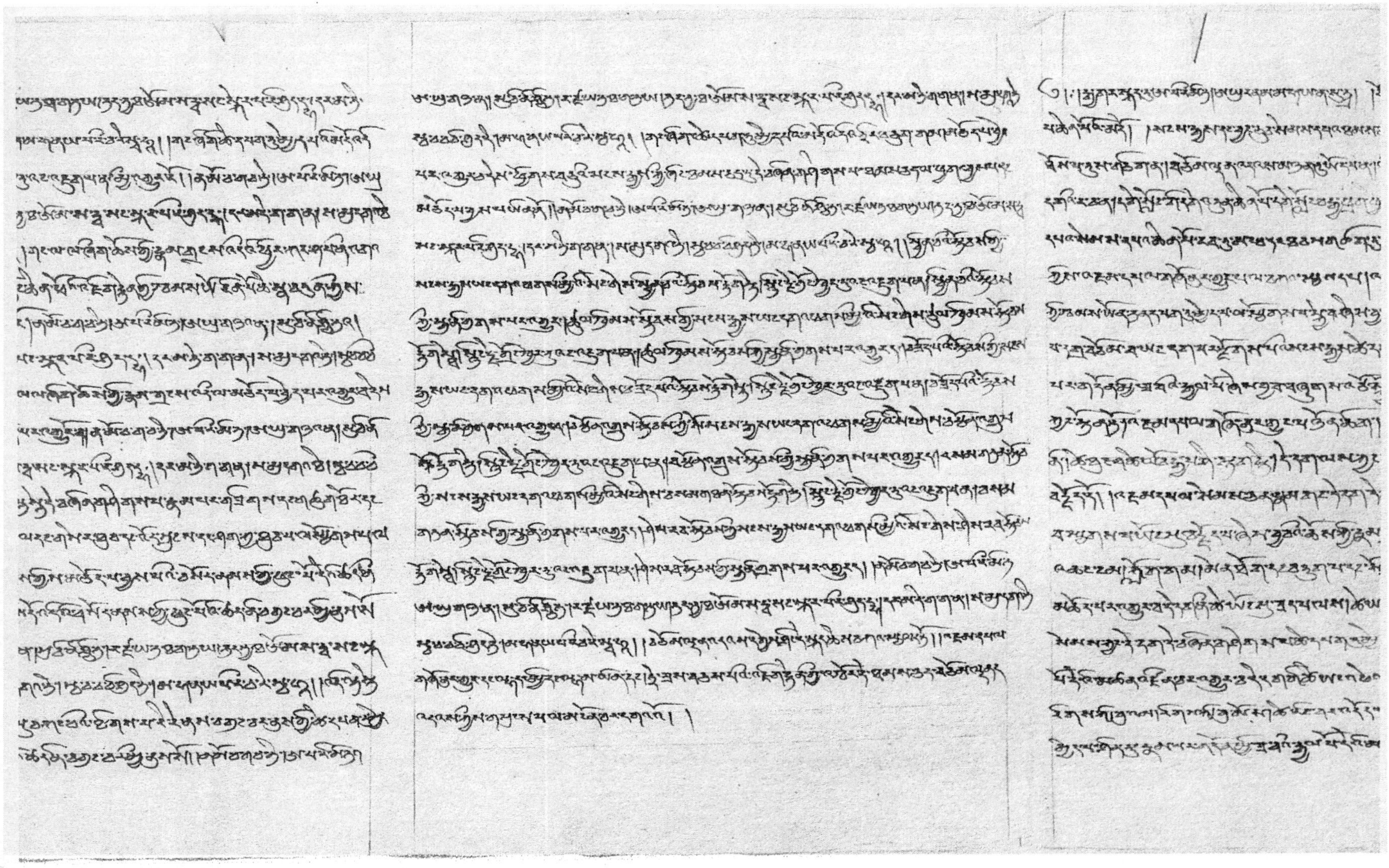

BD14306 號 6　藏文（無量壽宗要經甲本）　（60–36）

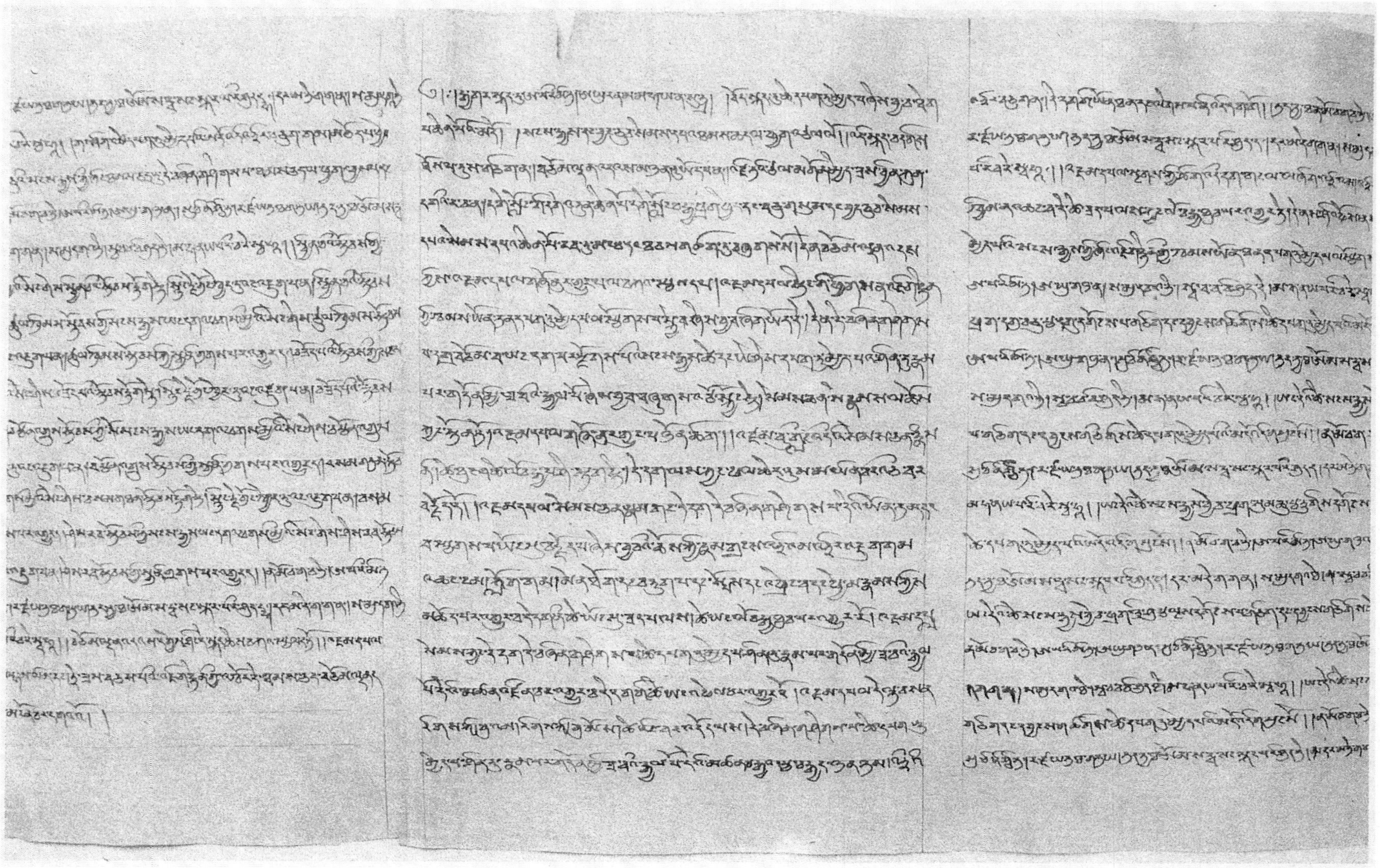

BD14306 號 7　藏文（無量壽宗要經甲本）　（60–37）

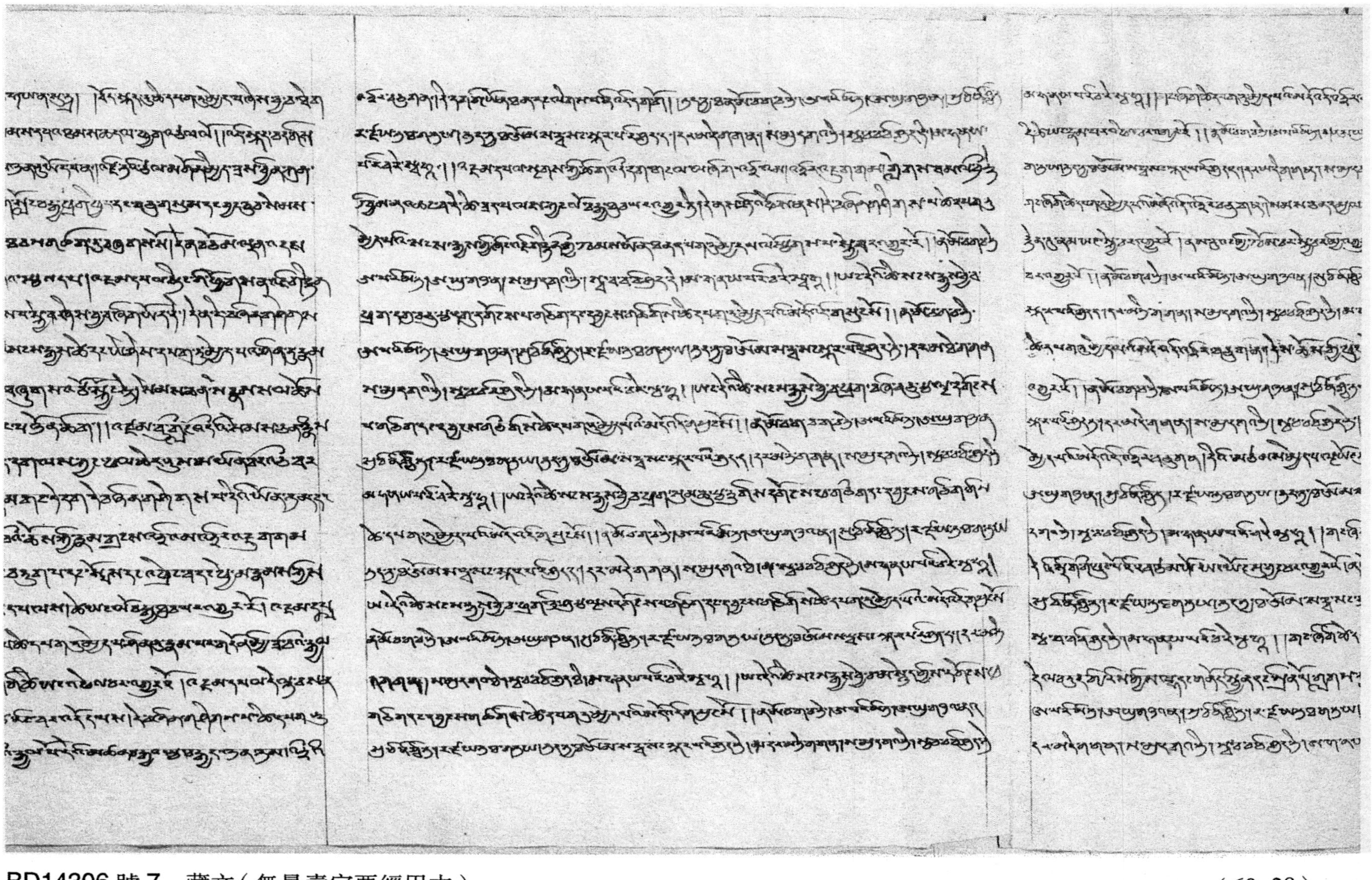

BD14306 號 7　藏文（無量壽宗要經甲本）　（60–38）

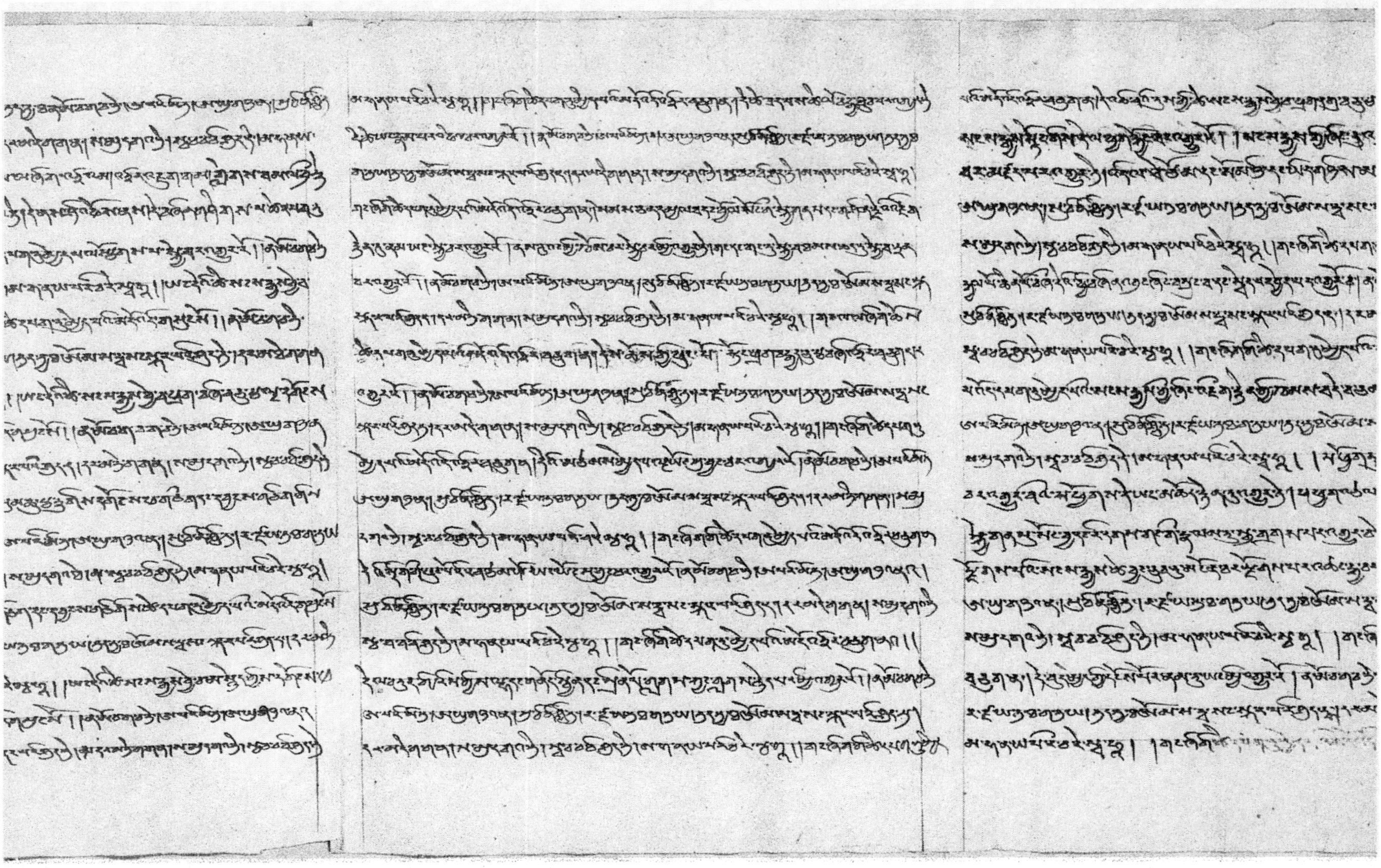

BD14306 號 7　藏文（無量壽宗要經甲本）　（60–39）

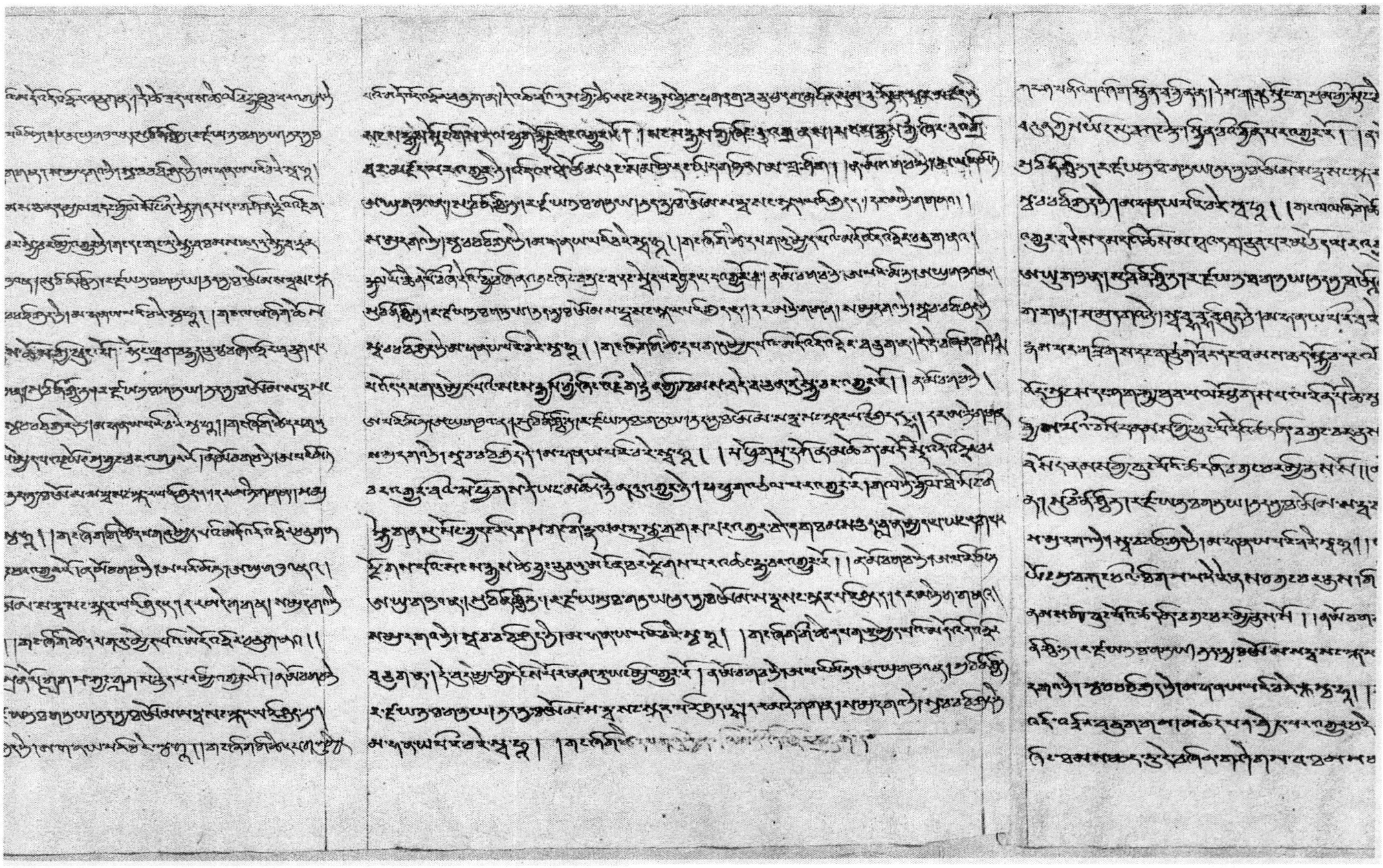

BD14306 號 7　藏文（無量壽宗要經甲本）　（60–40）

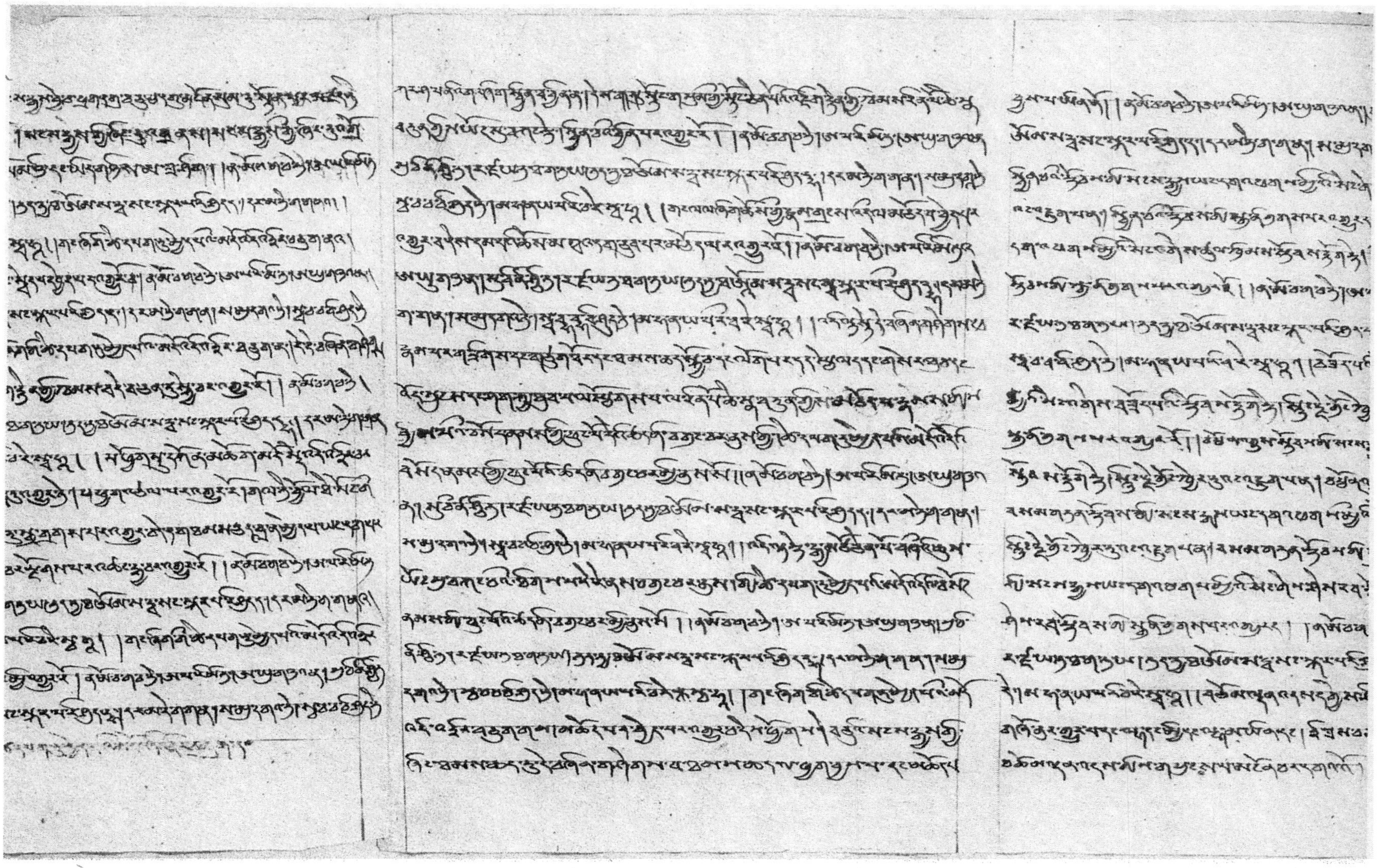

BD14306 號 7　藏文（無量壽宗要經甲本）　（60–41）

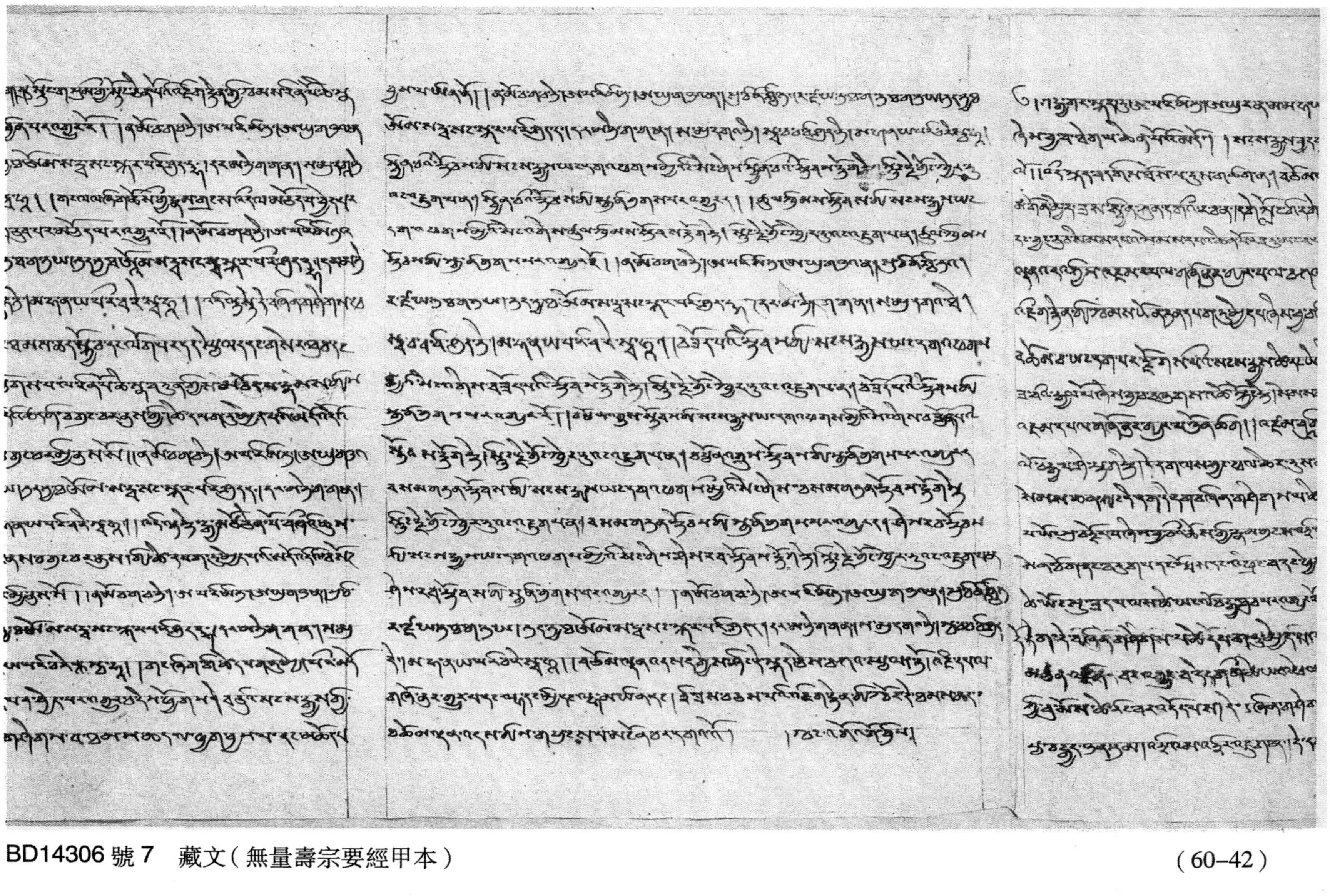

BD14306 號 7　藏文（無量壽宗要經甲本）　（60–42）

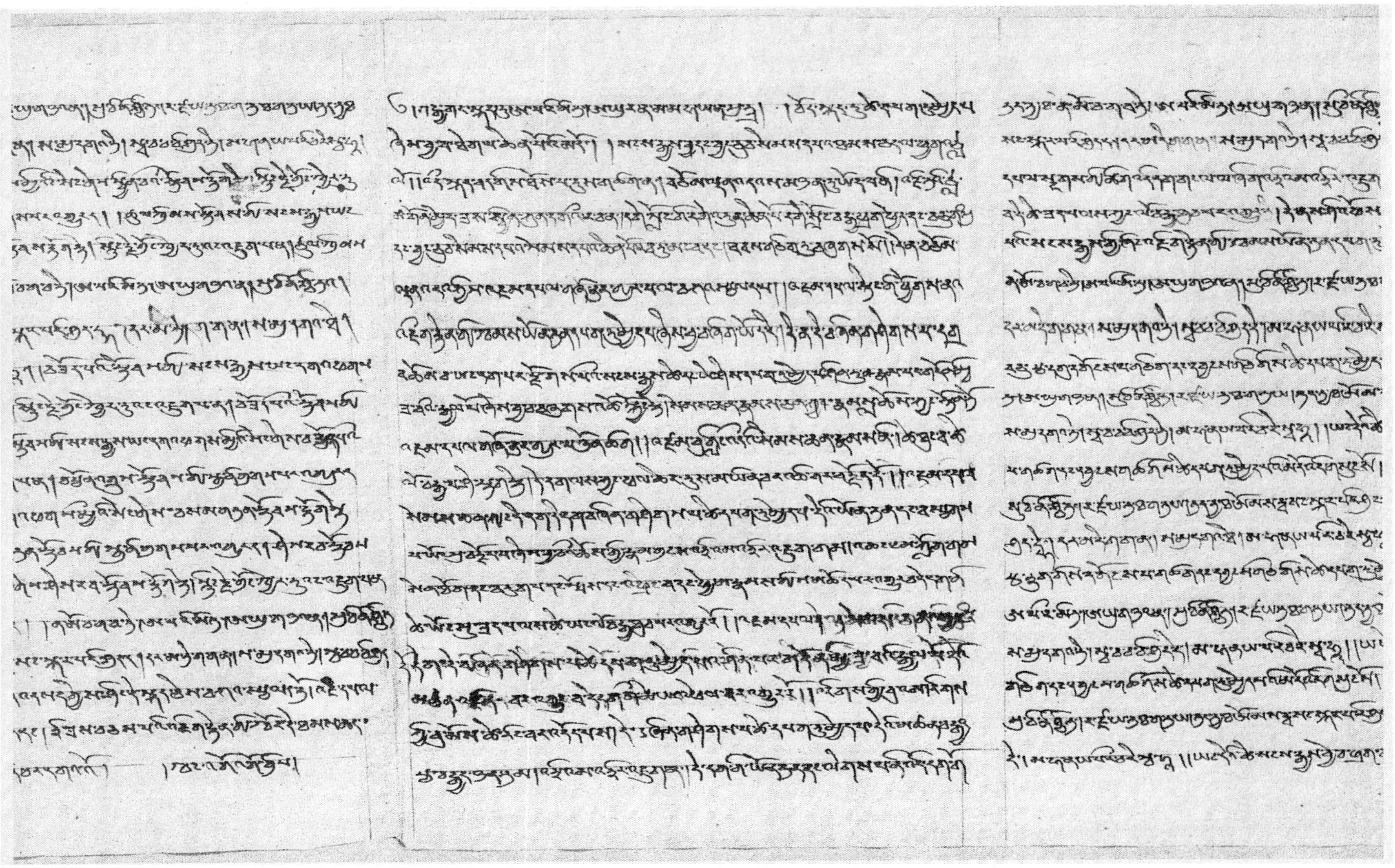

BD14306 號 8　藏文（無量壽宗要經甲本）　　（60–43）

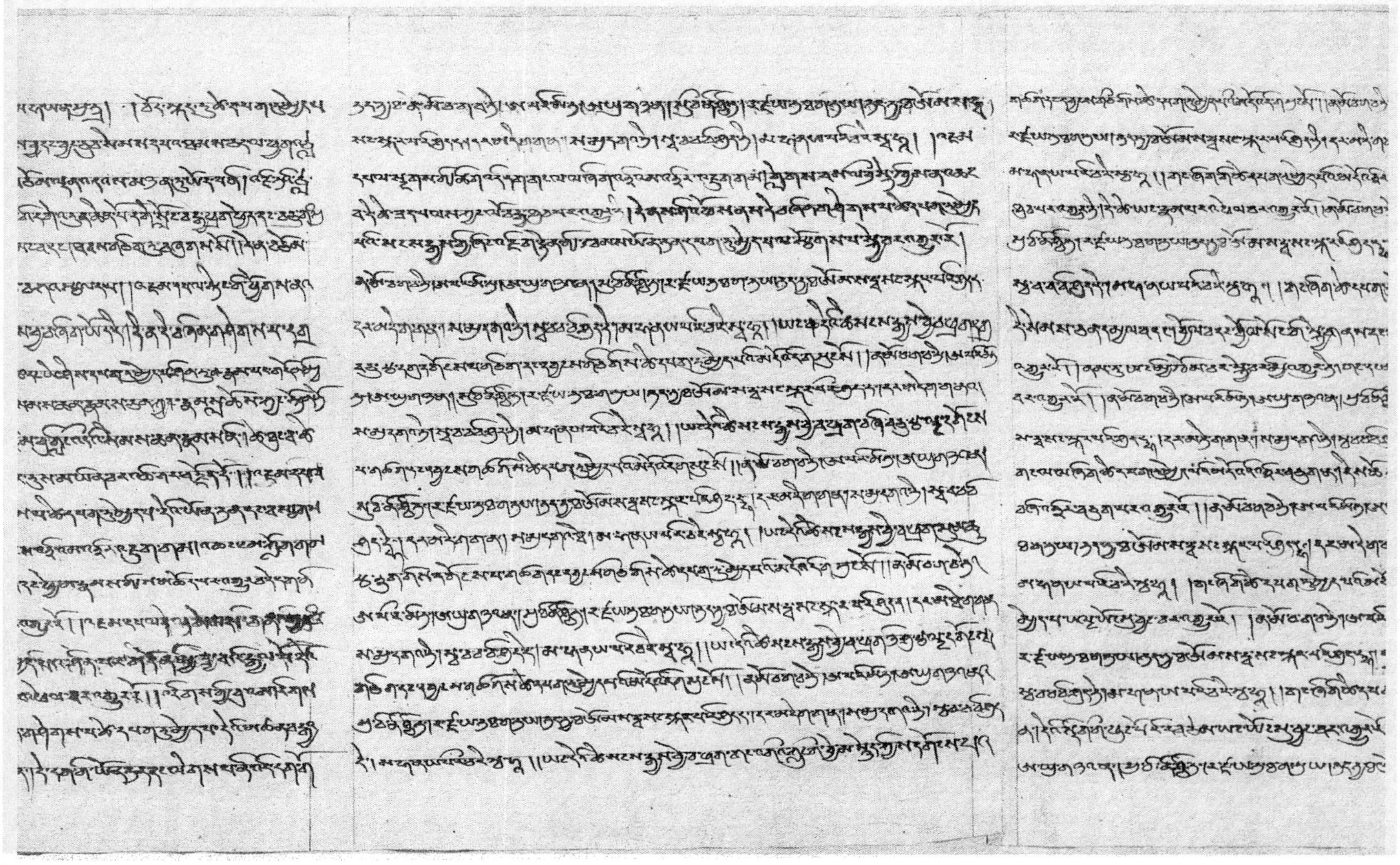

BD14306 號 8　藏文（無量壽宗要經甲本）　　（60–44）

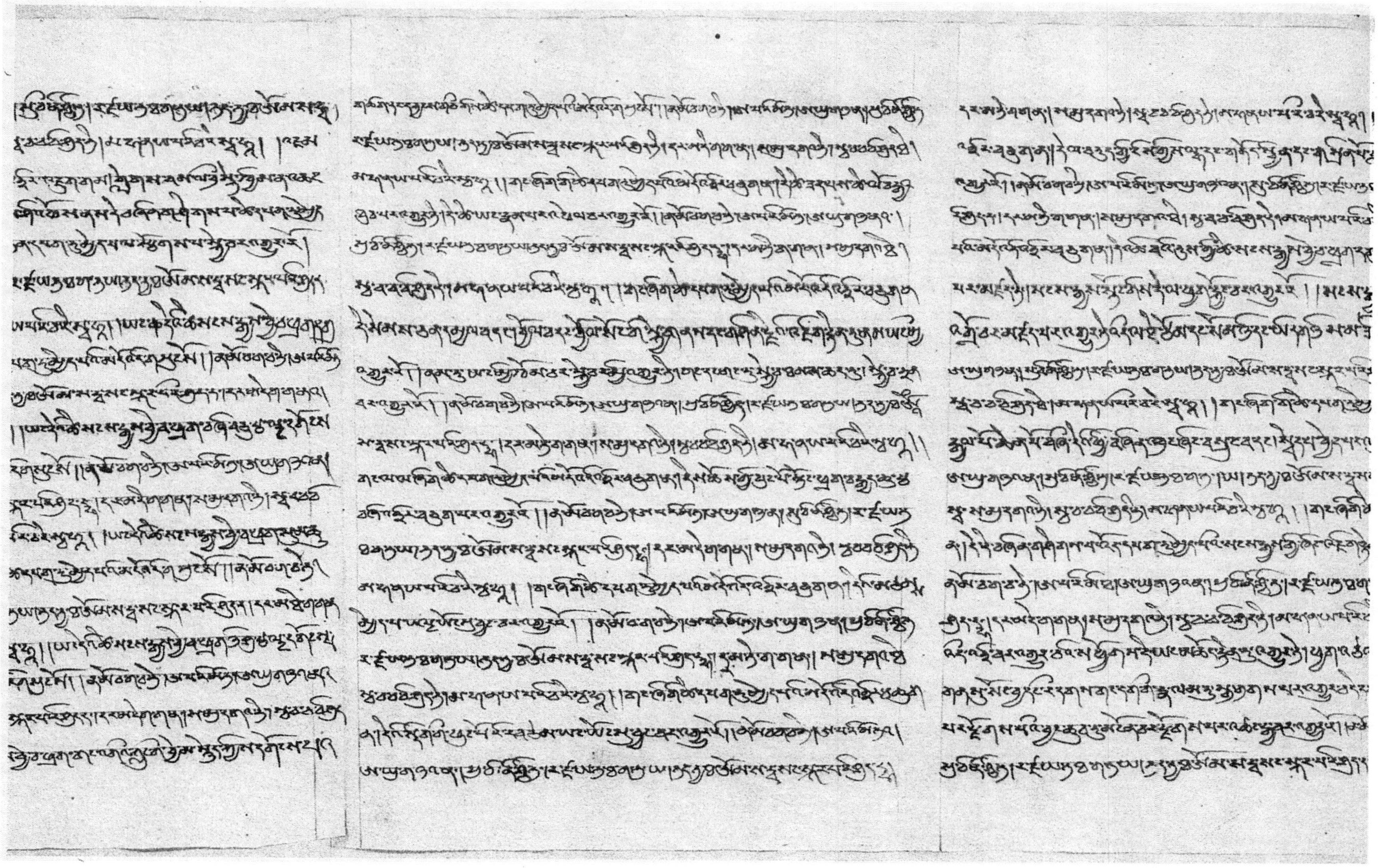

BD14306 號 8　藏文（無量壽宗要經甲本）　　（60–45）

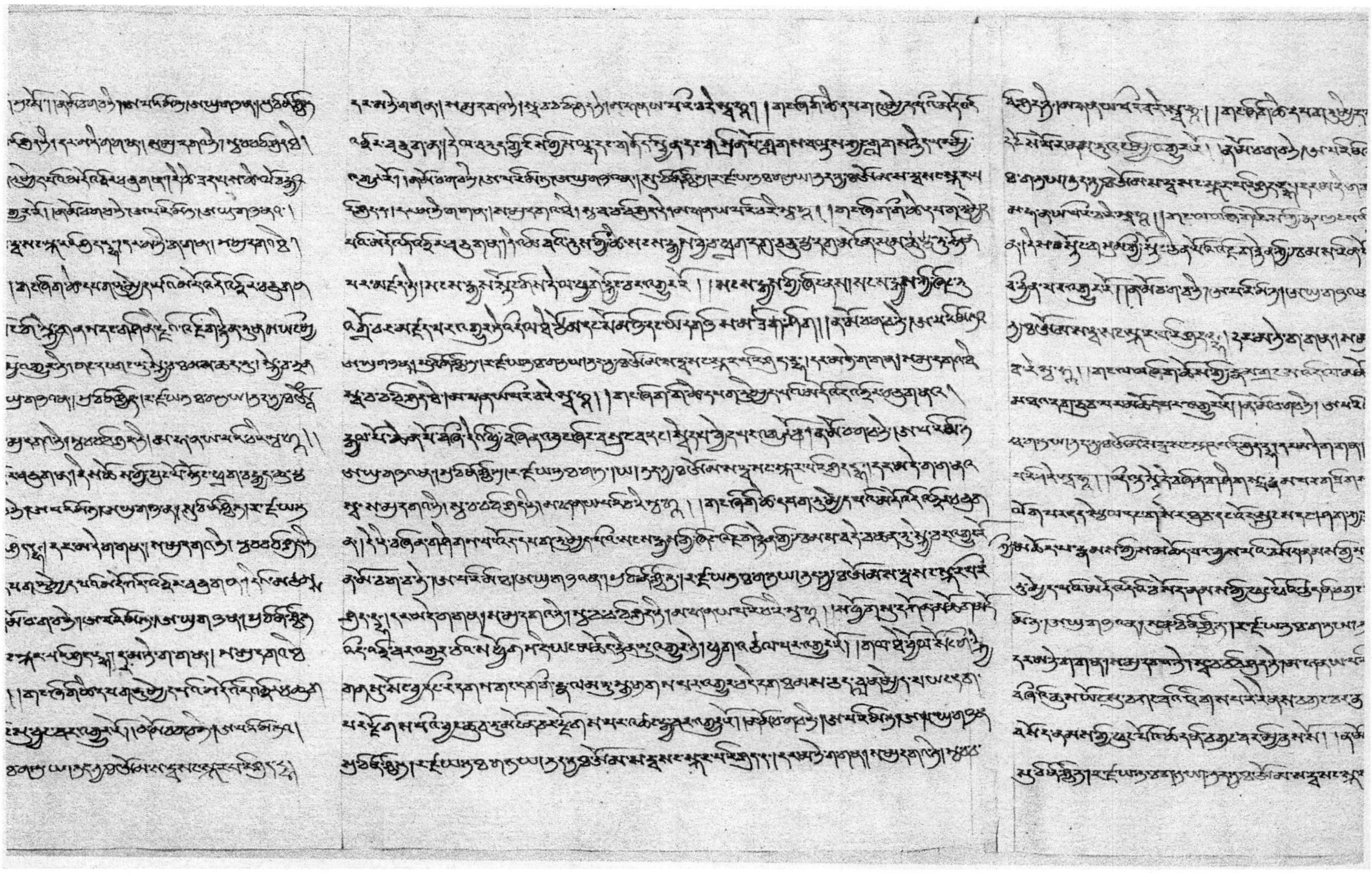

BD14306 號 8　藏文（無量壽宗要經甲本）　　（60–46）

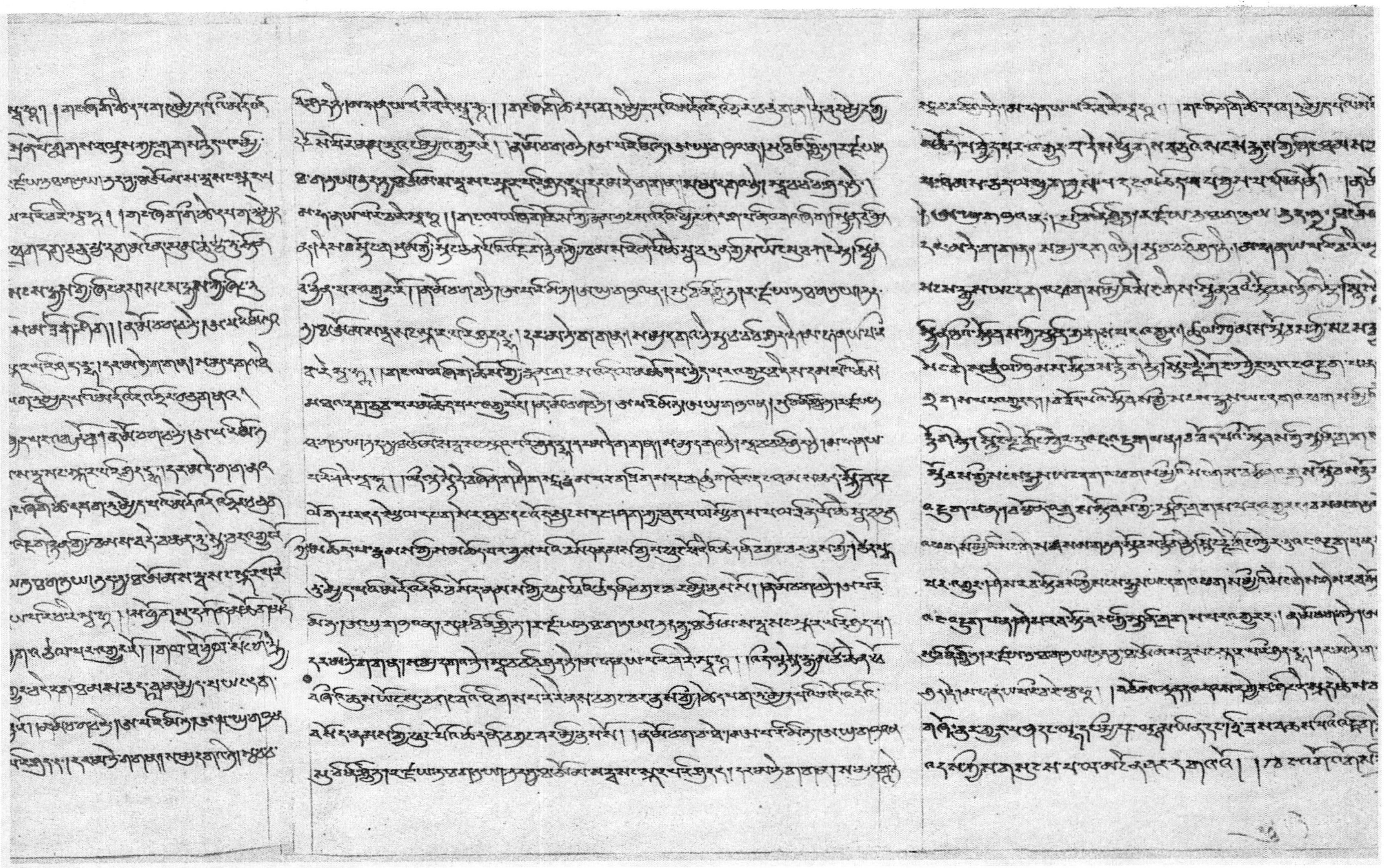

BD14306 號 8　藏文（無量壽宗要經甲本）　　（60–47）

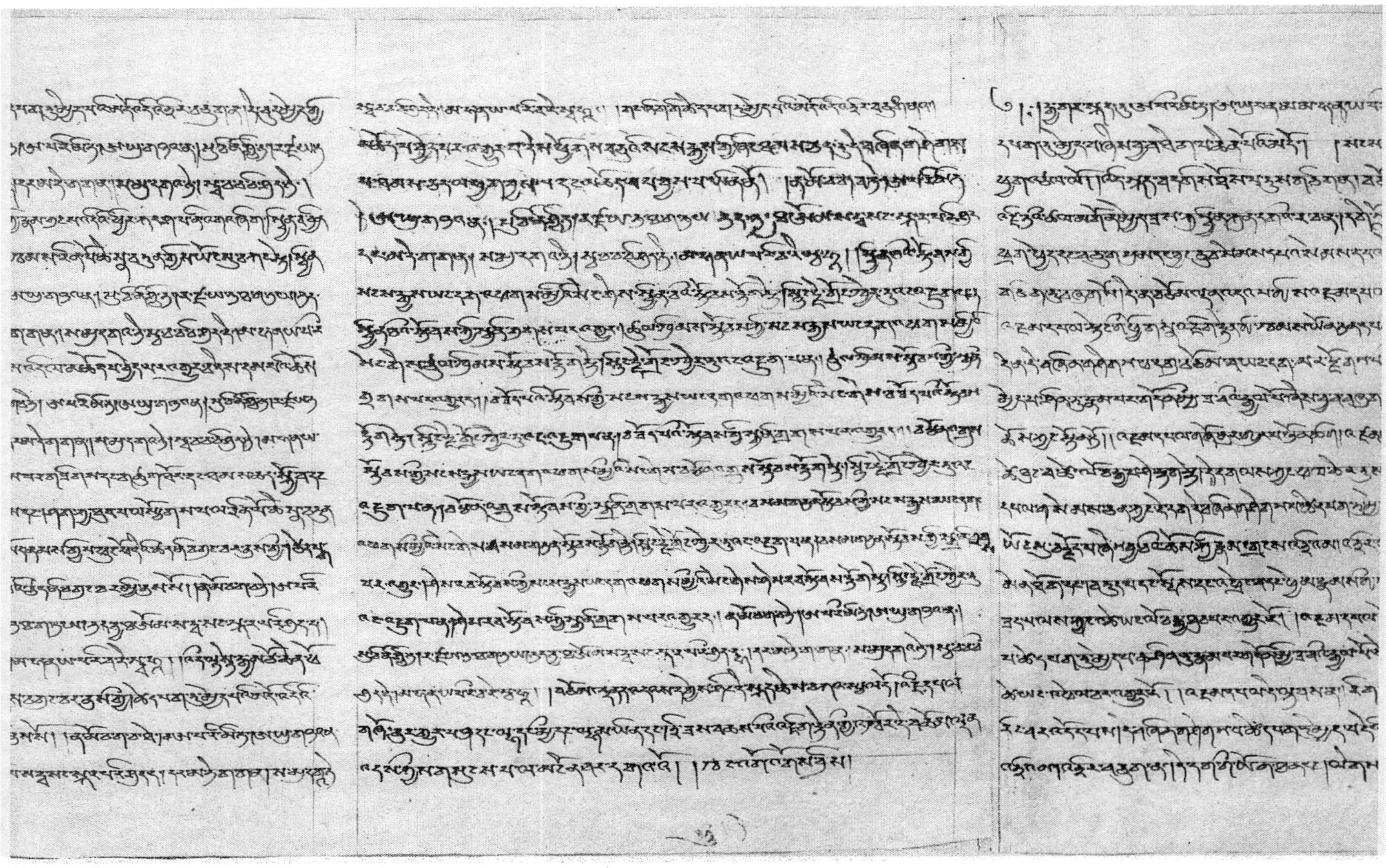

BD14306 號 8　藏文（無量壽宗要經甲本）　　（60–48）

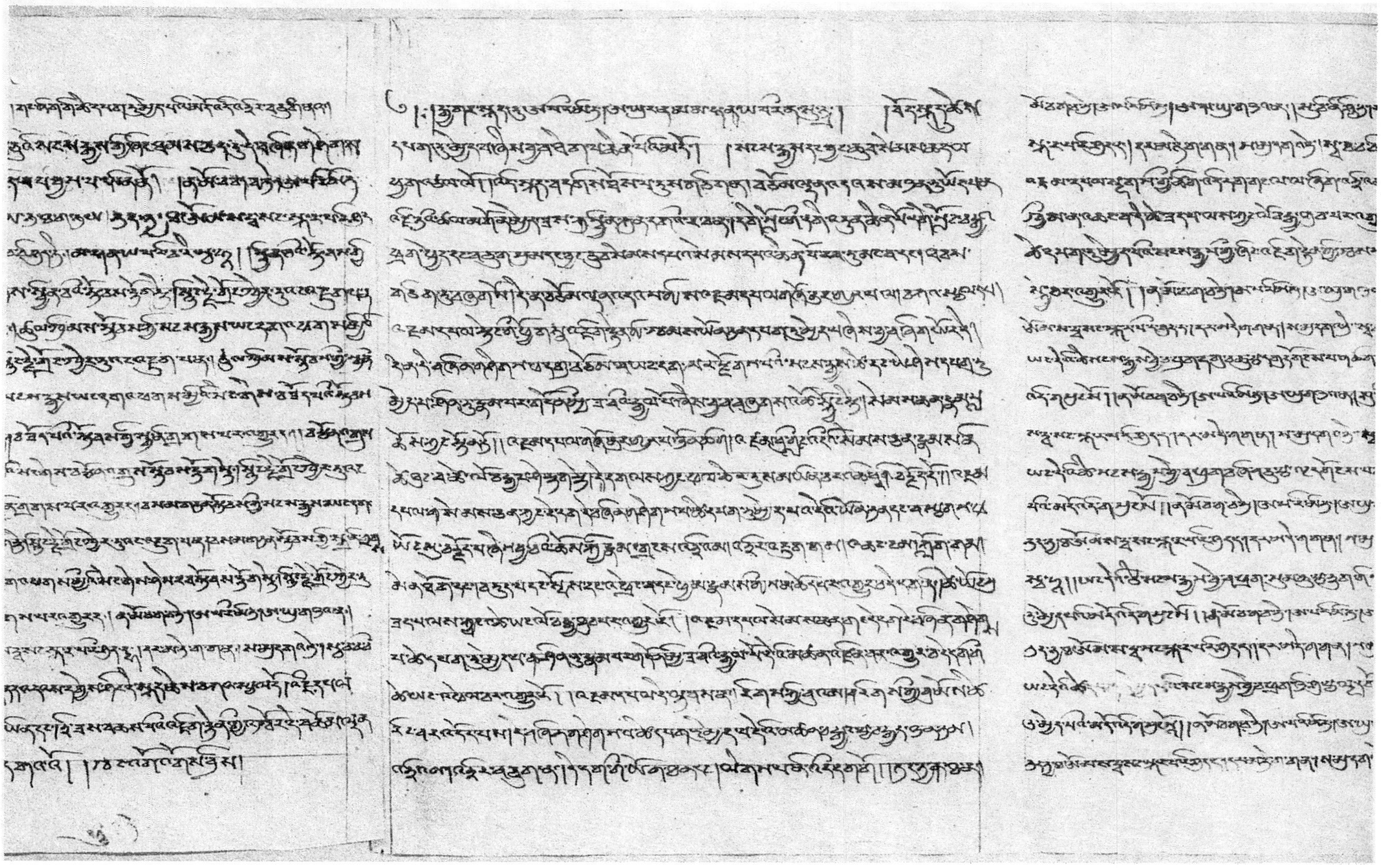

BD14306 號 9　藏文（無量壽宗要經甲本）　（60–49）

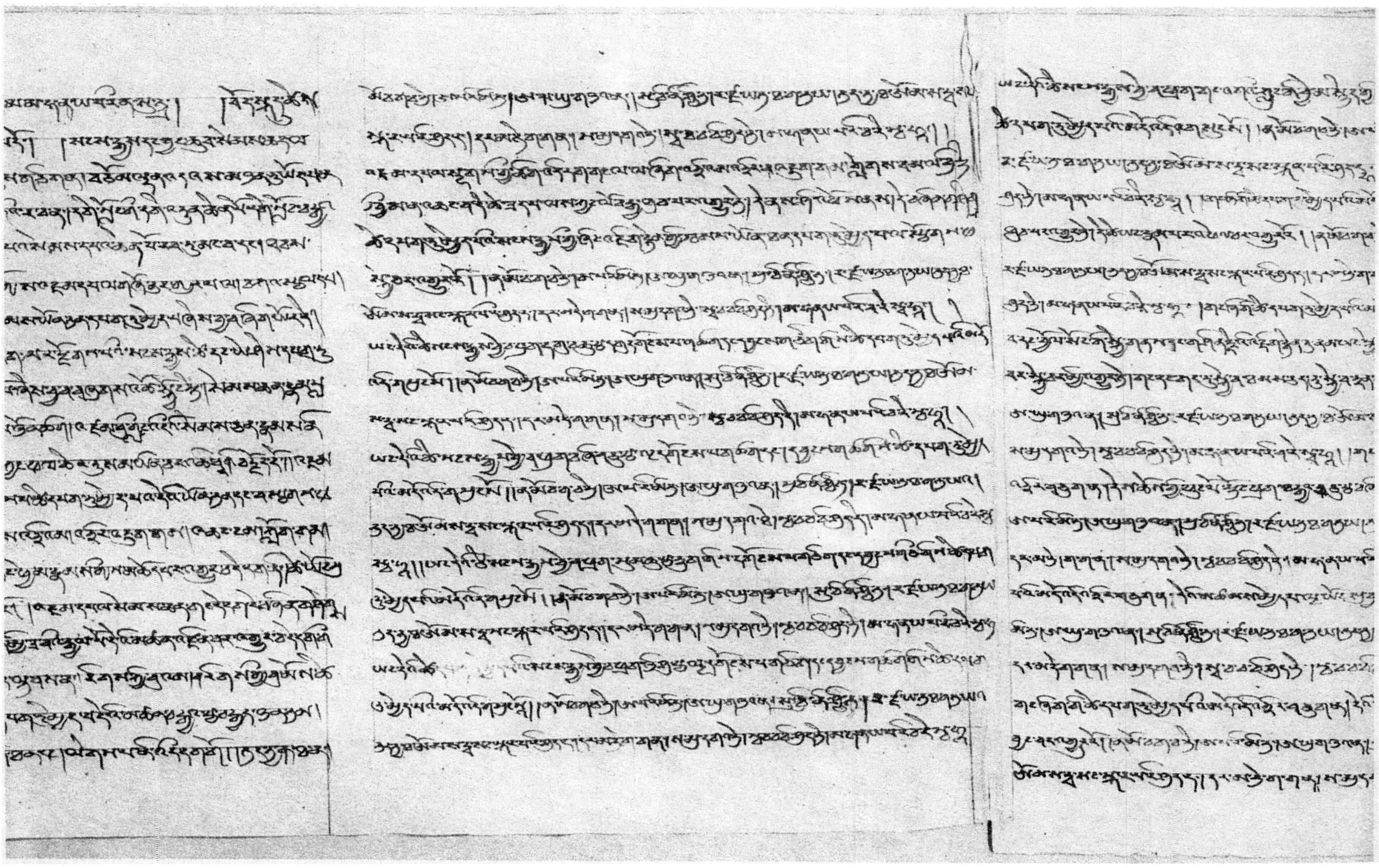

BD14306 號 9　藏文（無量壽宗要經甲本）　（60–50）

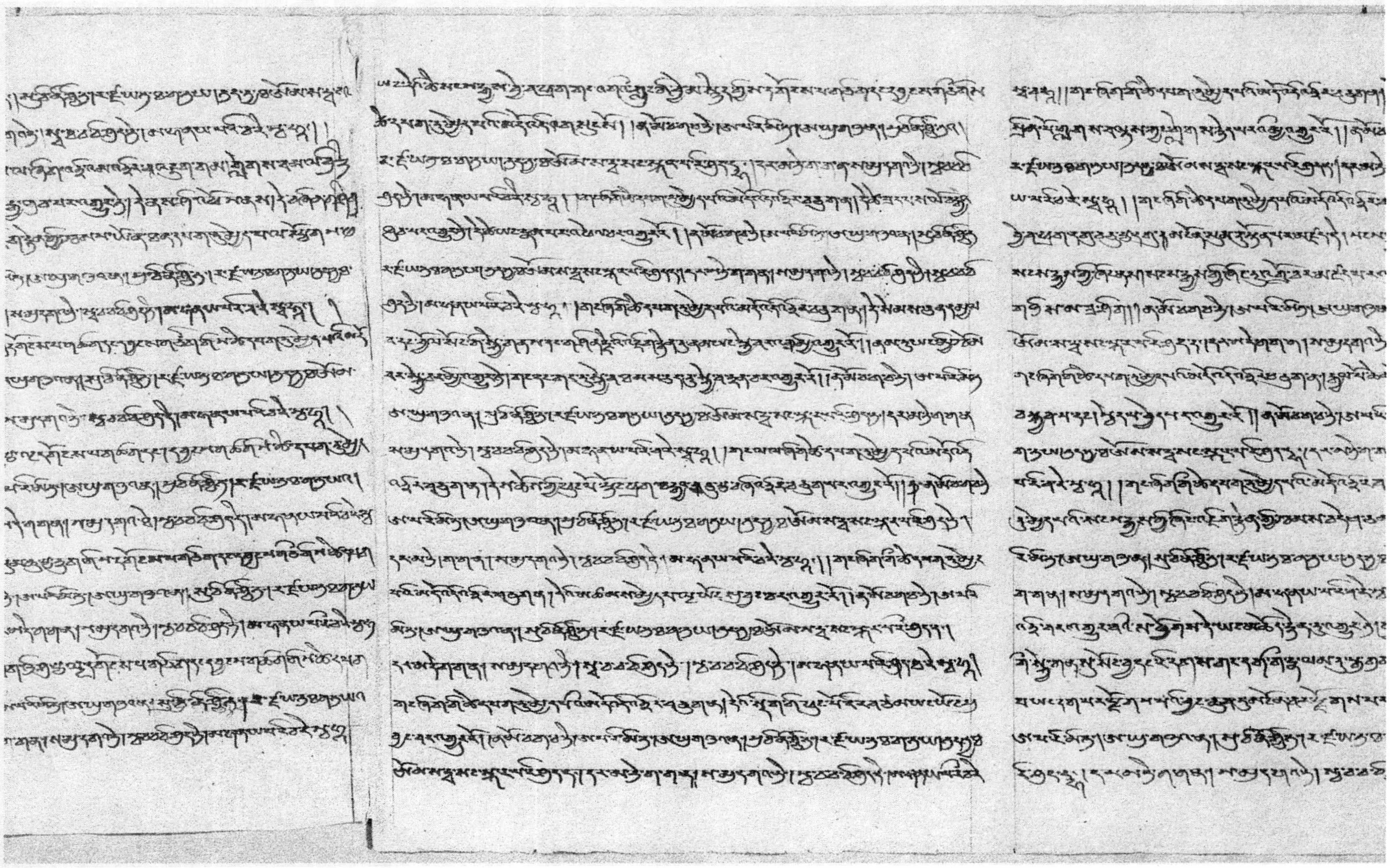

BD14306 號 9　藏文（無量壽宗要經甲本）　（60–51）

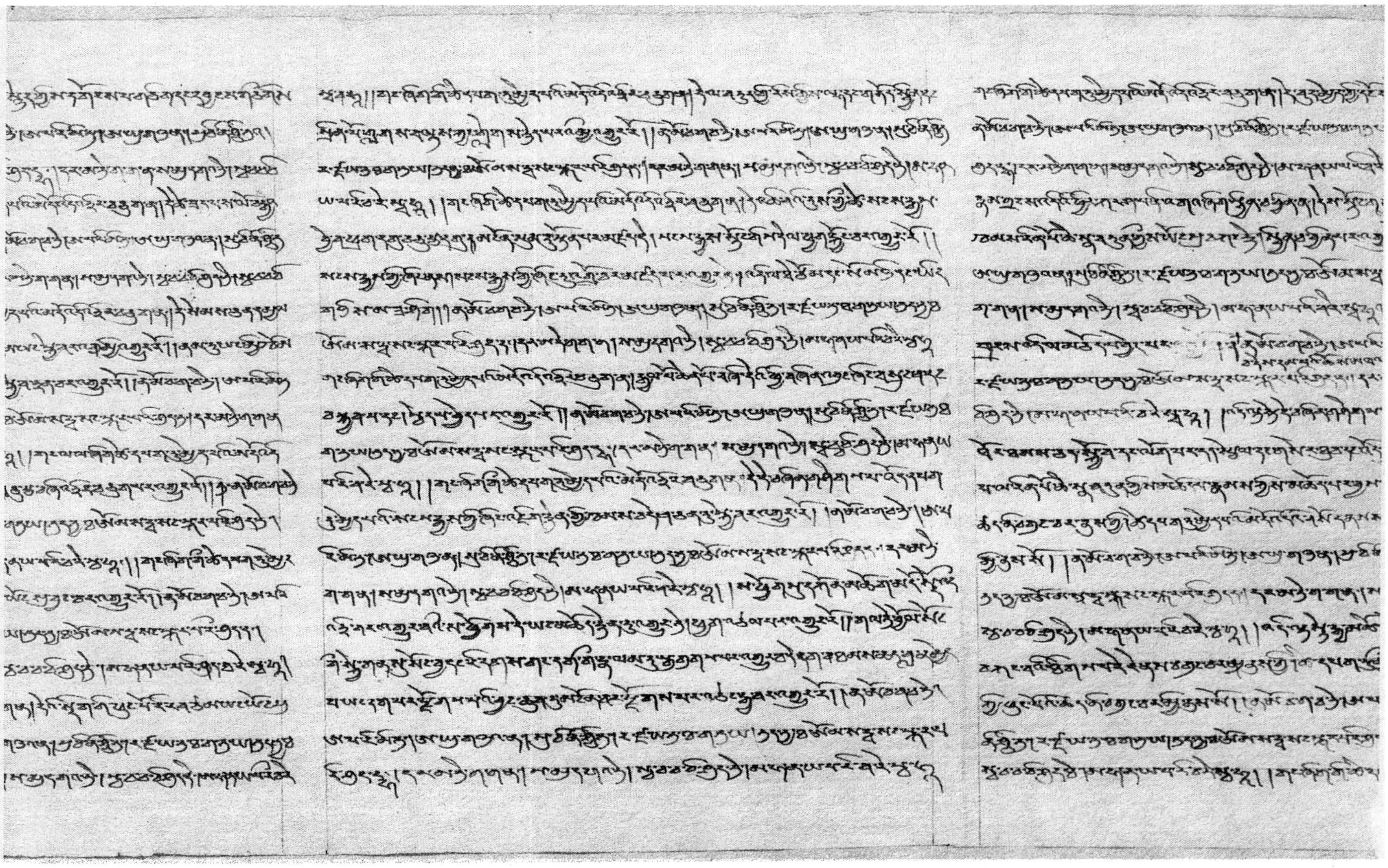

BD14306 號 9　藏文（無量壽宗要經甲本）　（60–52）

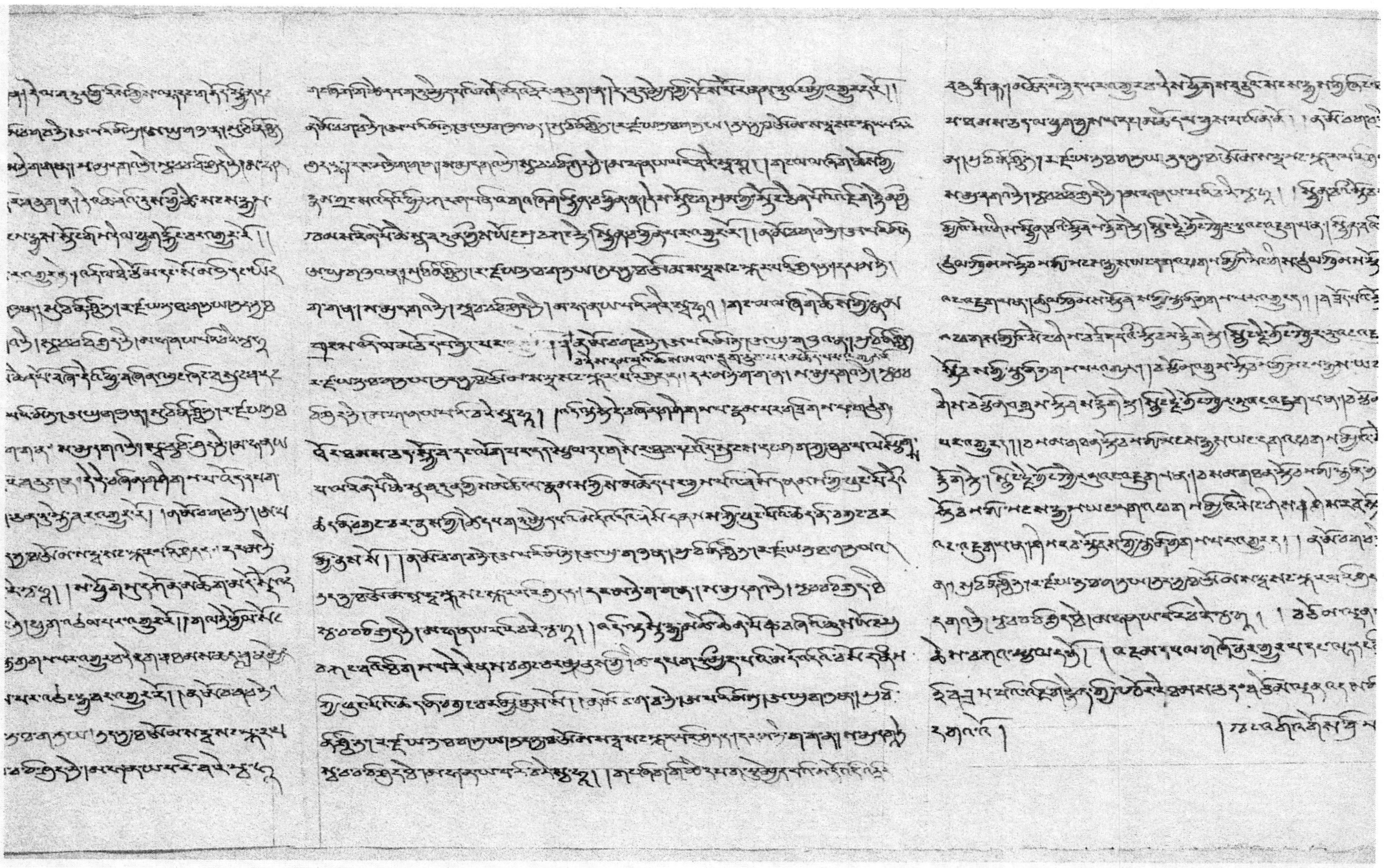

BD14306 號 9　藏文（無量壽宗要經甲本）　（60–53）

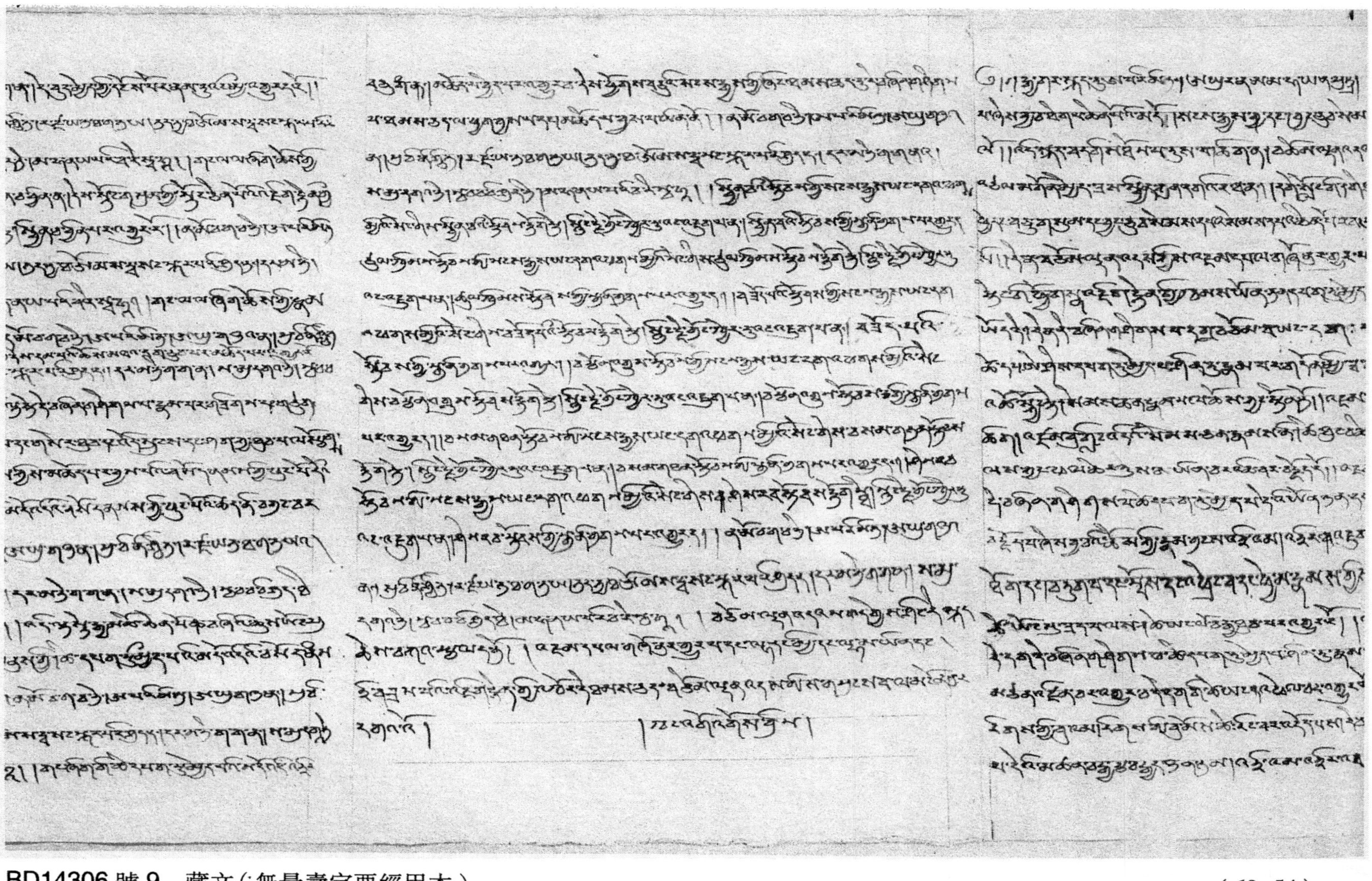

BD14306 號 9　藏文（無量壽宗要經甲本）　（60–54）

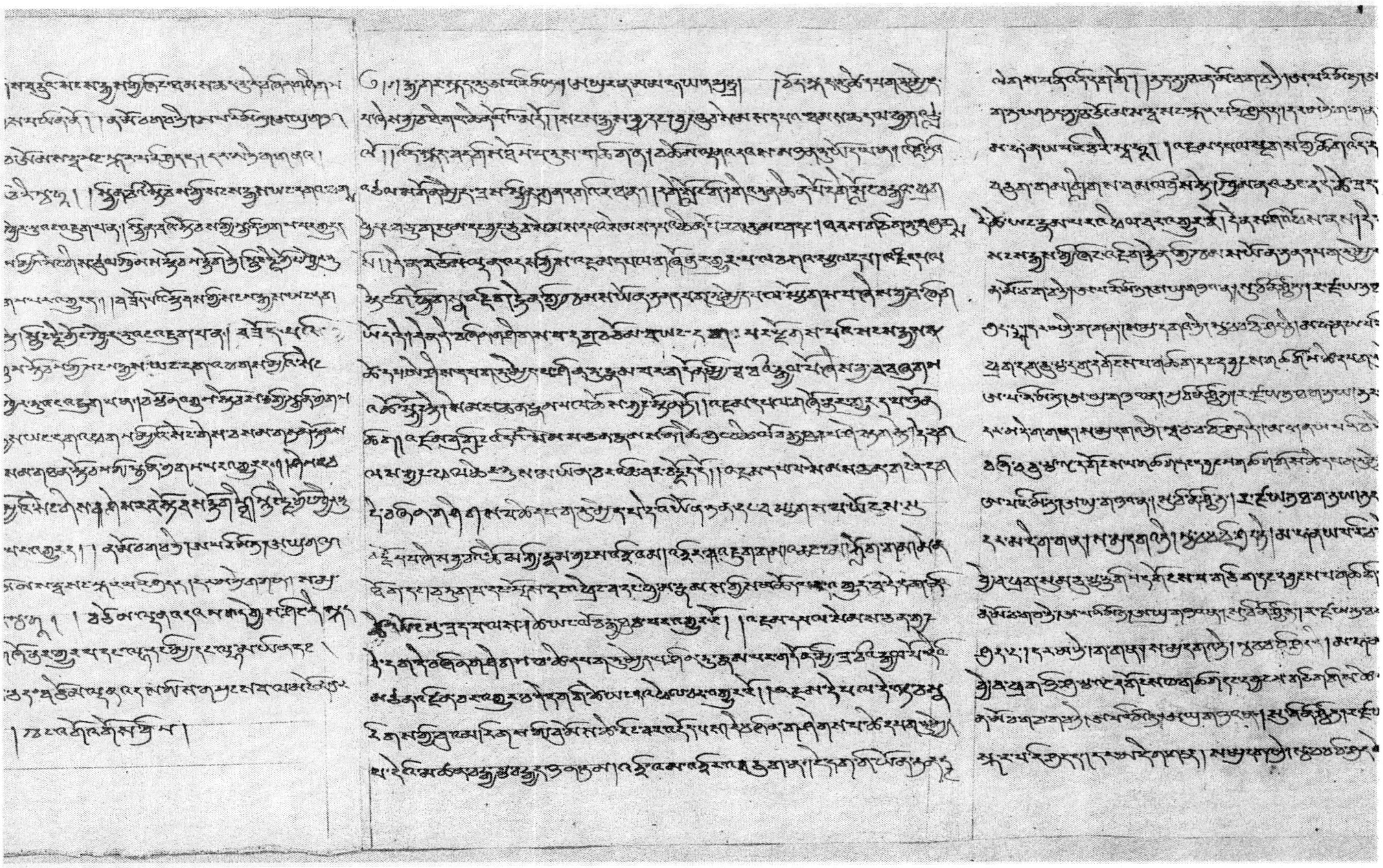

BD14306 號 10　藏文（無量壽宗要經甲本）　　（60–55）

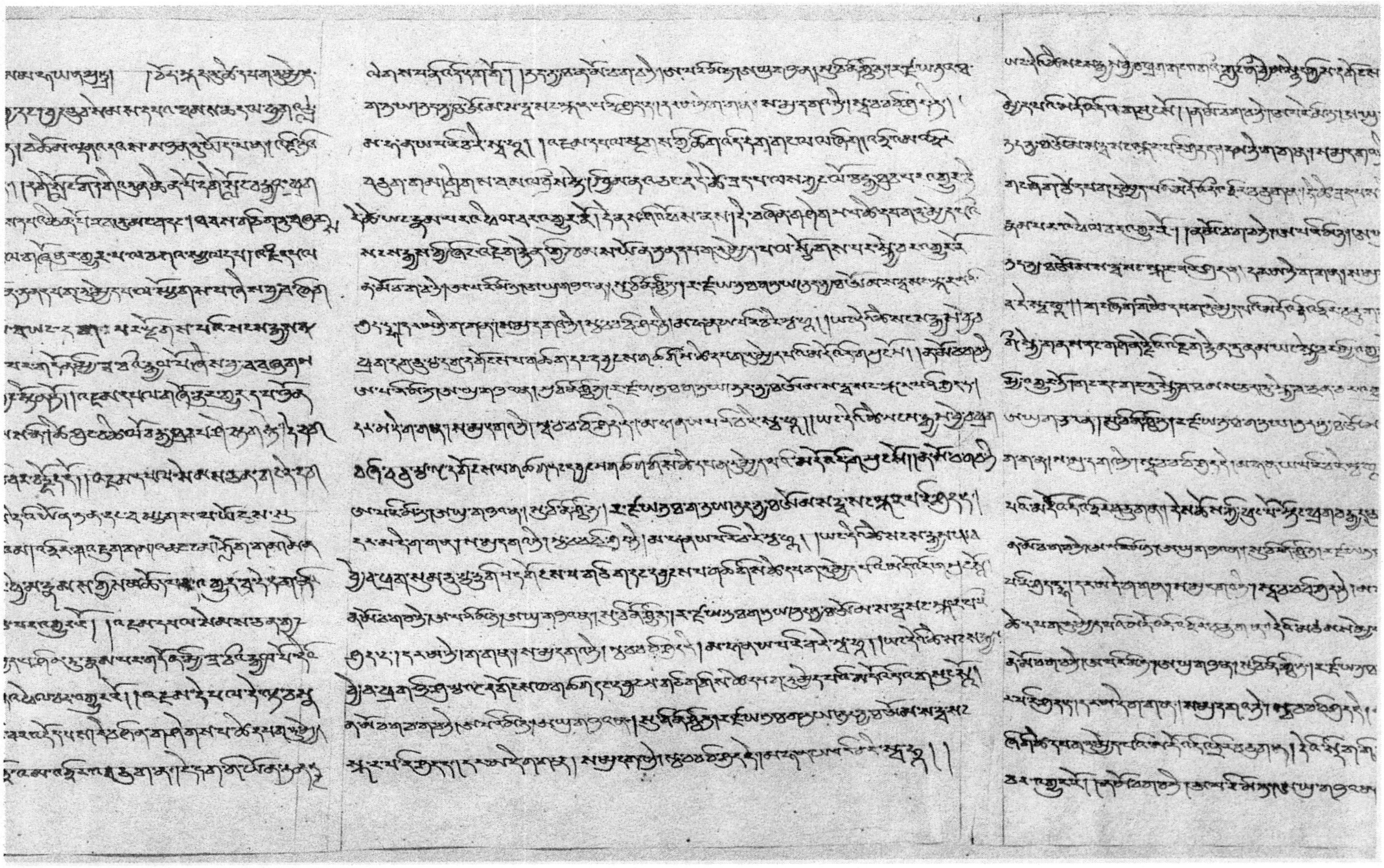

BD14306 號 10　藏文（無量壽宗要經甲本）　　（60–56）

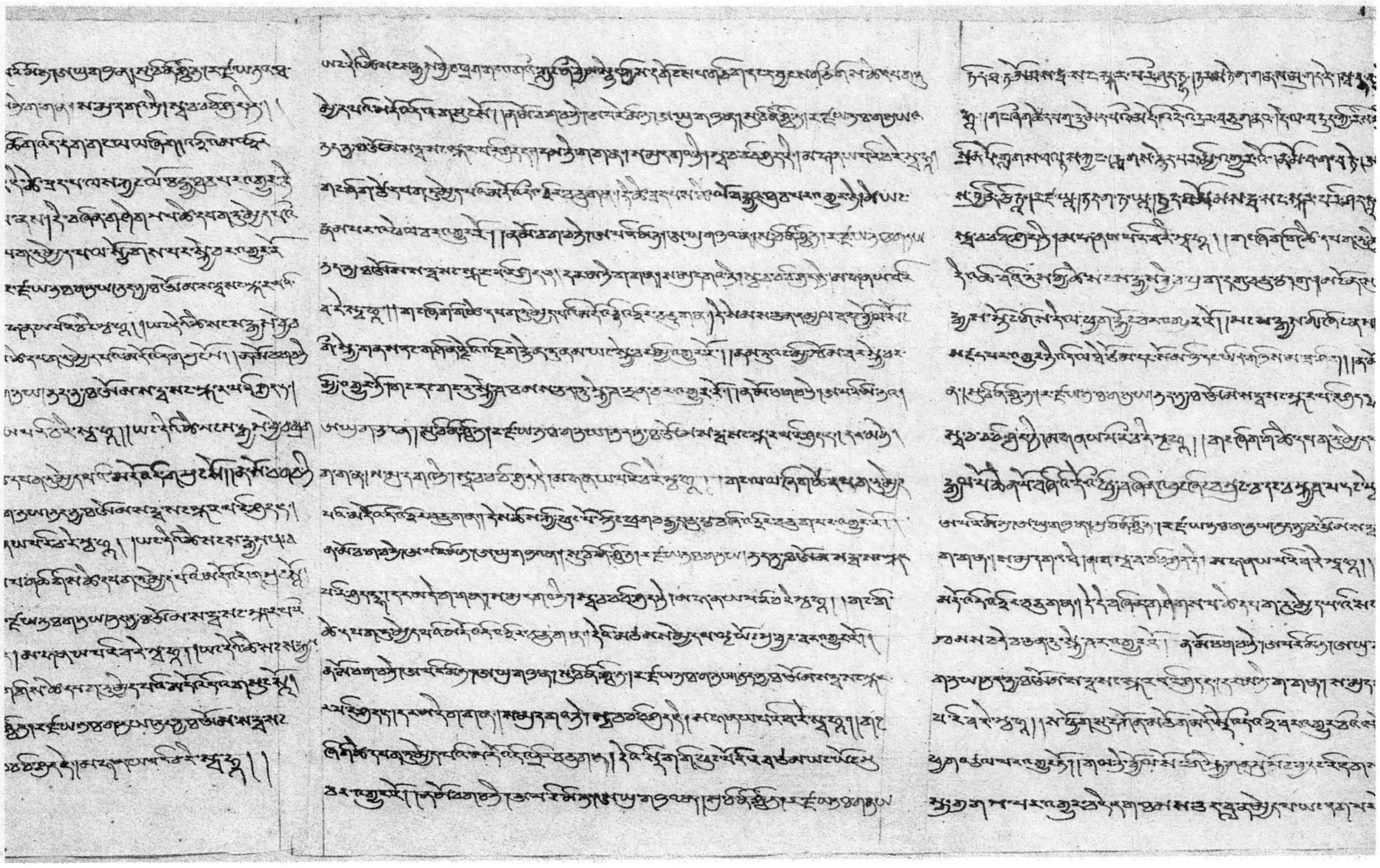

BD14306 號 10　藏文（無量壽宗要經甲本）　　（60–57）

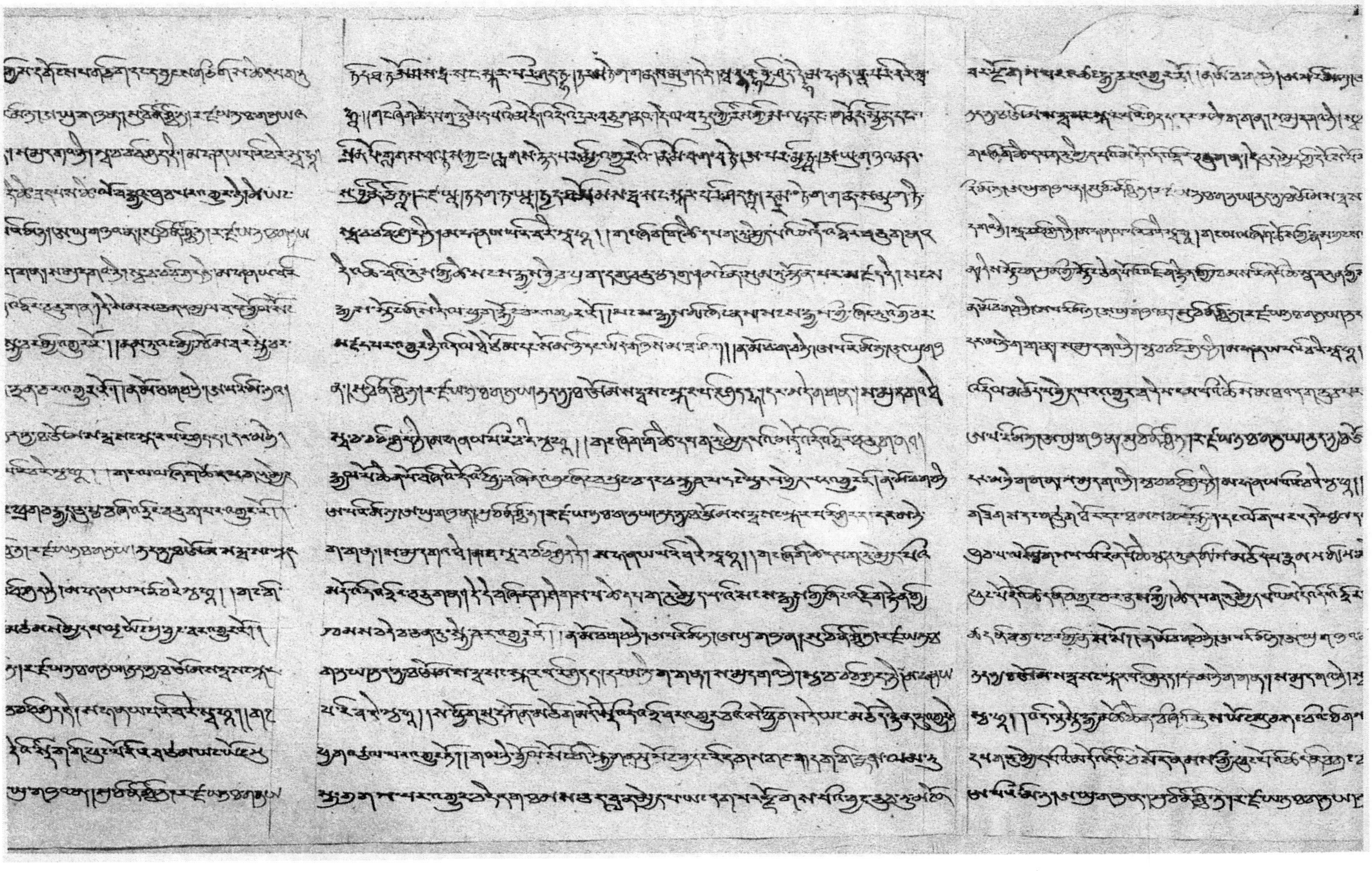

BD14306 號 10　藏文（無量壽宗要經甲本）　　（60–58）

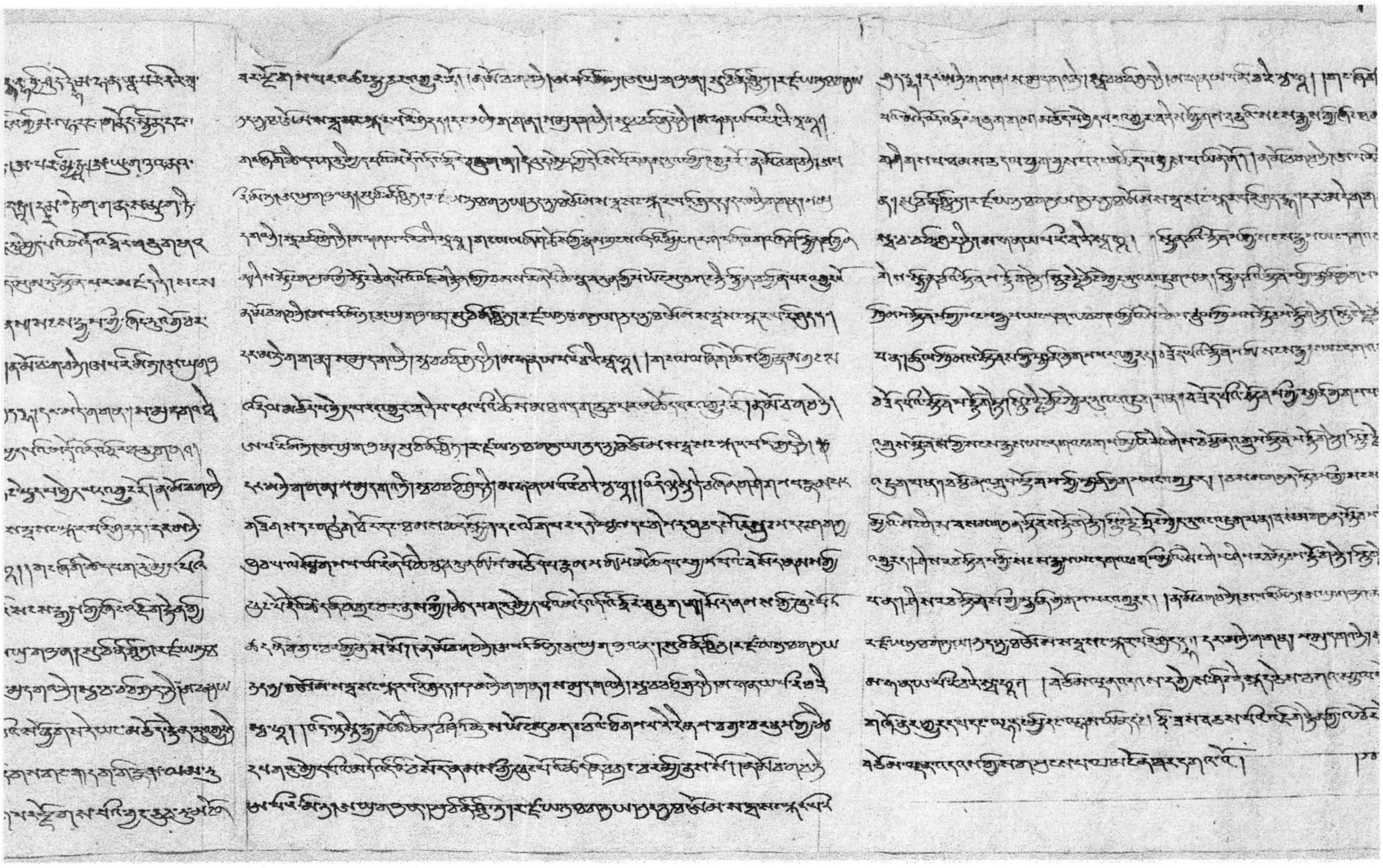

BD14306 號 10　藏文（無量壽宗要經甲本）　　（60–59）

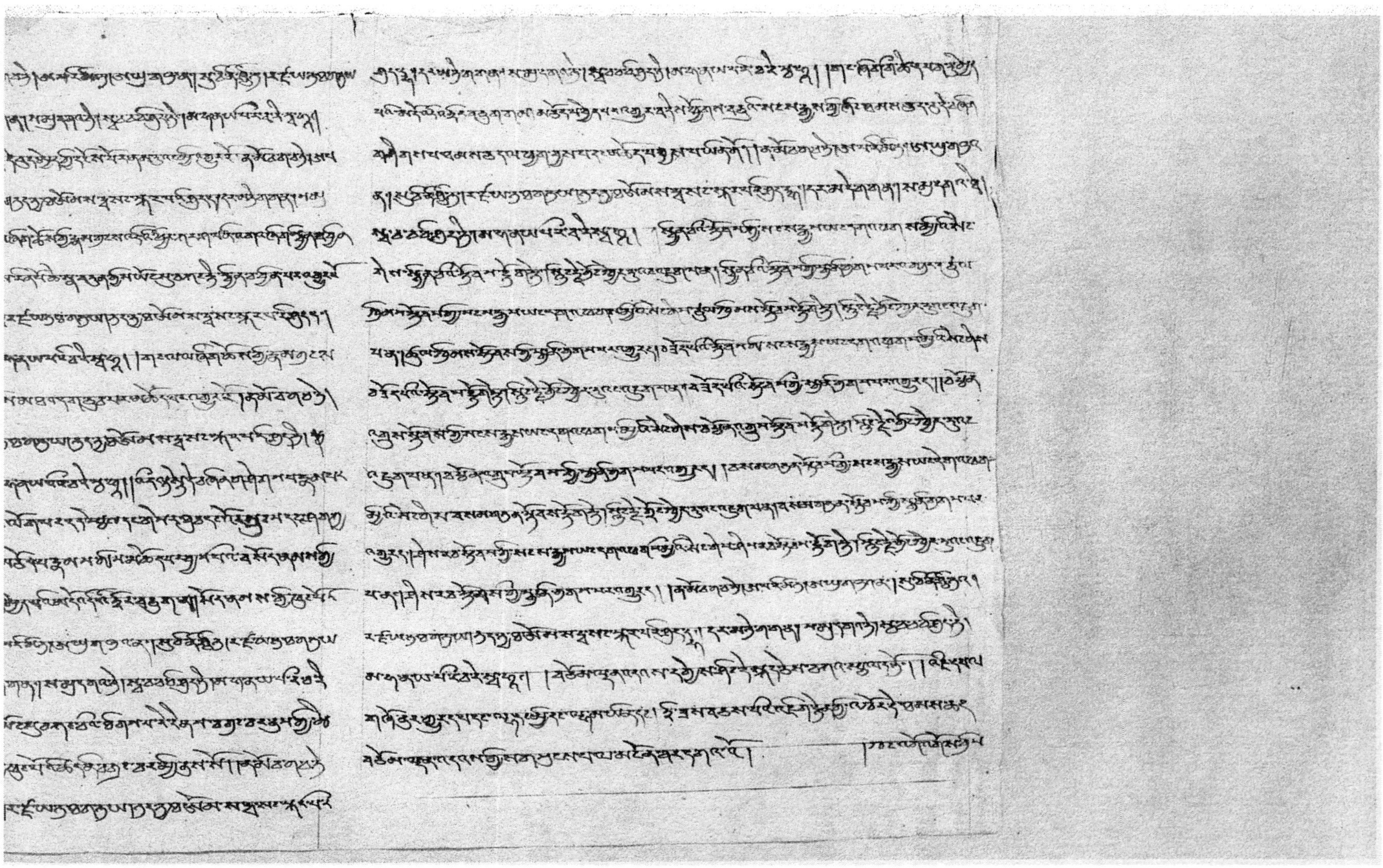

BD14306 號 10　藏文（無量壽宗要經甲本）　　（60–60）

BD14306號背　雜寫　(3-1)

BD14306號背　雜寫　(3-2)

BD14306號背 雜寫

BD14307號1 藏文（無量壽宗要經甲本）

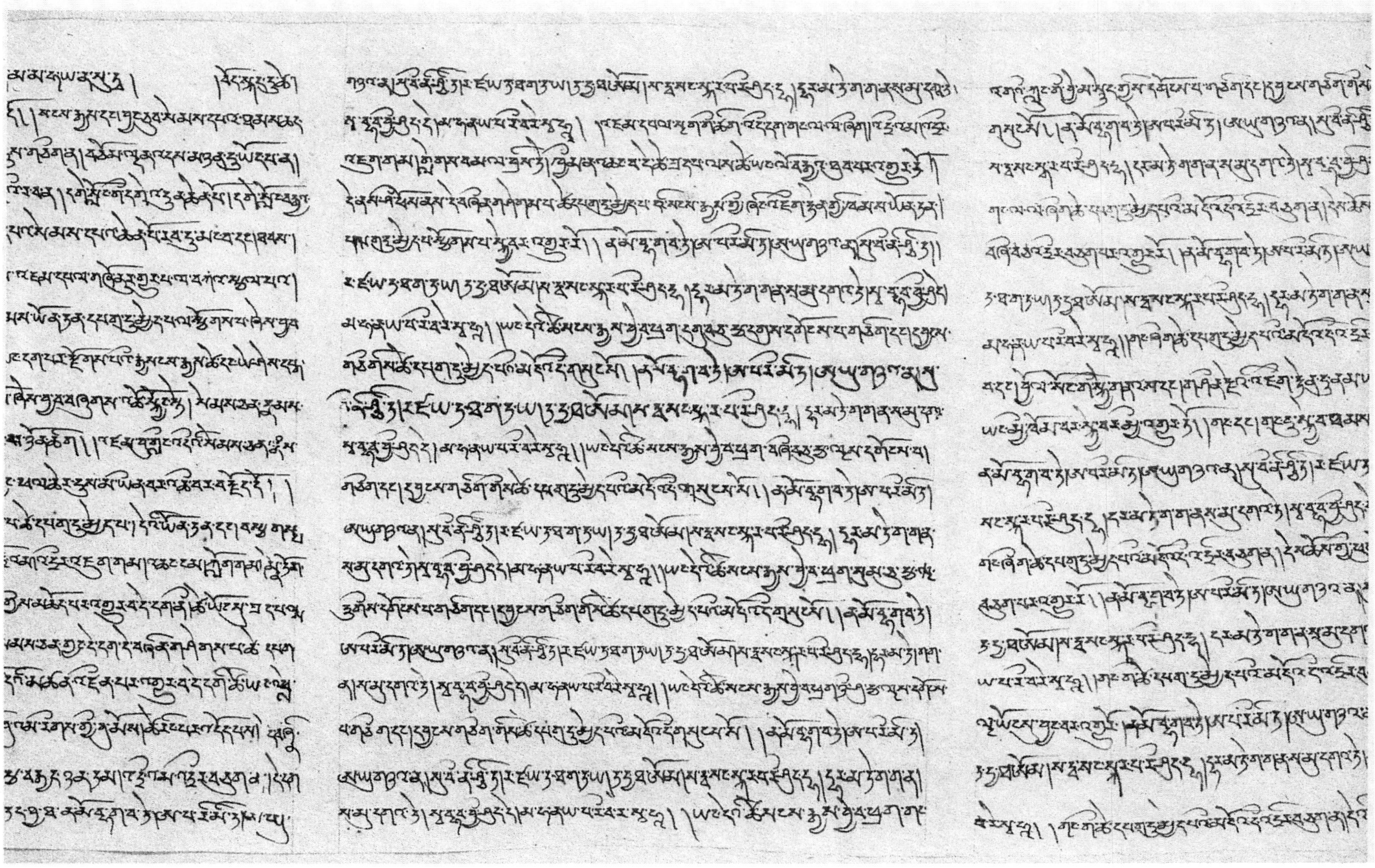

BD14307 號 1　藏文（無量壽宗要經甲本）　（60–2）

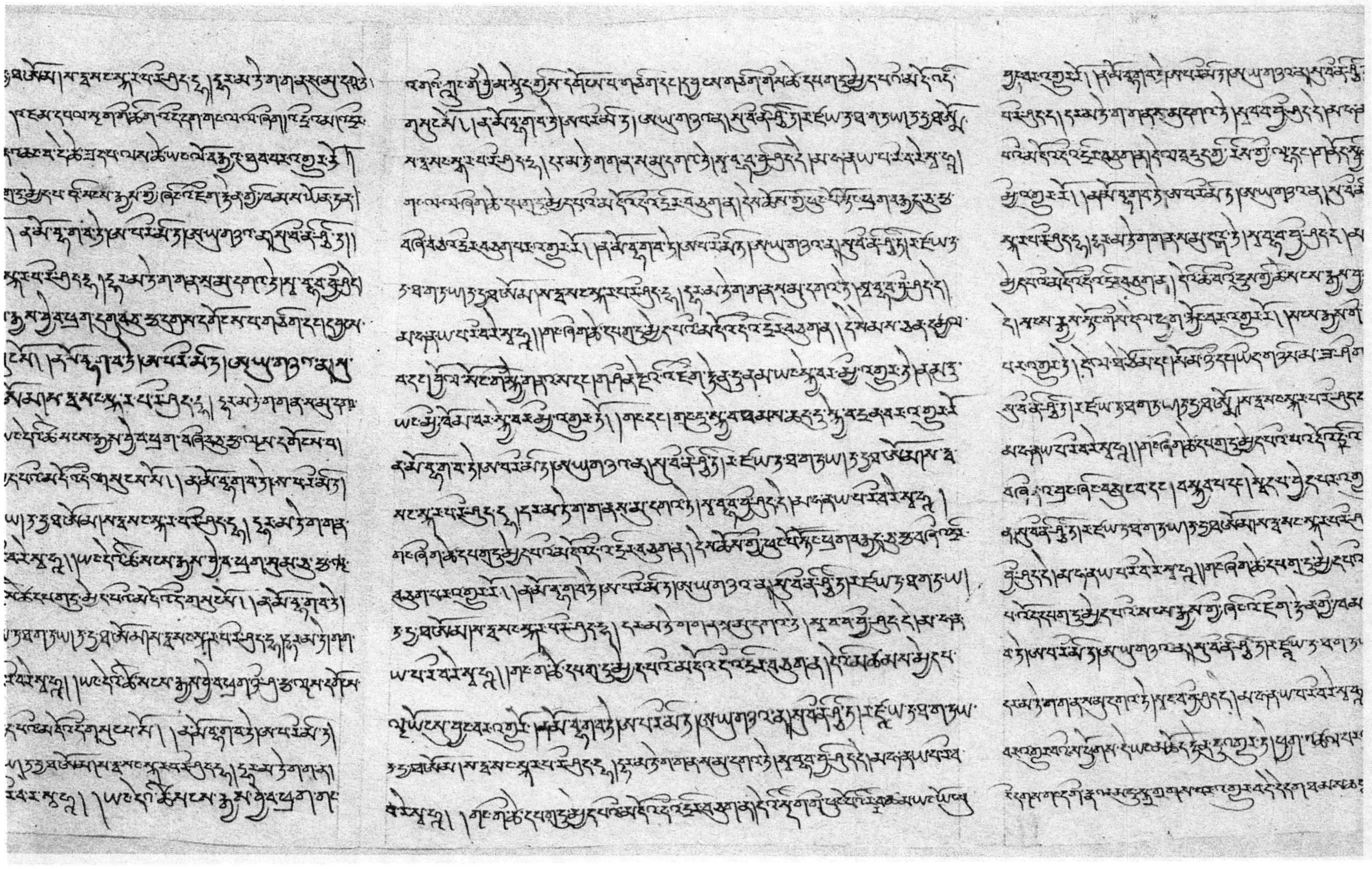

BD14307 號 1　藏文（無量壽宗要經甲本）　（60–3）

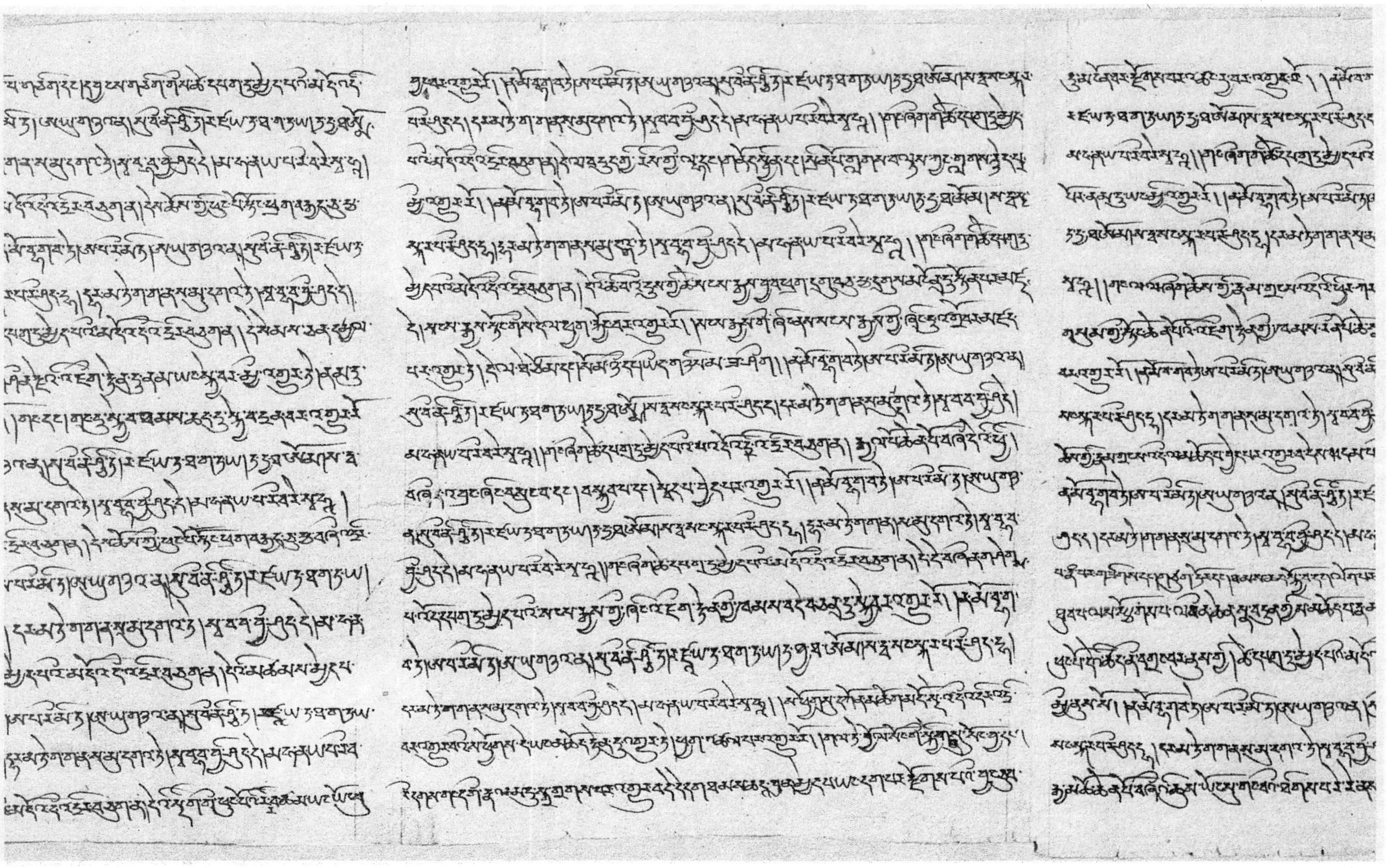

BD14307 號 1　藏文（無量壽宗要經甲本）　　（60–4）

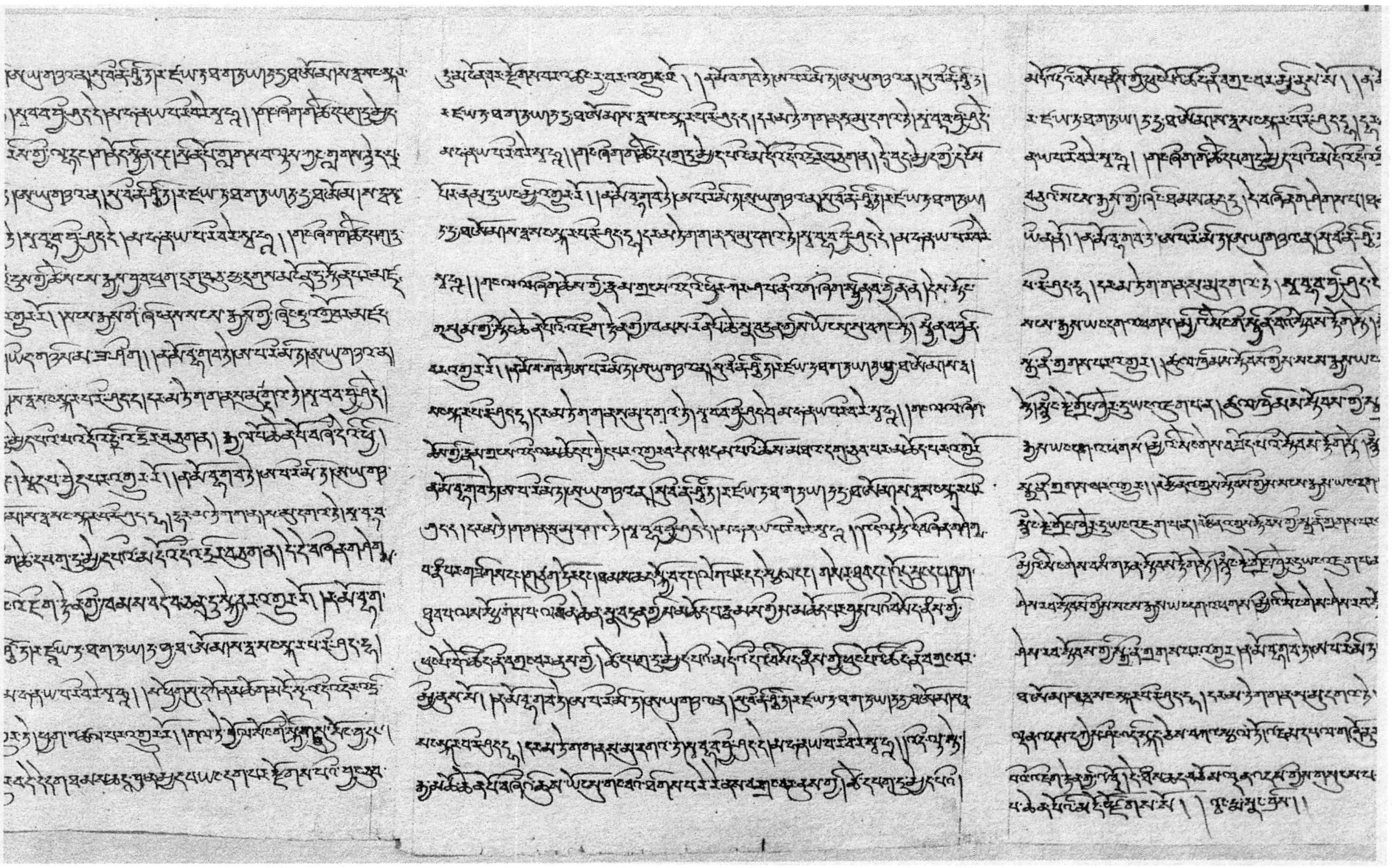

BD14307 號 1　藏文（無量壽宗要經甲本）　　（60–5）

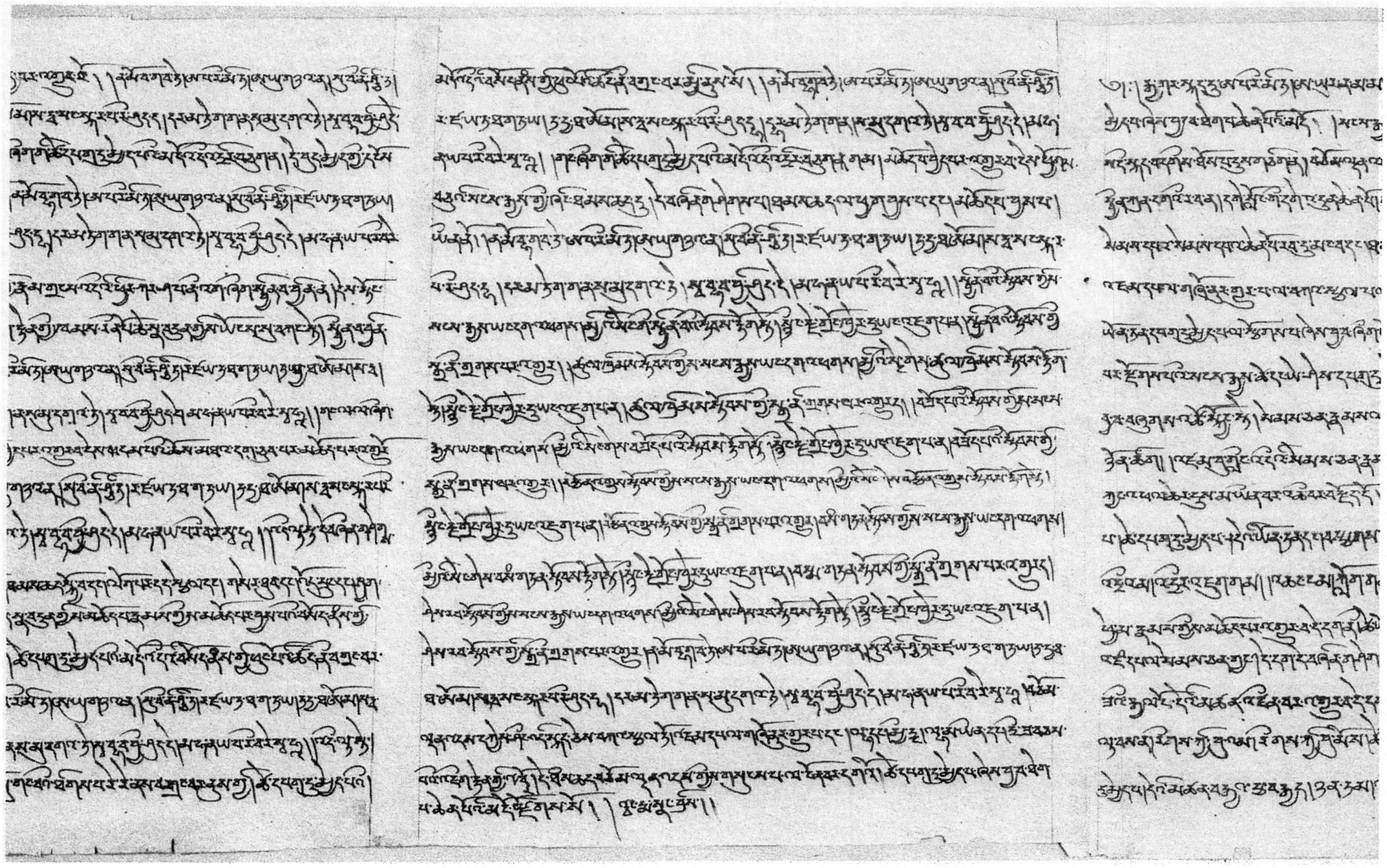

BD14307 號 1　藏文（無量壽宗要經甲本）　（60–6）

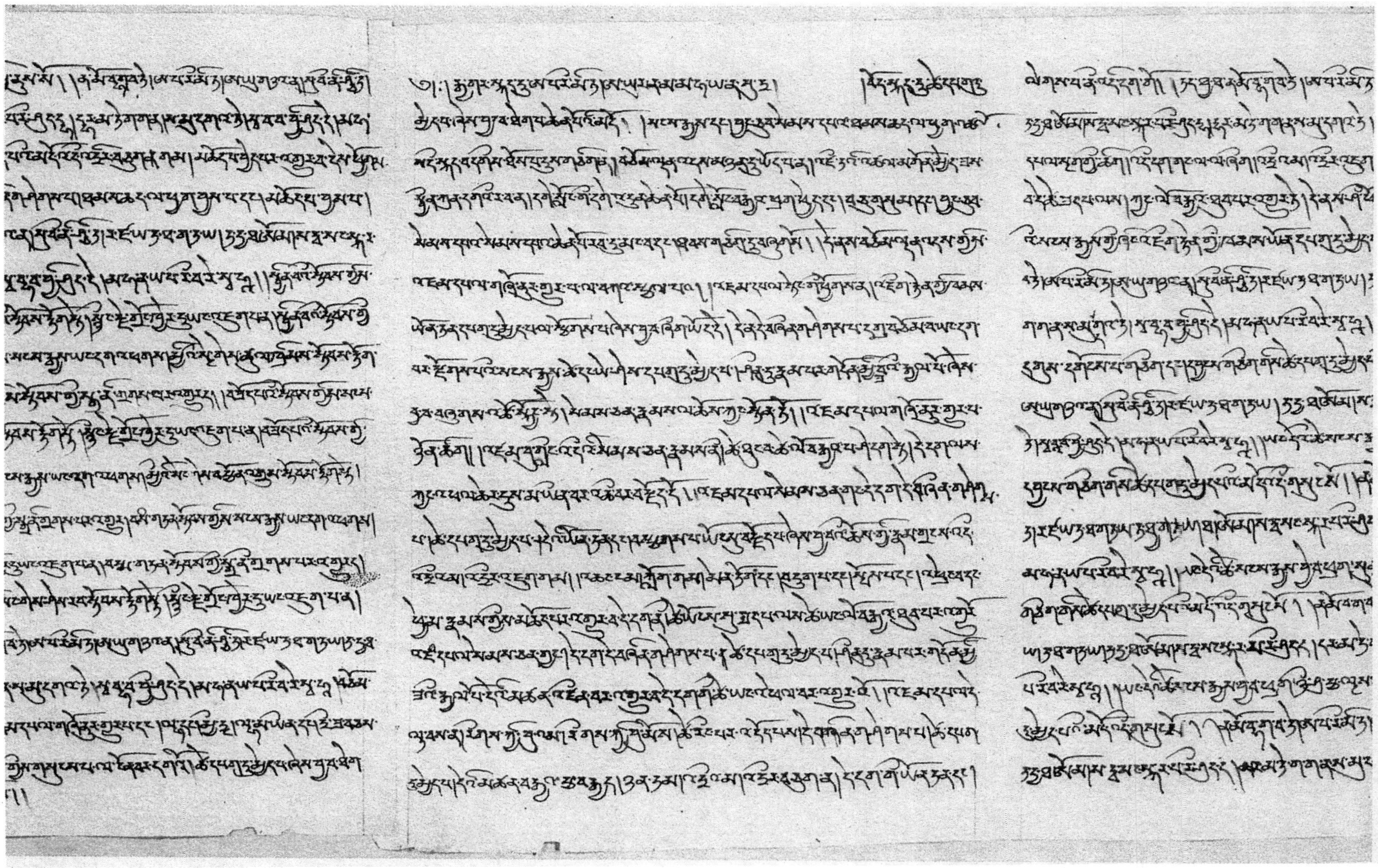

BD14307 號 2　藏文（無量壽宗要經甲本）　（60–7）

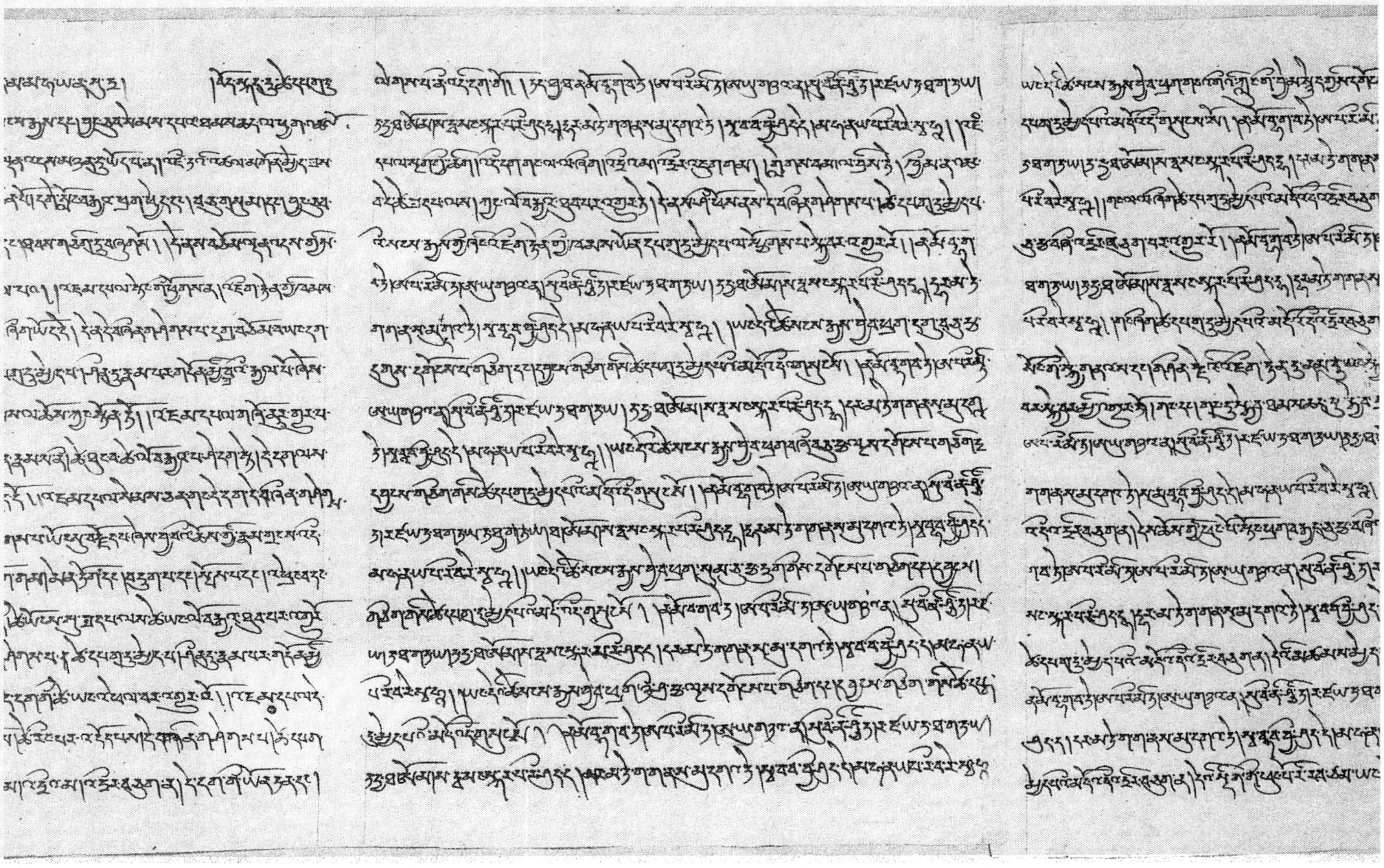

BD14307 號 2　藏文（無量壽宗要經甲本）　（60–8）

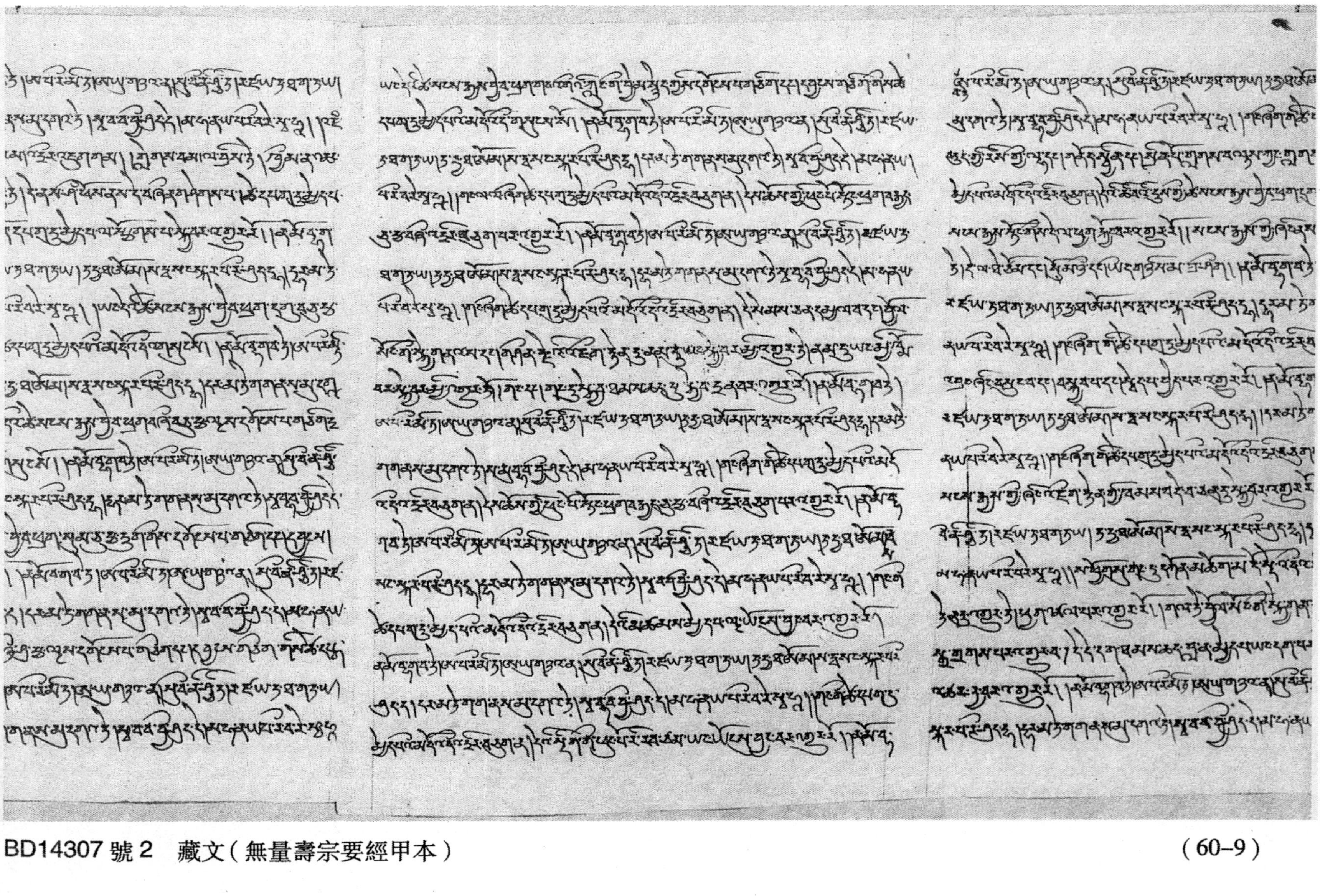

BD14307 號 2　藏文（無量壽宗要經甲本）　（60–9）

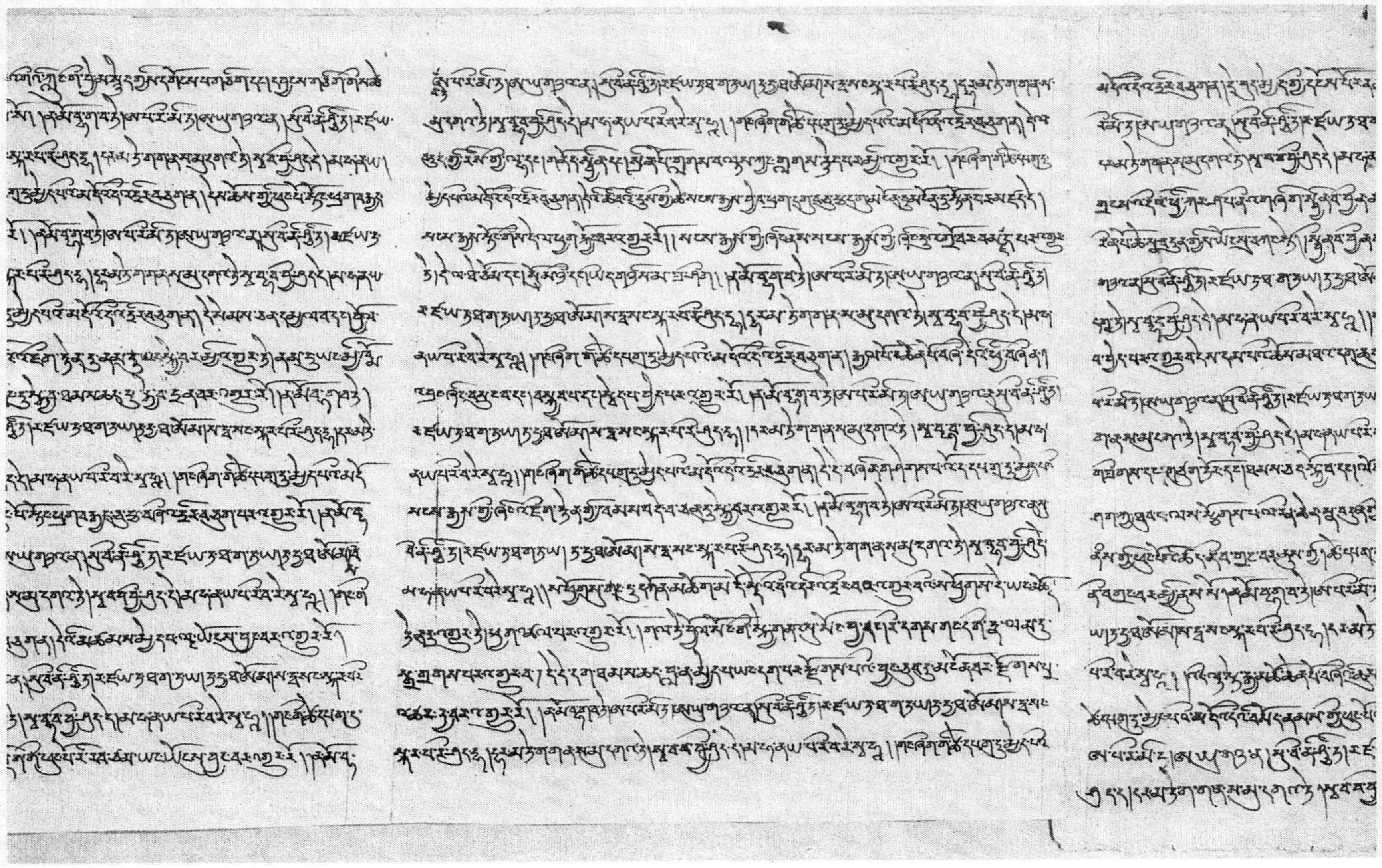

BD14307 號 2　藏文（無量壽宗要經甲本）　　（60–10）

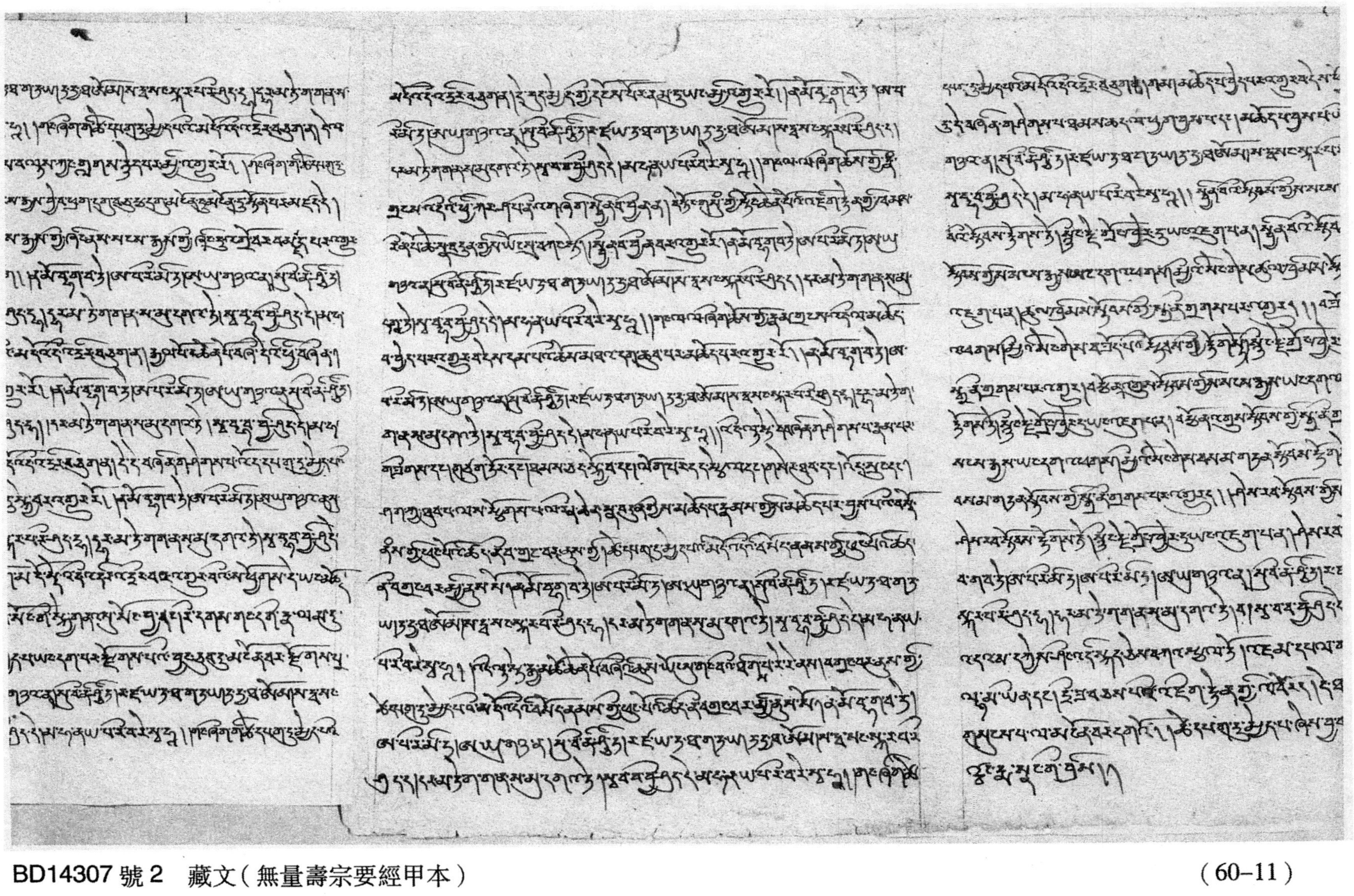

BD14307 號 2　藏文（無量壽宗要經甲本）　　（60–11）

BD14307 號 2　藏文（無量壽宗要經甲本）

BD14307 號 3　藏文（無量壽宗要經甲本）

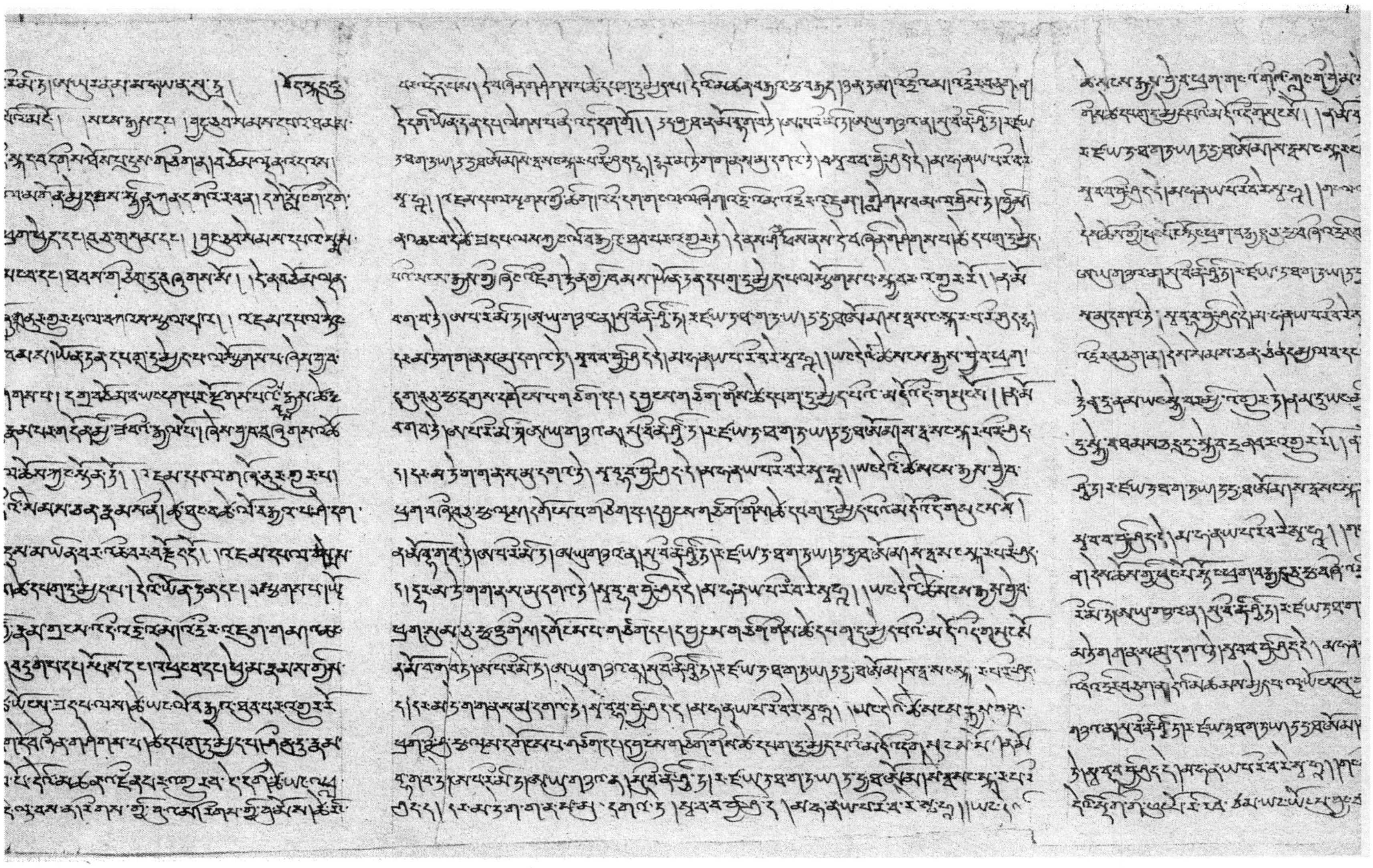

BD14307 號 3　藏文（無量壽宗要經甲本）　　（60–14）

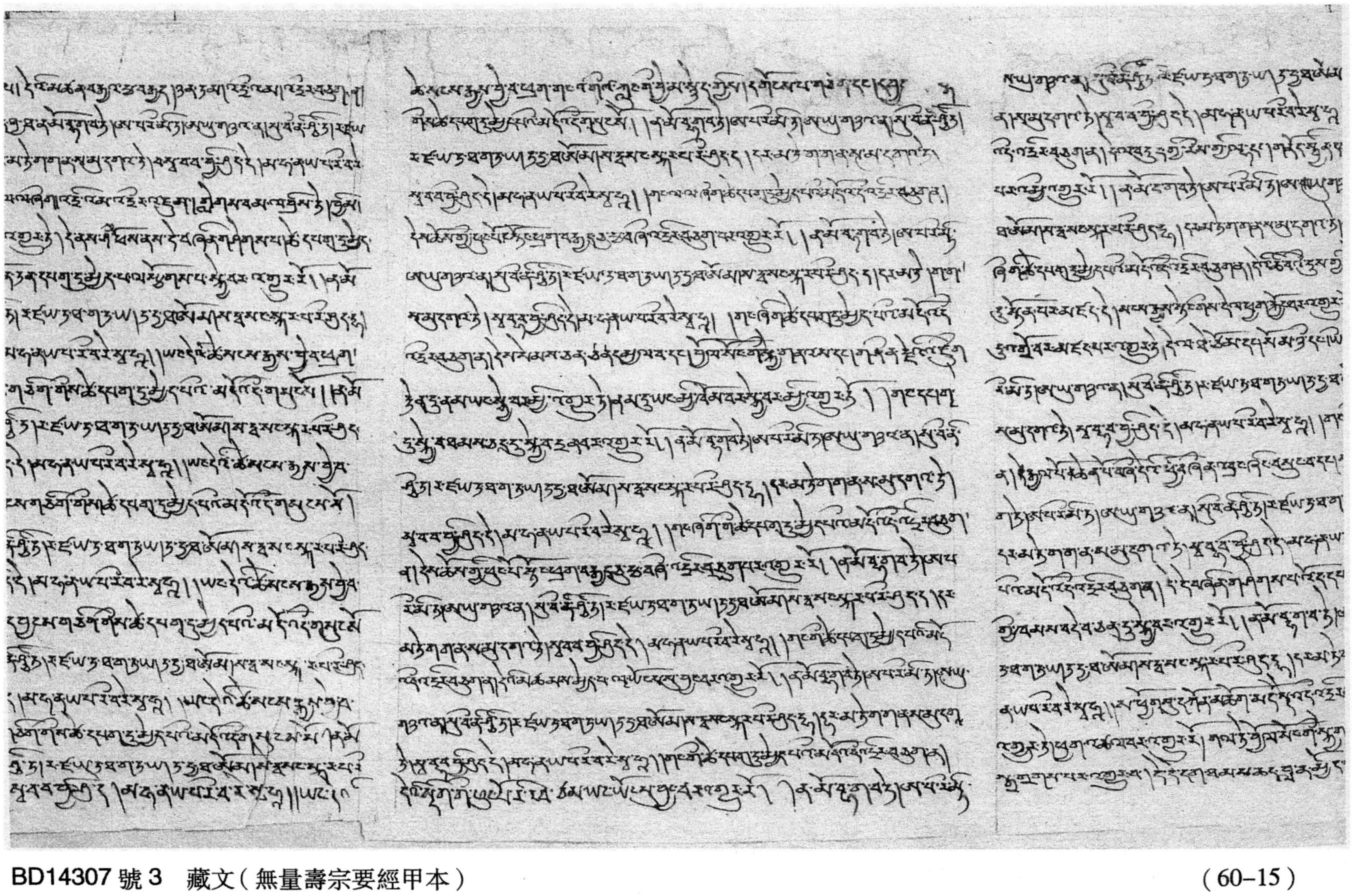

BD14307 號 3　藏文（無量壽宗要經甲本）　　（60–15）

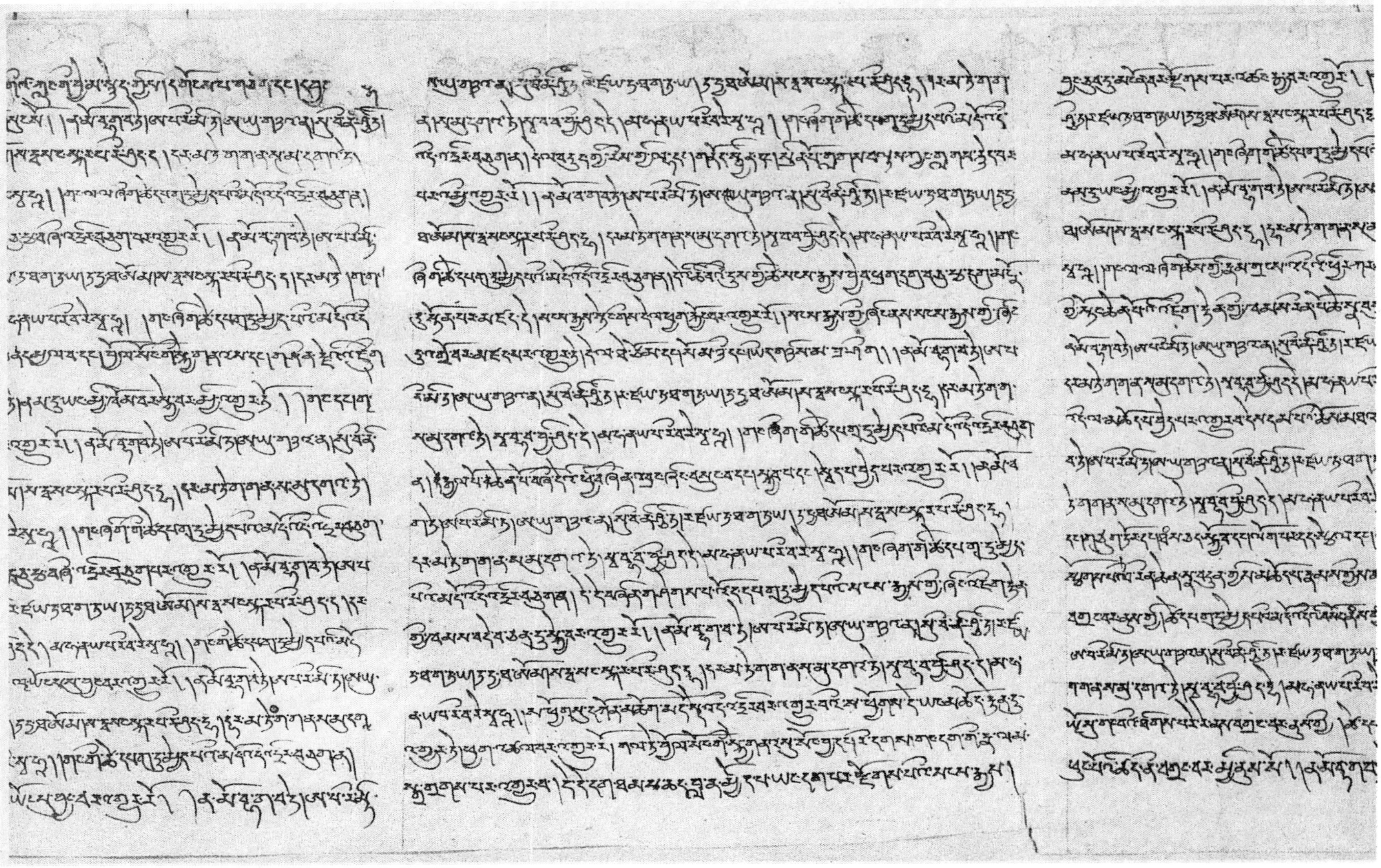

BD14307 號 3　藏文（無量壽宗要經甲本）　　（60–16）

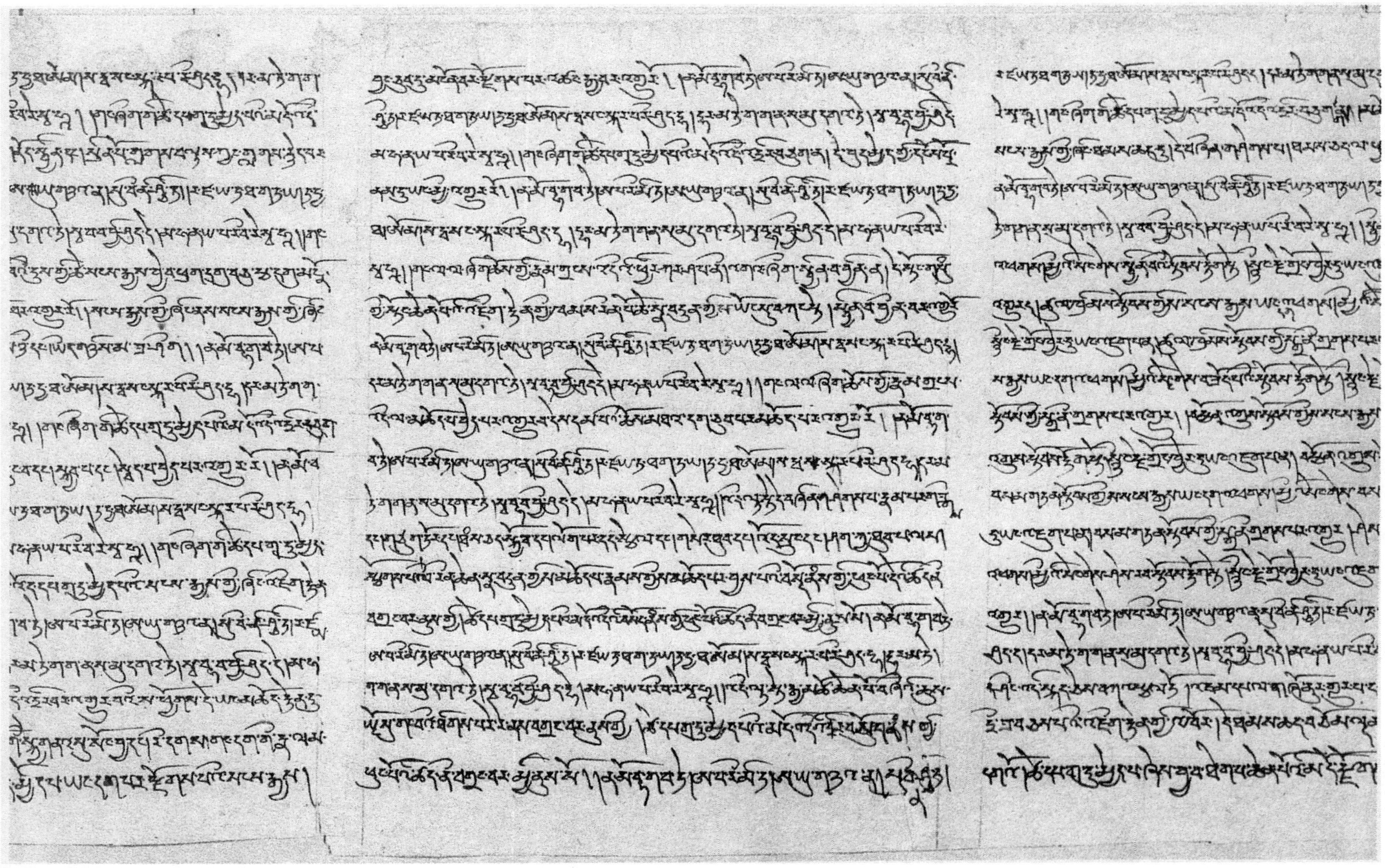

BD14307 號 3　藏文（無量壽宗要經甲本）　　（60–17）

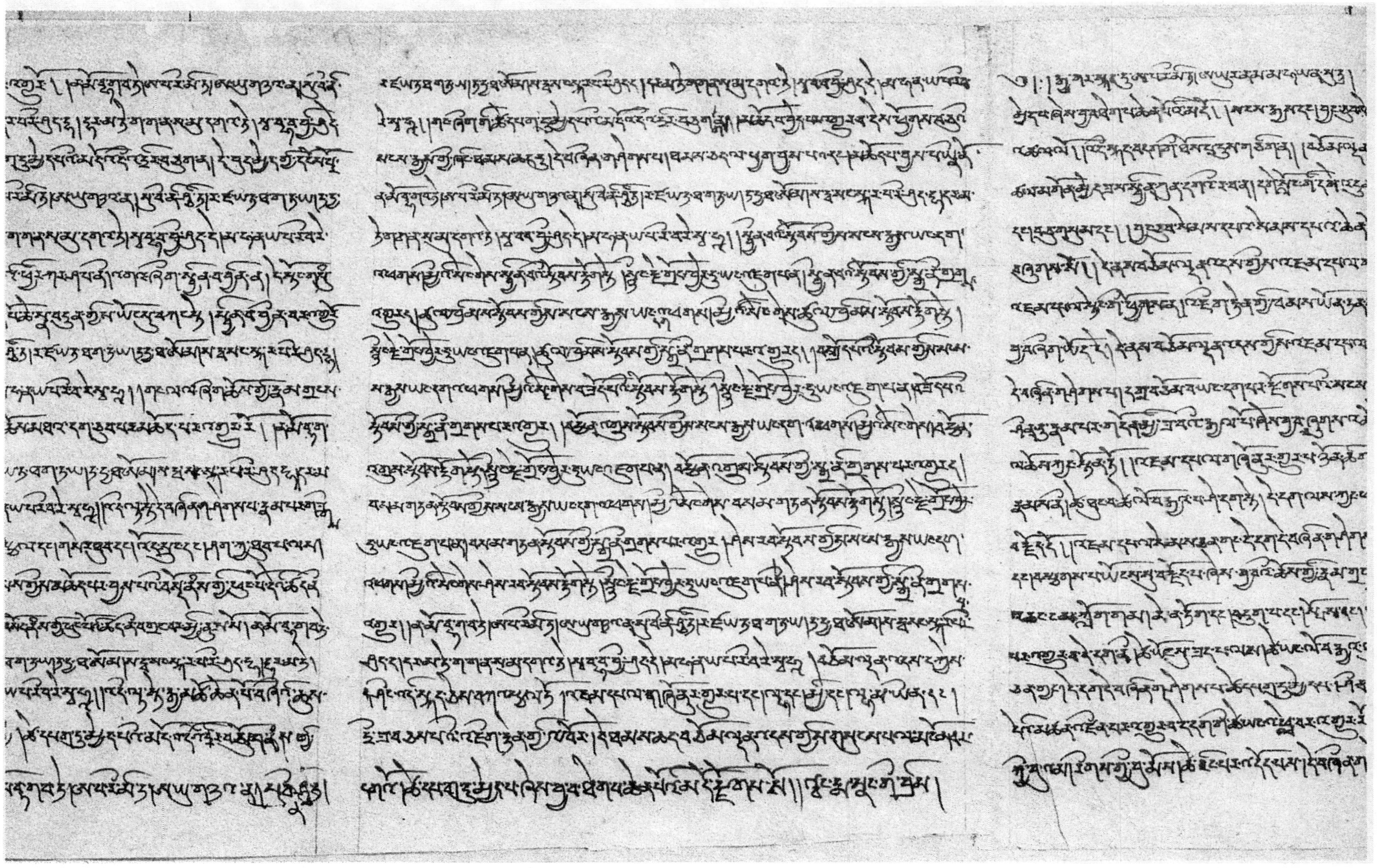

BD14307 號 3　藏文（無量壽宗要經甲本）　（60–18）

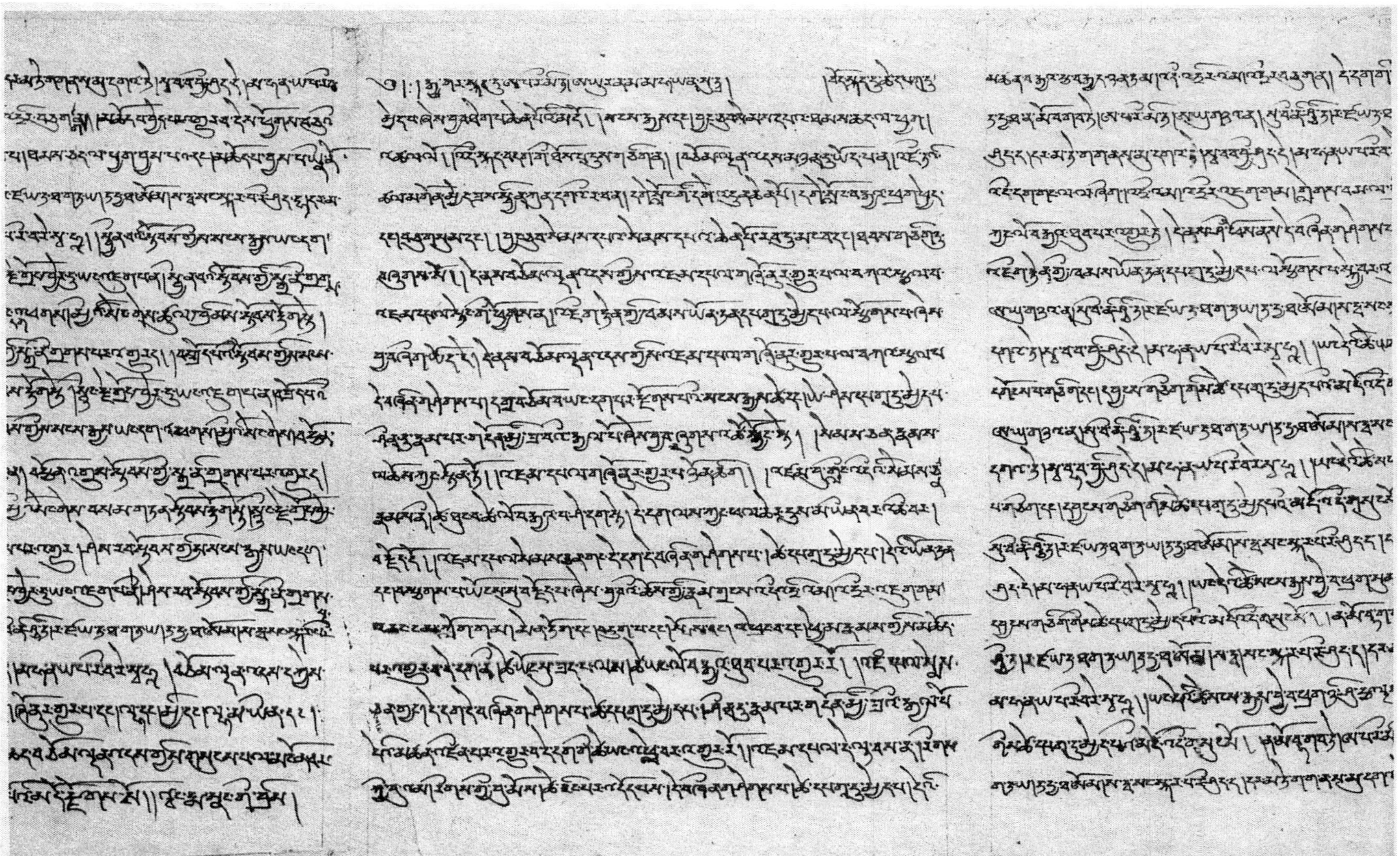

BD14307 號 4　藏文（無量壽宗要經甲本）　（60–19）

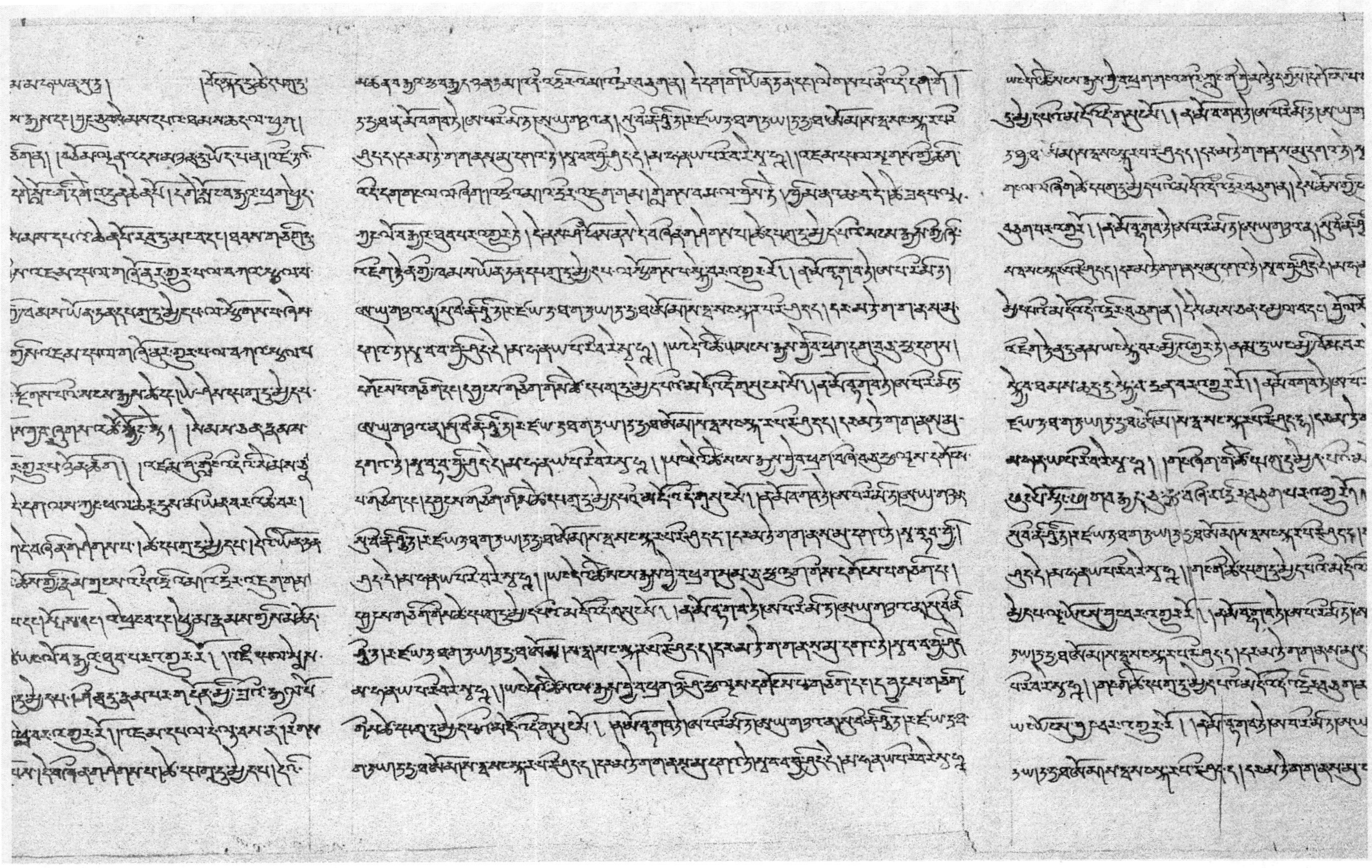

BD14307 號 4　藏文（無量壽宗要經甲本）　　（60–20）

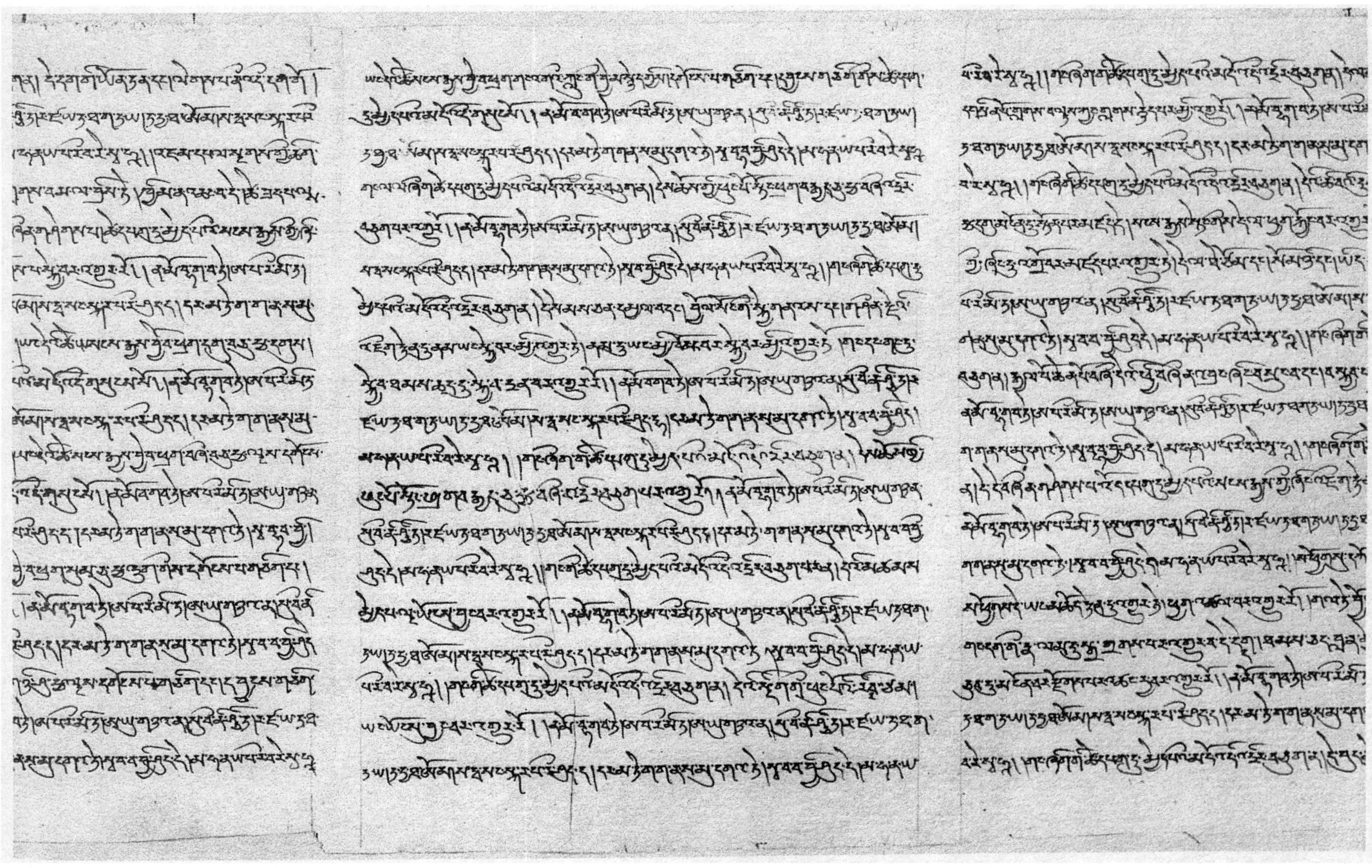

BD14307 號 4　藏文（無量壽宗要經甲本）　　（60–21）

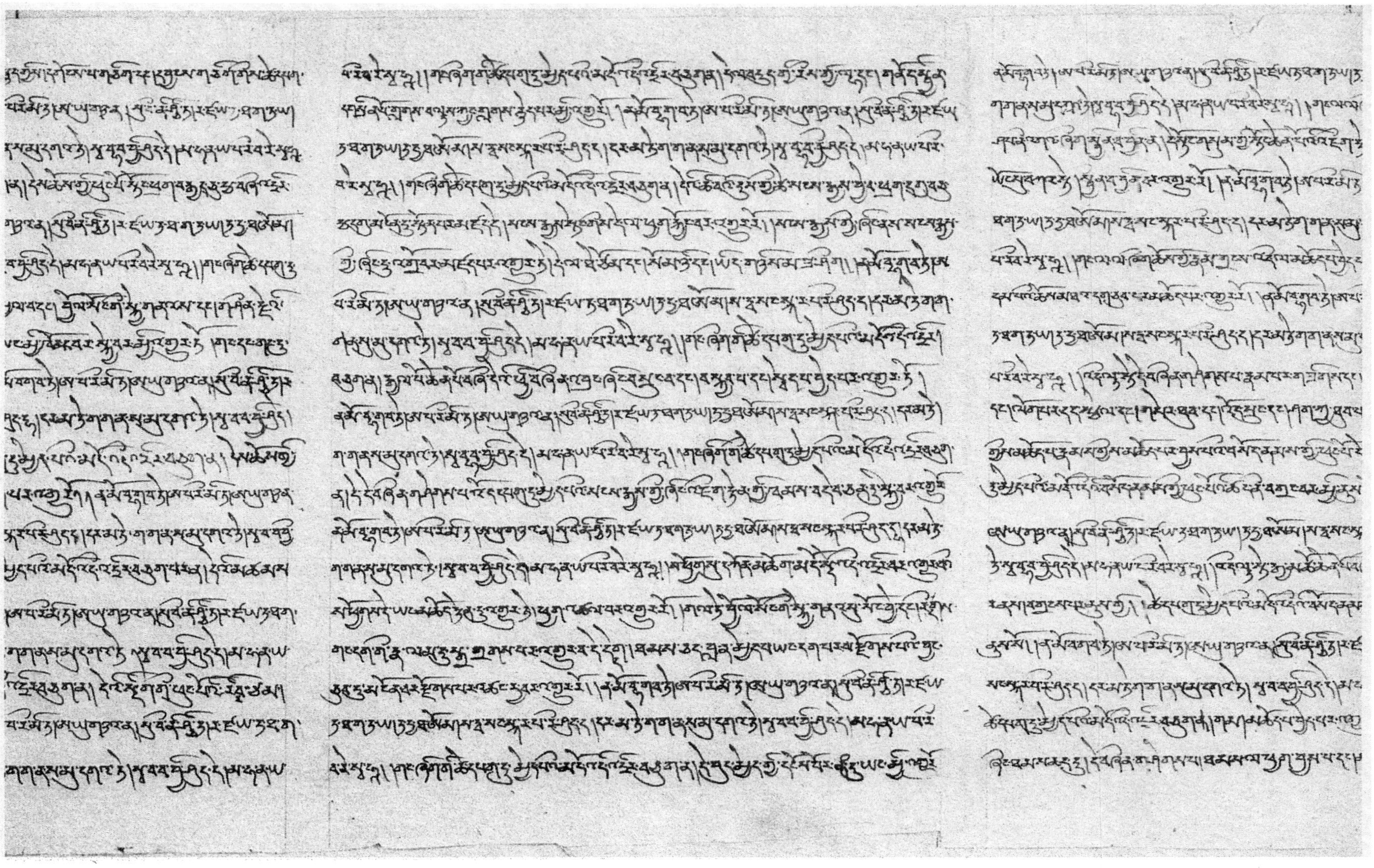

BD14307 號 4　藏文（無量壽宗要經甲本）　（60–22）

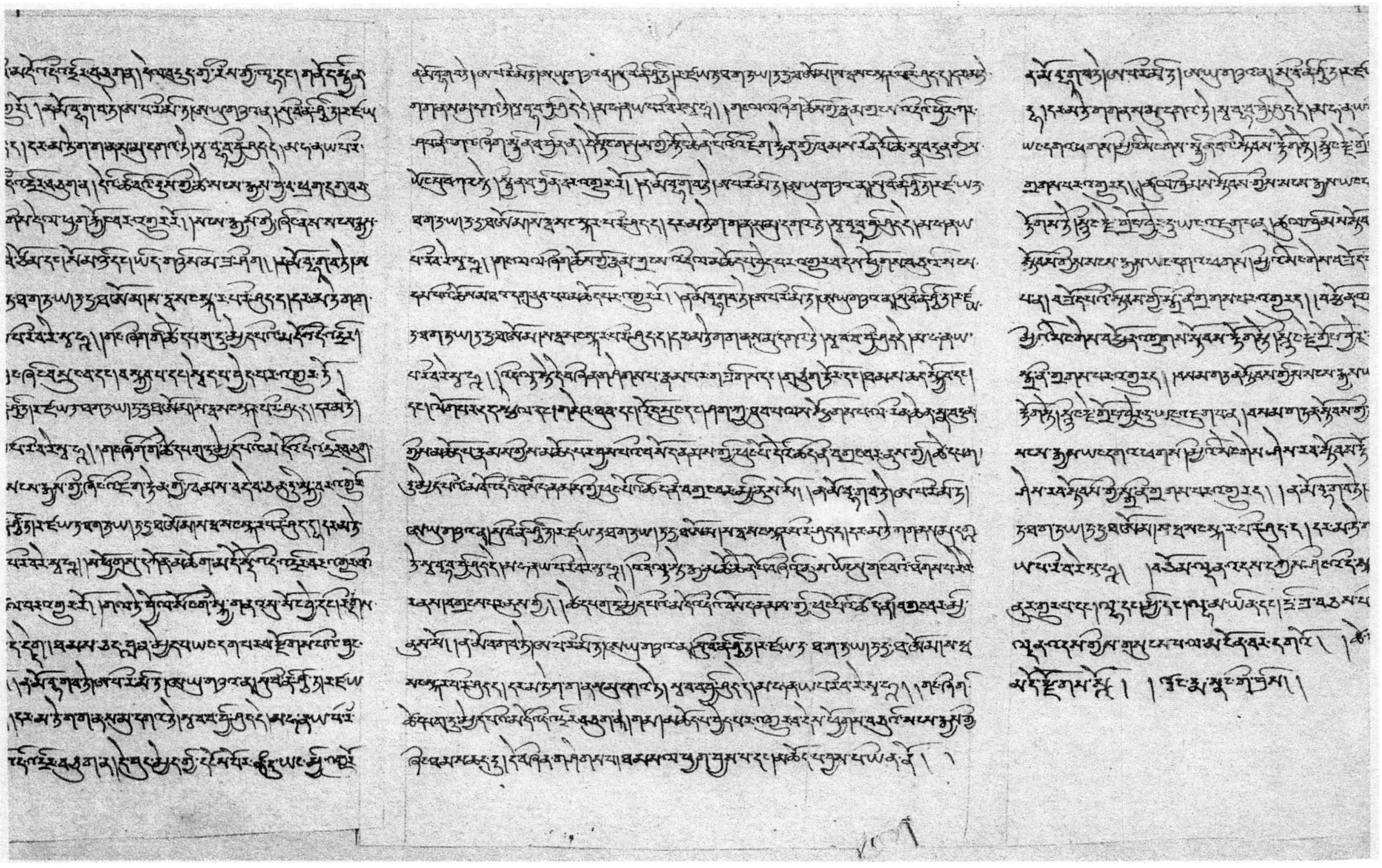

BD14307 號 4　藏文（無量壽宗要經甲本）　（60–23）

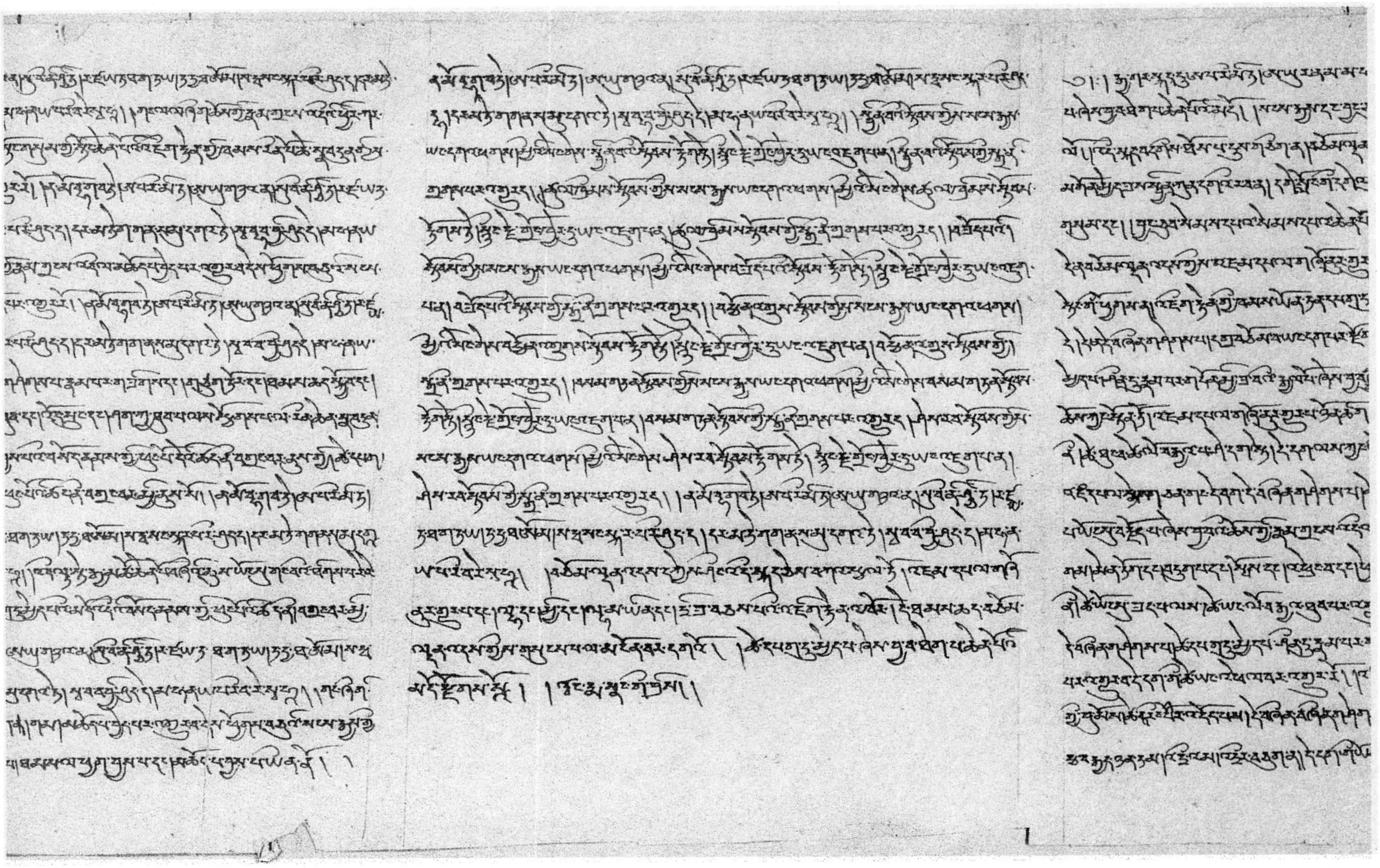

BD14307 號 4　藏文（無量壽宗要經甲本）　　（60–24）

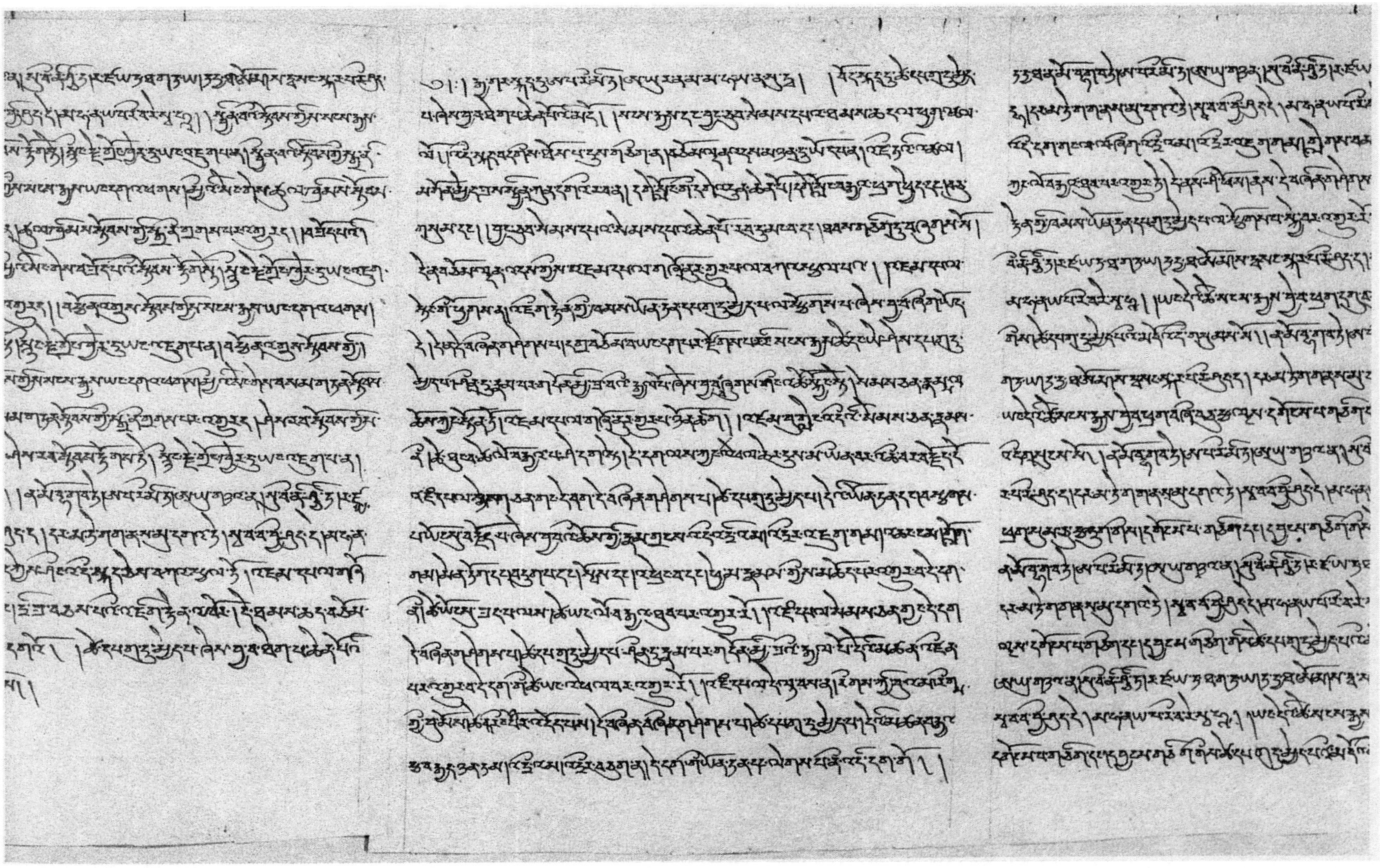

BD14307 號 5　藏文（無量壽宗要經甲本）　　（60–25）

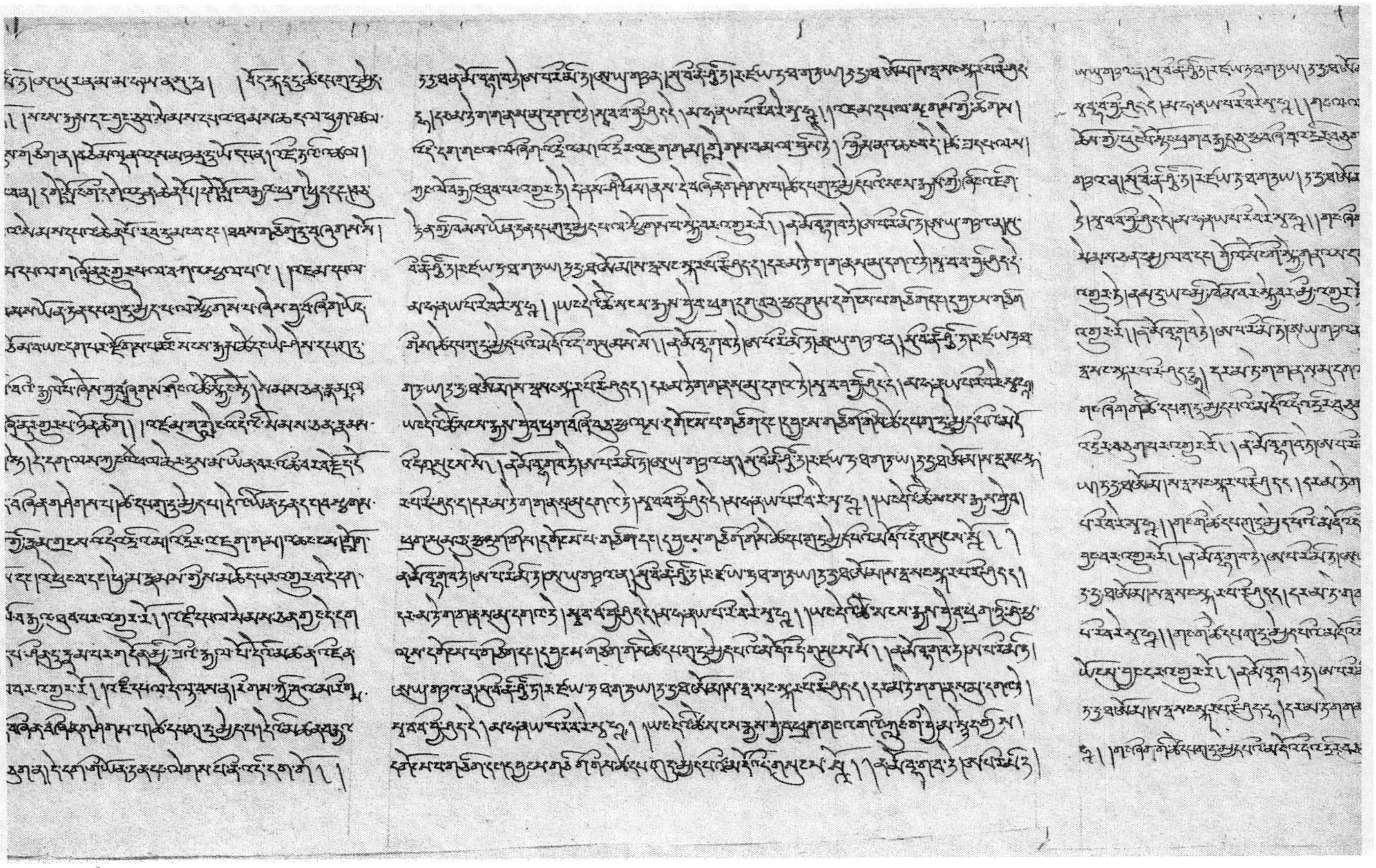

BD14307 號 5　藏文（無量壽宗要經甲本）　　（60–26）

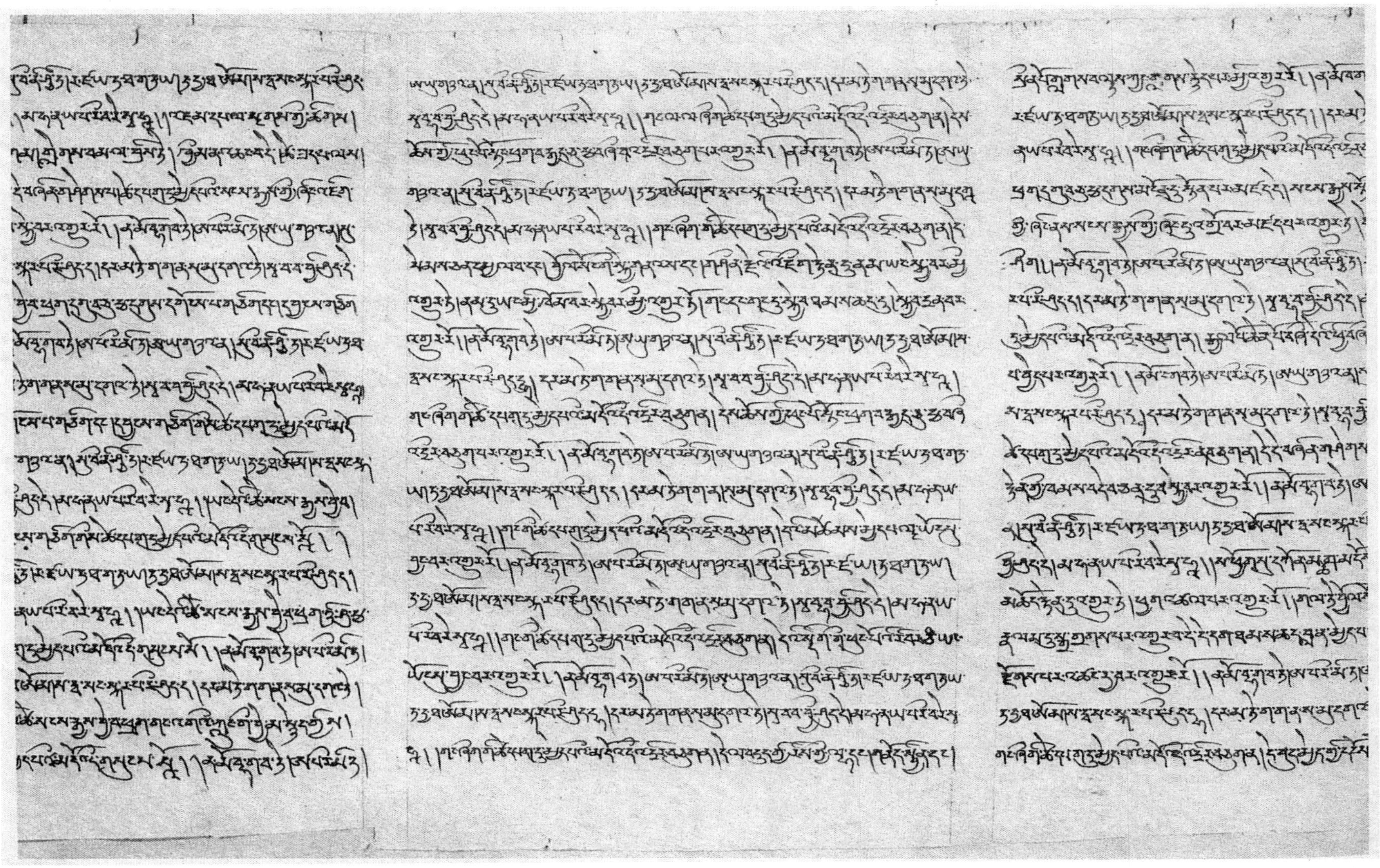

BD14307 號 5　藏文（無量壽宗要經甲本）　　（60–27）

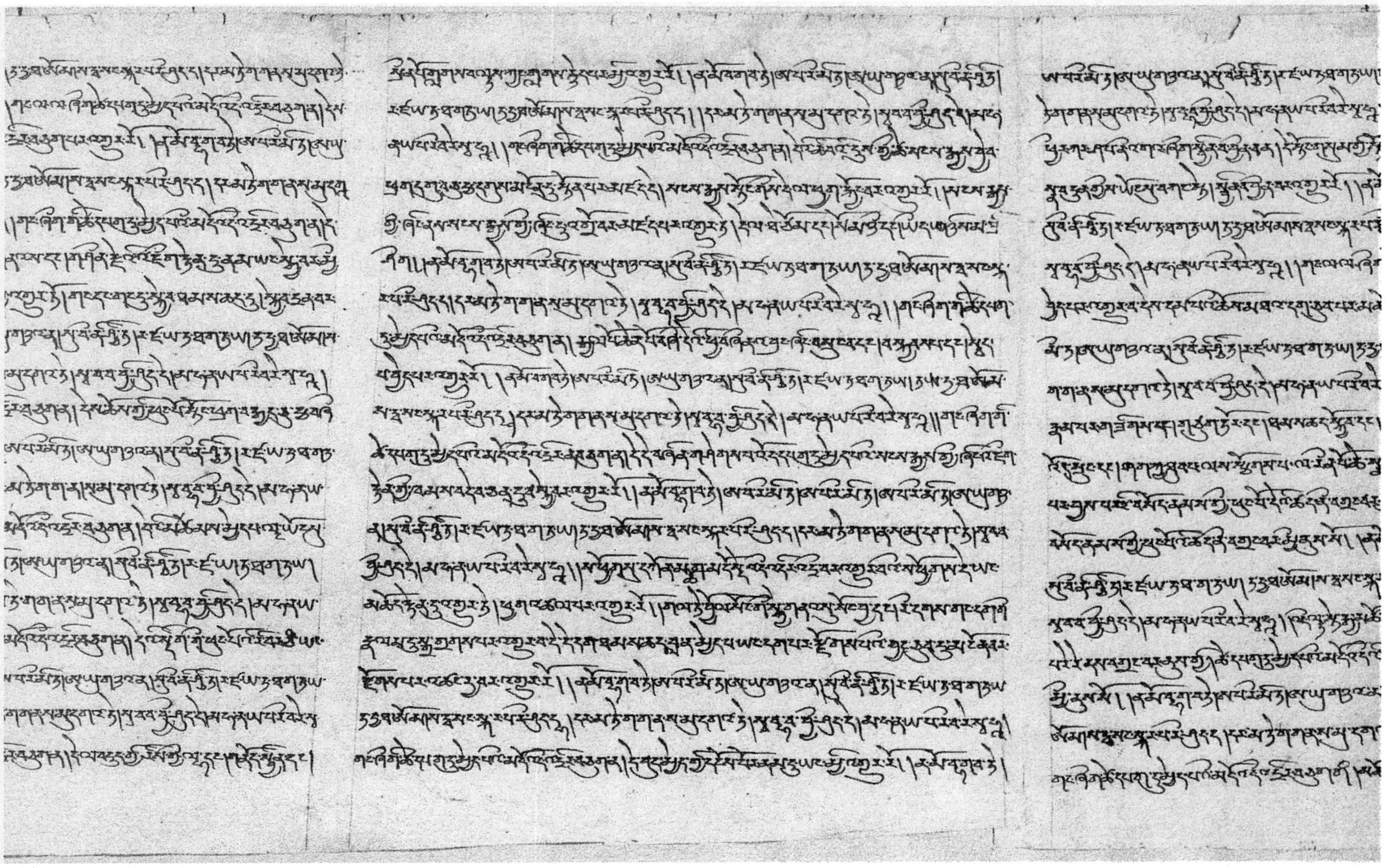

BD14307 號 5　藏文（無量壽宗要經甲本）　　（60–28）

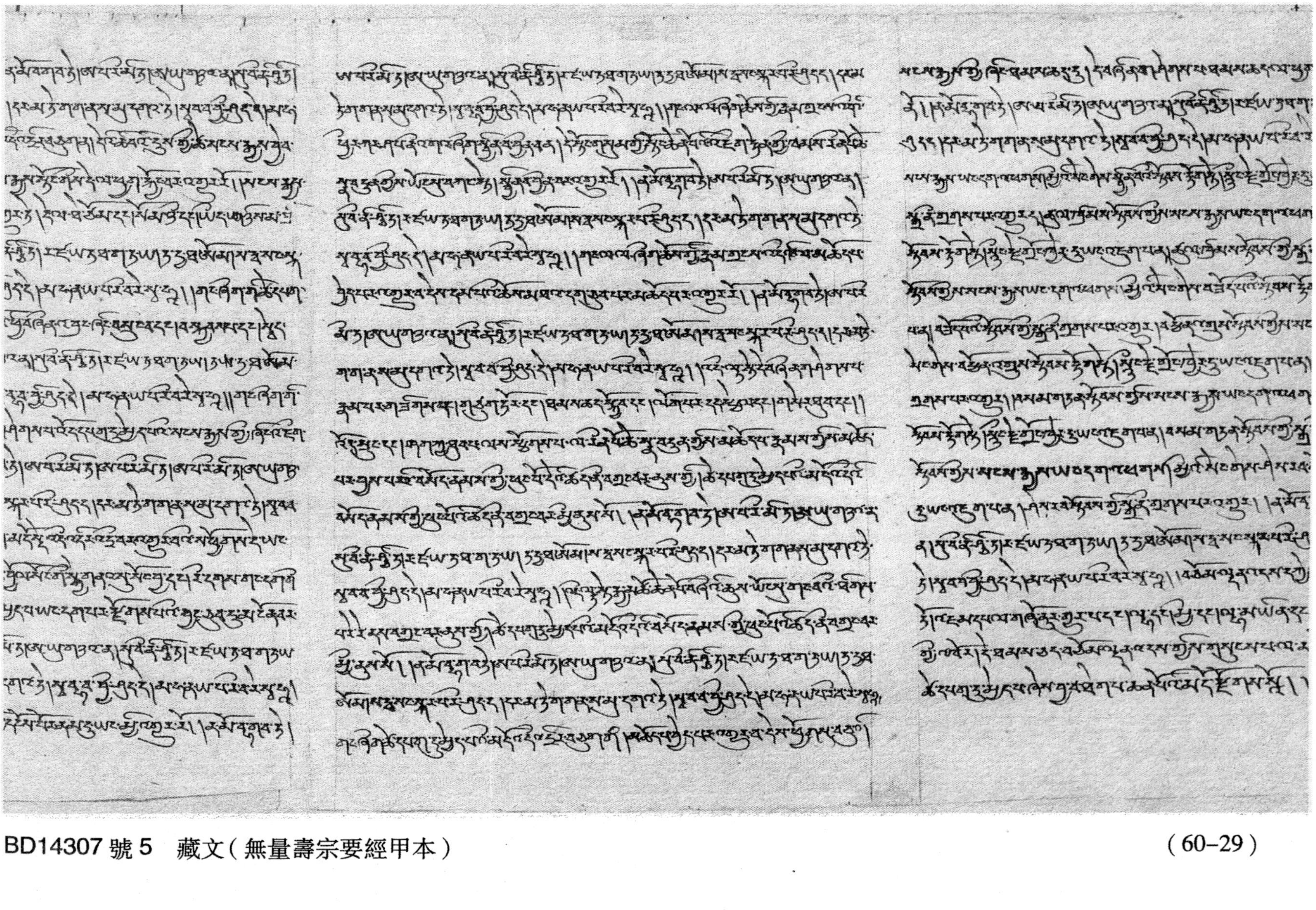

BD14307 號 5　藏文（無量壽宗要經甲本）　　（60–29）

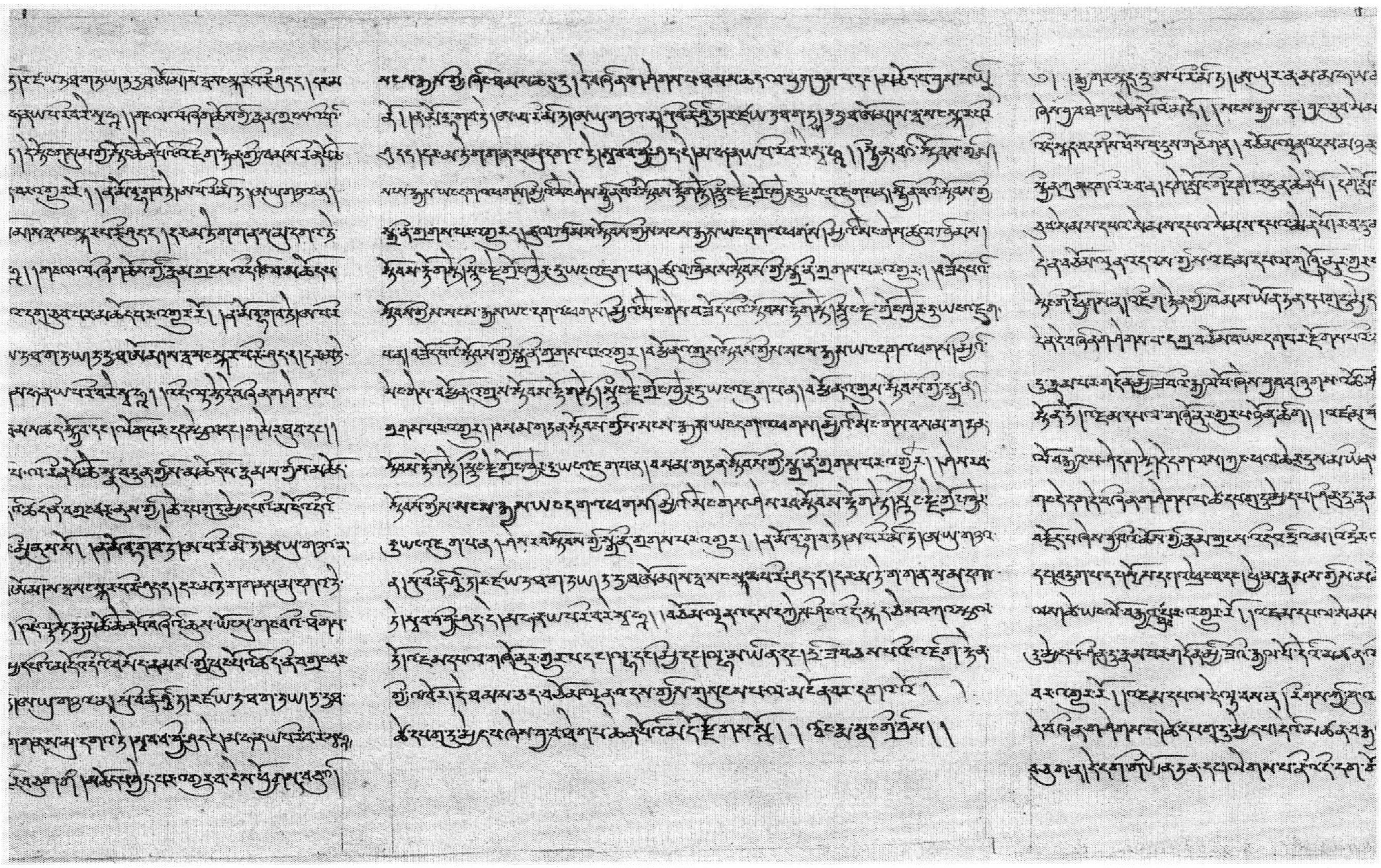

BD14307 號 5　藏文（無量壽宗要經甲本）　（60–30）

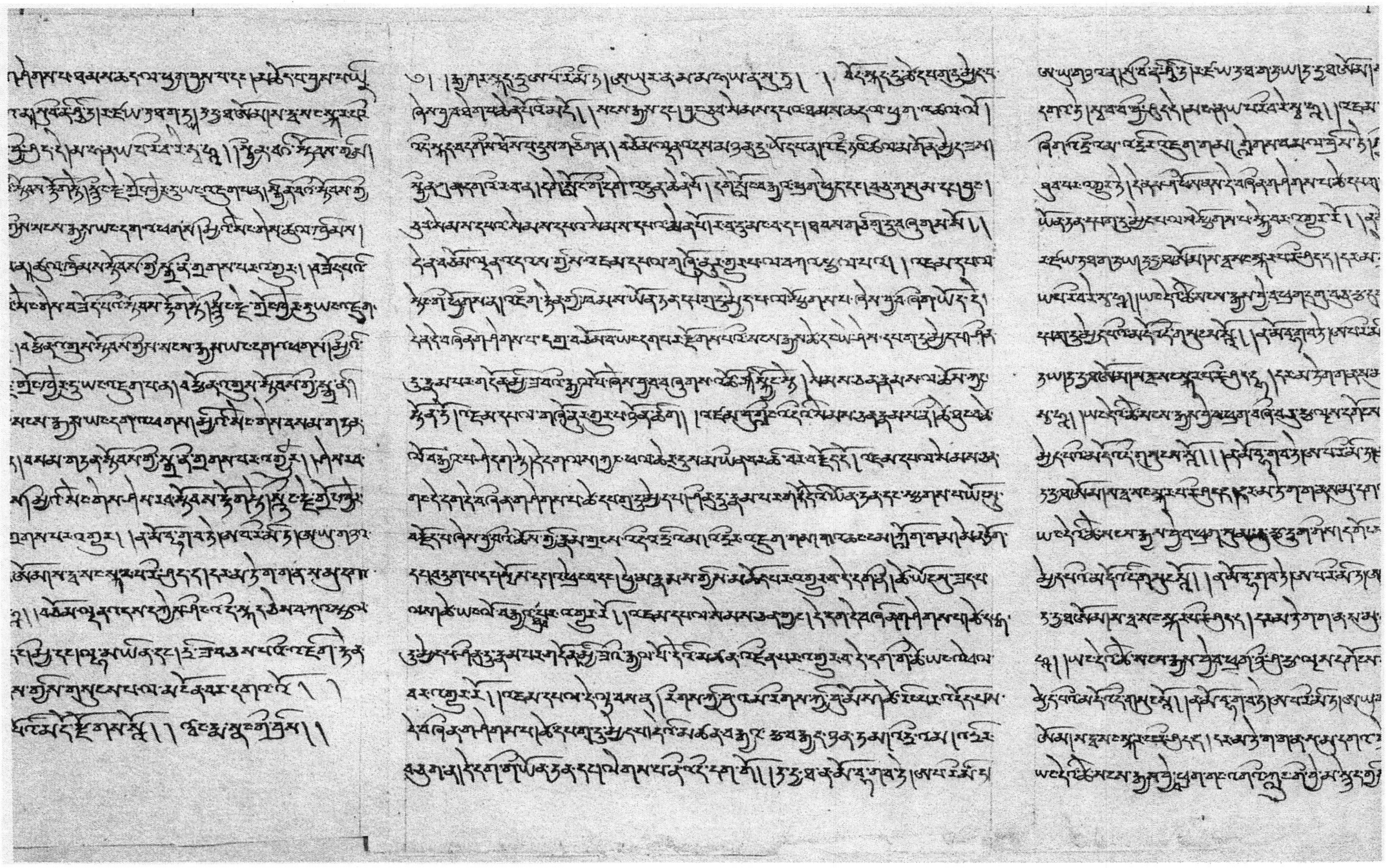

BD14307 號 6　藏文（無量壽宗要經甲本）　（60–31）

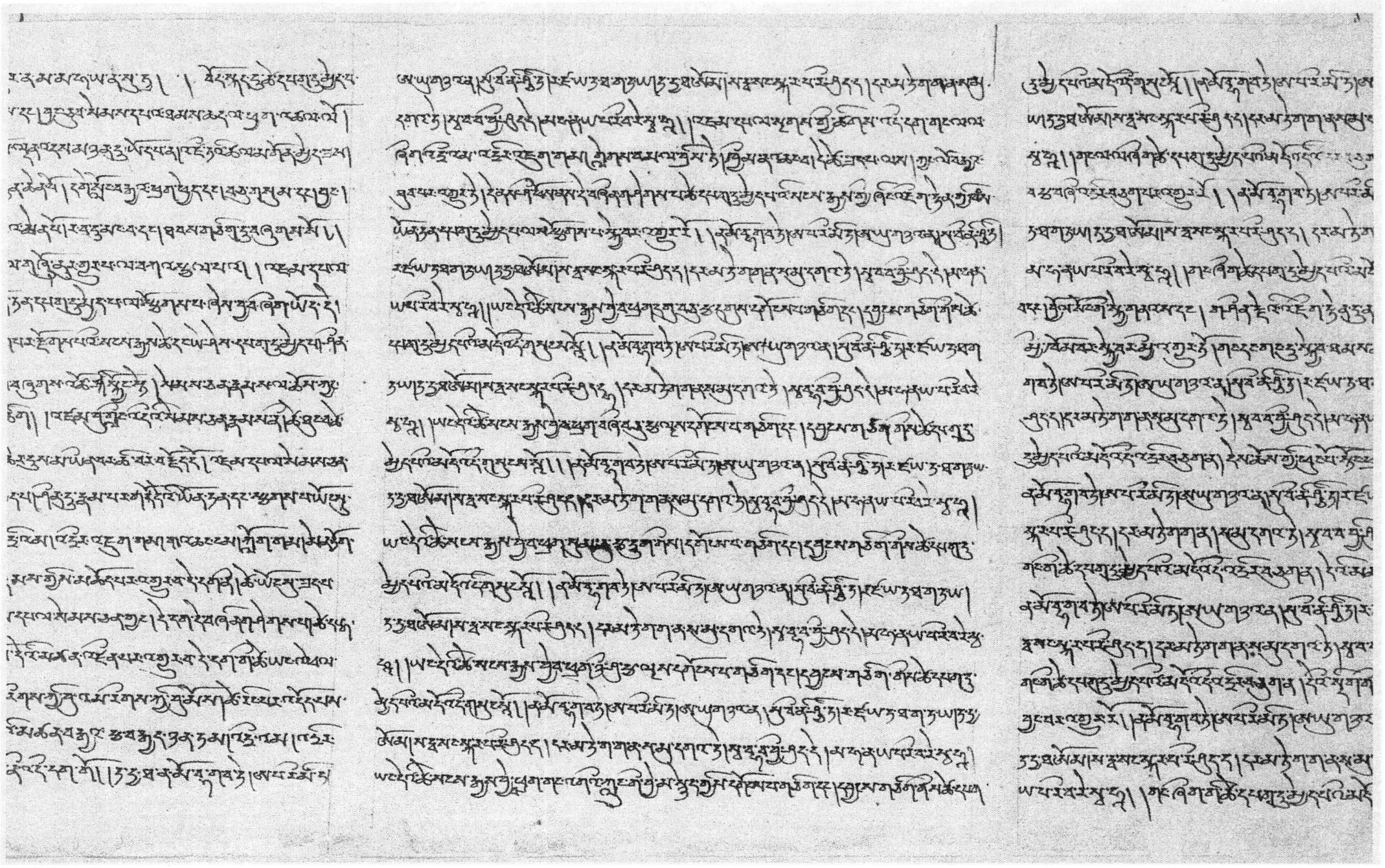

BD14307 號 6　藏文（無量壽宗要經甲本）　　（60–32）

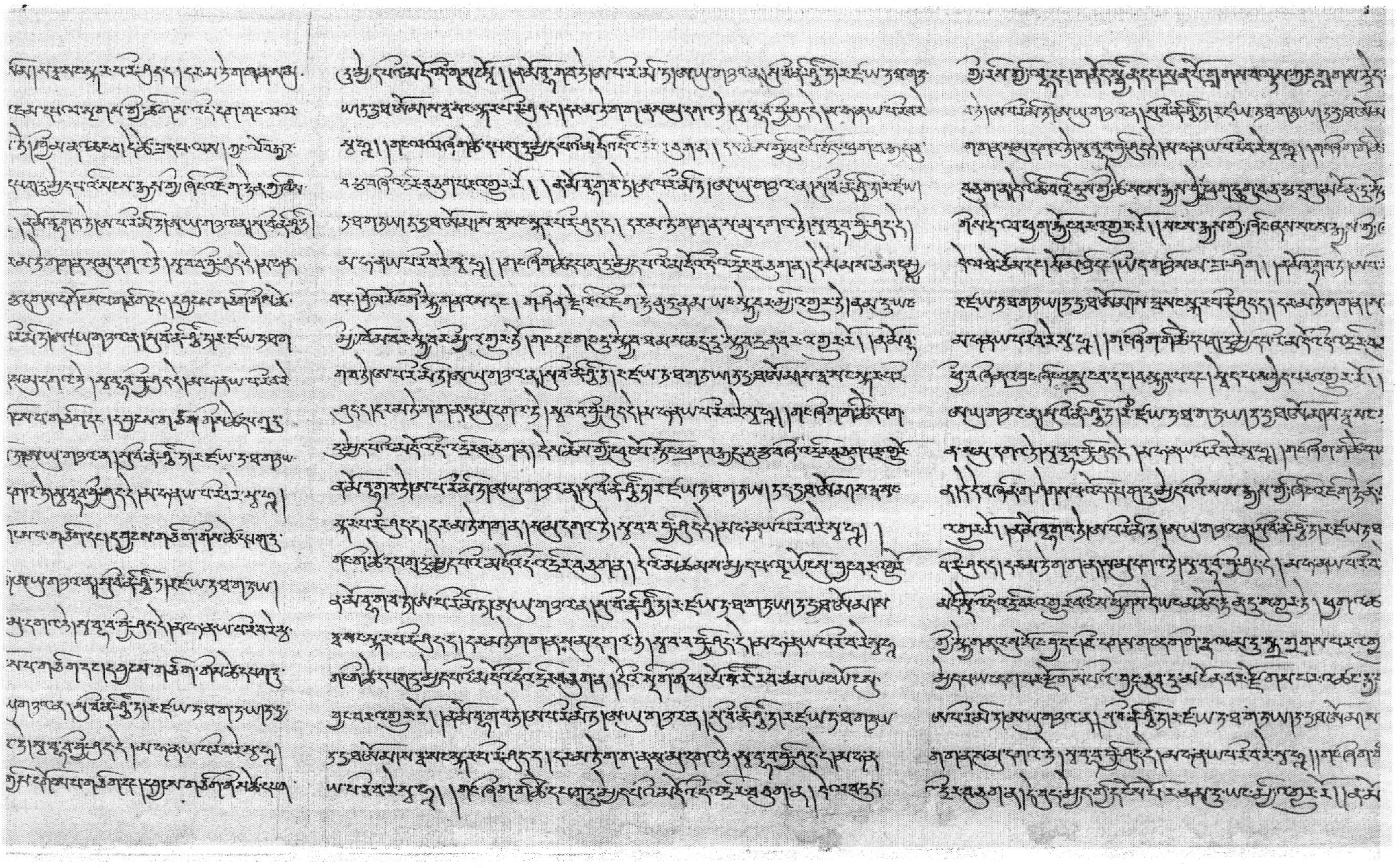

BD14307 號 6　藏文（無量壽宗要經甲本）　　（60–33）

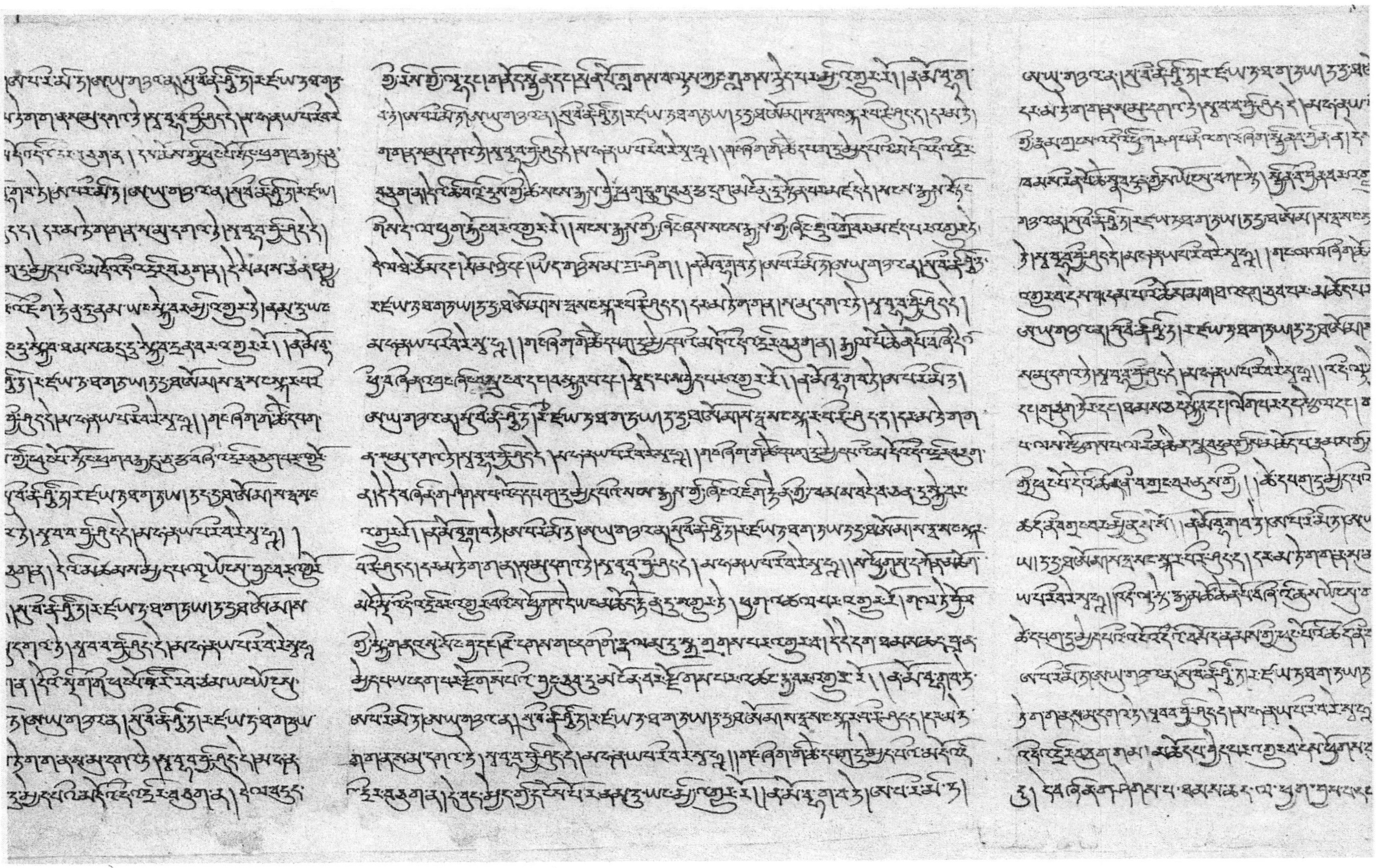

BD14307 號 6　藏文（無量壽宗要經甲本）　（60–34）

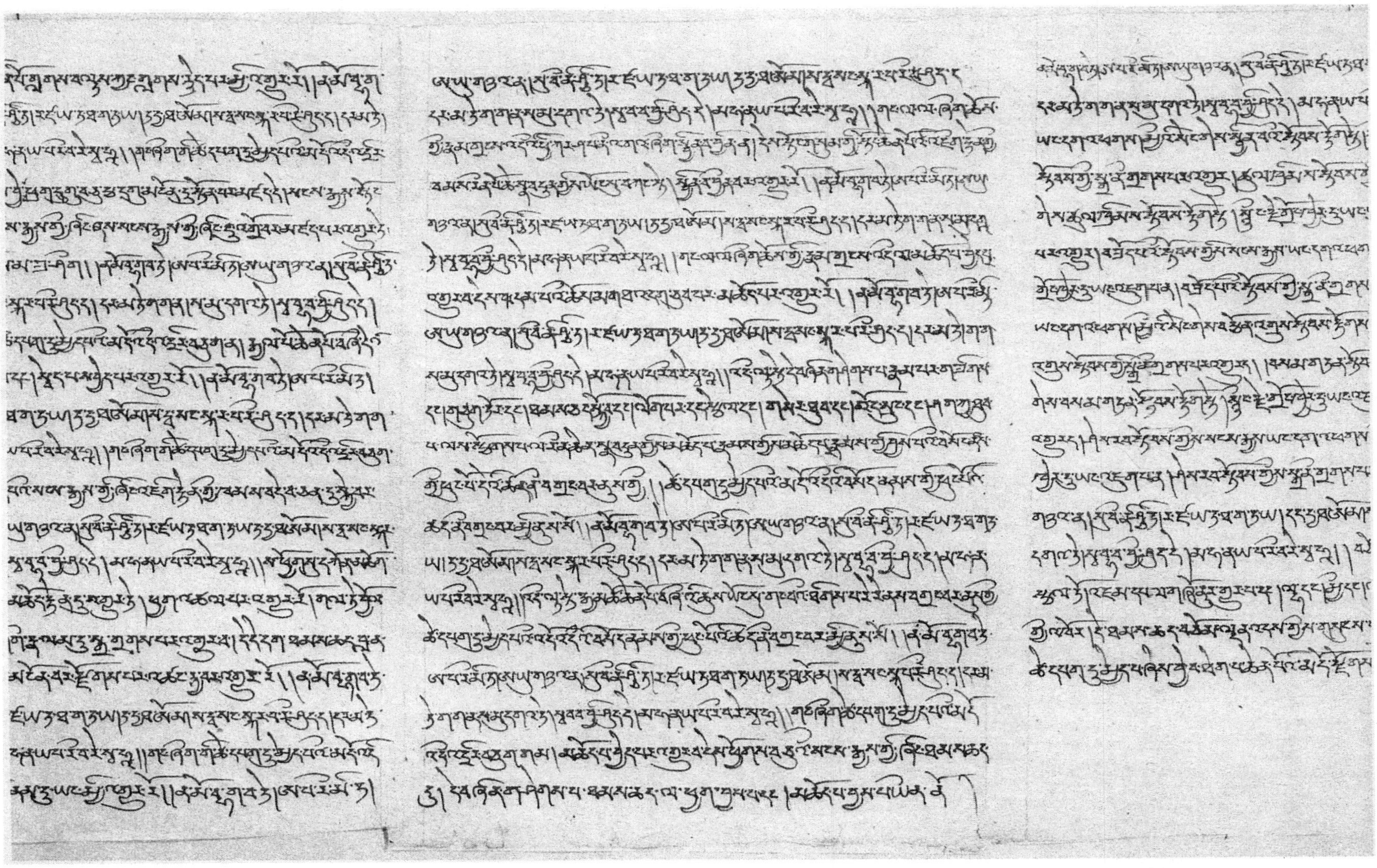

BD14307 號 6　藏文（無量壽宗要經甲本）　（60–35）

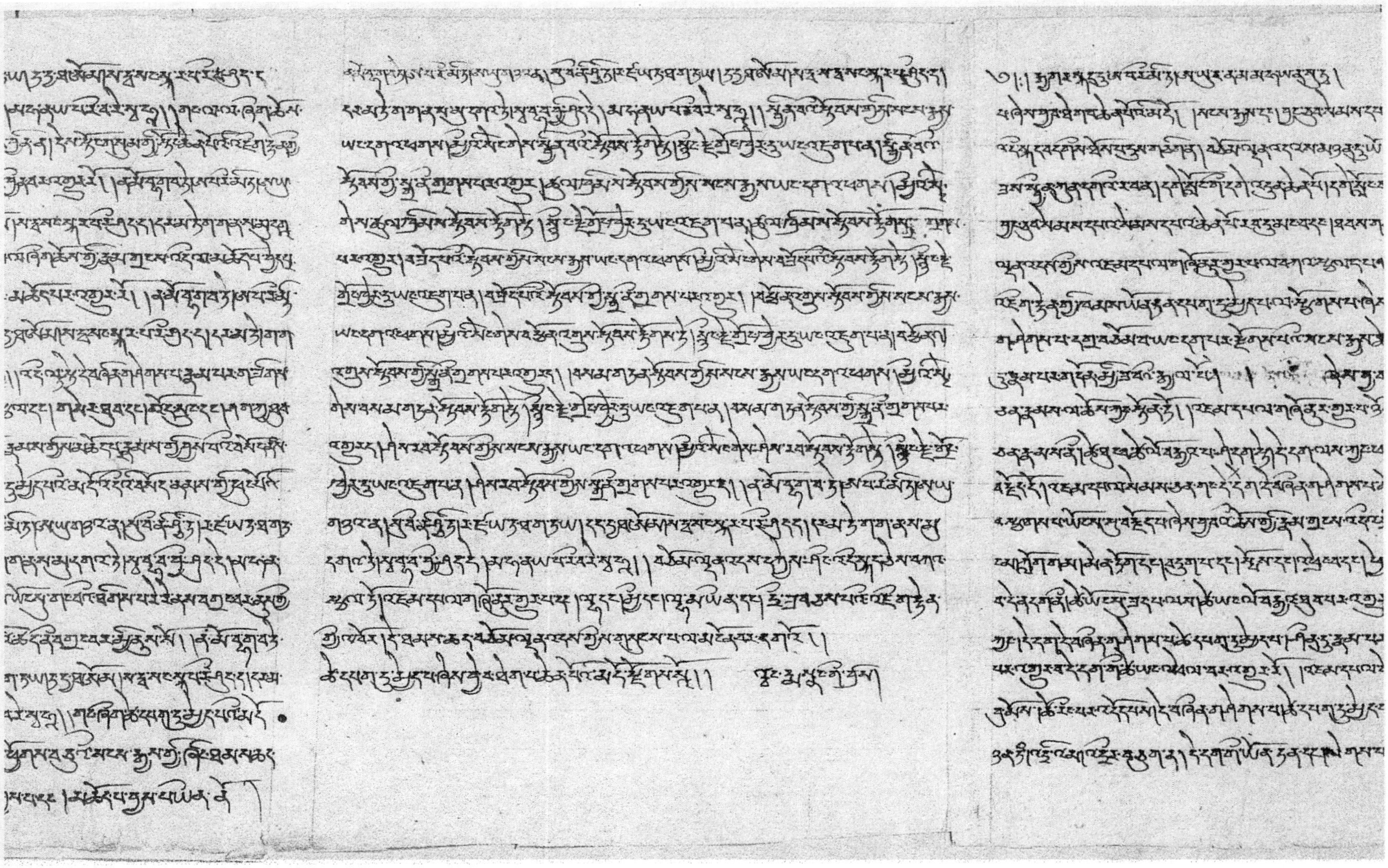

BD14307 號 6　藏文（無量壽宗要經甲本）　　　　（60–36）

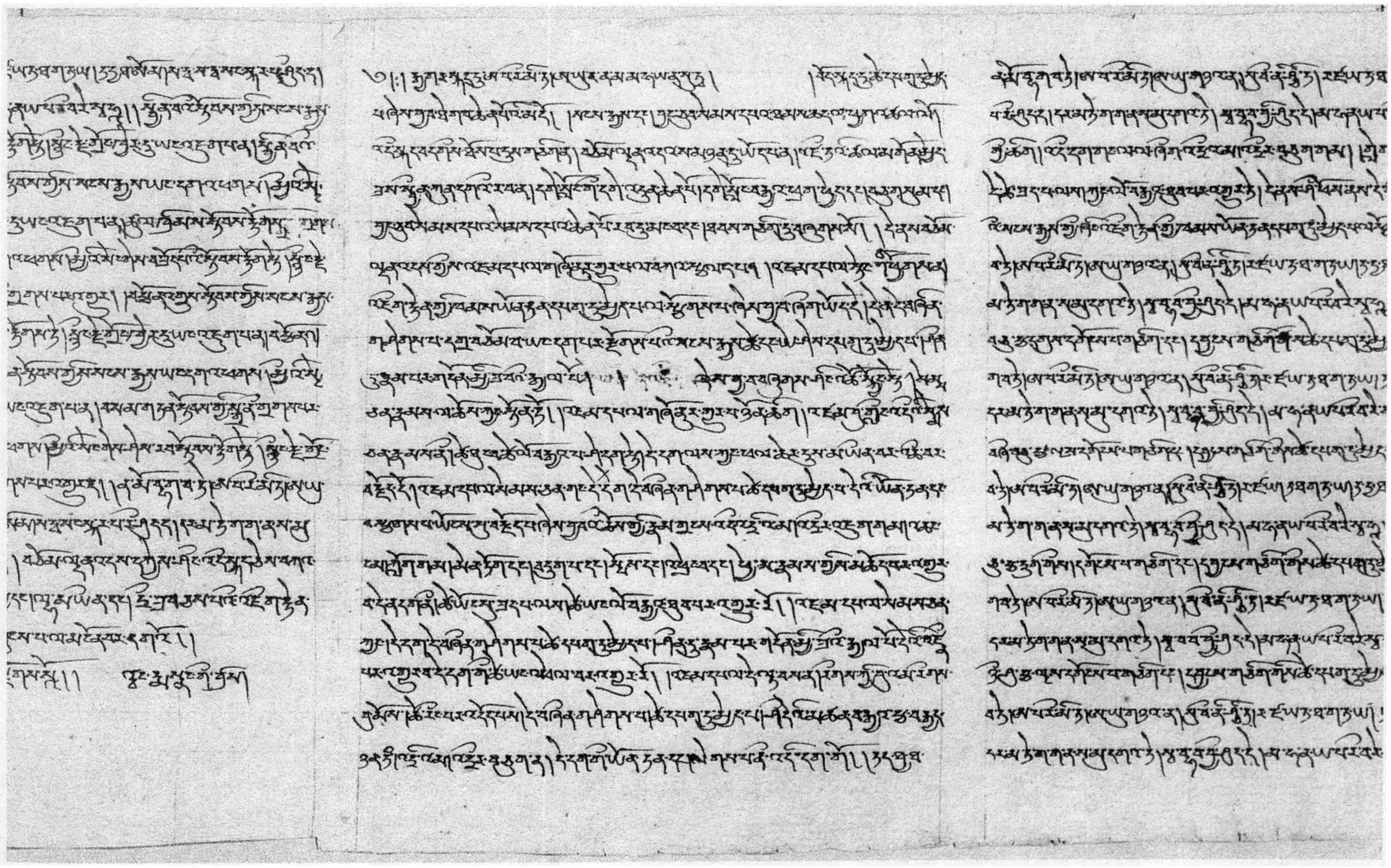

BD14307 號 7　藏文（無量壽宗要經甲本）　　　　（60–37）

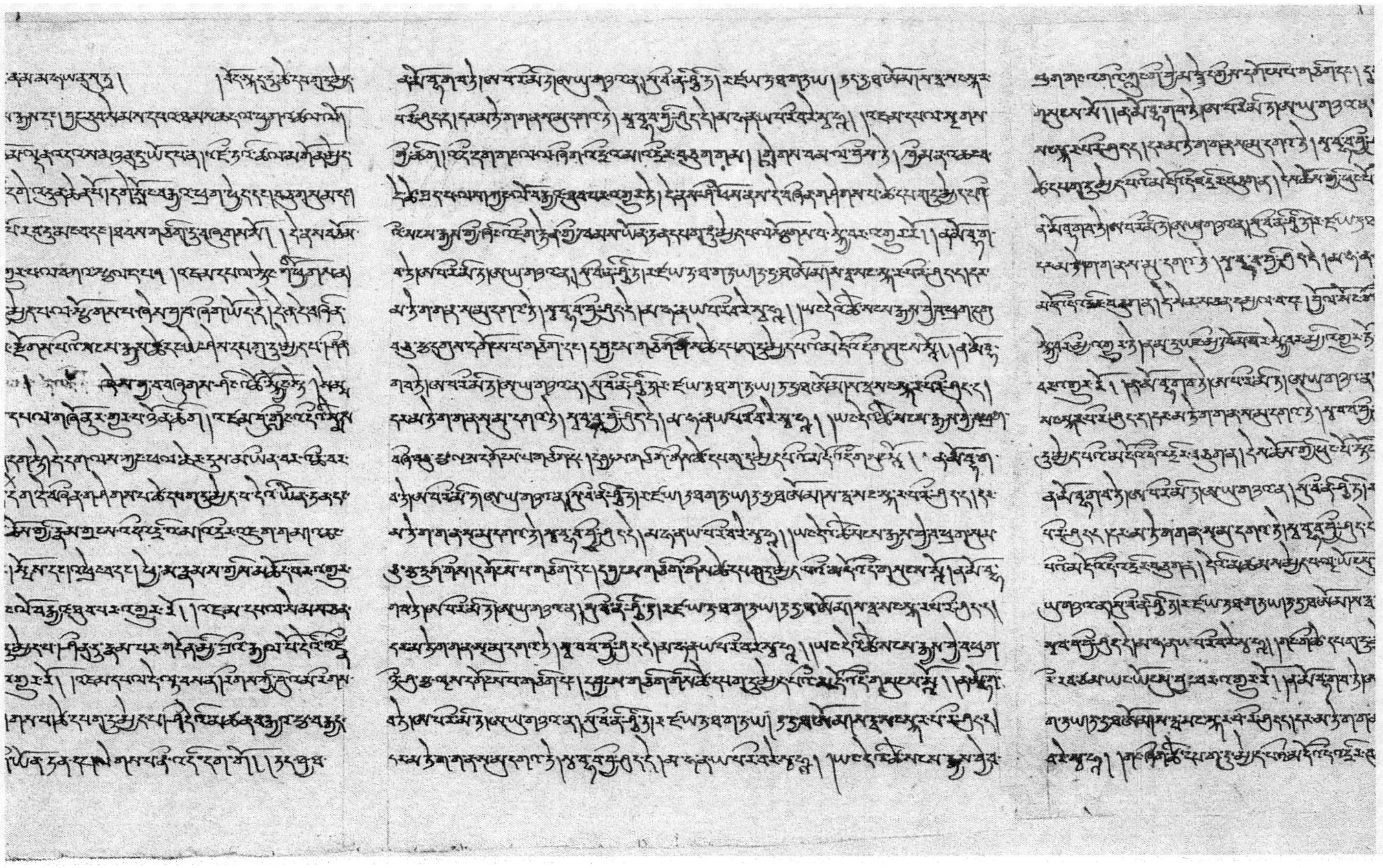

BD14307 號 7　藏文（無量壽宗要經甲本）　（60–38）

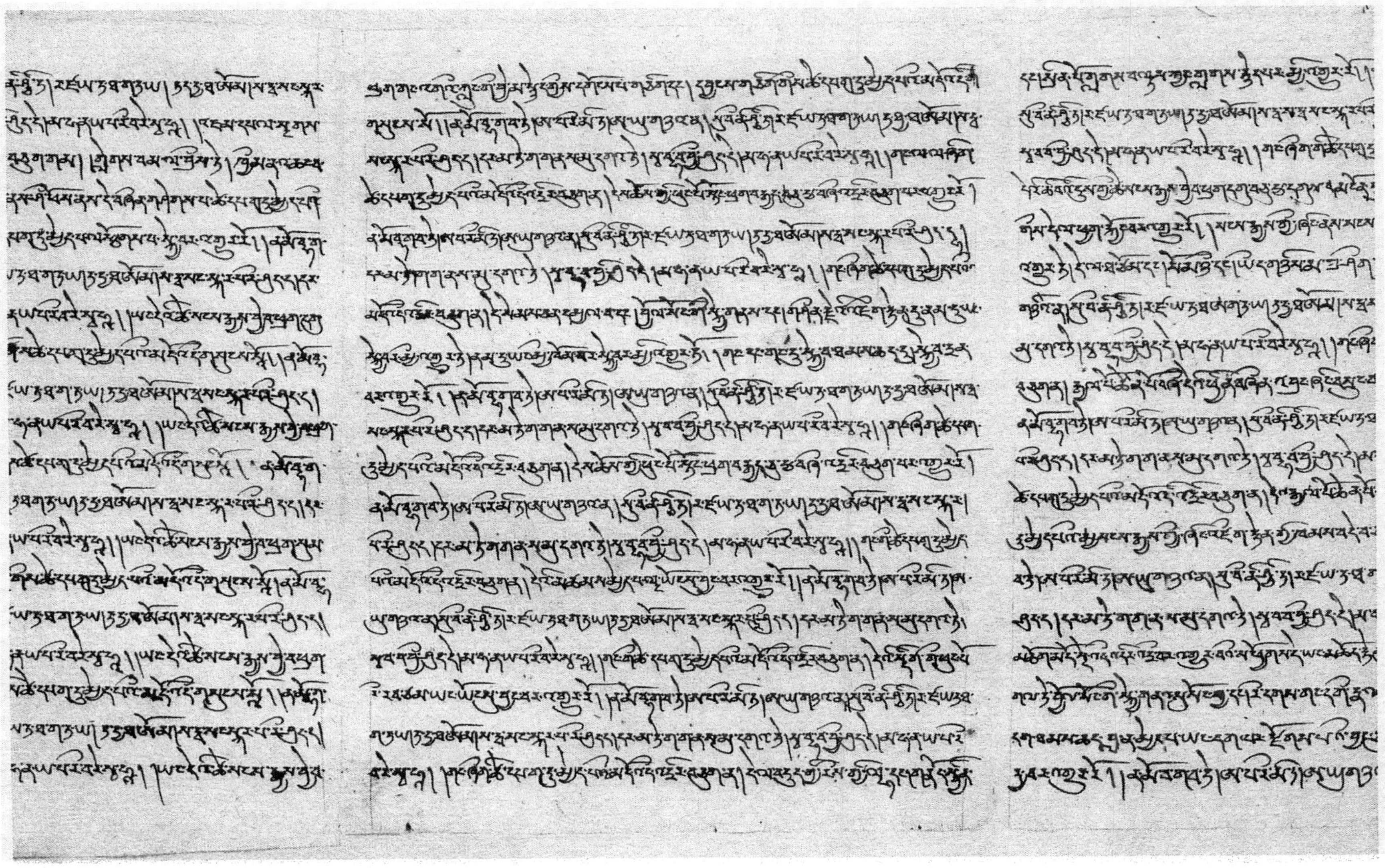

BD14307 號 7　藏文（無量壽宗要經甲本）　（60–39）

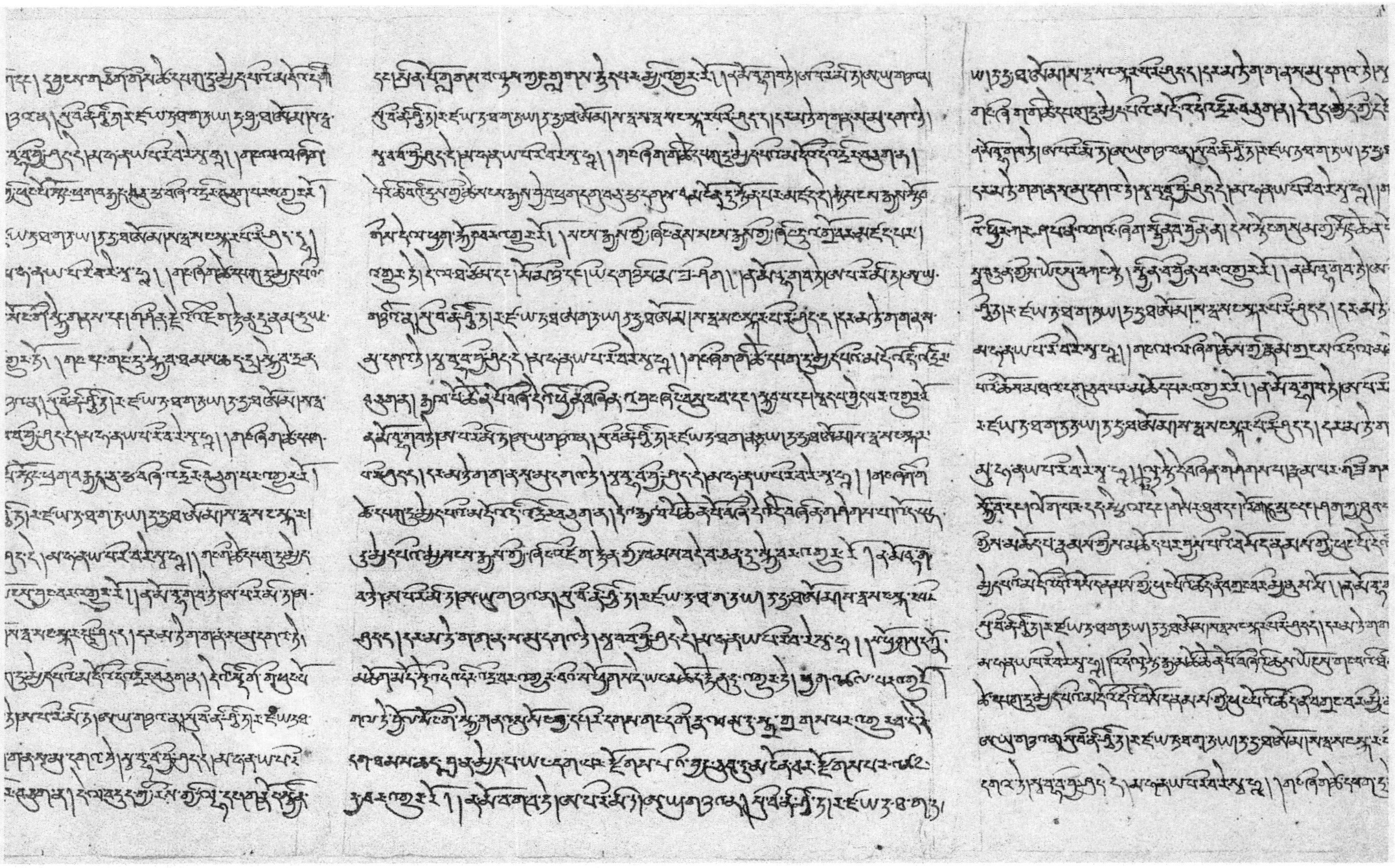

BD14307 號 7　藏文（無量壽宗要經甲本）　　（60–40）

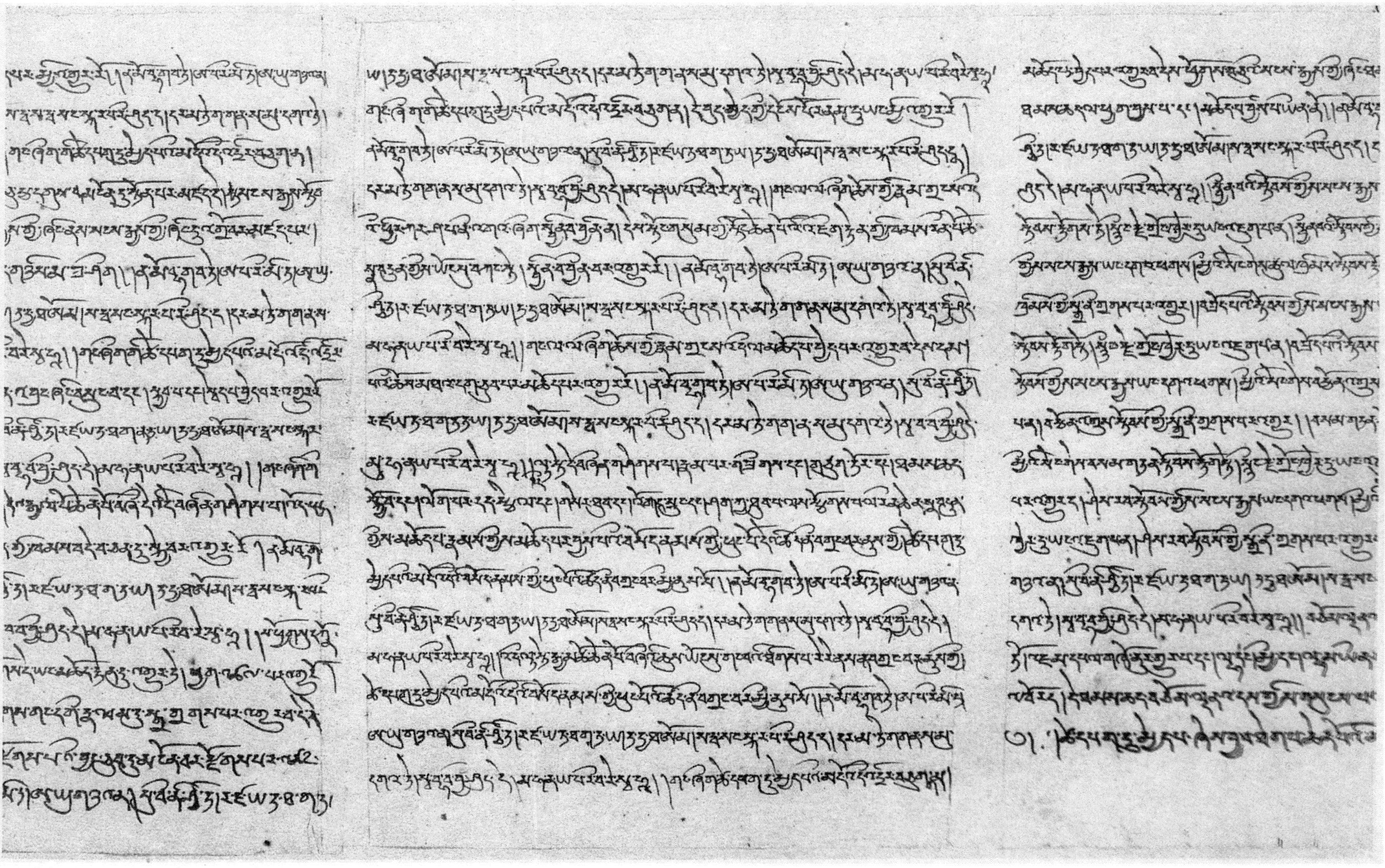

BD14307 號 7　藏文（無量壽宗要經甲本）　　（60–41）

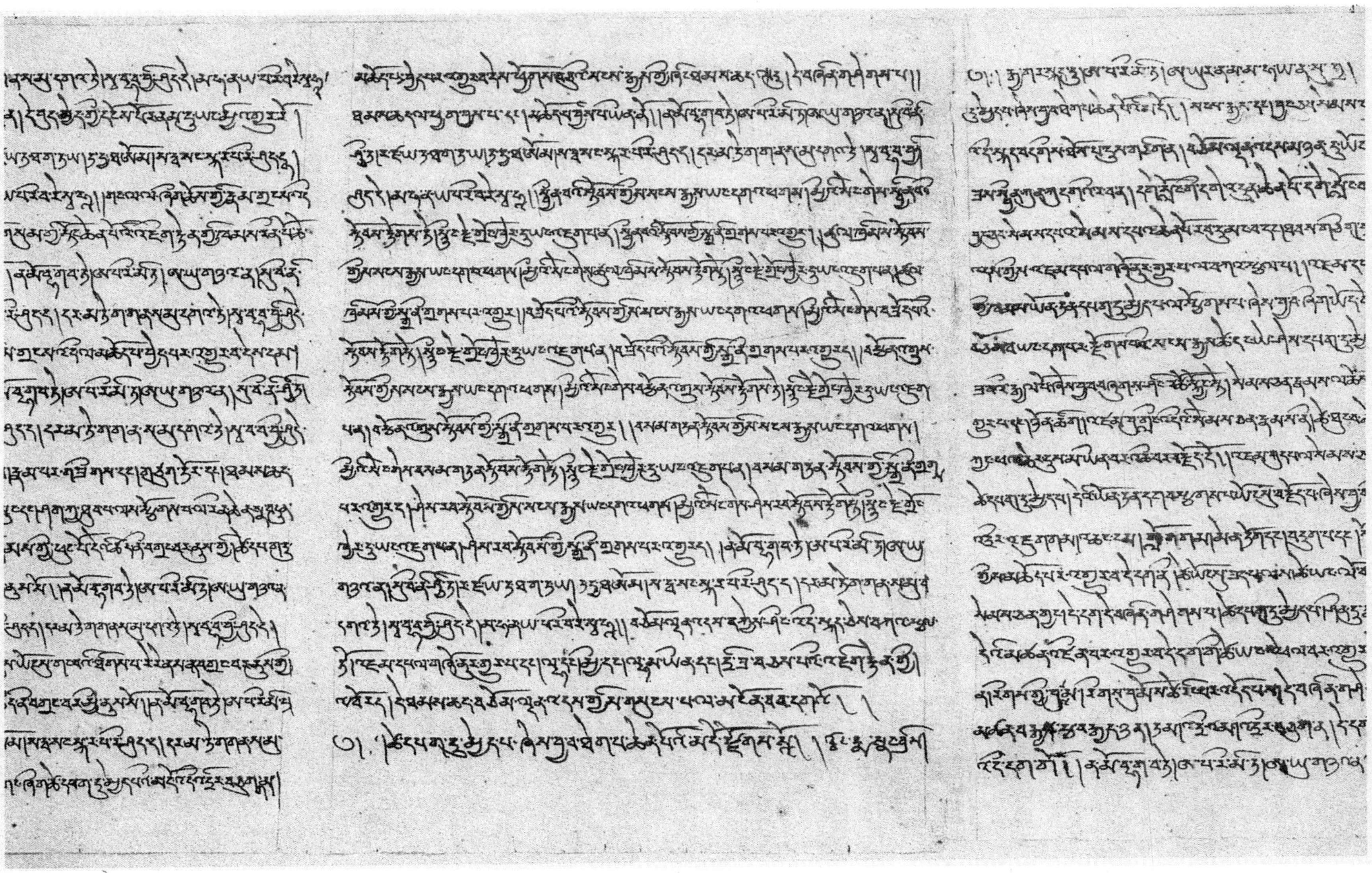

BD14307 號 7　藏文（無量壽宗要經甲本）　（60–42）

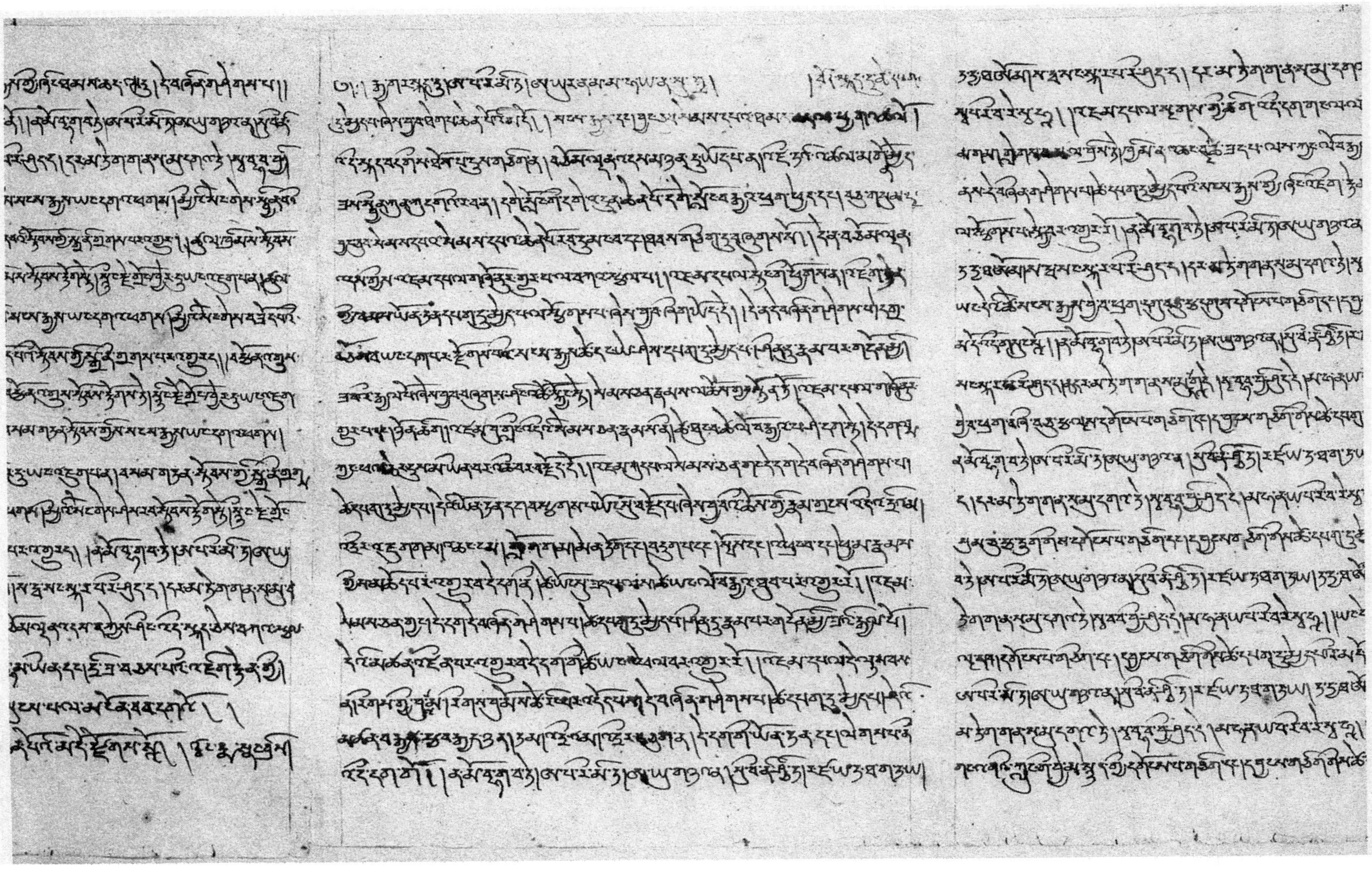

BD14307 號 8　藏文（無量壽宗要經甲本）　（60–43）

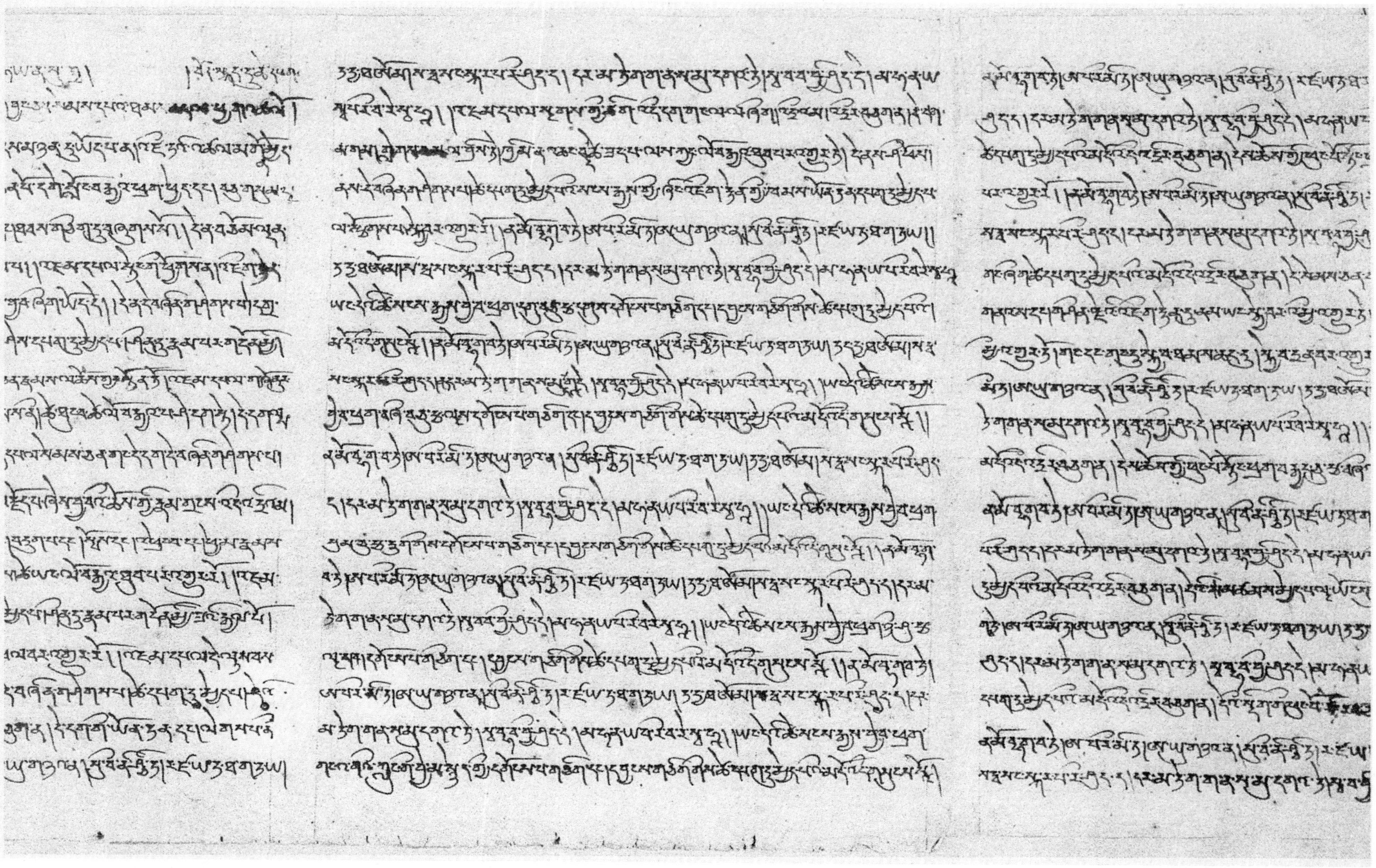

BD14307 號 8　藏文（無量壽宗要經甲本）　　（60–44）

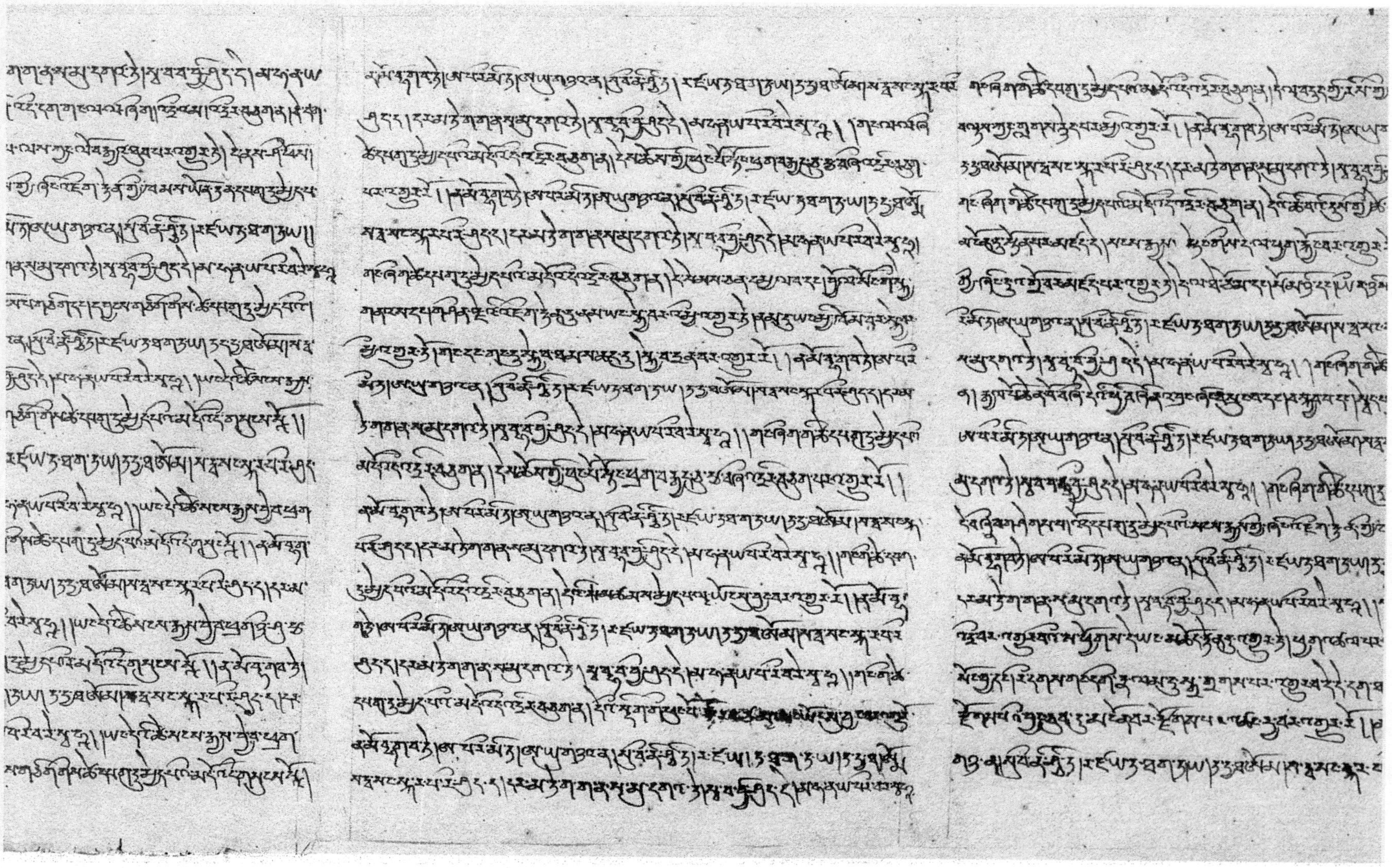

BD14307 號 8　藏文（無量壽宗要經甲本）　　（60–45）

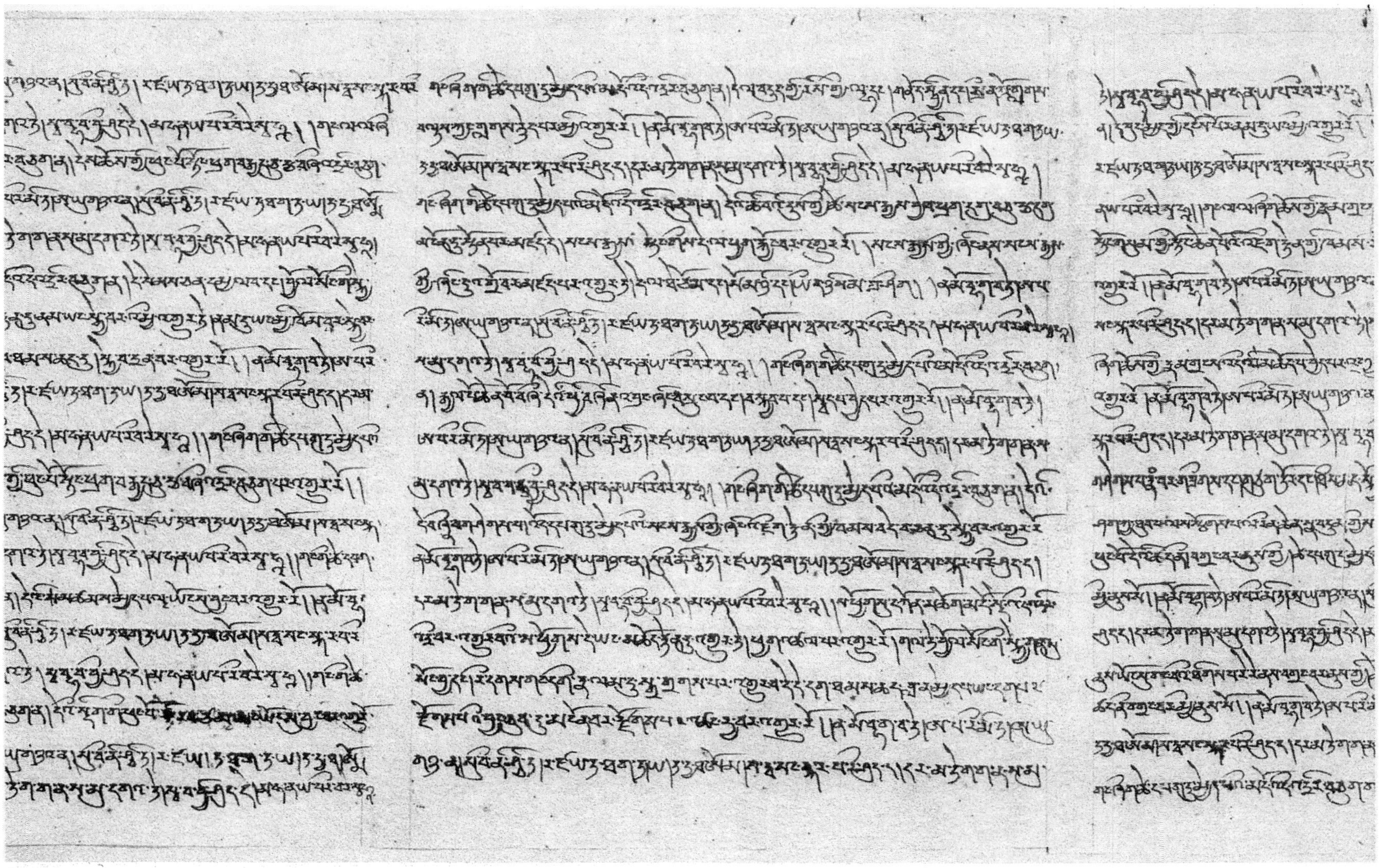

BD14307 號 8　藏文（無量壽宗要經甲本）　（60–46）

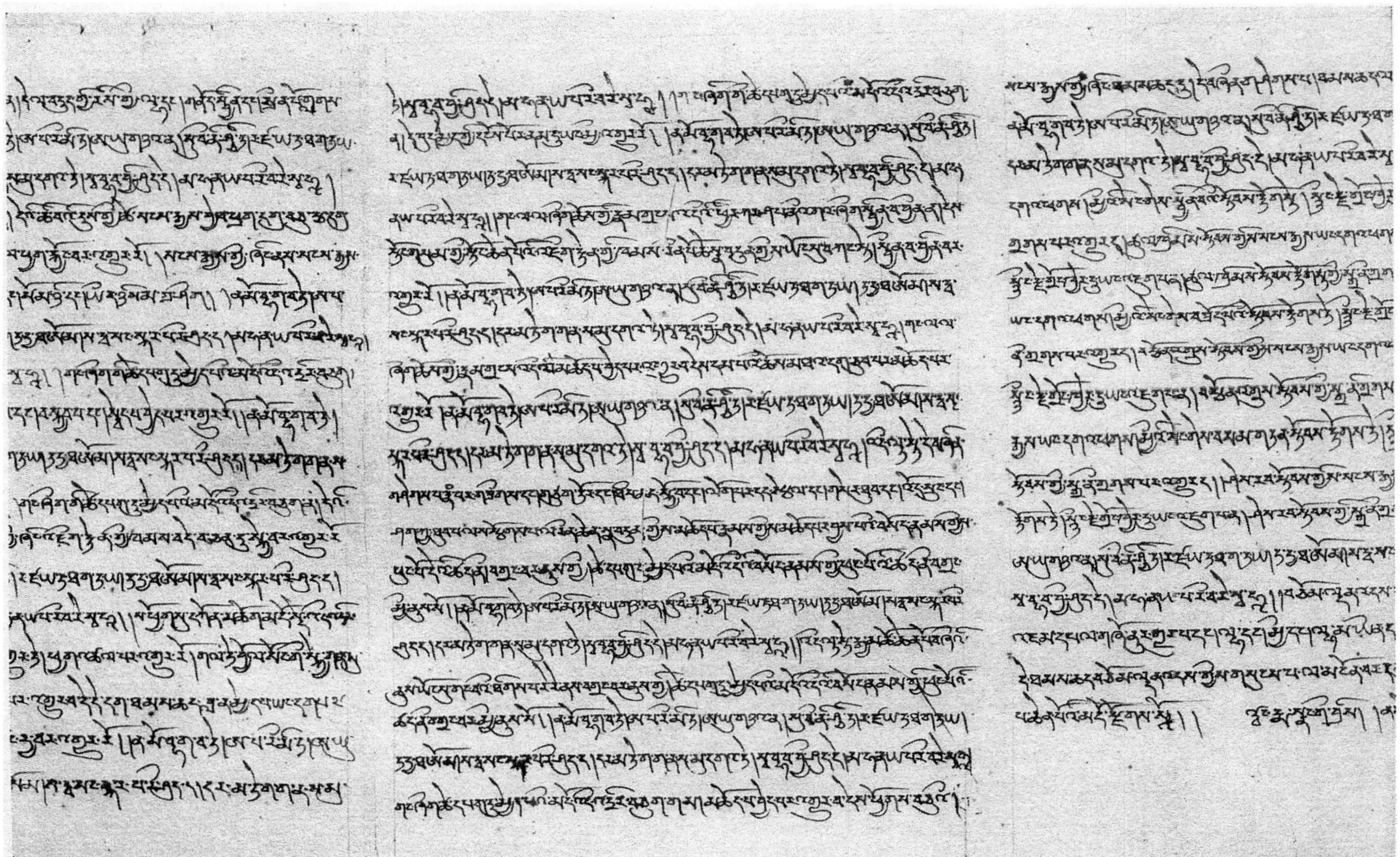

BD14307 號 8　藏文（無量壽宗要經甲本）　（60–47）

BD14307號8　藏文（無量壽宗要經甲本）

BD14307號9　藏文（無量壽宗要經甲本）

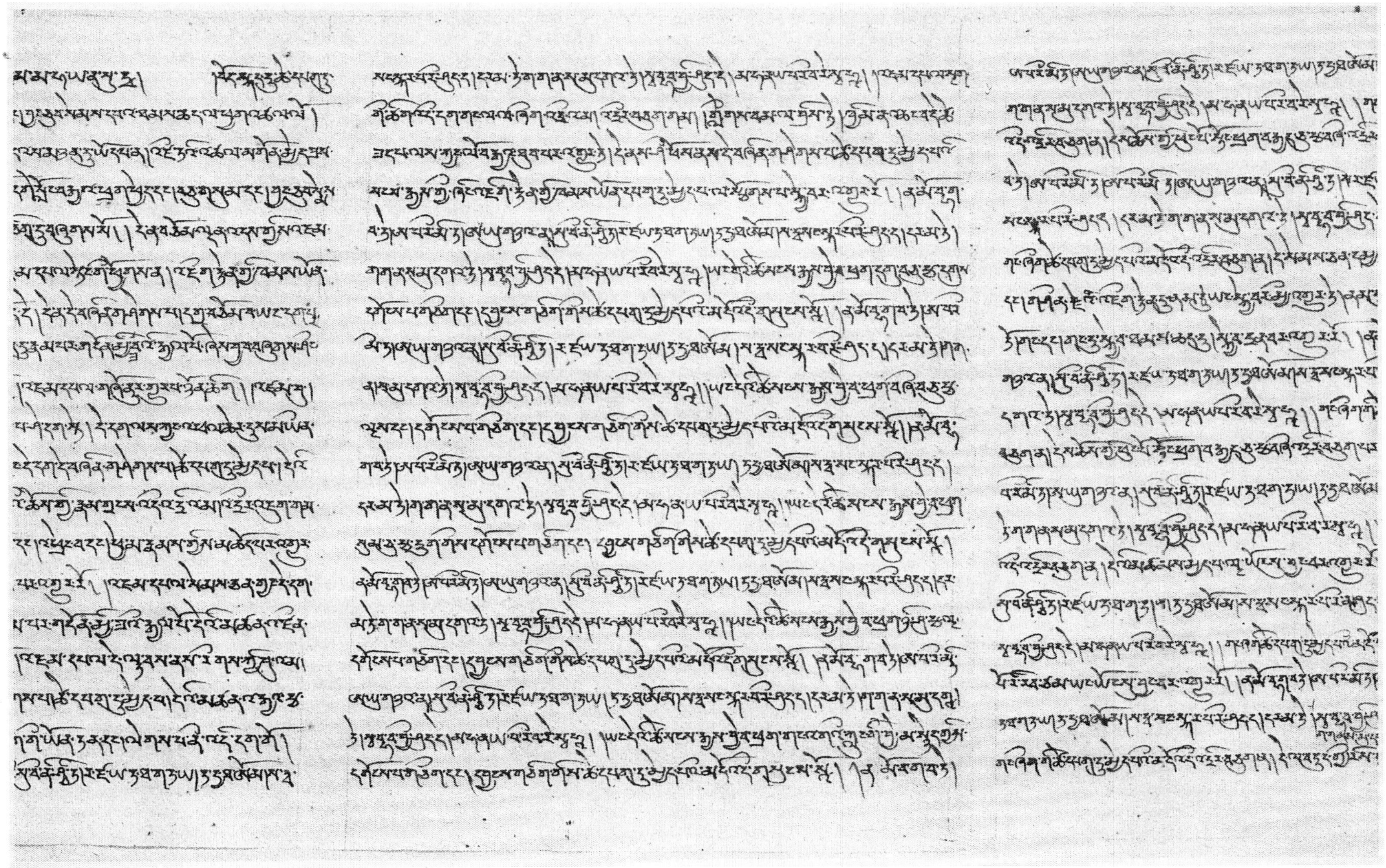

BD14307 號 9　藏文（無量壽宗要經甲本）　　（60–50）

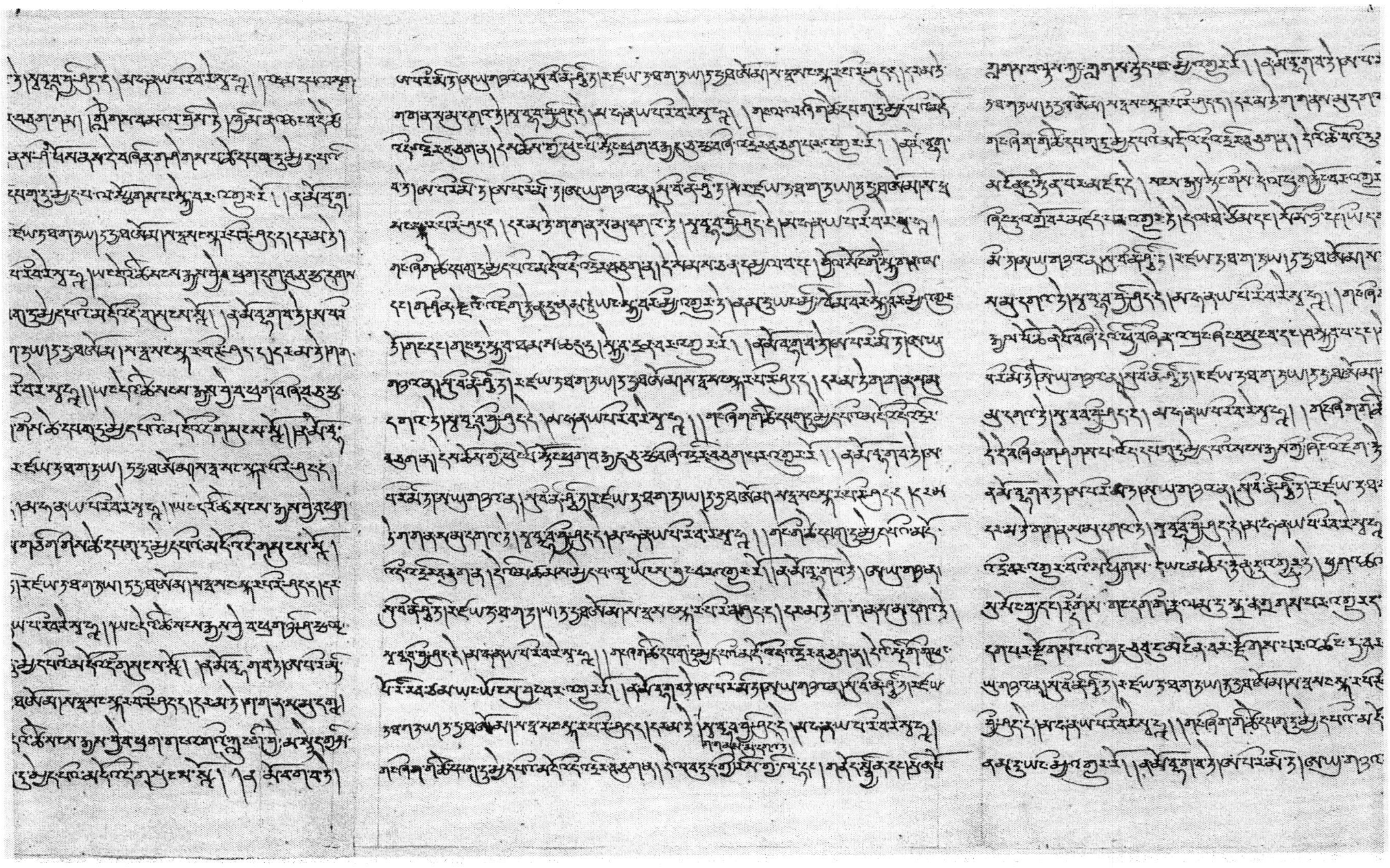

BD14307 號 9　藏文（無量壽宗要經甲本）　　（60–51）

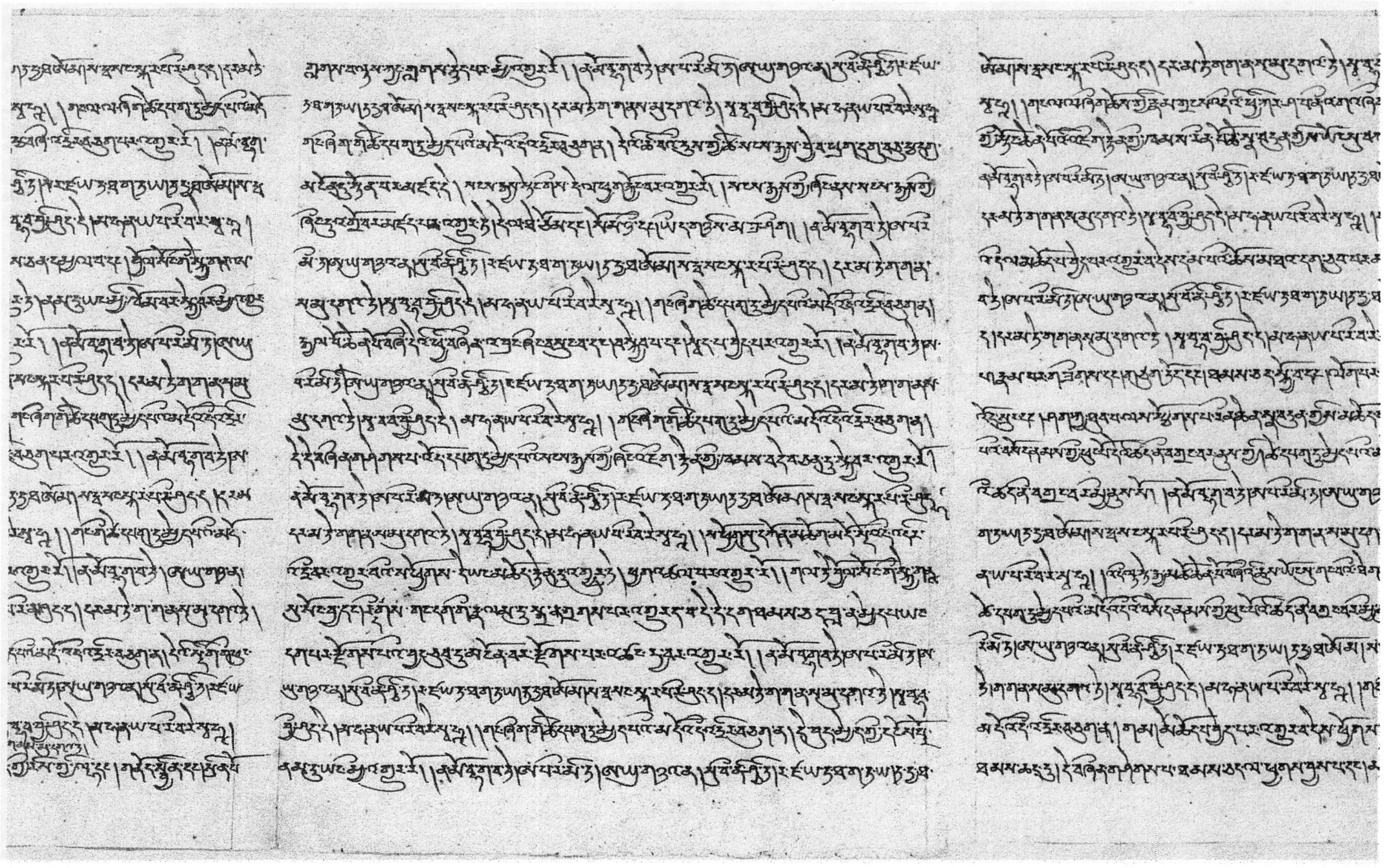

BD14307 號 9　藏文（無量壽宗要經甲本）　（60–52）

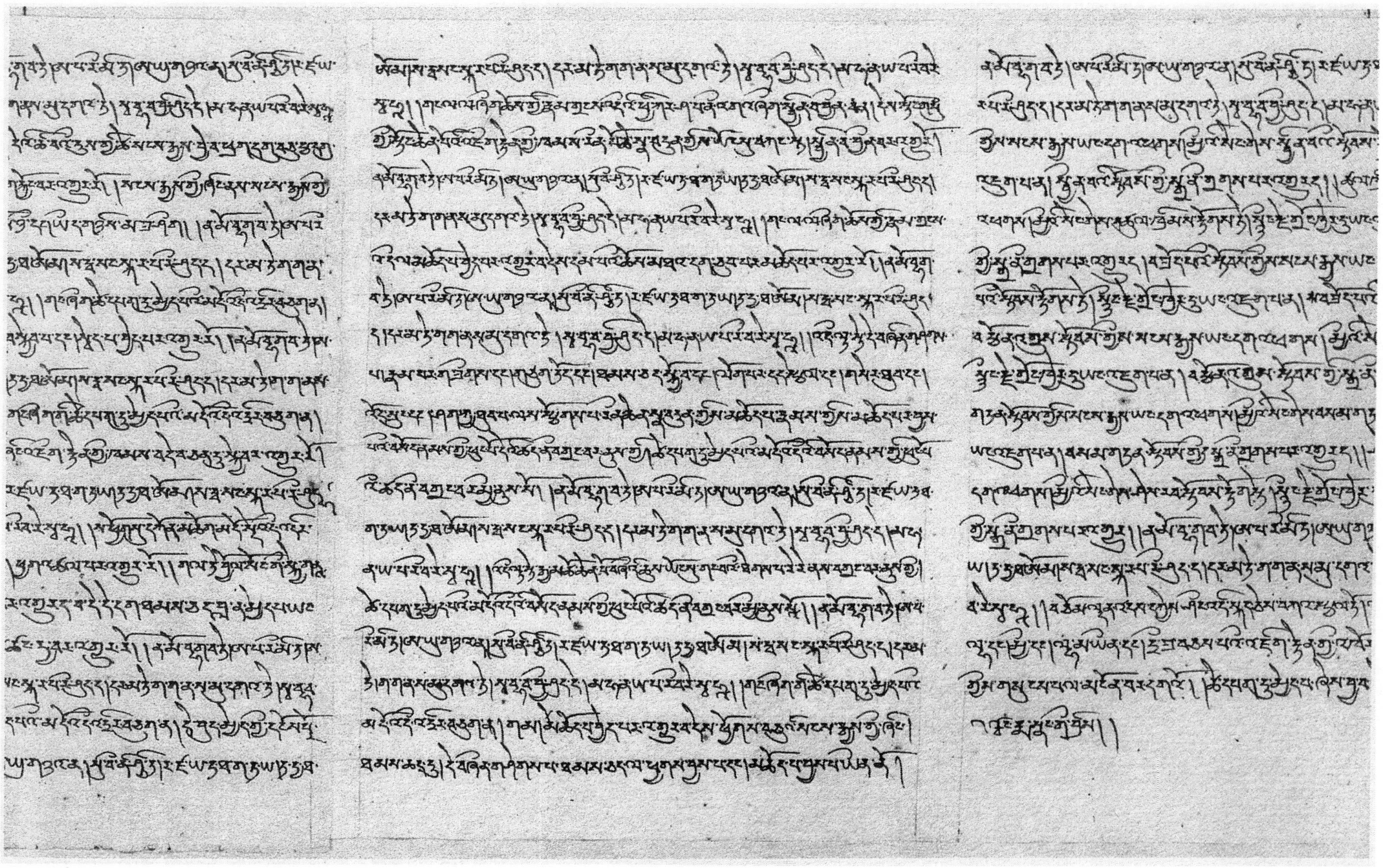

BD14307 號 9　藏文（無量壽宗要經甲本）　（60–53）

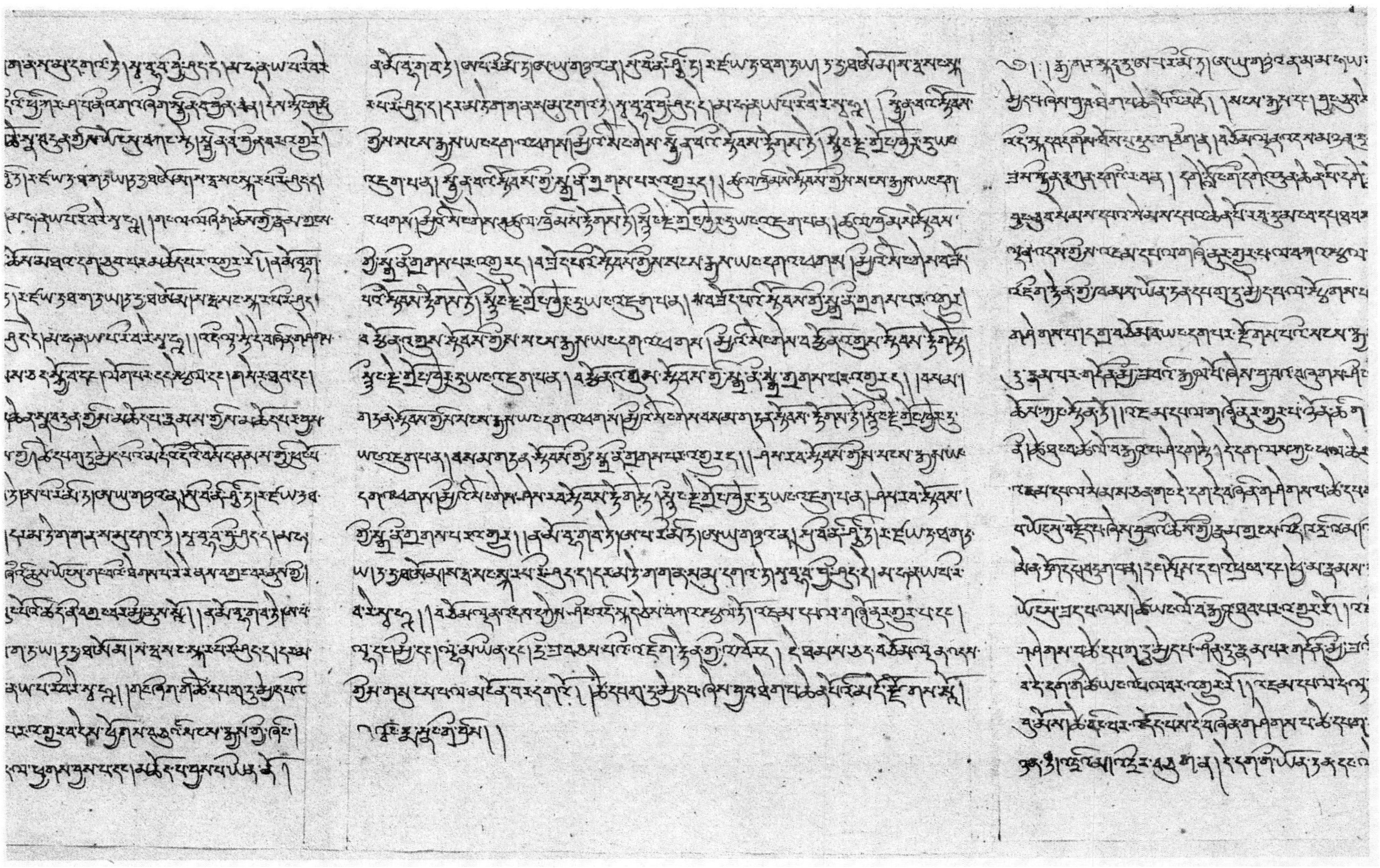

BD14307 號 9　藏文（無量壽宗要經甲本）　　（60–54）

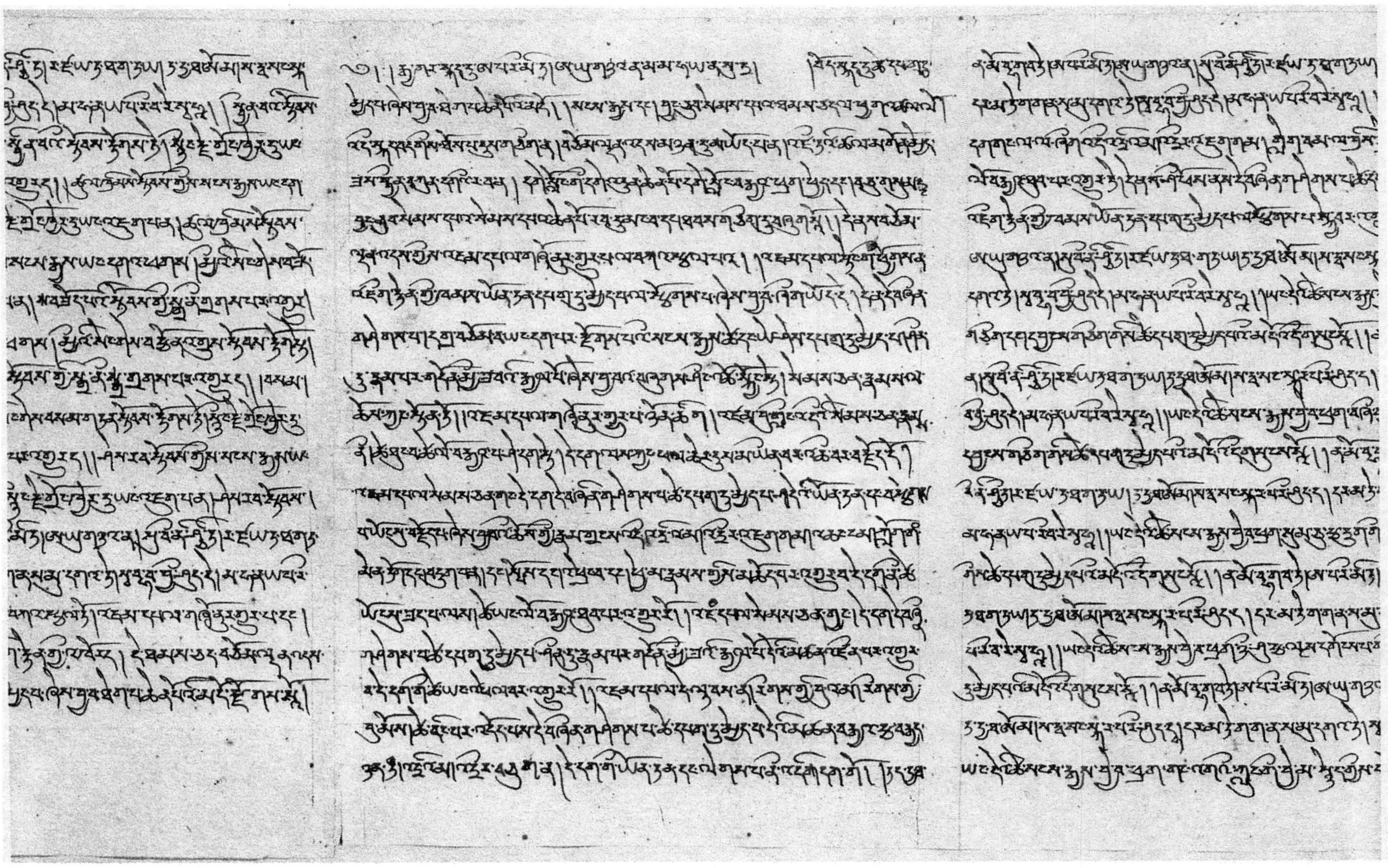

BD14307 號 10　藏文（無量壽宗要經甲本）　　（60–55）

BD14307號10 藏文（無量壽宗要經甲本）

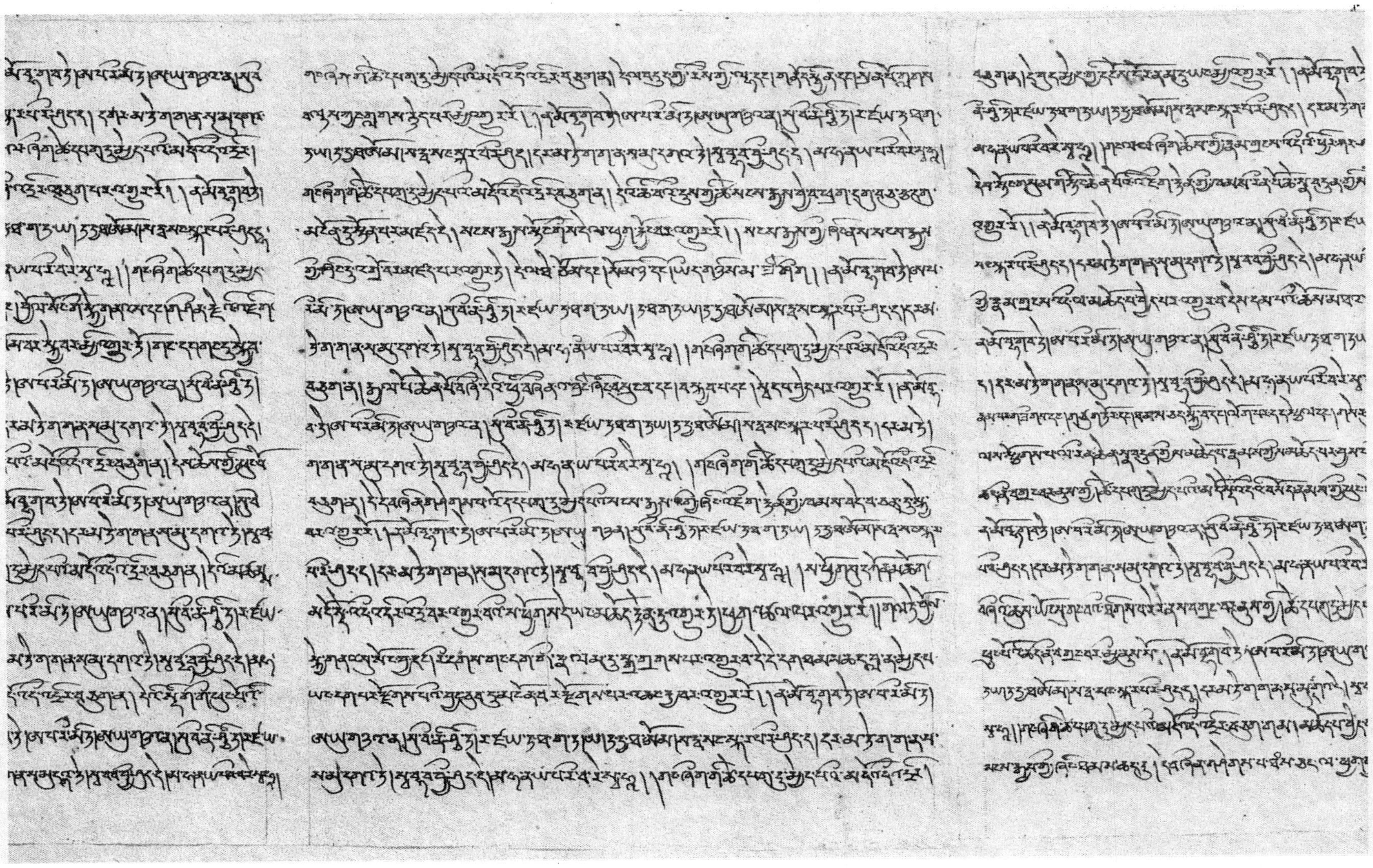

BD14307 號 10　藏文（無量壽宗要經甲本）　（60–58）

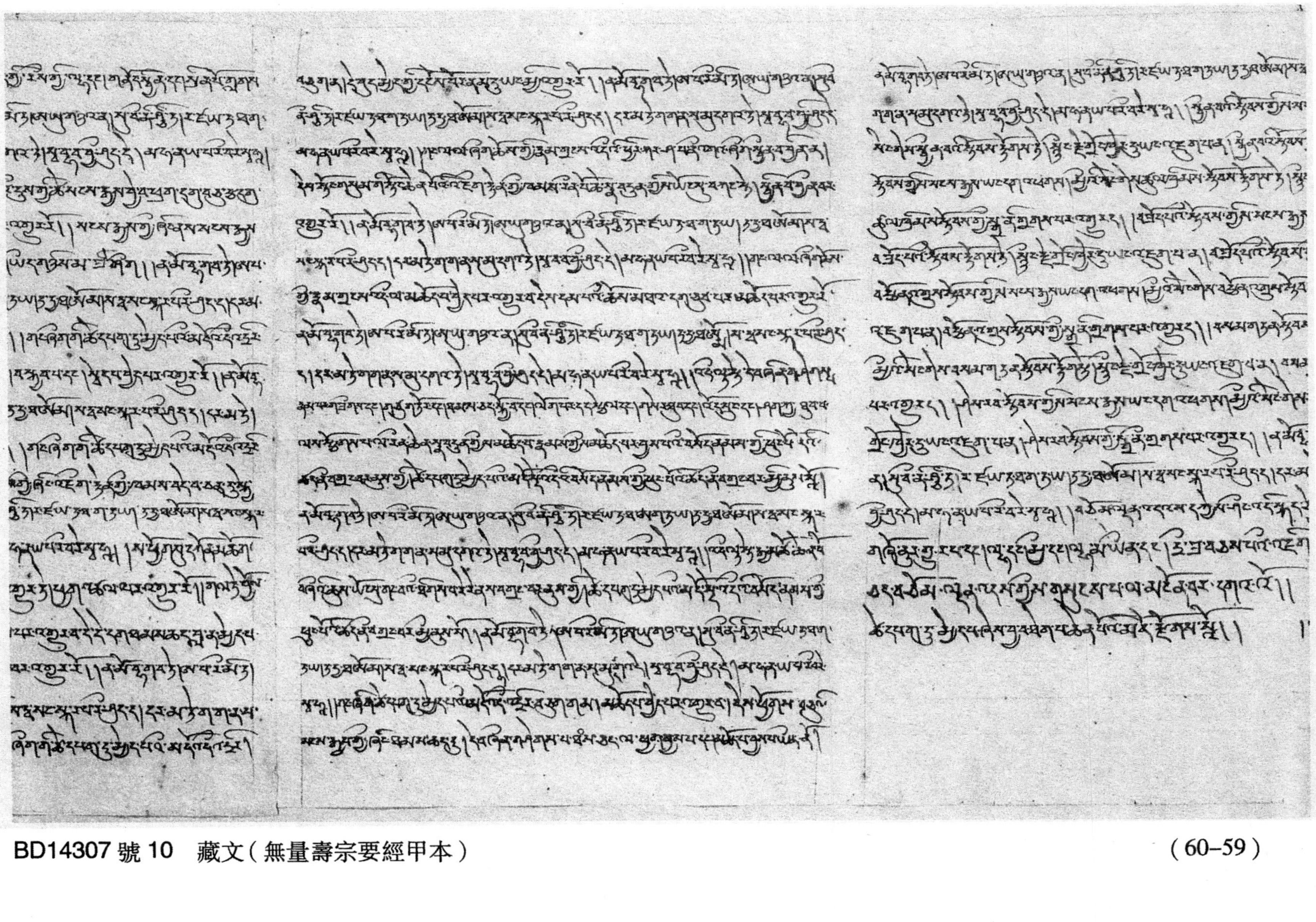

BD14307 號 10　藏文（無量壽宗要經甲本）　（60–59）

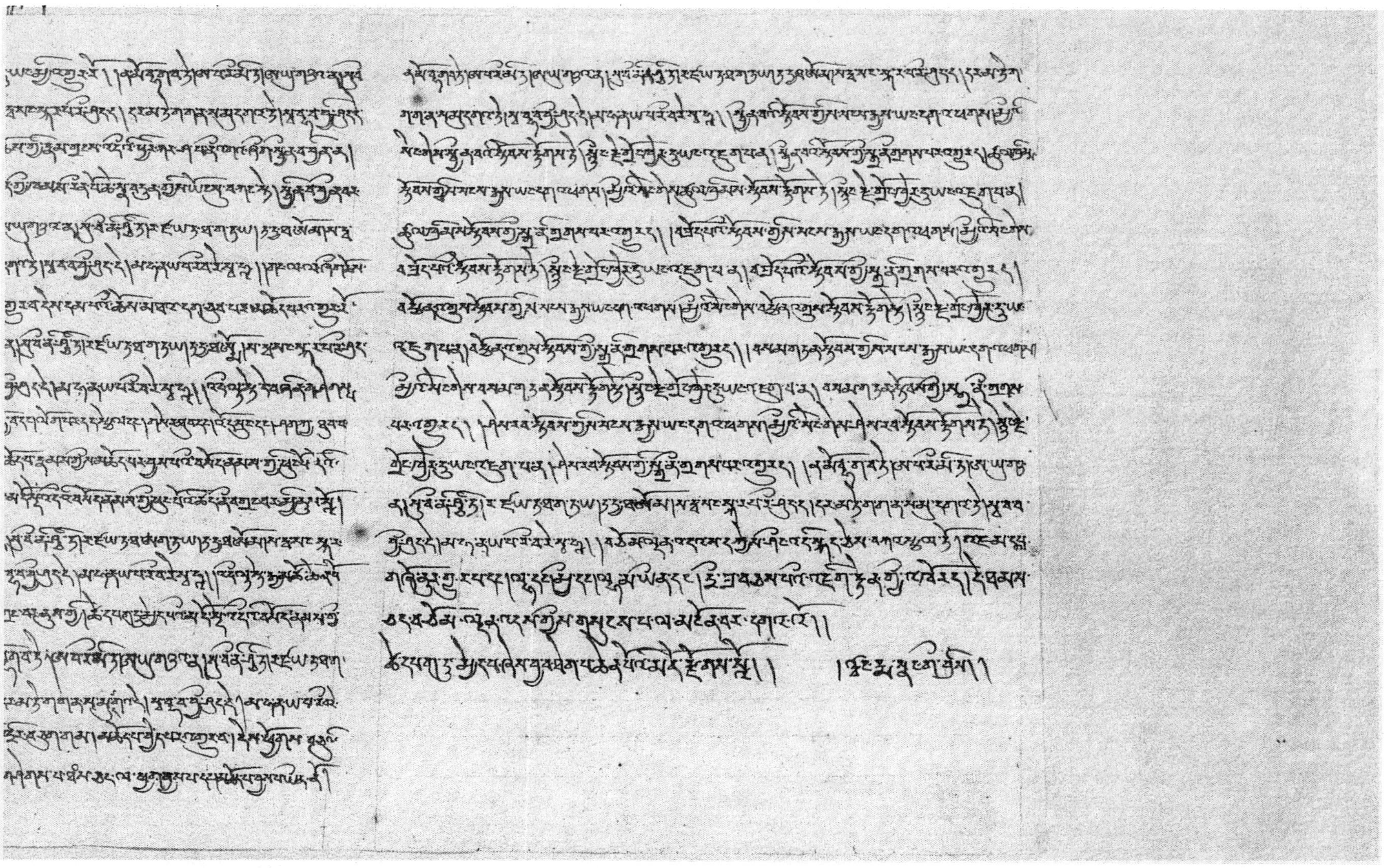

BD14307 號 10　藏文（無量壽宗要經甲本）　（60–60）

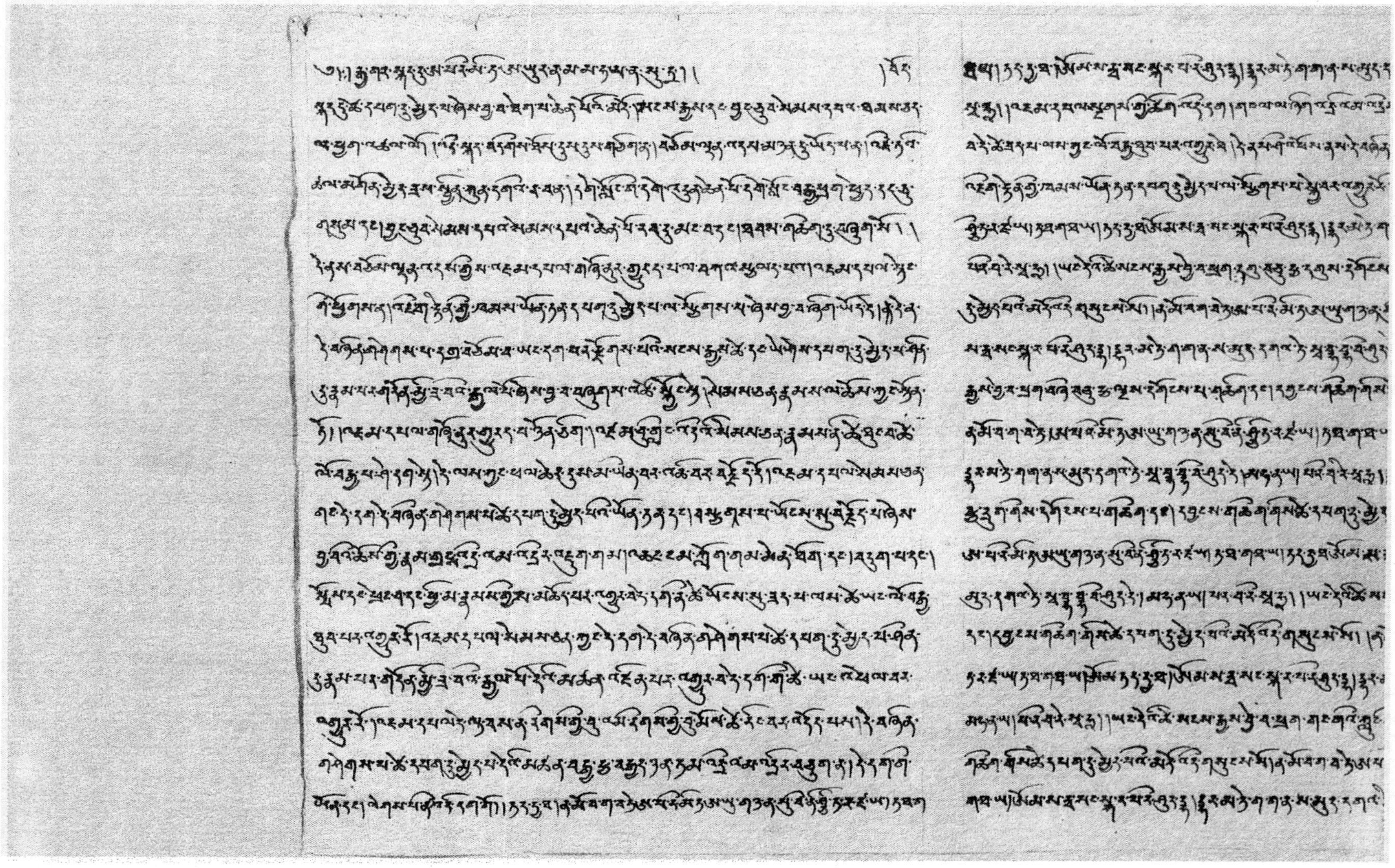

BD14308 號 1　藏文（無量壽宗要經甲本）　（12–1）

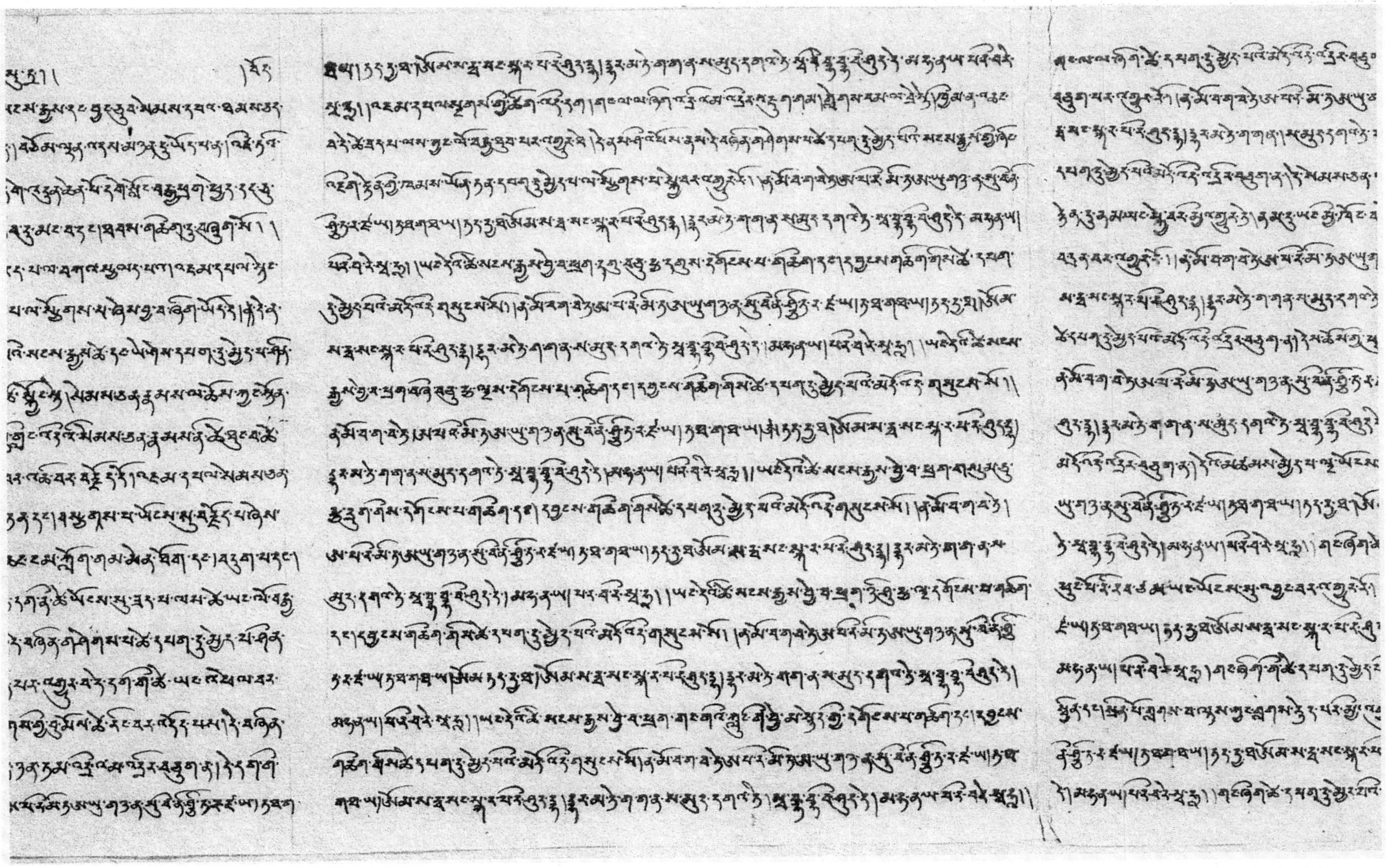

BD14308 號 1　藏文（無量壽宗要經甲本）　（12–2）

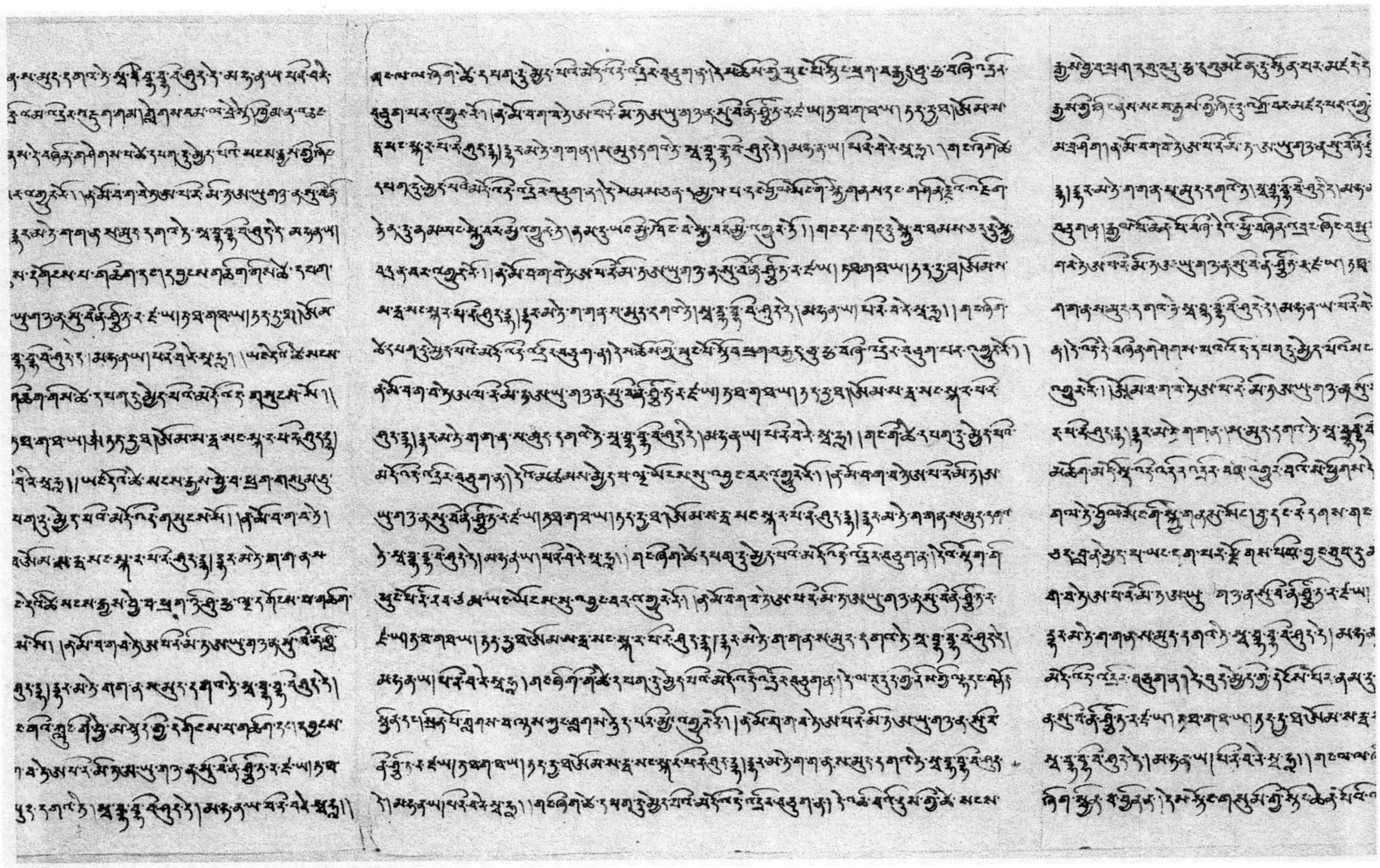

BD14308 號 1　藏文（無量壽宗要經甲本）　（12–3）

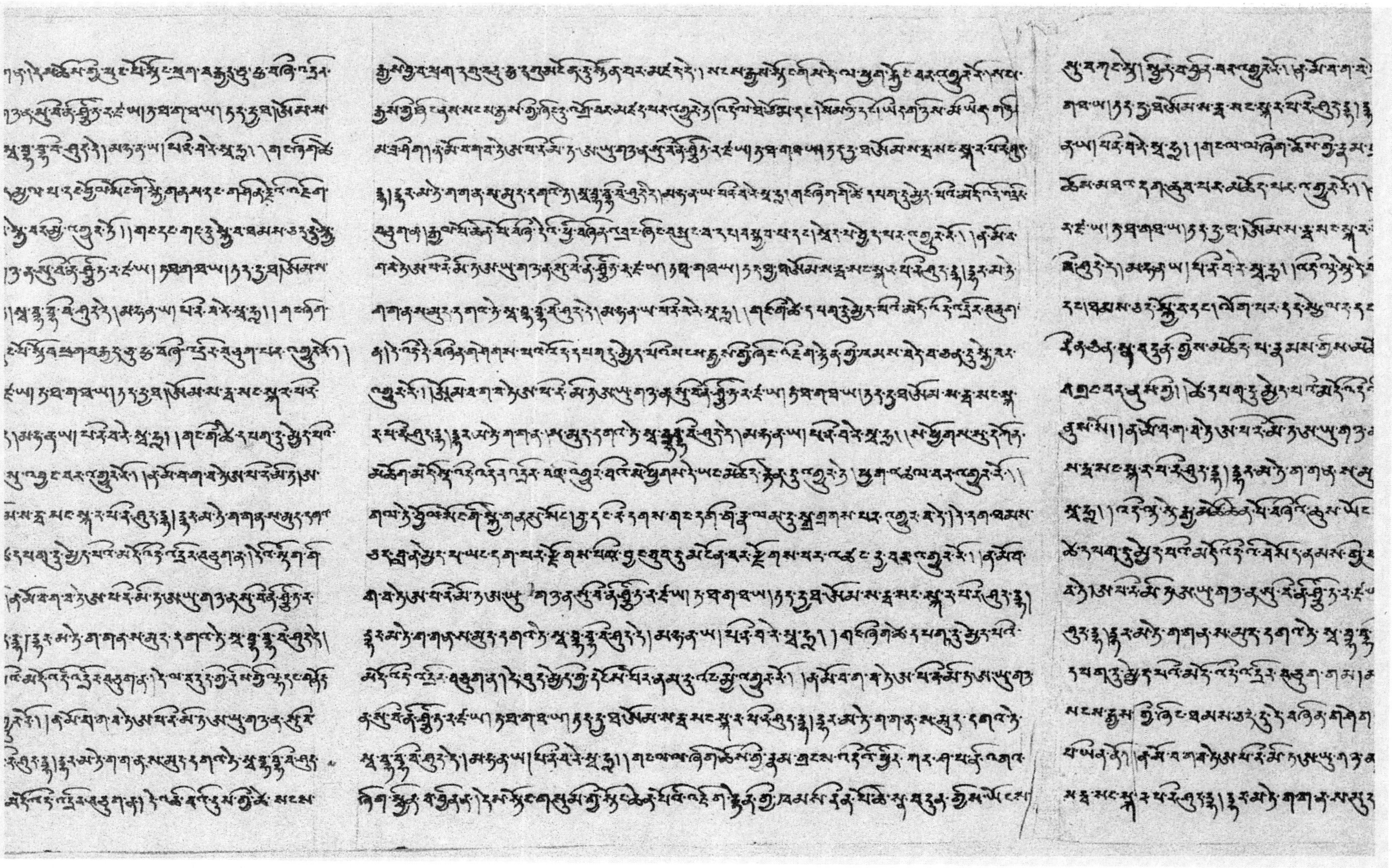

BD14308 號 1　藏文（無量壽宗要經甲本）　　（12–4）

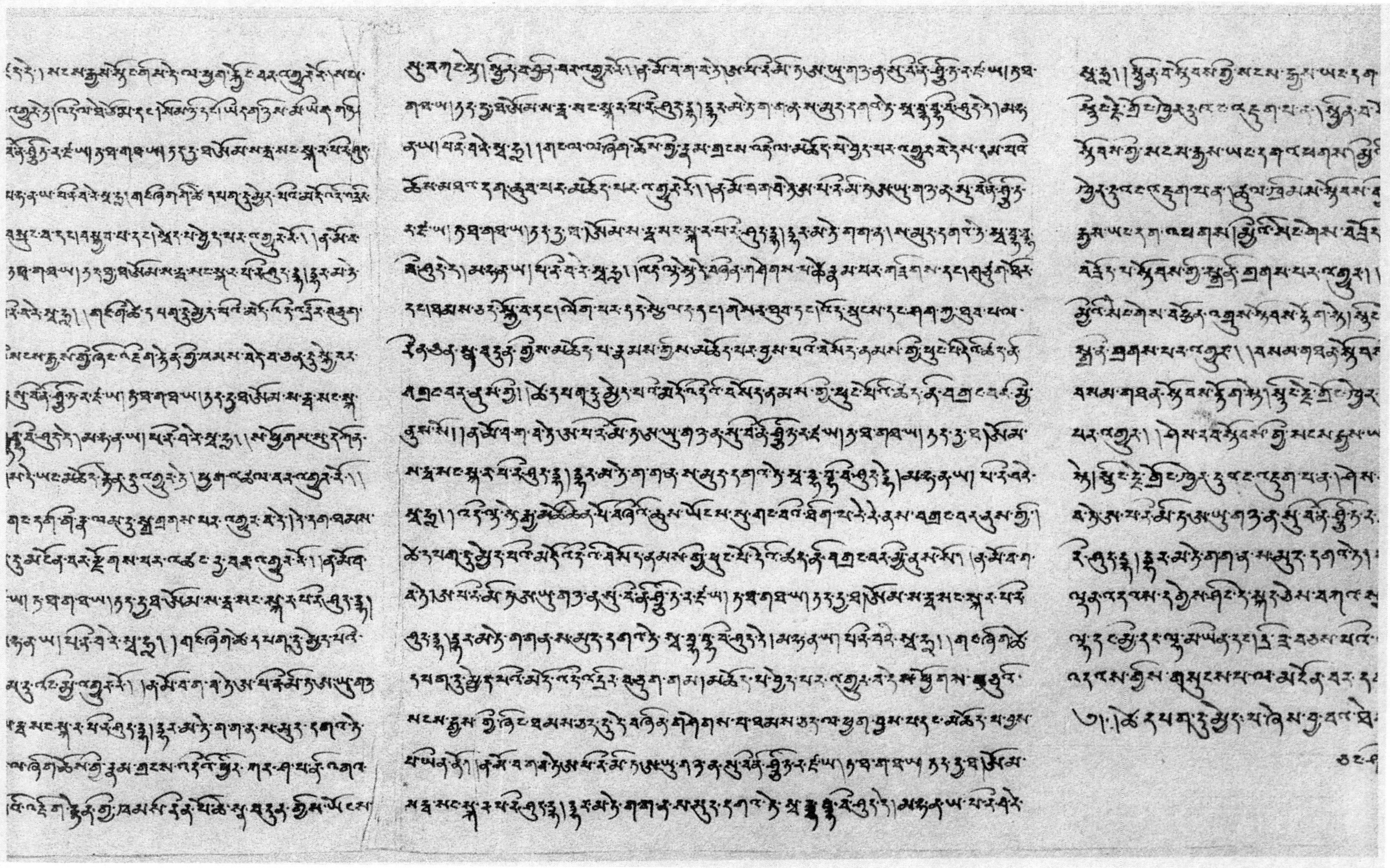

BD14308 號 1　藏文（無量壽宗要經甲本）　　（12–5）

BD14308 號 1　藏文（無量壽宗要經甲本）

BD14308 號 2　藏文（無量壽宗要經甲本）

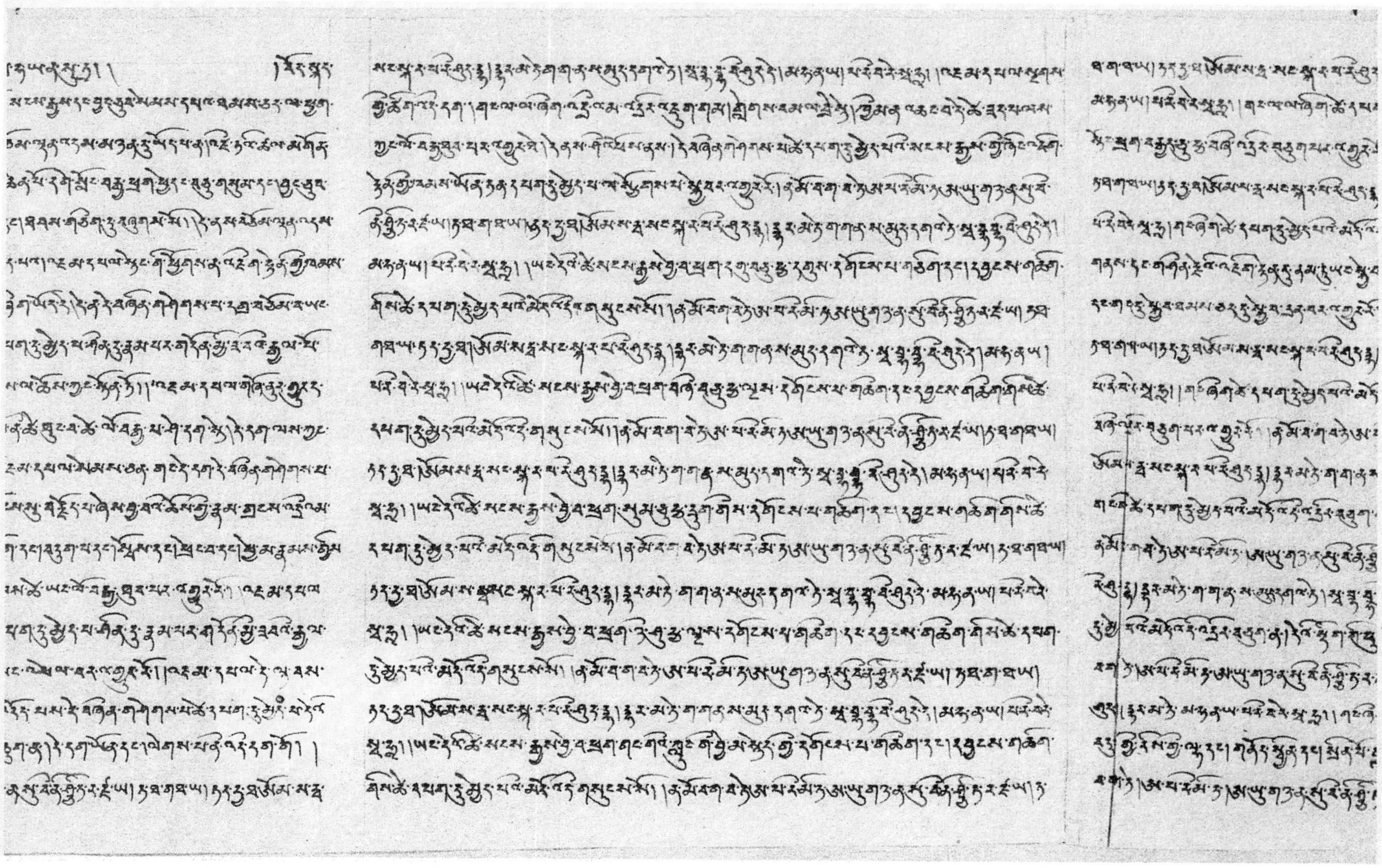

BD14308 號 2　藏文（無量壽宗要經甲本）　　（12–8）

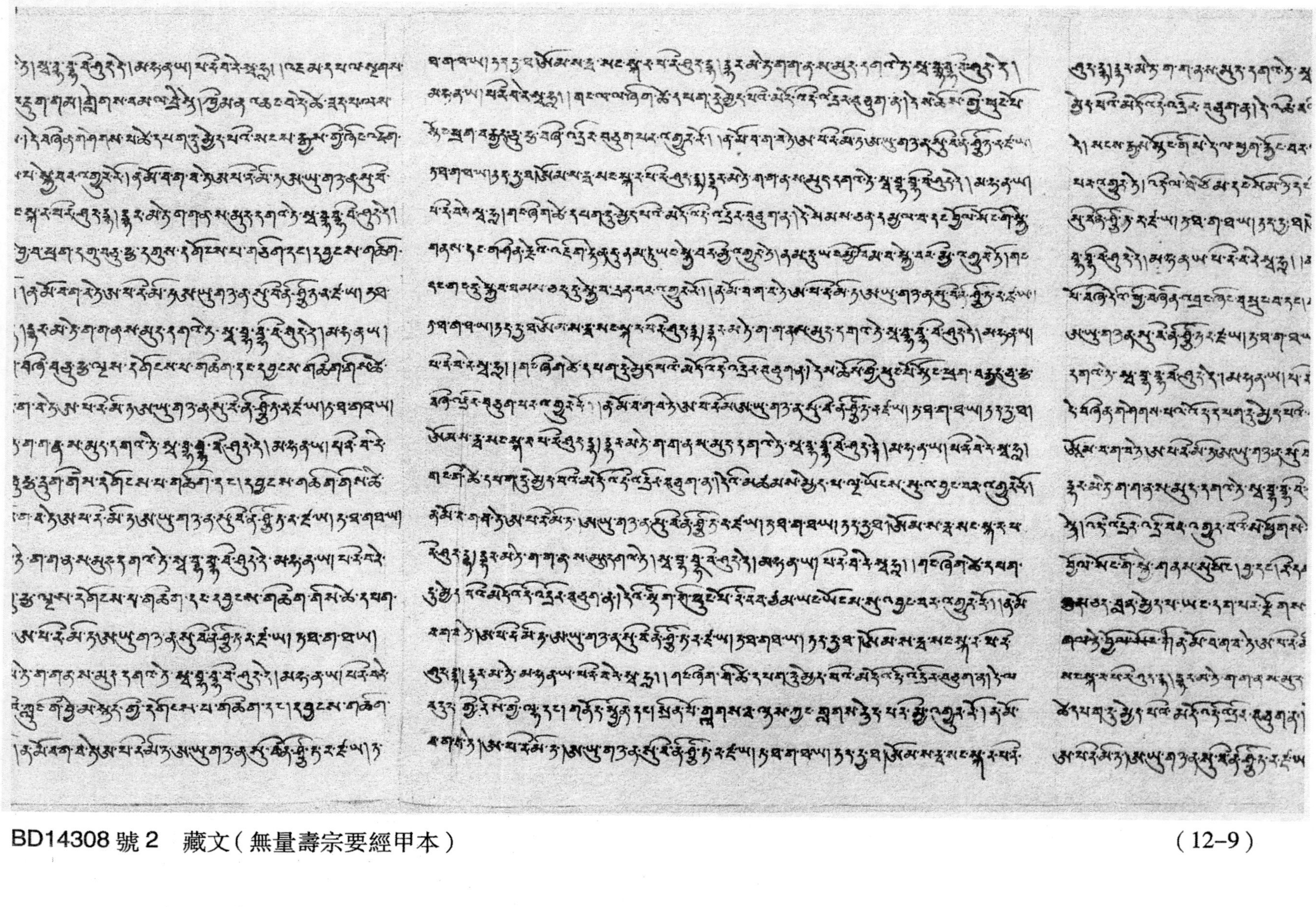

BD14308 號 2　藏文（無量壽宗要經甲本）　　（12–9）

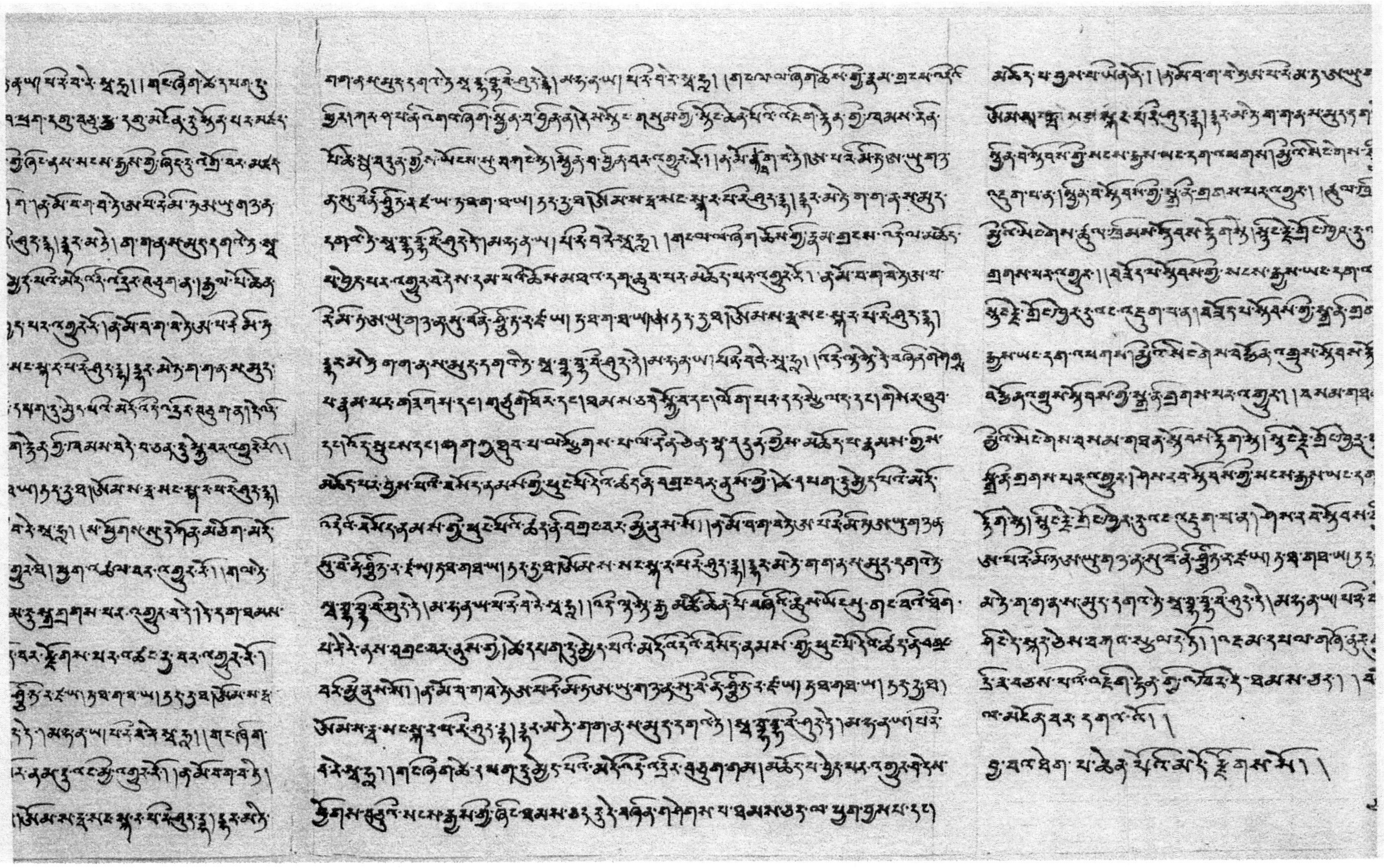

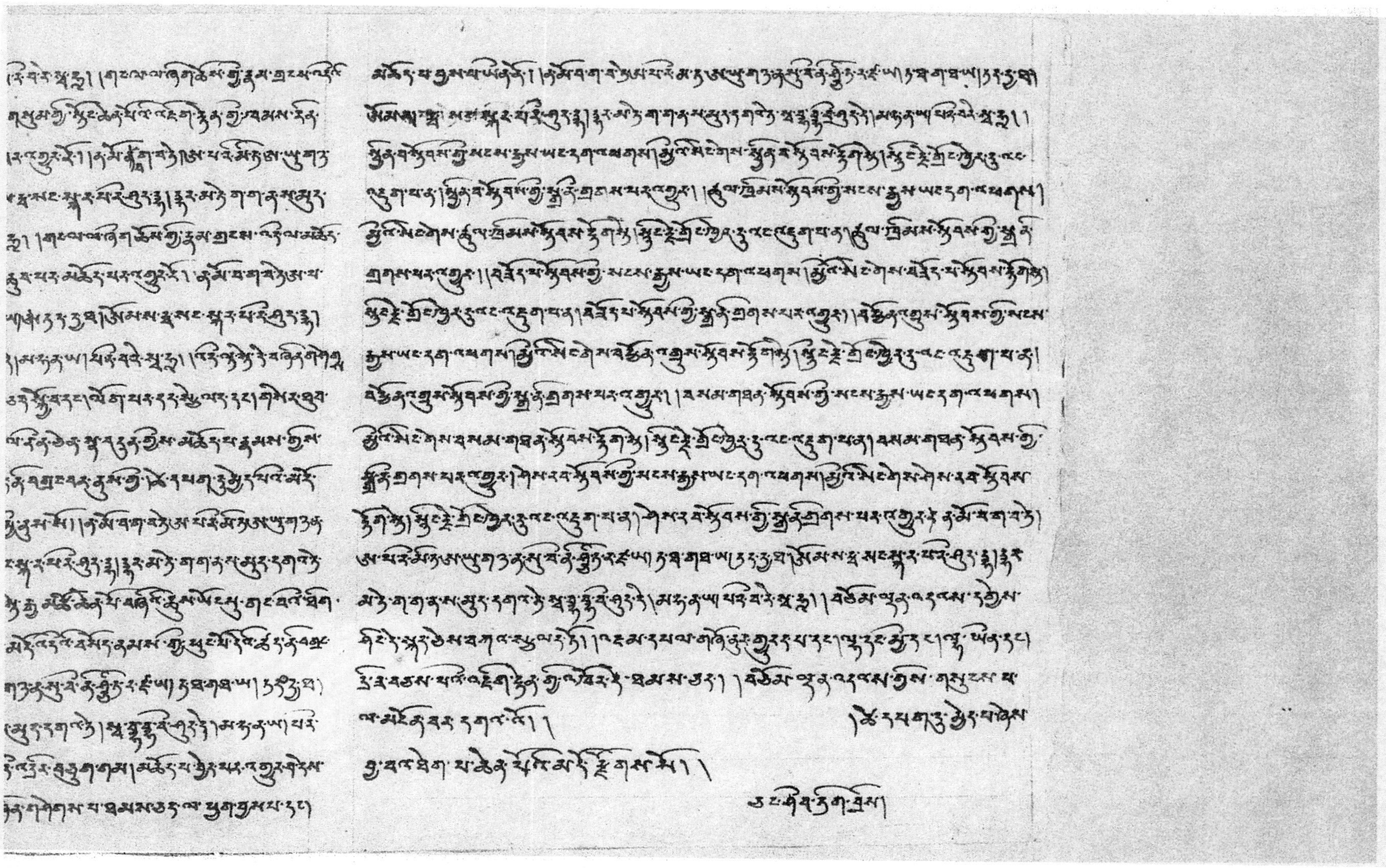

BD14308 號 2　藏文（無量壽宗要經甲本）　　（12–12）

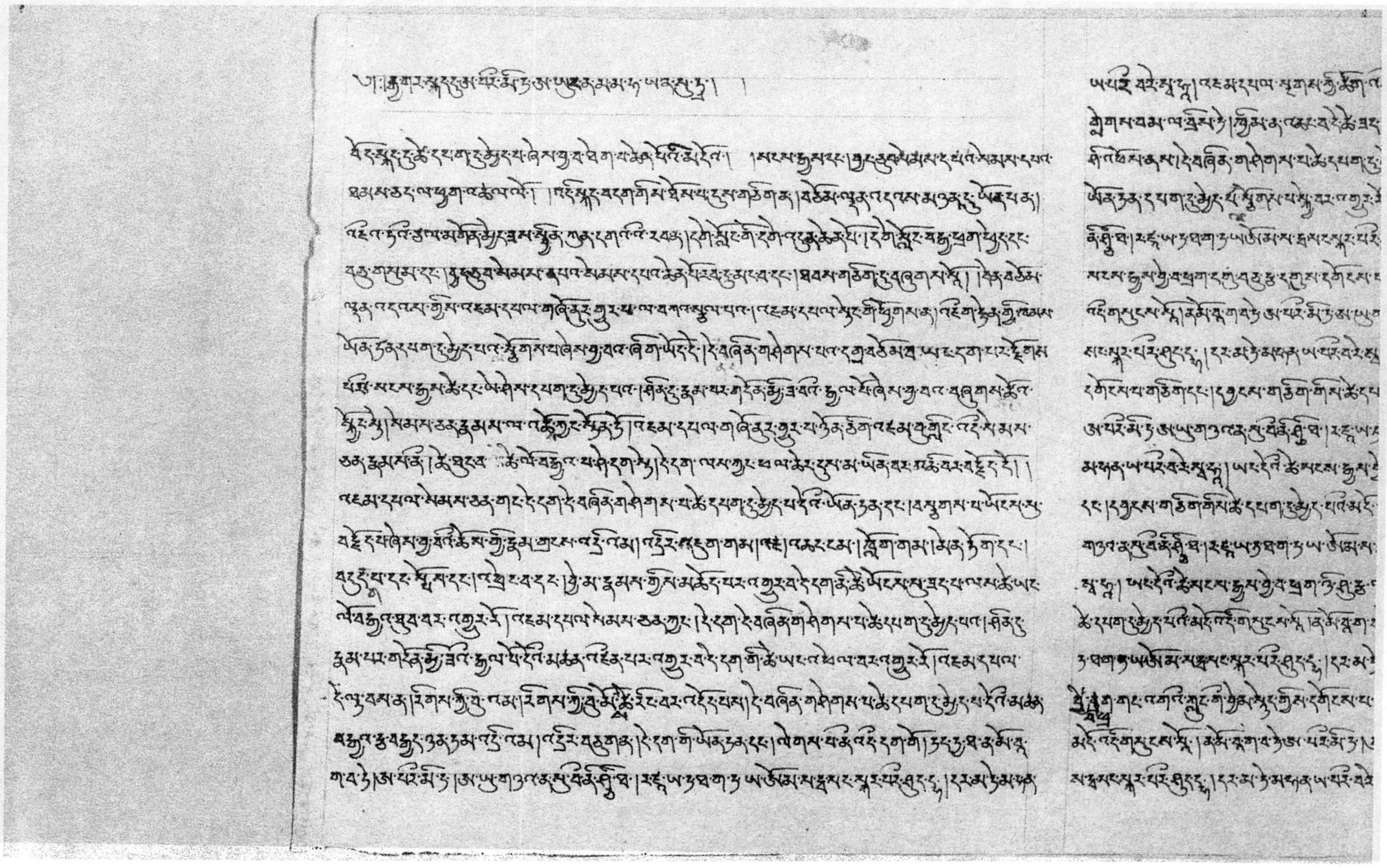

BD14309 號　藏文（無量壽宗要經甲本）　　（6–1）

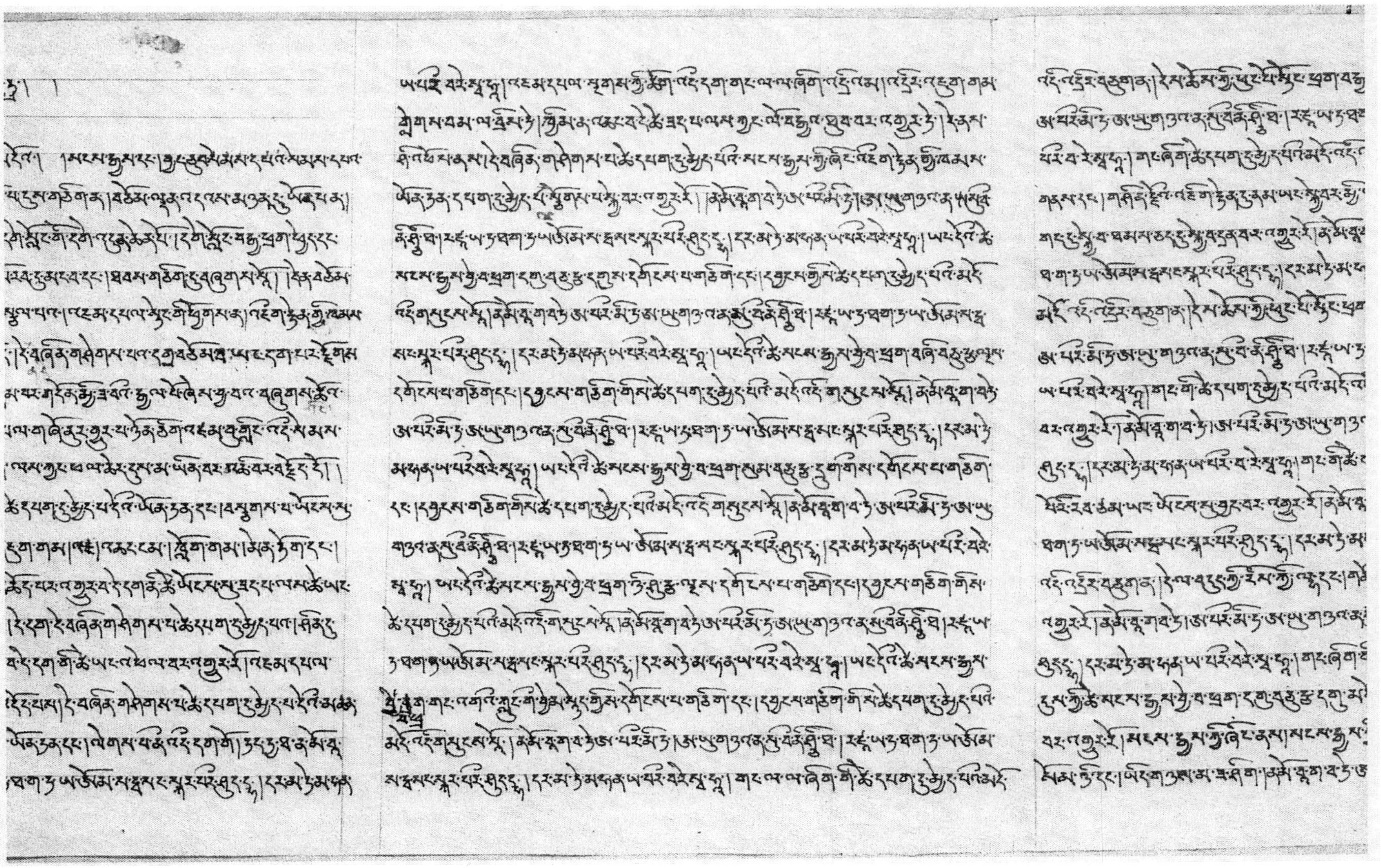

BD14309 號　藏文（無量壽宗要經甲本）　　（6–2）

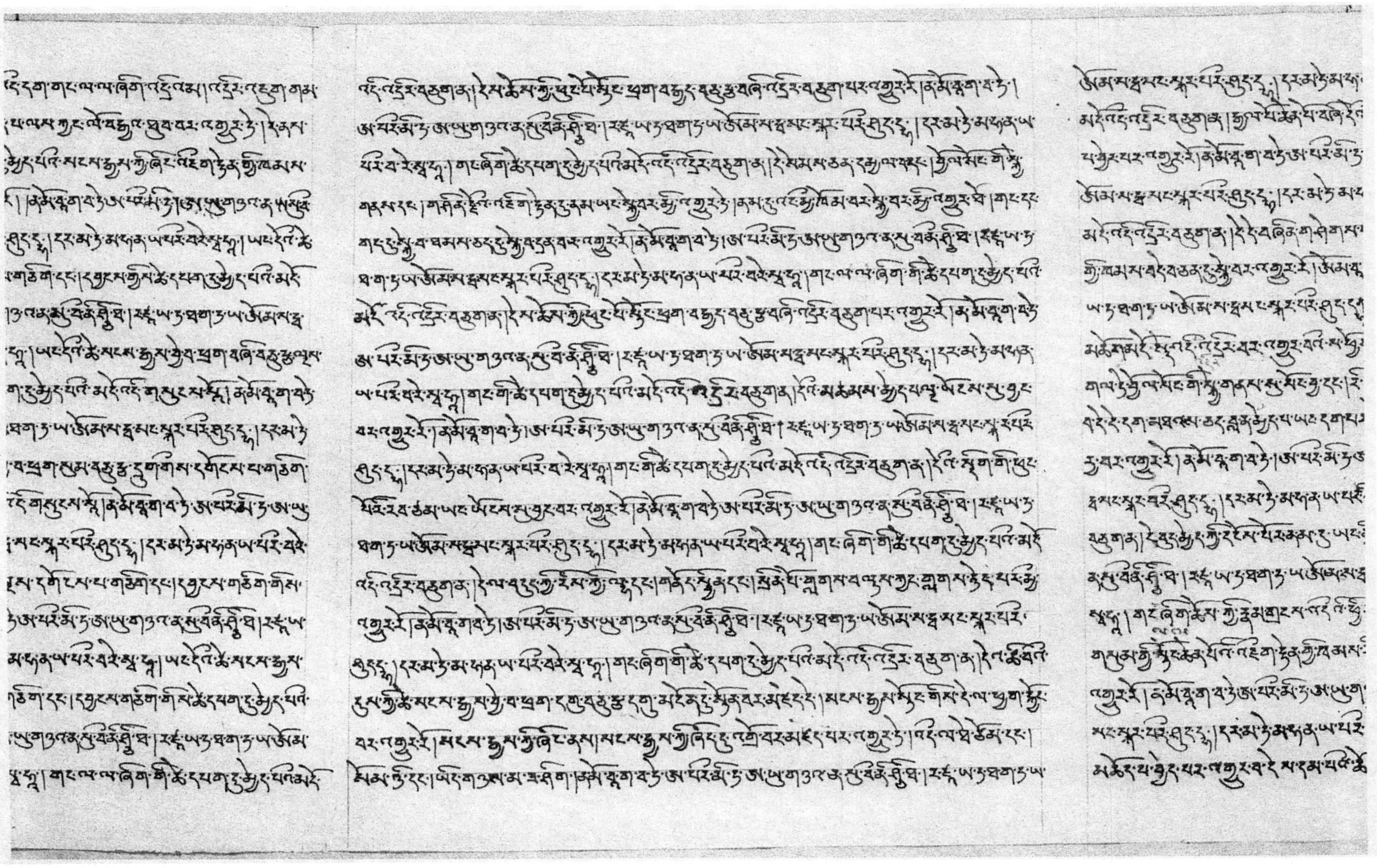

BD14309 號　藏文（無量壽宗要經甲本）　　（6–3）

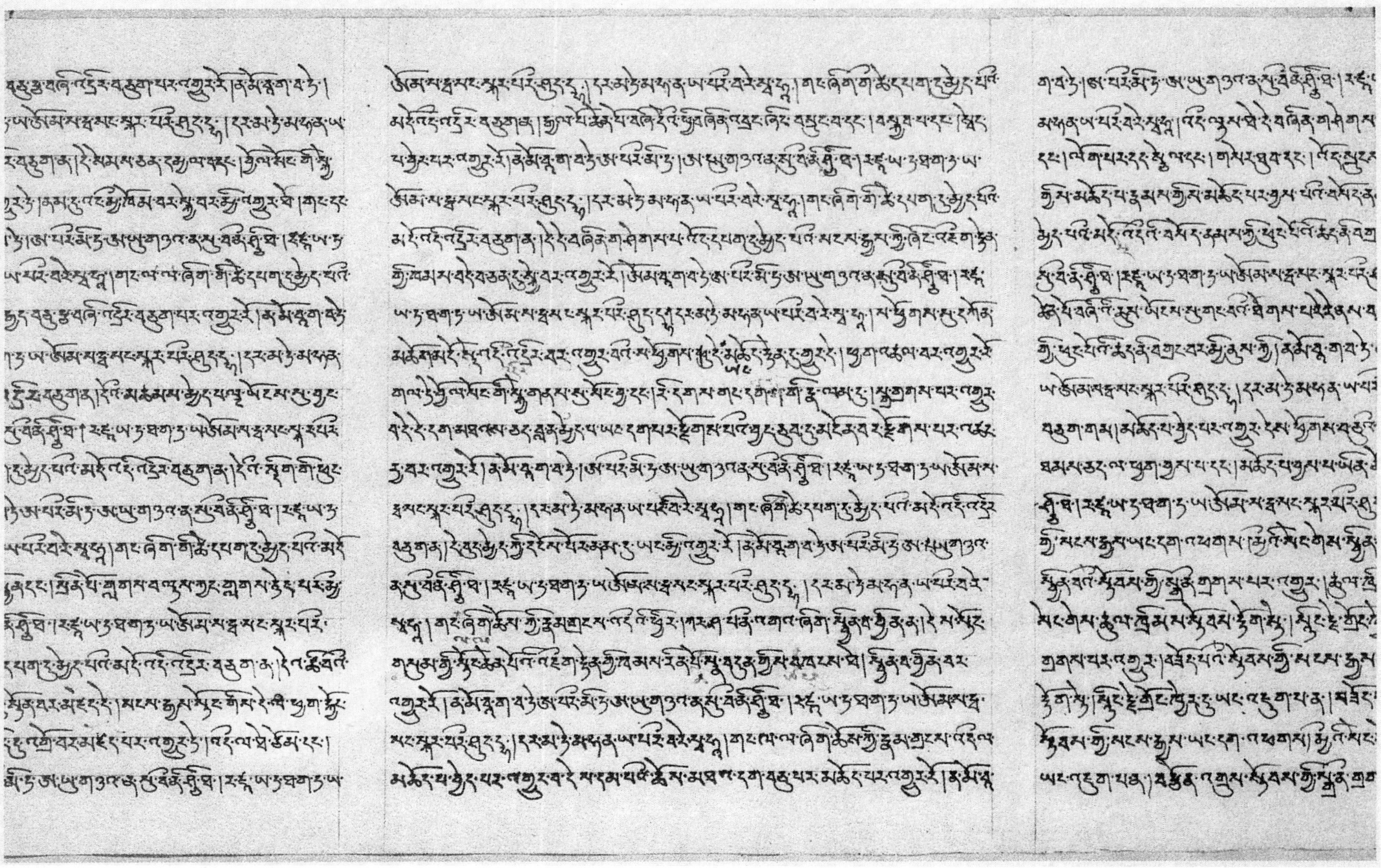

BD14309號　藏文（無量壽宗要經甲本）　（6–4）

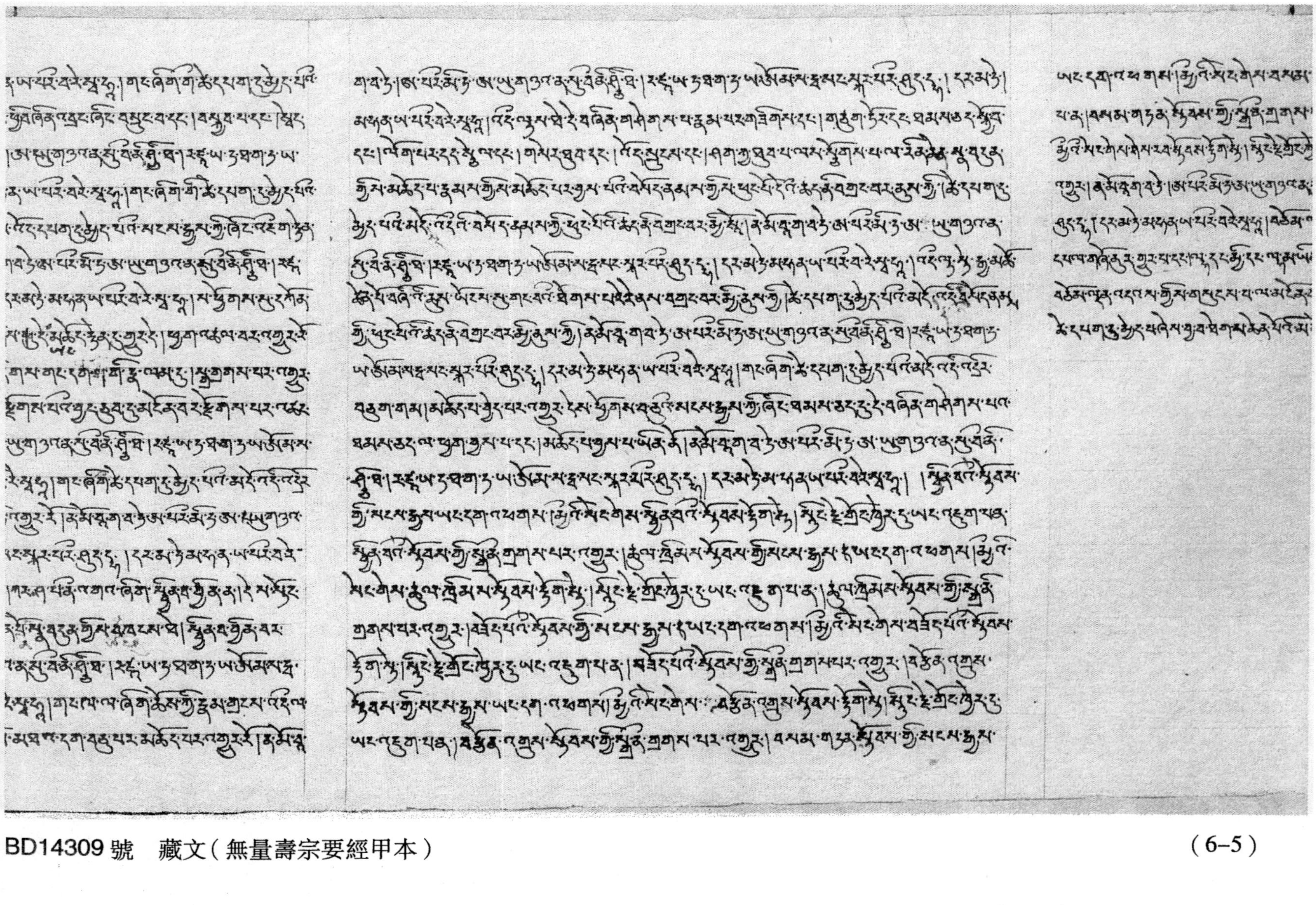

BD14309號　藏文（無量壽宗要經甲本）　（6–5）

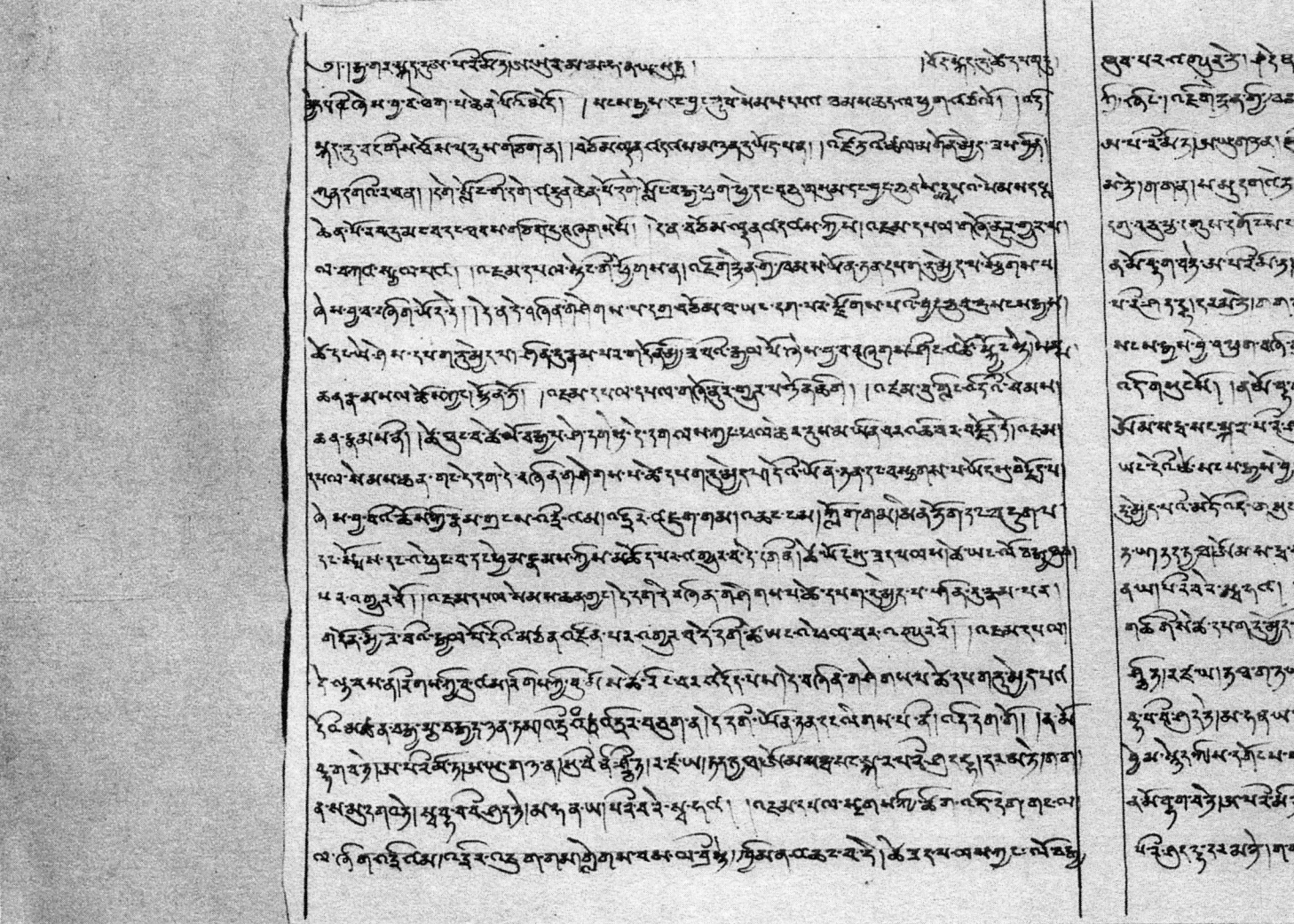

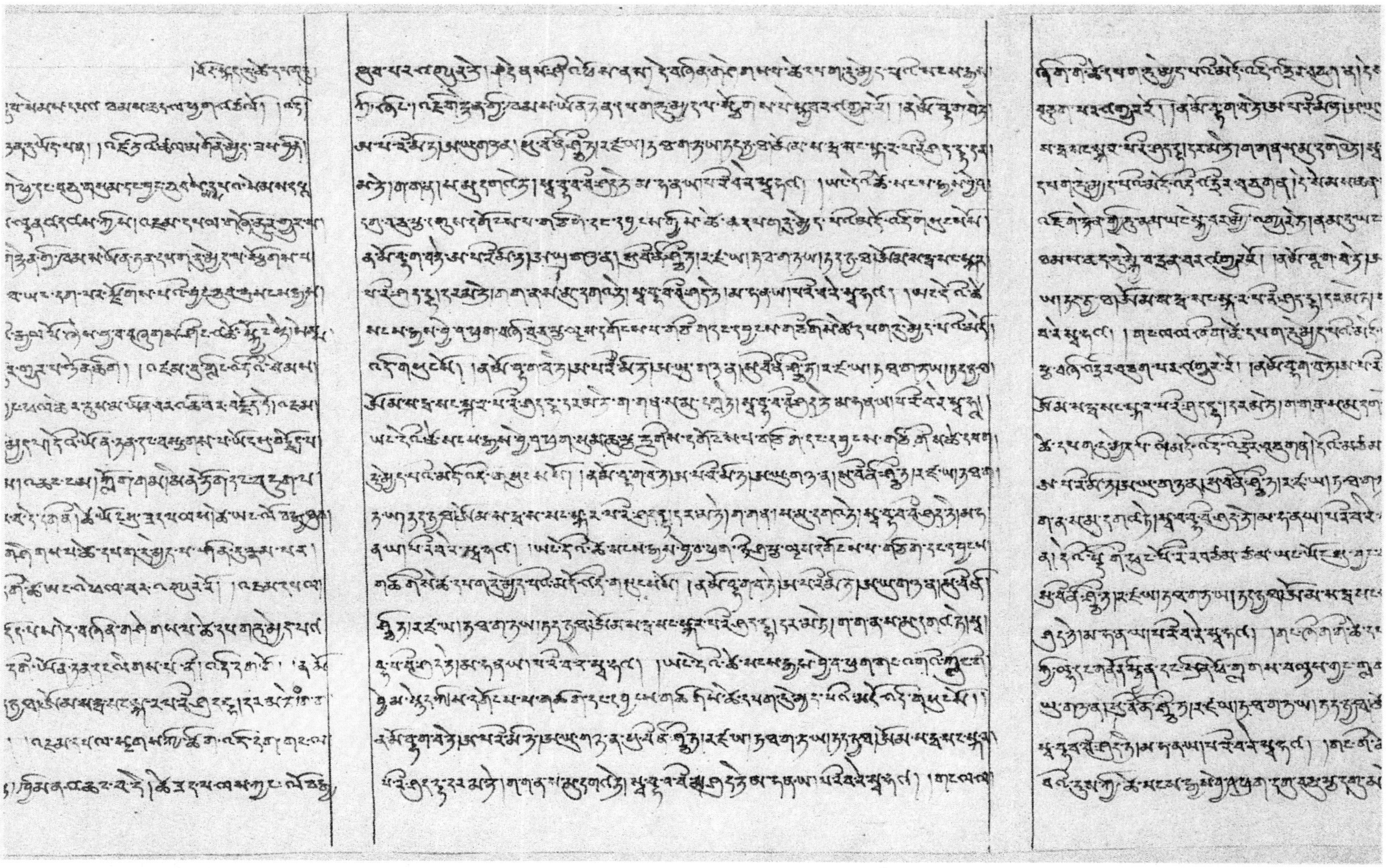

BD14310 號 1　藏文（無量壽宗要經甲本）　　（24–2）

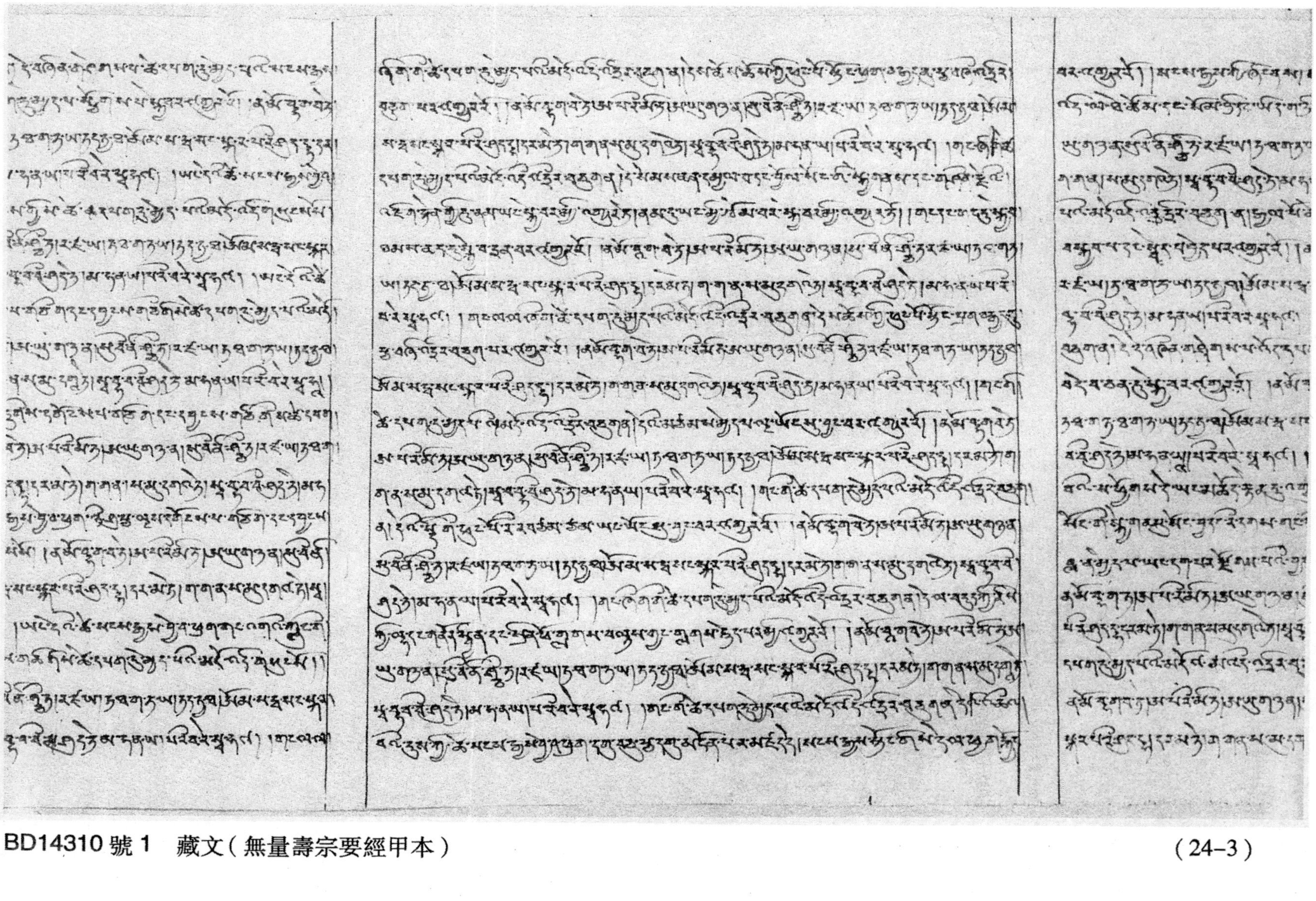

BD14310 號 1　藏文（無量壽宗要經甲本）　　（24–3）

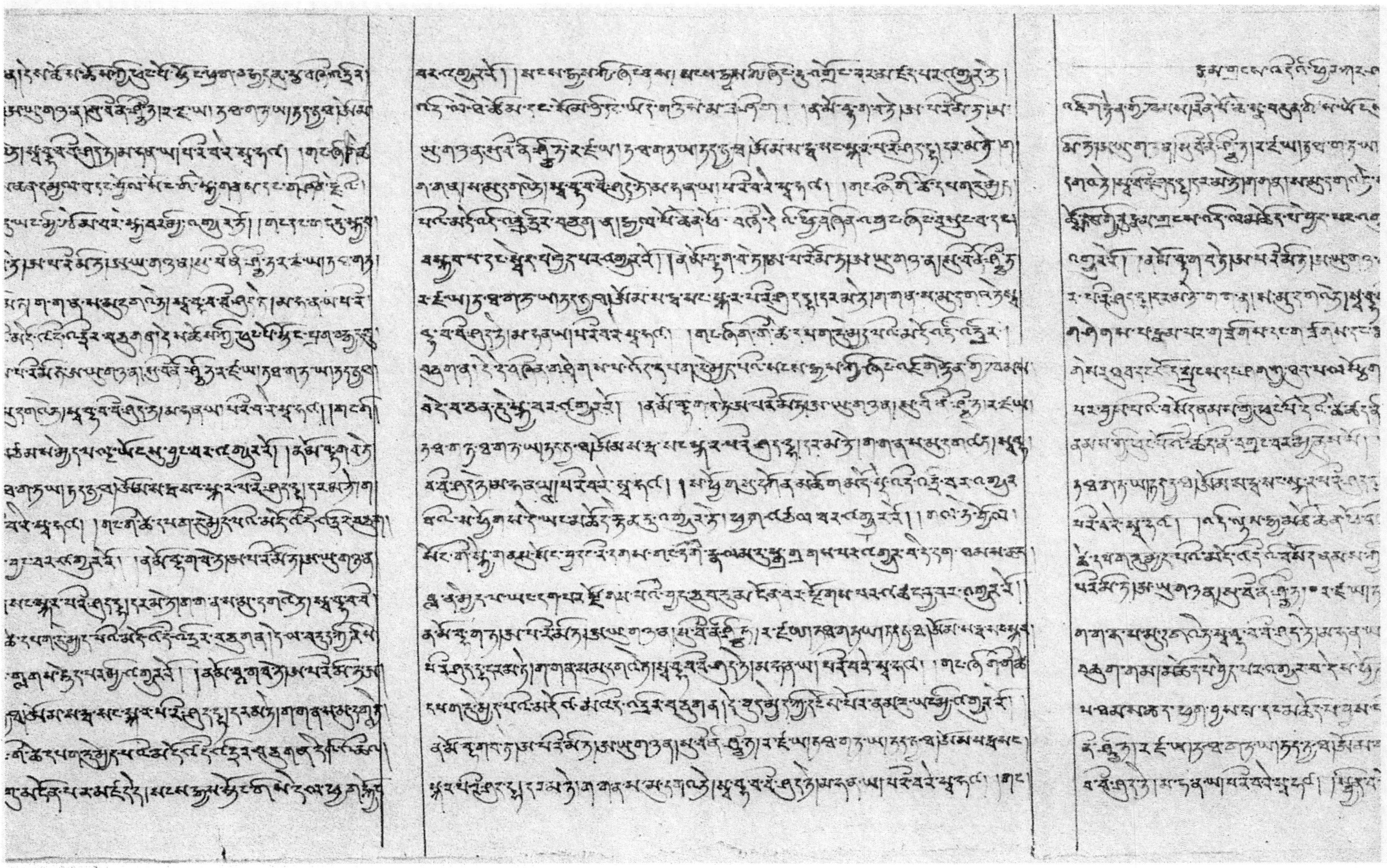

BD14310 號 1　藏文（無量壽宗要經甲本）　　（24–4）

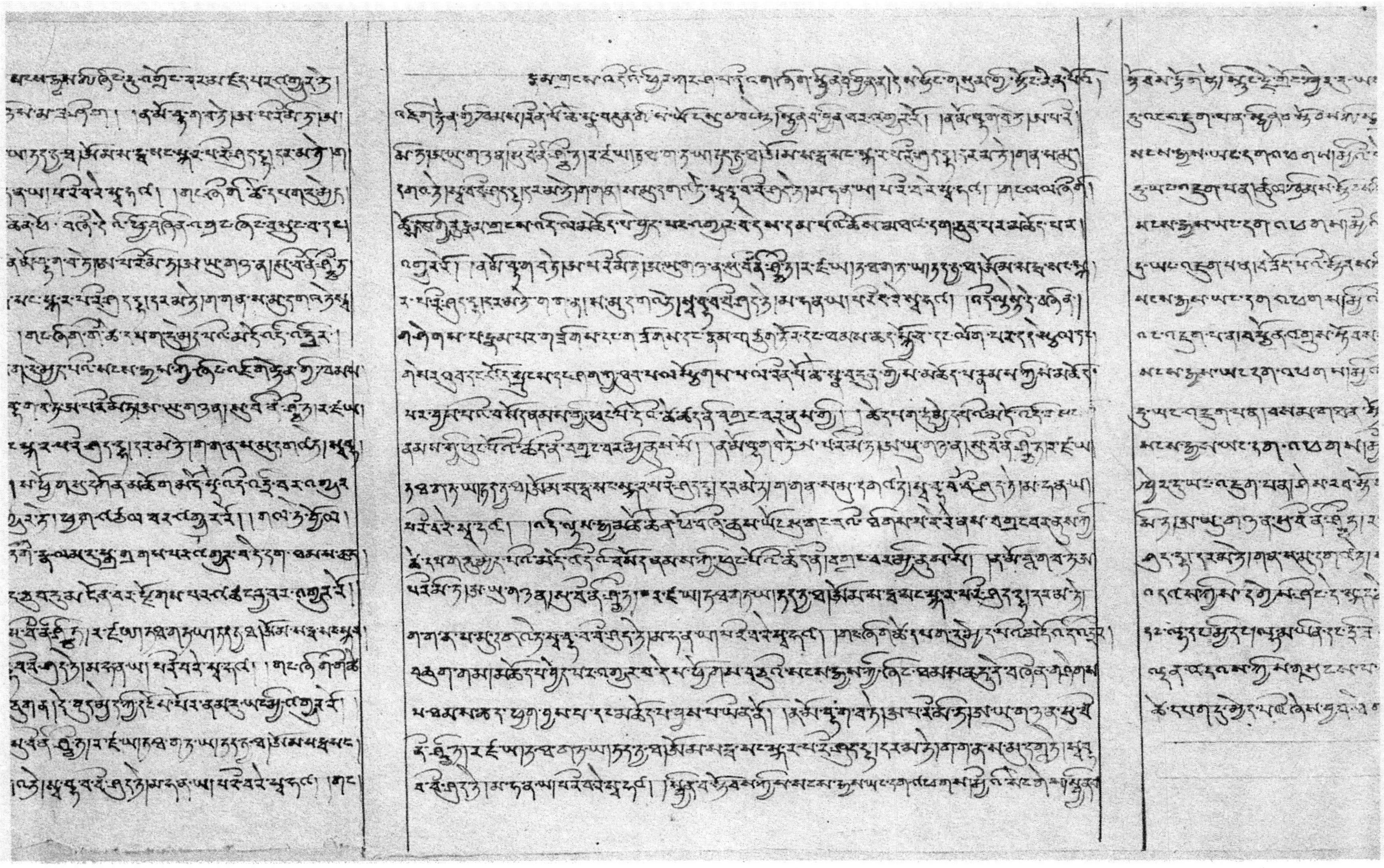

BD14310 號 1　藏文（無量壽宗要經甲本）　　（24–5）

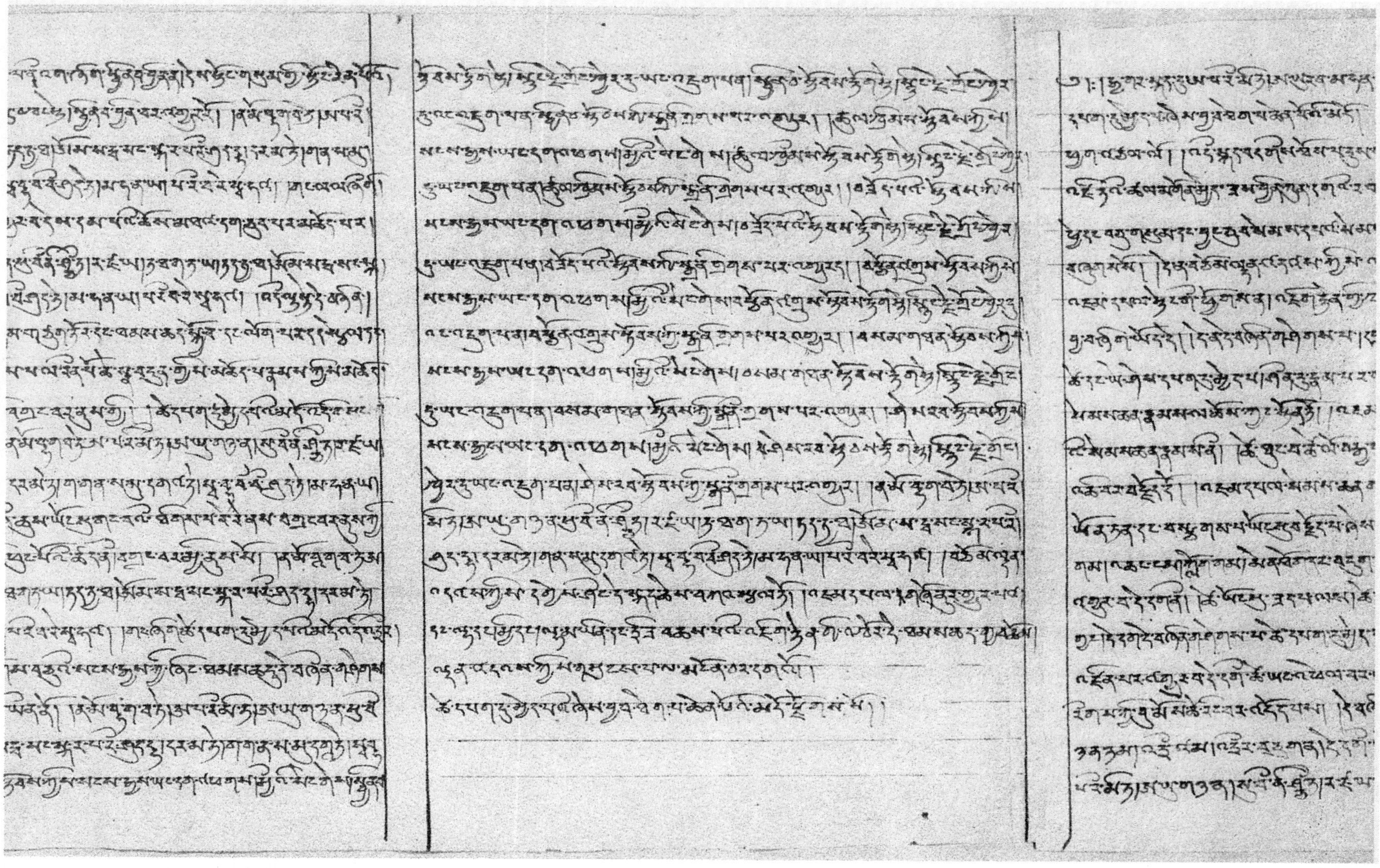

BD14310 號 1　藏文（無量壽宗要經甲本）　（24–6）

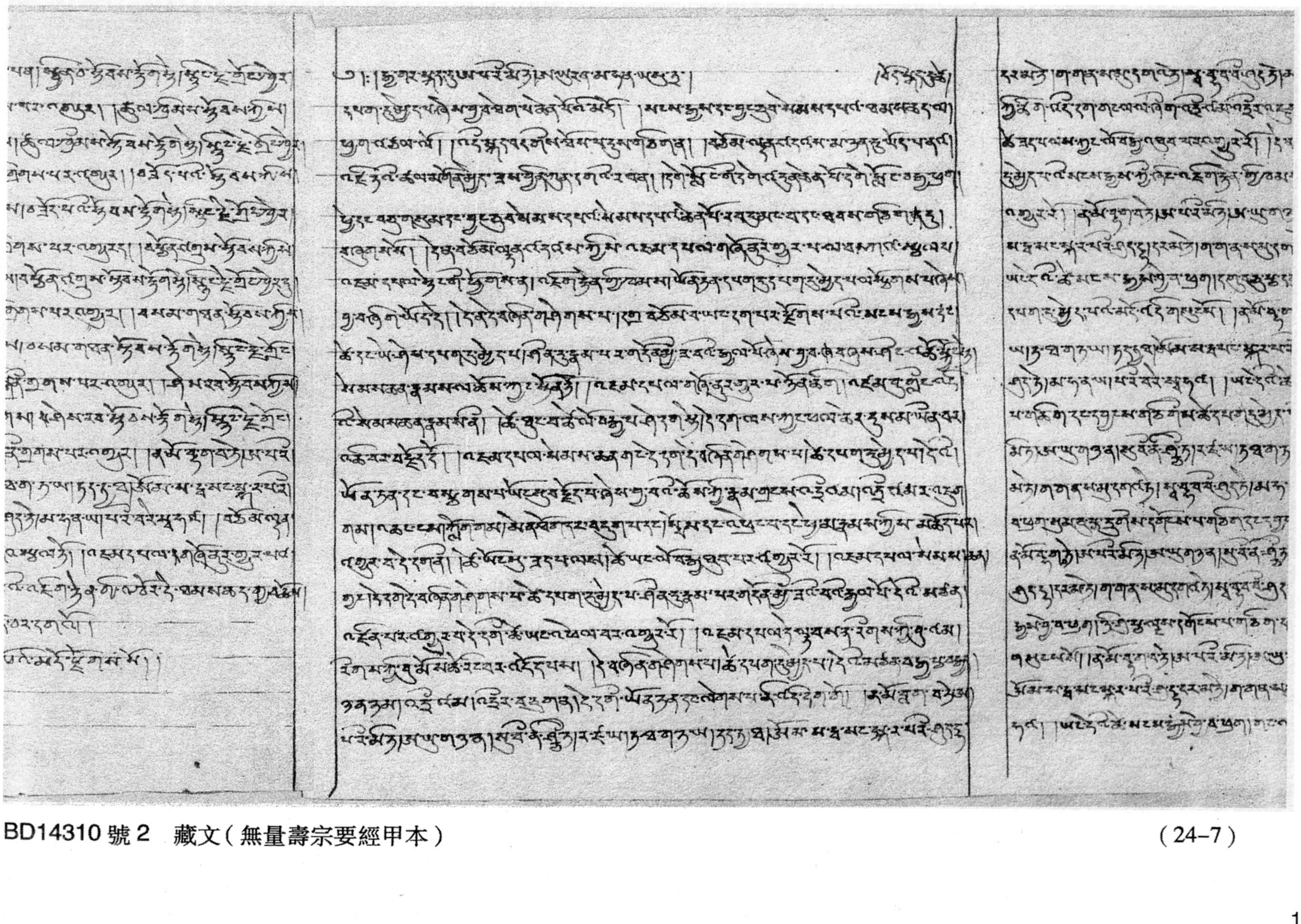

BD14310 號 2　藏文（無量壽宗要經甲本）　（24–7）

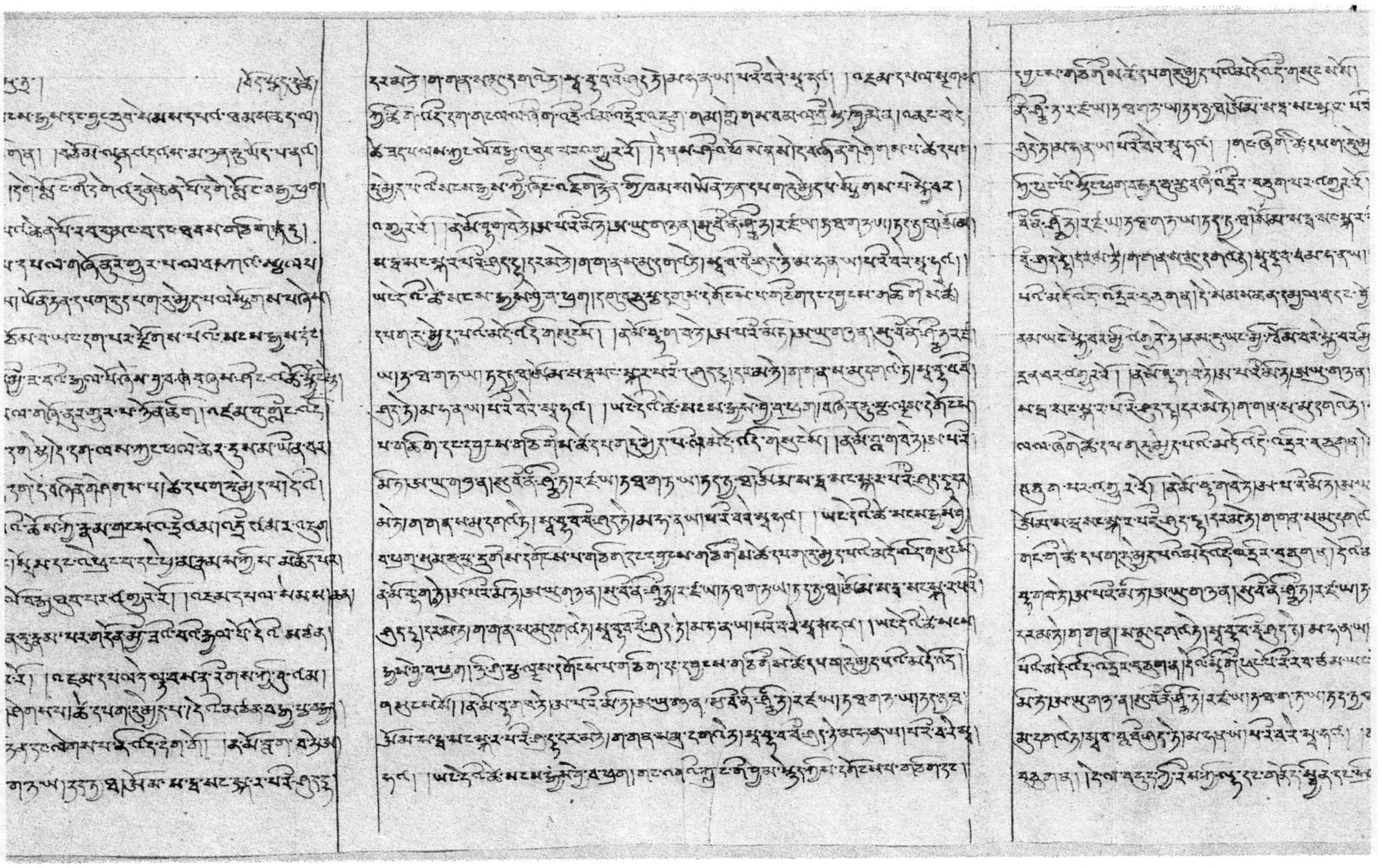

BD14310 號 2　藏文（無量壽宗要經甲本）　　（24–8）

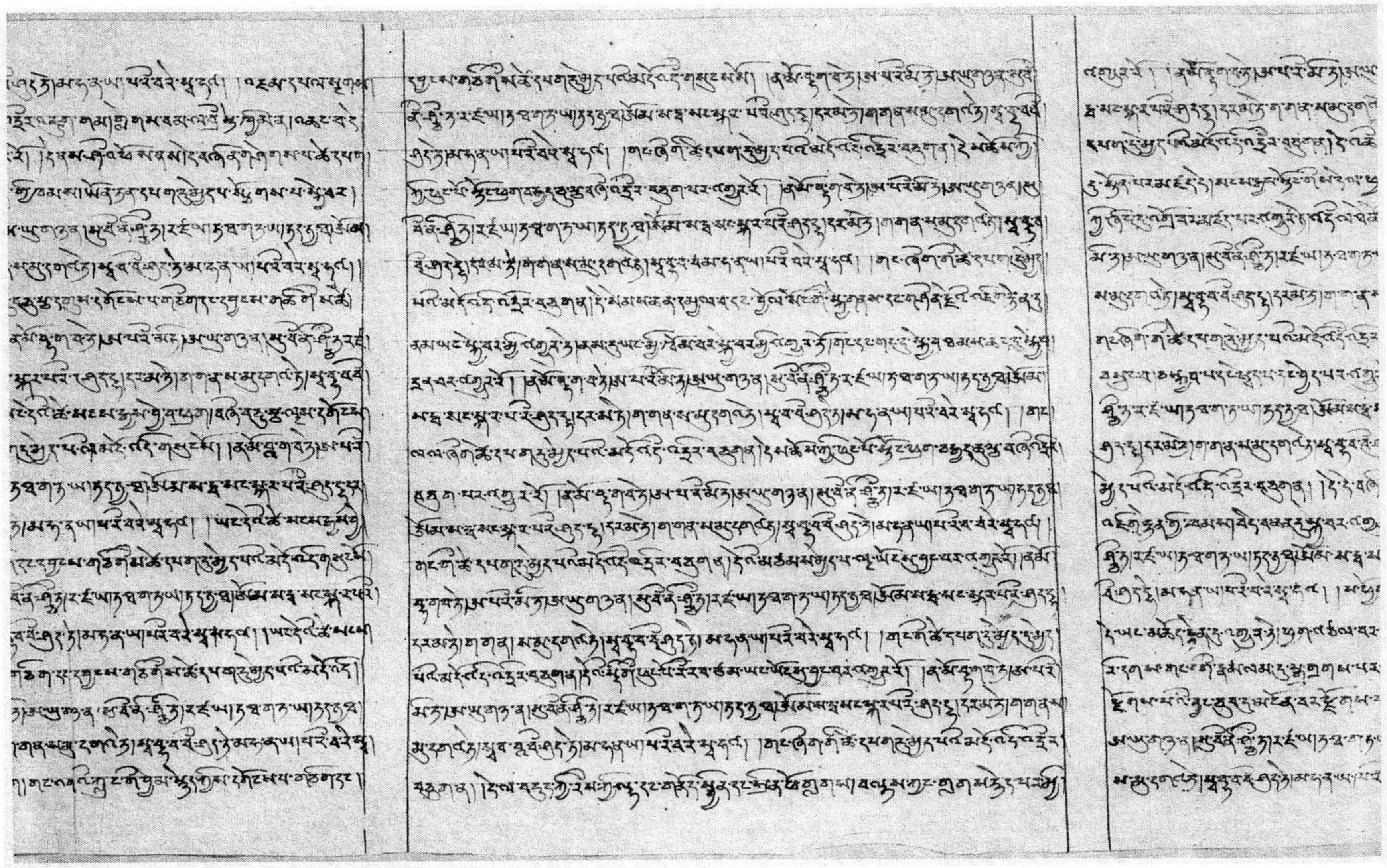

BD14310 號 2　藏文（無量壽宗要經甲本）　　（24–9）

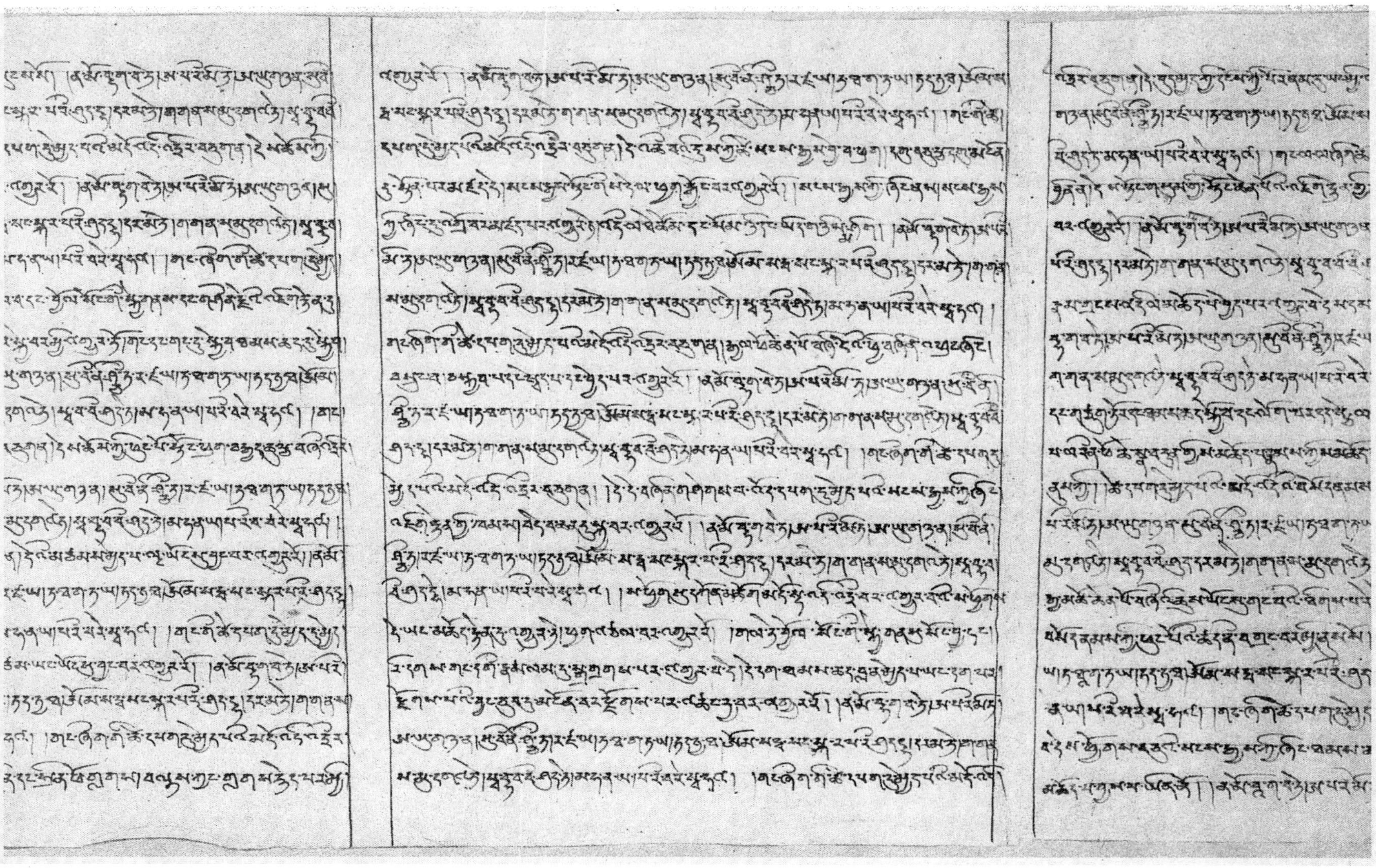

BD14310 號 2　藏文（無量壽宗要經甲本）　　（24–10）

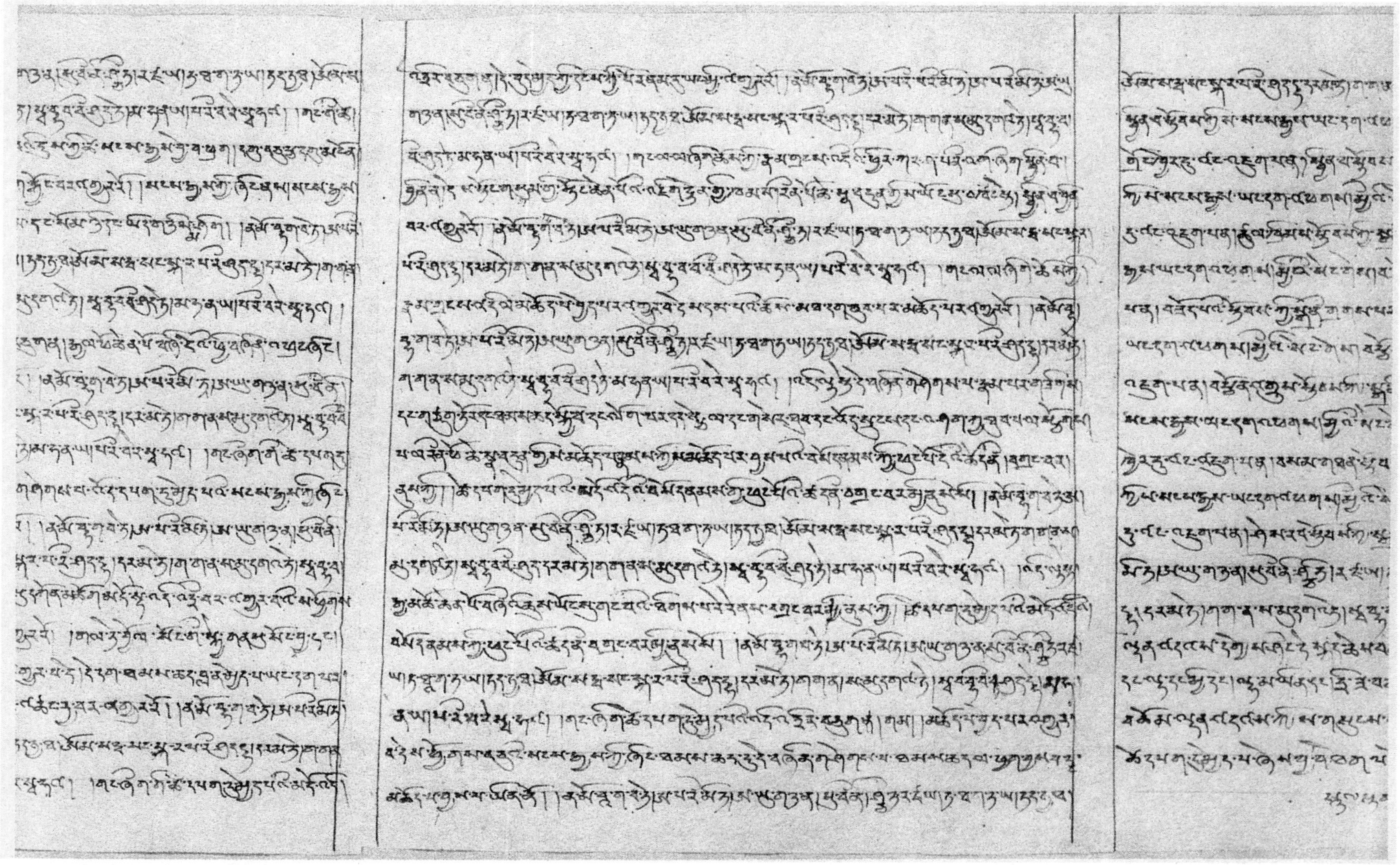

BD14310 號 2　藏文（無量壽宗要經甲本）　　（24–11）

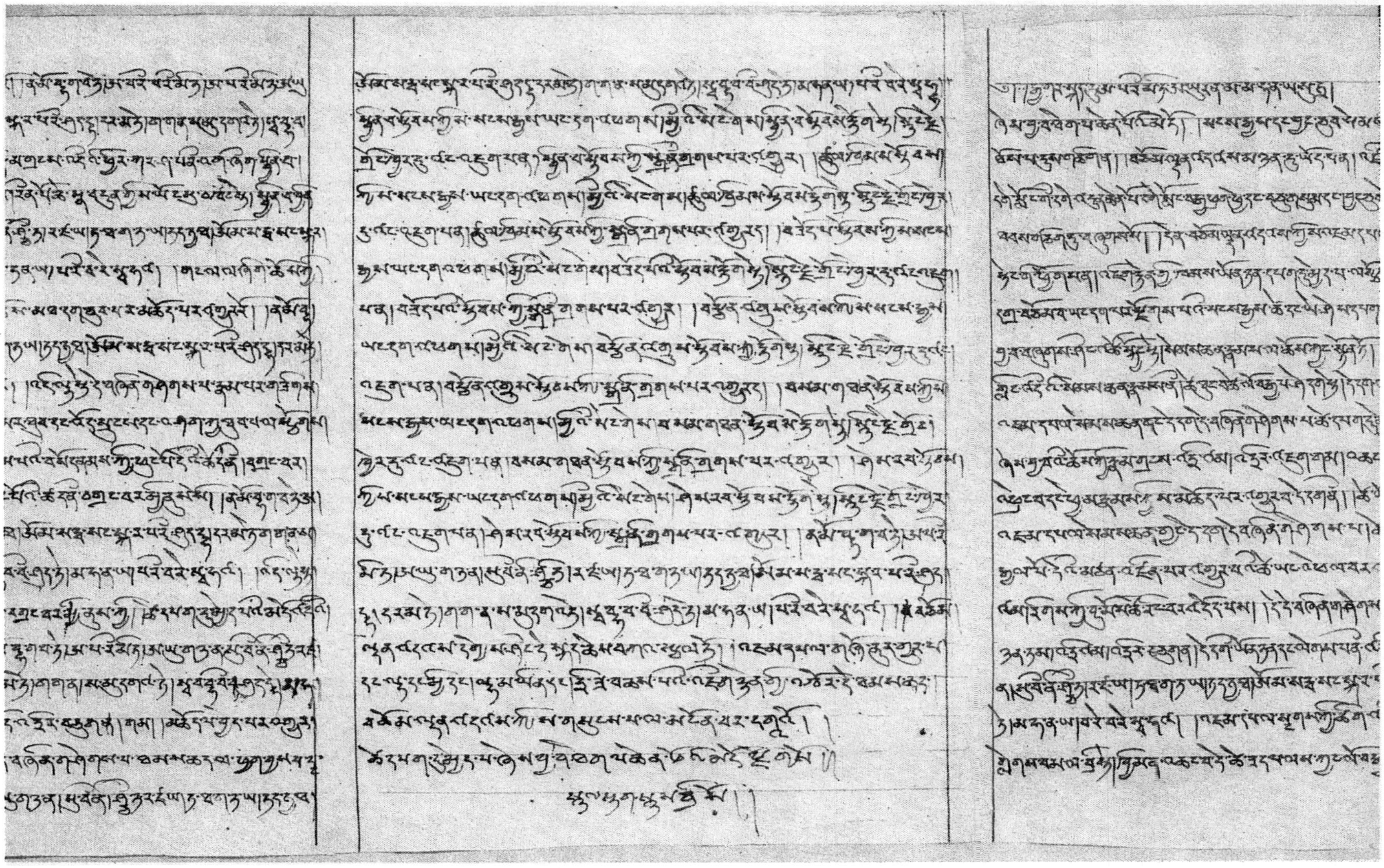

BD14310 號 2　藏文（無量壽宗要經甲本）　　（24–12）

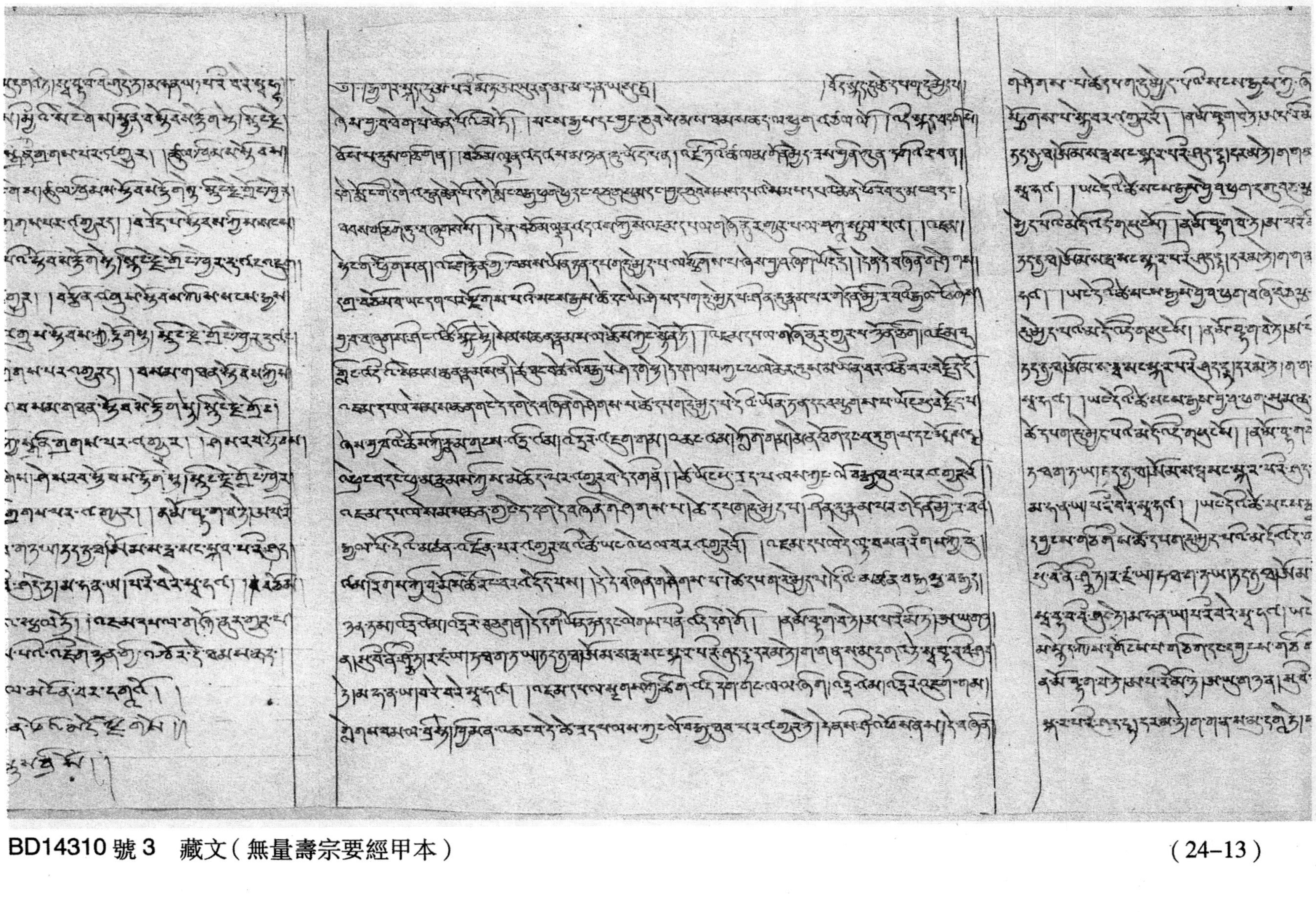

BD14310 號 3　藏文（無量壽宗要經甲本）　　（24–13）

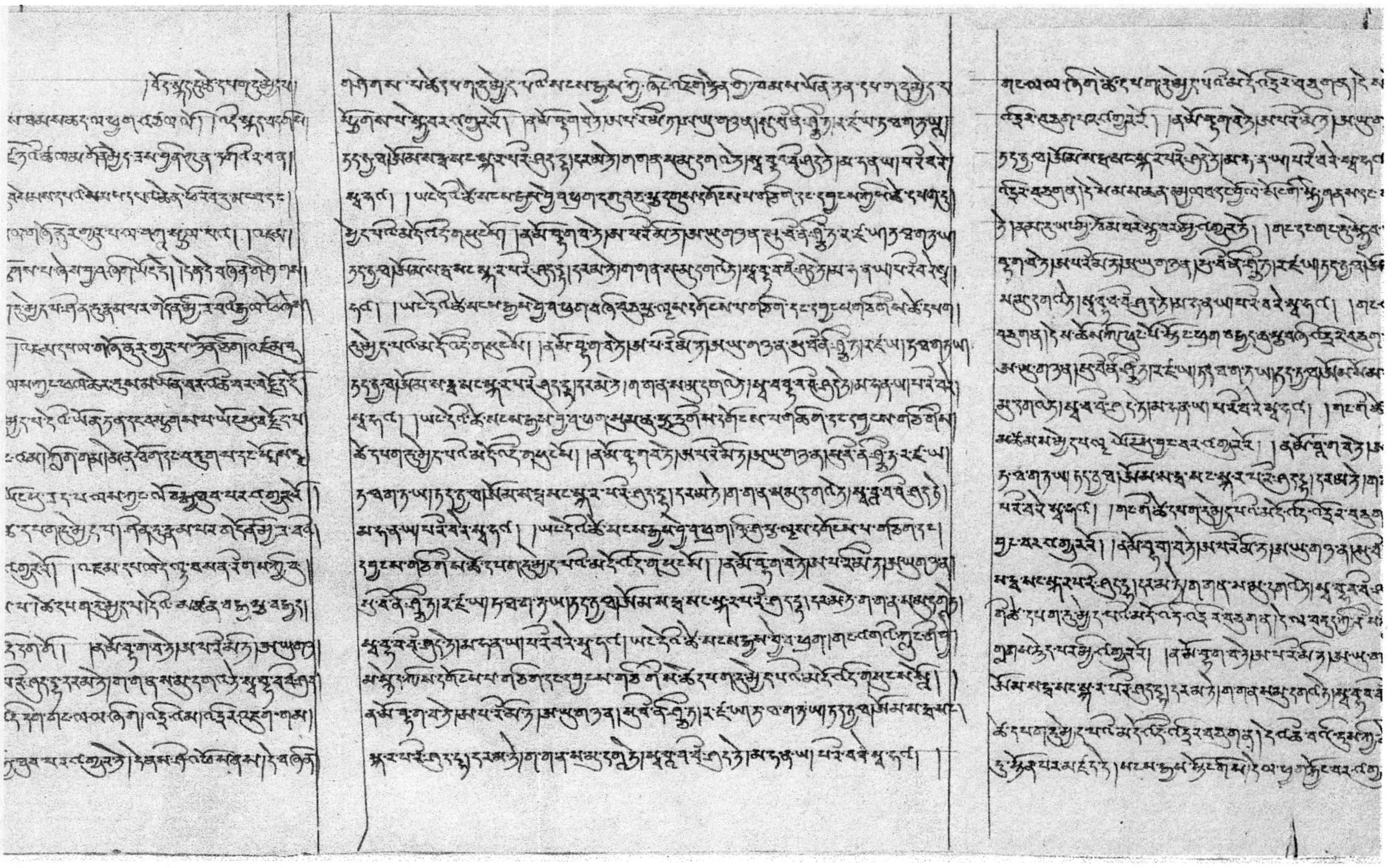

BD14310 號 3　藏文（無量壽宗要經甲本）　（24–14）

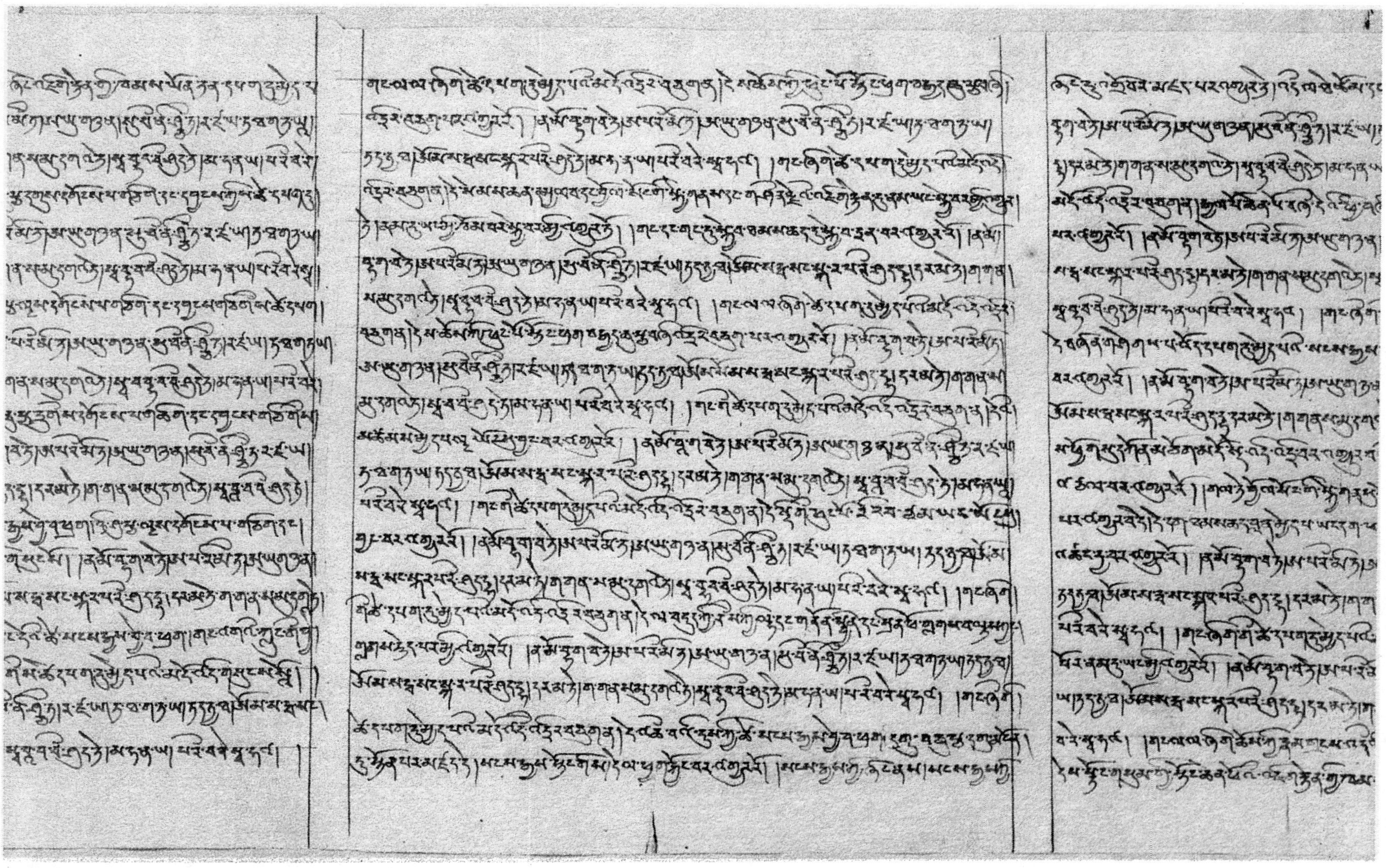

BD14310 號 3　藏文（無量壽宗要經甲本）　（24–15）

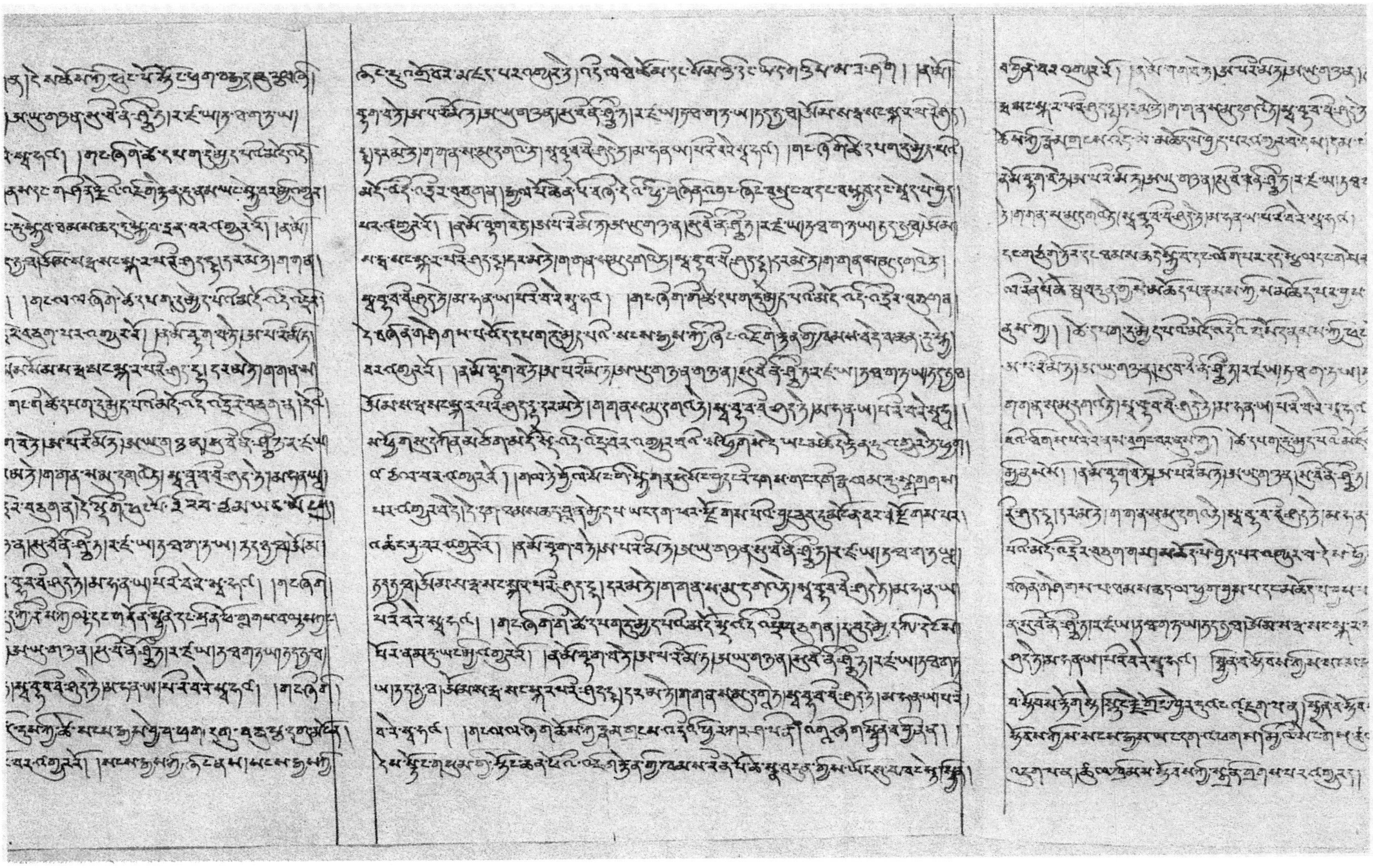

BD14310 號 3　藏文（無量壽宗要經甲本）　　（24–16）

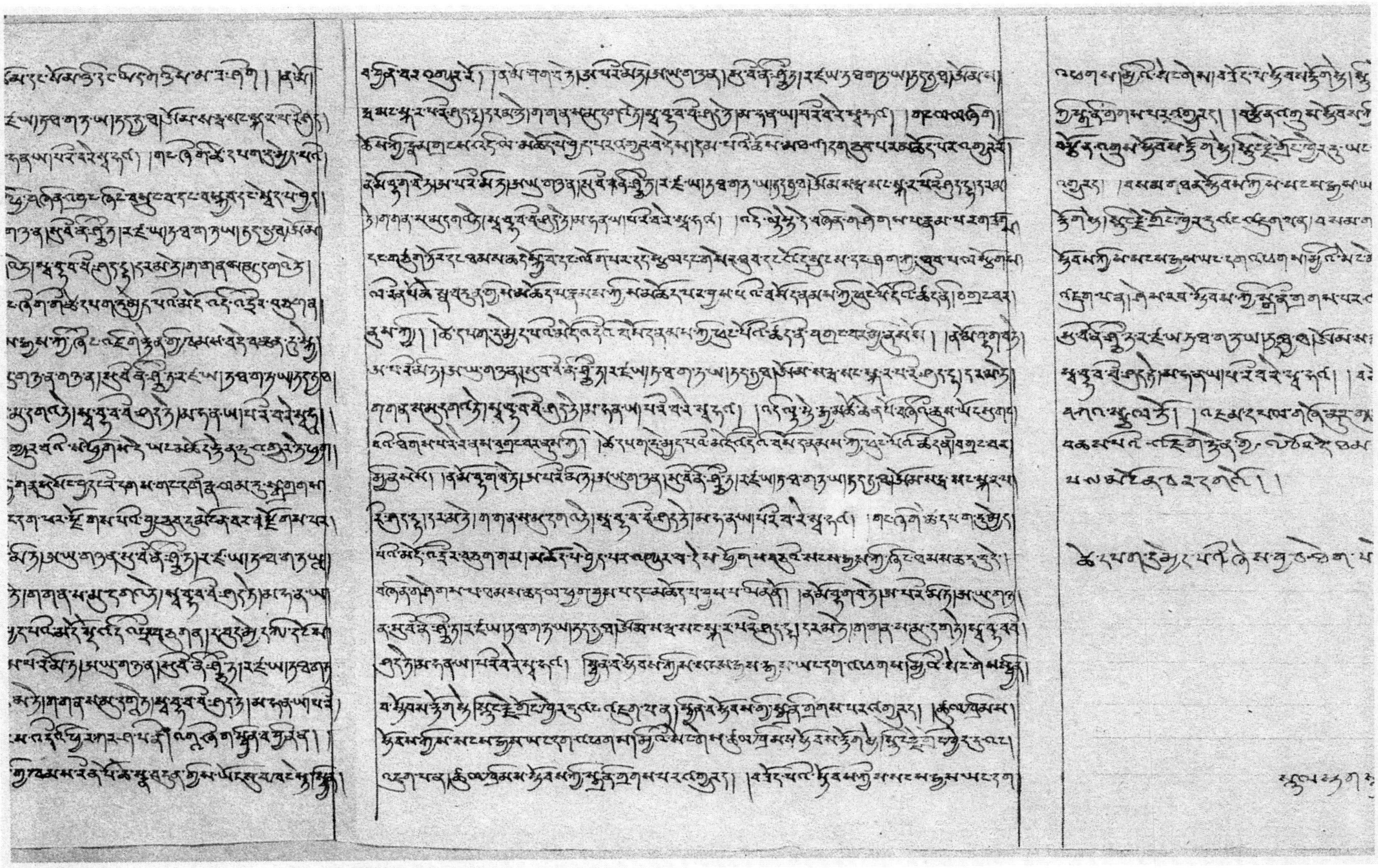

BD14310 號 3　藏文（無量壽宗要經甲本）　　（24–17）

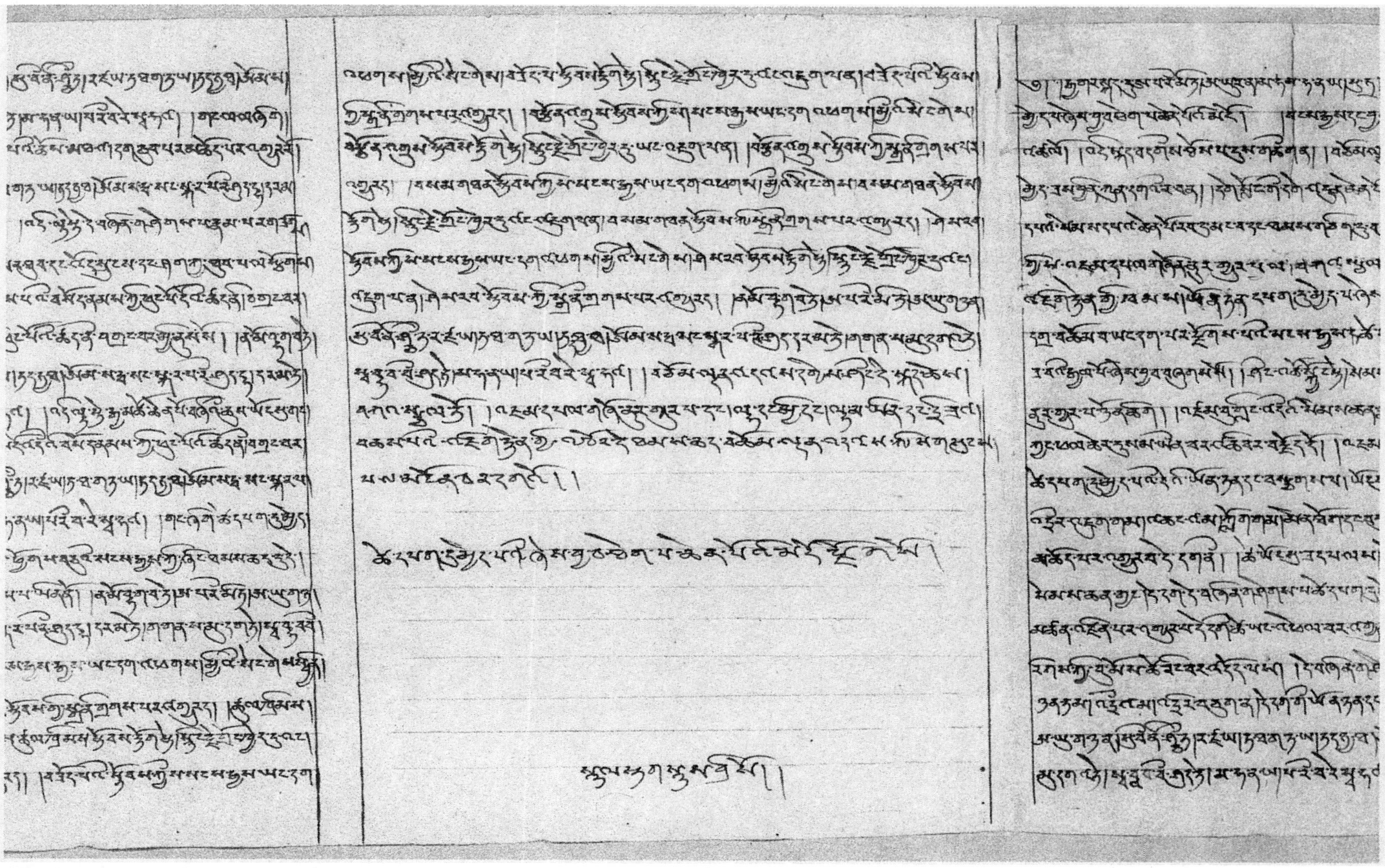

BD14310 號 3　藏文（無量壽宗要經甲本）　（24–18）

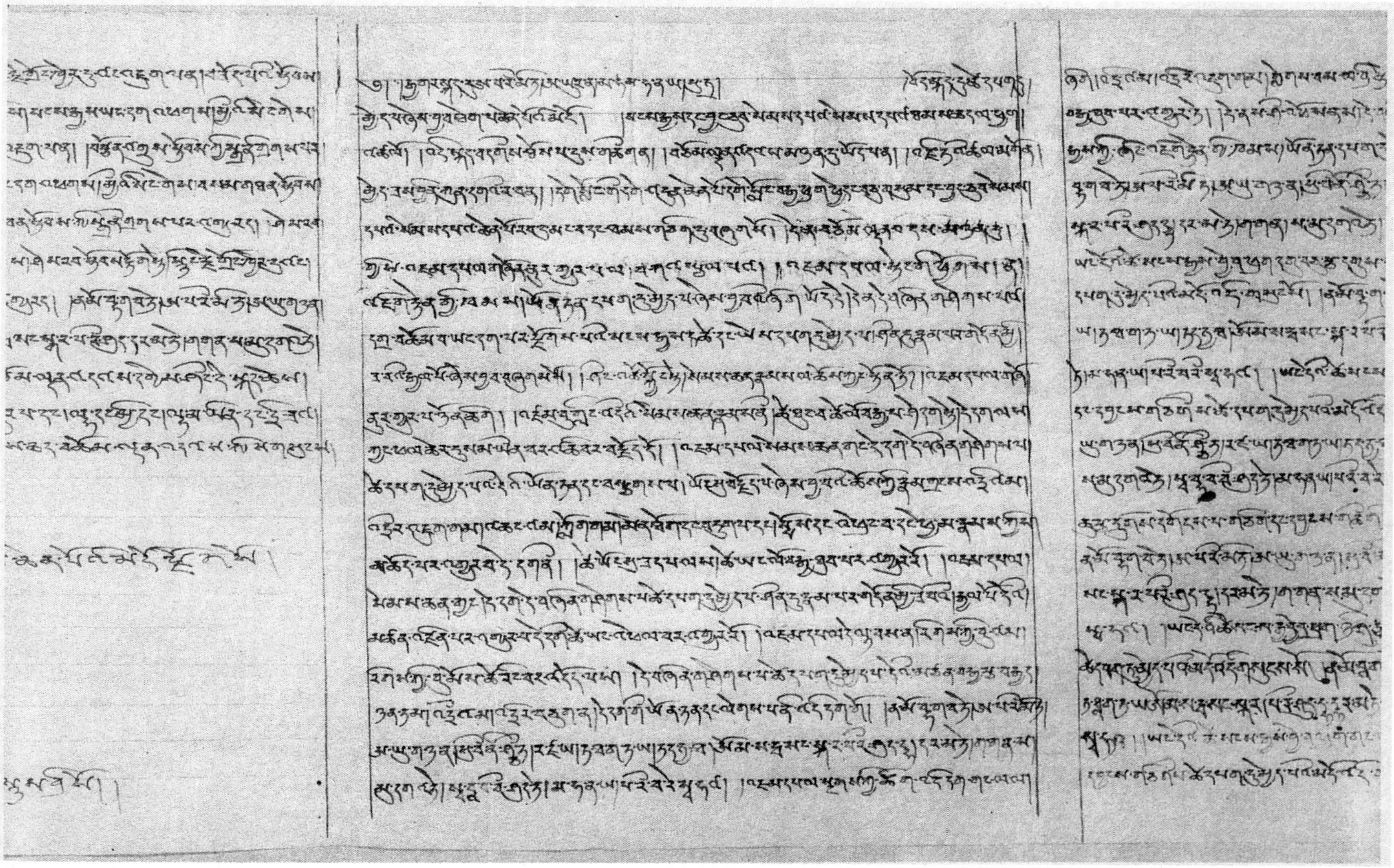

BD14310 號 4　藏文（無量壽宗要經甲本）　（24–19）

BD14310 號 4　藏文（無量壽宗要經甲本）

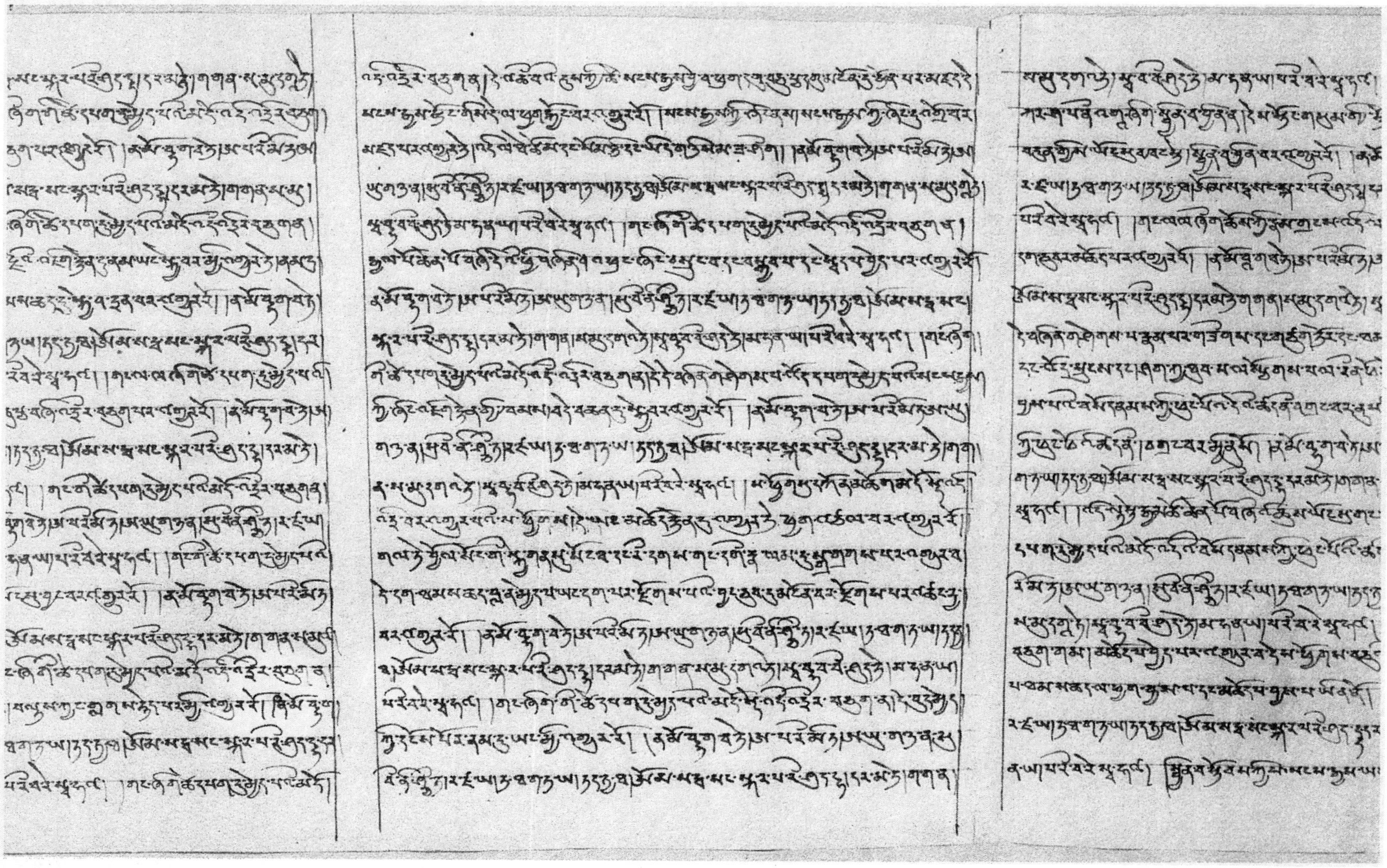

BD14310 號 4　藏文（無量壽宗要經甲本）　（24–22）

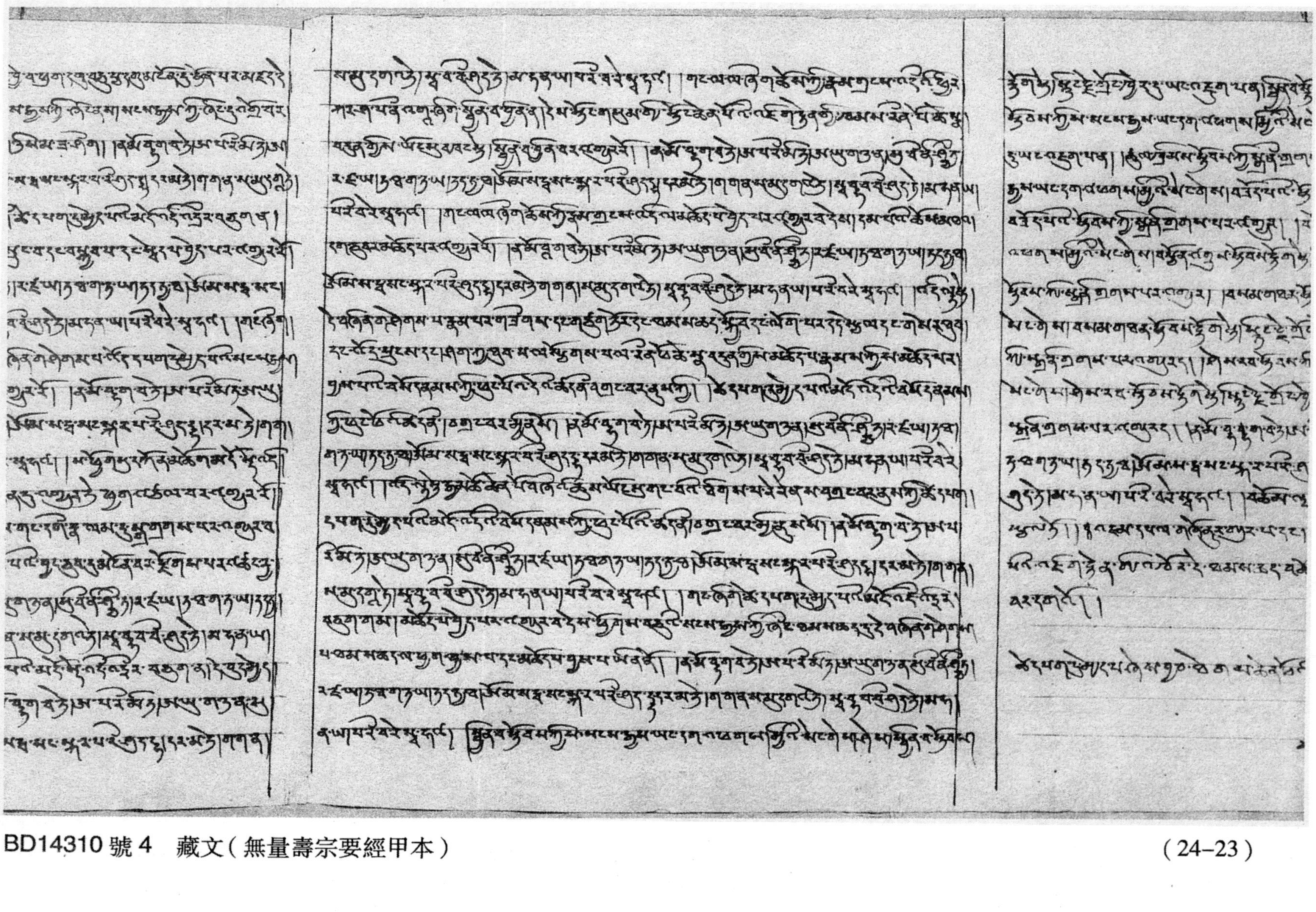

BD14310 號 4　藏文（無量壽宗要經甲本）　（24–23）

BD14310號 4 藏文（無量壽宗要經甲本）

BD14311號 藏文（無量壽宗要經甲本）

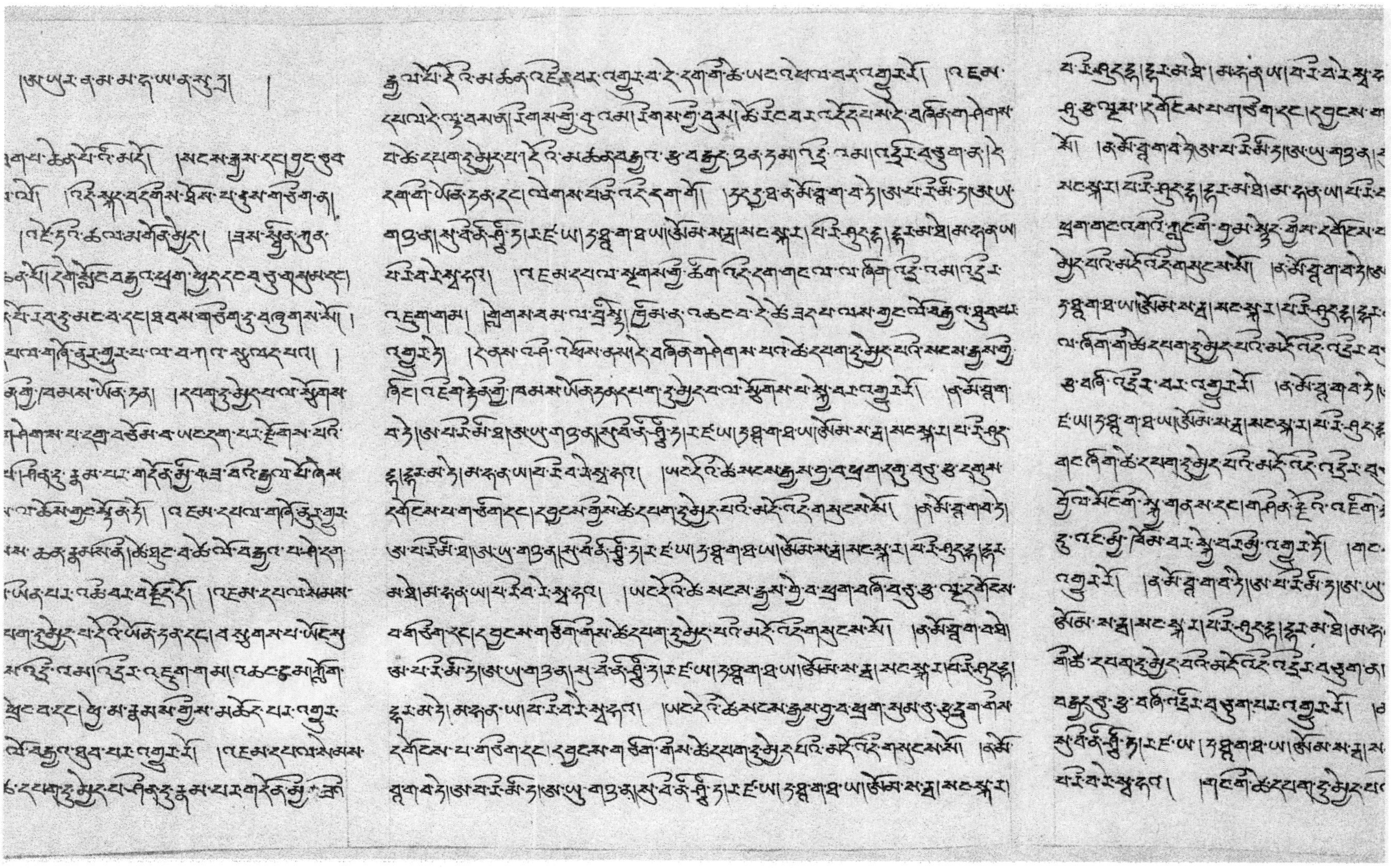

BD14311 號　藏文（無量壽宗要經甲本）　　（8–2）

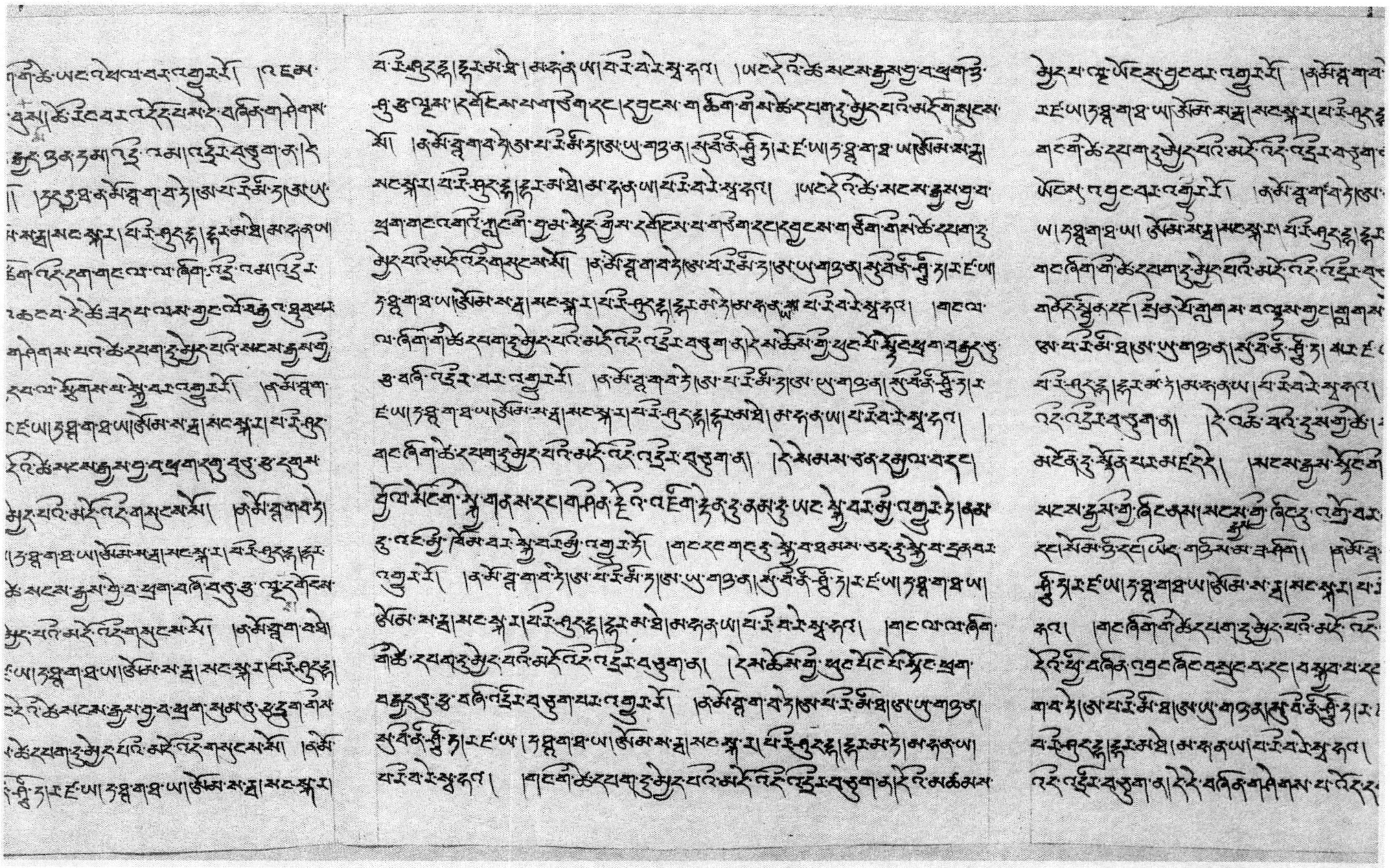

BD14311 號　藏文（無量壽宗要經甲本）　　（8–3）

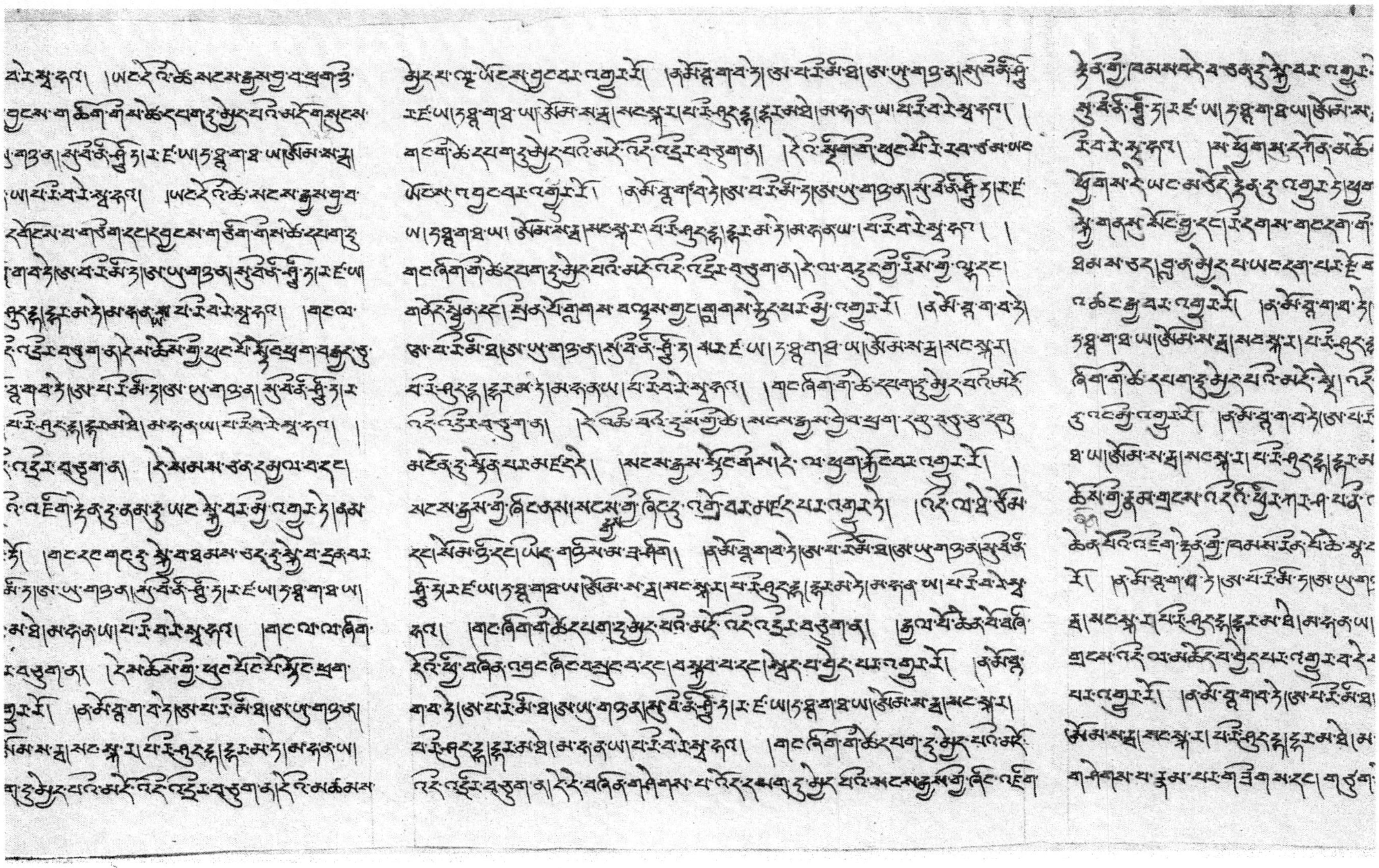

BD14311 號　藏文（無量壽宗要經甲本）　　（8–4）

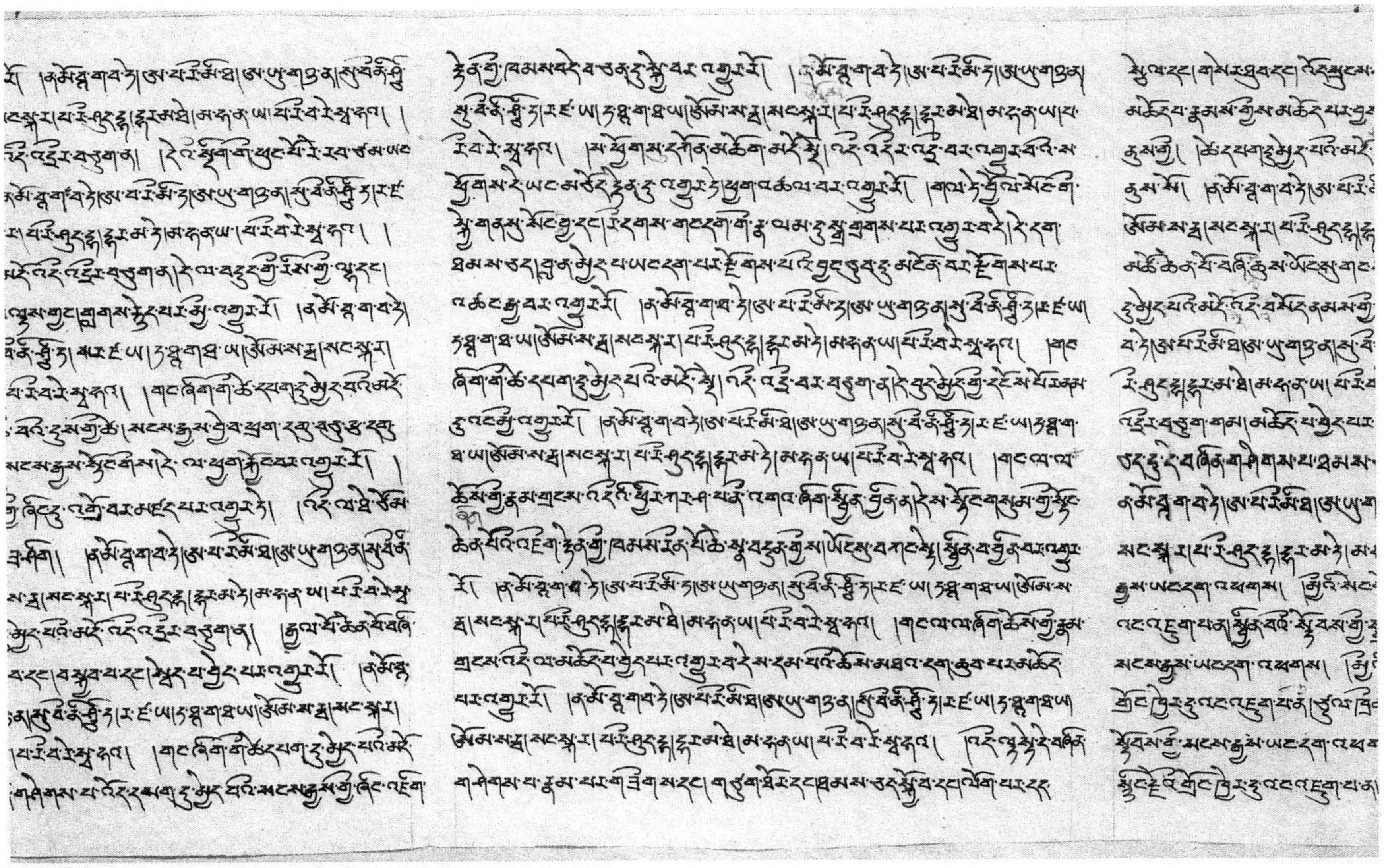

BD14311 號　藏文（無量壽宗要經甲本）　　（8–5）

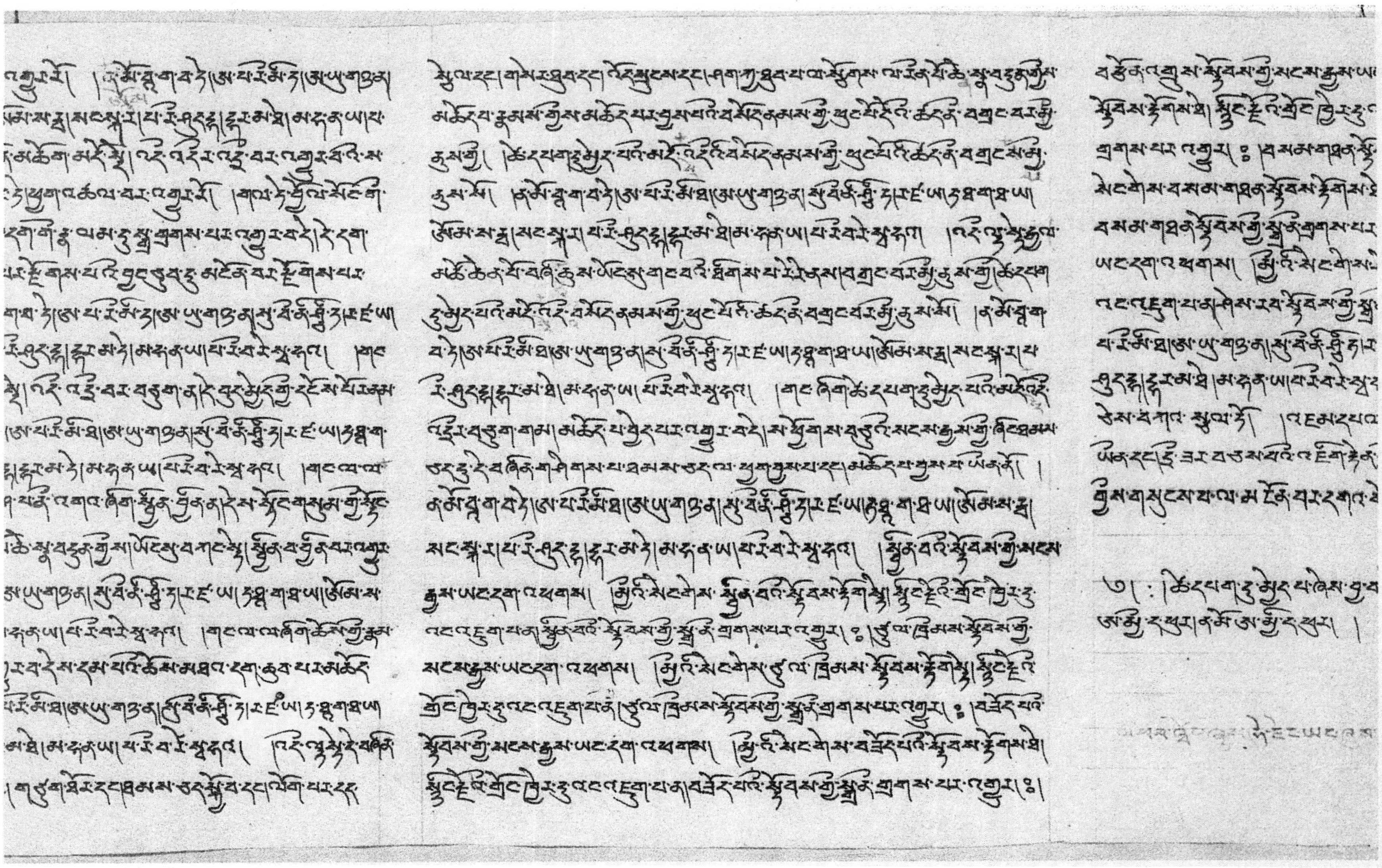

BD14311 號　藏文（無量壽宗要經甲本）　（8–6）

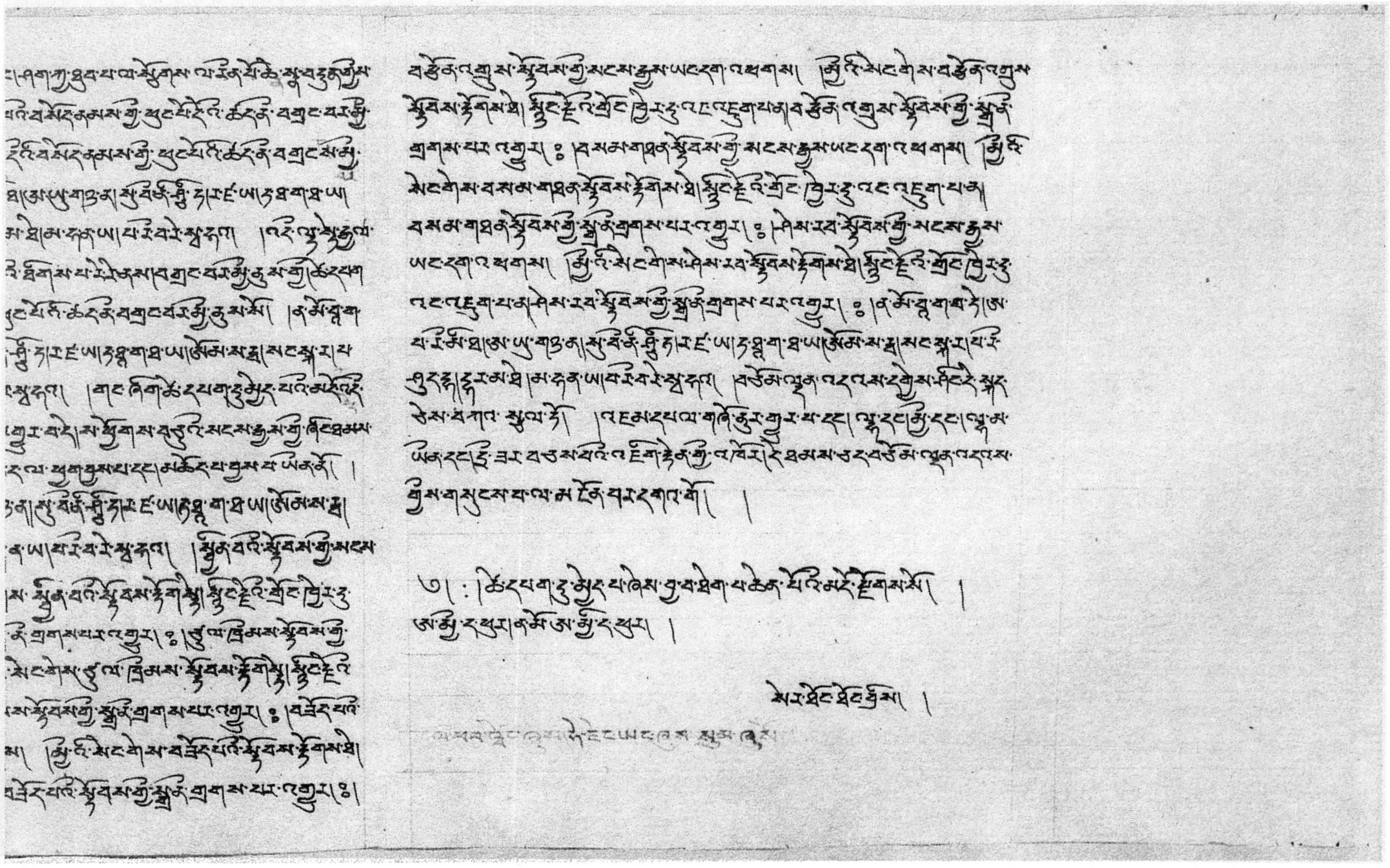

BD14311 號　藏文（無量壽宗要經甲本）　（8–7）

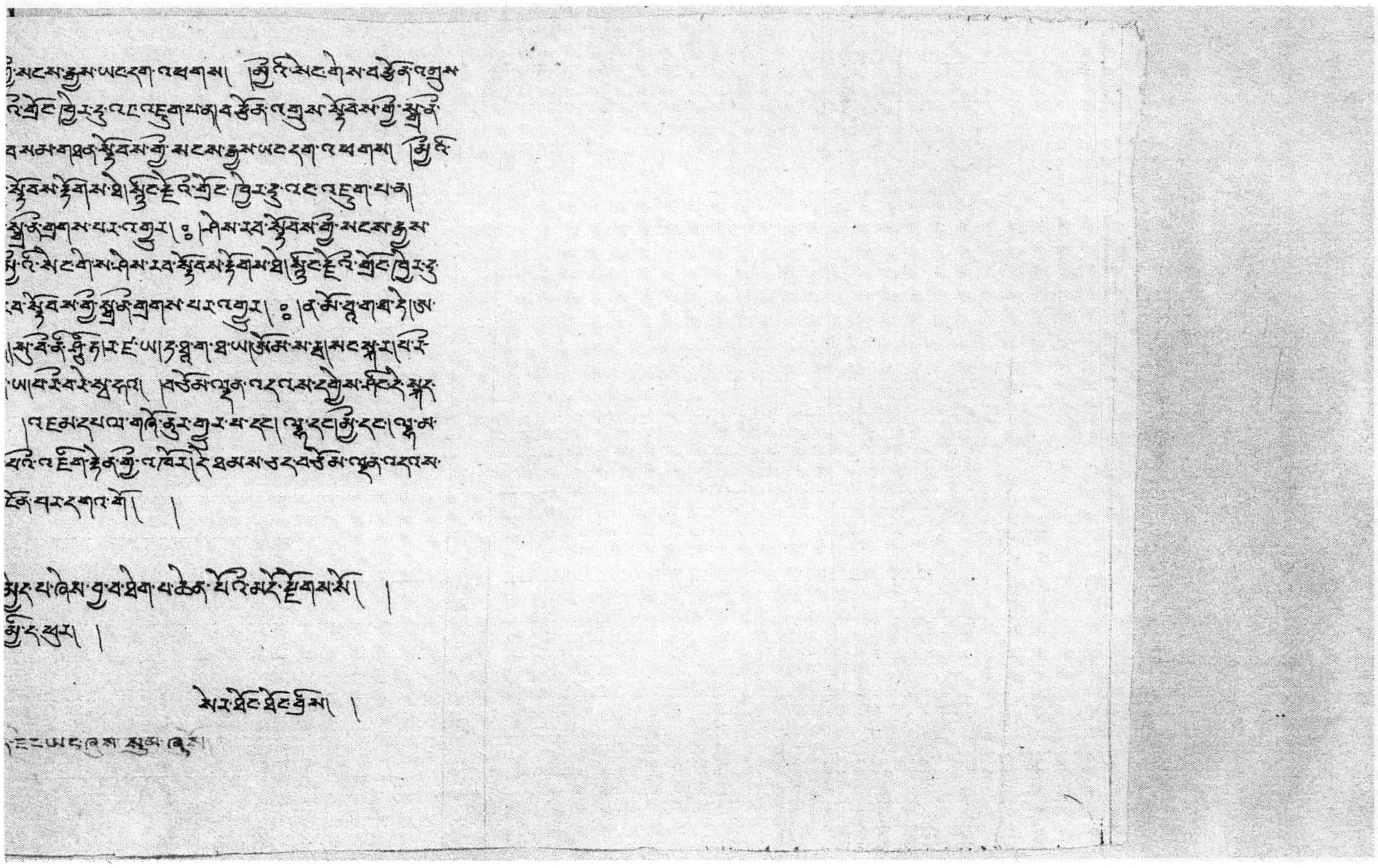

BD14311 號　藏文（無量壽宗要經甲本）　（8–8）

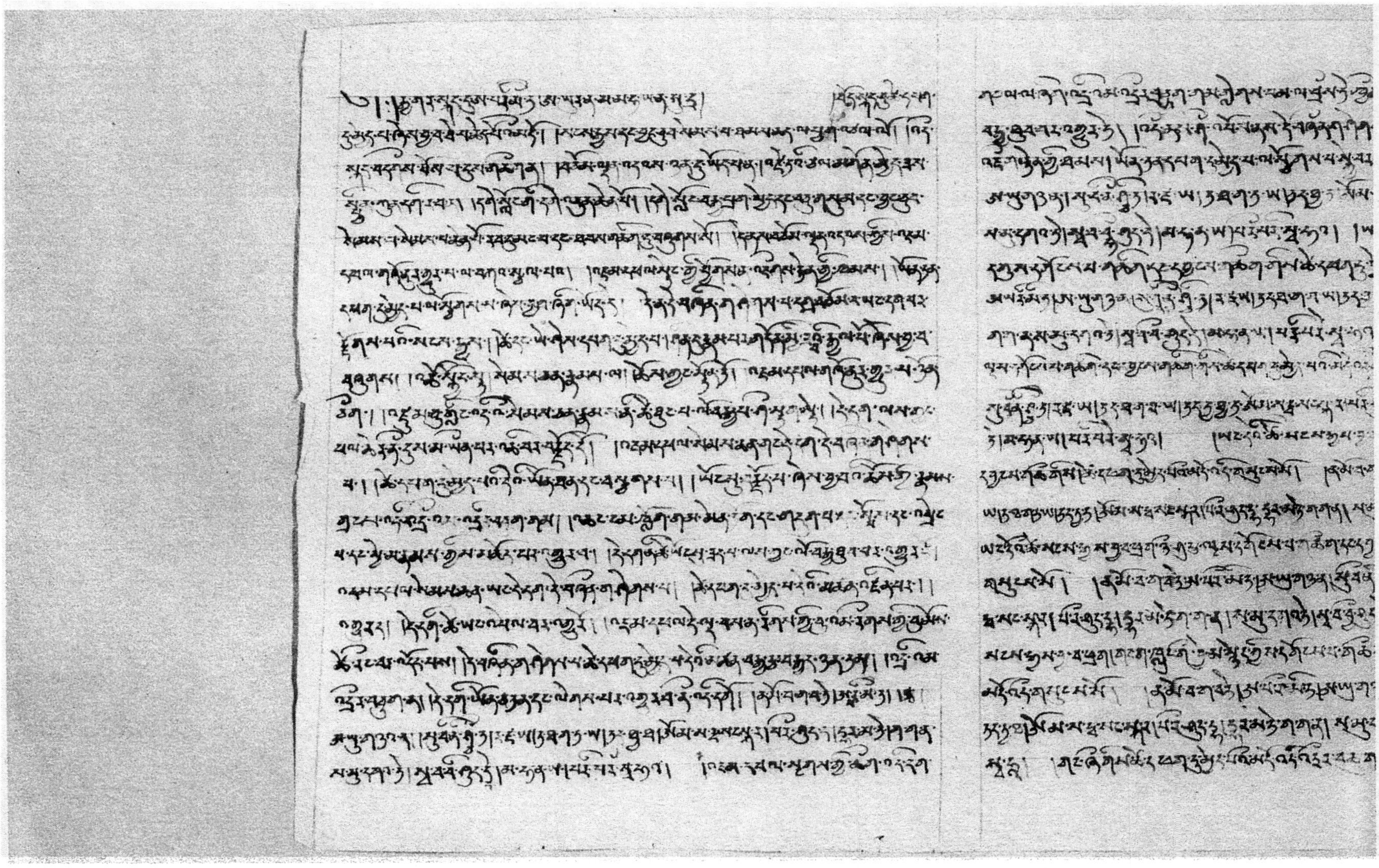

BD14312 號　藏文（無量壽宗要經甲本）　（6–1）

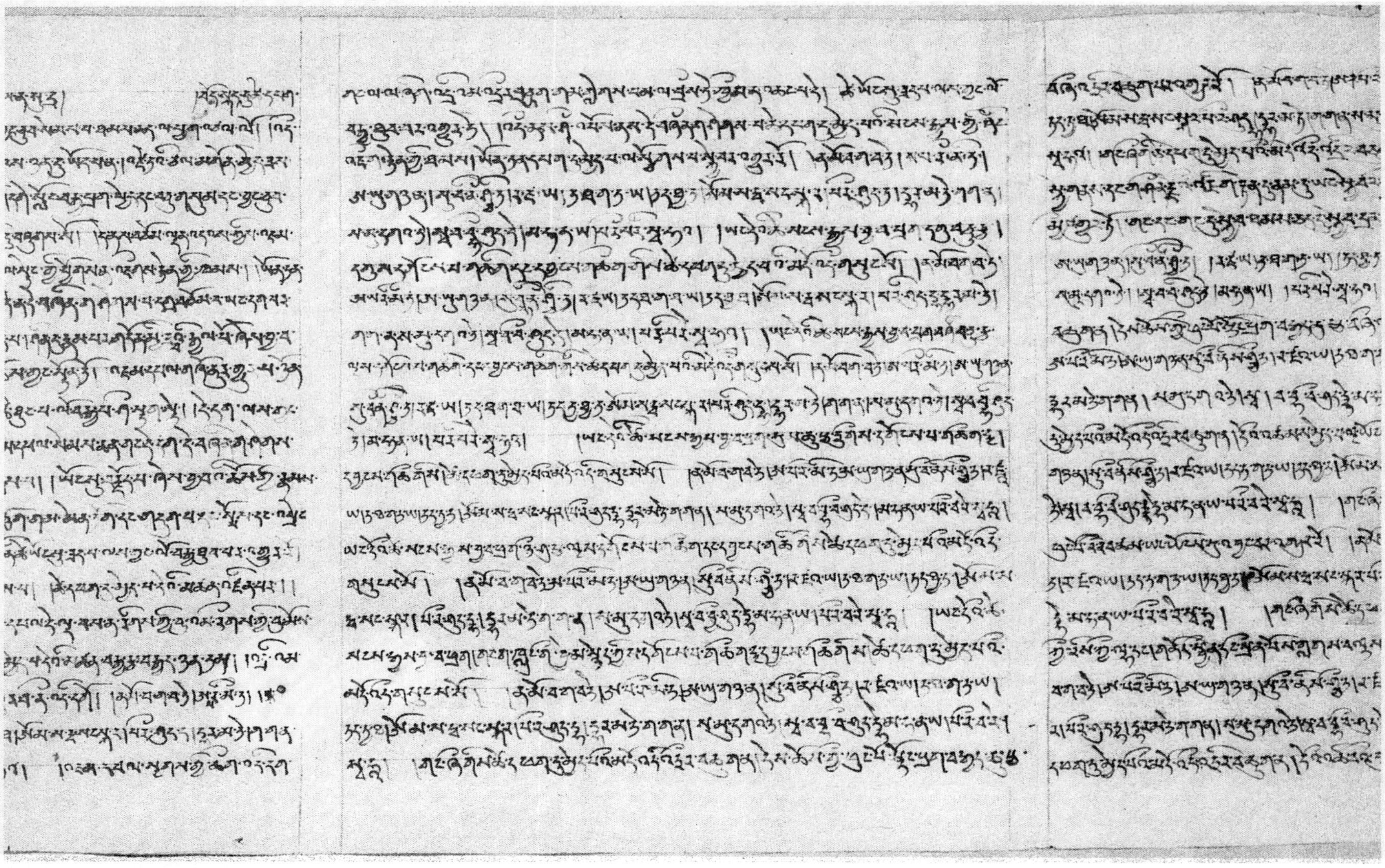

BD14312 號　藏文（無量壽宗要經甲本）　　　　（6–2）

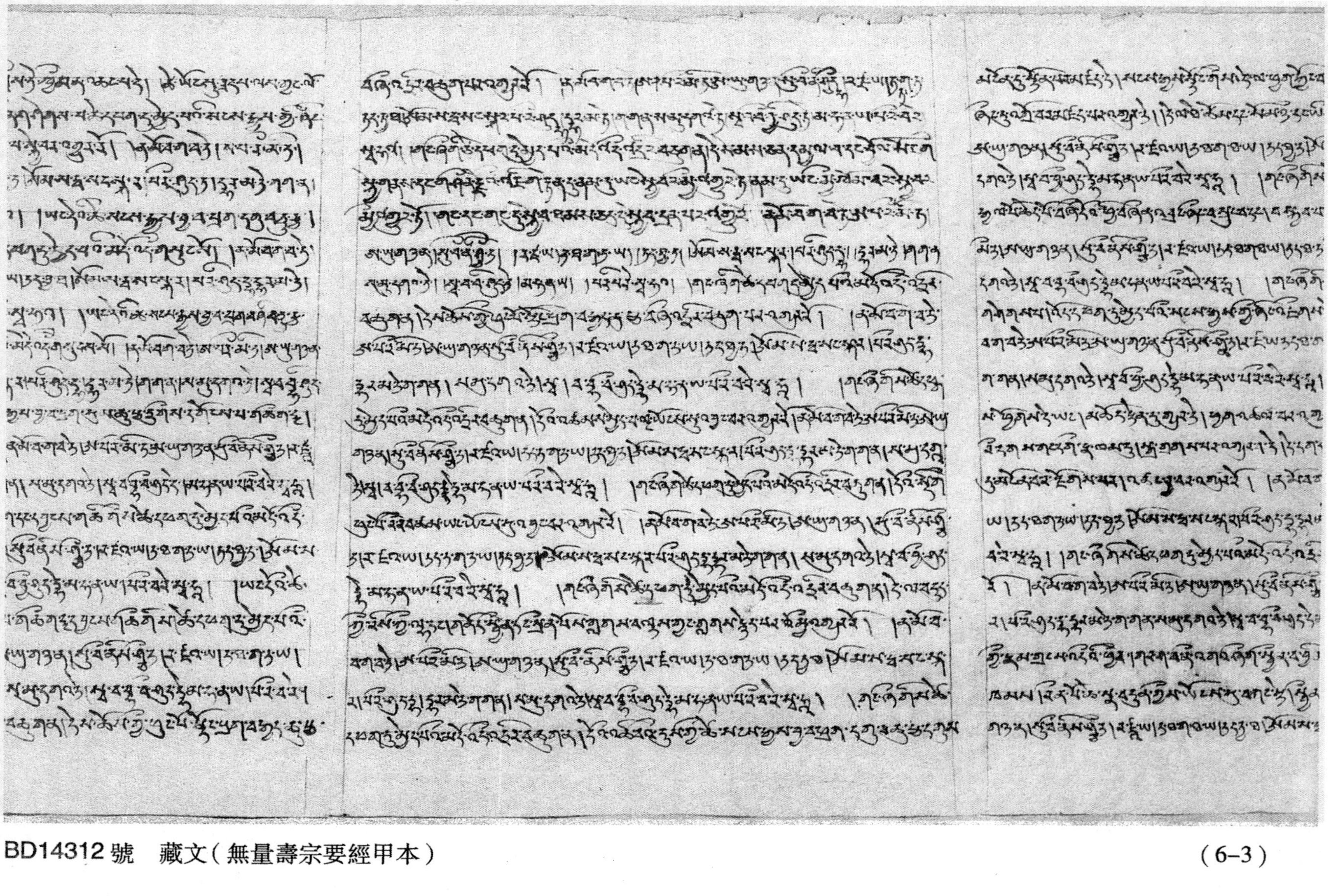

BD14312 號　藏文（無量壽宗要經甲本）　　　　（6–3）

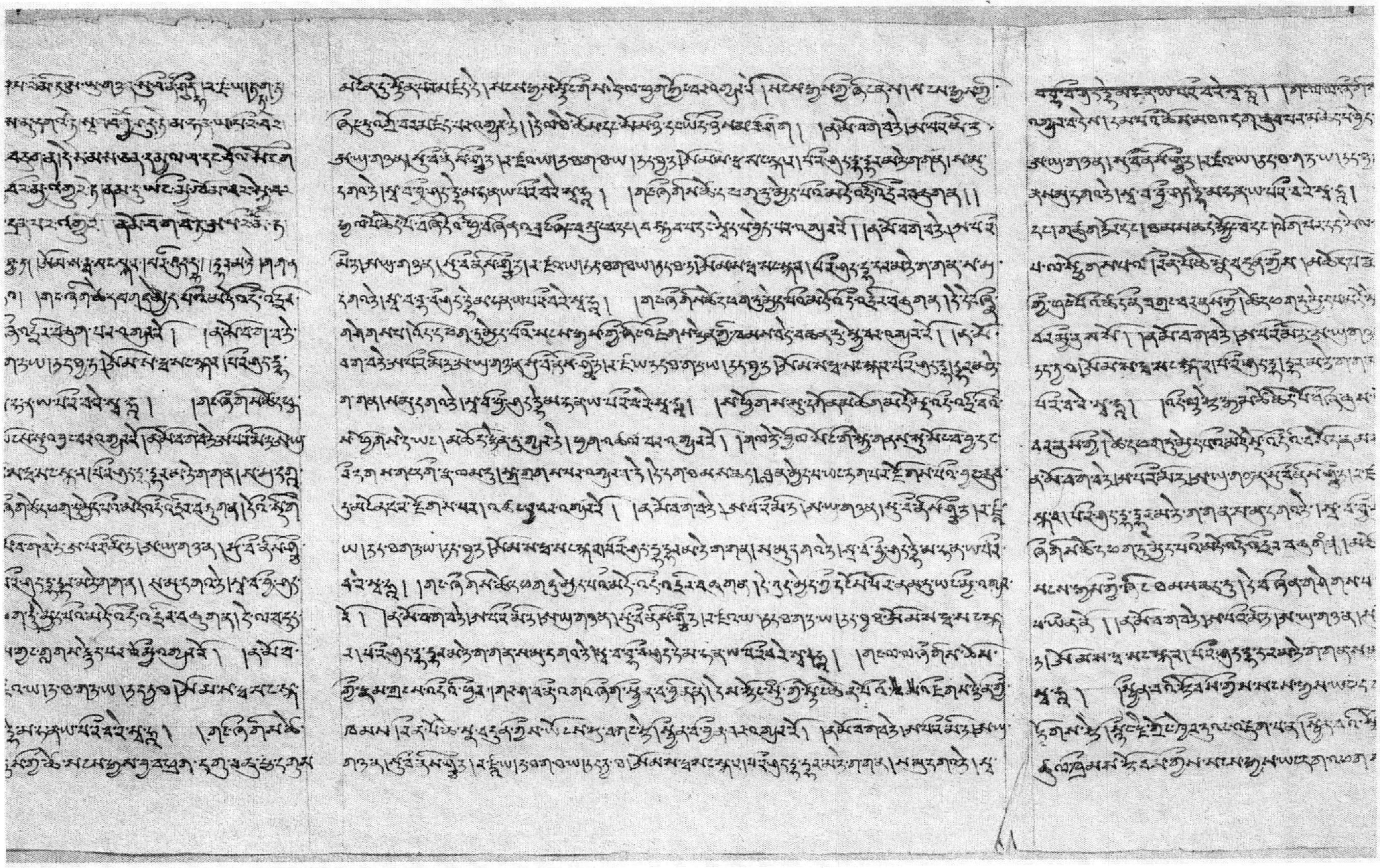

BD14312 號　藏文（無量壽宗要經甲本）　（6–4）

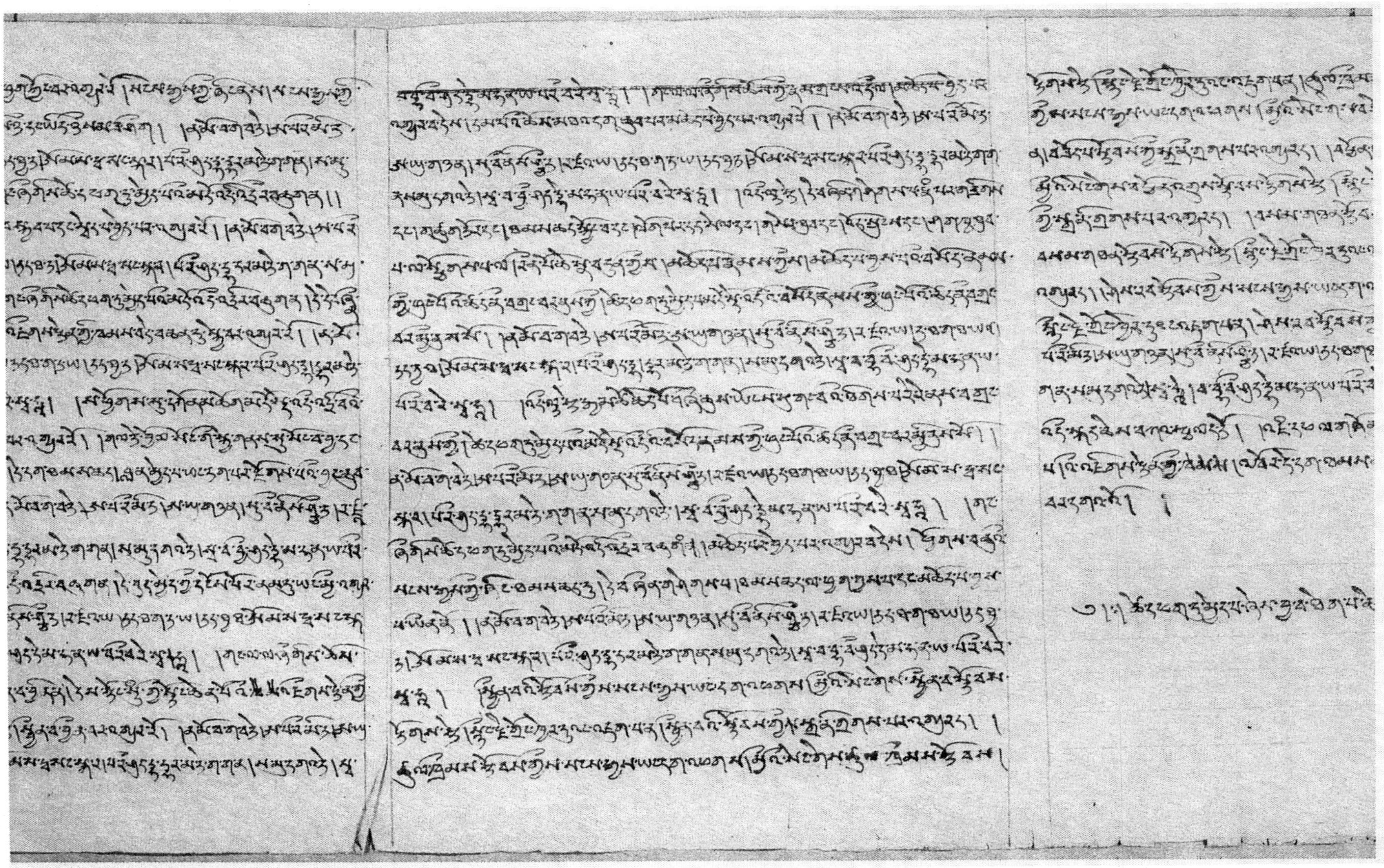

BD14312 號　藏文（無量壽宗要經甲本）　（6–5）

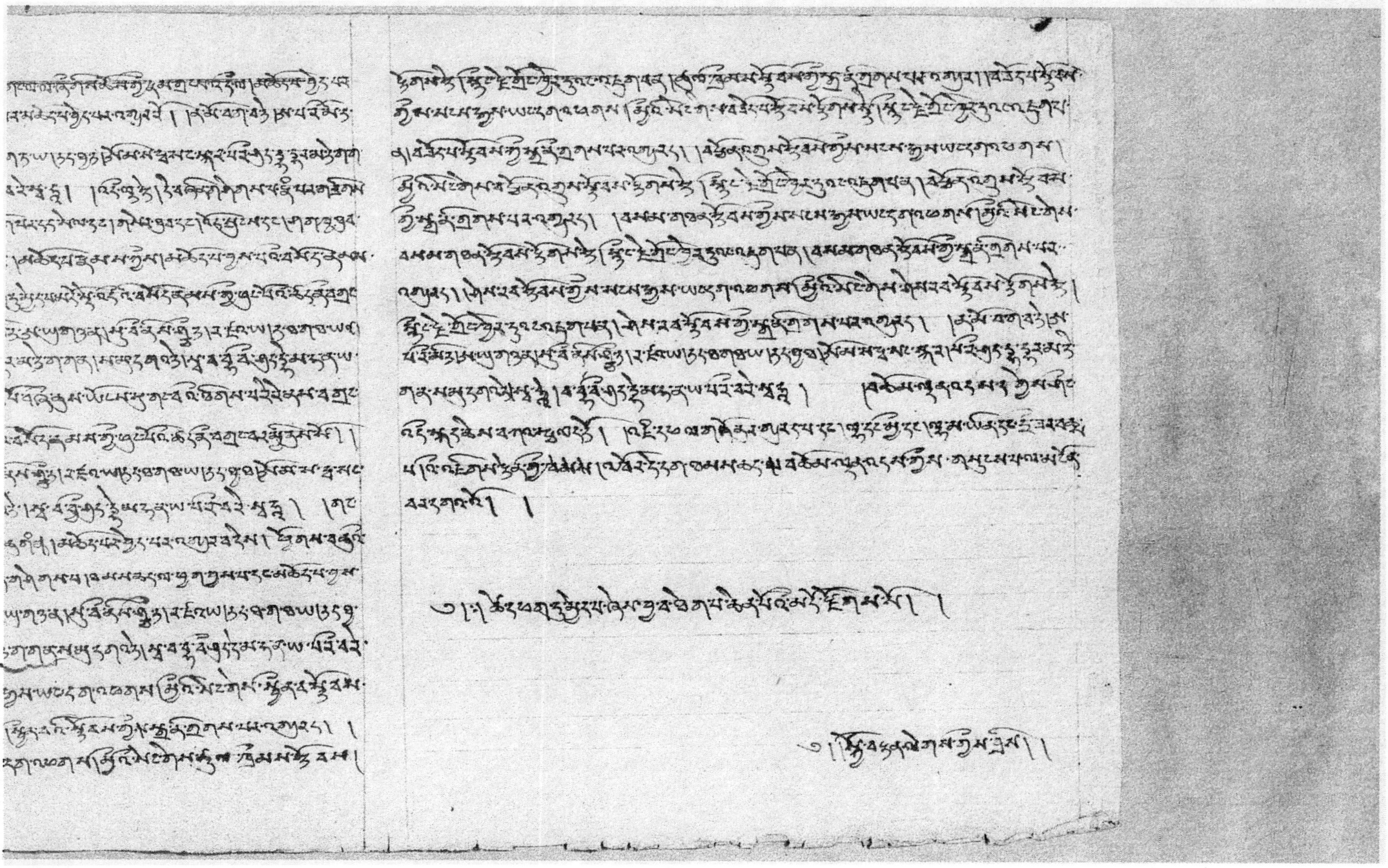

BD14312 號　藏文（無量壽宗要經甲本）　　（6–6）

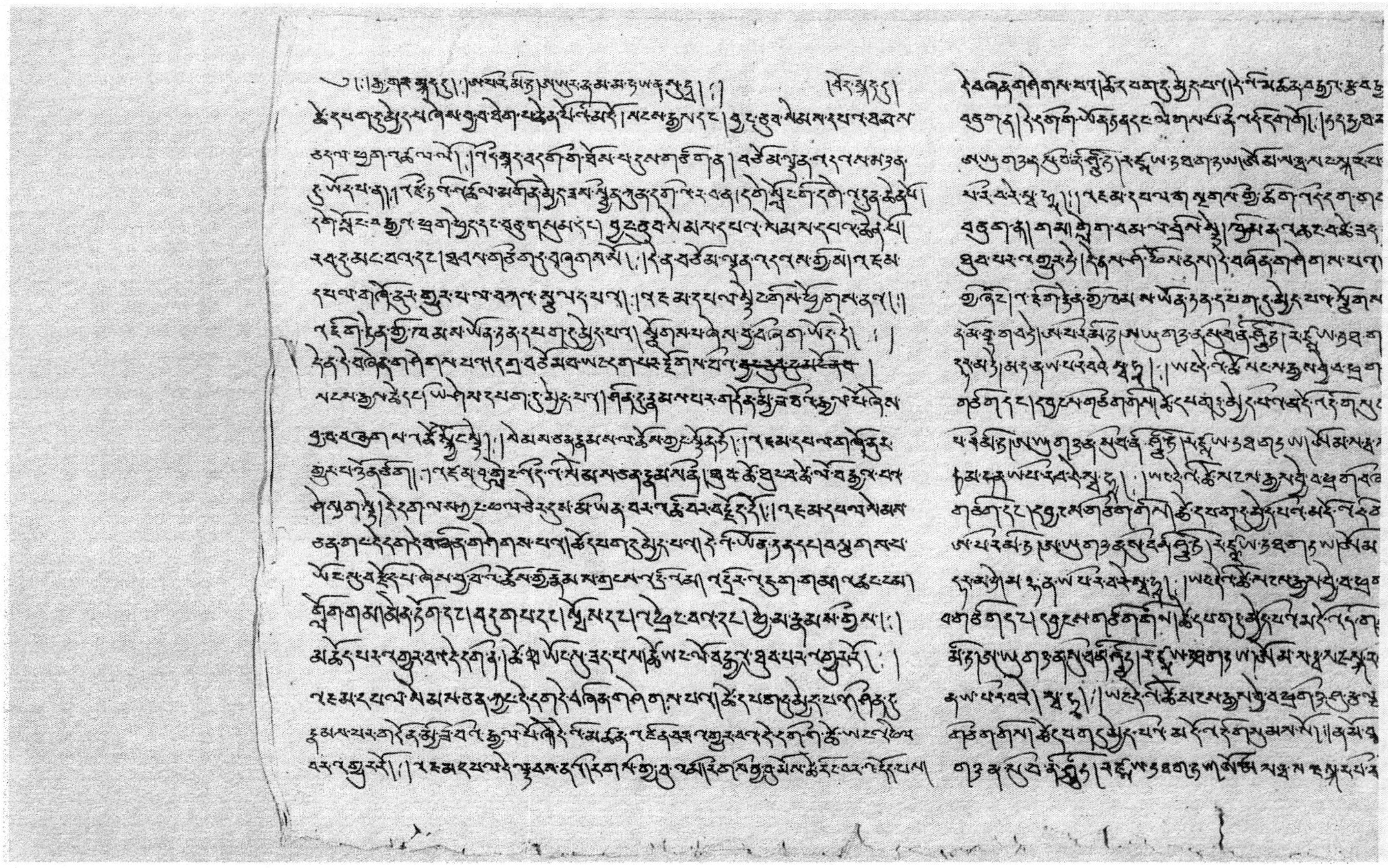

BD14313 號 1　藏文（無量壽宗要經甲本）　　（60–1）

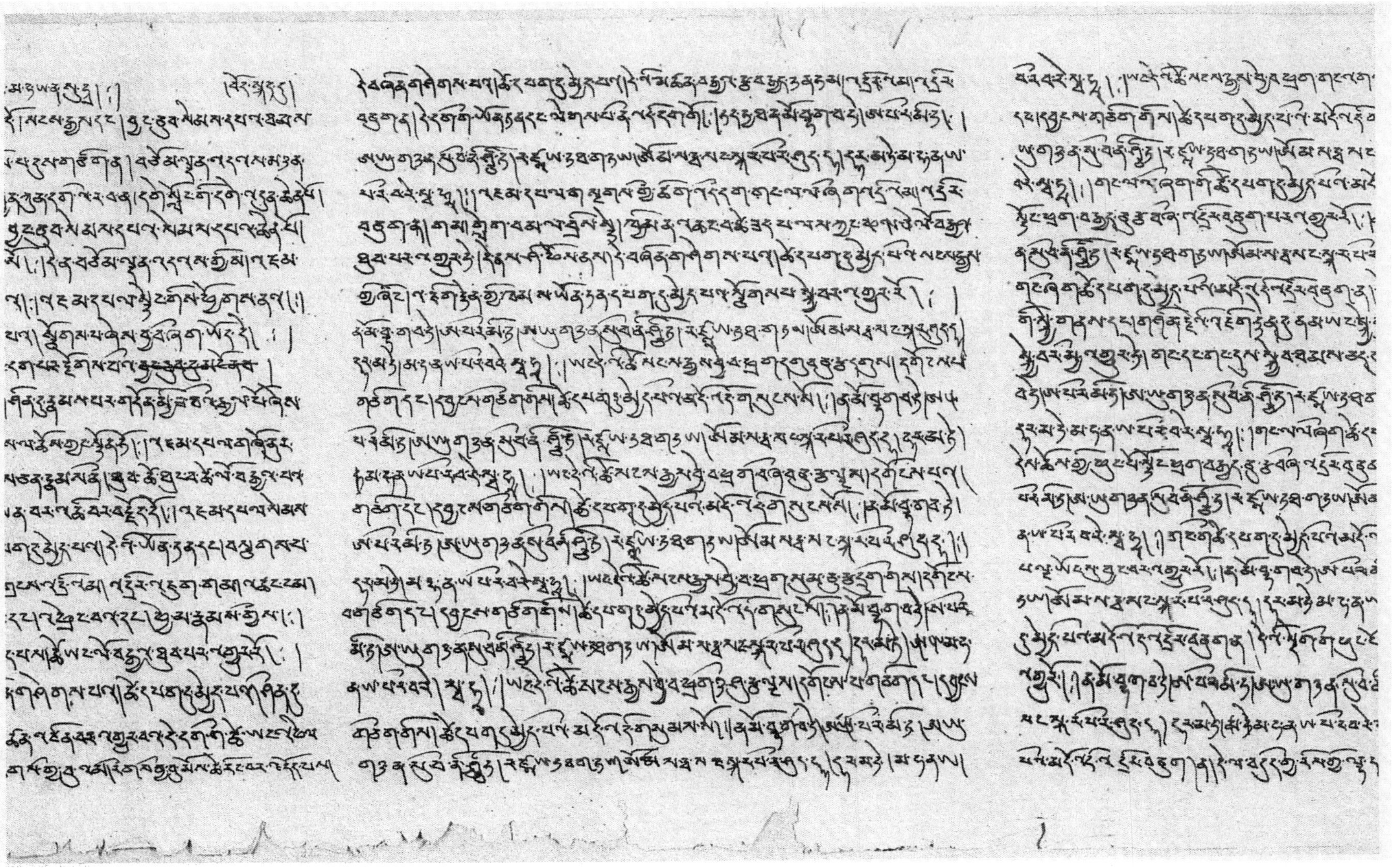

BD14313 號 1　藏文（無量壽宗要經甲本）　（60–2）

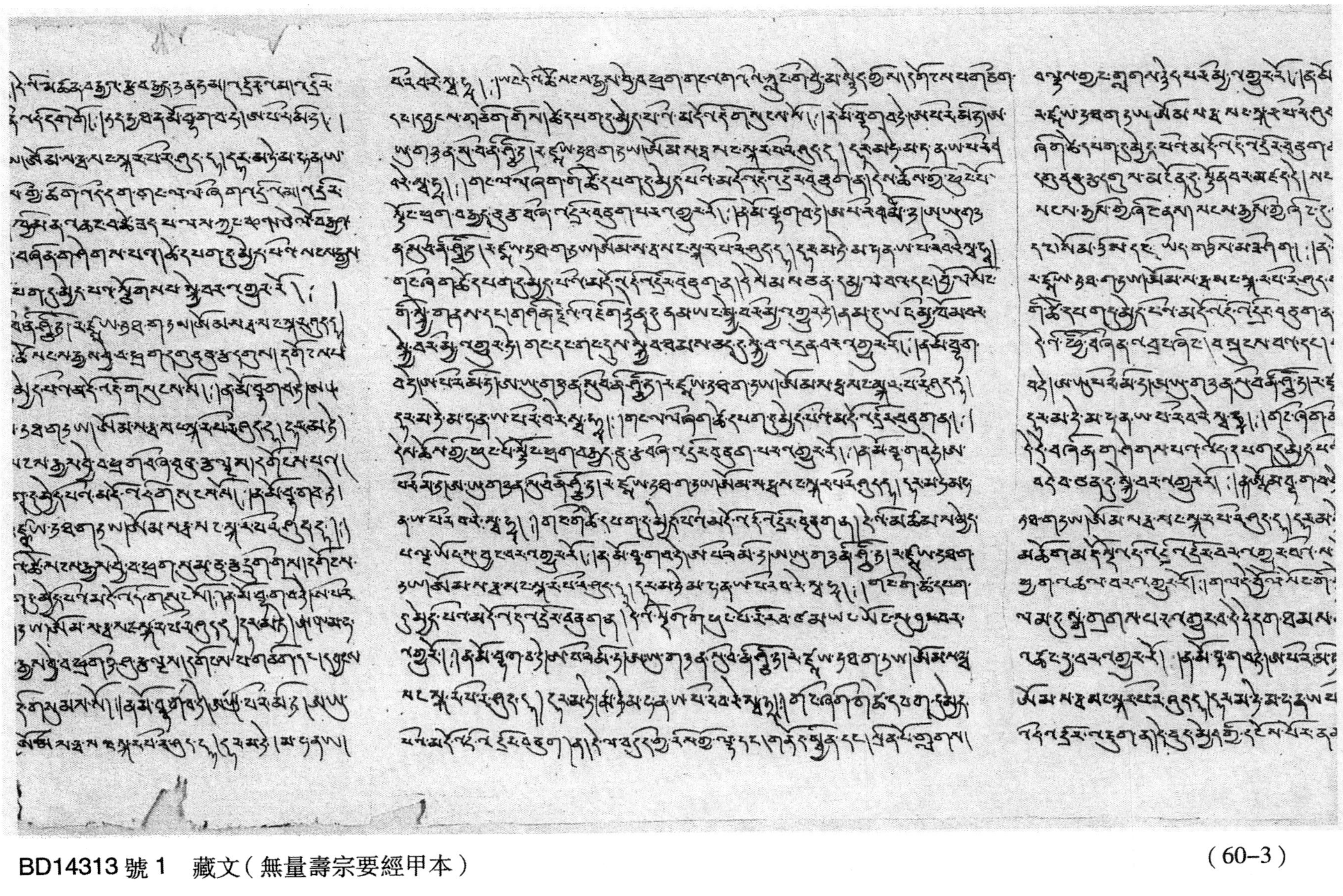

BD14313 號 1　藏文（無量壽宗要經甲本）　（60–3）

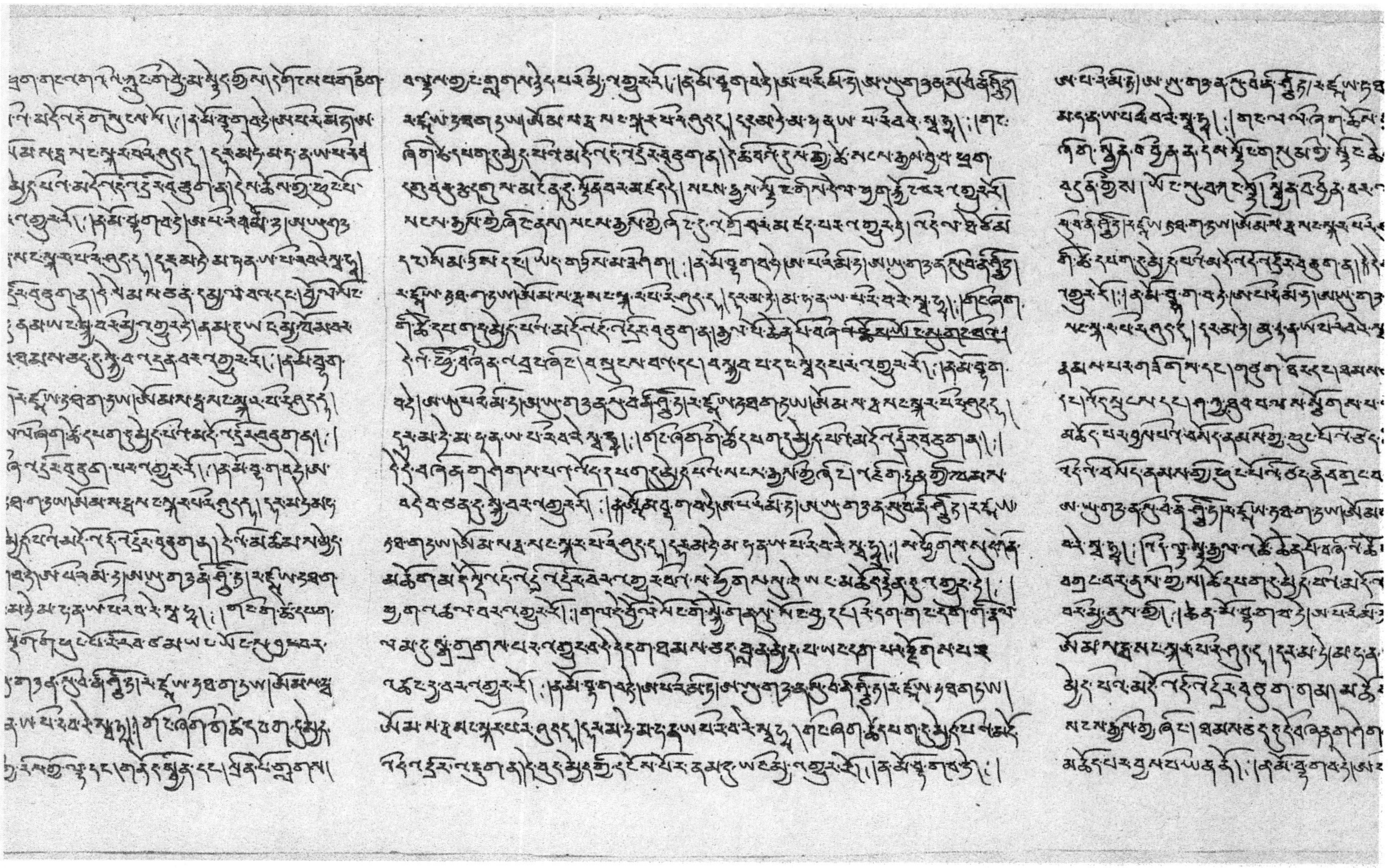

BD14313 號 1　藏文（無量壽宗要經甲本）　（60–4）

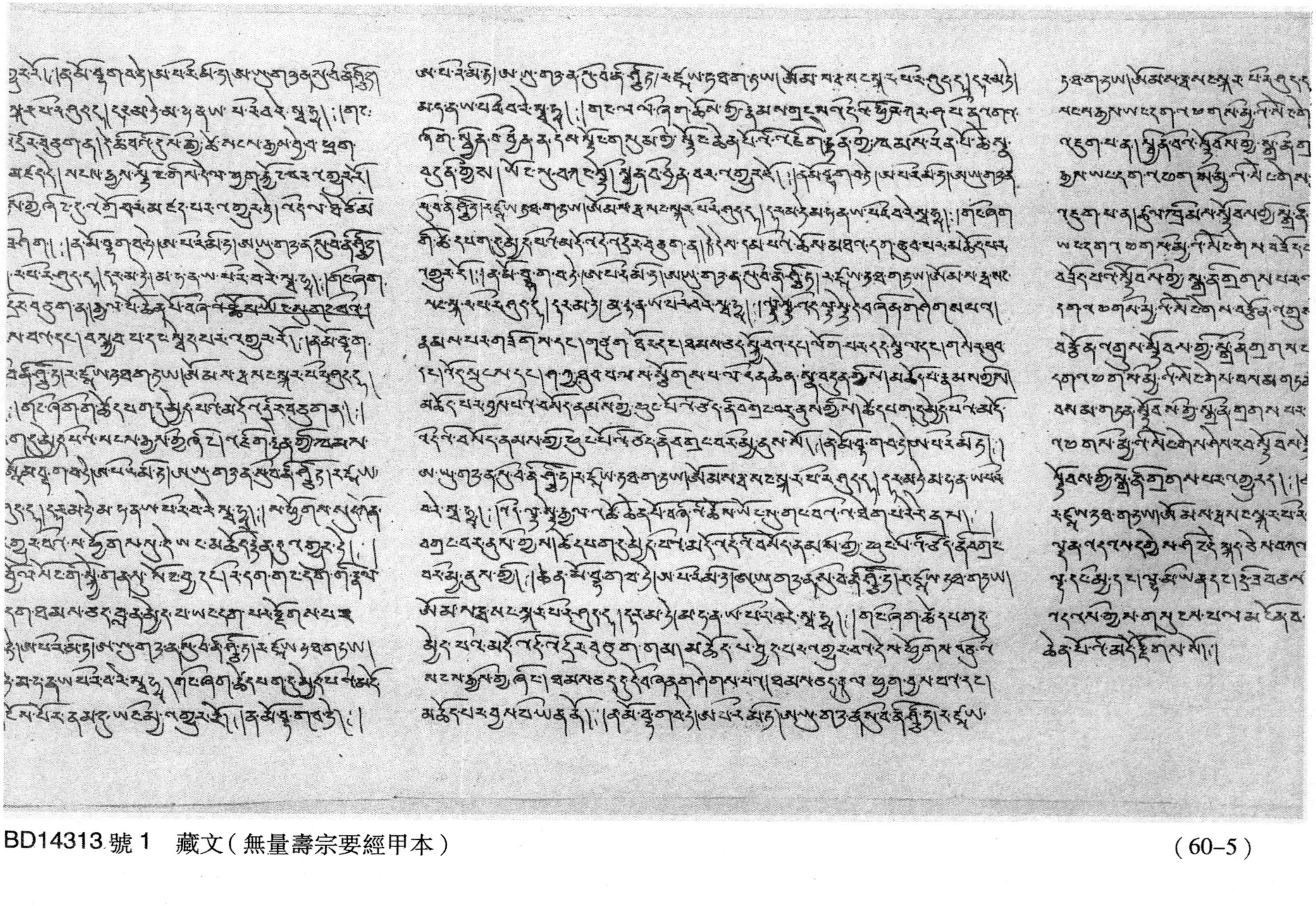

BD14313 號 1　藏文（無量壽宗要經甲本）　（60–5）

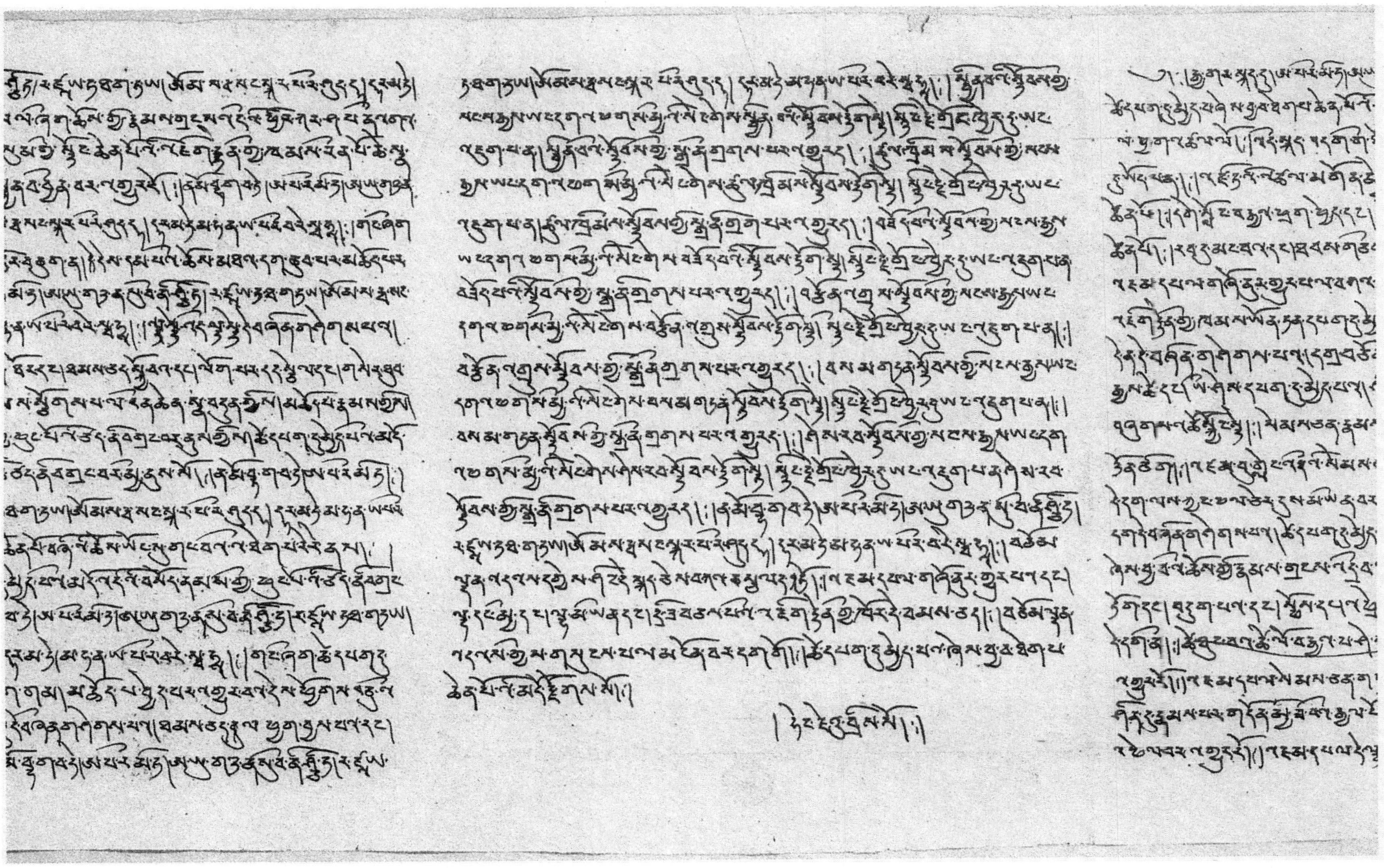

BD14313 號 1　藏文（無量壽宗要經甲本）　　（60–6）

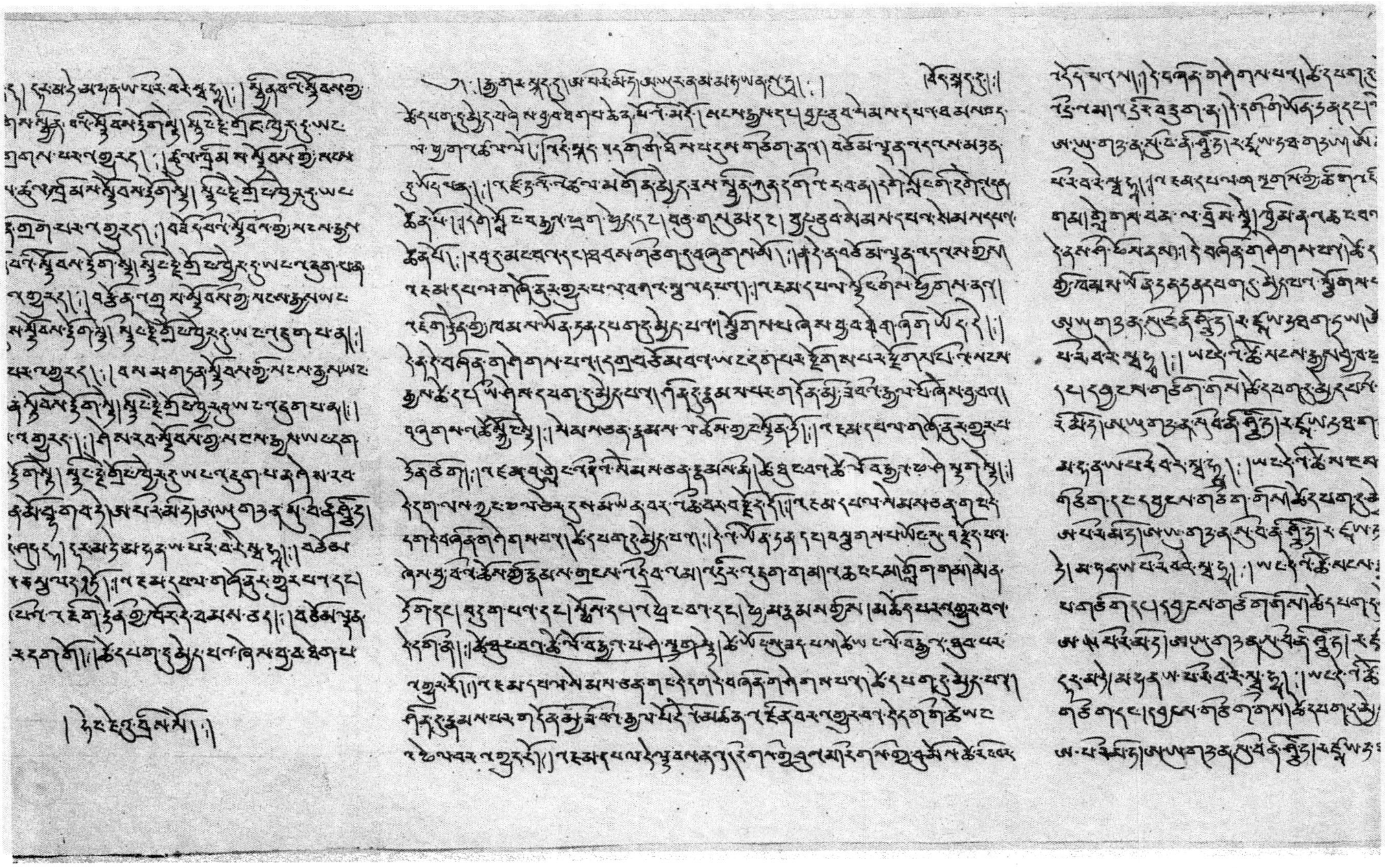

BD14313 號 2　藏文（無量壽宗要經甲本）　　（60–7）

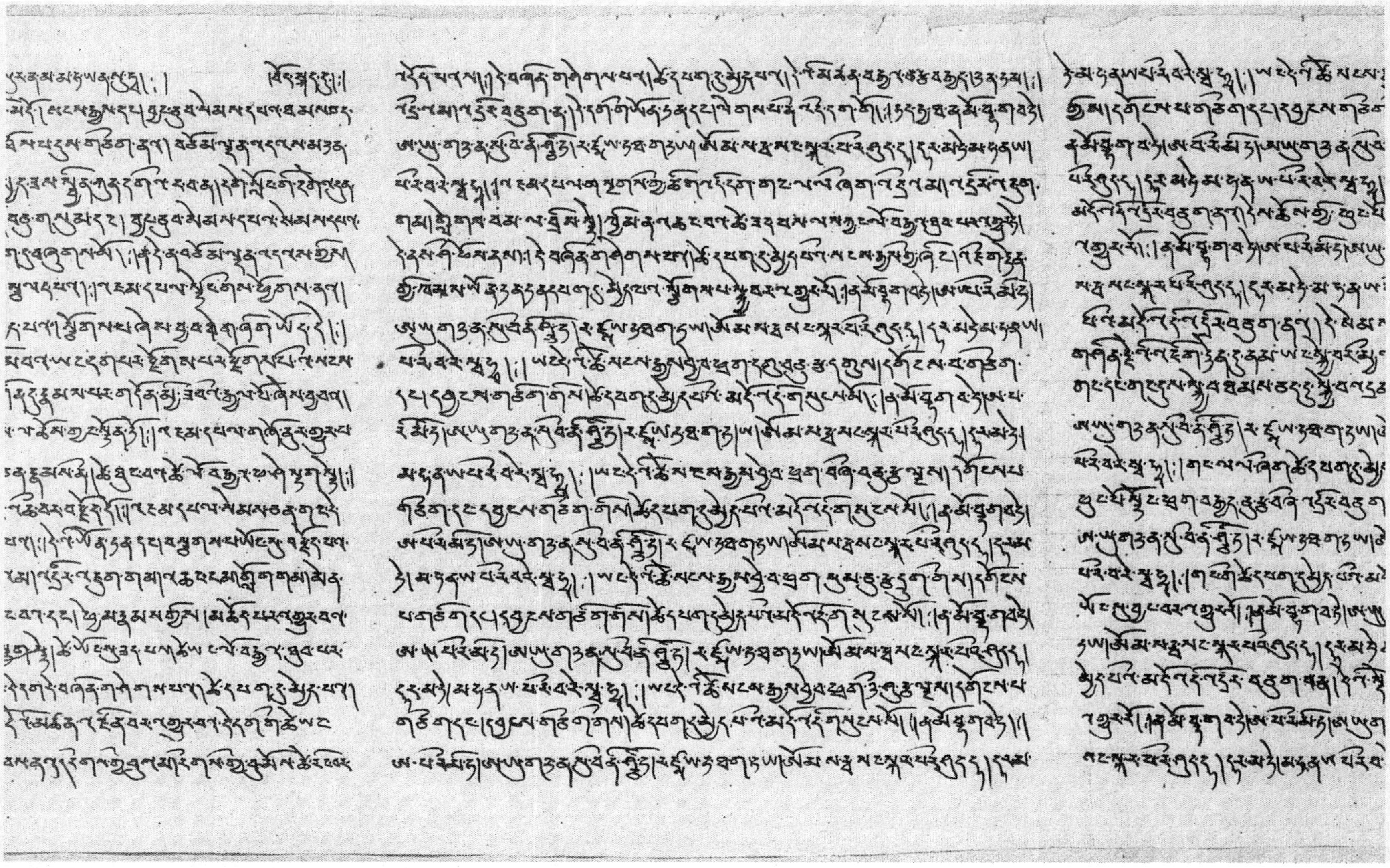

BD14313 號 2　藏文（無量壽宗要經甲本）　（60–8）

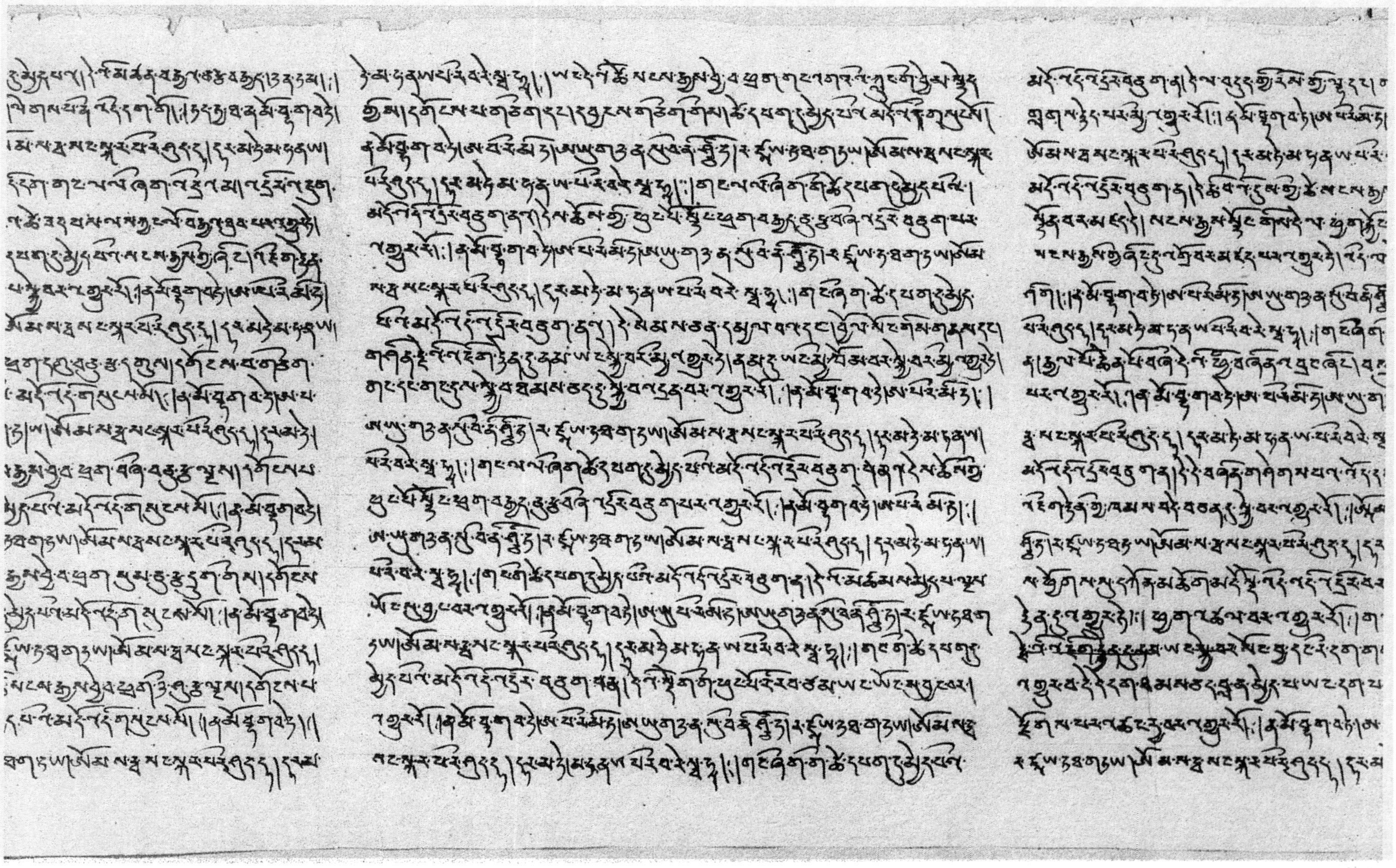

BD14313 號 2　藏文（無量壽宗要經甲本）　（60–9）

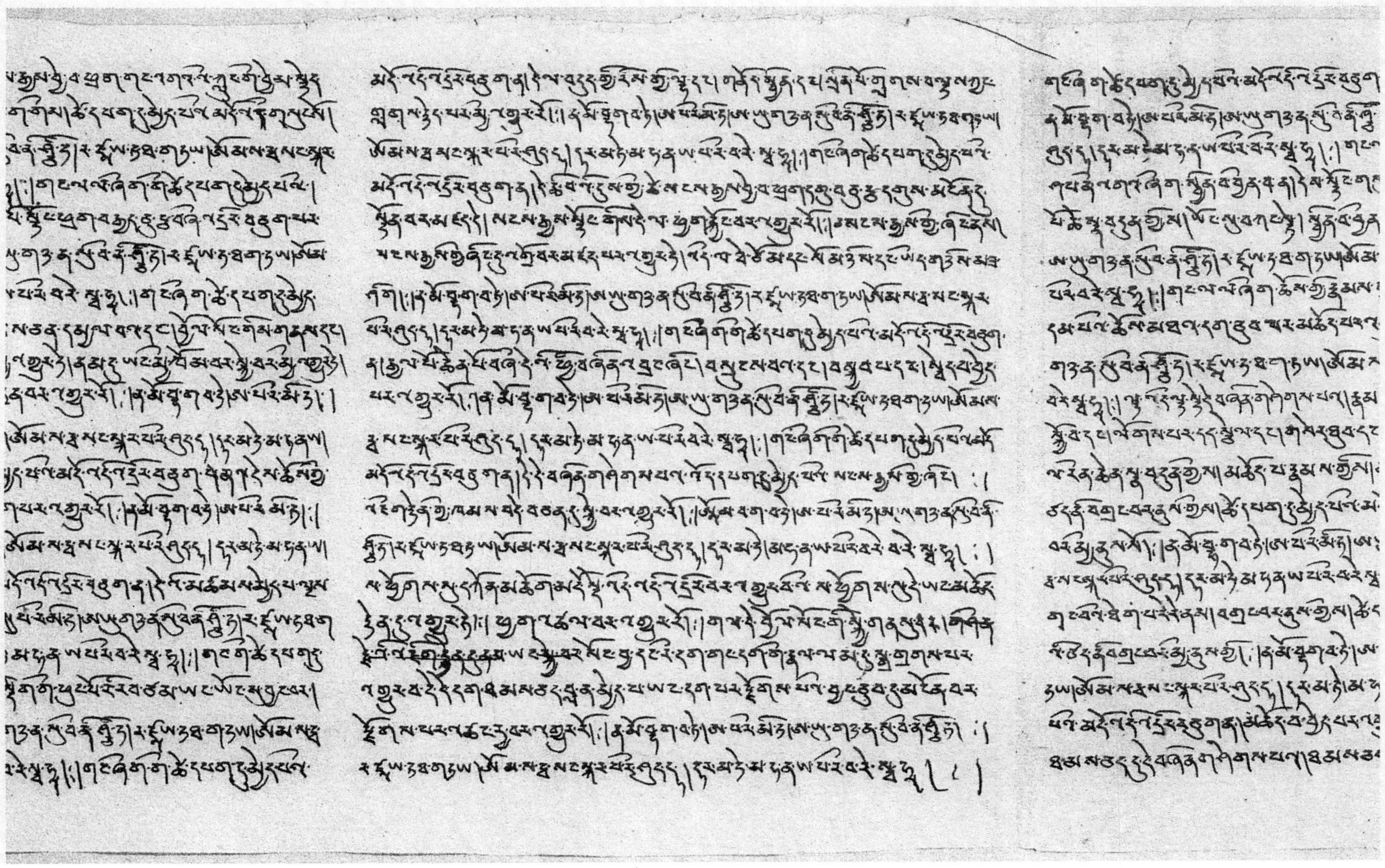

BD14313 號 2　藏文（無量壽宗要經甲本）　　（60–10）

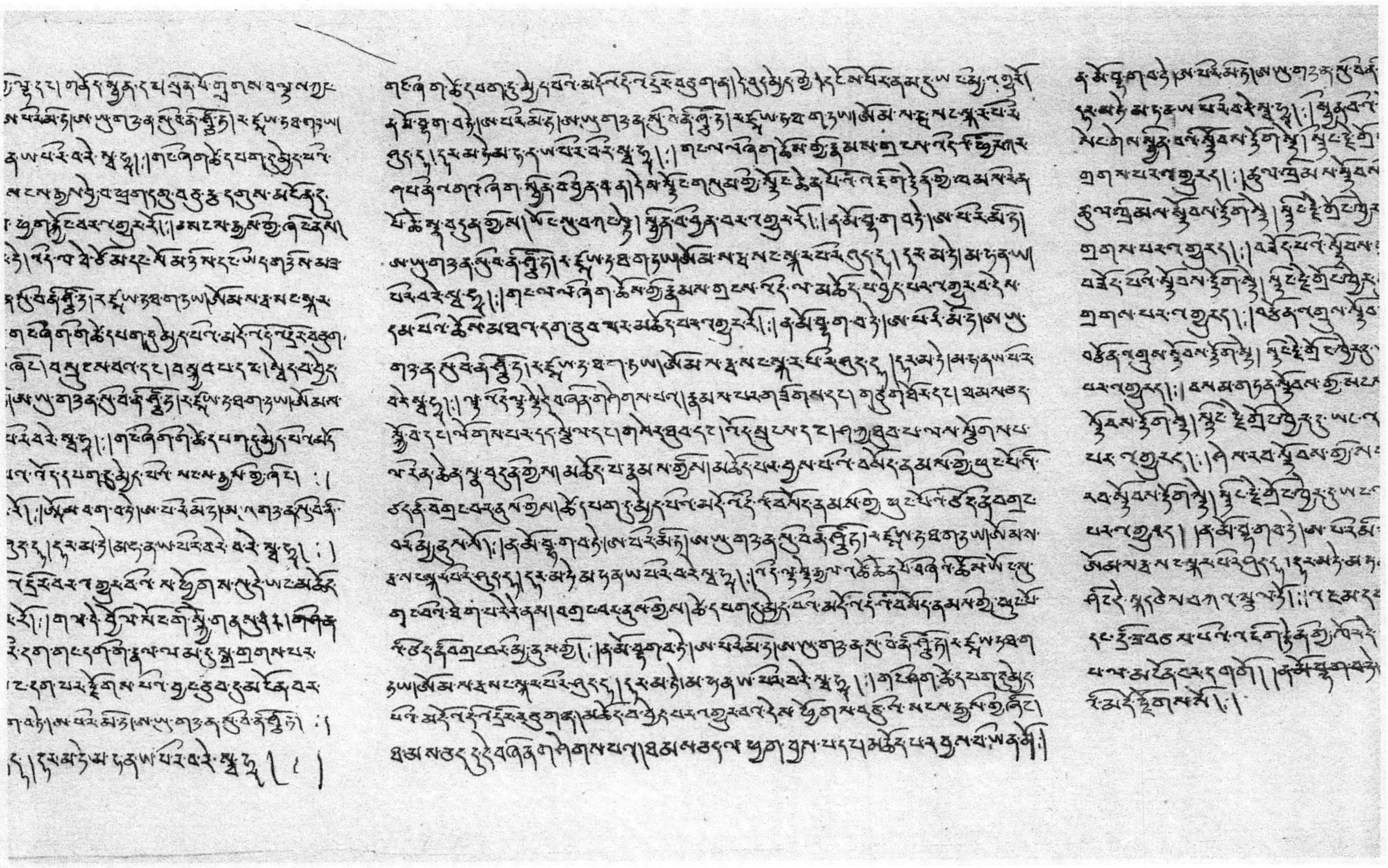

BD14313 號 2　藏文（無量壽宗要經甲本）　　（60–11）

BD14313號2 藏文（無量壽宗要經甲本）

BD14313號3 藏文（無量壽宗要經甲本）

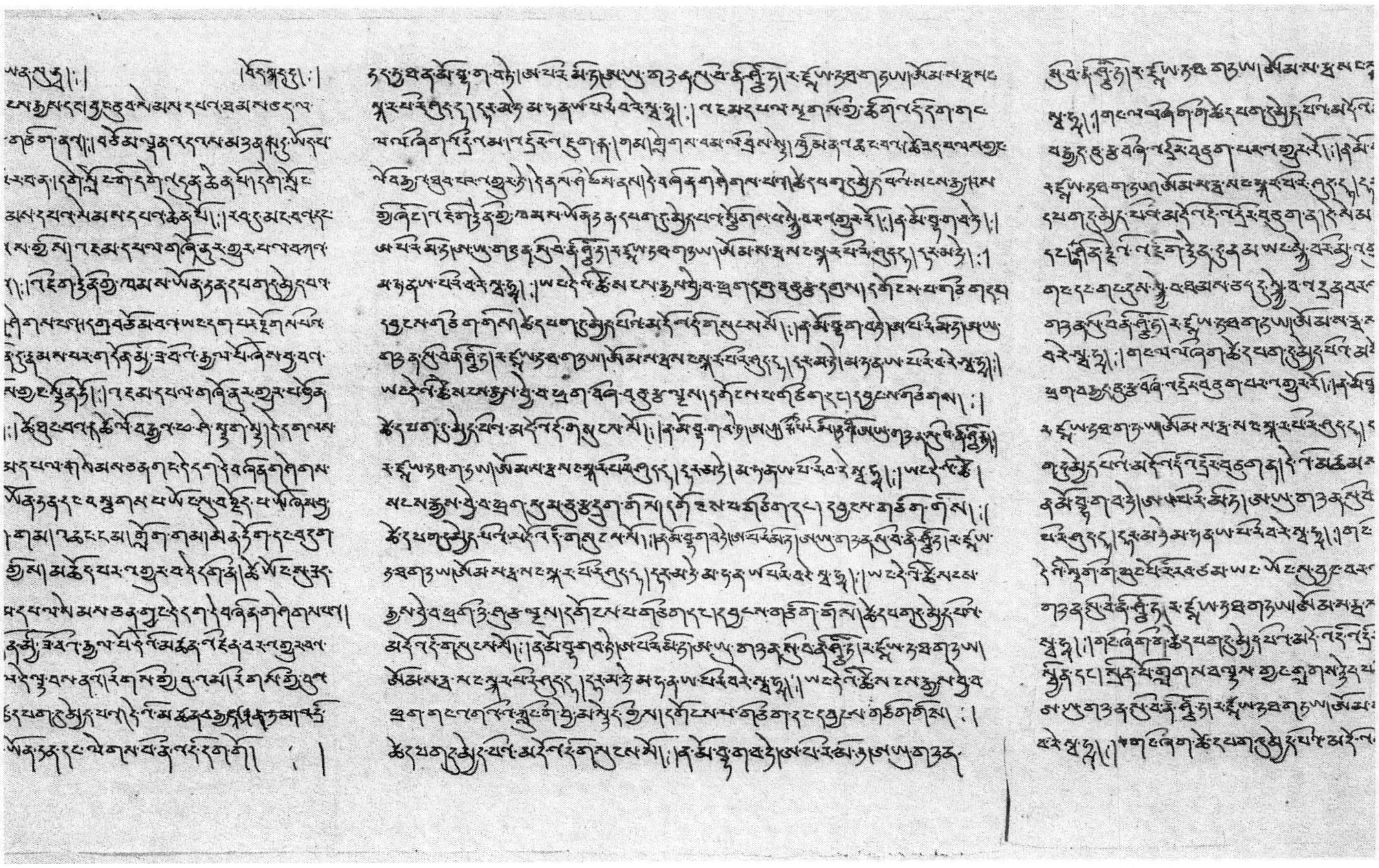

BD14313 號 3　藏文（無量壽宗要經甲本）　　（60–14）

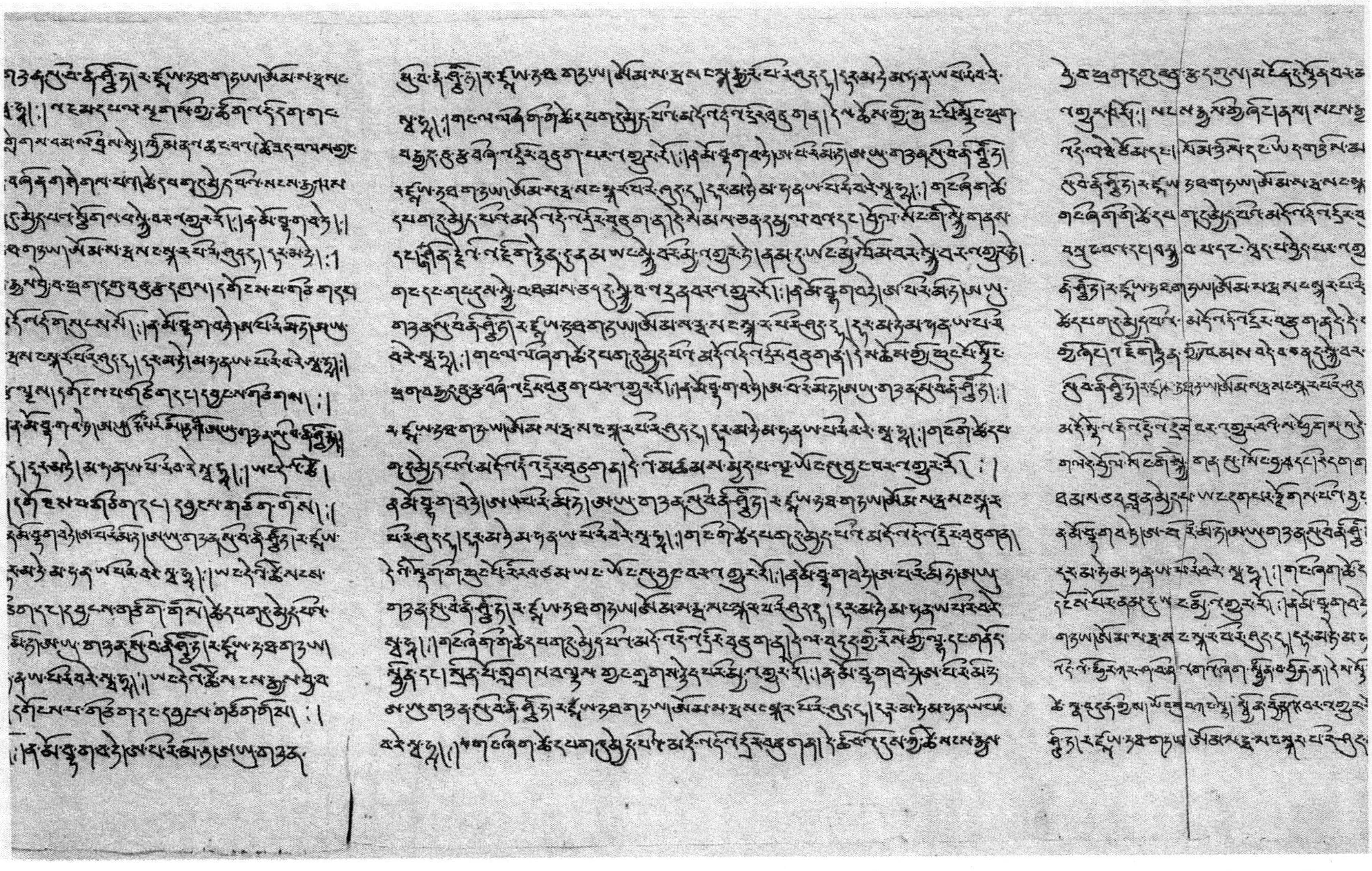

BD14313 號 3　藏文（無量壽宗要經甲本）　　（60–15）

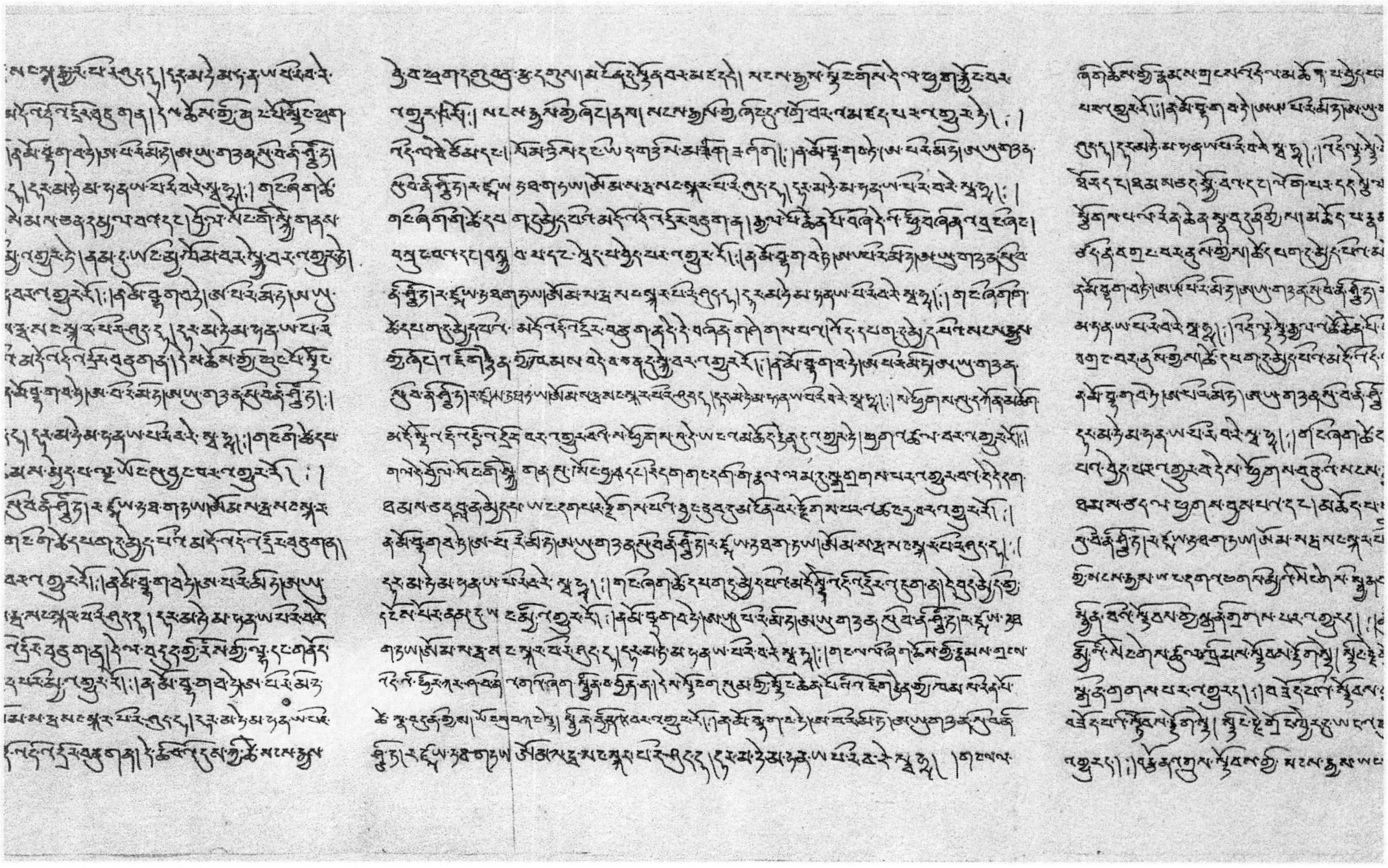

BD14313 號 3　藏文（無量壽宗要經甲本）　（60–16）

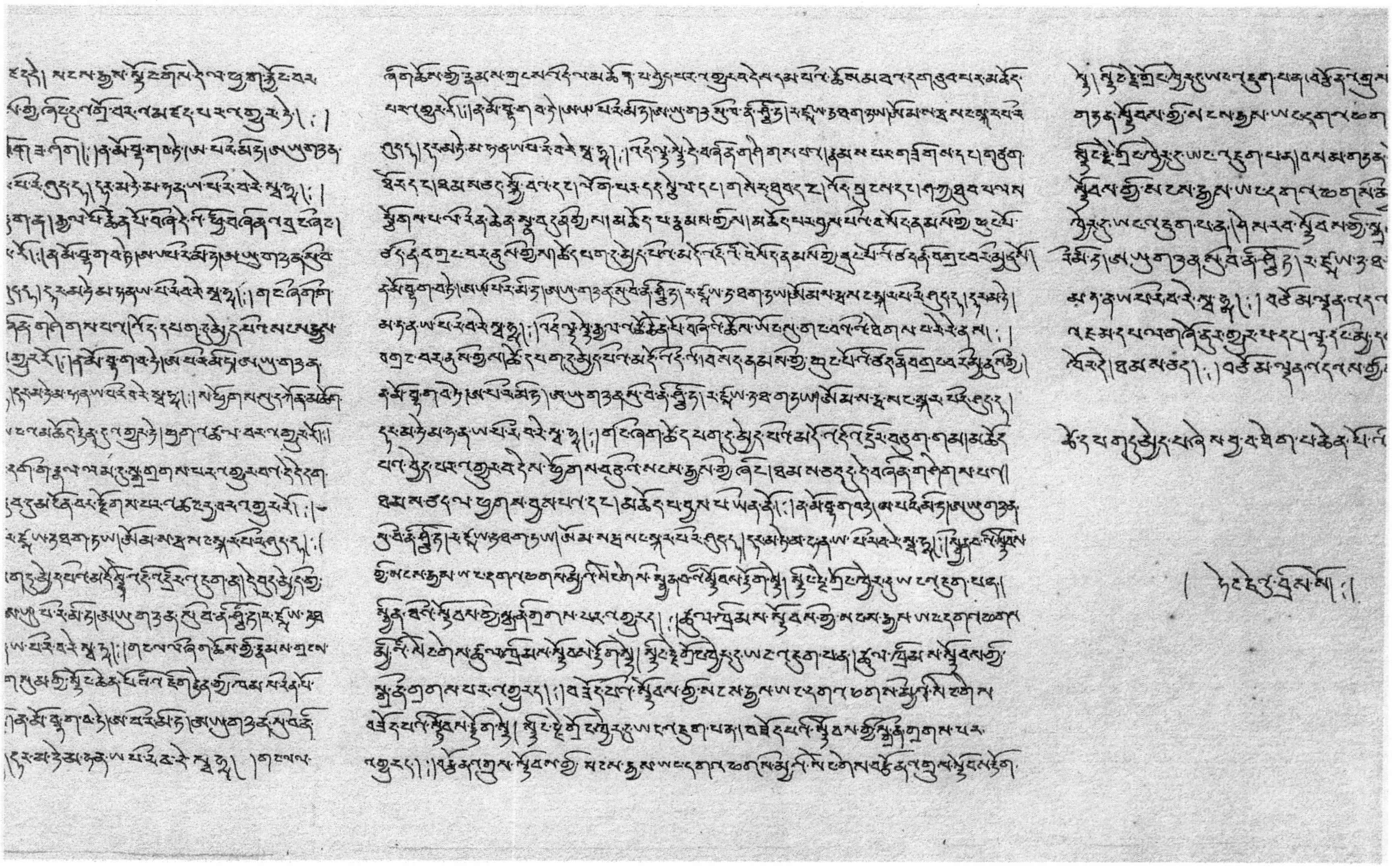

BD14313 號 3　藏文（無量壽宗要經甲本）　（60–17）

BD14313號3　藏文（無量壽宗要經甲本）

BD14313號4　藏文（無量壽宗要經甲本）

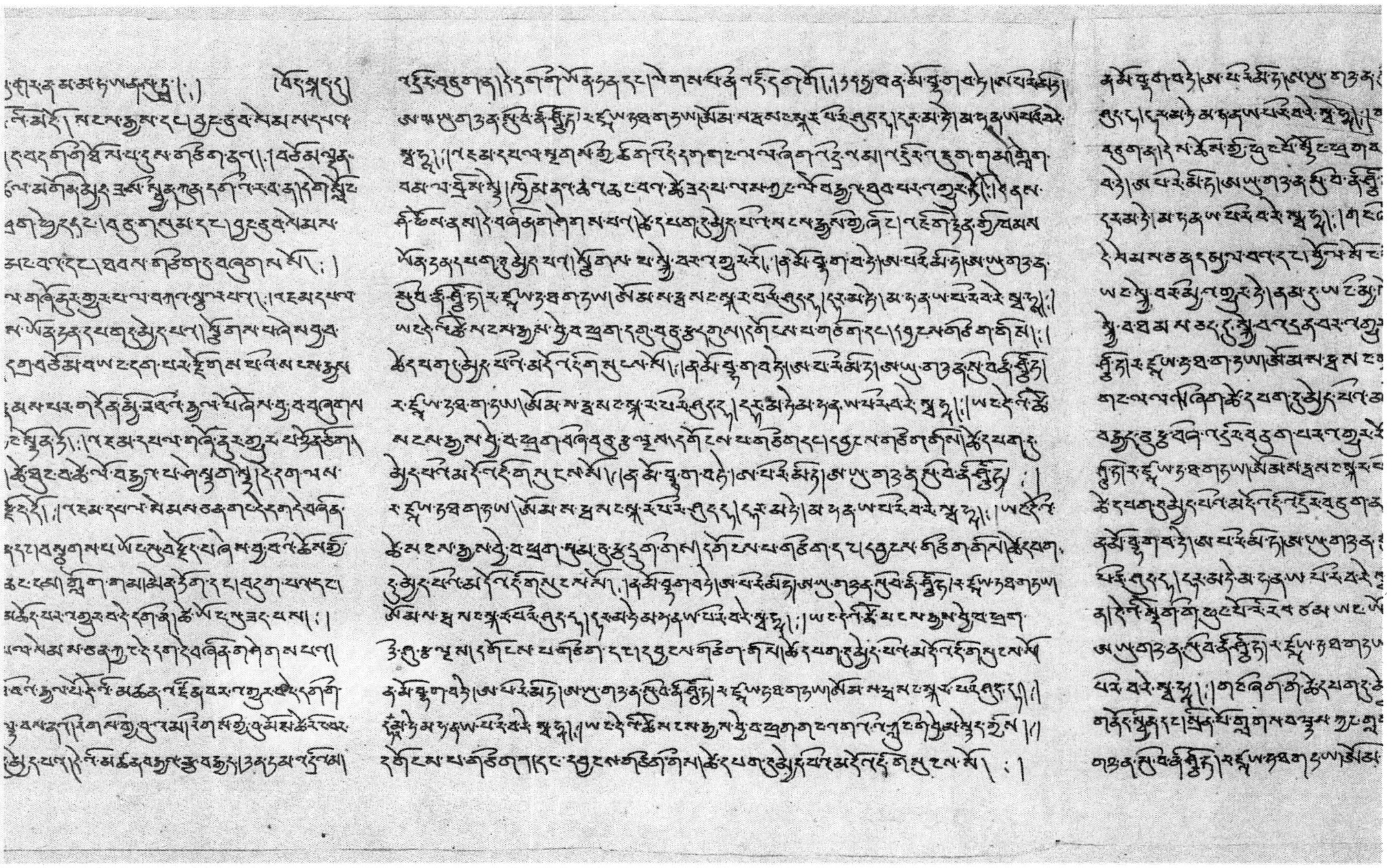

BD14313 號 4　藏文（無量壽宗要經甲本）　（60–20）

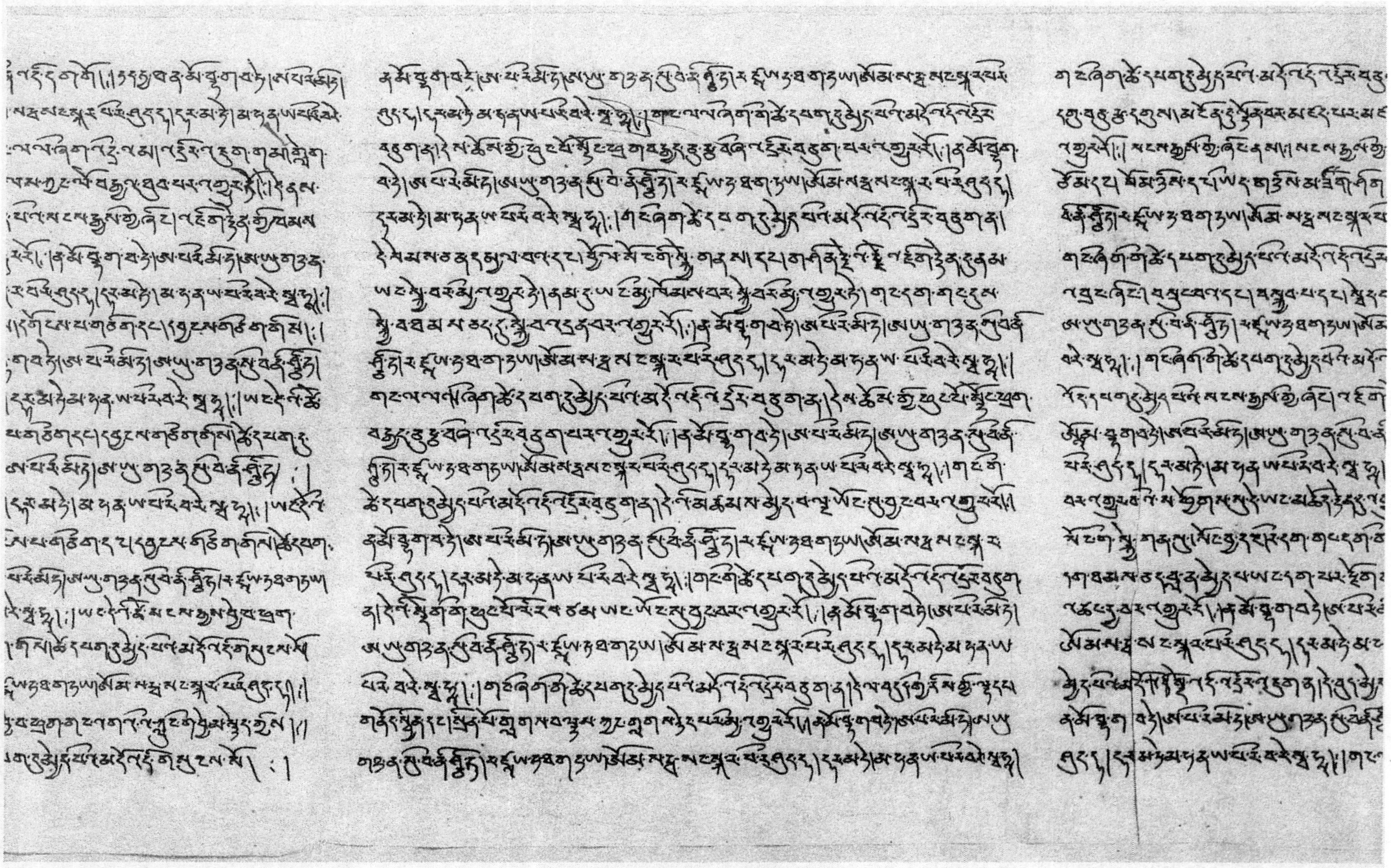

BD14313 號 4　藏文（無量壽宗要經甲本）　（60–21）

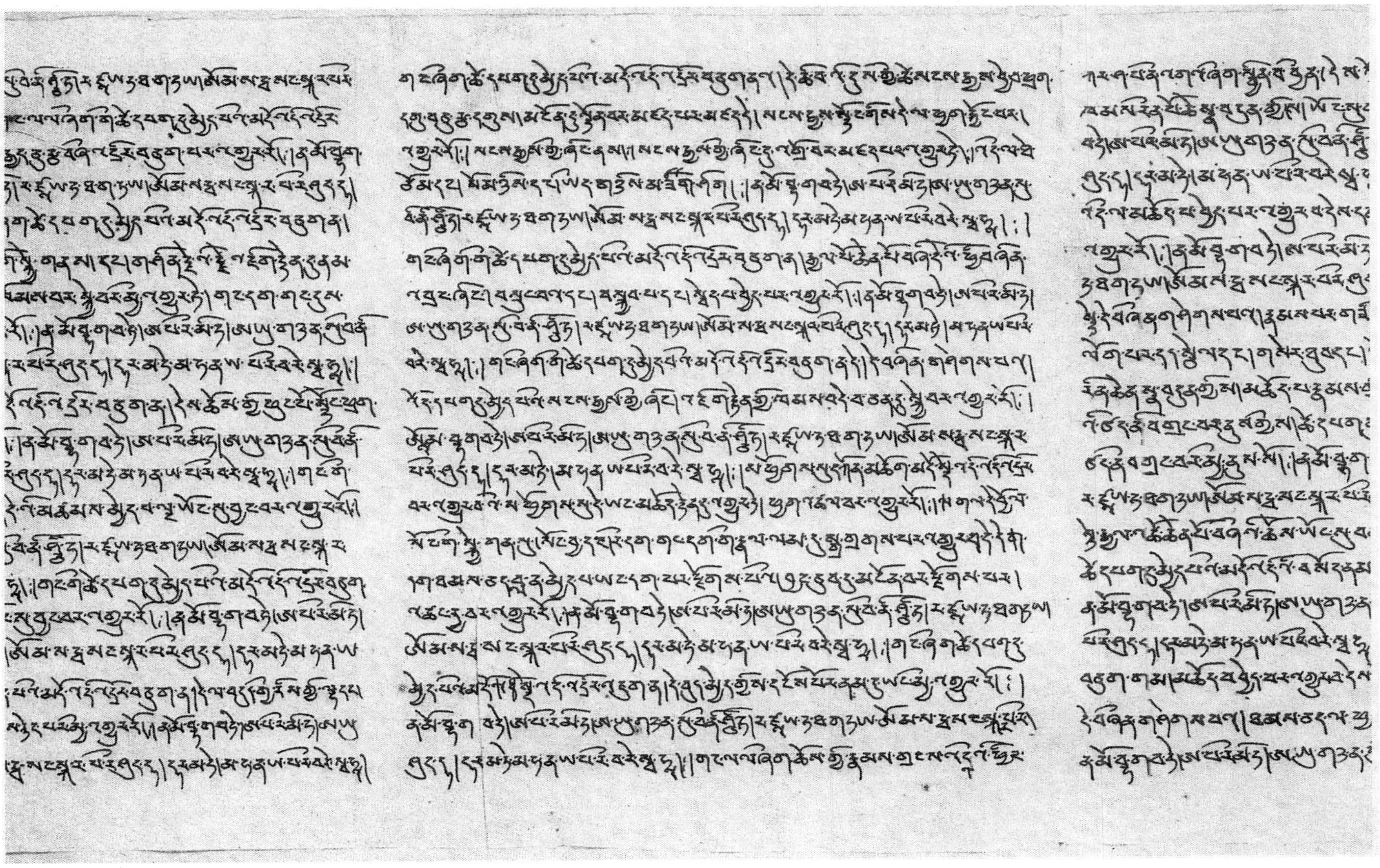

BD14313 號 4　藏文（無量壽宗要經甲本）　　　　（60–22）

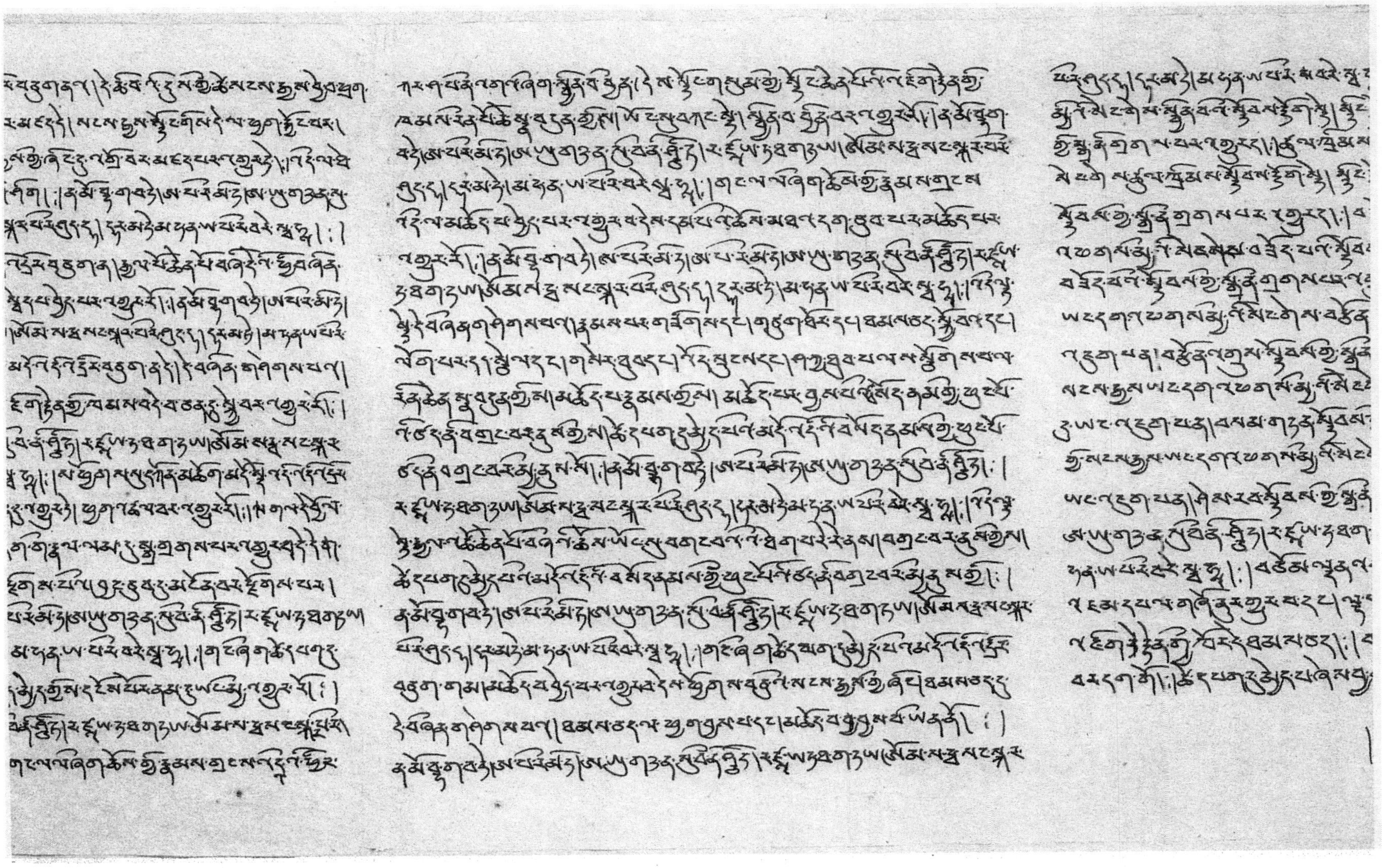

BD14313 號 4　藏文（無量壽宗要經甲本）　　　　（60–23）

BD14313號4 藏文（無量壽宗要經甲本）

BD14313號5 藏文（無量壽宗要經甲本）

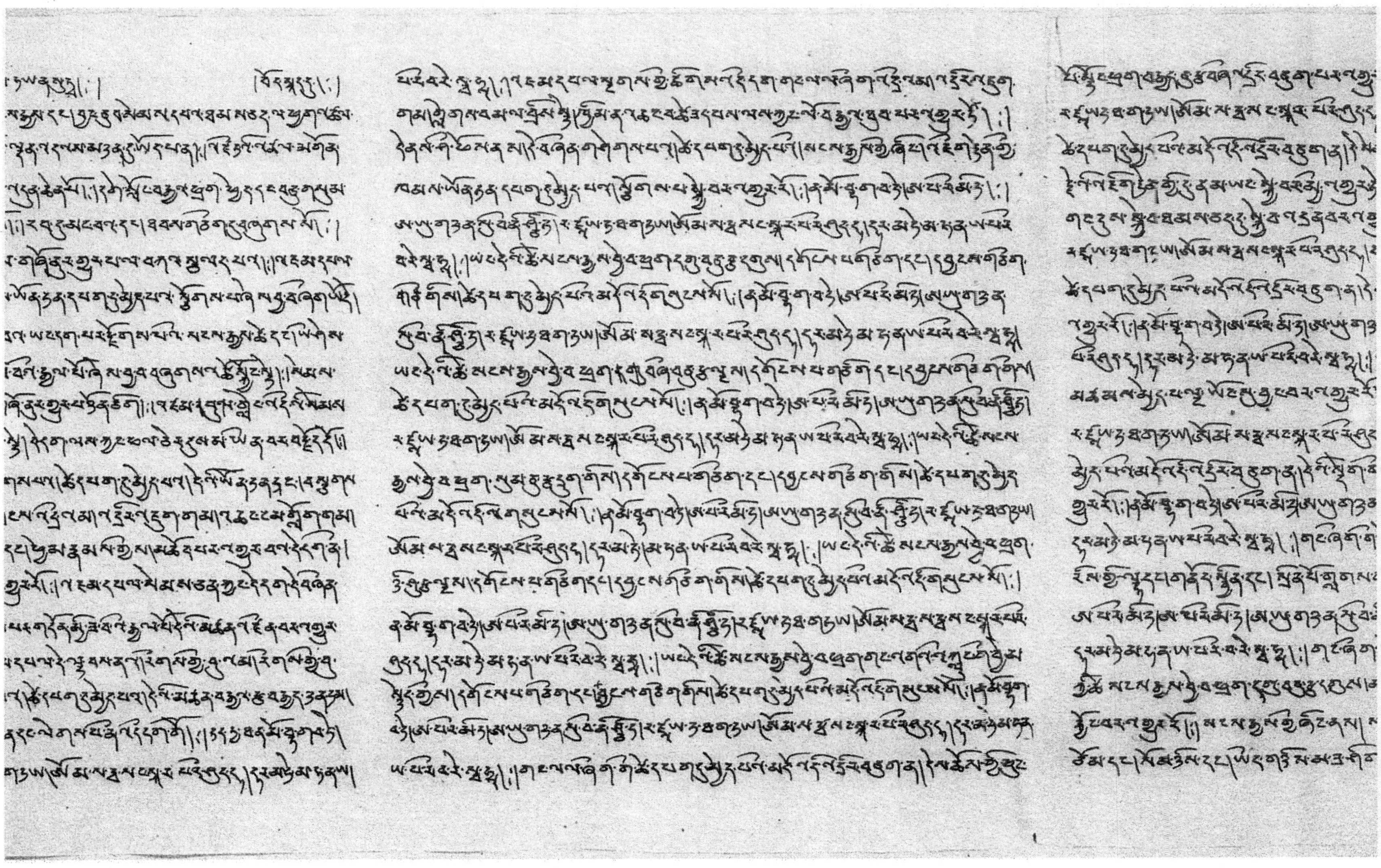

BD14313 號 5　藏文（無量壽宗要經甲本）　　（60–26）

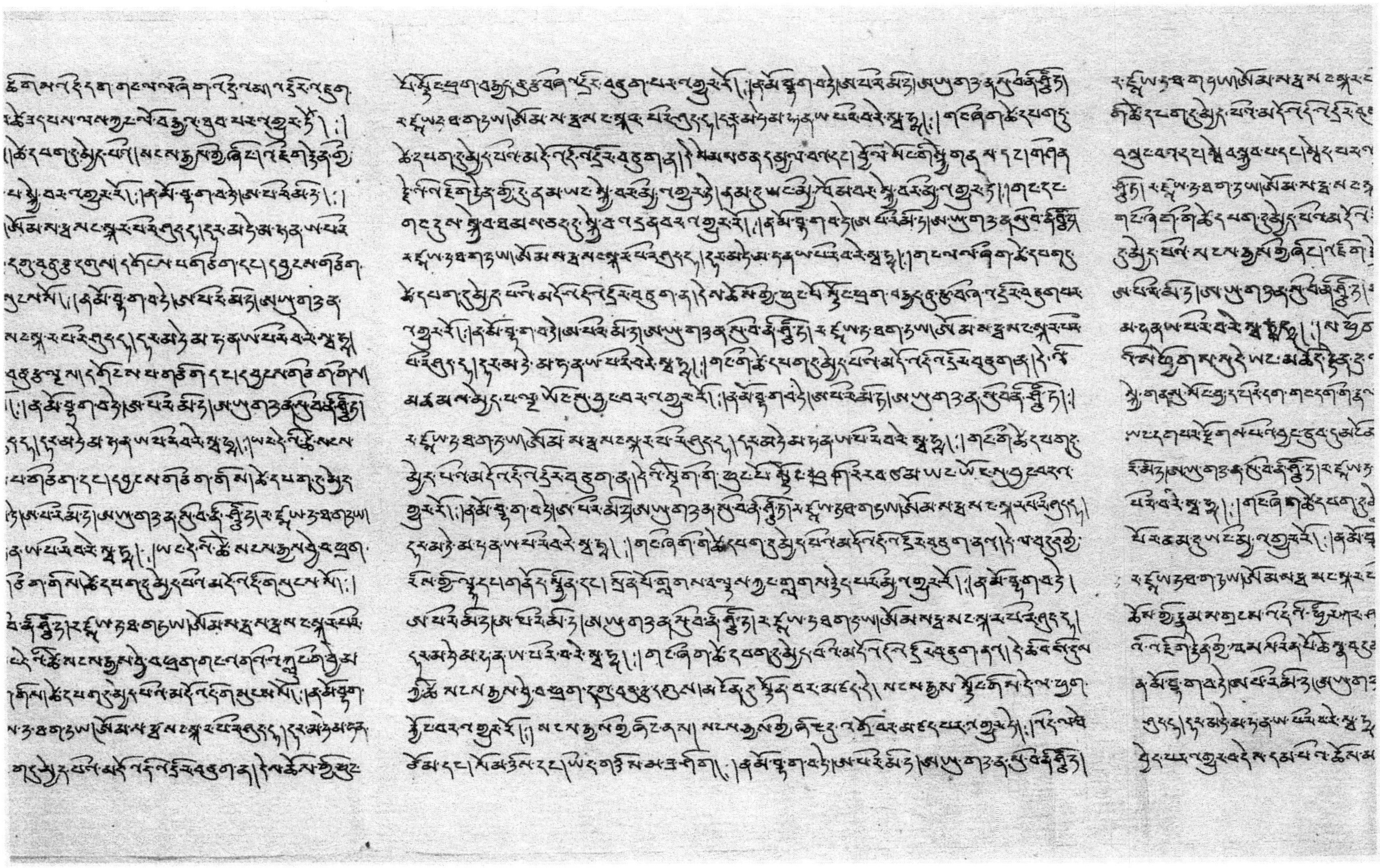

BD14313 號 5　藏文（無量壽宗要經甲本）　　（60–27）

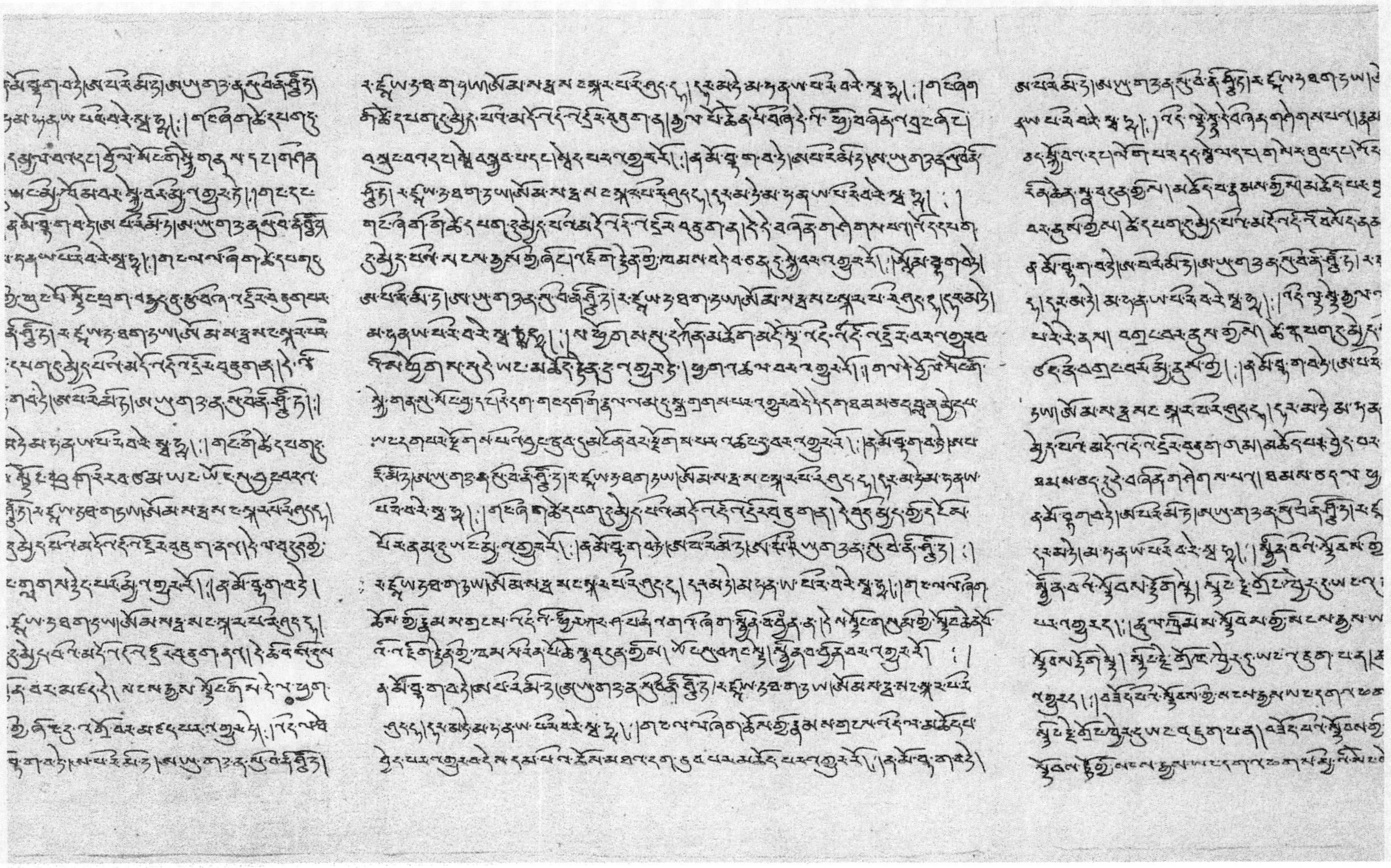

BD14313 號 5　藏文（無量壽宗要經甲本）　　（60–28）

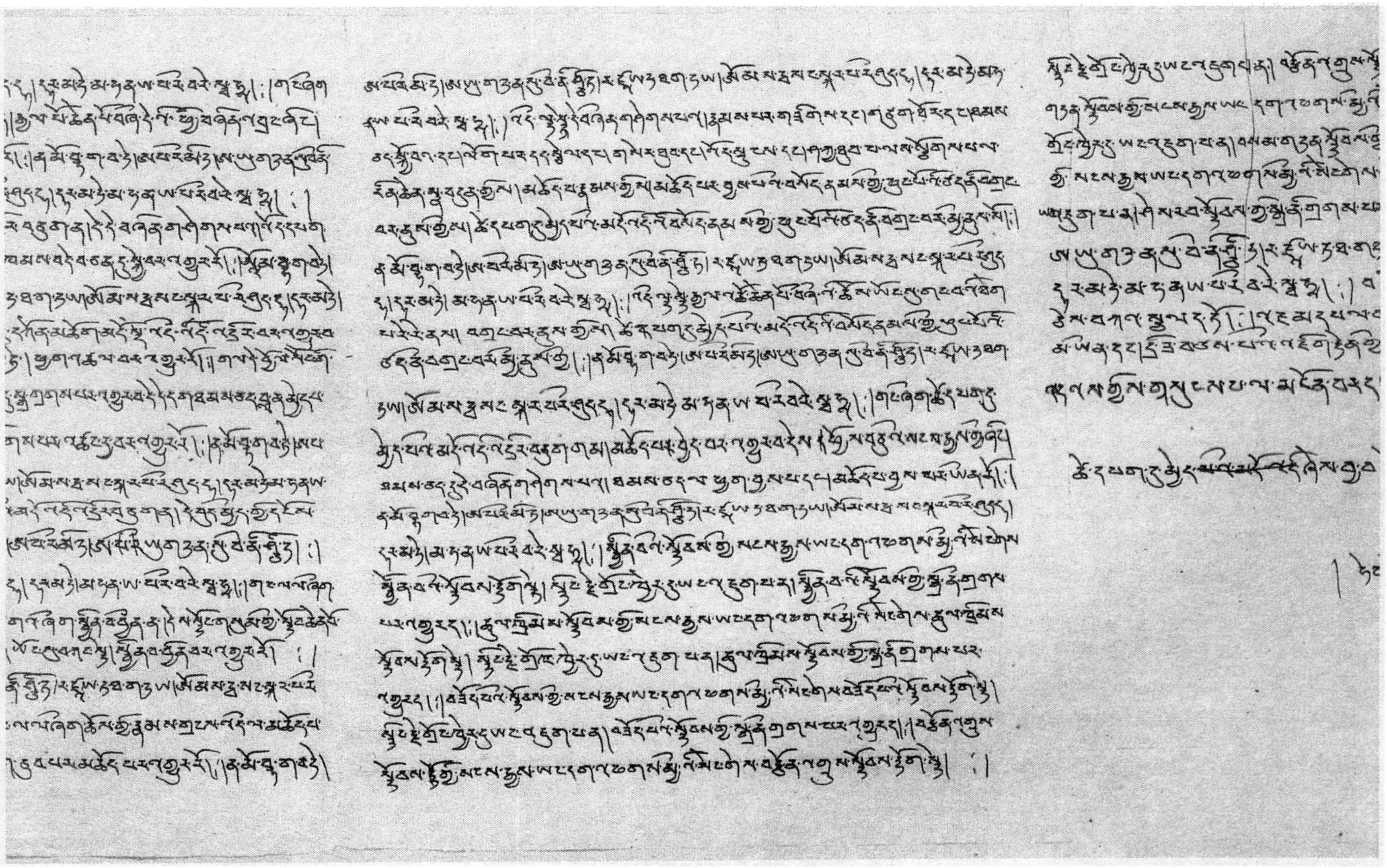

BD14313 號 5　藏文（無量壽宗要經甲本）　　（60–29）

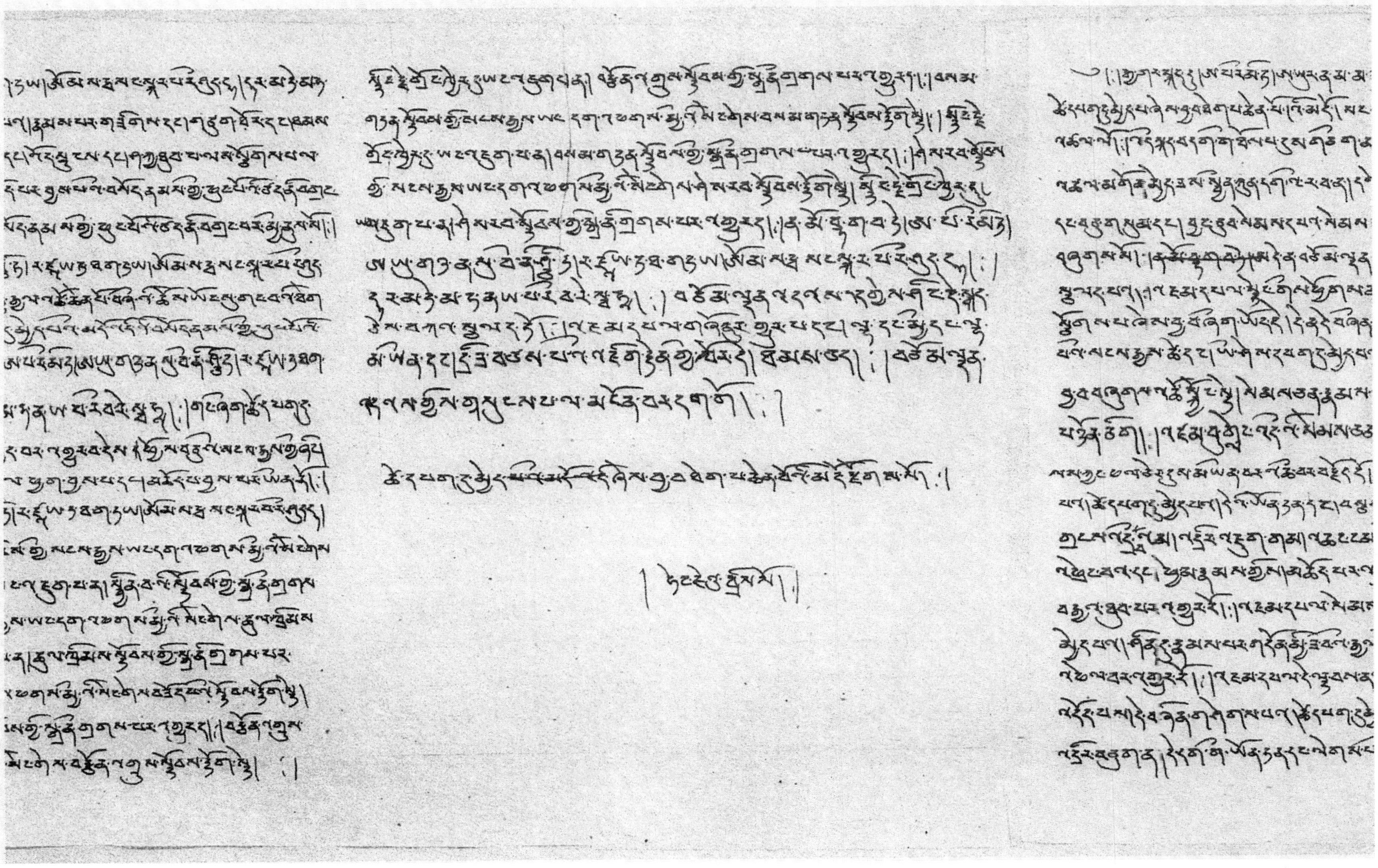

BD14313 號 5　藏文（無量壽宗要經甲本）　　（60–30）

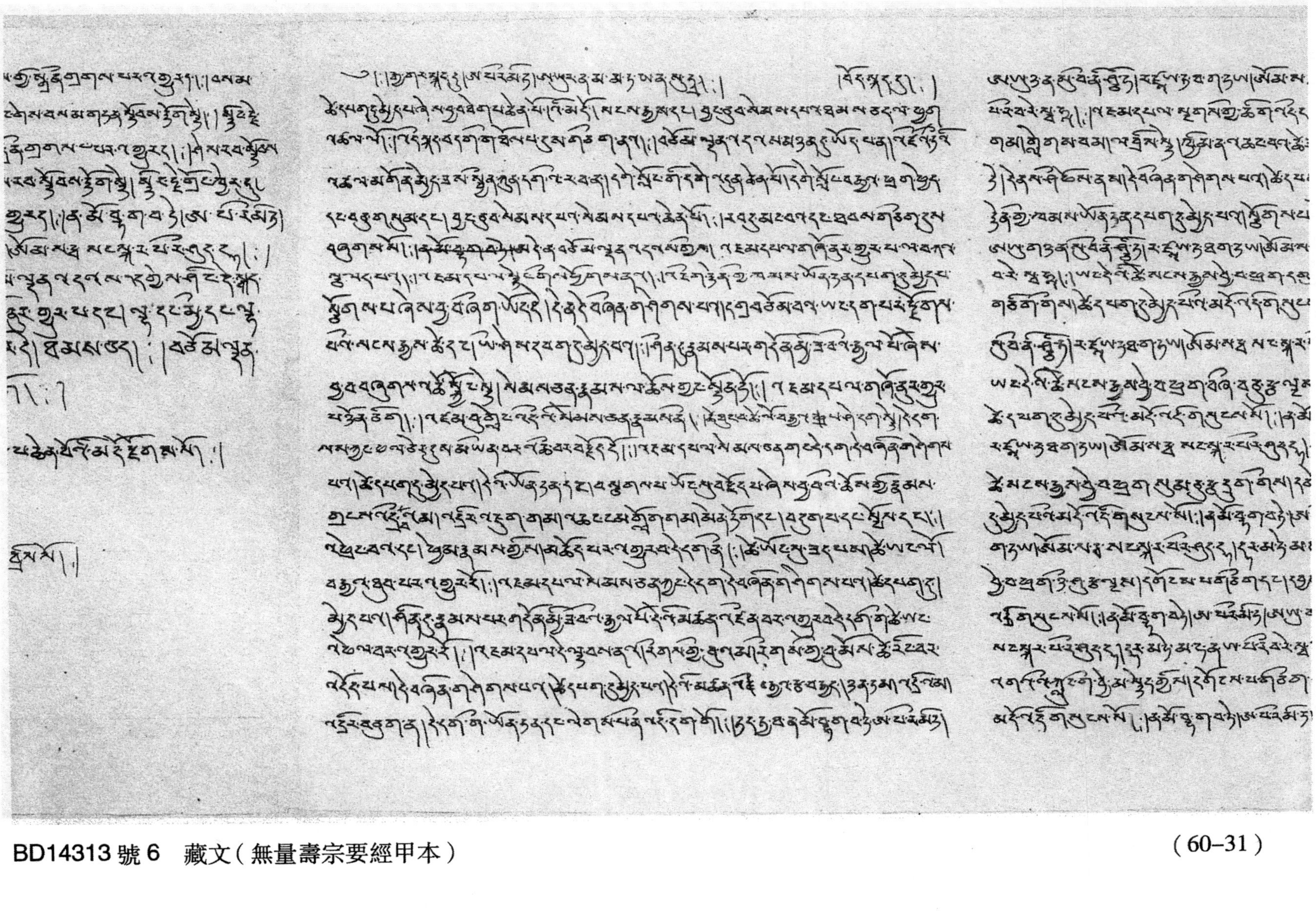

BD14313 號 6　藏文（無量壽宗要經甲本）　　（60–31）

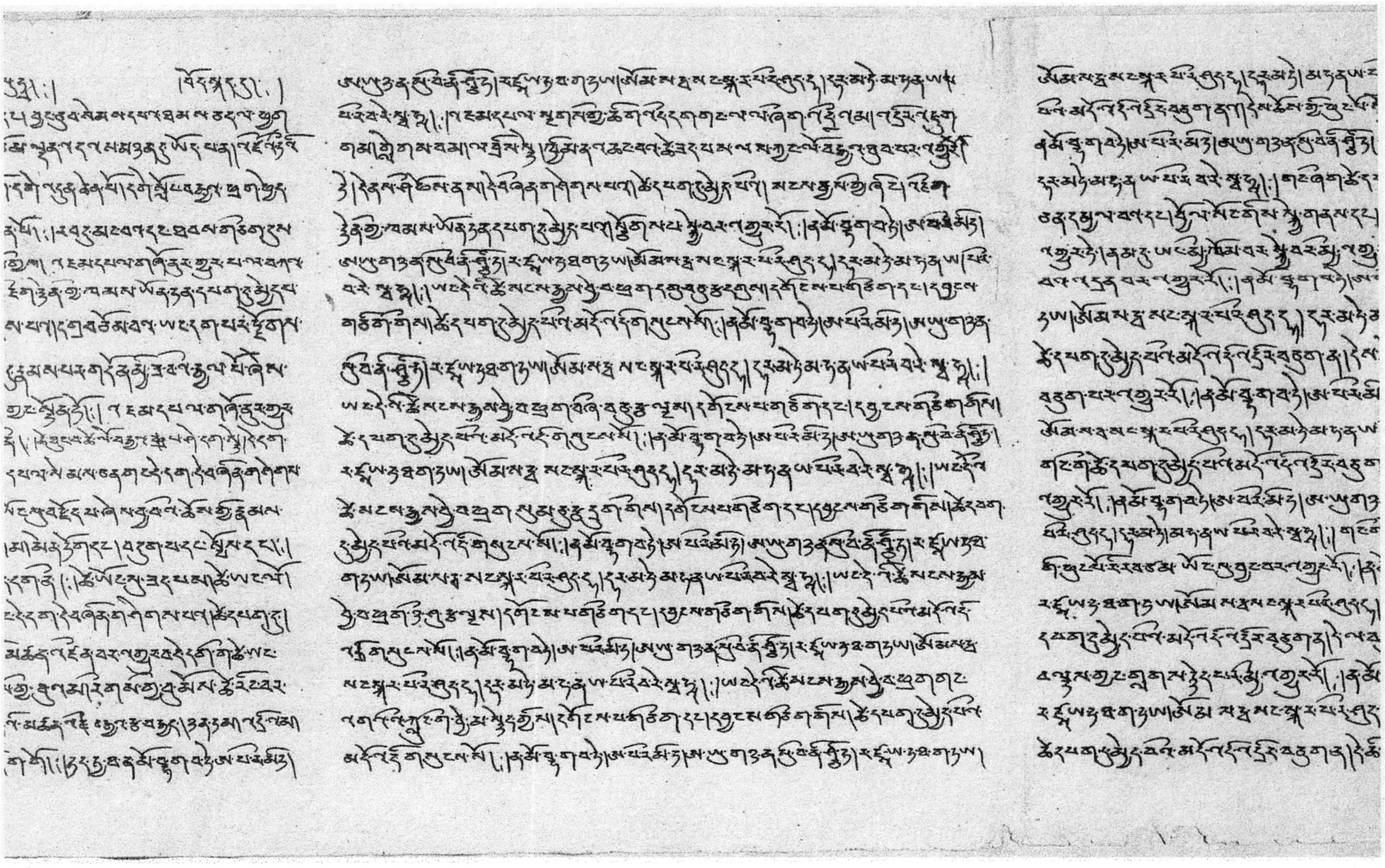

BD14313 號 6　藏文（無量壽宗要經甲本）　　（60–32）

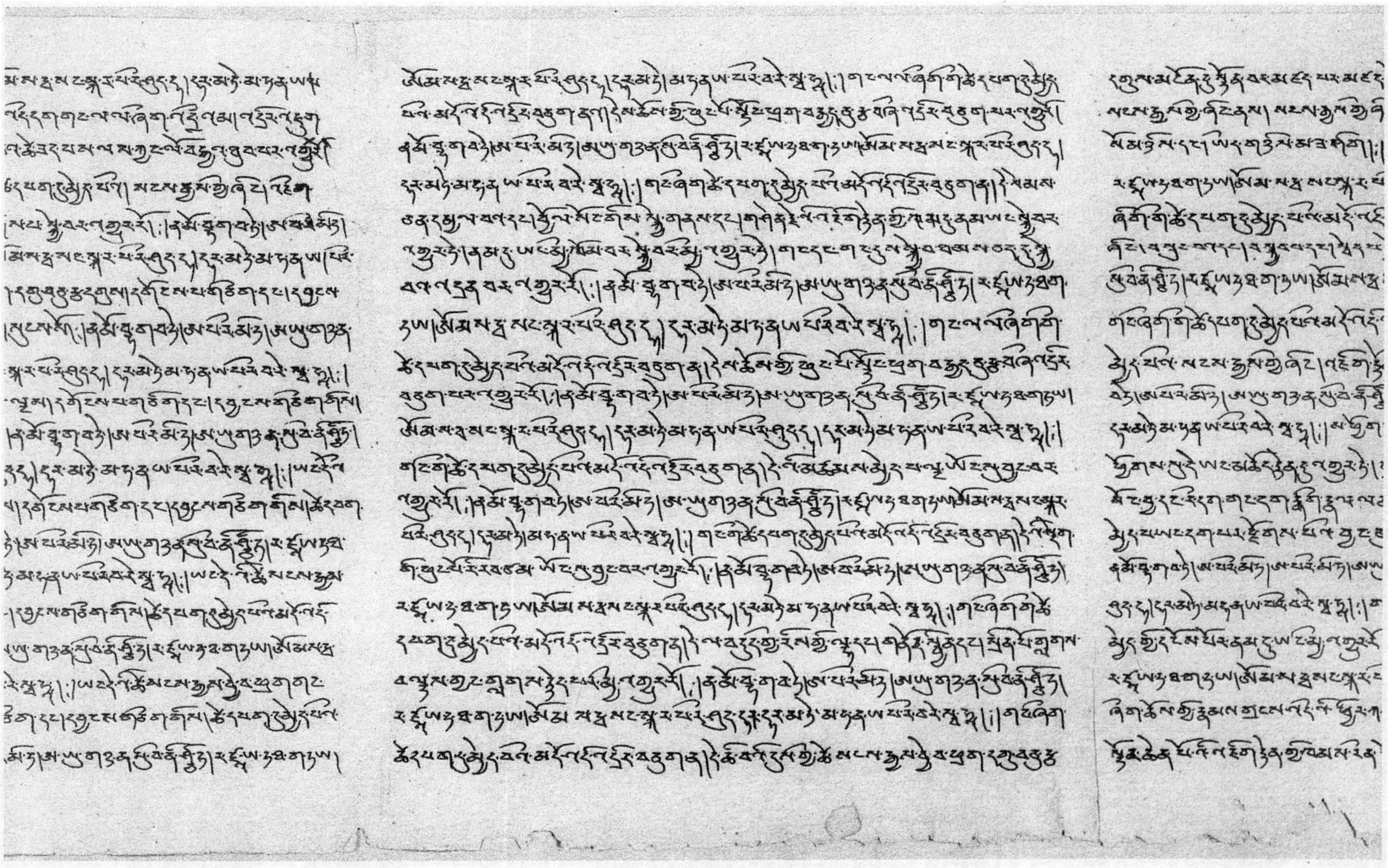

BD14313 號 6　藏文（無量壽宗要經甲本）　　（60–33）

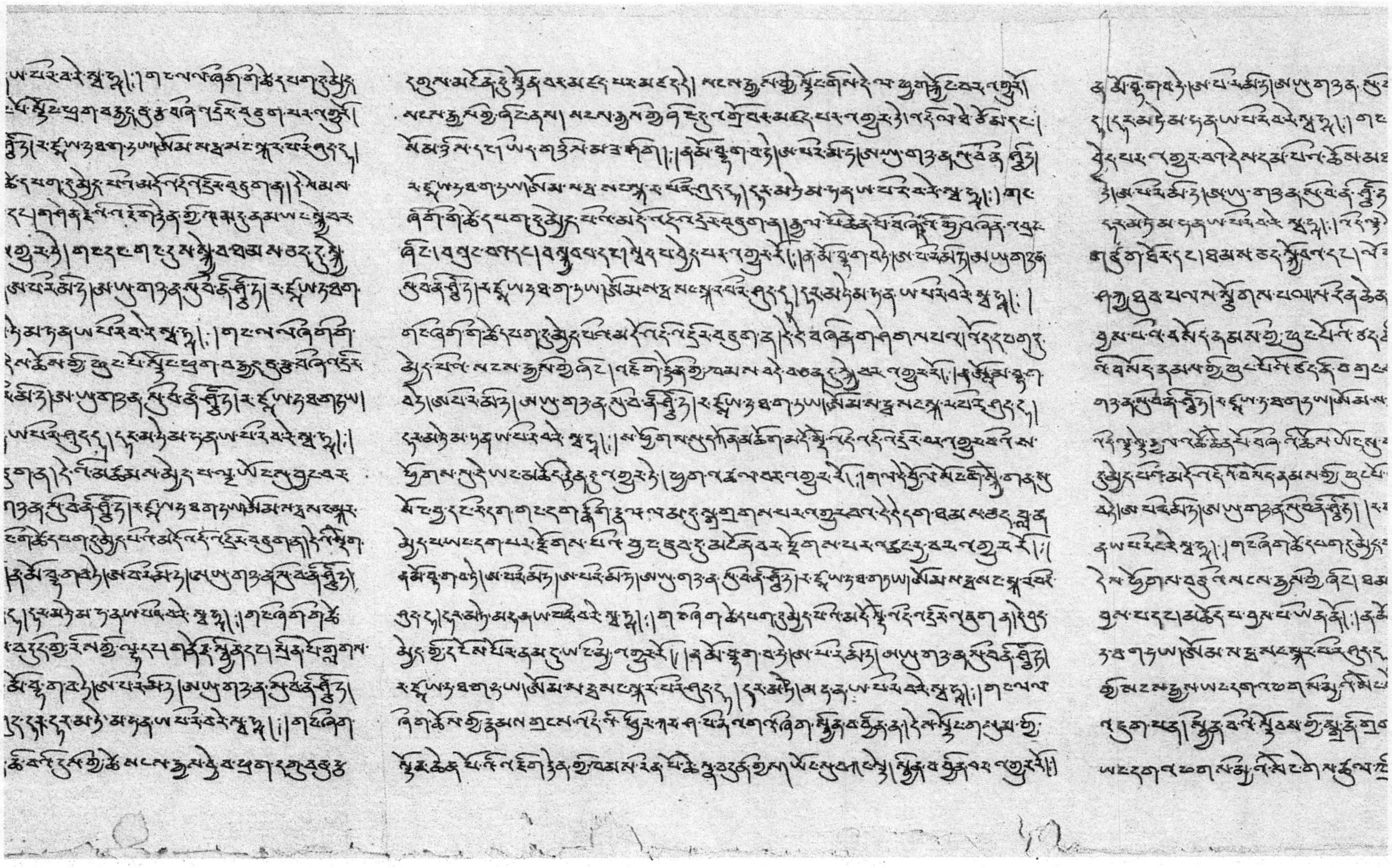

BD14313 號 6　藏文（無量壽宗要經甲本）　　（60–34）

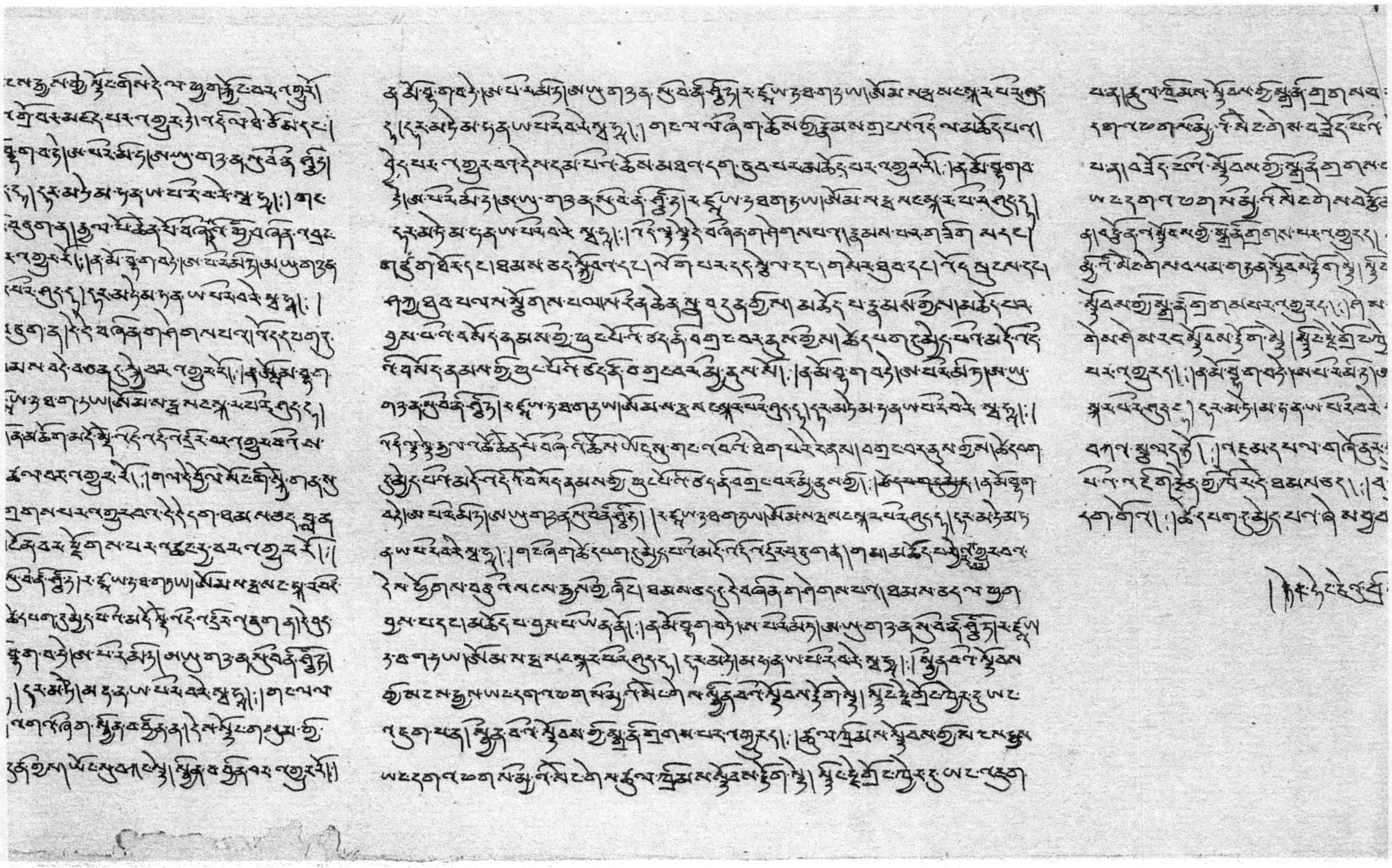

BD14313 號 6　藏文（無量壽宗要經甲本）　　（60–35）

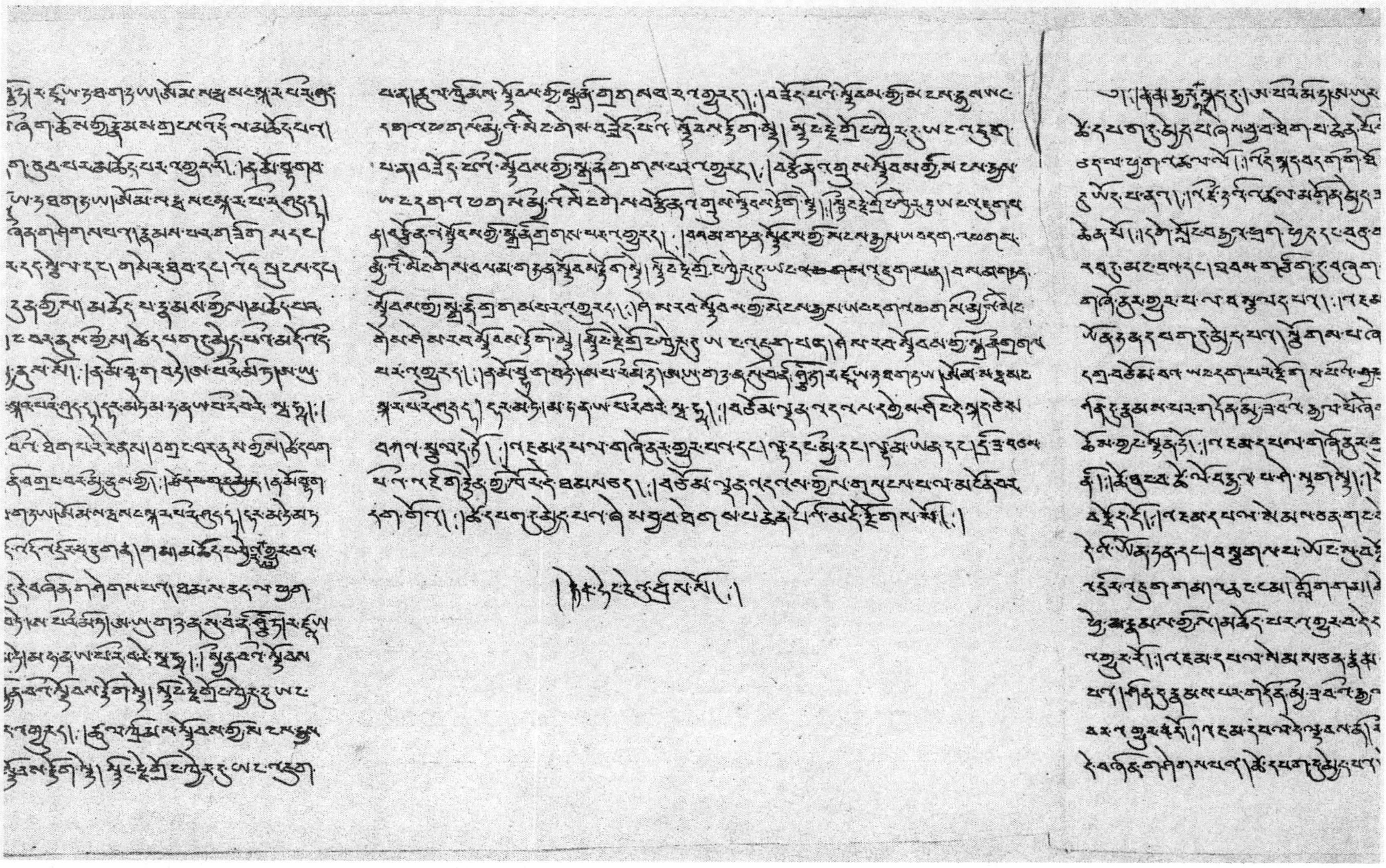

BD14313 號 6　藏文（無量壽宗要經甲本）　（60–36）

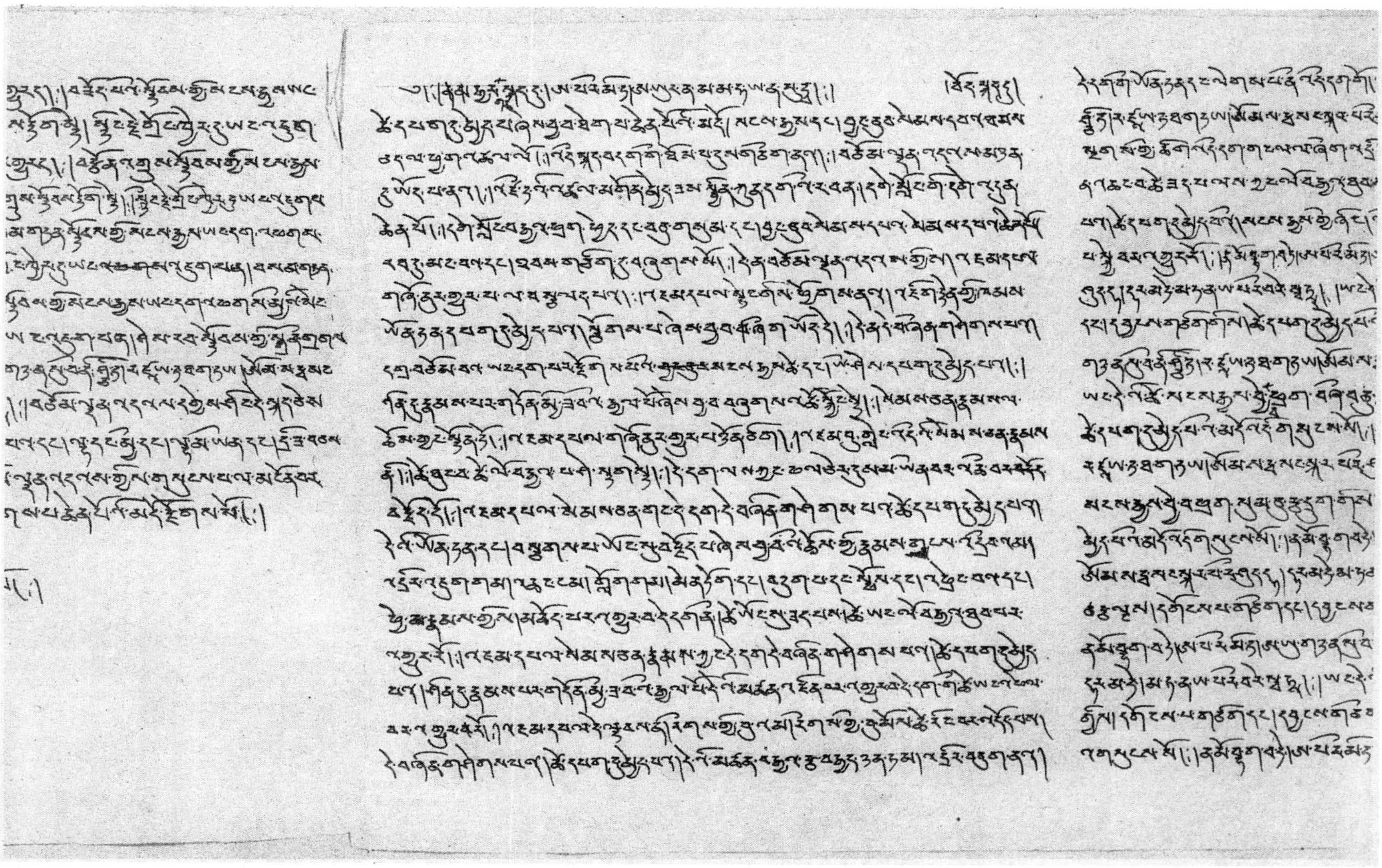

BD14313 號 7　藏文（無量壽宗要經甲本）　（60–37）

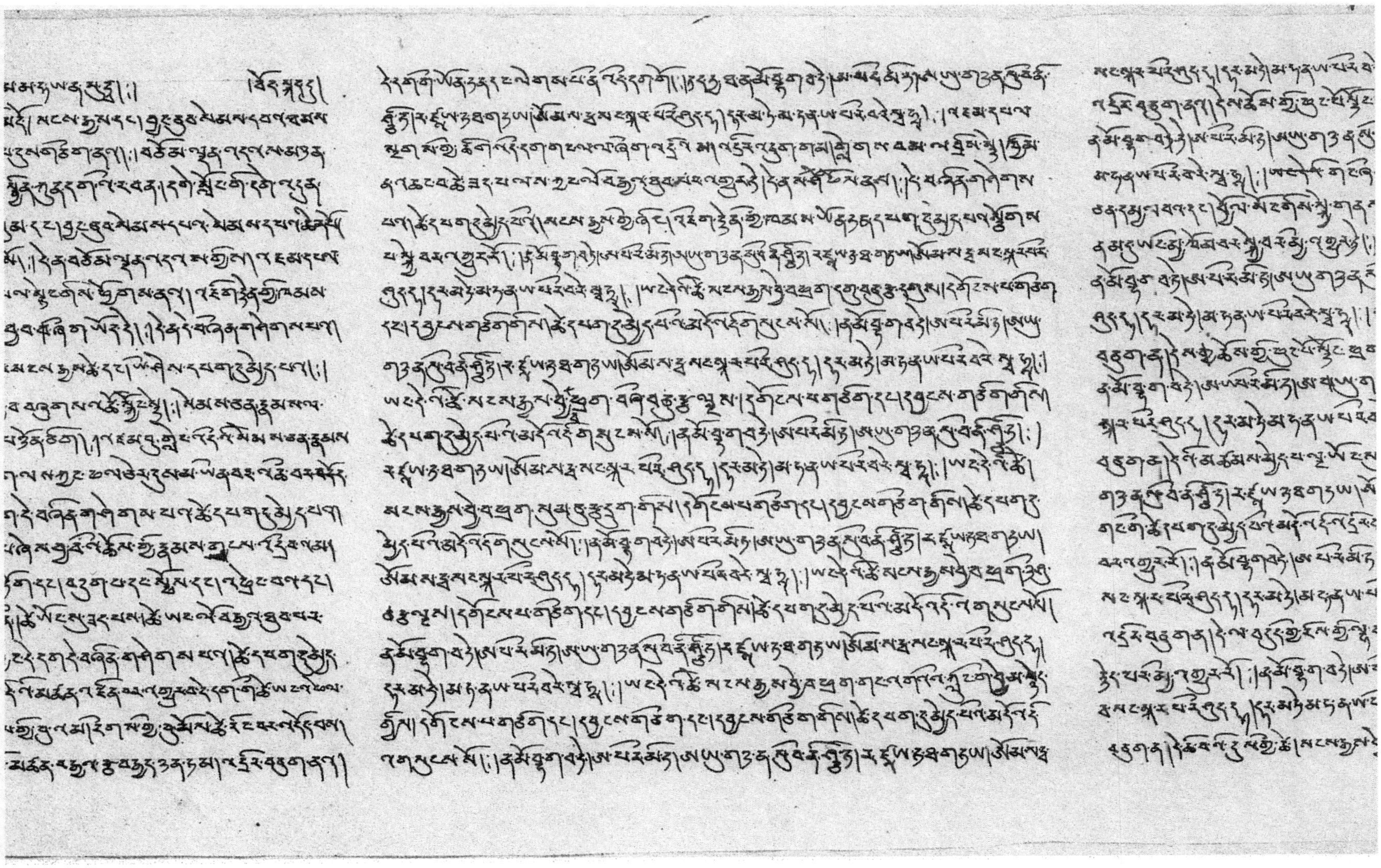

BD14313 號 7　藏文（無量壽宗要經甲本）　（60–38）

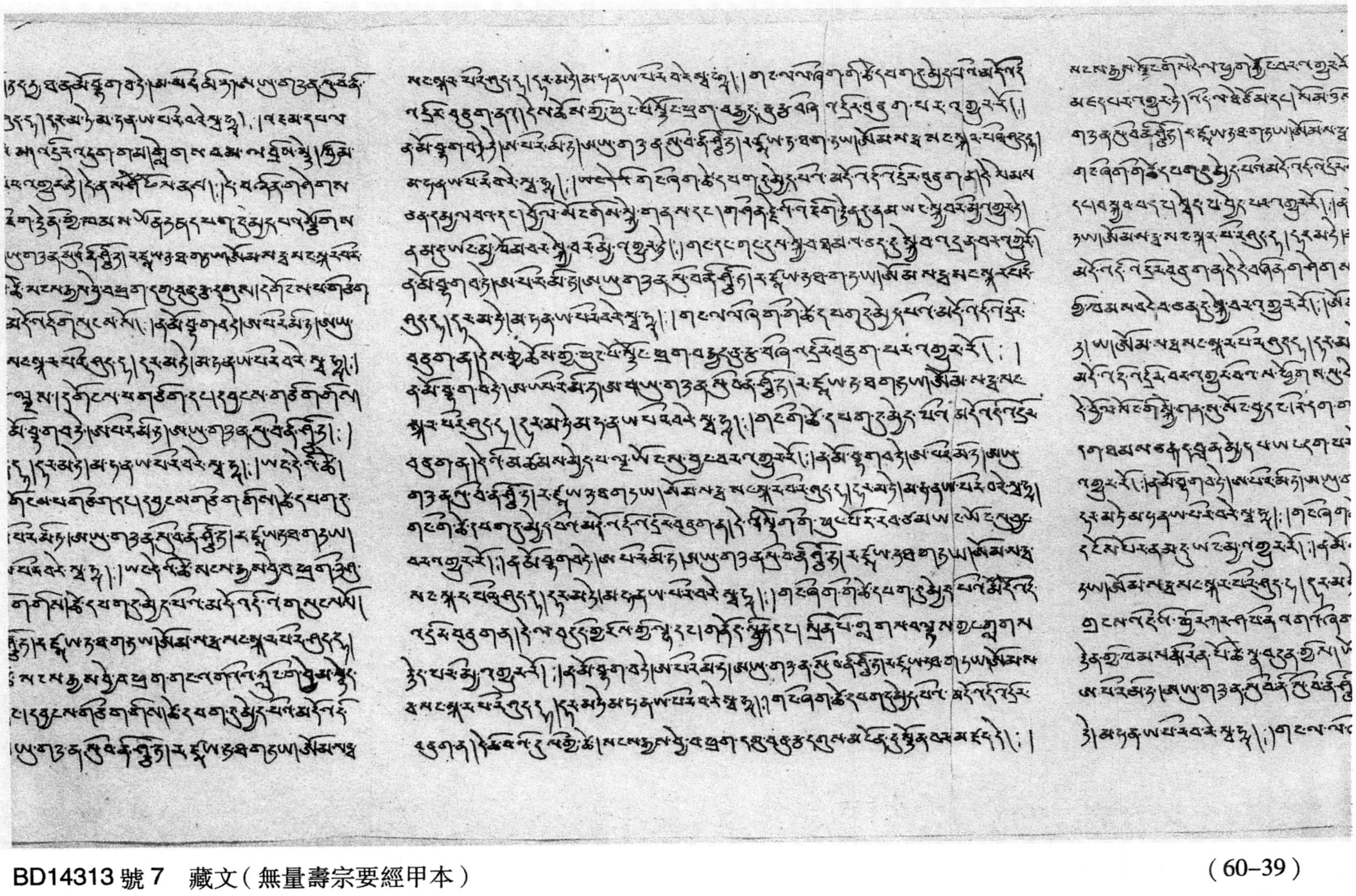

BD14313 號 7　藏文（無量壽宗要經甲本）　（60–39）

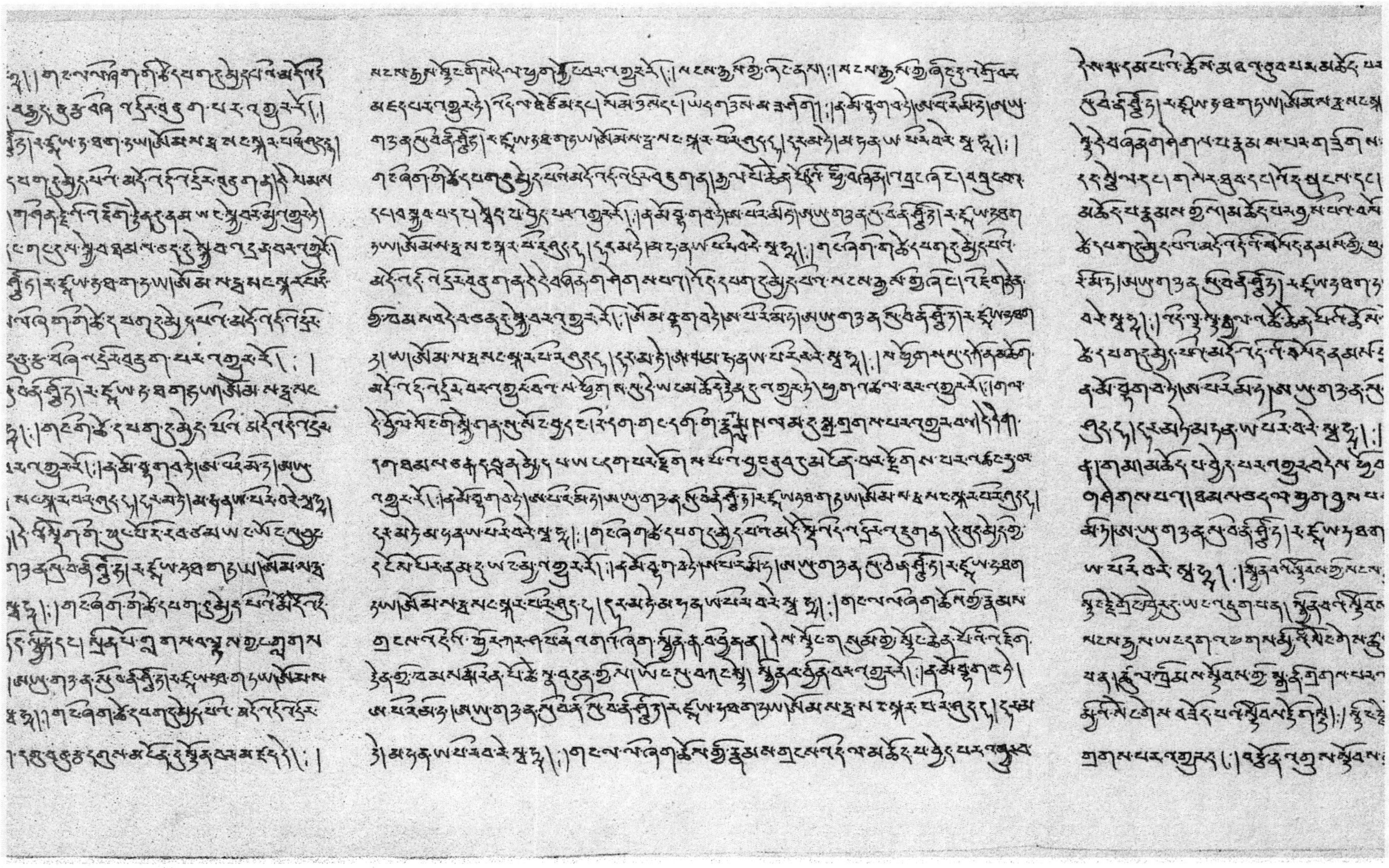

BD14313 號 7　藏文（無量壽宗要經甲本）　　（60–40）

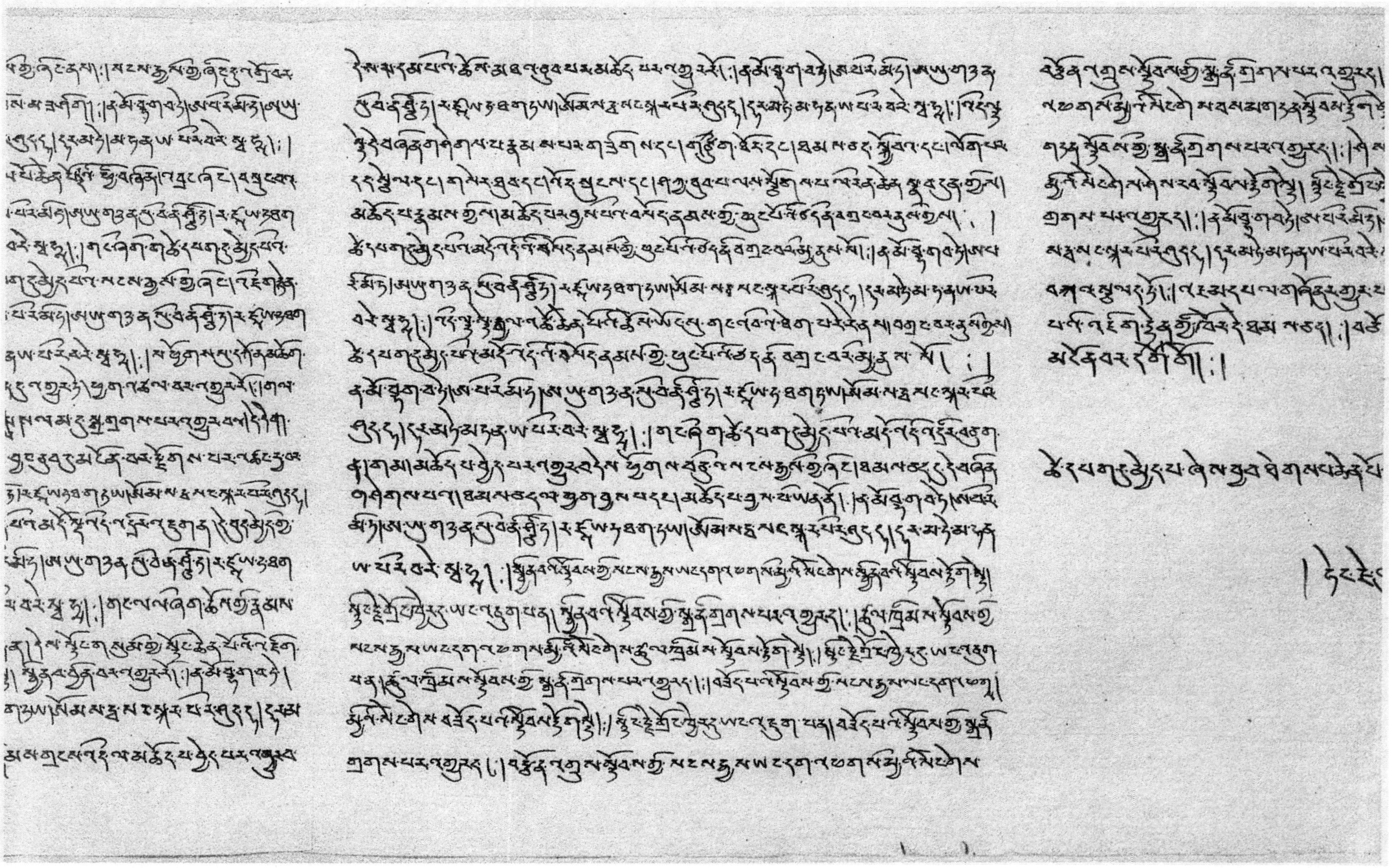

BD14313 號 7　藏文（無量壽宗要經甲本）　　（60–41）

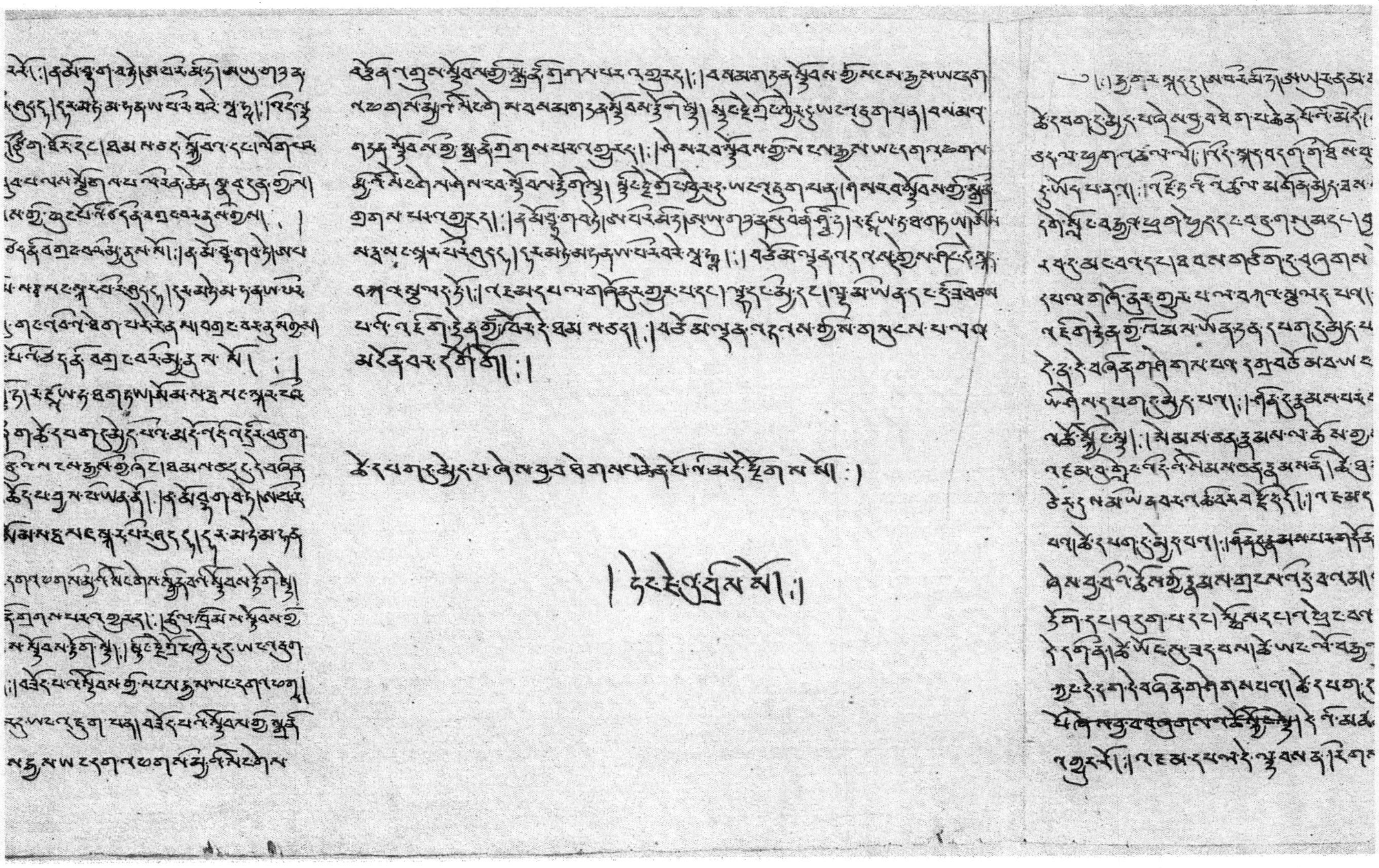

BD14313 號 7　藏文（無量壽宗要經甲本）　（60–42）

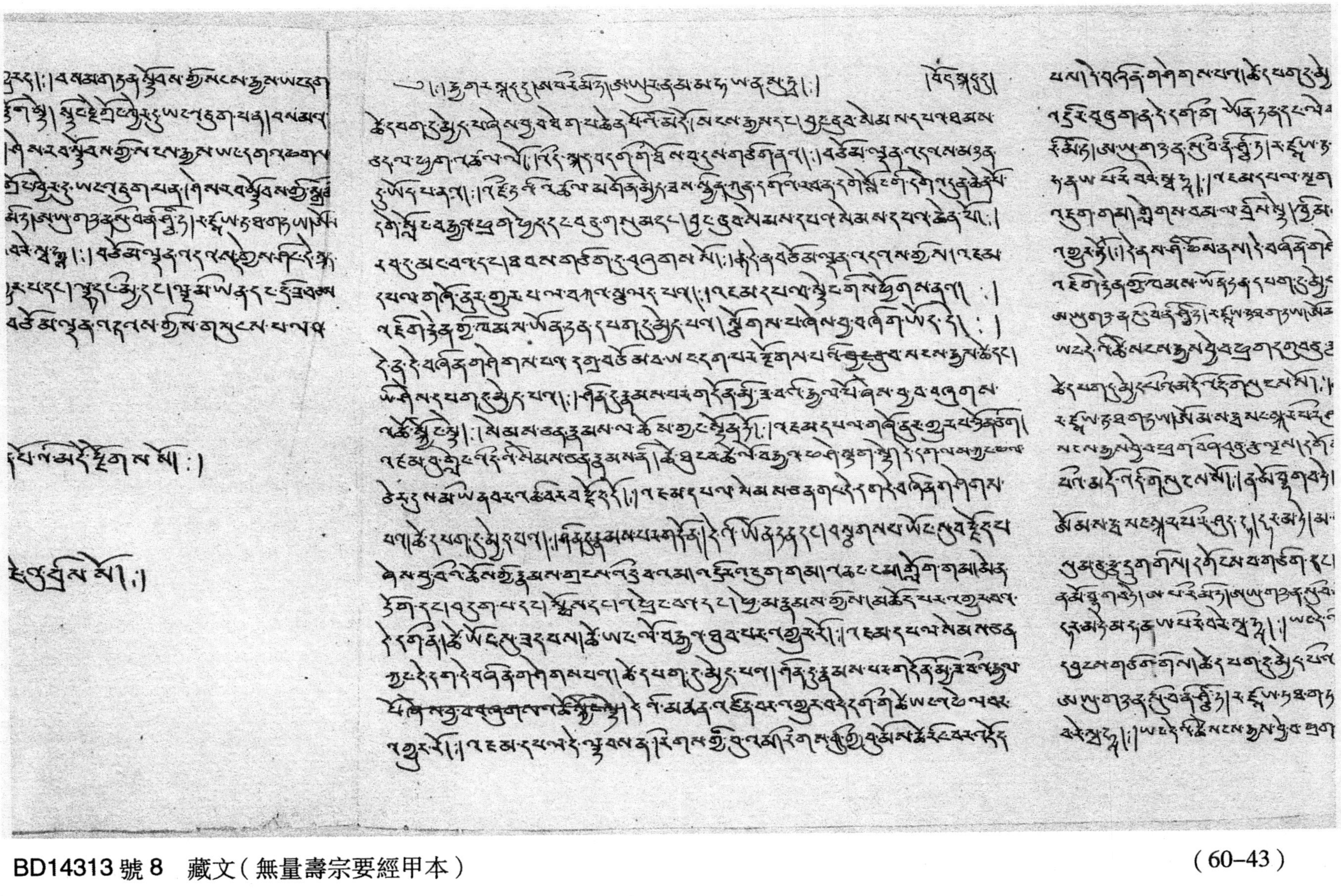

BD14313 號 8　藏文（無量壽宗要經甲本）　（60–43）

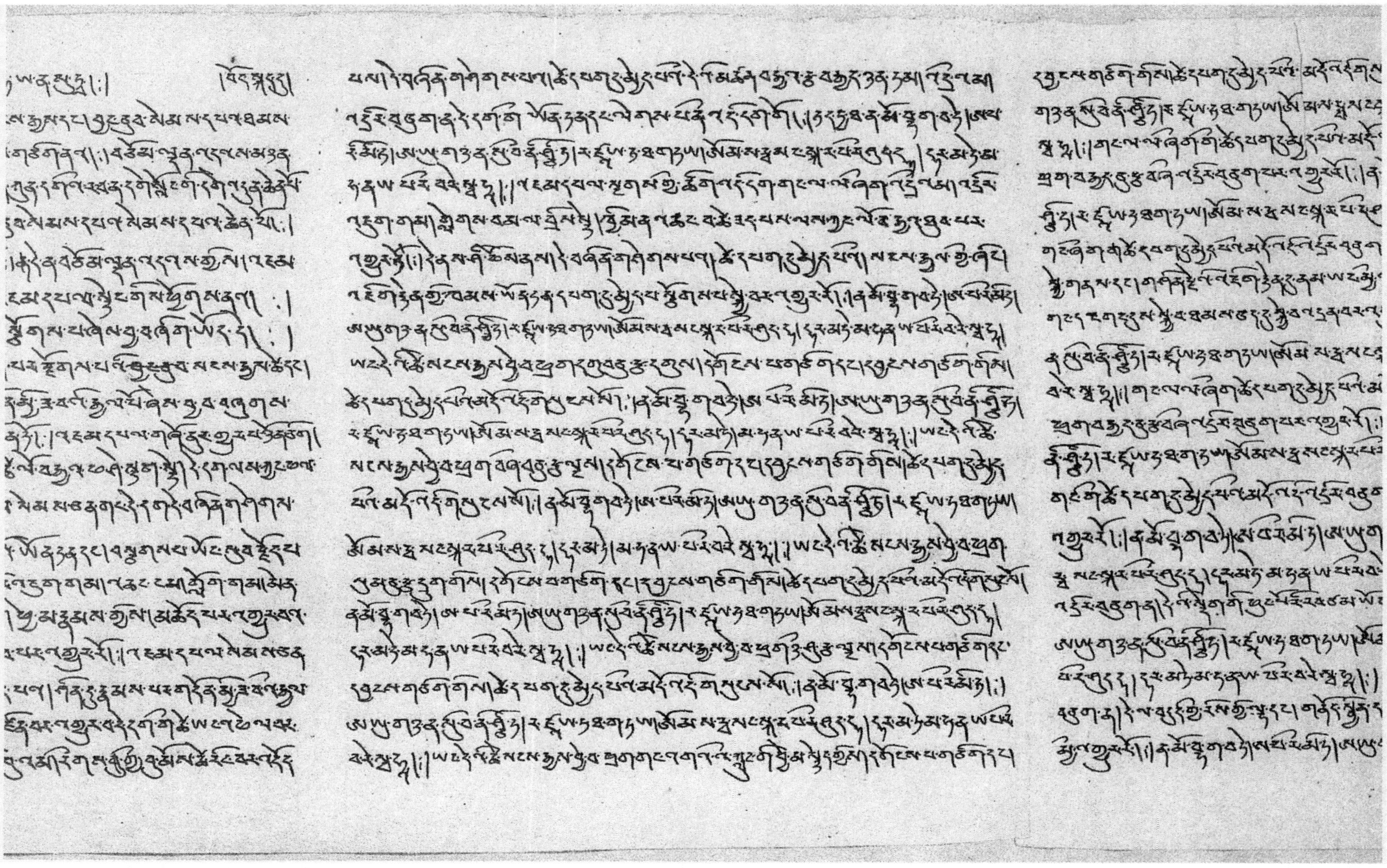

BD14313 號 8　藏文（無量壽宗要經甲本）　　（60–44）

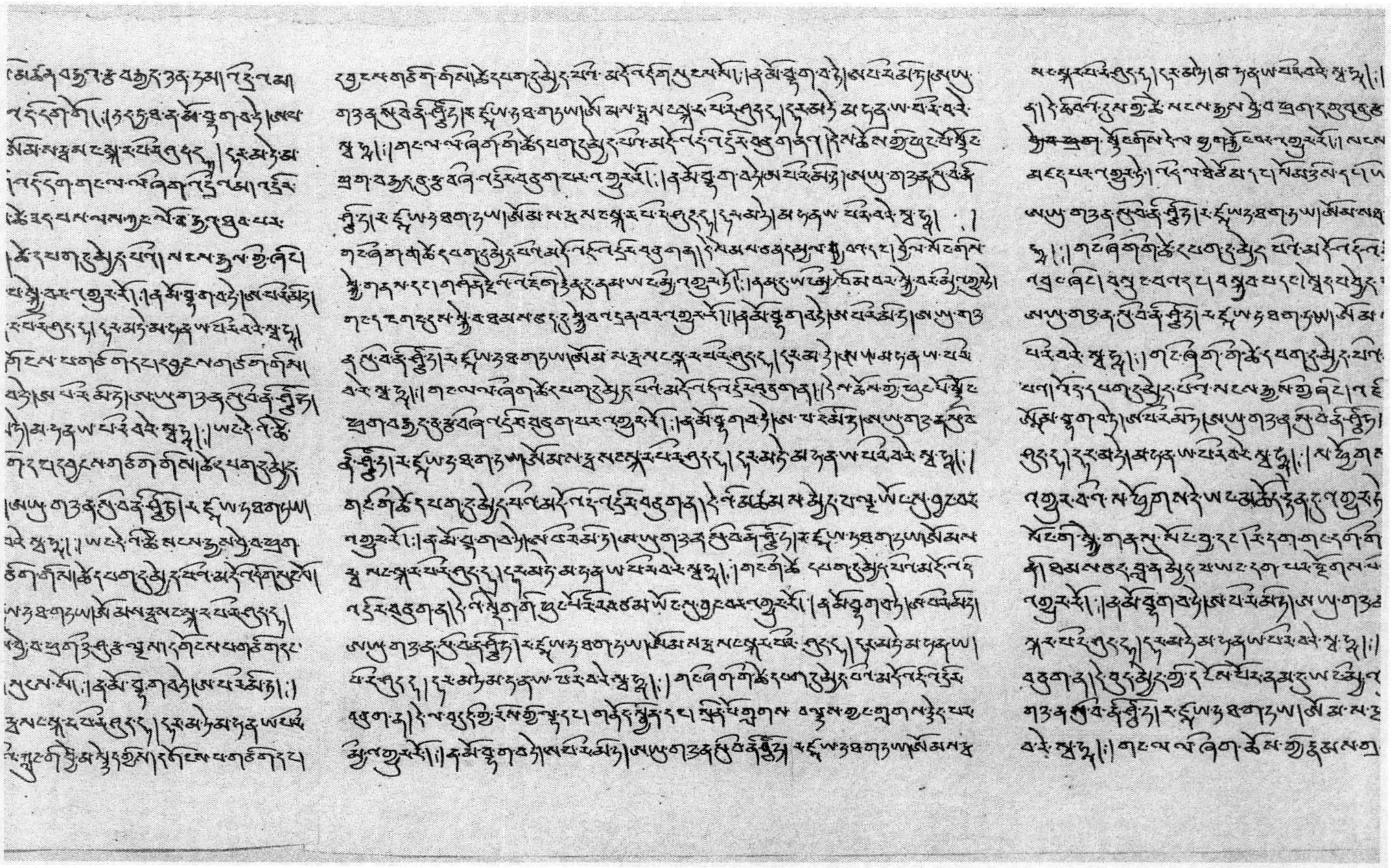

BD14313 號 8　藏文（無量壽宗要經甲本）　　（60–45）

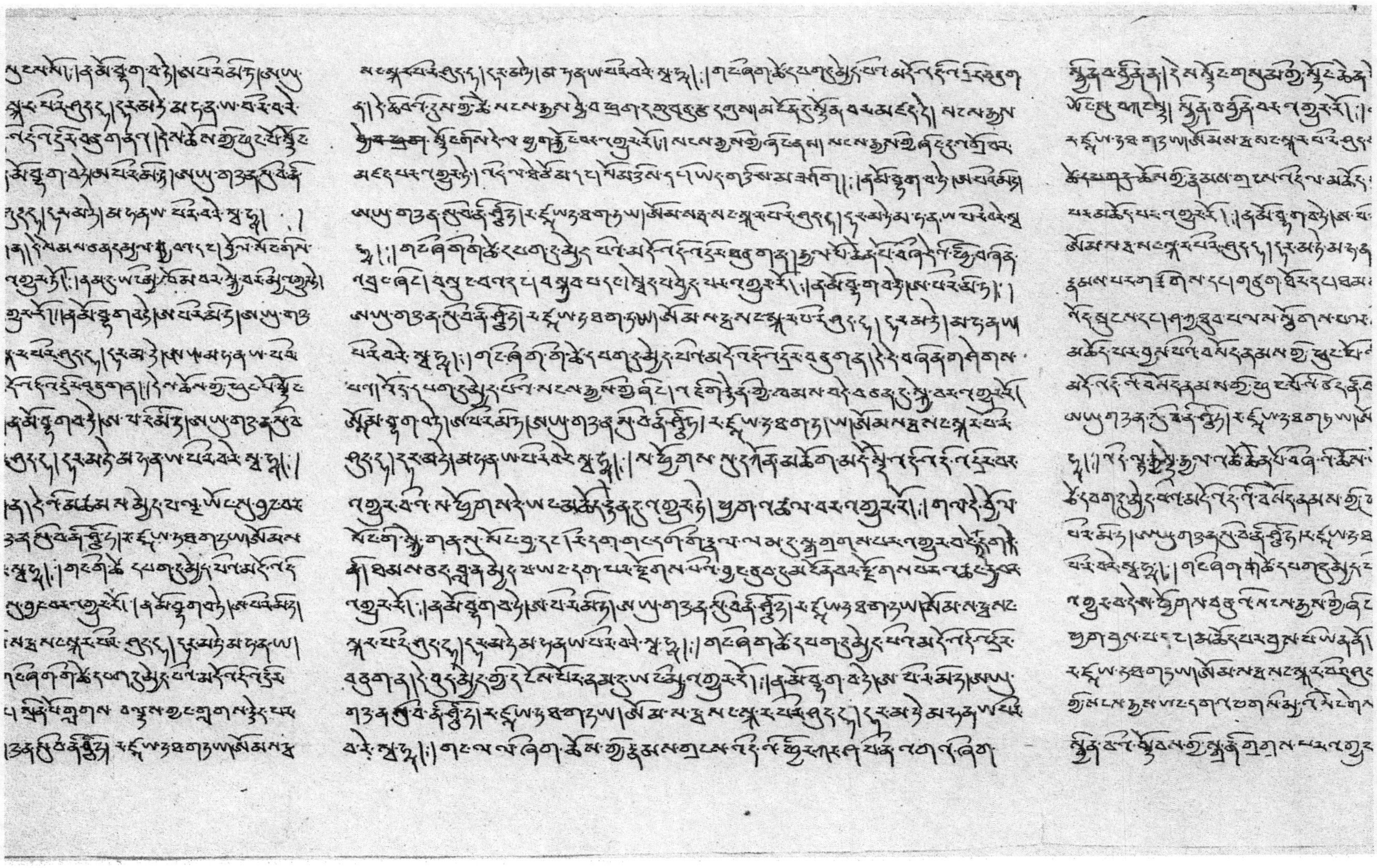

BD14313 號 8　藏文（無量壽宗要經甲本）　　（60–46）

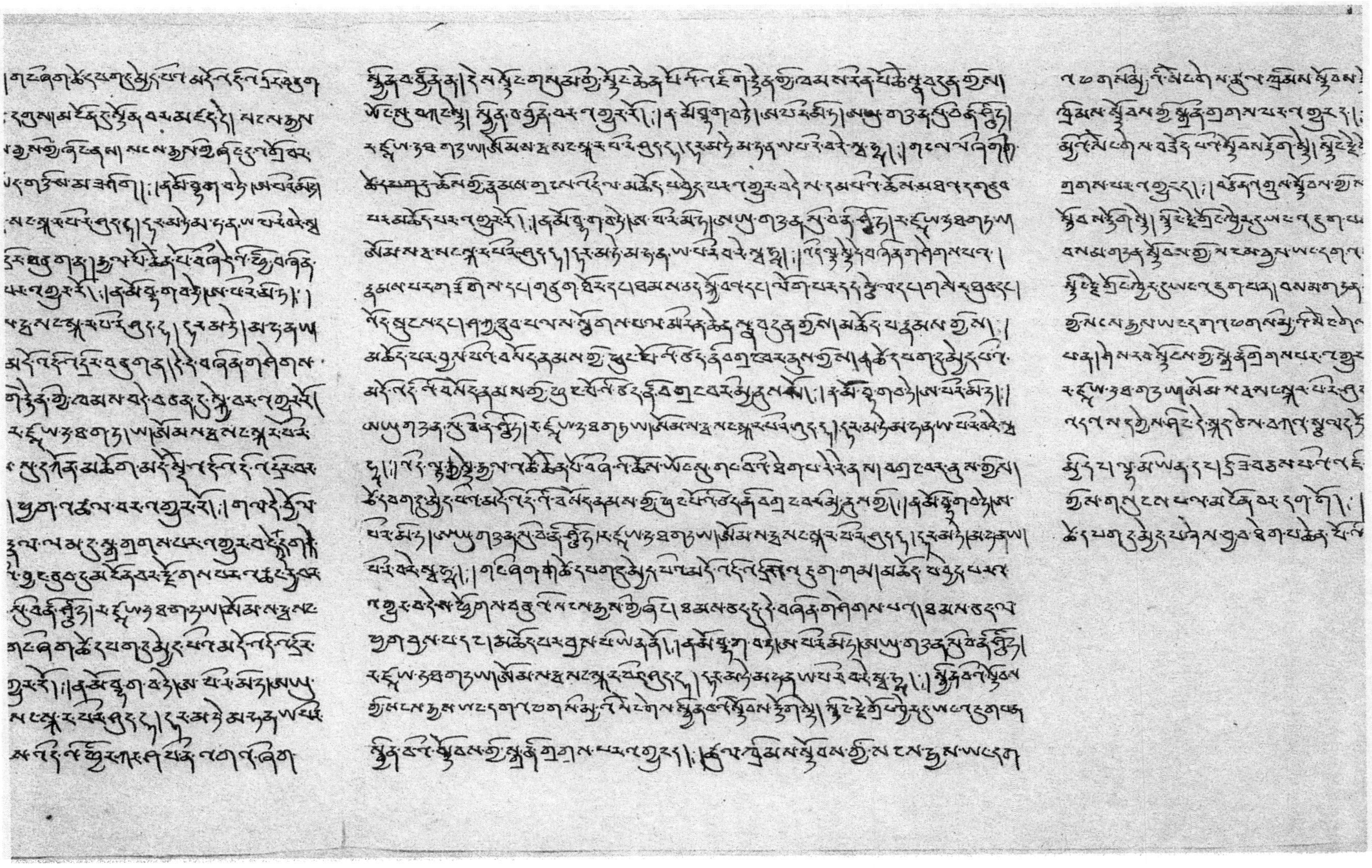

BD14313 號 8　藏文（無量壽宗要經甲本）　　（60–47）

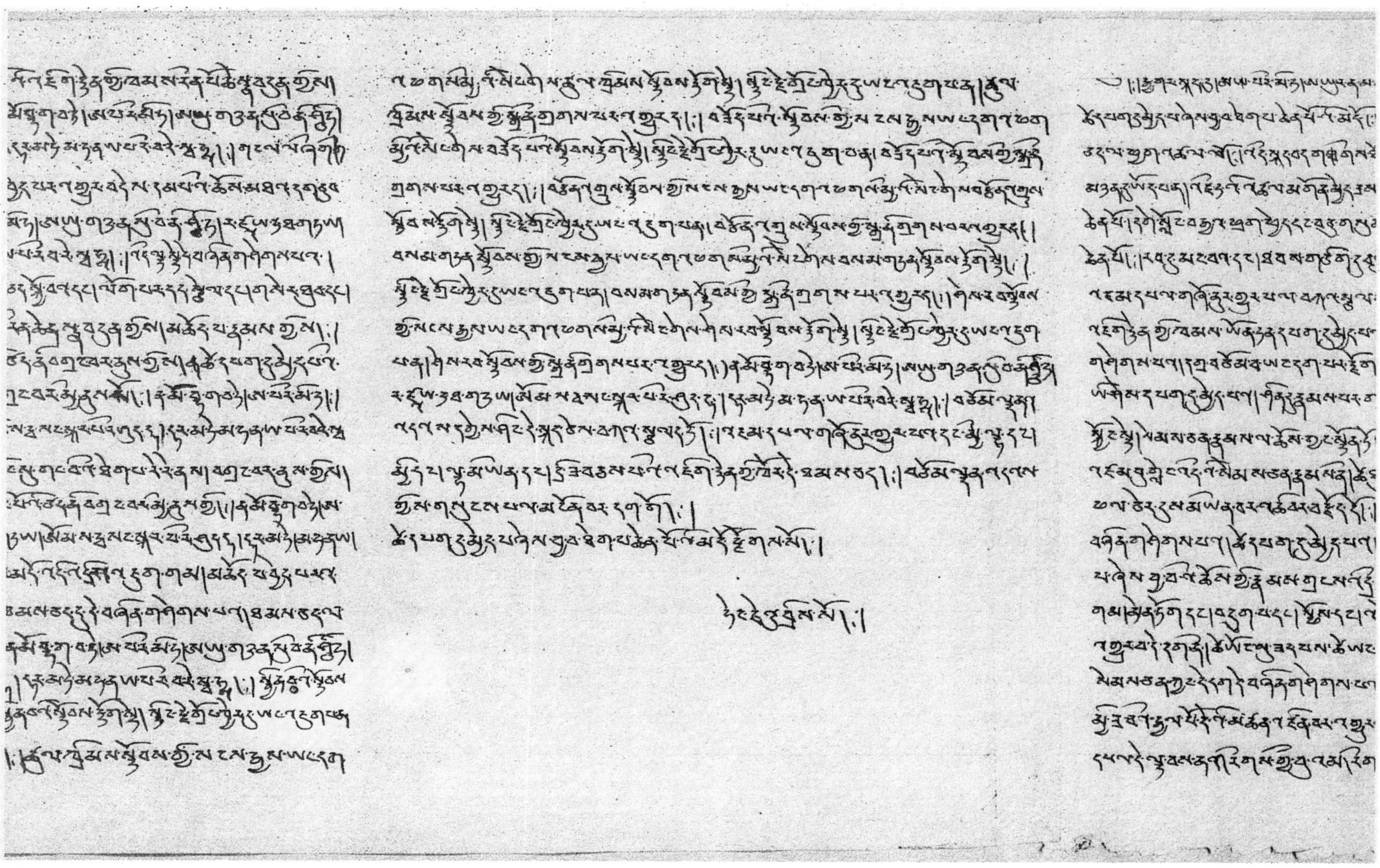

BD14313 號 8　藏文（無量壽宗要經甲本）　（60–48）

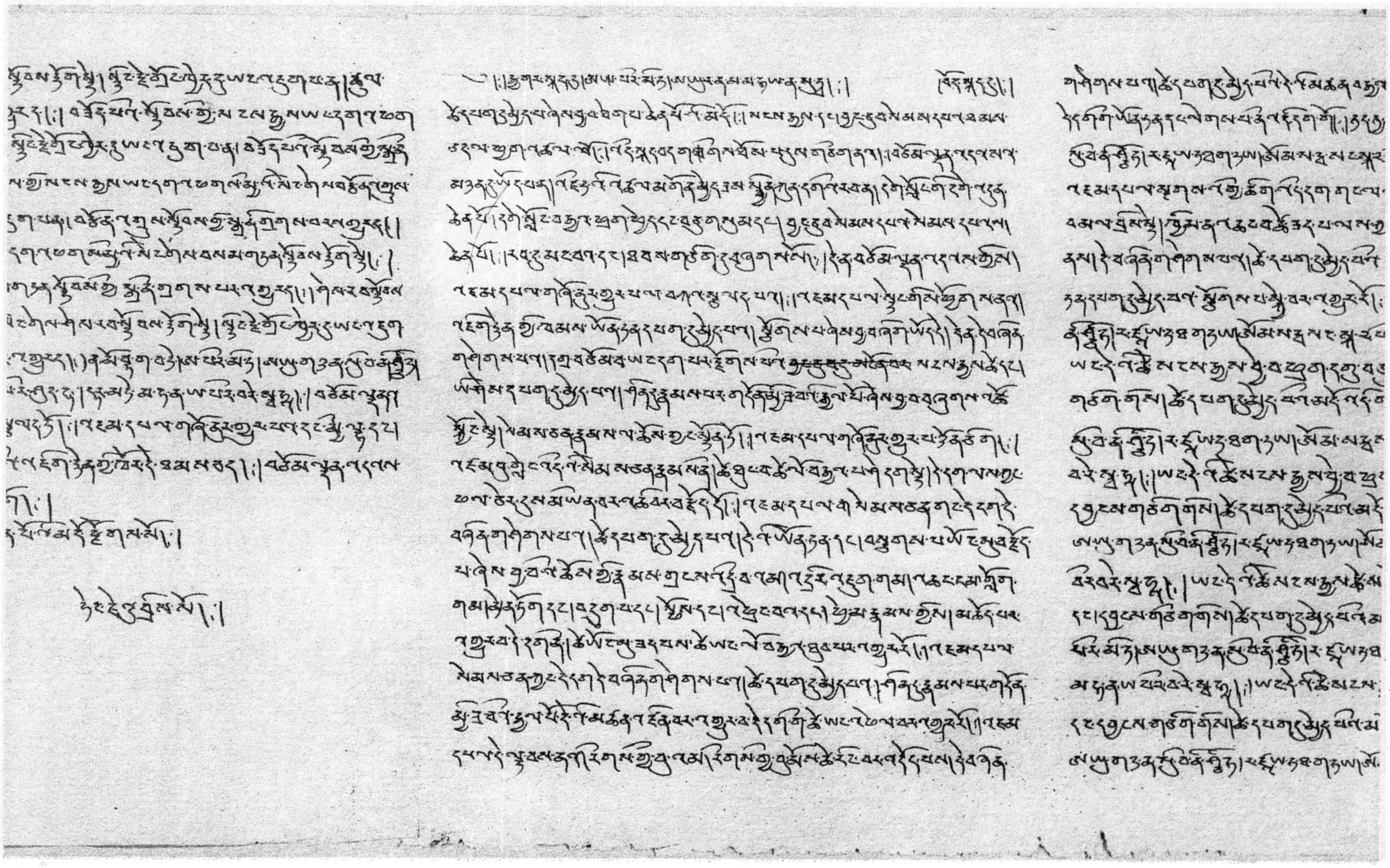

BD14313 號 9　藏文（無量壽宗要經甲本）　（60–49）

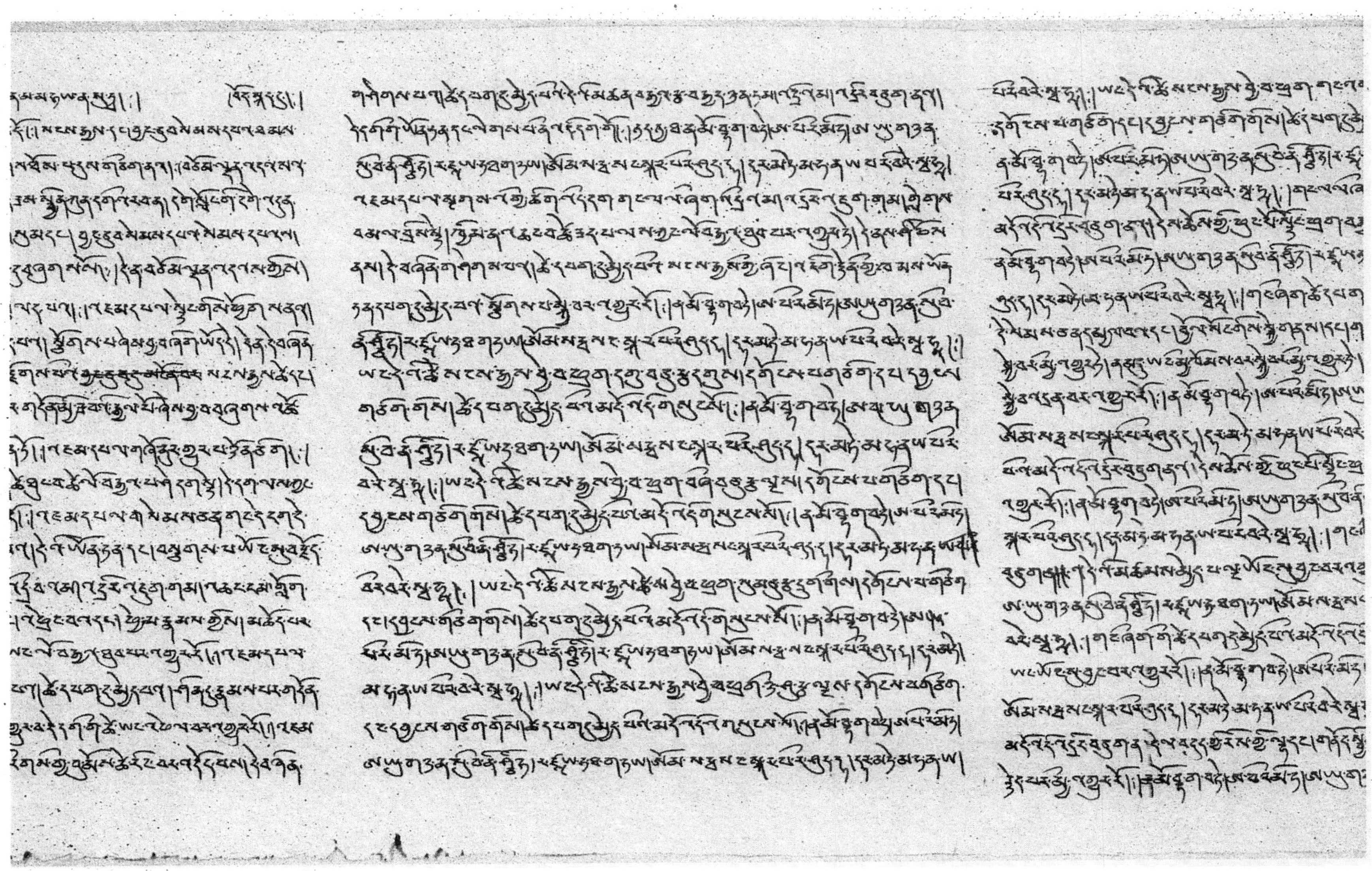

BD14313 號 9　藏文（無量壽宗要經甲本）　（60–50）

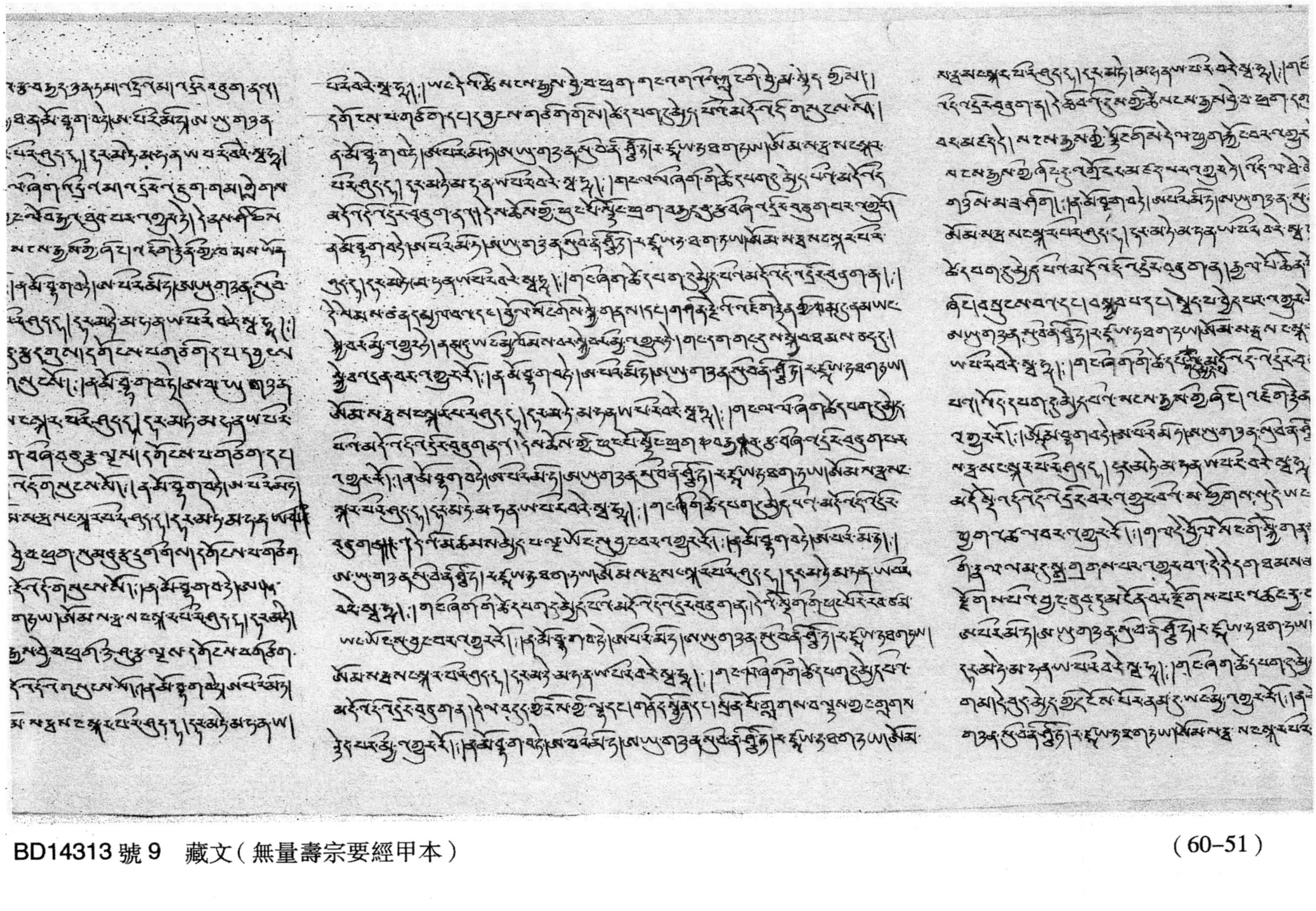

BD14313 號 9　藏文（無量壽宗要經甲本）　（60–51）

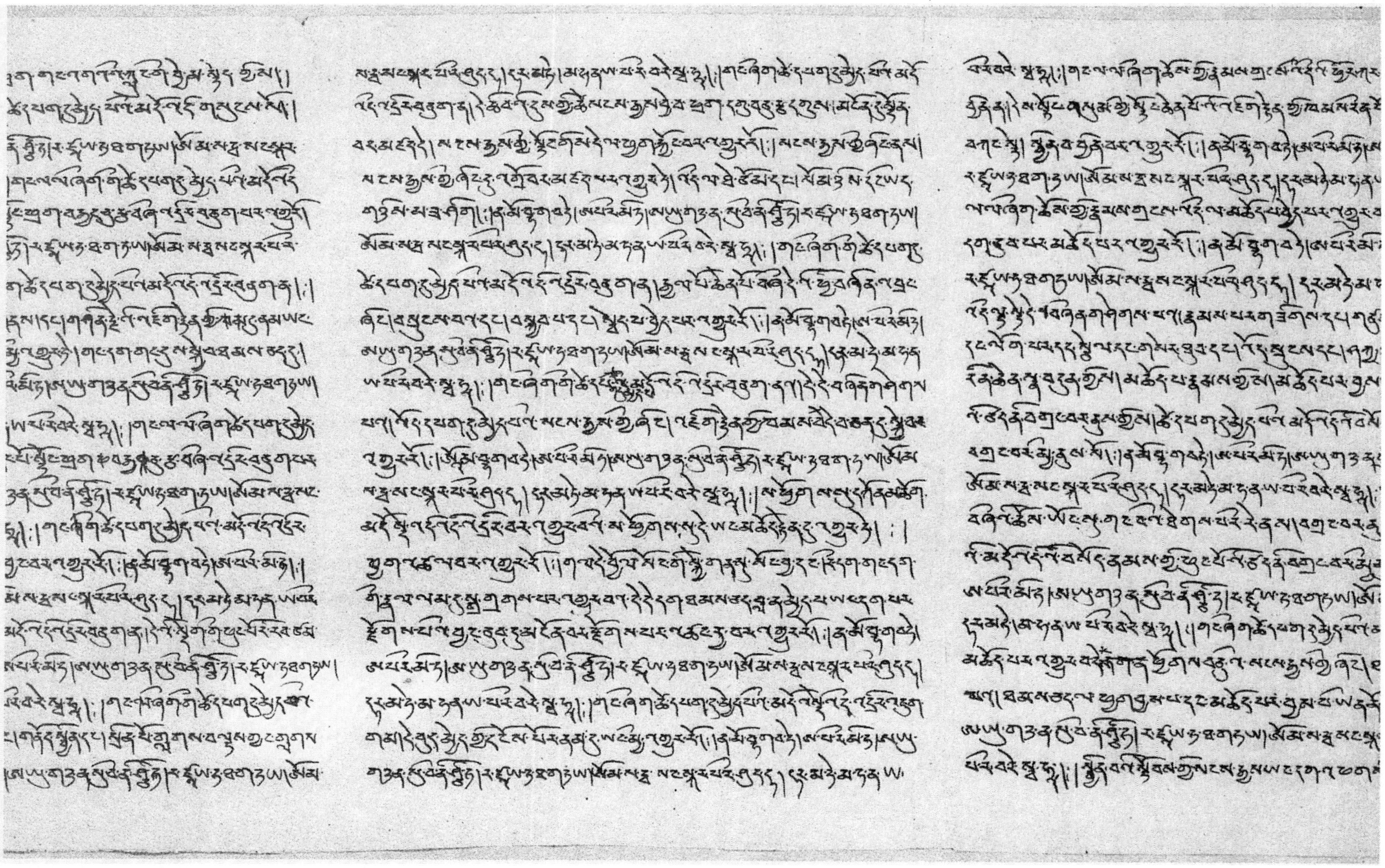

BD14313 號 9　藏文（無量壽宗要經甲本）　　（60–52）

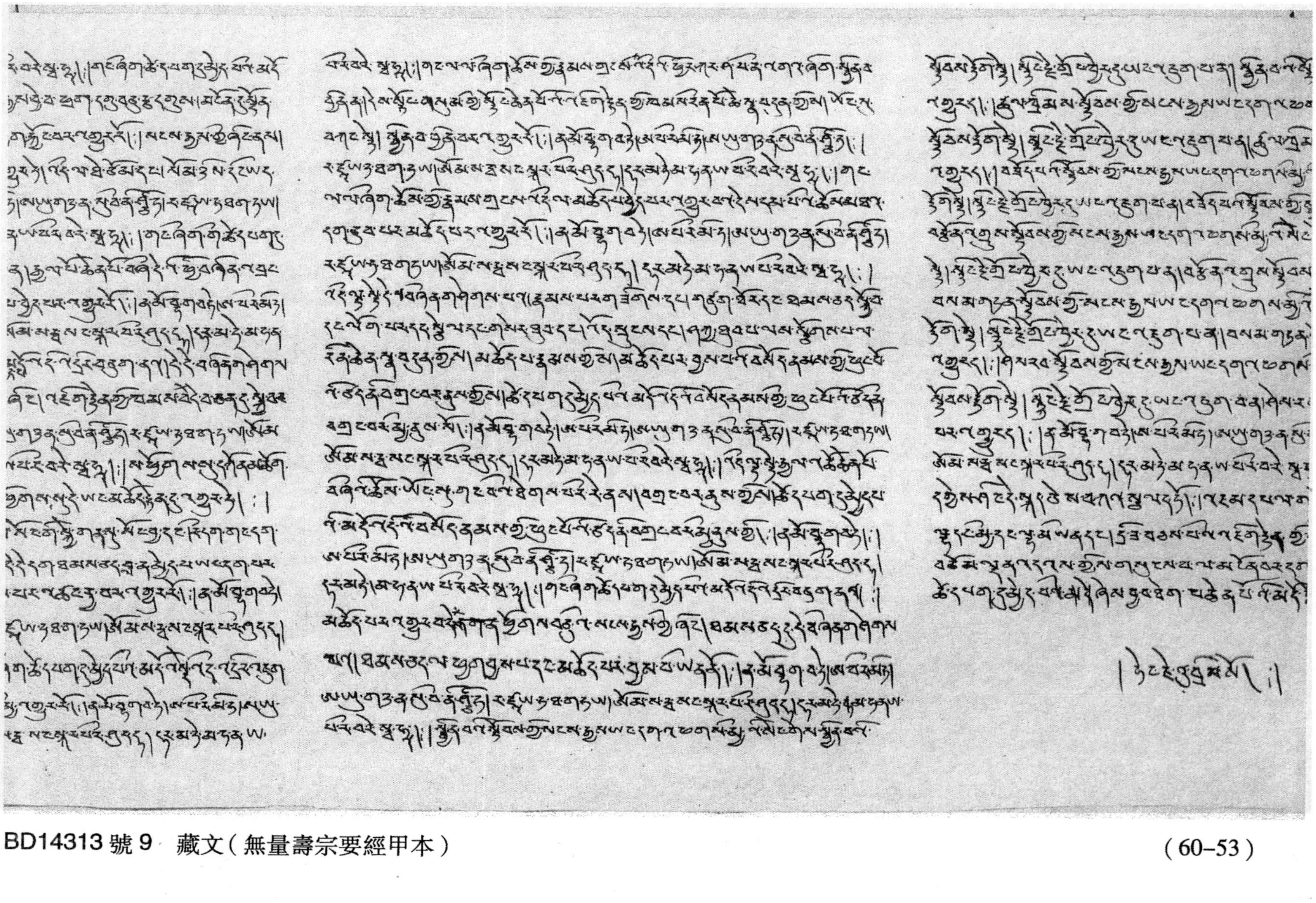

BD14313 號 9　藏文（無量壽宗要經甲本）　　（60–53）

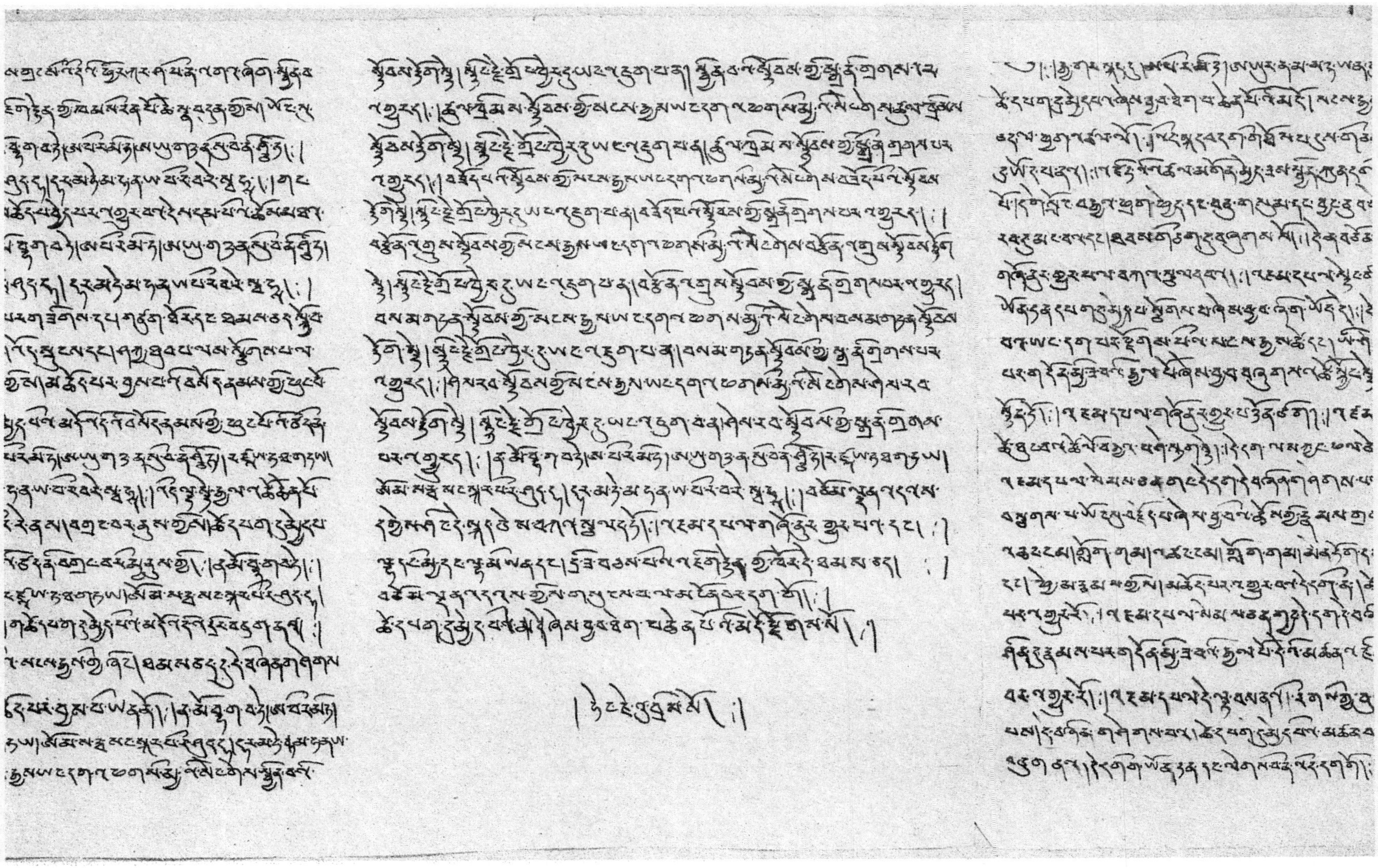

BD14313 號 9　藏文（無量壽宗要經甲本）　（60–54）

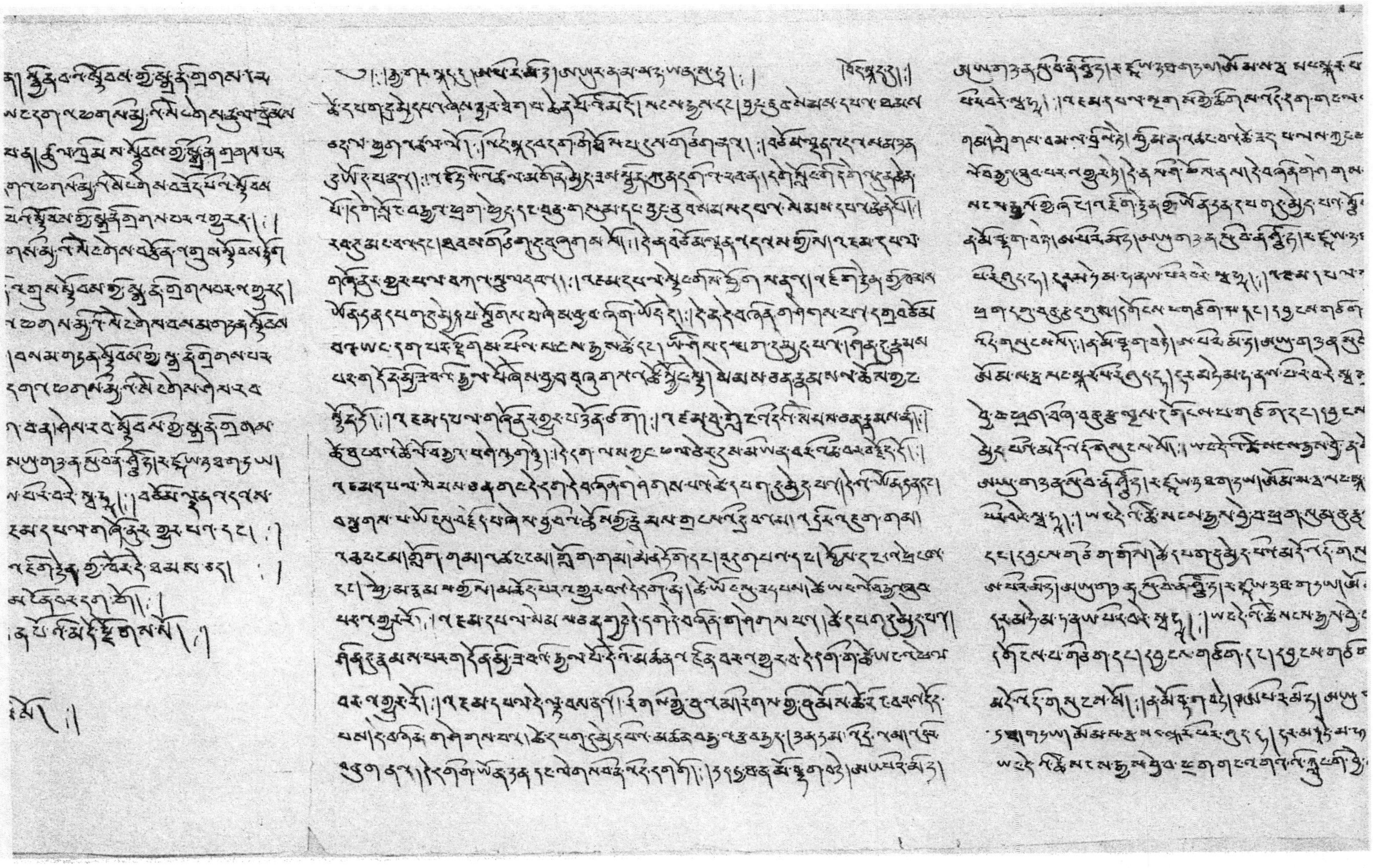

BD14313 號 10　藏文（無量壽宗要經甲本）　（60–55）

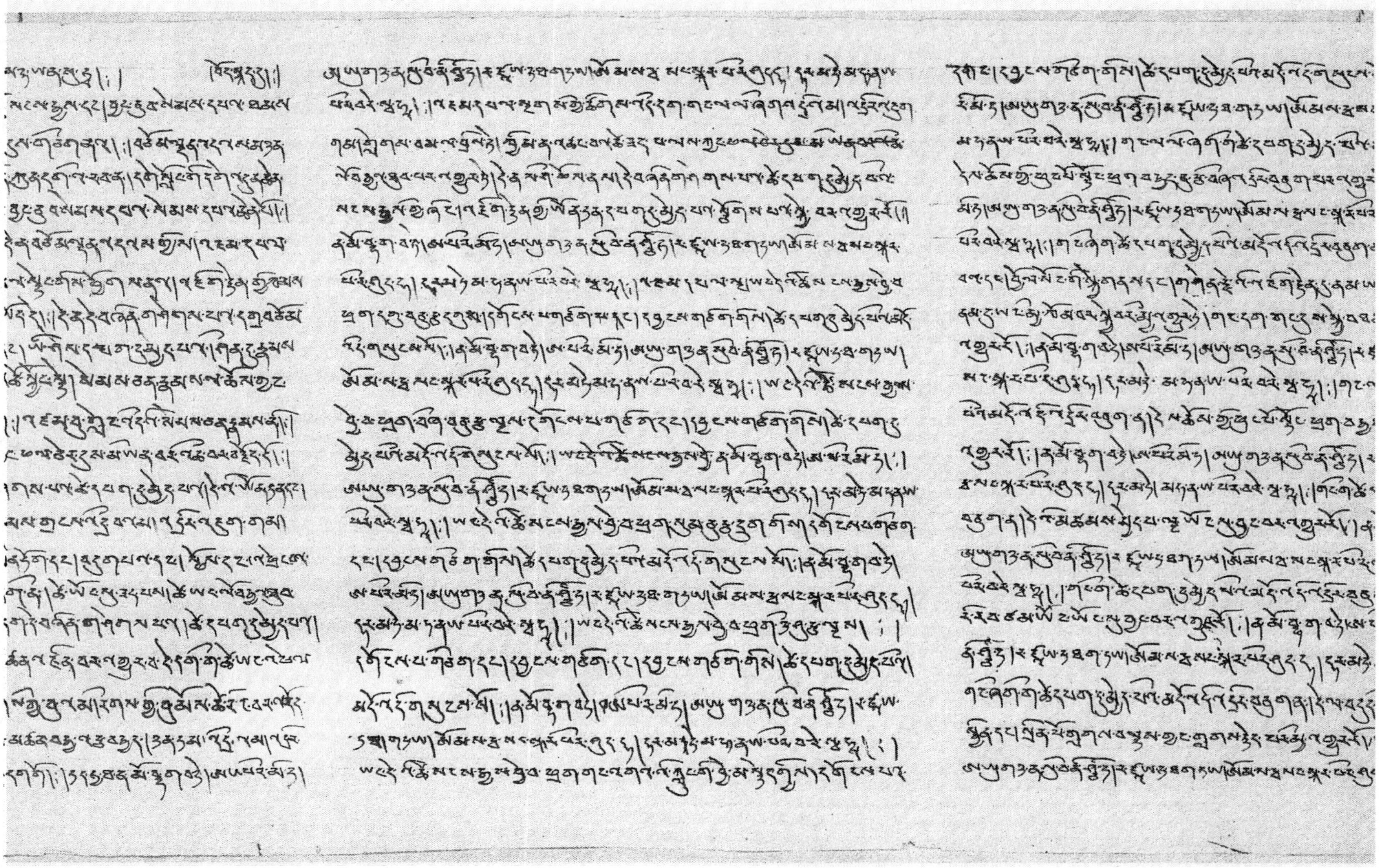

BD14313 號 10　藏文（無量壽宗要經甲本）　（60–56）

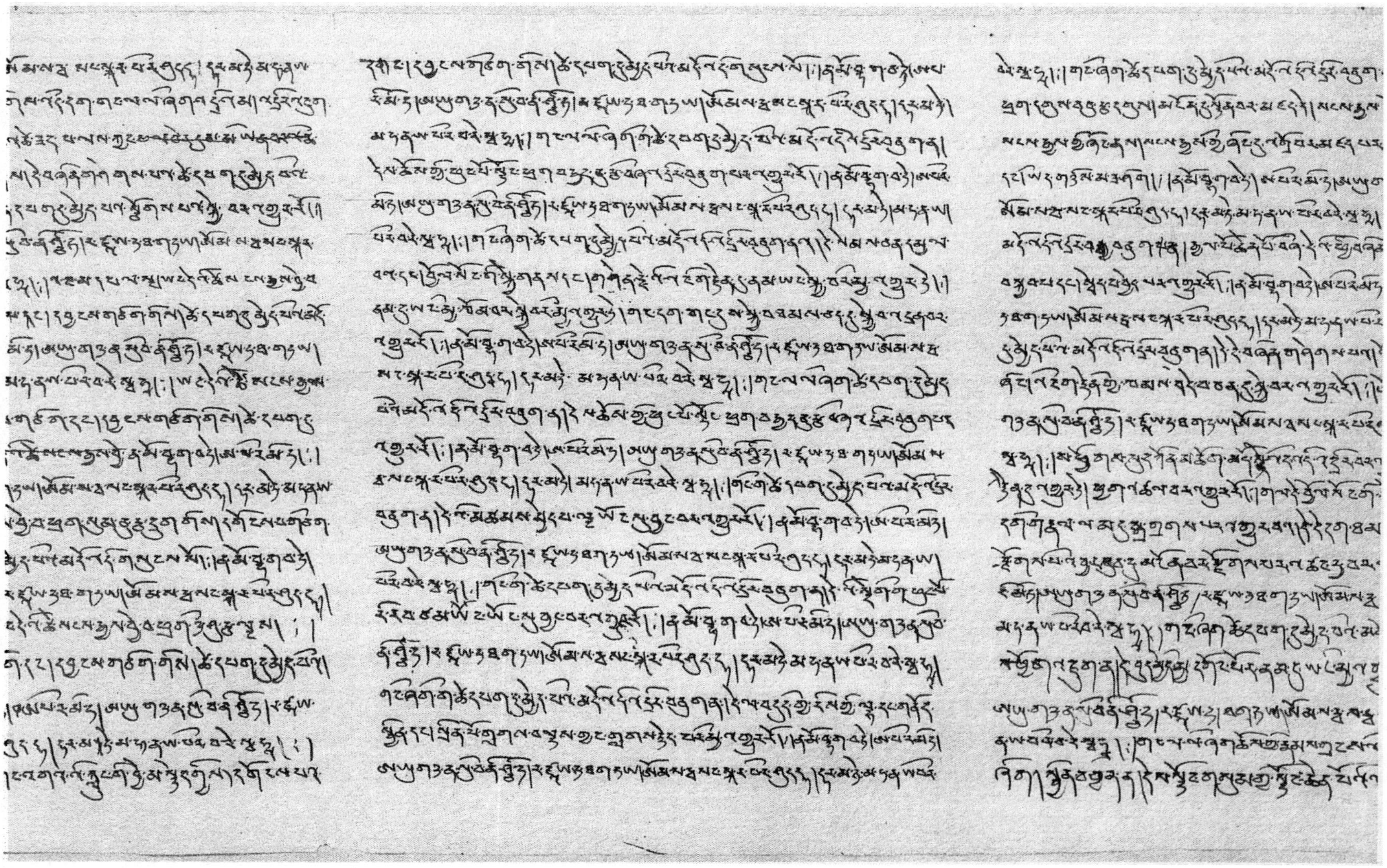

BD14313 號 10　藏文（無量壽宗要經甲本）　（60–57）

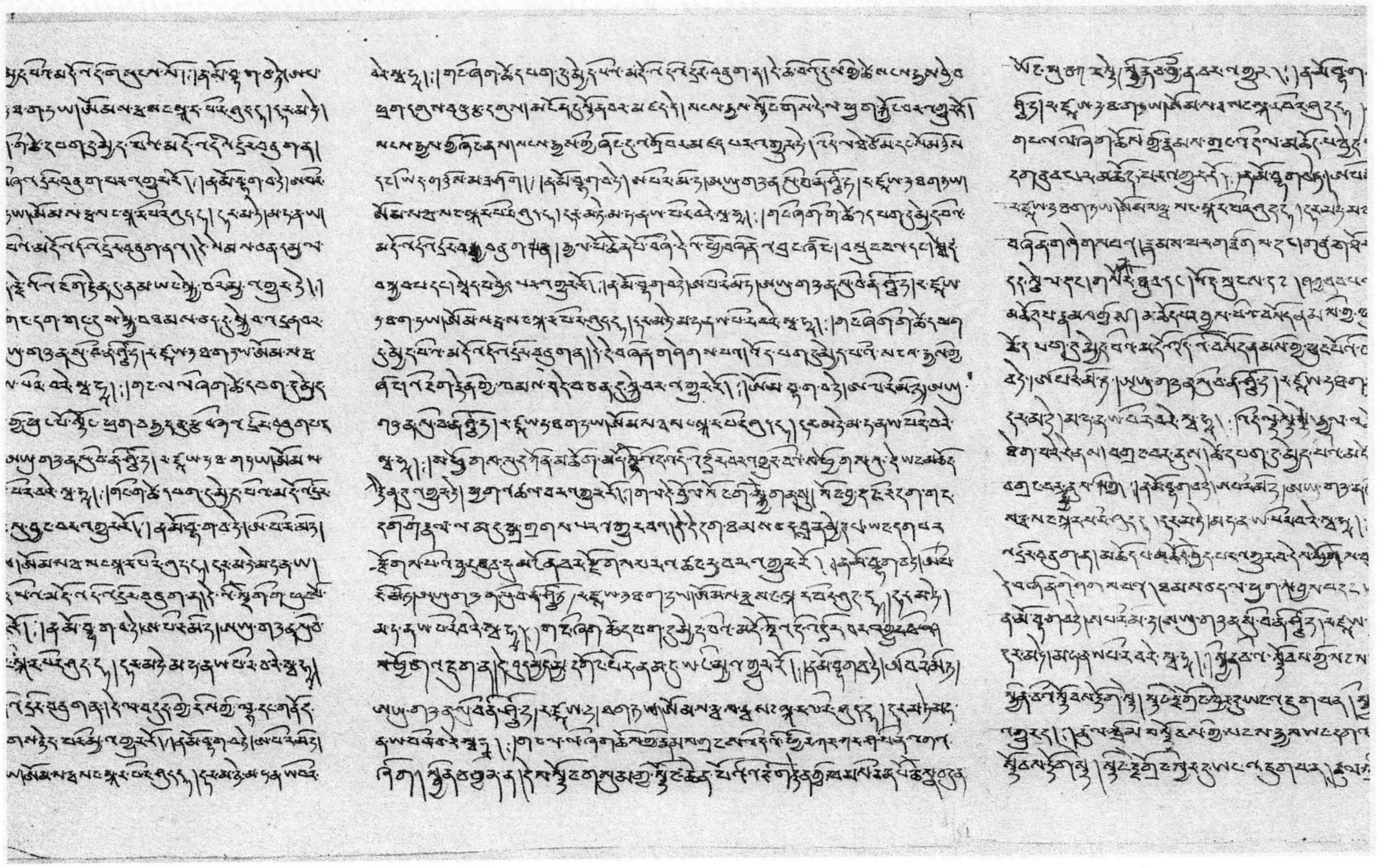

BD14313 號 10　藏文（無量壽宗要經甲本）　（60–58）

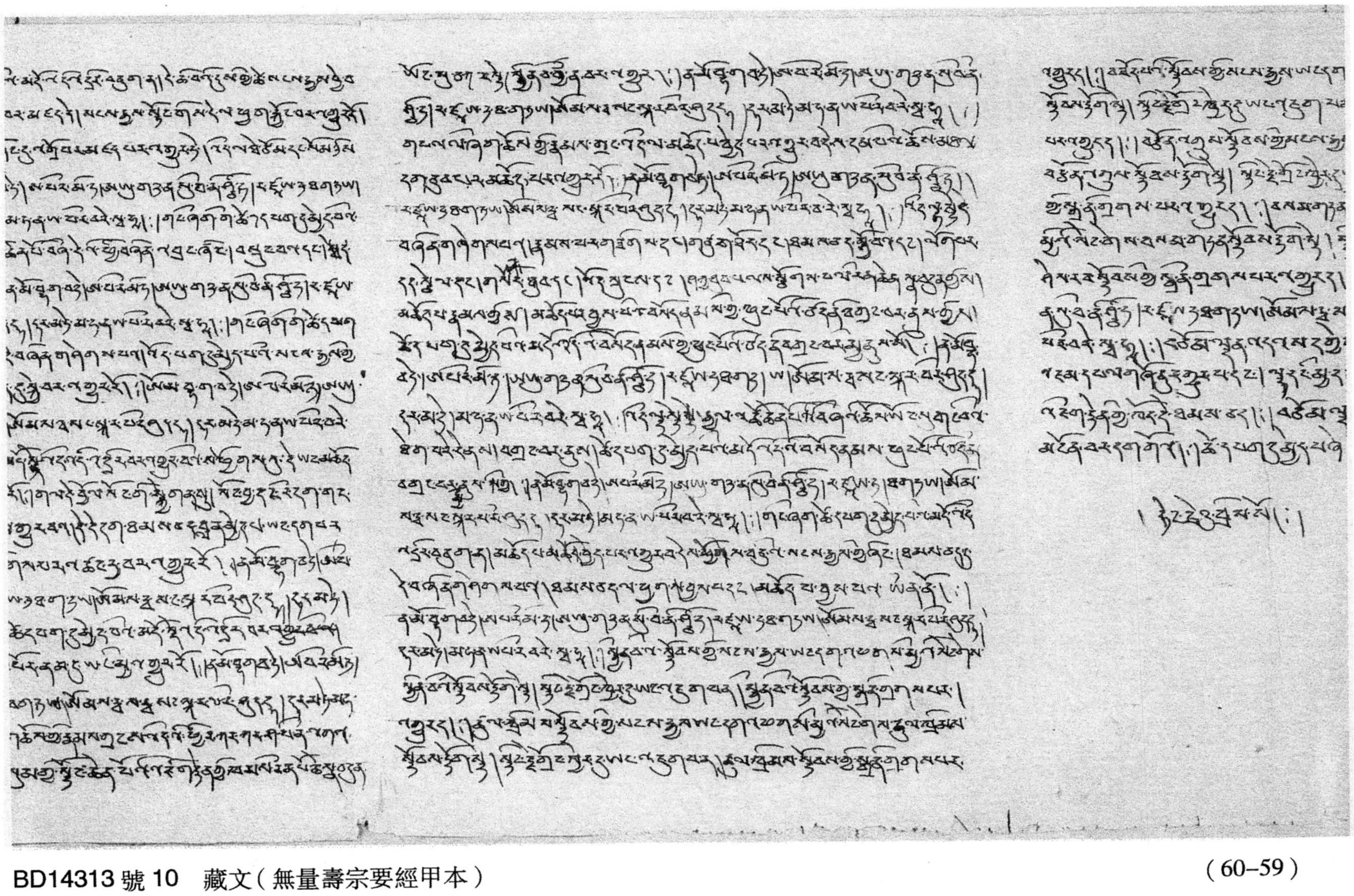

BD14313 號 10　藏文（無量壽宗要經甲本）　（60–59）

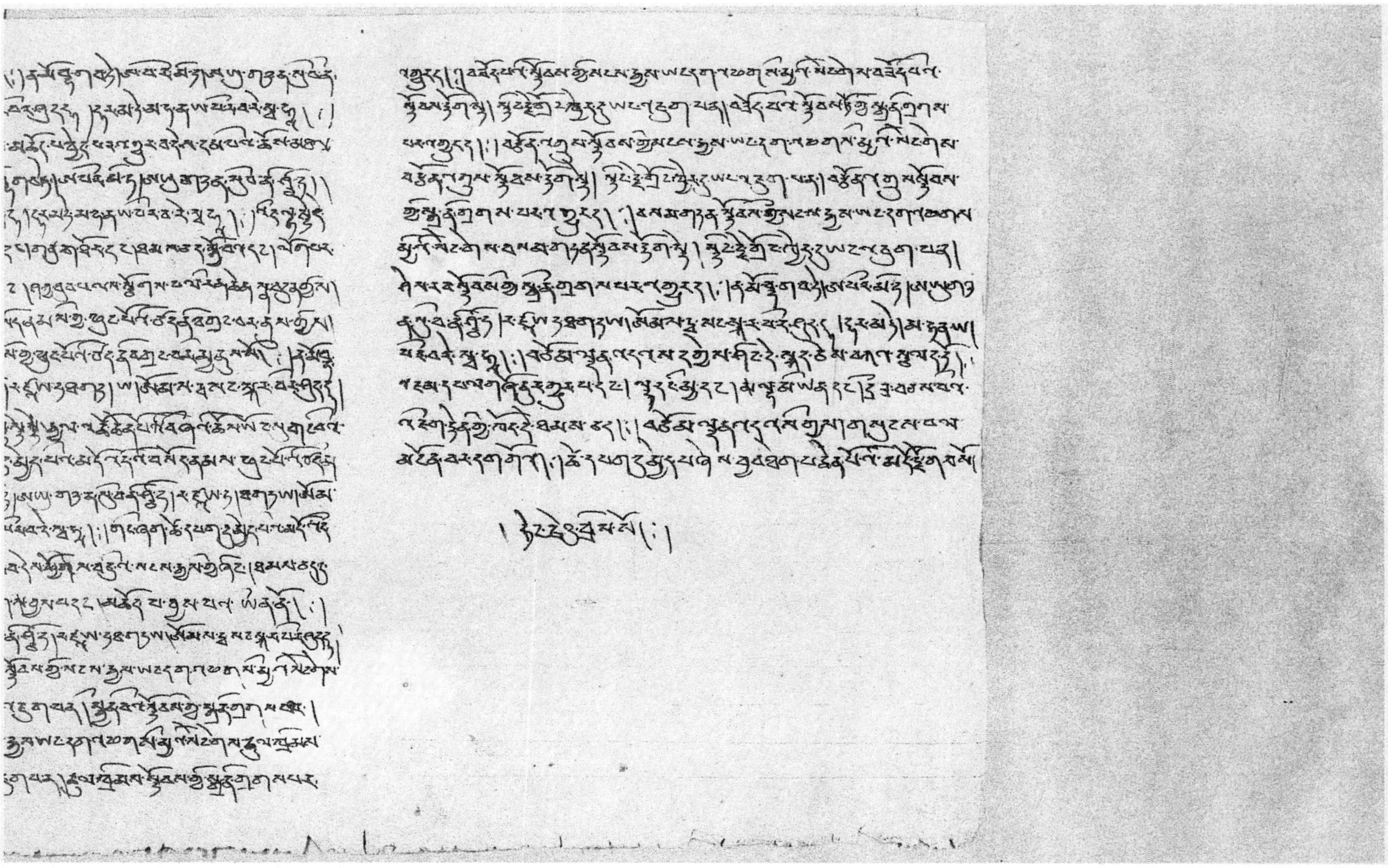

BD14313 號 10　藏文（無量壽宗要經甲本）　　（60–60）

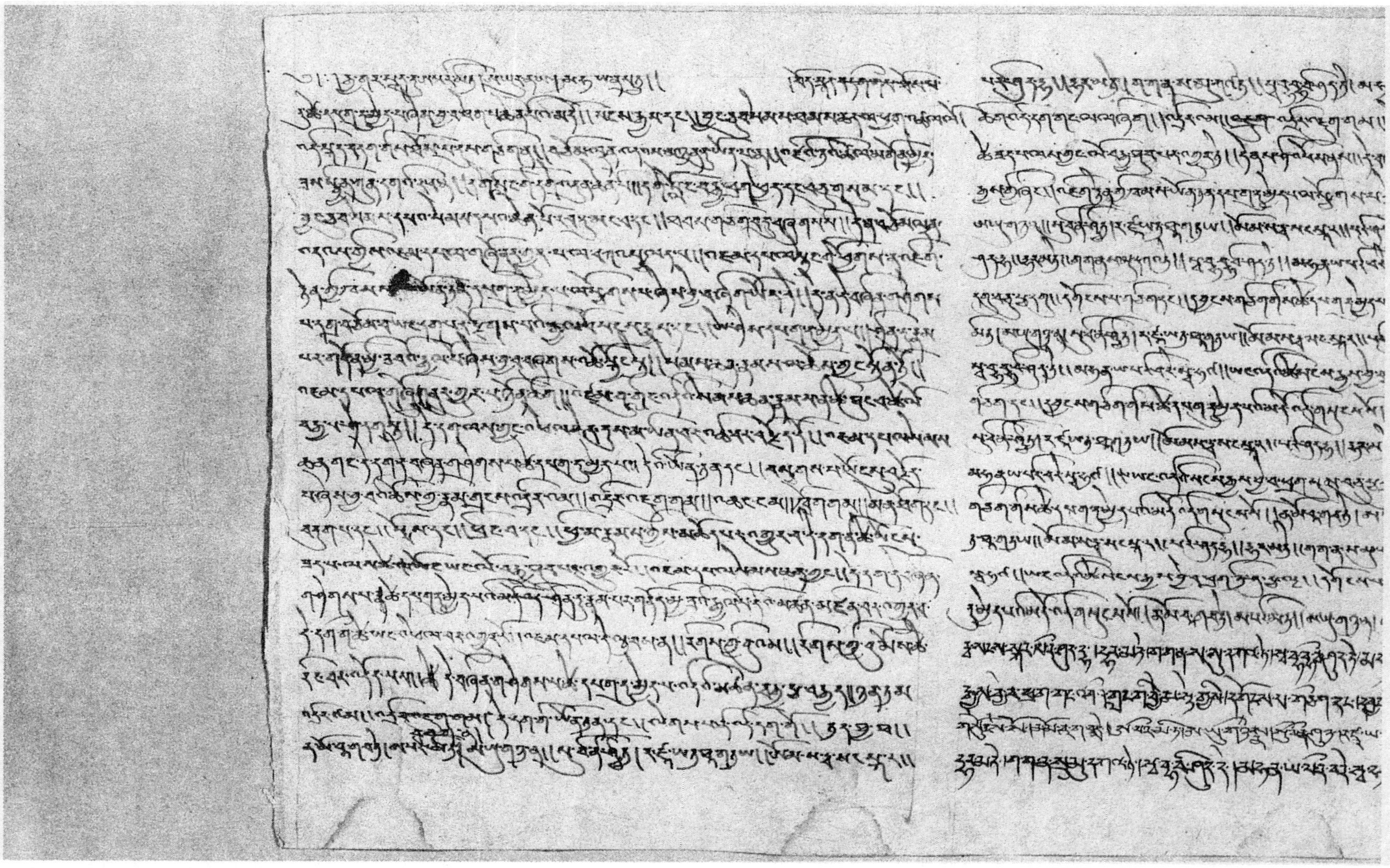

BD14314 號 1　藏文（無量壽宗要經甲本）　　（24–1）

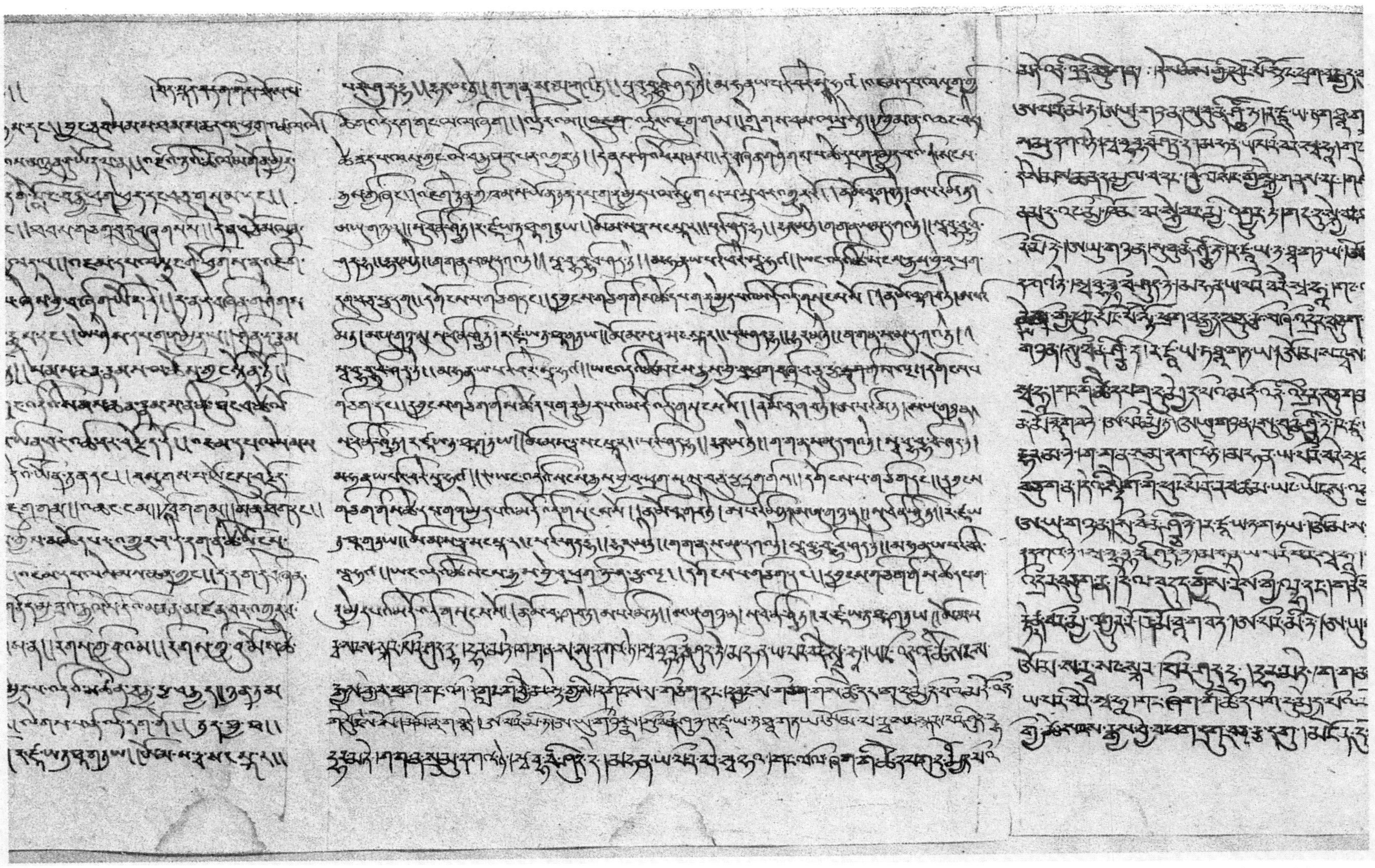

BD14314 號 1　藏文（無量壽宗要經甲本）　（24–2）

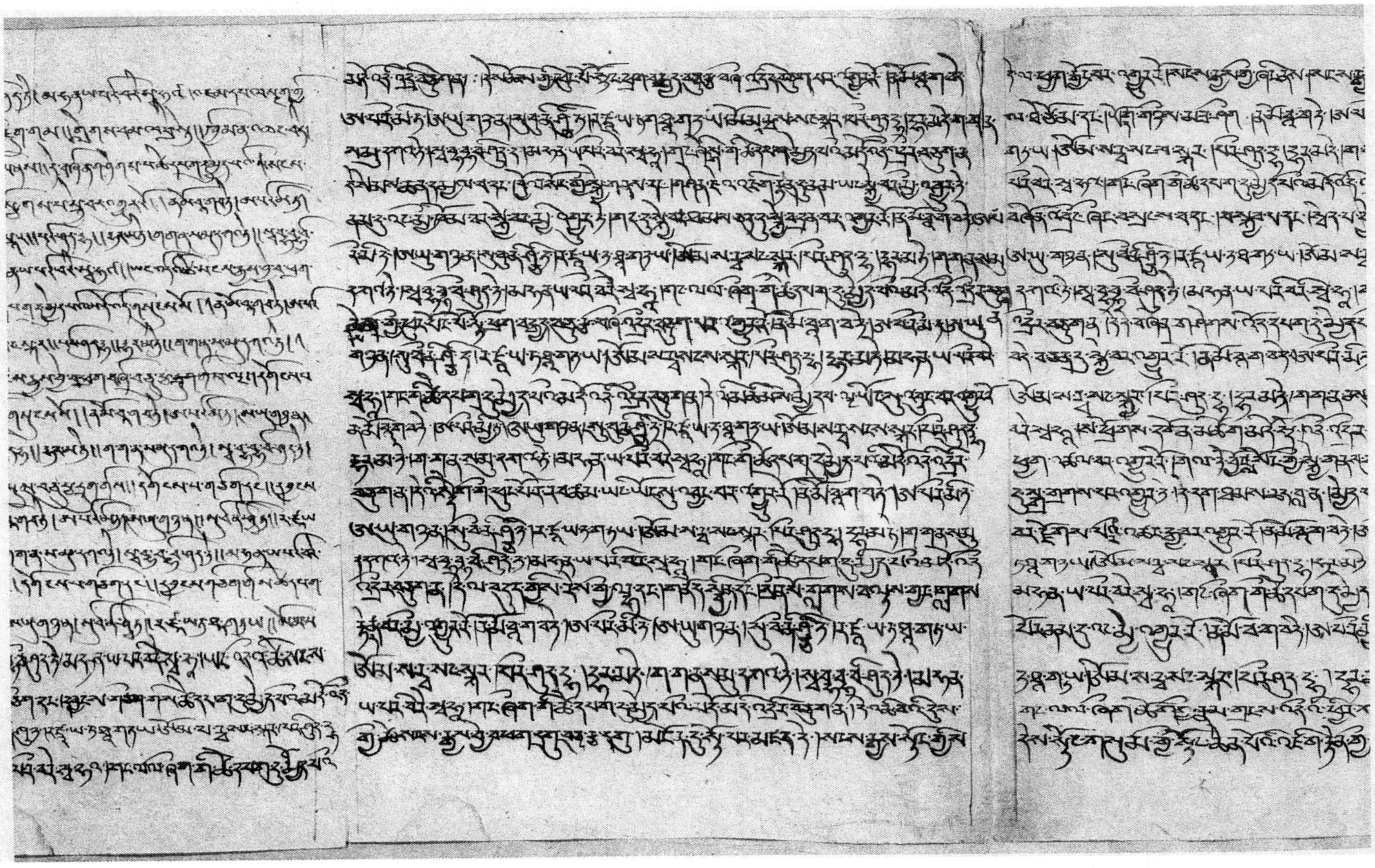

BD14314 號 1　藏文（無量壽宗要經甲本）　（24–3）

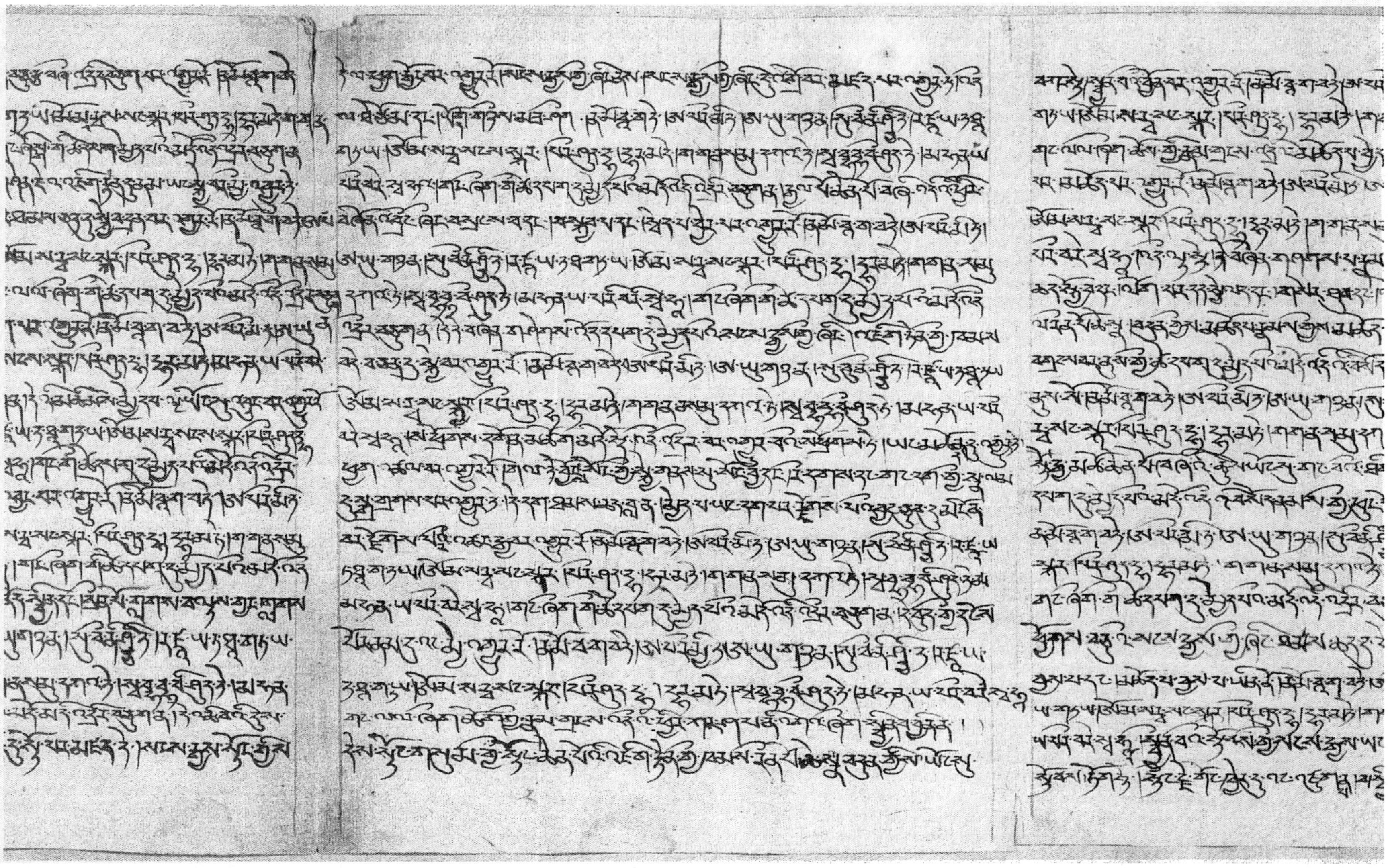

BD14314 號 1　藏文（無量壽宗要經甲本）　（24–4）

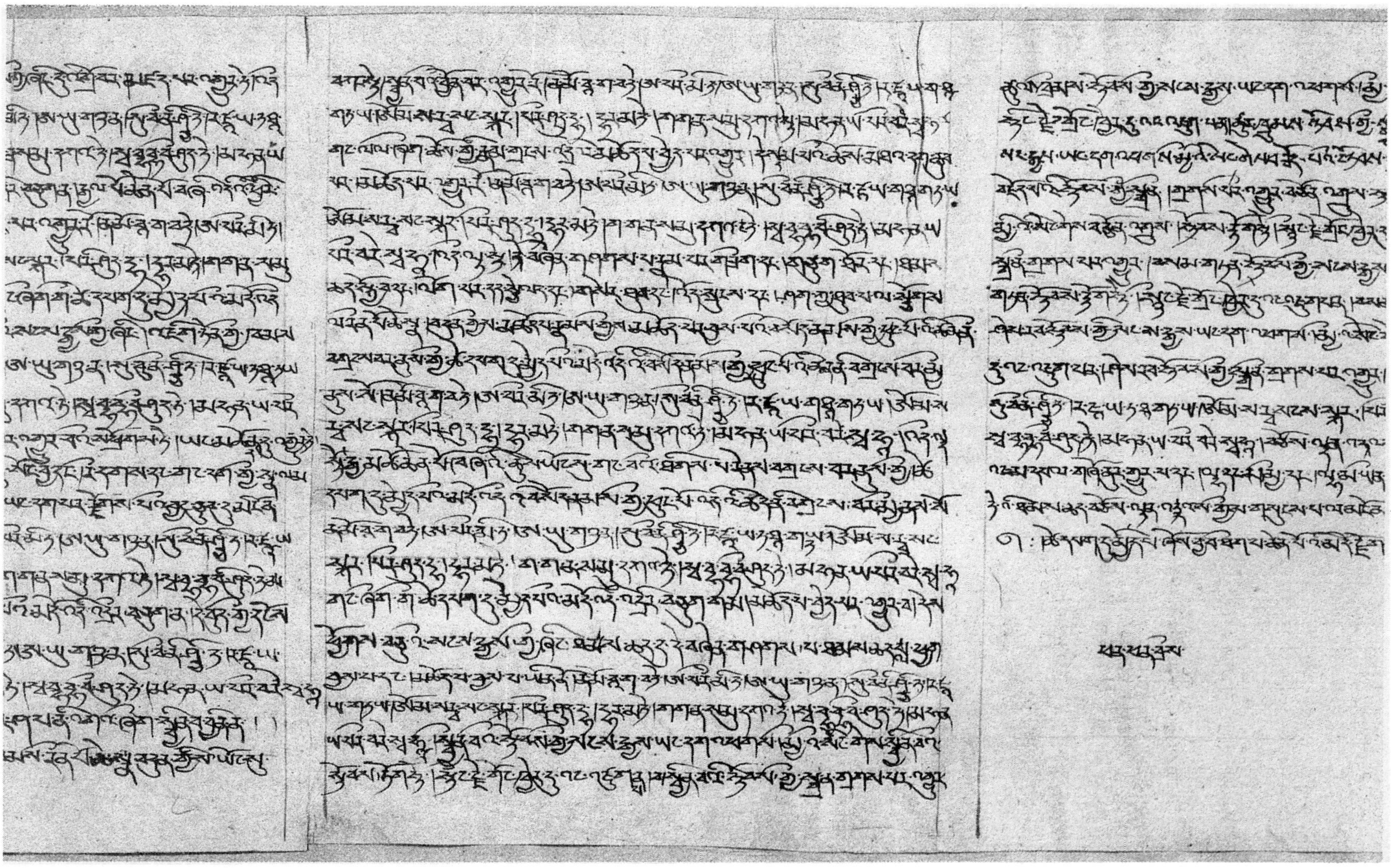

BD14314 號 1　藏文（無量壽宗要經甲本）　（24–5）

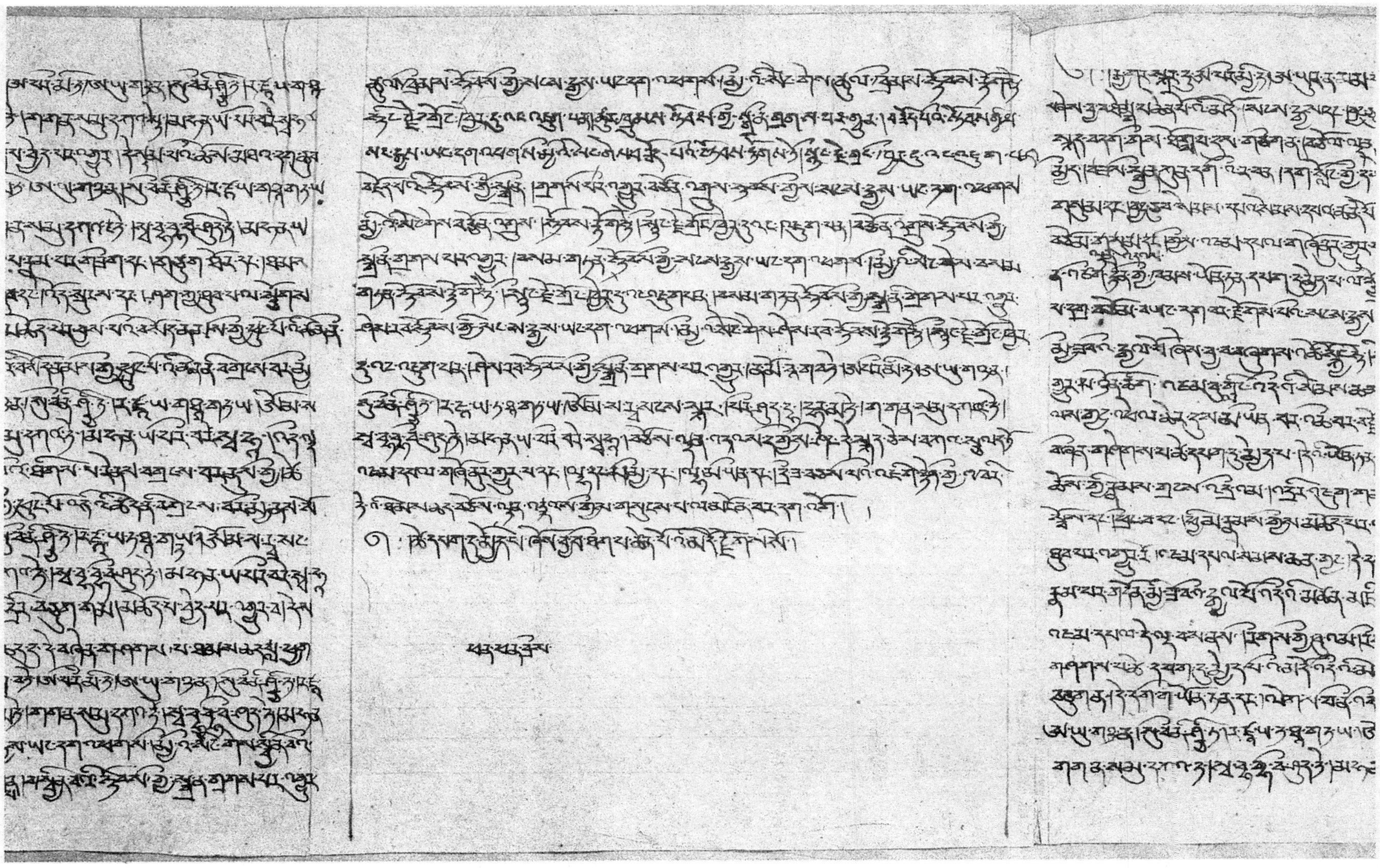

BD14314 號 1　藏文（無量壽宗要經甲本）　（24–6）

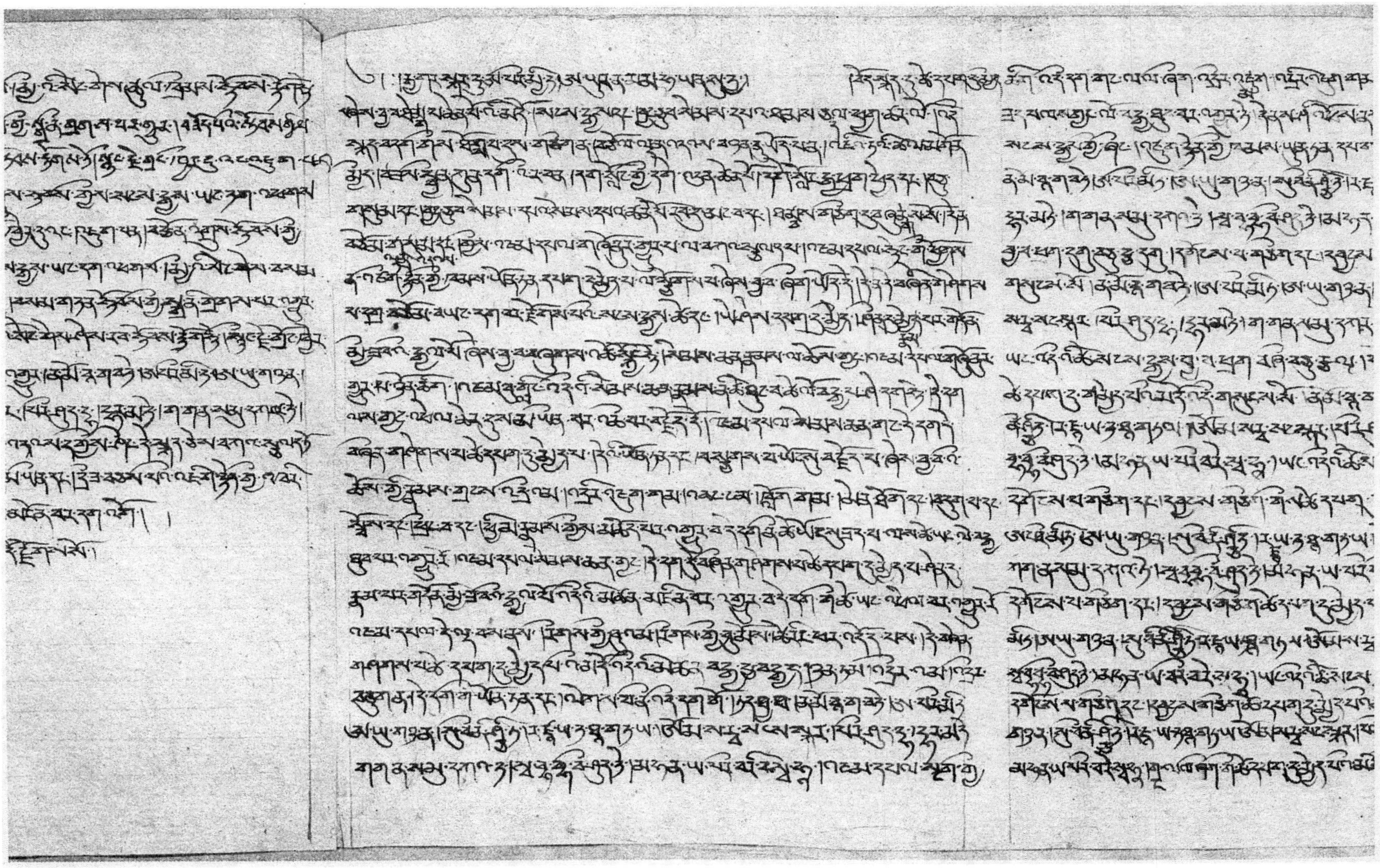

BD14314 號 2　藏文（無量壽宗要經甲本）　（24–7）

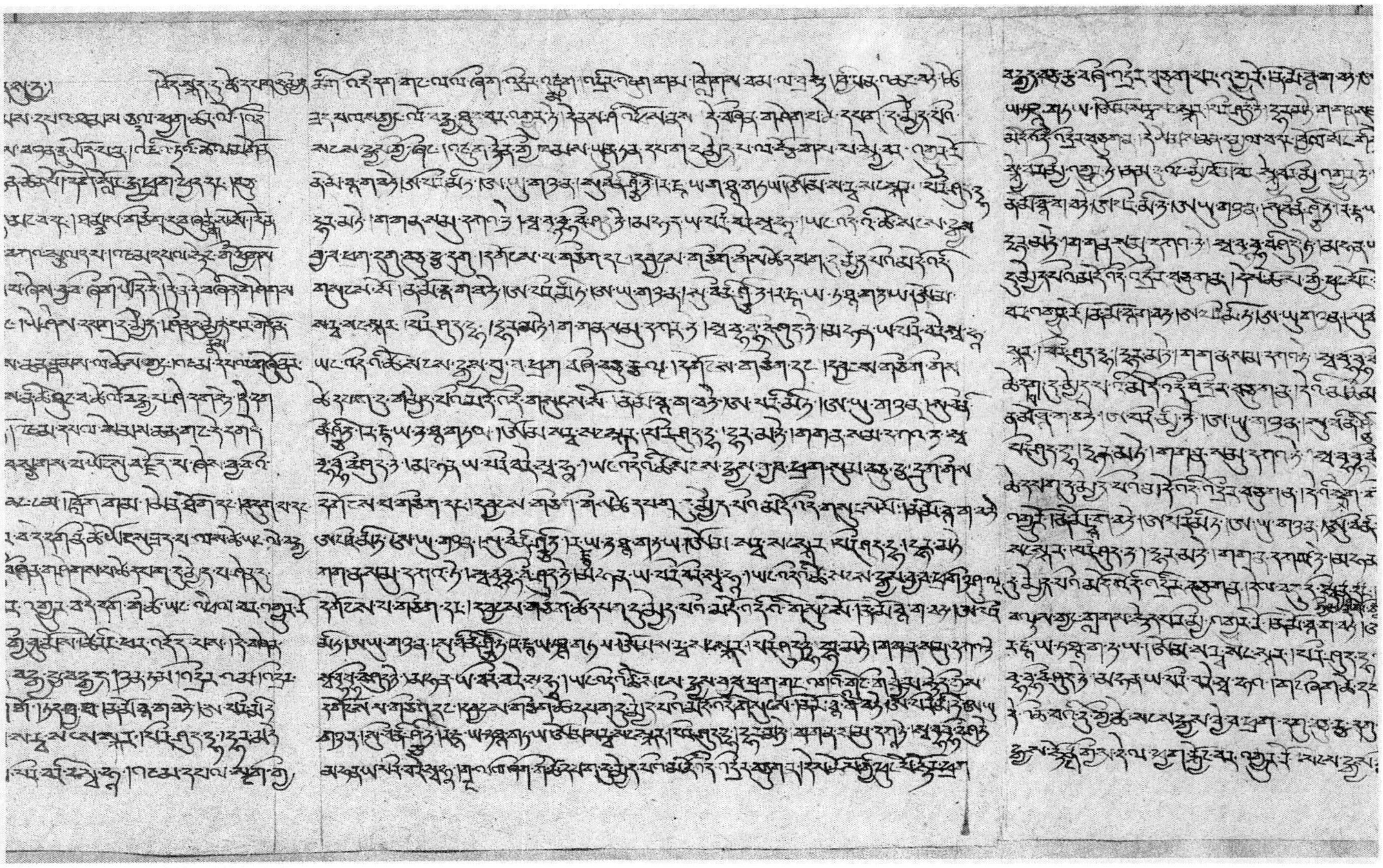

BD14314 號 2　藏文（無量壽宗要經甲本）　　（24–8）

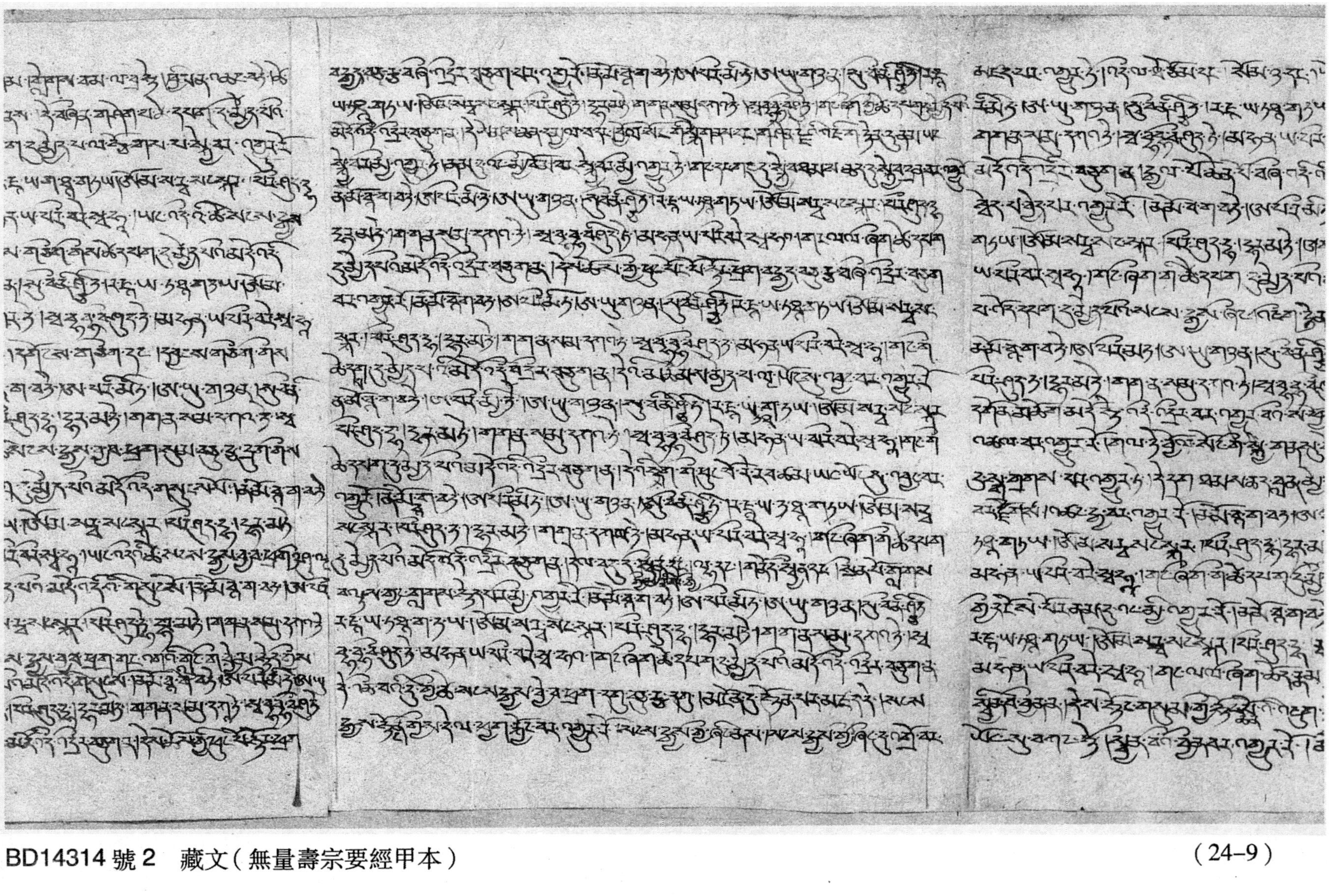

BD14314 號 2　藏文（無量壽宗要經甲本）　　（24–9）

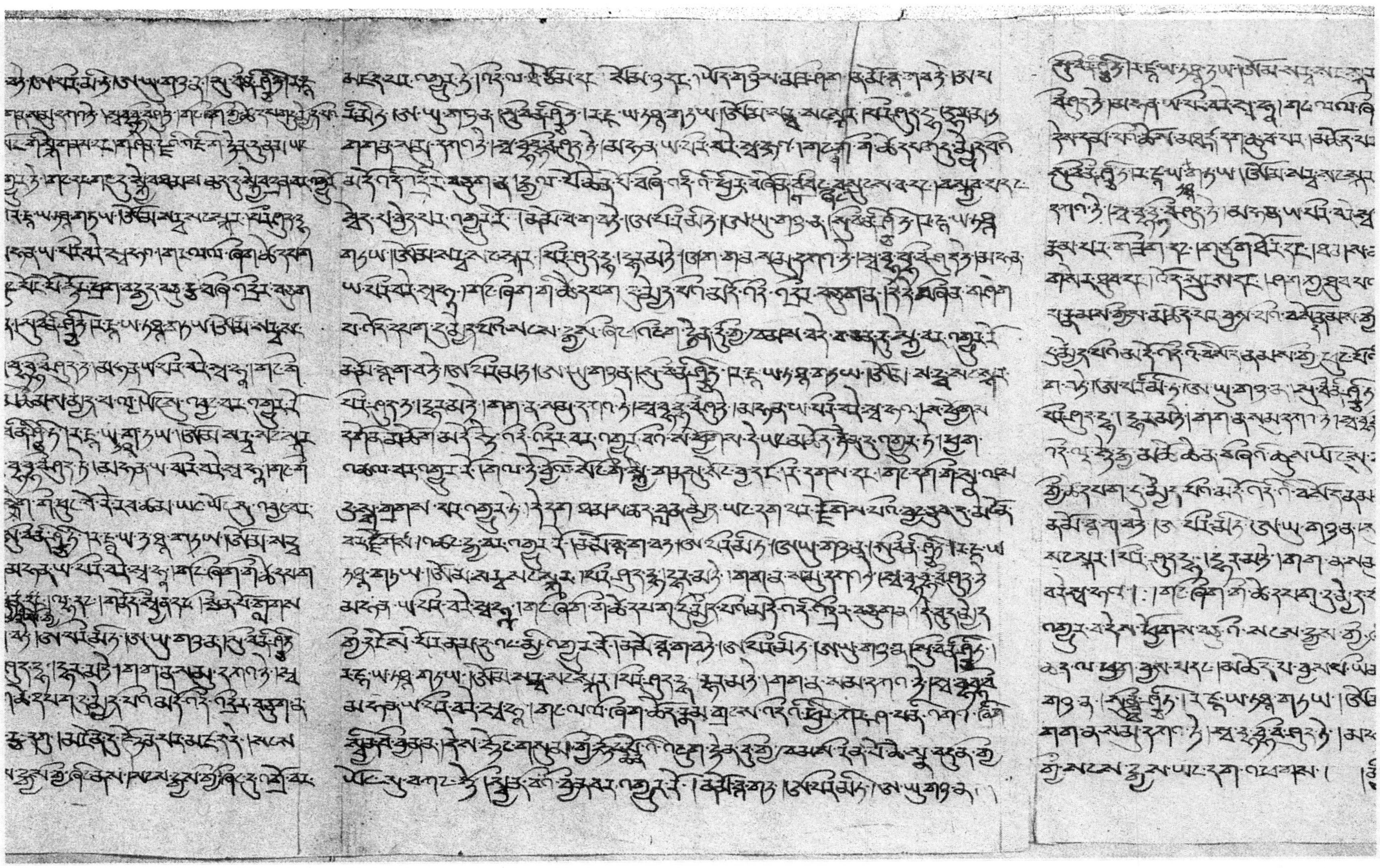

BD14314 號 2　藏文（無量壽宗要經甲本）　　（24–10）

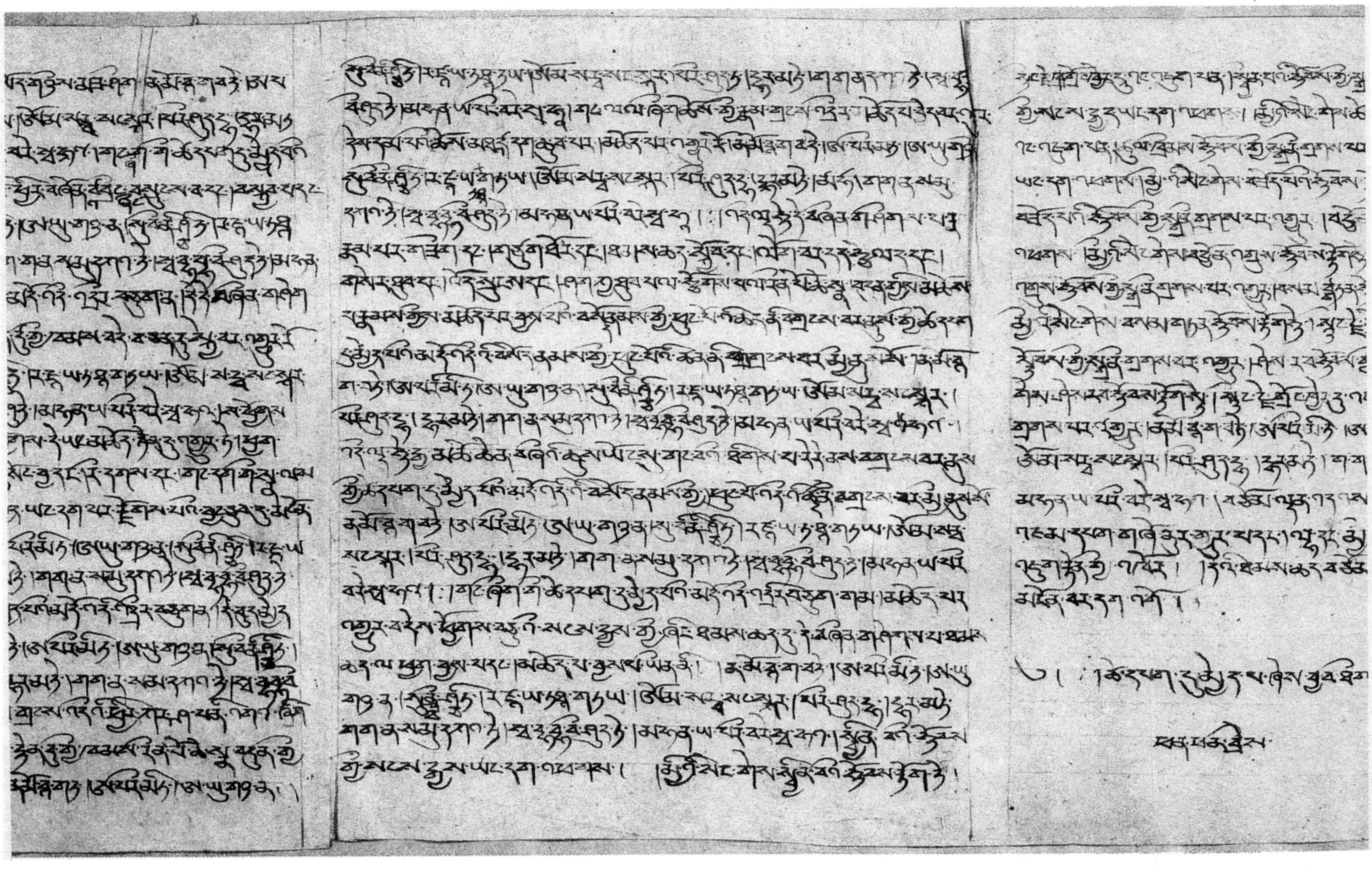

BD14314 號 2　藏文（無量壽宗要經甲本）　　（24–11）

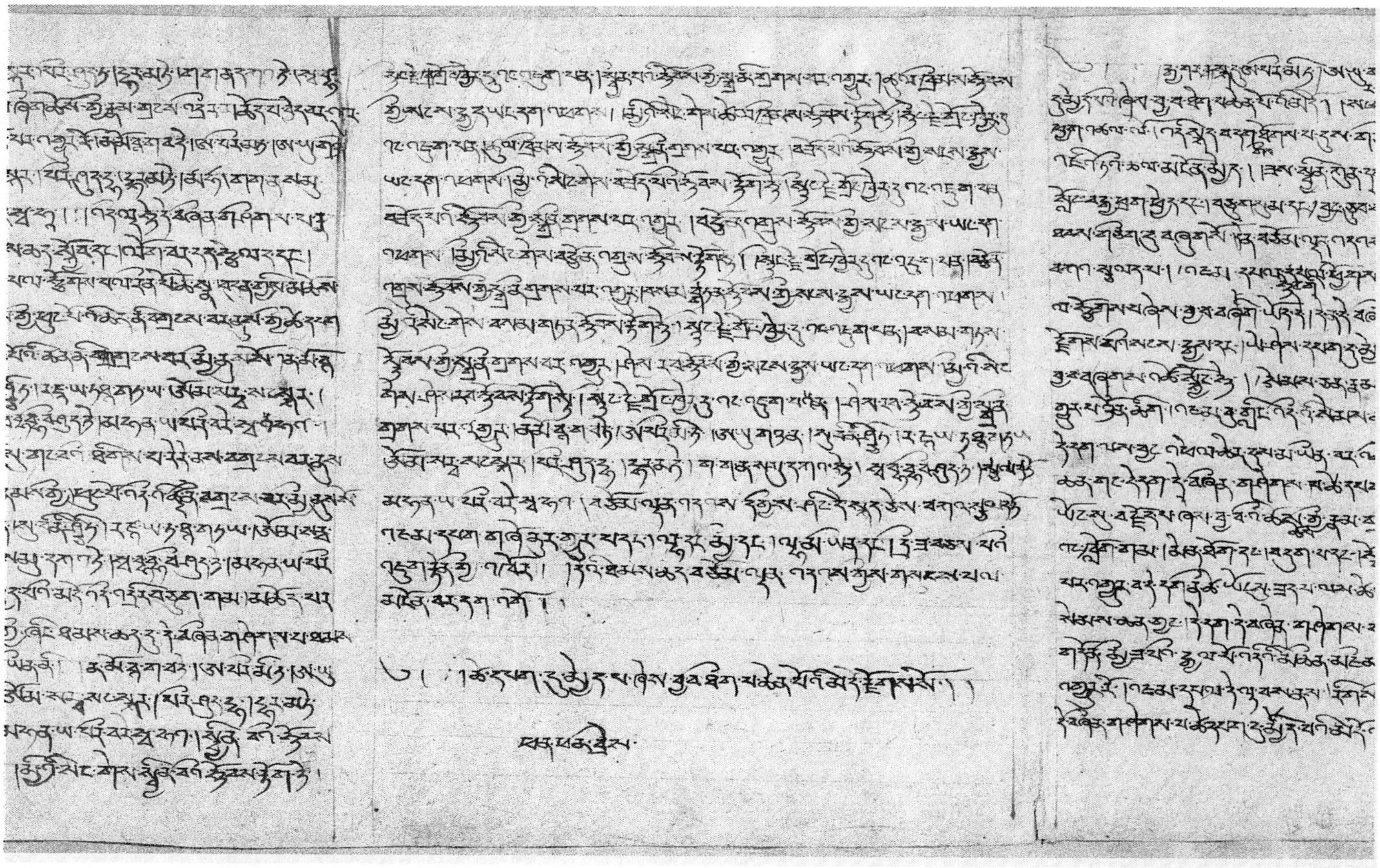

BD14314 號 2　藏文(無量壽宗要經甲本)　(24–12)

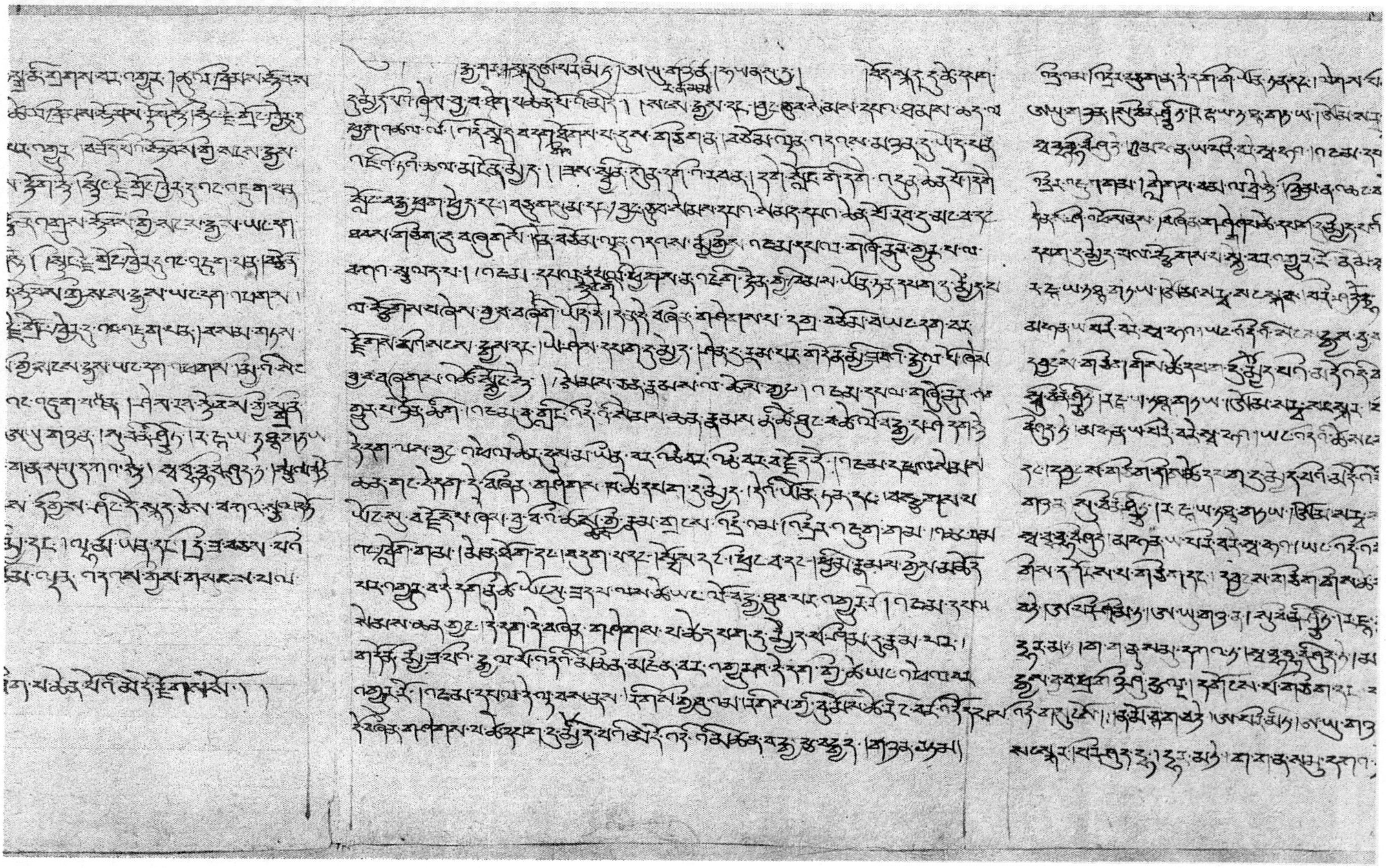

BD14314 號 3　藏文(無量壽宗要經甲本)　(24–13)

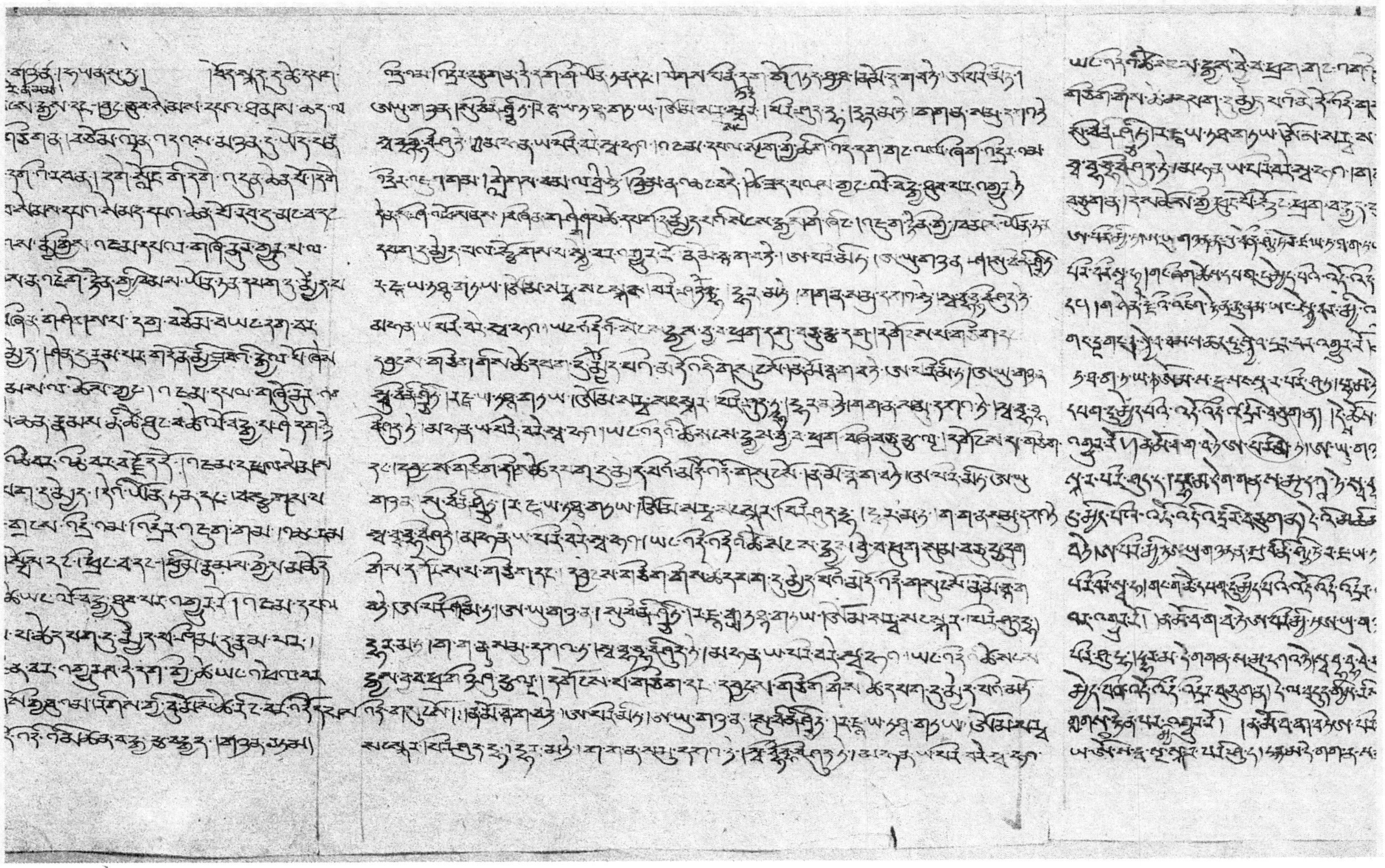

BD14314 號 3　藏文（無量壽宗要經甲本）　　（24–14）

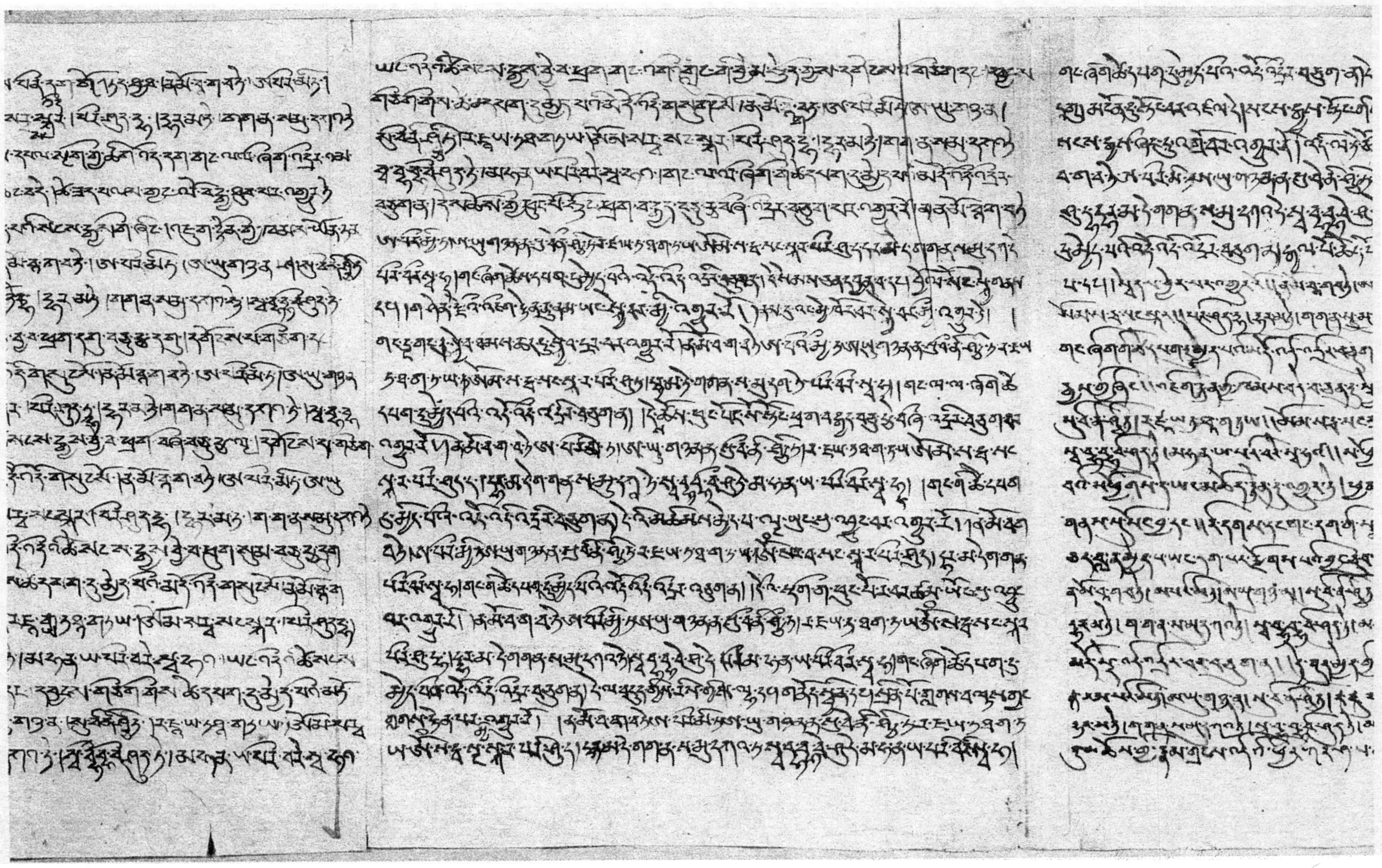

BD14314 號 3　藏文（無量壽宗要經甲本）　　（24–15）

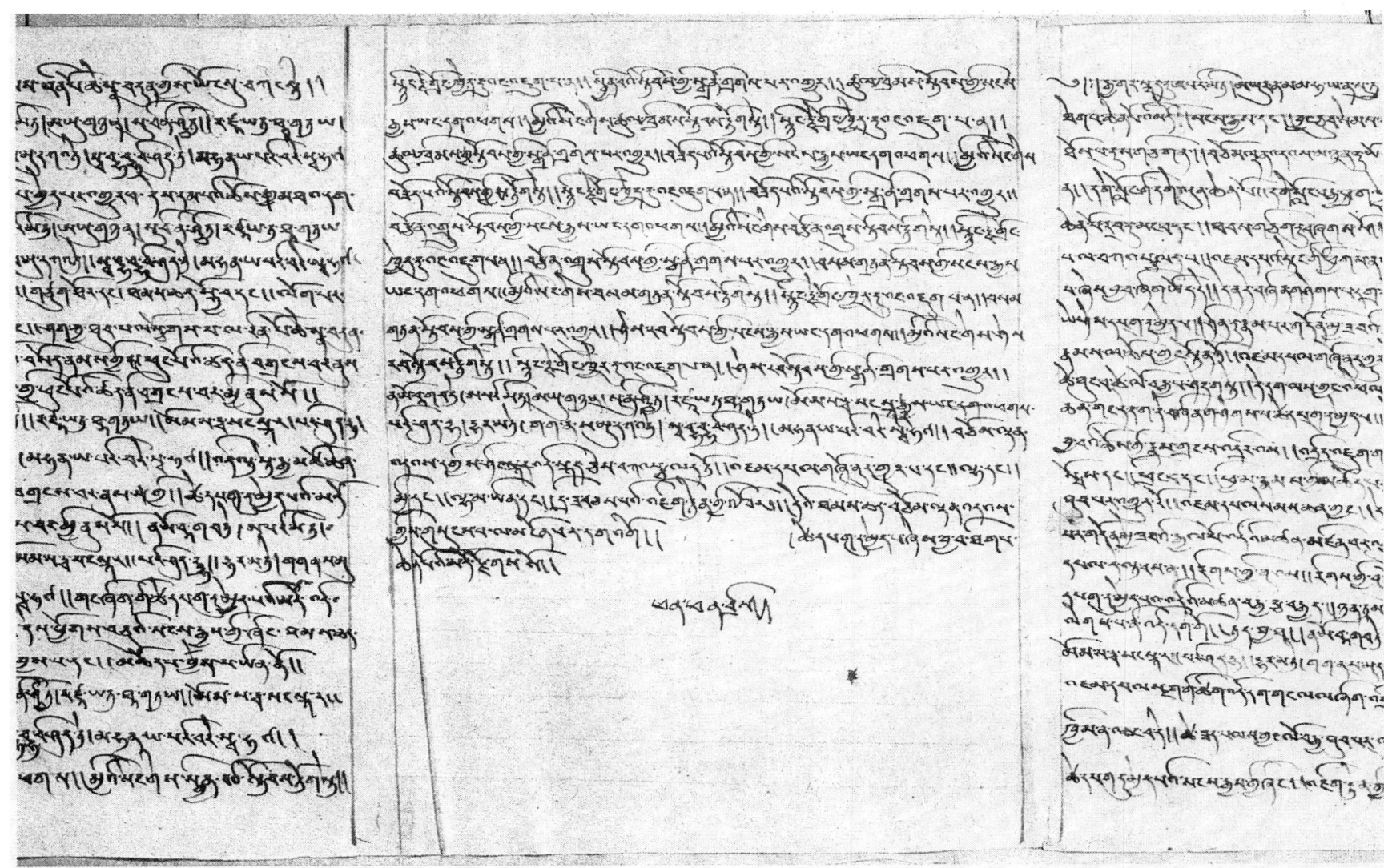

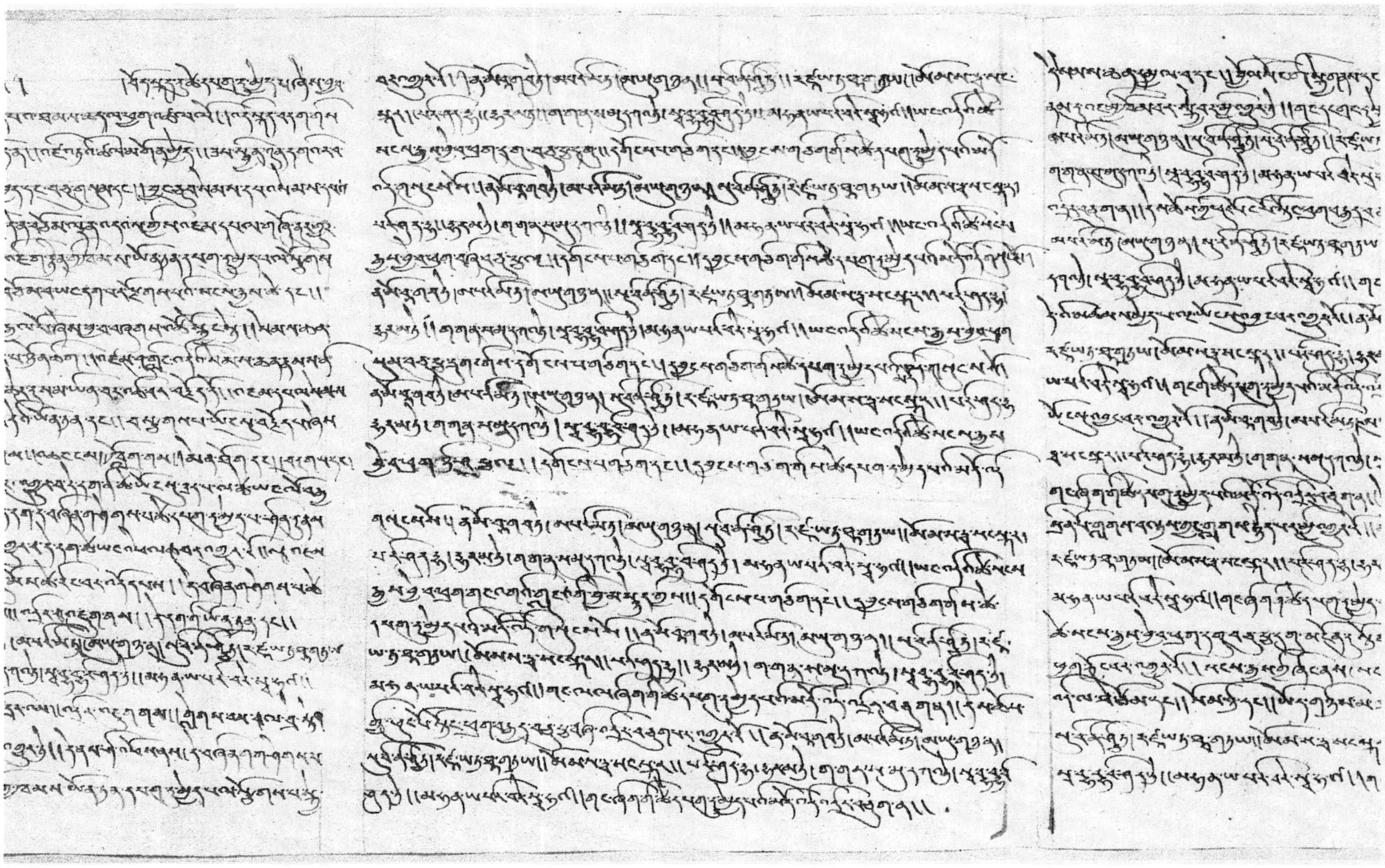

BD14314 號 4　藏文(無量壽宗要經甲本)　　(24–20)

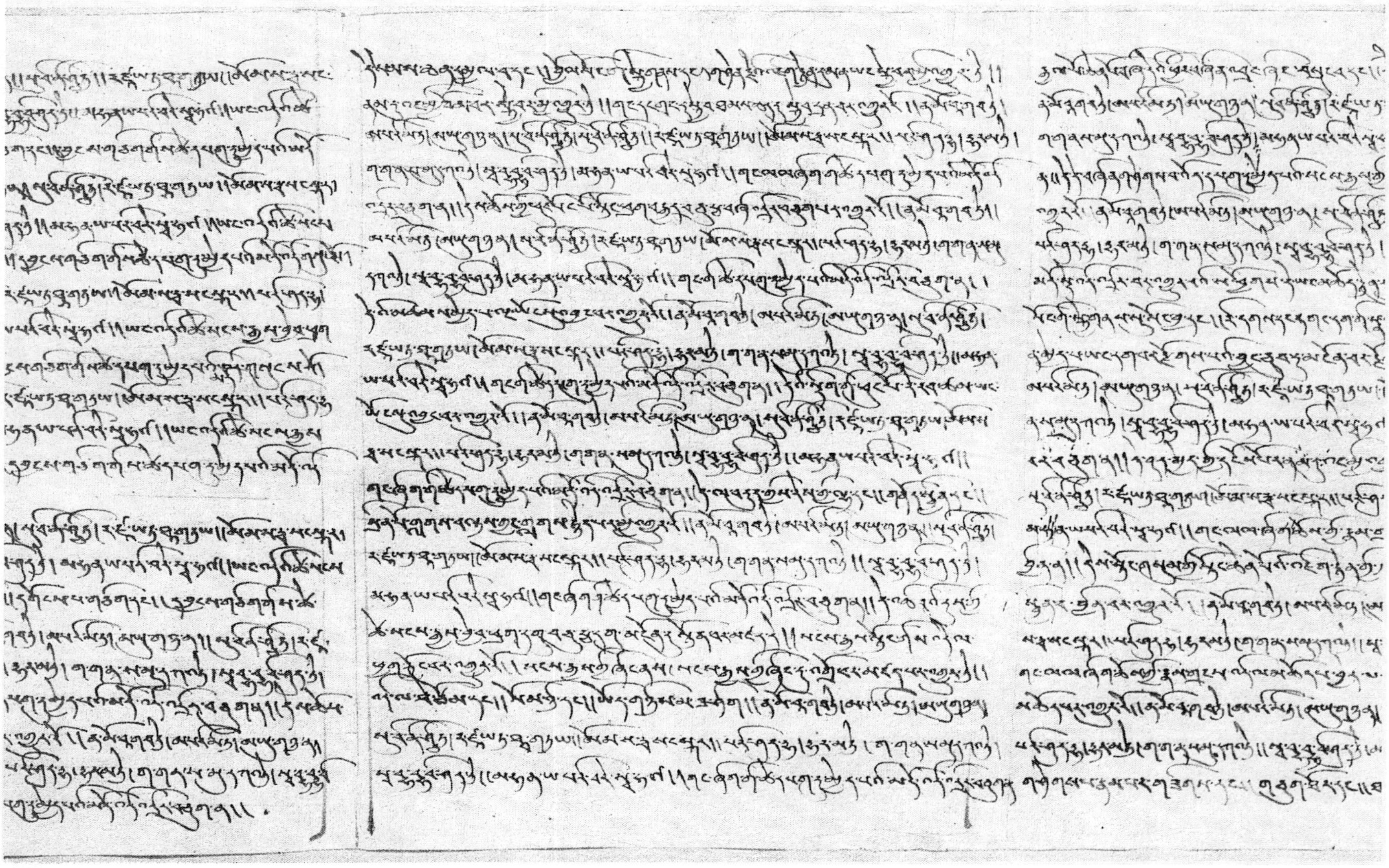

BD14314 號 4　藏文(無量壽宗要經甲本)　　(24–21)

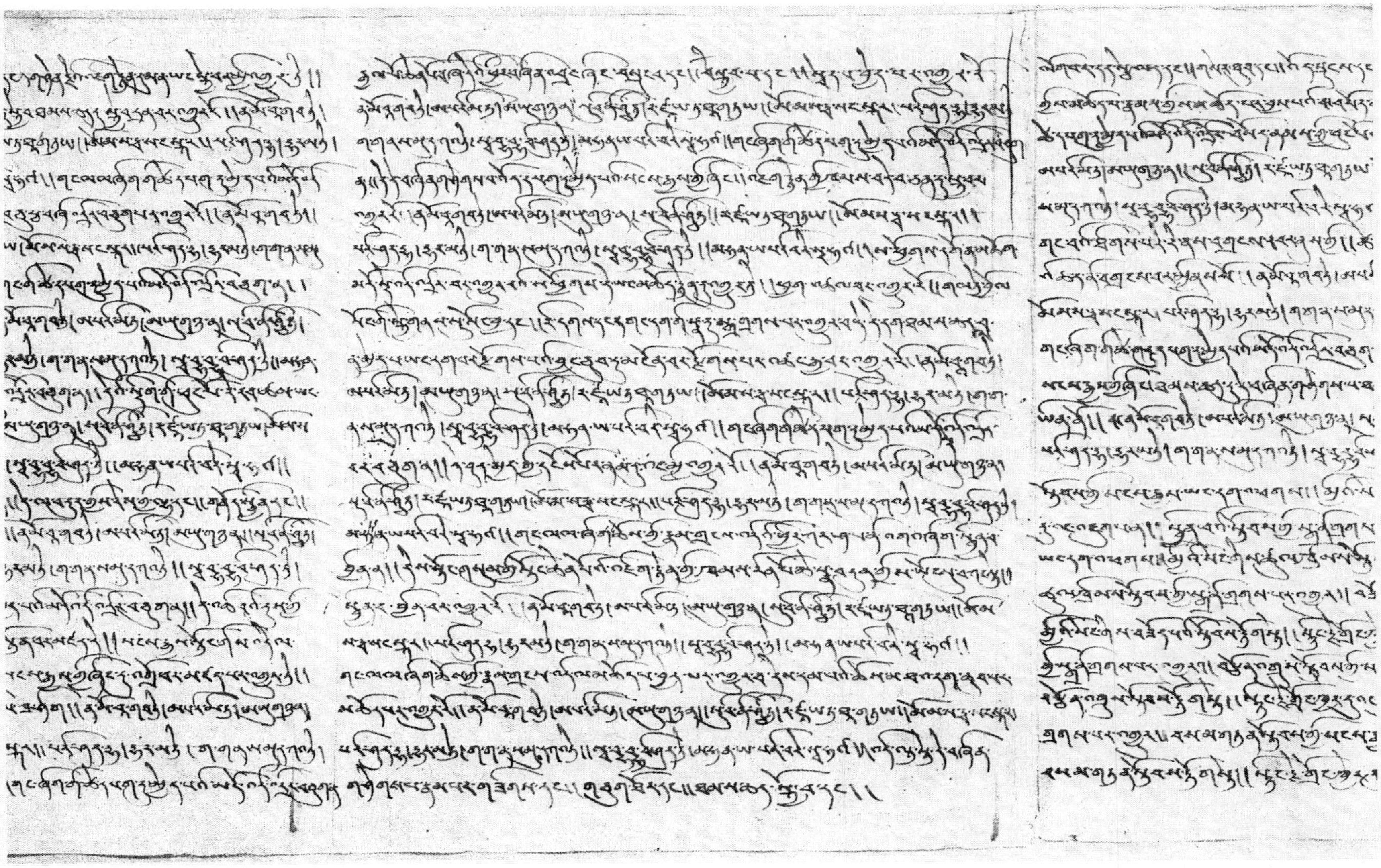

BD14314 號 4　藏文（無量壽宗要經甲本）　　（24–22）

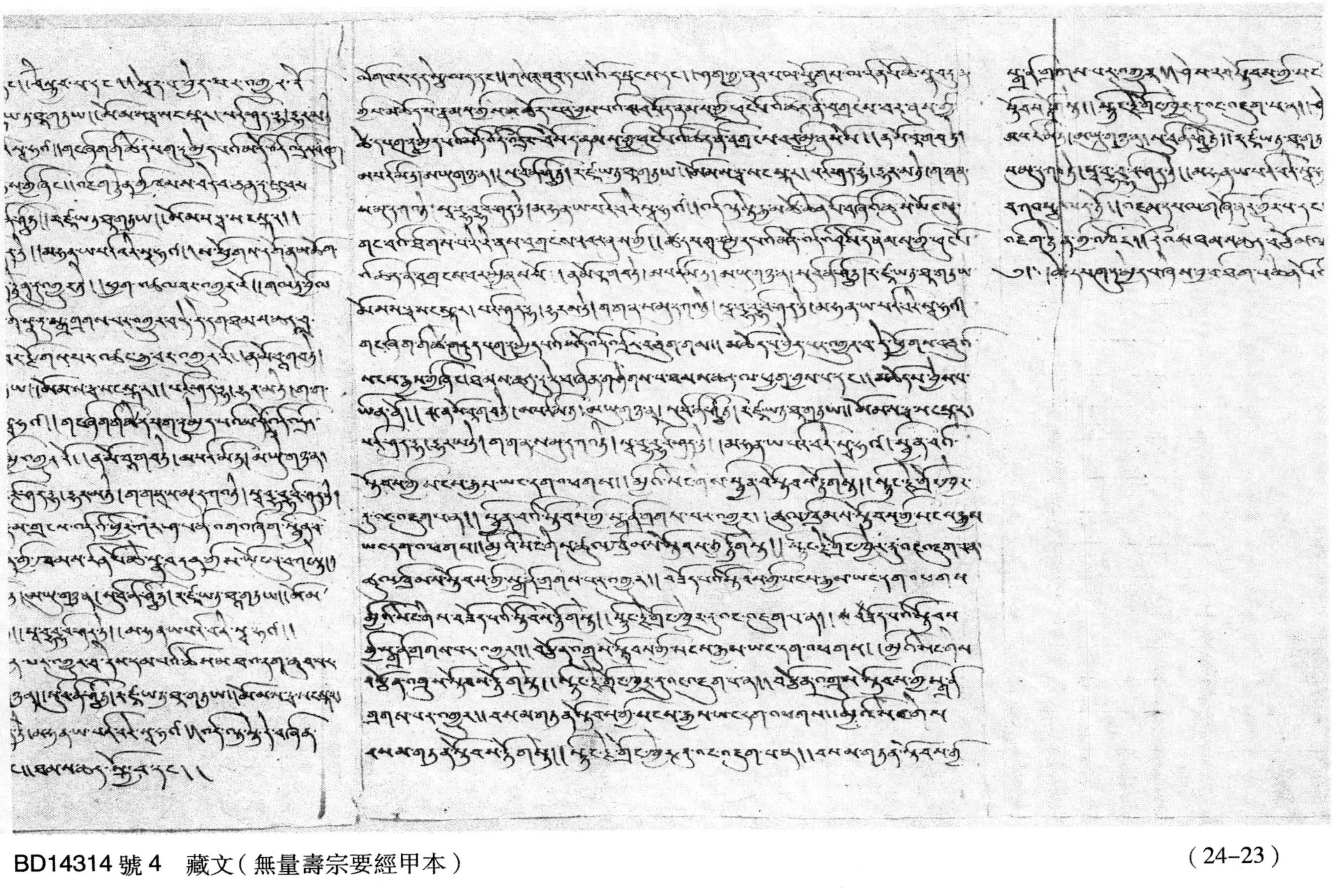

BD14314 號 4　藏文（無量壽宗要經甲本）　　（24–23）

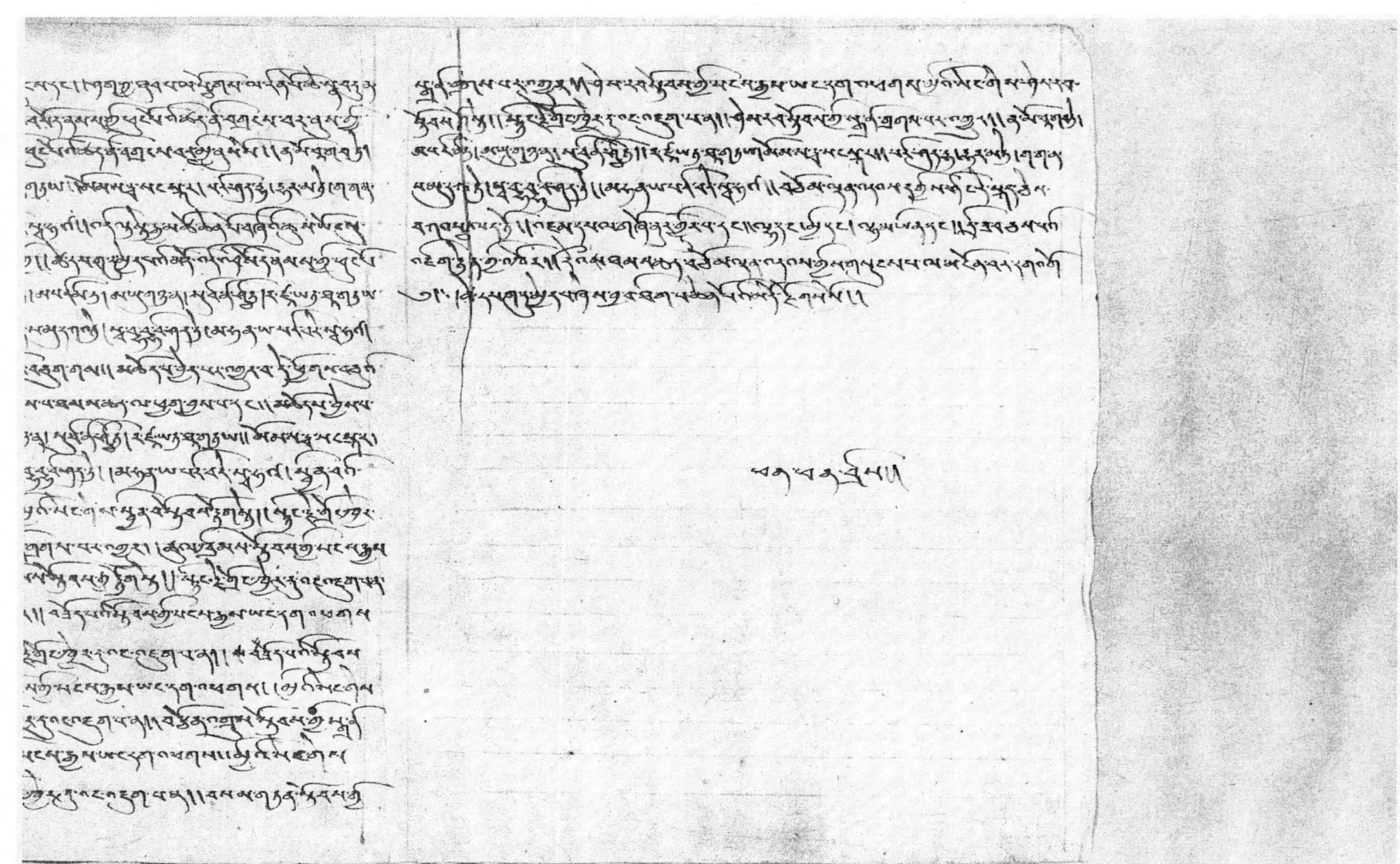

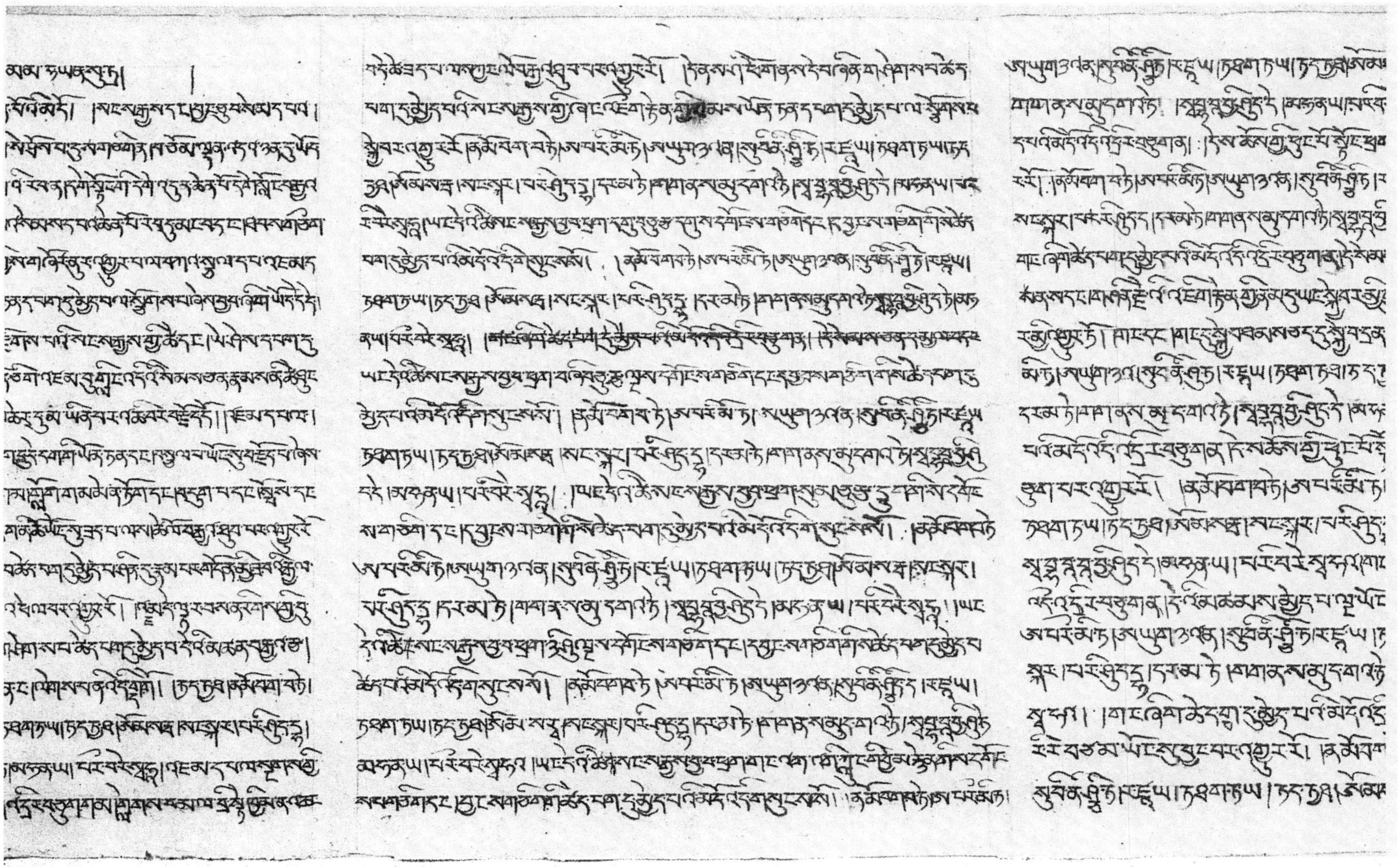

BD14315 號　藏文（無量壽宗要經甲本）　　（6–2）

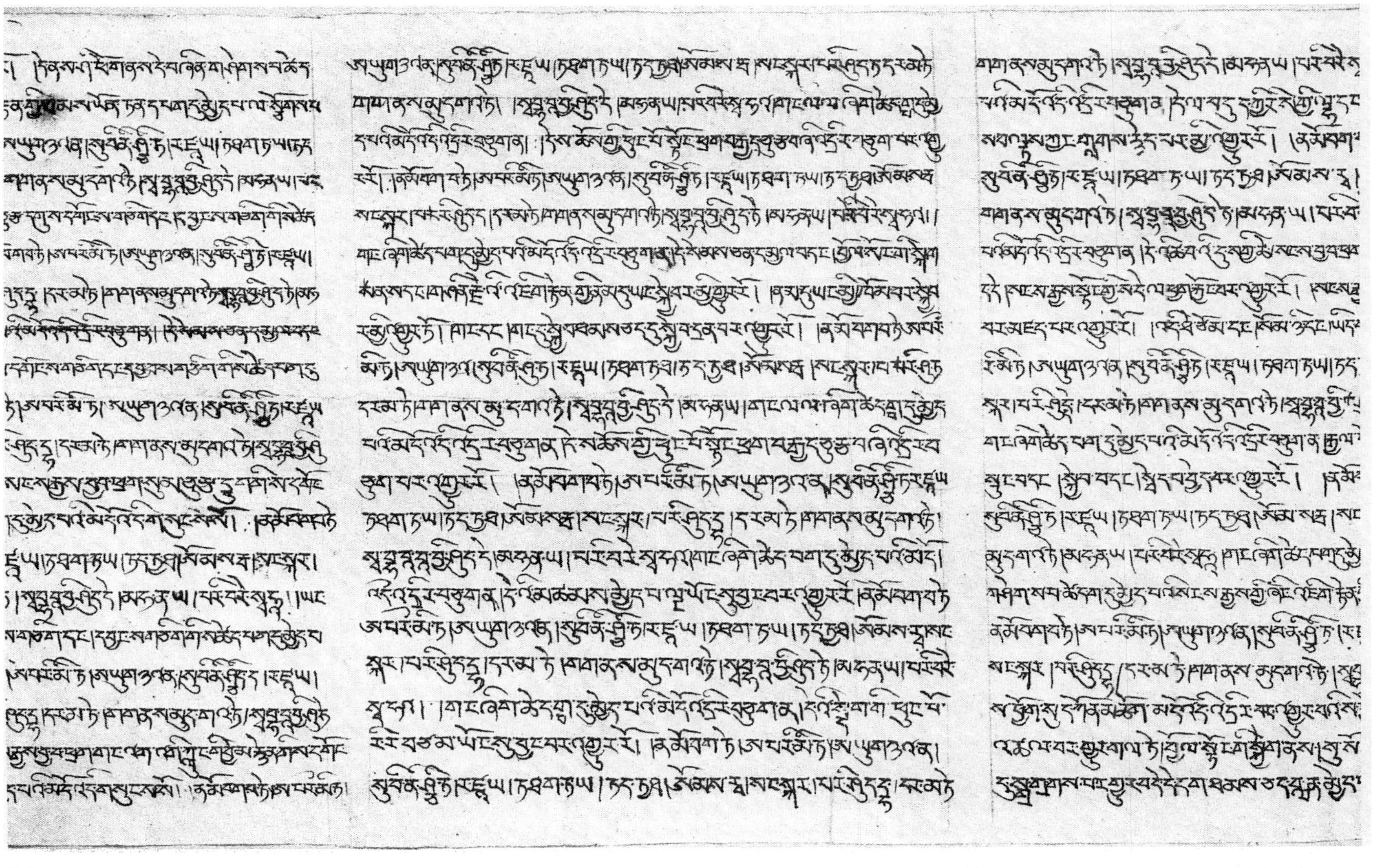

BD14315 號　藏文（無量壽宗要經甲本）　　（6–3）

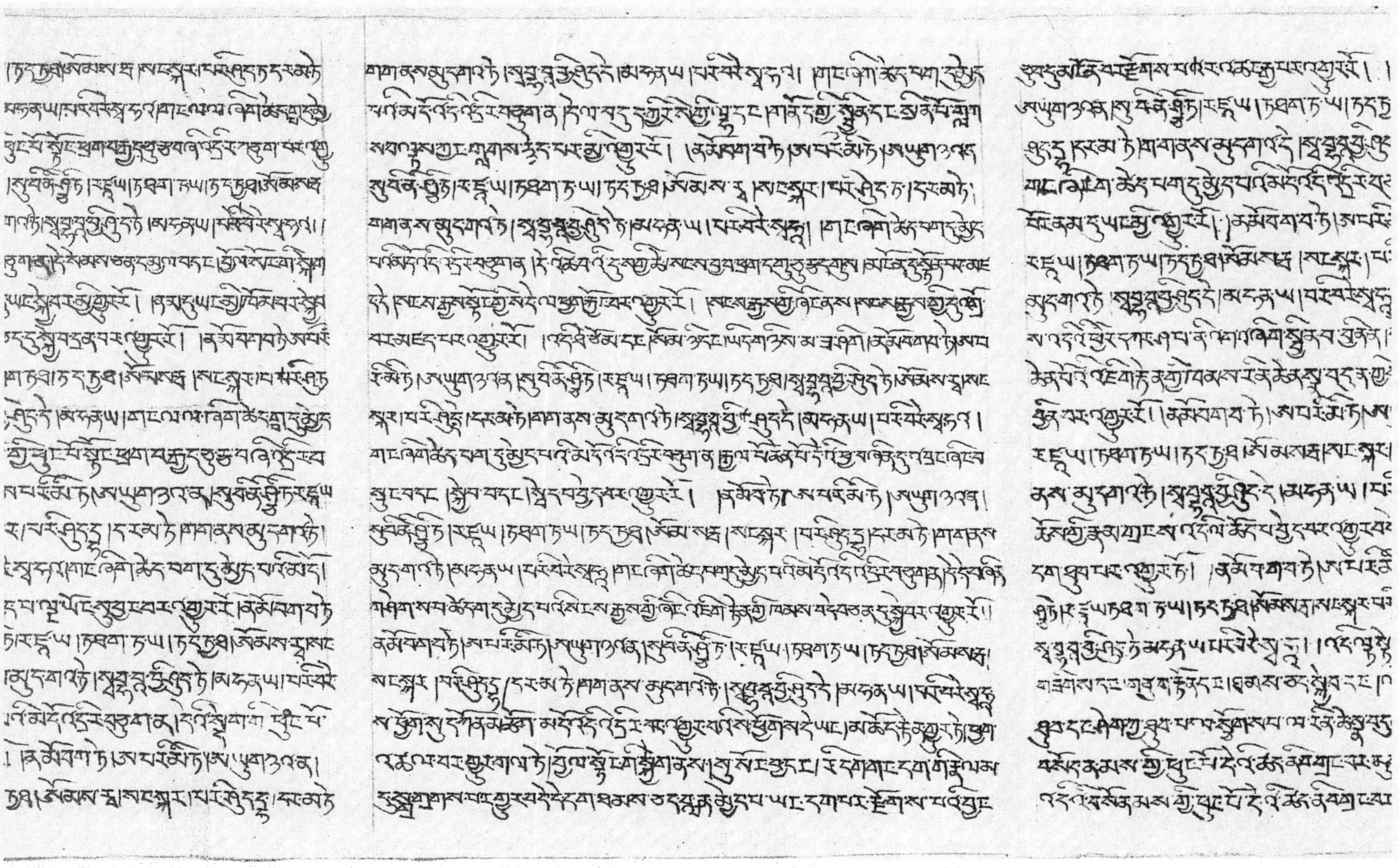

BD14315 號　藏文（無量壽宗要經甲本）　　（6–4）

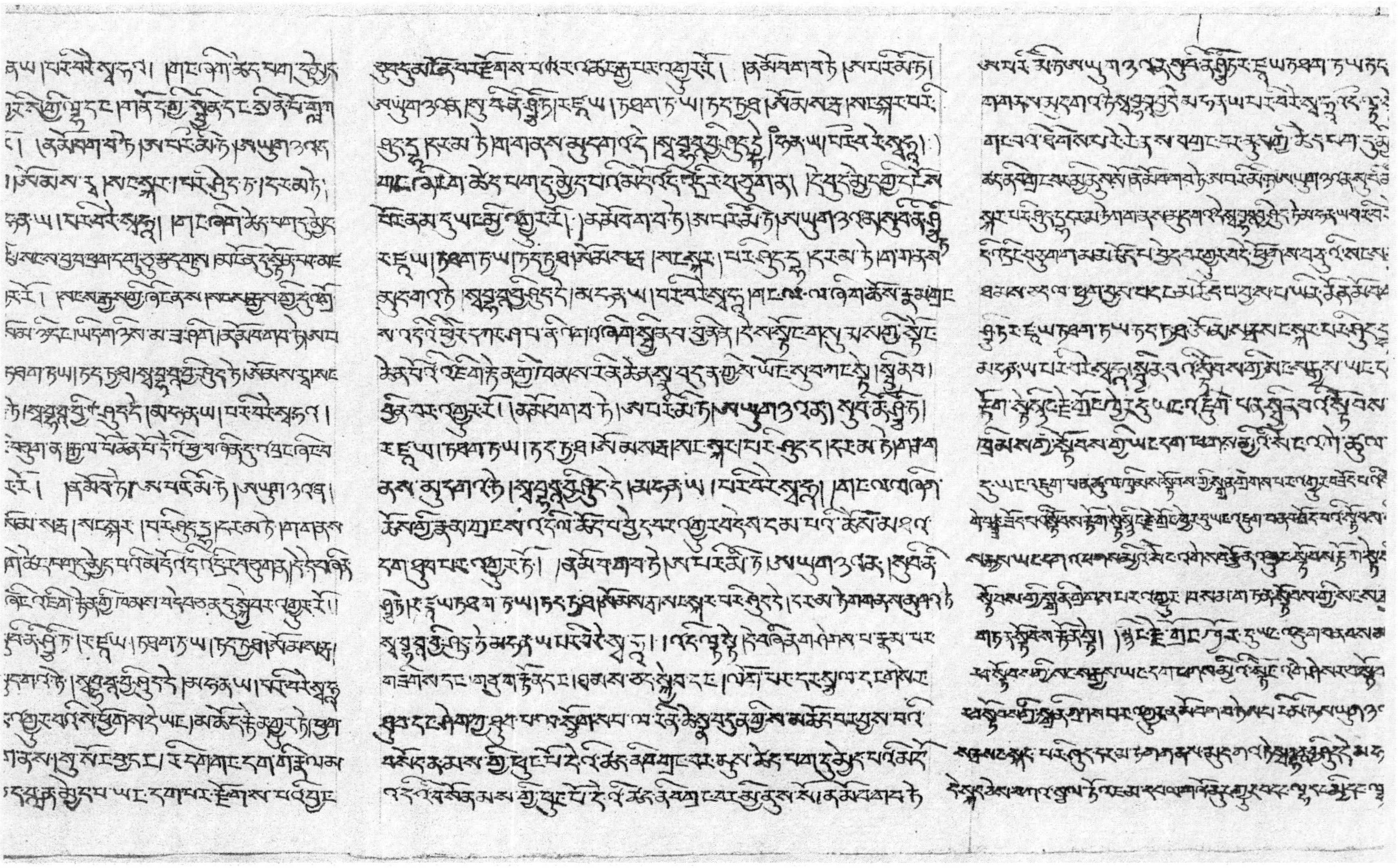

BD14315 號　藏文（無量壽宗要經甲本）　　（6–5）

BD14315號　藏文（無量壽宗要經甲本）

BD14316號　藏文（無量壽宗要經甲本）

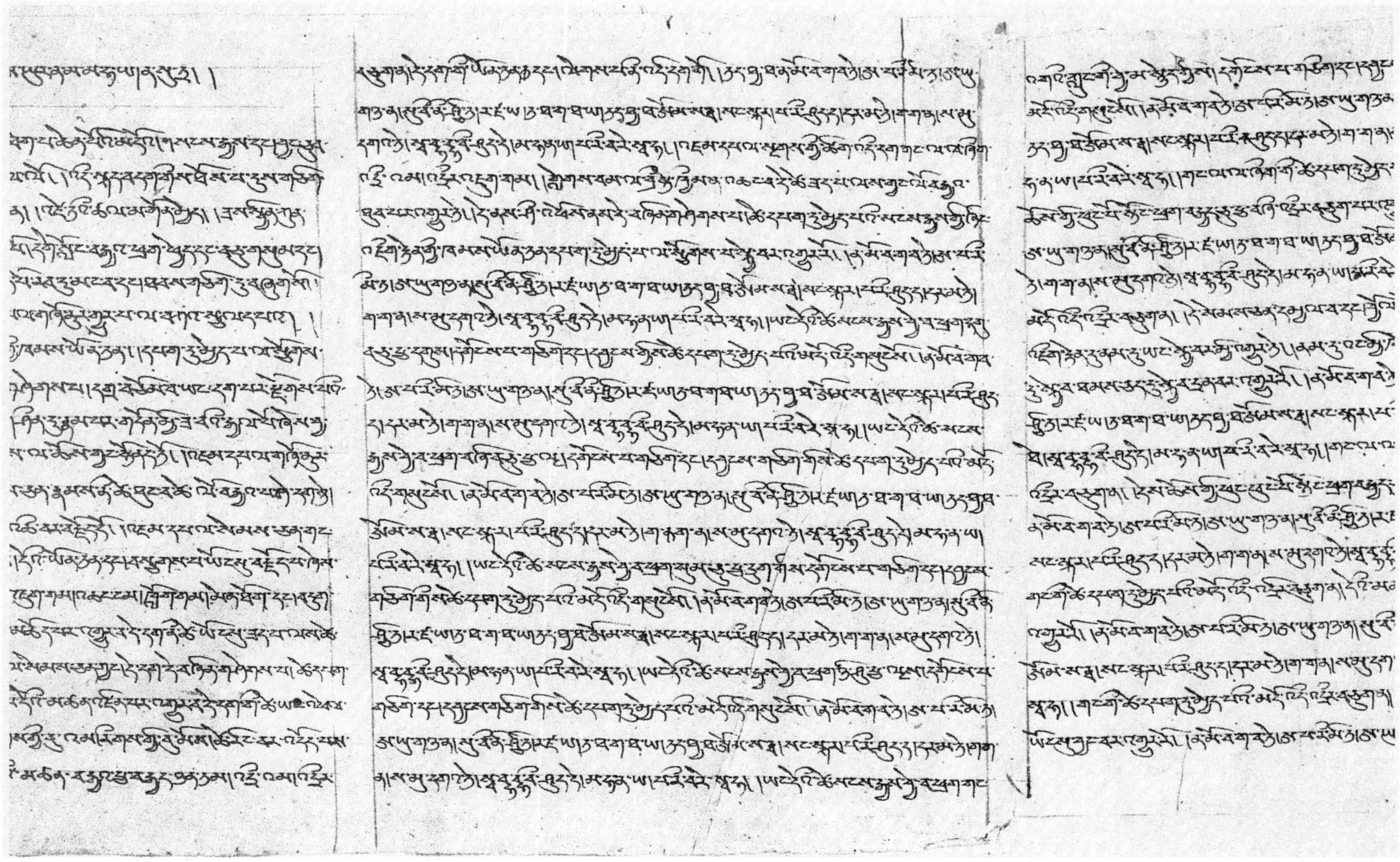

BD14316 號　藏文（無量壽宗要經甲本）　　（6–2）

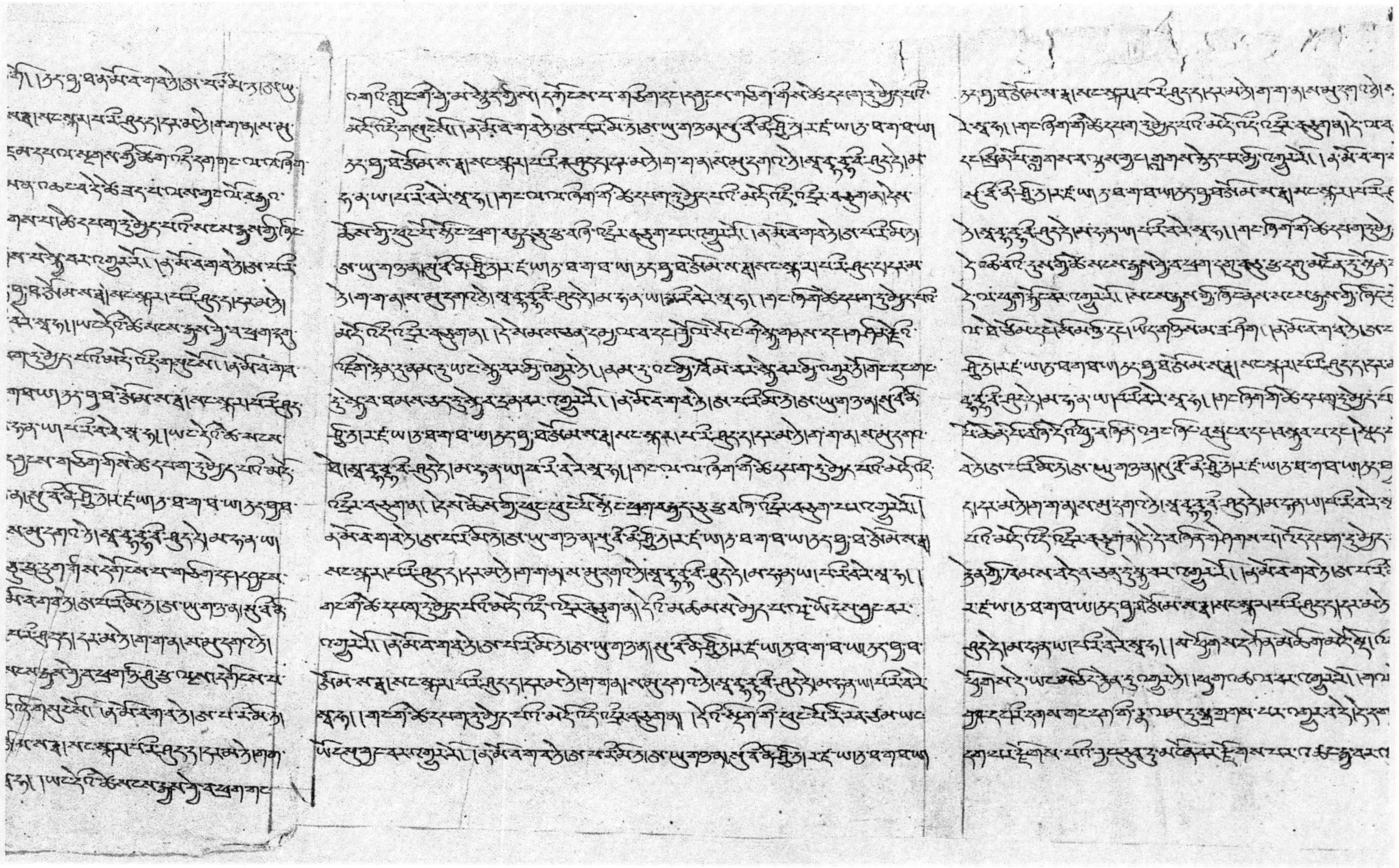

BD14316 號　藏文（無量壽宗要經甲本）　　（6–3）

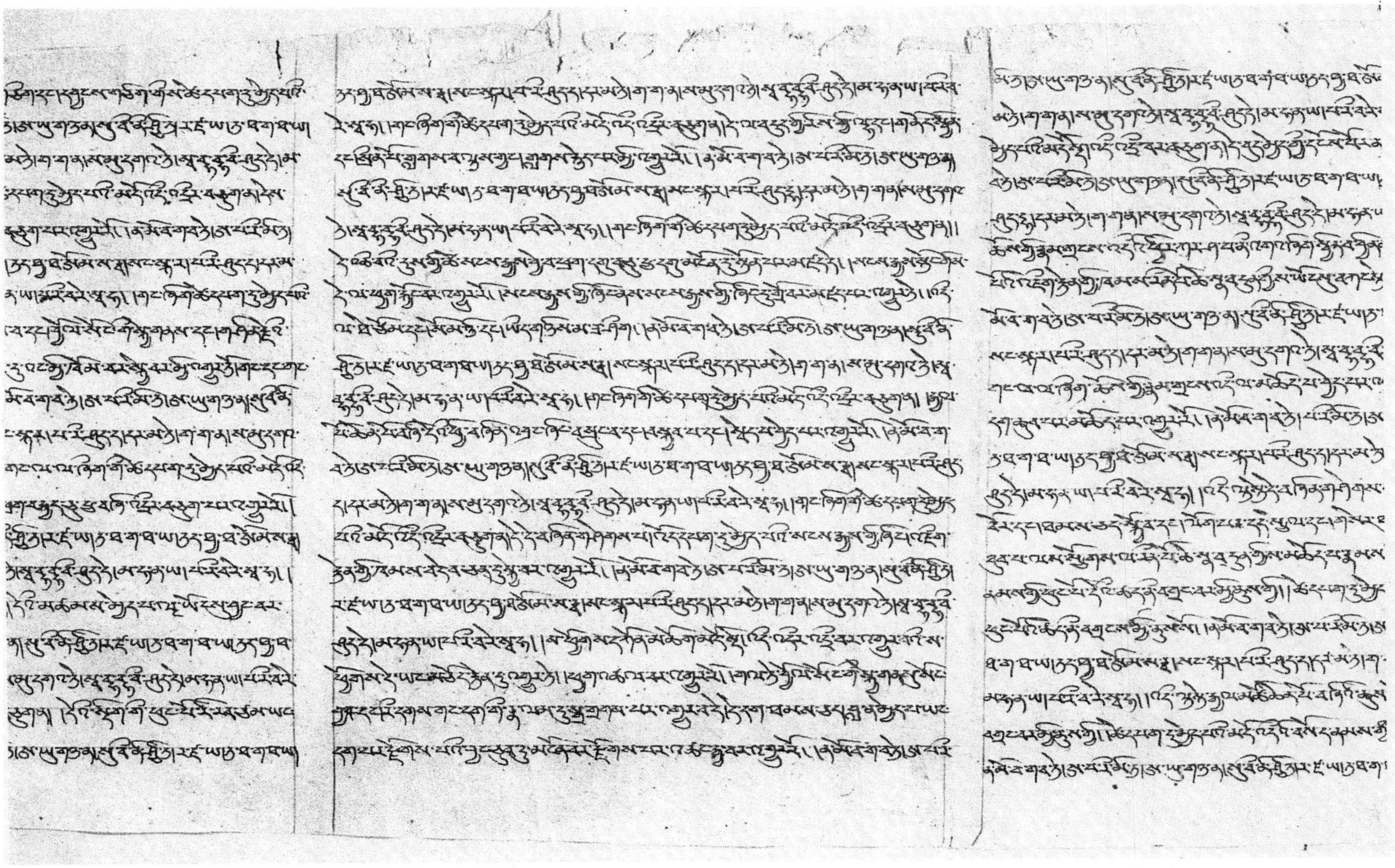

BD14316 號　藏文（無量壽宗要經甲本）　　（6–4）

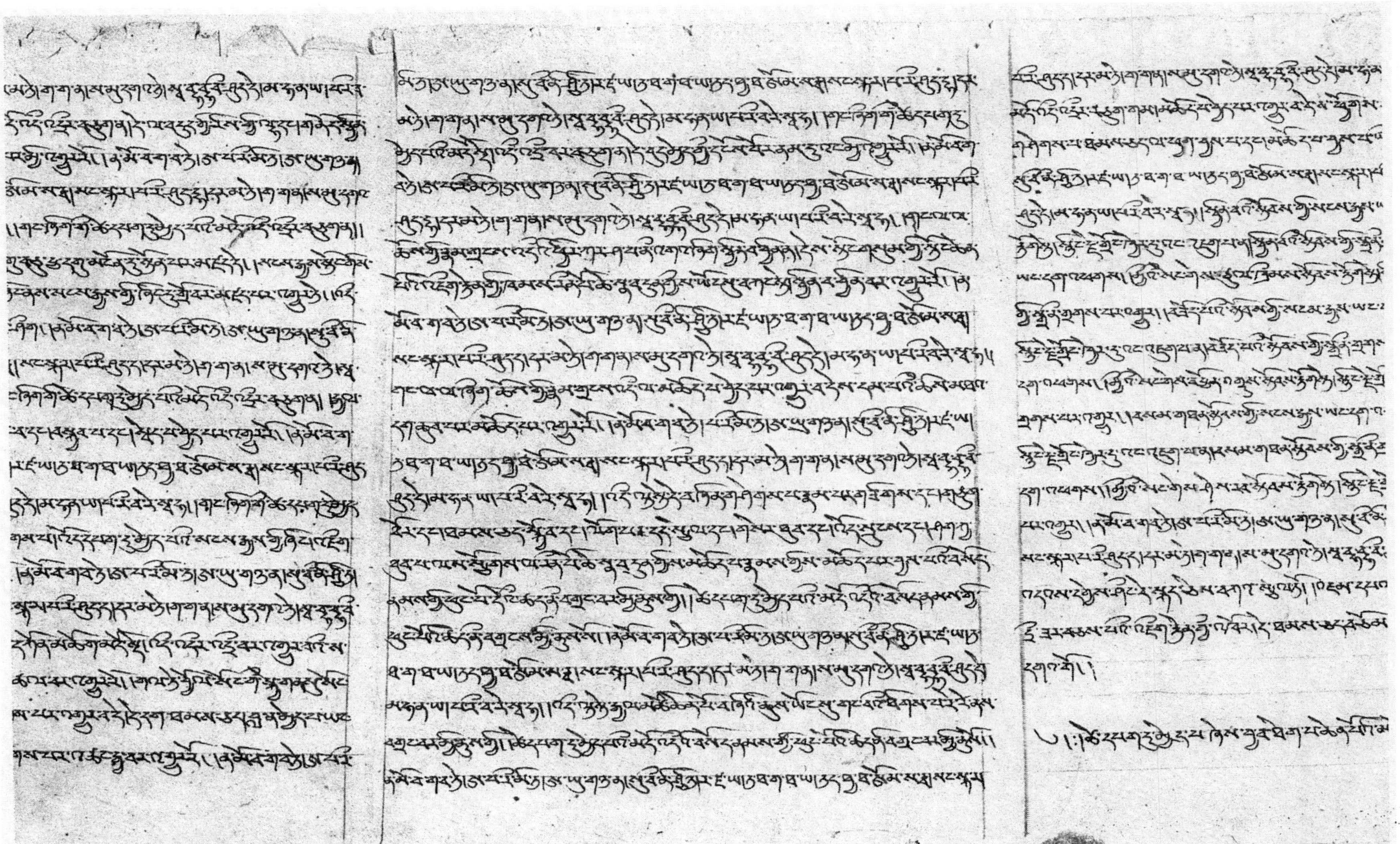

BD14316 號　藏文（無量壽宗要經甲本）　　（6–5）

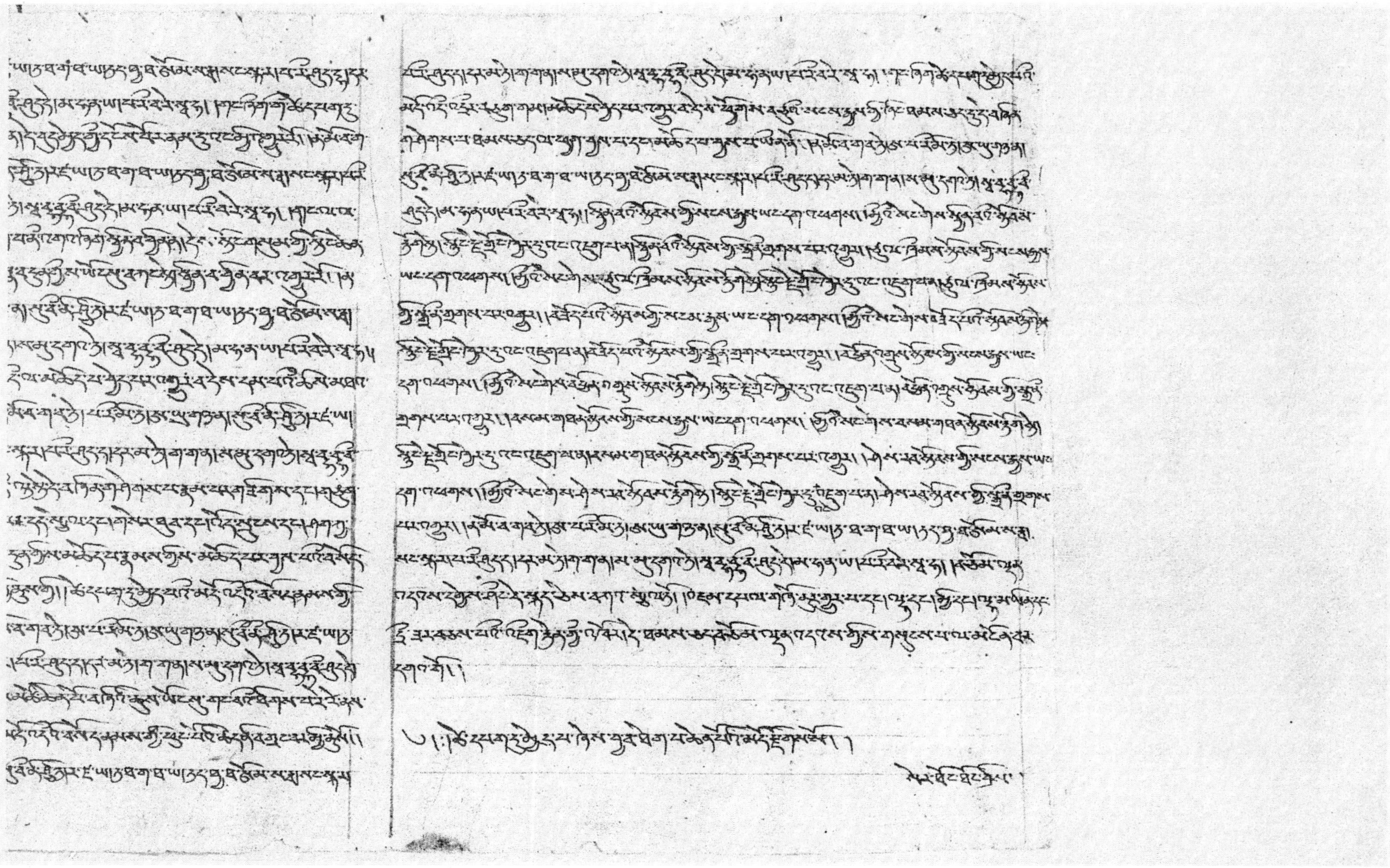

BD14316 號　藏文（無量壽宗要經甲本）　（6–6）

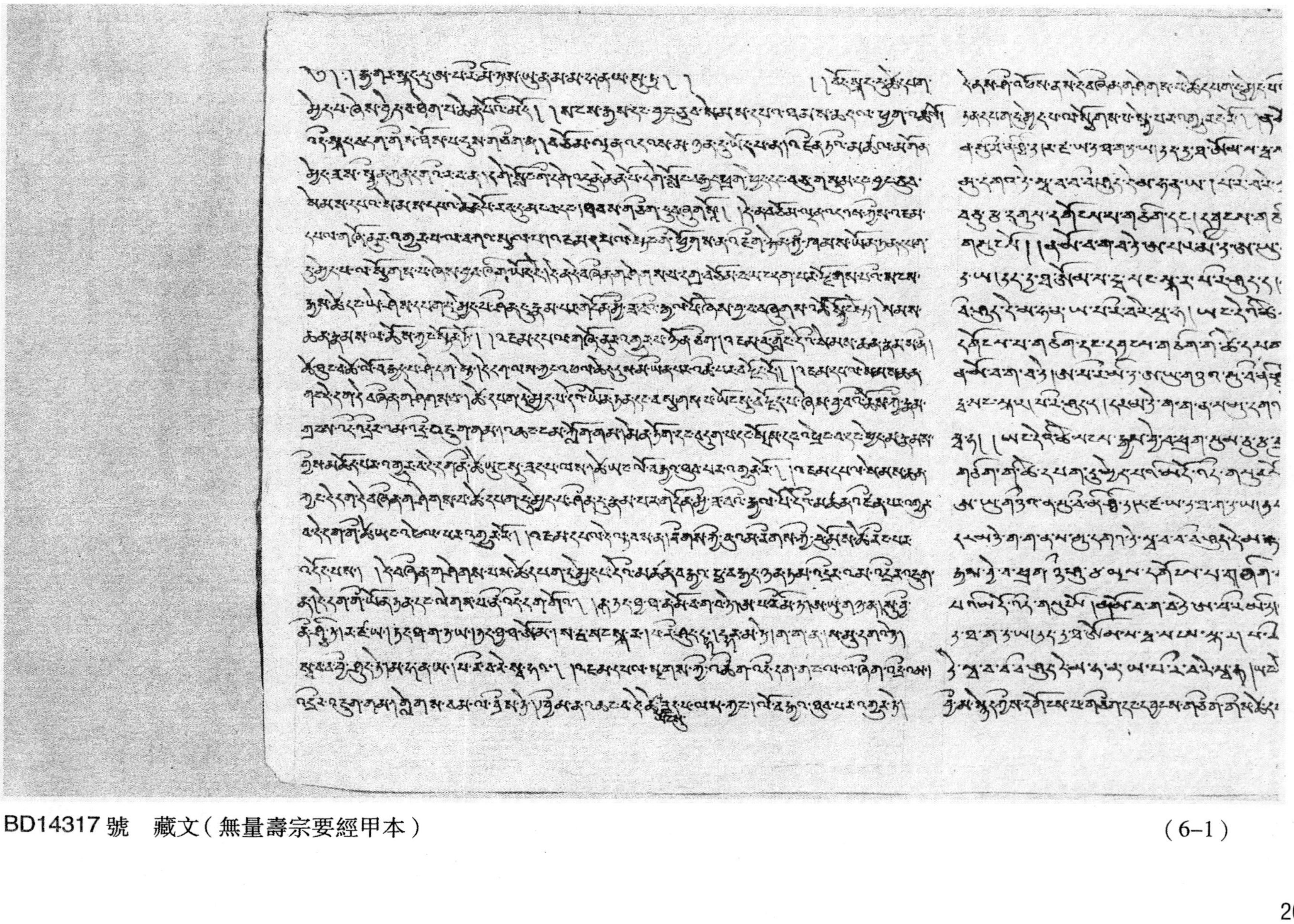

BD14317 號　藏文（無量壽宗要經甲本）　（6–1）

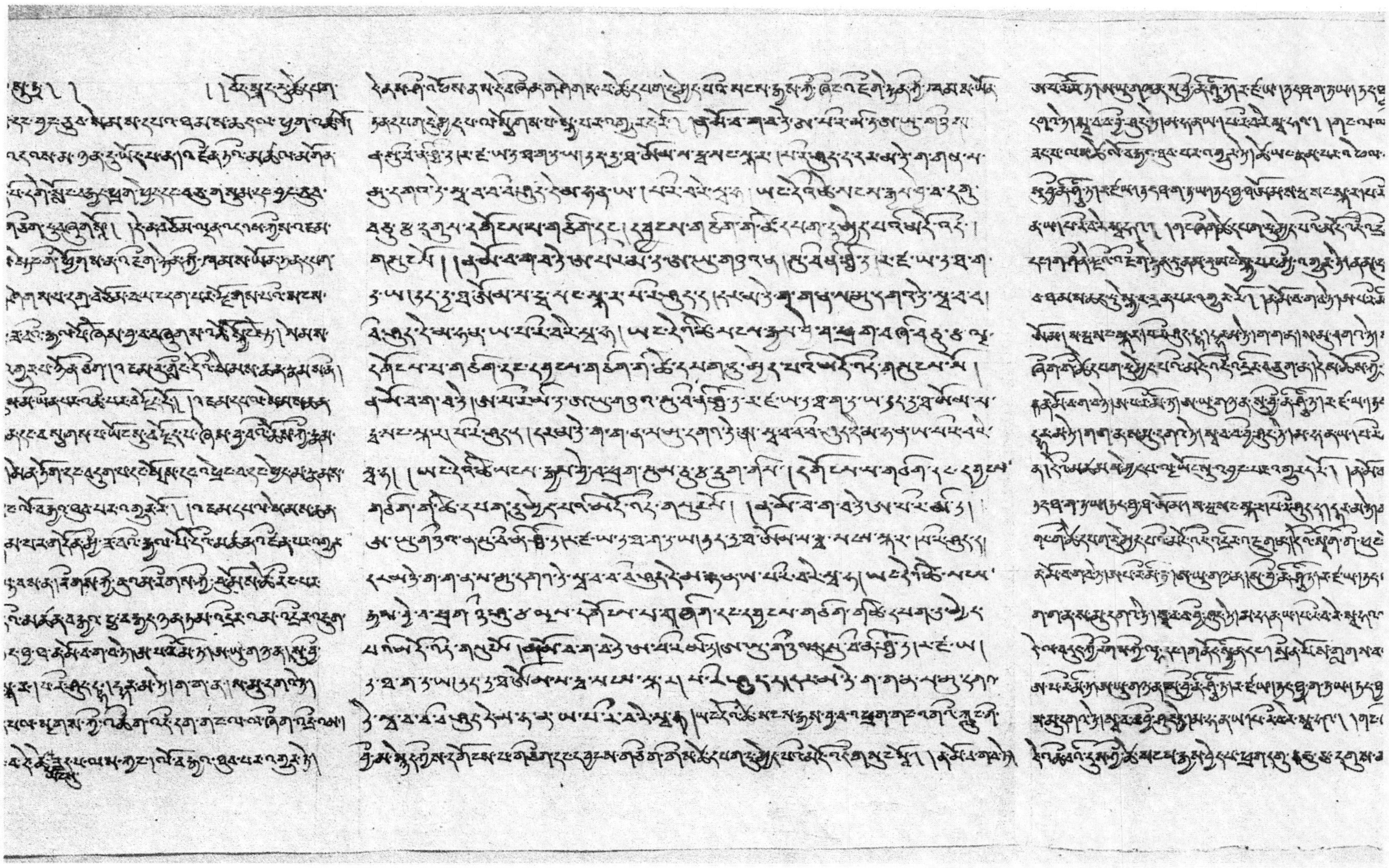

BD14317 號　藏文（無量壽宗要經甲本）　　（6–2）

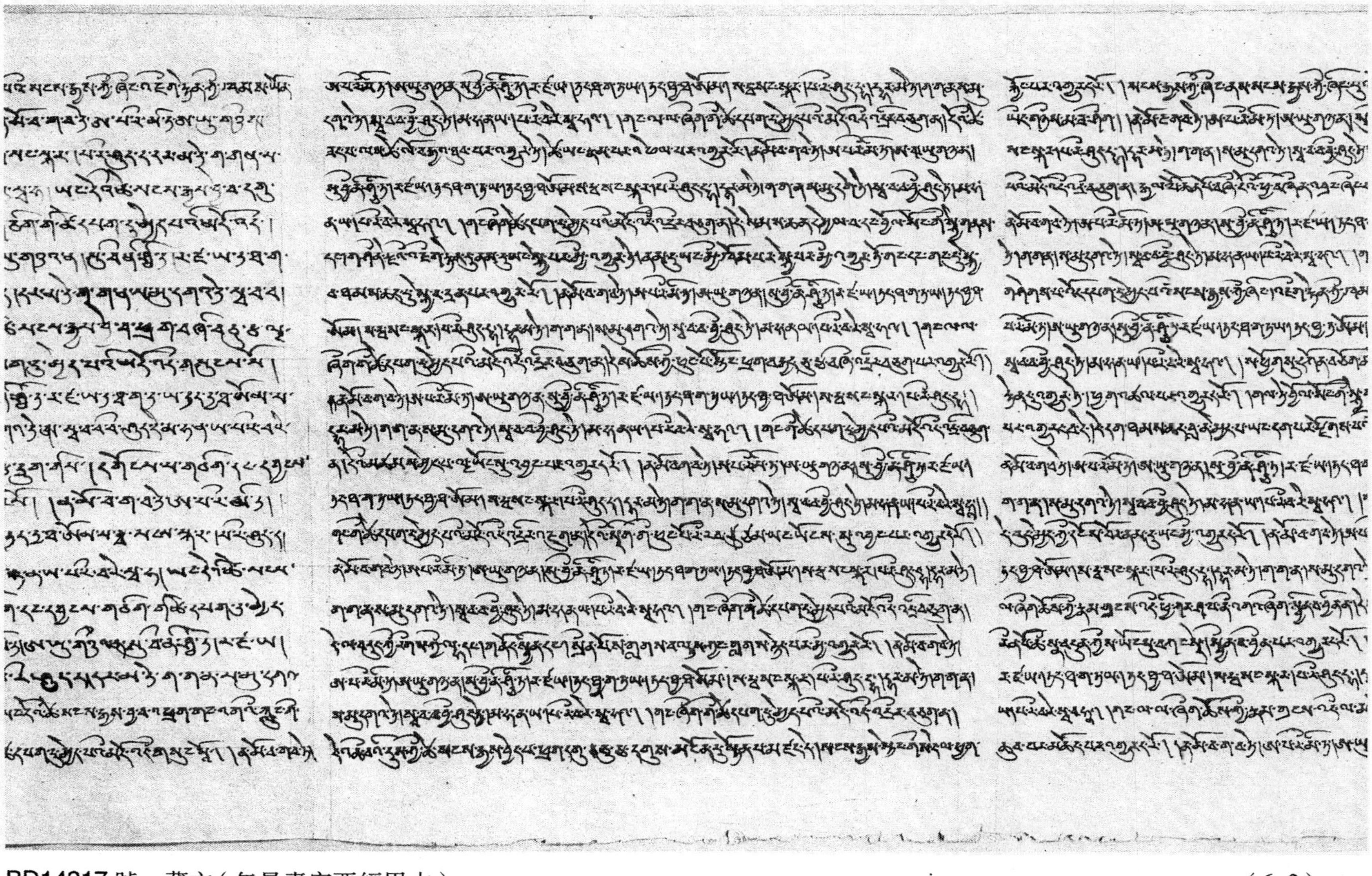

BD14317 號　藏文（無量壽宗要經甲本）　　（6–3）

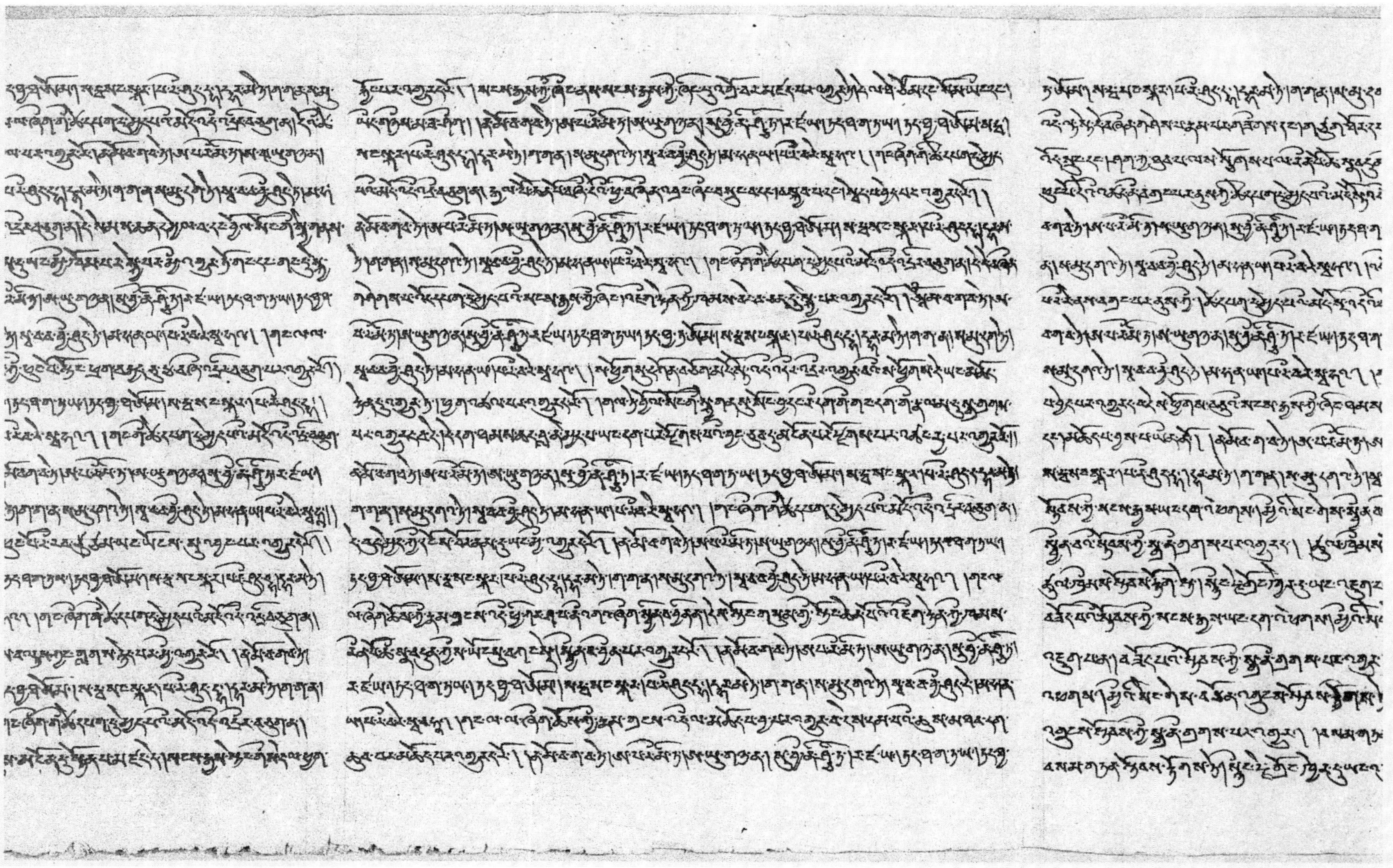

BD14317 號　藏文（無量壽宗要經甲本）　　（6–4）

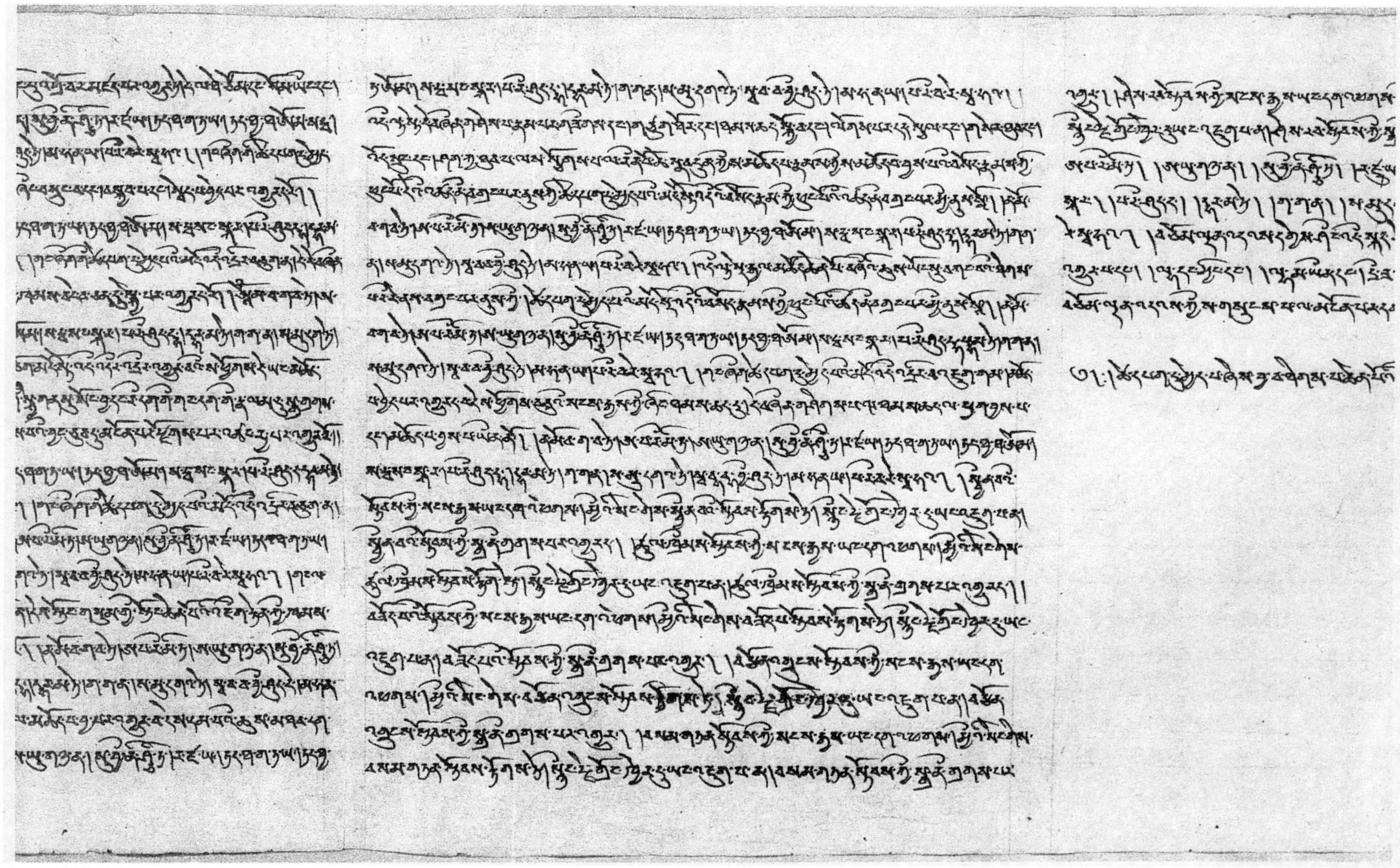

BD14317 號　藏文（無量壽宗要經甲本）　　（6–5）

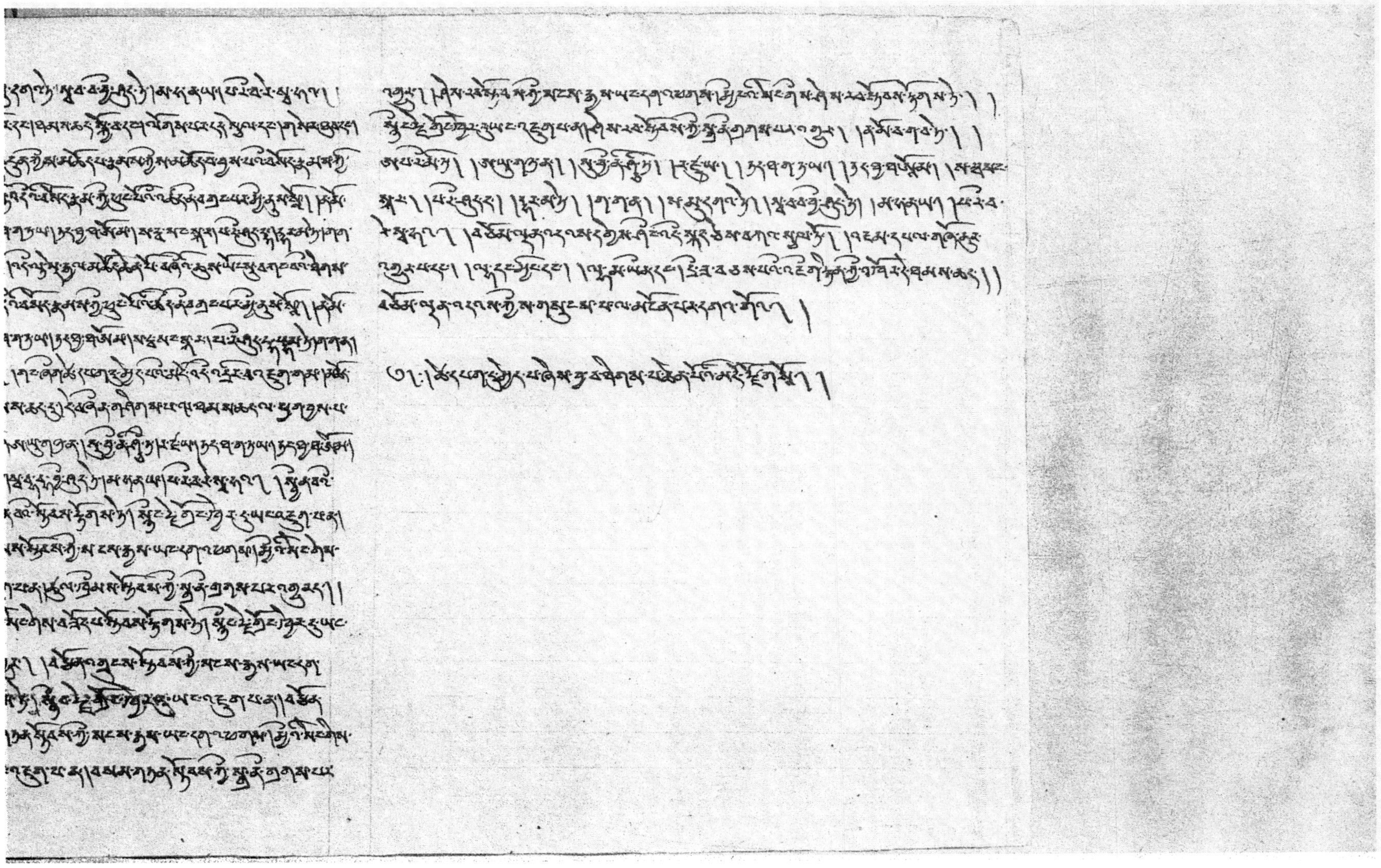

BD14317 號　藏文（無量壽宗要經甲本）　　（6–6）

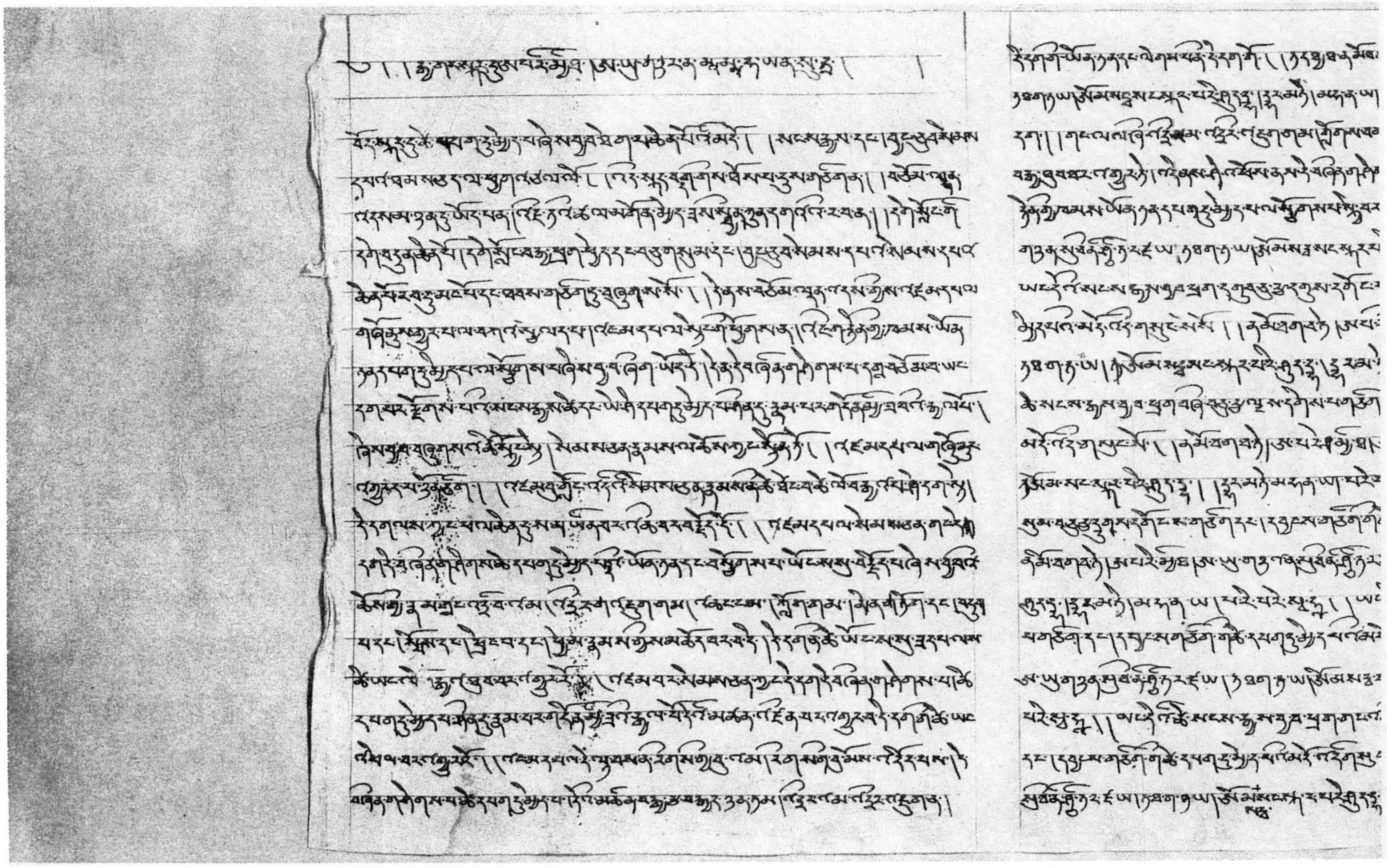

BD14318 號　藏文（無量壽宗要經乙本）　　（6–1）

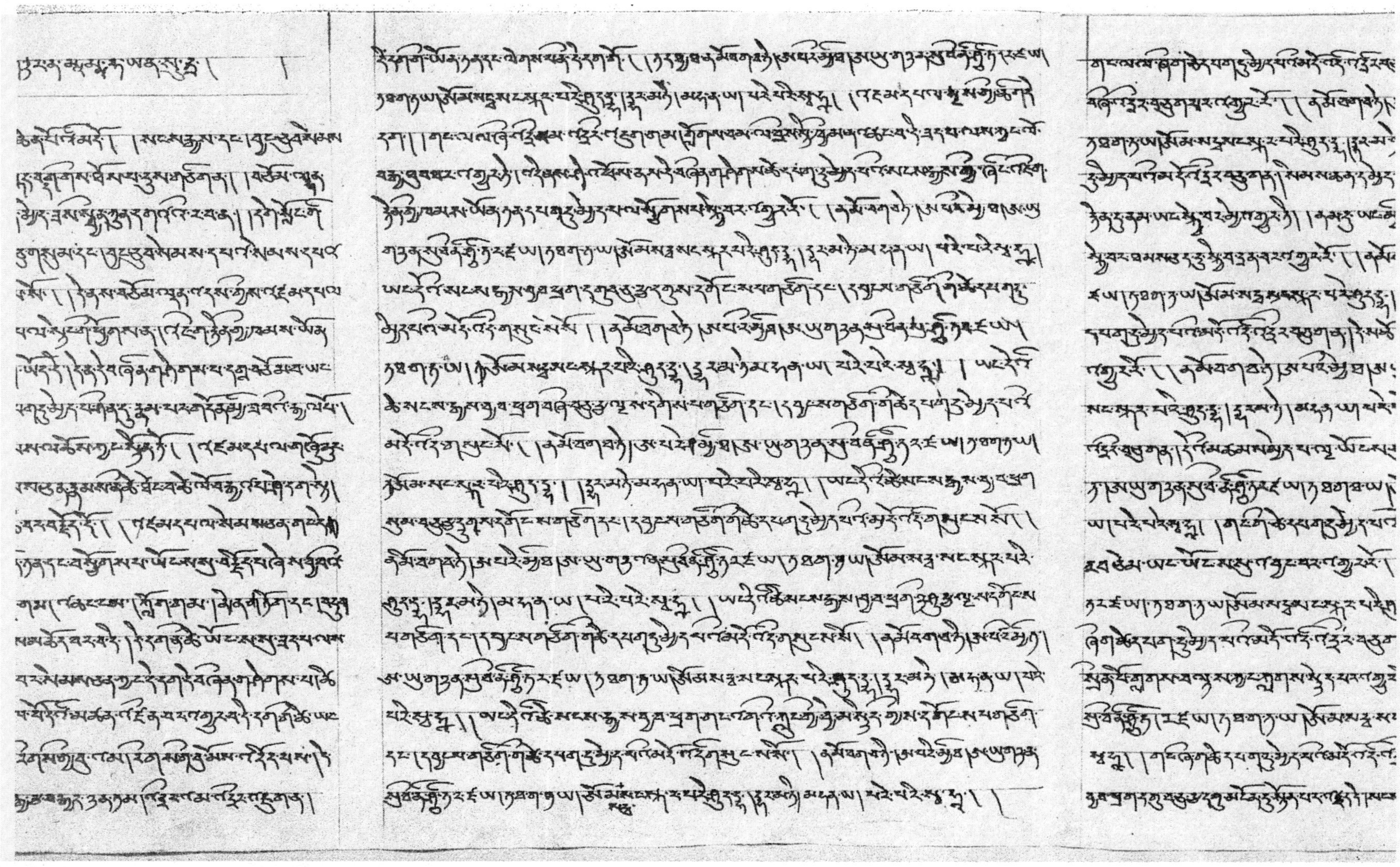

BD14318 號　藏文（無量壽宗要經乙本）　　（6–2）

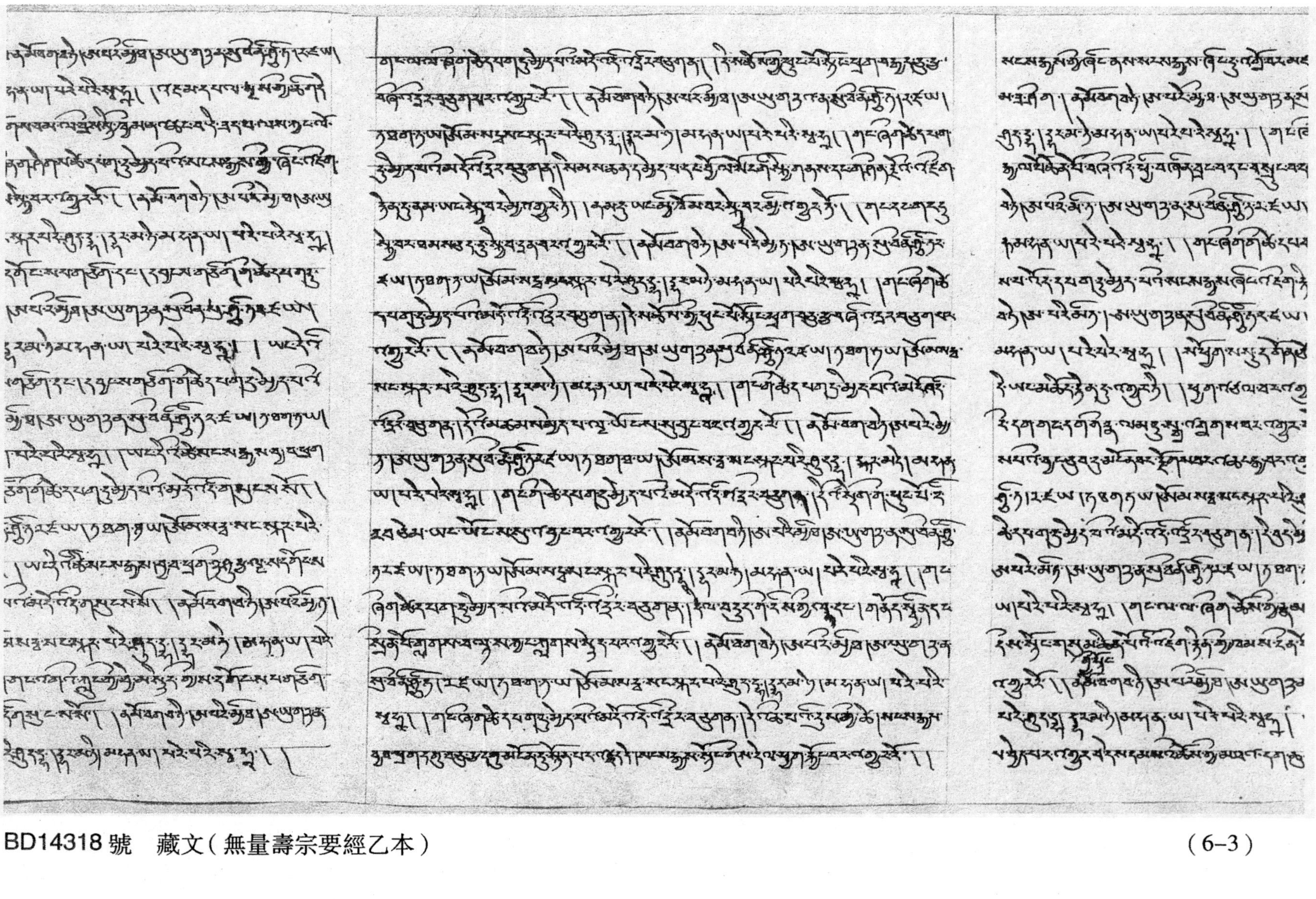

BD14318 號　藏文（無量壽宗要經乙本）　　（6–3）

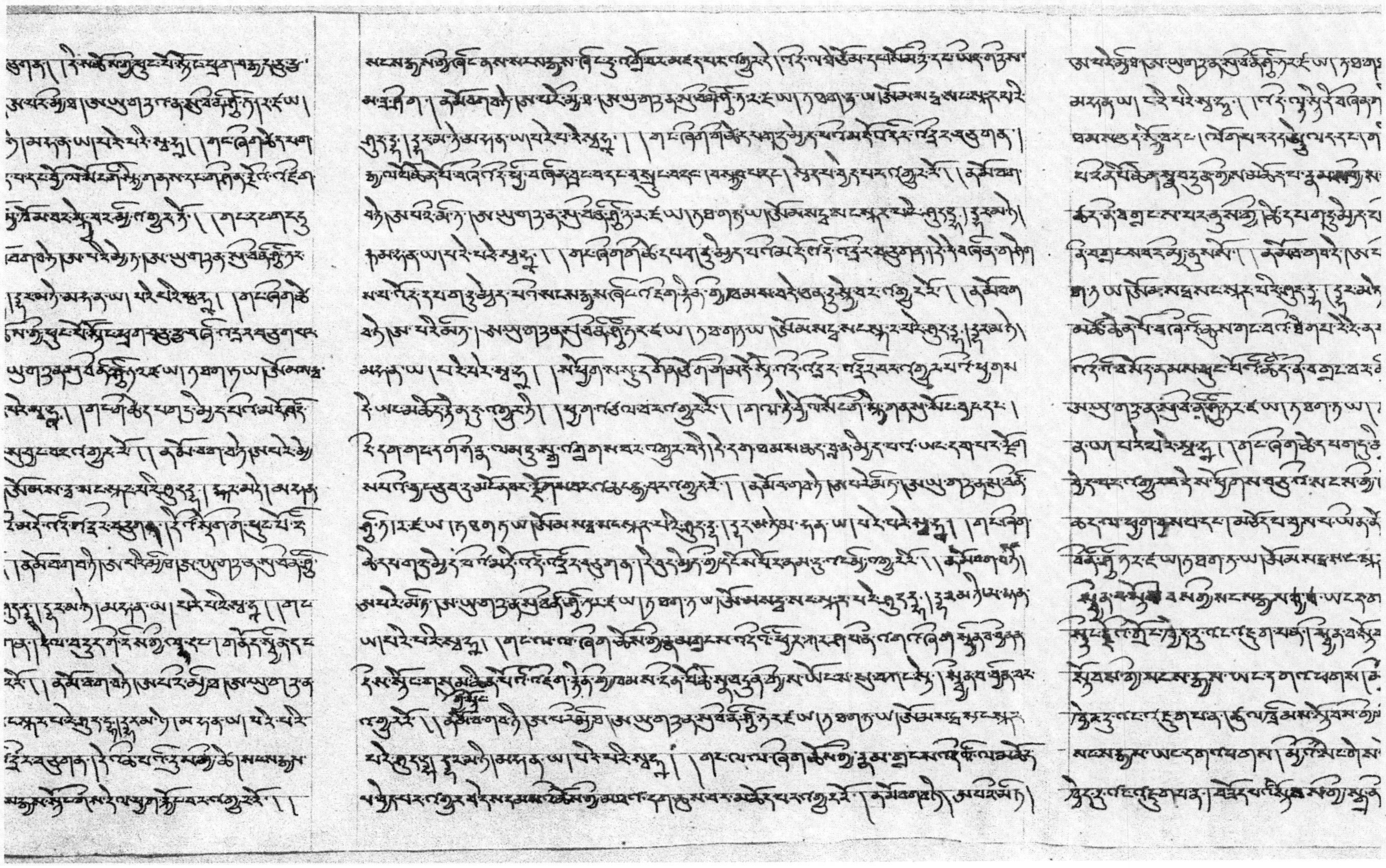

BD14318 號　藏文（無量壽宗要經乙本）　　（6–4）

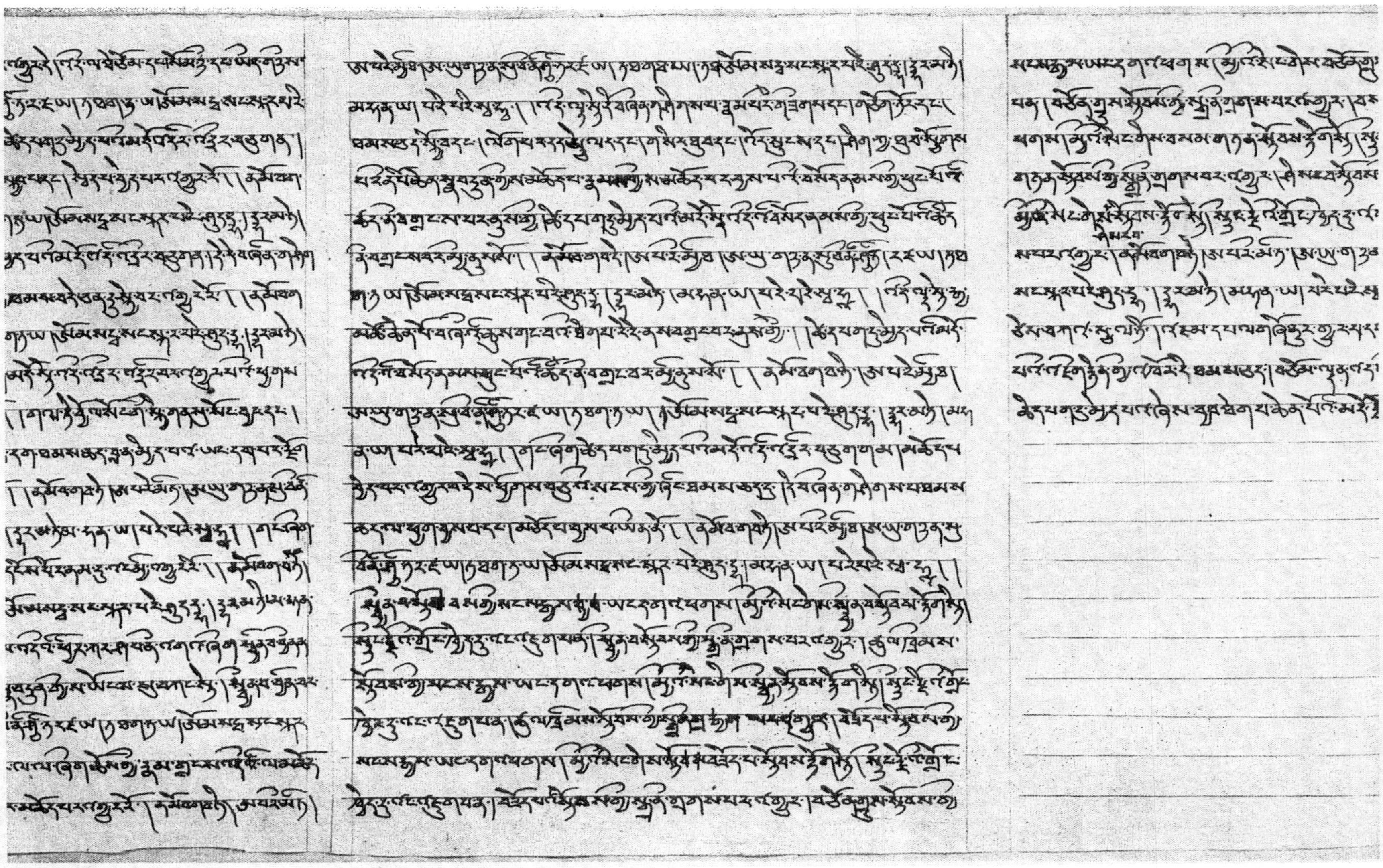

BD14318 號　藏文（無量壽宗要經乙本）　　（6–5）

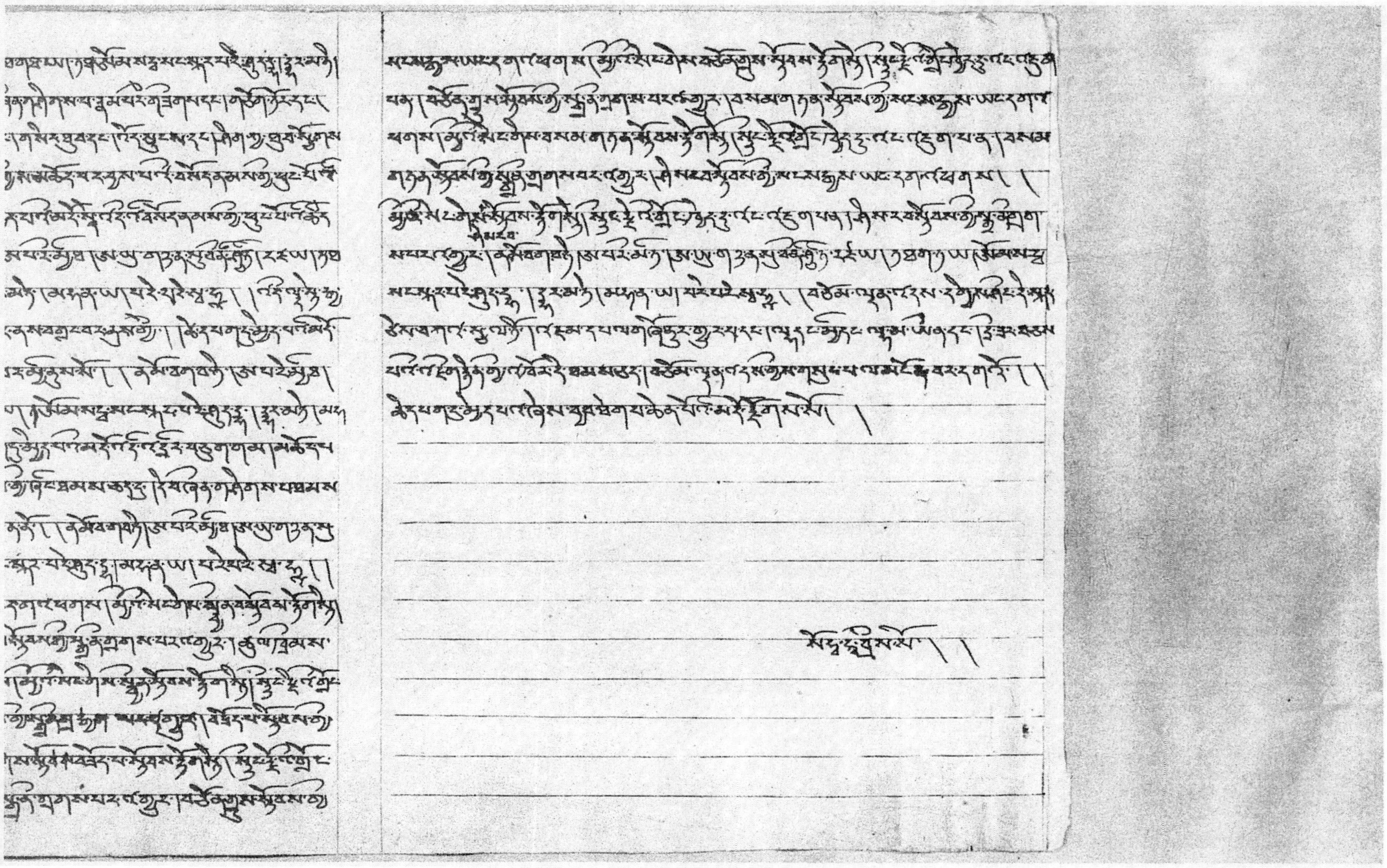

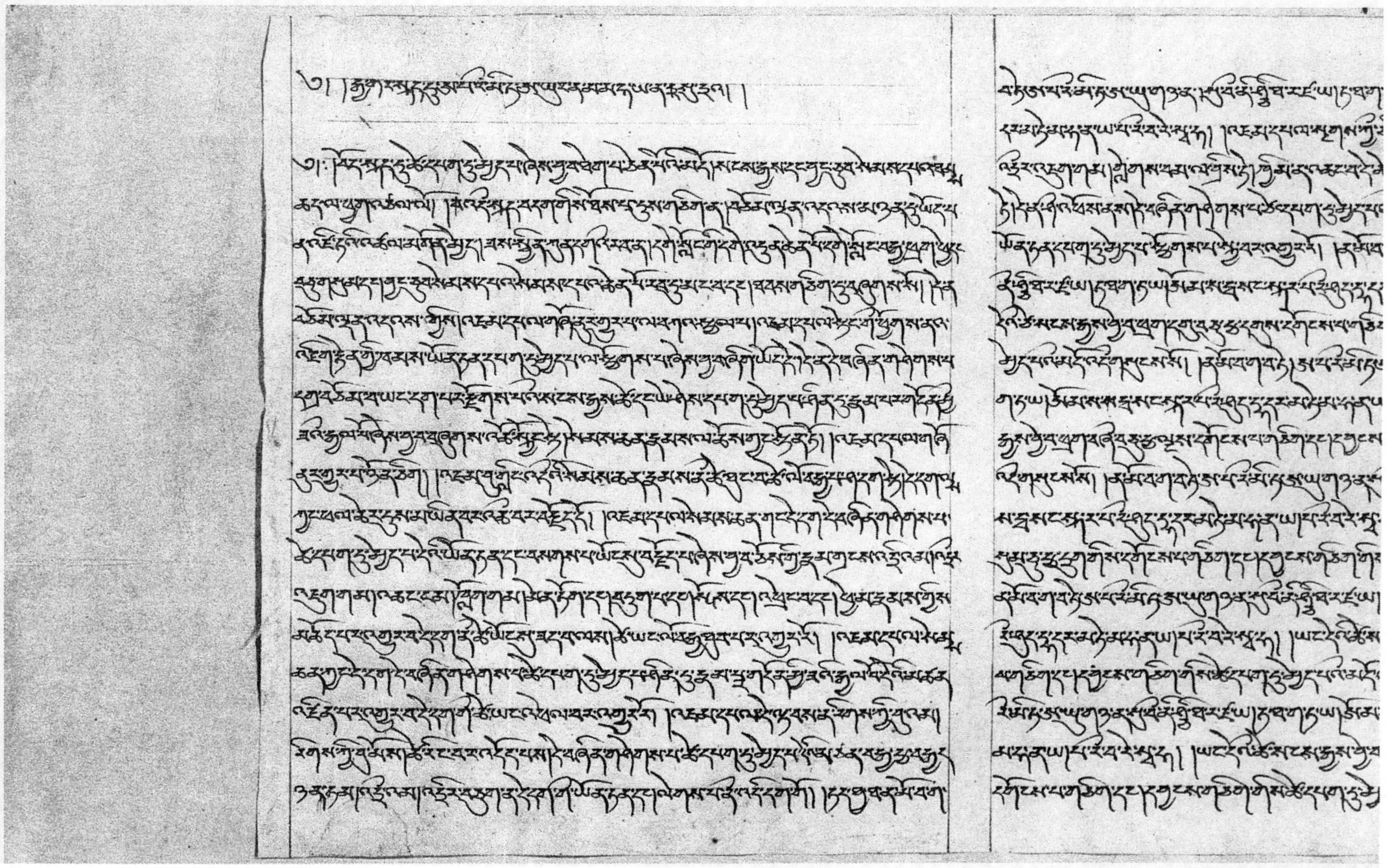

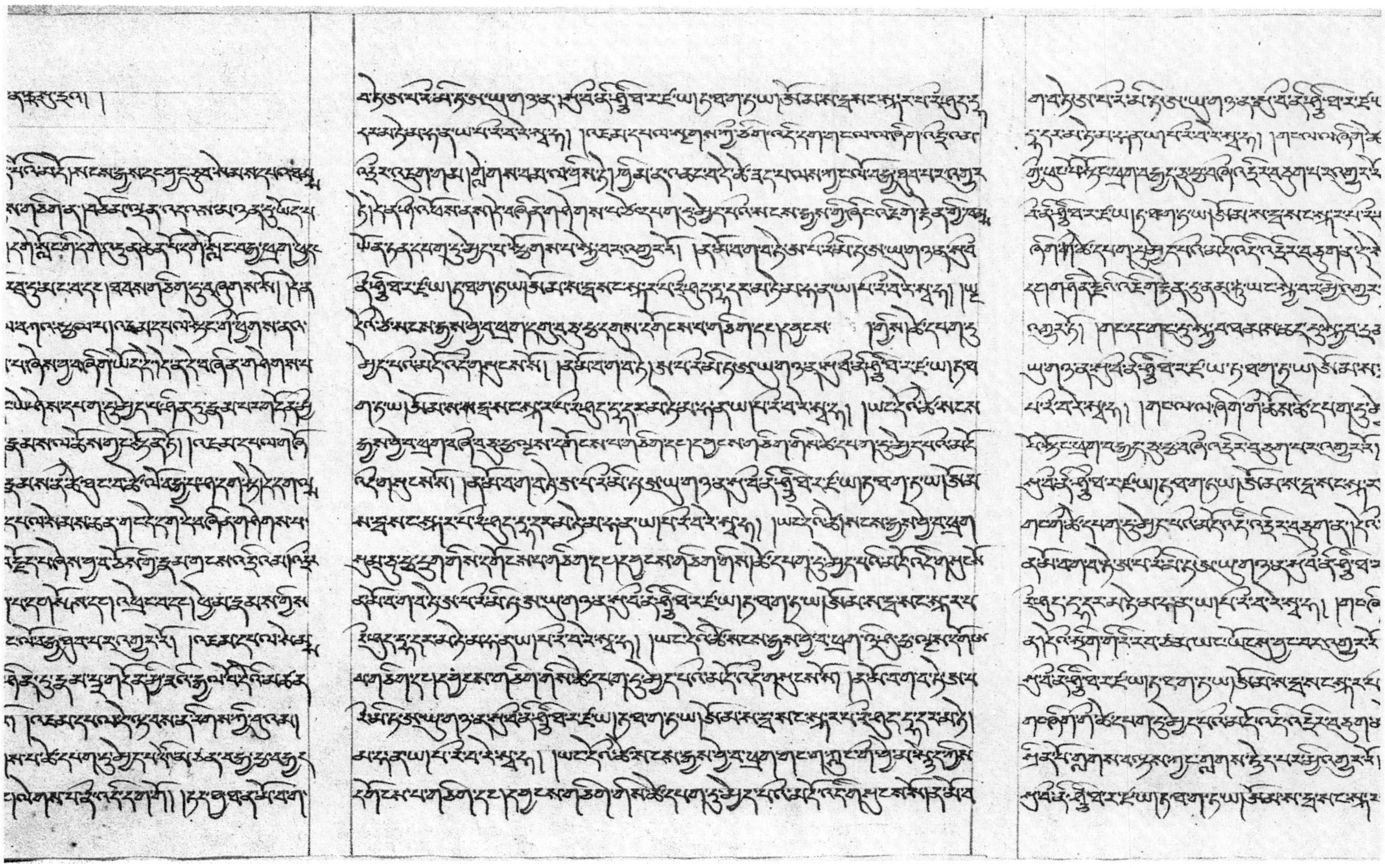

BD14319號　藏文（無量壽宗要經乙本）　（6–2）

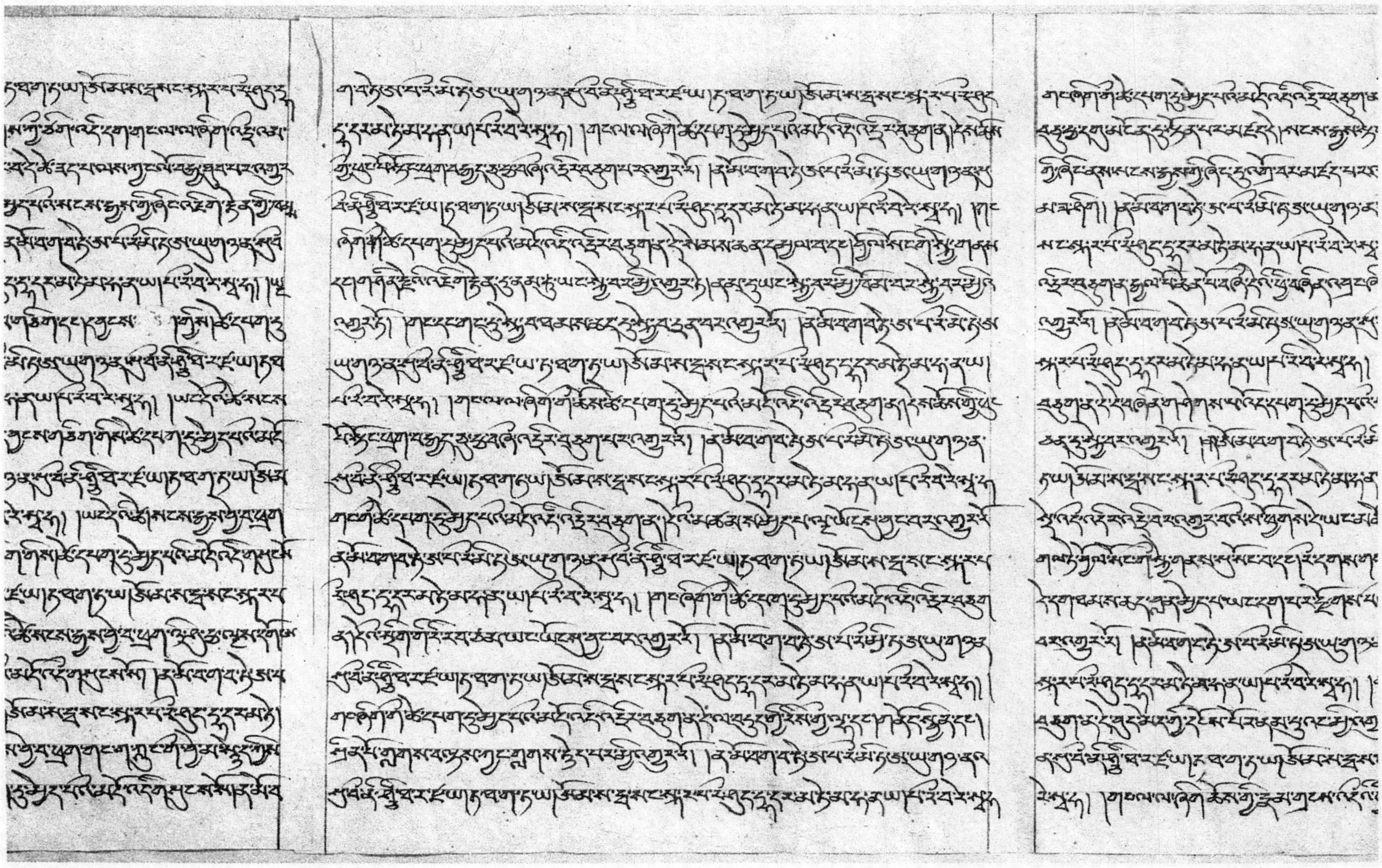

BD14319號　藏文（無量壽宗要經乙本）　（6–3）

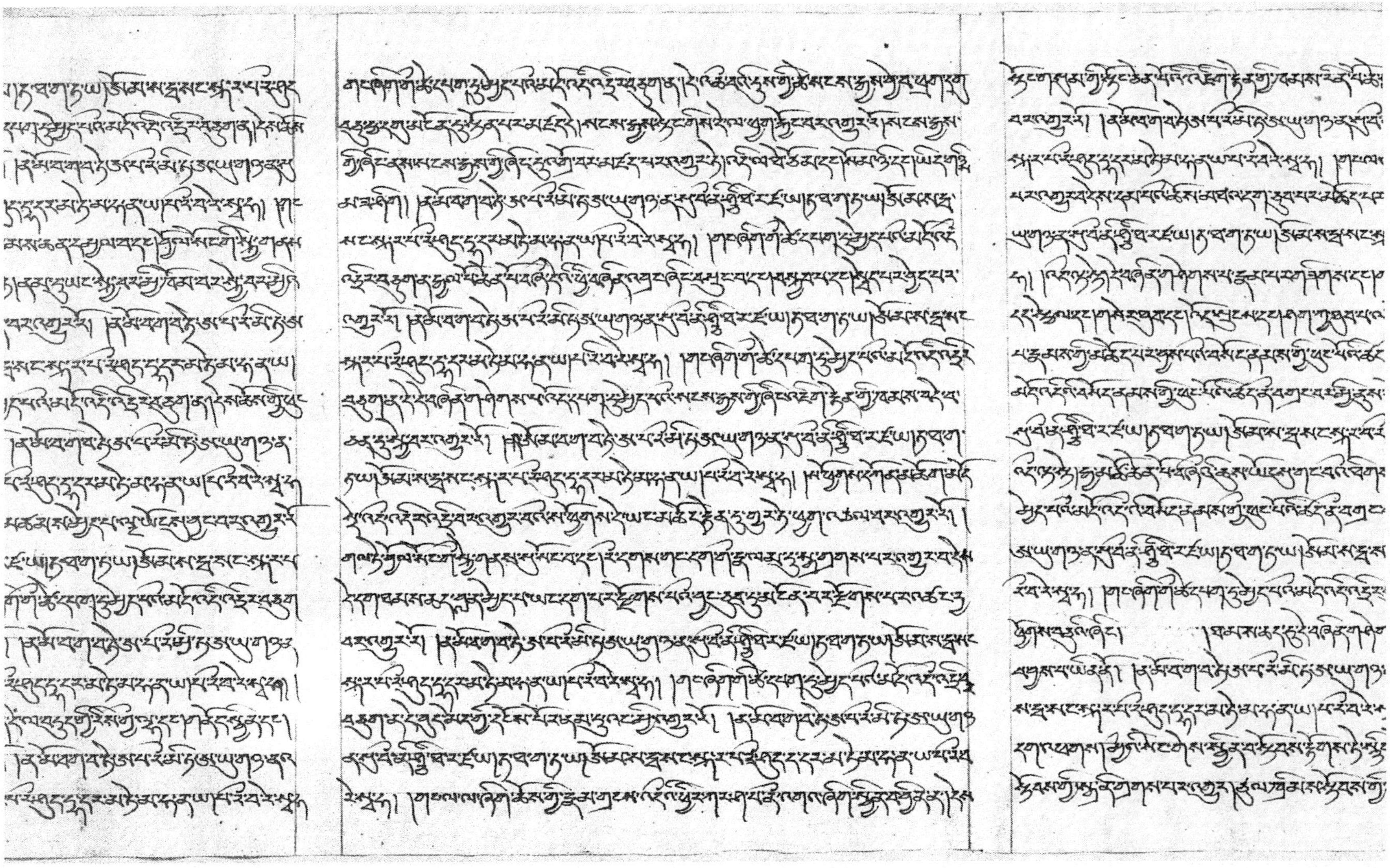

BD14319 號　藏文（無量壽宗要經乙本）　（6–4）

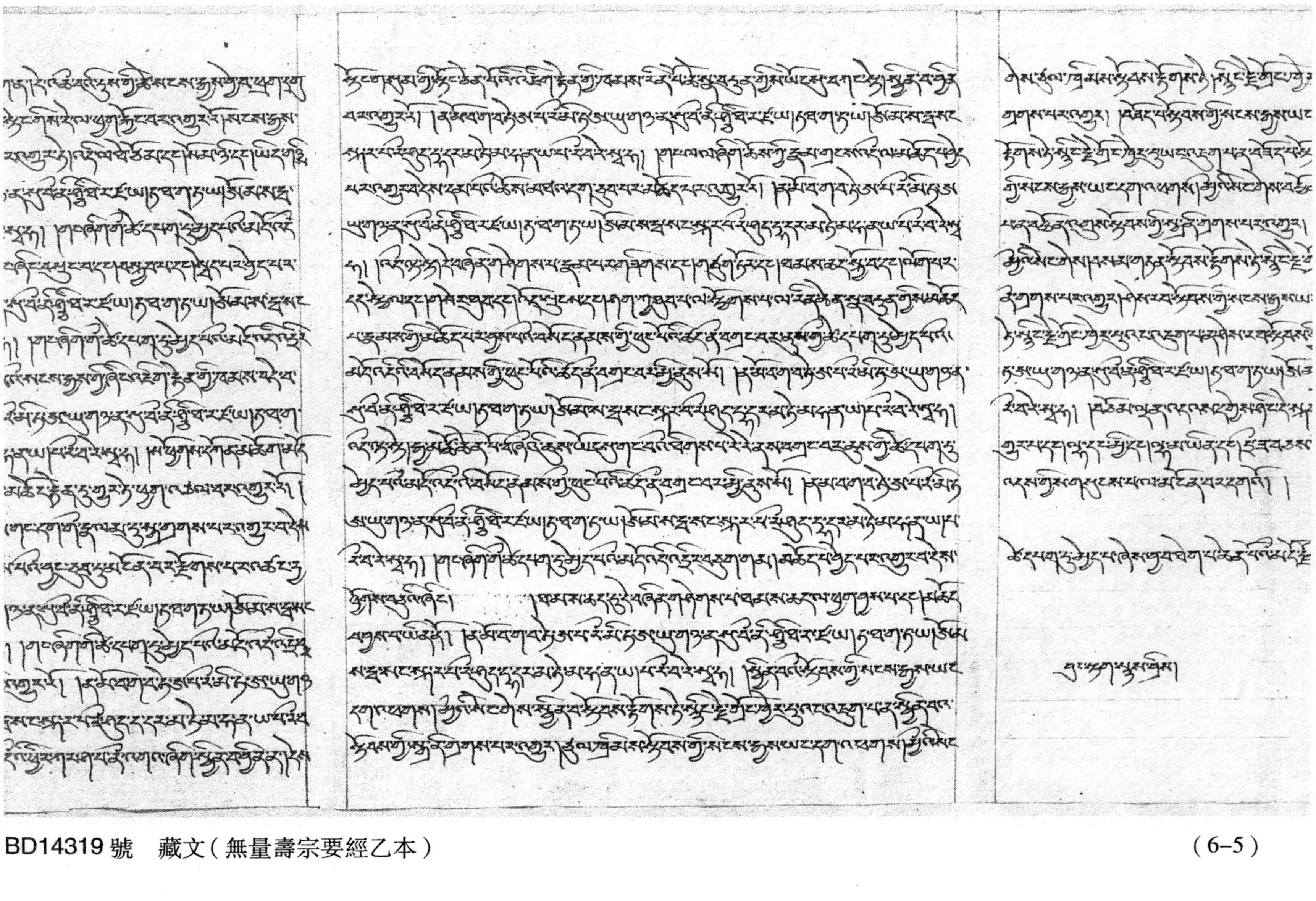

BD14319 號　藏文（無量壽宗要經乙本）　（6–5）

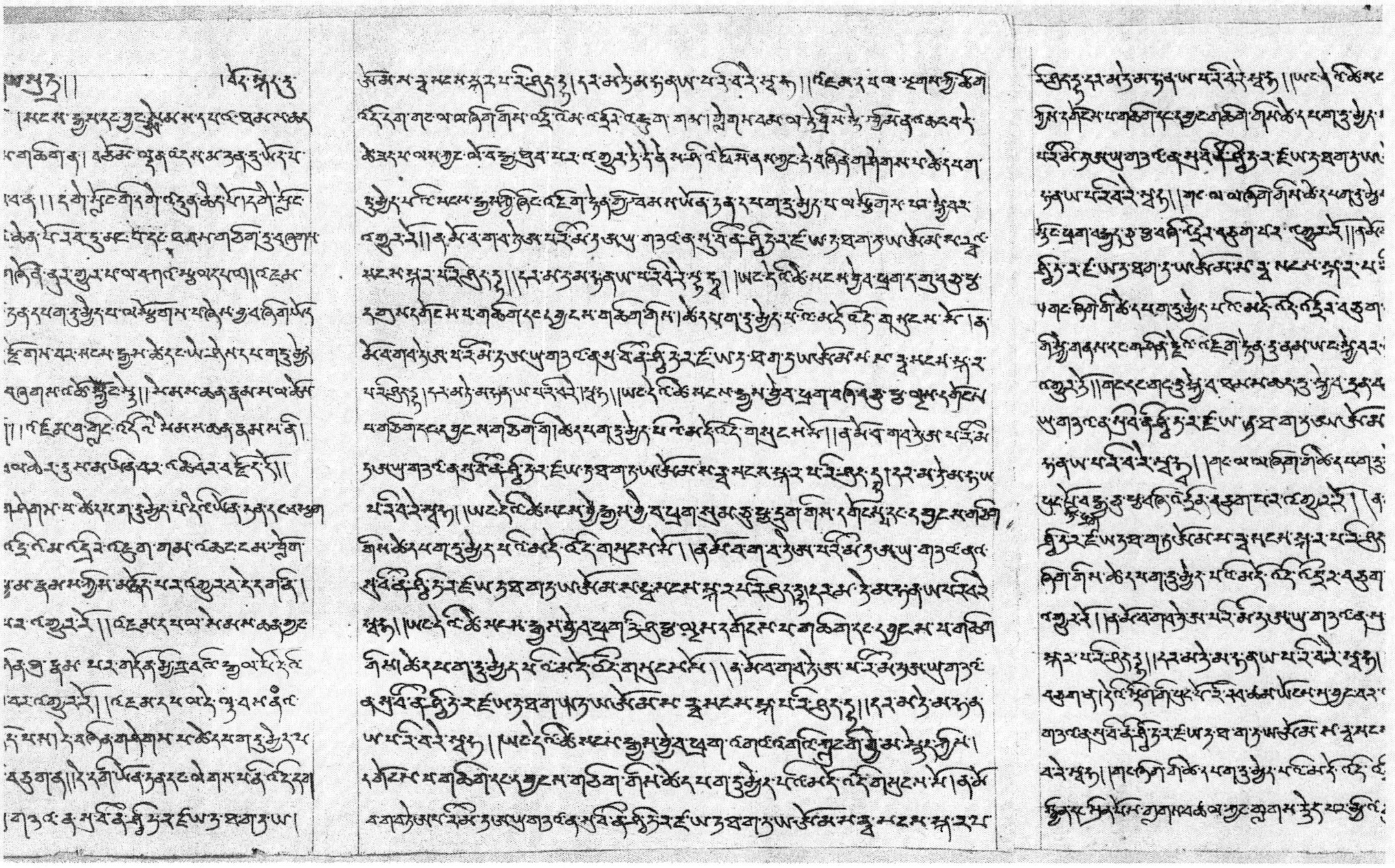

BD14320 號　藏文（無量壽宗要經乙本）　（6–2）

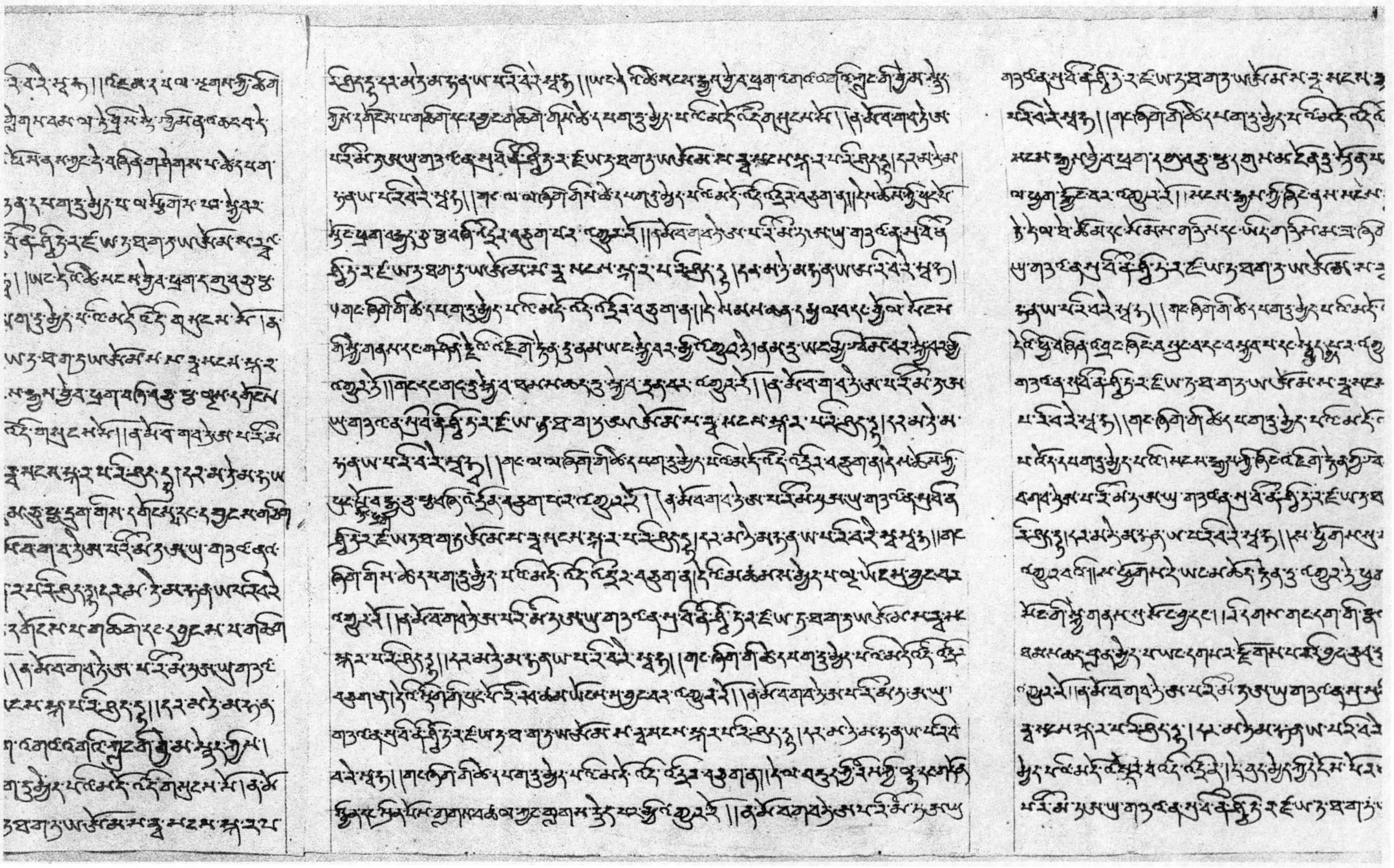

BD14320 號　藏文（無量壽宗要經乙本）　（6–3）

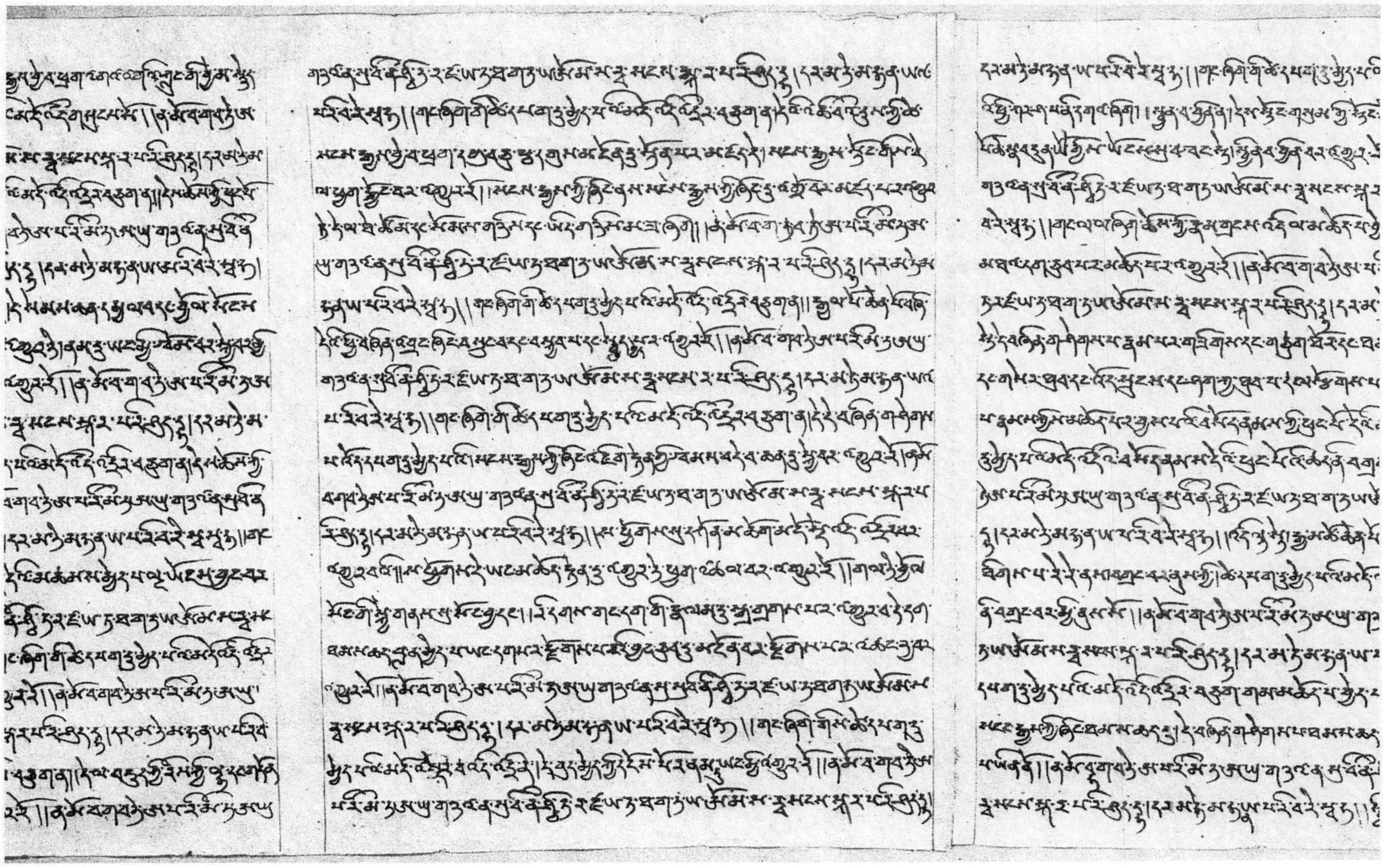

BD14320 號　藏文（無量壽宗要經乙本）　（6–4）

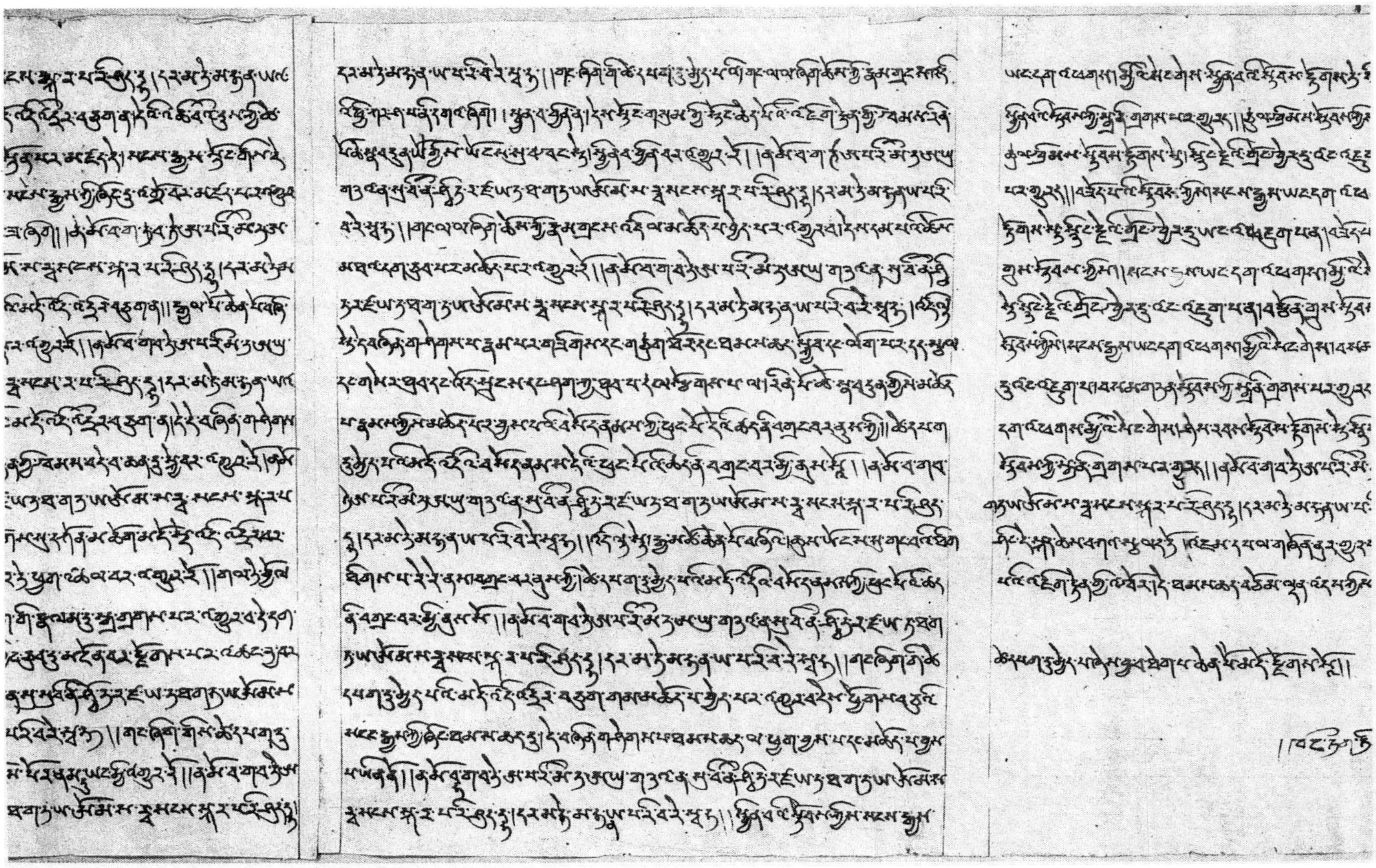

BD14320 號　藏文（無量壽宗要經乙本）　（6–5）

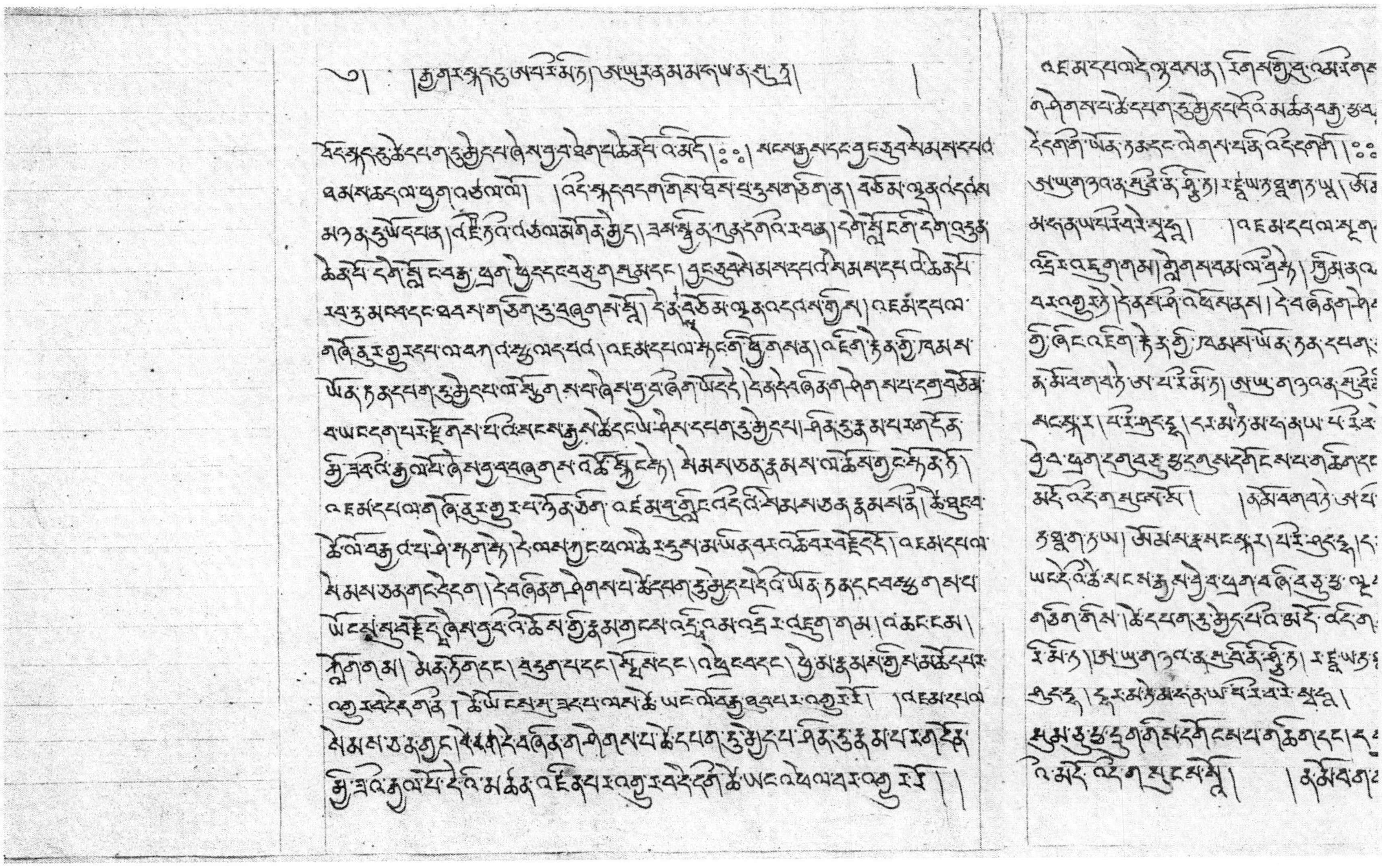

BD14321 號　藏文（無量壽宗要經乙本）　（8–2）

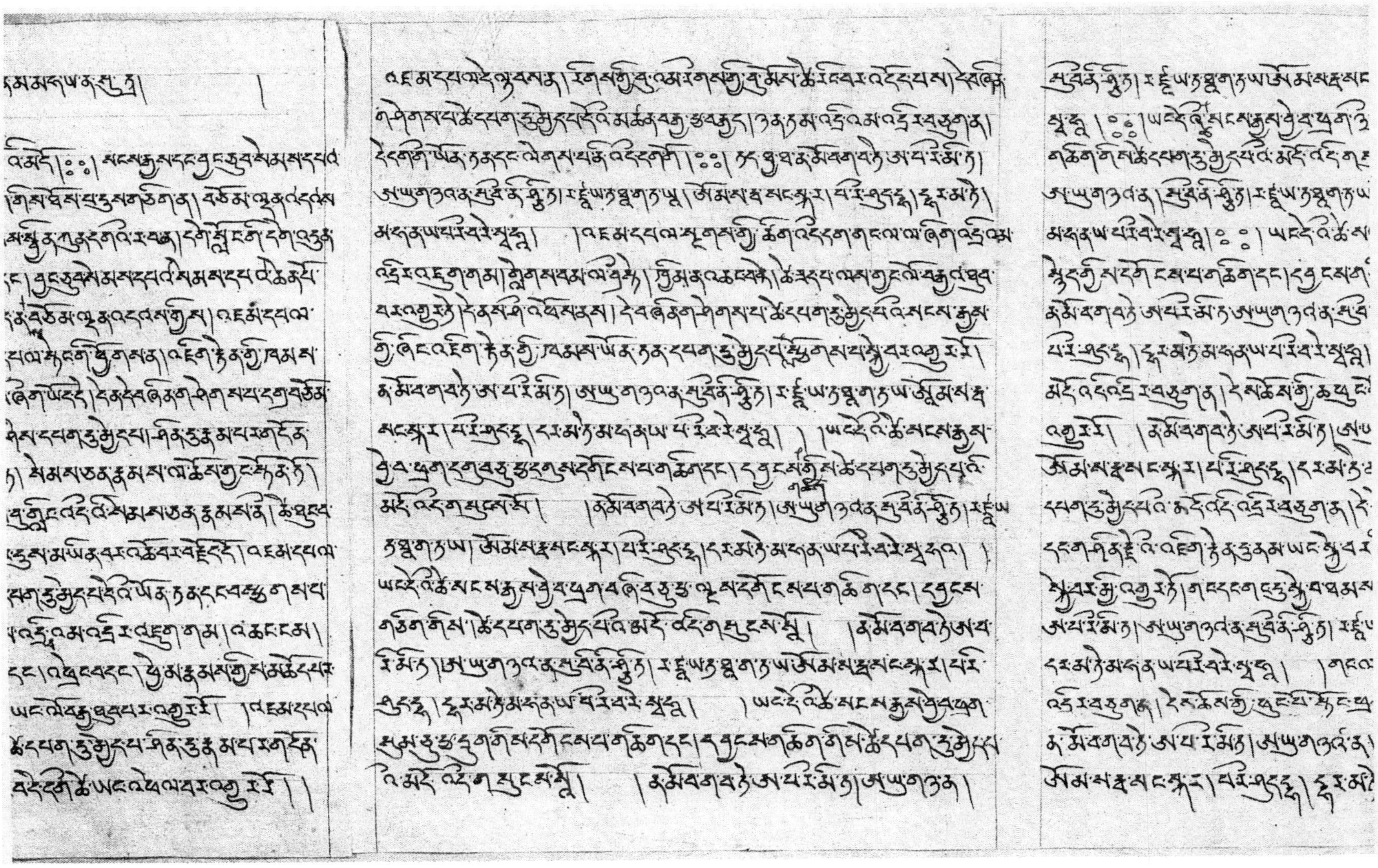

BD14321 號　藏文（無量壽宗要經乙本）　（8–3）

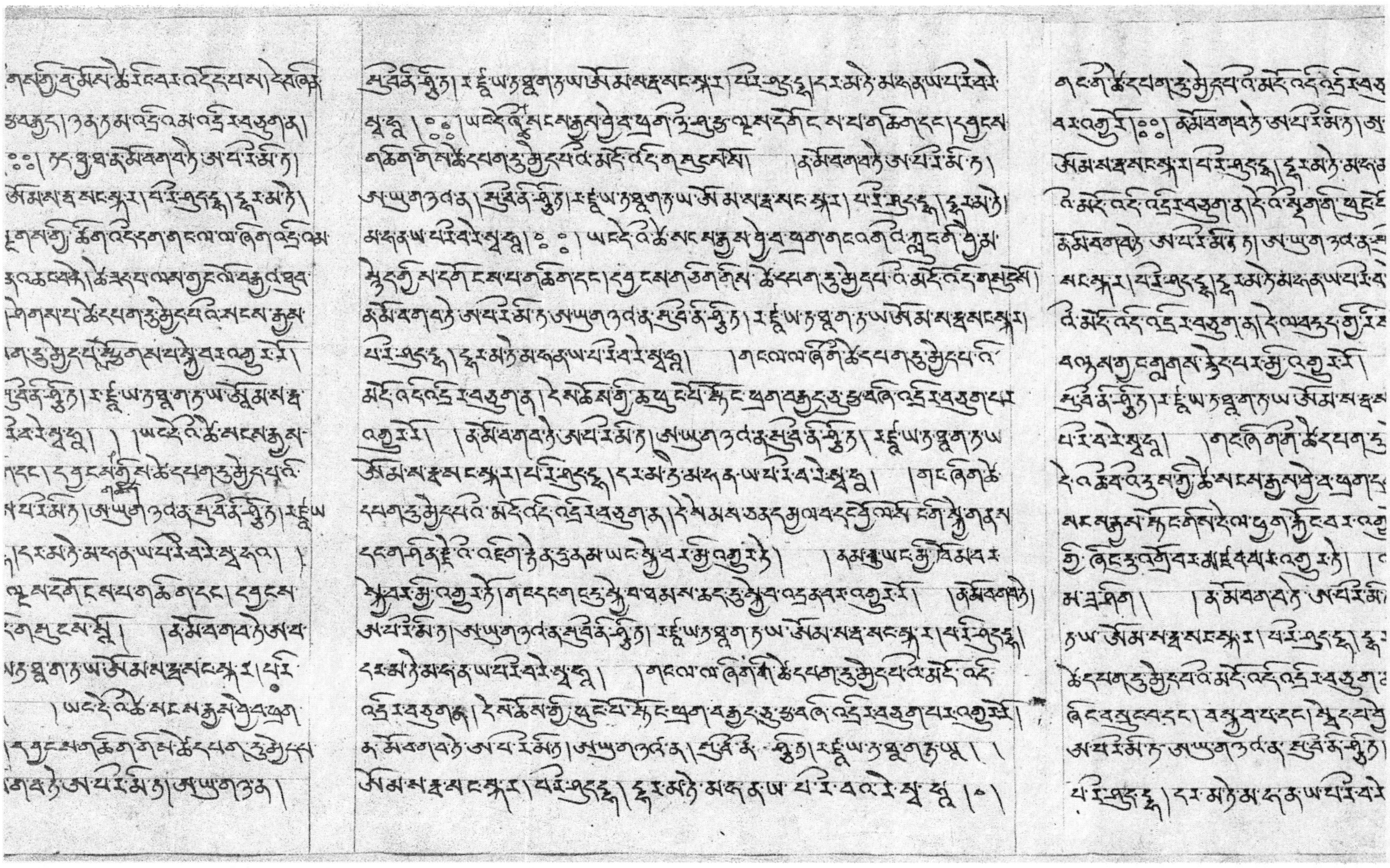

BD14321 號　藏文（無量壽宗要經乙本）　　（8–4）

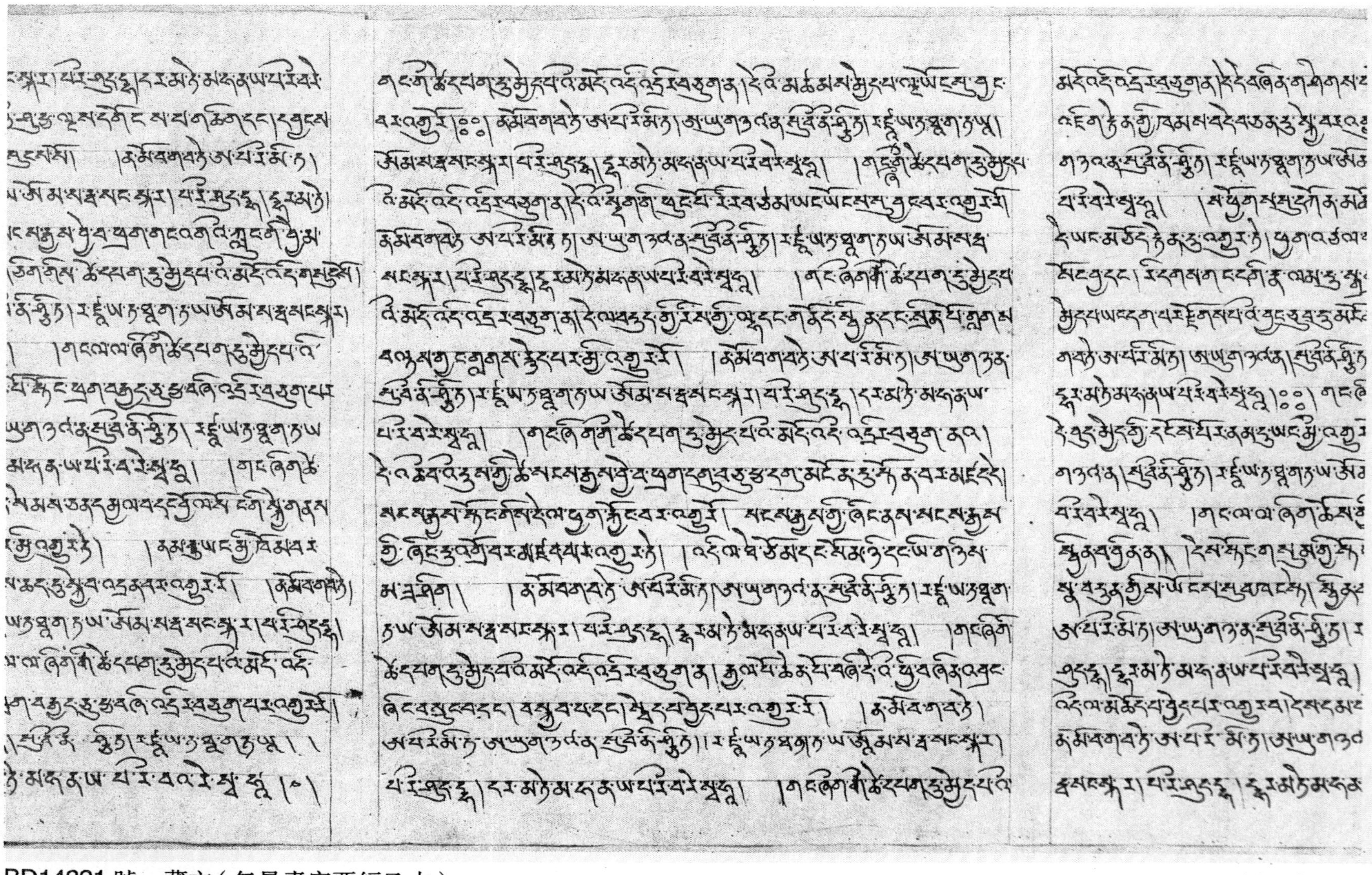

BD14321 號　藏文（無量壽宗要經乙本）　　（8–5）

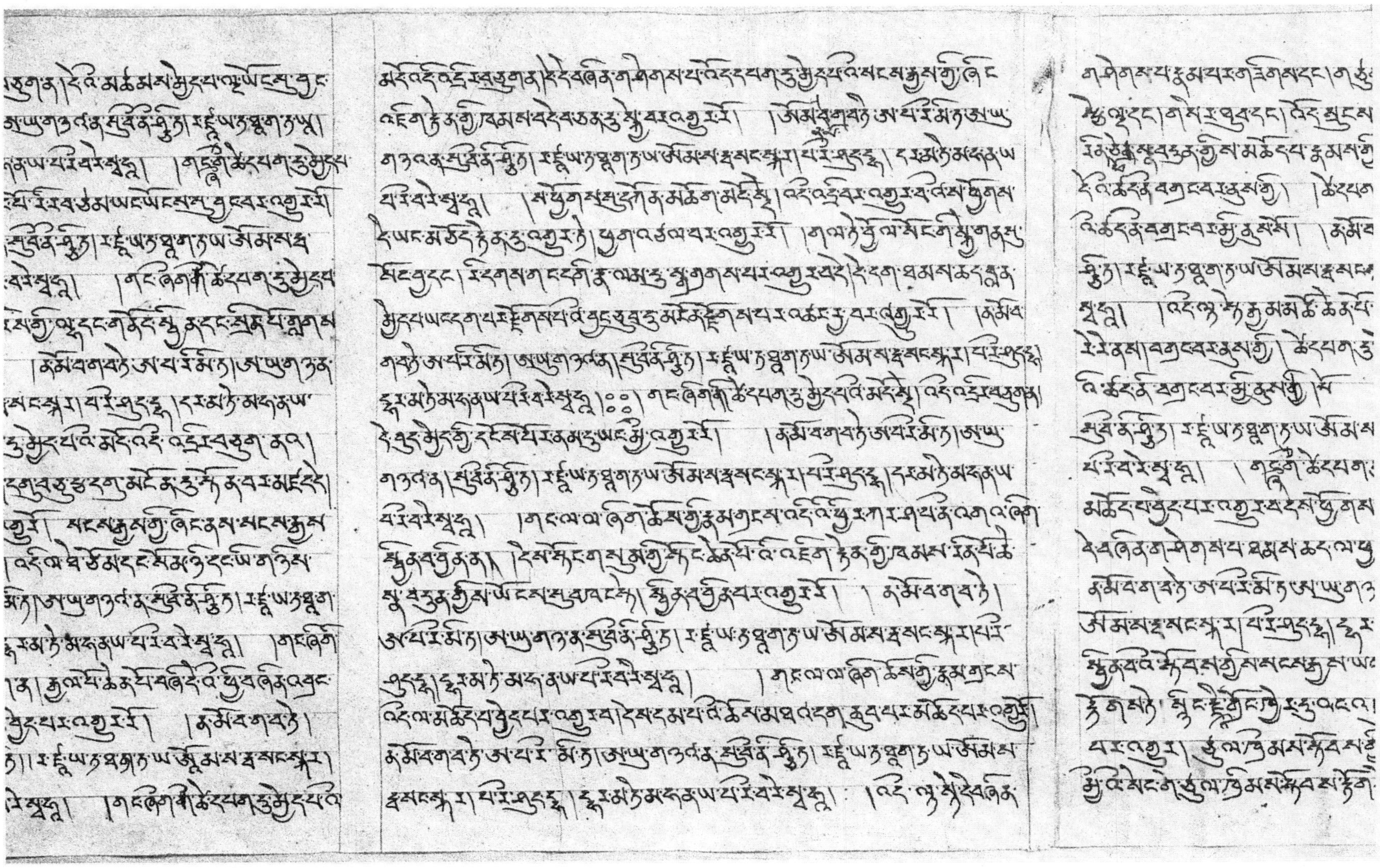

BD14321 號　藏文（無量壽宗要經乙本）　（8–6）

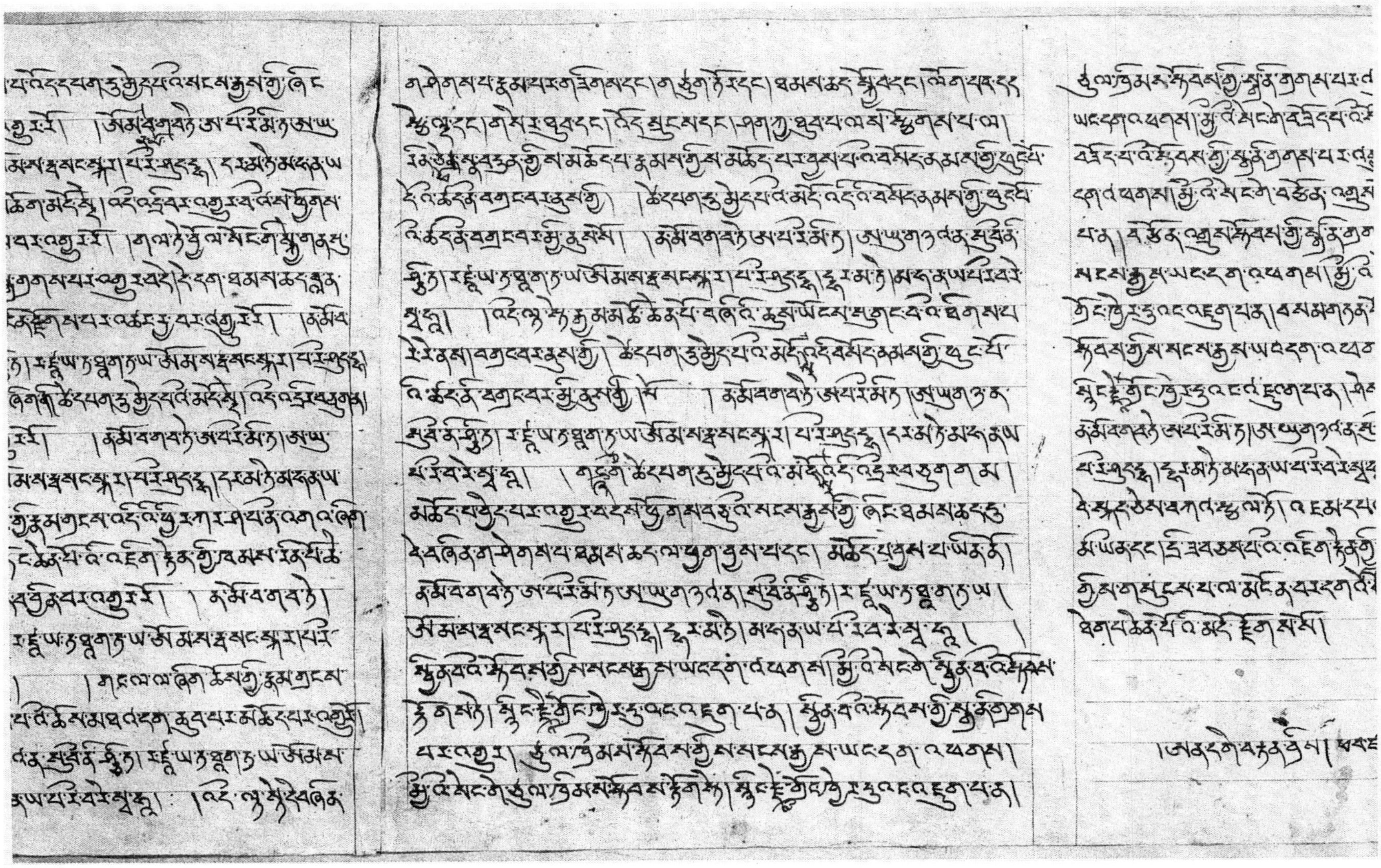

BD14321 號　藏文（無量壽宗要經乙本）　（8–7）

BD14321號 藏文（無量壽宗要經乙本）

BD14322號 藏文（無量壽宗要經乙本）

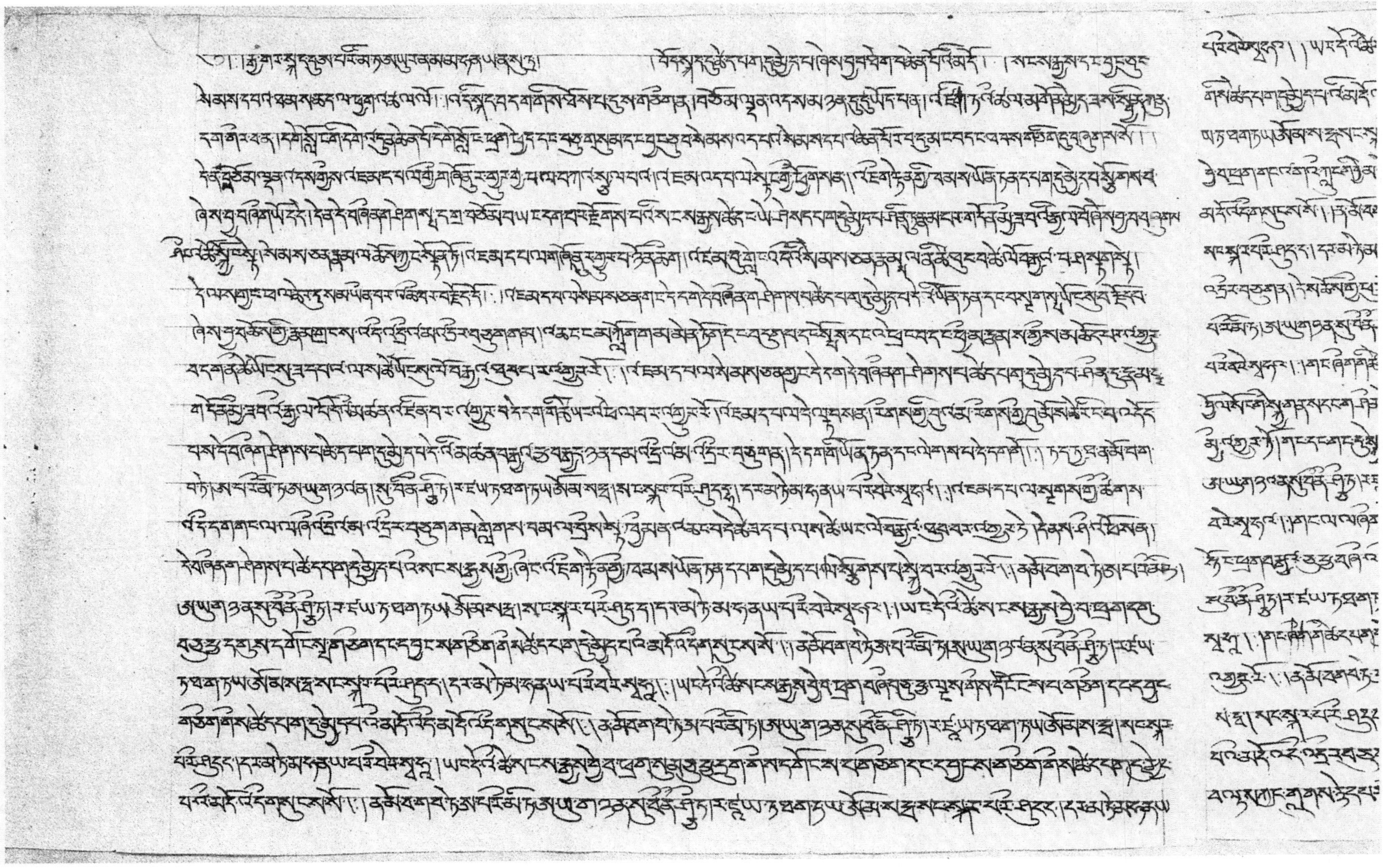

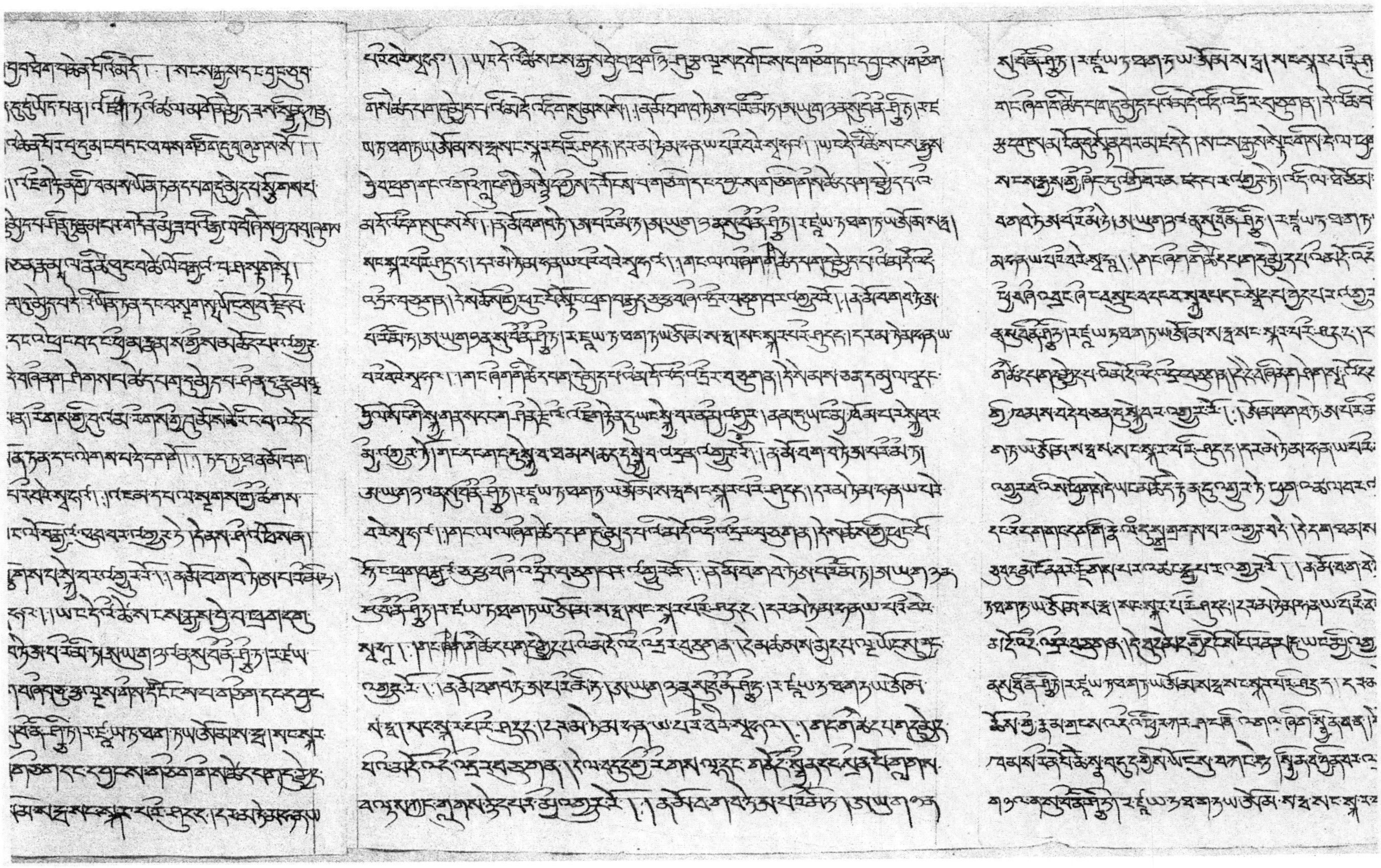

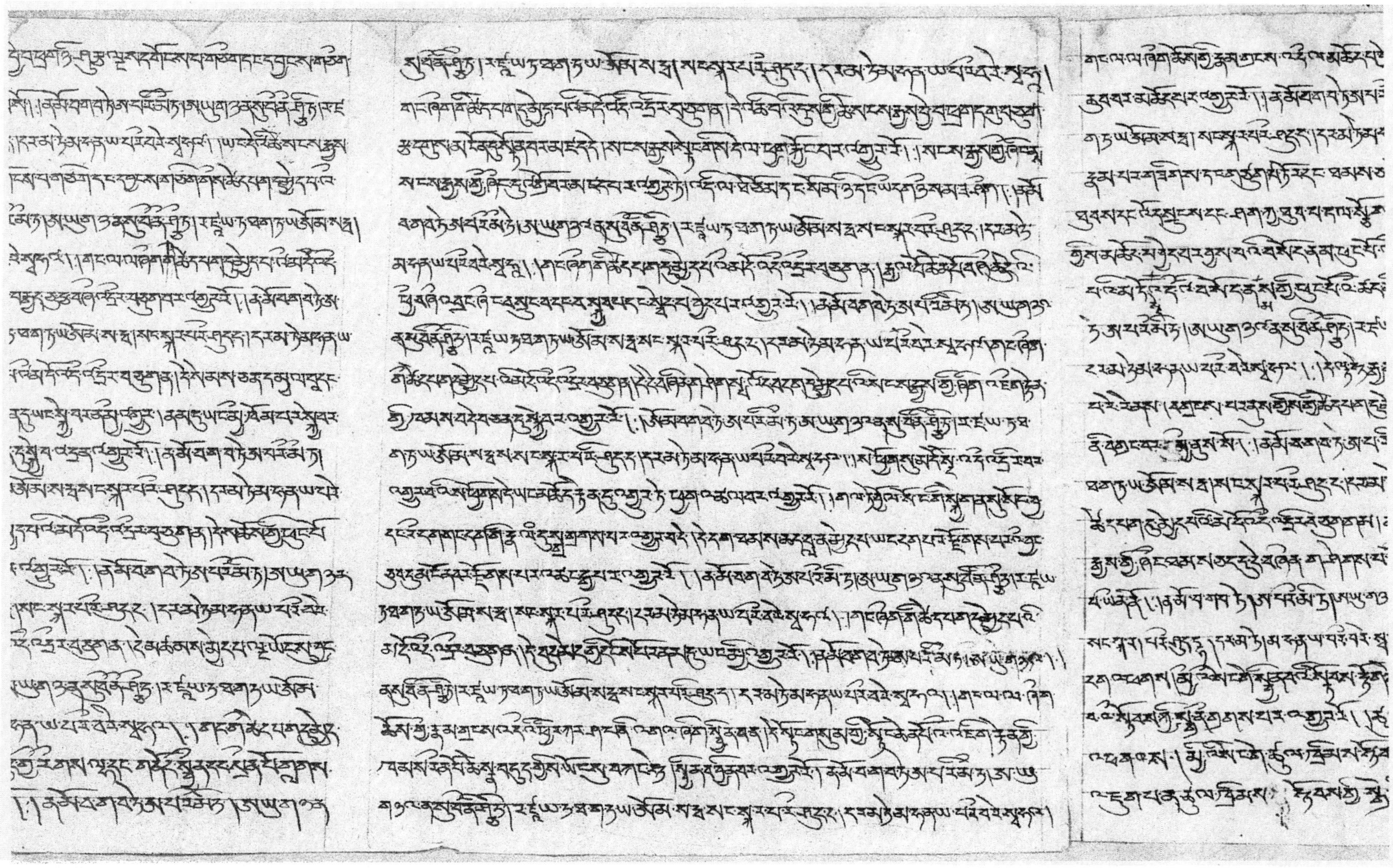

BD14322 號　藏文（無量壽宗要經乙本）　　（6–4）

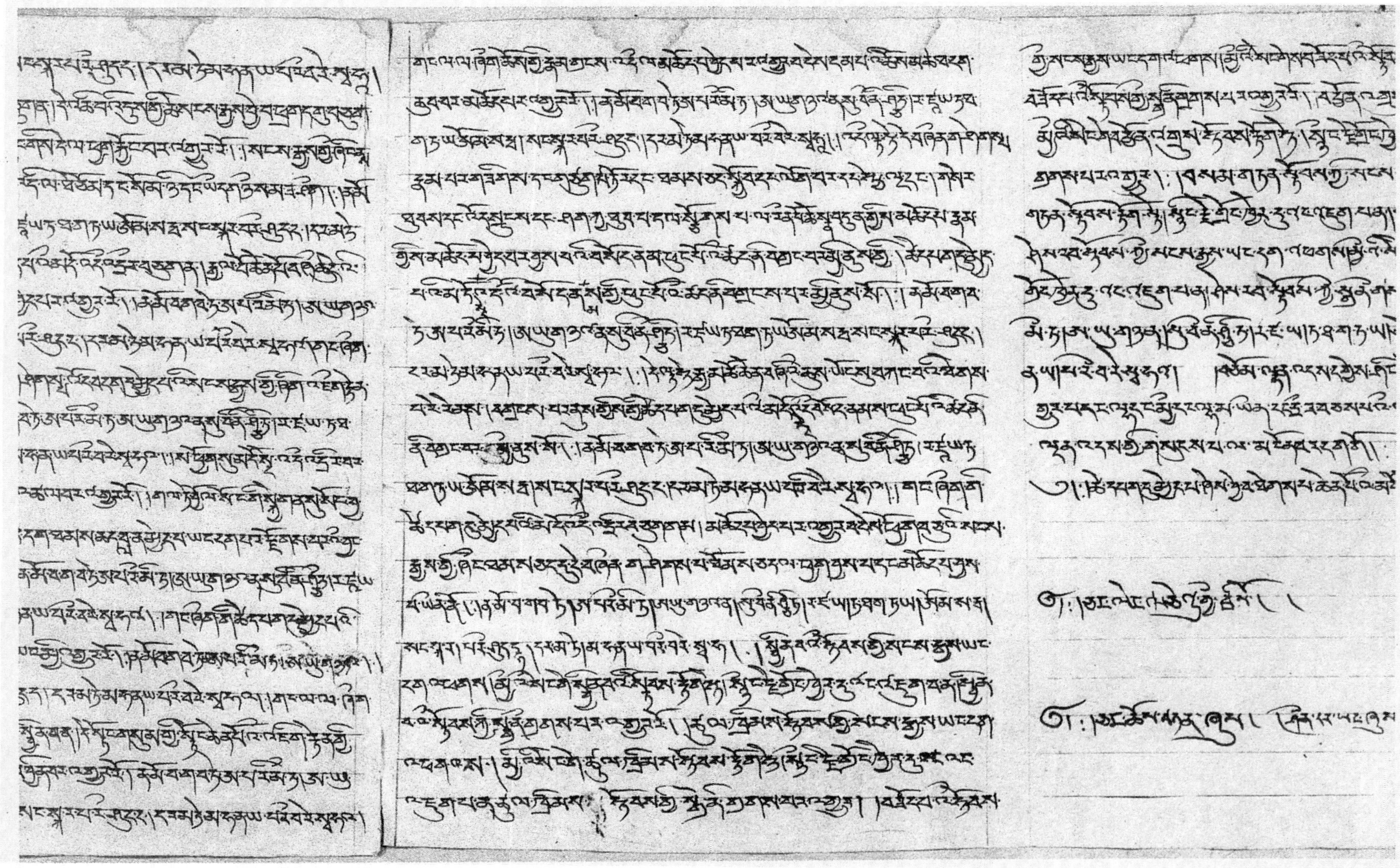

BD14322 號　藏文（無量壽宗要經乙本）　　（6–5）

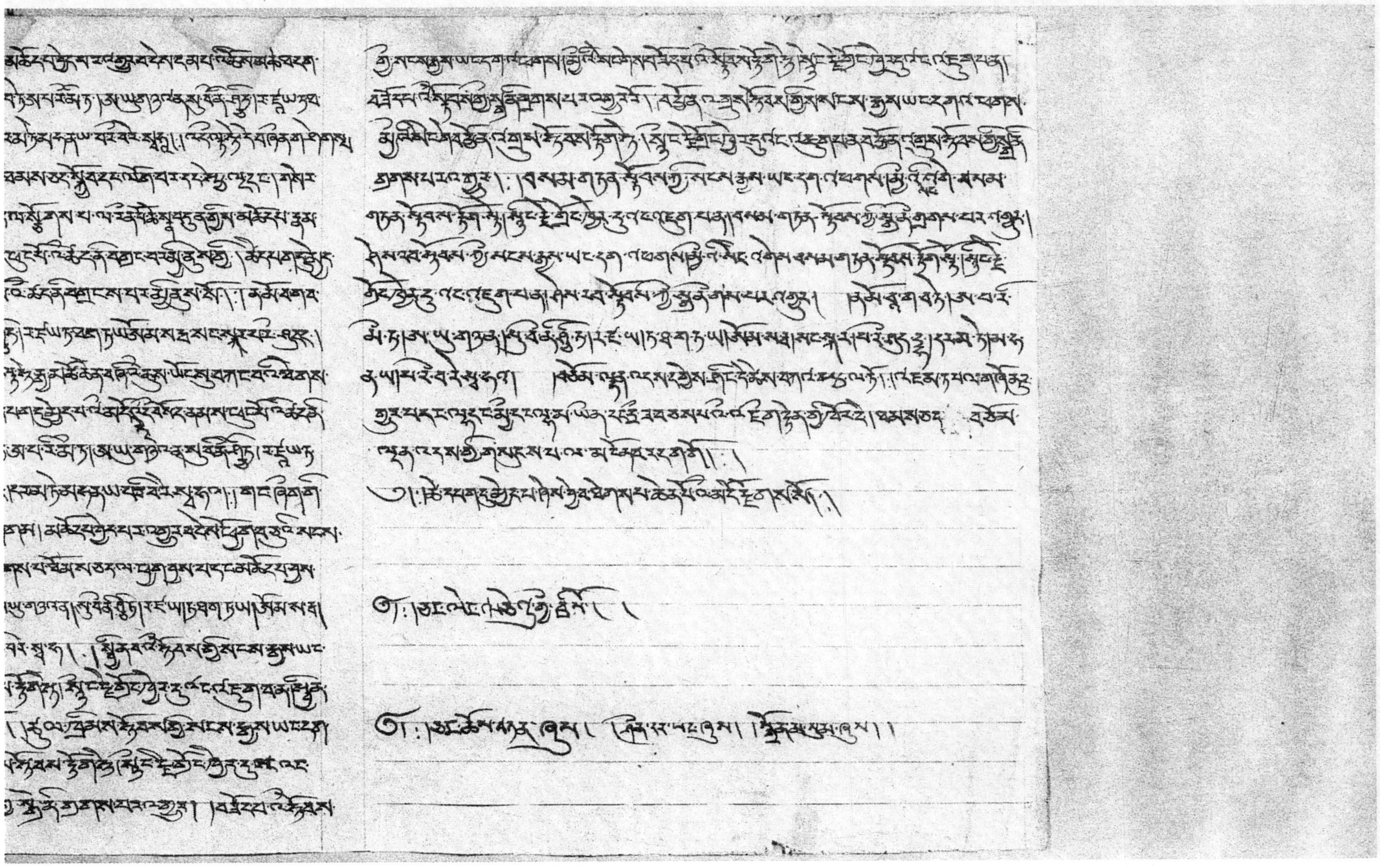

BD14322 號　藏文（無量壽宗要經乙本）　　（6–6）

BD14322 號背　雜寫　　（2–1）

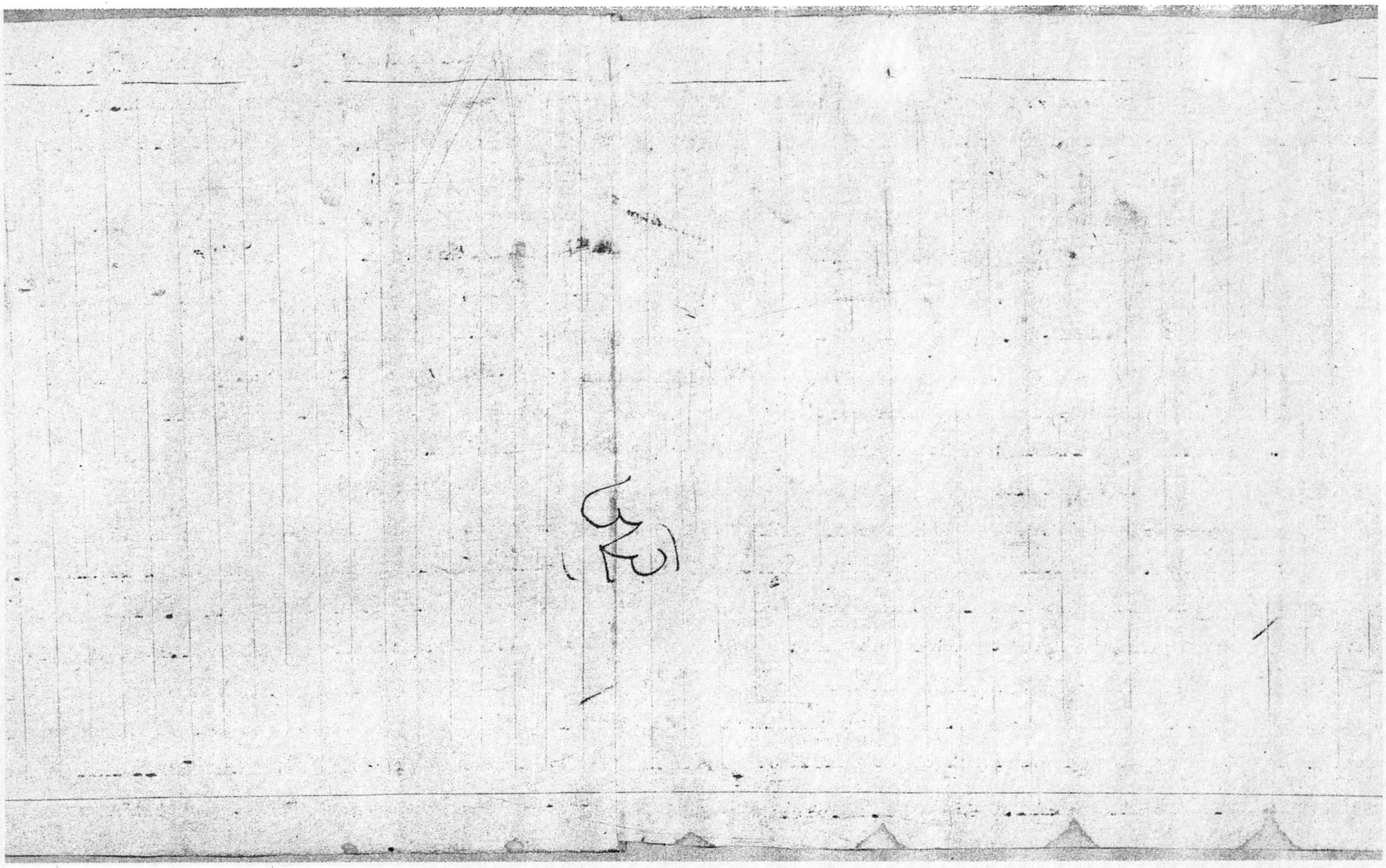

BD14322 號背　雜寫　　（2–2）

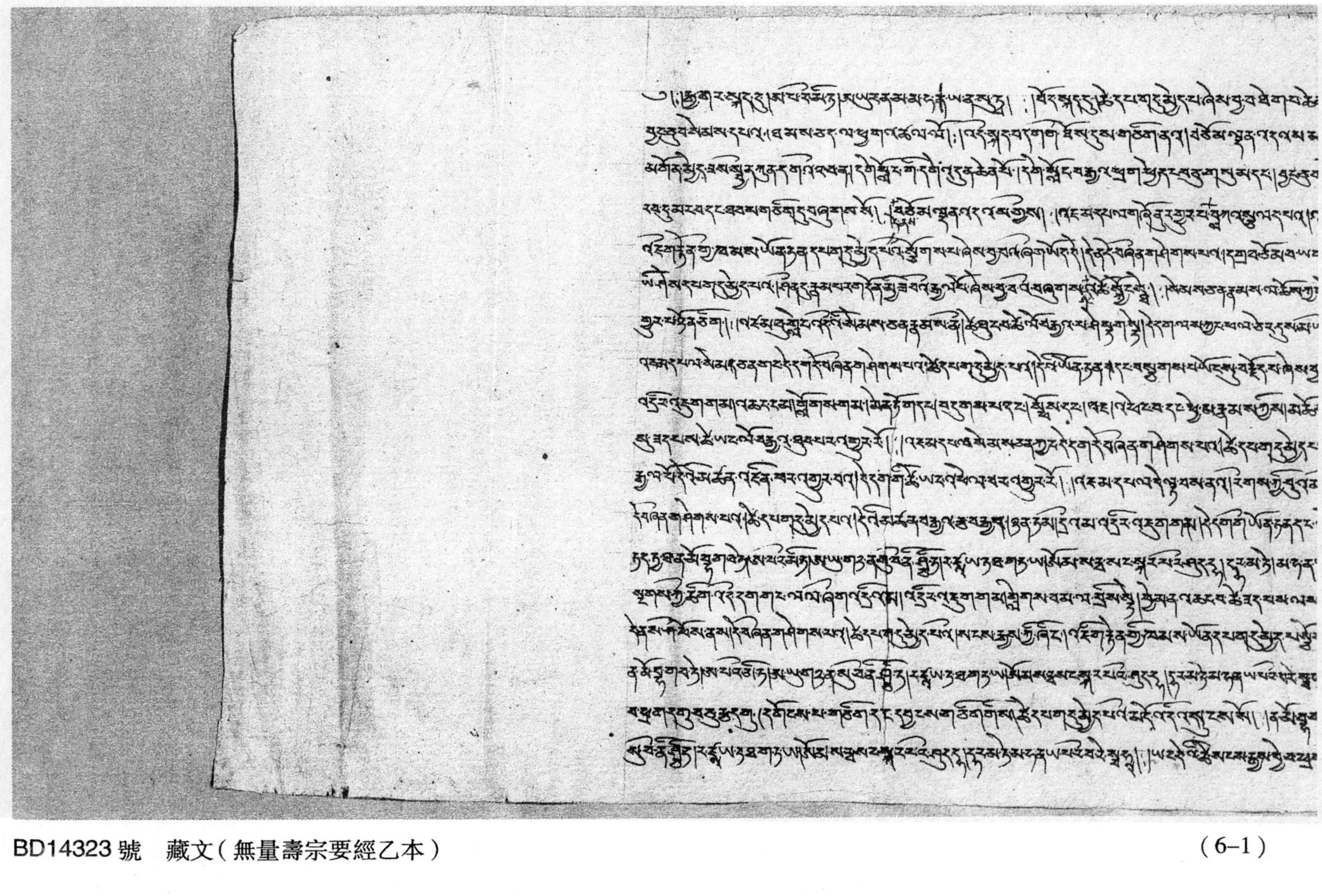

BD14323 號　藏文（無量壽宗要經乙本）　　（6–1）

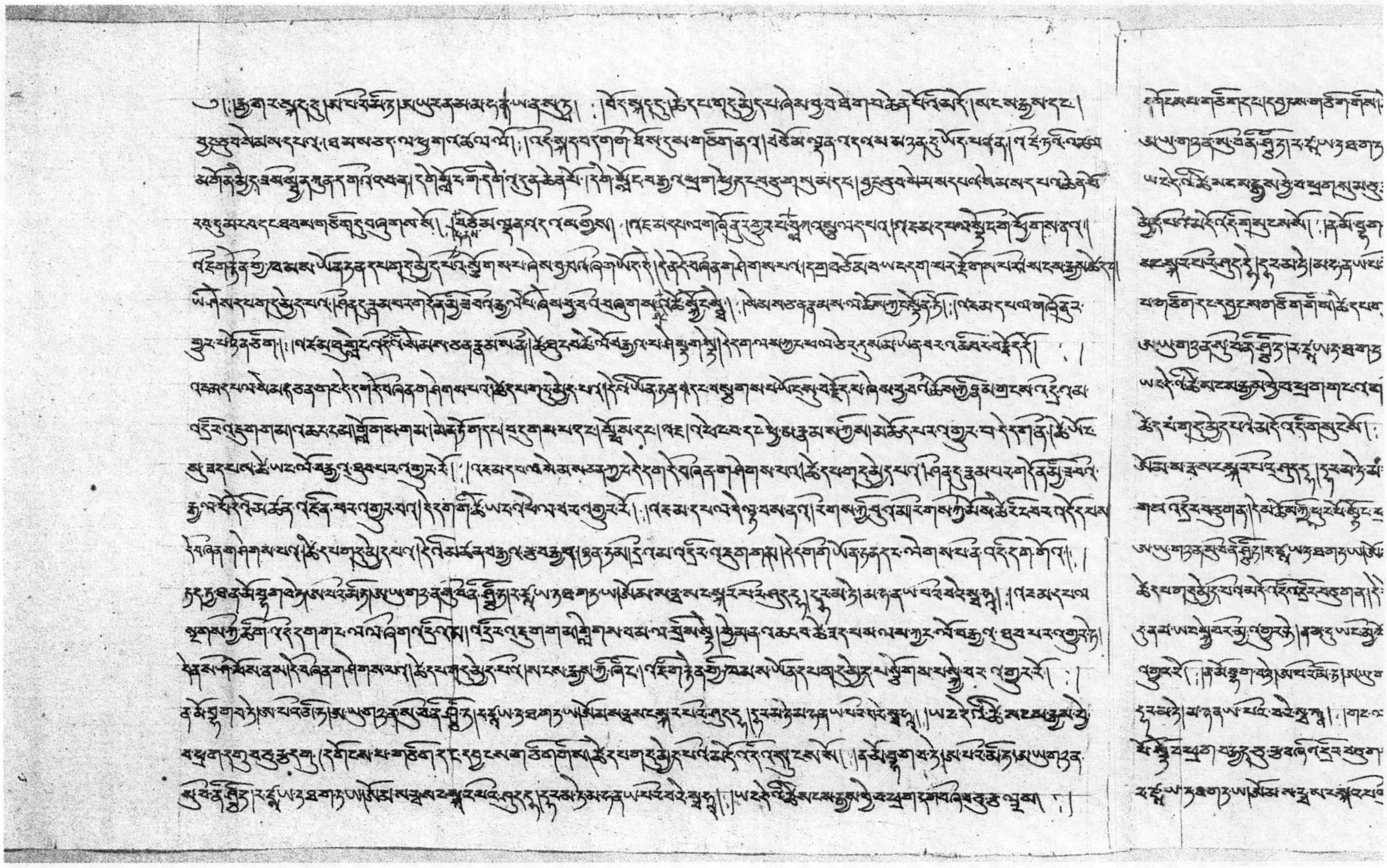

BD14323 號　藏文（無量壽宗要經乙本）　（6–2）

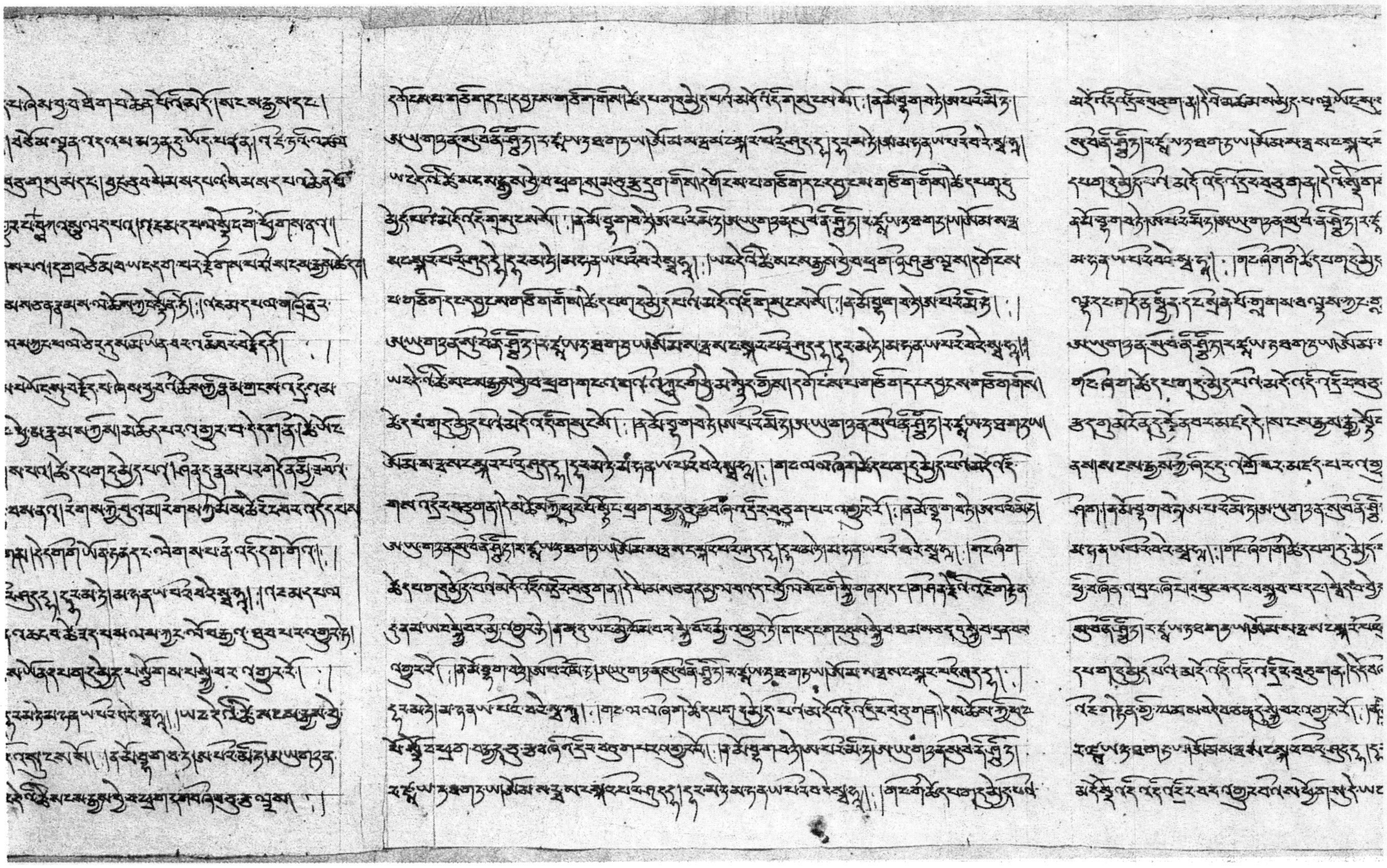

BD14323 號　藏文（無量壽宗要經乙本）　（6–3）

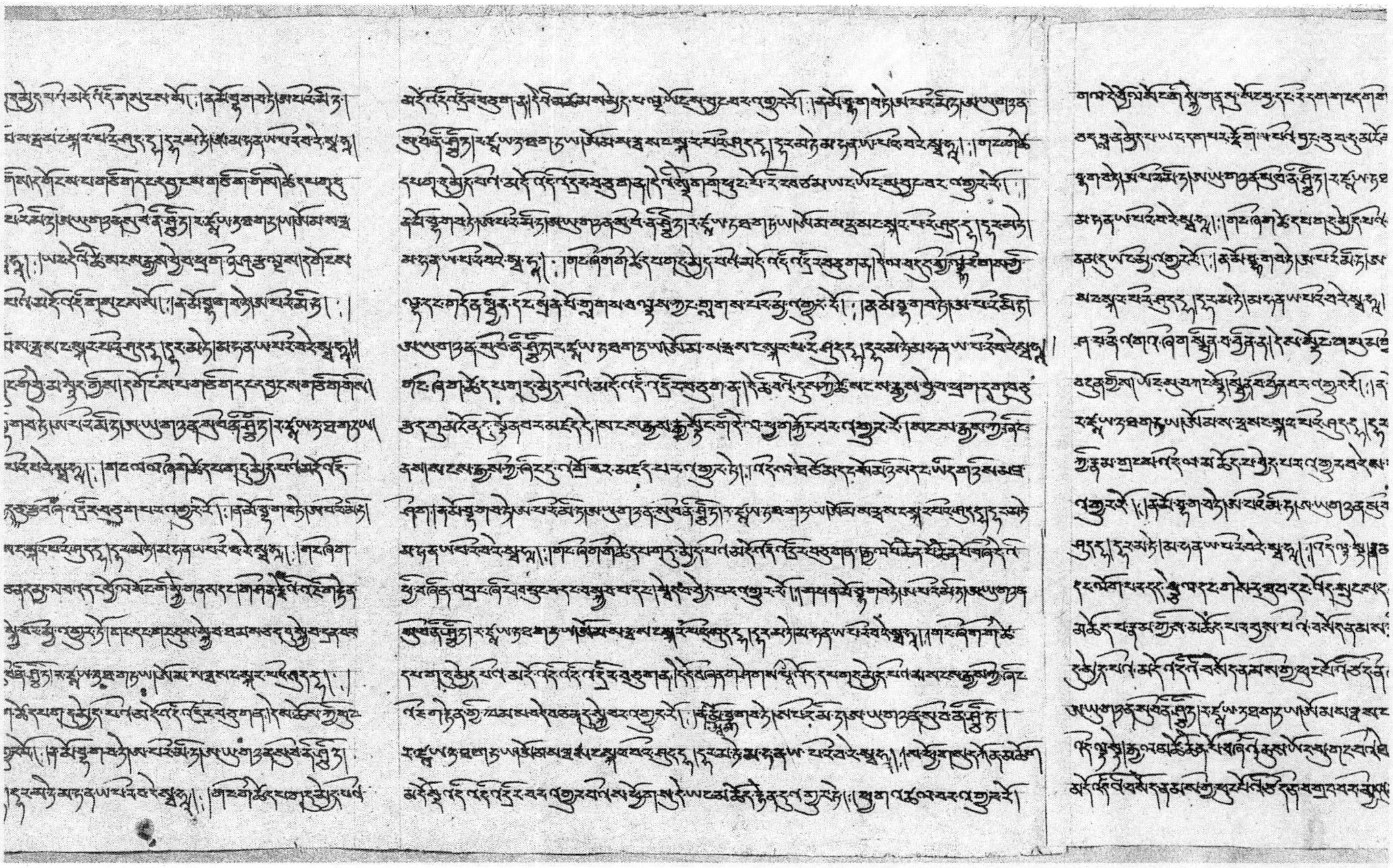

BD14323 號　藏文（無量壽宗要經乙本）　　（6–4）

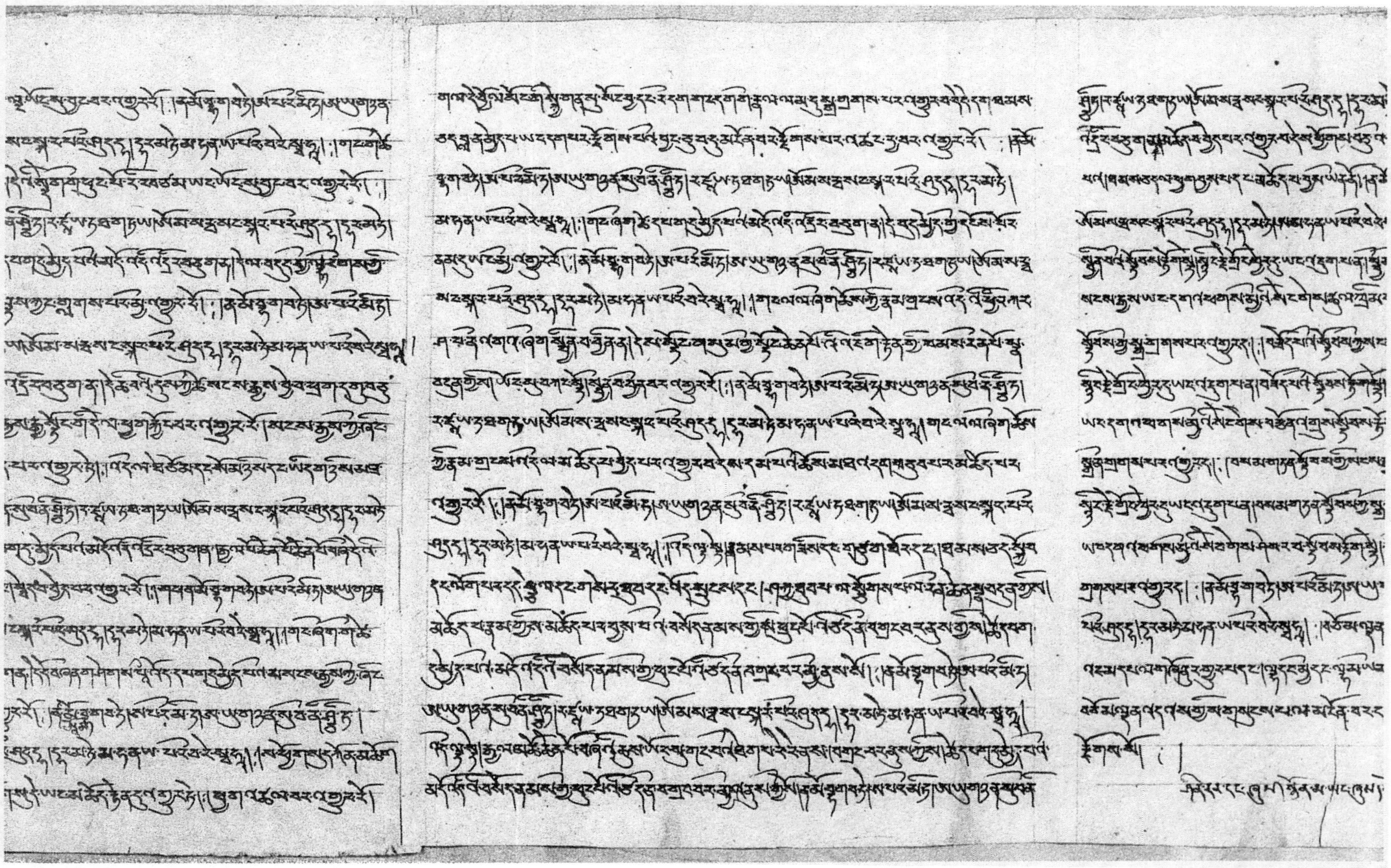

BD14323 號　藏文（無量壽宗要經乙本）　　（6–5）

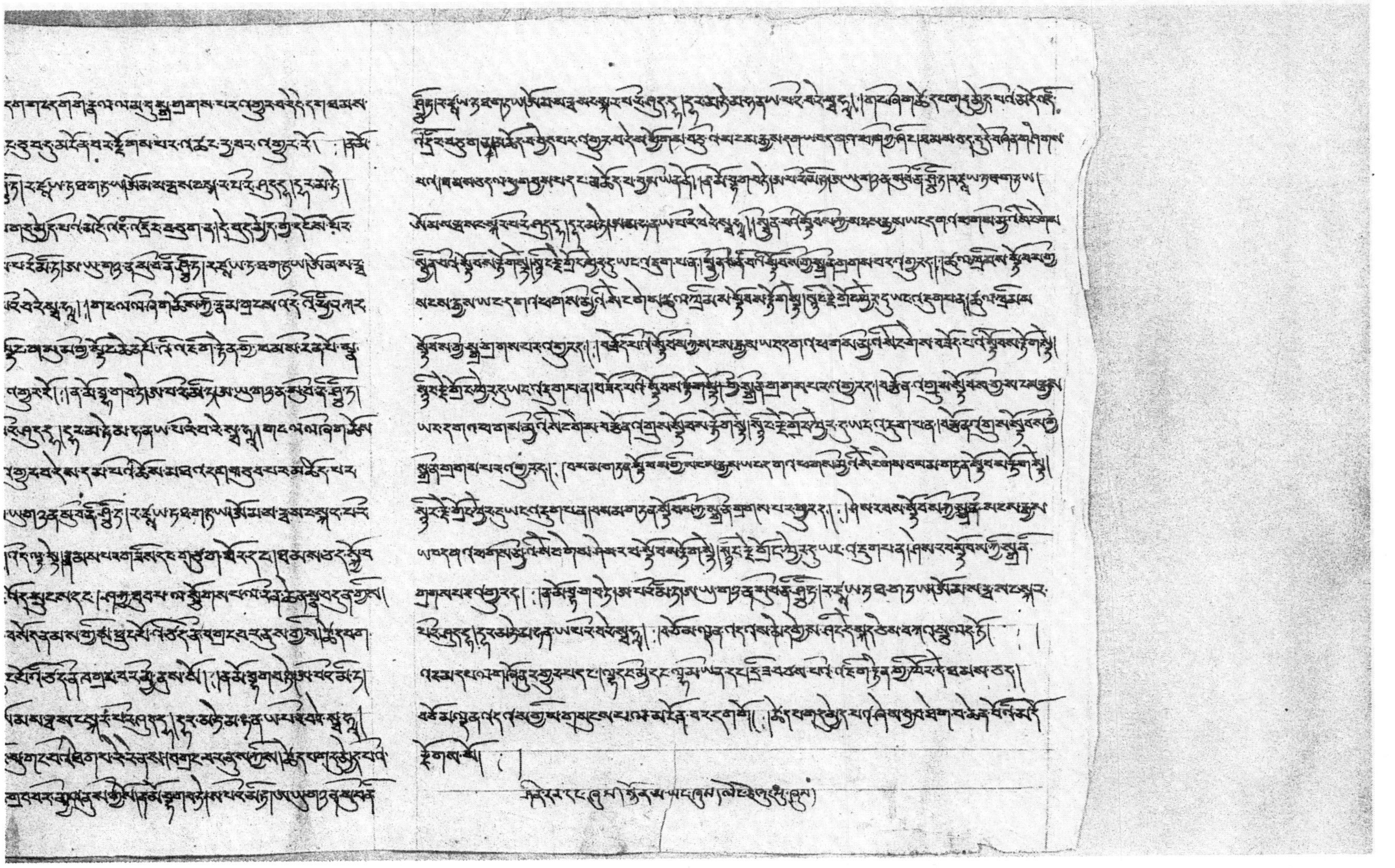

BD14323 號　藏文（無量壽宗要經乙本）　（6–6）

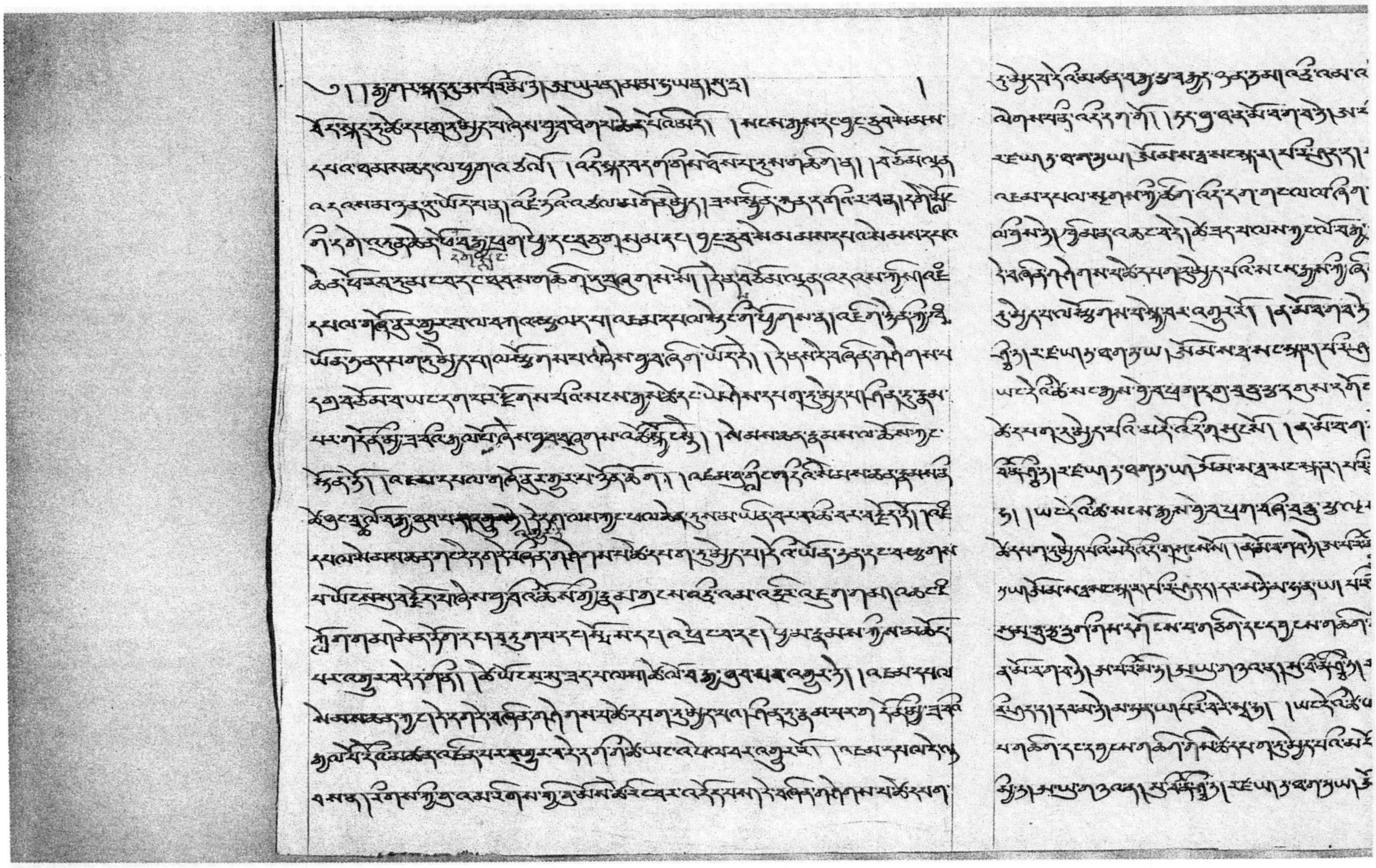

BD14324 號　藏文（無量壽宗要經乙本）　（6–1）

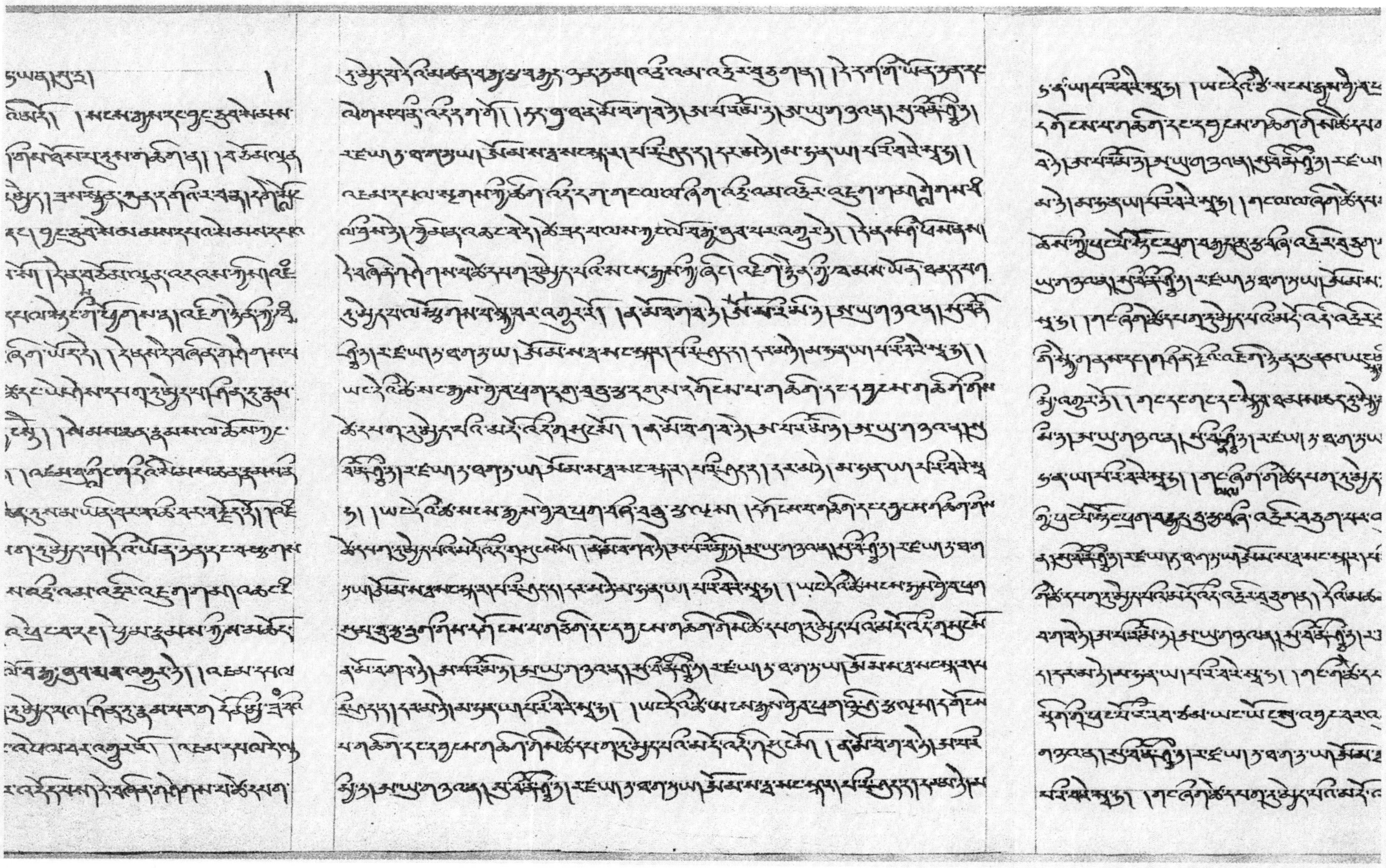

BD14324號　藏文（無量壽宗要經乙本）　（6–2）

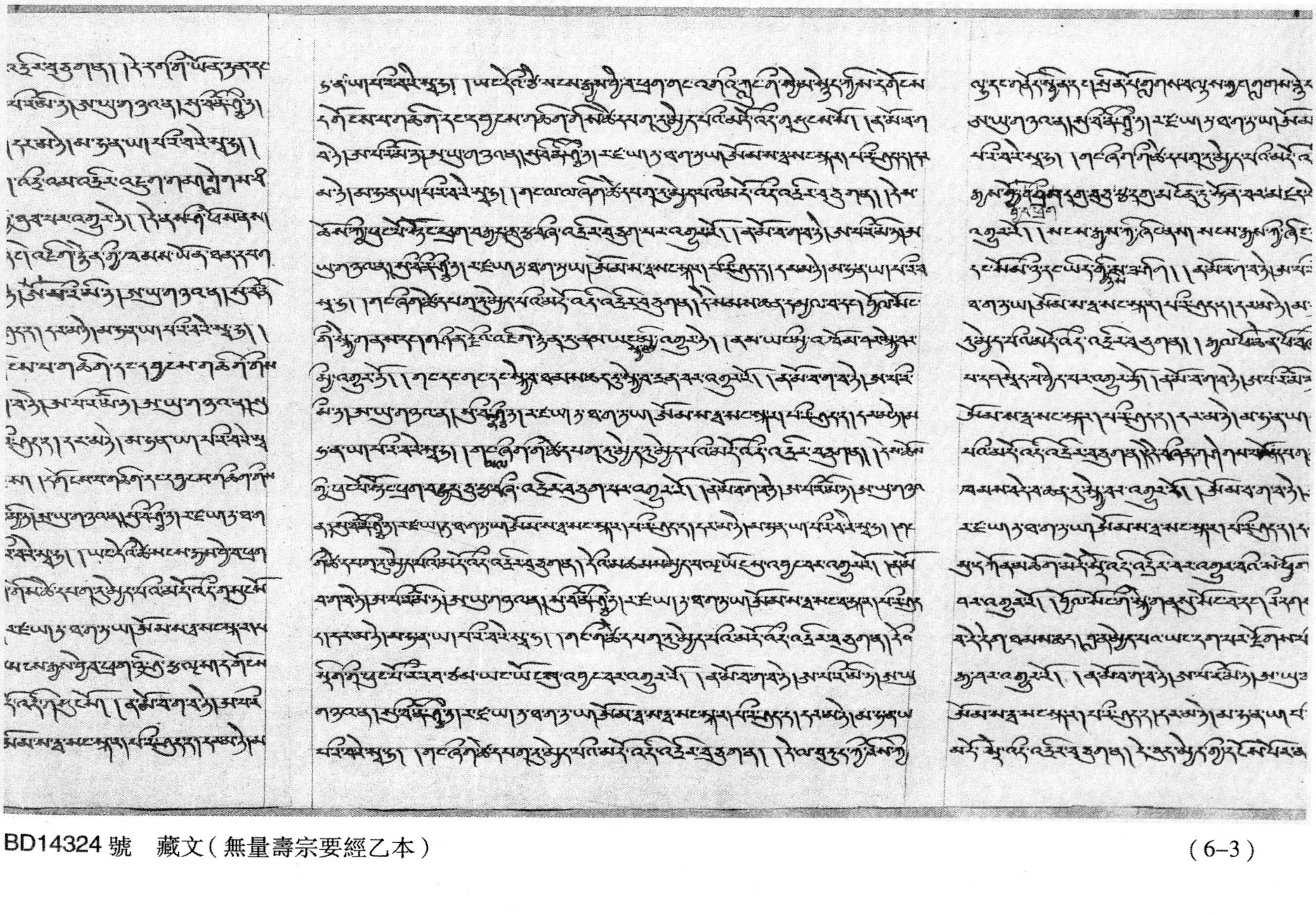

BD14324號　藏文（無量壽宗要經乙本）　（6–3）

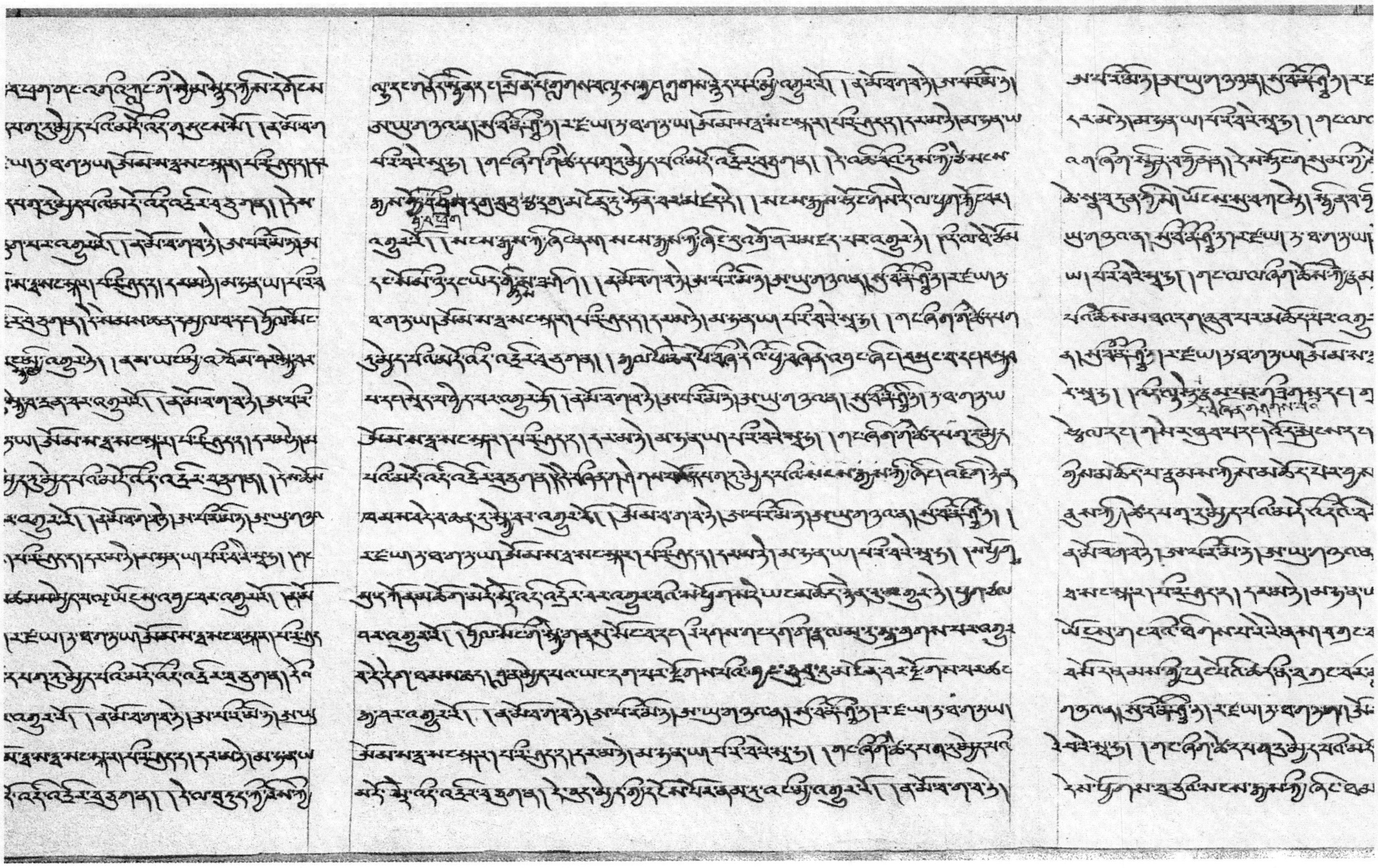

BD14324 號　藏文（無量壽宗要經乙本）　（6–4）

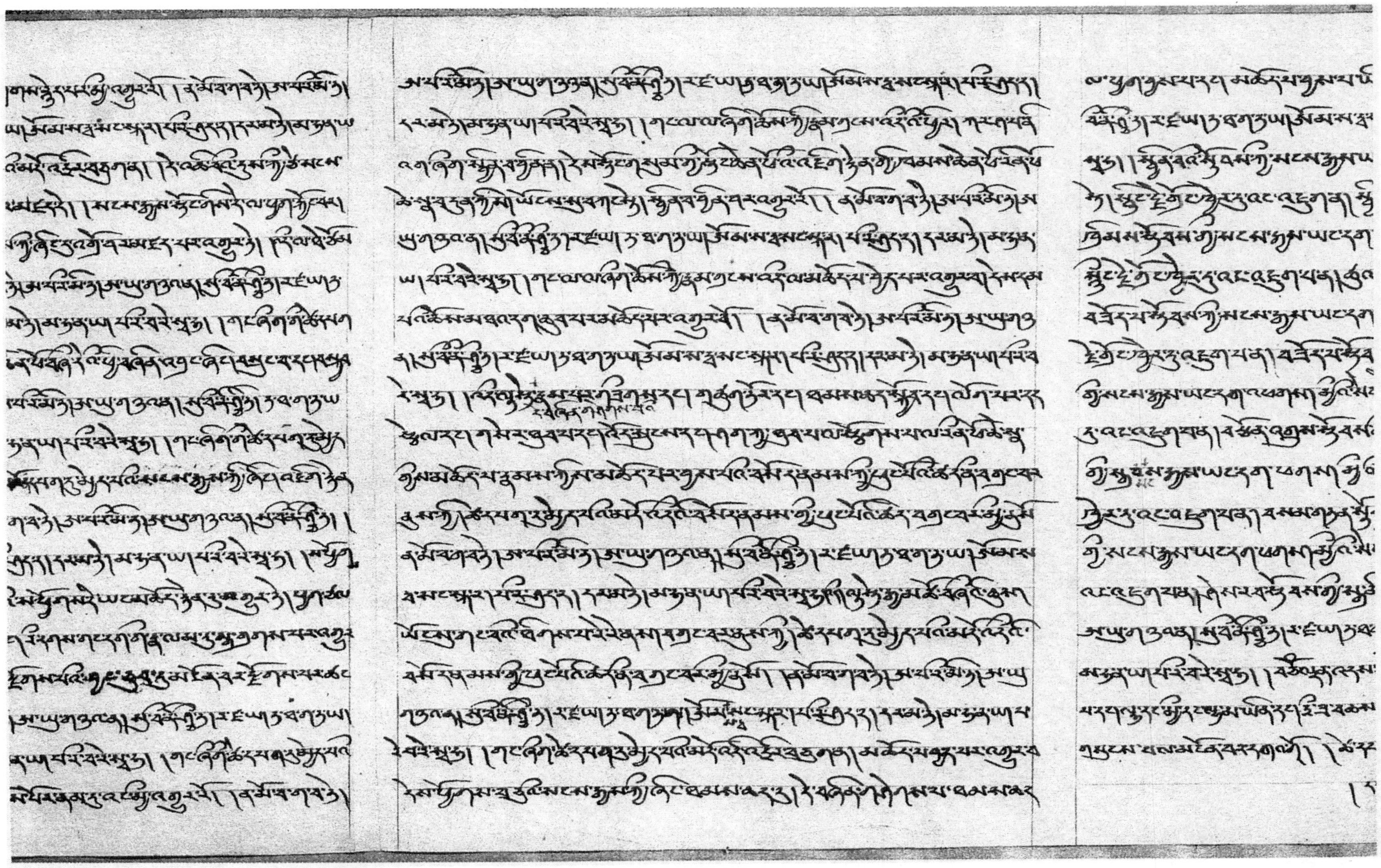

BD14324 號　藏文（無量壽宗要經乙本）　（6–5）

BD14324號 藏文（無量壽宗要經乙本）

BD14325號 藏文（無量壽宗要經甲本）

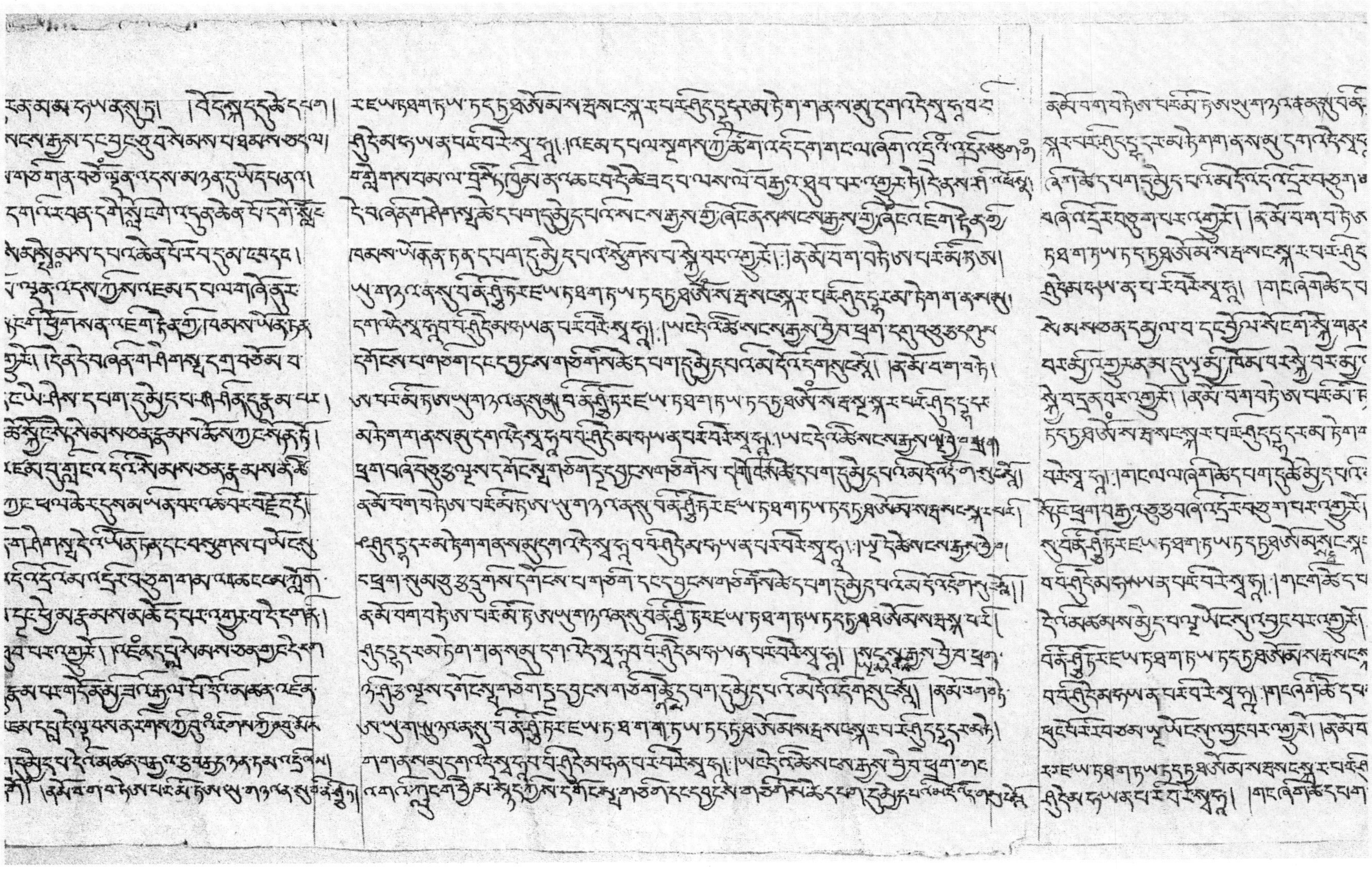

BD14325 號　藏文（無量壽宗要經甲本）　（6–2）

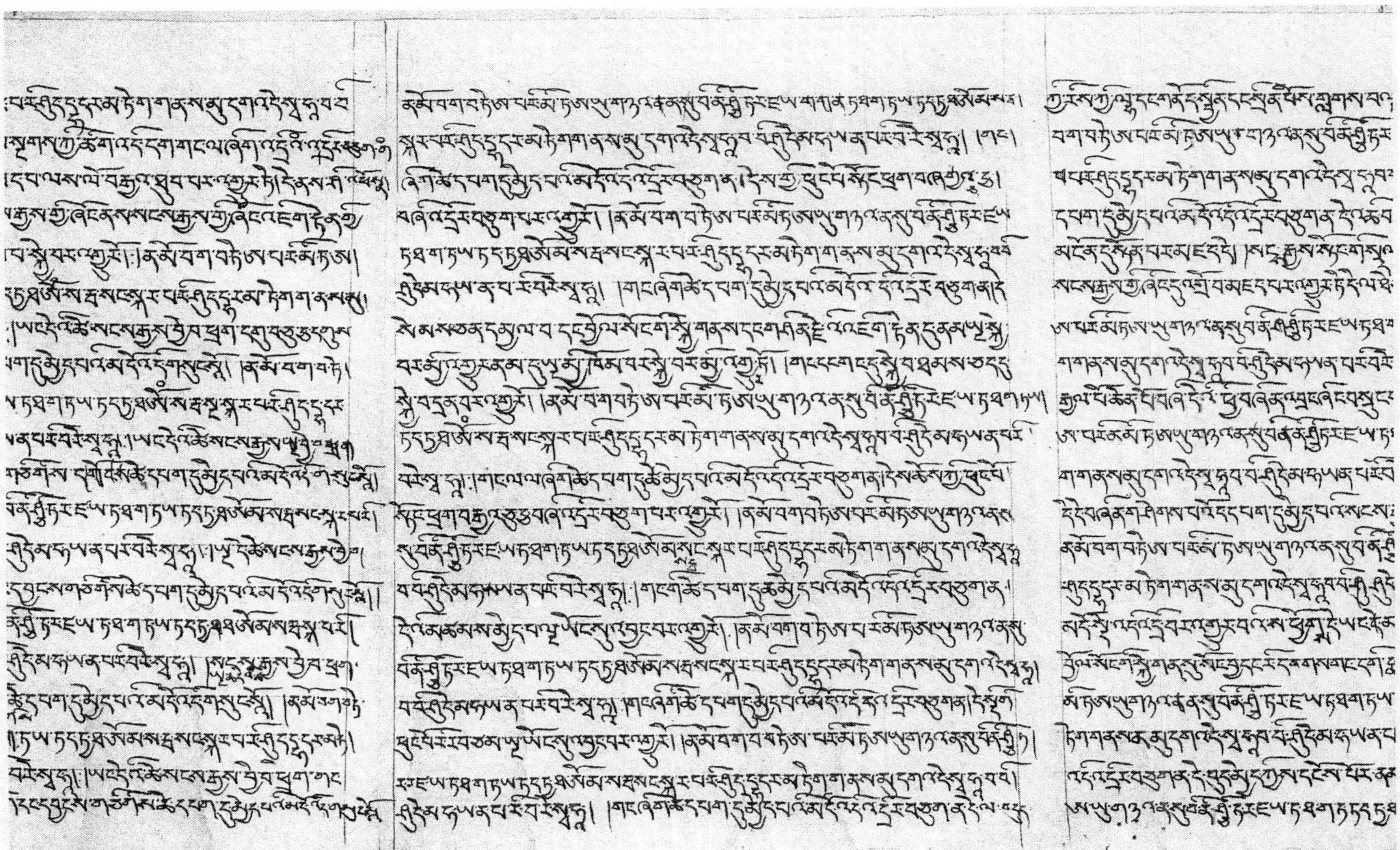

BD14325 號　藏文（無量壽宗要經甲本）　（6–3）

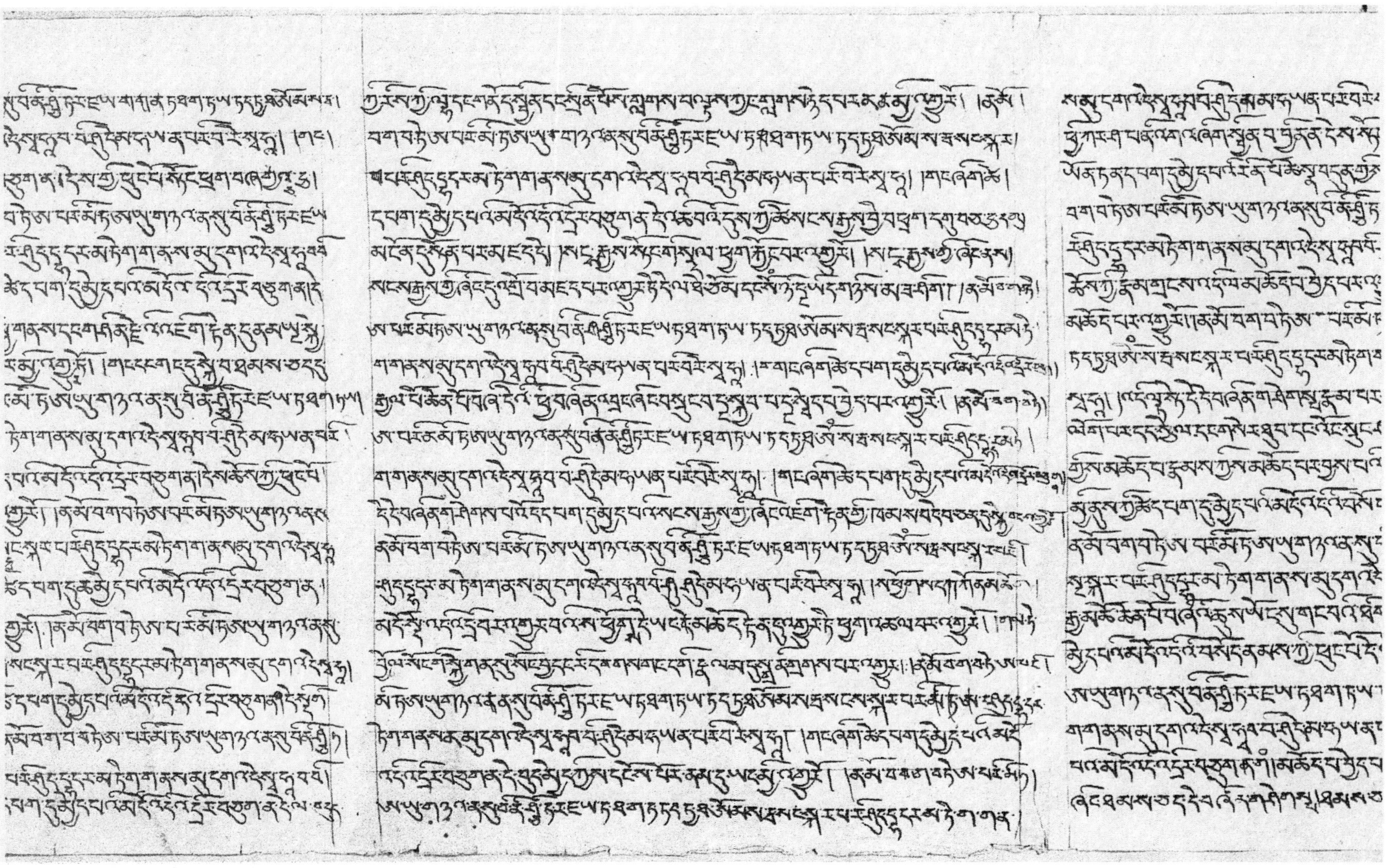

BD14325 號　藏文（無量壽宗要經甲本）　　（6–4）

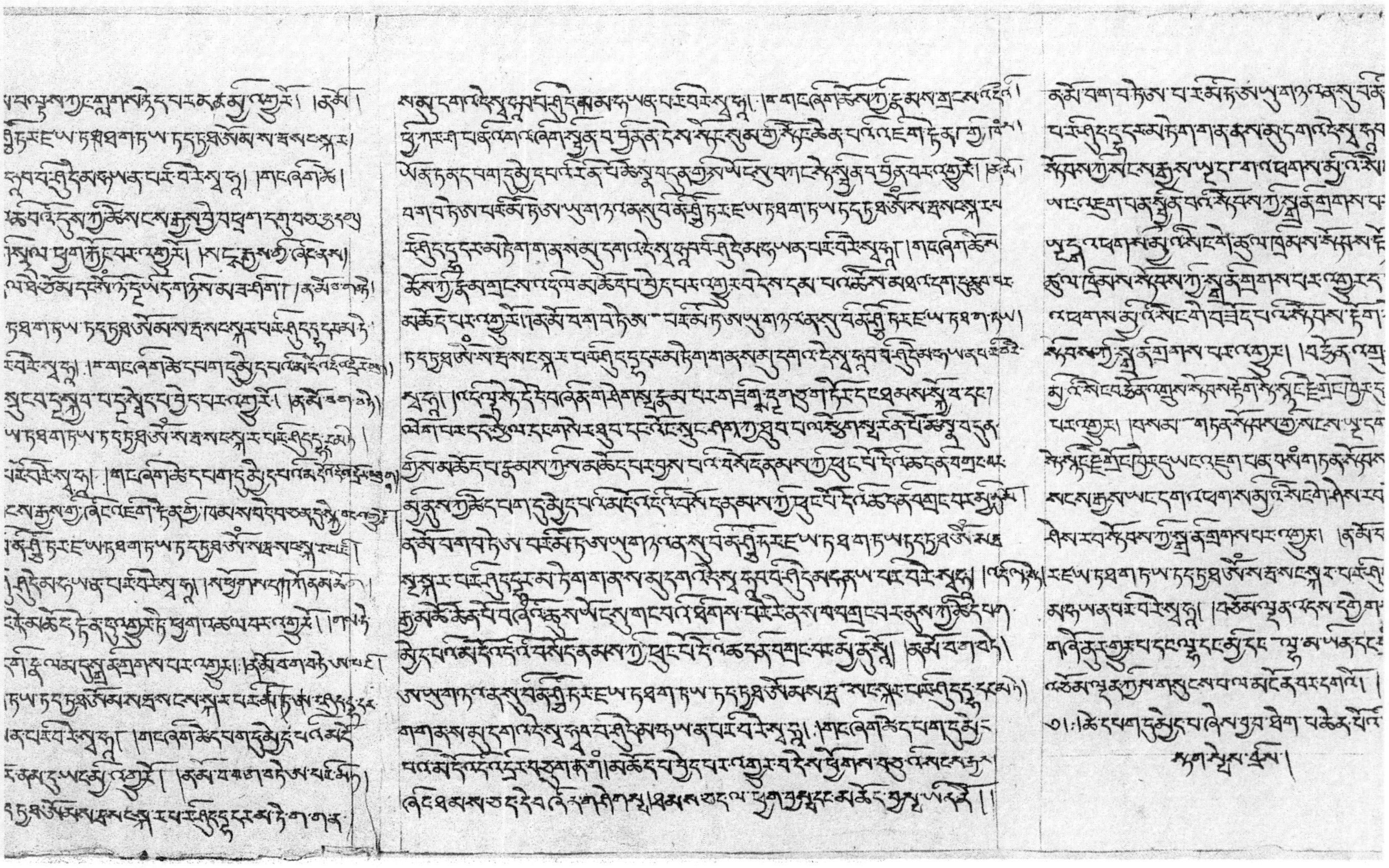

BD14325 號　藏文（無量壽宗要經甲本）　　（6–5）

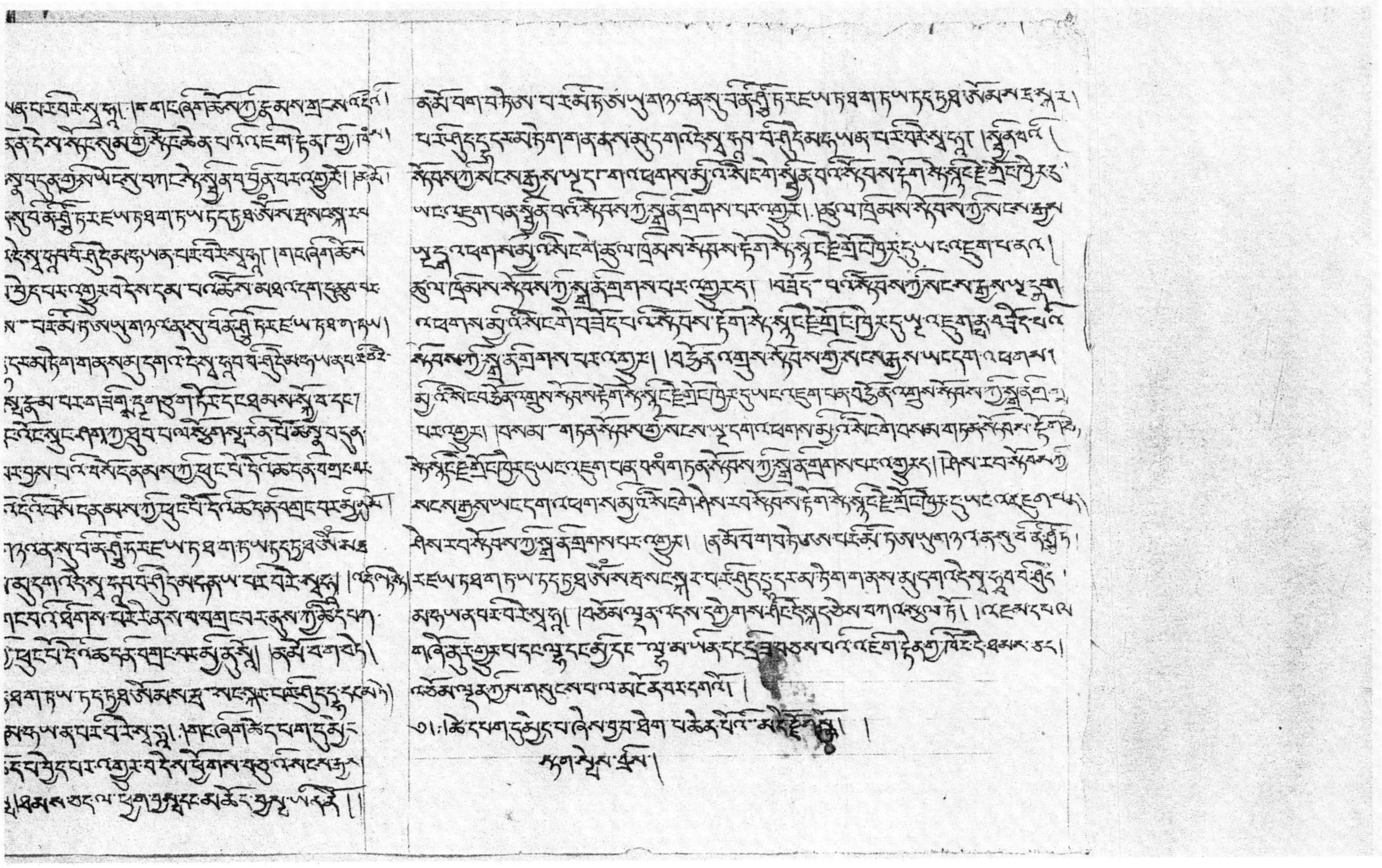

BD14325 號　藏文（無量壽宗要經甲本）　（6–6）

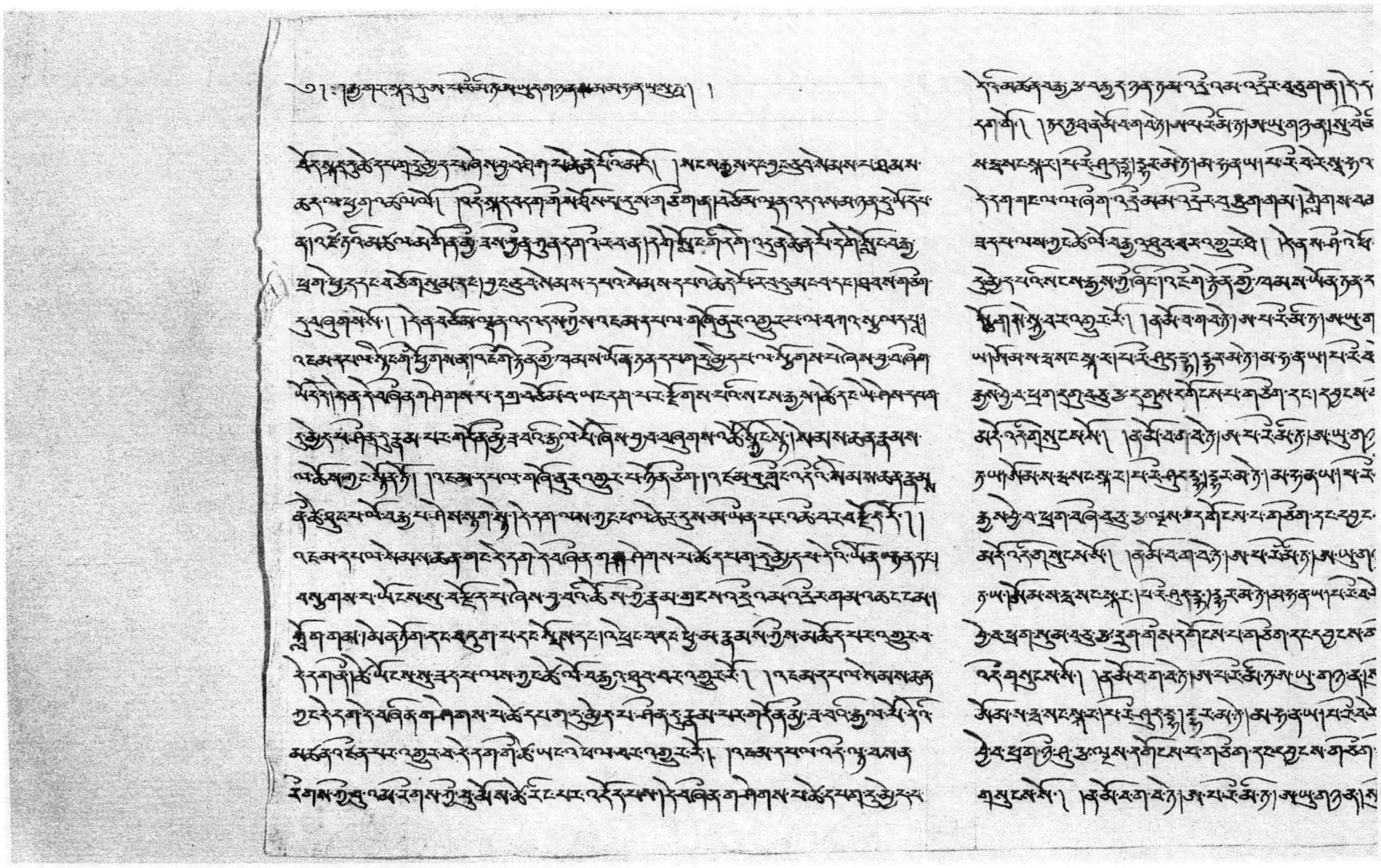

BD14326 號　藏文（無量壽宗要經乙本）　（8–1）

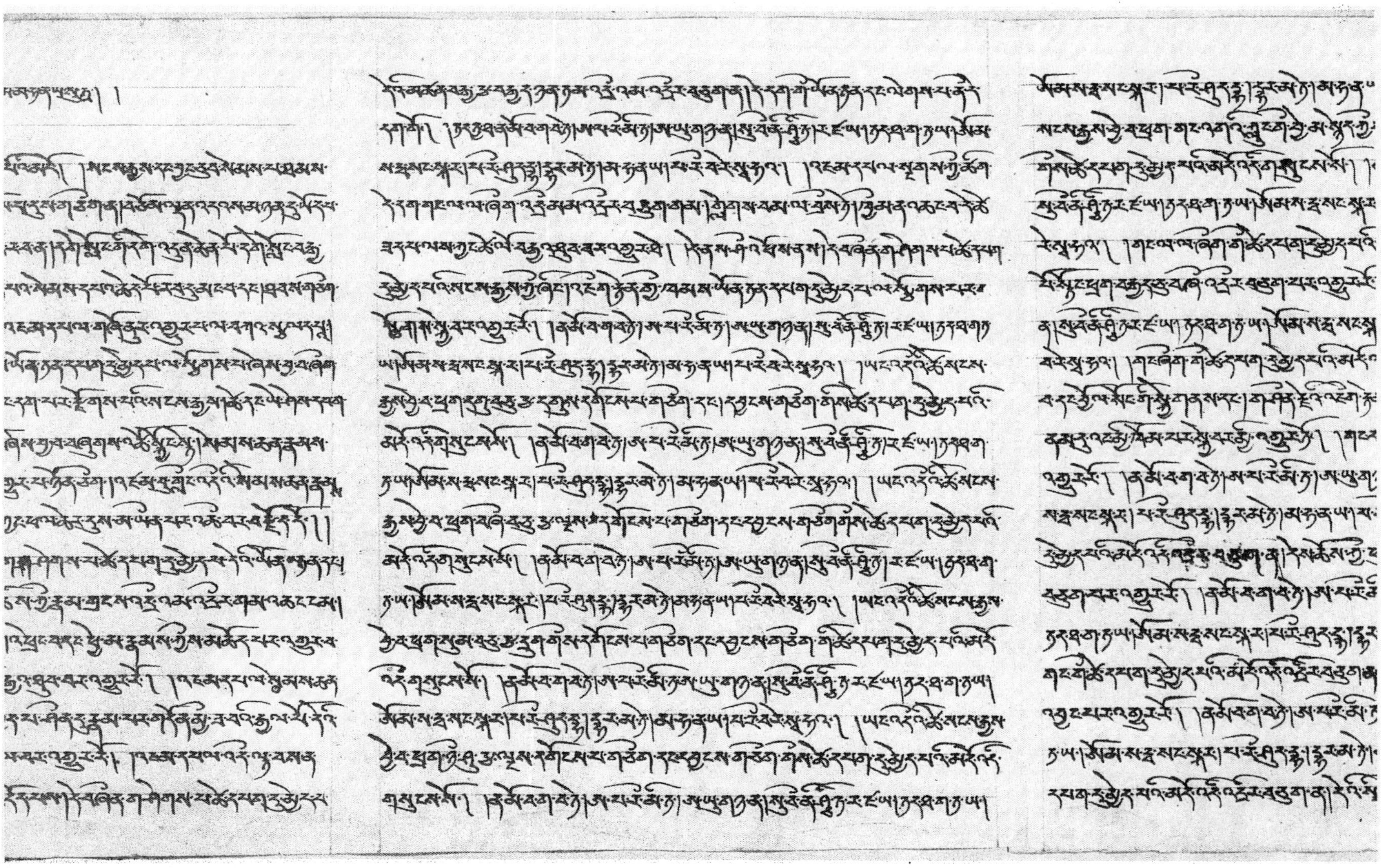

BD14326 號　藏文（無量壽宗要經乙本）　（8–2）

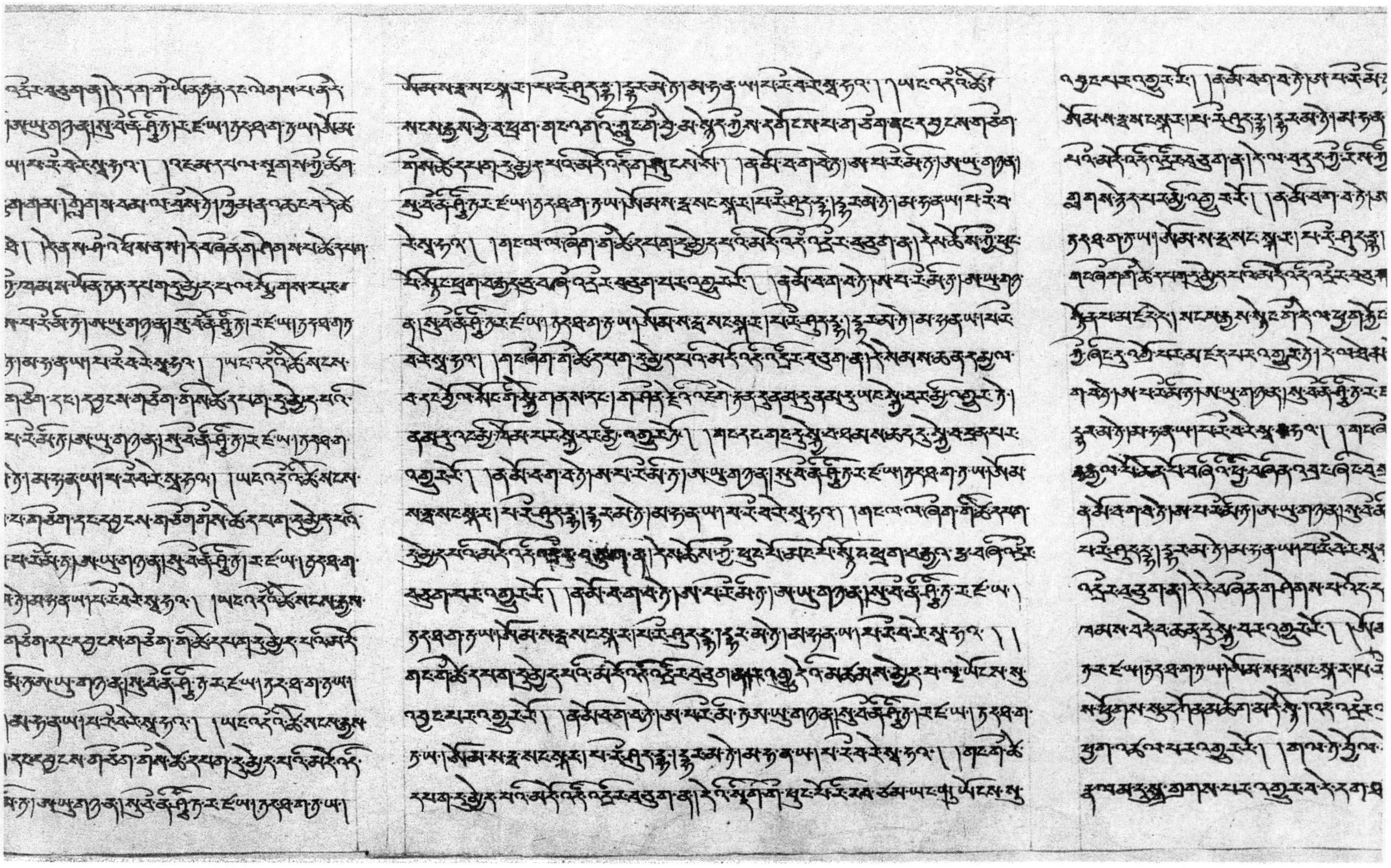

BD14326 號　藏文（無量壽宗要經乙本）　（8–3）

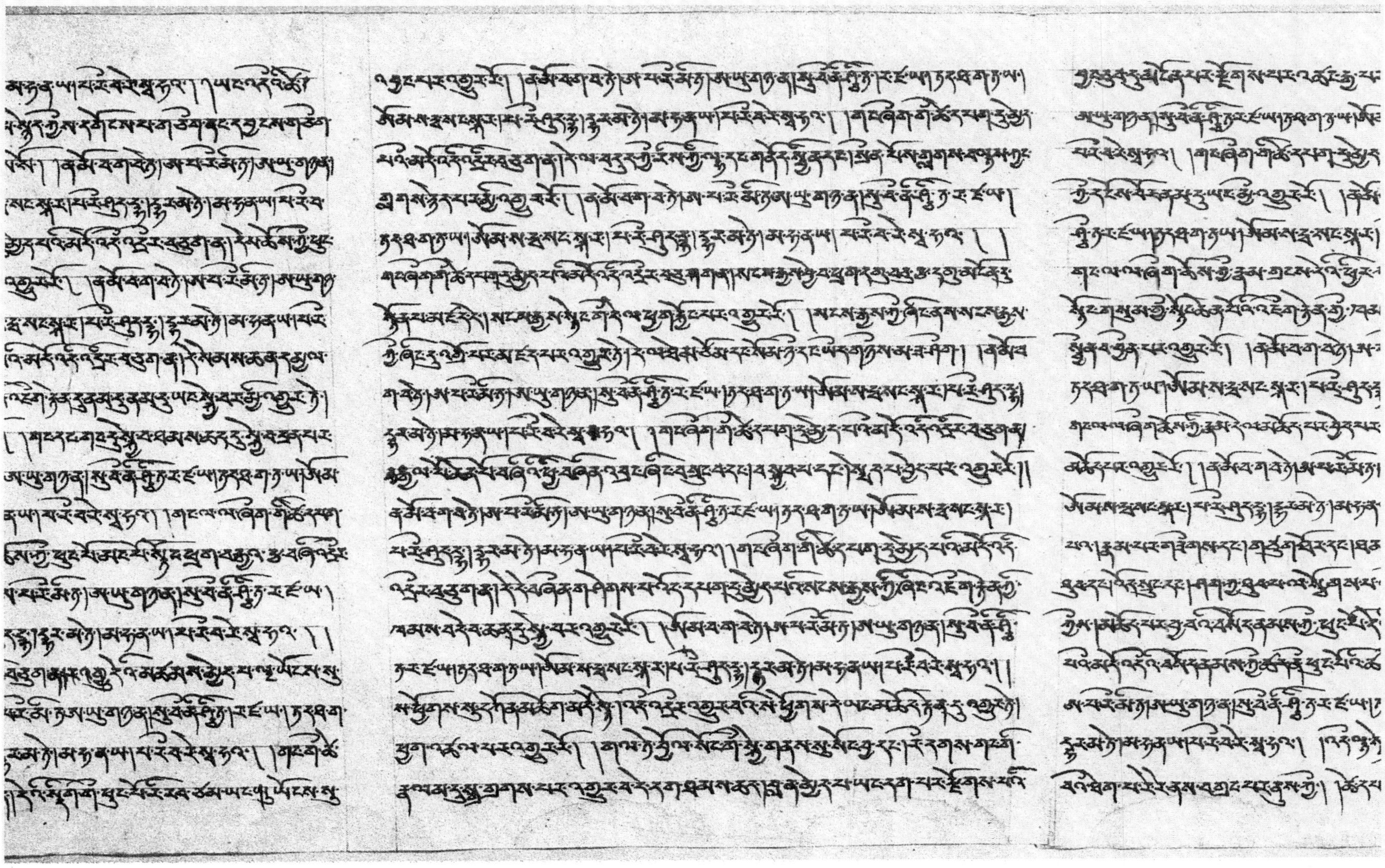

BD14326 號　藏文（無量壽宗要經乙本）　　（8–4）

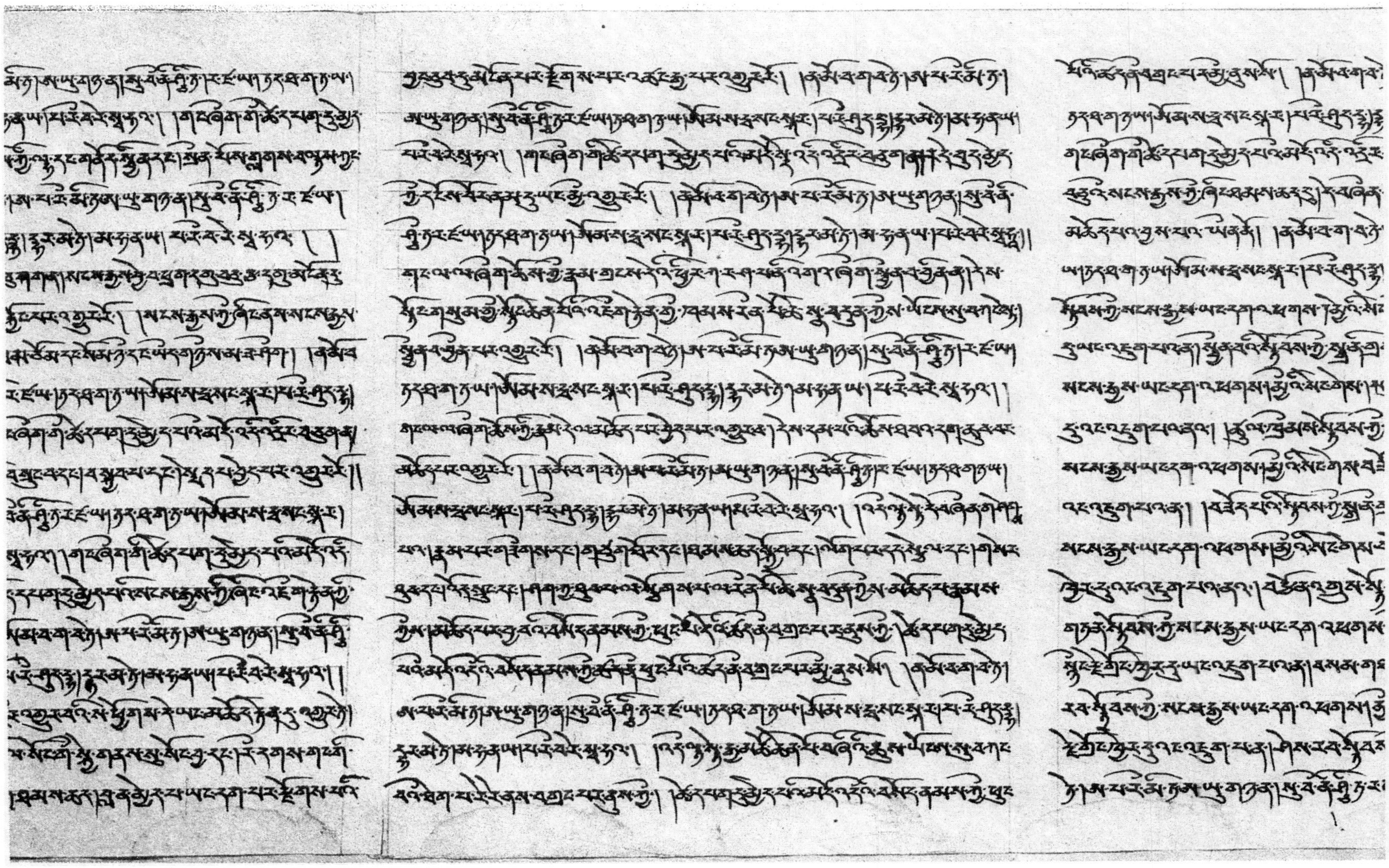

BD14326 號　藏文（無量壽宗要經乙本）　　（8–5）

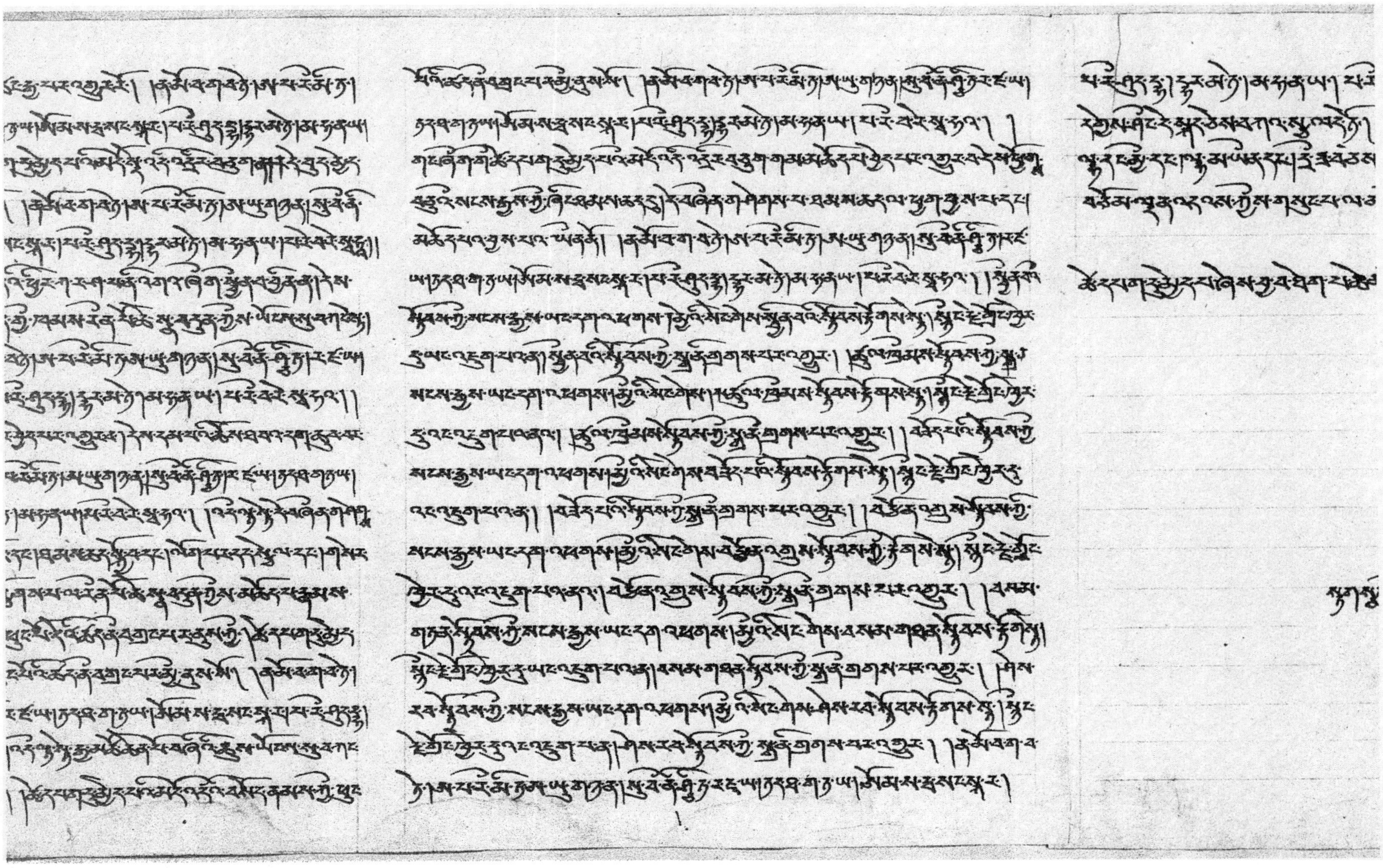

BD14326 號　藏文（無量壽宗要經乙本）　　（8–6）

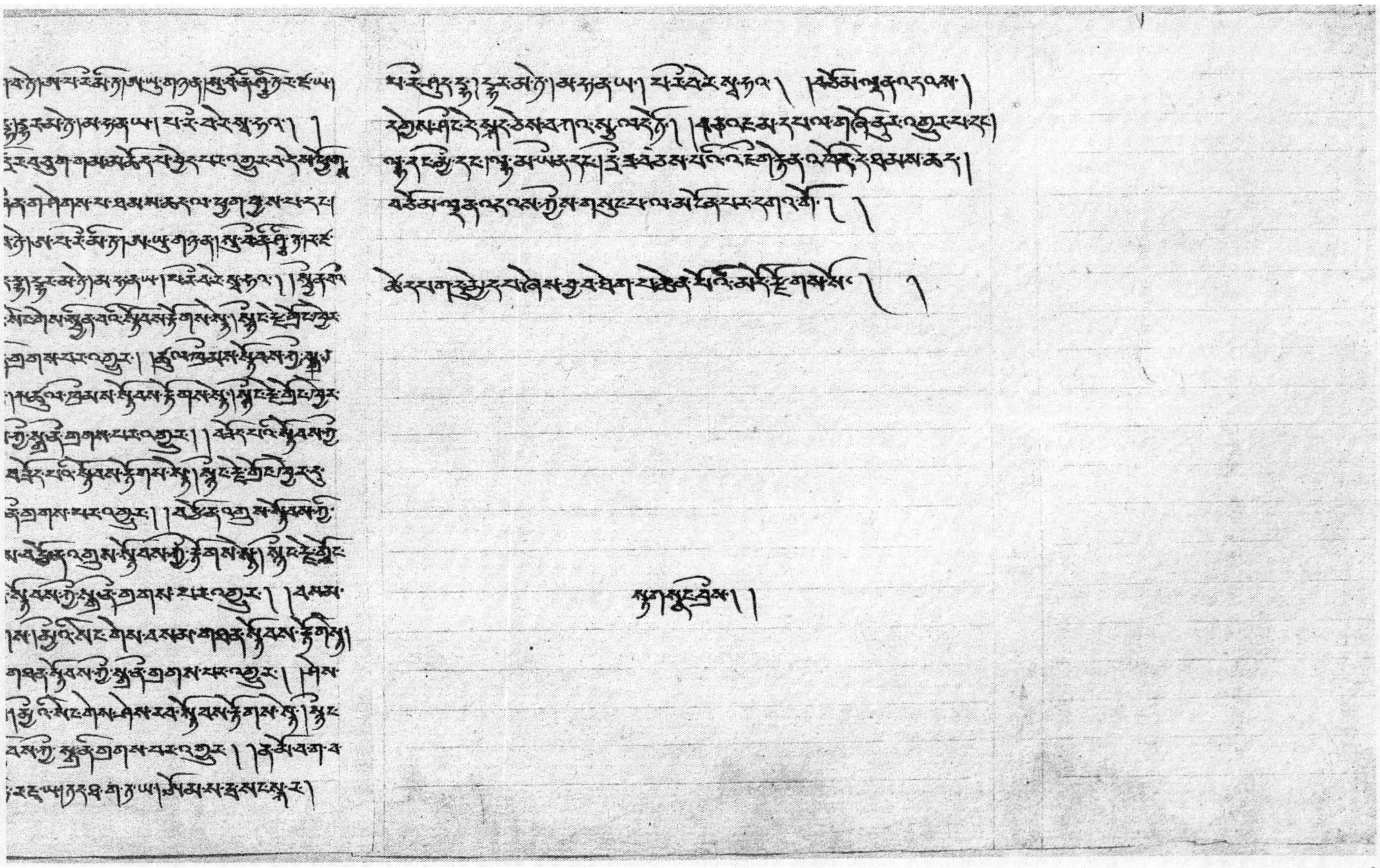

BD14326 號　藏文（無量壽宗要經乙本）　　（8–7）

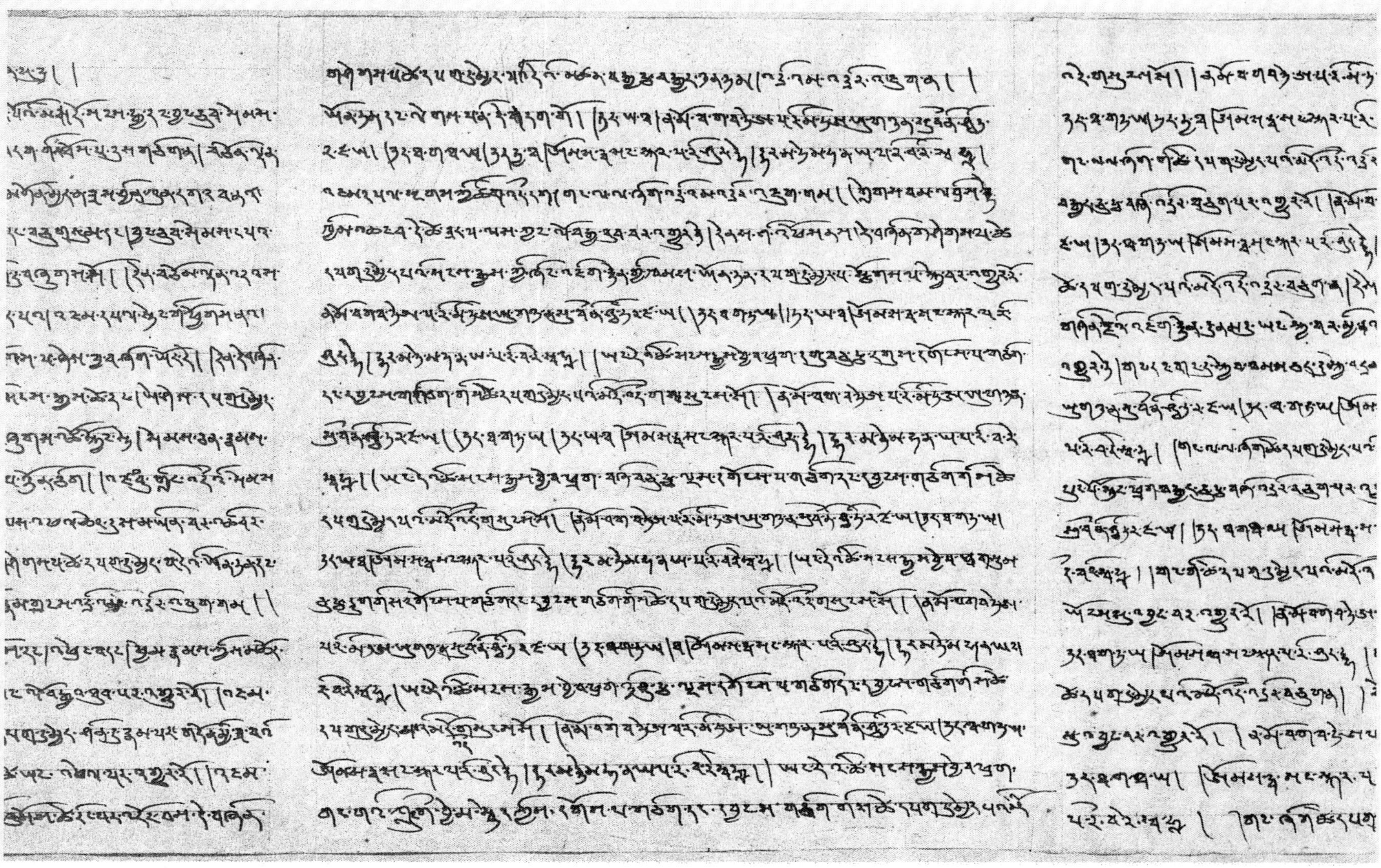

BD14327號　藏文（無量壽宗要經乙本）　　　　（6–2）

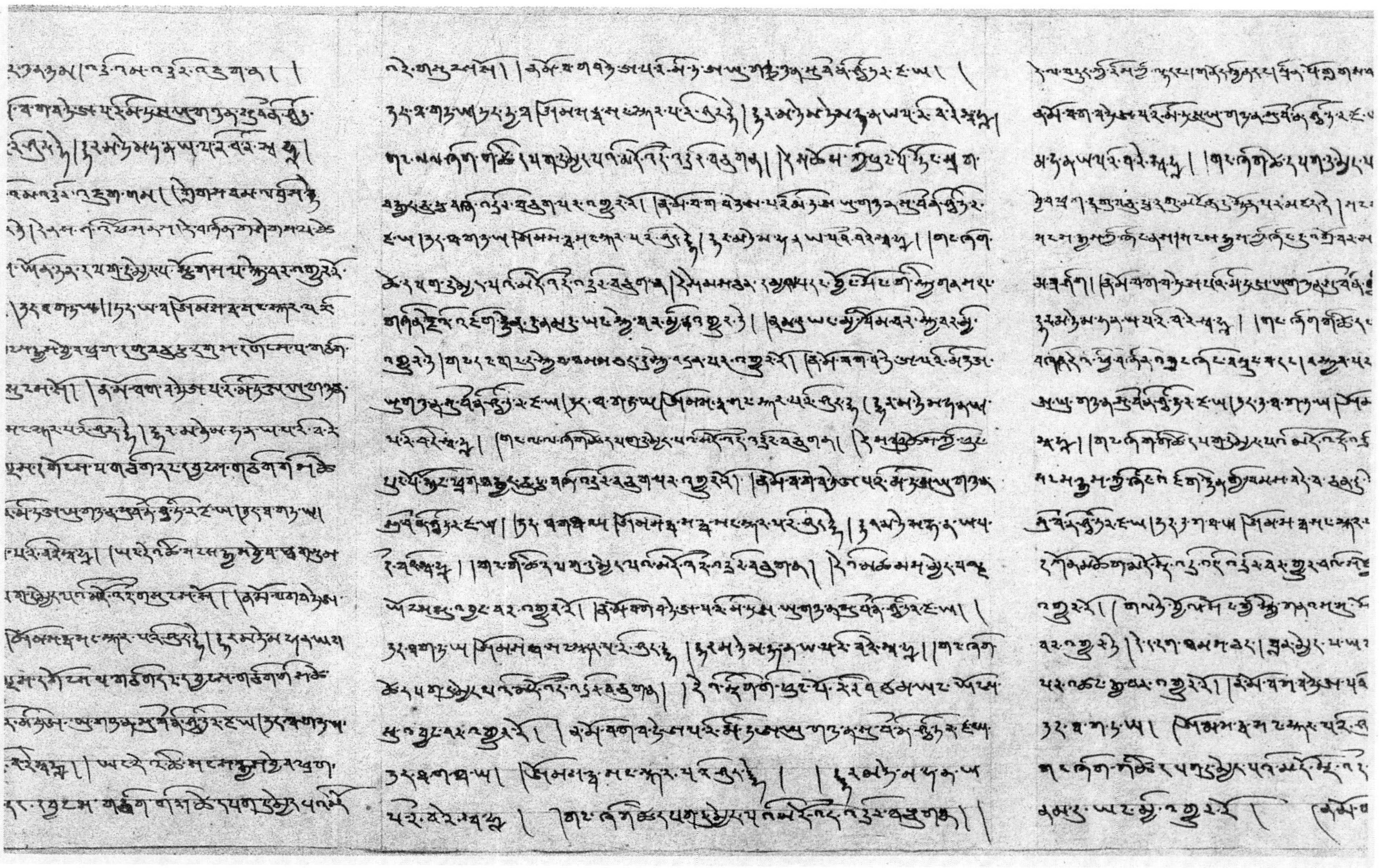

BD14327號　藏文（無量壽宗要經乙本）　　　　（6–3）

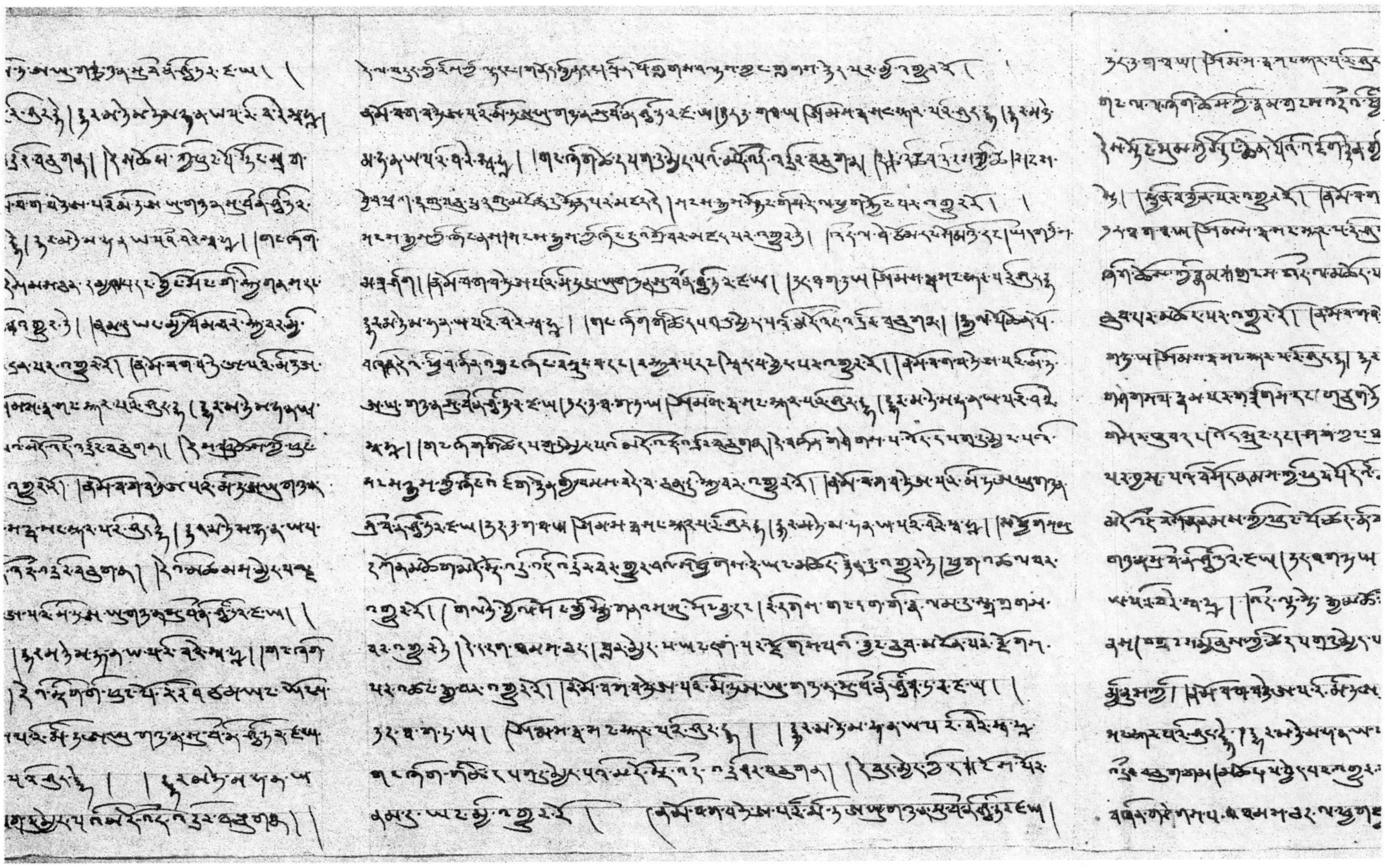

BD14327號　藏文（無量壽宗要經乙本）　（6–4）

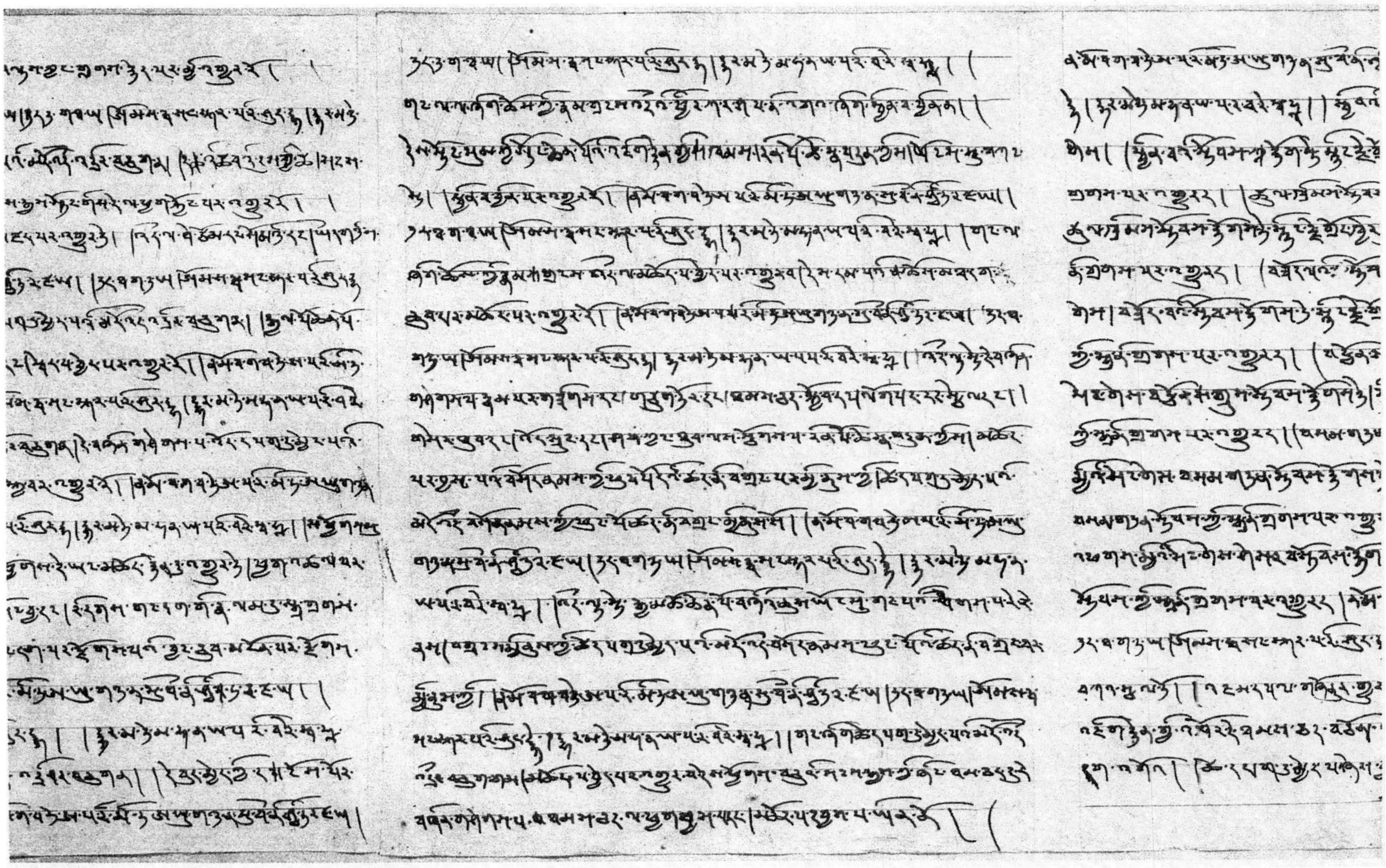

BD14327號　藏文（無量壽宗要經乙本）　（6–5）

BD14327號 藏文（無量壽宗要經乙本）

BD14328號 藏文（無量壽宗要經乙本）

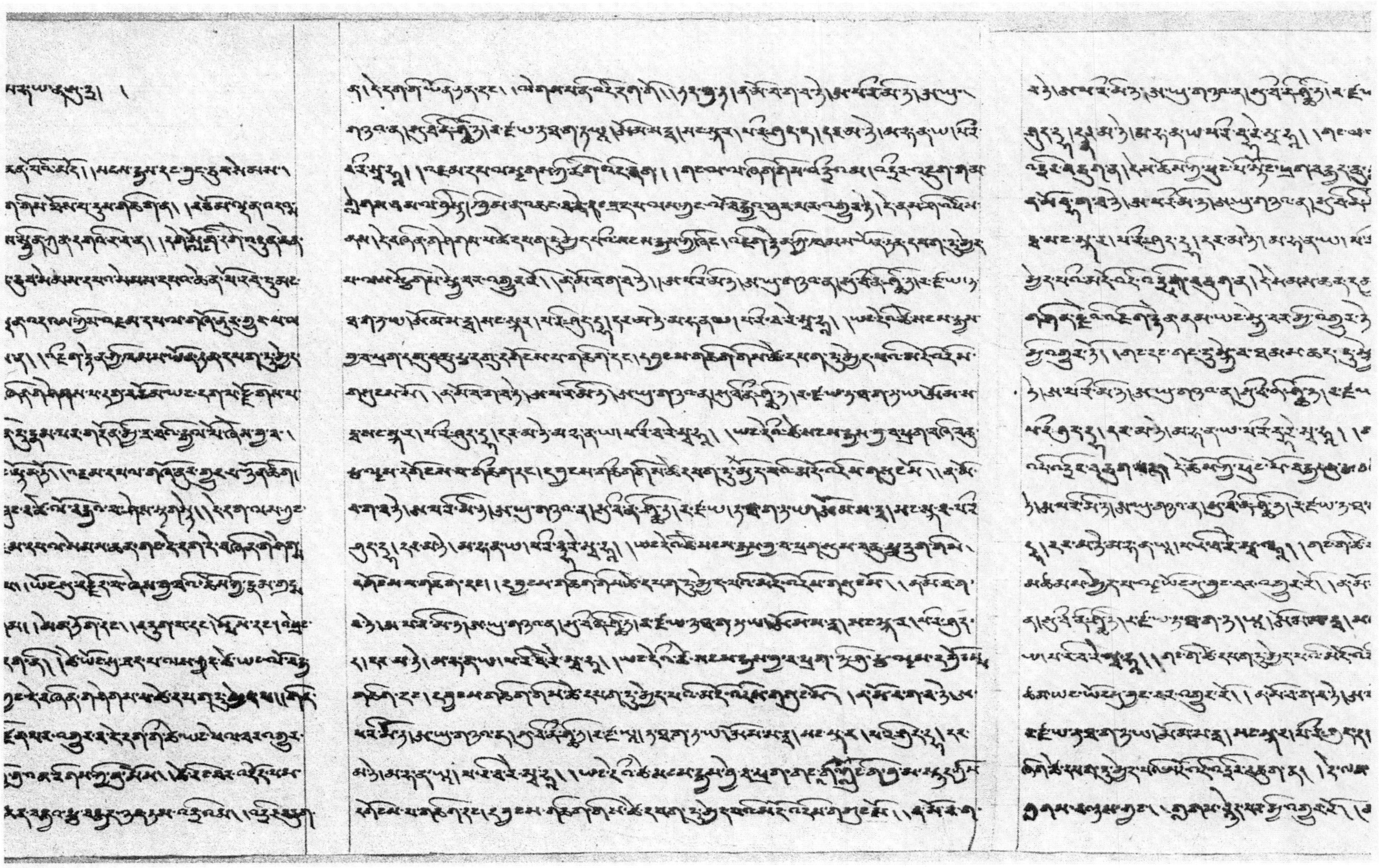

BD14328 號　藏文（無量壽宗要經乙本）　（6–2）

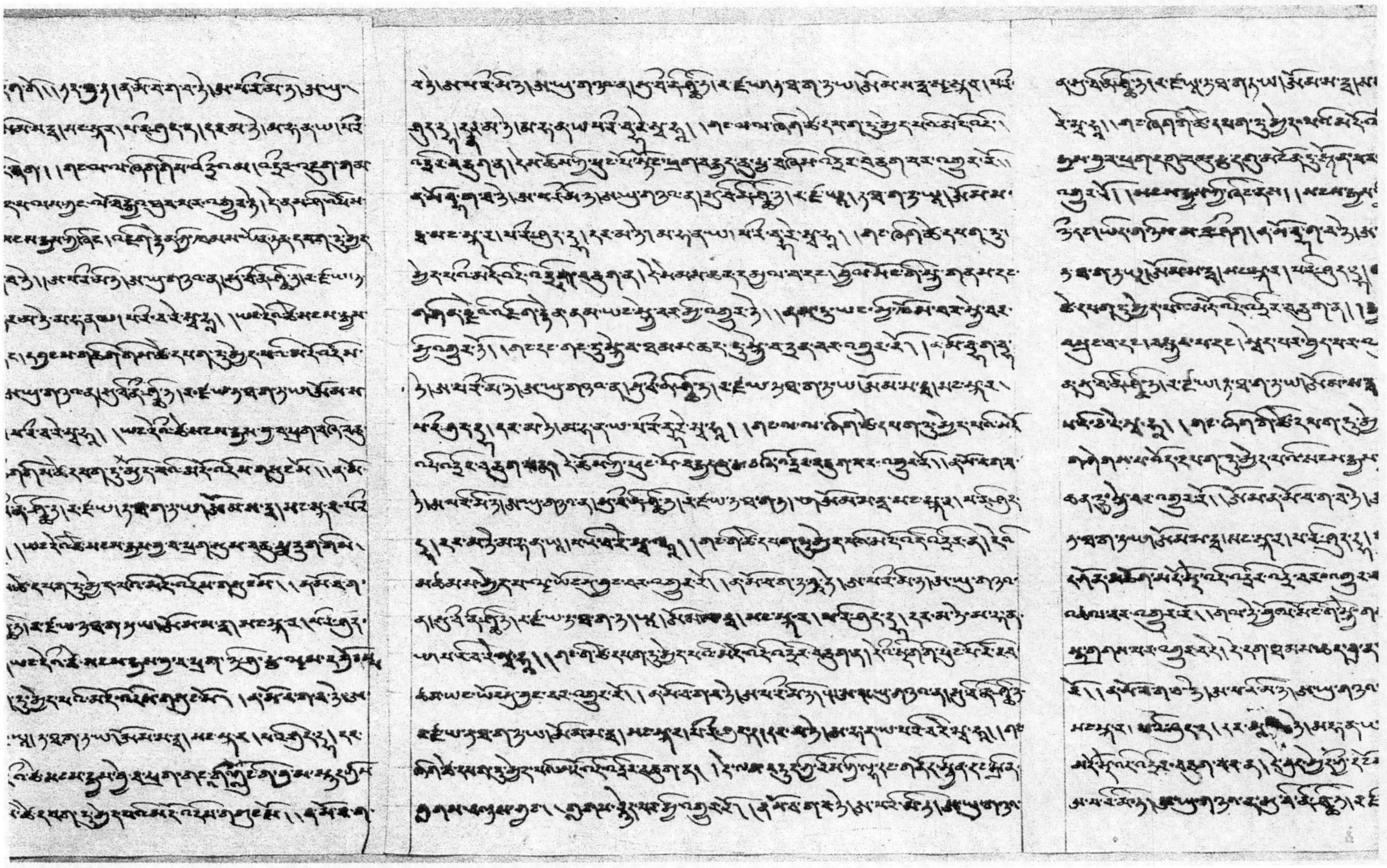

BD14328 號　藏文（無量壽宗要經乙本）　（6–3）

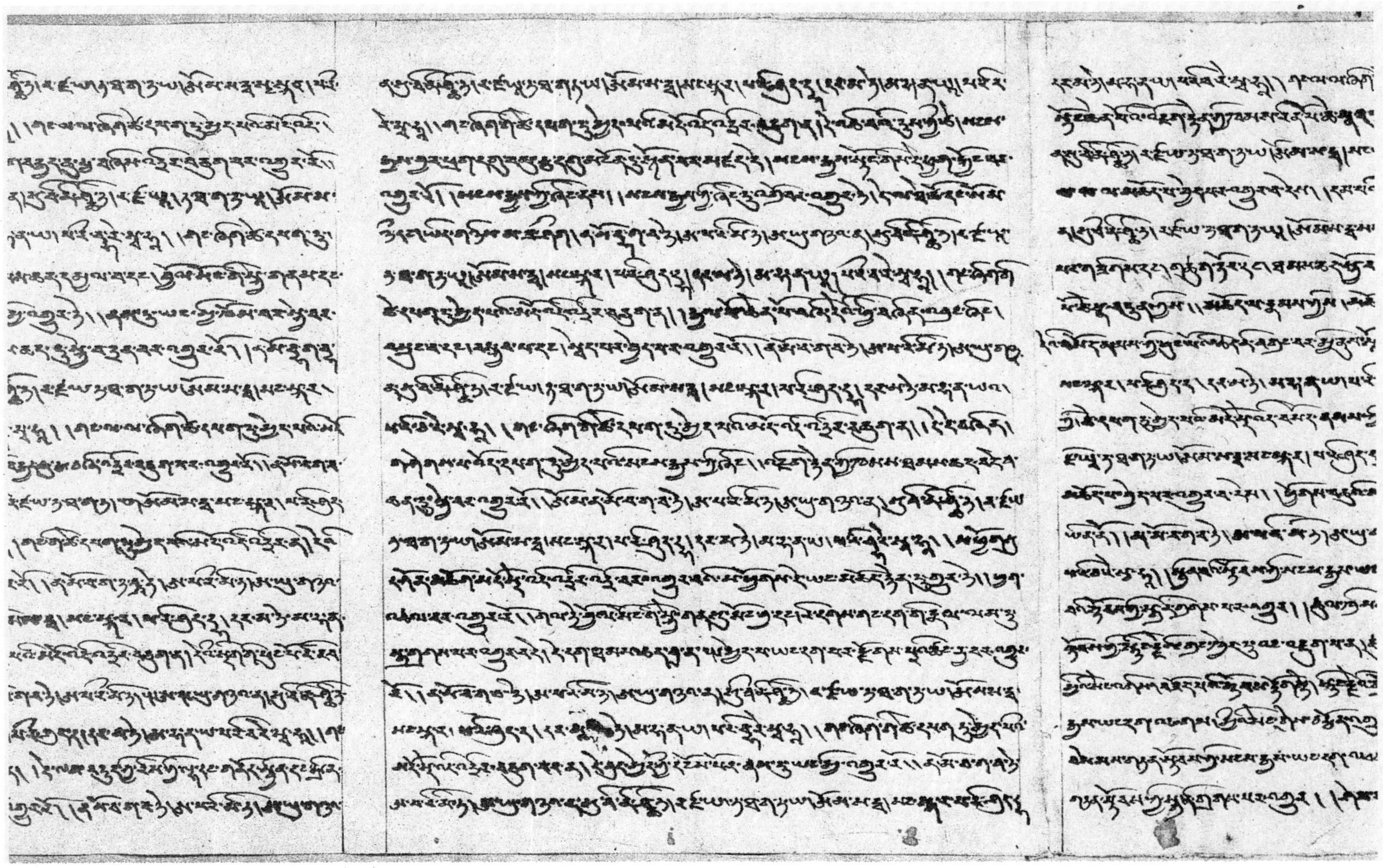

BD14328 號　藏文（無量壽宗要經乙本）　　　　（6–4）

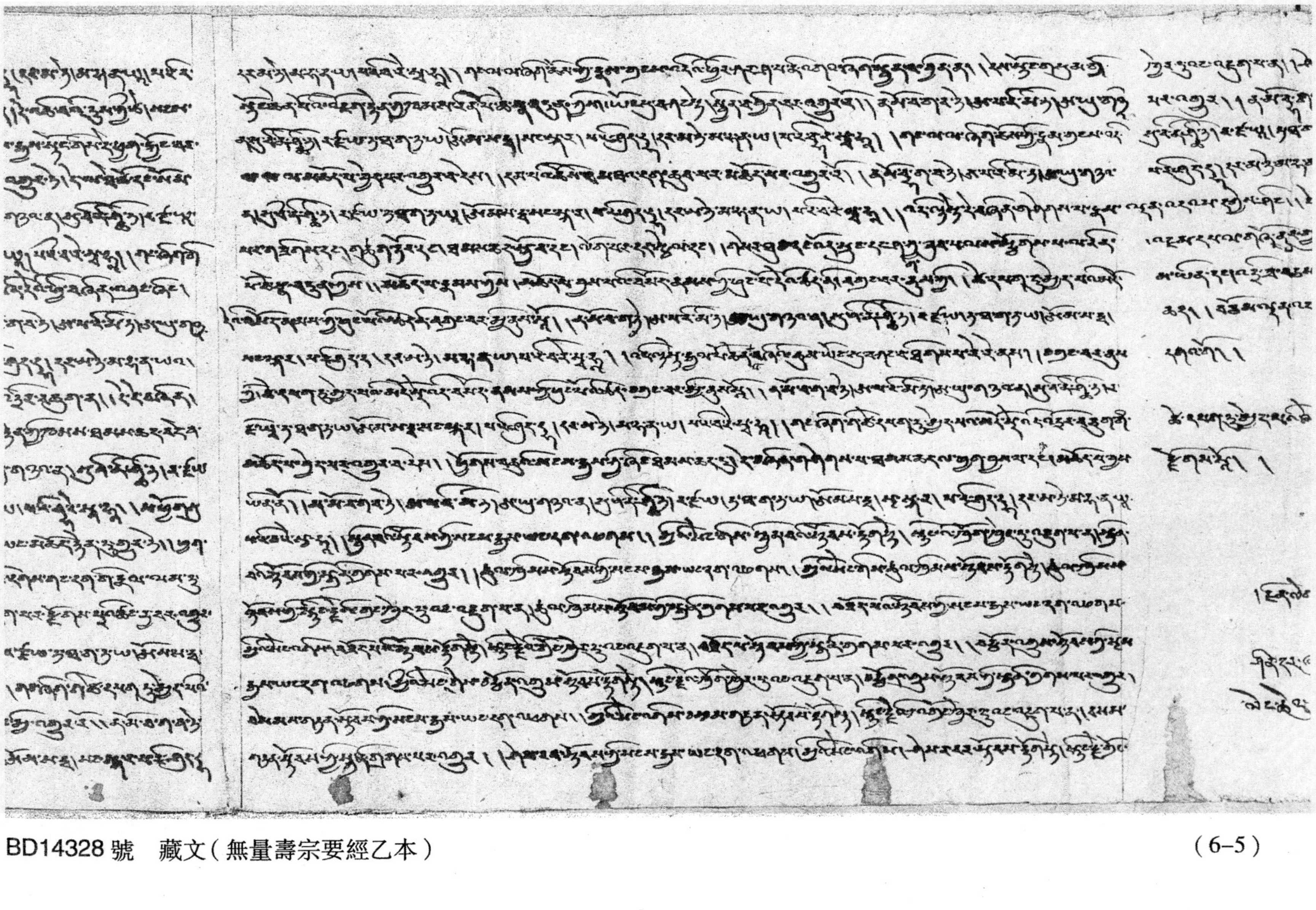

BD14328 號　藏文（無量壽宗要經乙本）　　　　（6–5）

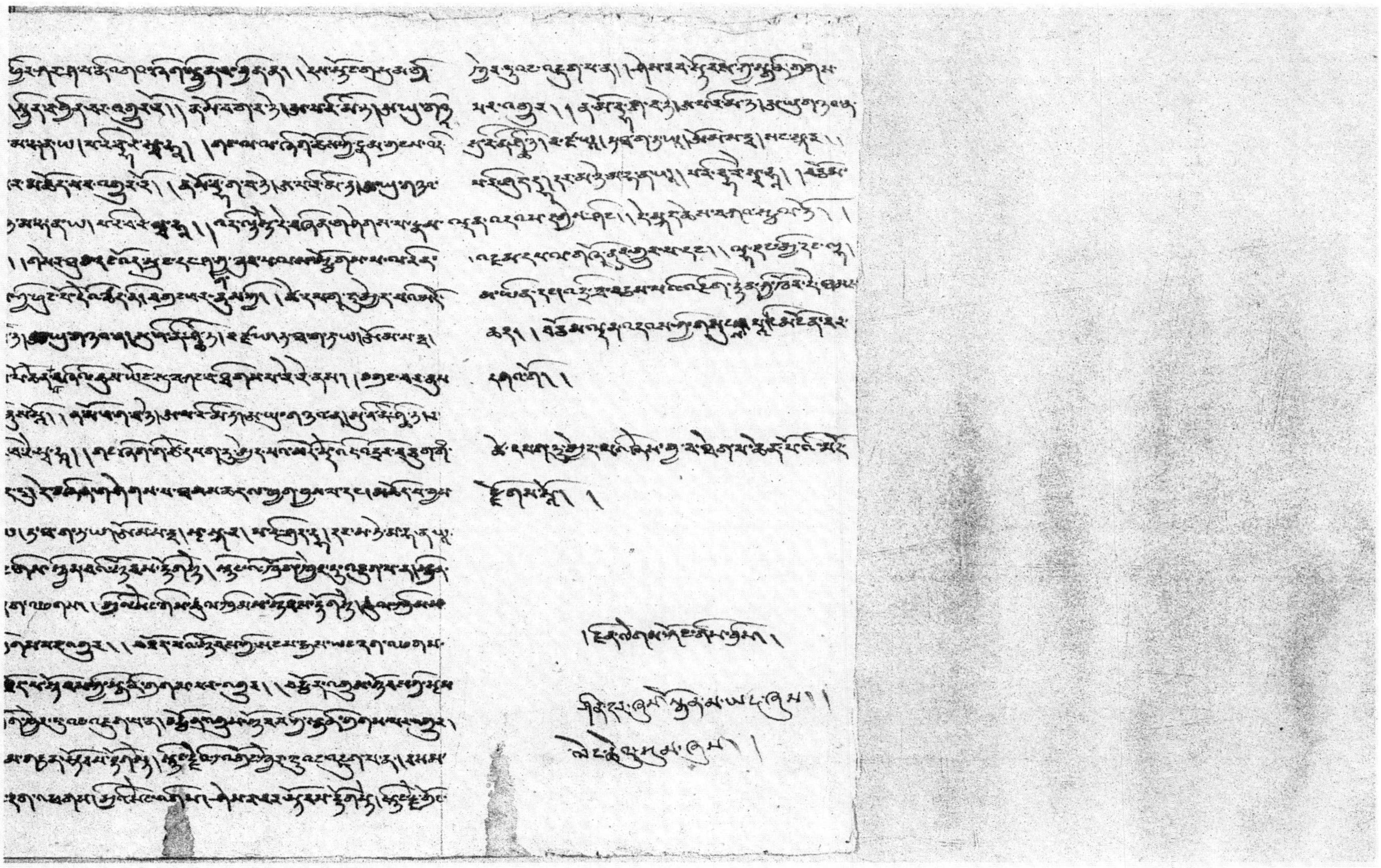

BD14328號　藏文（無量壽宗要經乙本）　（6–6）

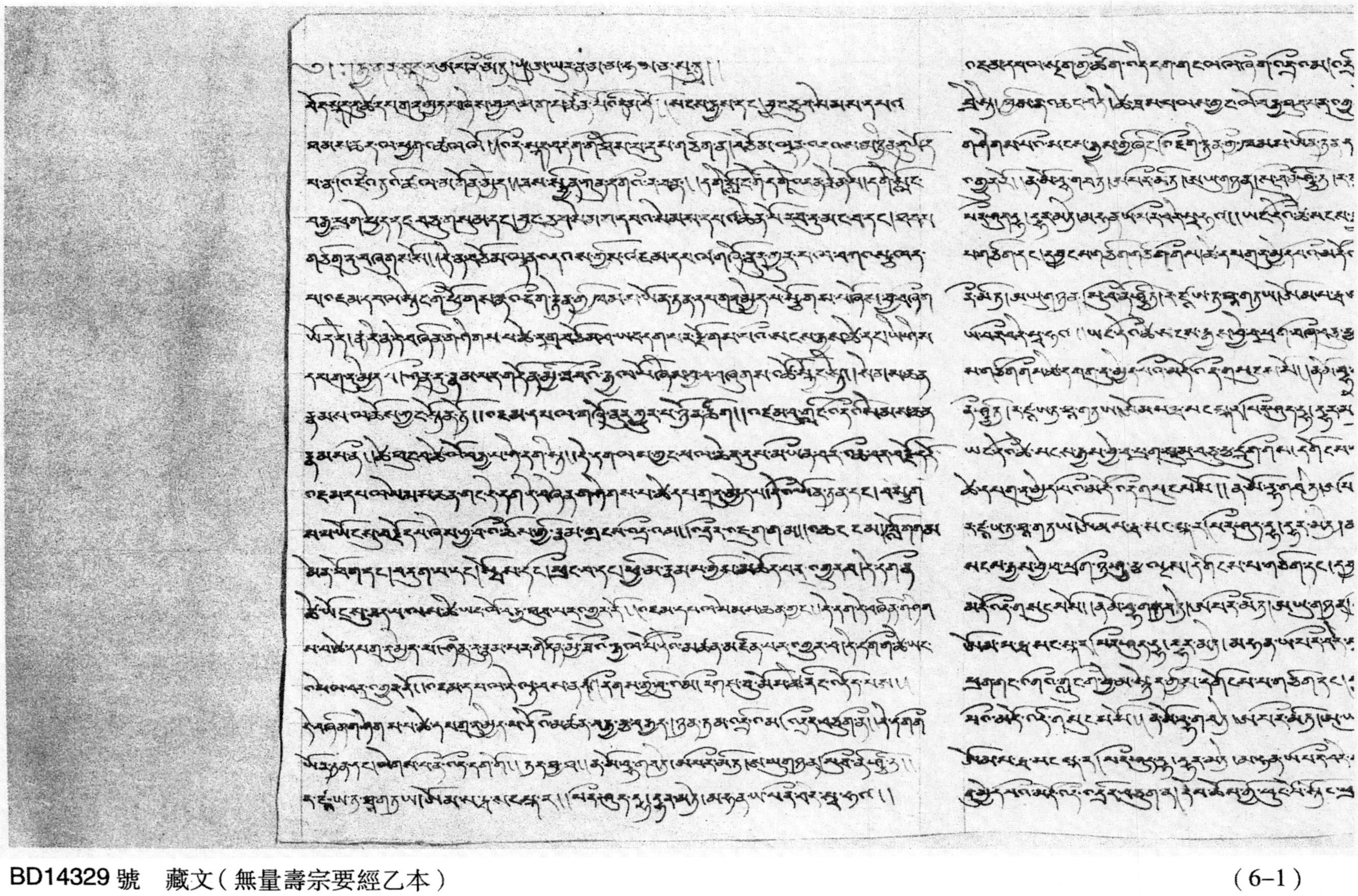

BD14329號　藏文（無量壽宗要經乙本）　（6–1）

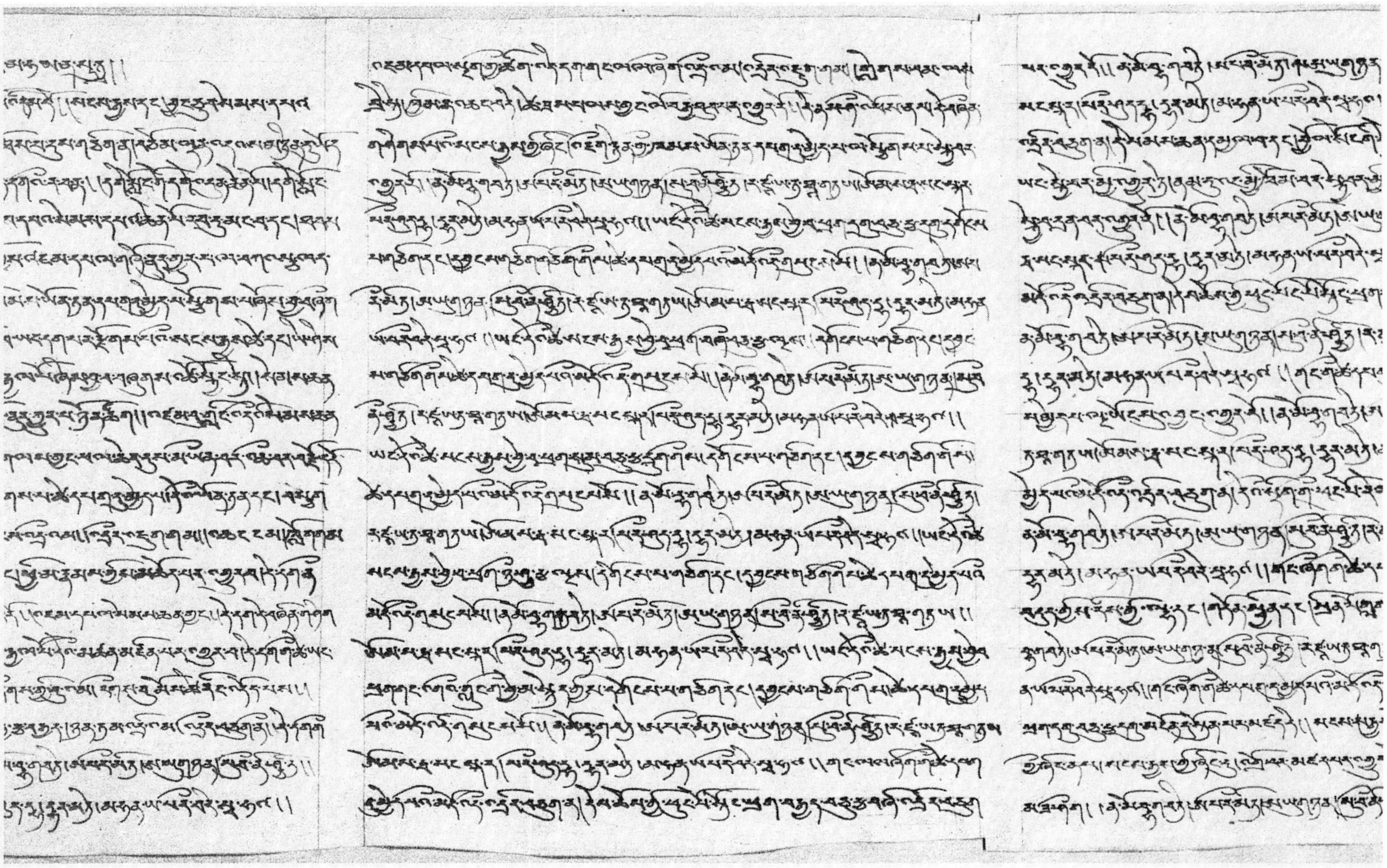

BD14329 號　藏文（無量壽宗要經乙本）　（6–2）

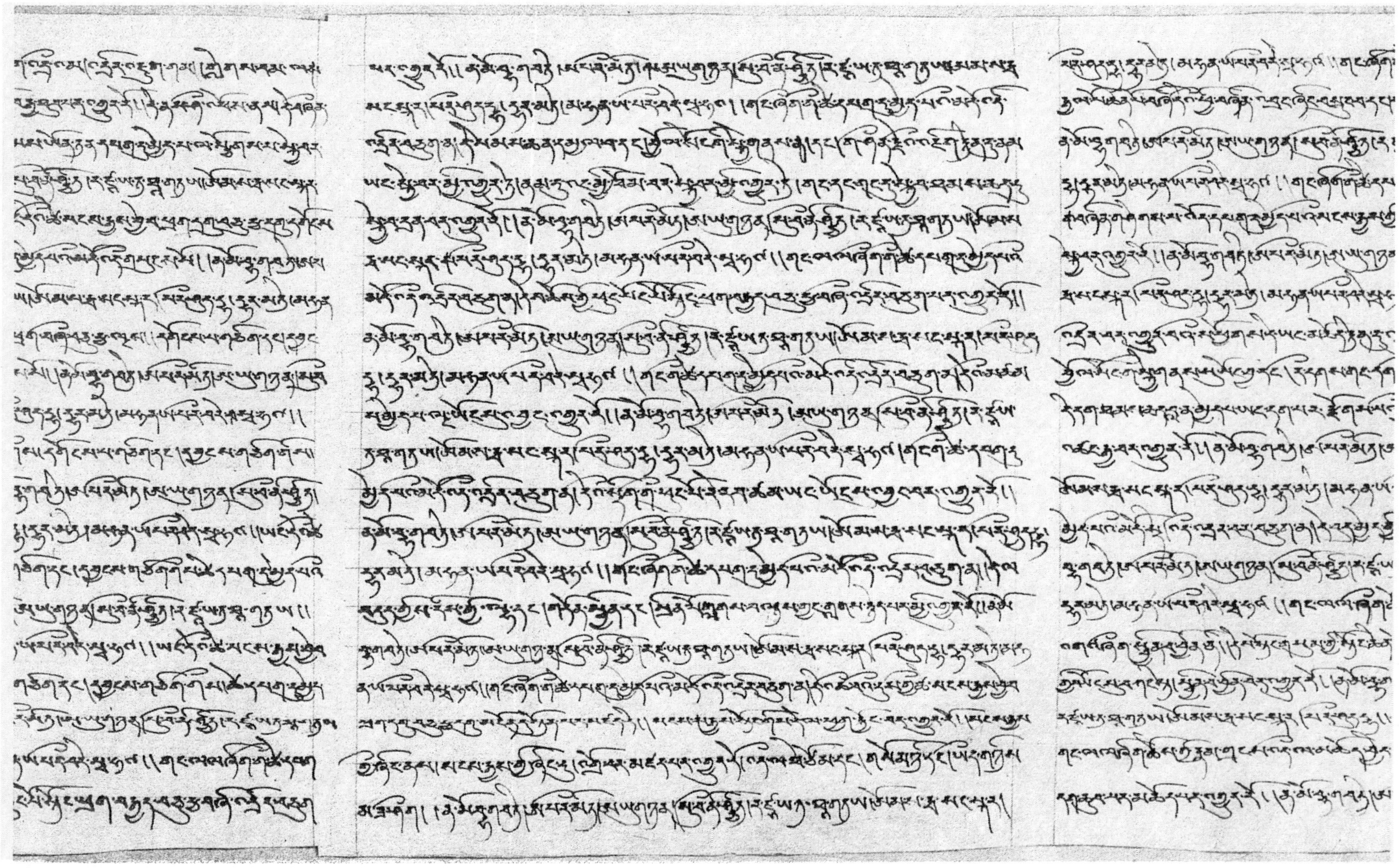

BD14329 號　藏文（無量壽宗要經乙本）　（6–3）

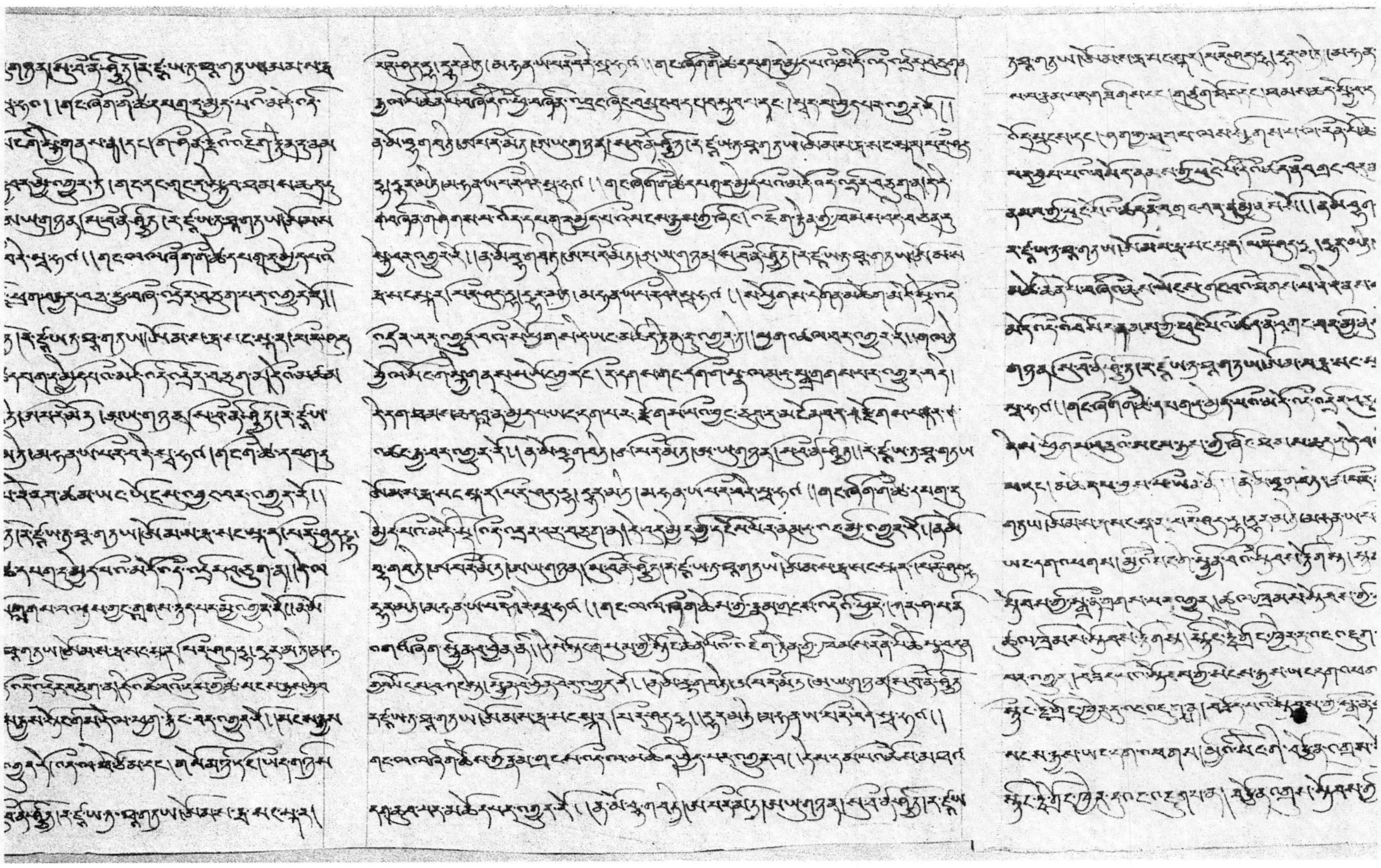

BD14329 號　藏文（無量壽宗要經乙本）　　（6–4）

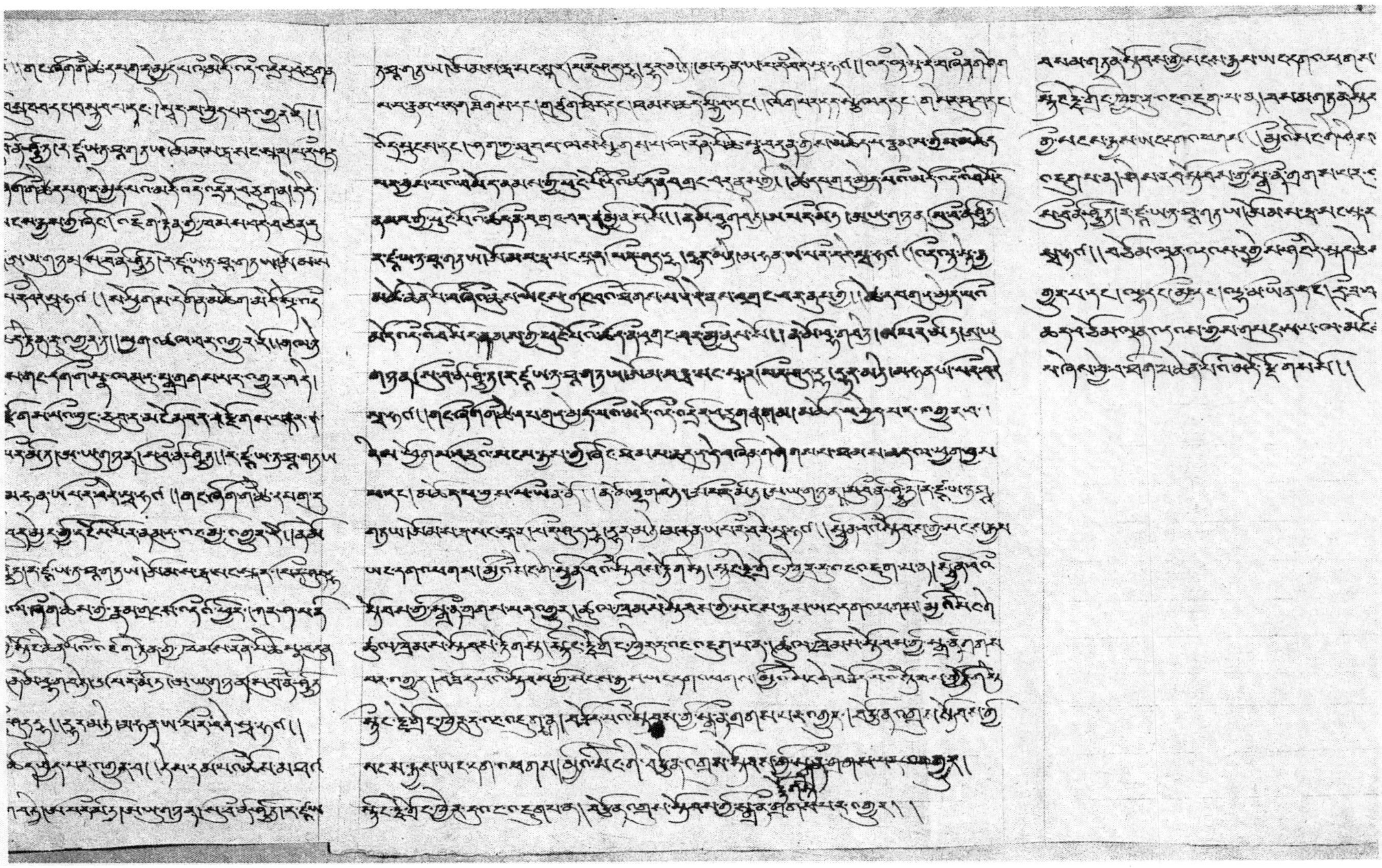

BD14329 號　藏文（無量壽宗要經乙本）　　（6–5）

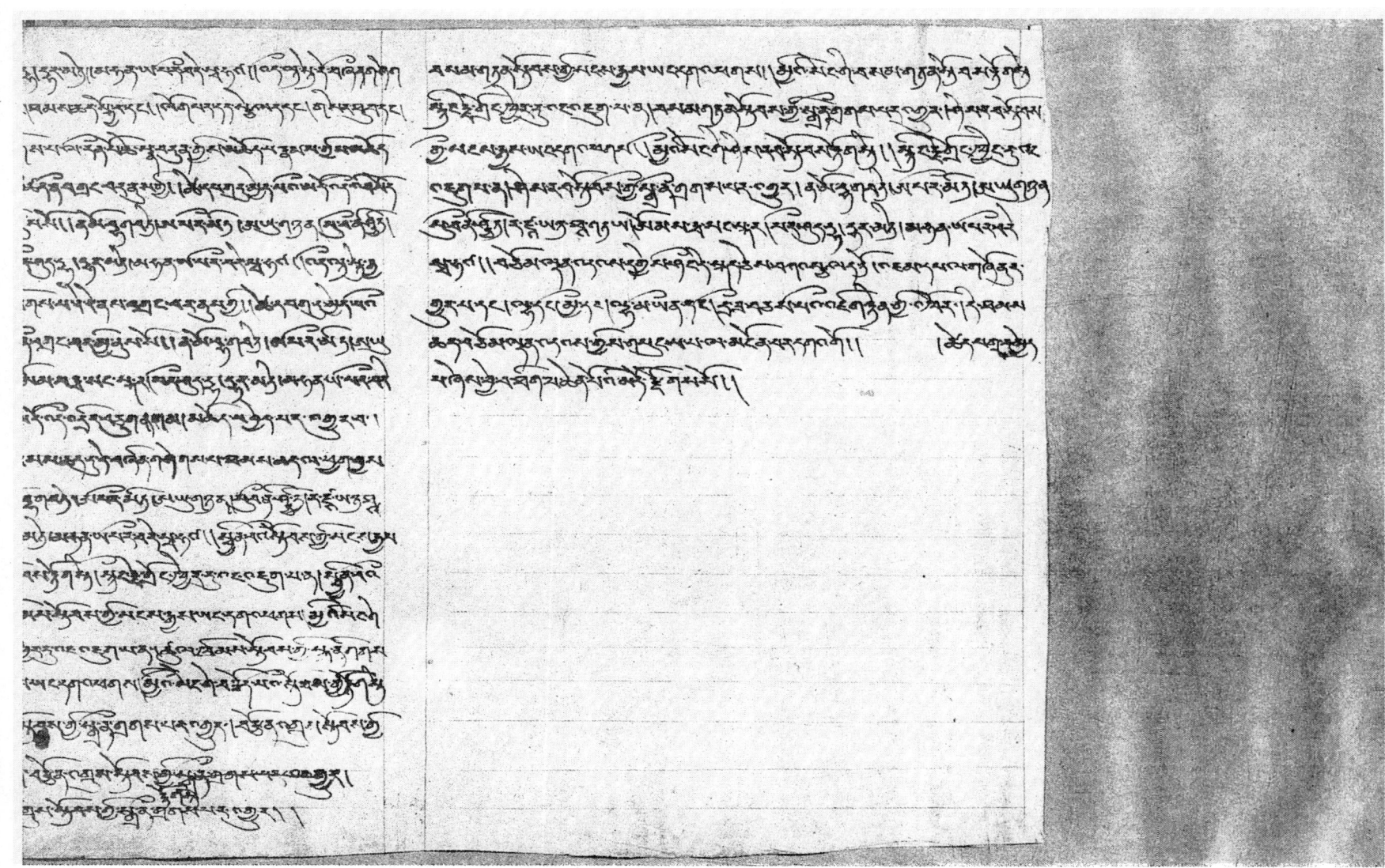

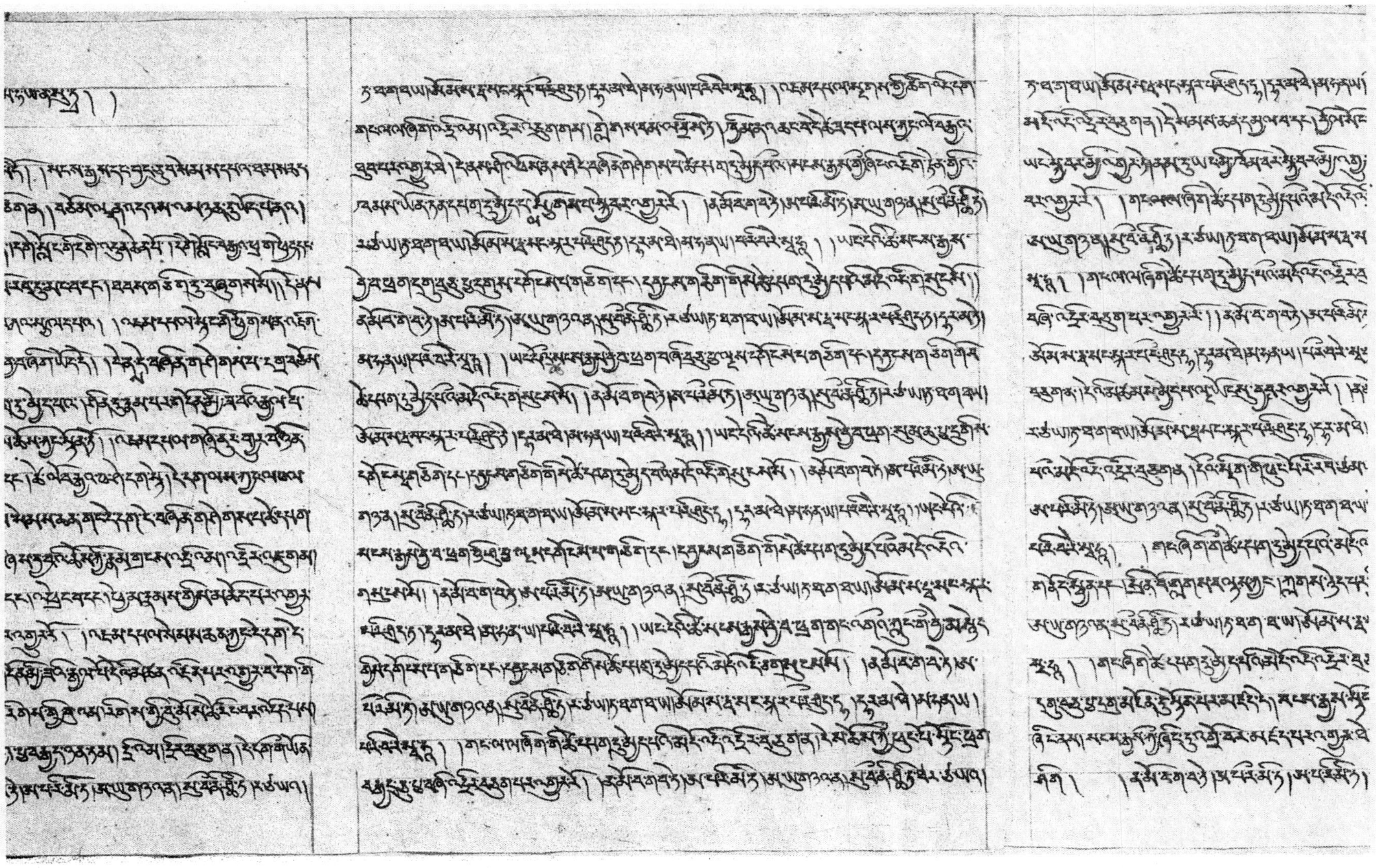

BD14330 號　藏文（無量壽宗要經乙本）　　（6–2）

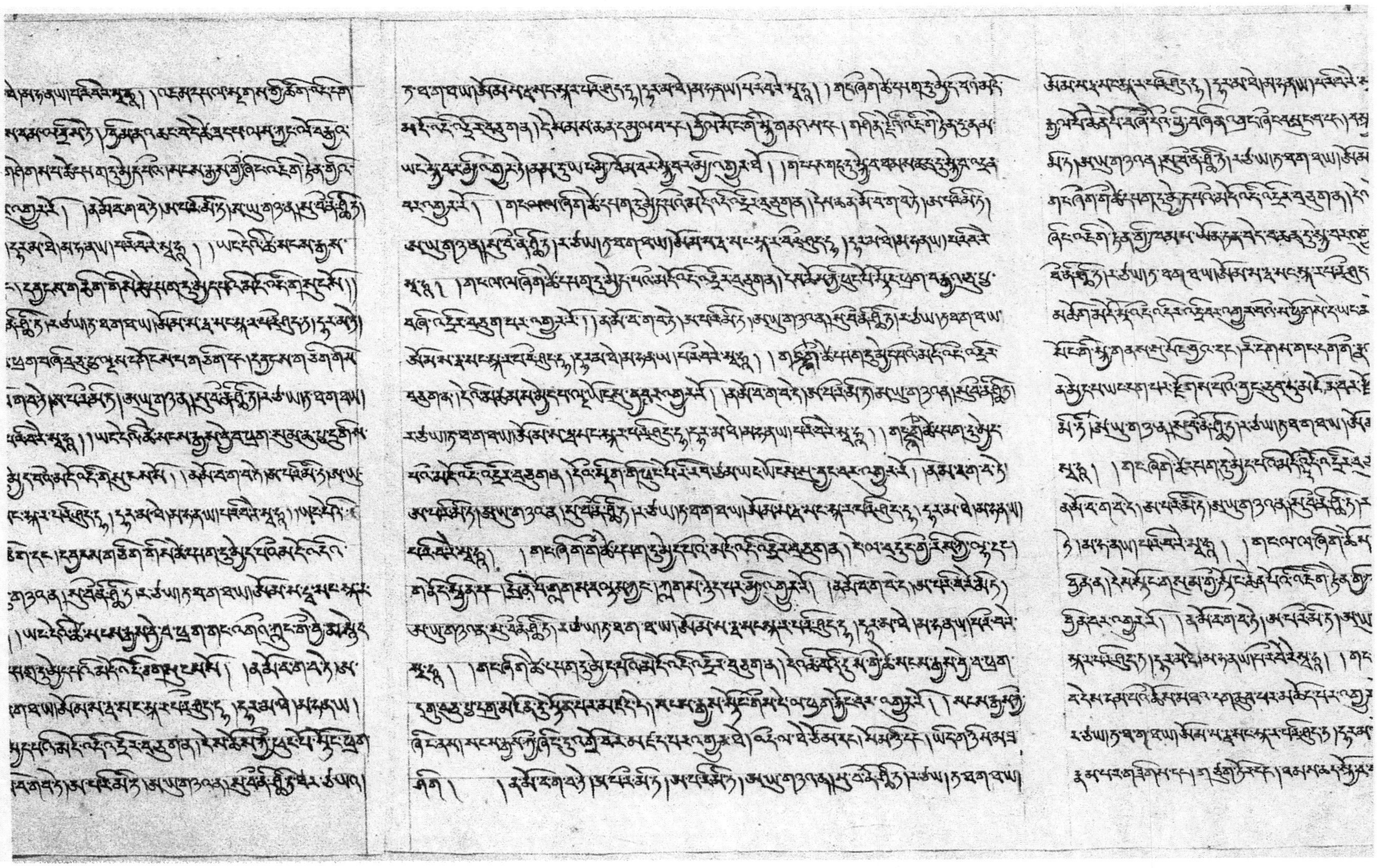

BD14330 號　藏文（無量壽宗要經乙本）　　（6–3）

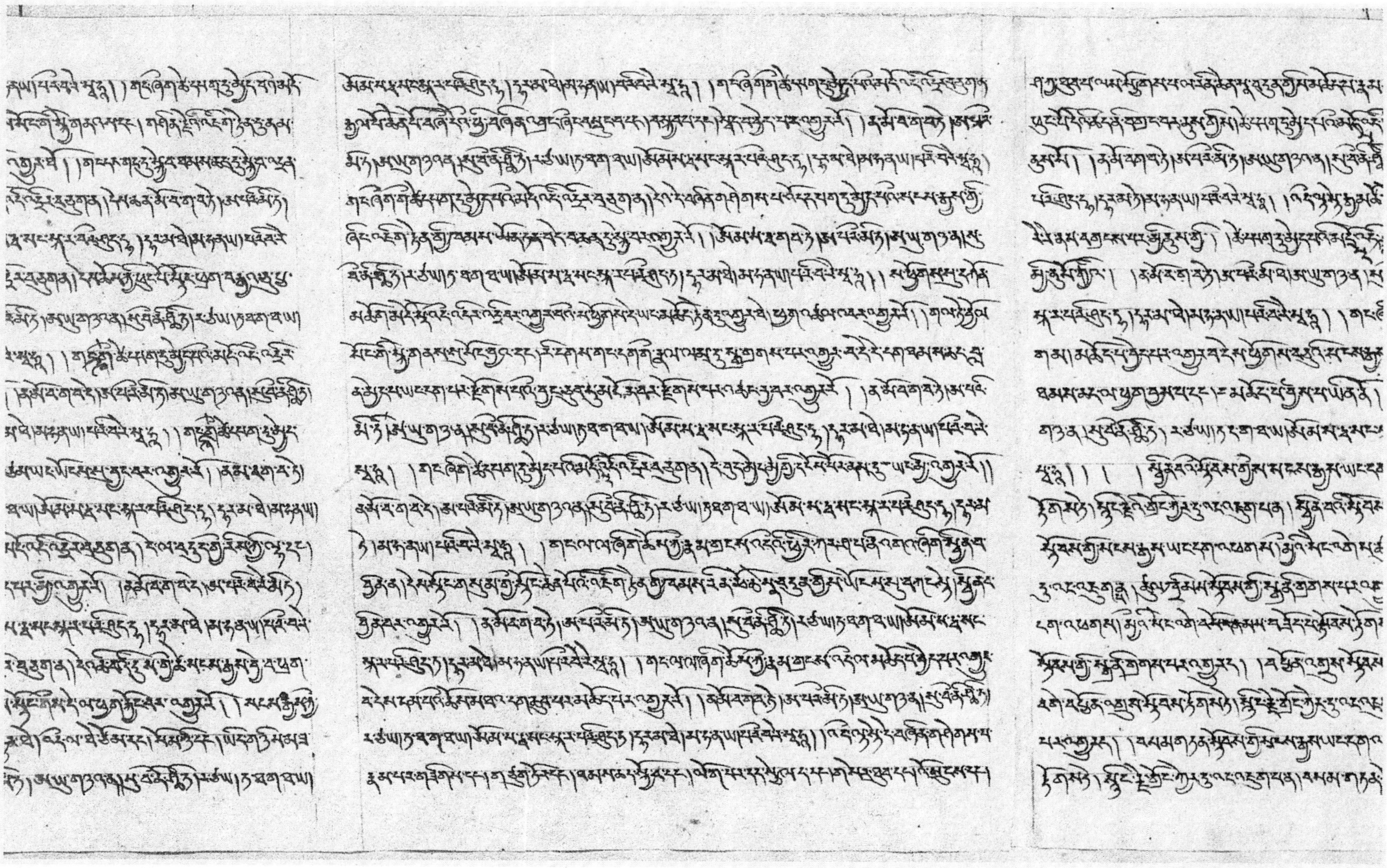

BD14330 號　藏文（無量壽宗要經乙本）　　（6–4）

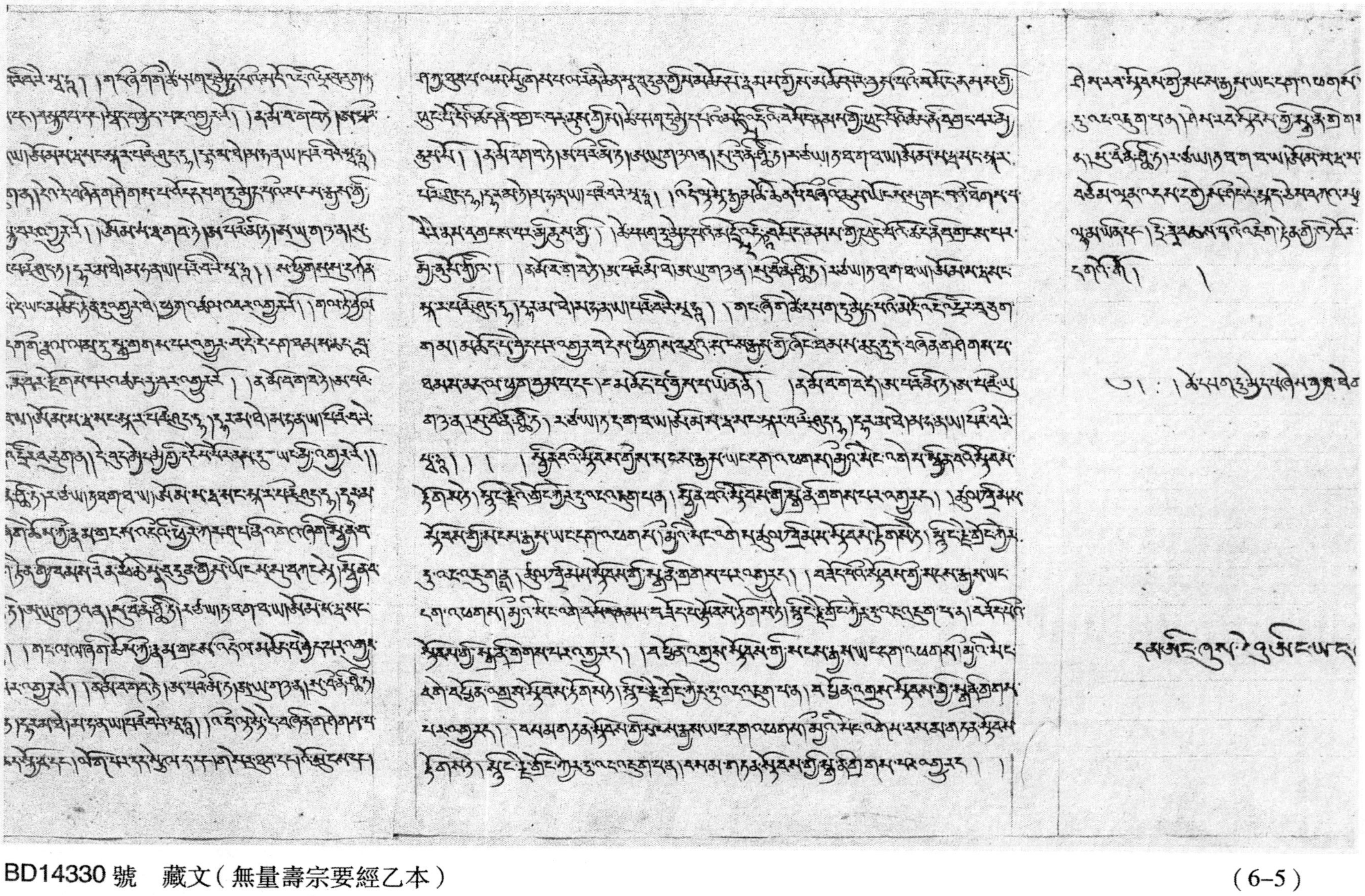

BD14330 號　藏文（無量壽宗要經乙本）　　（6–5）

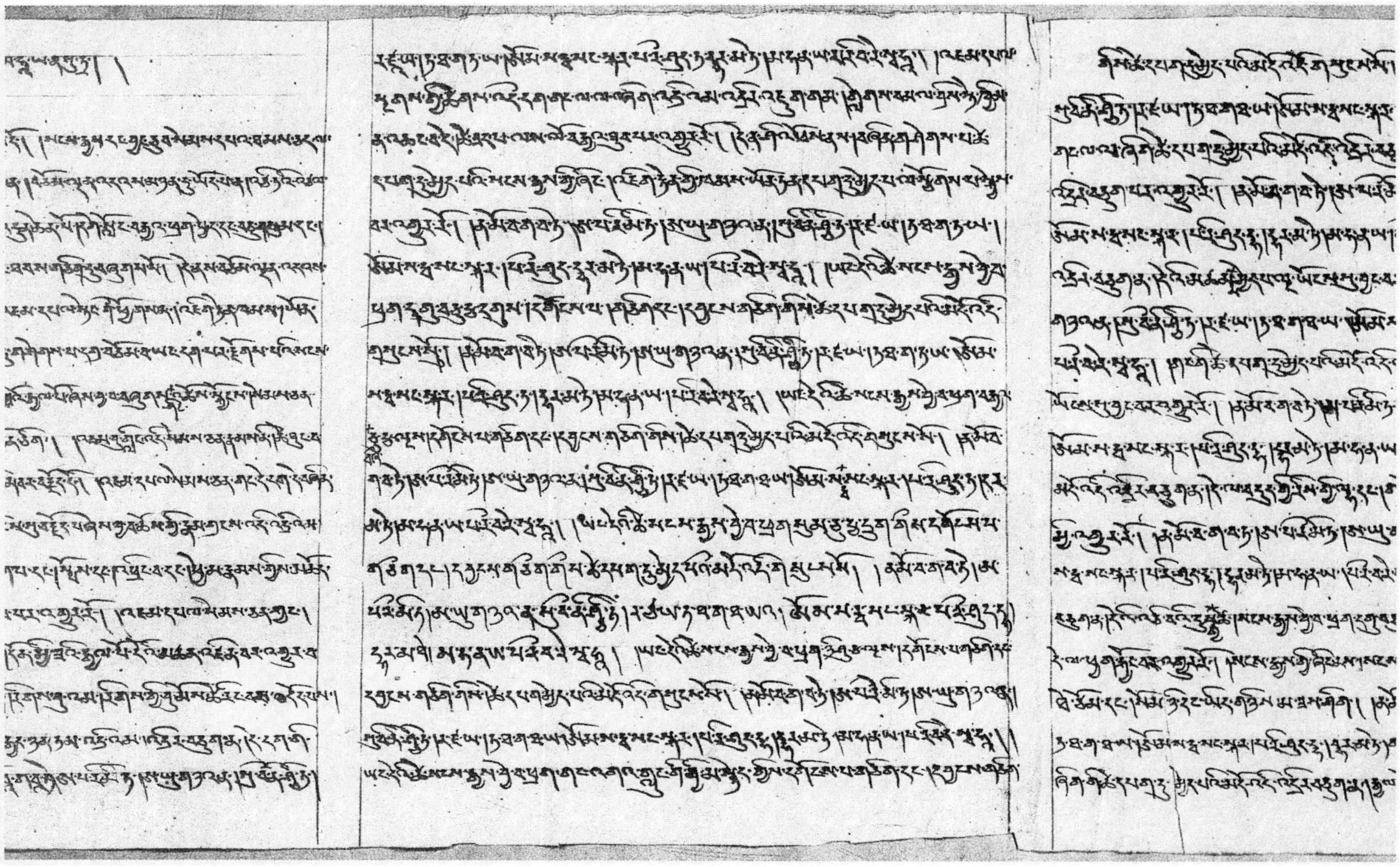

BD14331 號　藏文（無量壽宗要經乙本）　　（6–2）

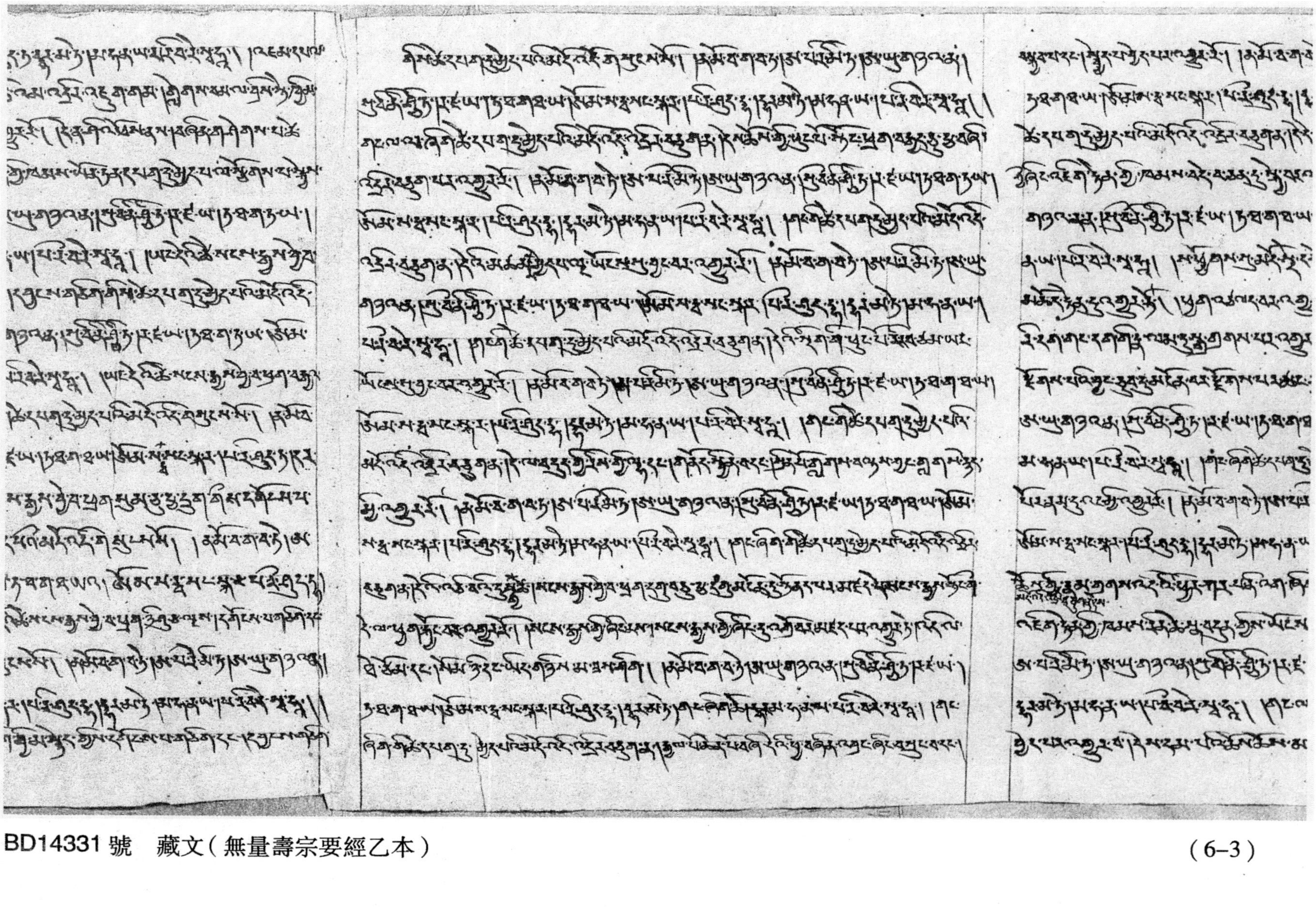

BD14331 號　藏文（無量壽宗要經乙本）　　（6–3）

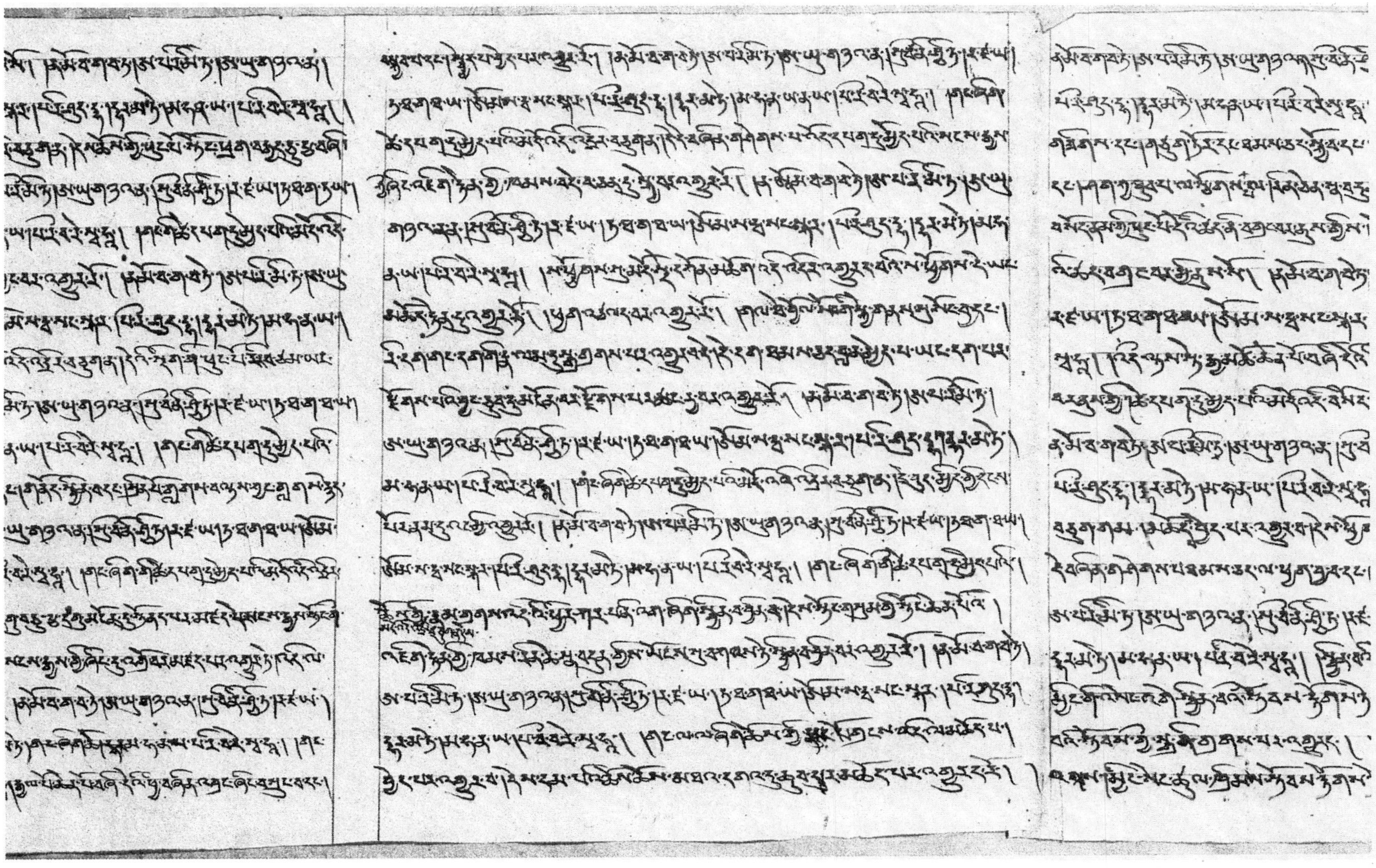

BD14331 號　藏文（無量壽宗要經乙本）　（6–4）

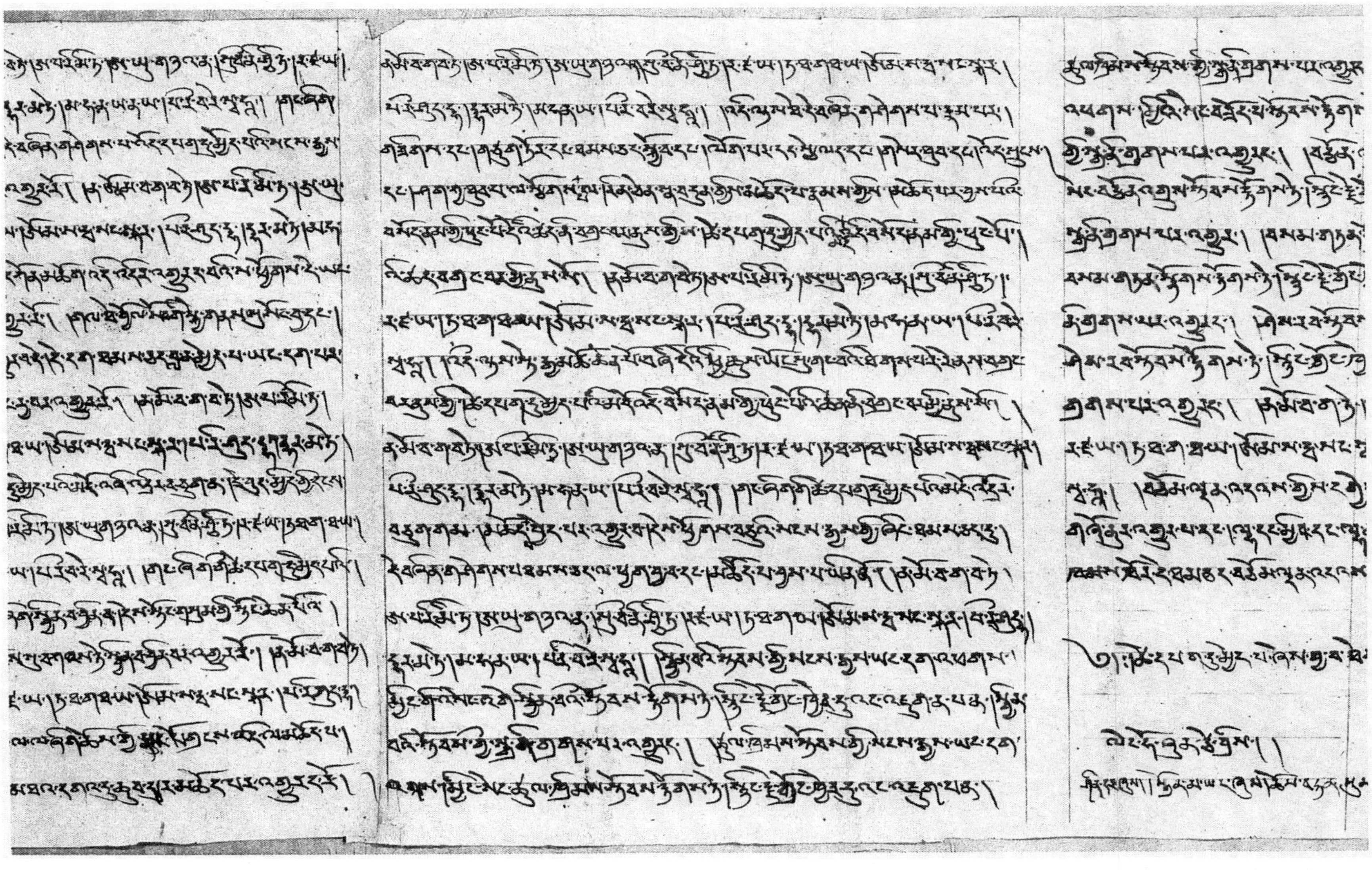

BD14331 號　藏文（無量壽宗要經乙本）　（6–5）

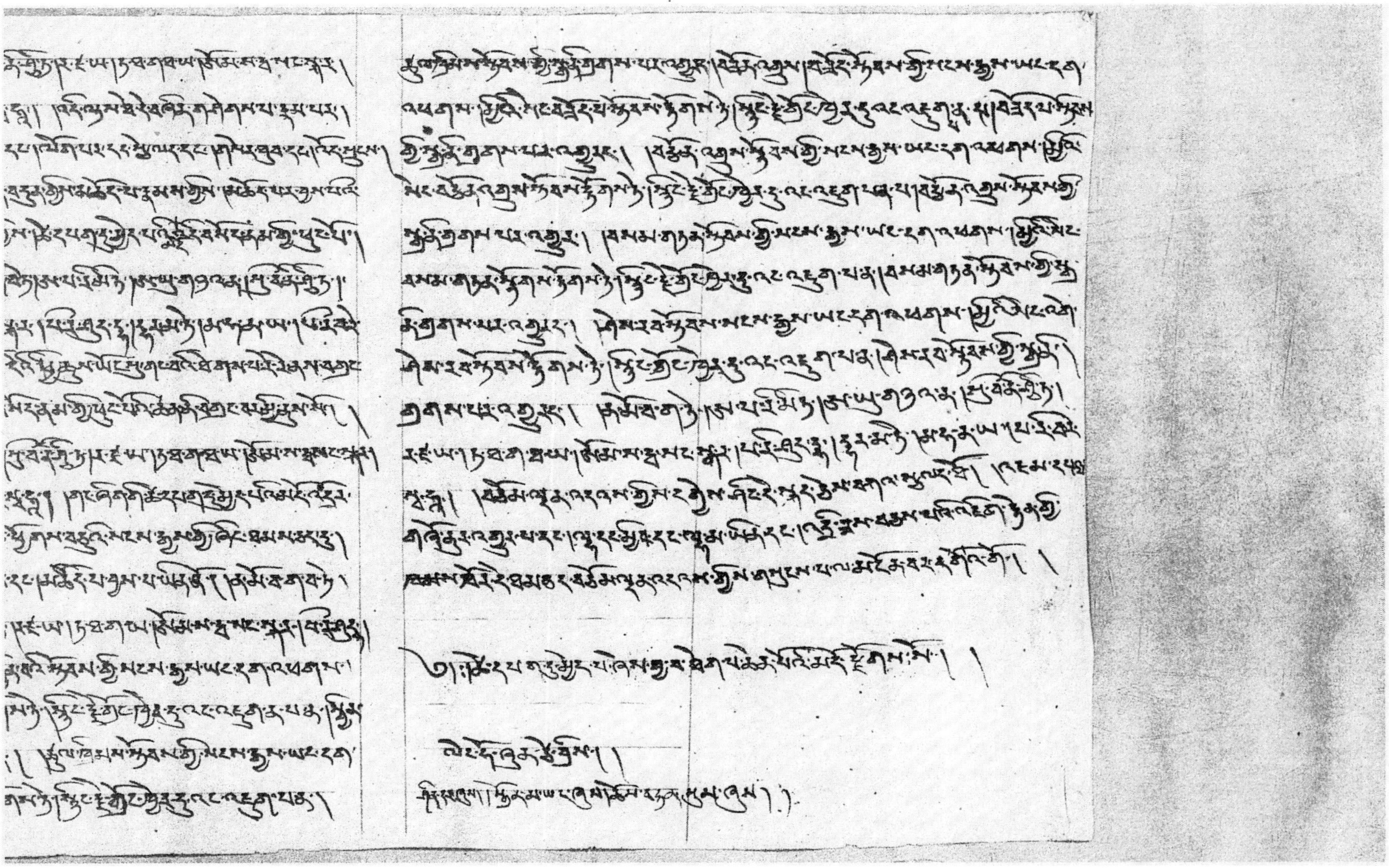

BD14331號　藏文(無量壽宗要經乙本)　　(6–6)

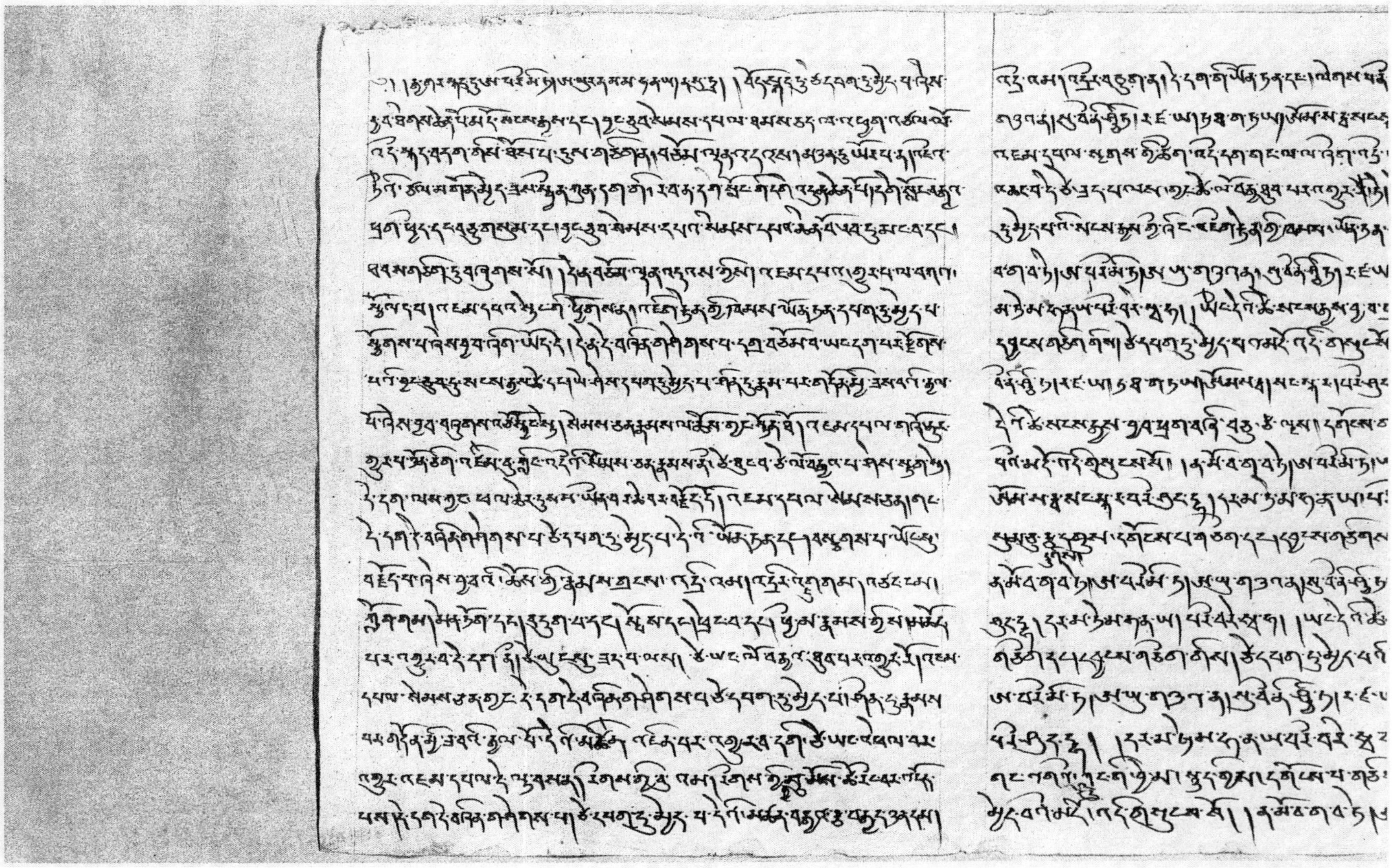

BD14332號　藏文(無量壽宗要經乙本)　　(6–1)

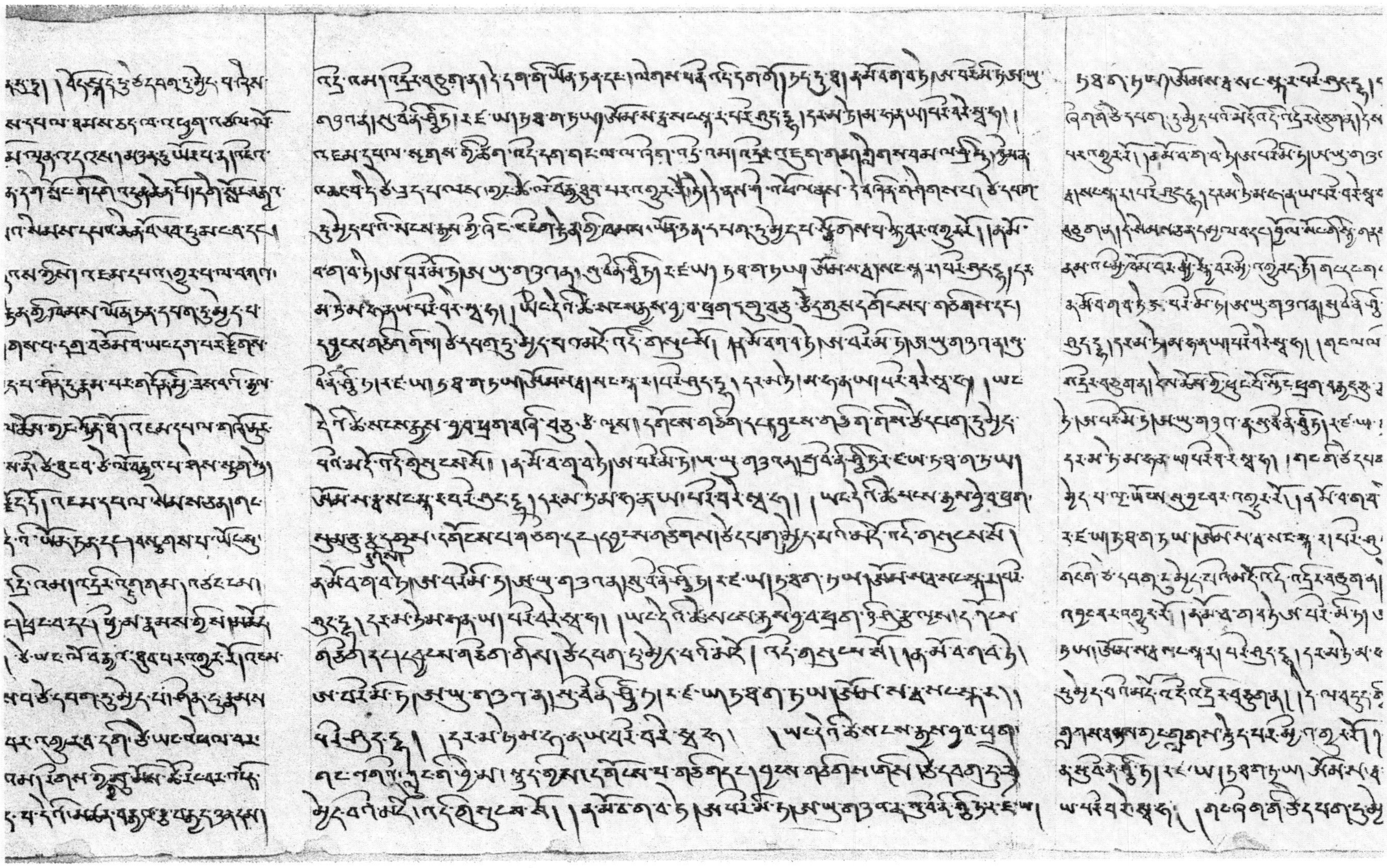

BD14332 號　藏文（無量壽宗要經乙本）　　（6–2）

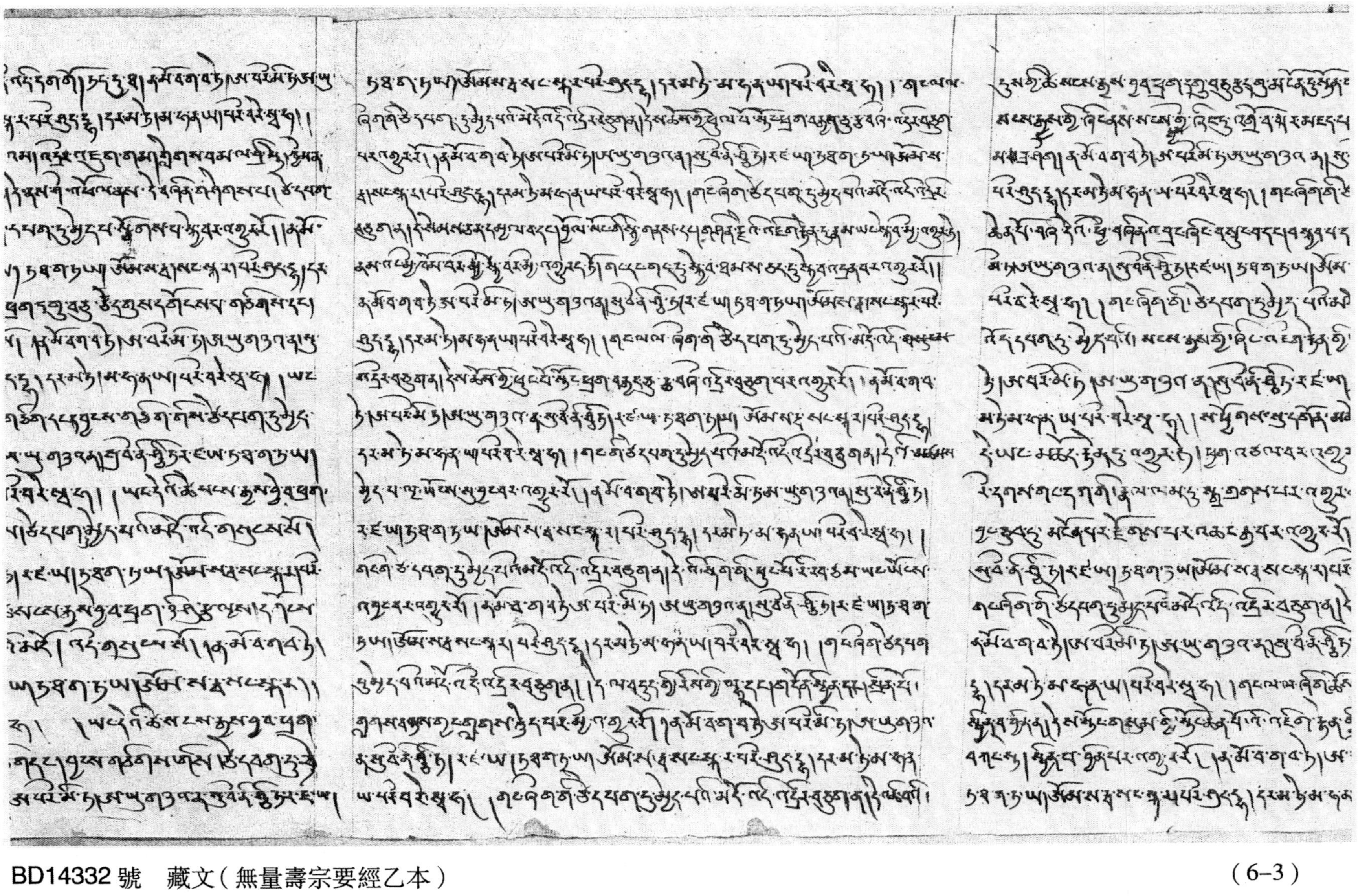

BD14332 號　藏文（無量壽宗要經乙本）　　（6–3）

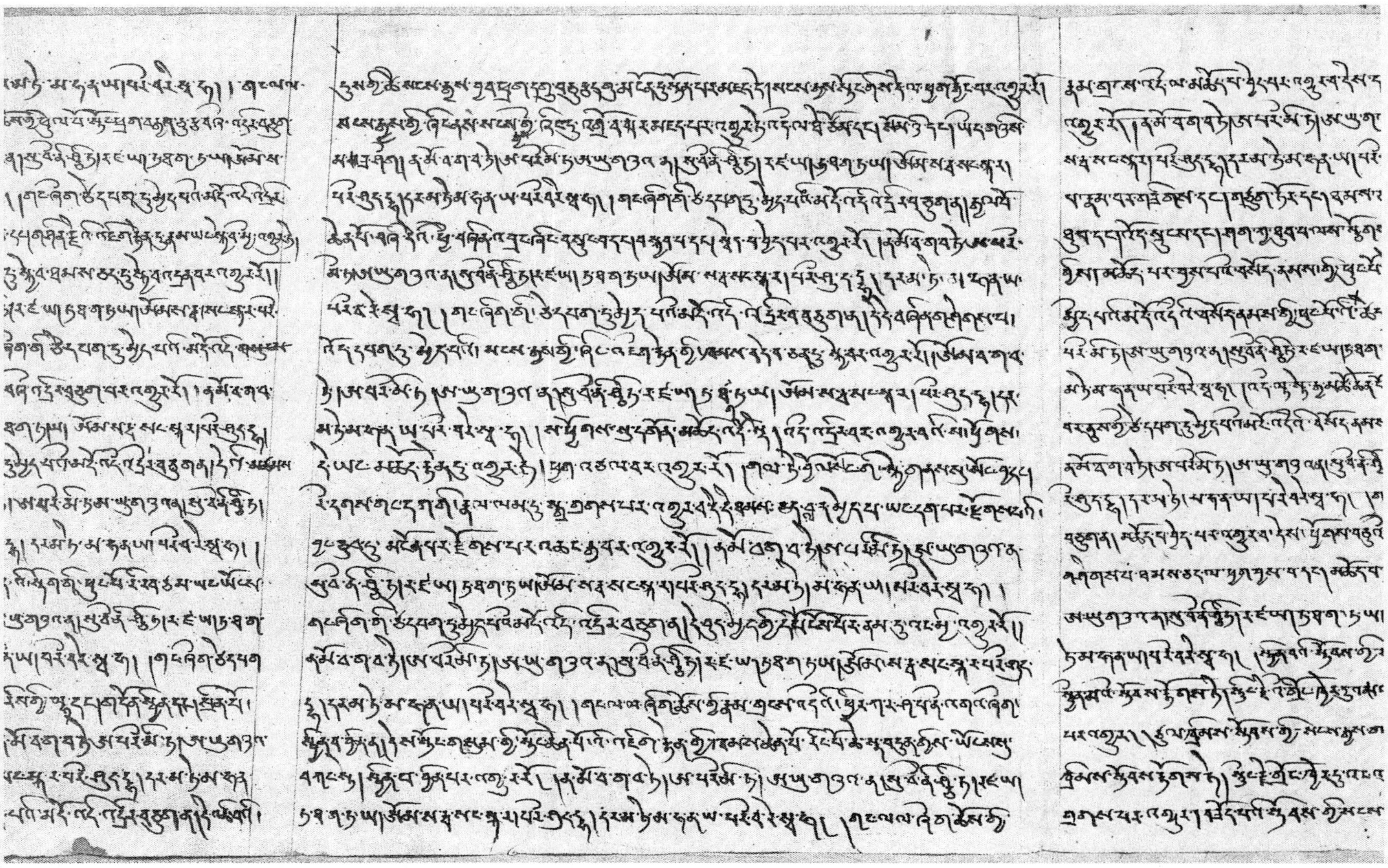

BD14332 號　藏文（無量壽宗要經乙本）　　（6–4）

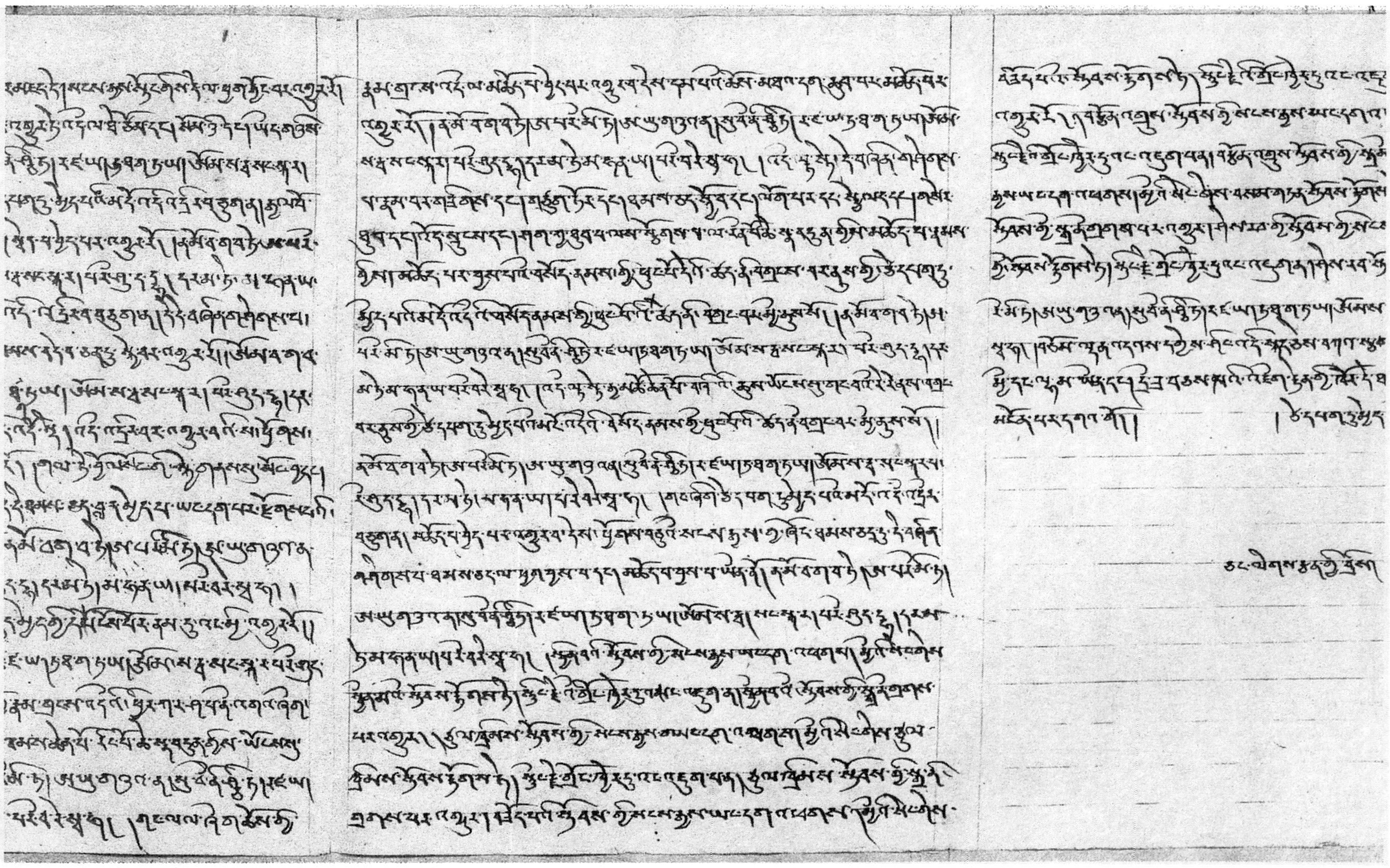

BD14332 號　藏文（無量壽宗要經乙本）　　（6–5）

BD14332號 藏文（無量壽宗要經乙本）

BD14333號 藏文（無量壽宗要經甲本）

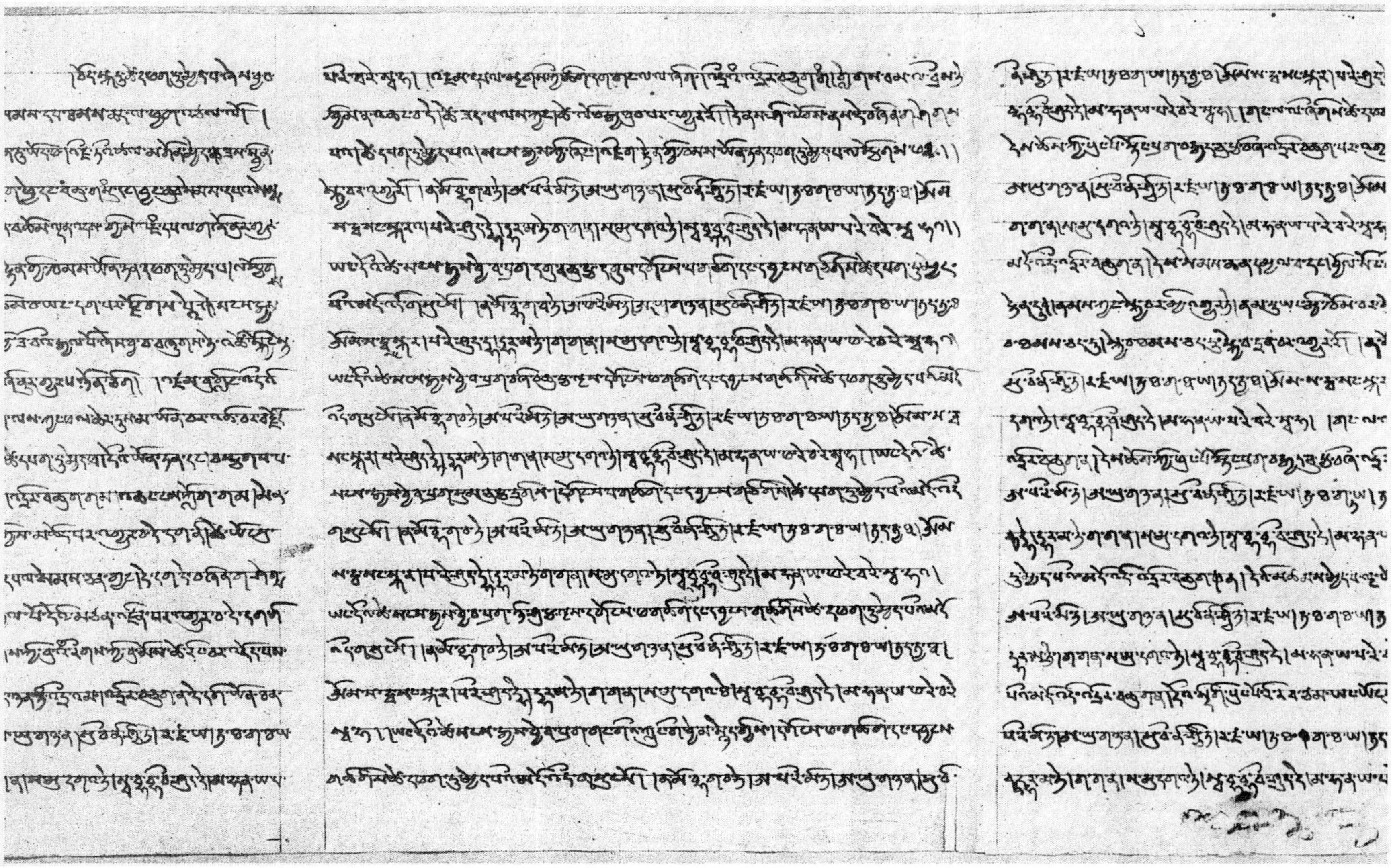

BD14333 號　藏文（無量壽宗要經甲本）　　（6–2）

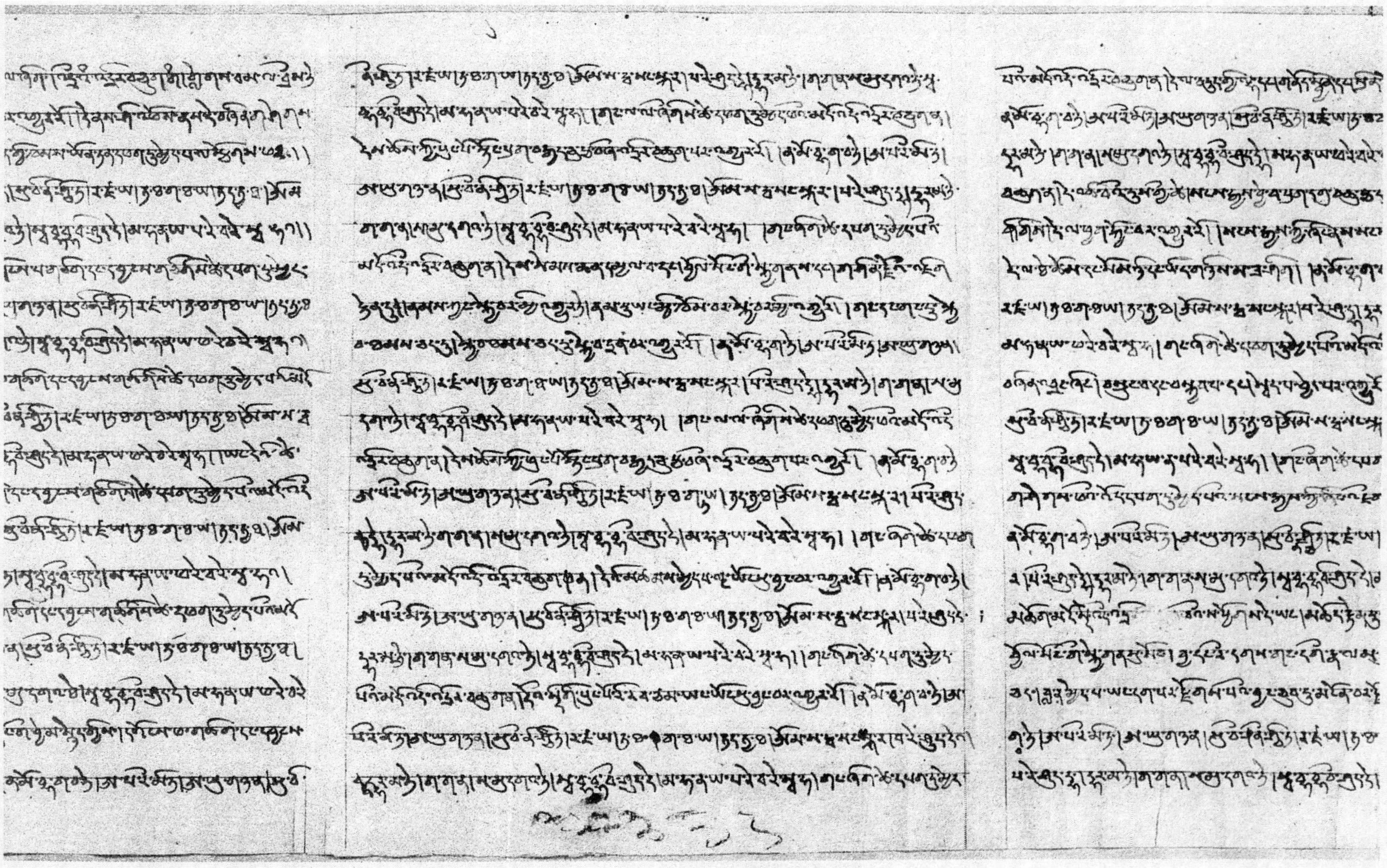

BD14333 號　藏文（無量壽宗要經甲本）　　（6–3）

BD14333號　藏文（無量壽宗要經甲本）

BD14333號　藏文（無量壽宗要經甲本）

BD14333號 藏文（無量壽宗要經甲本） (6-6)

BD14334號 藏文（無量壽宗要經甲本） (6-1)

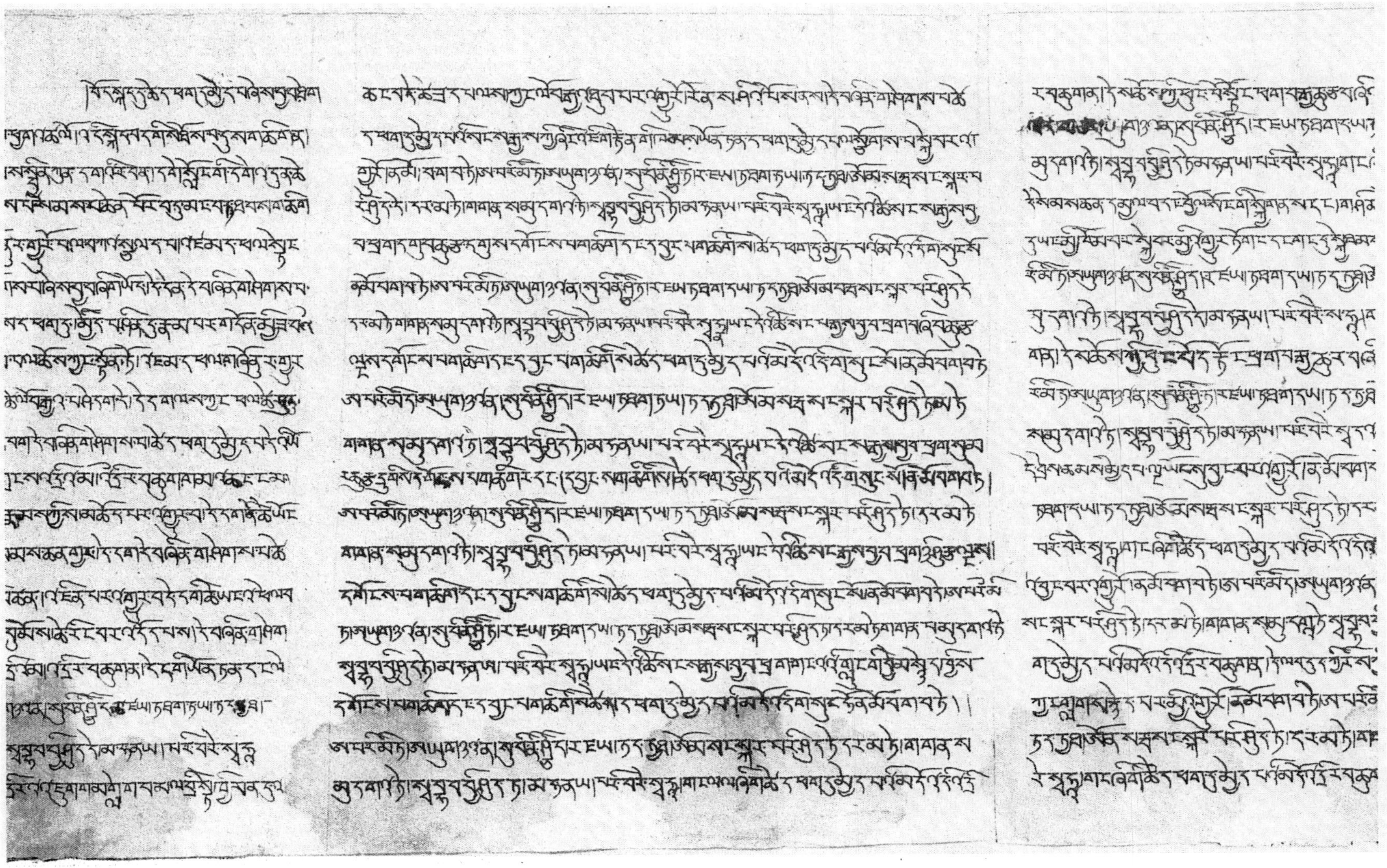

BD14334 號　藏文（無量壽宗要經甲本）　　（6–2）

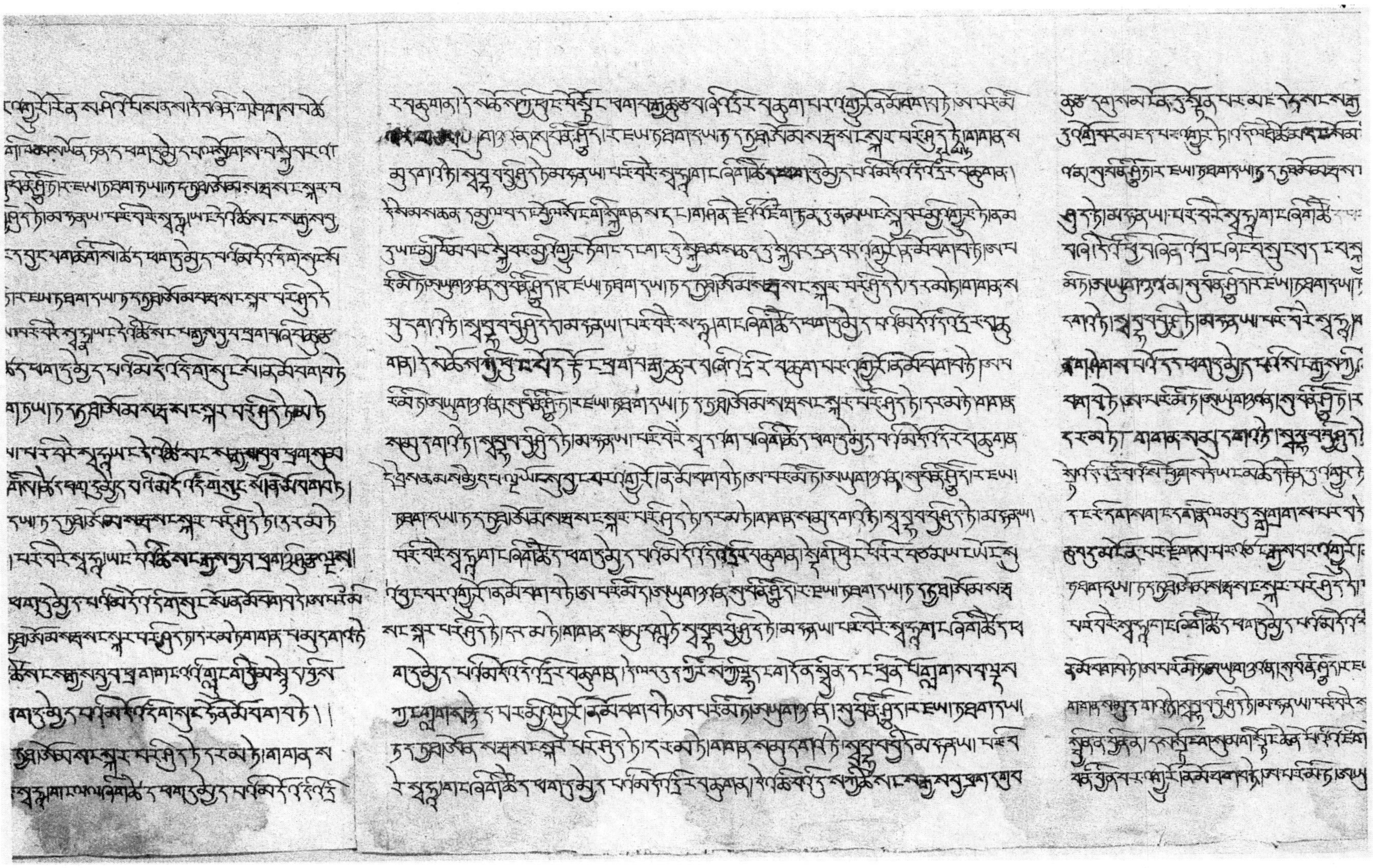

BD14334 號　藏文（無量壽宗要經甲本）　　（6–3）

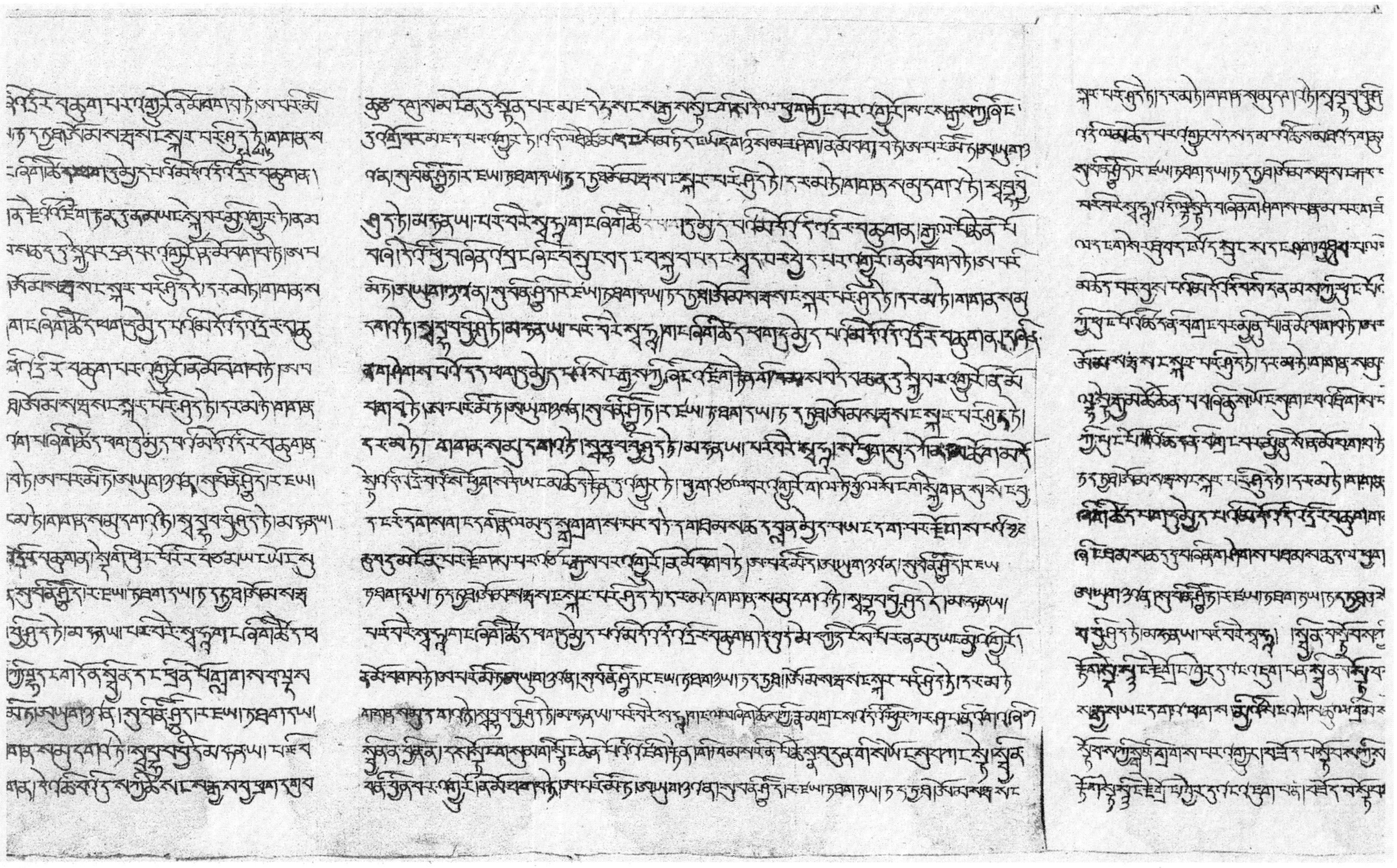

BD14334 號　藏文（無量壽宗要經甲本）　　（6–4）

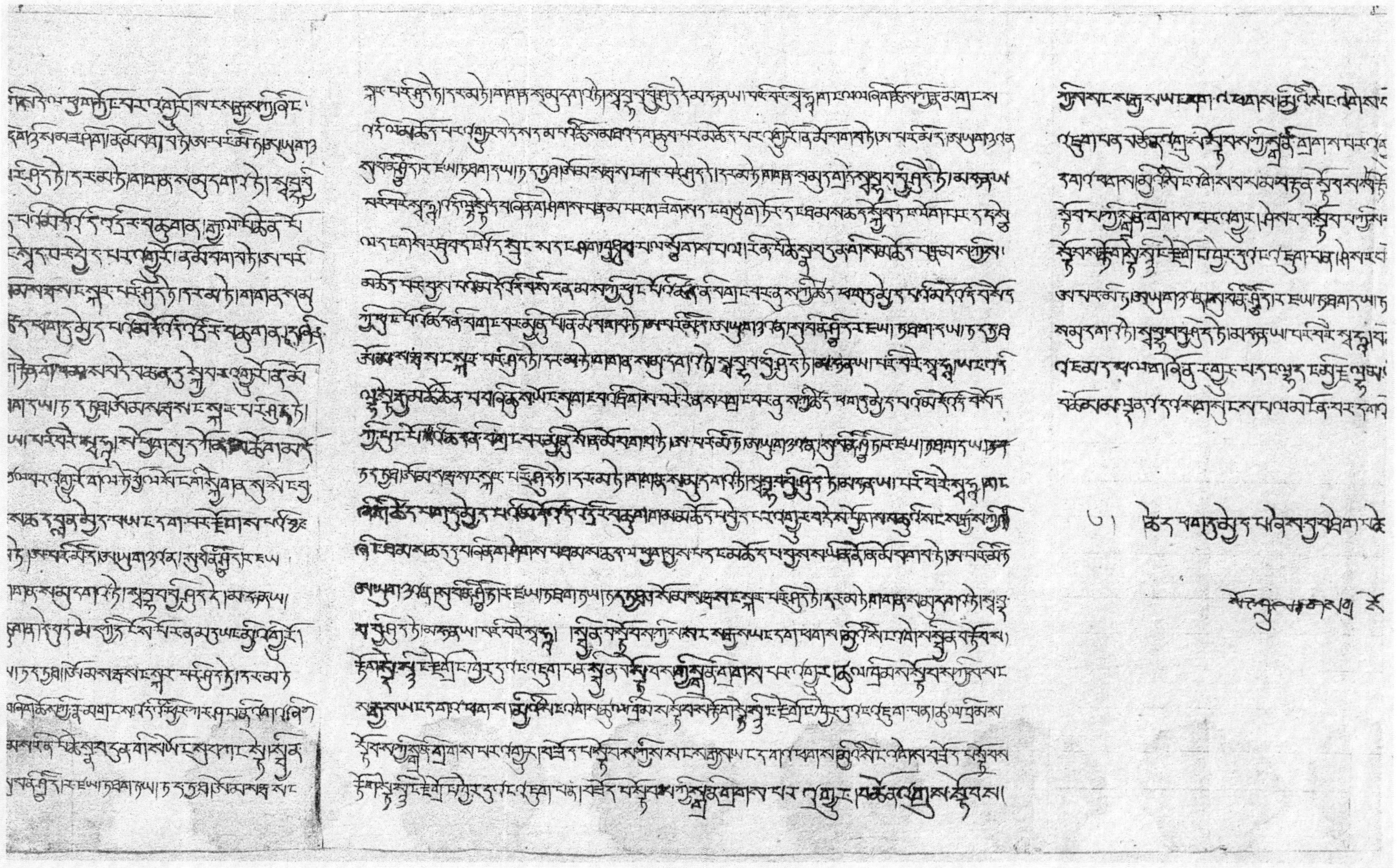

BD14334 號　藏文（無量壽宗要經甲本）　　（6–5）

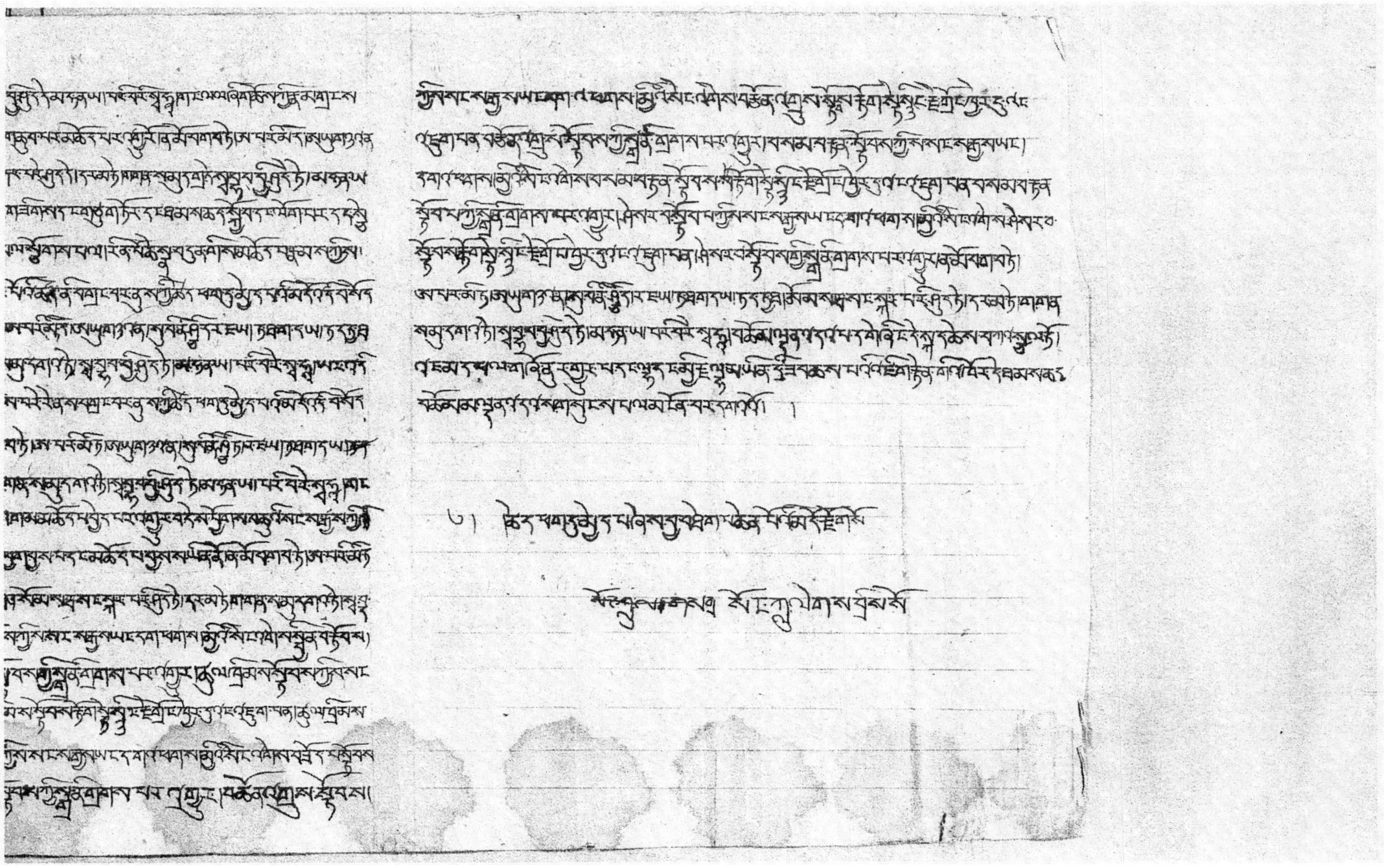

BD14334號　藏文(無量壽宗要經甲本)　(6–6)

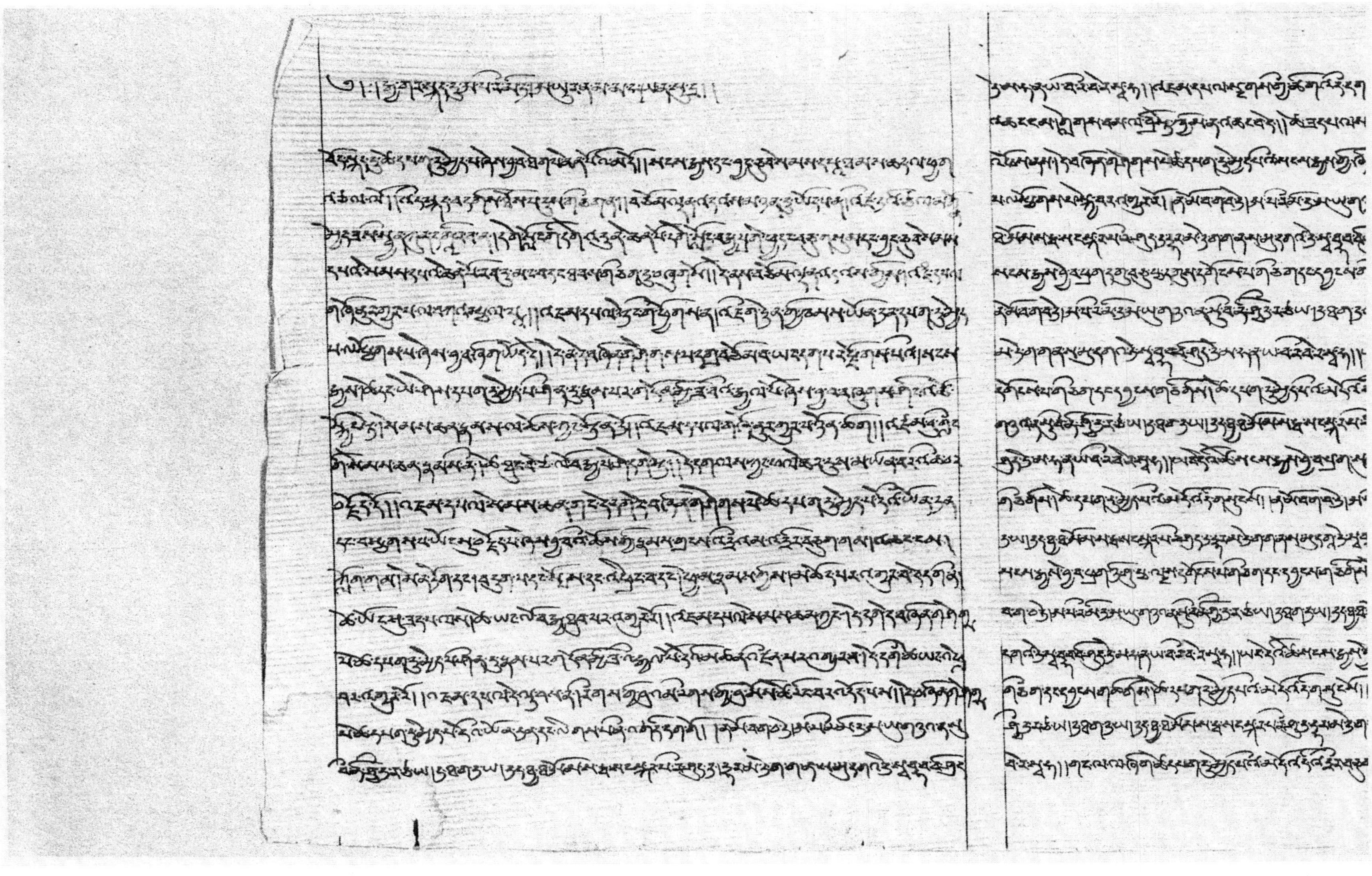

BD14335號 1　藏文(無量壽宗要經甲本)　(18–1)

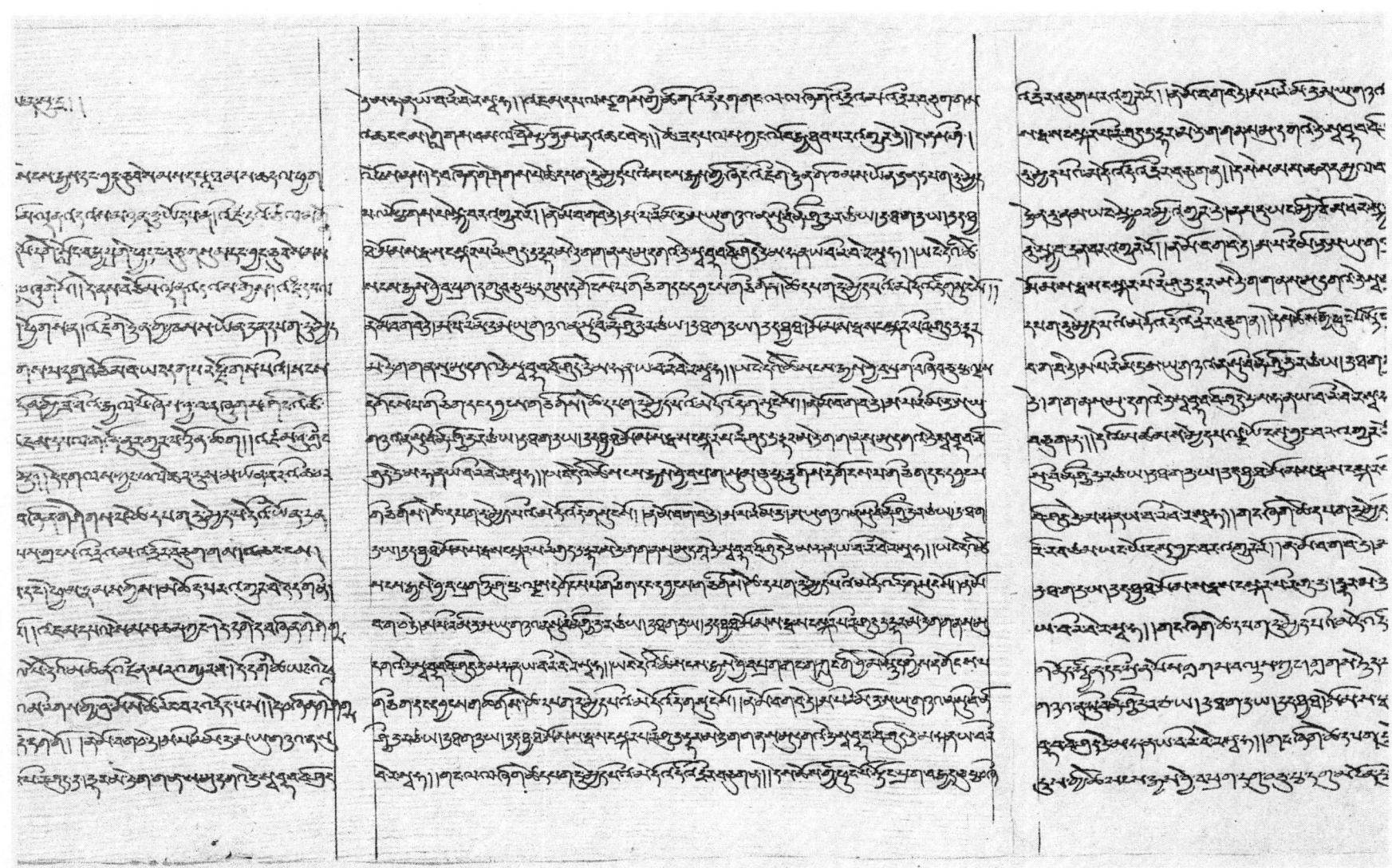

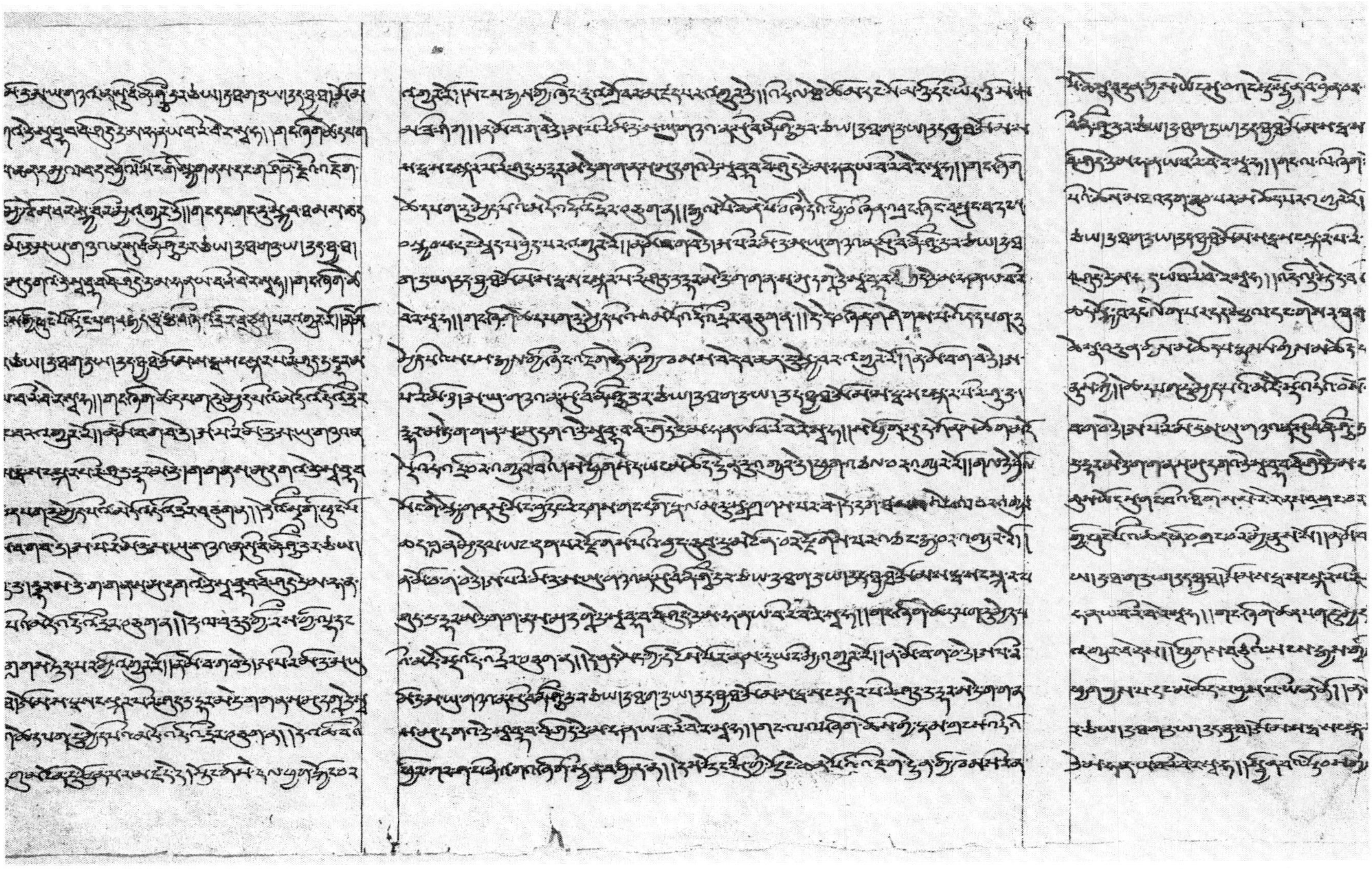

BD14335 號 1　藏文（無量壽宗要經甲本）　　（18–4）

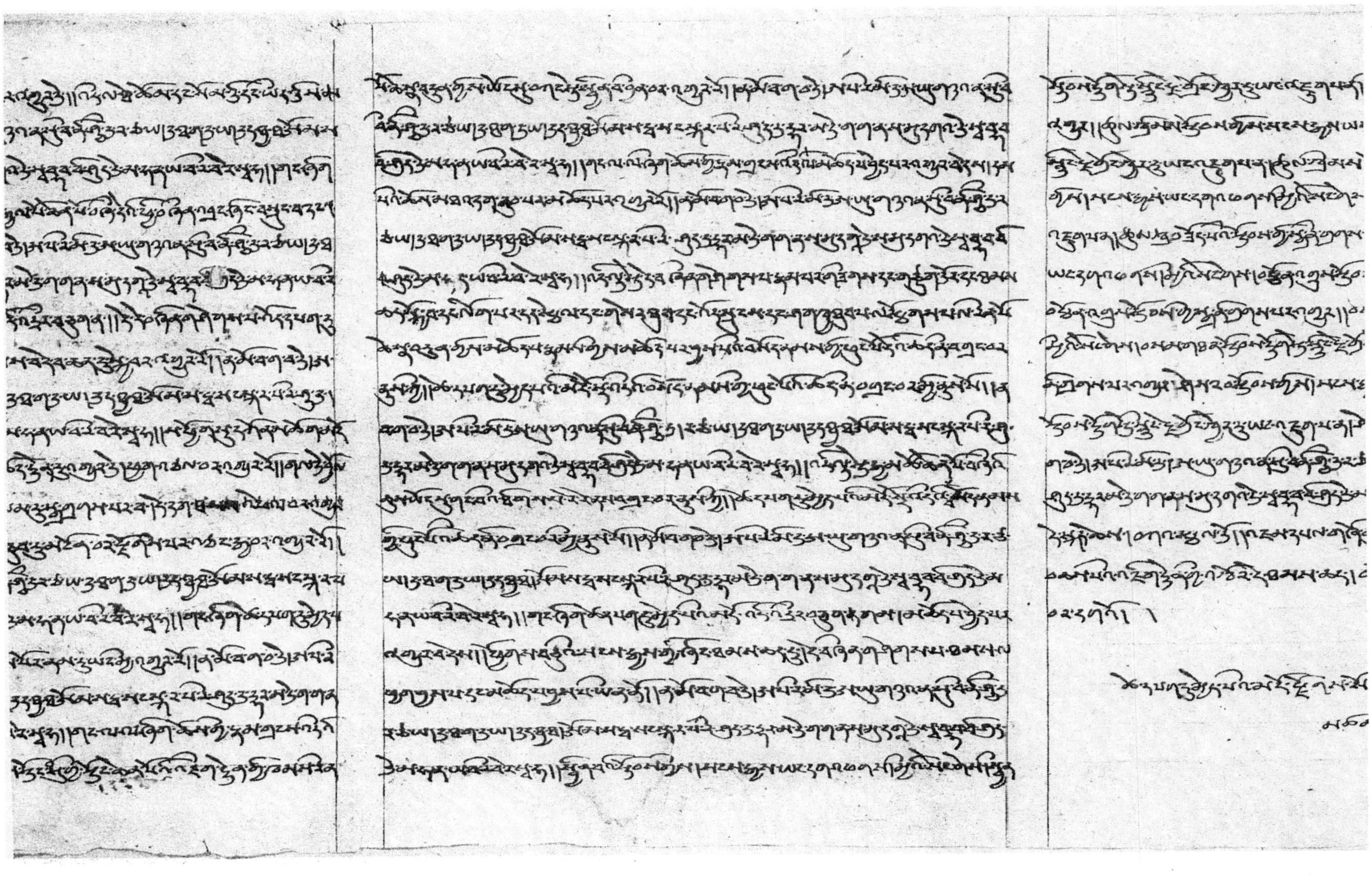

BD14335 號 1　藏文（無量壽宗要經甲本）　　（18–5）

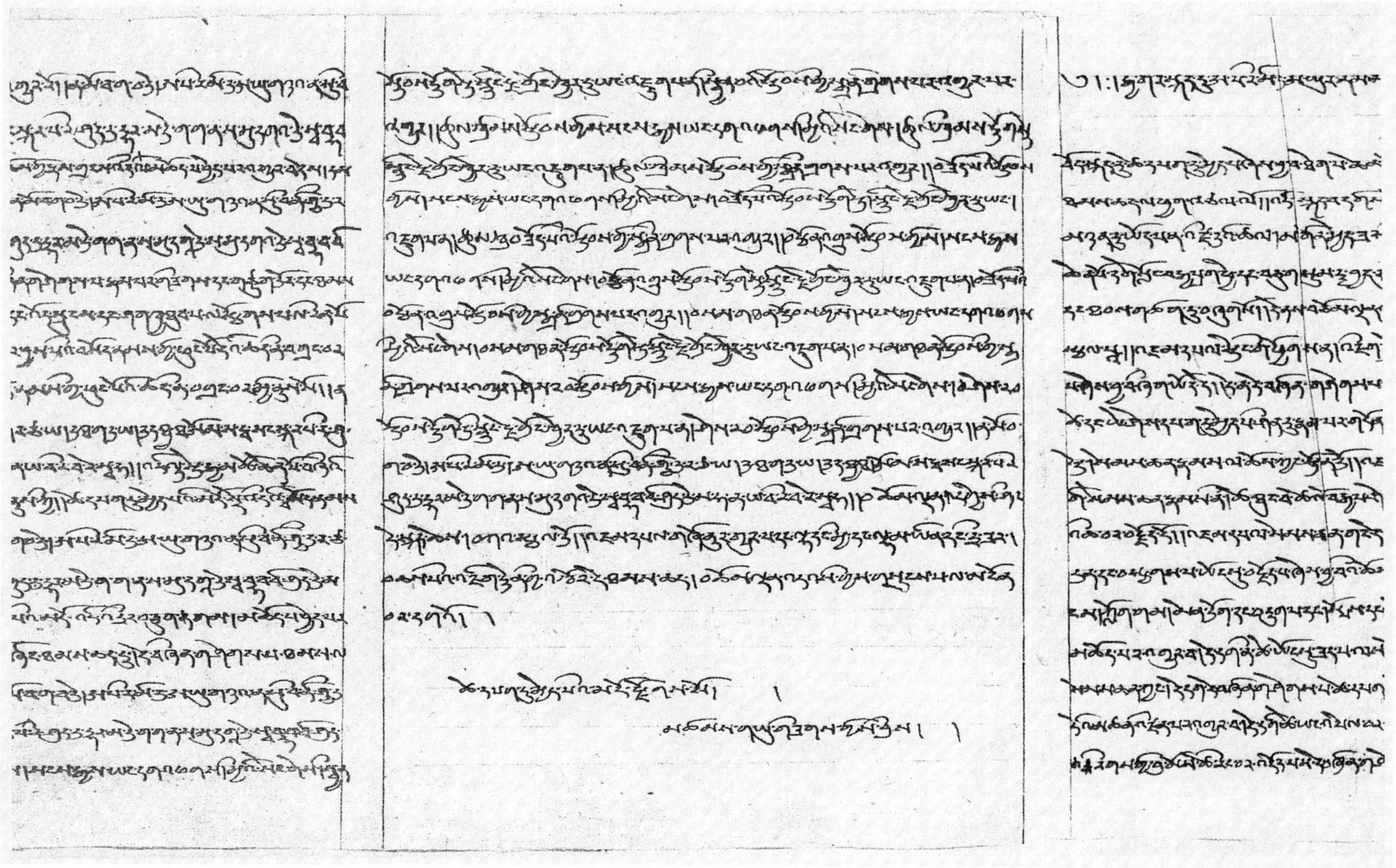

BD14335 號 1　藏文（無量壽宗要經甲本）　　（18–6）

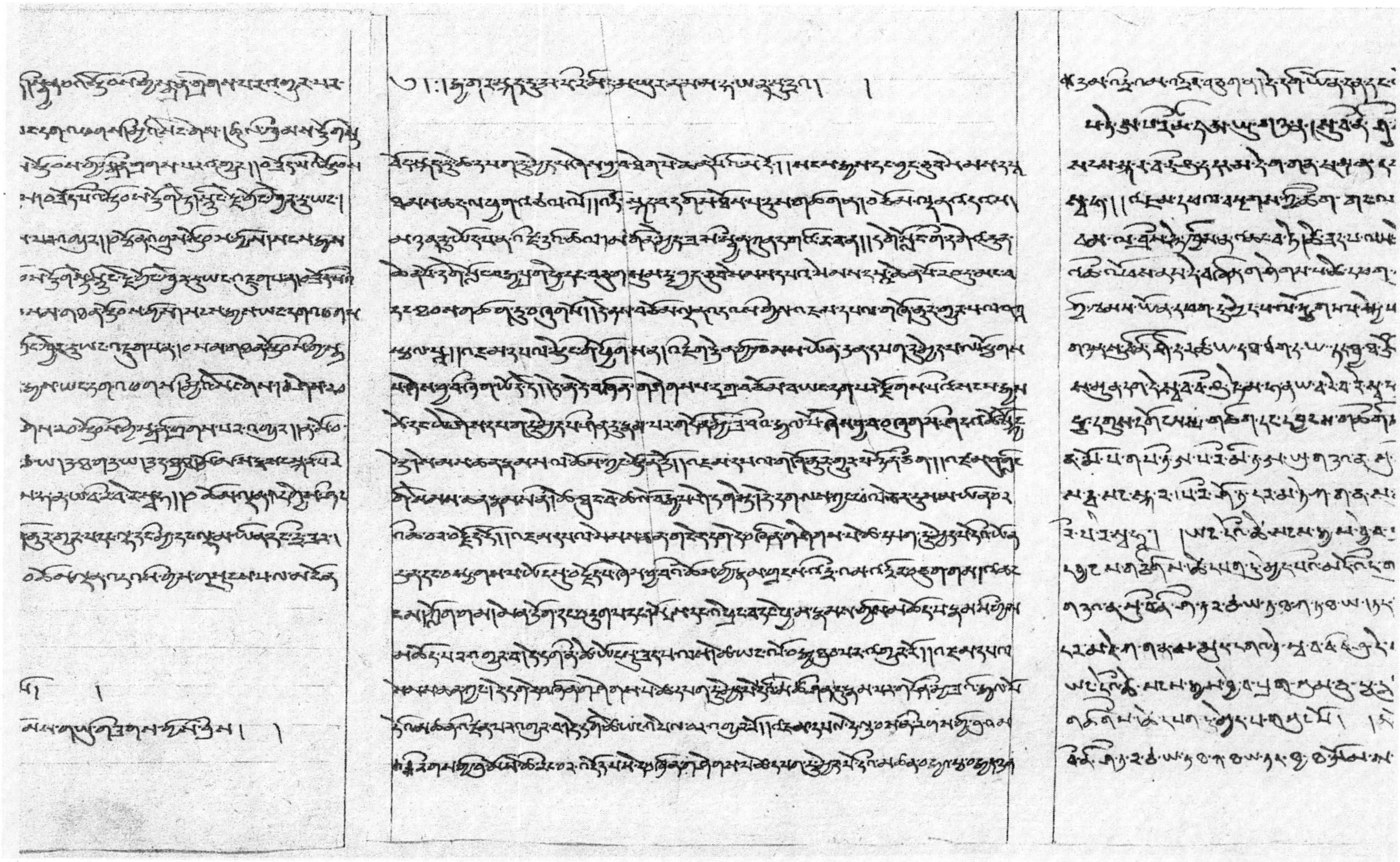

BD14335 號 2　藏文（無量壽宗要經甲本）　　（18–7）

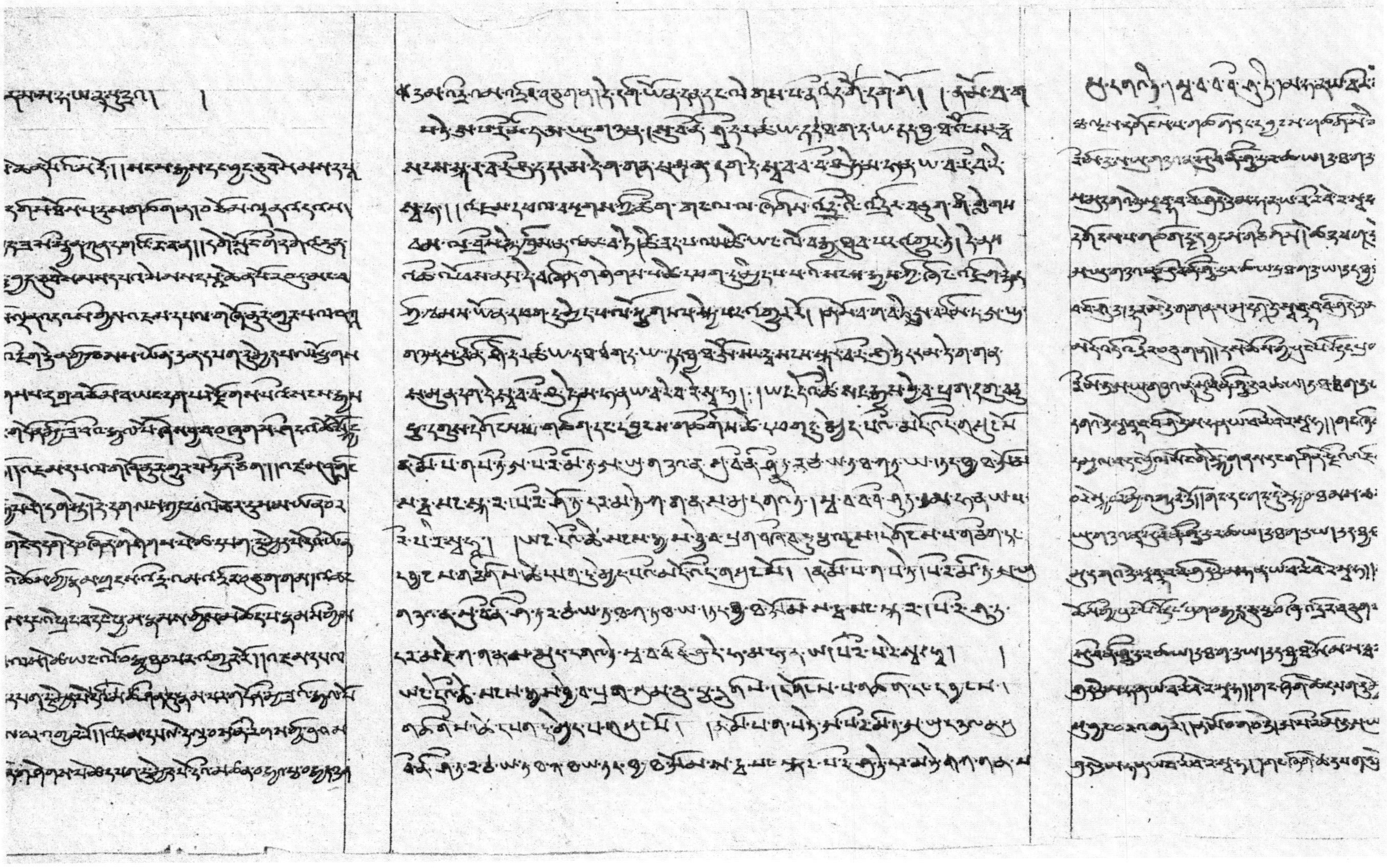

BD14335 號 2　藏文（無量壽宗要經甲本）　（18–8）

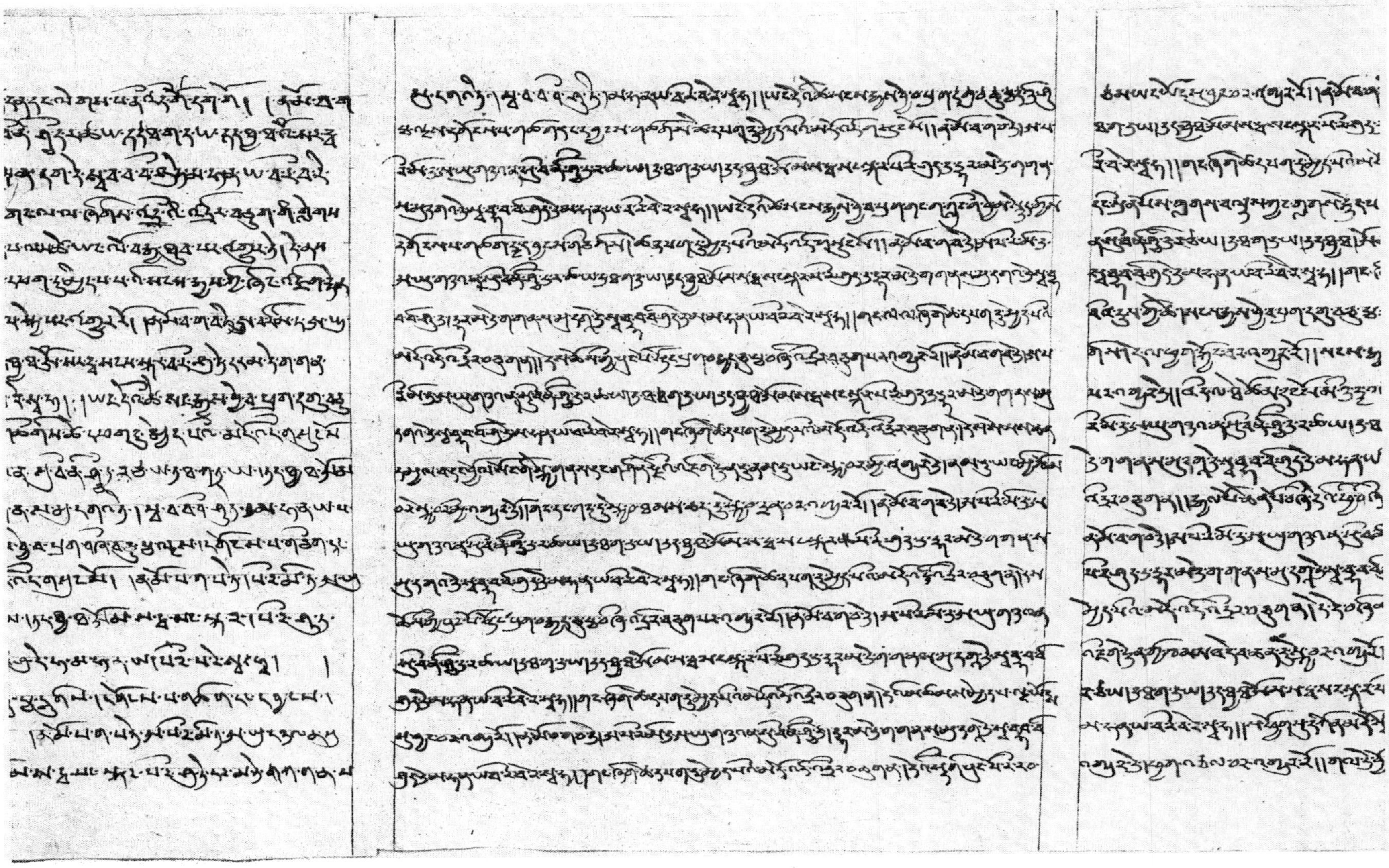

BD14335 號 2　藏文（無量壽宗要經甲本）　（18–9）

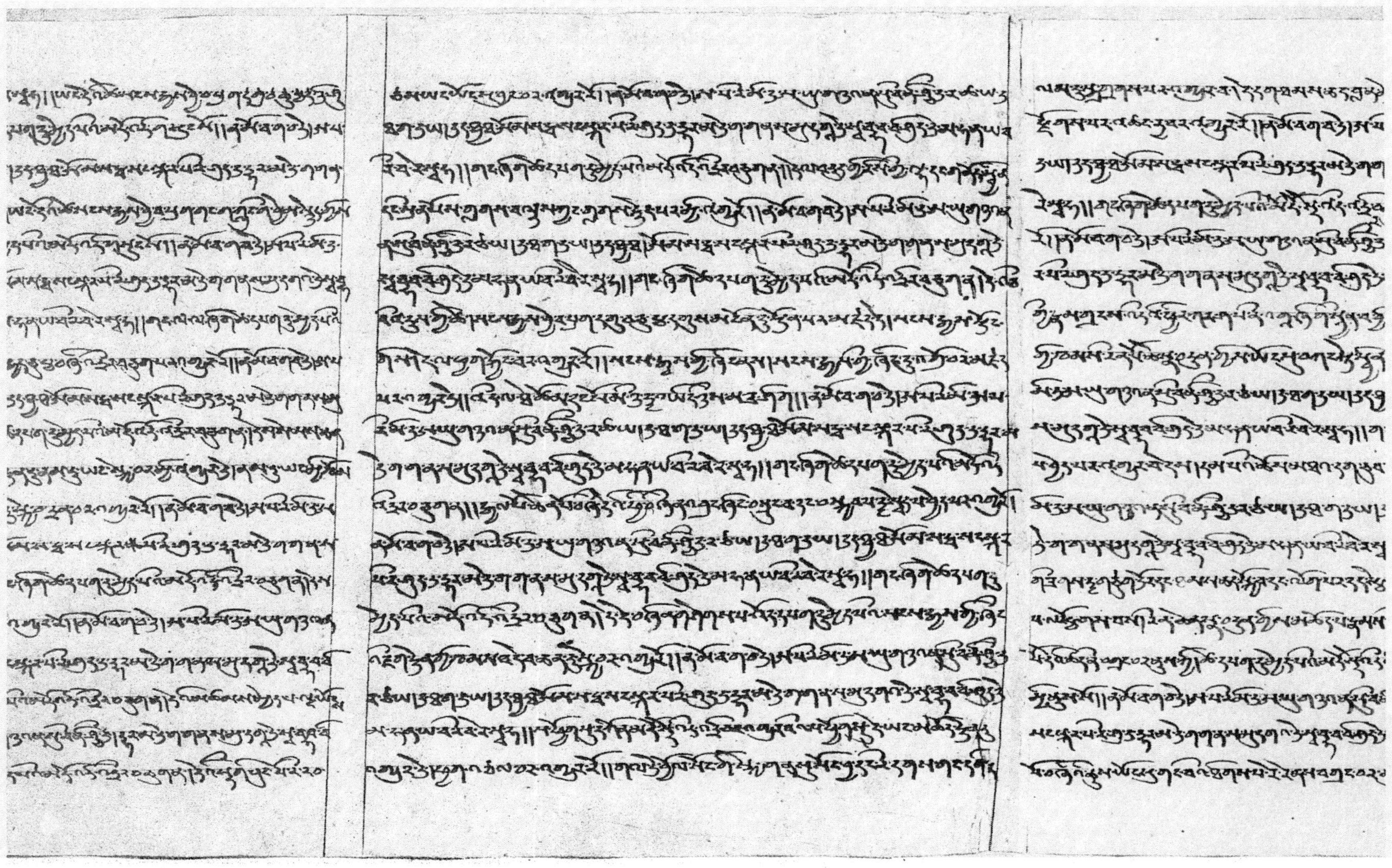

BD14335 號 2　藏文（無量壽宗要經甲本）　　（18–10）

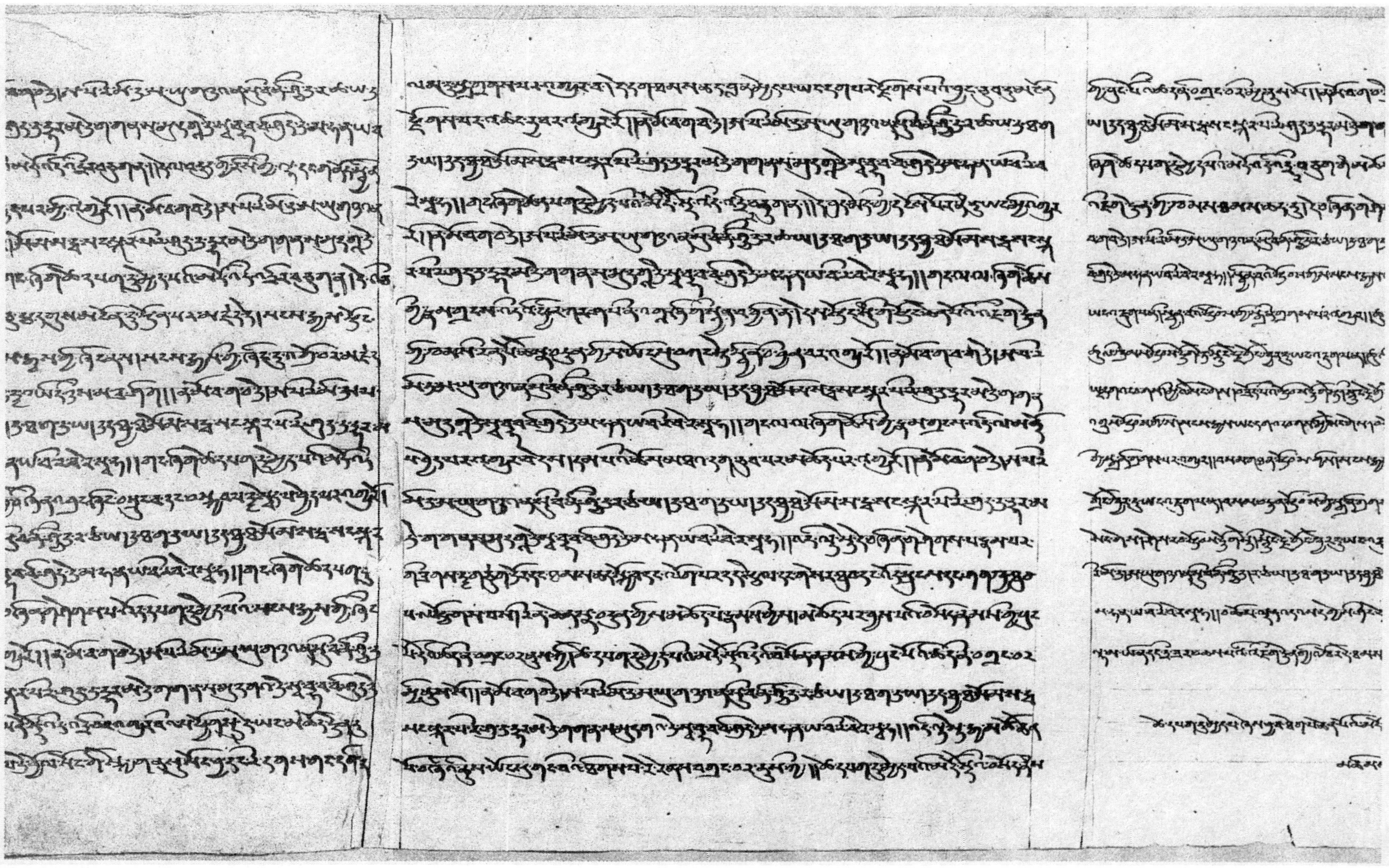

BD14335 號 2　藏文（無量壽宗要經甲本）　　（18–11）

BD14335號2　藏文（無量壽宗要經甲本）

BD14335號3　藏文（無量壽宗要經甲本）

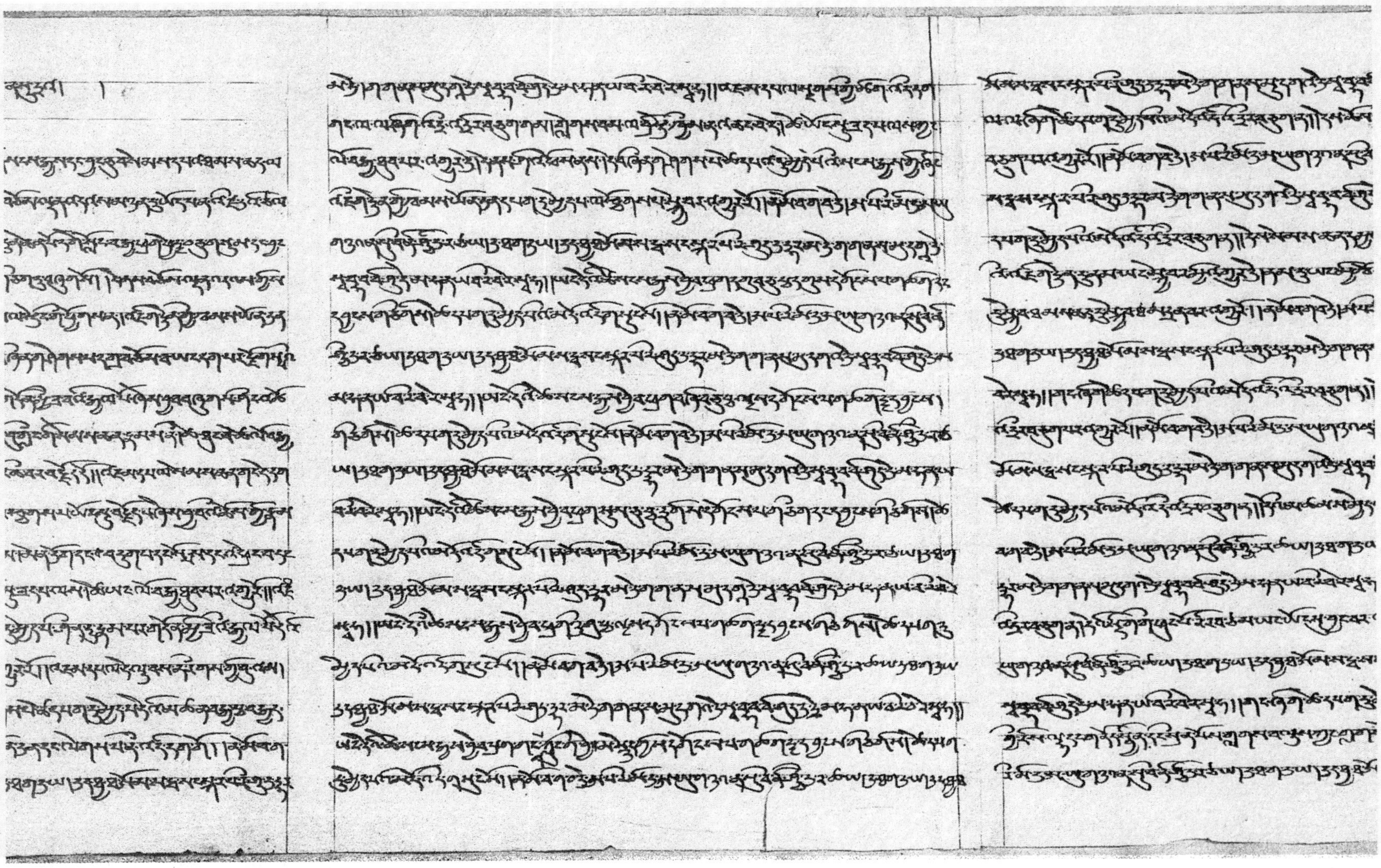

BD14335 號 3　藏文（無量壽宗要經甲本）　　（18–14）

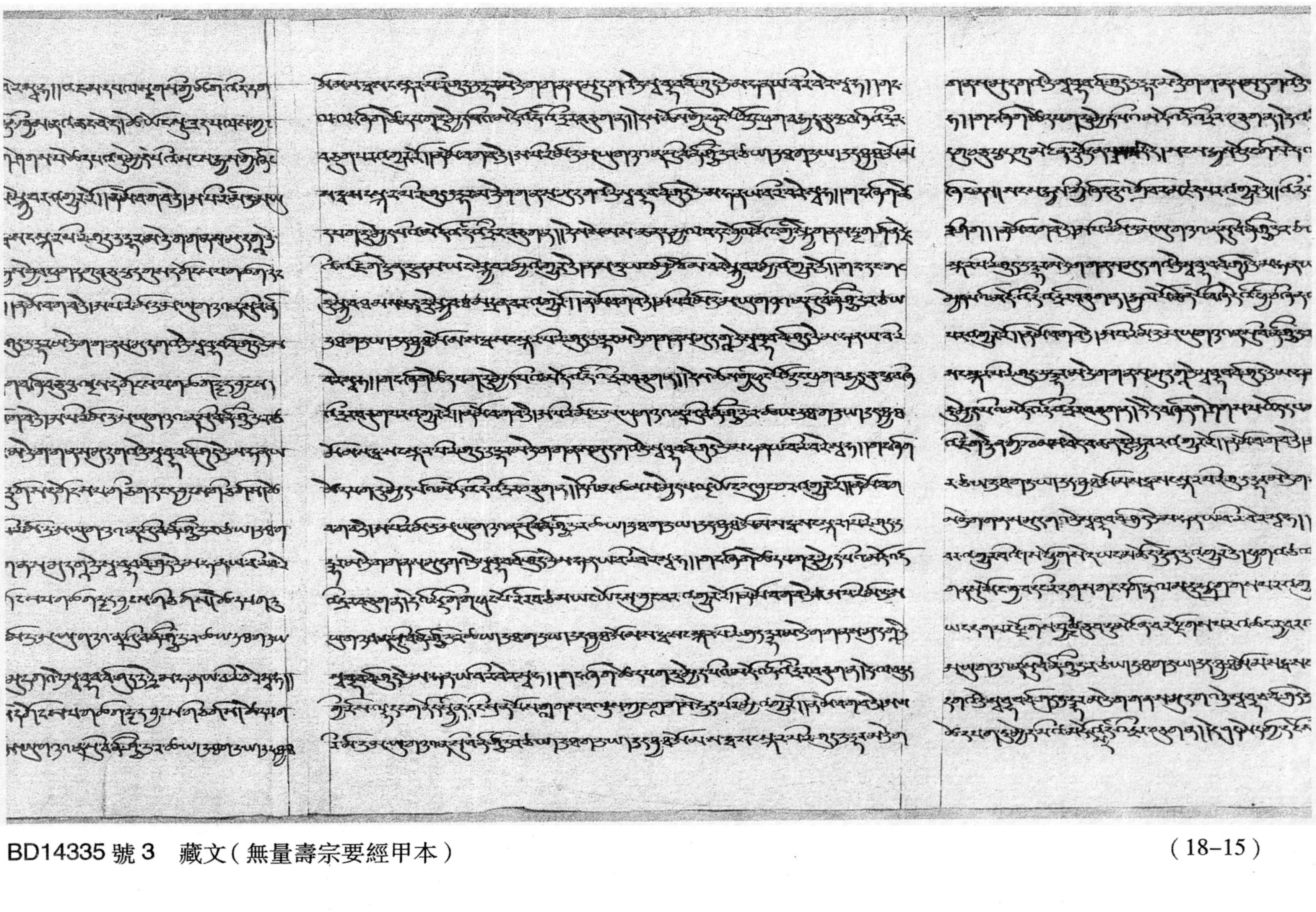

BD14335 號 3　藏文（無量壽宗要經甲本）　　（18–15）

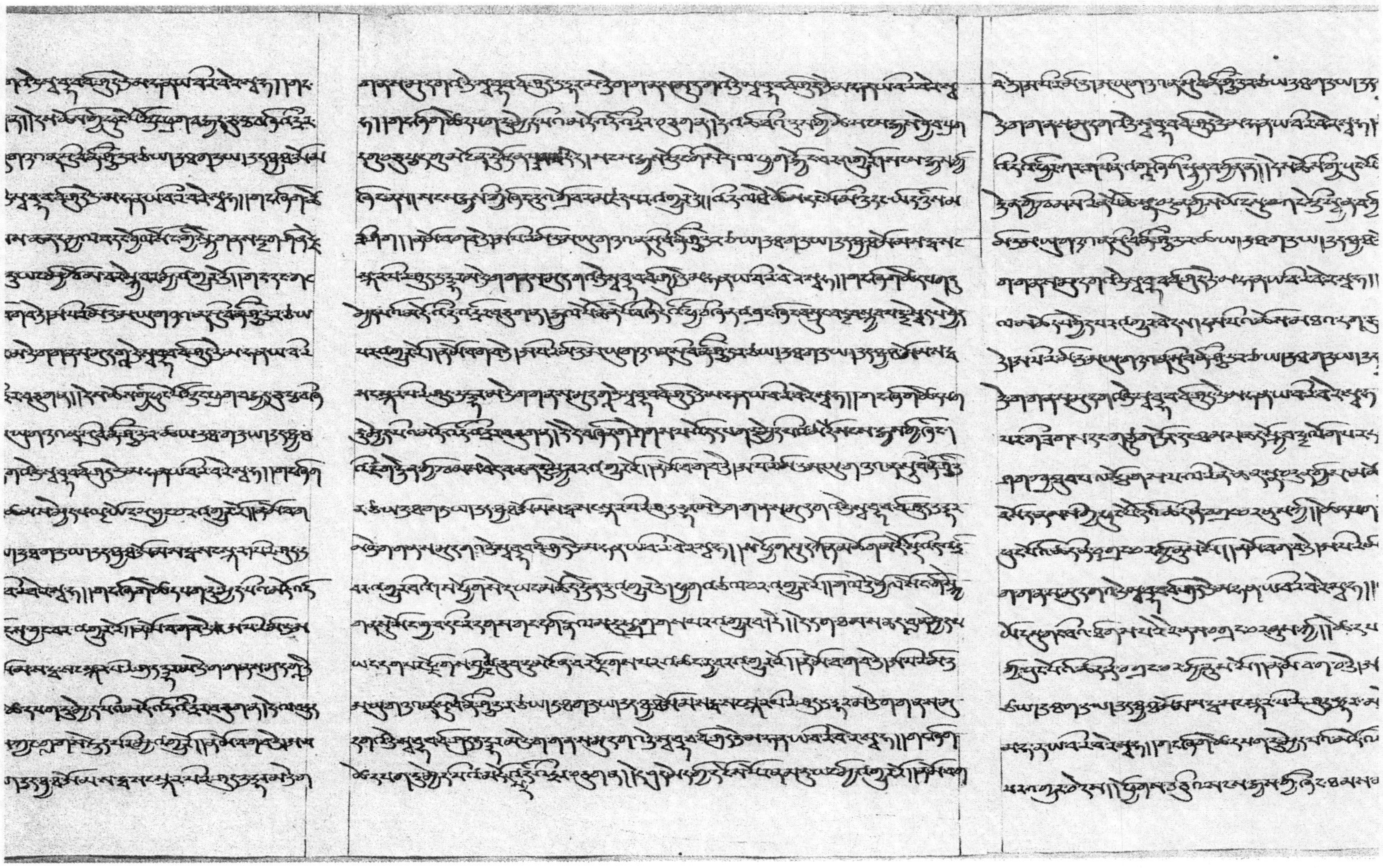

BD14335 號 3　藏文(無量壽宗要經甲本)　　(18–16)

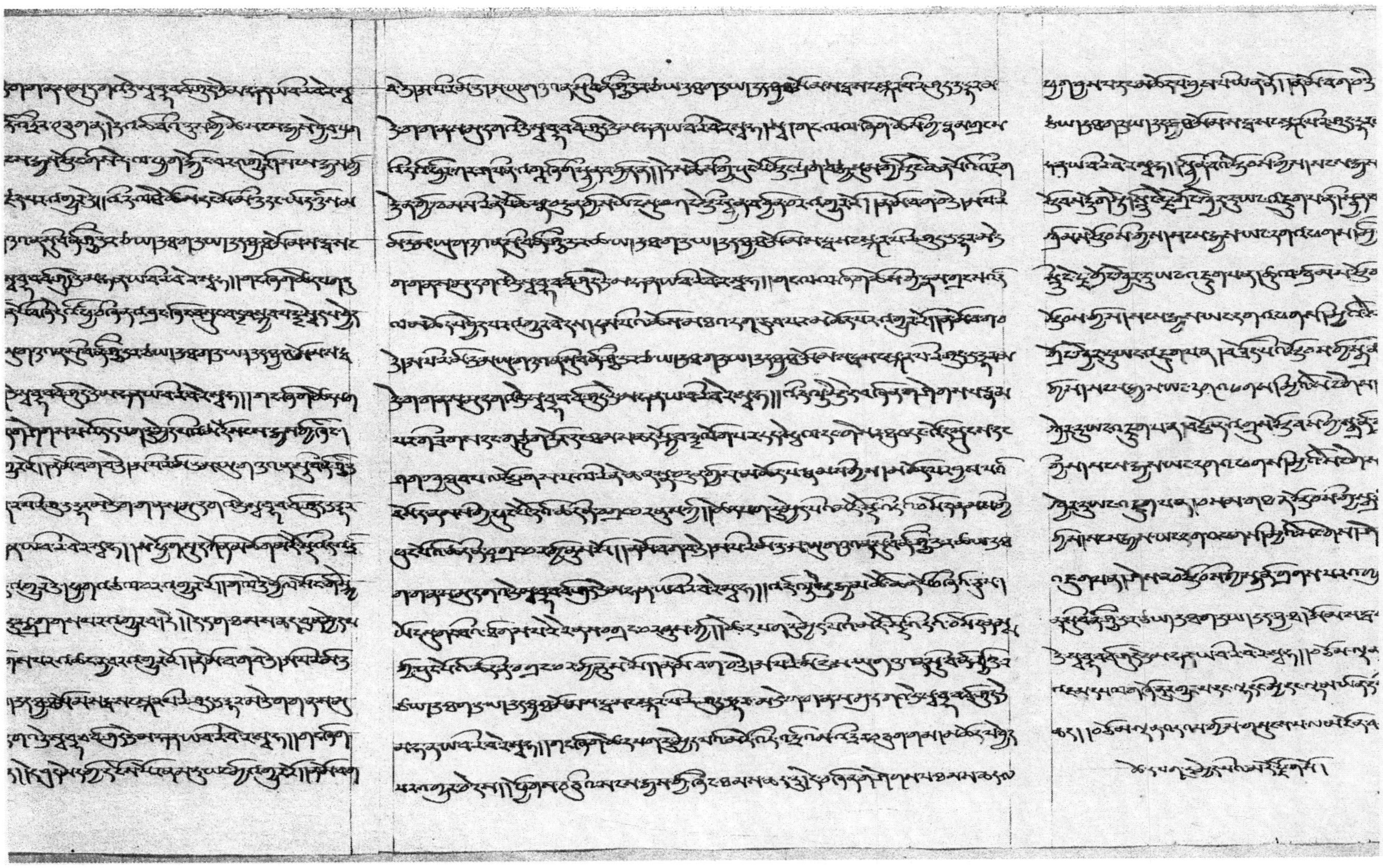

BD14335 號 3　藏文(無量壽宗要經甲本)　　(18–17)

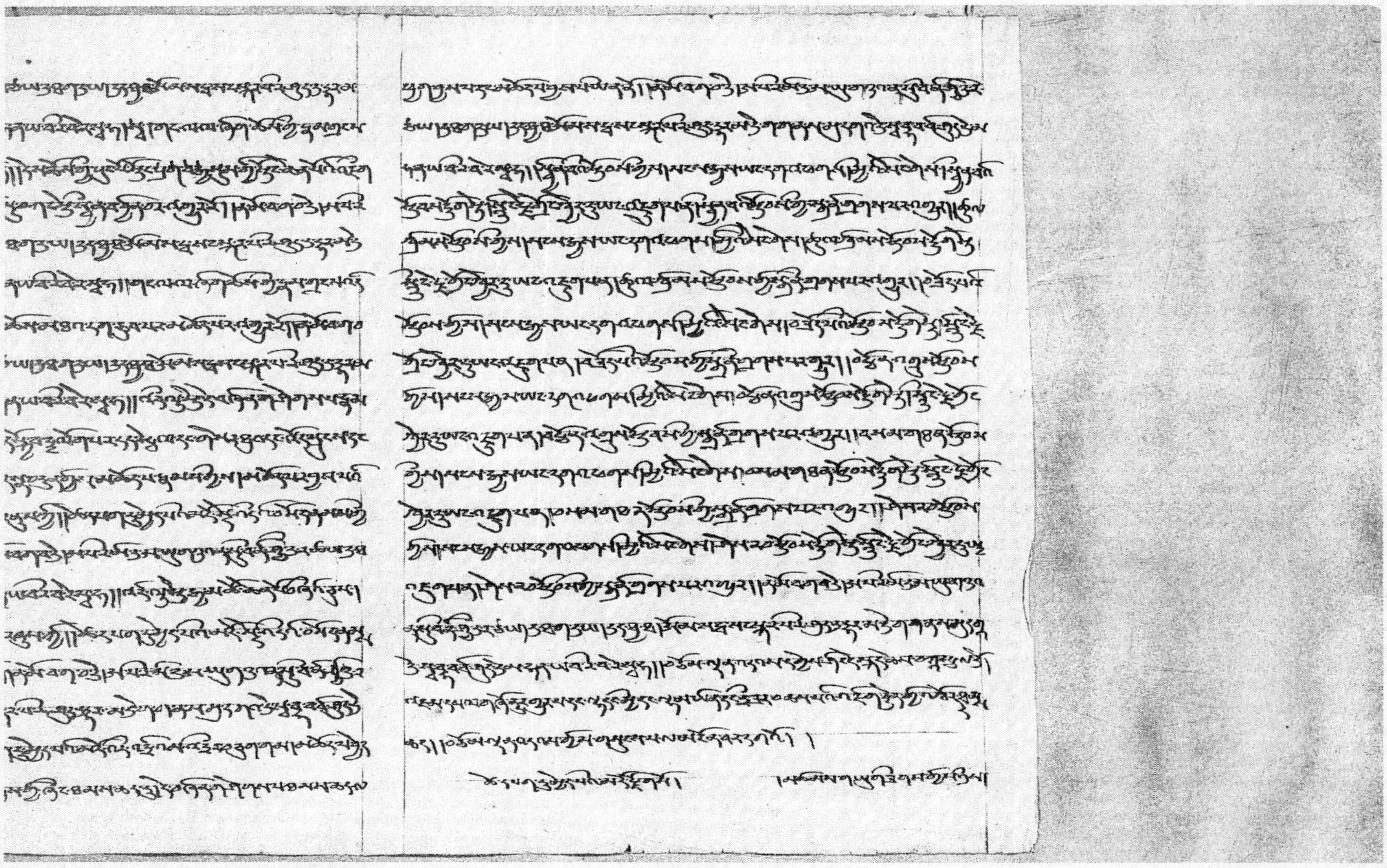

BD14335 號 3　藏文（無量壽宗要經甲本）　（18–18）

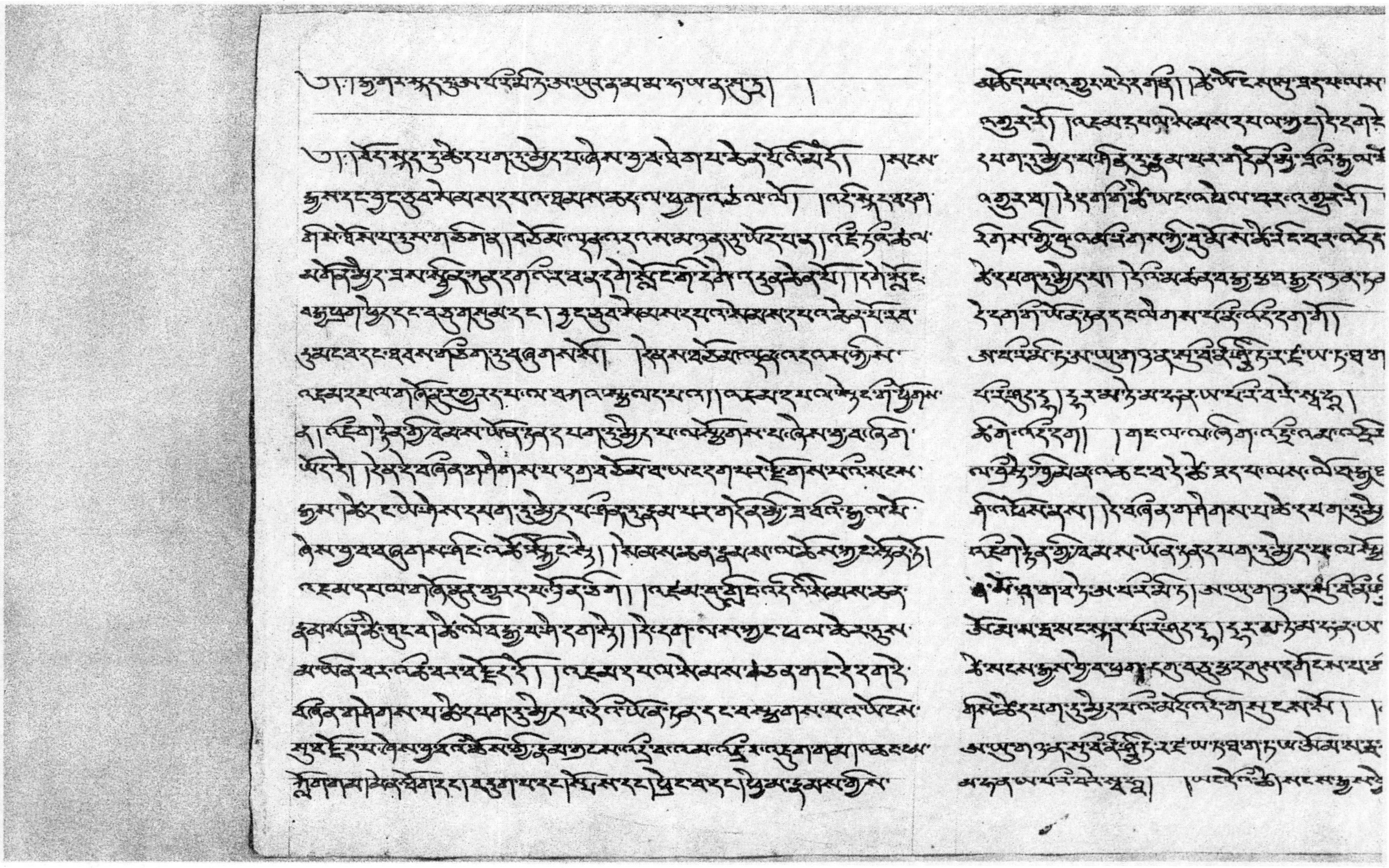

BD14336 號　藏文（無量壽宗要經乙本）　（8–1）

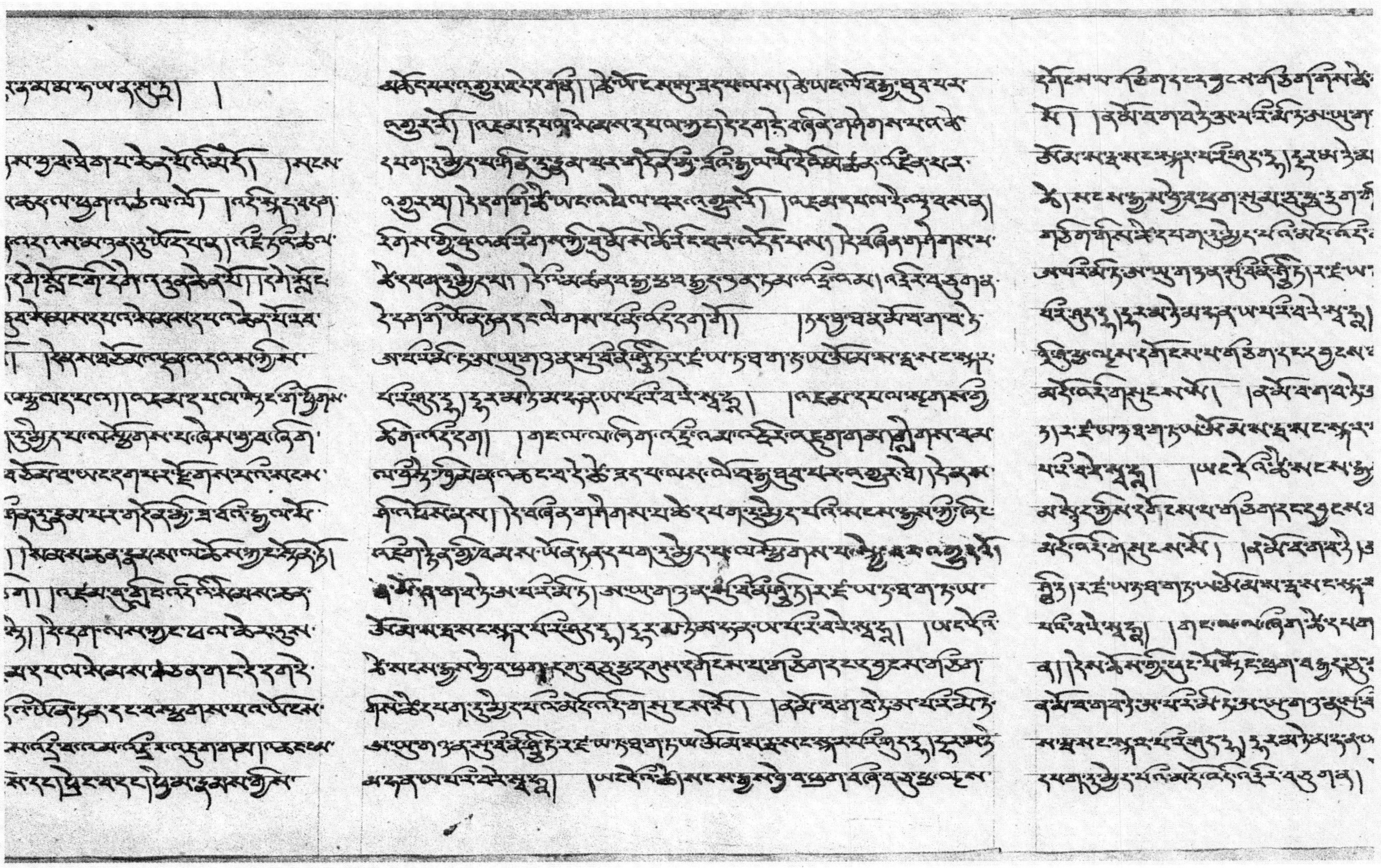

BD14336 號　藏文（無量壽宗要經乙本）　　（8–2）

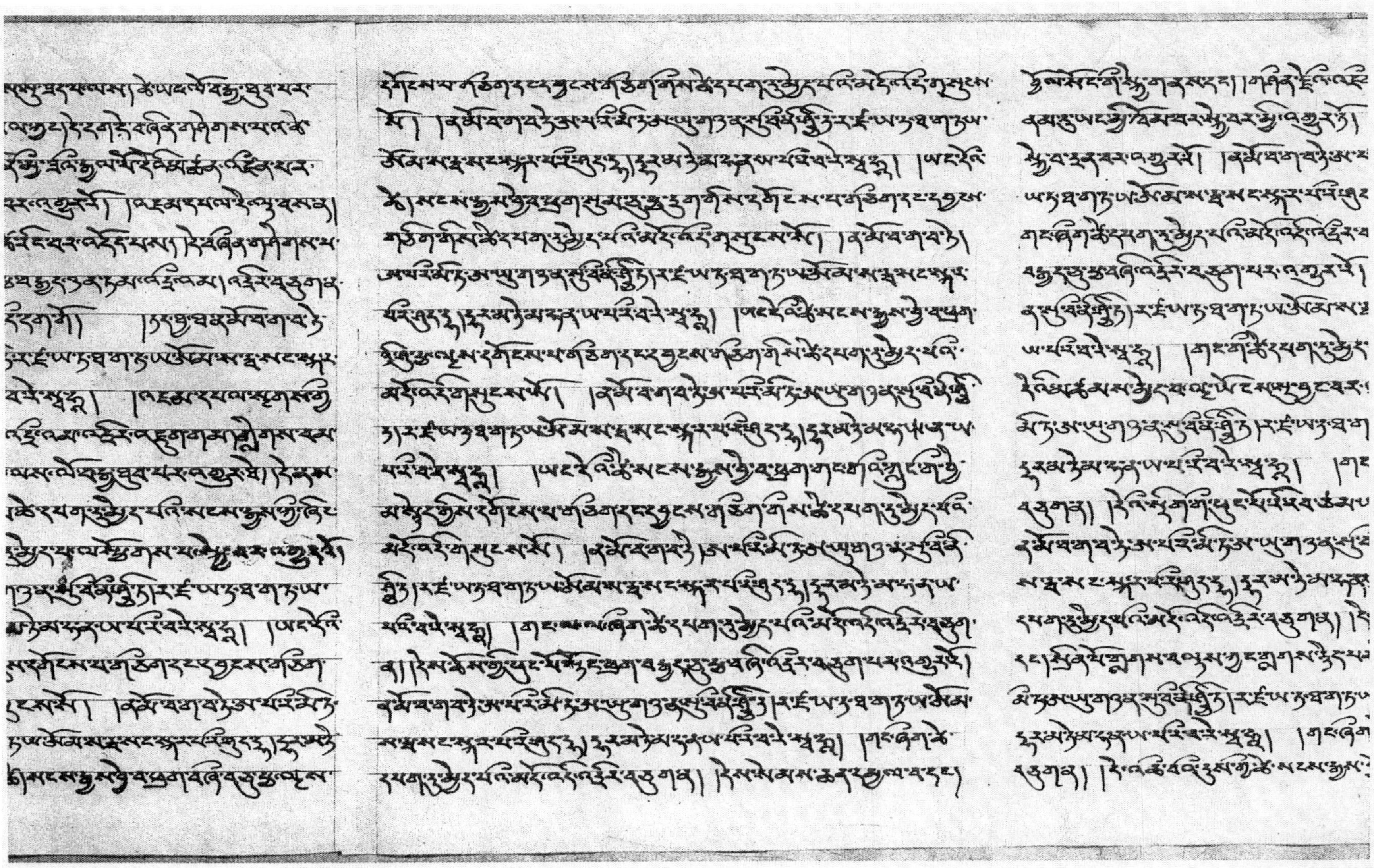

BD14336 號　藏文（無量壽宗要經乙本）　　（8–3）

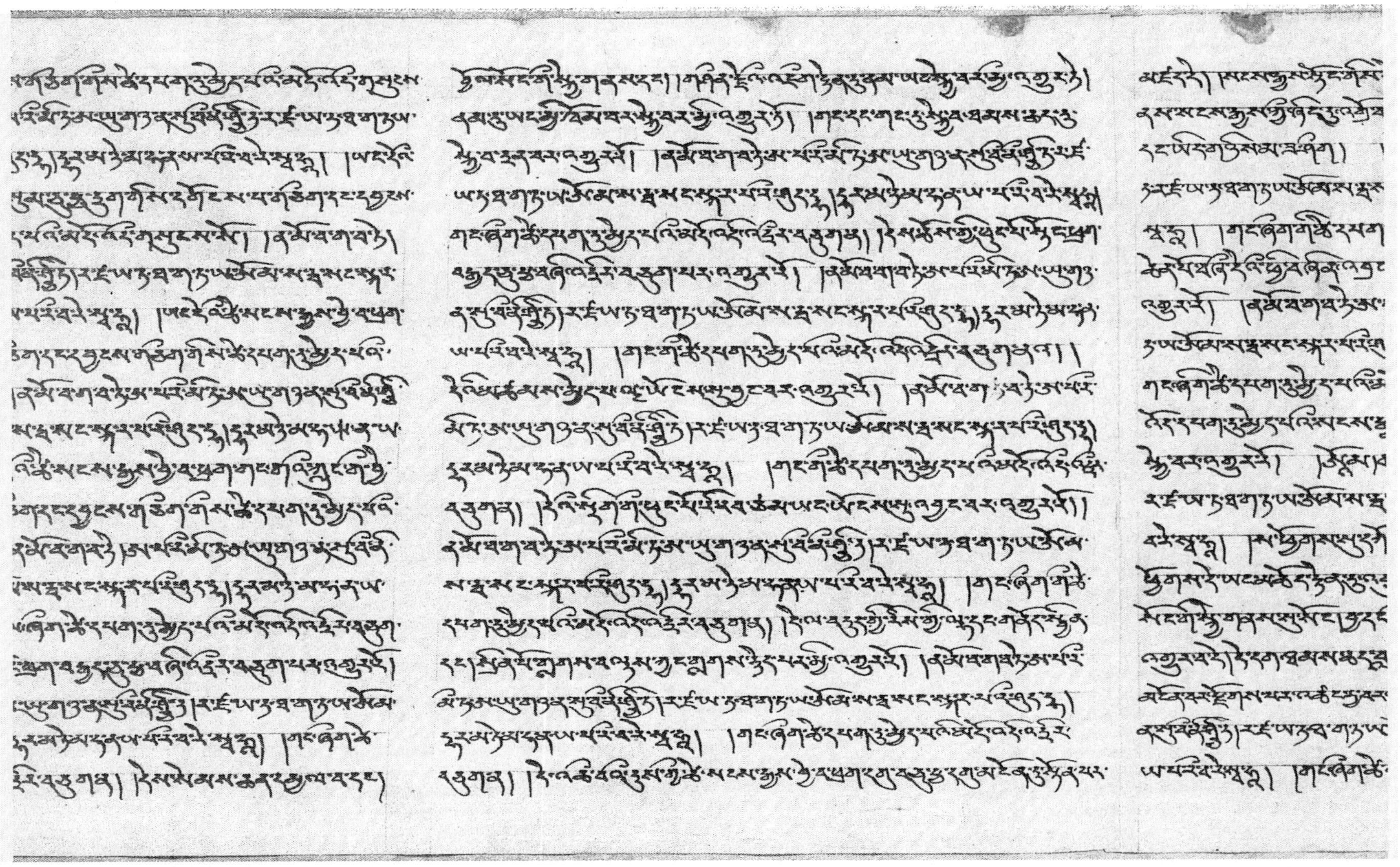

BD14336號　藏文(無量壽宗要經乙本)　(8–4)

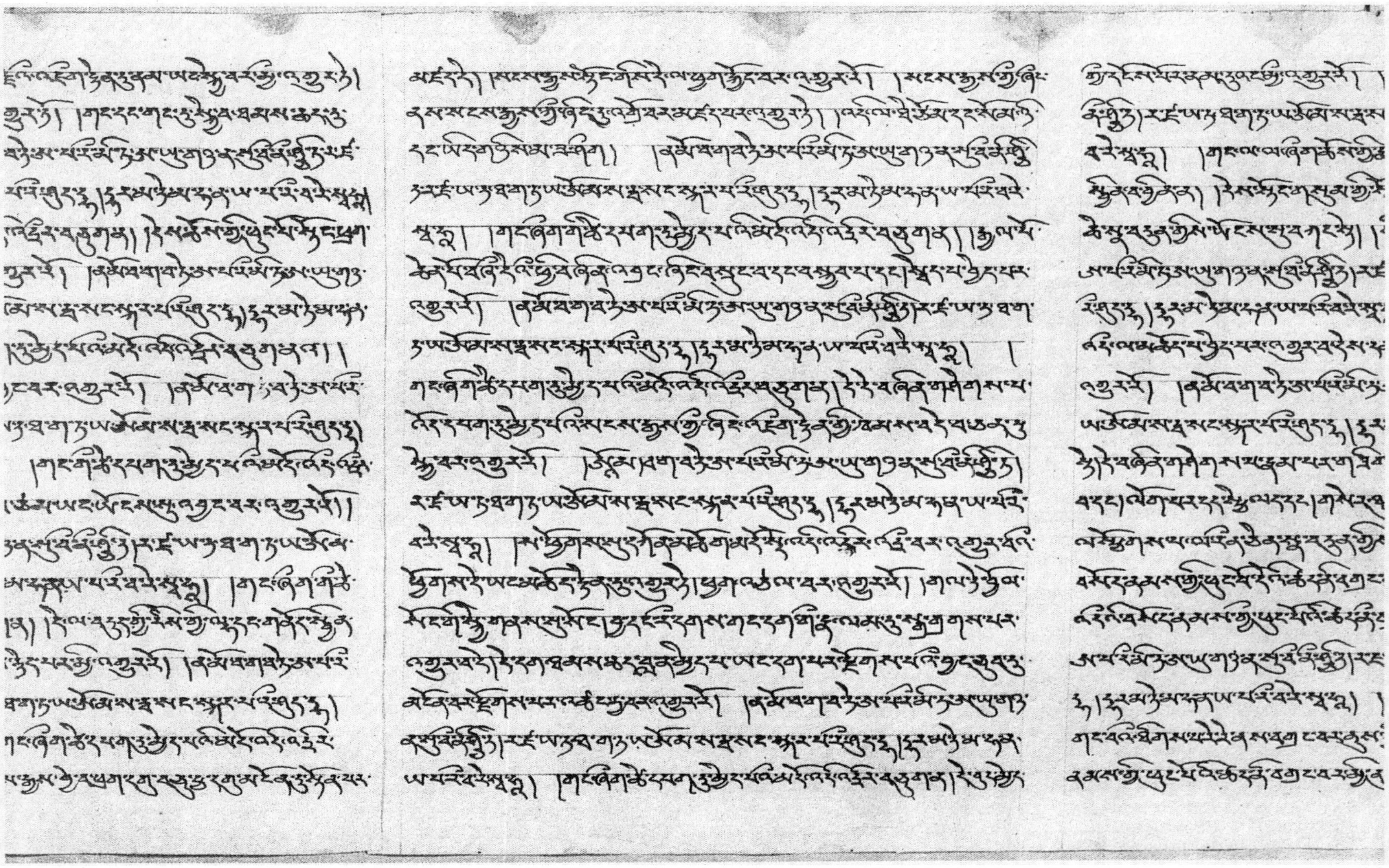

BD14336號　藏文(無量壽宗要經乙本)　(8–5)

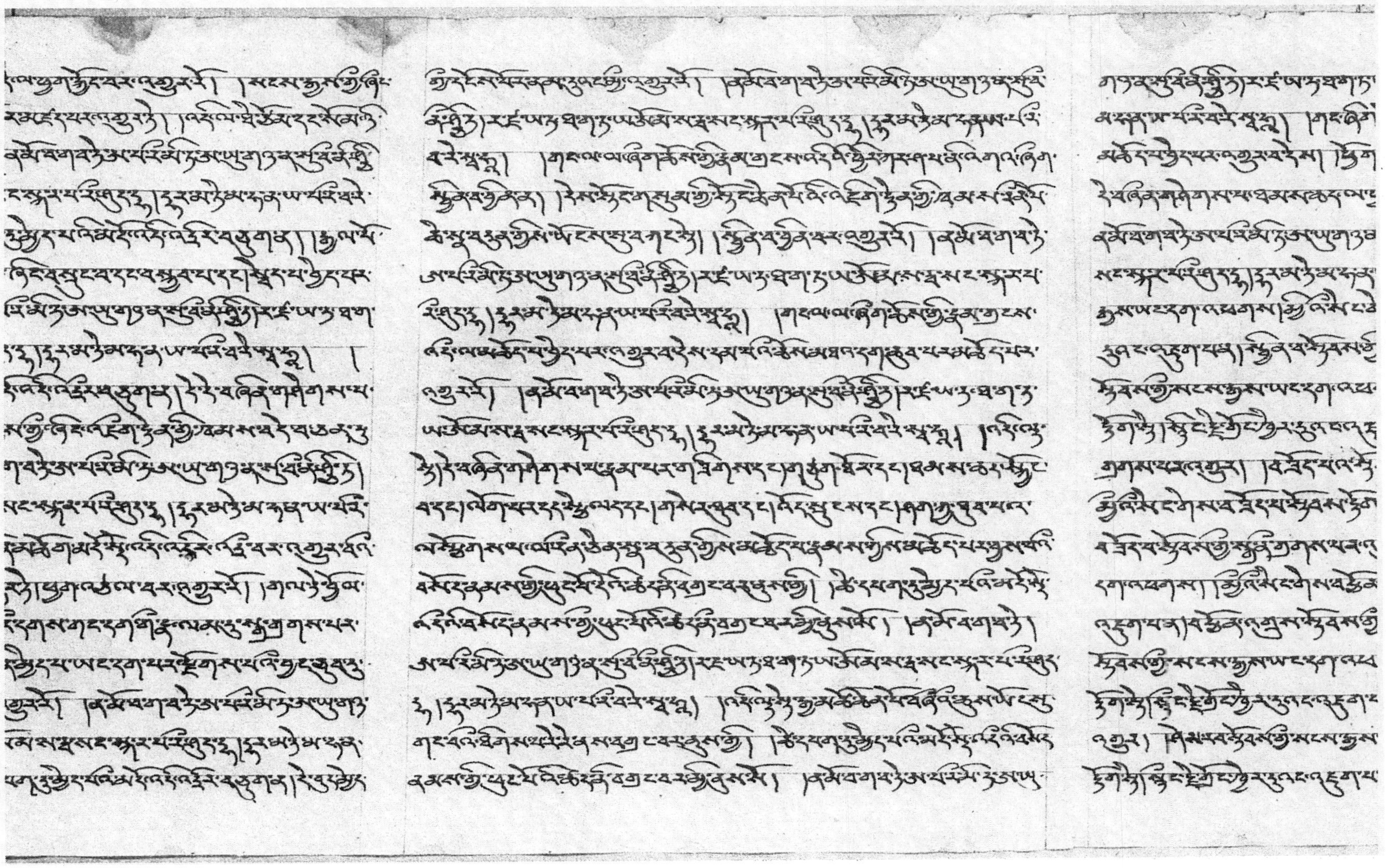

BD14336 號　藏文（無量壽宗要經乙本）　（8–6）

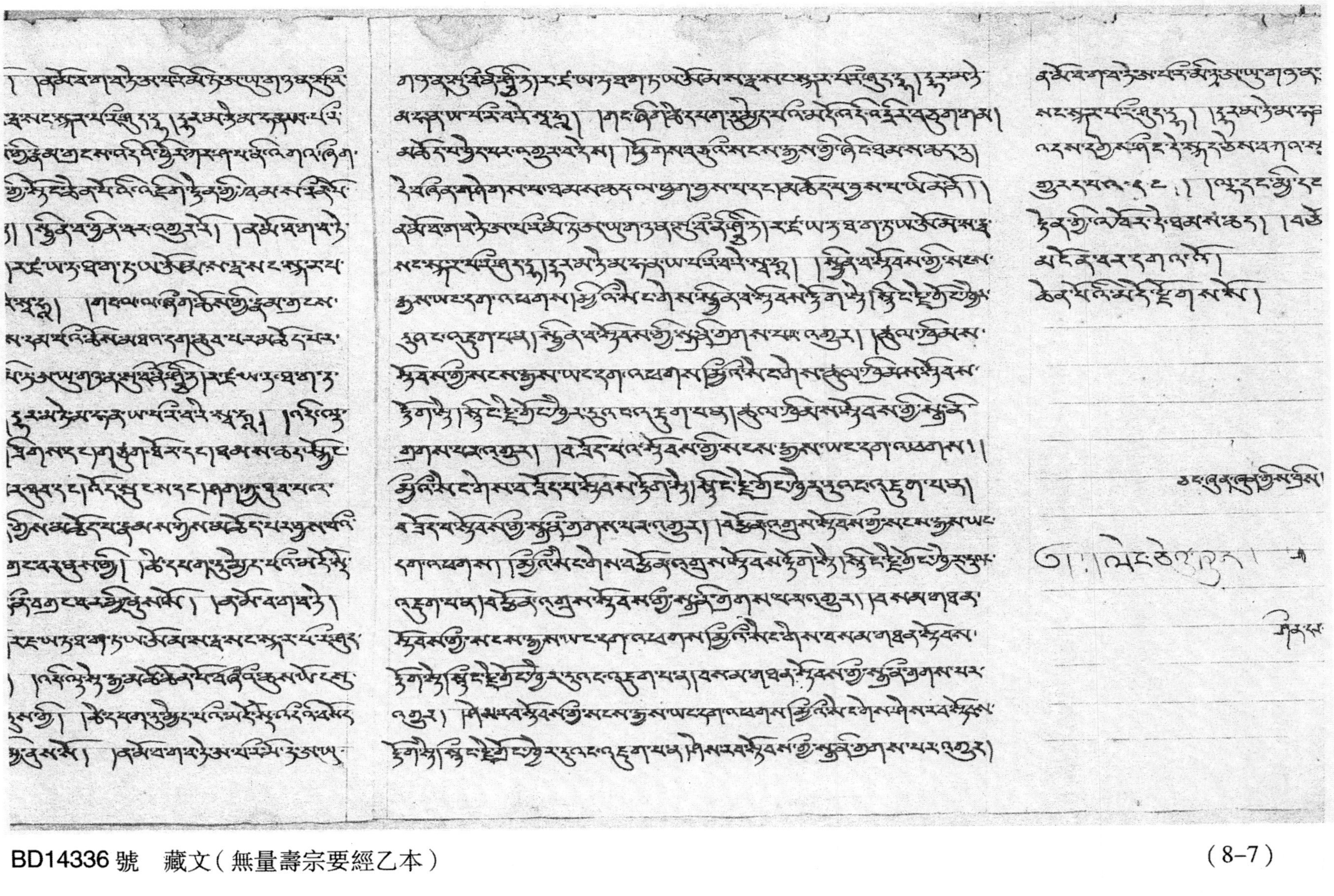

BD14336 號　藏文（無量壽宗要經乙本）　（8–7）

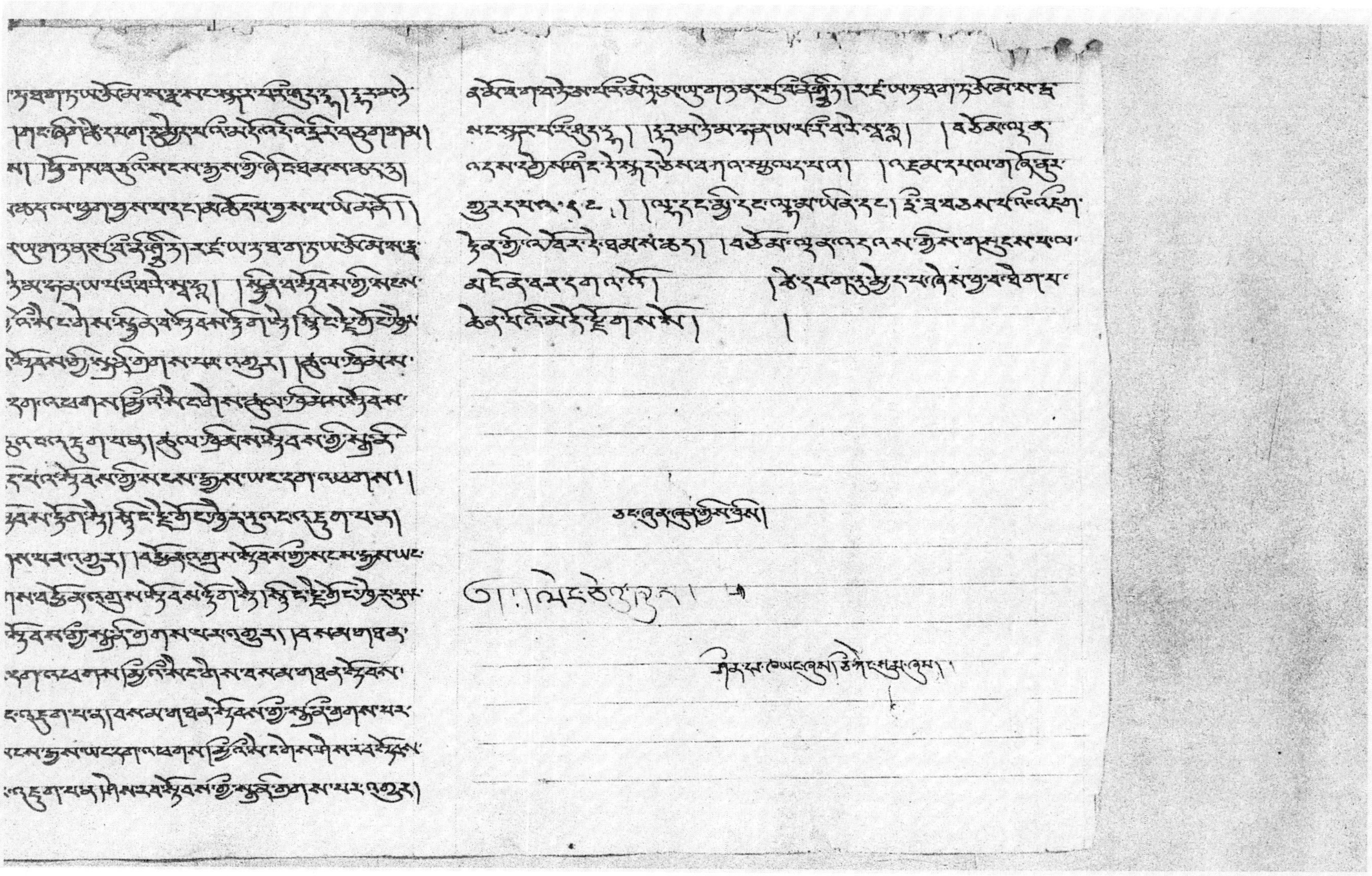

BD14336 號　藏文（無量壽宗要經乙本）　（8–8）

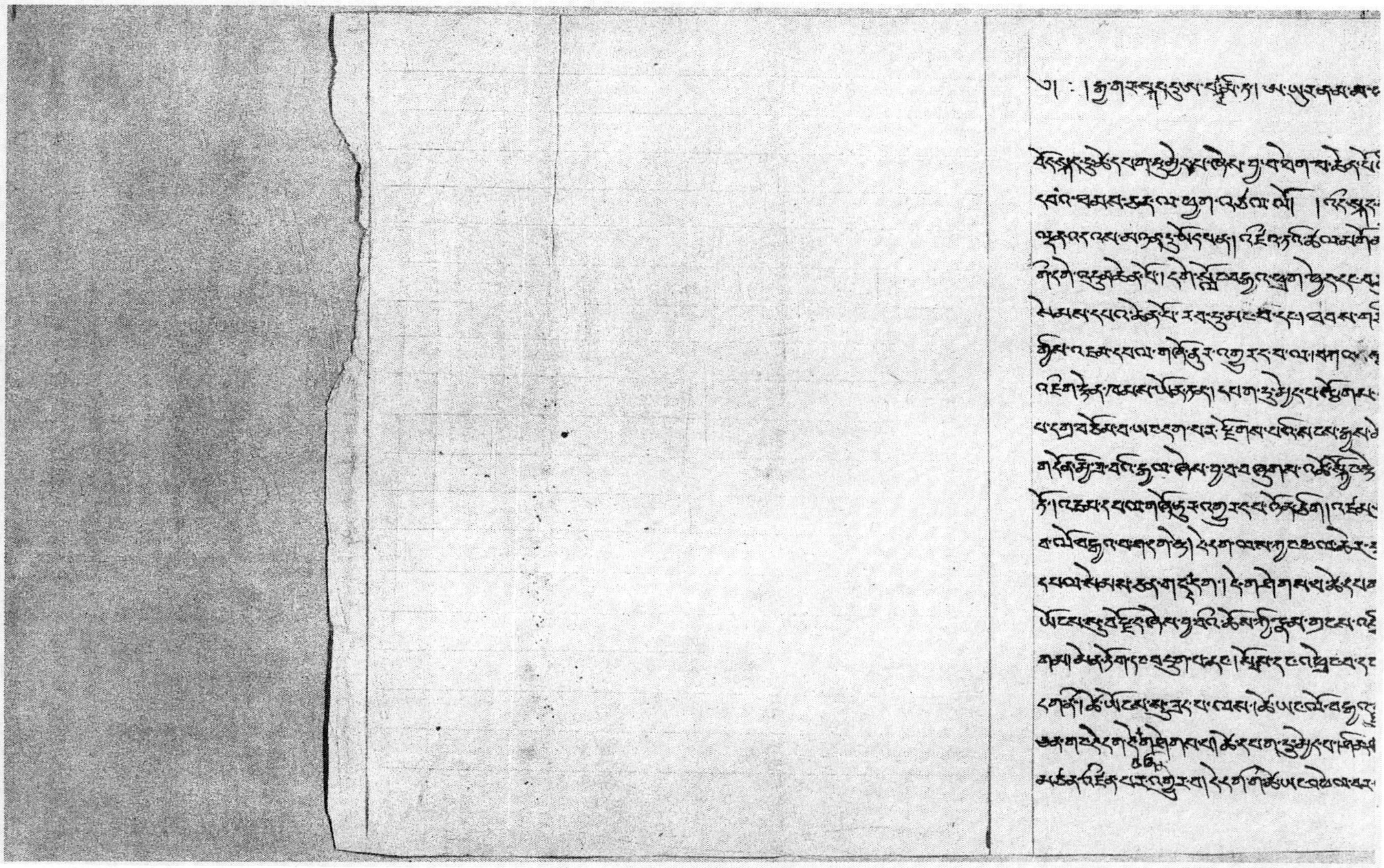

BD14337 號　藏文（無量壽宗要經乙本）　（8–1）

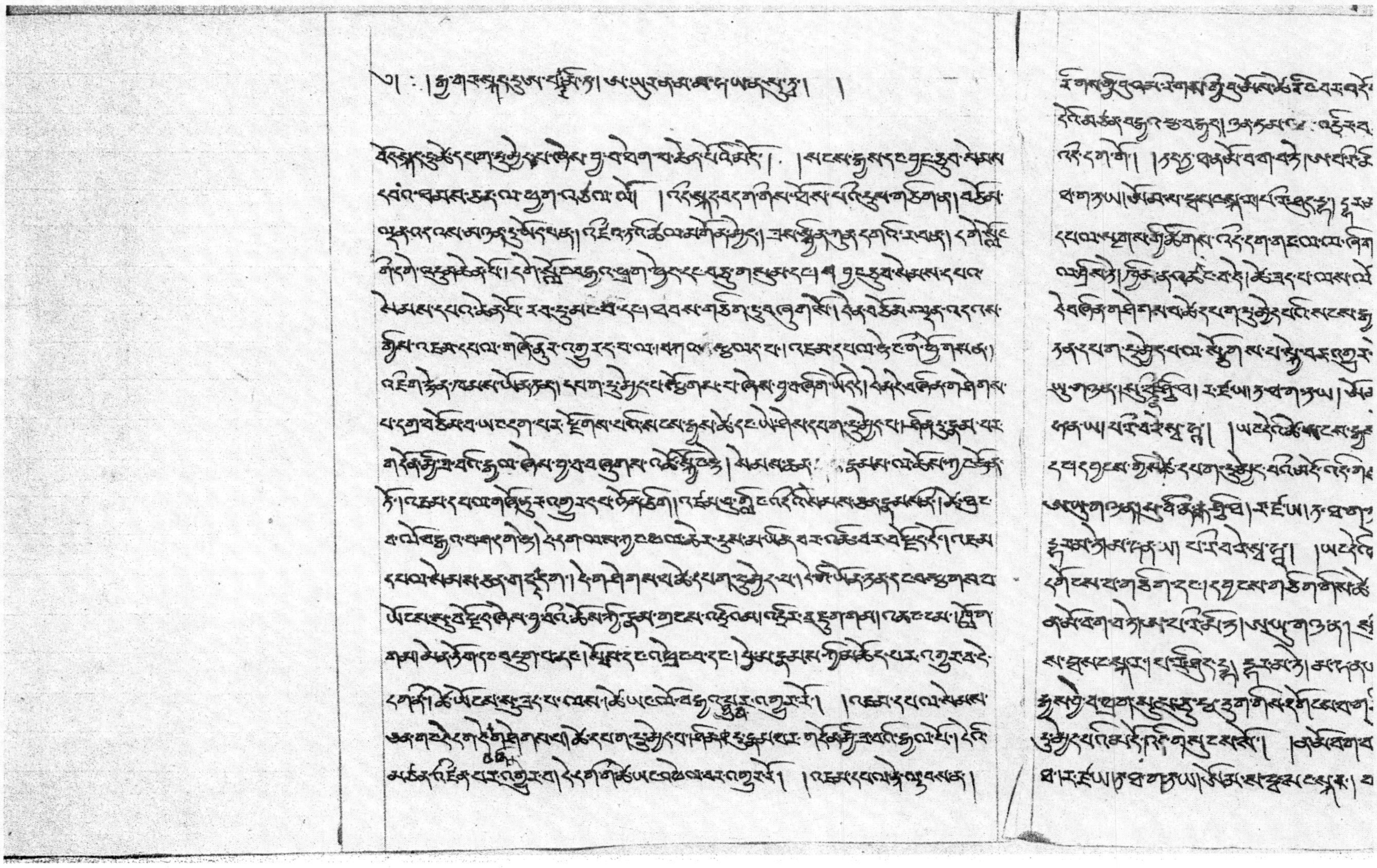

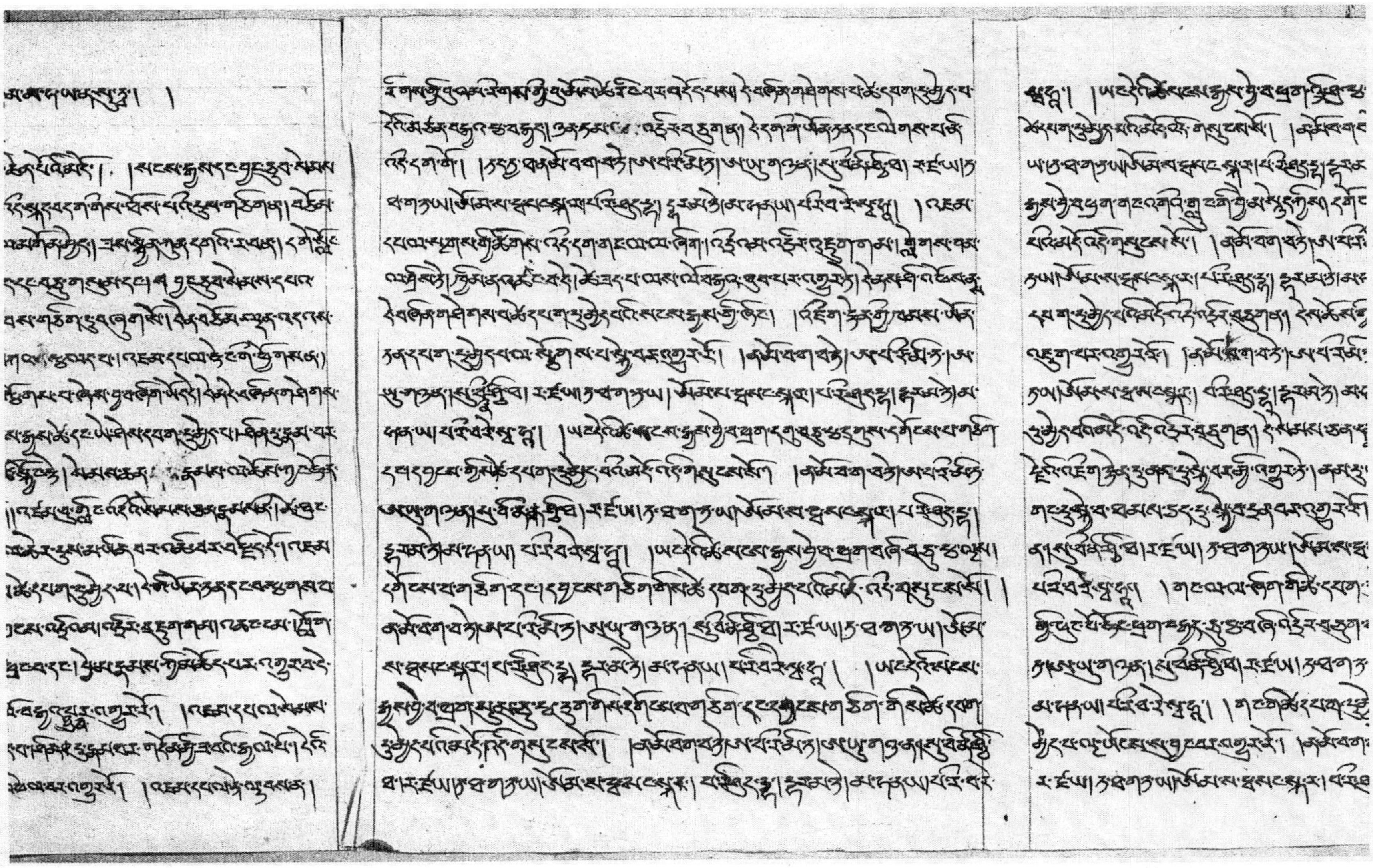

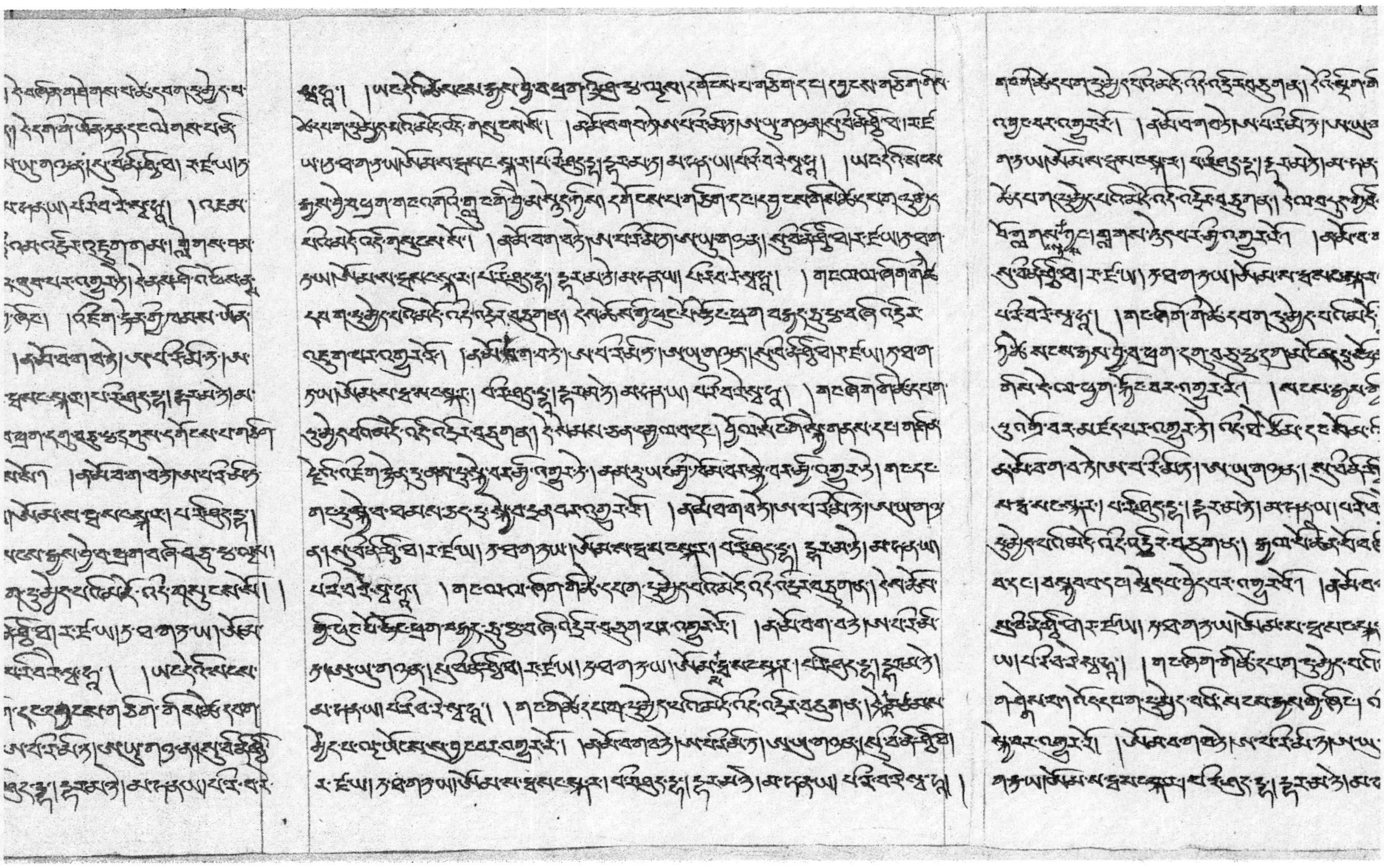

BD14337 號　藏文（無量壽宗要經乙本）　　（8–4）

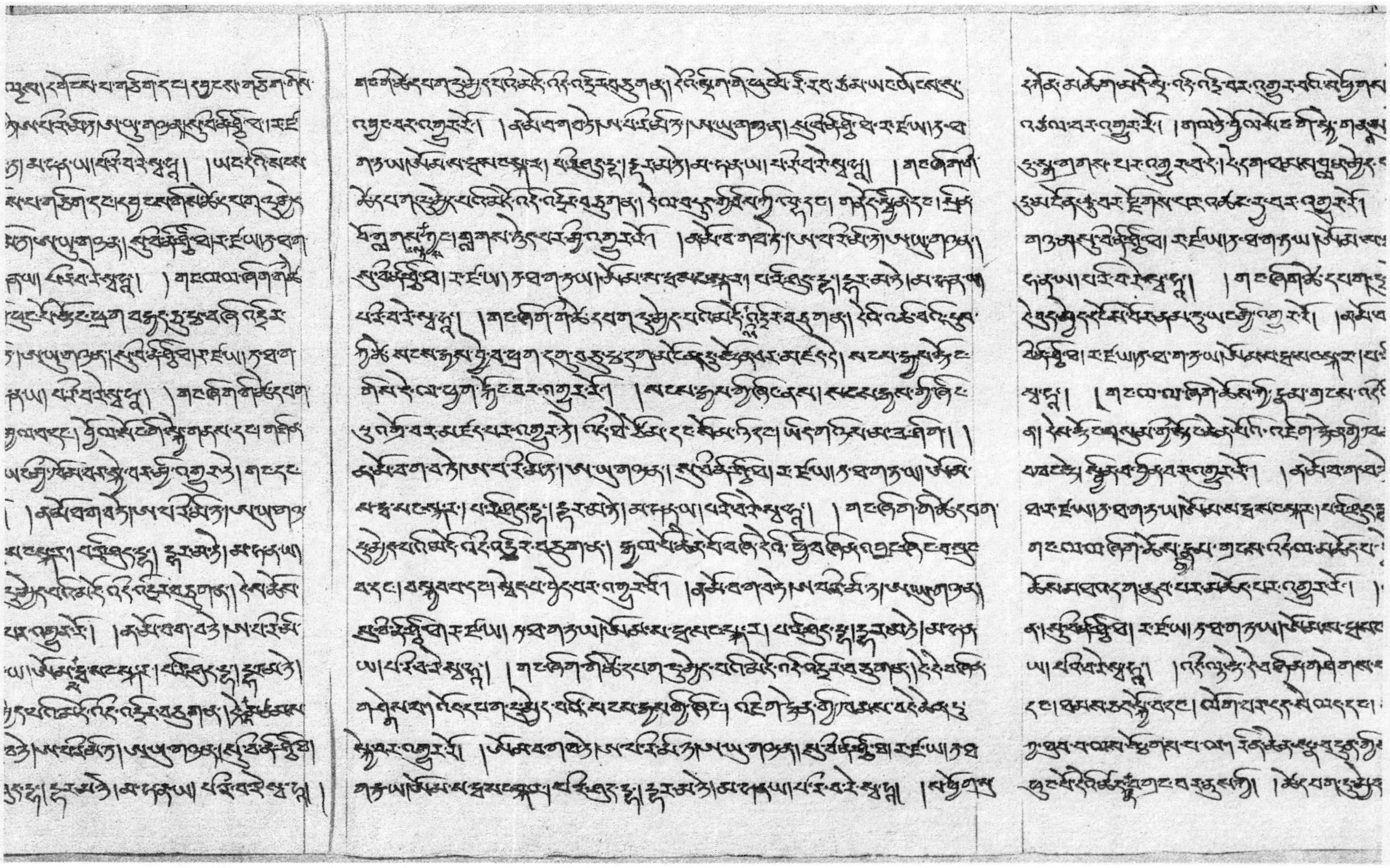

BD14337 號　藏文（無量壽宗要經乙本）　　（8–5）

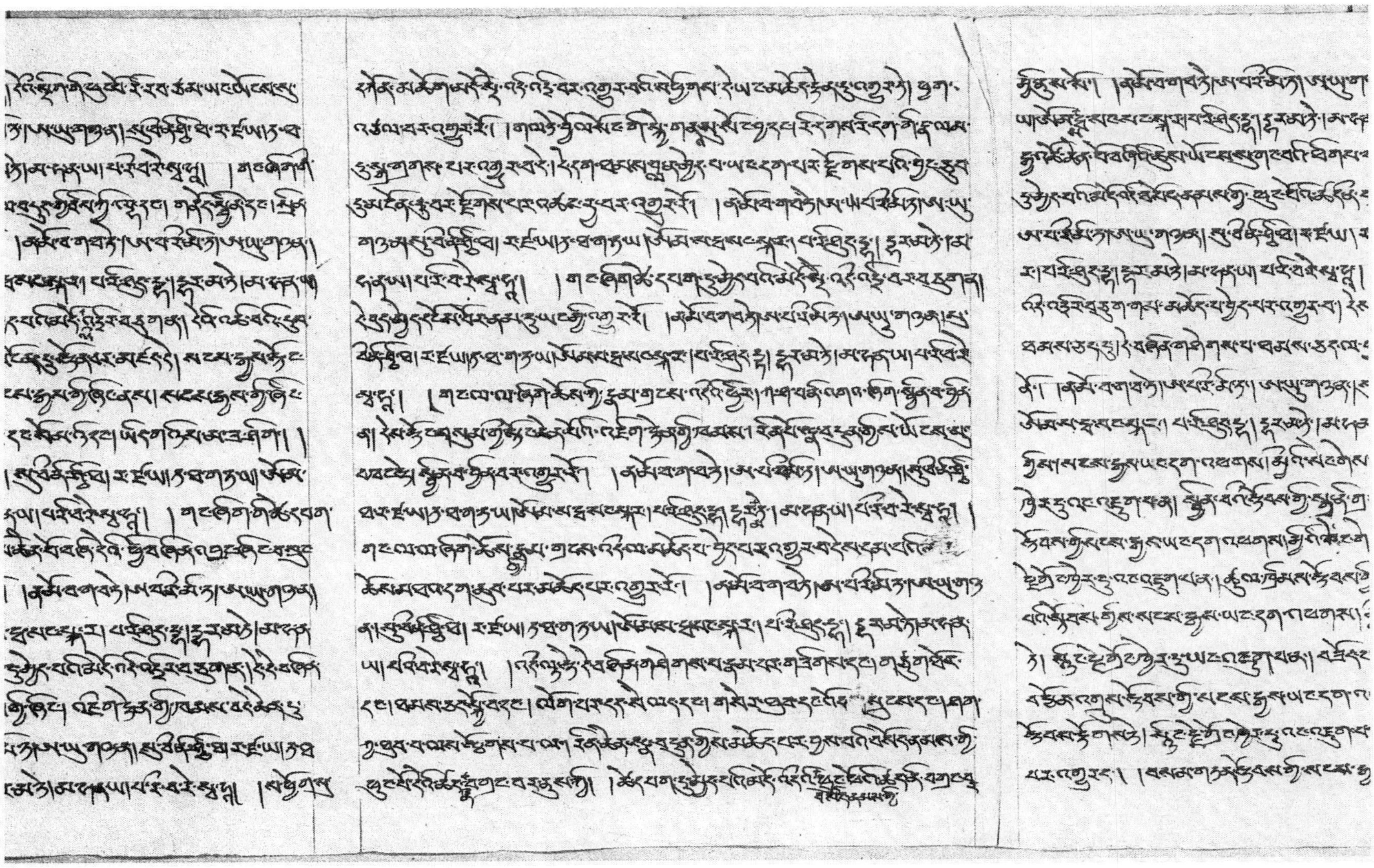

BD14337 號　藏文（無量壽宗要經乙本）　（8–6）

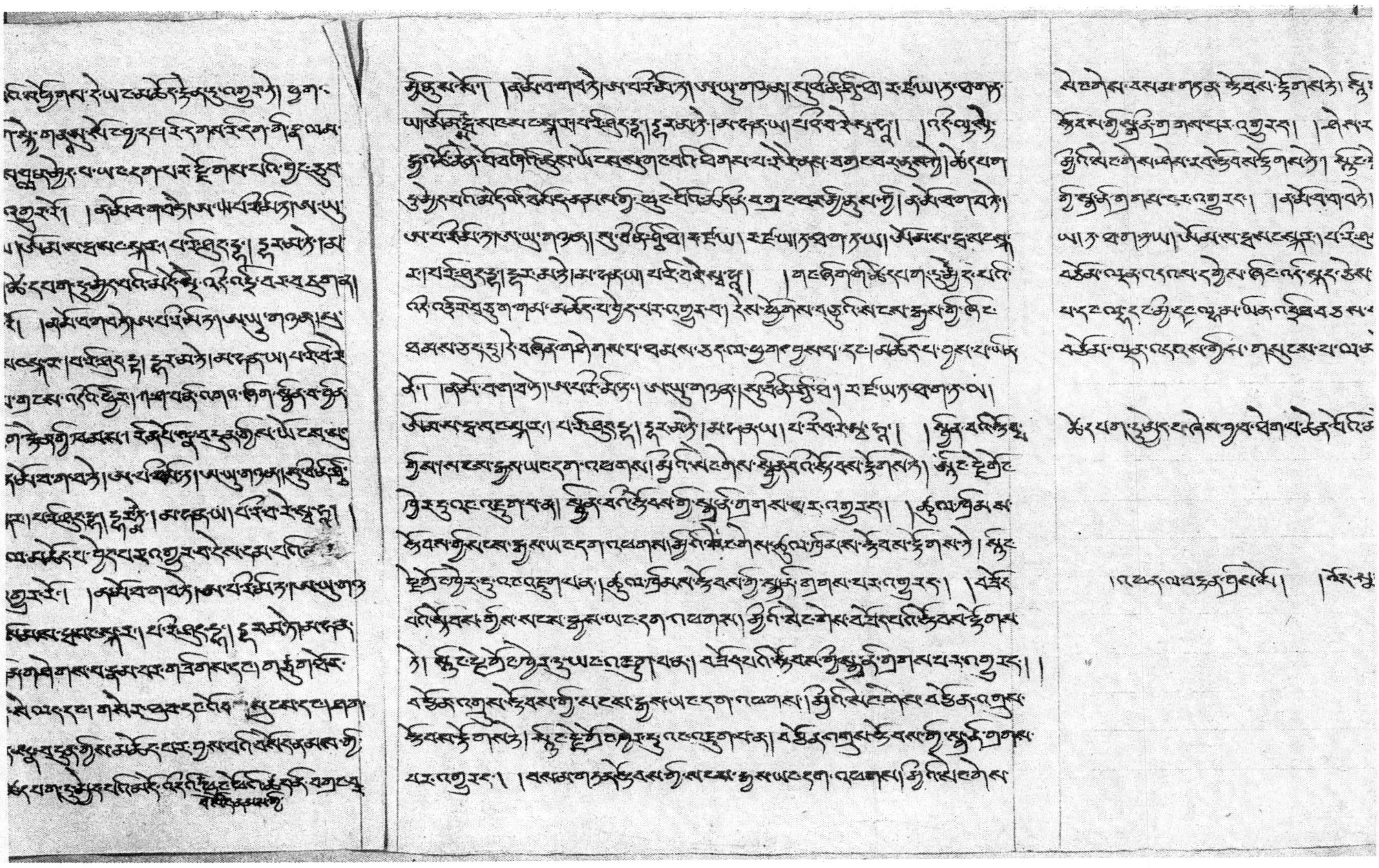

BD14337 號　藏文（無量壽宗要經乙本）　（8–7）

BD14337號　藏文（無量壽宗要經乙本）　　　　　　　　　　　　　　　　　　　　　　　　　　　　　　　（8-8）

BD14338號1　藏文（無量壽宗要經甲本）　　　　　　　　　　　　　　　　　　　　　　　　　　　　　　（12-1）

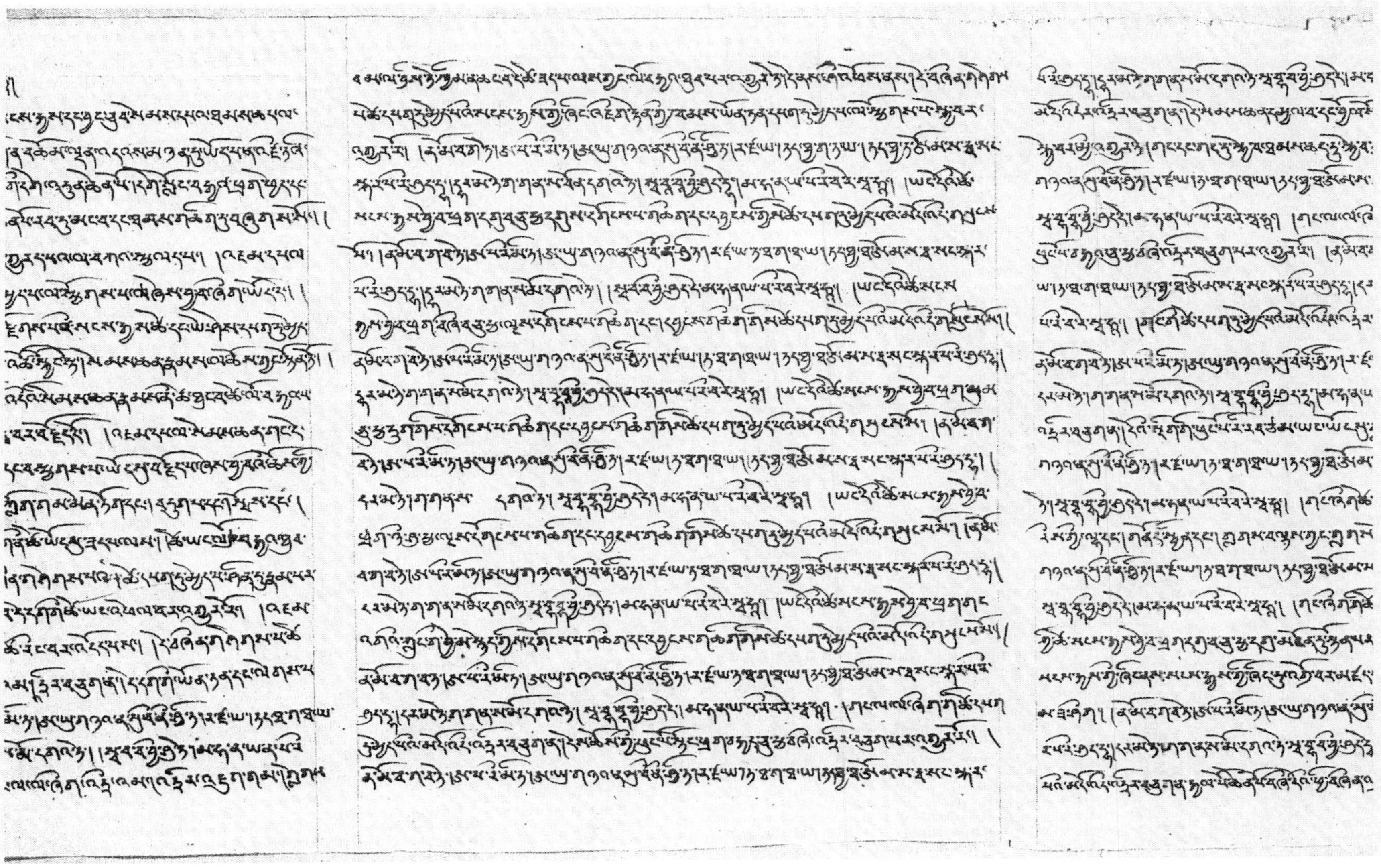

BD14338 號 1　藏文（無量壽宗要經甲本）　（12–2）

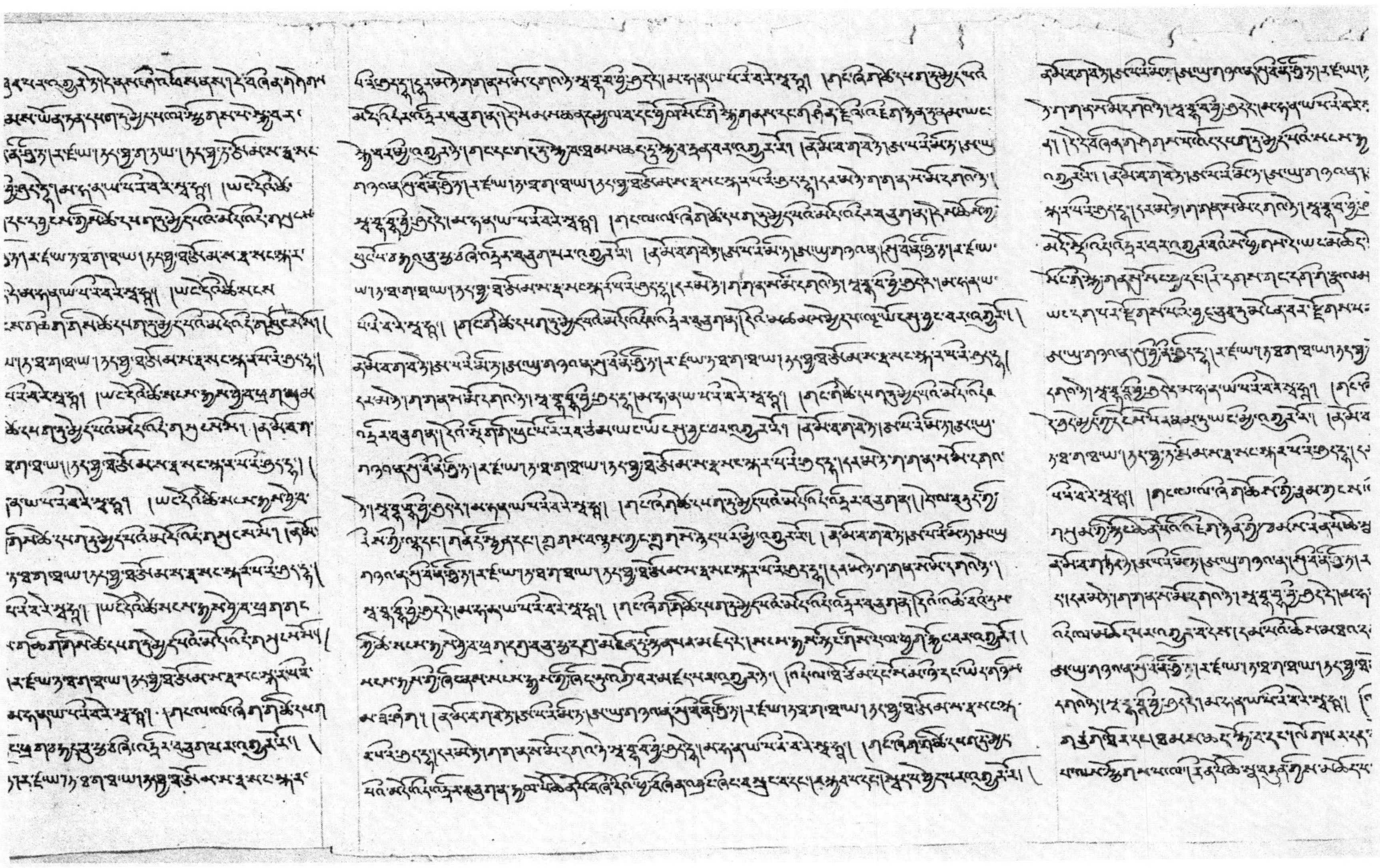

BD14338 號 1　藏文（無量壽宗要經甲本）　（12–3）

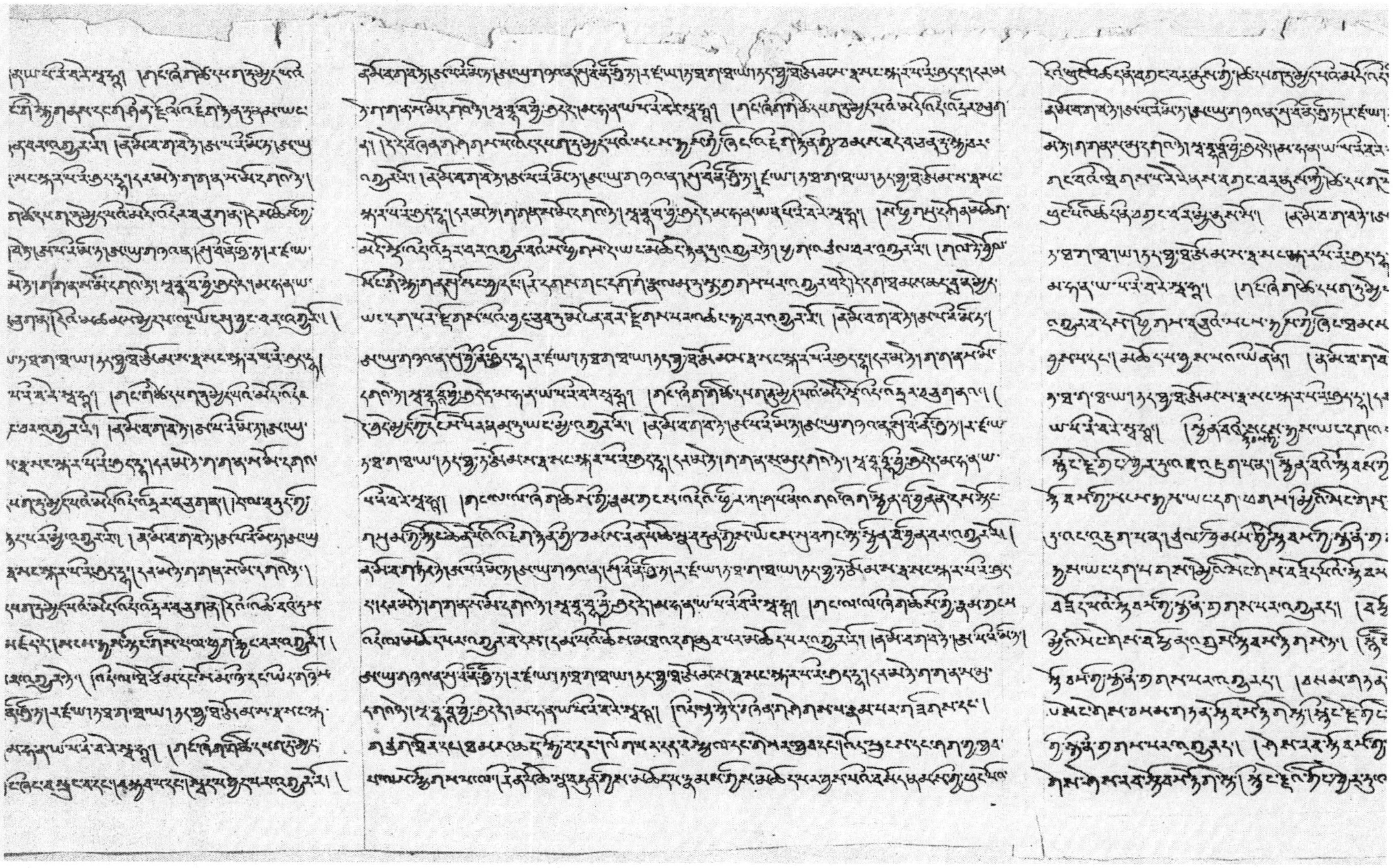

BD14338 號 1　藏文(無量壽宗要經甲本)　　(12–4)

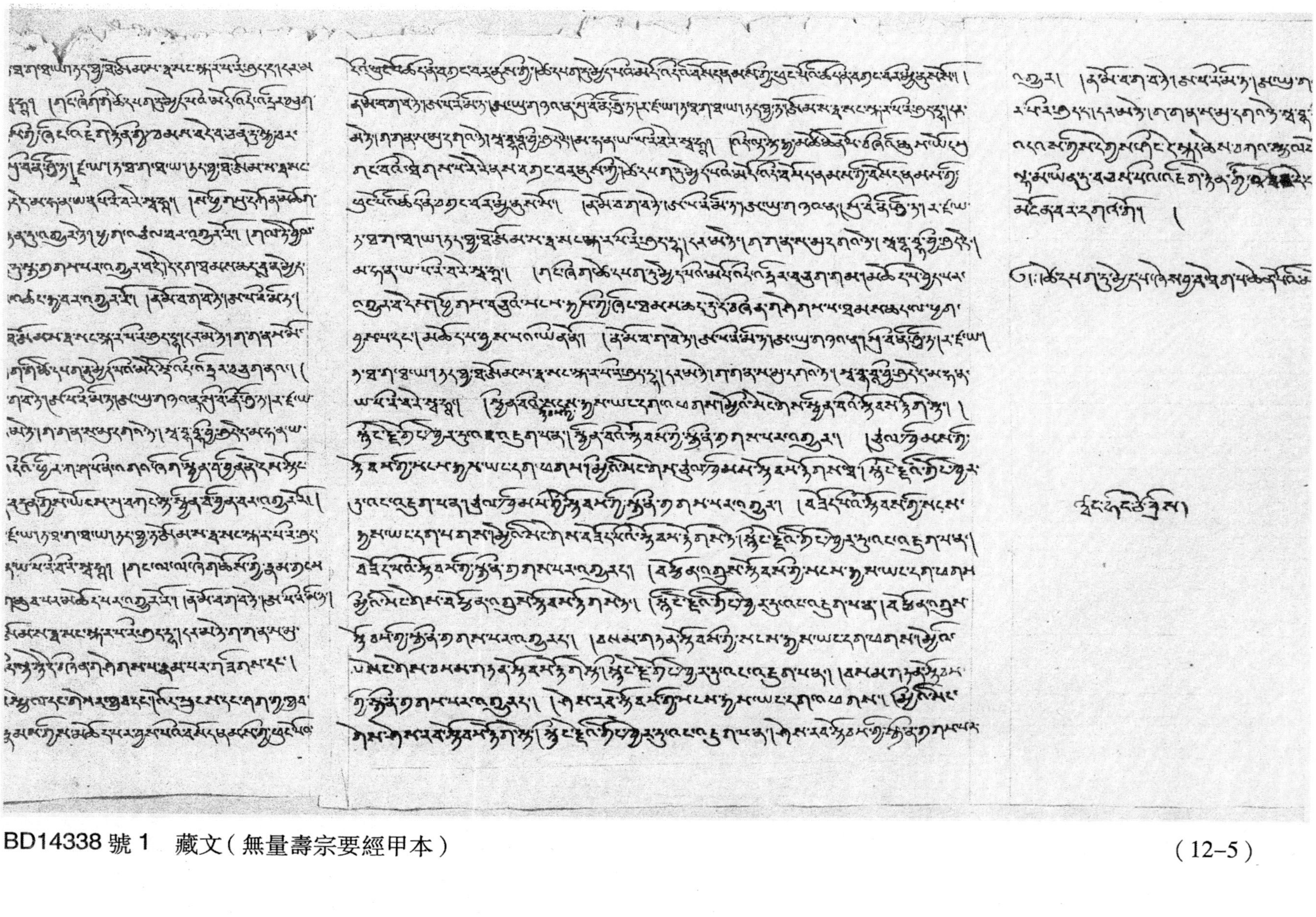

BD14338 號 1　藏文(無量壽宗要經甲本)　　(12–5)

BD14338號1 藏文（無量壽宗要經甲本）

BD14338號2 藏文（無量壽宗要經甲本）

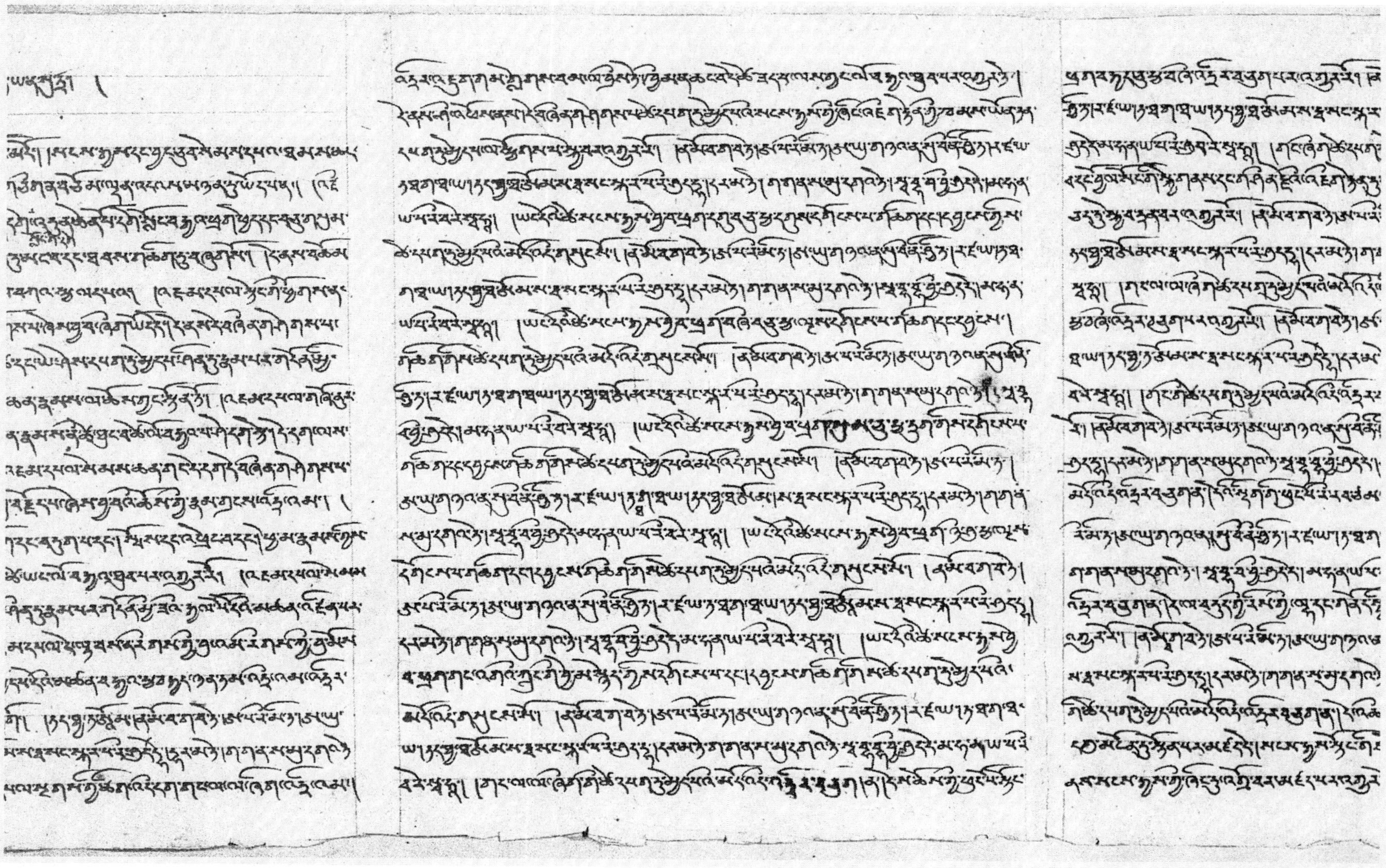

BD14338 號 2　藏文（無量壽宗要經甲本）　（12–8）

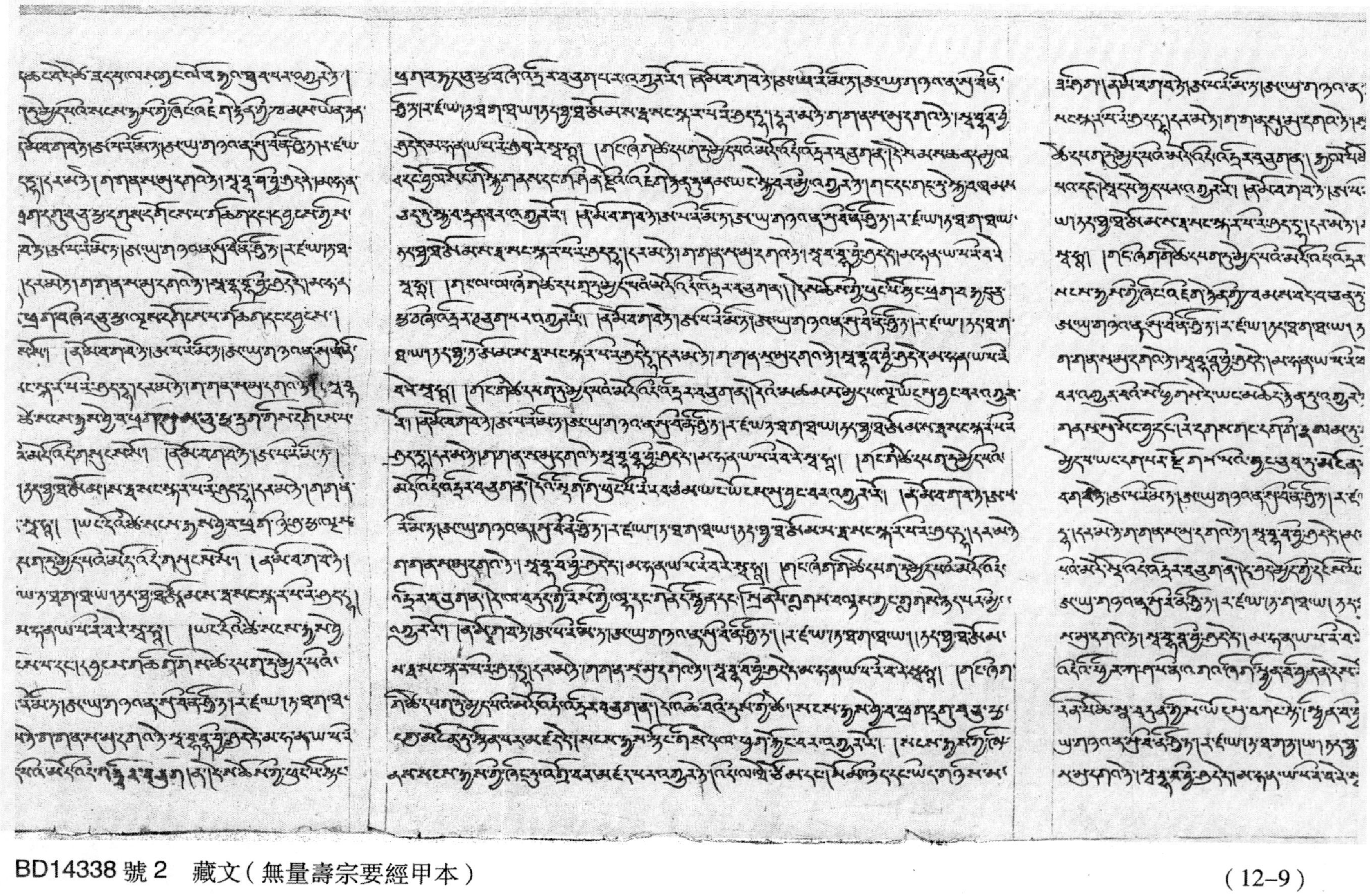

BD14338 號 2　藏文（無量壽宗要經甲本）　（12–9）

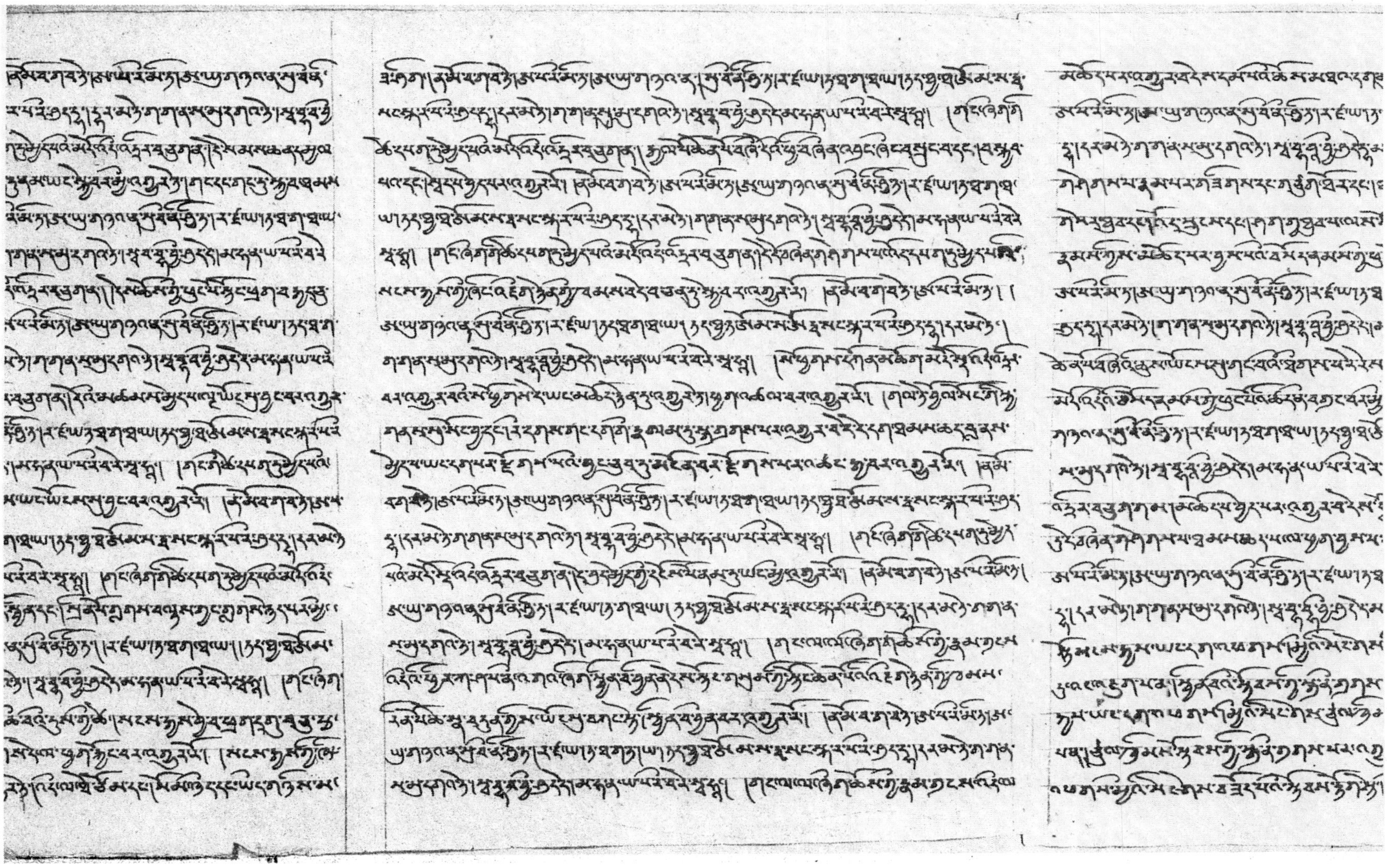

BD14338 號 2　藏文（無量壽宗要經甲本）　（12–10）

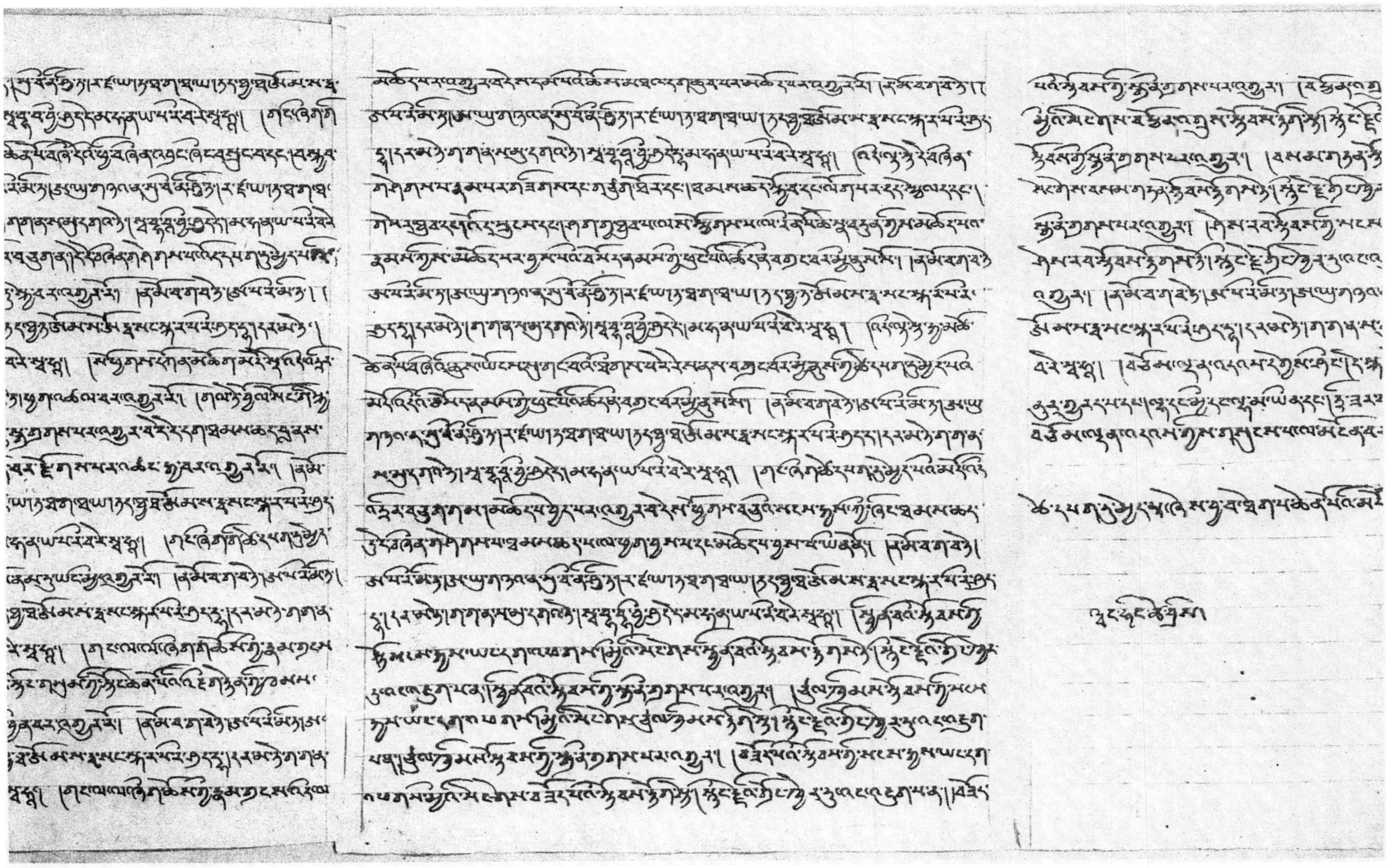

BD14338 號 2　藏文（無量壽宗要經甲本）　（12–11）

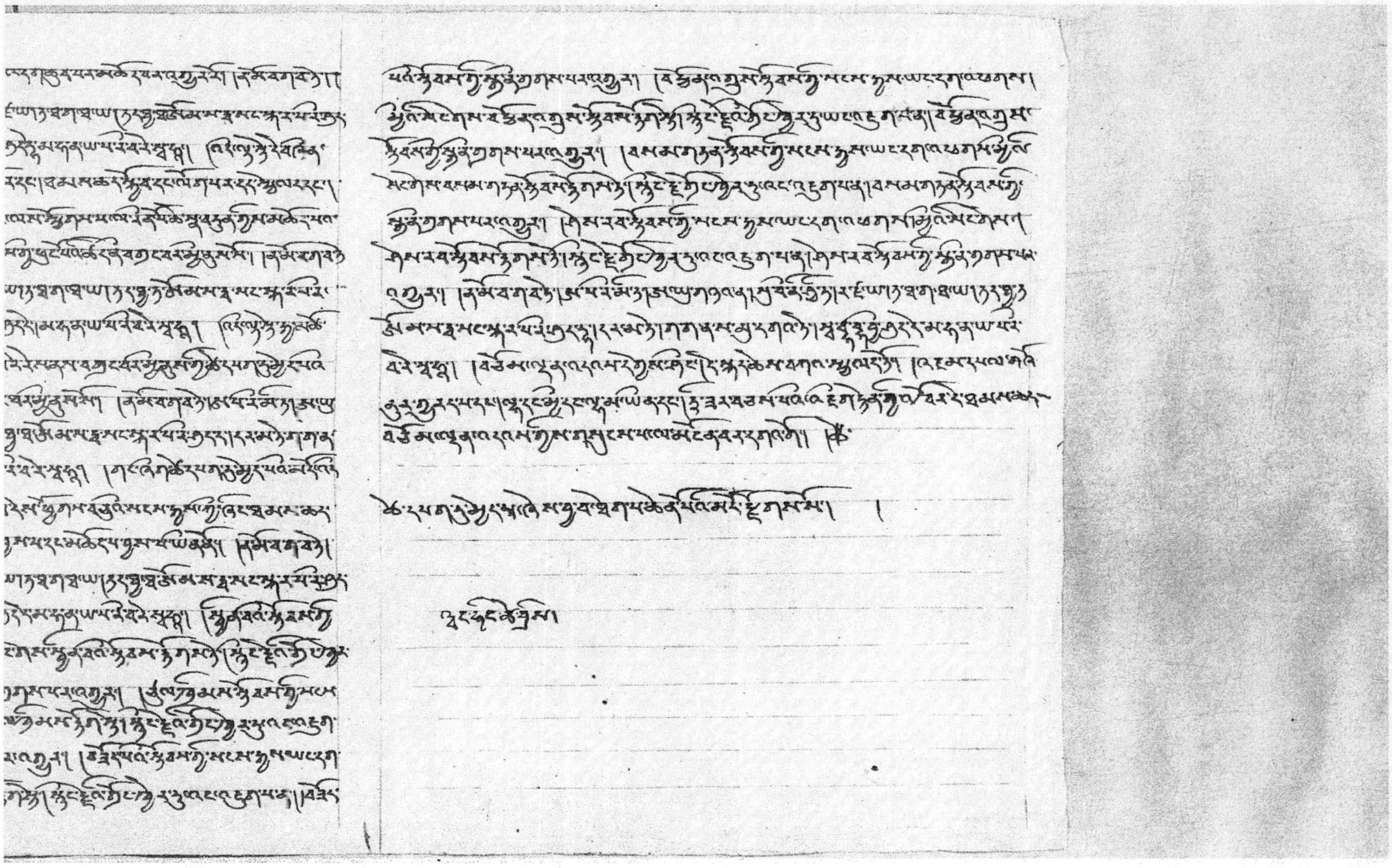

BD14338 號 2　藏文（無量壽宗要經甲本）　　（12–12）

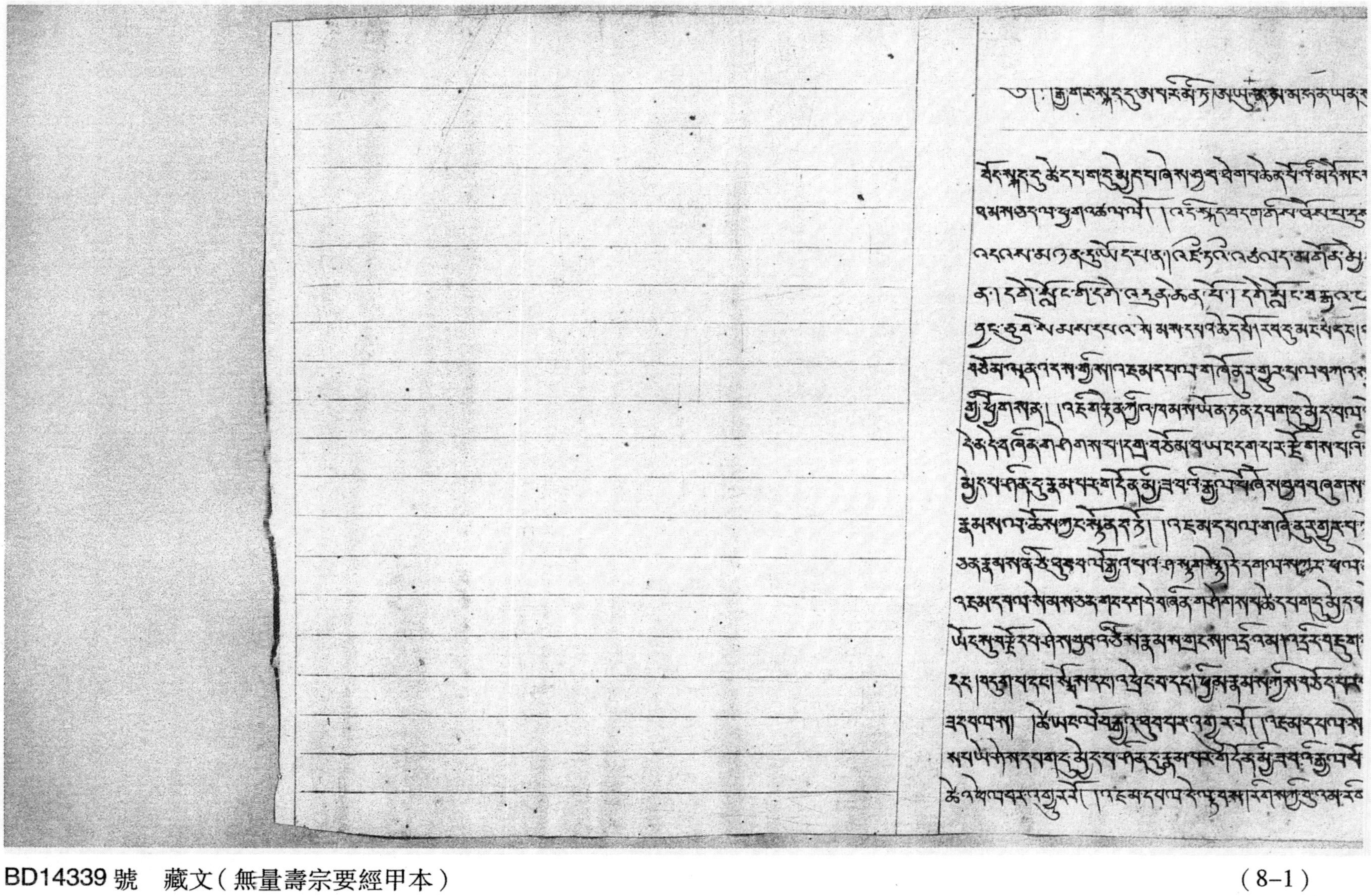

BD14339 號　藏文（無量壽宗要經甲本）　　（8–1）

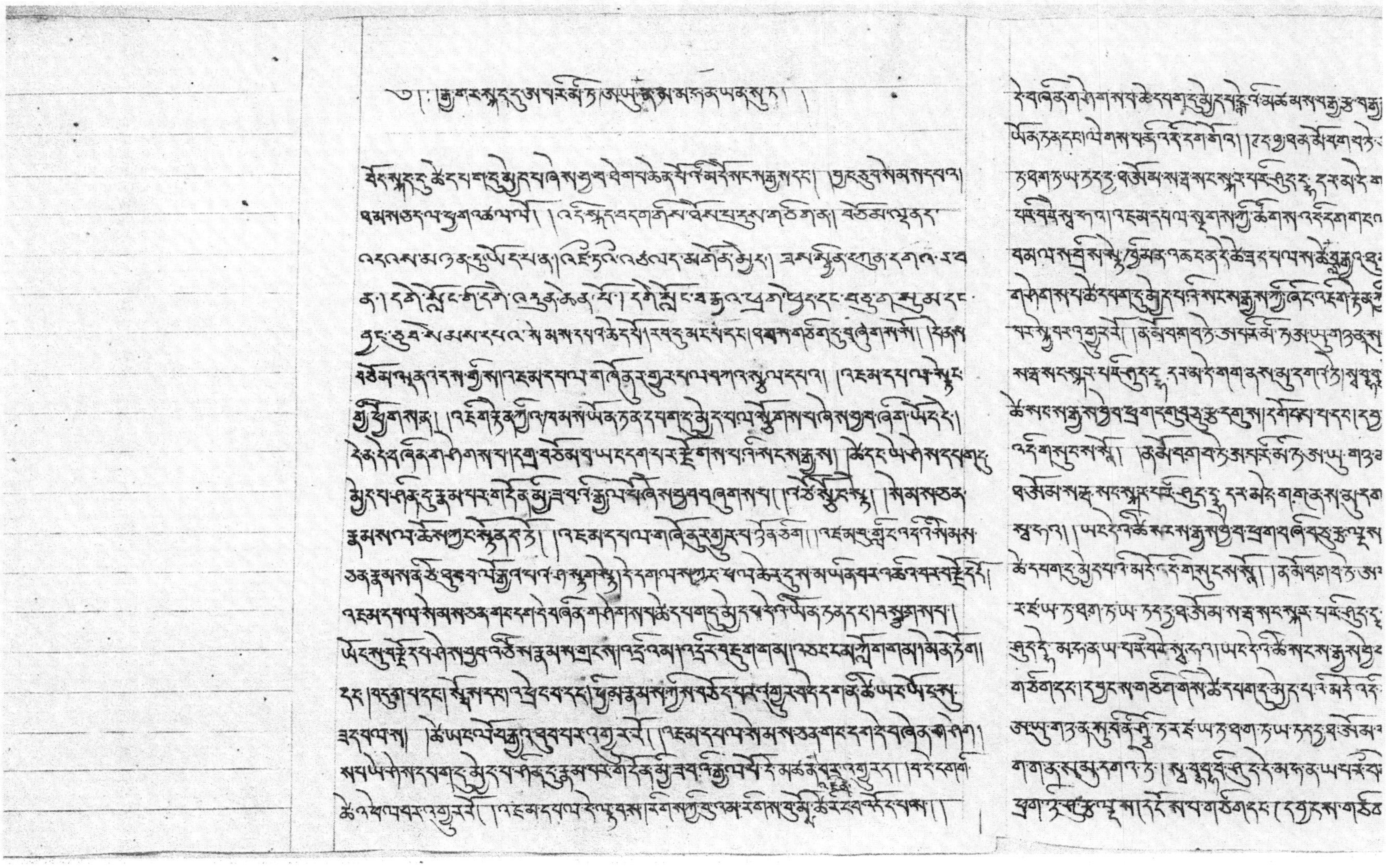

BD14339 號　藏文（無量壽宗要經甲本）　（8–2）

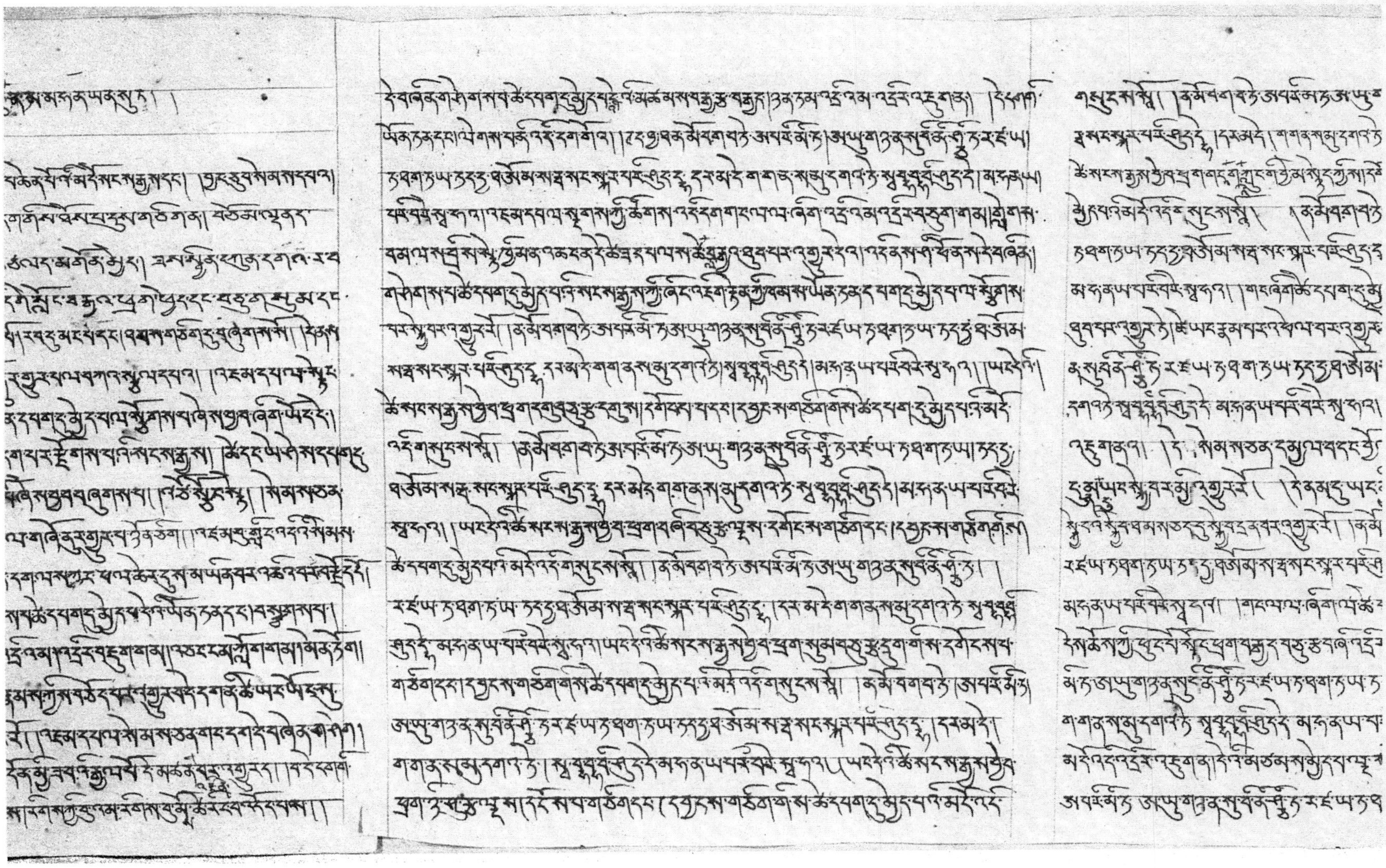

BD14339 號　藏文（無量壽宗要經甲本）　（8–3）

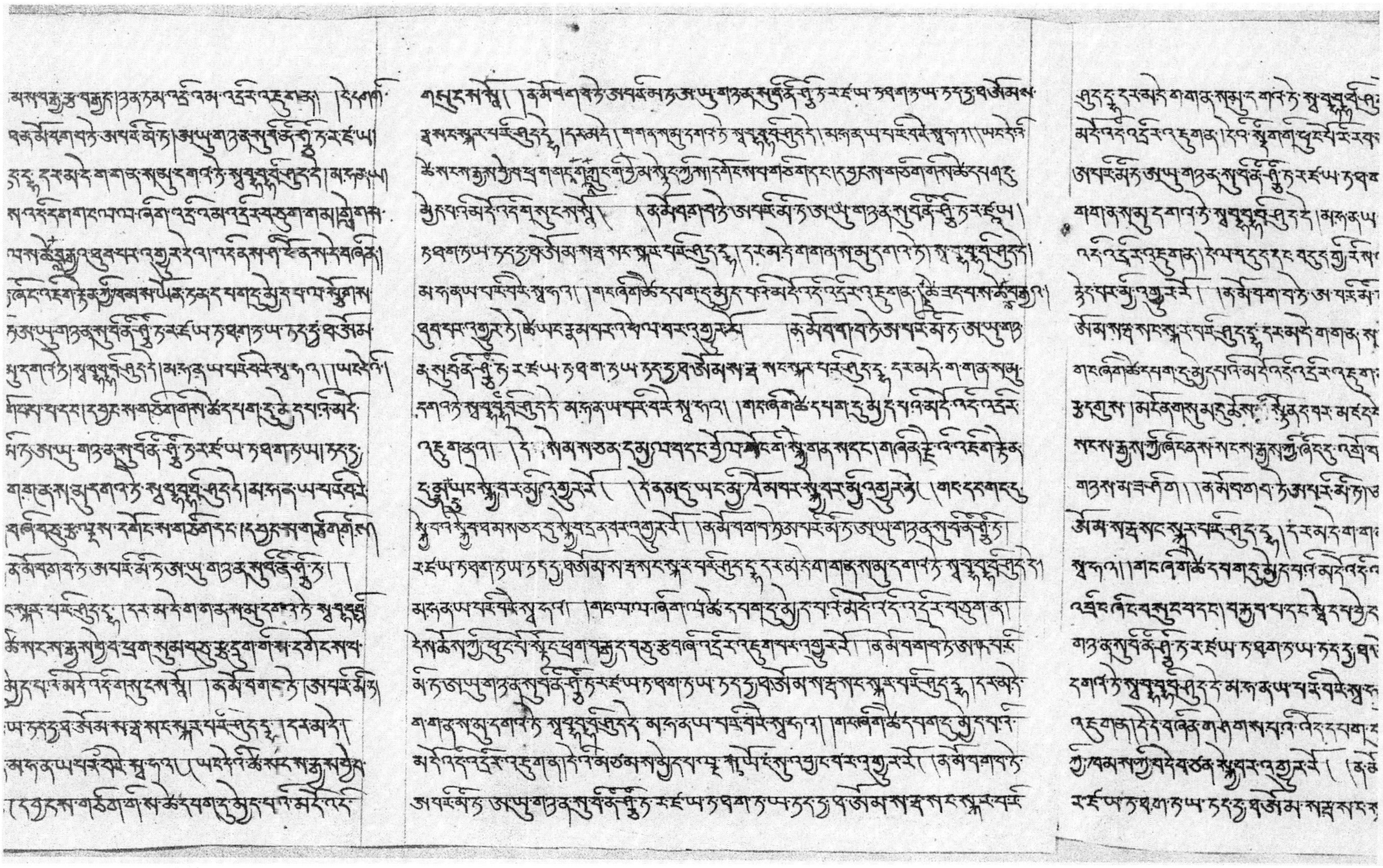

BD14339 號　藏文（無量壽宗要經甲本）　　（8–4）

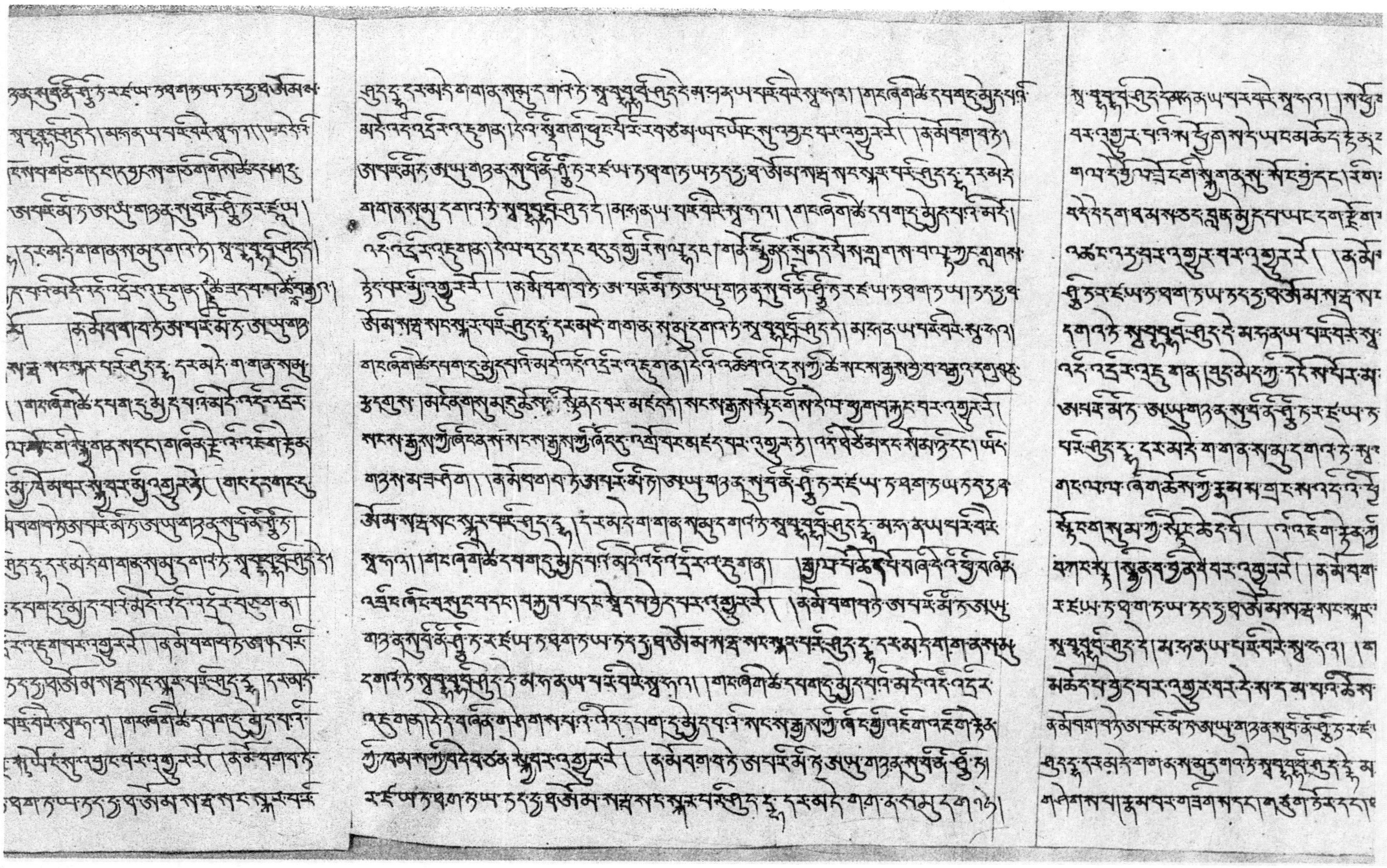

BD14339 號　藏文（無量壽宗要經甲本）　　（8–5）

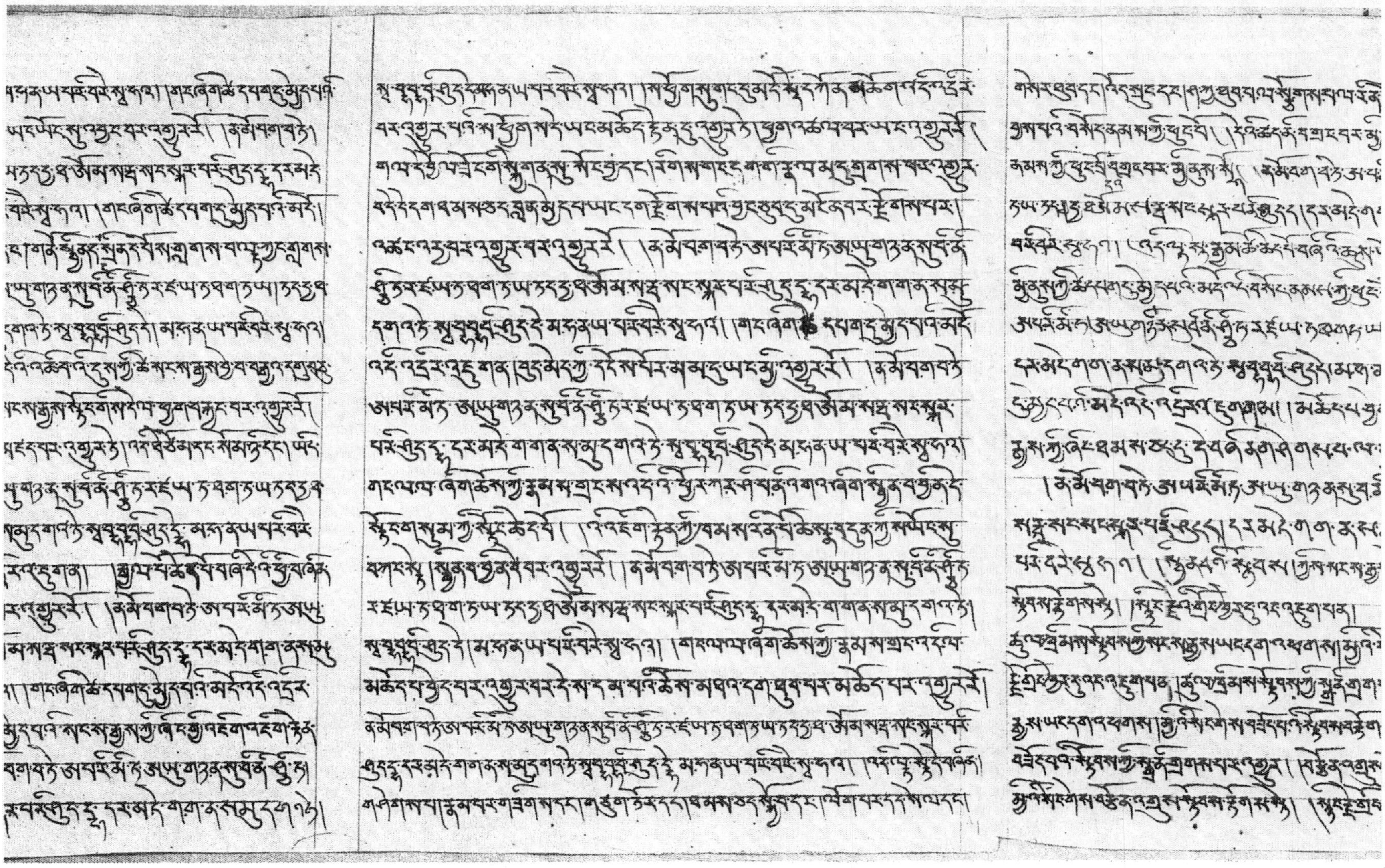

BD14339 號　藏文（無量壽宗要經甲本）　　（8–6）

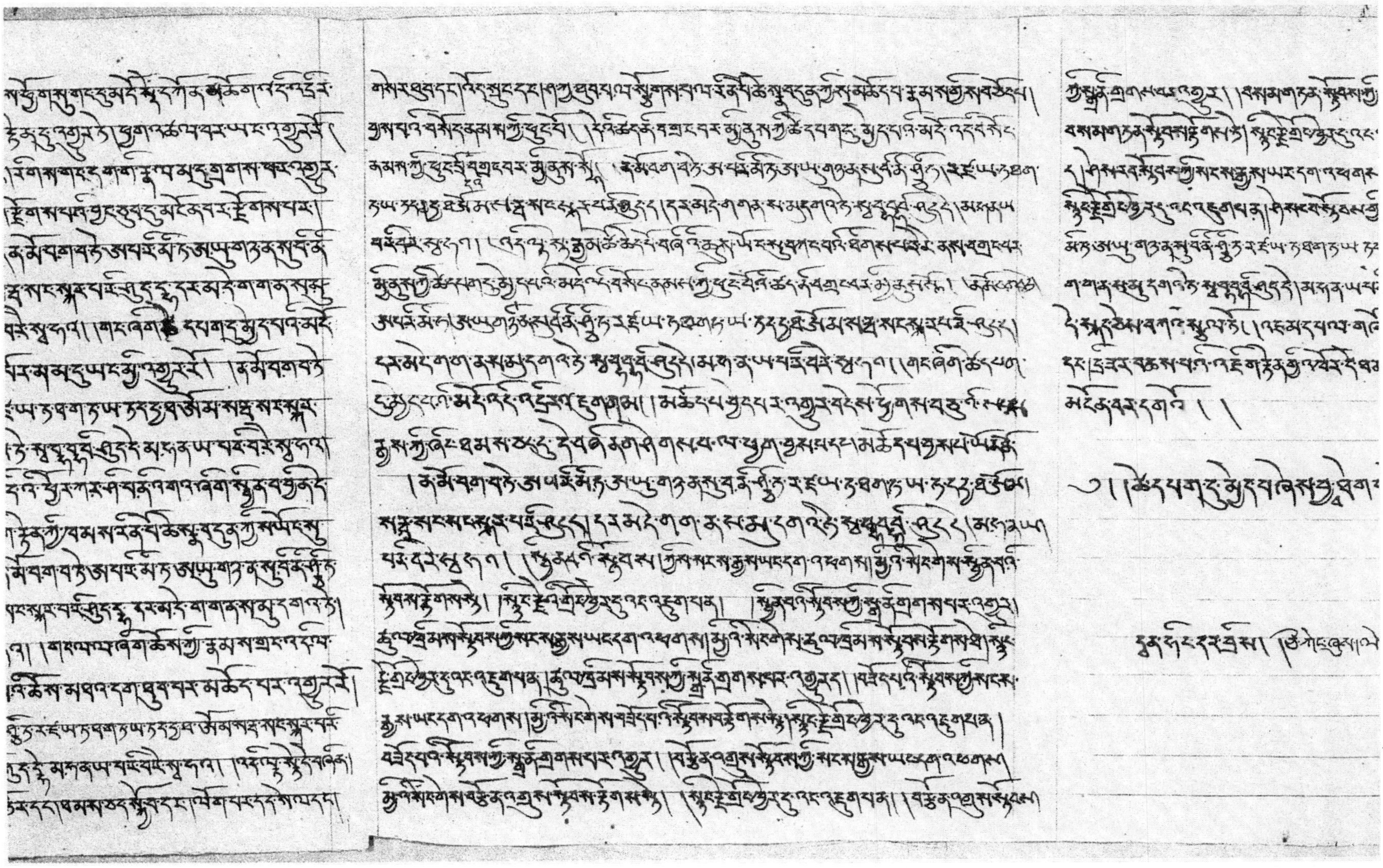

BD14339 號　藏文（無量壽宗要經甲本）　　（8–7）

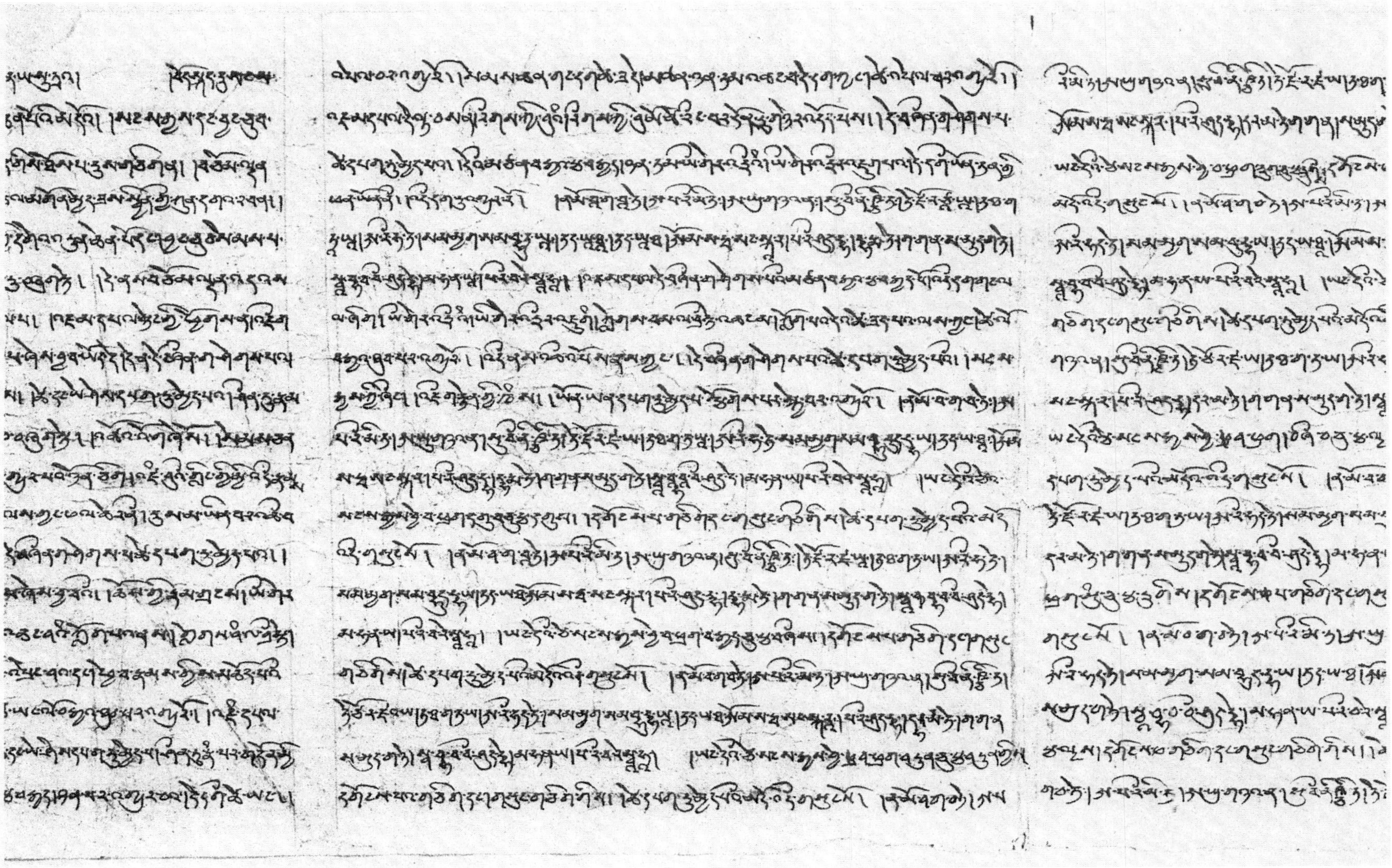

BD14340 號　藏文（無量壽宗要經甲本）　（6–2）

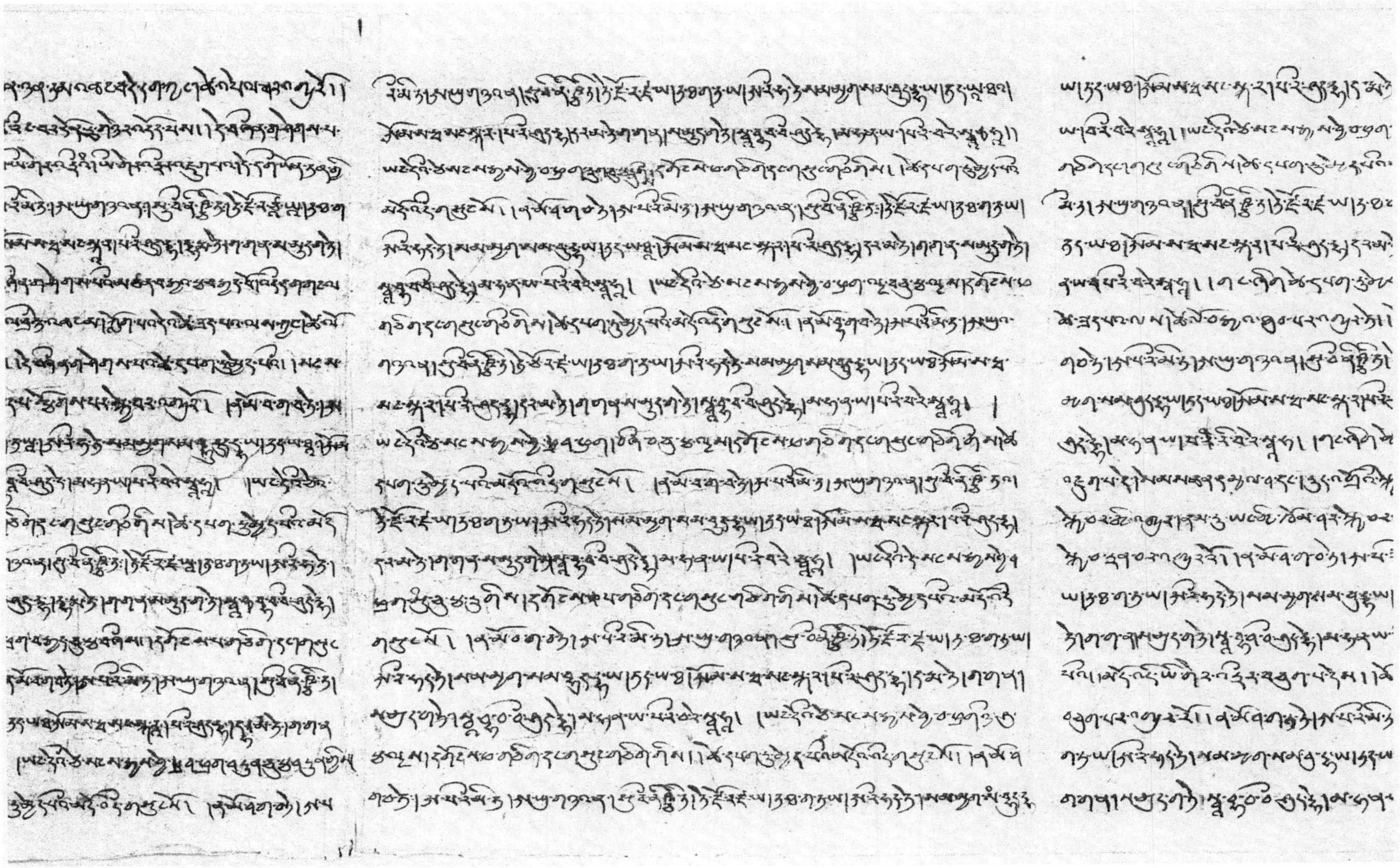

BD14340 號　藏文（無量壽宗要經甲本）　（6–3）

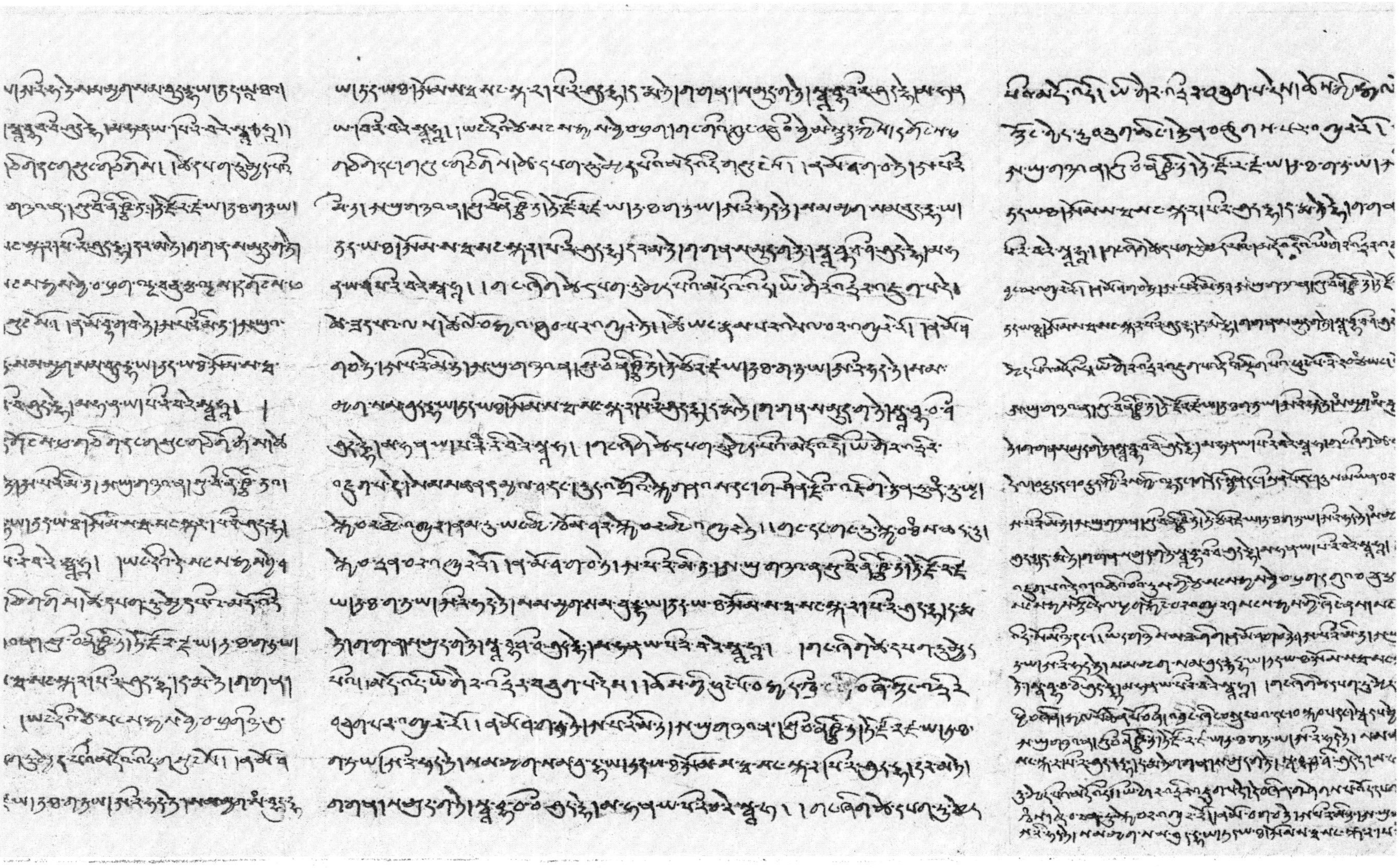

BD14340 號　藏文（無量壽宗要經甲本）　　（6–4）

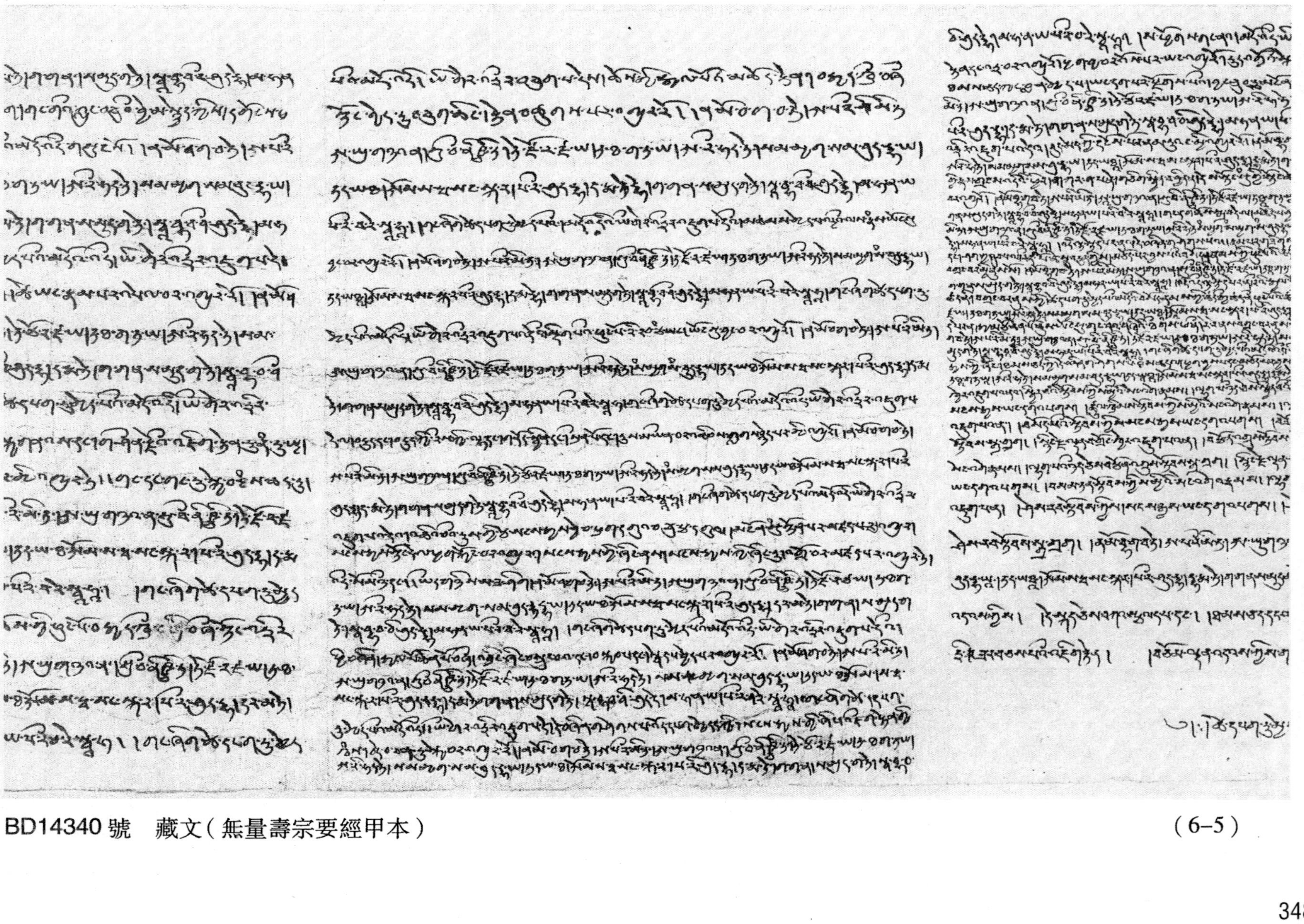

BD14340 號　藏文（無量壽宗要經甲本）　　（6–5）

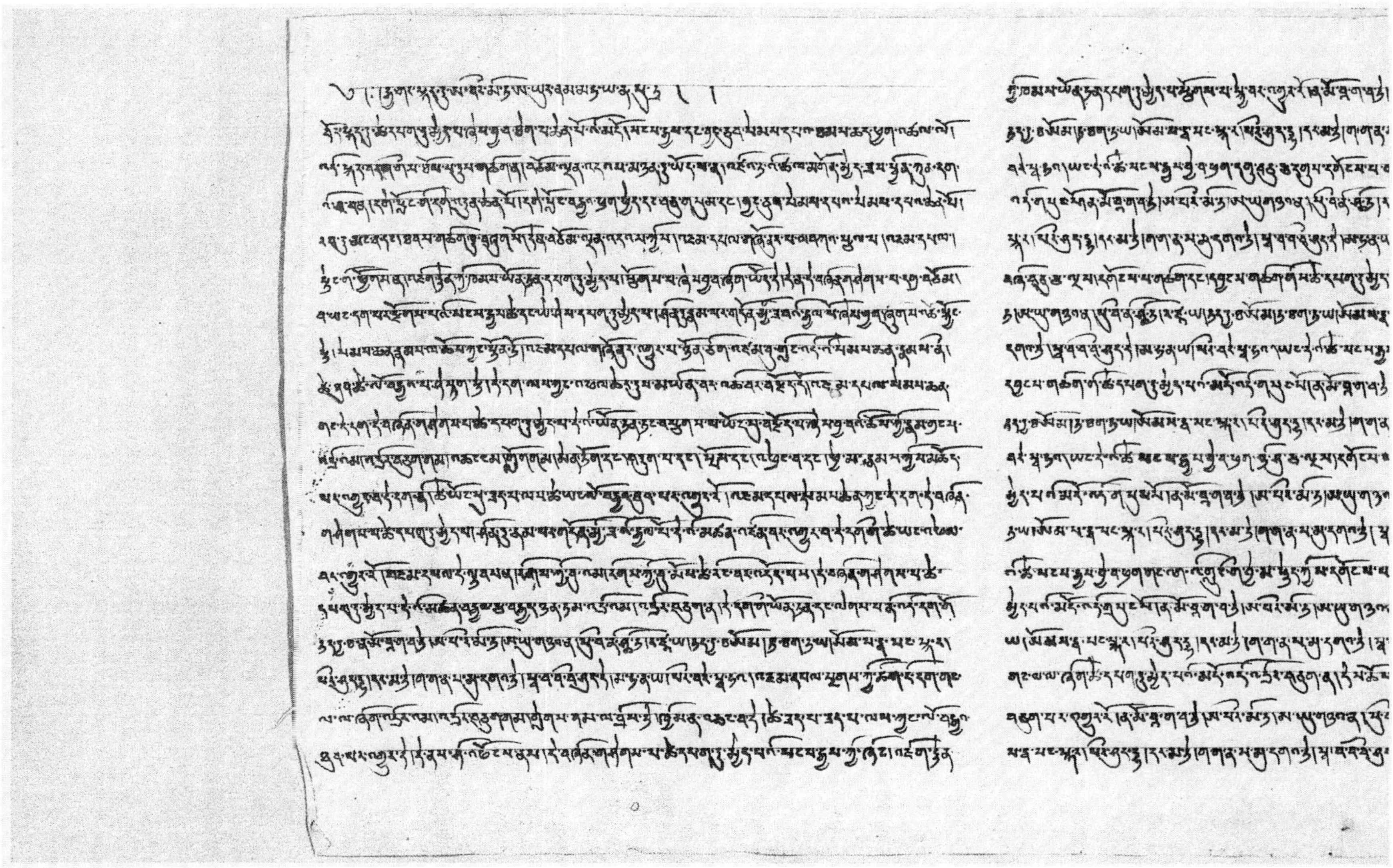

BD14341 號　藏文（無量壽宗要經甲本）　（6–1）

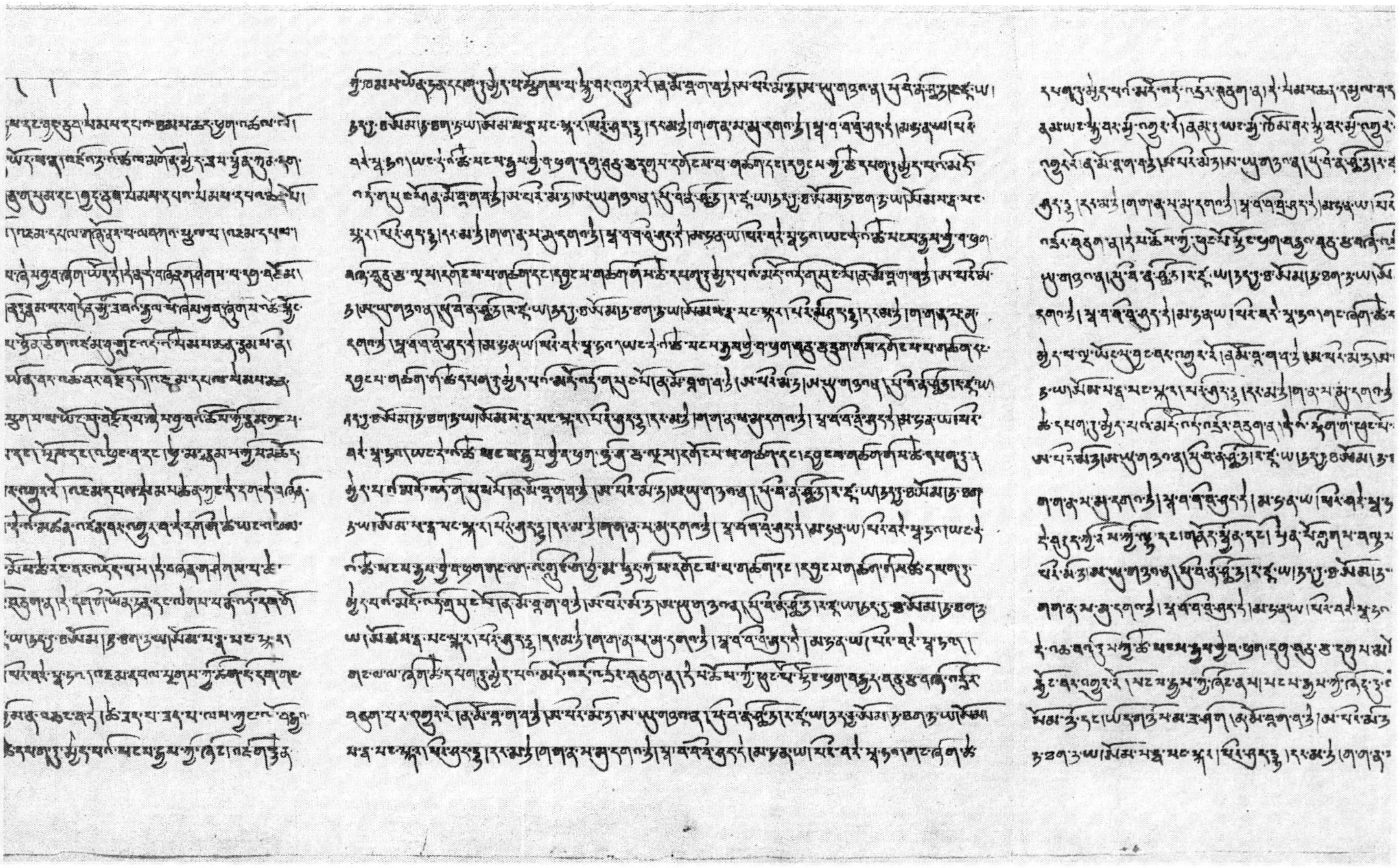

BD14341 號　藏文（無量壽宗要經甲本）　（6–2）

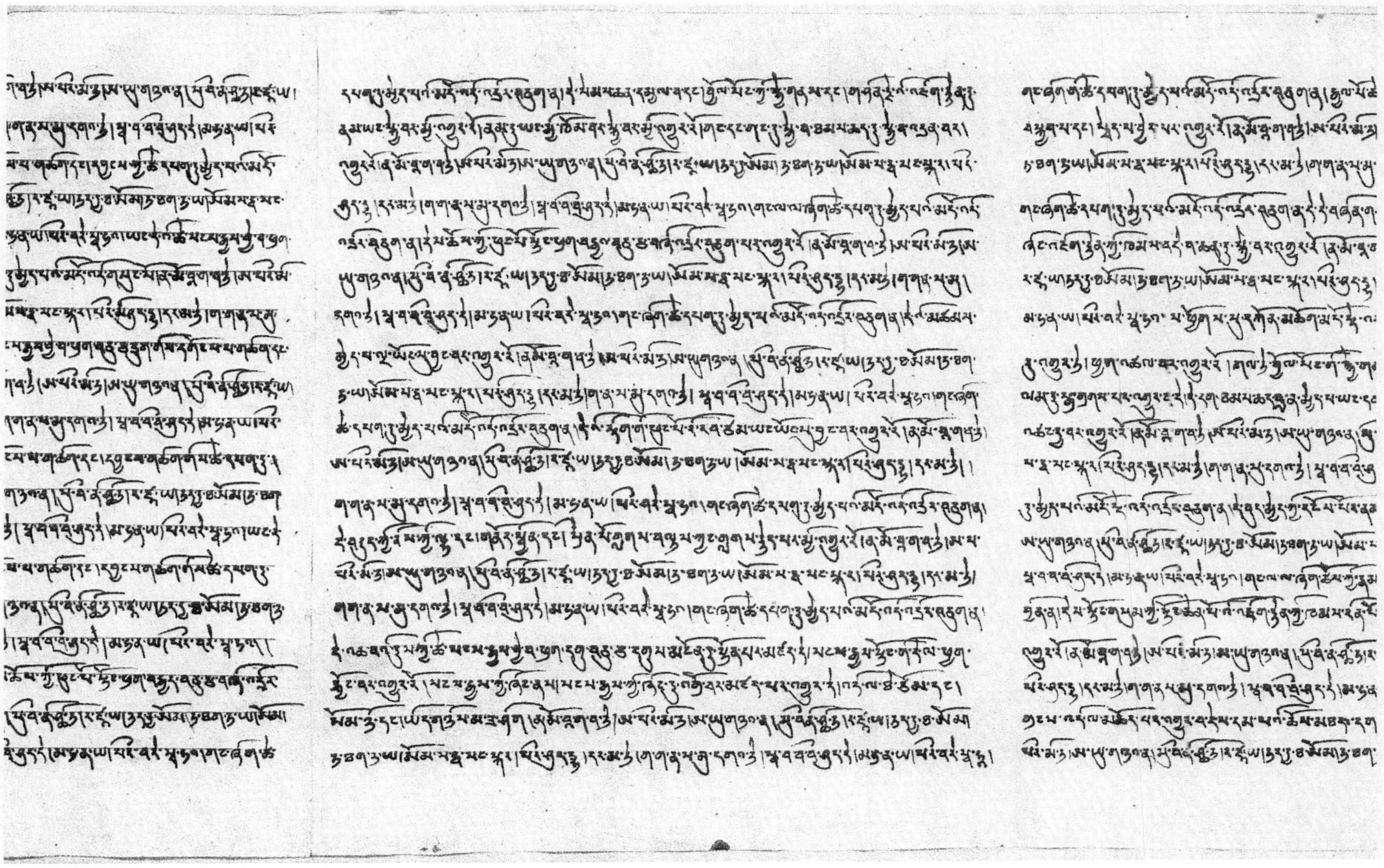

BD14341 號　藏文（無量壽宗要經甲本）　　（6–3）

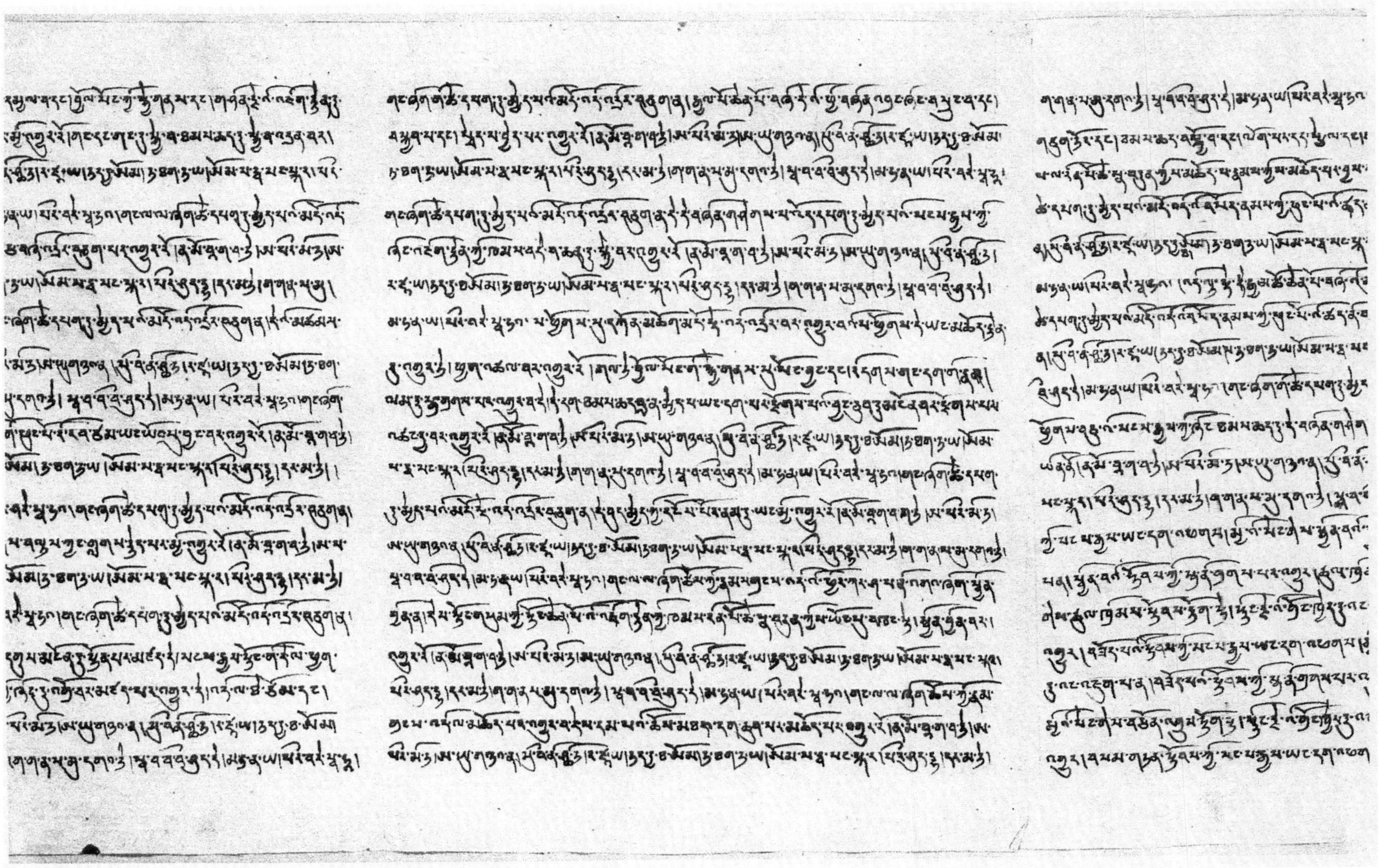

BD14341 號　藏文（無量壽宗要經甲本）　　（6–4）

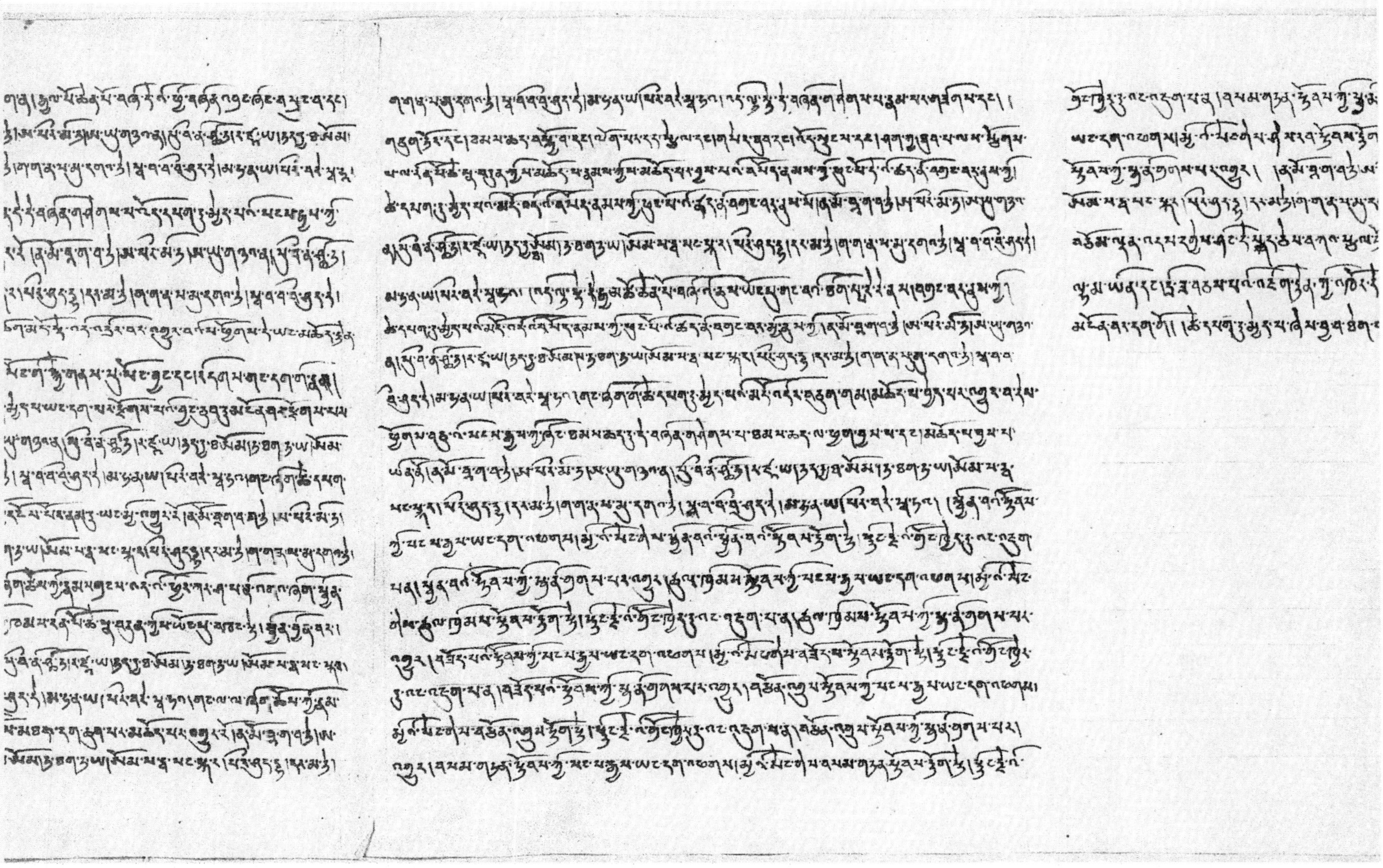

BD14341 號　藏文（無量壽宗要經甲本）　（6–5）

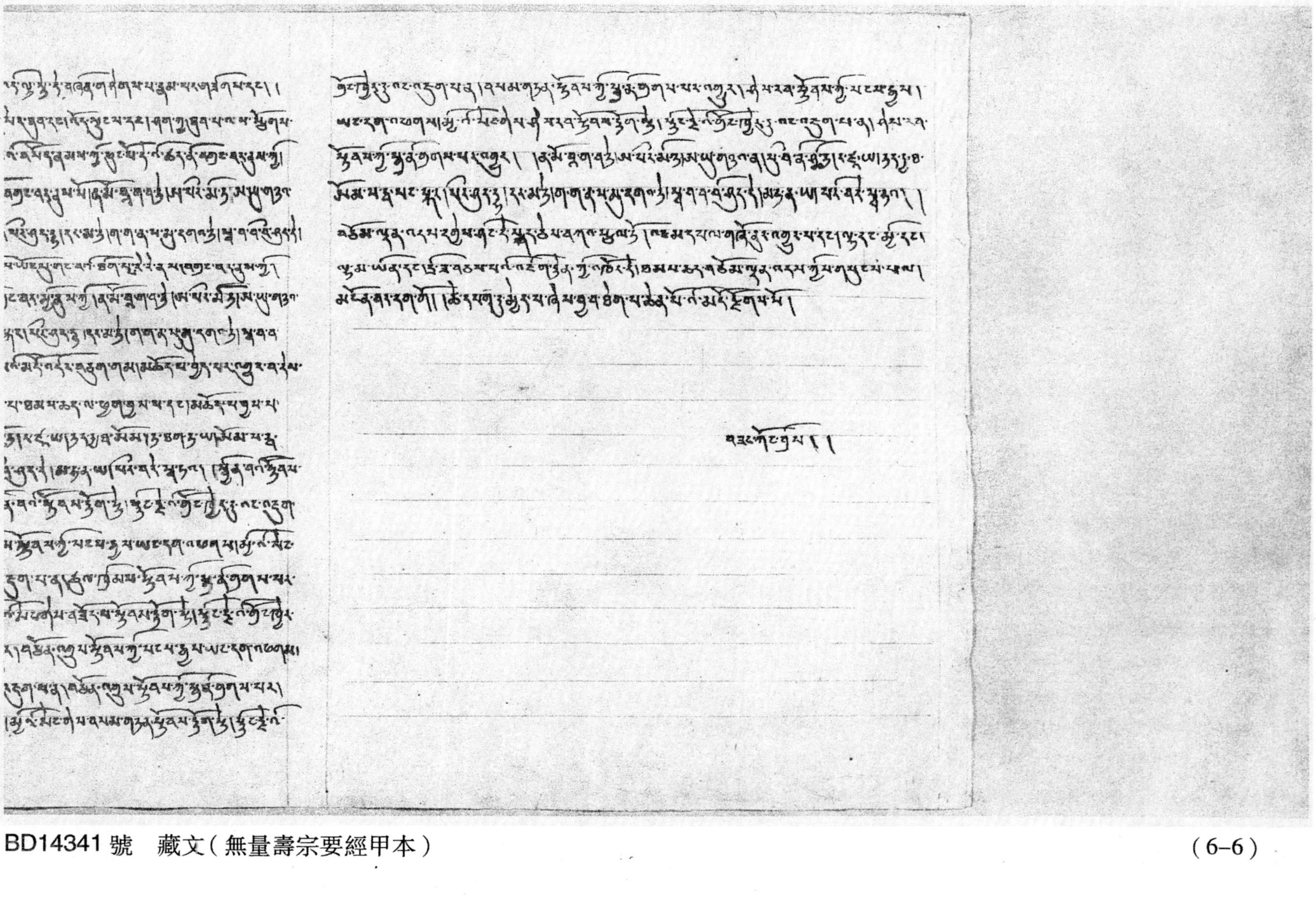

BD14341 號　藏文（無量壽宗要經甲本）　（6–6）

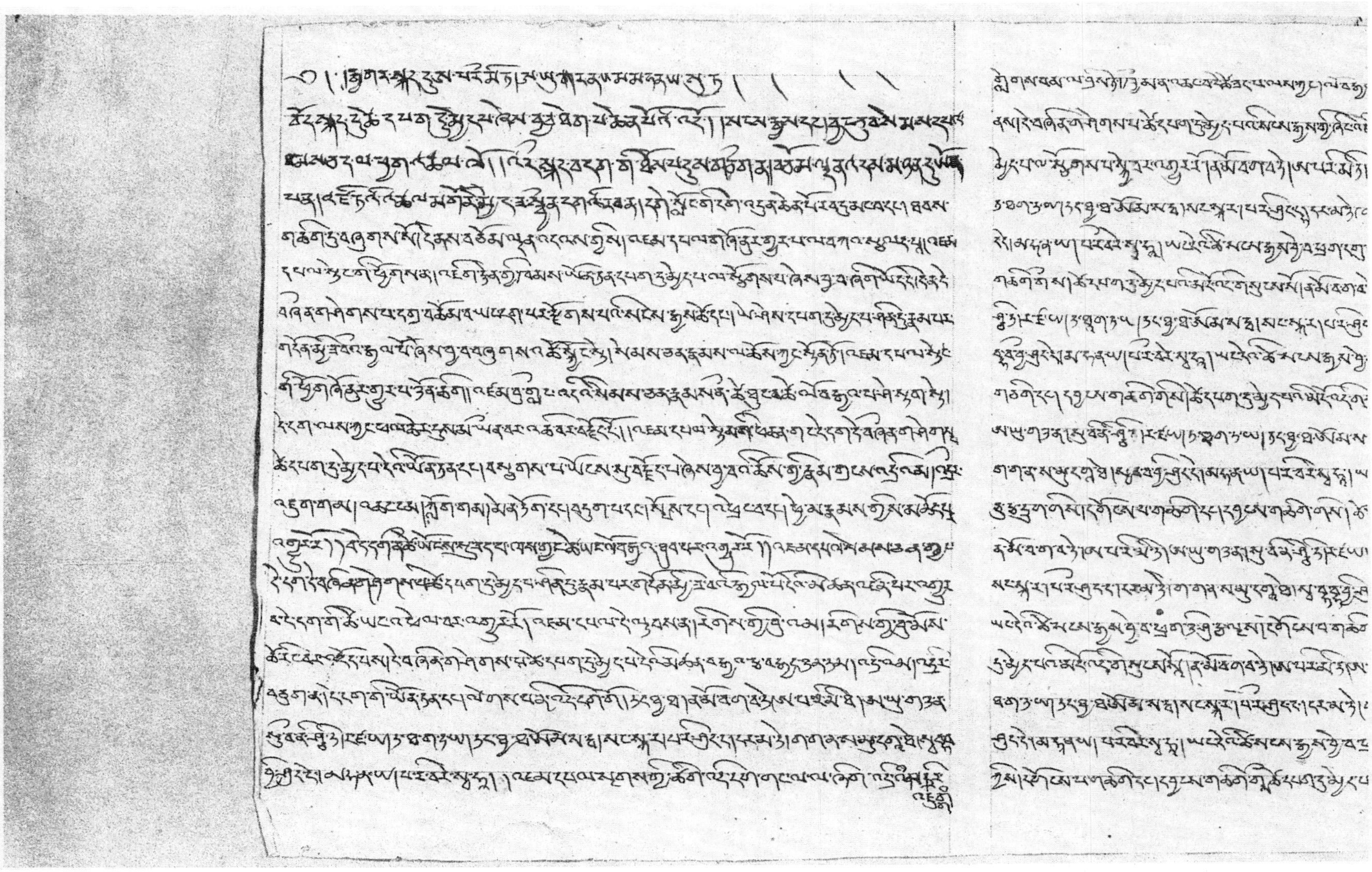

BD14342 號 1　藏文（無量壽宗要經甲本）　　（24–1）

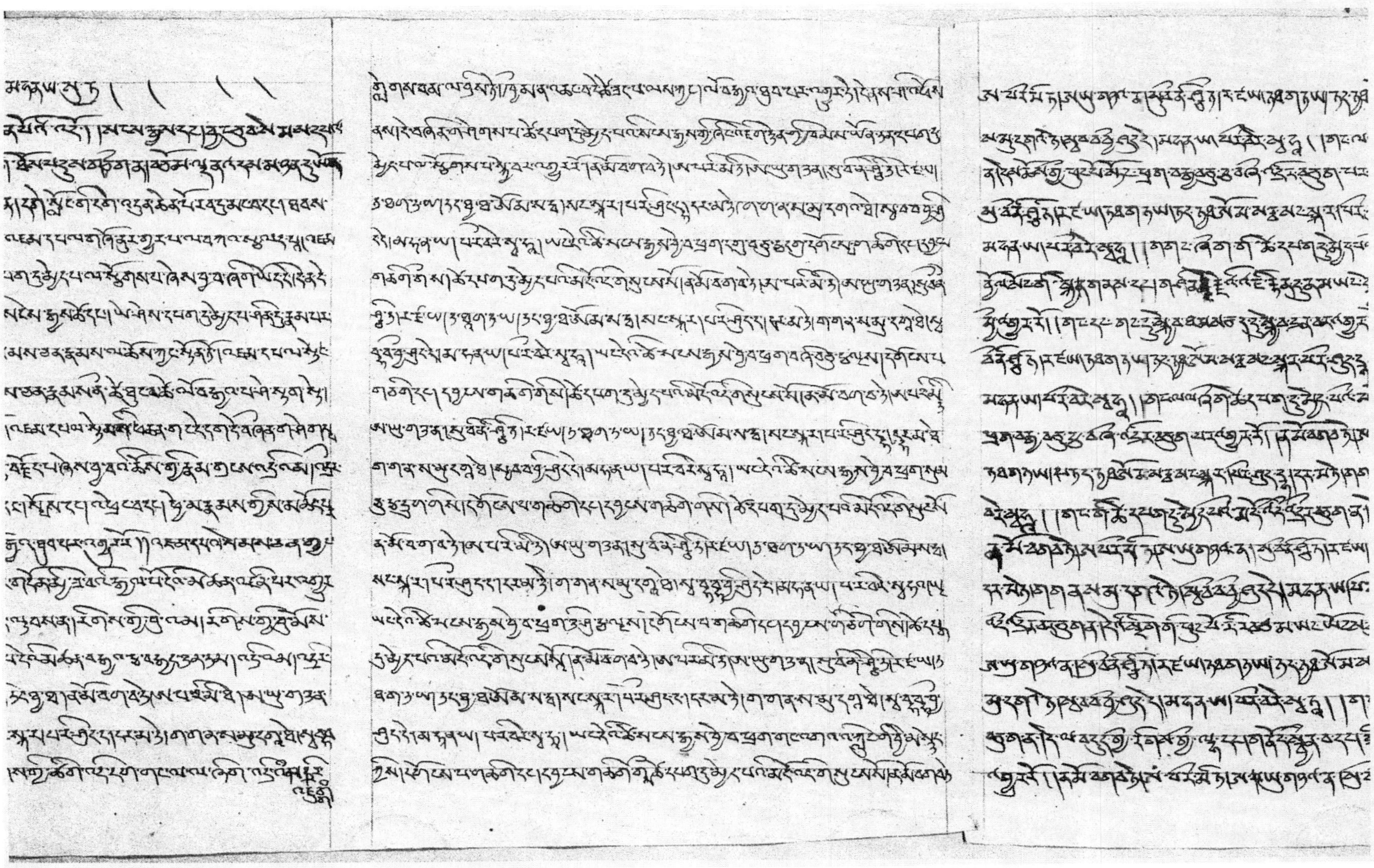

BD14342 號 1　藏文（無量壽宗要經甲本）　　（24–2）

BD14342 號 1　藏文（無量壽宗要經甲本）　　（24–3）

BD14342 號 1　藏文（無量壽宗要經甲本）　　（24–4）

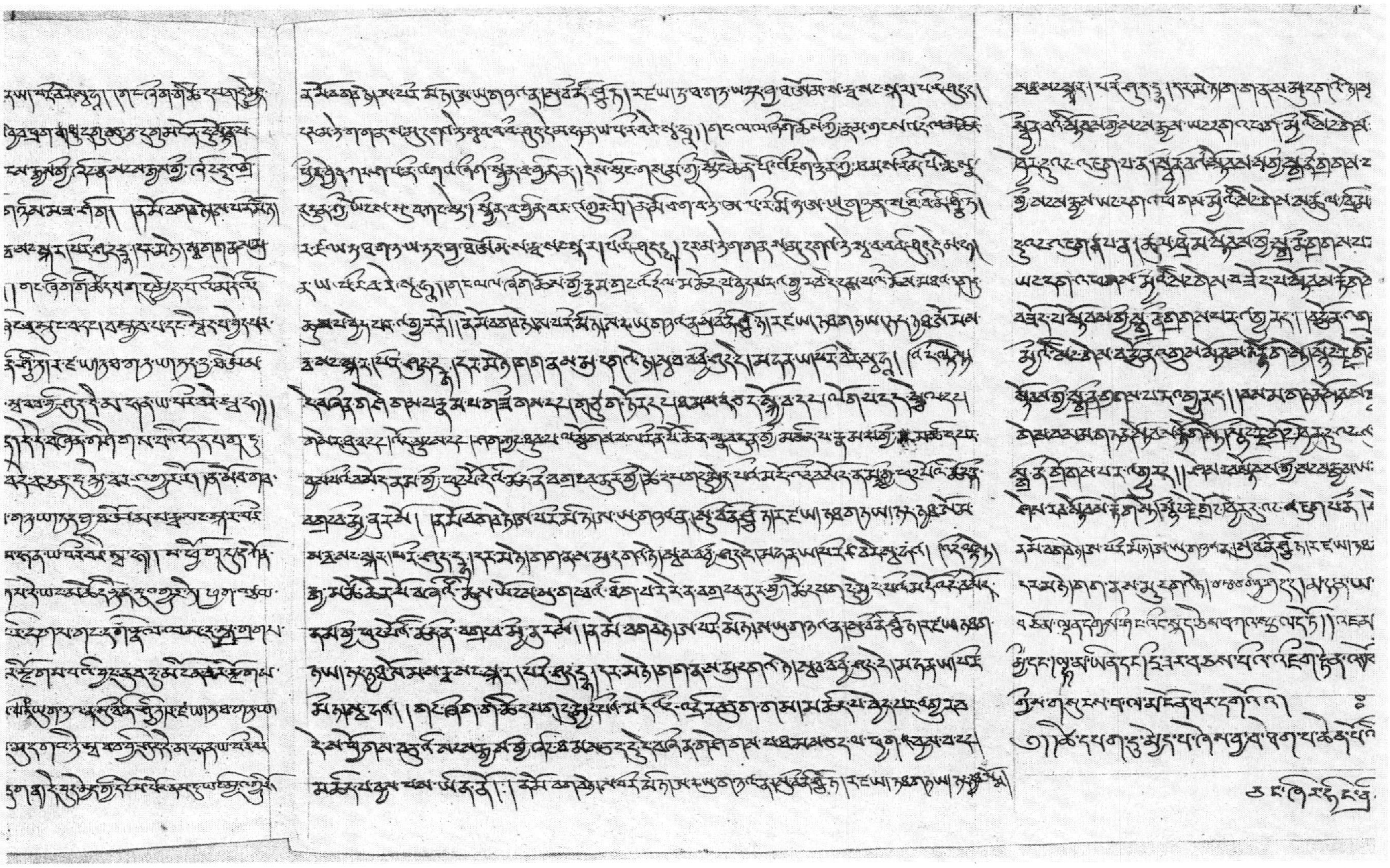

BD14342 號 1　藏文（無量壽宗要經甲本）　　（24–5）

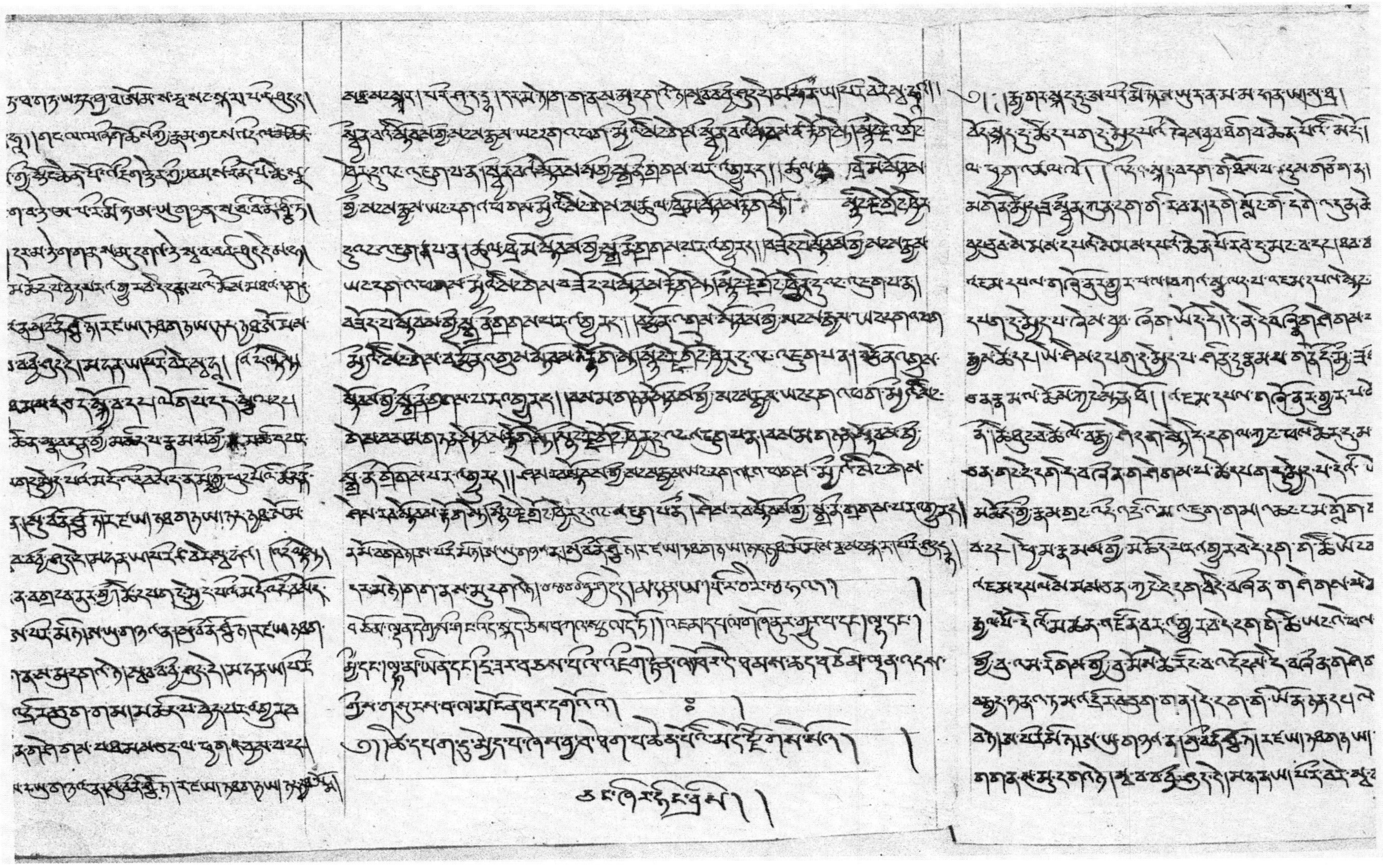

BD14342 號 1　藏文（無量壽宗要經甲本）　　（24–6）

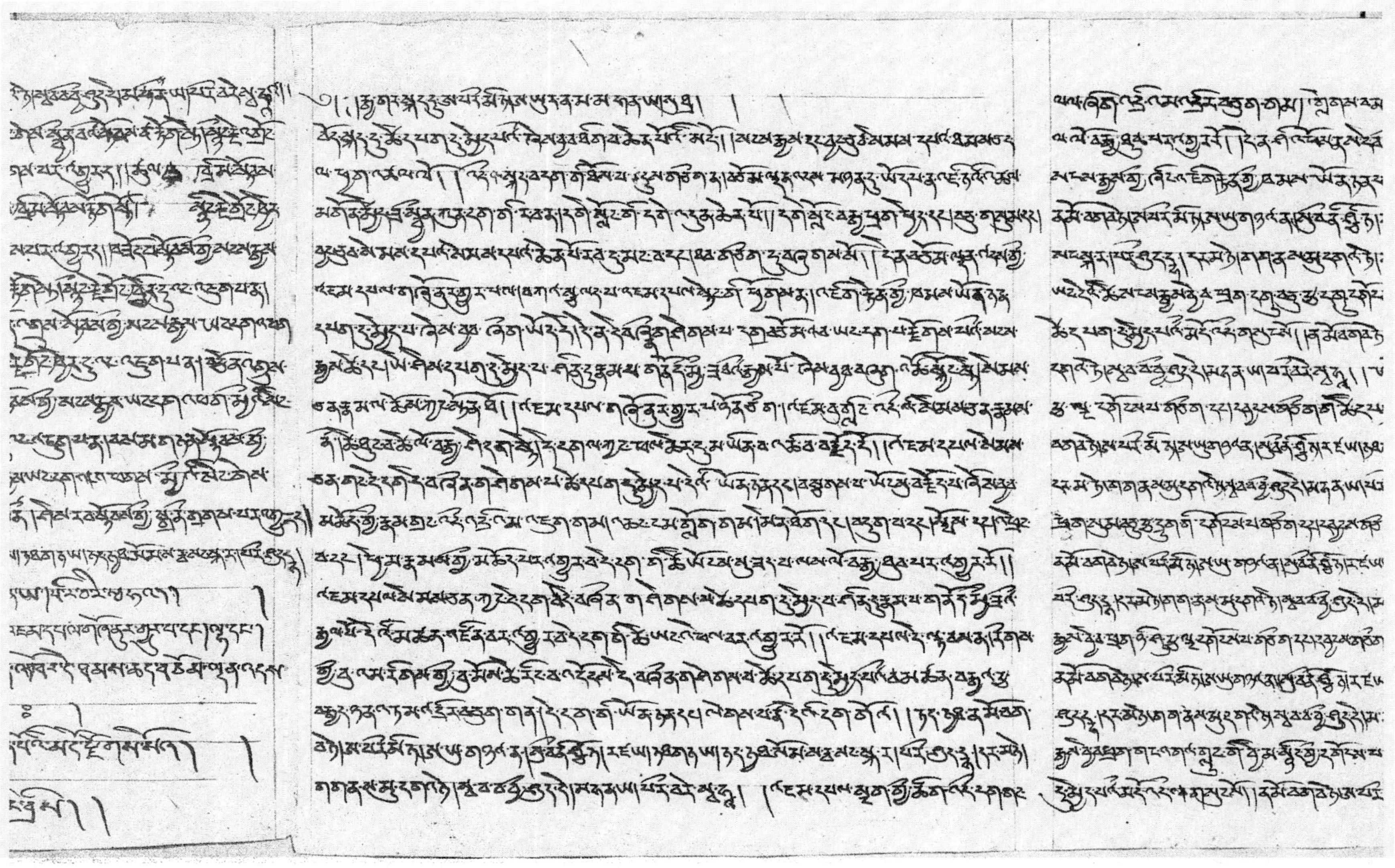

BD14342 號 2　藏文（無量壽宗要經甲本）　　（24–7）

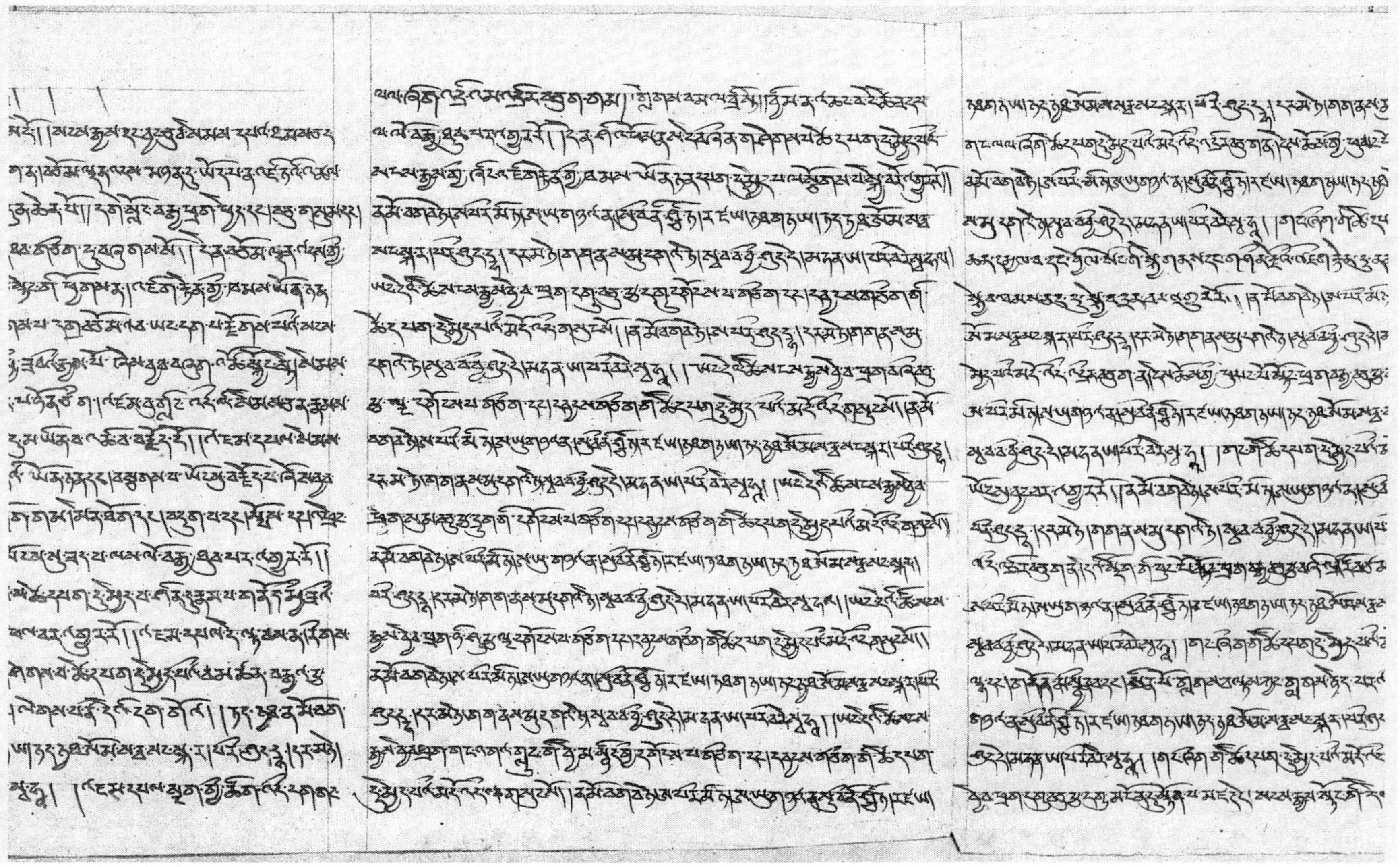

BD14342 號 2　藏文（無量壽宗要經甲本）　　（24–8）

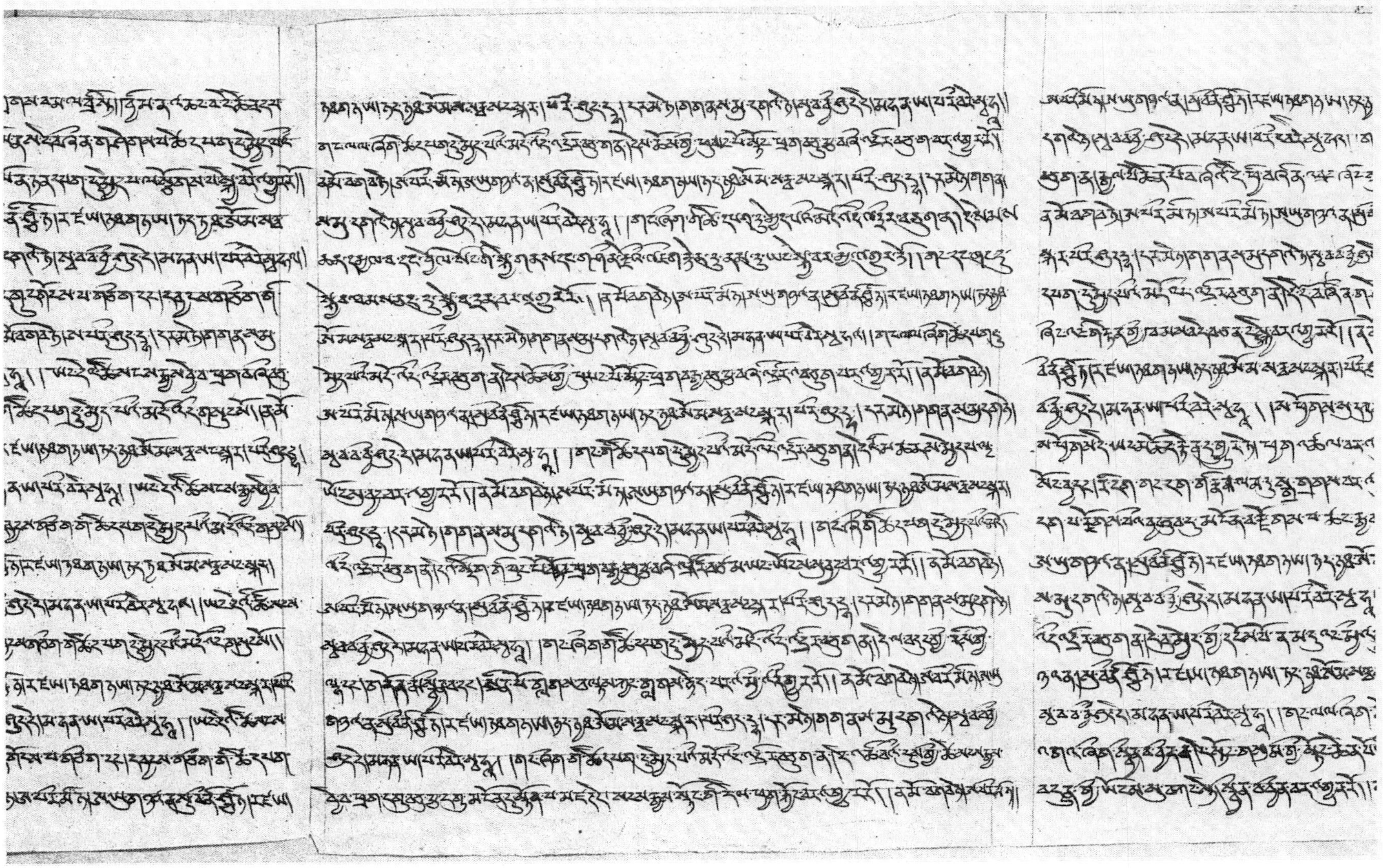

BD14342 號 2　藏文（無量壽宗要經甲本）　　（24–9）

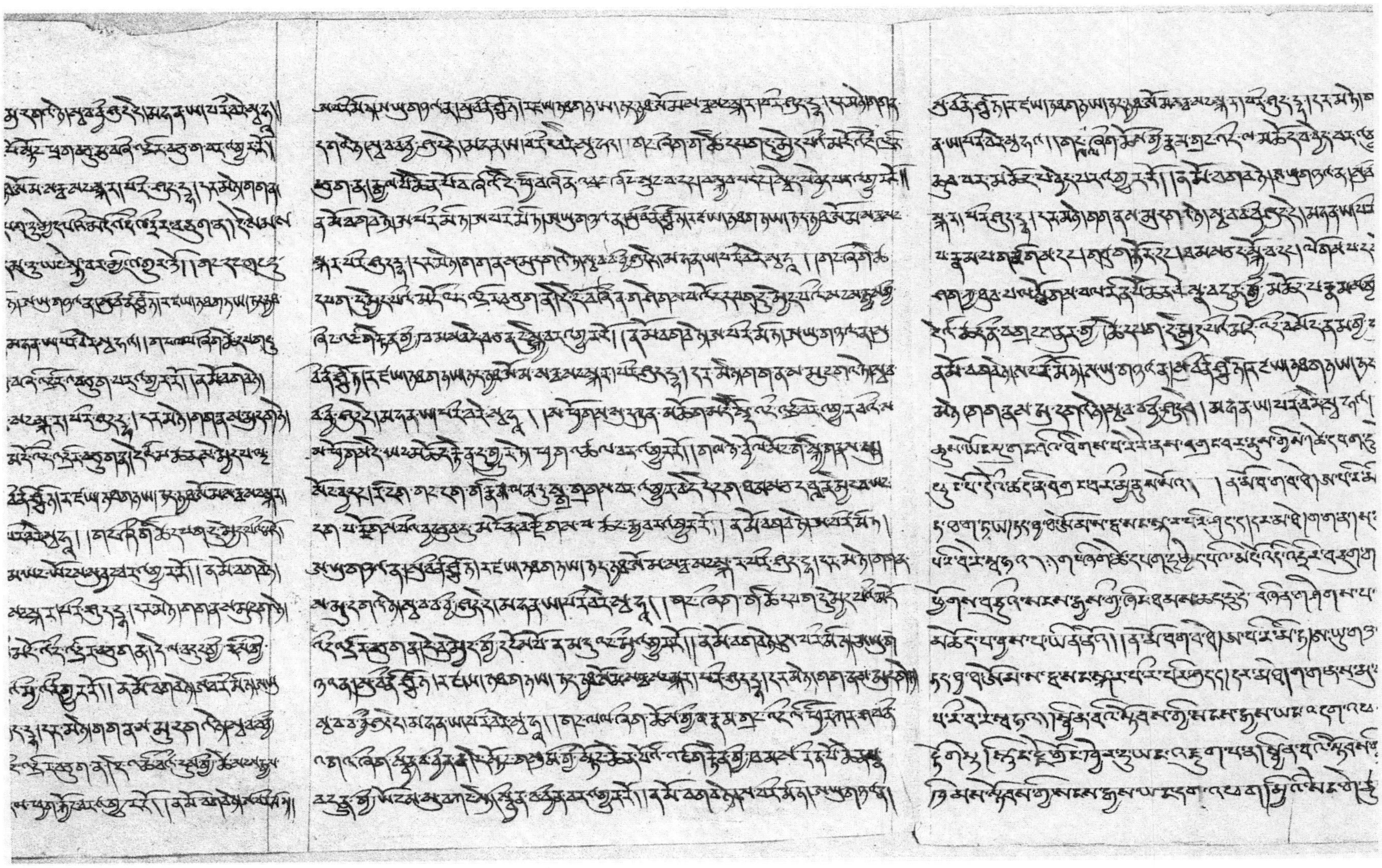

BD14342 號 2　藏文（無量壽宗要經甲本）　　（24–10）

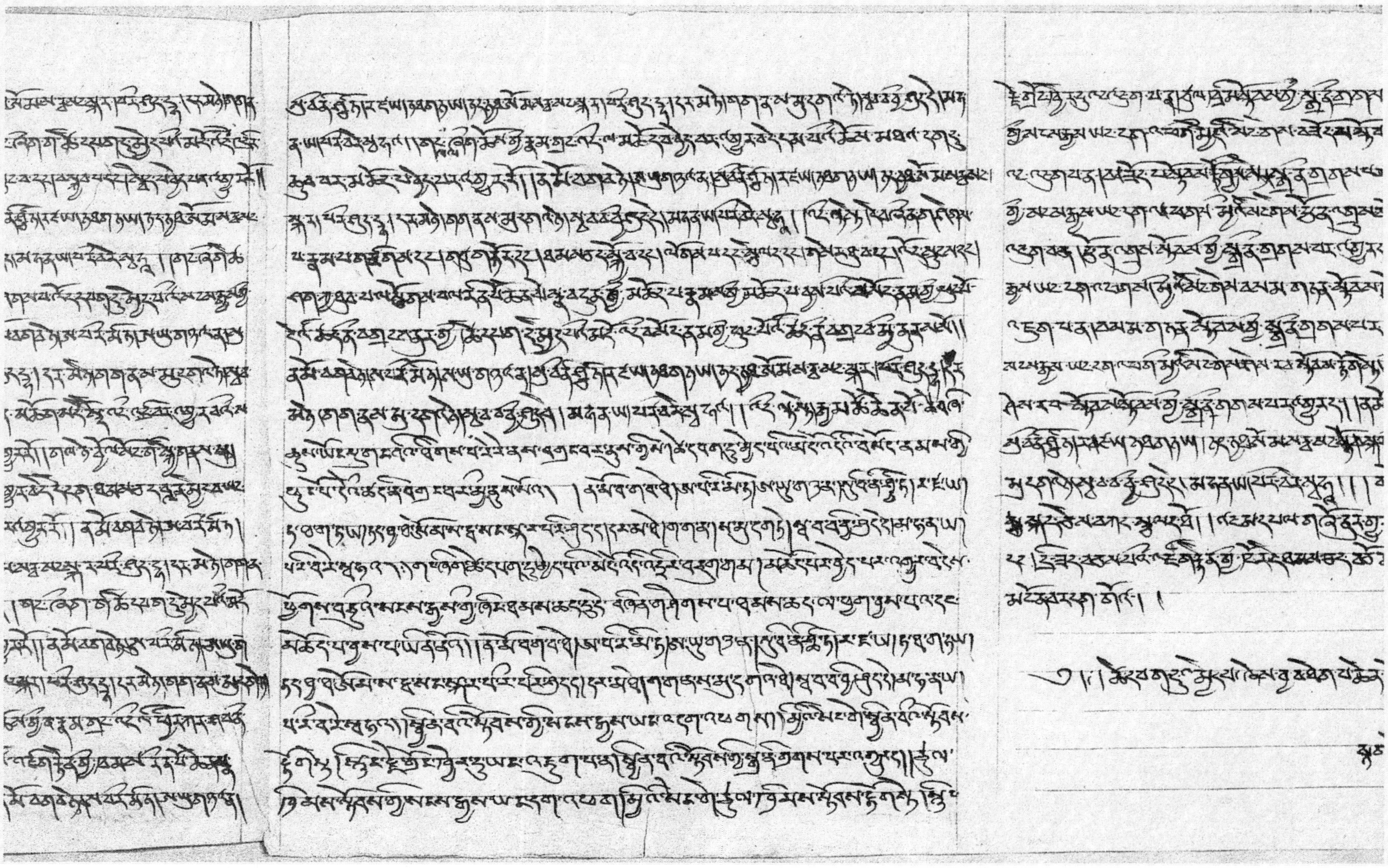

BD14342 號 2　藏文（無量壽宗要經甲本）　　（24–11）

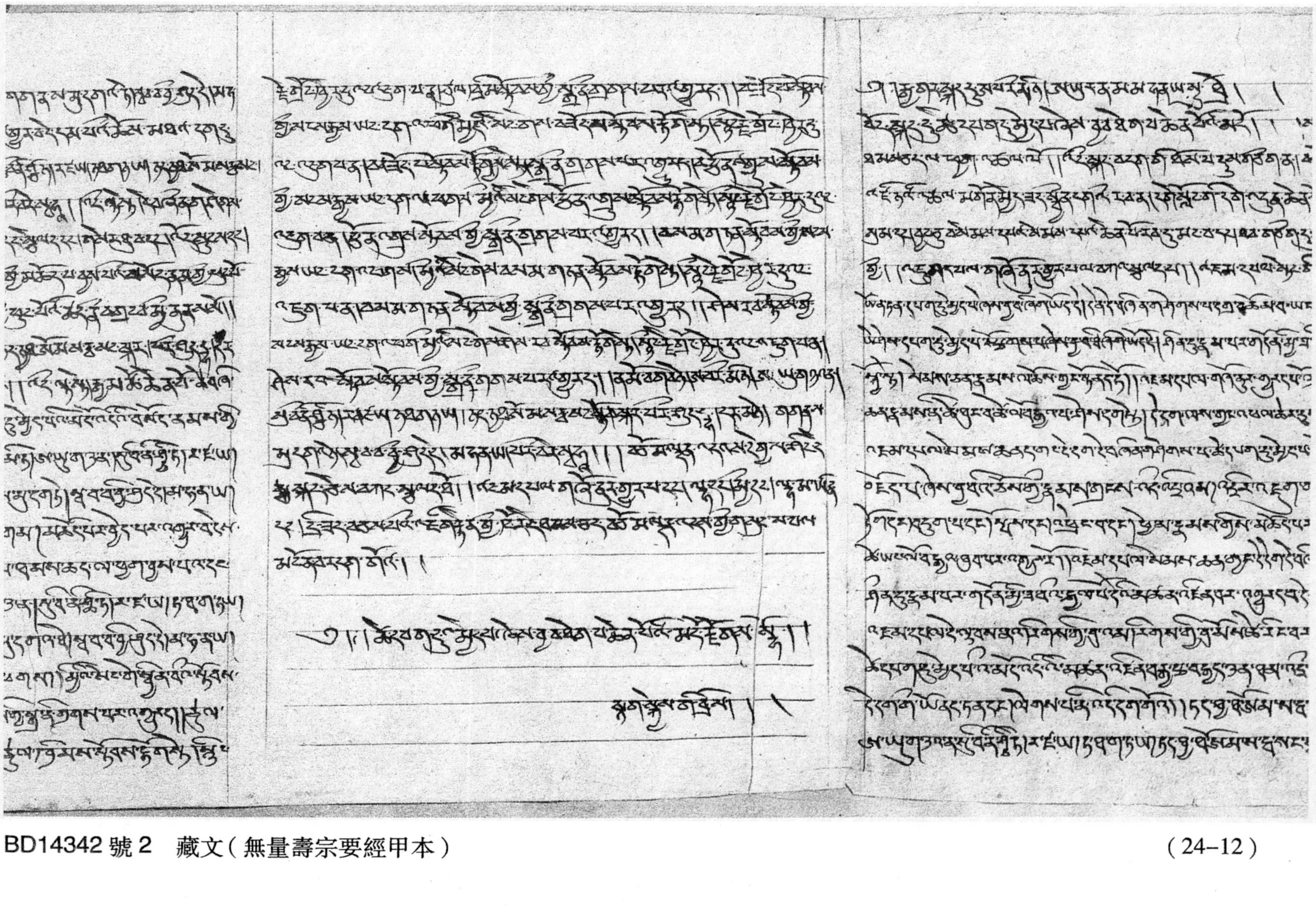

BD14342 號 2　藏文（無量壽宗要經甲本）　　（24–12）

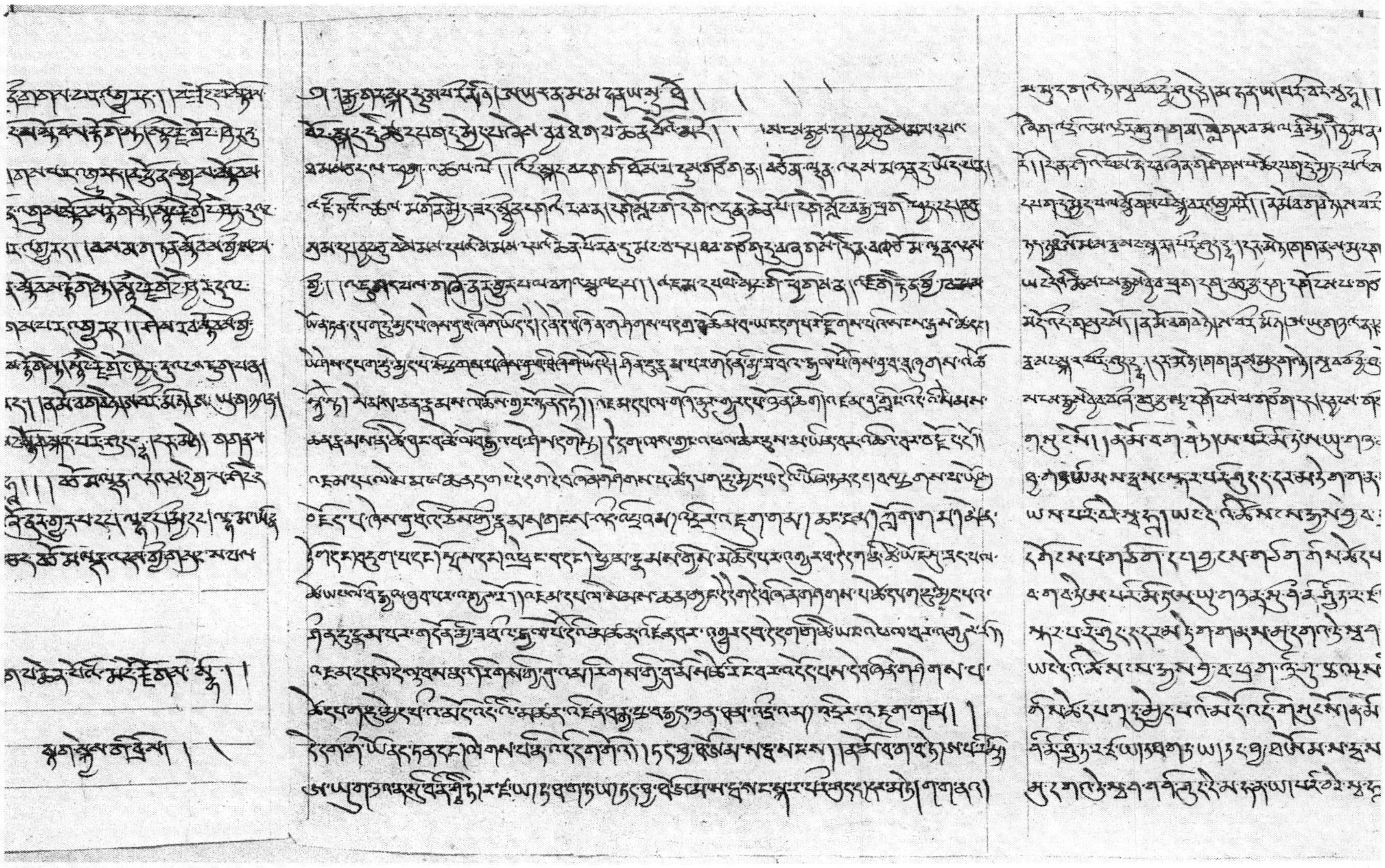

BD14342 號 3　藏文（無量壽宗要經甲本）　　（24–13）

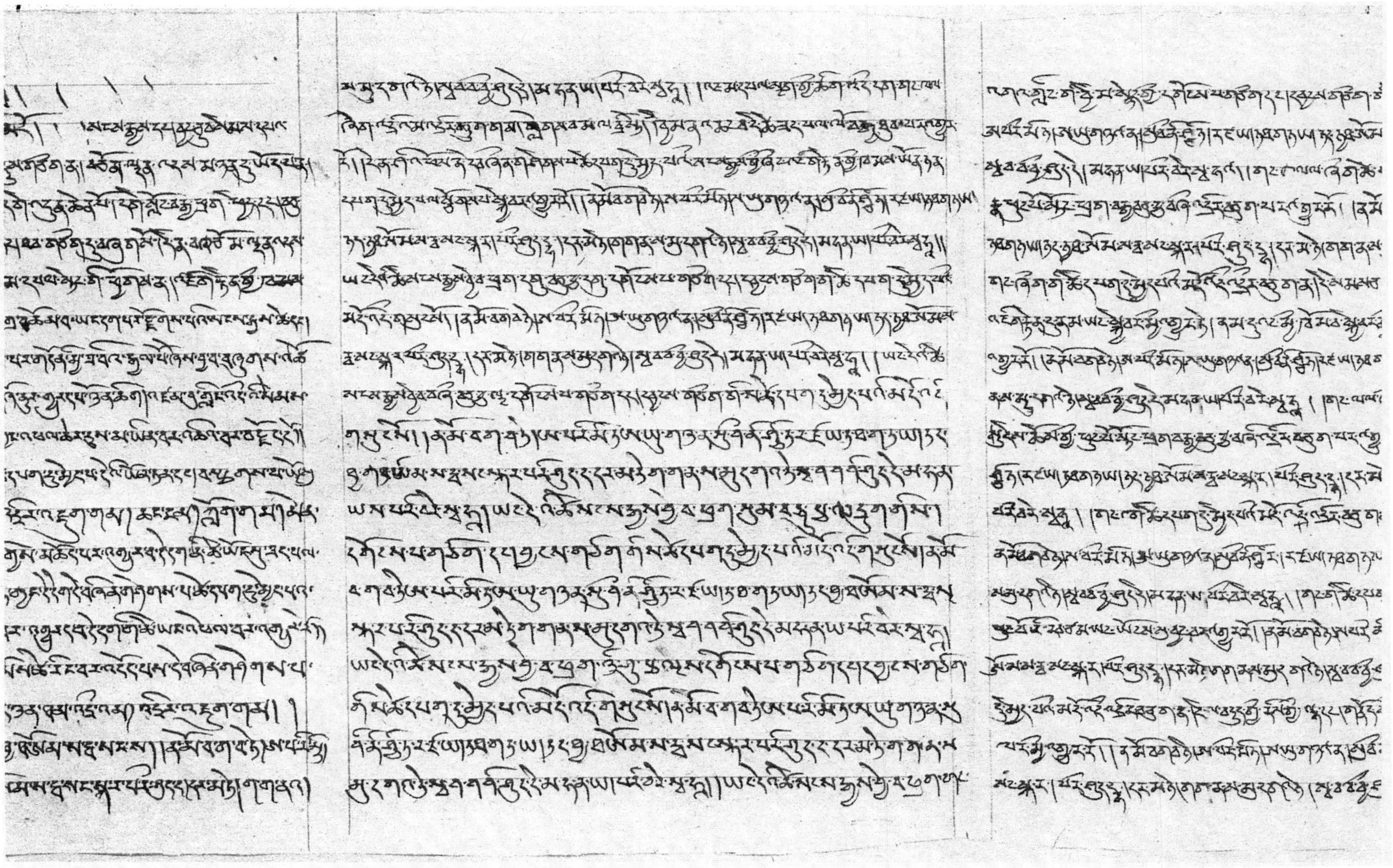

BD14342 號 3　藏文（無量壽宗要經甲本）　　（24–14）

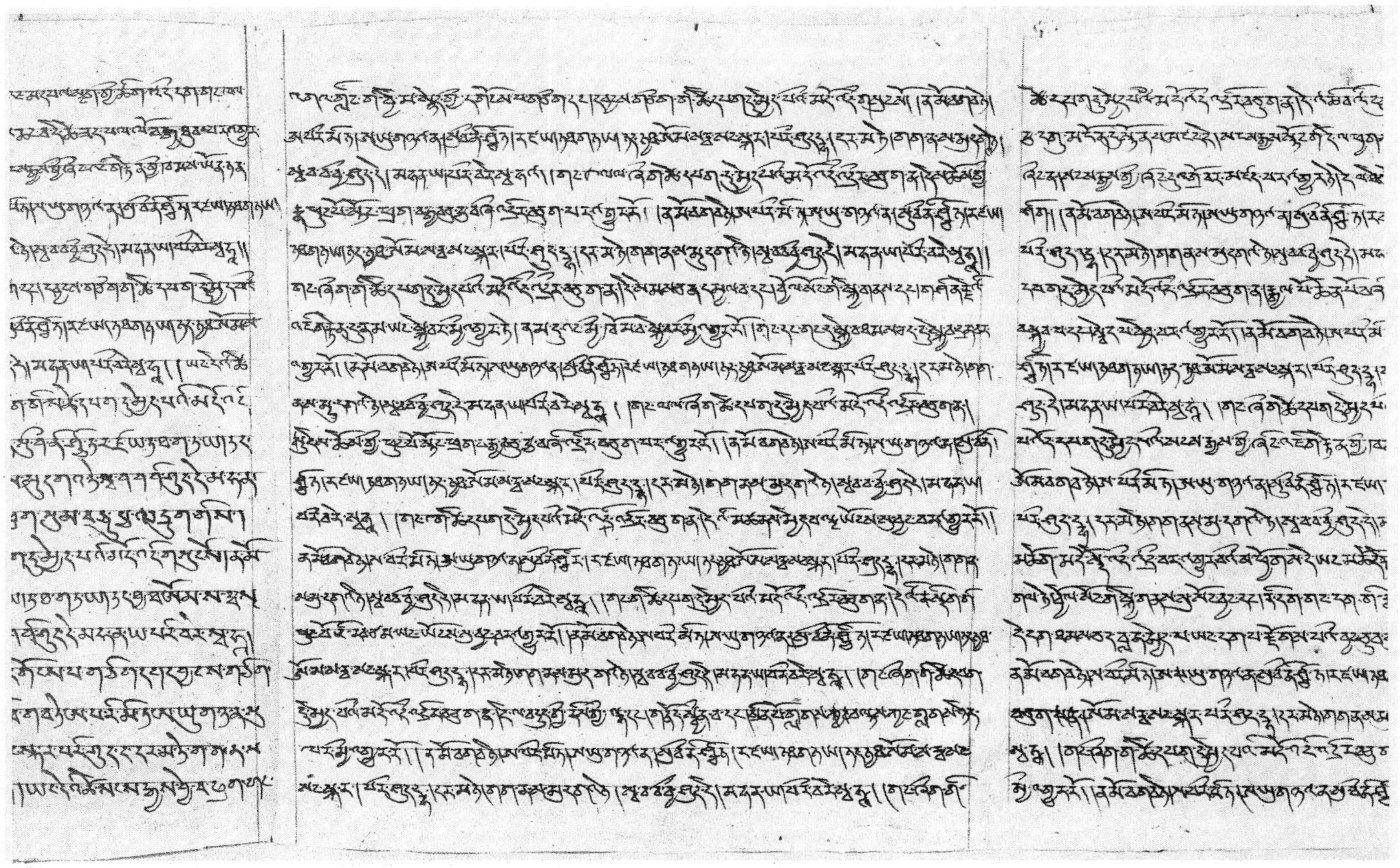

BD14342 號 3　藏文（無量壽宗要經甲本）　　（24–15）

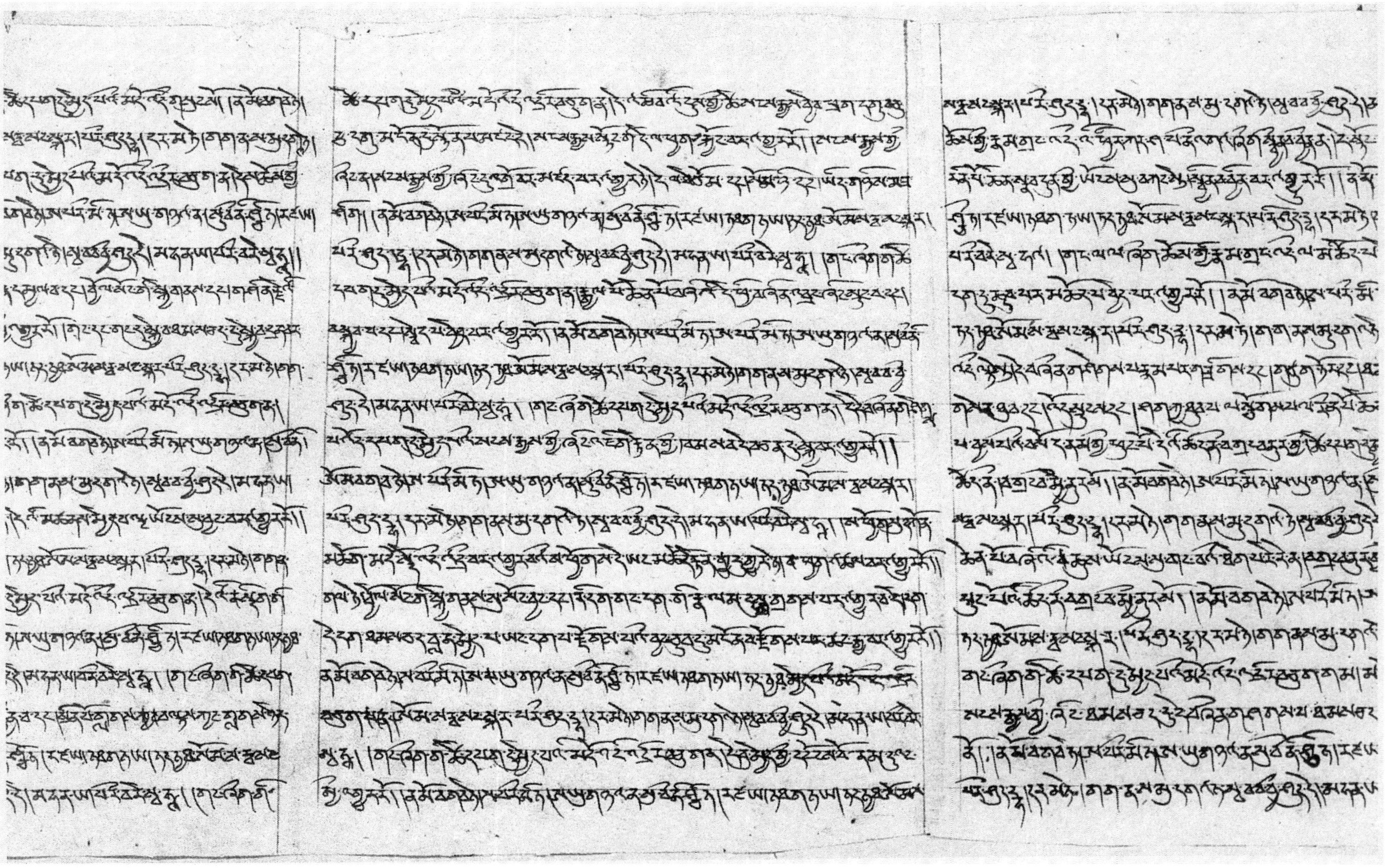

BD14342 號 3　藏文（無量壽宗要經甲本）　　（24–16）

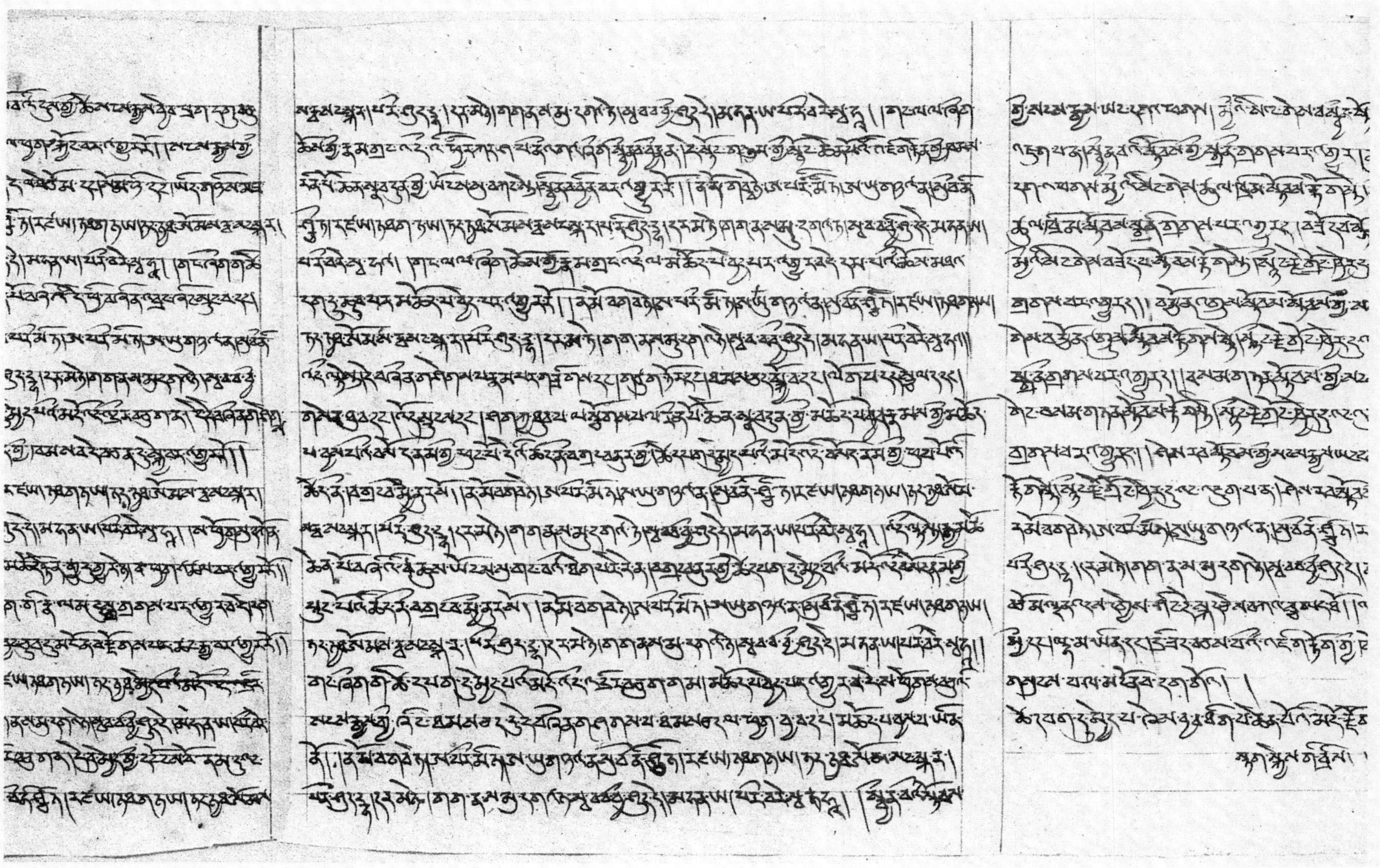

BD14342 號 3　藏文（無量壽宗要經甲本）　　（24–17）

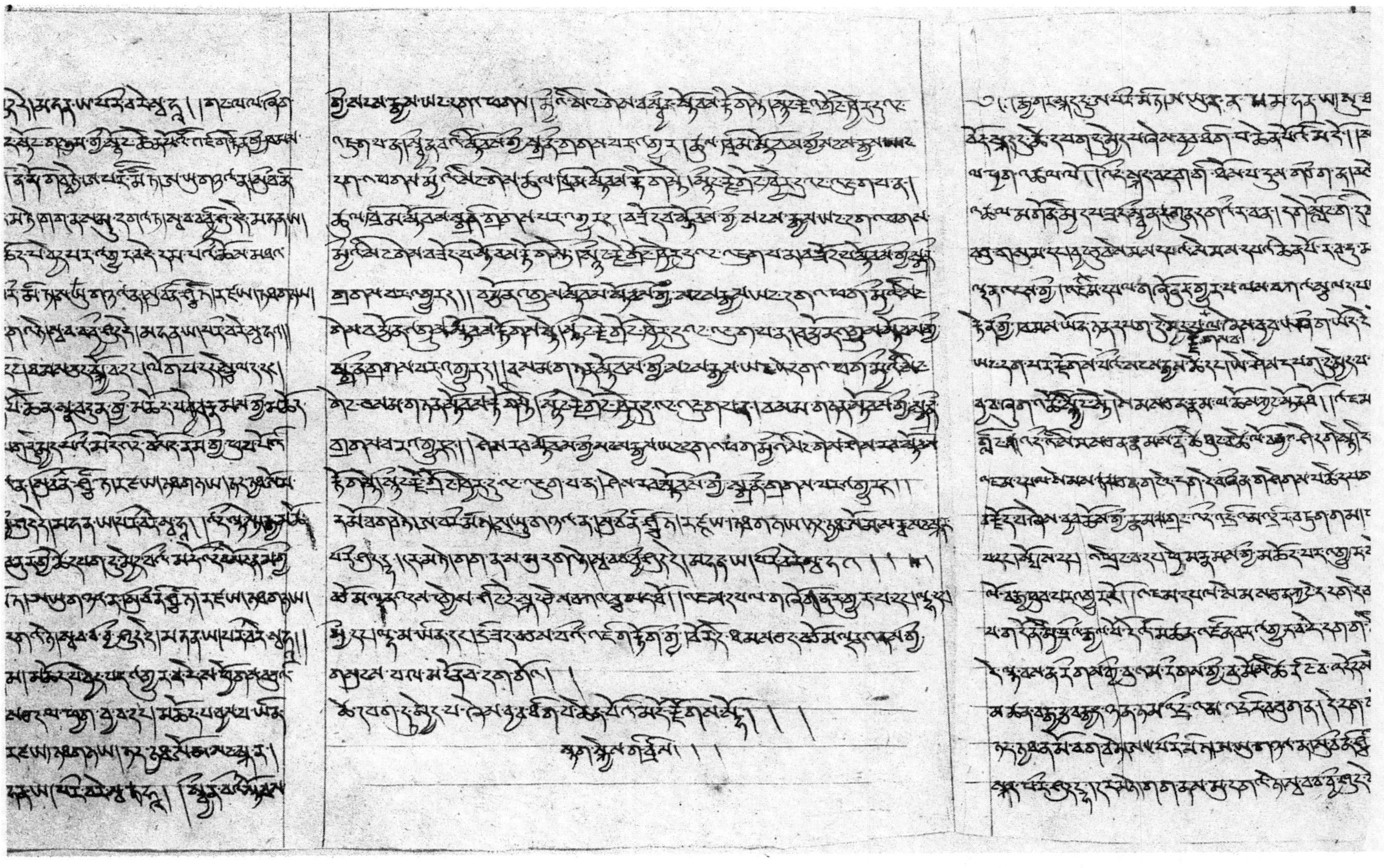

BD14342 號 3　藏文（無量壽宗要經甲本）　　（24–18）

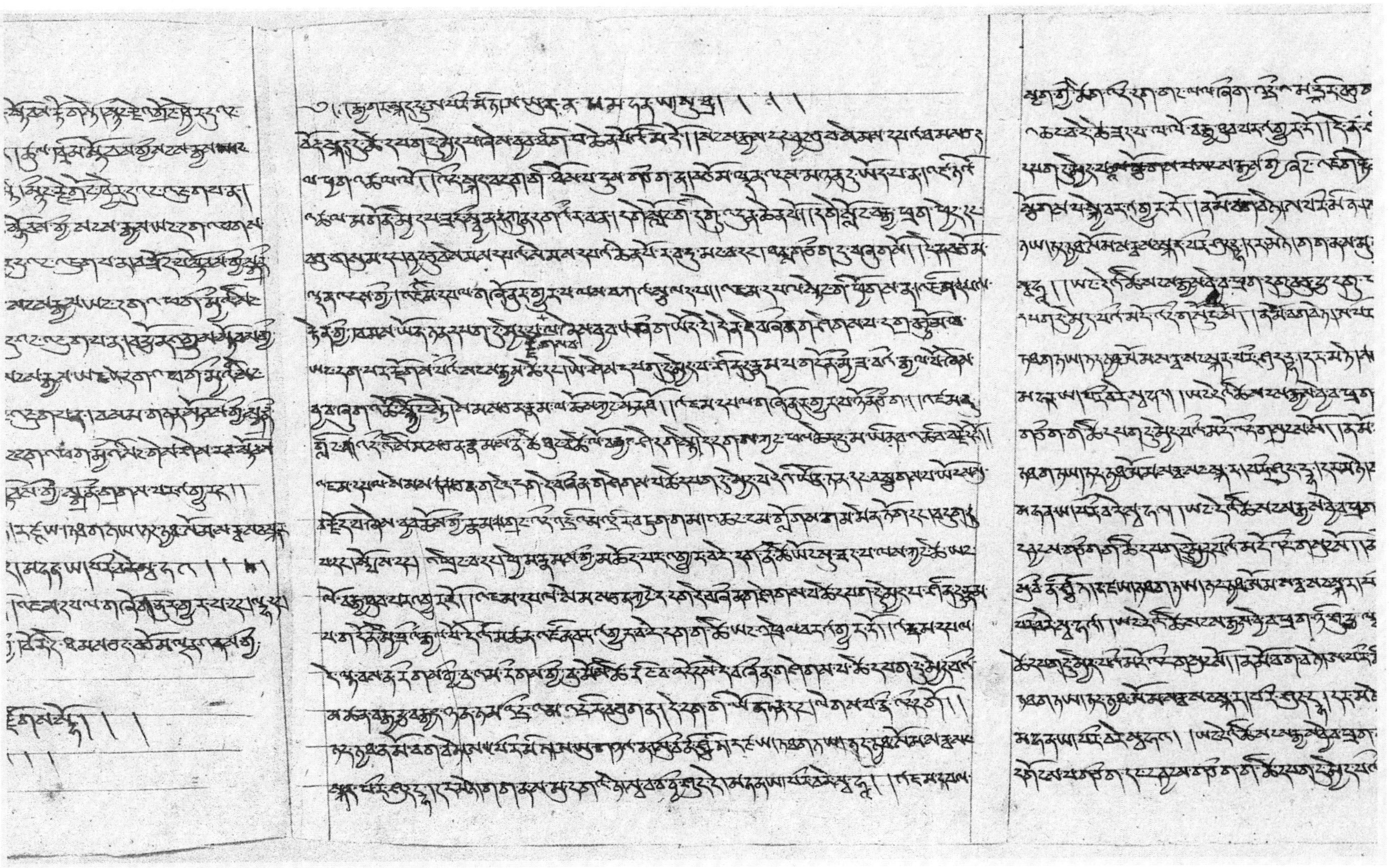

BD14342 號 4　藏文（無量壽宗要經甲本）　　（24–19）

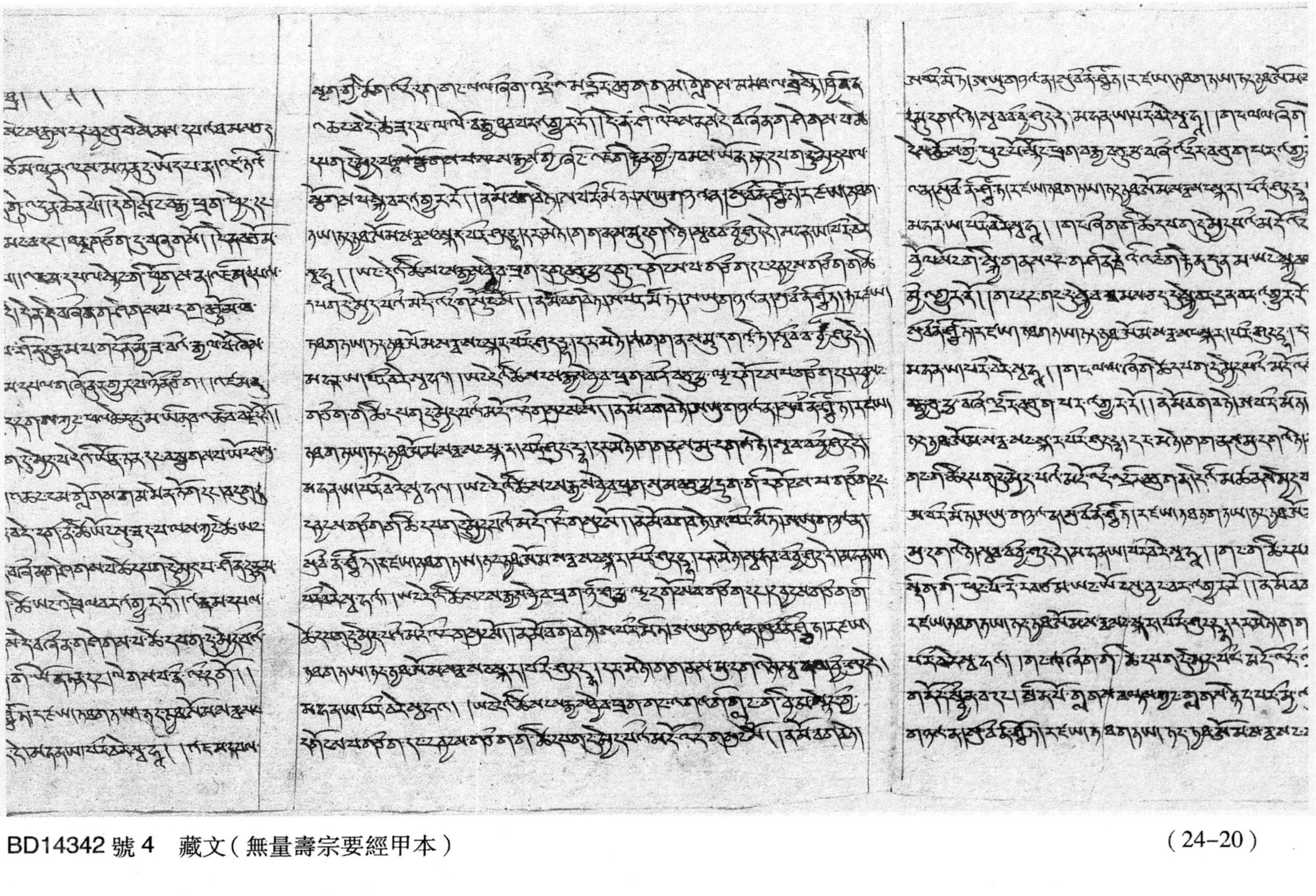

BD14342 號 4　藏文（無量壽宗要經甲本）　　（24–20）

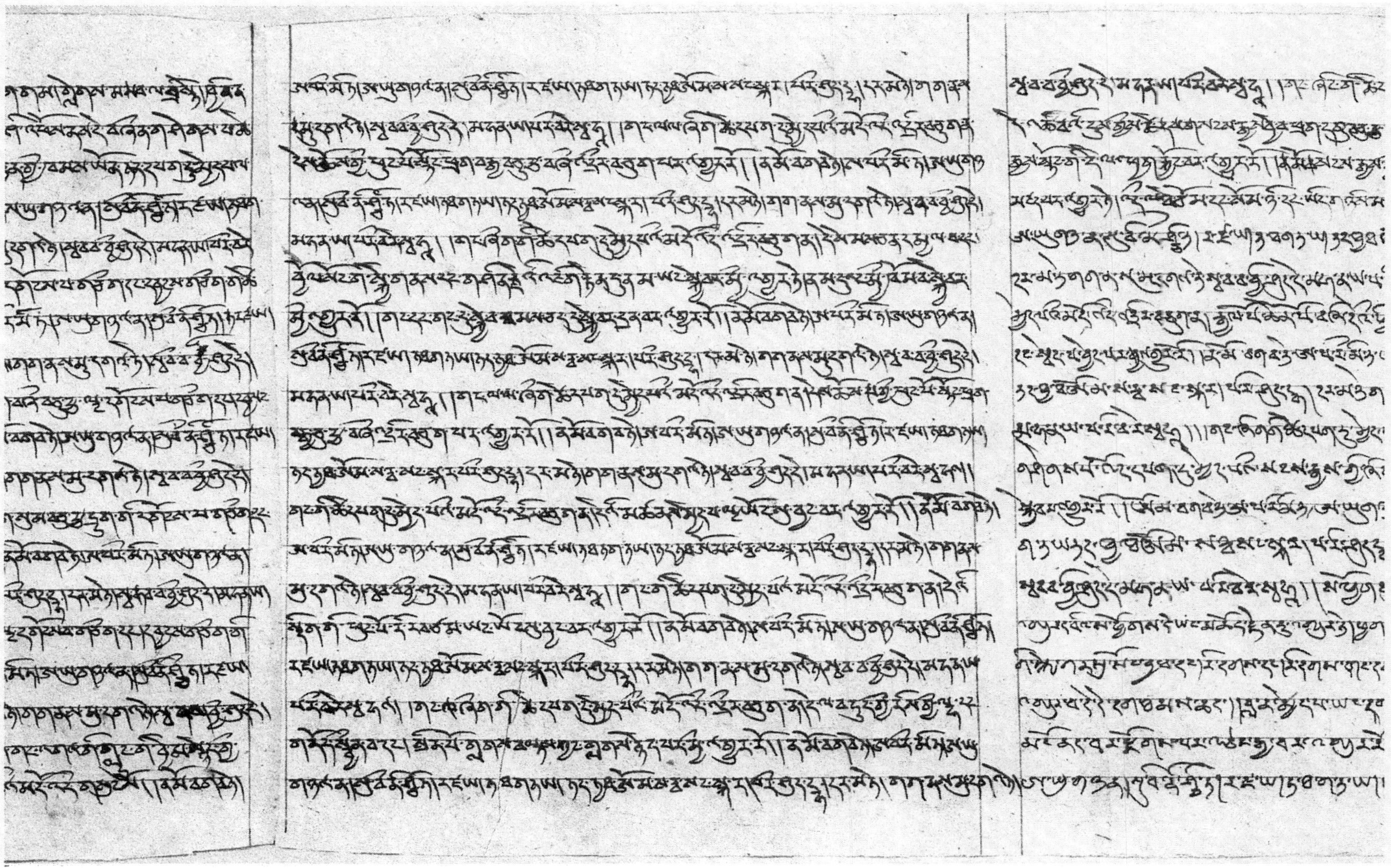

BD14342 號 4　藏文（無量壽宗要經甲本）　　（24–21）

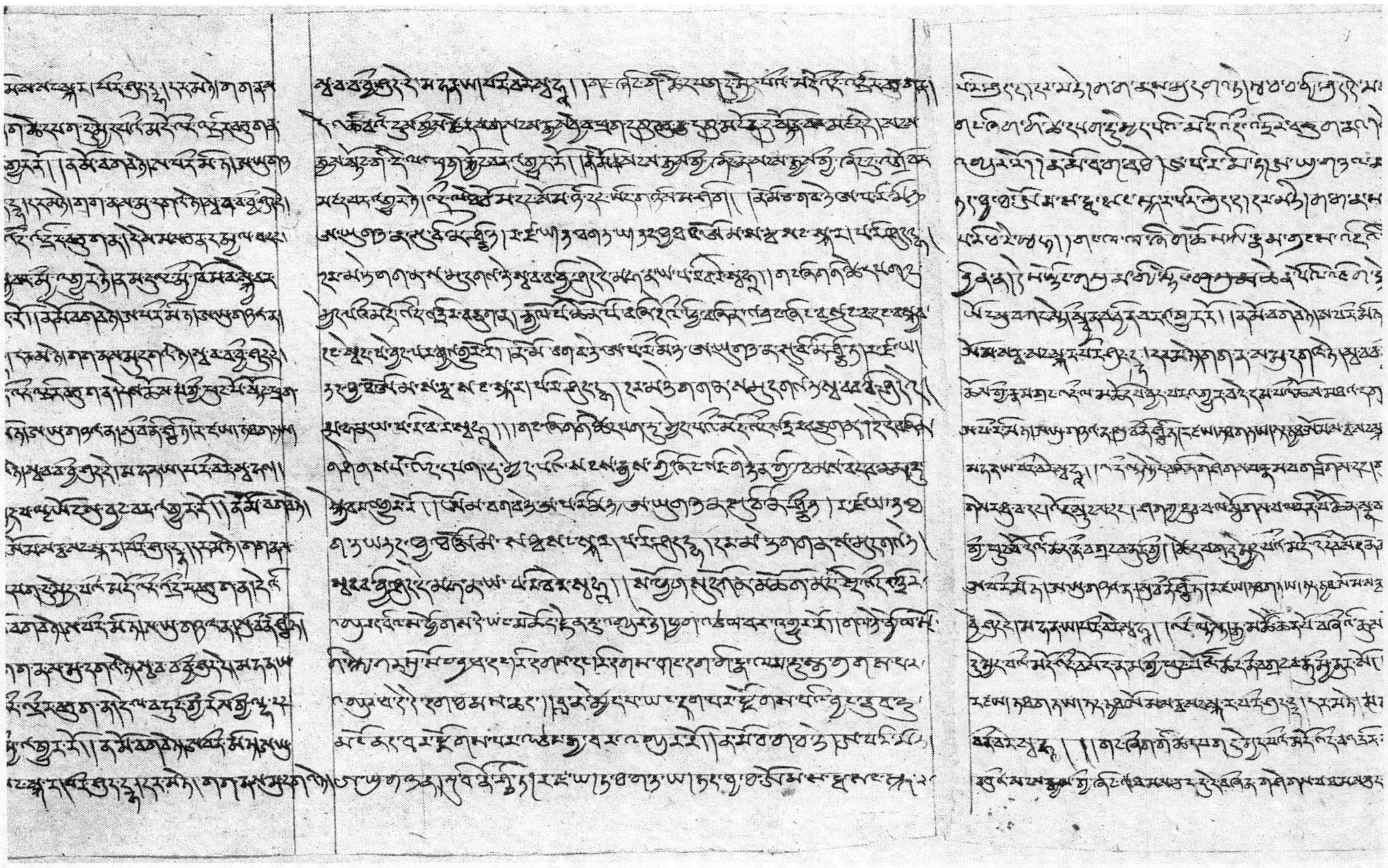

BD14342 號 4　藏文（無量壽宗要經甲本）　　（24–22）

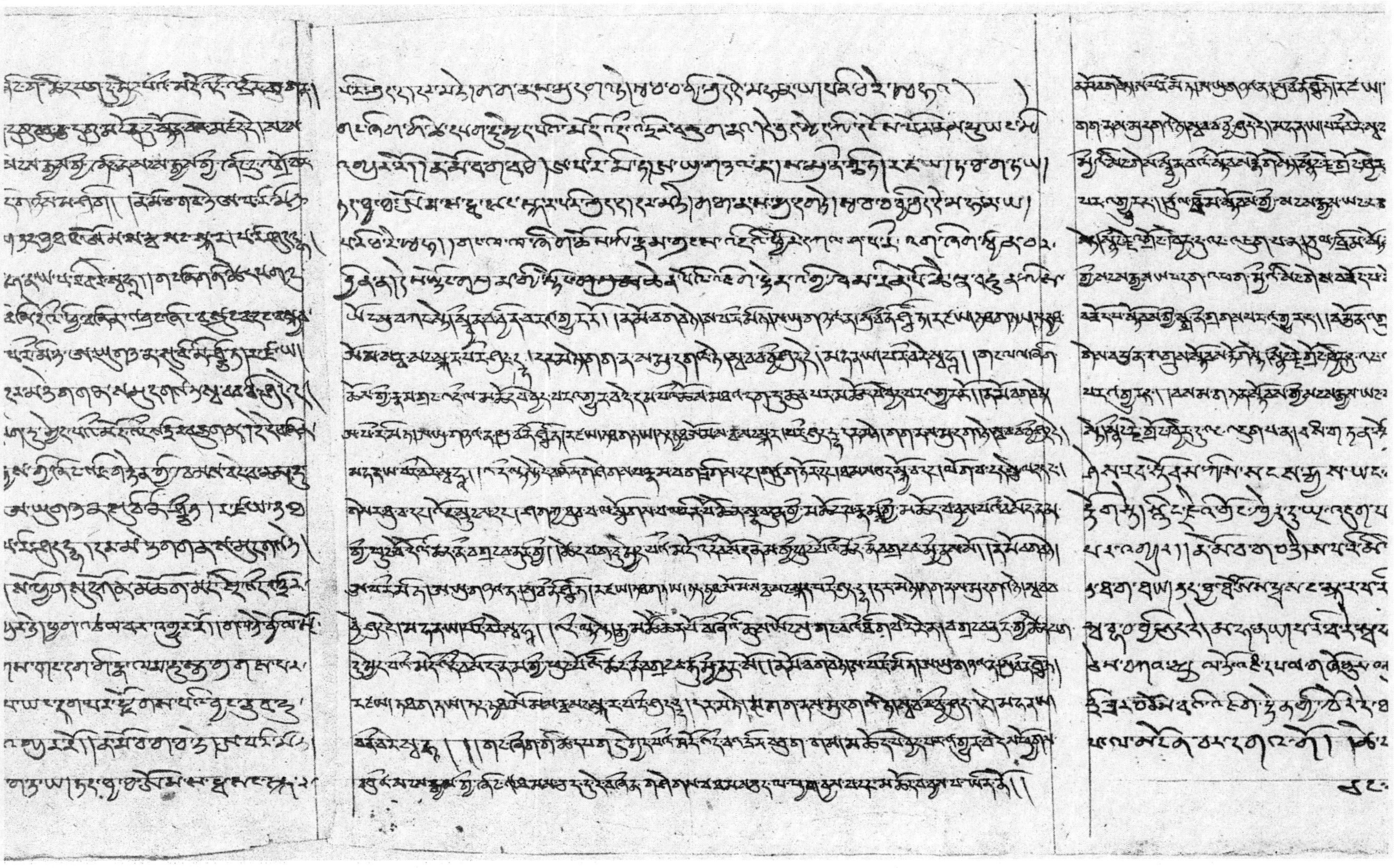

BD14342 號 4　藏文（無量壽宗要經甲本）　（24–23）

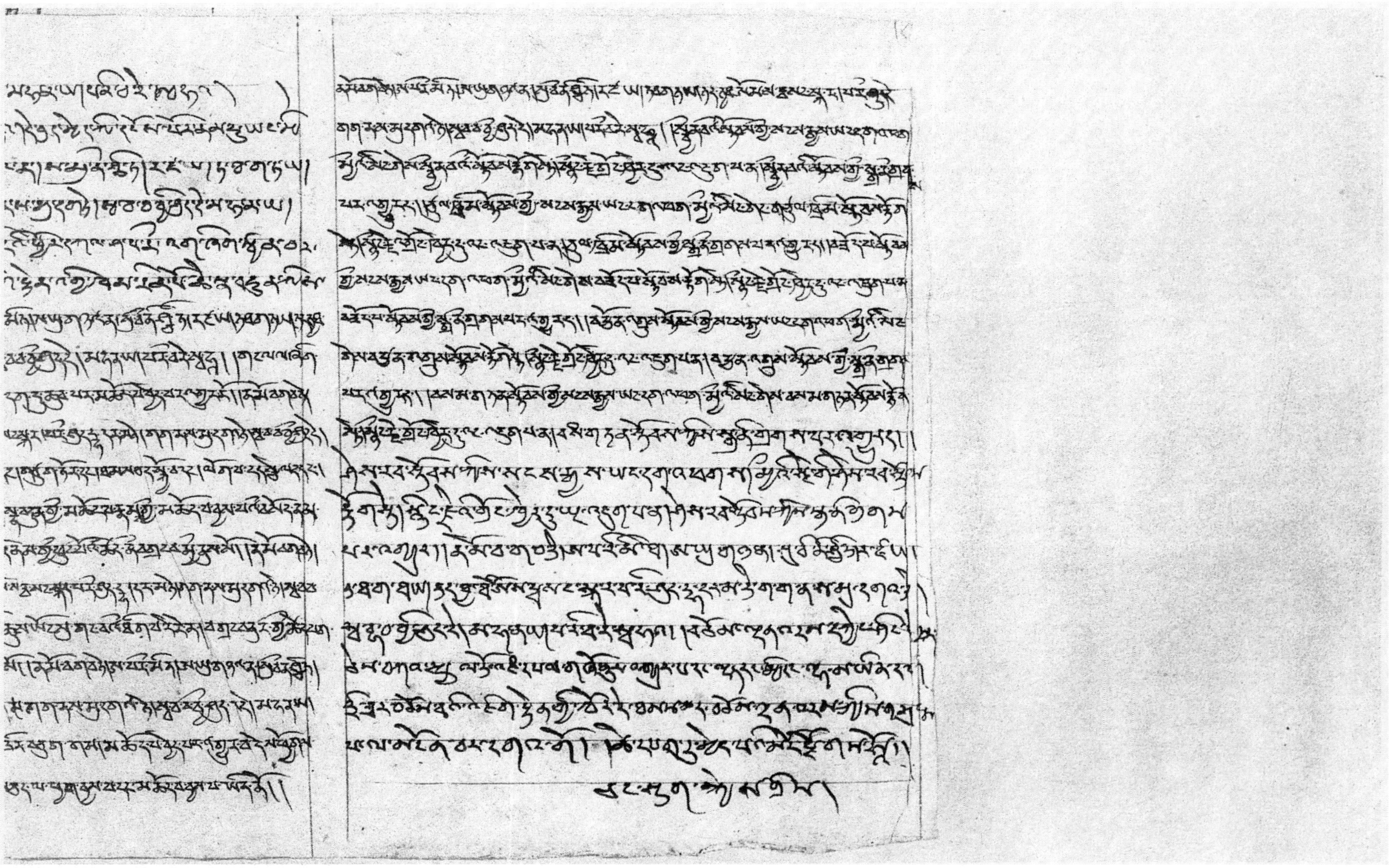

BD14342 號 4　藏文（無量壽宗要經甲本）　（24–24）

BD14343號1　藏文（無量壽宗要經甲本）

BD14343號1　藏文（無量壽宗要經甲本）

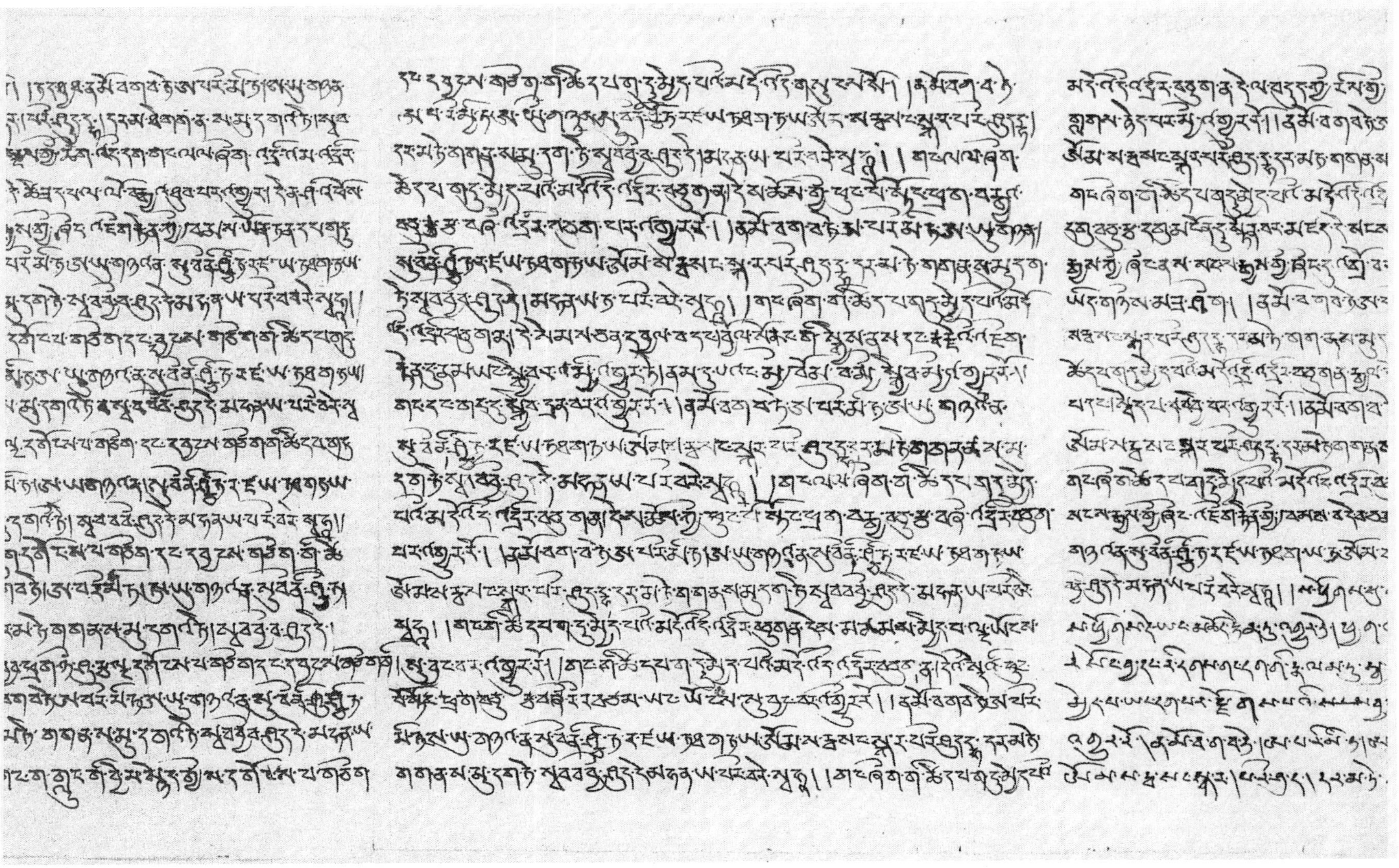

BD14343 號 1　藏文（無量壽宗要經甲本）　（24–3）

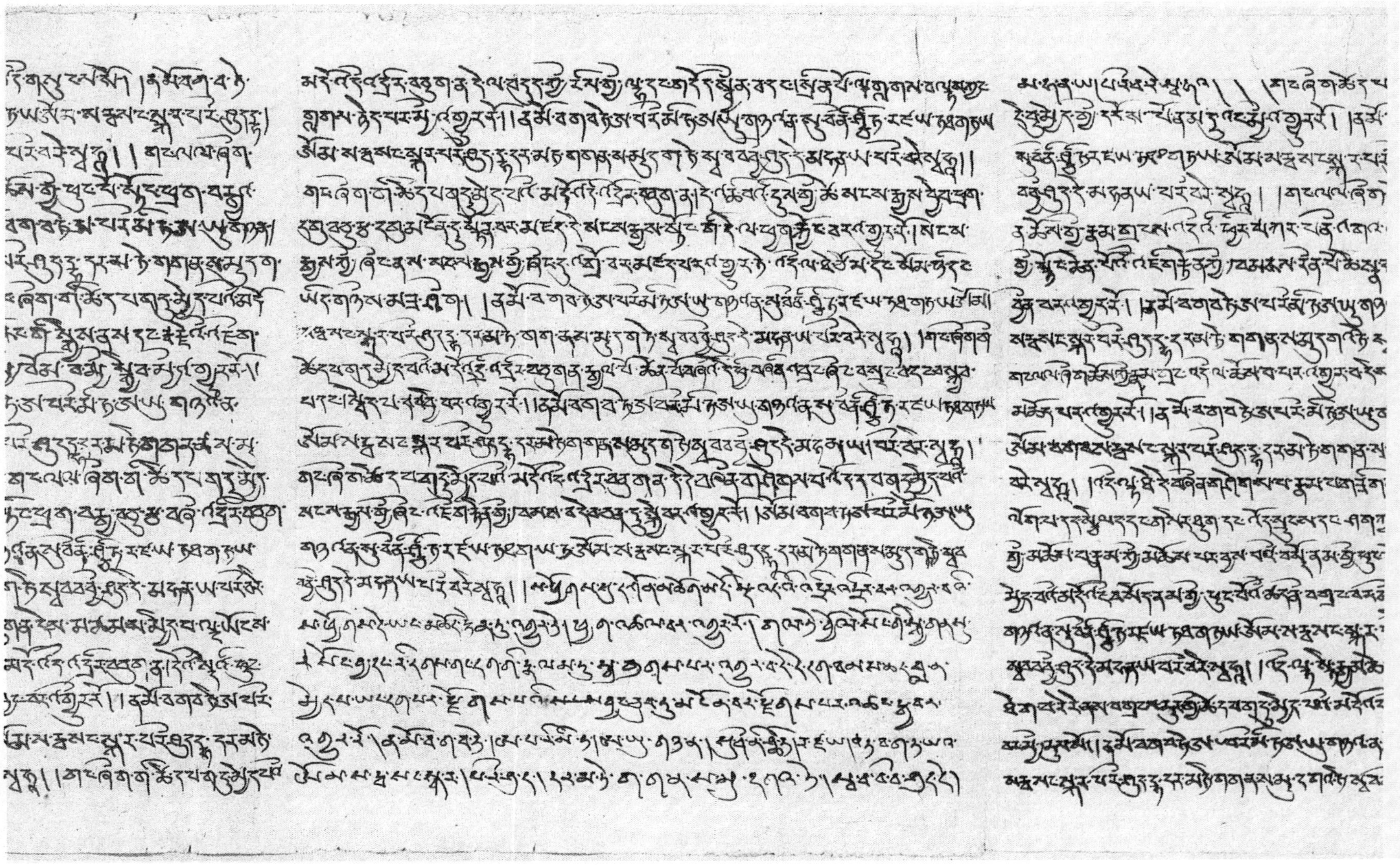

BD14343 號 1　藏文（無量壽宗要經甲本）　（24–4）

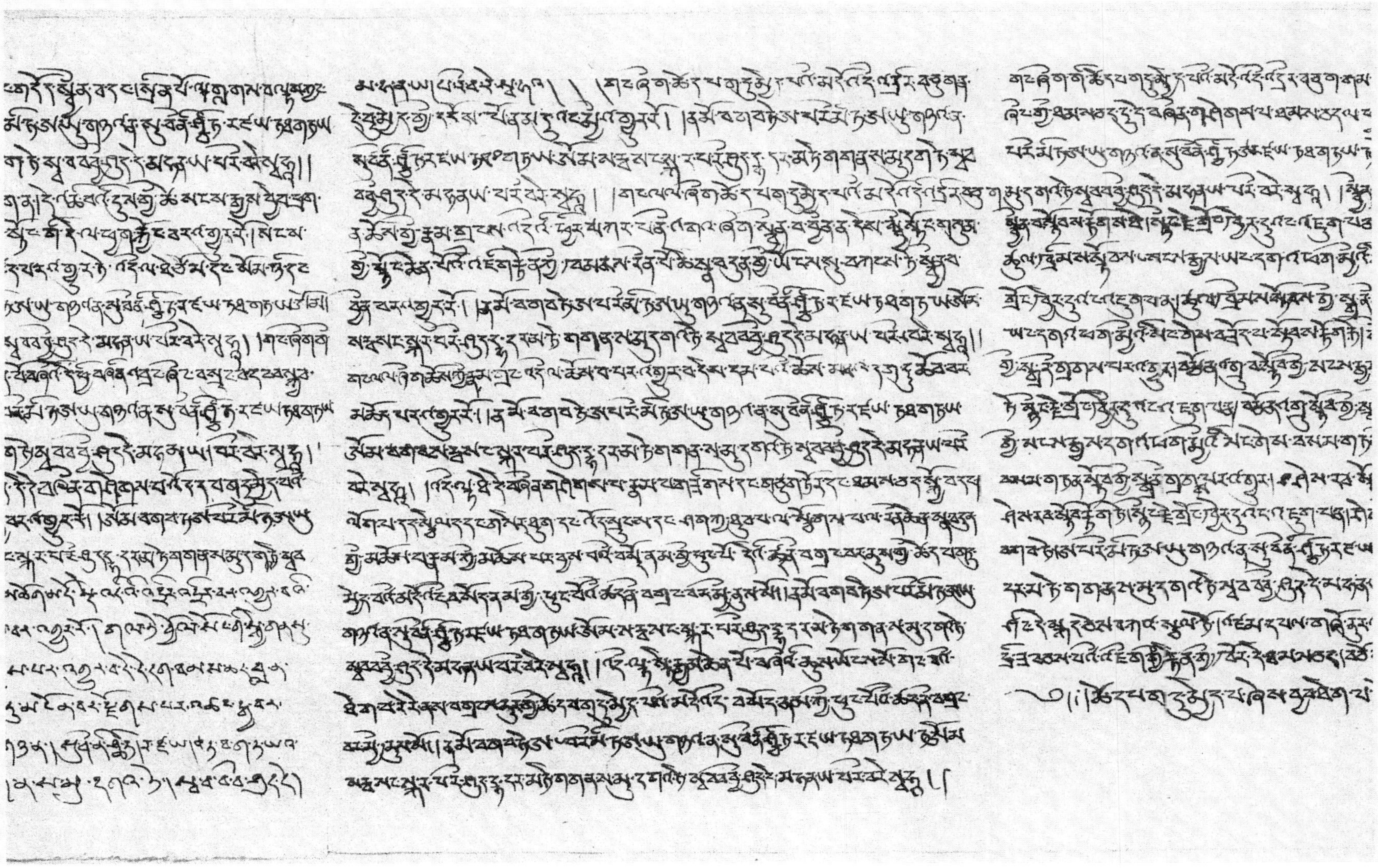

BD14343 號 1　藏文（無量壽宗要經甲本）　　（24–5）

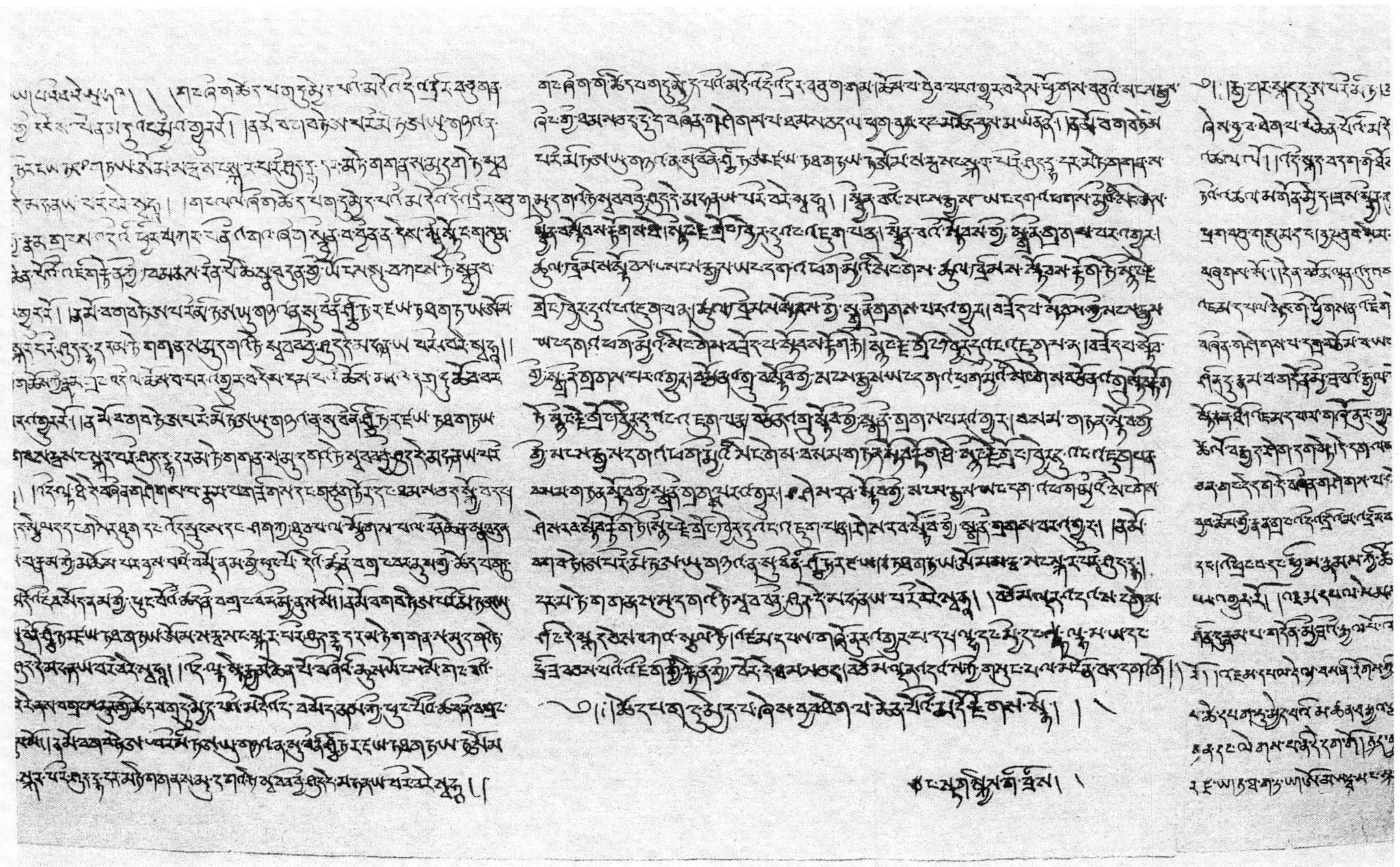

BD14343 號 1　藏文（無量壽宗要經甲本）　　（24–6）

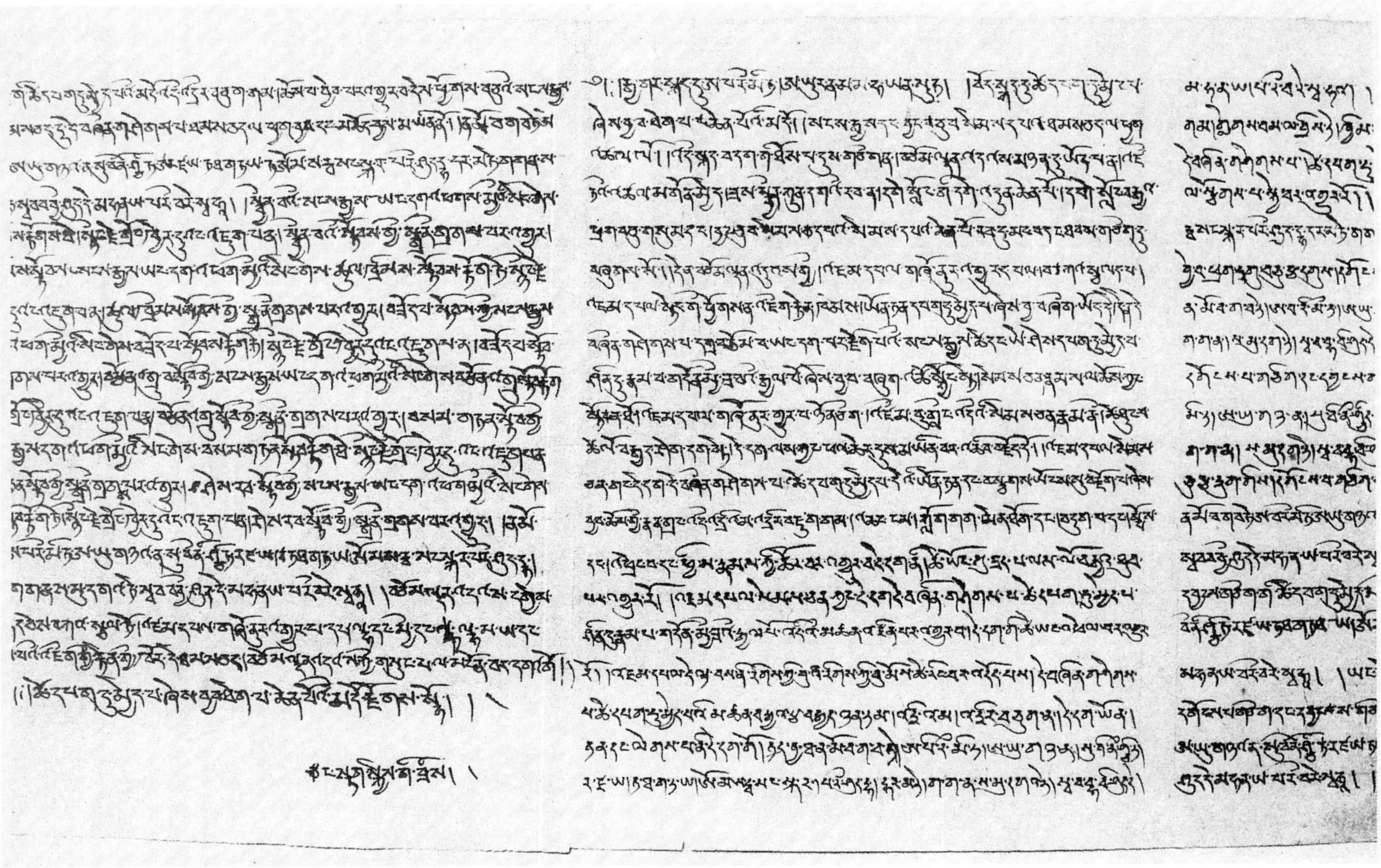

BD14343 號 2　藏文（無量壽宗要經甲本）　（24–7）

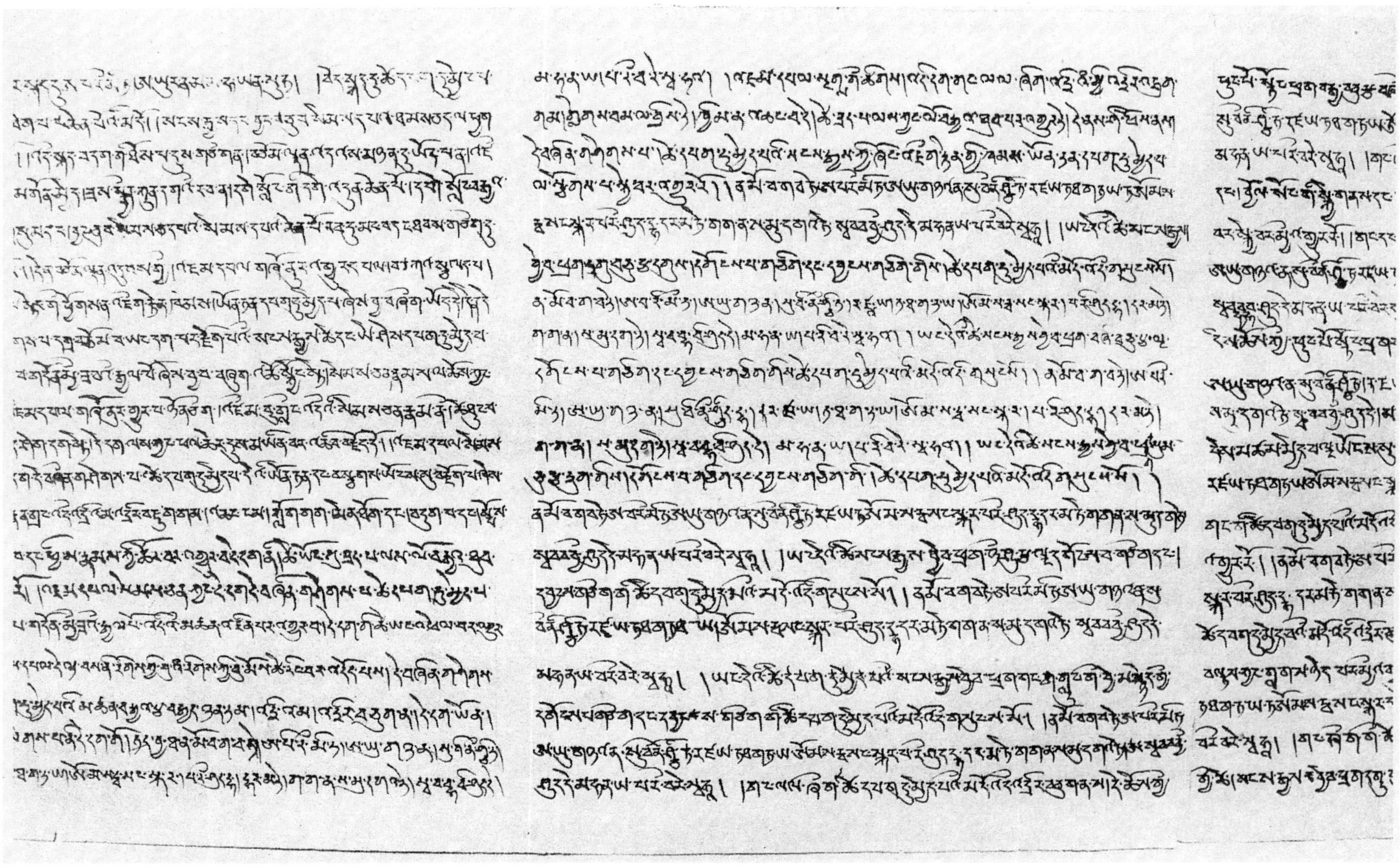

BD14343 號 2　藏文（無量壽宗要經甲本）　（24–8）

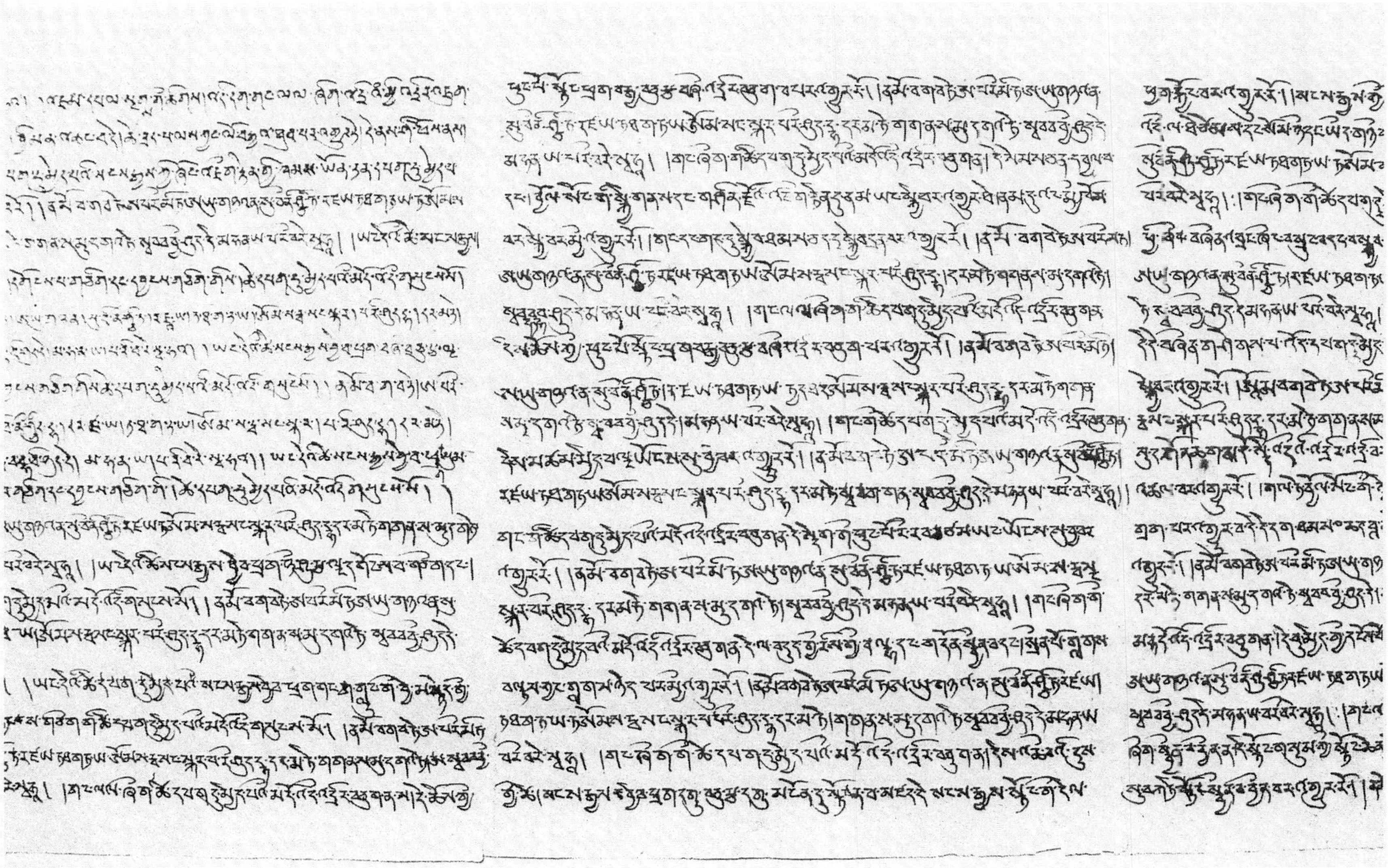

BD14343 號 2　藏文（無量壽宗要經甲本）　　（24–9）

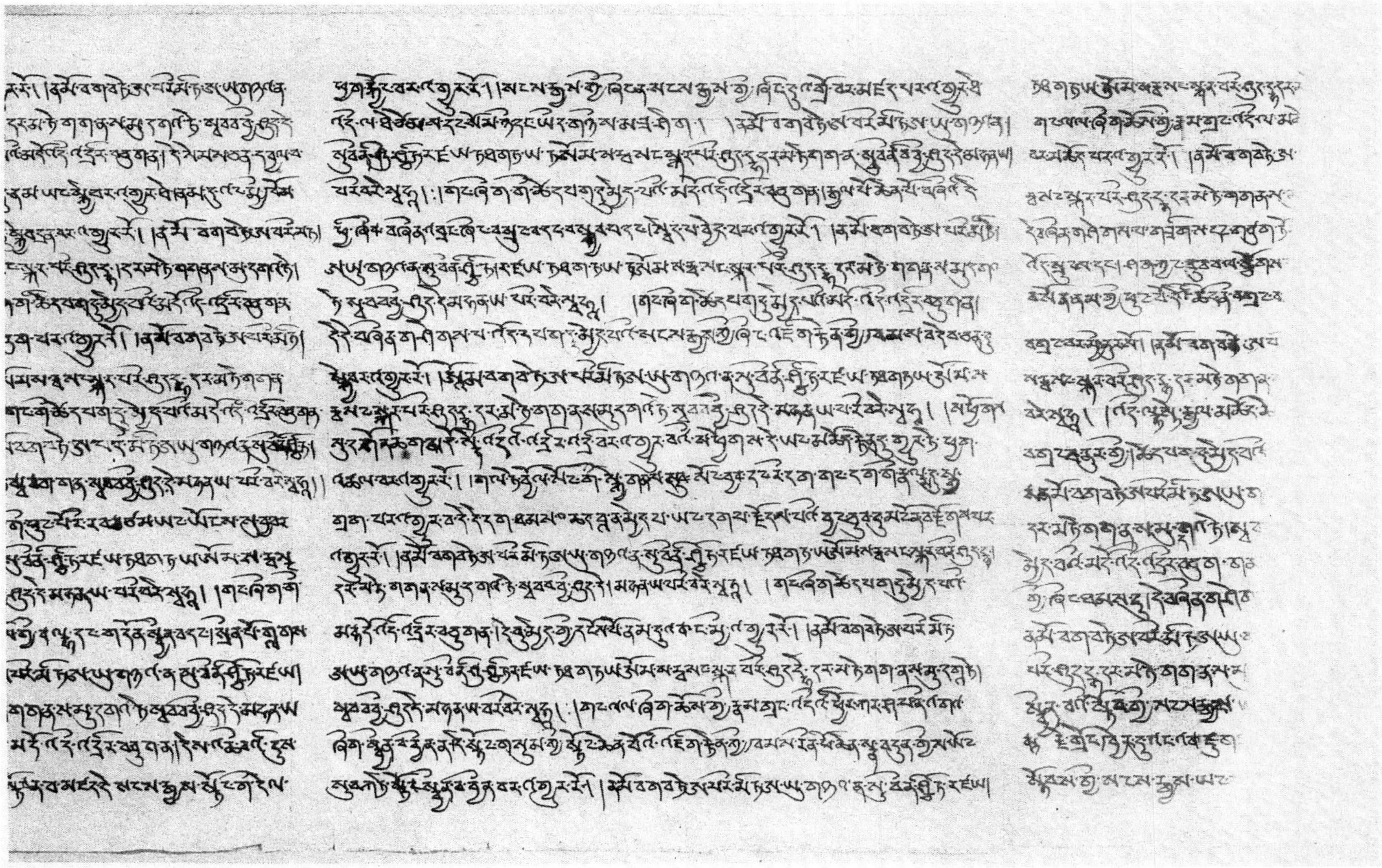

BD14343 號 2　藏文（無量壽宗要經甲本）　　（24–10）

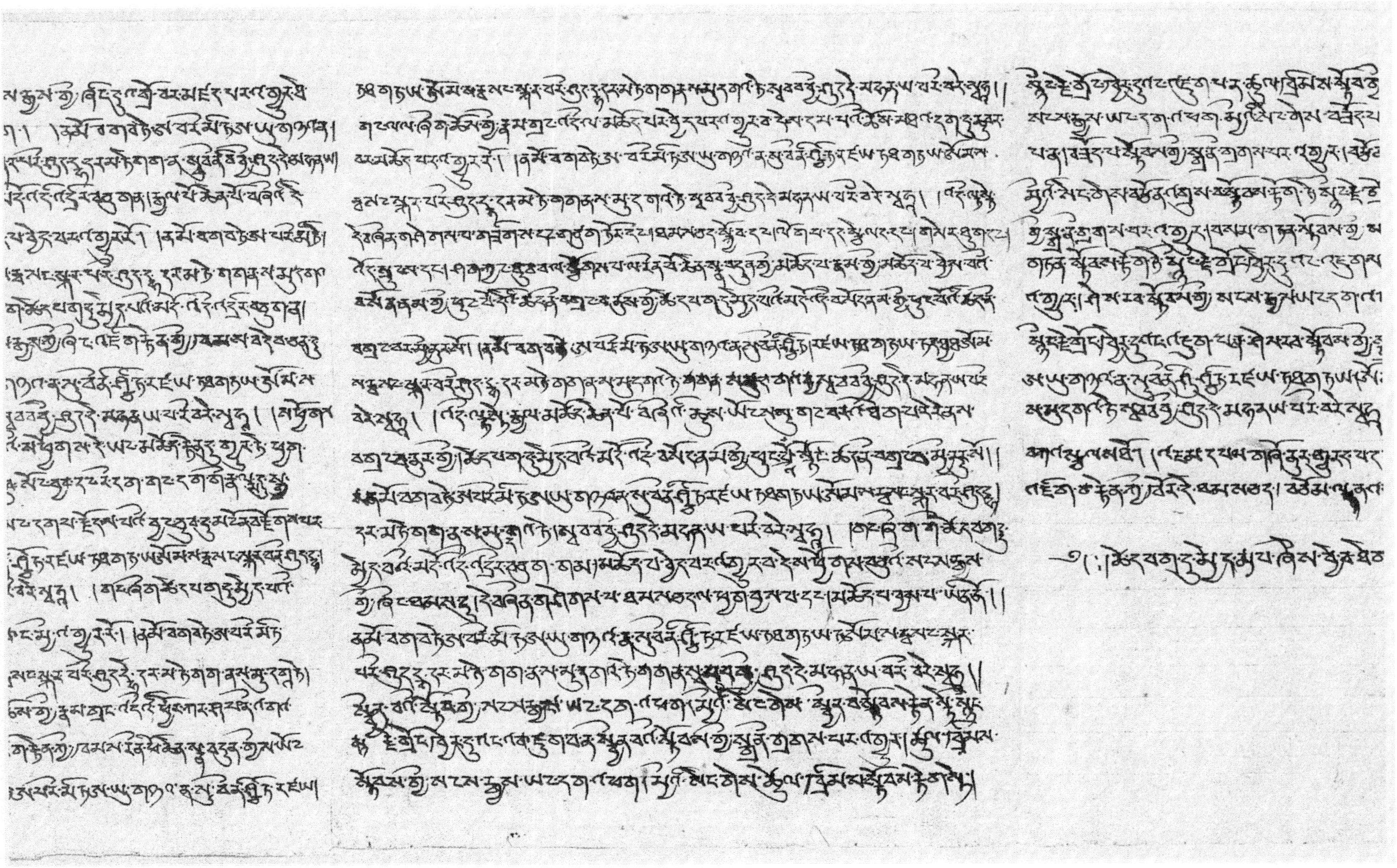

BD14343 號 2　藏文（無量壽宗要經甲本）　（24–11）

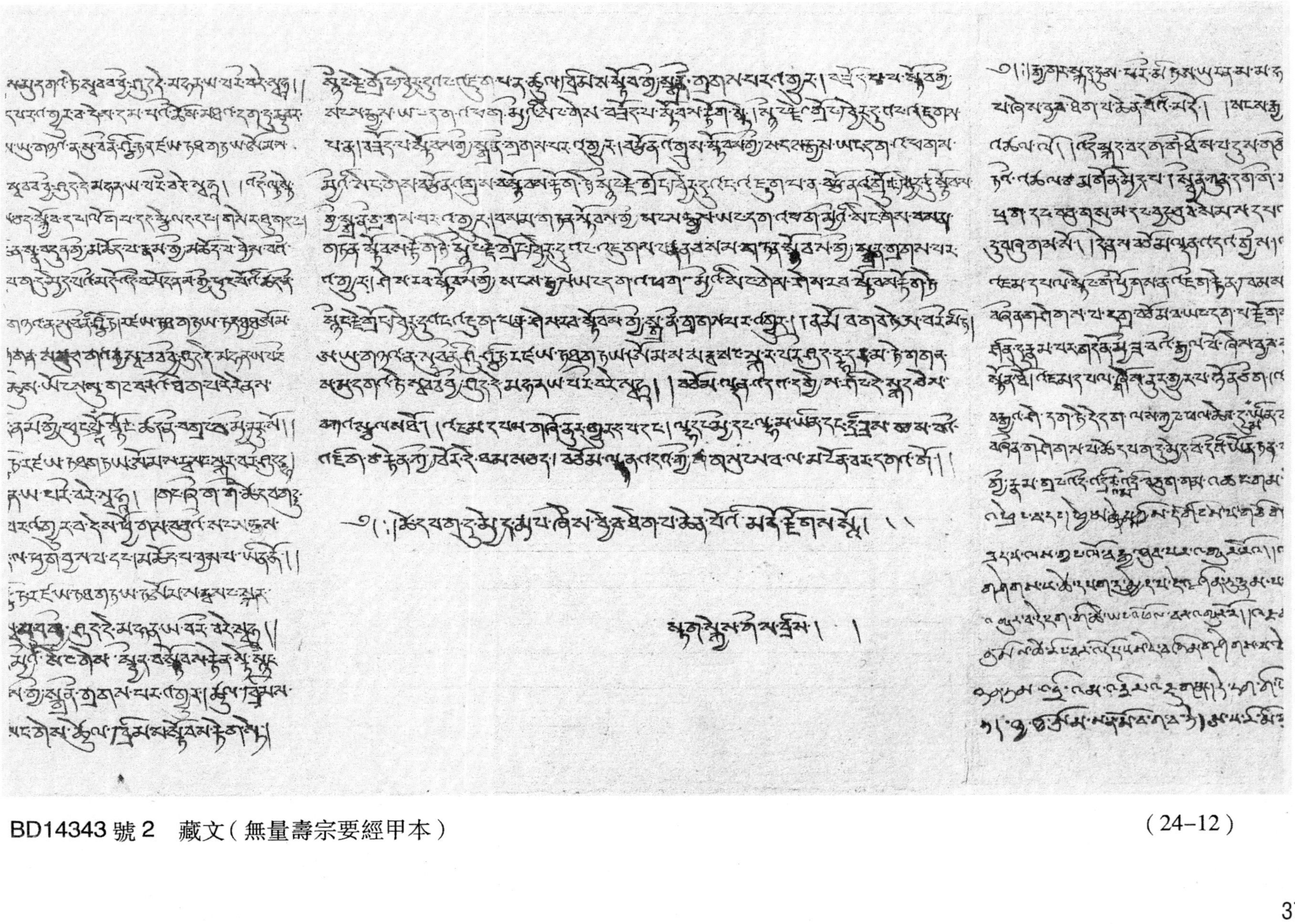

BD14343 號 2　藏文（無量壽宗要經甲本）　（24–12）

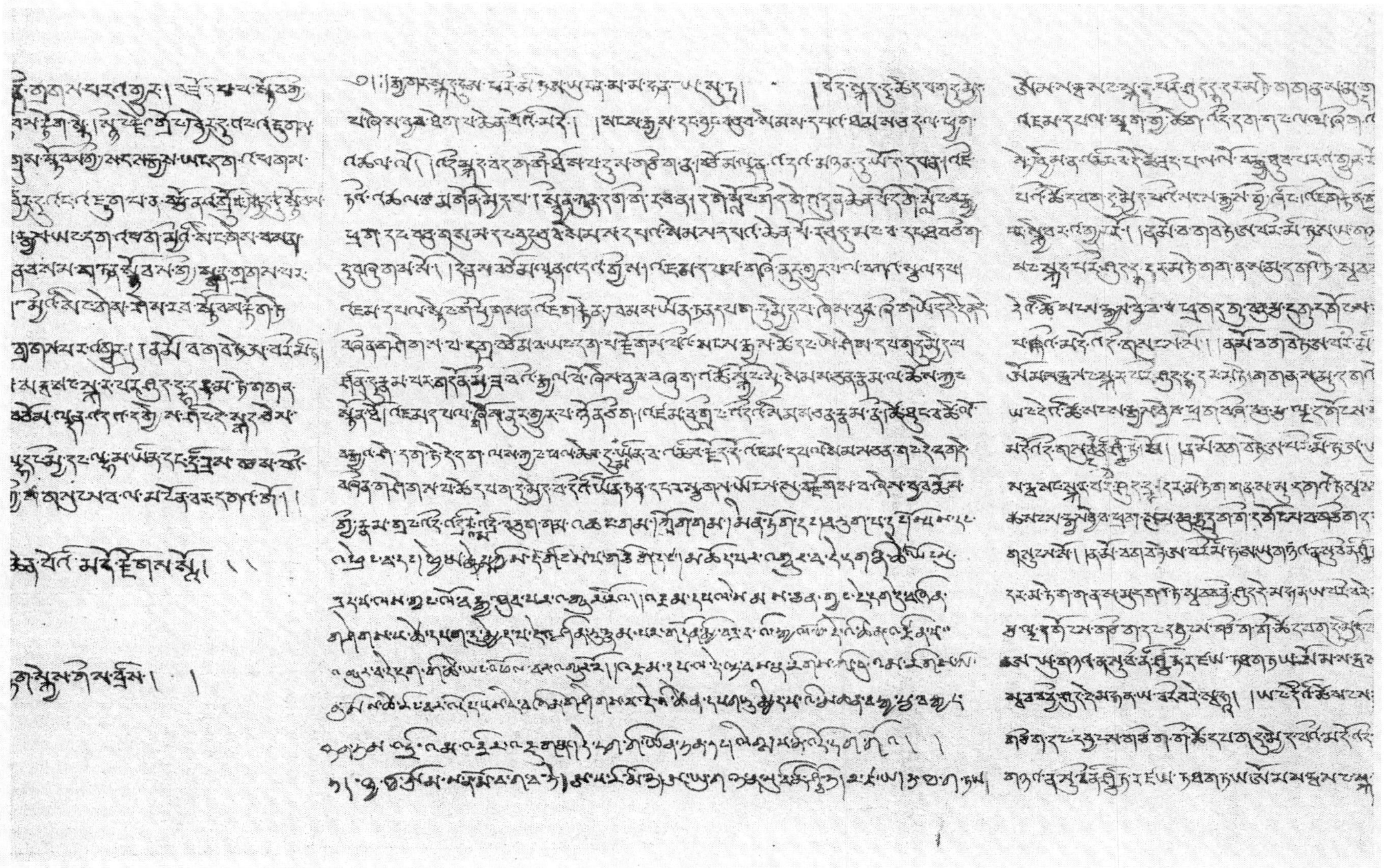

BD14343 號 3　藏文（無量壽宗要經甲本）　　（24–13）

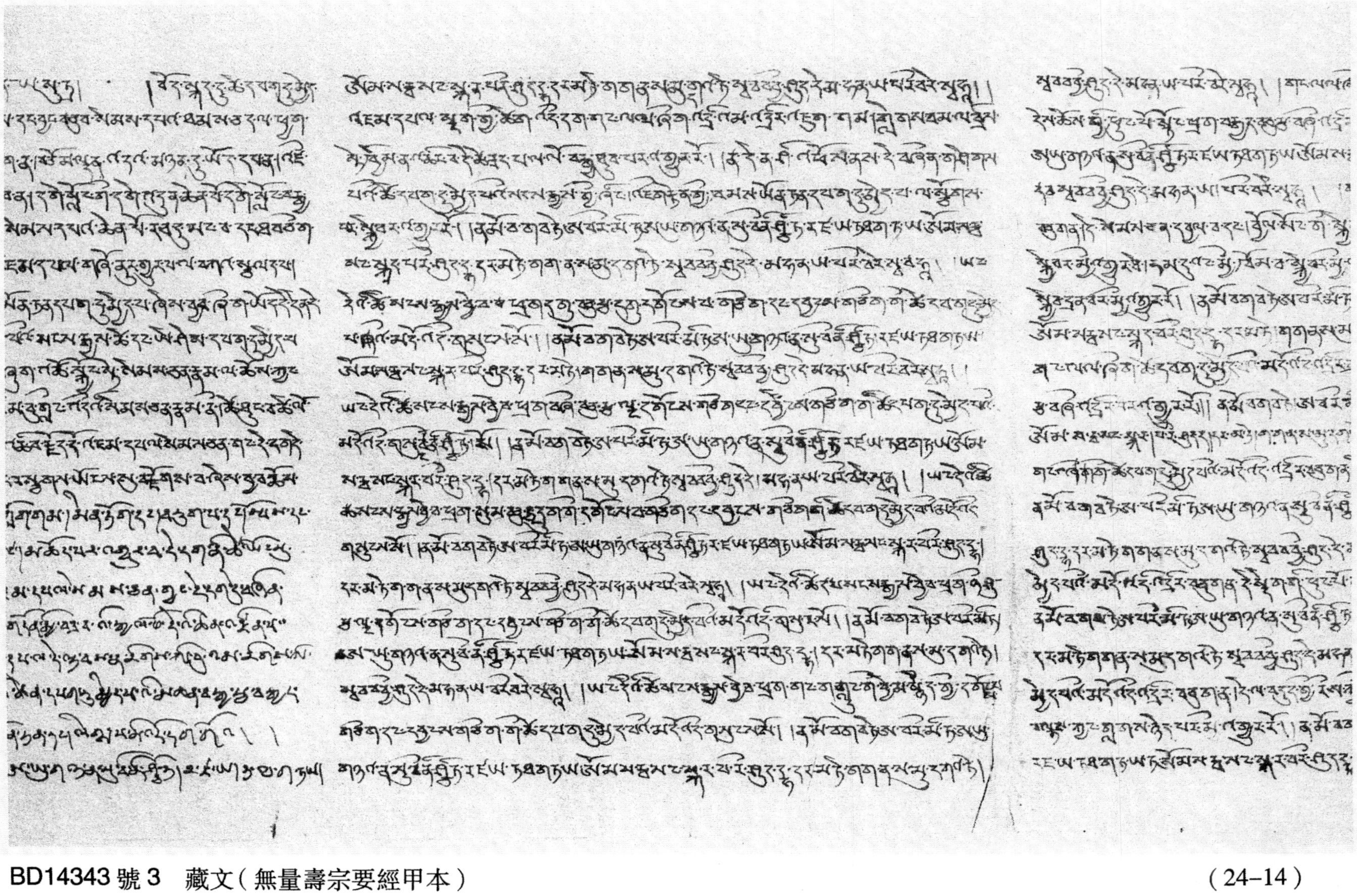

BD14343 號 3　藏文（無量壽宗要經甲本）　　（24–14）

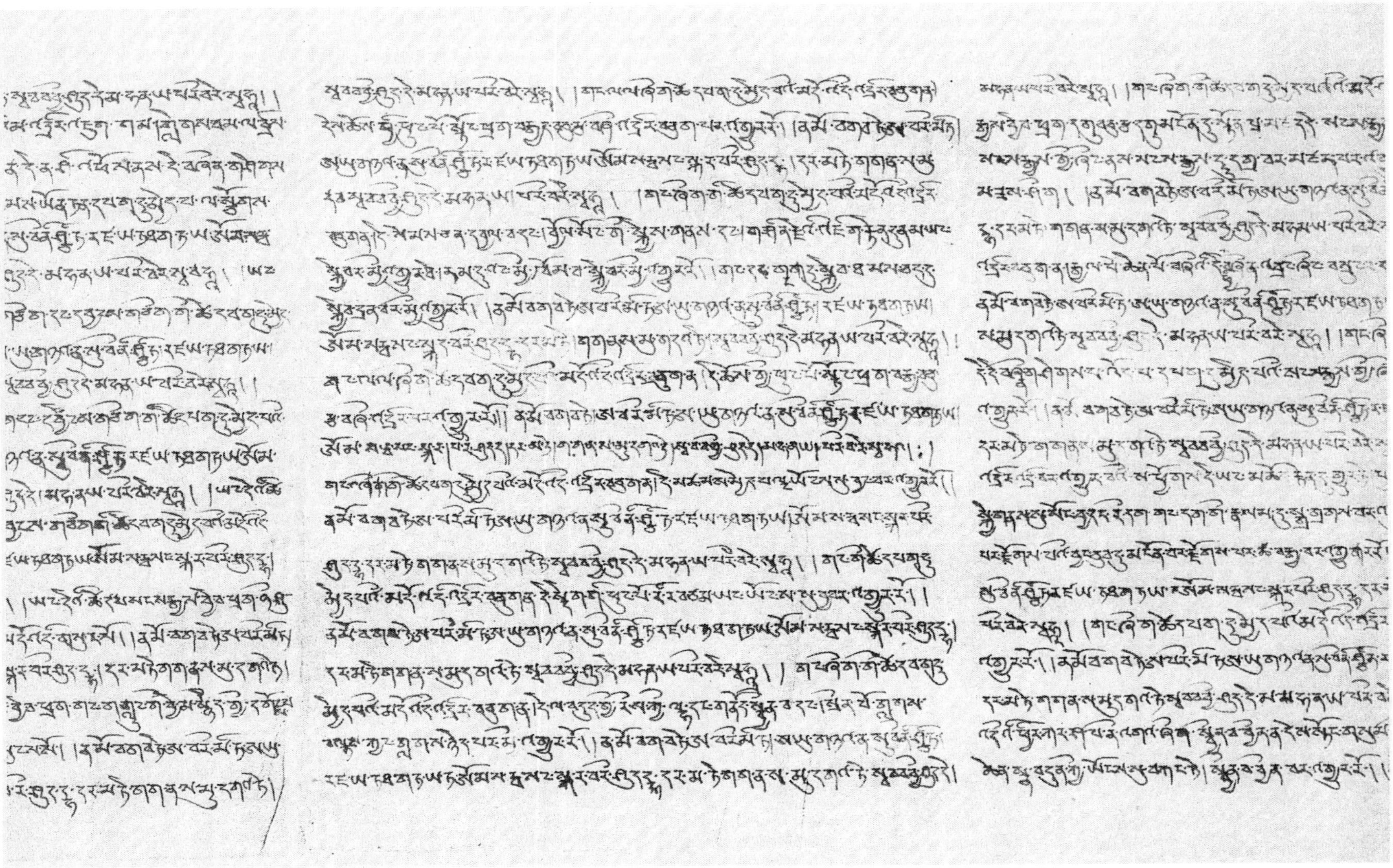

BD14343 號 3　藏文(無量壽宗要經甲本)　　（24–15）

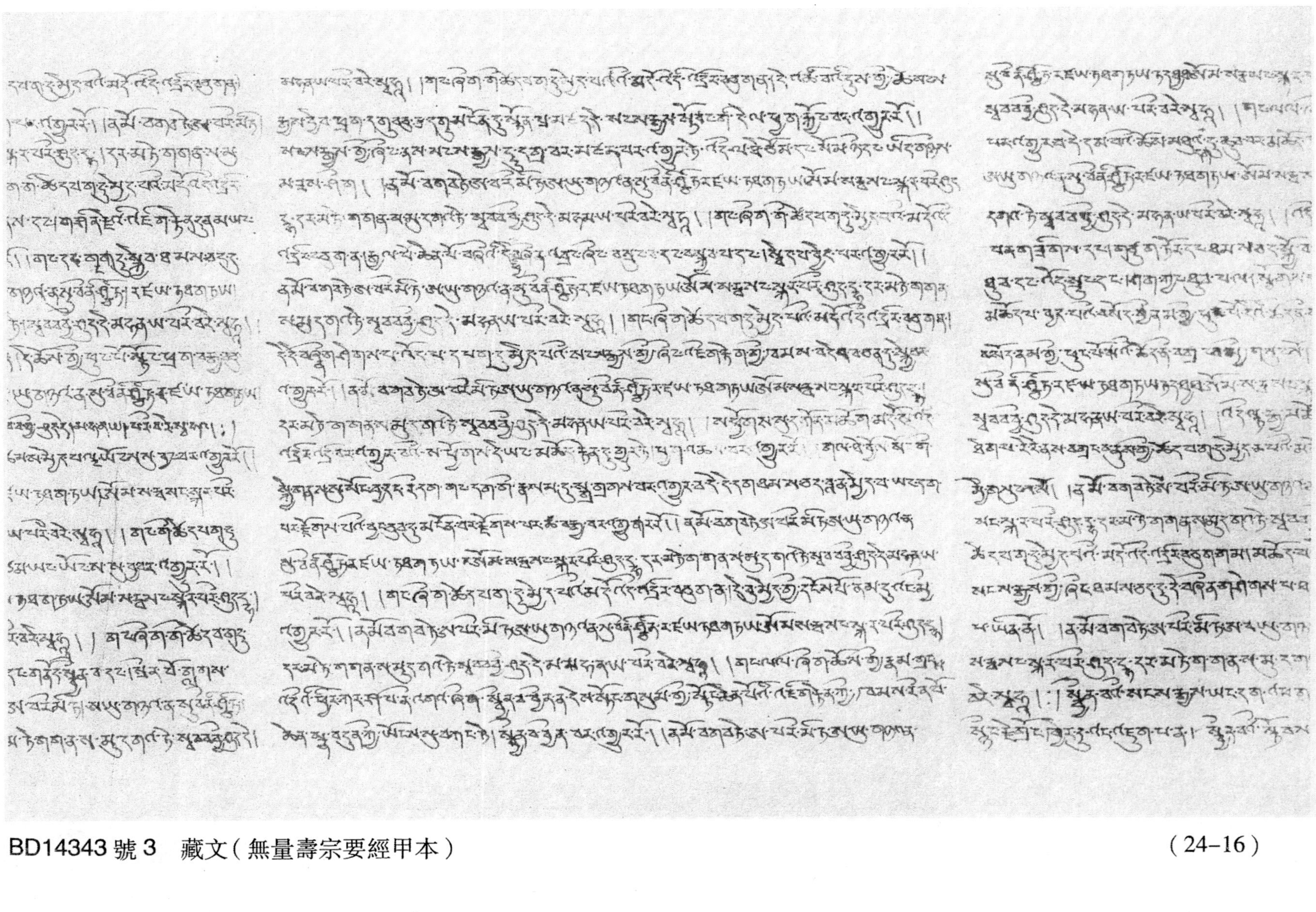

BD14343 號 3　藏文(無量壽宗要經甲本)　　（24–16）

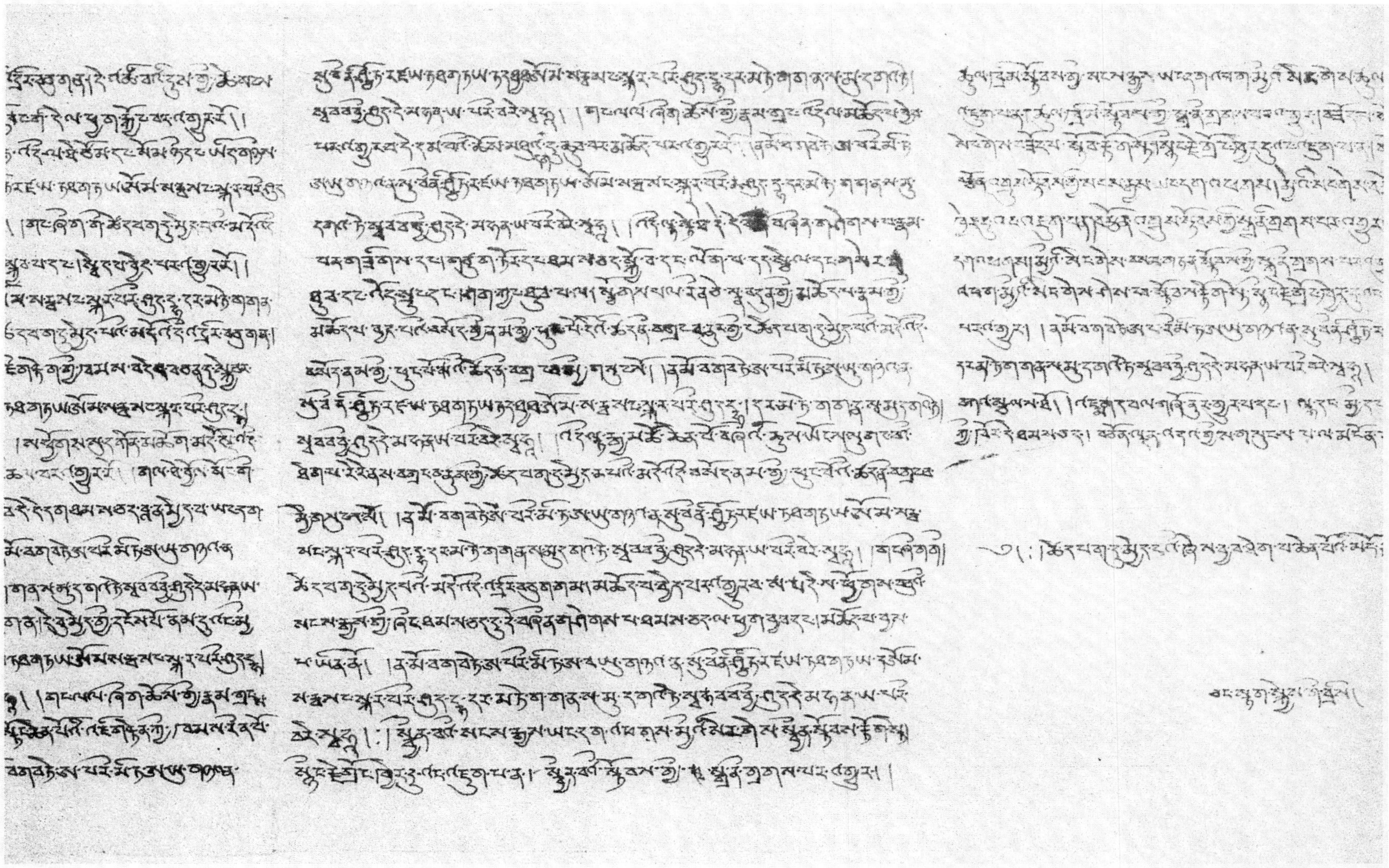

BD14343 號 3　藏文（無量壽宗要經甲本）　　（24–17）

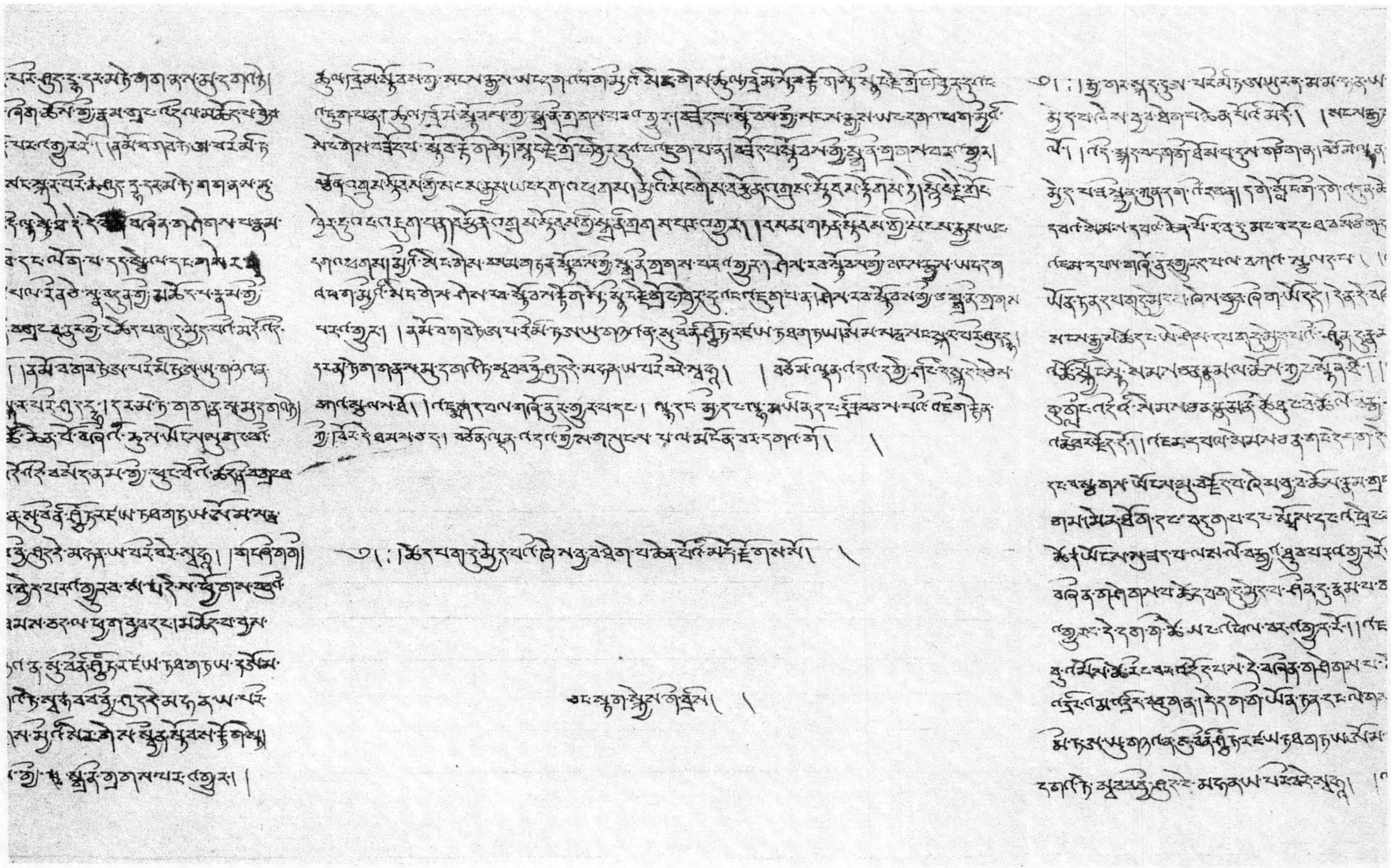

BD14343 號 3　藏文（無量壽宗要經甲本）　　（24–18）

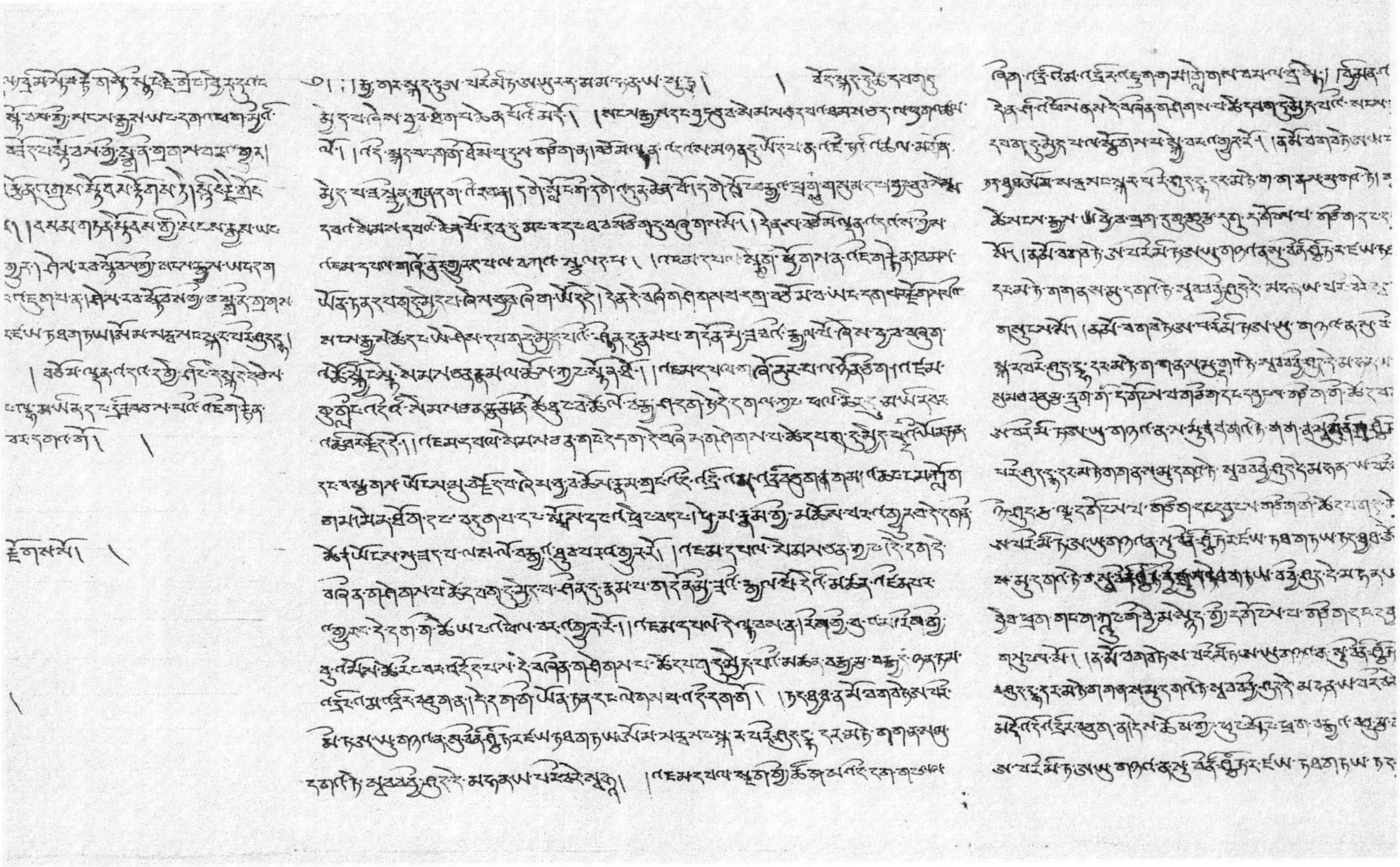

BD14343 號 4　藏文（無量壽宗要經甲本）　　（24–19）

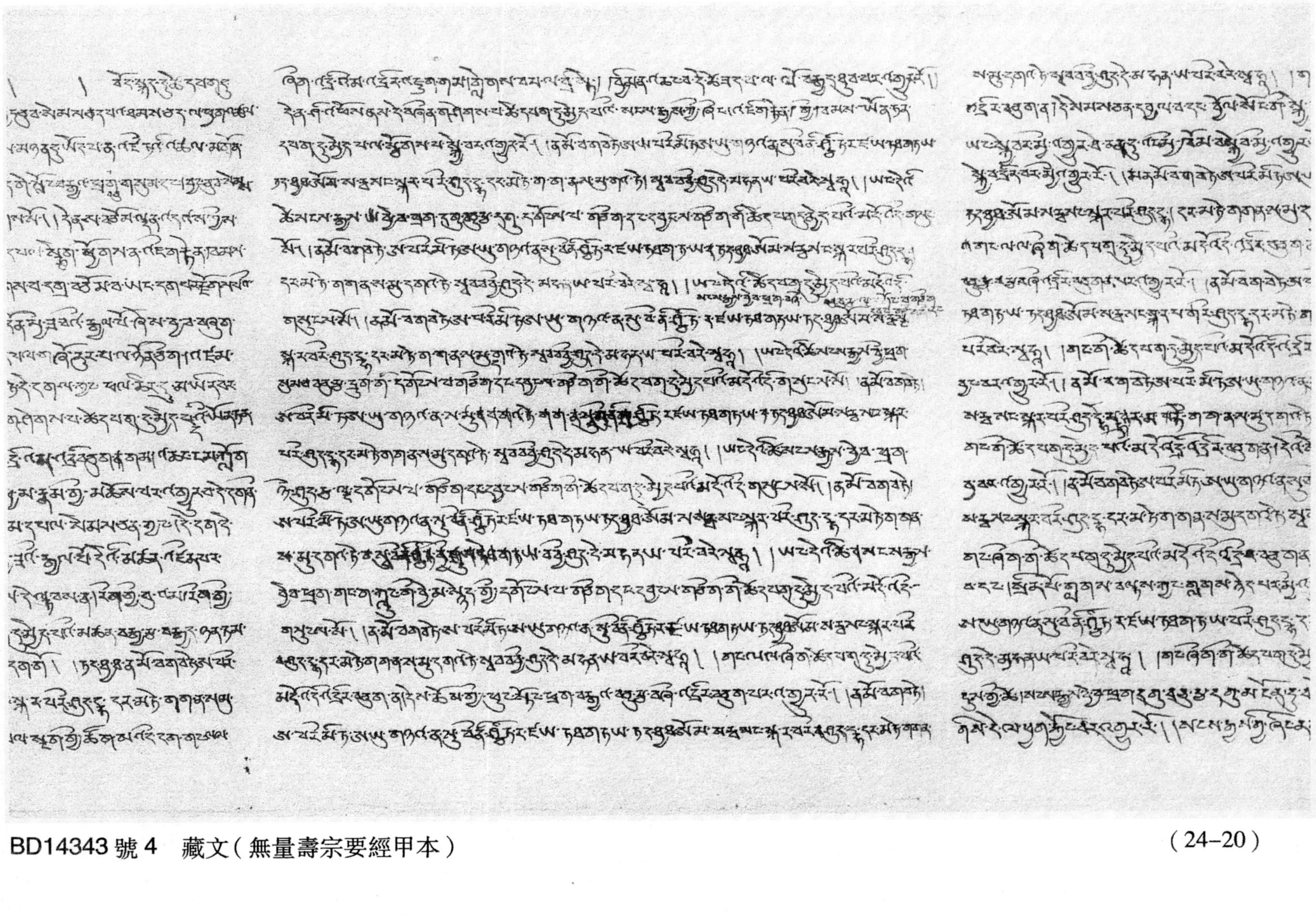

BD14343 號 4　藏文（無量壽宗要經甲本）　　（24–20）

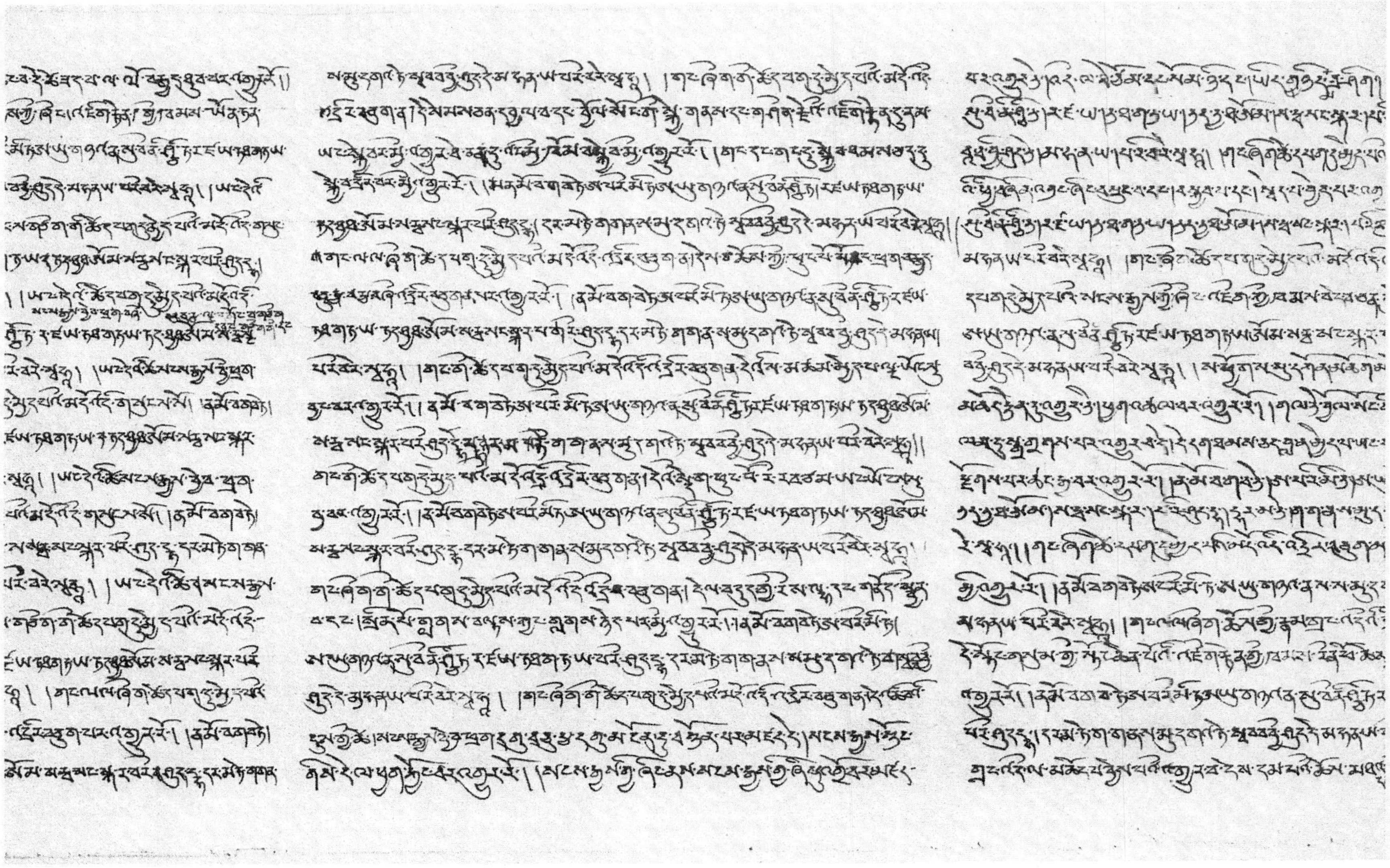

BD14343 號 4　藏文（無量壽宗要經甲本）　　（24–21）

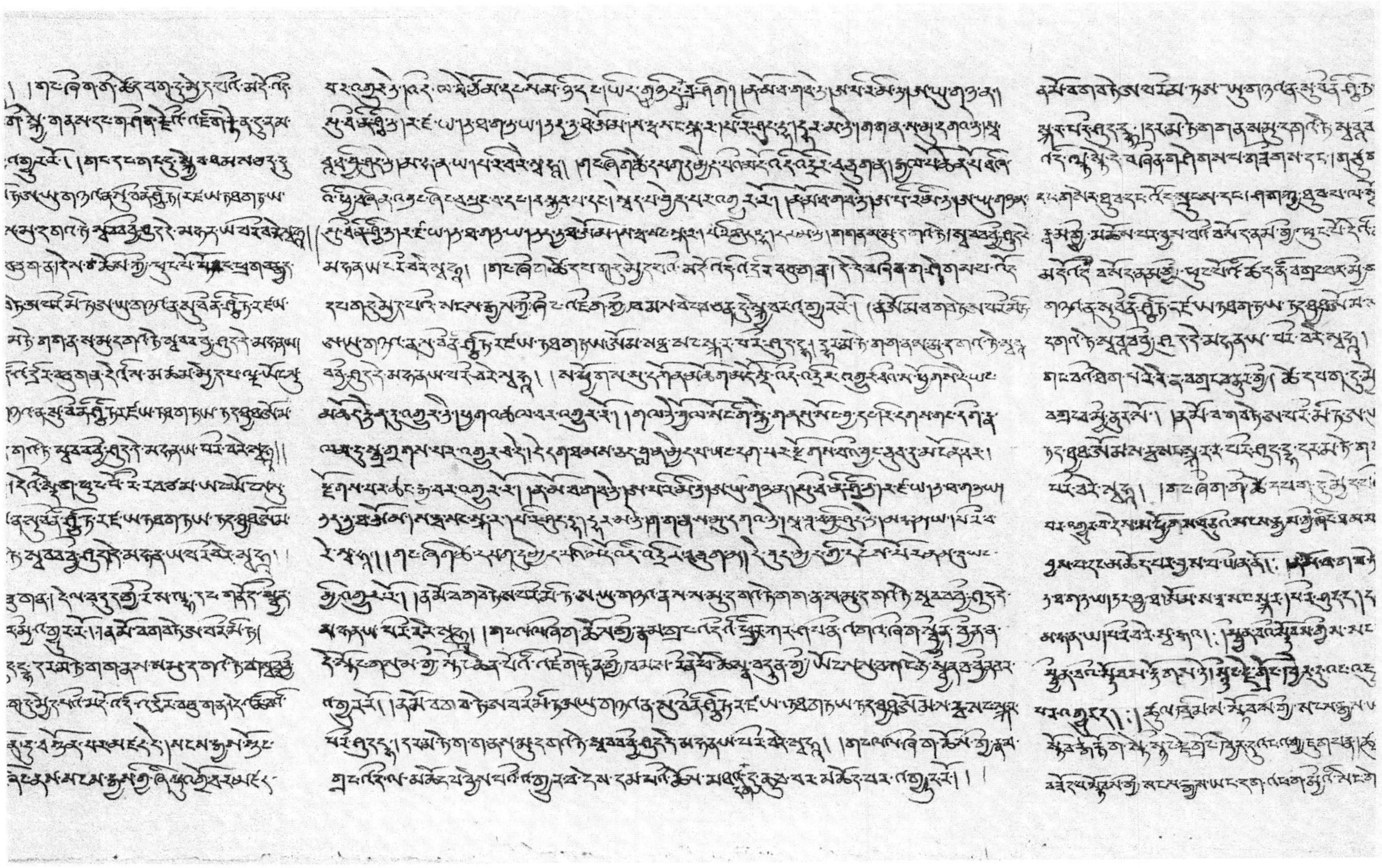

BD14343 號 4　藏文（無量壽宗要經甲本）　　（24–22）

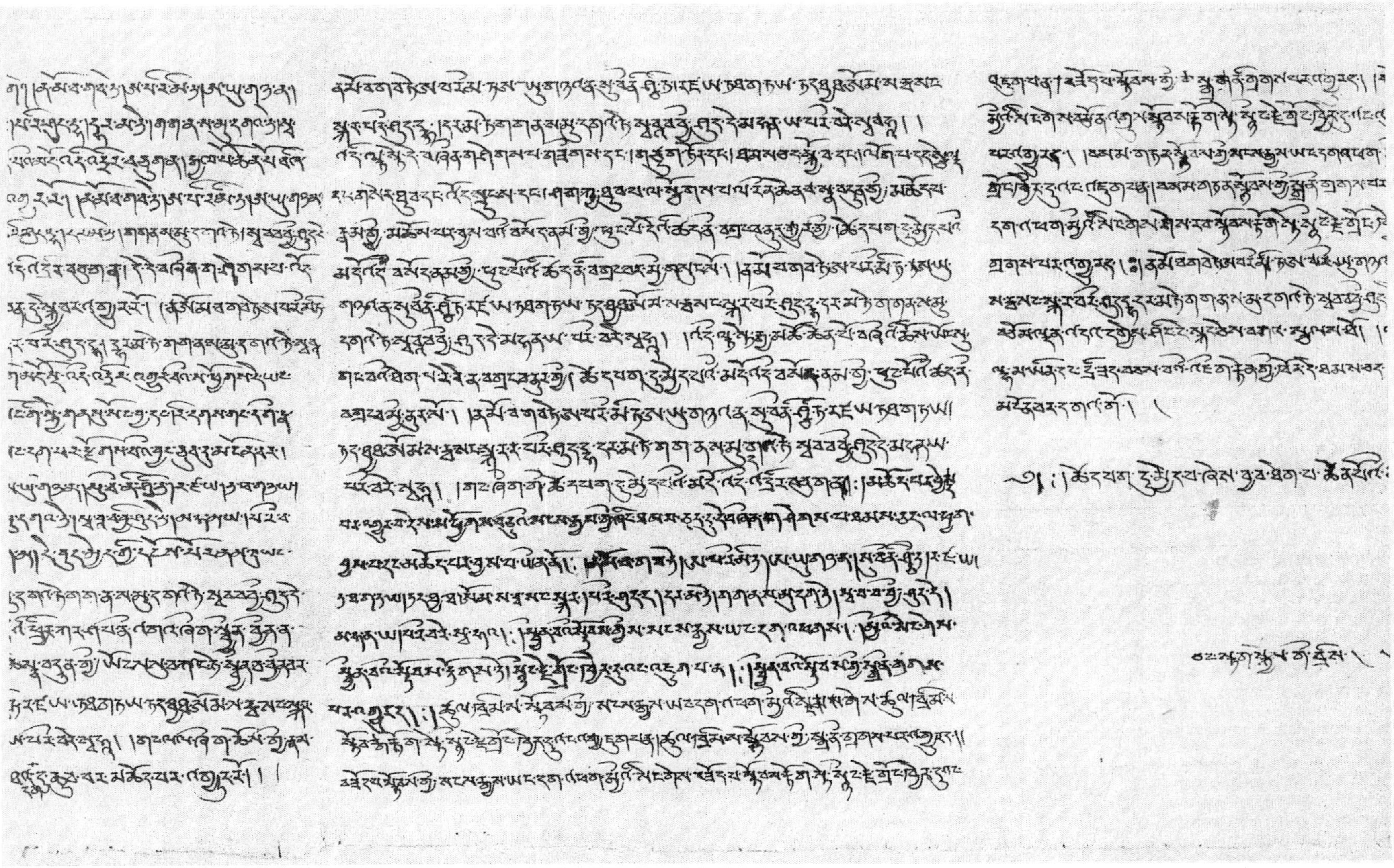

BD14343 號 4　藏文（無量壽宗要經甲本）　（24–23）

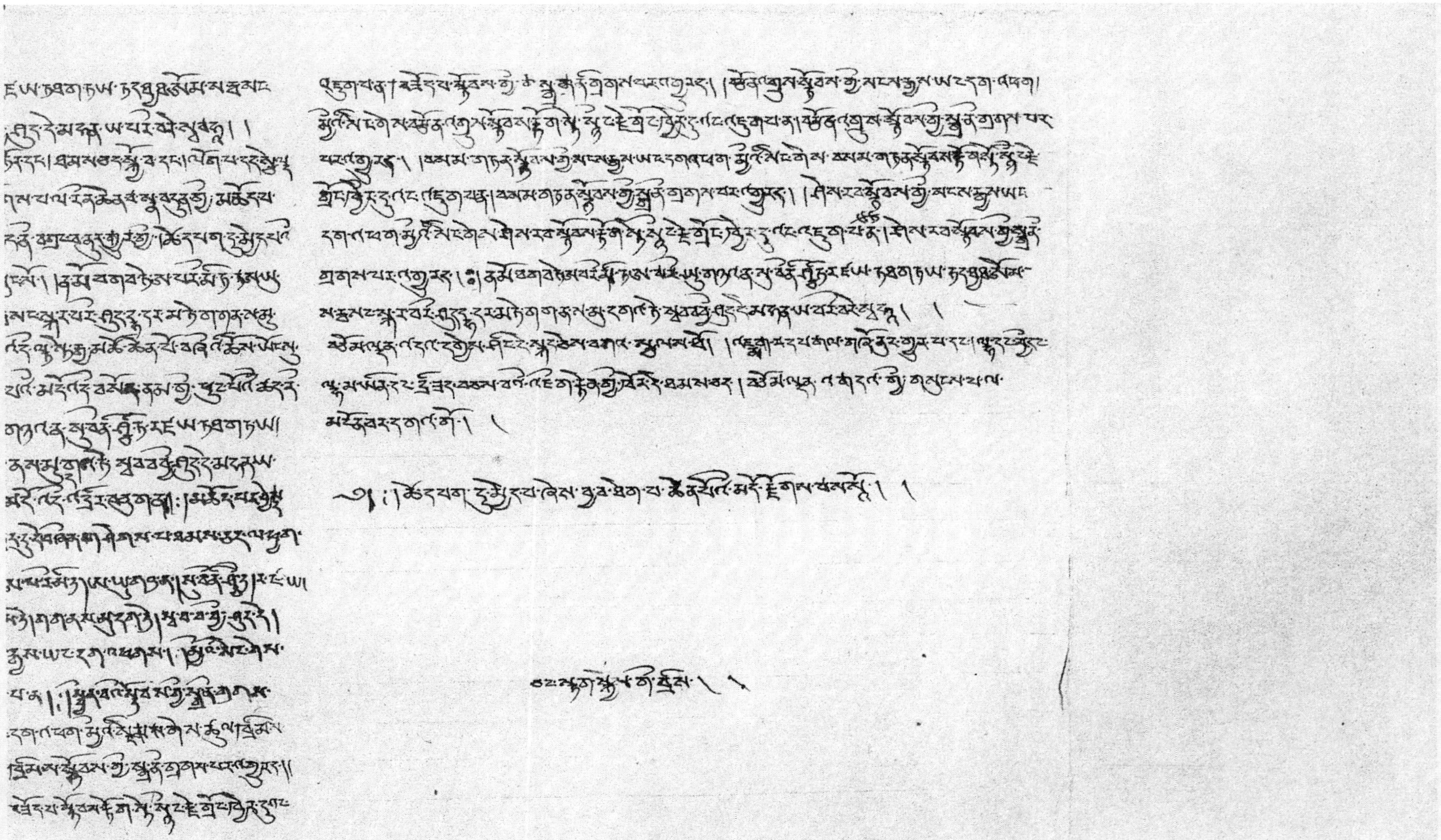

BD14343 號 4　藏文（無量壽宗要經甲本）　（24–24）

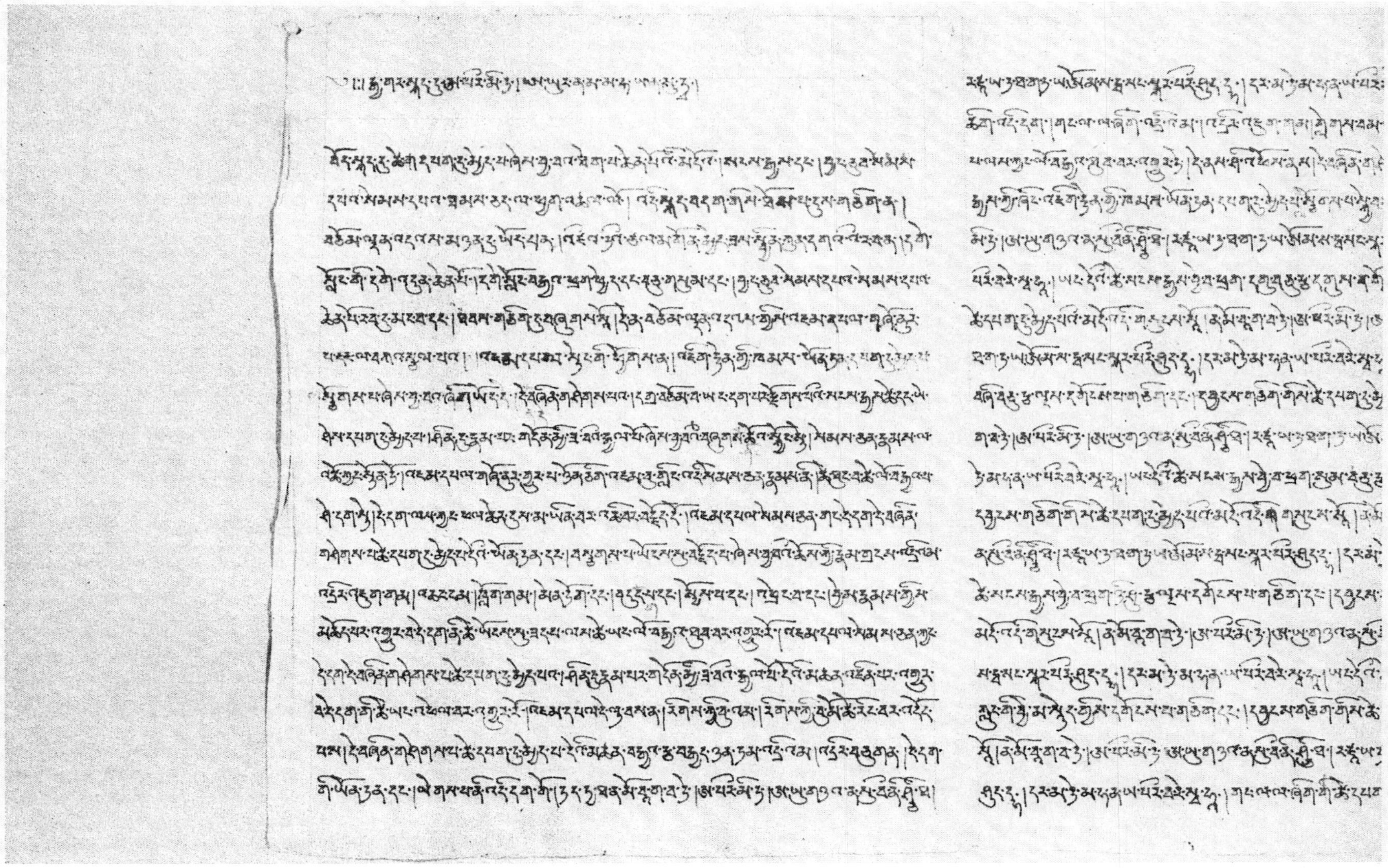

BD14344 號　藏文（無量壽宗要經乙本）　　（6–1）

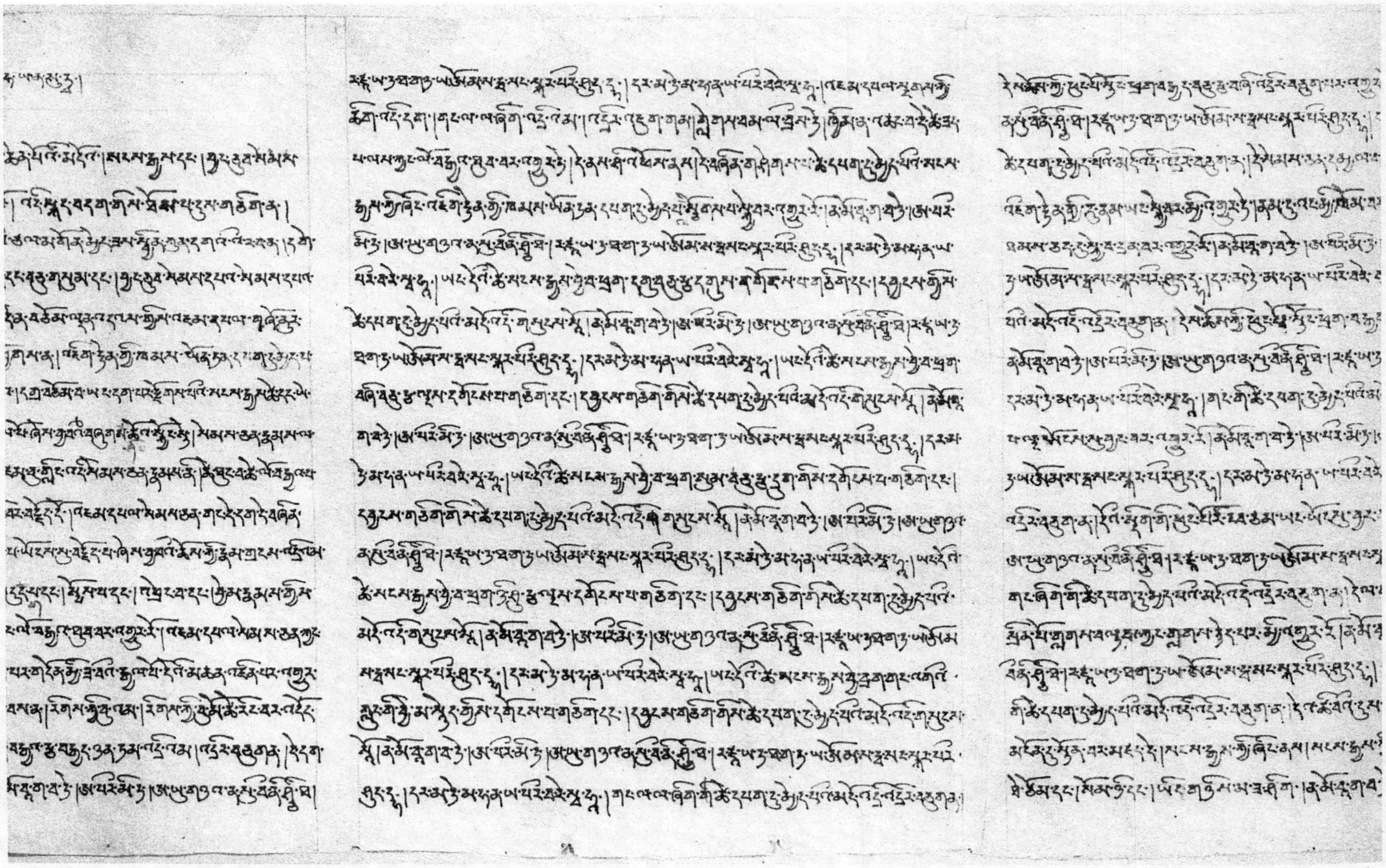

BD14344 號　藏文（無量壽宗要經乙本）　　（6–2）

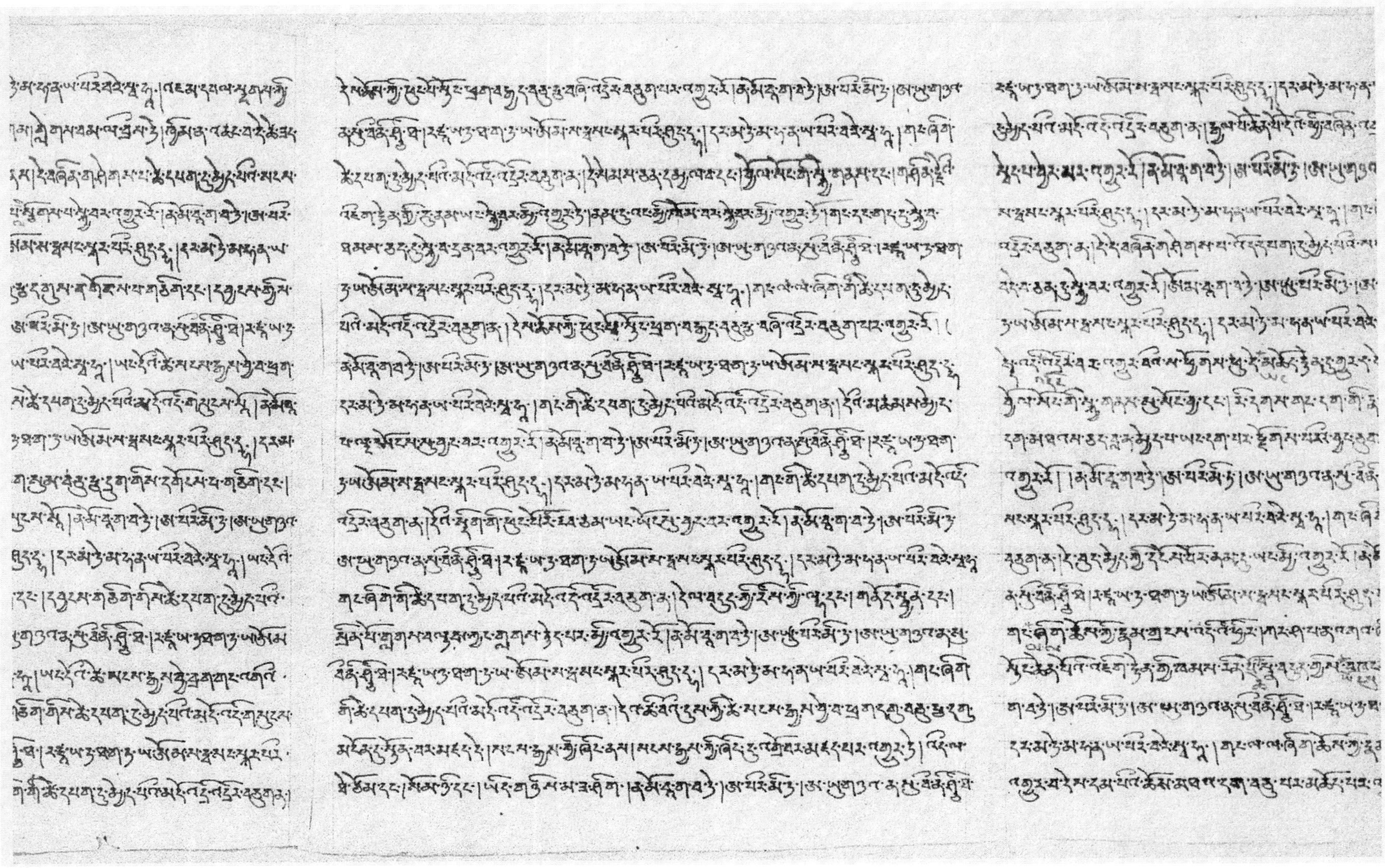

BD14344 號　藏文（無量壽宗要經乙本）　　（6–3）

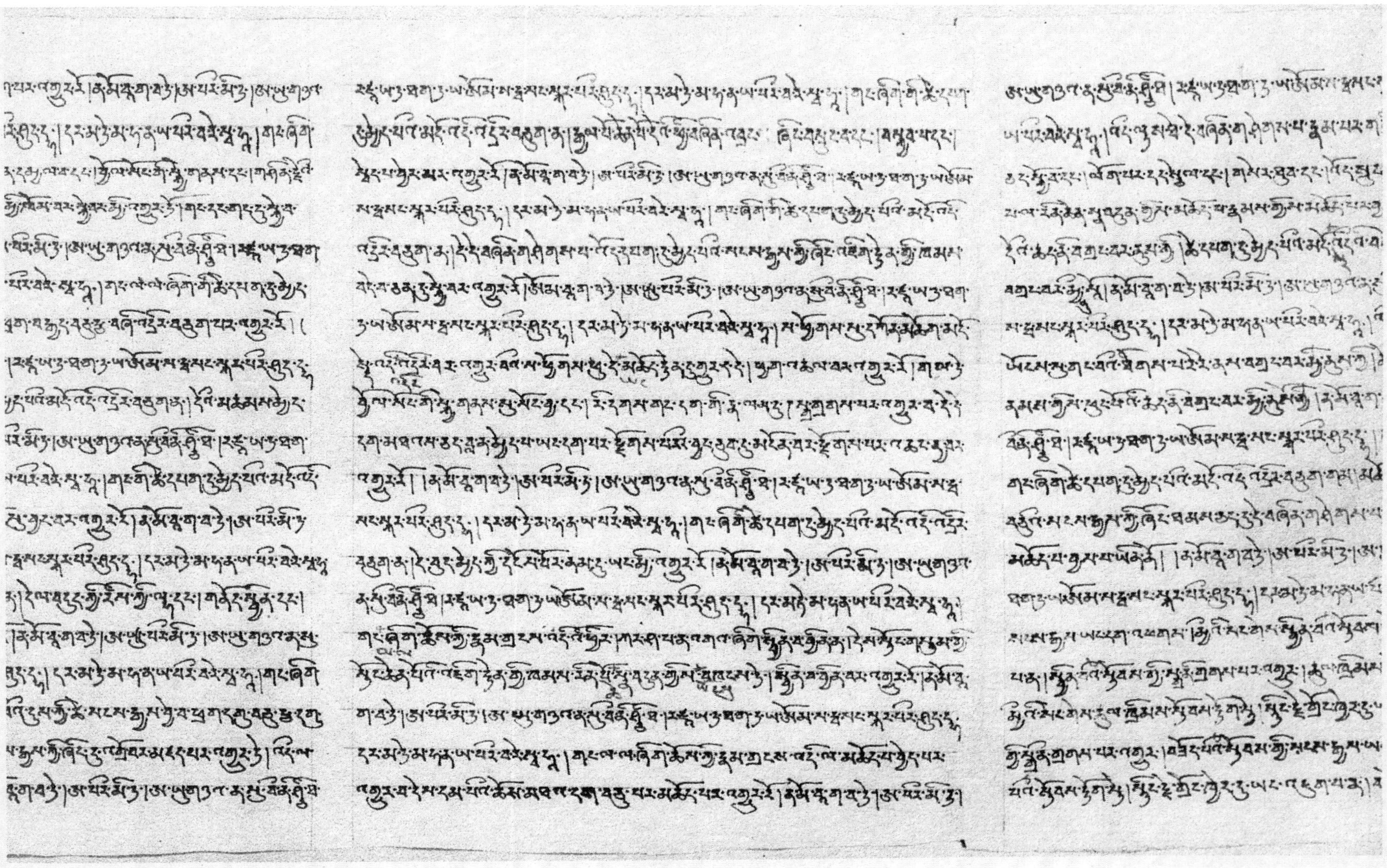

BD14344 號　藏文（無量壽宗要經乙本）　　（6–4）

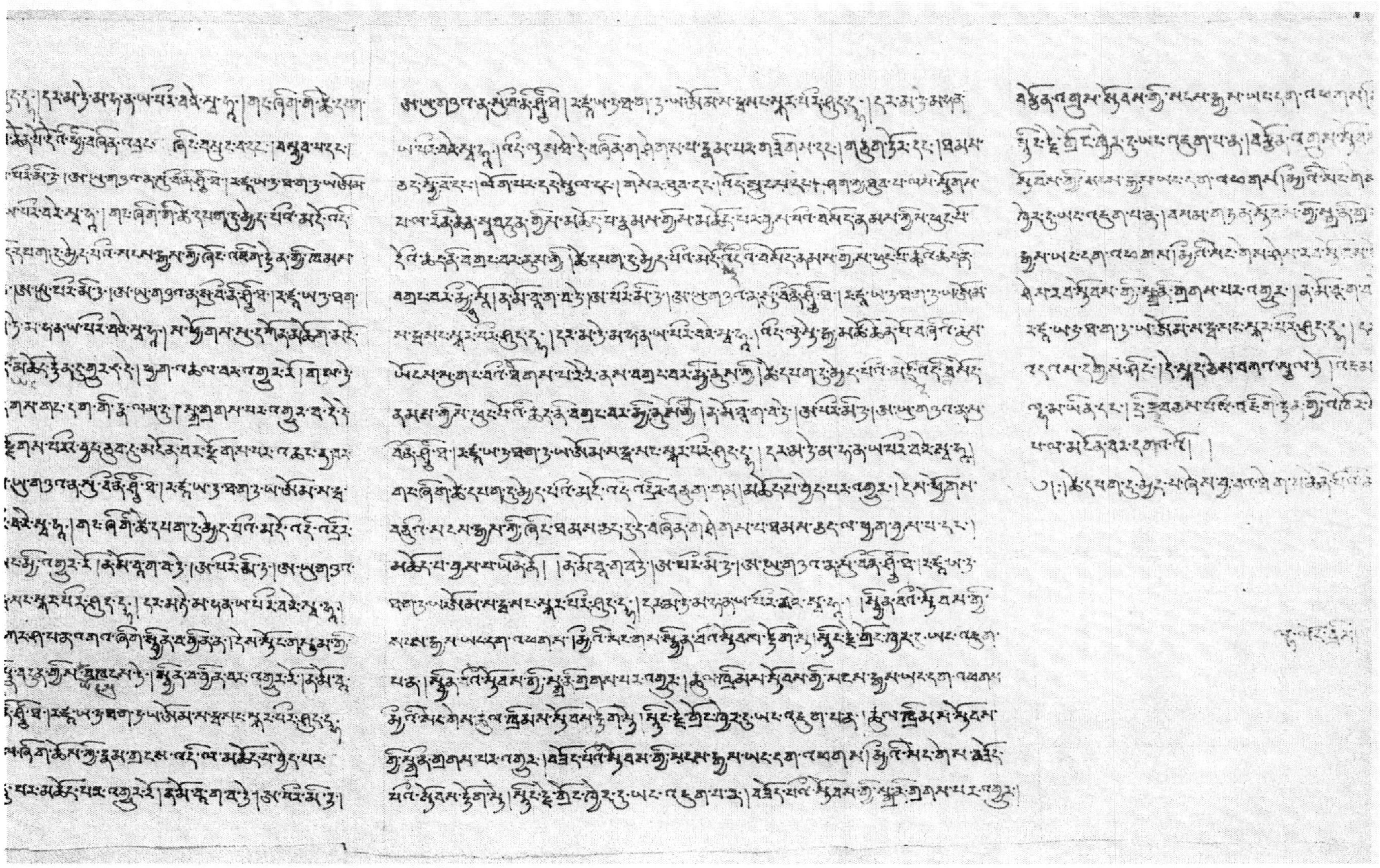

BD14344 號　藏文（無量壽宗要經乙本）　（6–5）

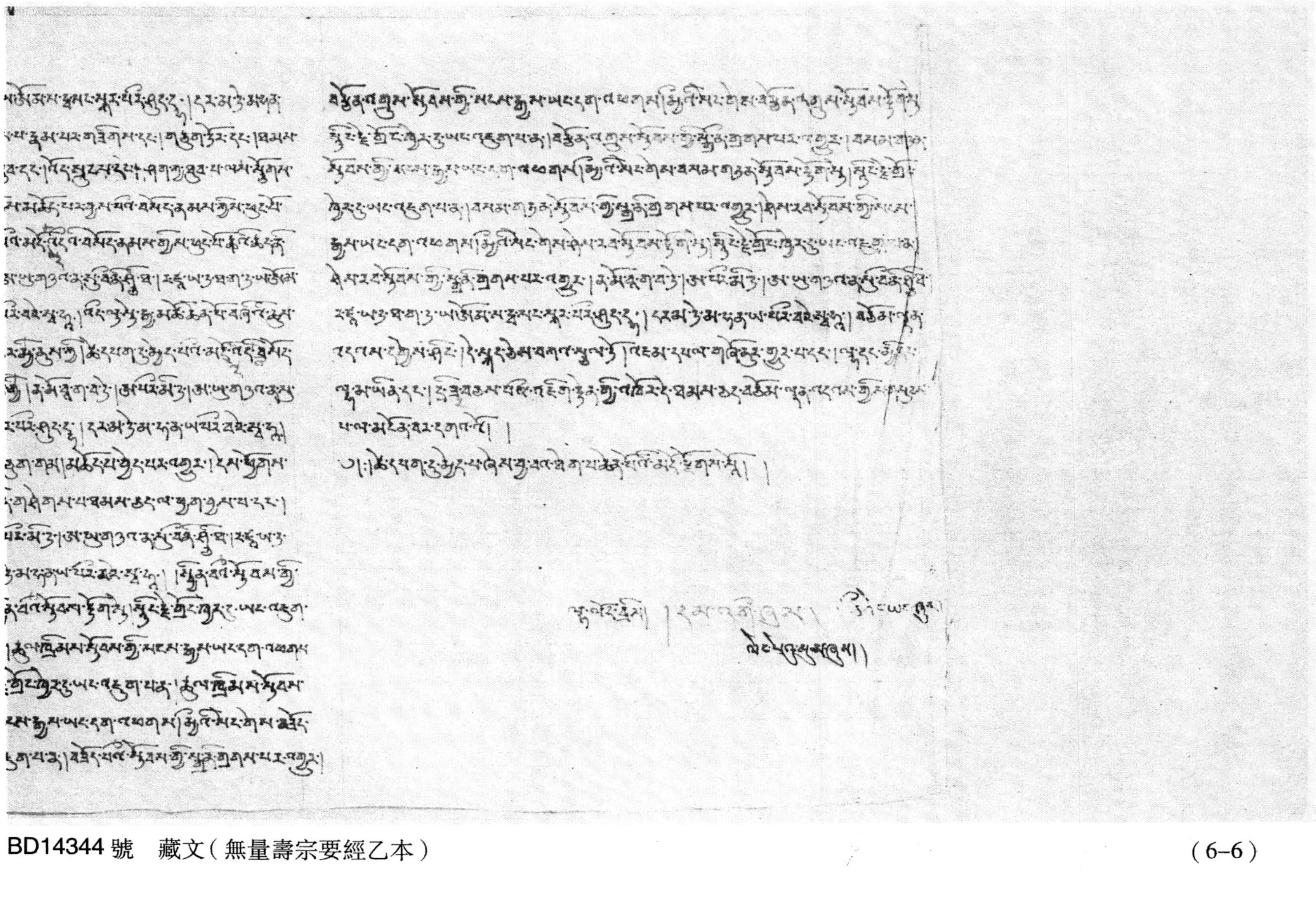

BD14344 號　藏文（無量壽宗要經乙本）　（6–6）

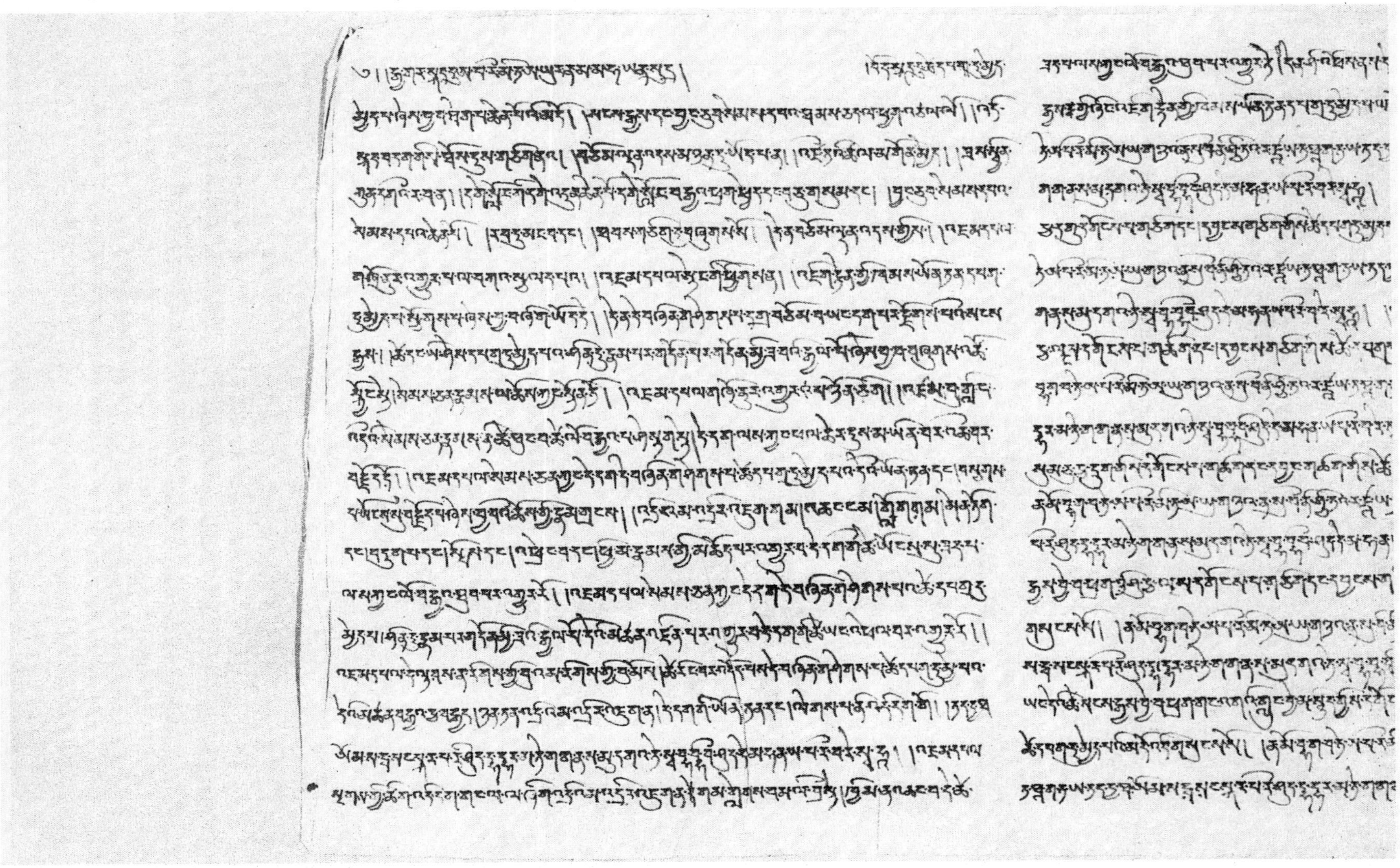

BD14345號 1　藏文（無量壽宗要經甲本）　（30–1）

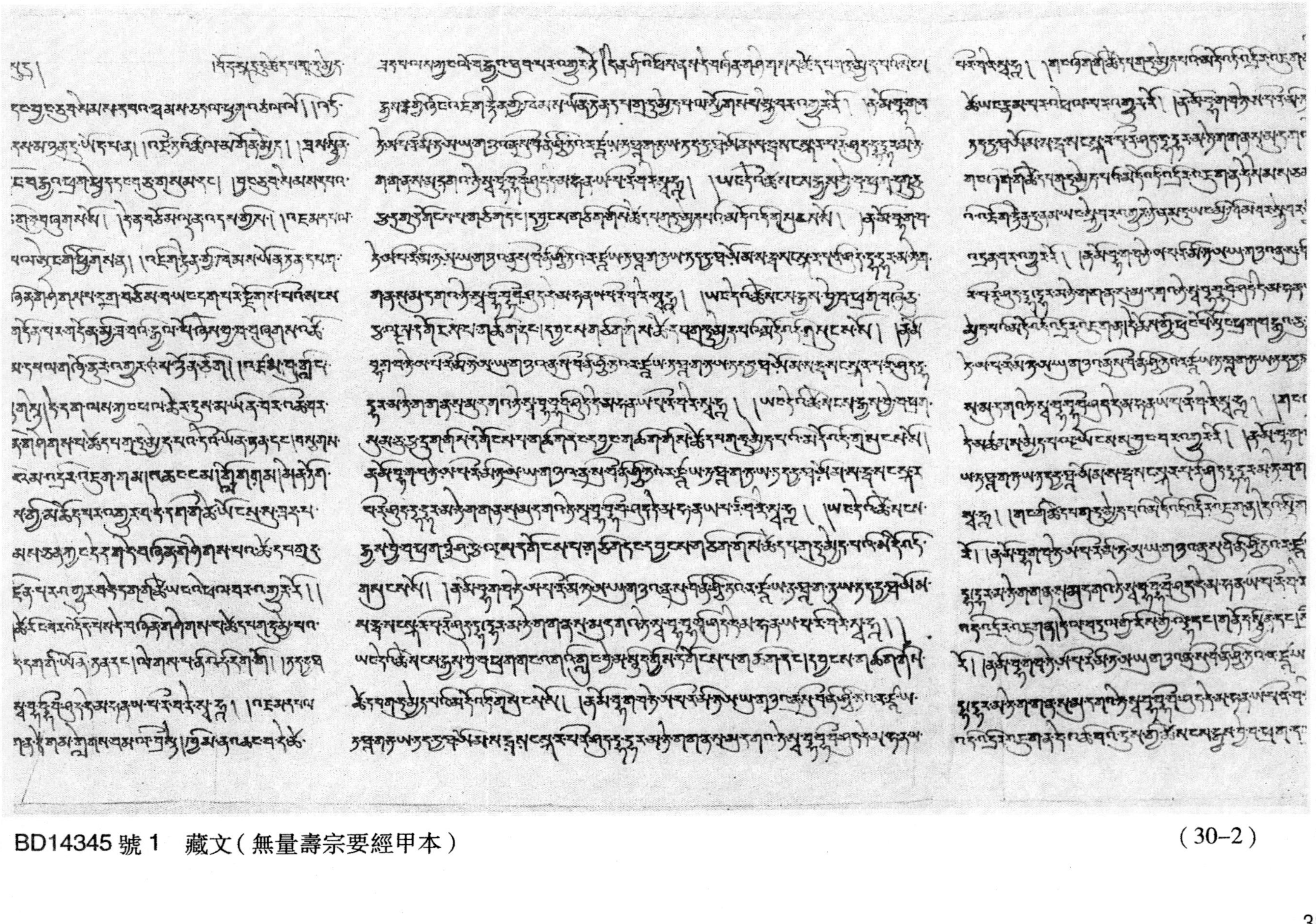

BD14345號 1　藏文（無量壽宗要經甲本）　（30–2）

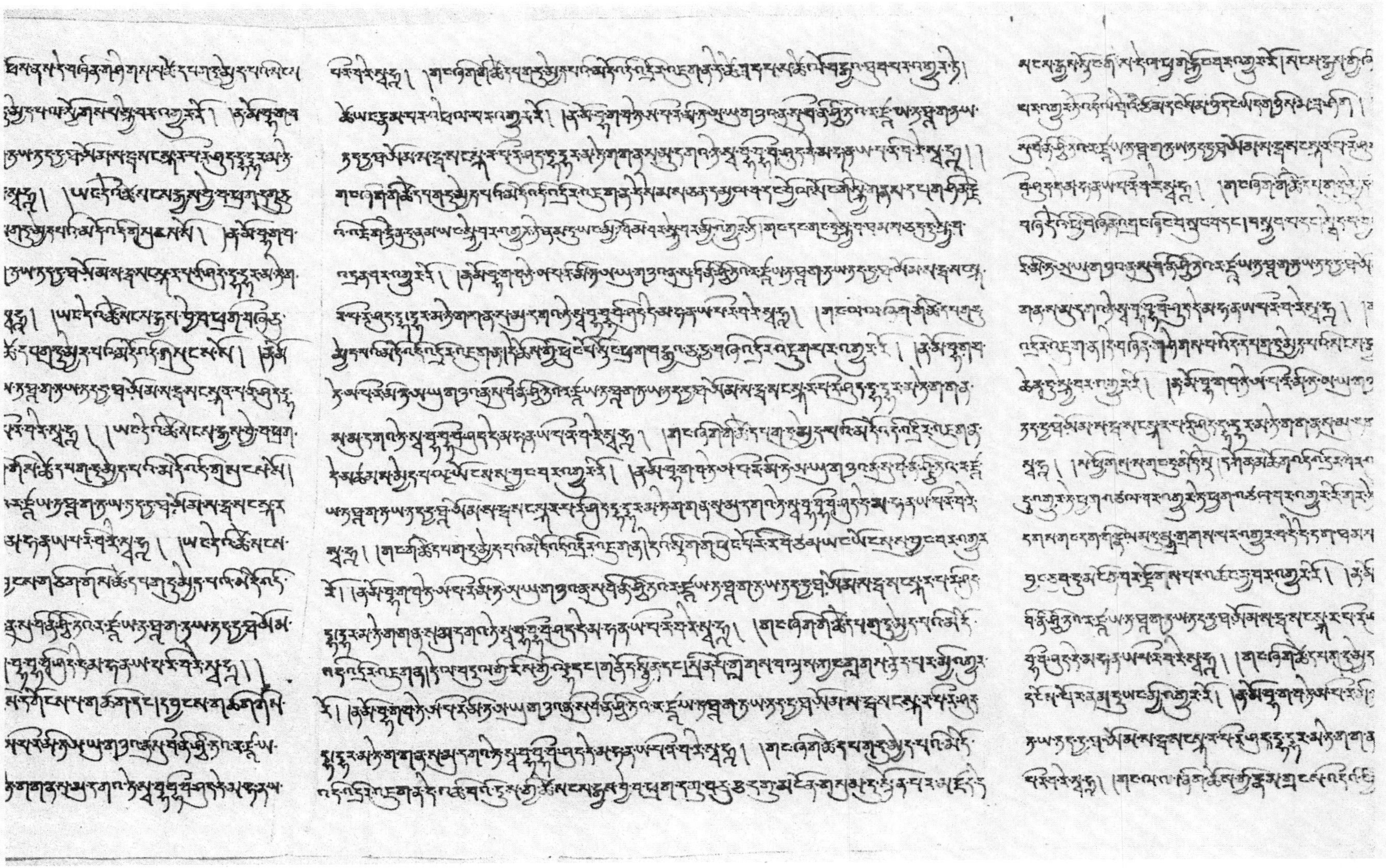

BD14345 號 1　藏文（無量壽宗要經甲本）　　（30–3）

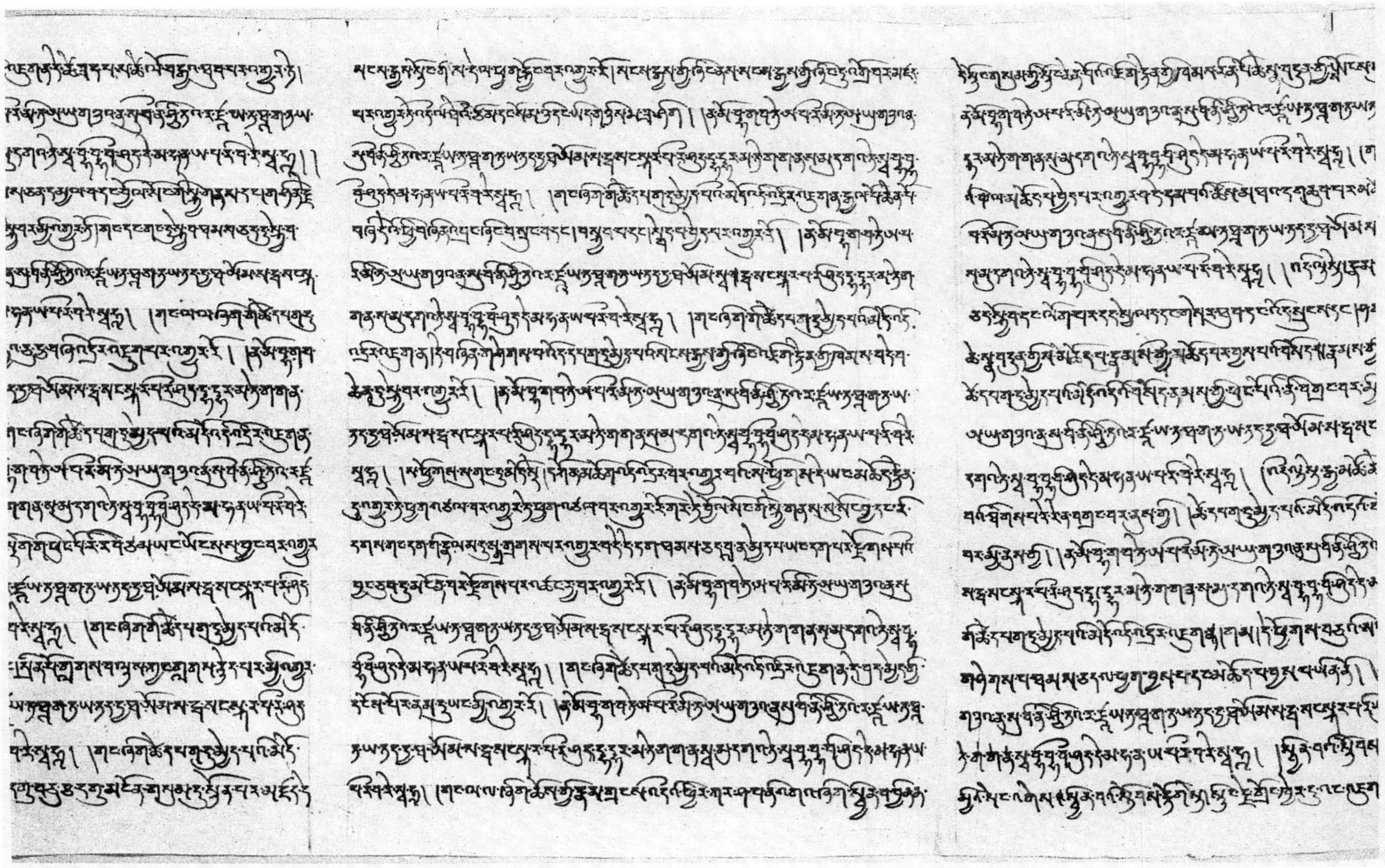

BD14345 號 1　藏文（無量壽宗要經甲本）　　（30–4）

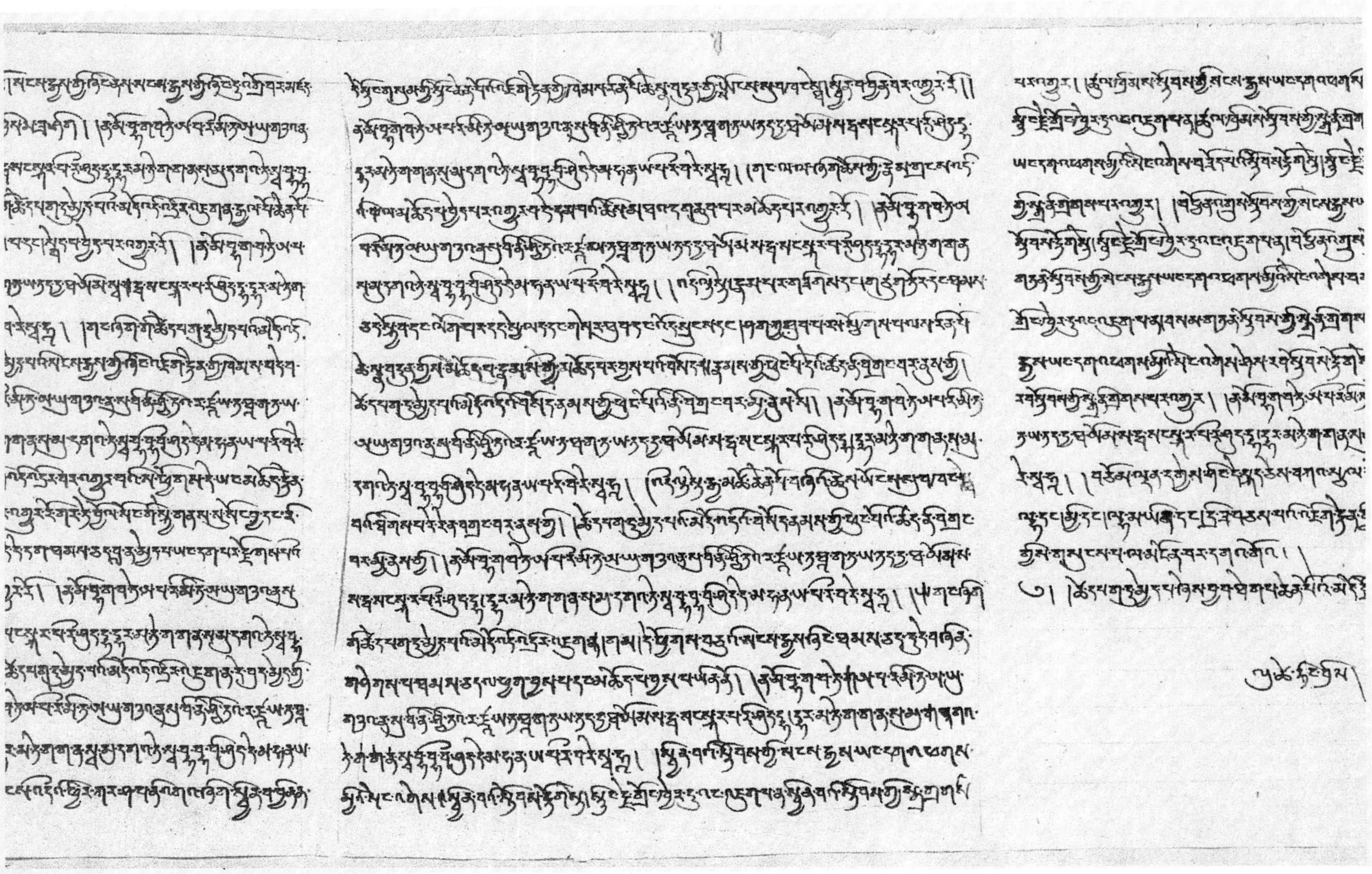

BD14345 號 1　藏文（無量壽宗要經甲本）　（30–5）

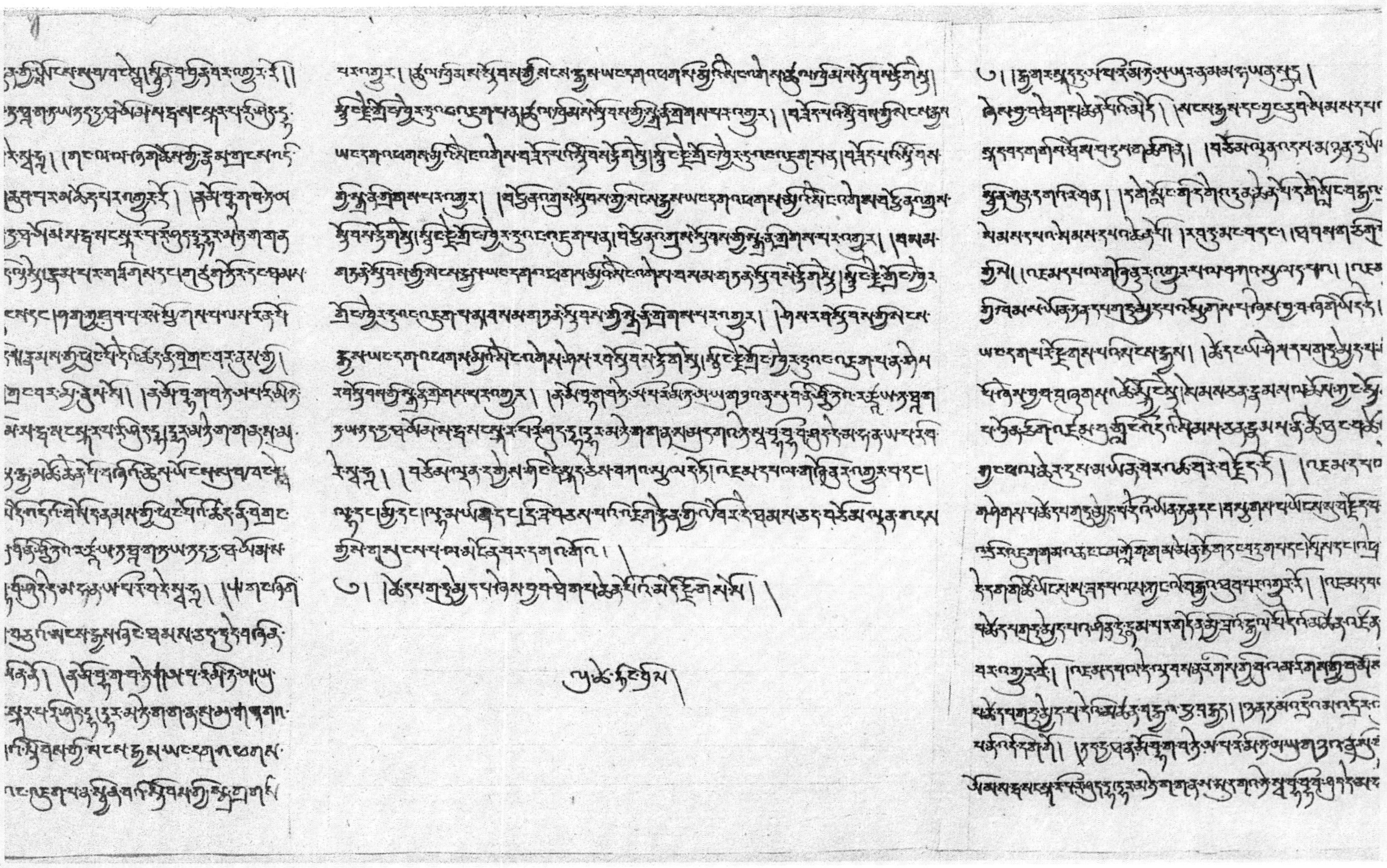

BD14345 號 1　藏文（無量壽宗要經甲本）　（30–6）

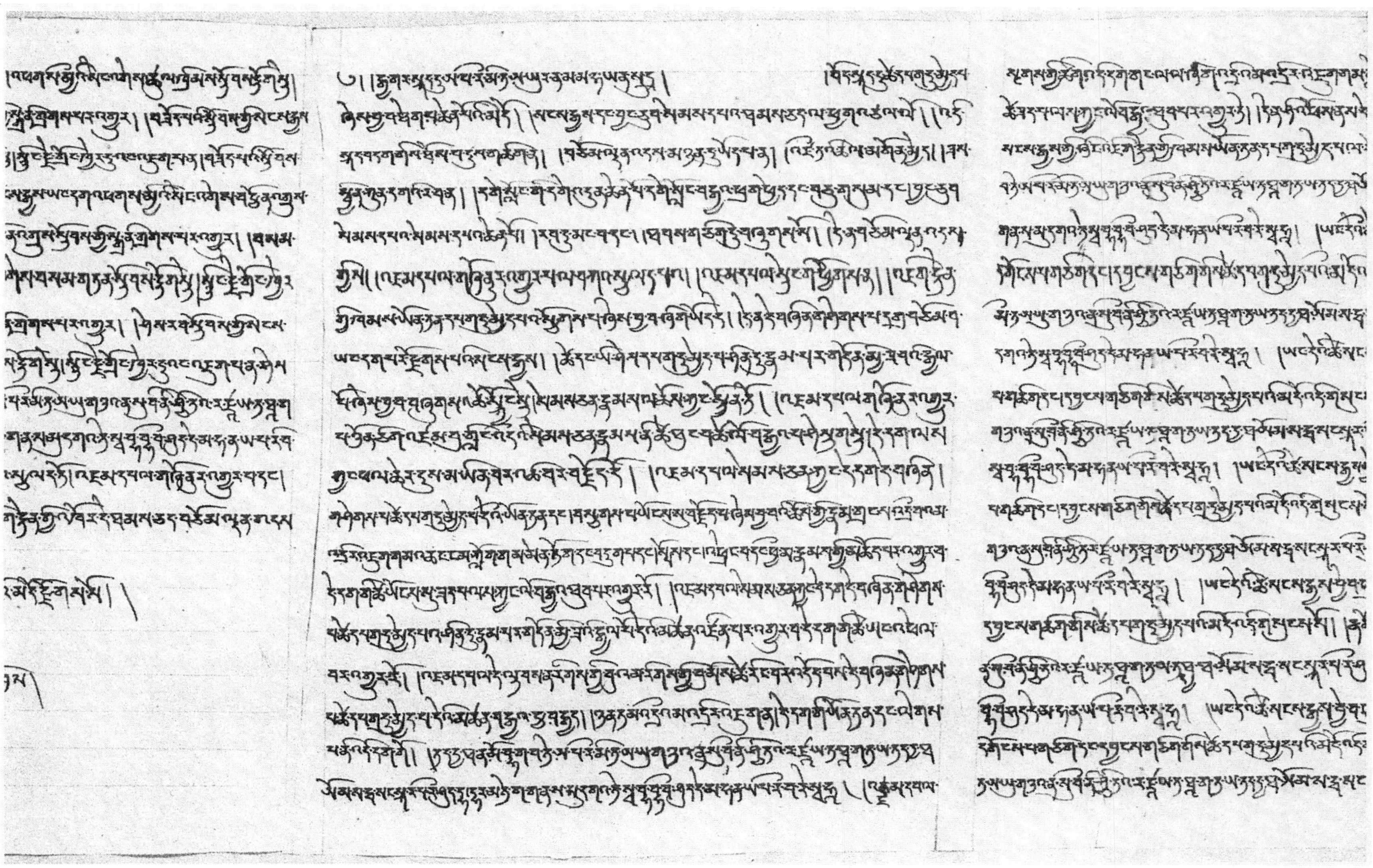

BD14345 號 2　藏文（無量壽宗要經甲本）　（30–7）

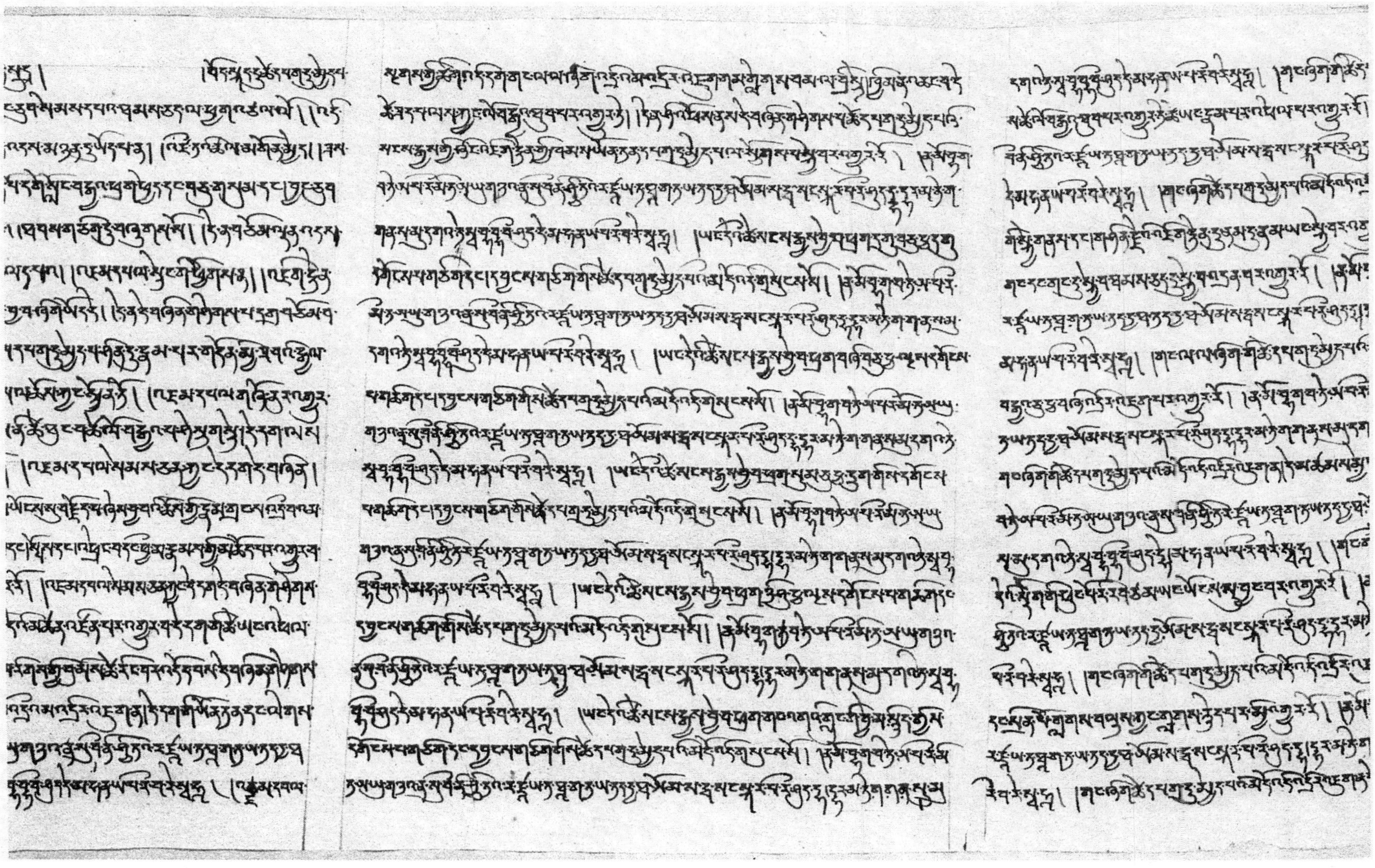

BD14345 號 2　藏文（無量壽宗要經甲本）　（30–8）

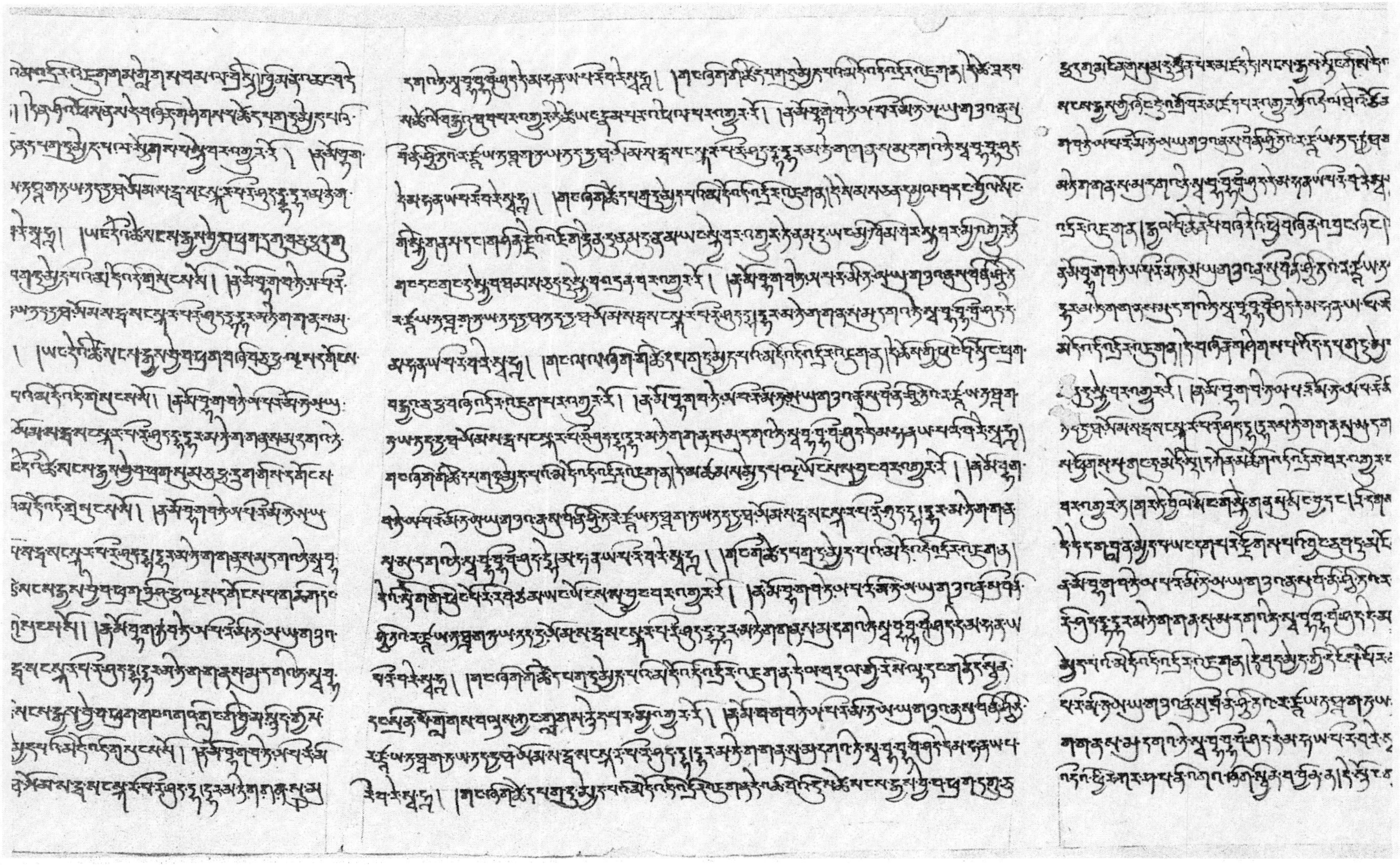

BD14345 號 2　藏文（無量壽宗要經甲本）　　（30–9）

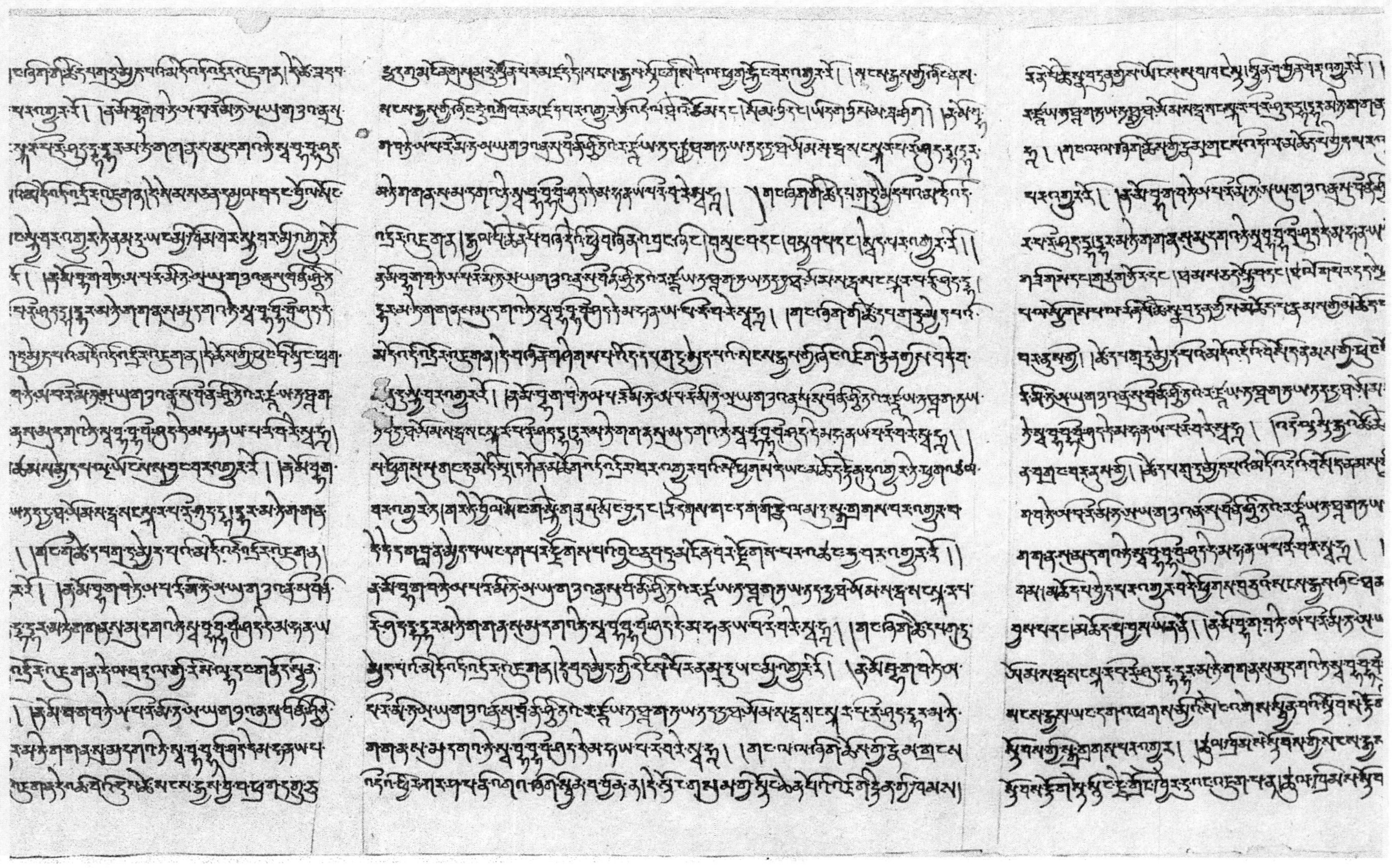

BD14345 號 2　藏文（無量壽宗要經甲本）　　（30–10）

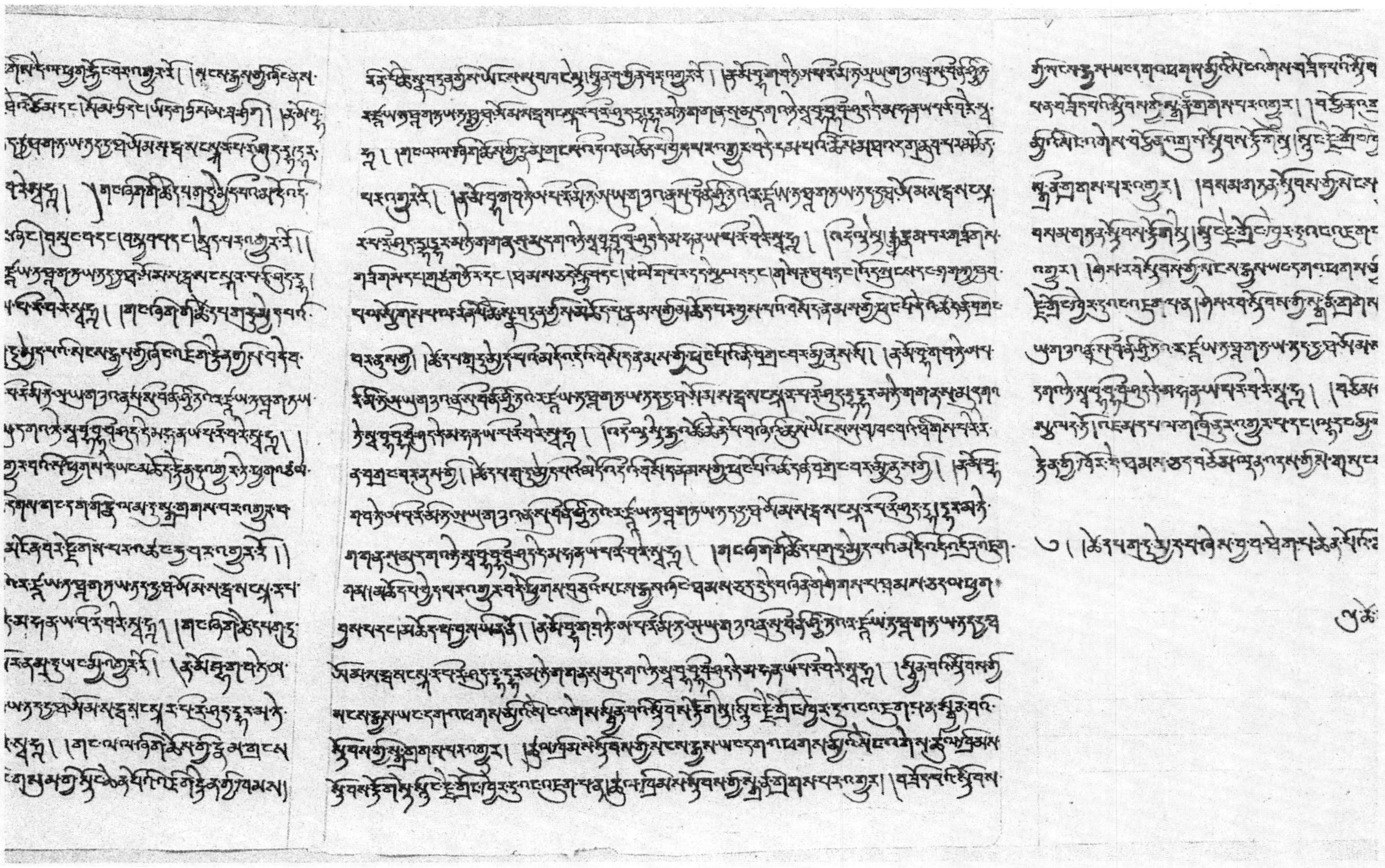

BD14345 號 2　藏文（無量壽宗要經甲本）　（30–11）

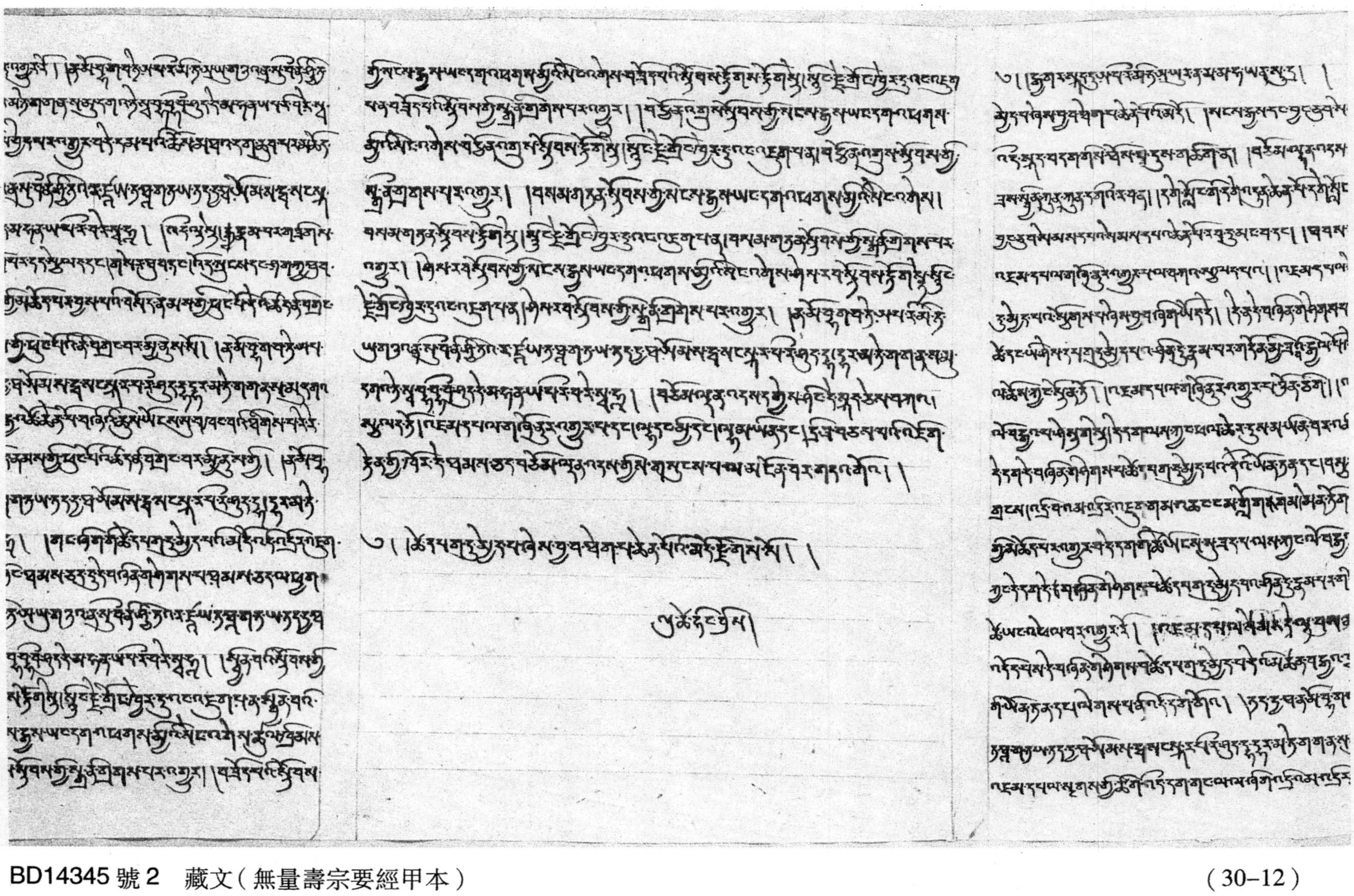

BD14345 號 2　藏文（無量壽宗要經甲本）　（30–12）

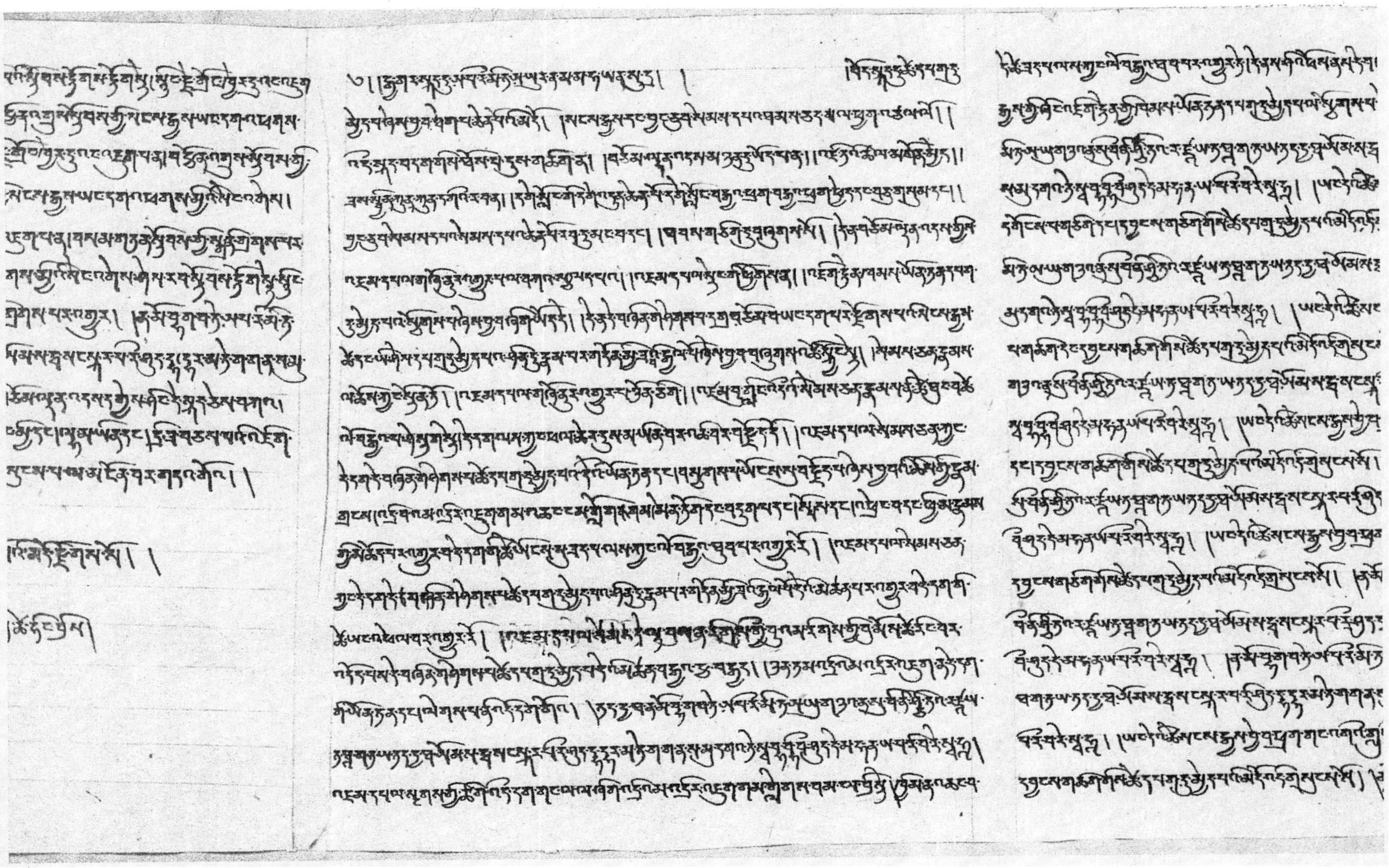

BD14345 號 3　藏文（無量壽宗要經甲本）　（30–13）

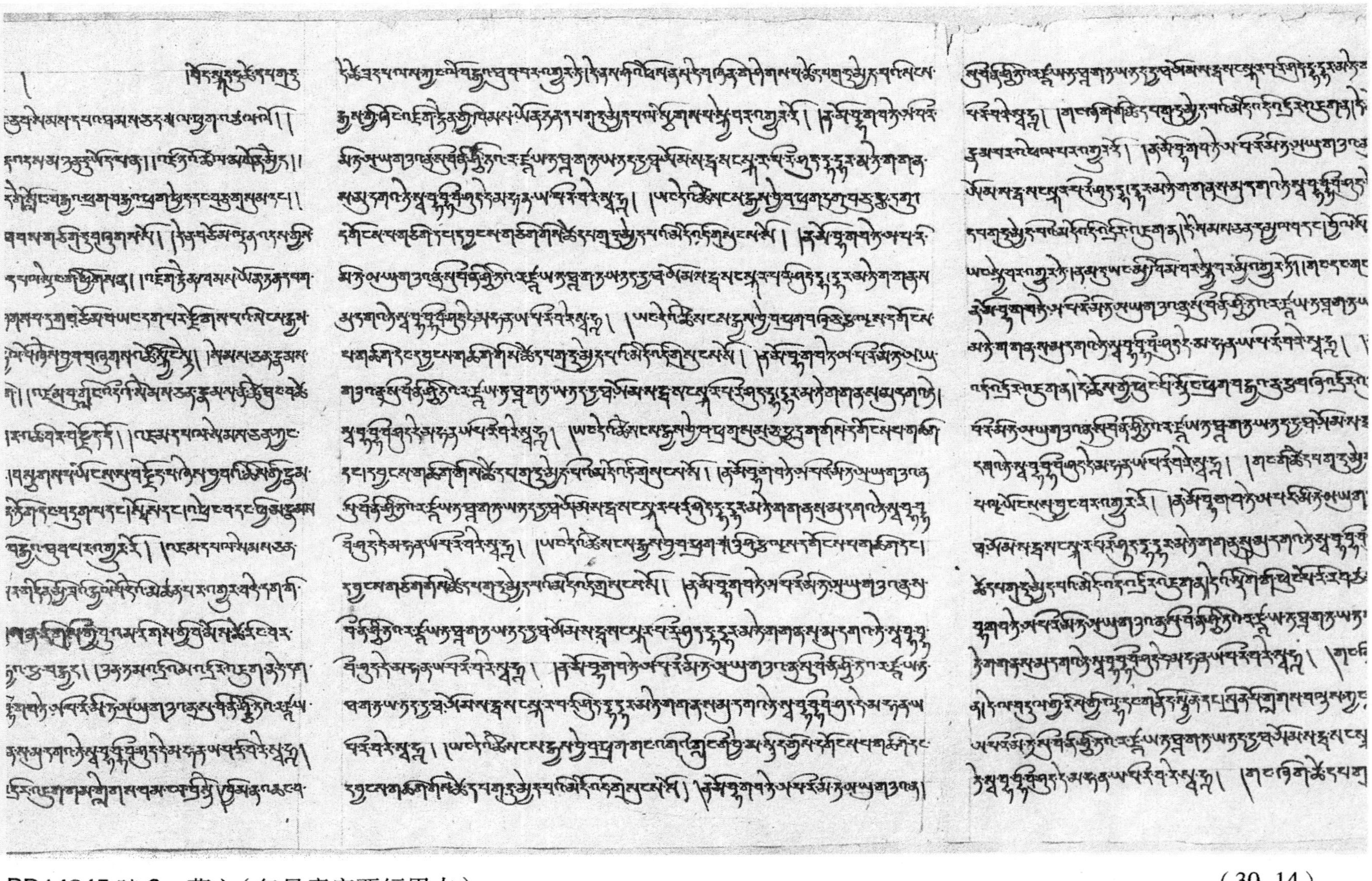

BD14345 號 3　藏文（無量壽宗要經甲本）　（30–14）

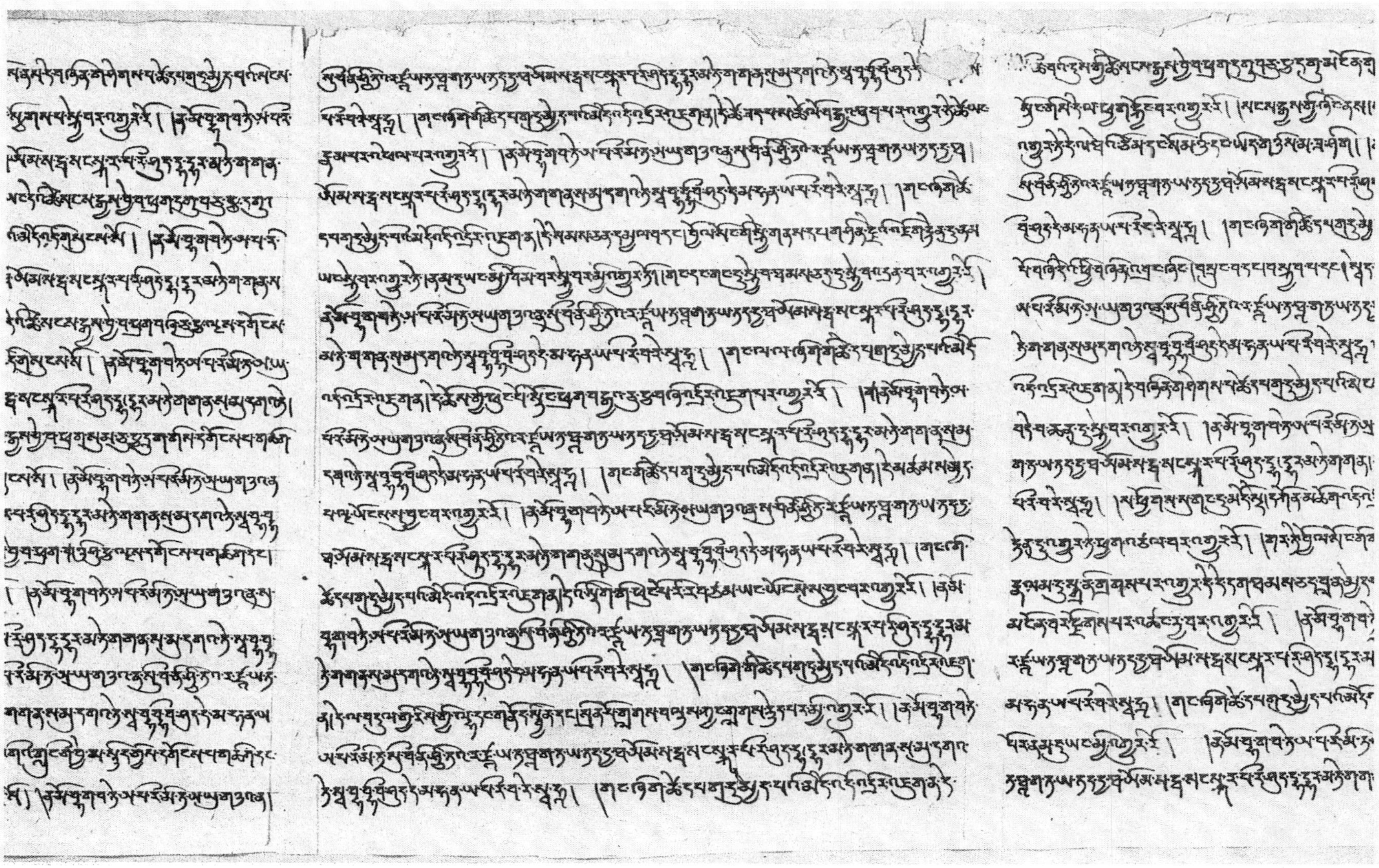

BD14345 號 3　藏文（無量壽宗要經甲本）　　（30–15）

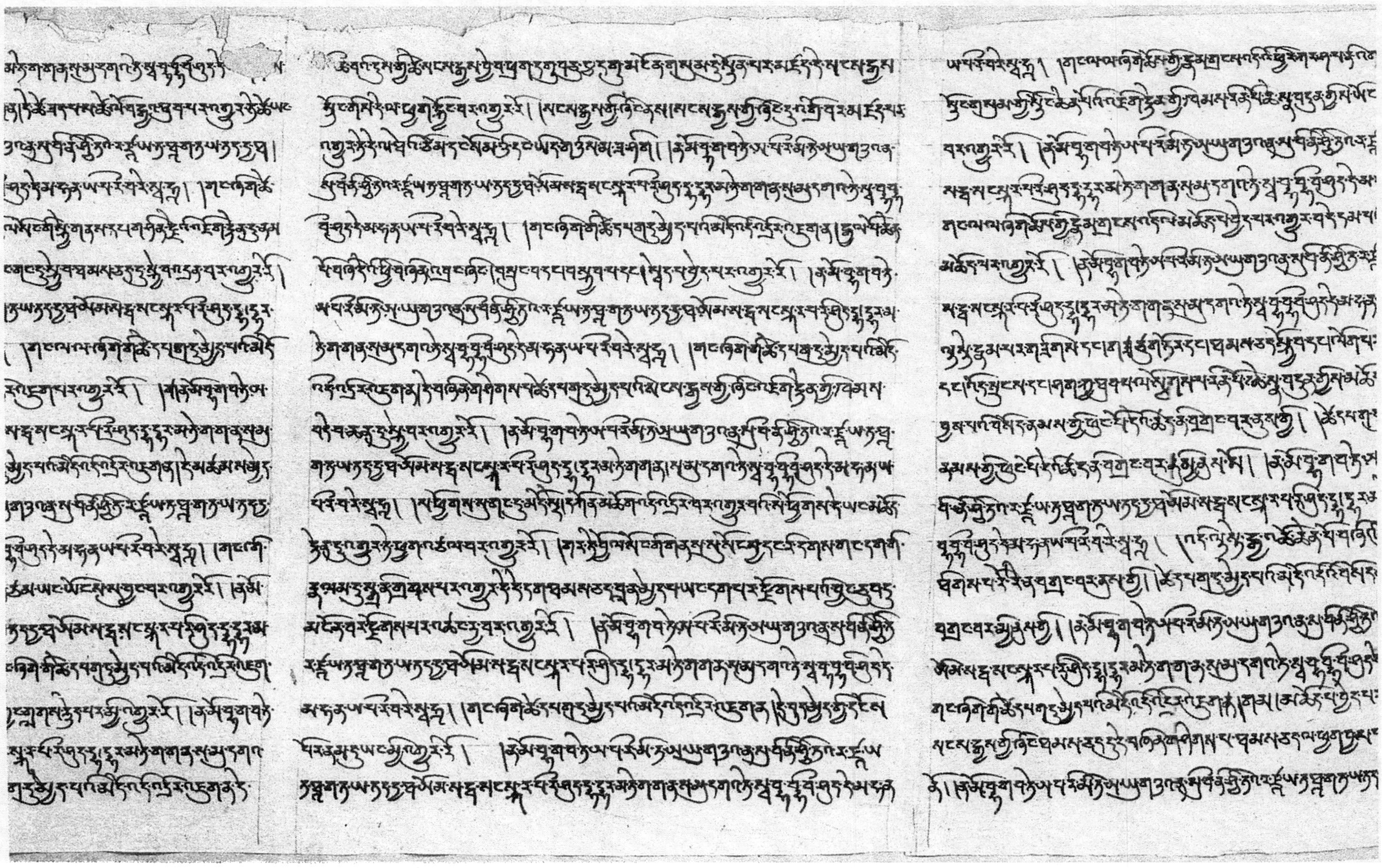

BD14345 號 3　藏文（無量壽宗要經甲本）　　（30–16）

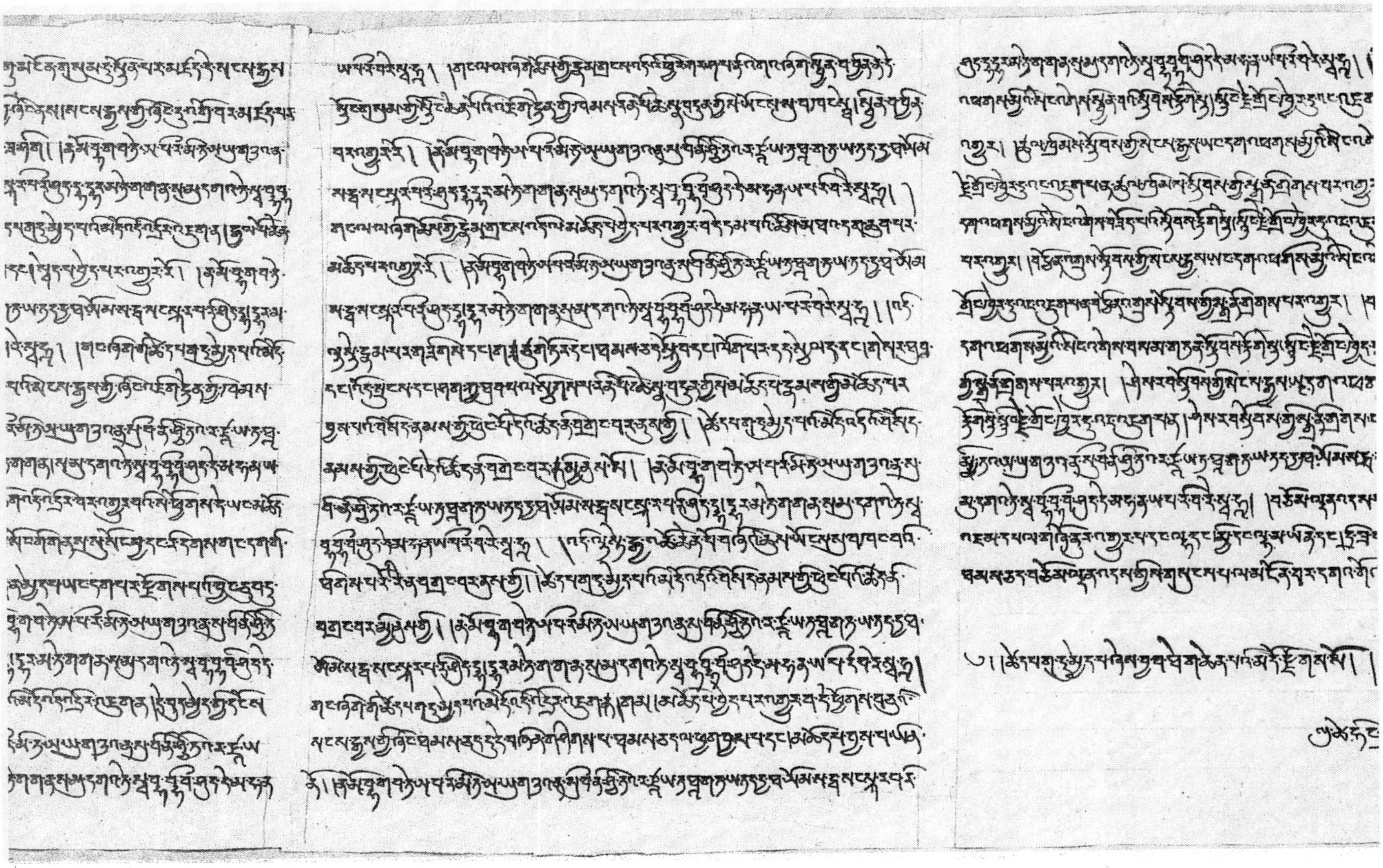

BD14345 號 3　藏文（無量壽宗要經甲本）　　（30–17）

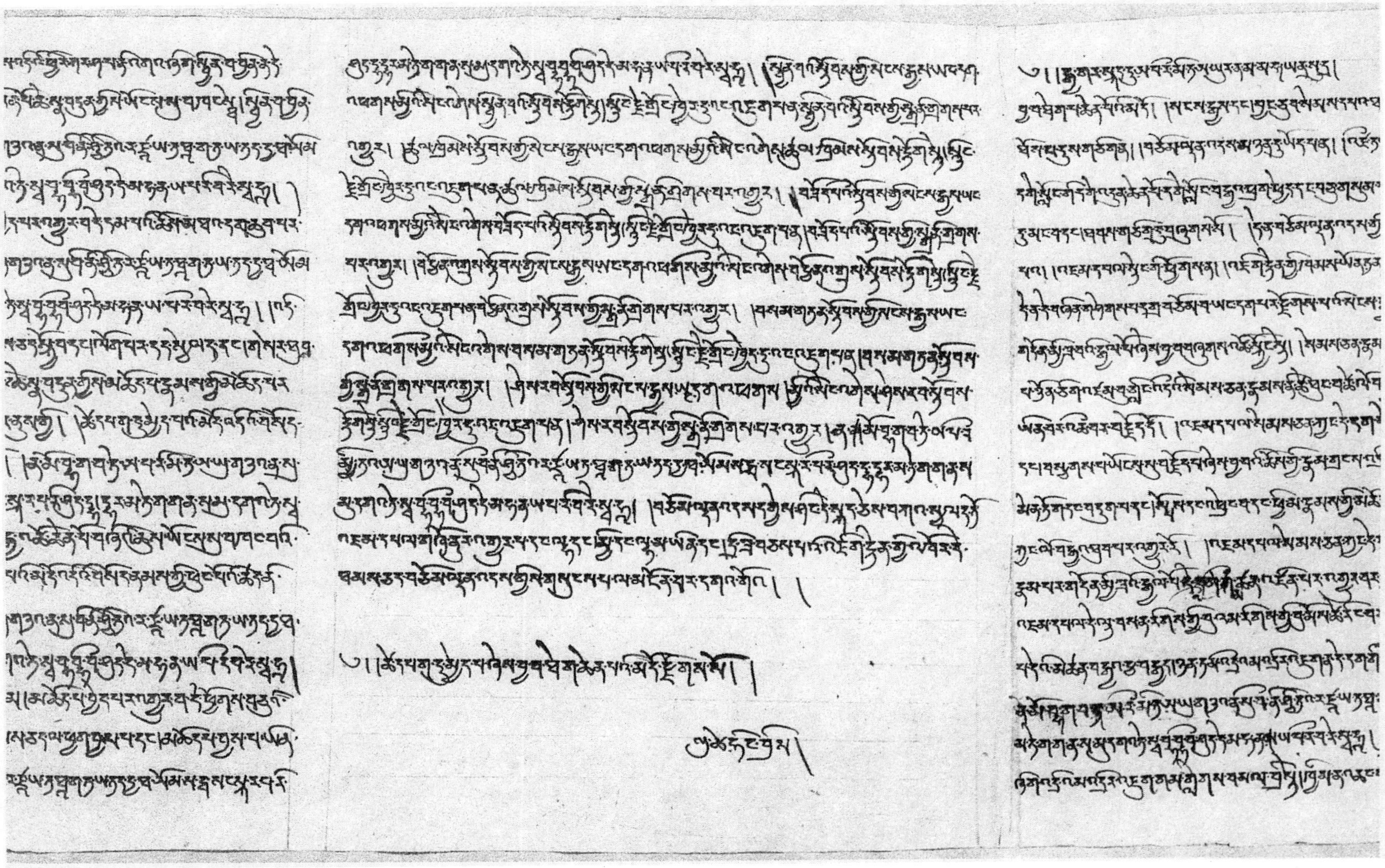

BD14345 號 3　藏文（無量壽宗要經甲本）　　（30–18）

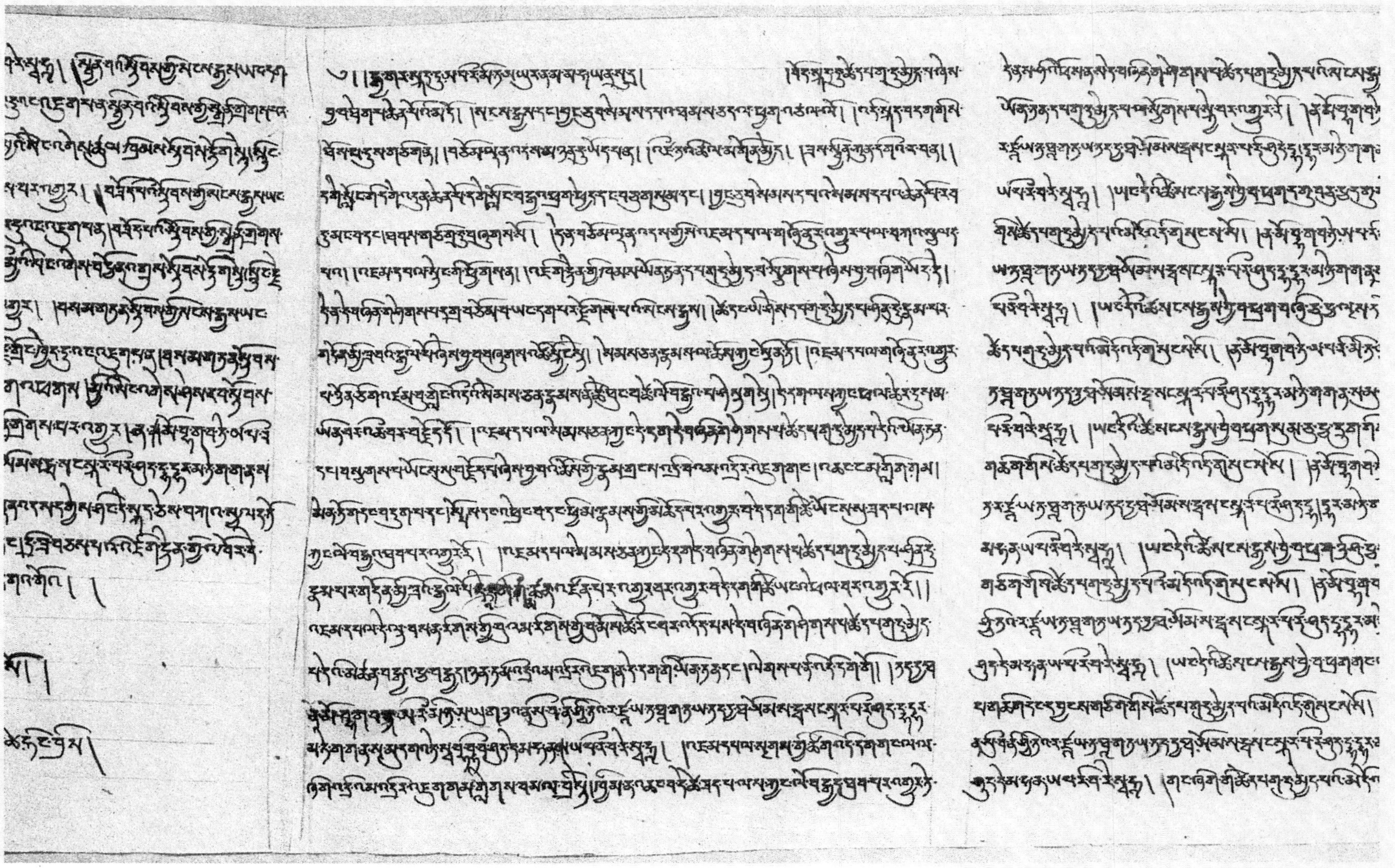

BD14345 號 4　藏文（無量壽宗要經甲本）　　（30–19）

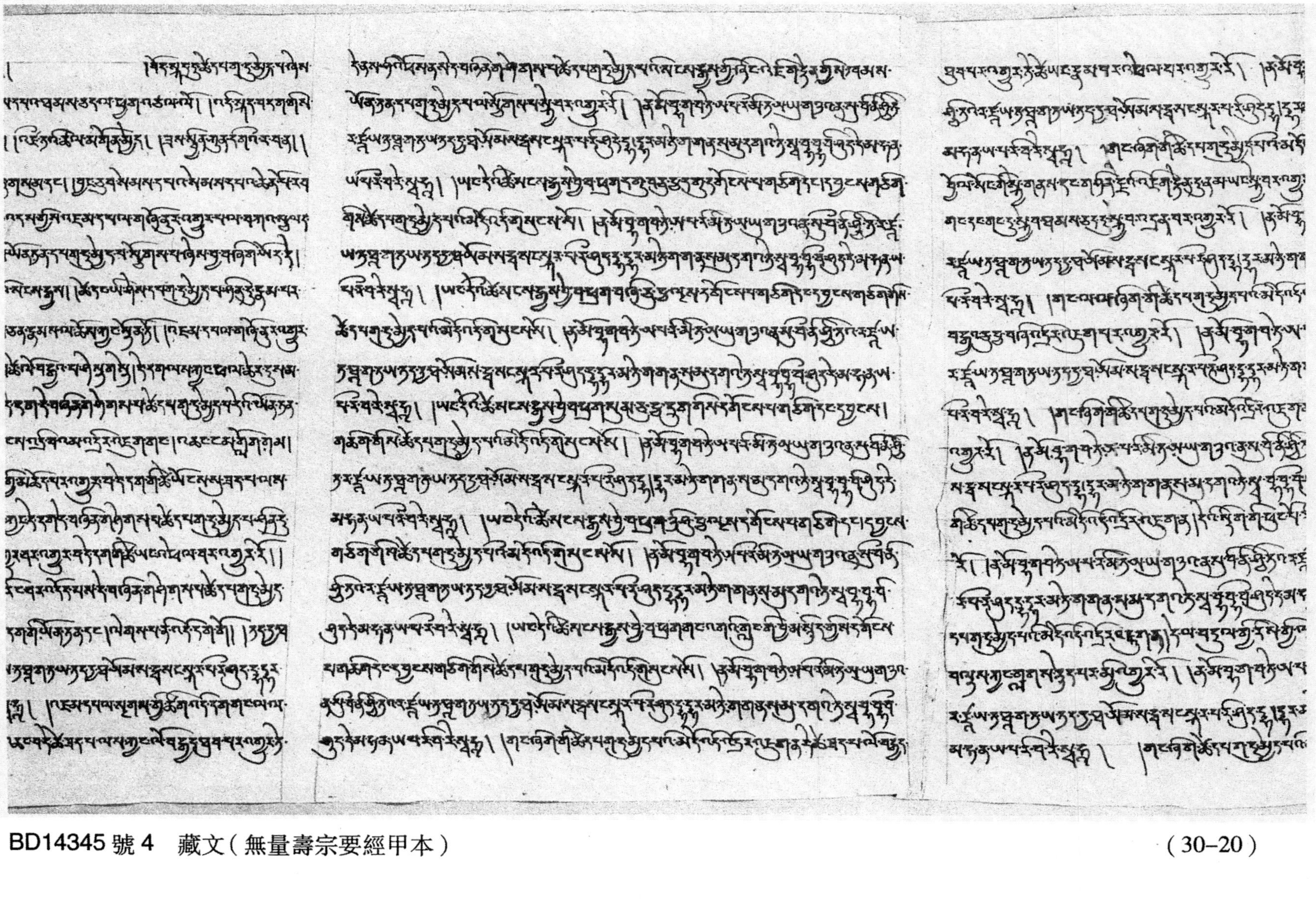

BD14345 號 4　藏文（無量壽宗要經甲本）　　（30–20）

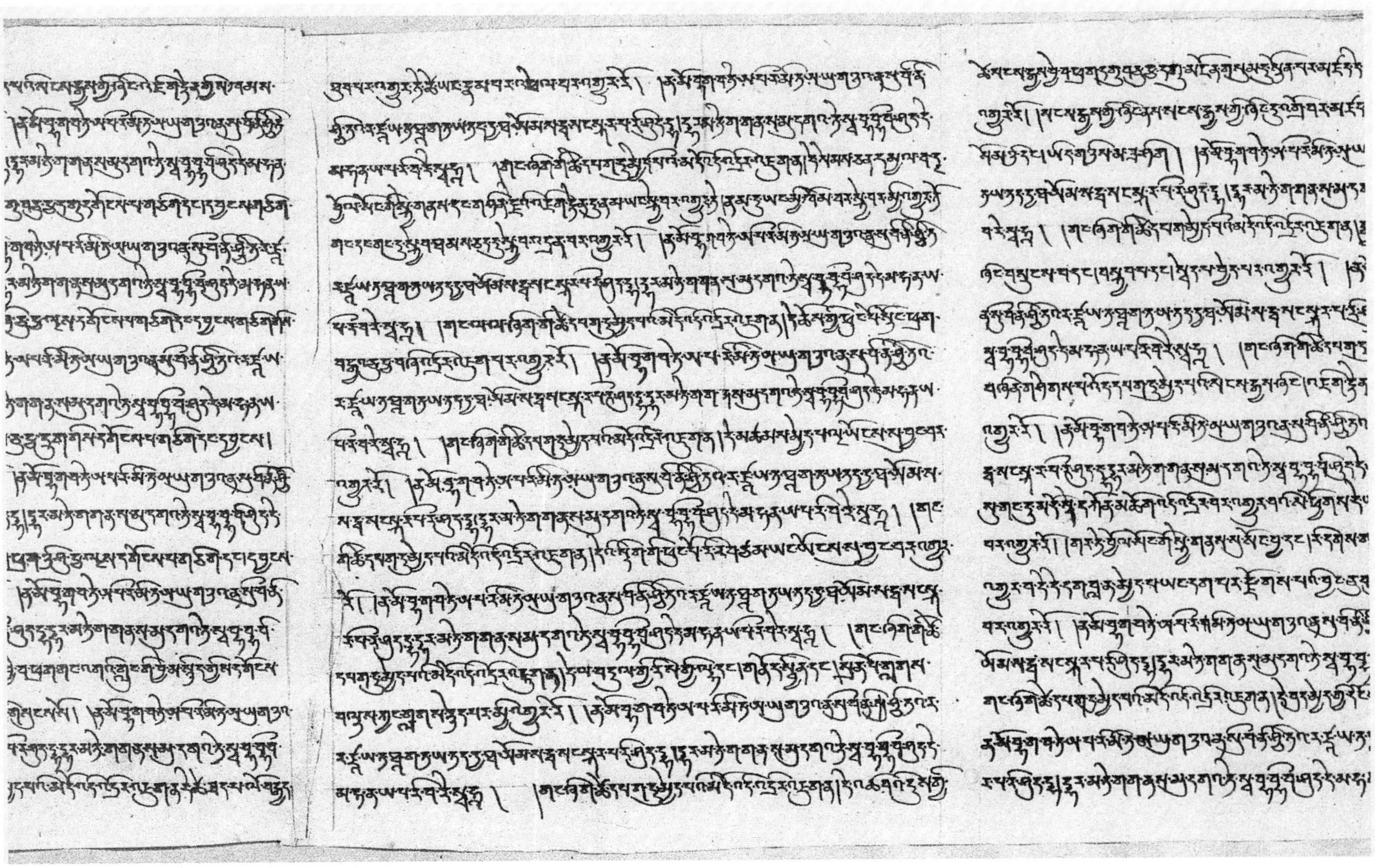

BD14345 號 4　藏文（無量壽宗要經甲本）　（30–21）

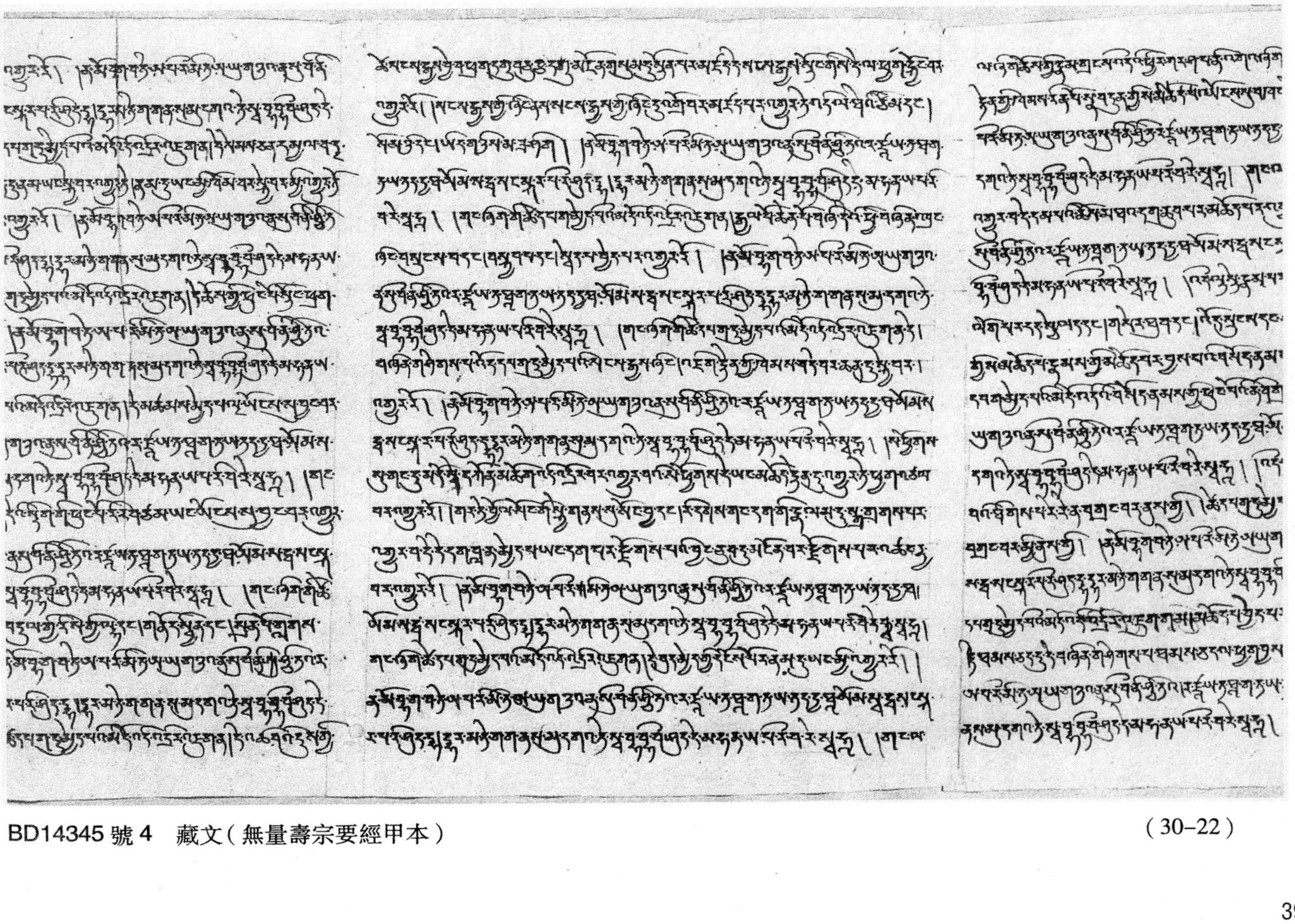

BD14345 號 4　藏文（無量壽宗要經甲本）　（30–22）

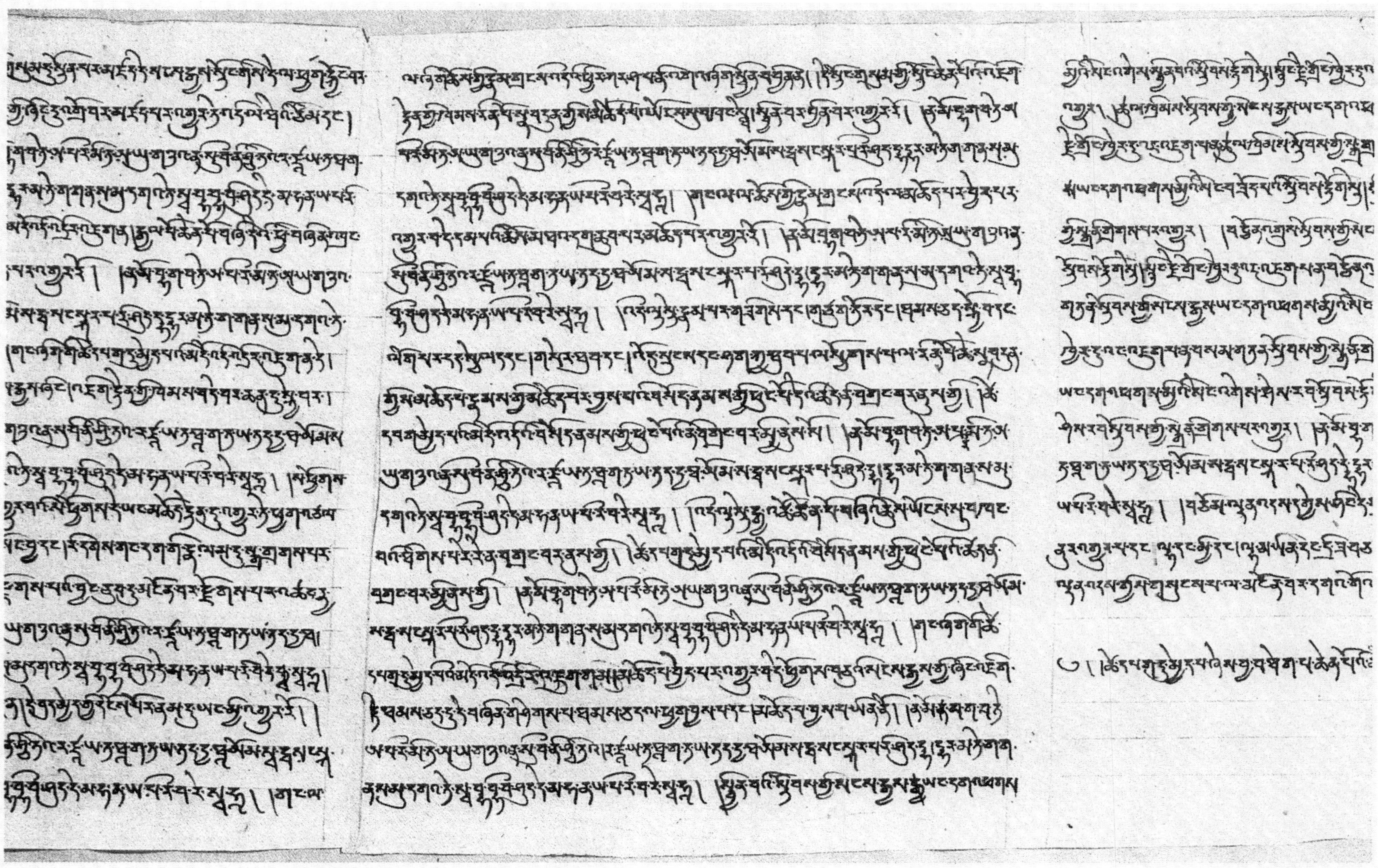

BD14345 號 4　藏文（無量壽宗要經甲本）　（30–23）

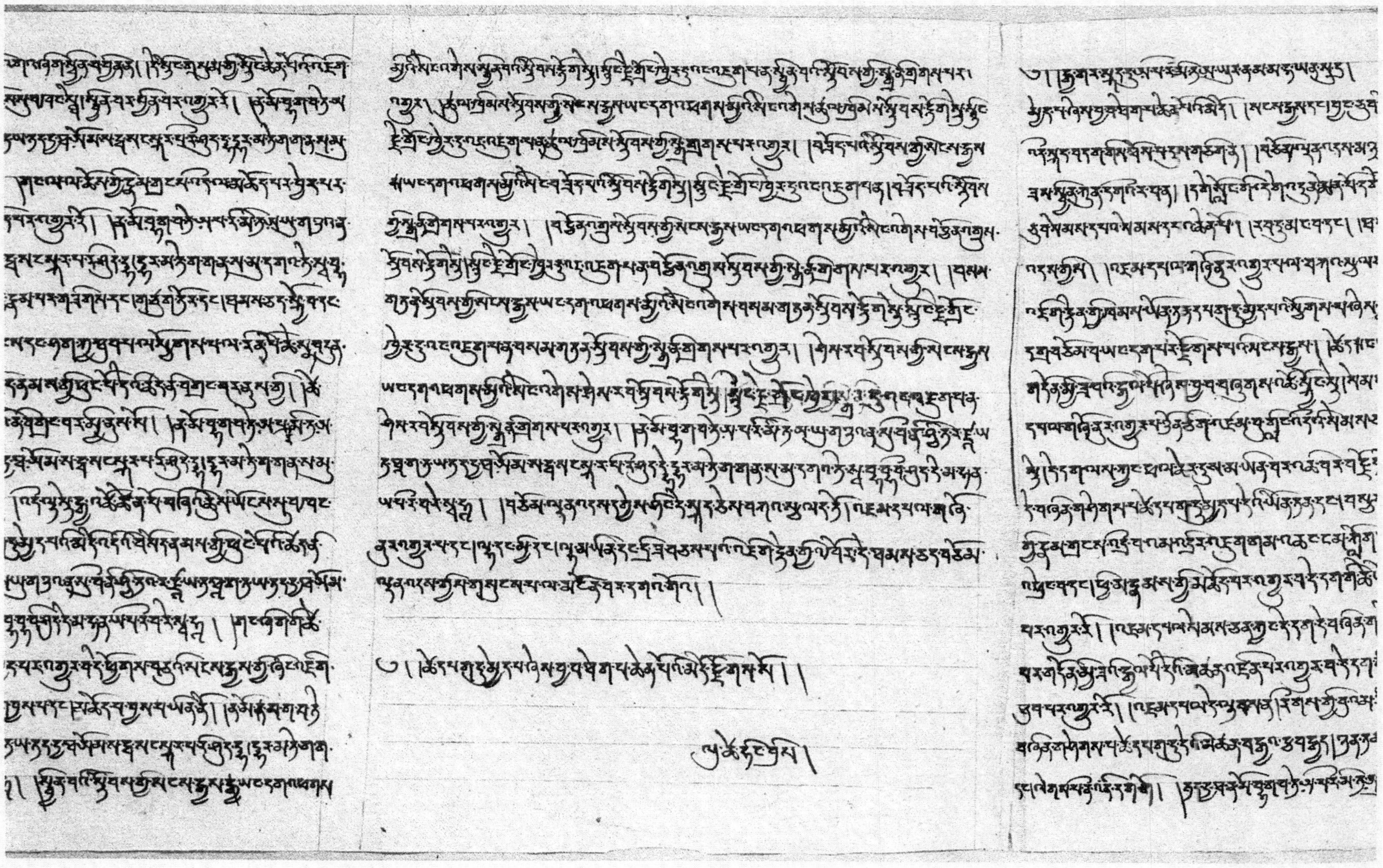

BD14345 號 4　藏文（無量壽宗要經甲本）　（30–24）

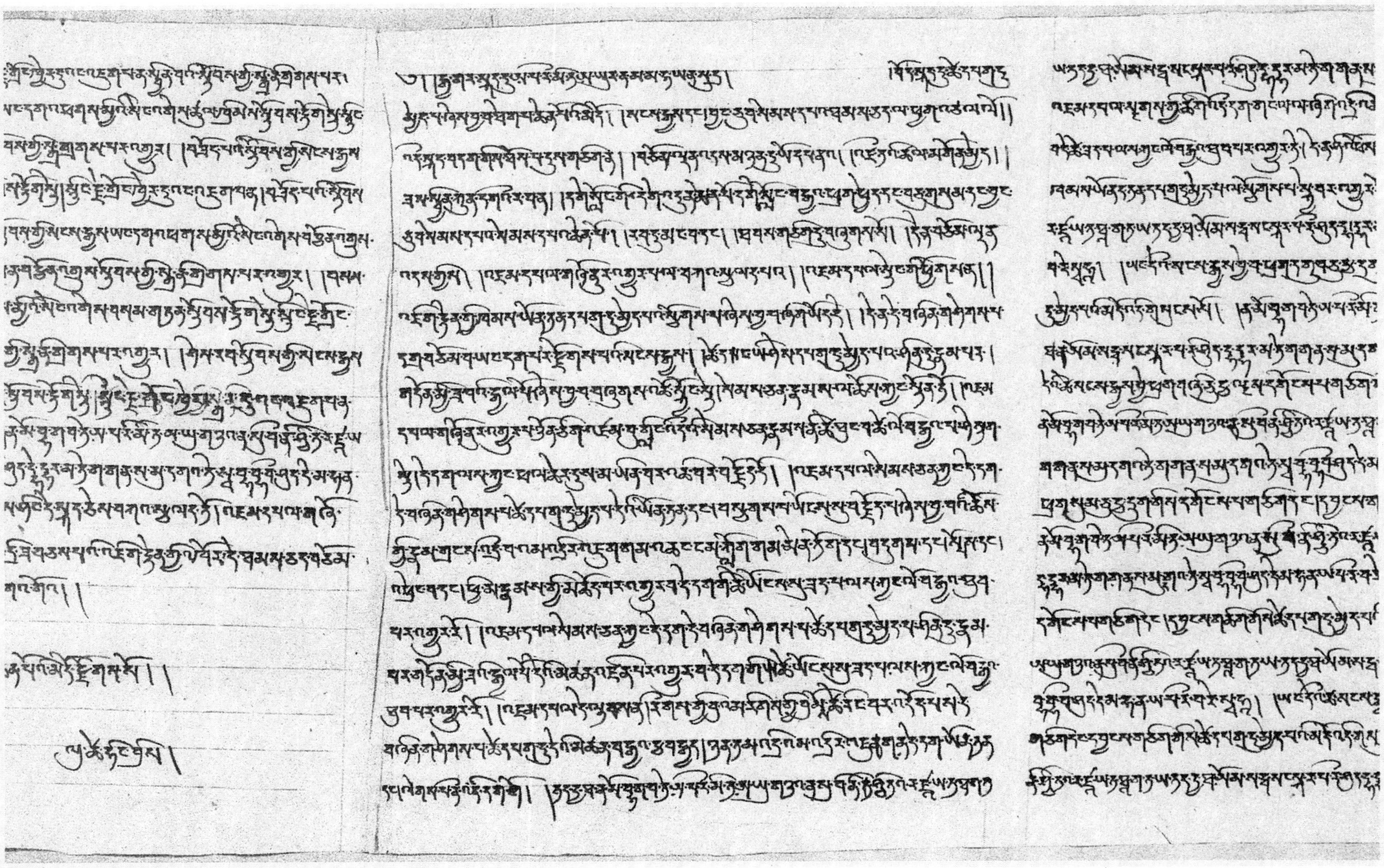

BD14345 號 5　藏文（無量壽宗要經甲本）　（30–25）

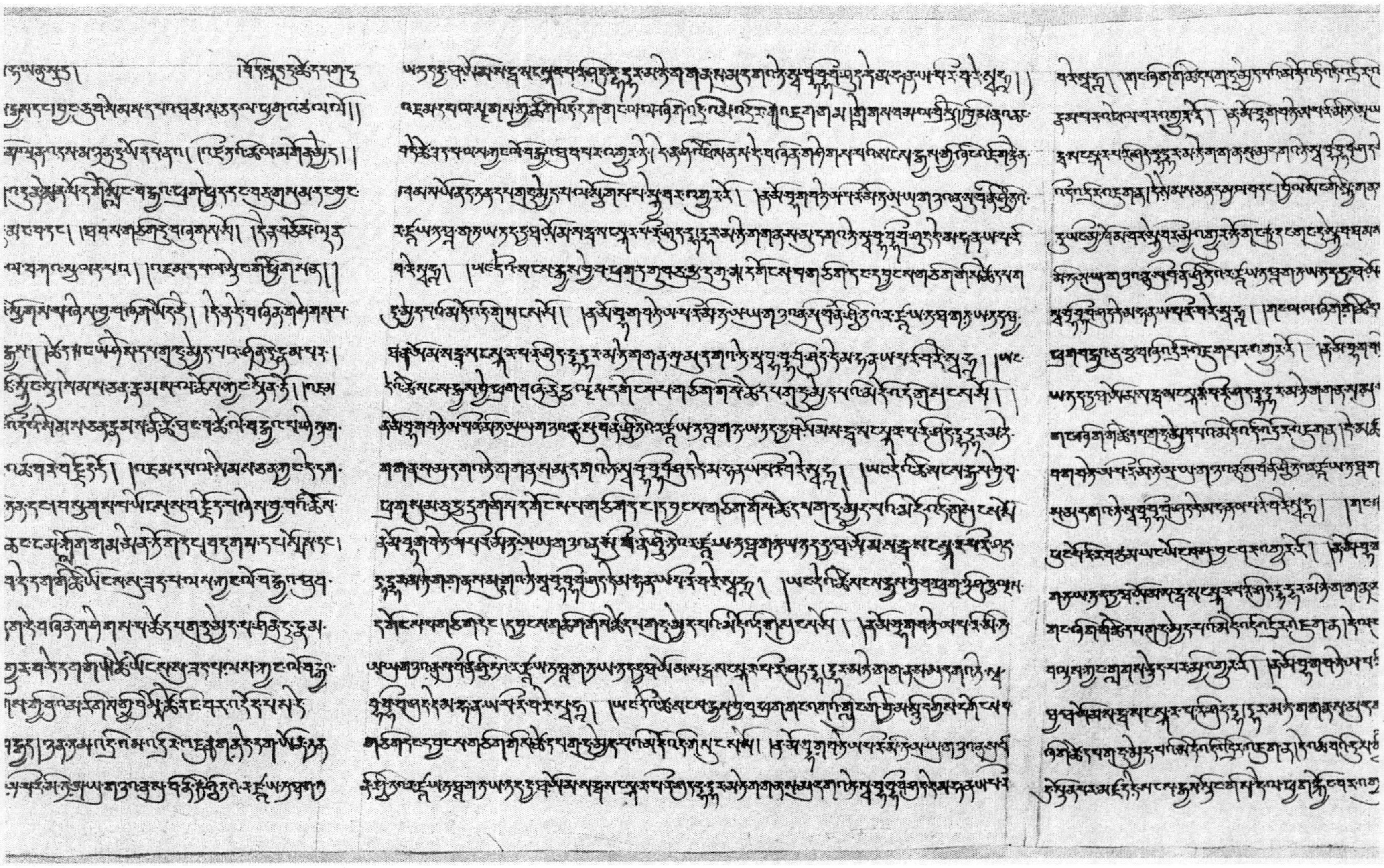

BD14345 號 5　藏文（無量壽宗要經甲本）　（30–26）

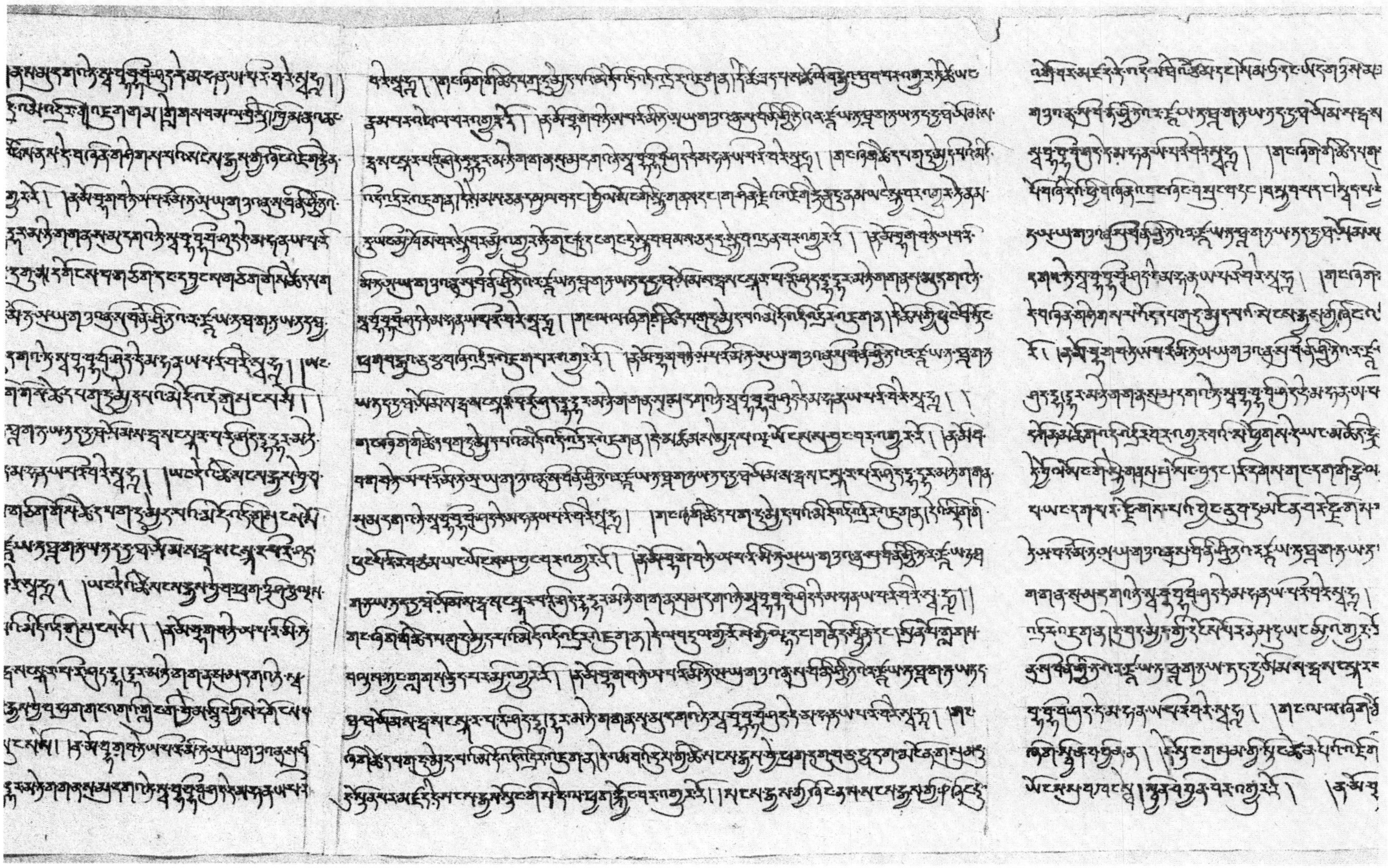

BD14345 號 5　藏文（無量壽宗要經甲本）　　（30–27）

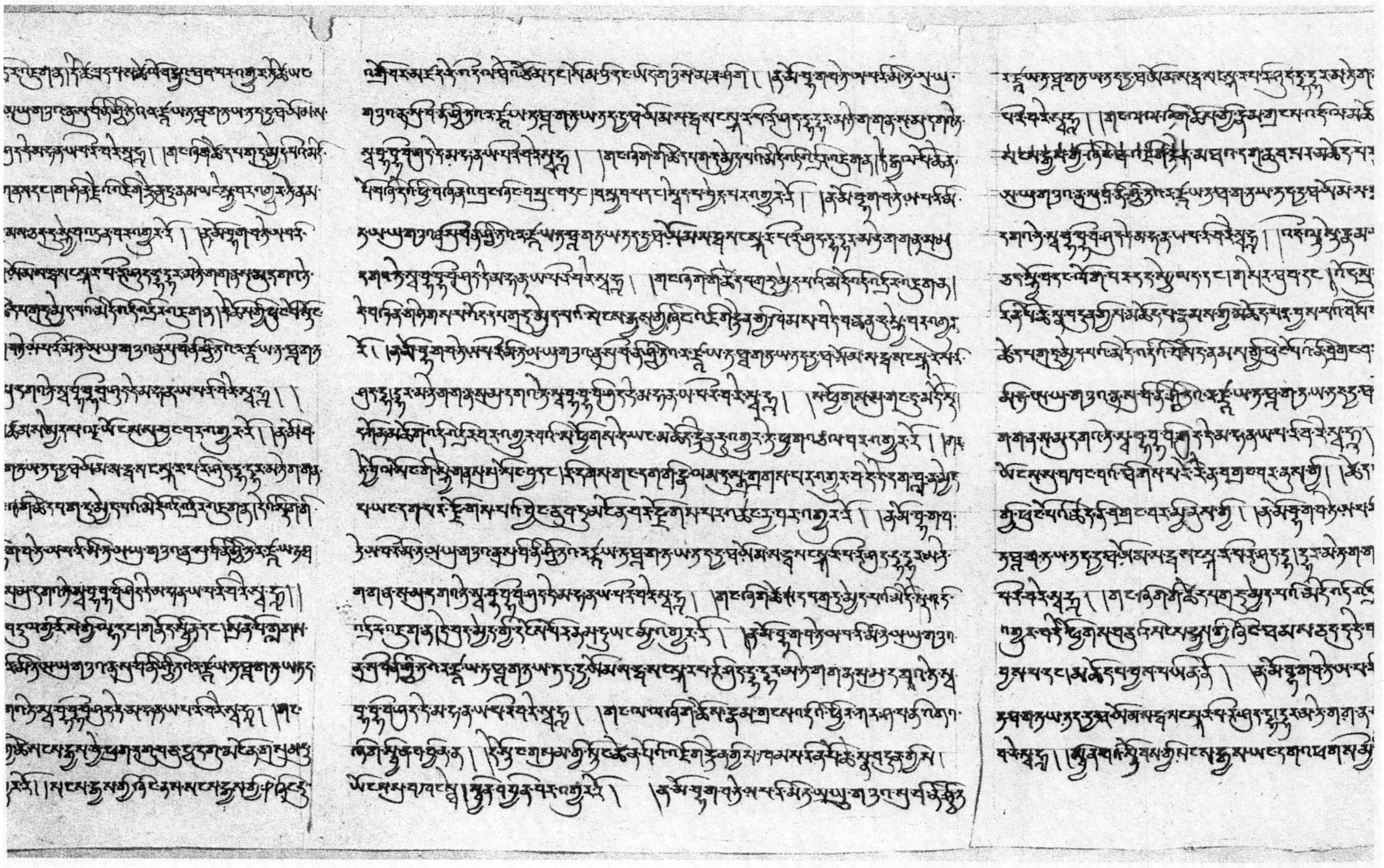

BD14345 號 5　藏文（無量壽宗要經甲本）　　（30–28）

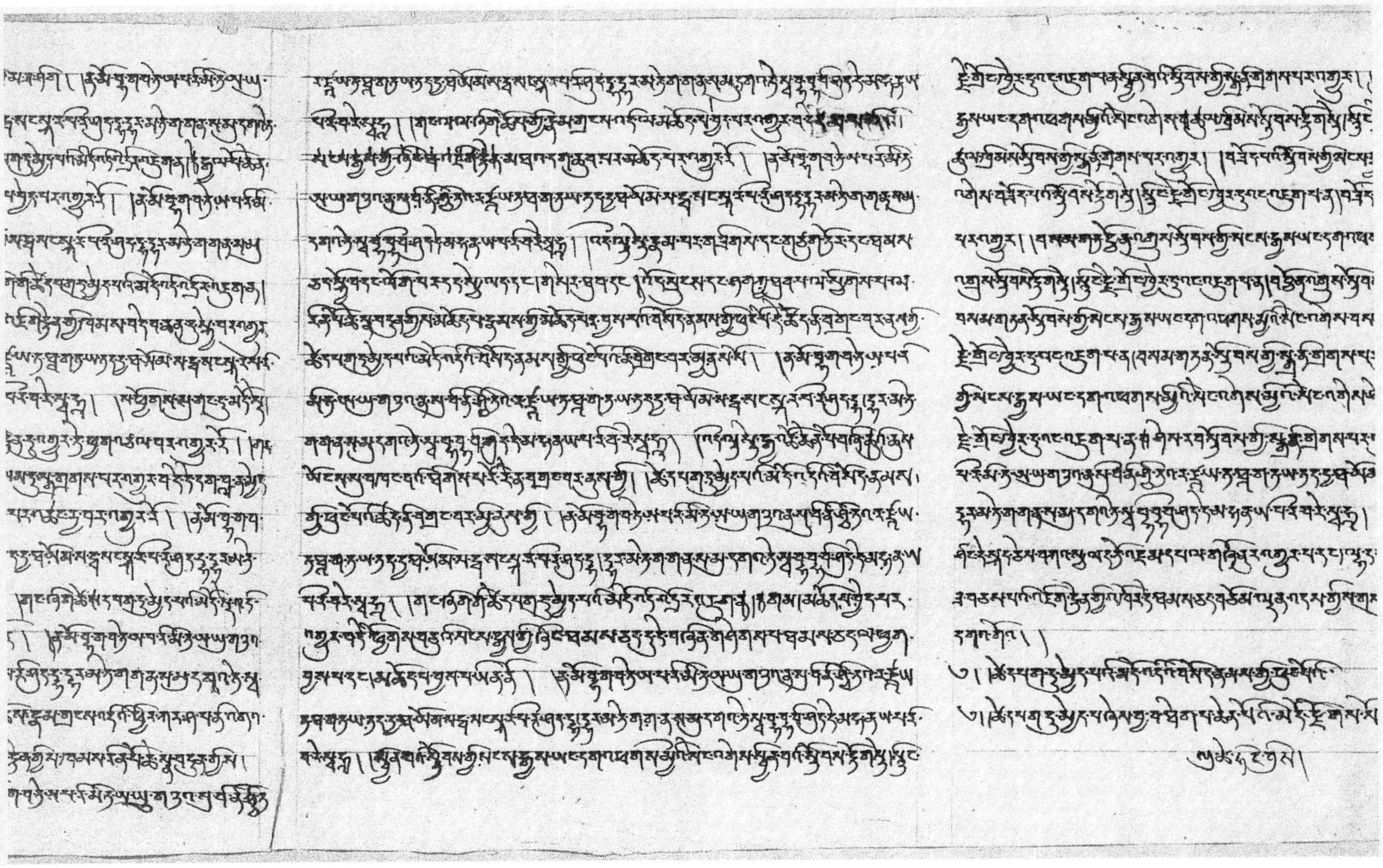

BD14345 號 5　藏文（無量壽宗要經甲本）　（30–29）

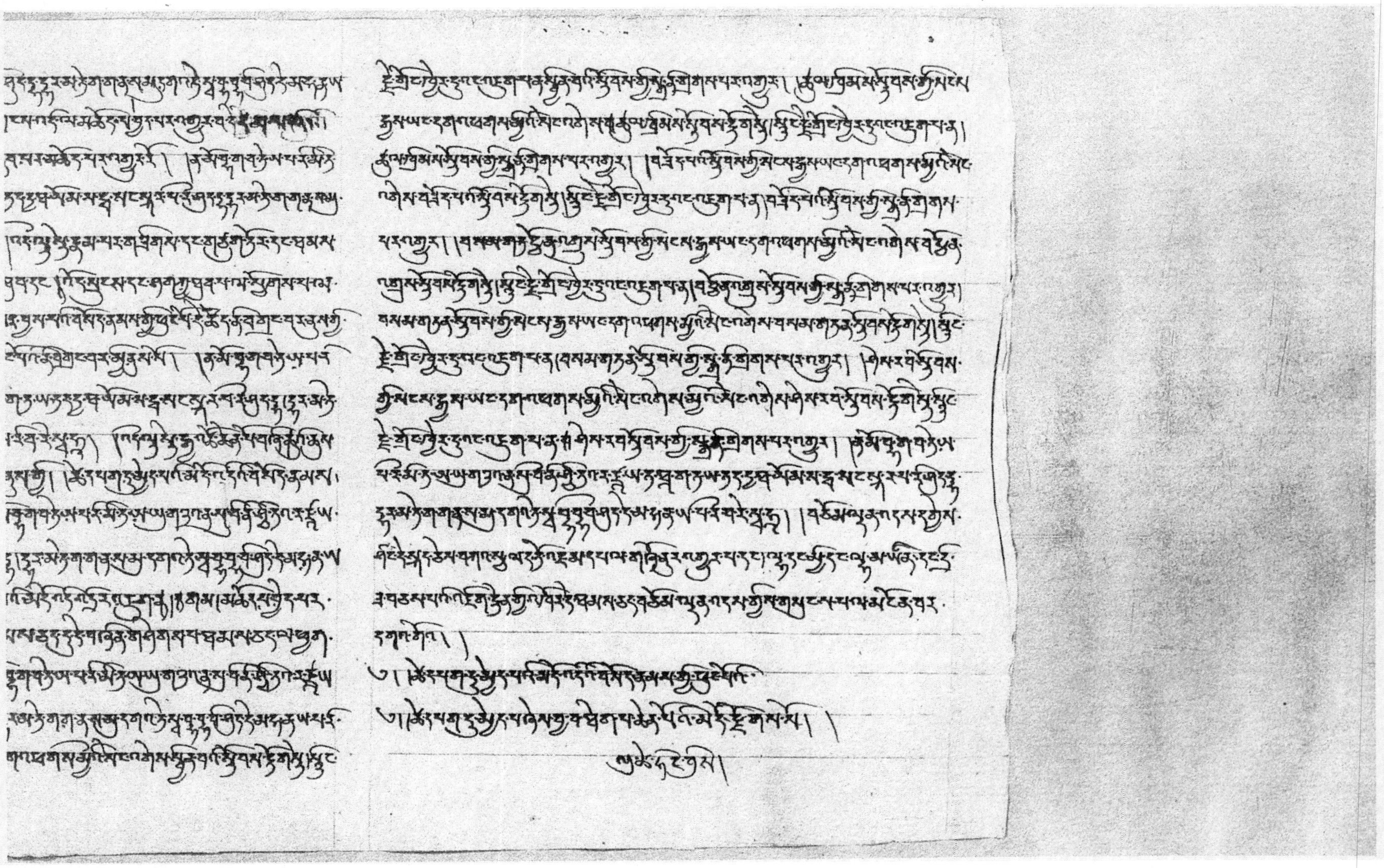

BD14345 號 5　藏文（無量壽宗要經甲本）　（30–30）

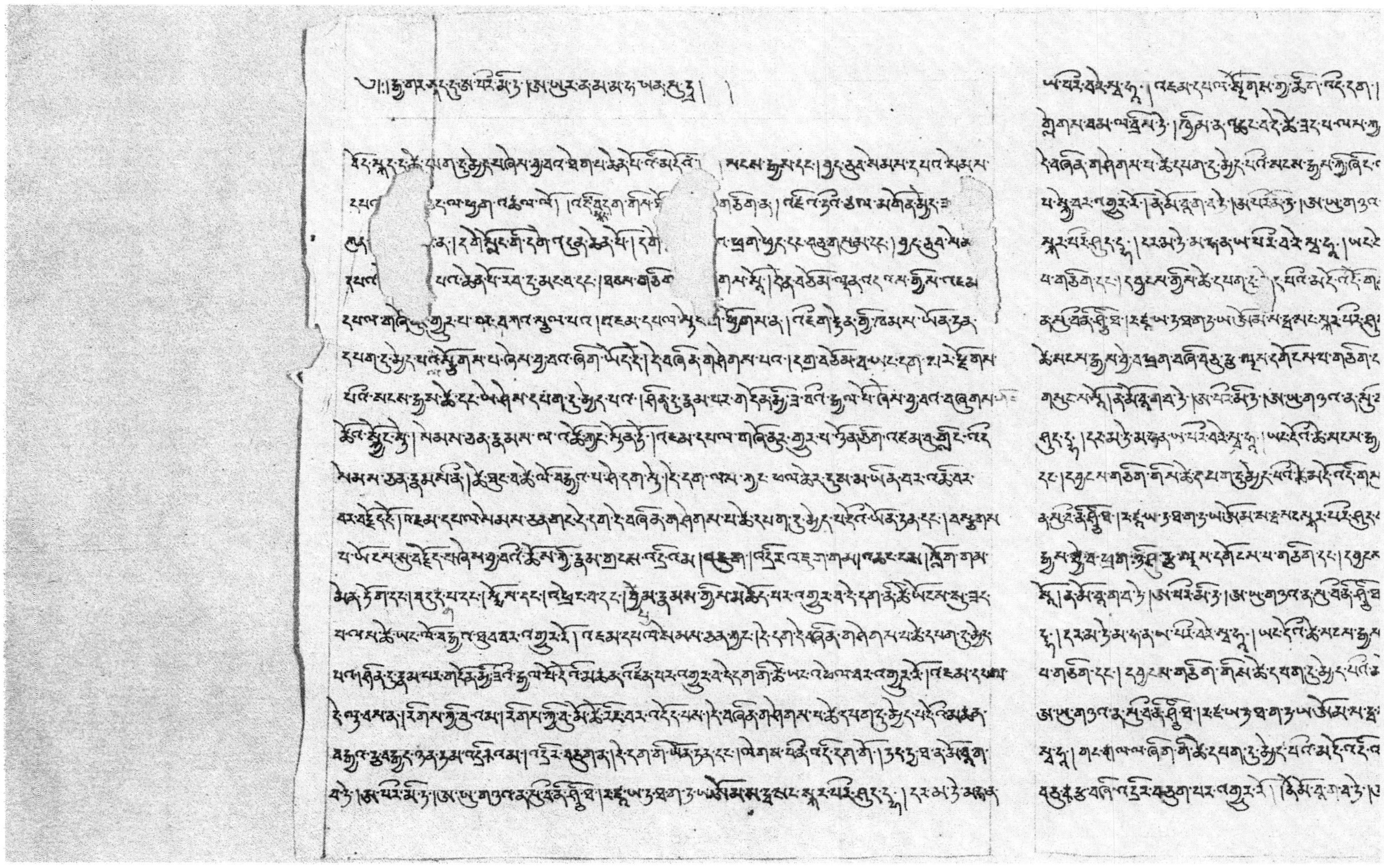

BD14346 號　藏文（無量壽宗要經乙本）　　（6–1）

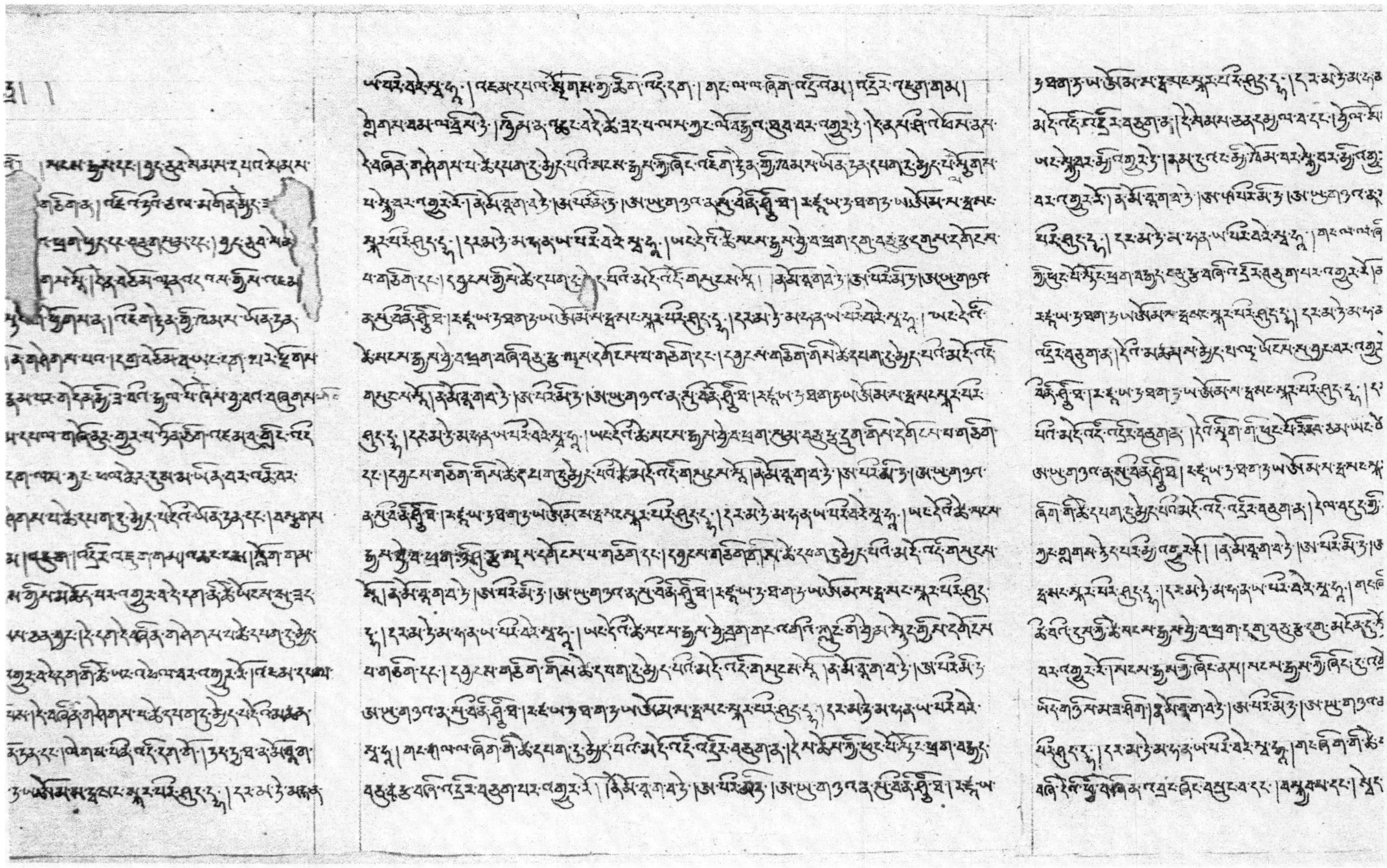

BD14346 號　藏文（無量壽宗要經乙本）　　（6–2）

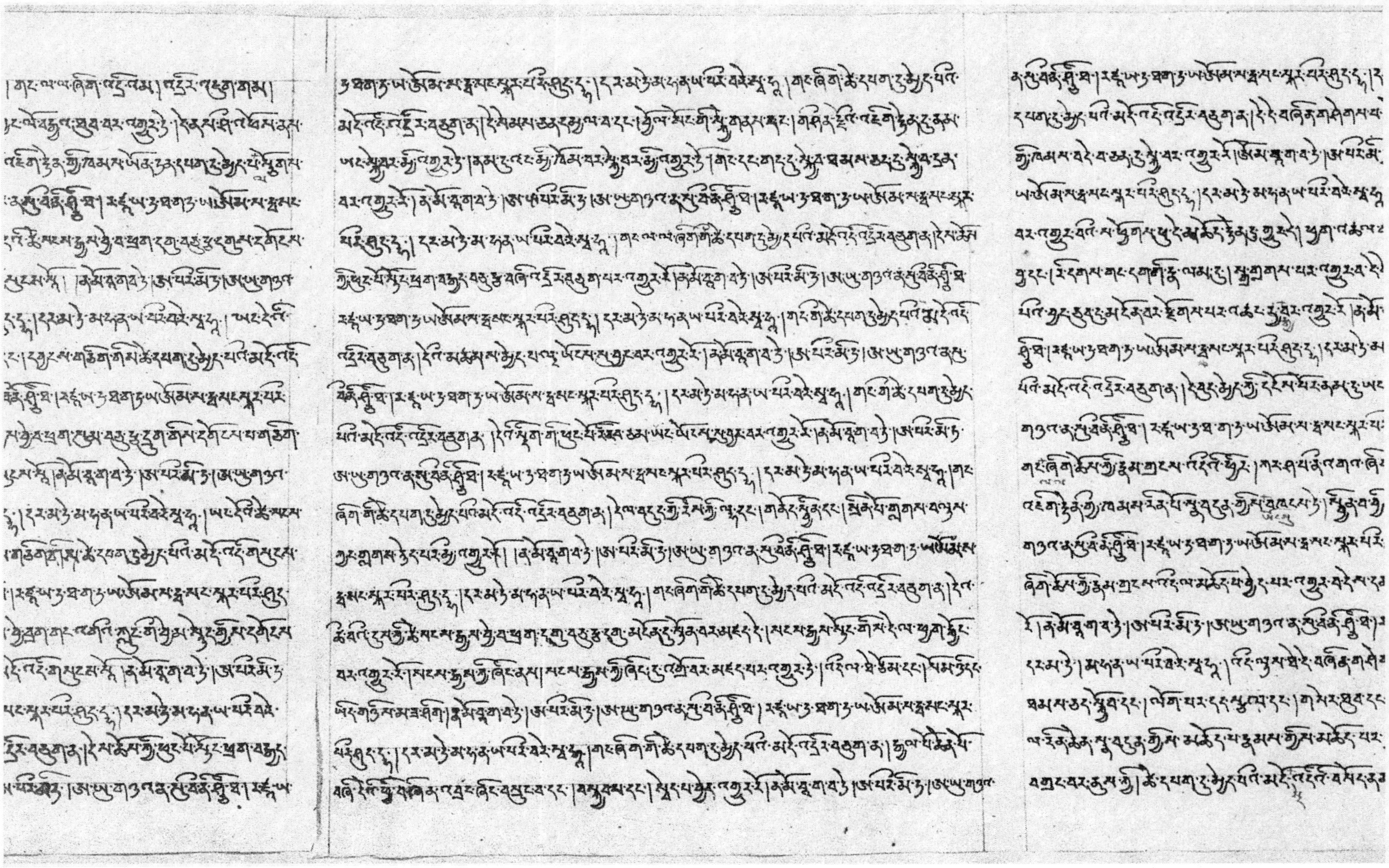

BD14346 號　藏文（無量壽宗要經乙本）　　（6–3）

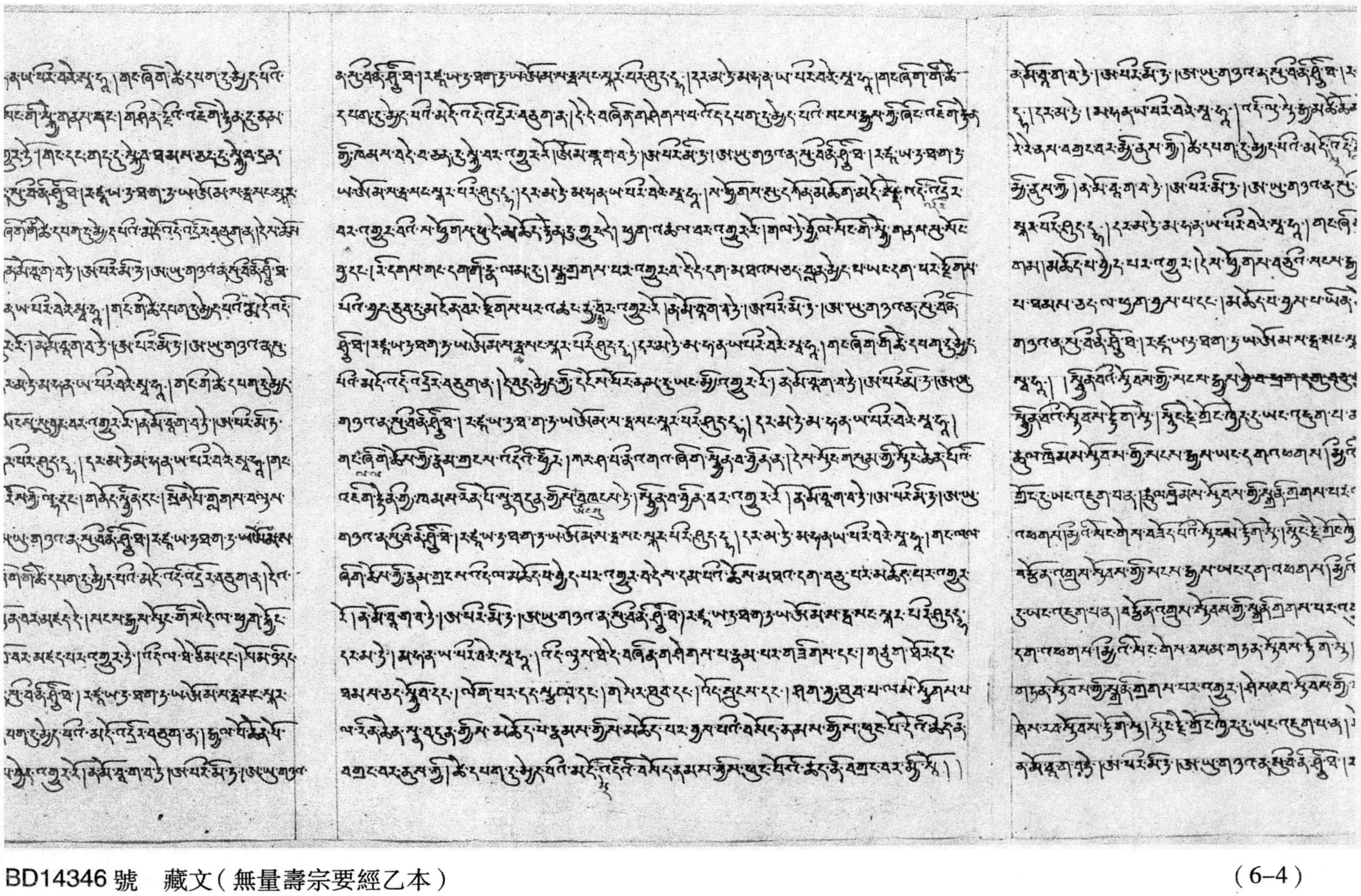

BD14346 號　藏文（無量壽宗要經乙本）　　（6–4）

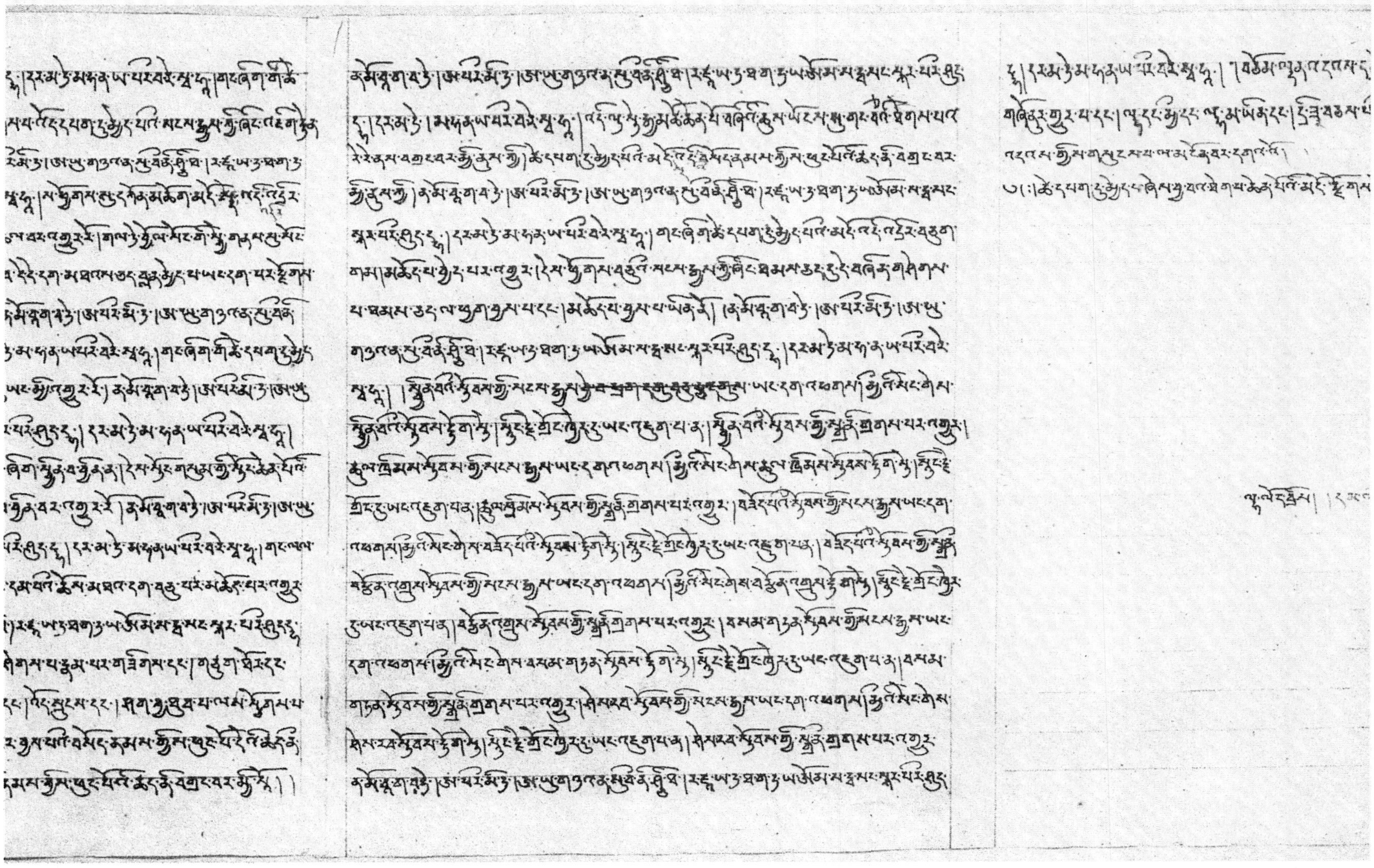

BD14346 號　藏文（無量壽宗要經乙本）　（6–5）

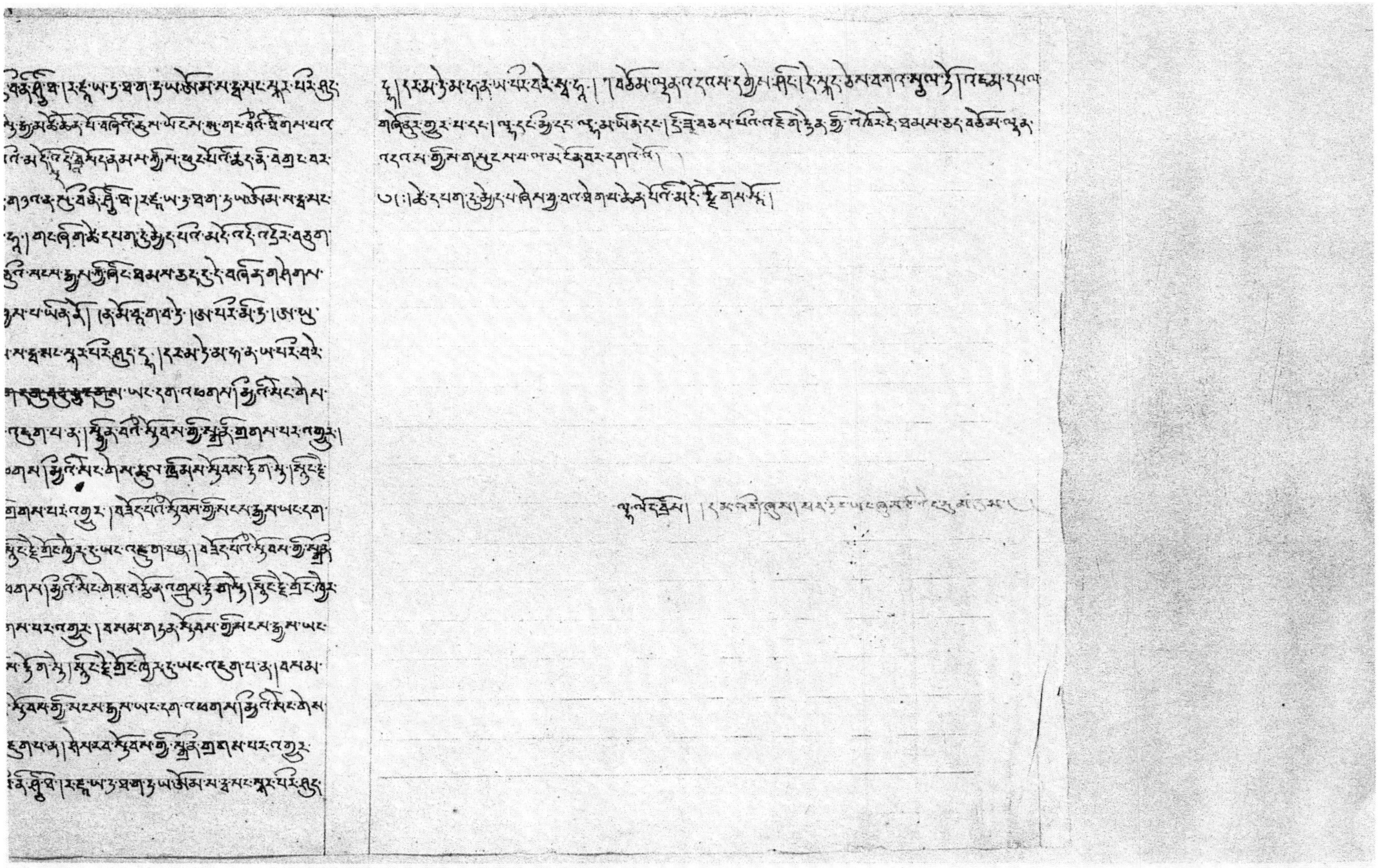

BD14346 號　藏文（無量壽宗要經乙本）　（6–6）

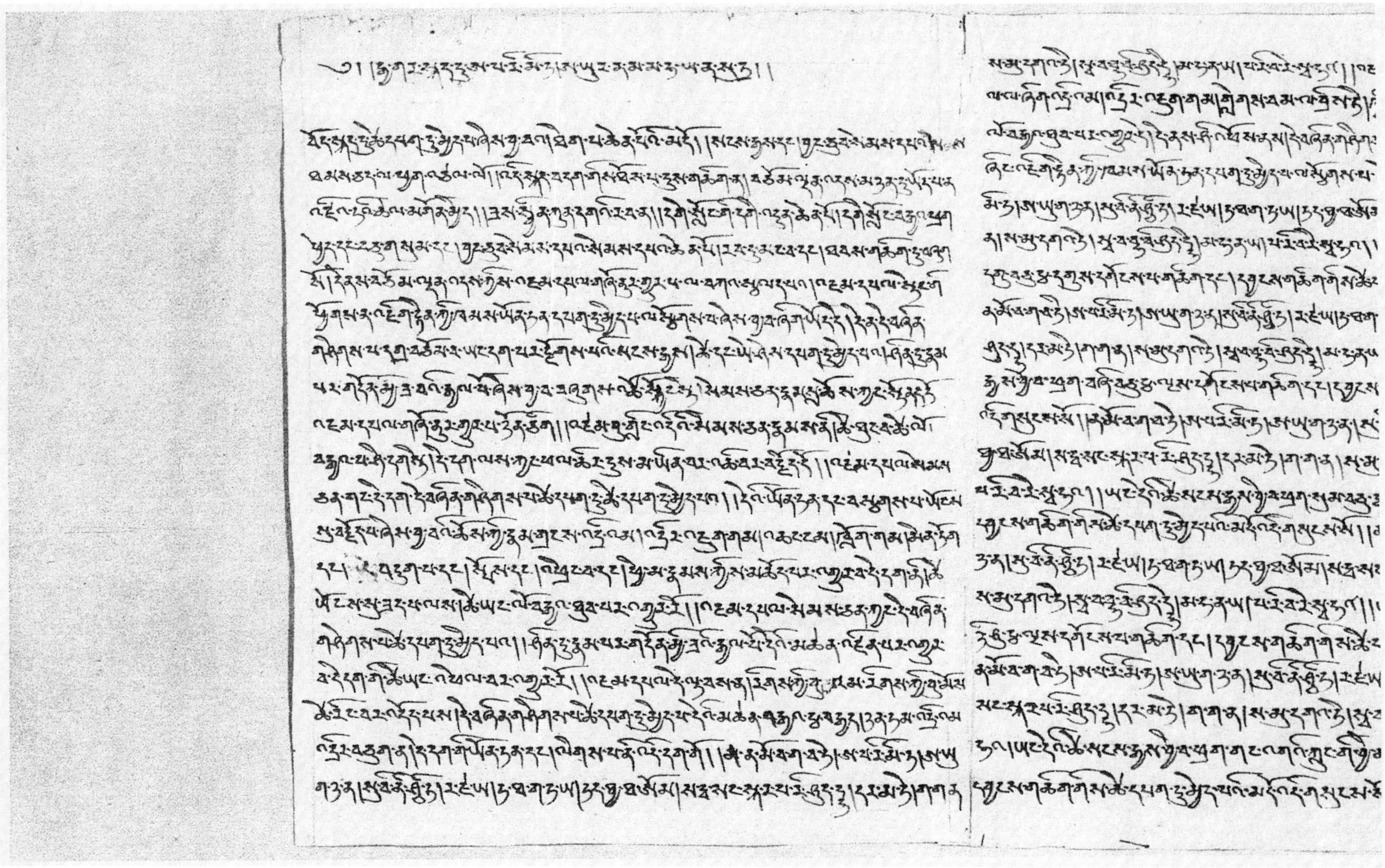

BD14347 號　藏文（無量壽宗要經甲本）　　（6–1）

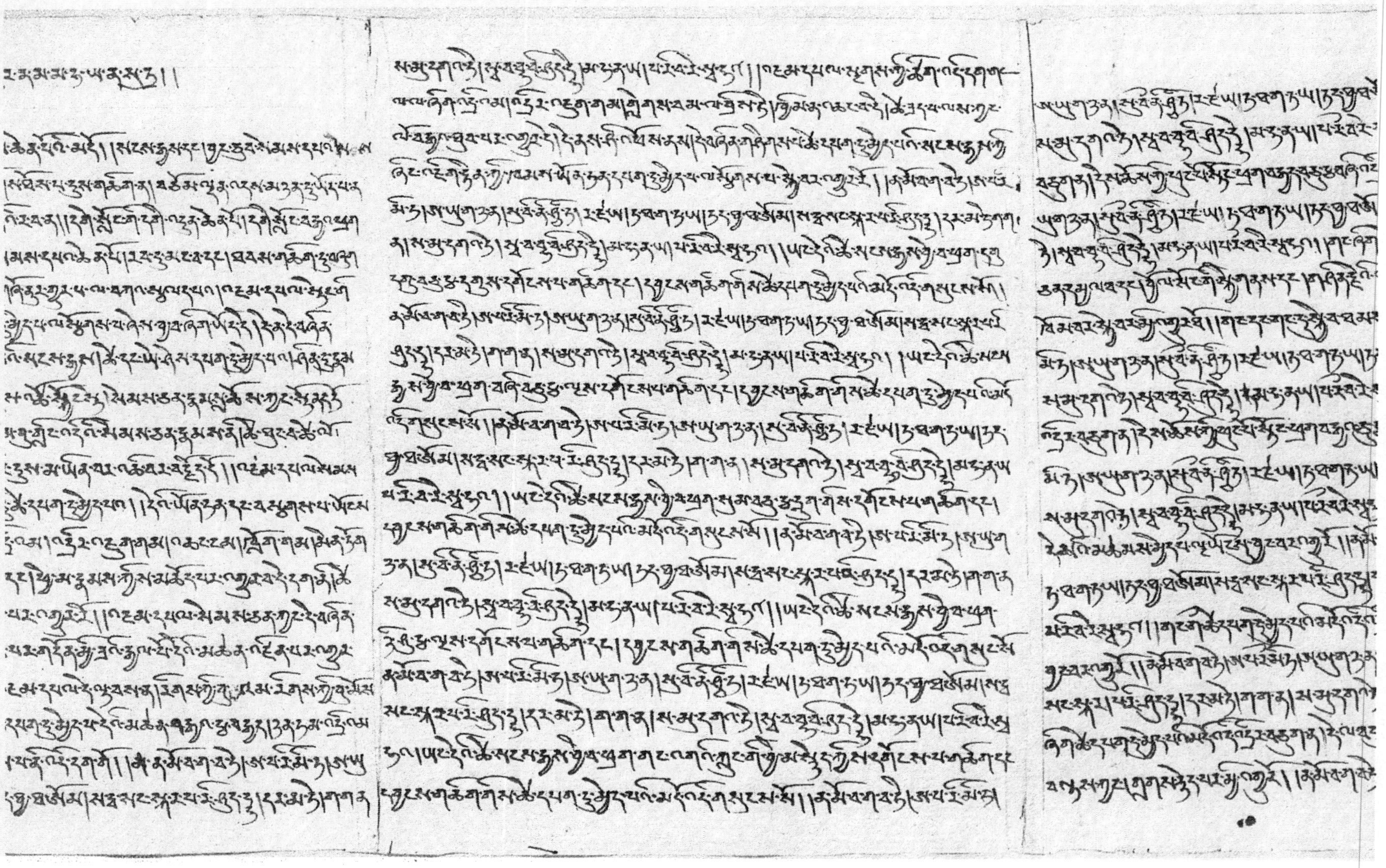

BD14347 號　藏文（無量壽宗要經甲本）　　（6–2）

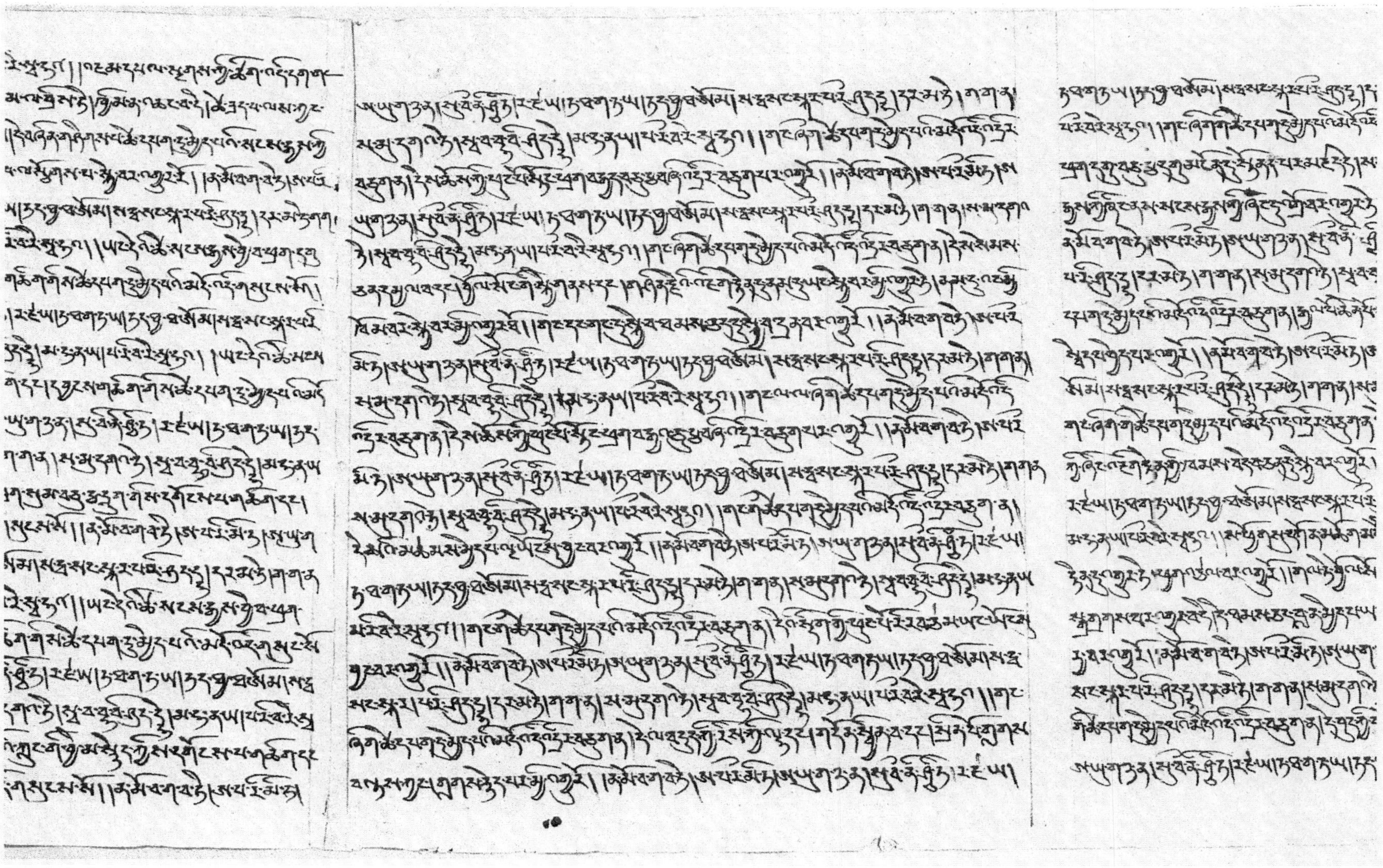

BD14347 號　藏文（無量壽宗要經甲本）　（6–3）

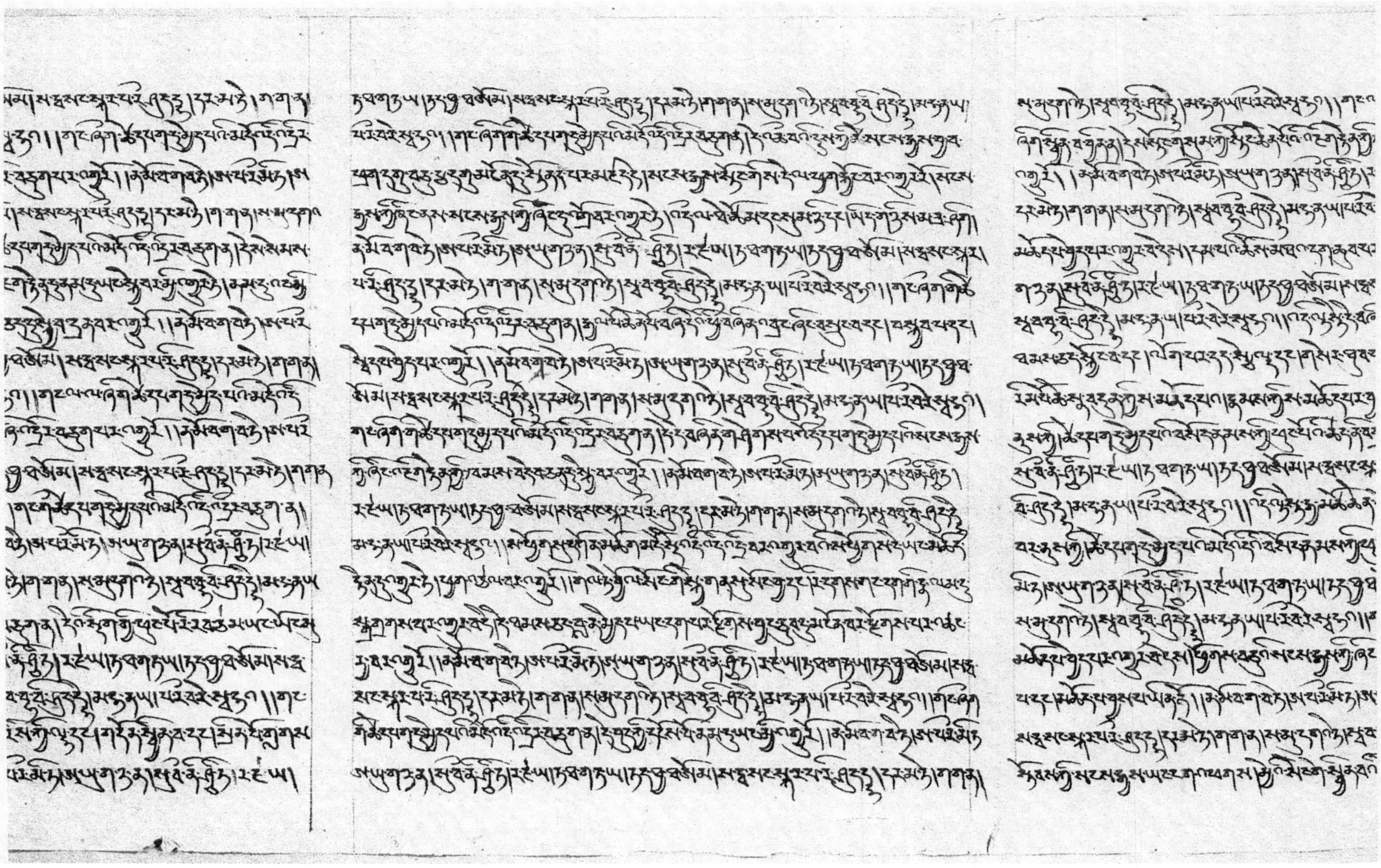

BD14347 號　藏文（無量壽宗要經甲本）　（6–4）

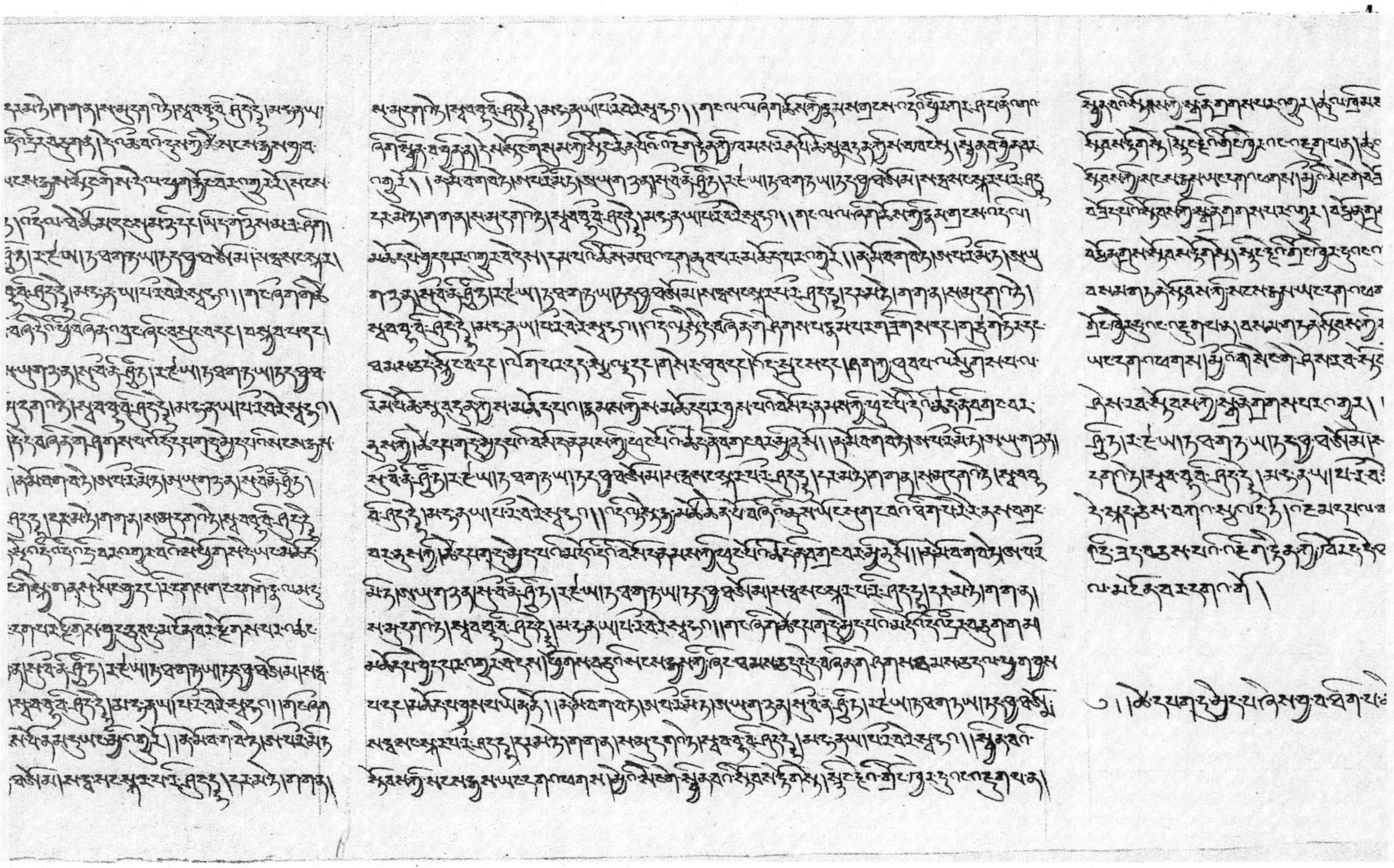

BD14347 號　藏文（無量壽宗要經甲本）　　（6–5）

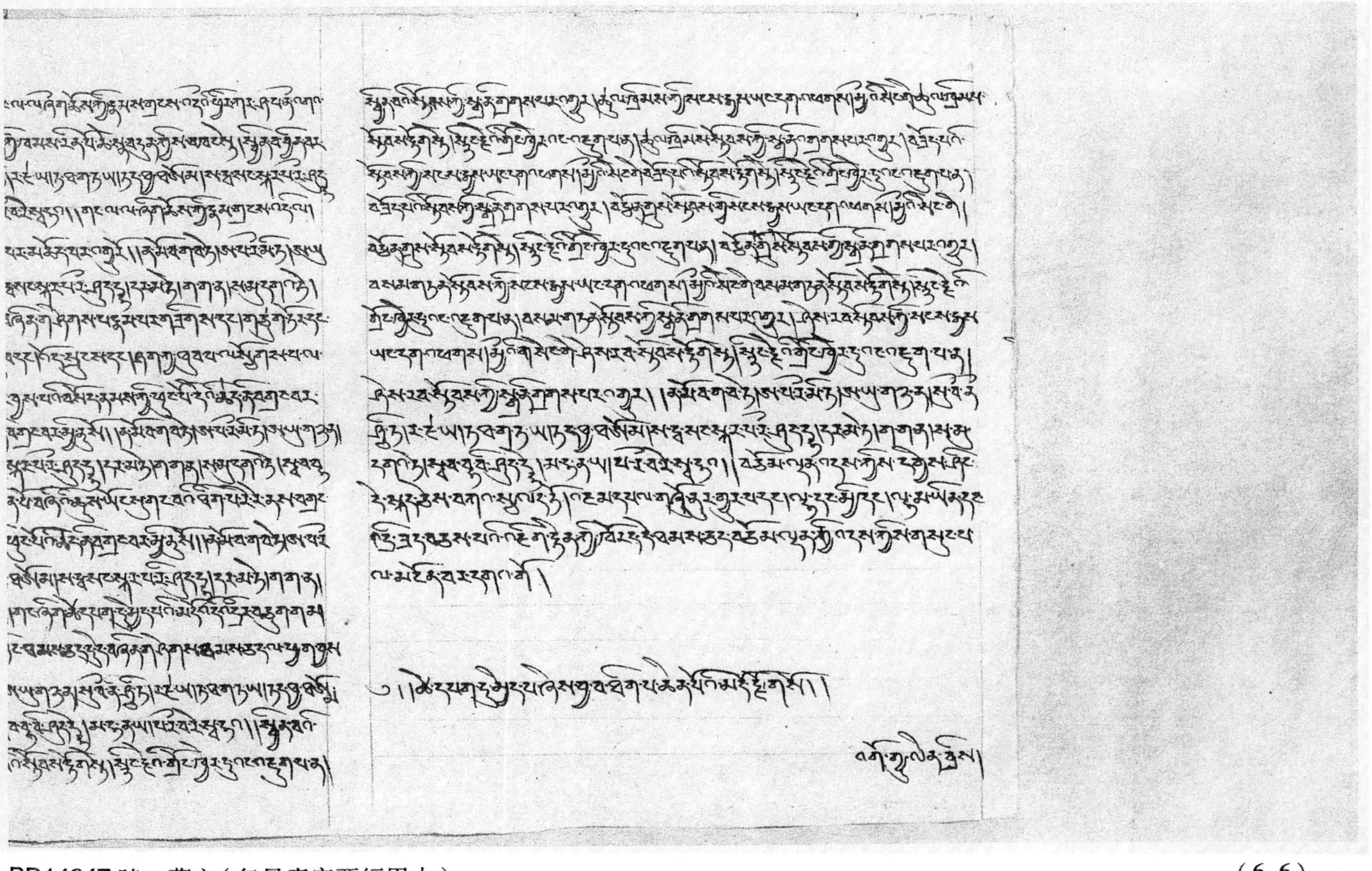

BD14347 號　藏文（無量壽宗要經甲本）　　（6–6）

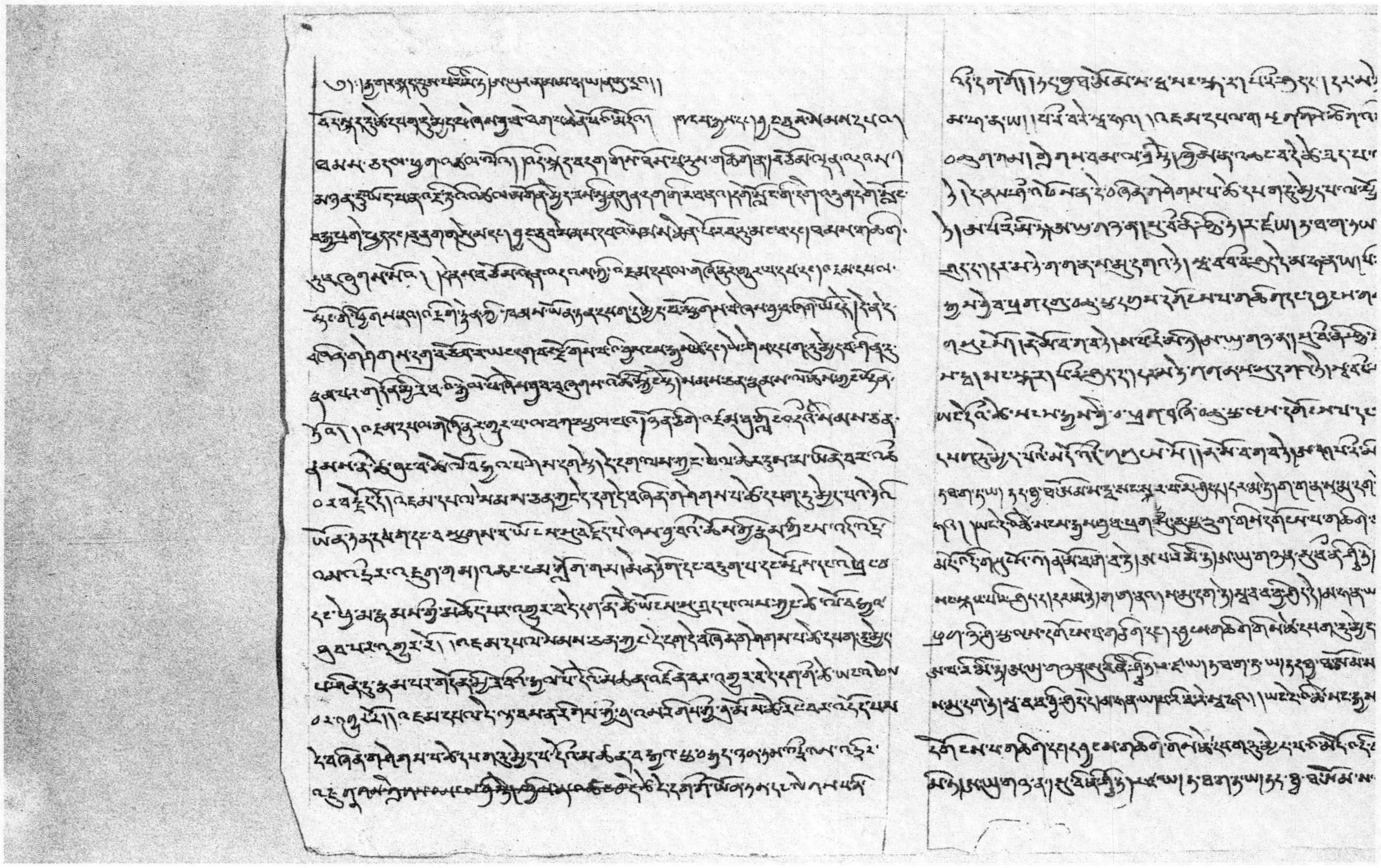

BD14348 號 1　藏文(無量壽宗要經甲本)　(18–1)

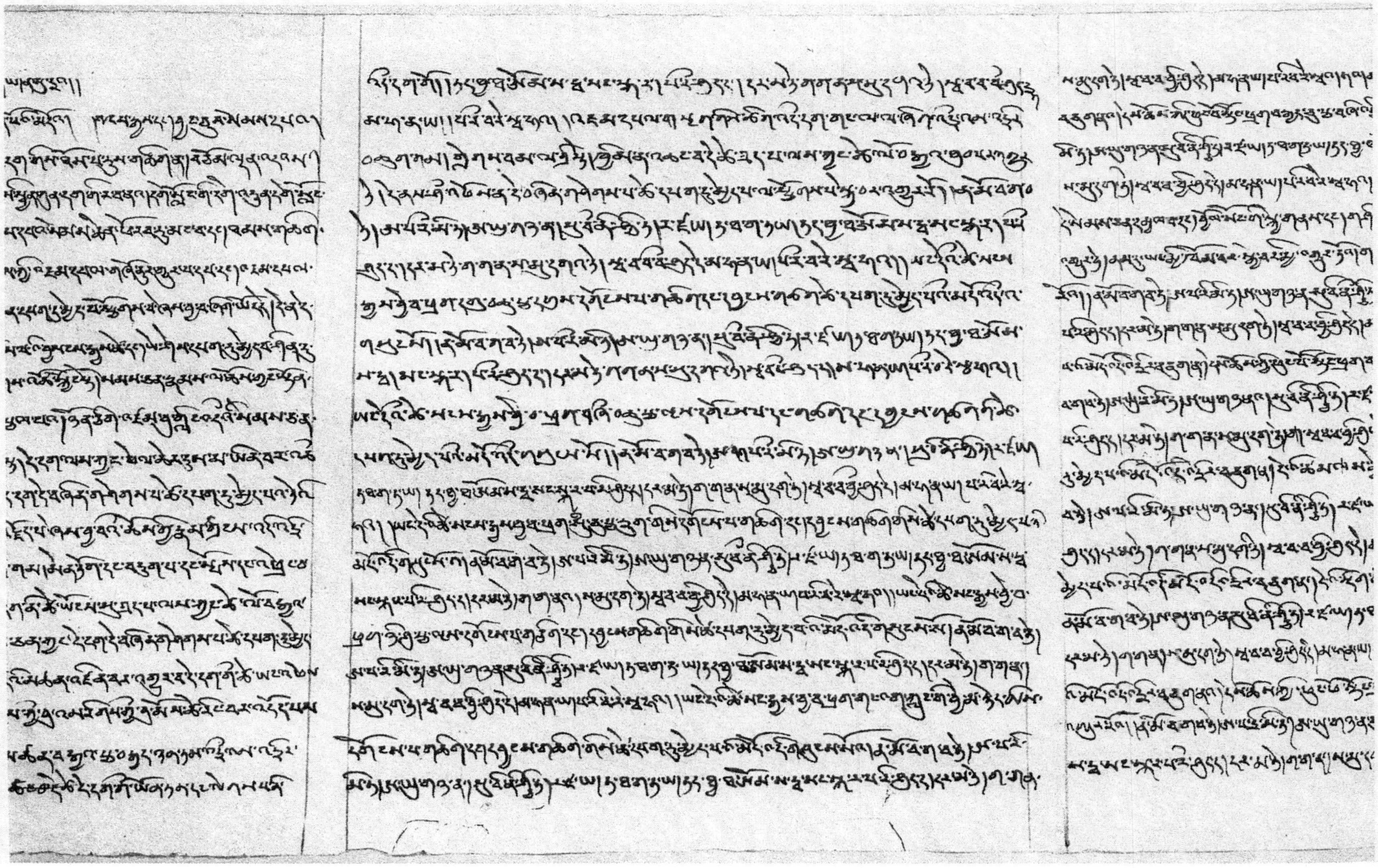

BD14348 號 1　藏文(無量壽宗要經甲本)　(18–2)

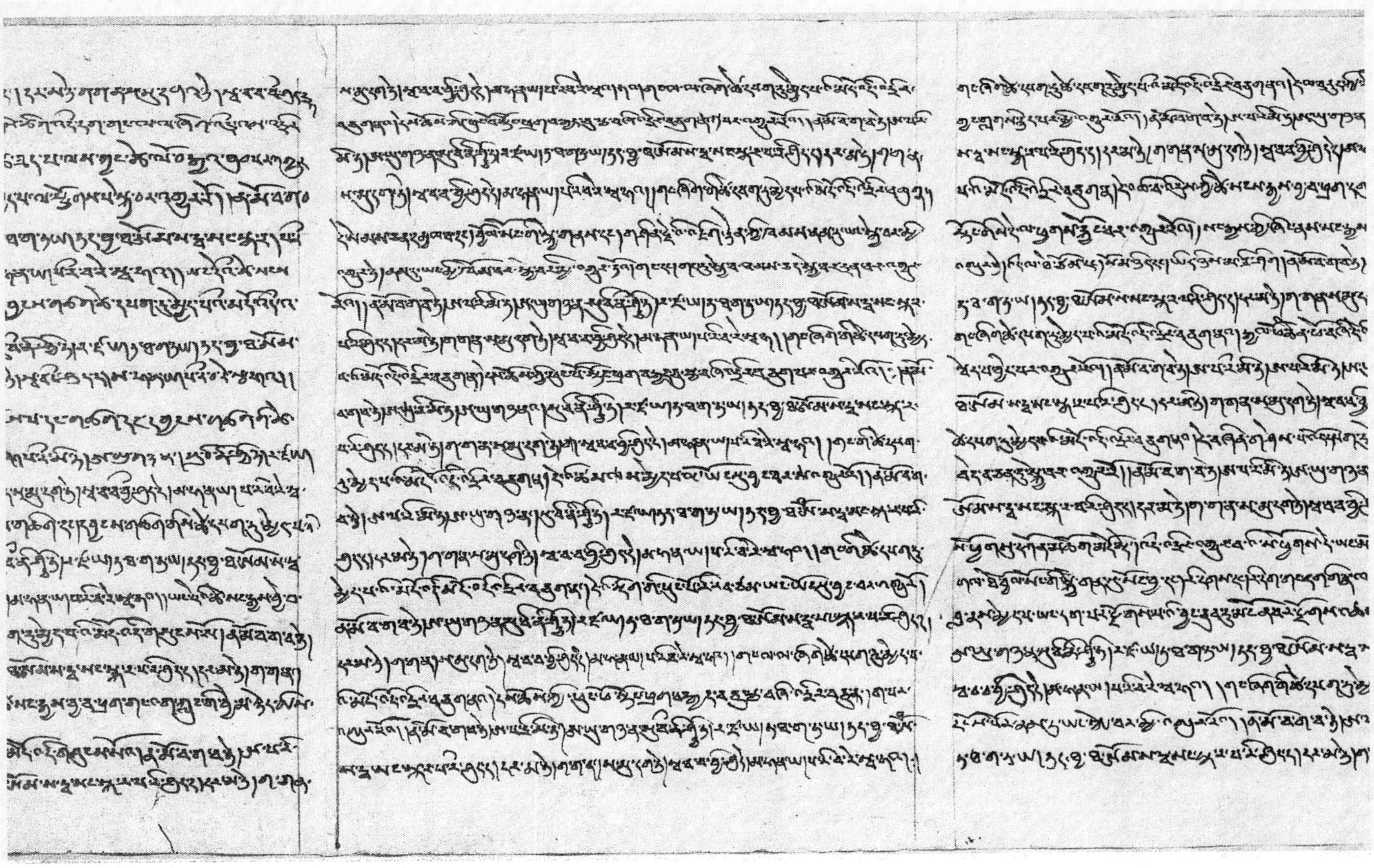

BD14348 號 1　藏文（無量壽宗要經甲本）　（18–3）

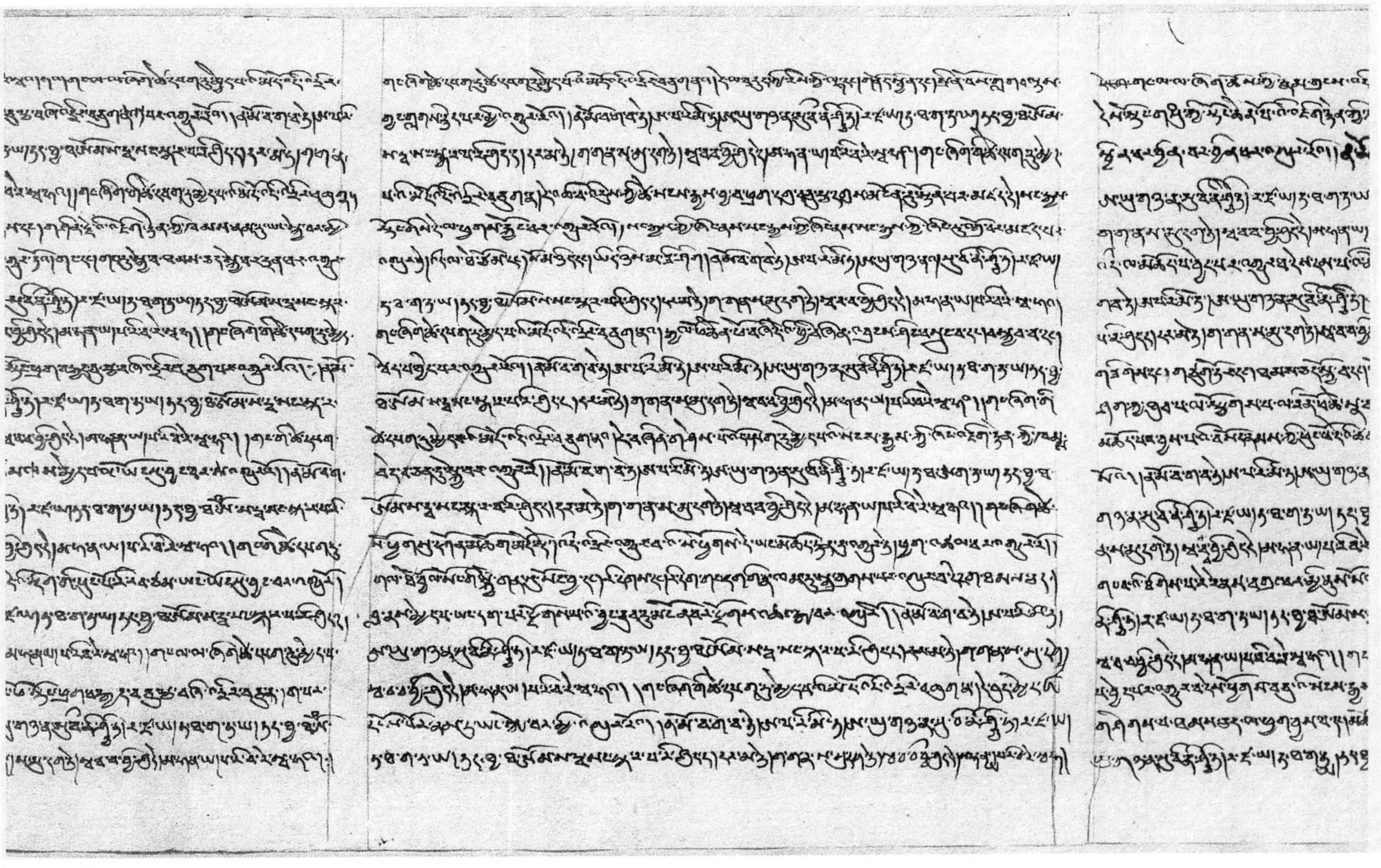

BD14348 號 1　藏文（無量壽宗要經甲本）　（18–4）

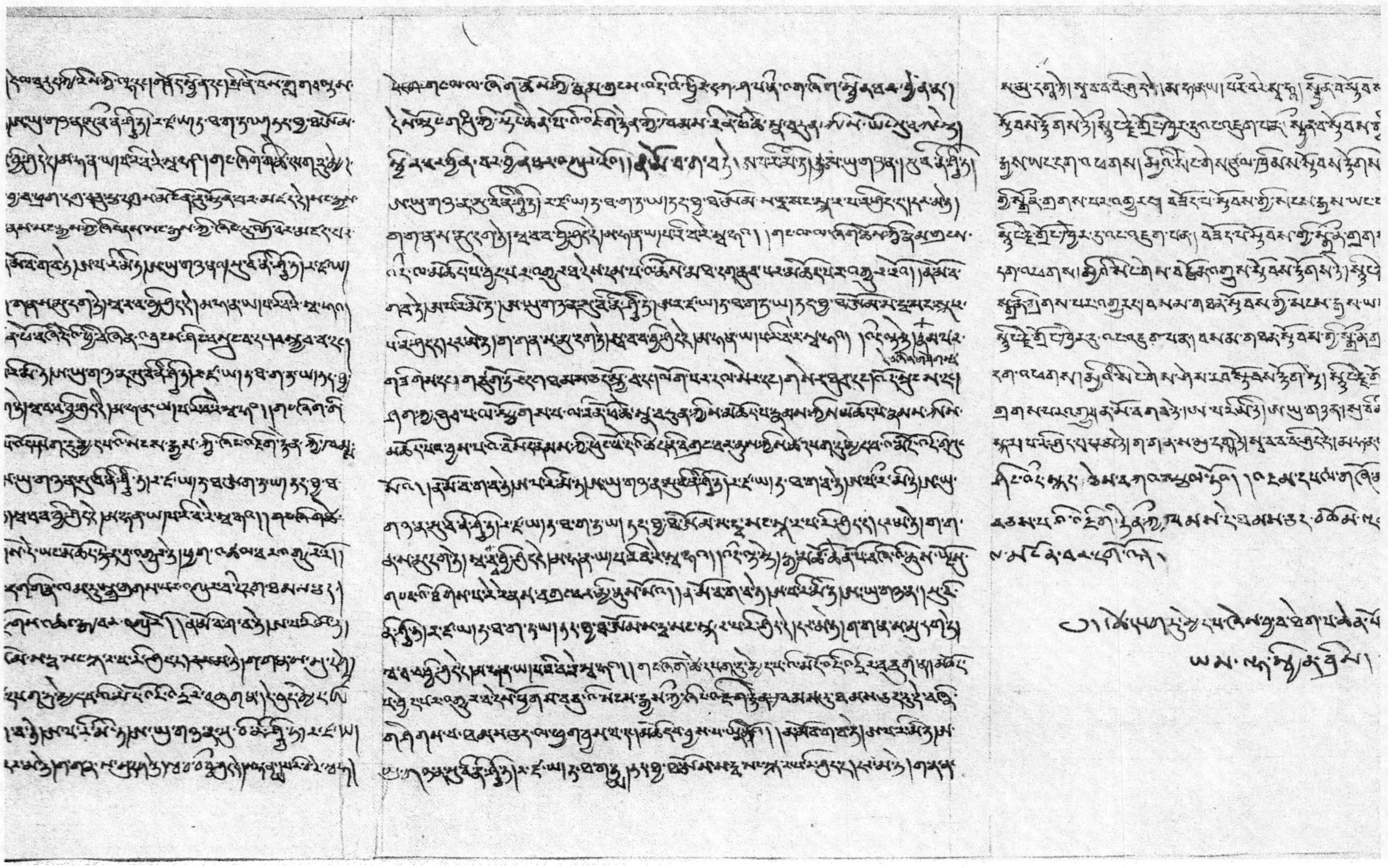

BD14348 號 1　藏文（無量壽宗要經甲本）　　（18–5）

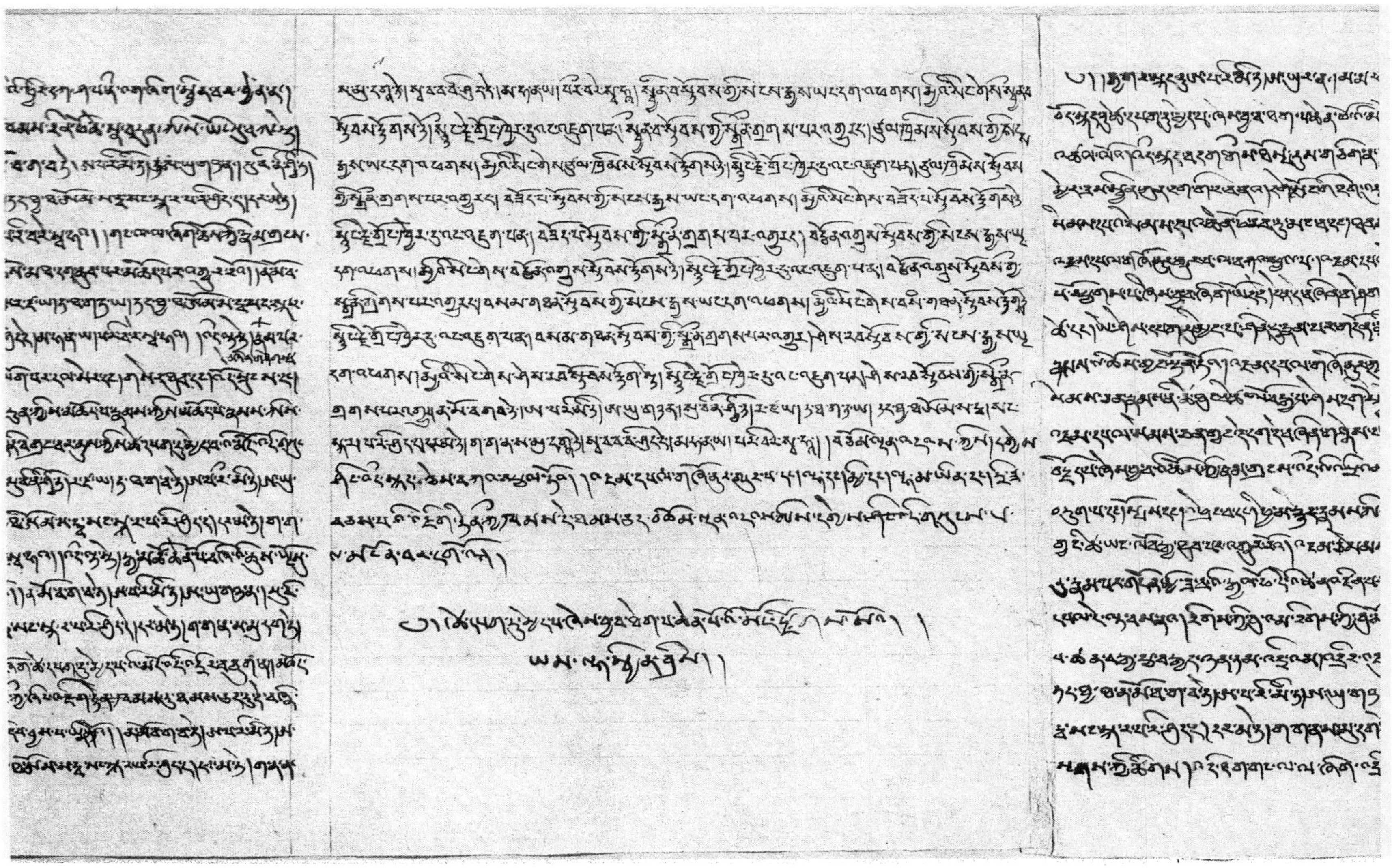

BD14348 號 1　藏文（無量壽宗要經甲本）　　（18–6）

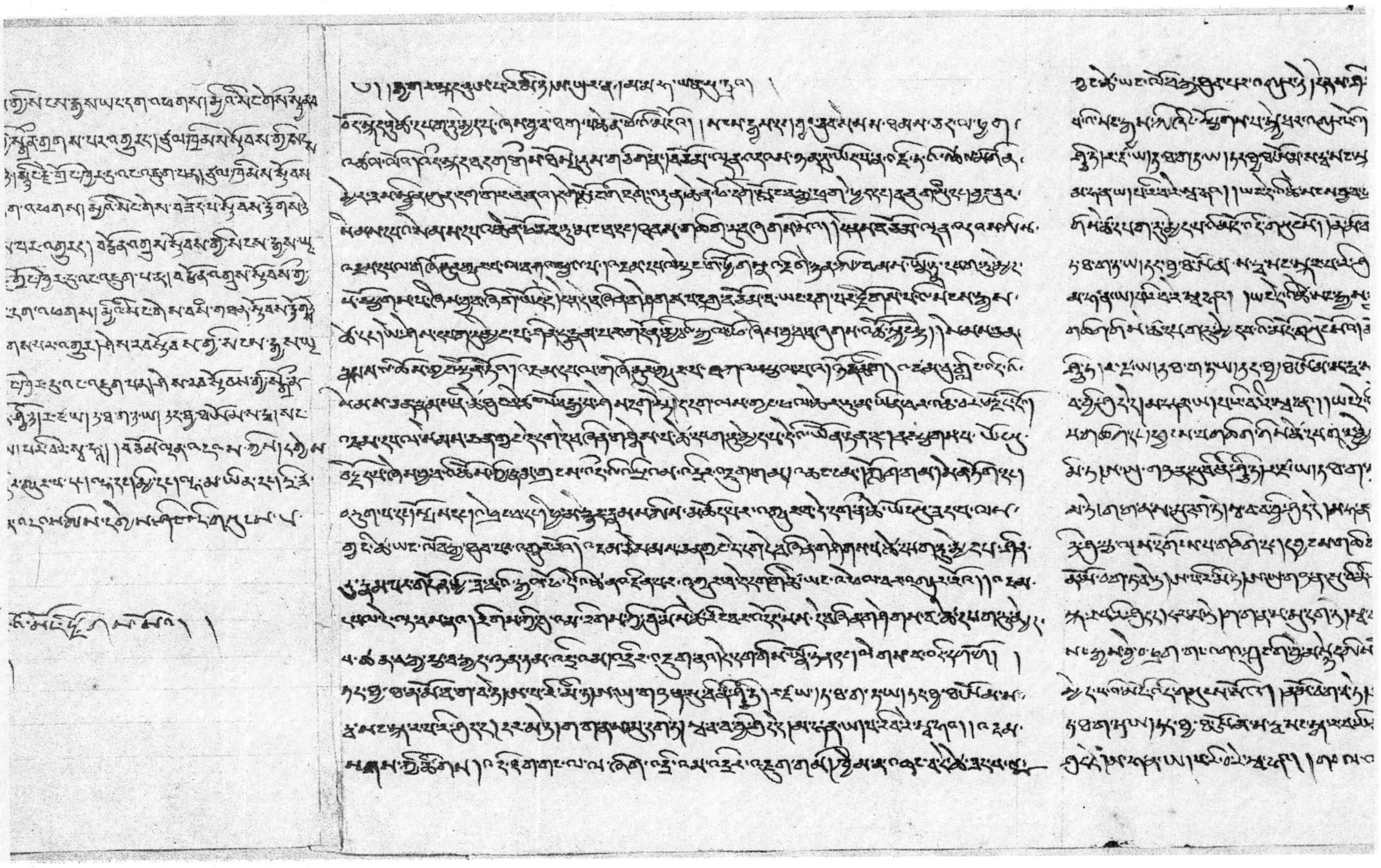

BD14348 號 2　藏文（無量壽宗要經甲本）　　（18–7）

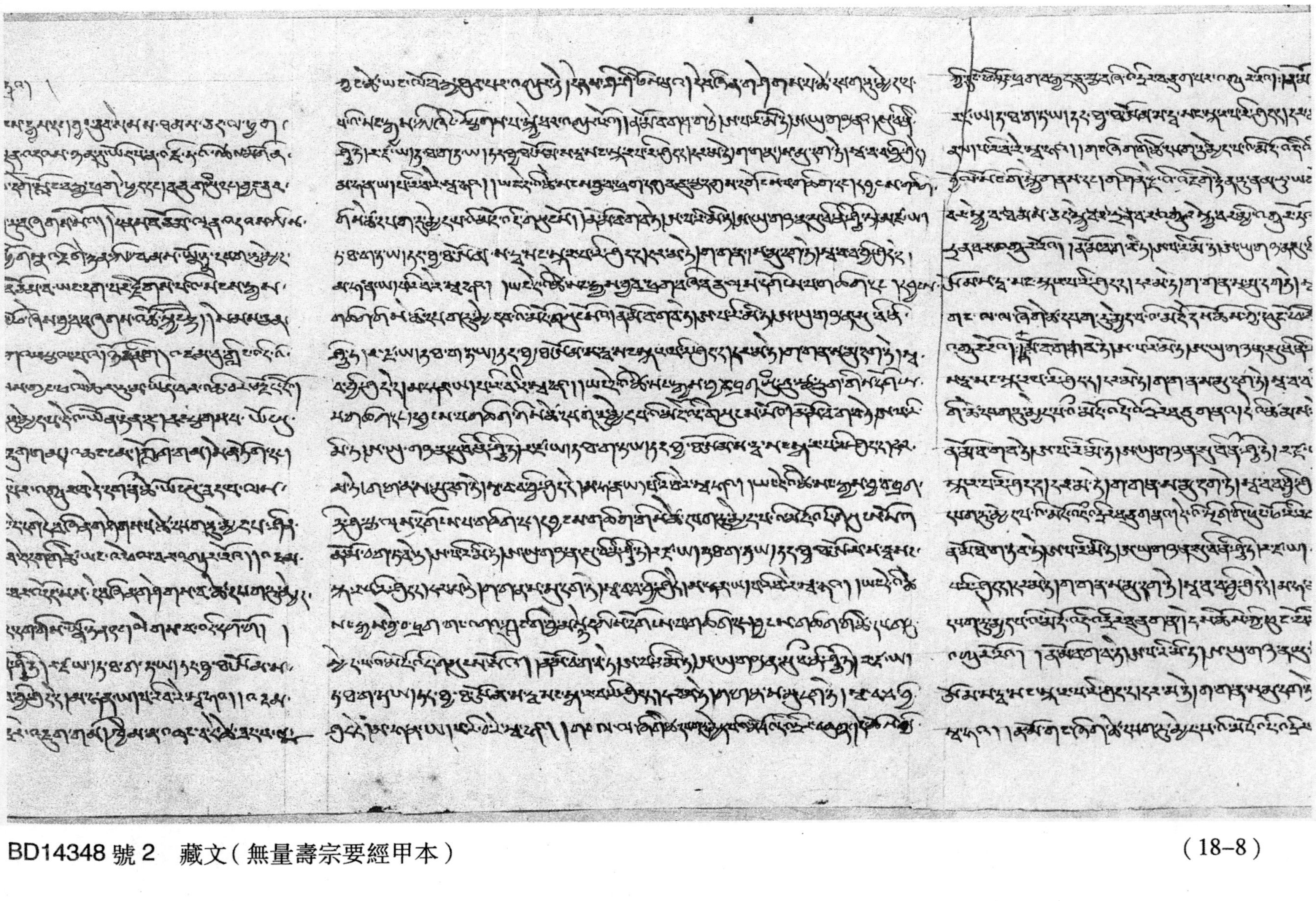

BD14348 號 2　藏文（無量壽宗要經甲本）　　（18–8）

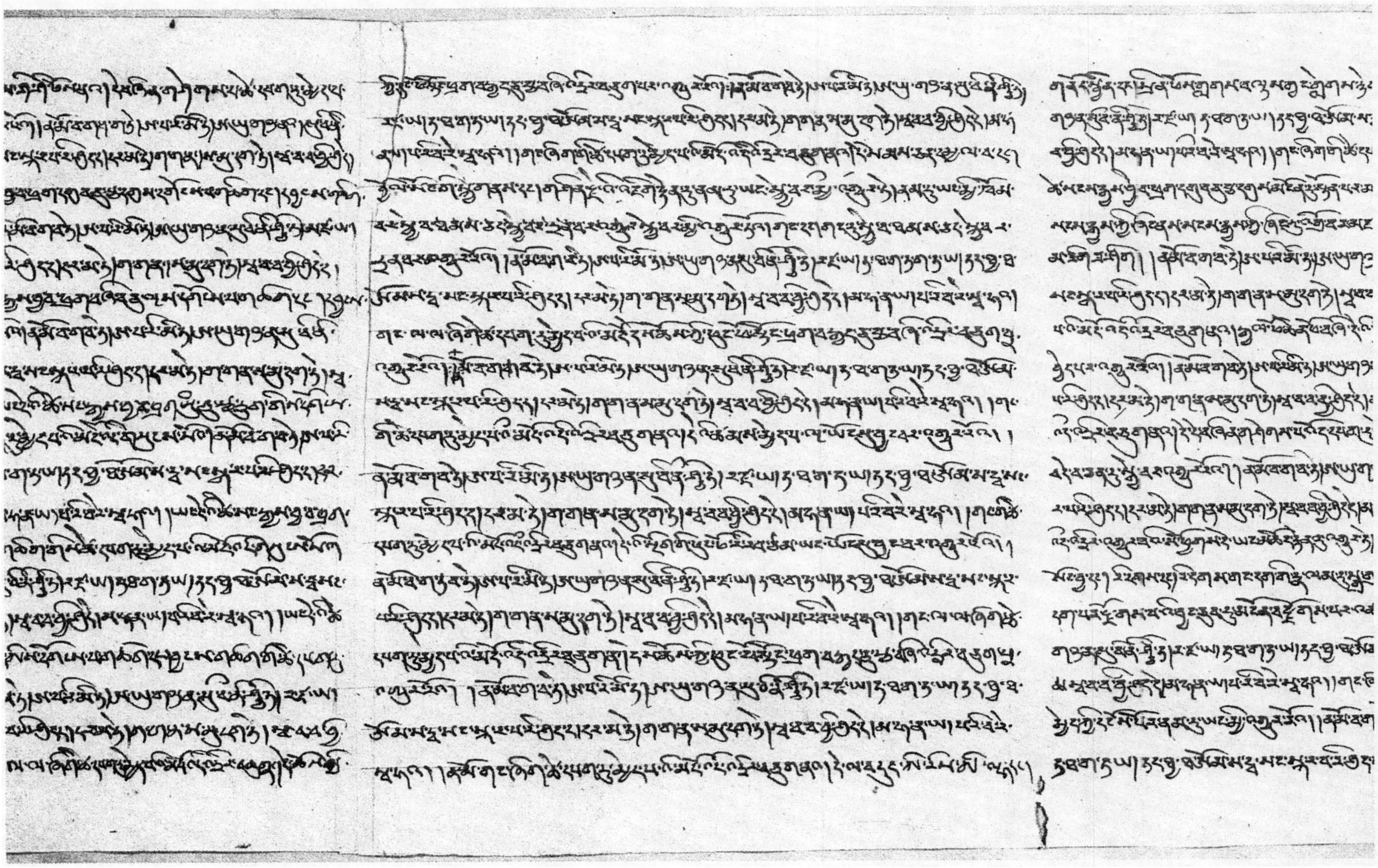

BD14348 號 2　藏文（無量壽宗要經甲本）　（18–9）

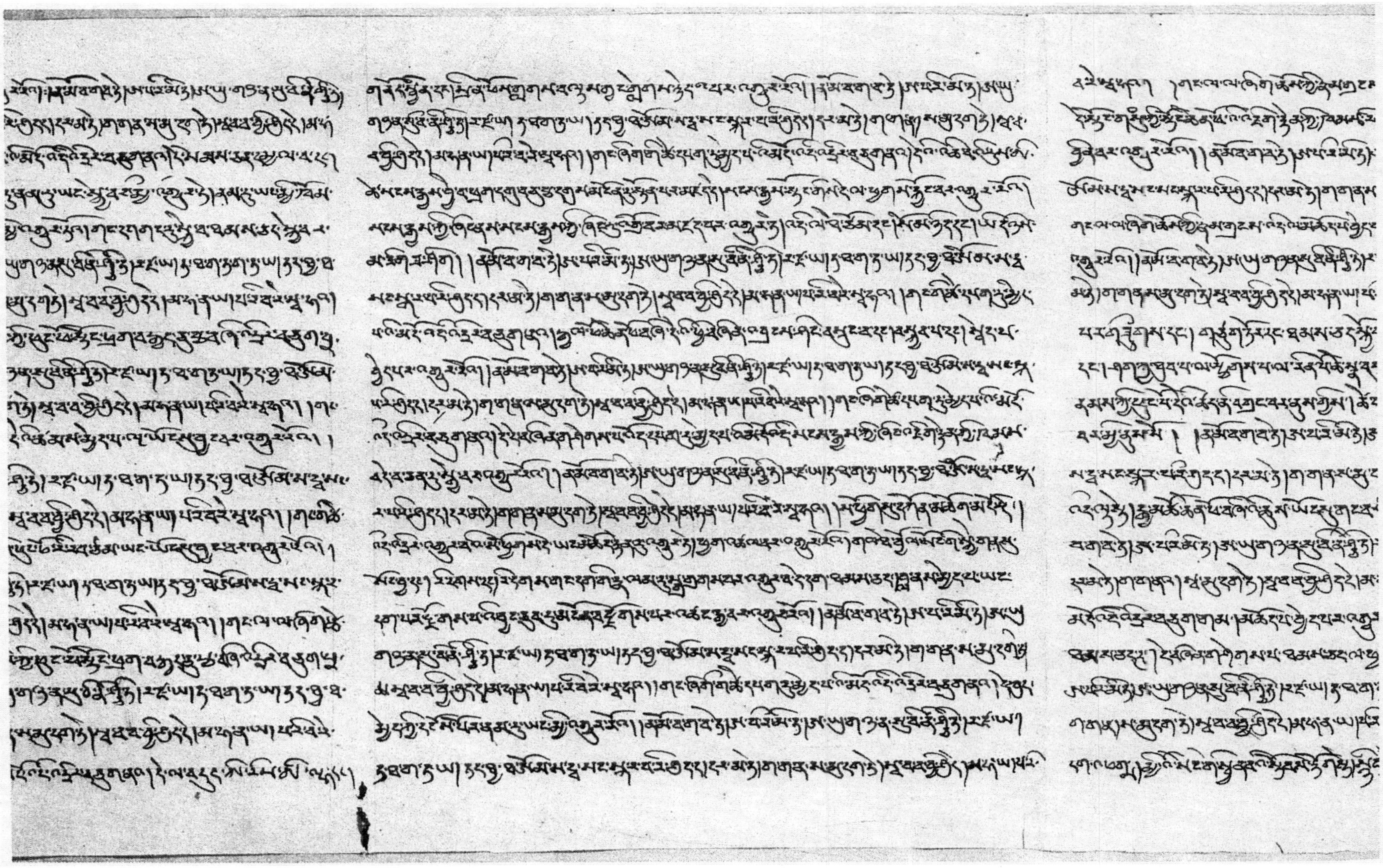

BD14348 號 2　藏文（無量壽宗要經甲本）　（18–10）

BD14348 號 2　藏文（無量壽宗要經甲本）　　（18–11）

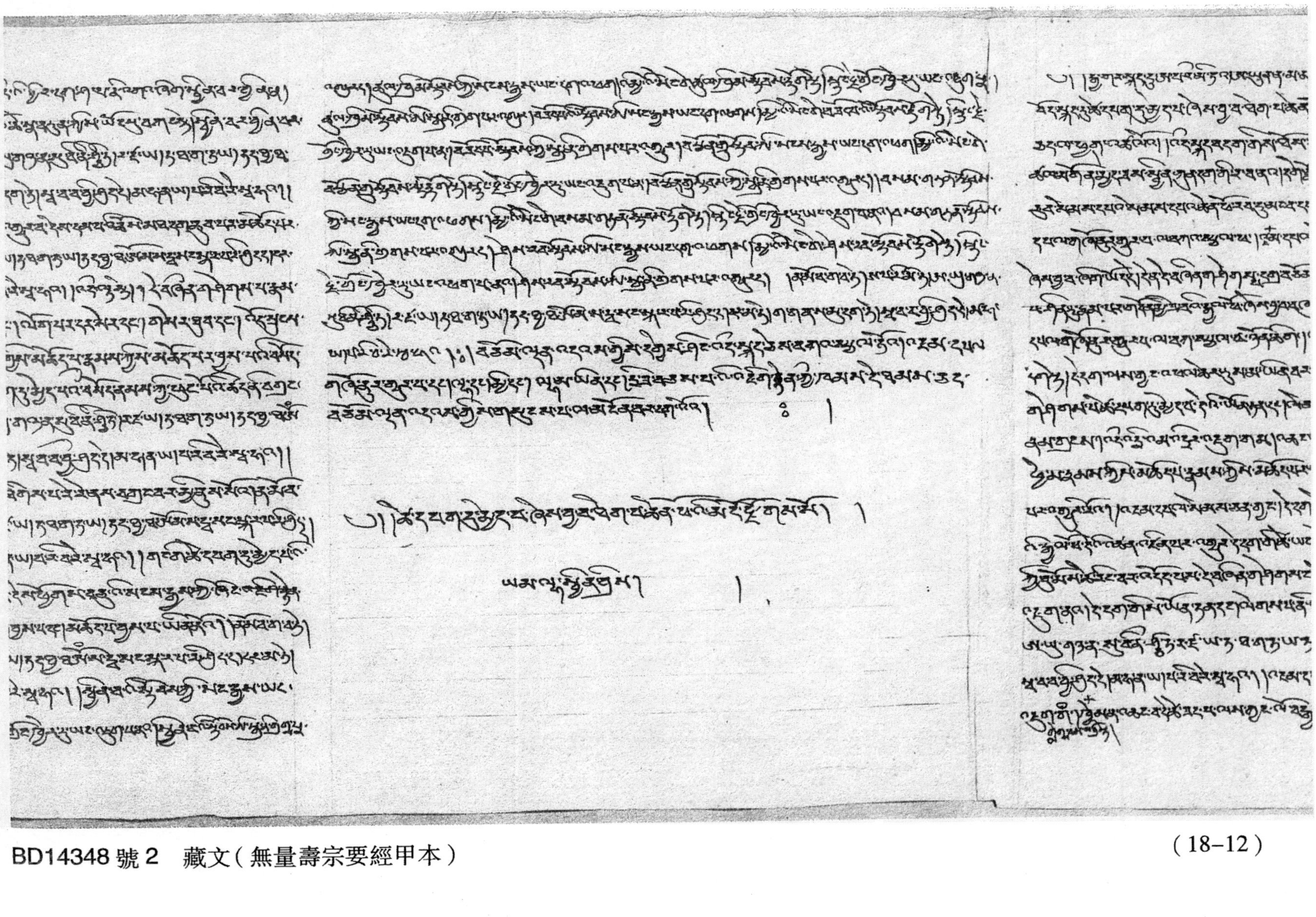
༄། །ཚེ་དཔག་དུ་མེད་པ་ཞེས་བྱ་བ་ཐེག་པ་ཆེན་པོའི་མདོ་རྫོགས་སོ། །

BD14348 號 2　藏文（無量壽宗要經甲本）　　（18–12）

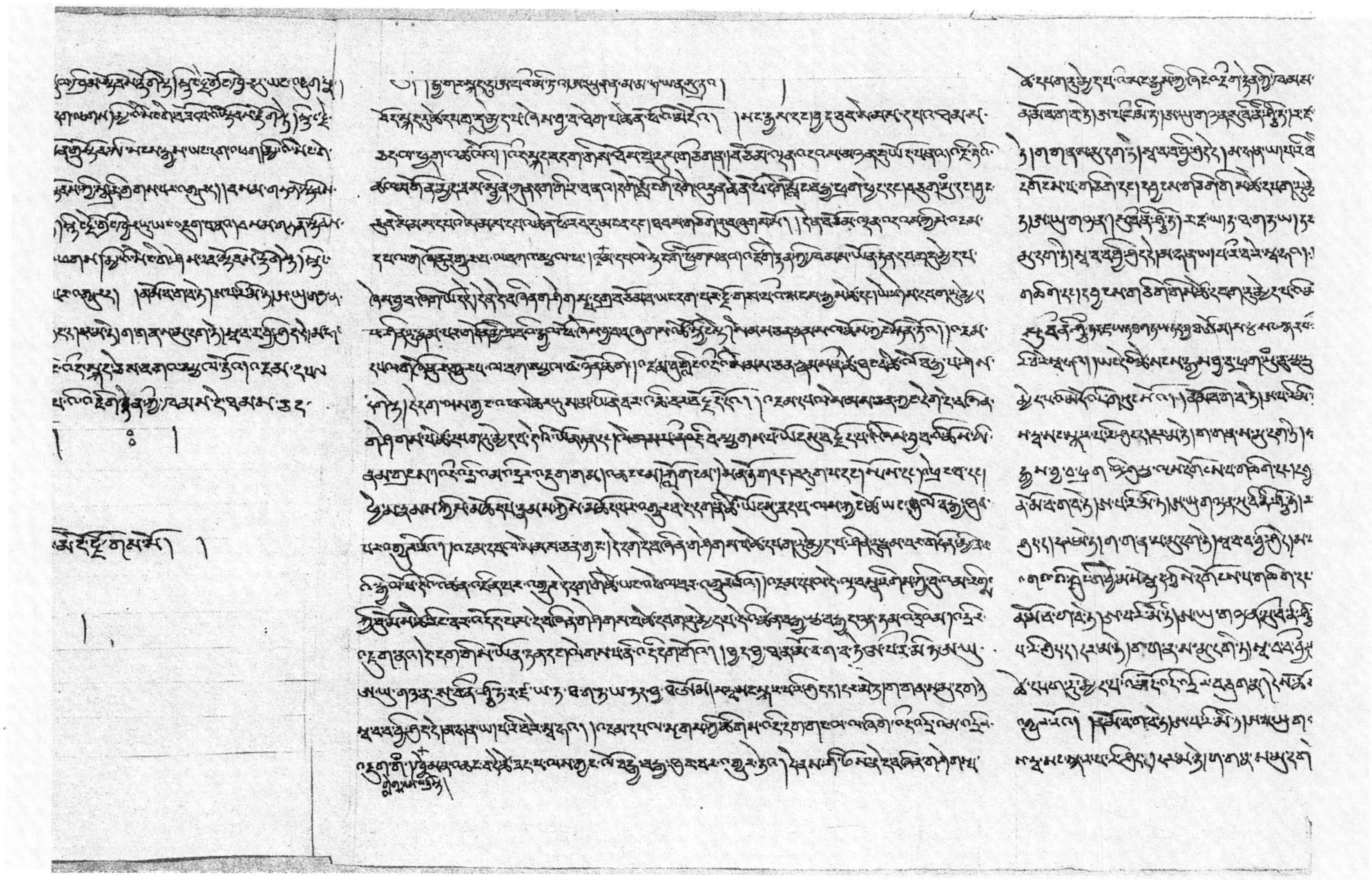

BD14348 號 3　藏文（無量壽宗要經甲本）　　（18–13）

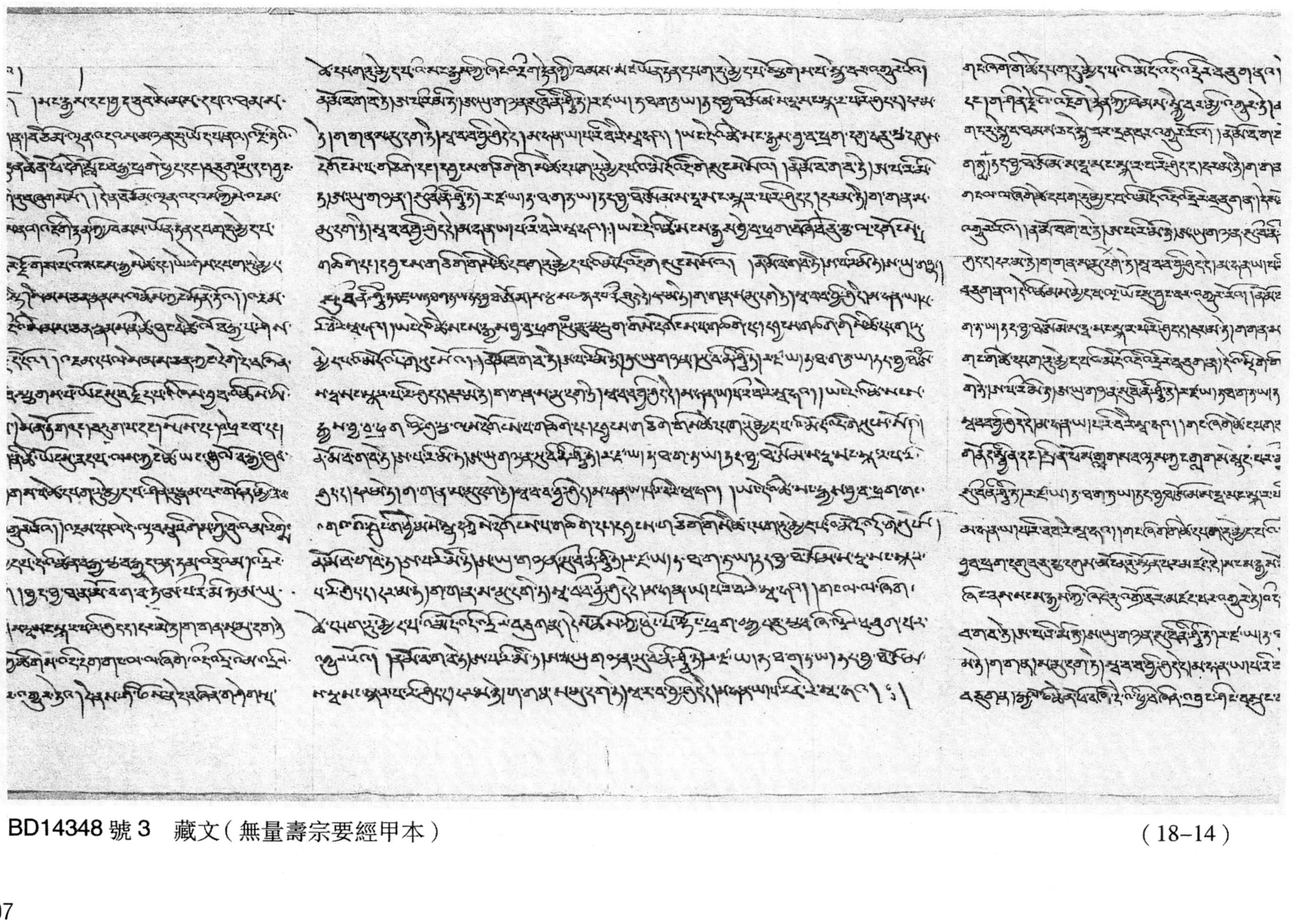

BD14348 號 3　藏文（無量壽宗要經甲本）　　（18–14）

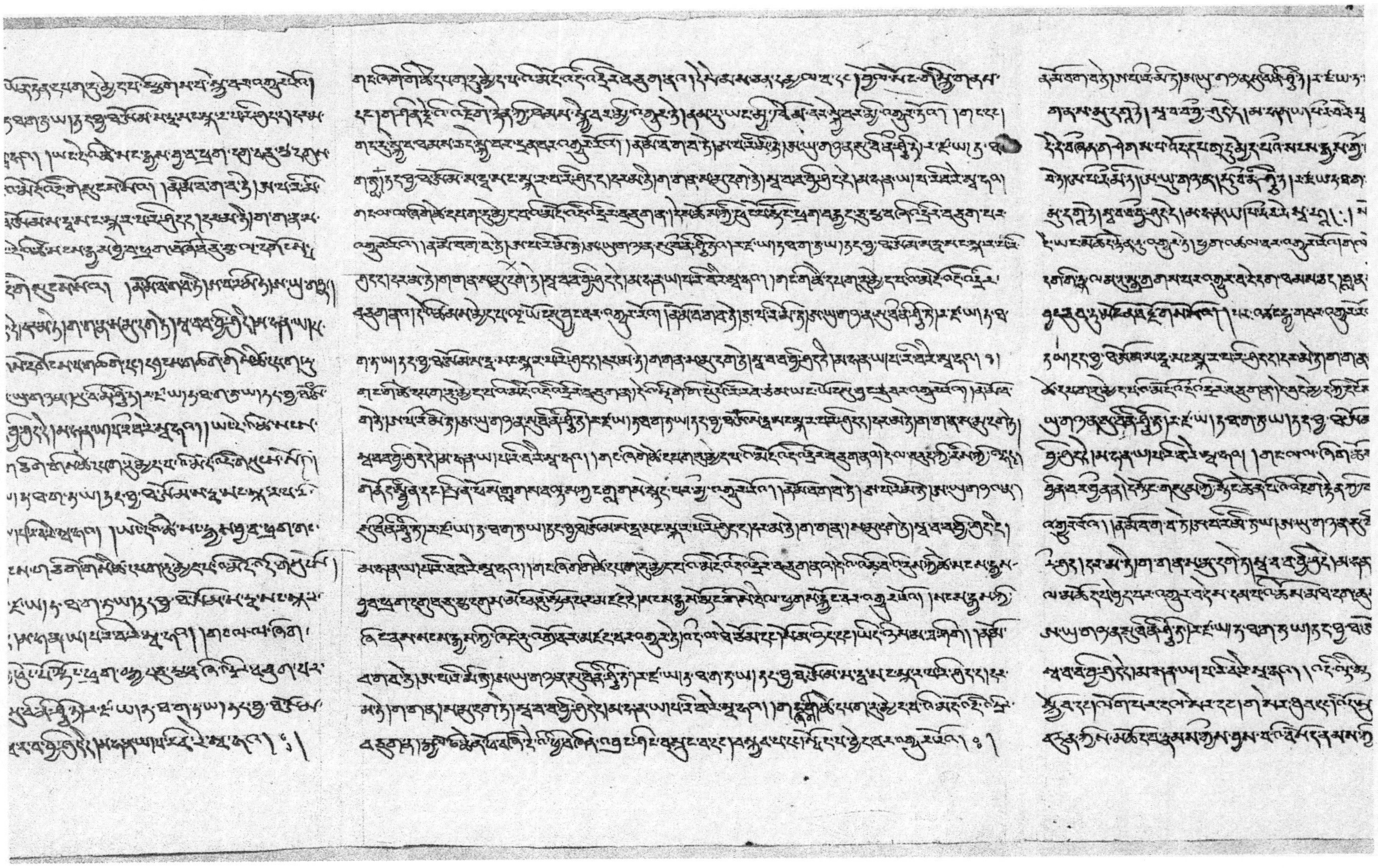

BD14348 號 3　藏文（無量壽宗要經甲本）　　（18–15）

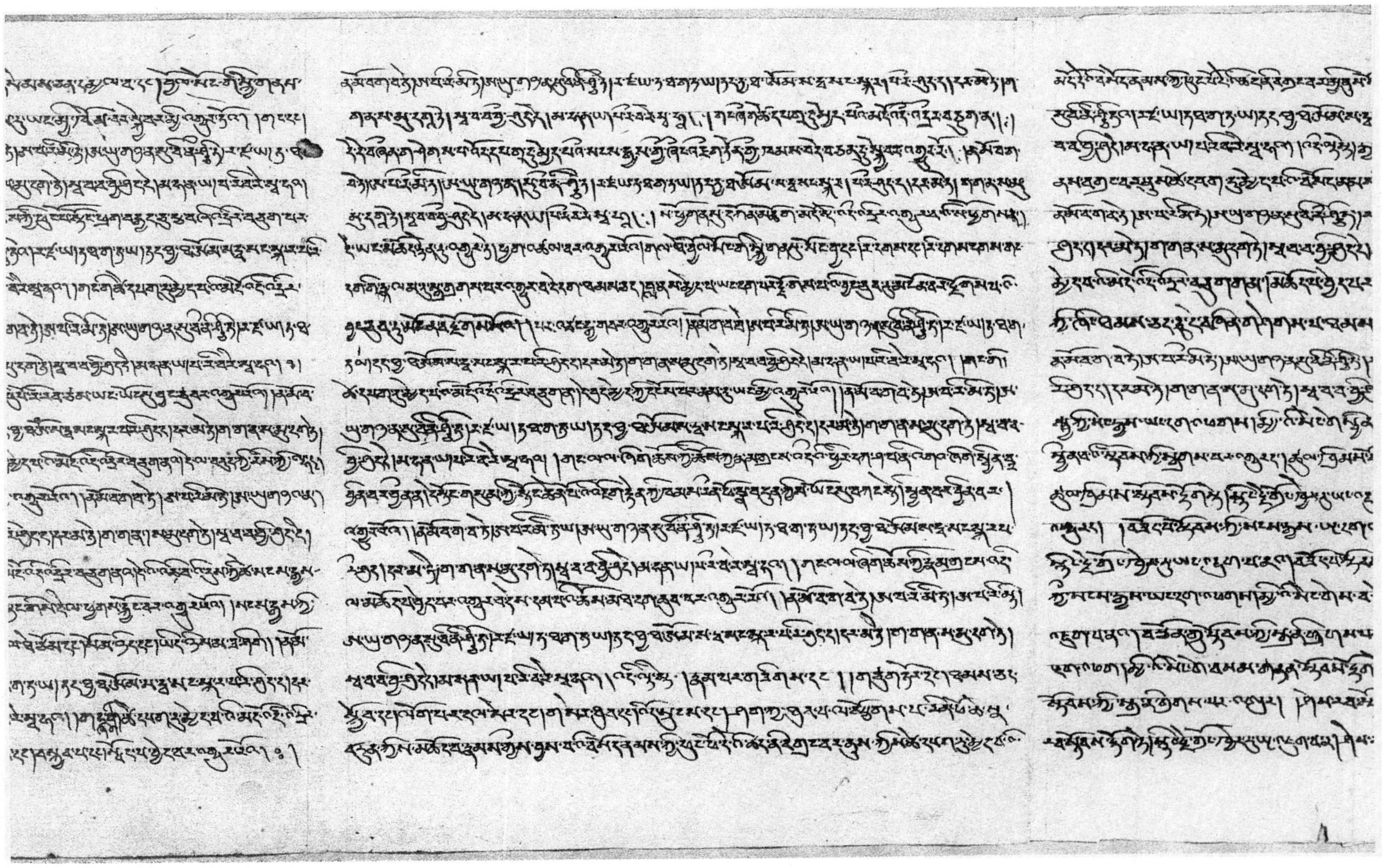

BD14348 號 3　藏文（無量壽宗要經甲本）　　（18–16）

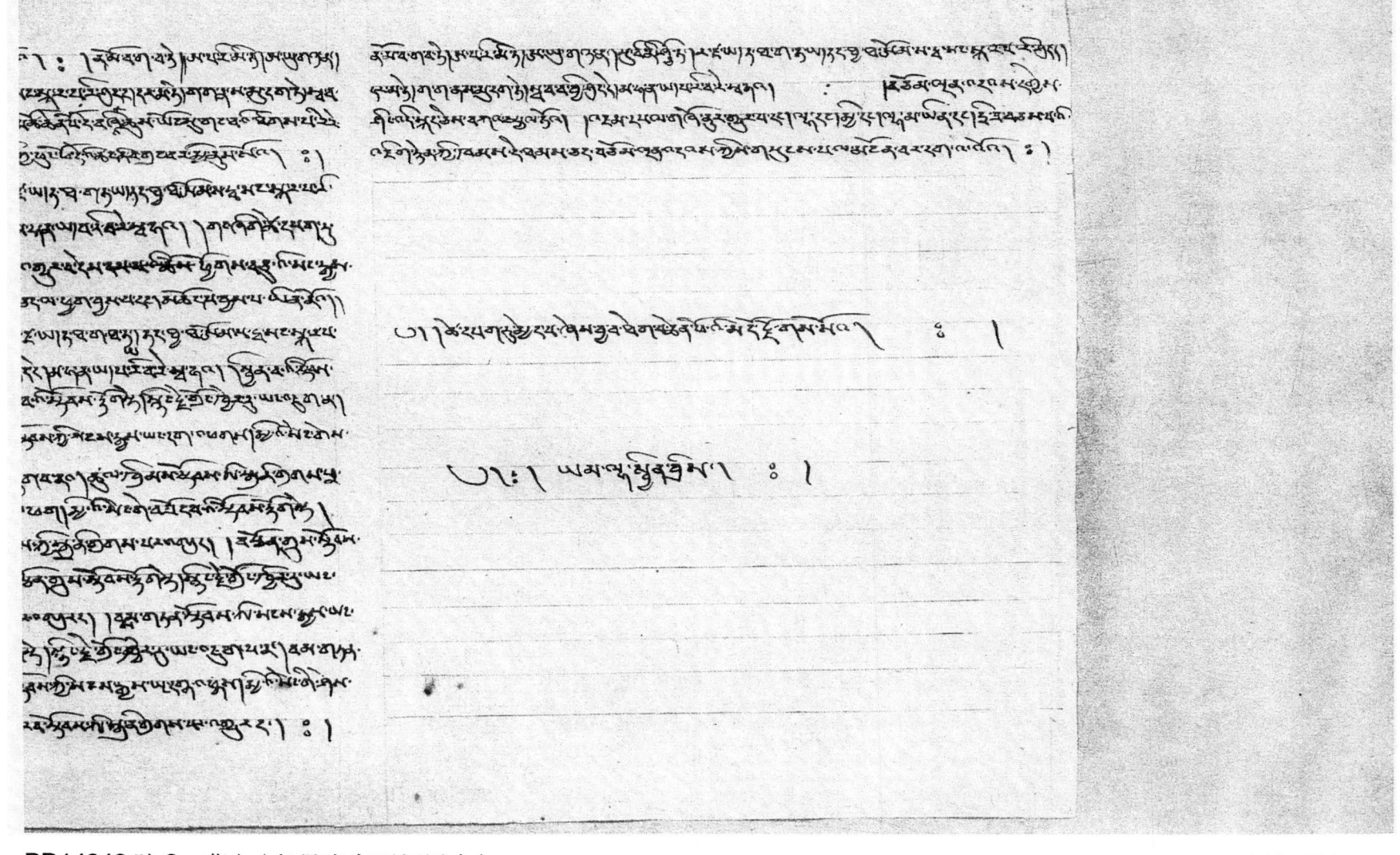

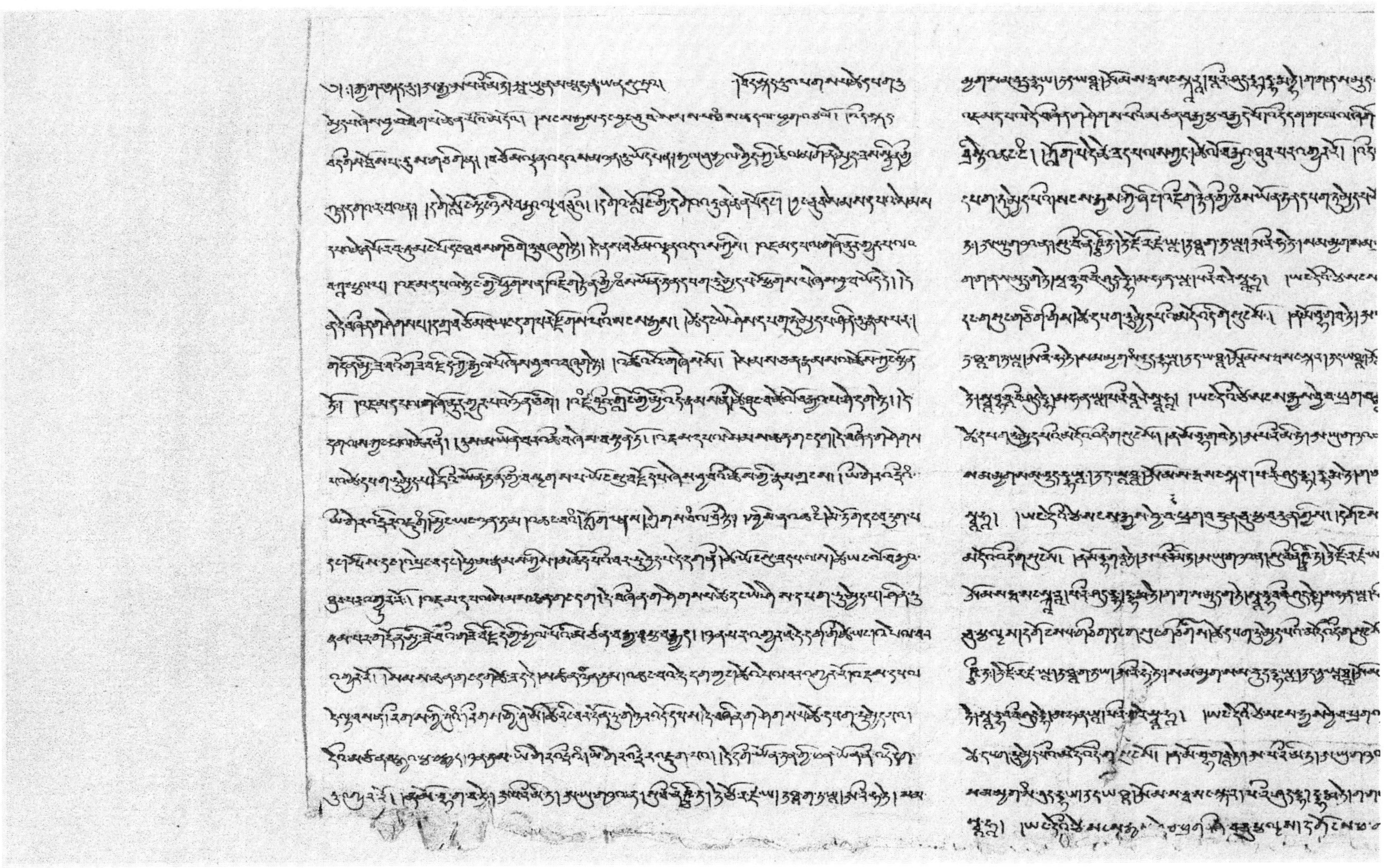

BD14349 號　藏文（無量壽宗要經甲本）　　（6–1）

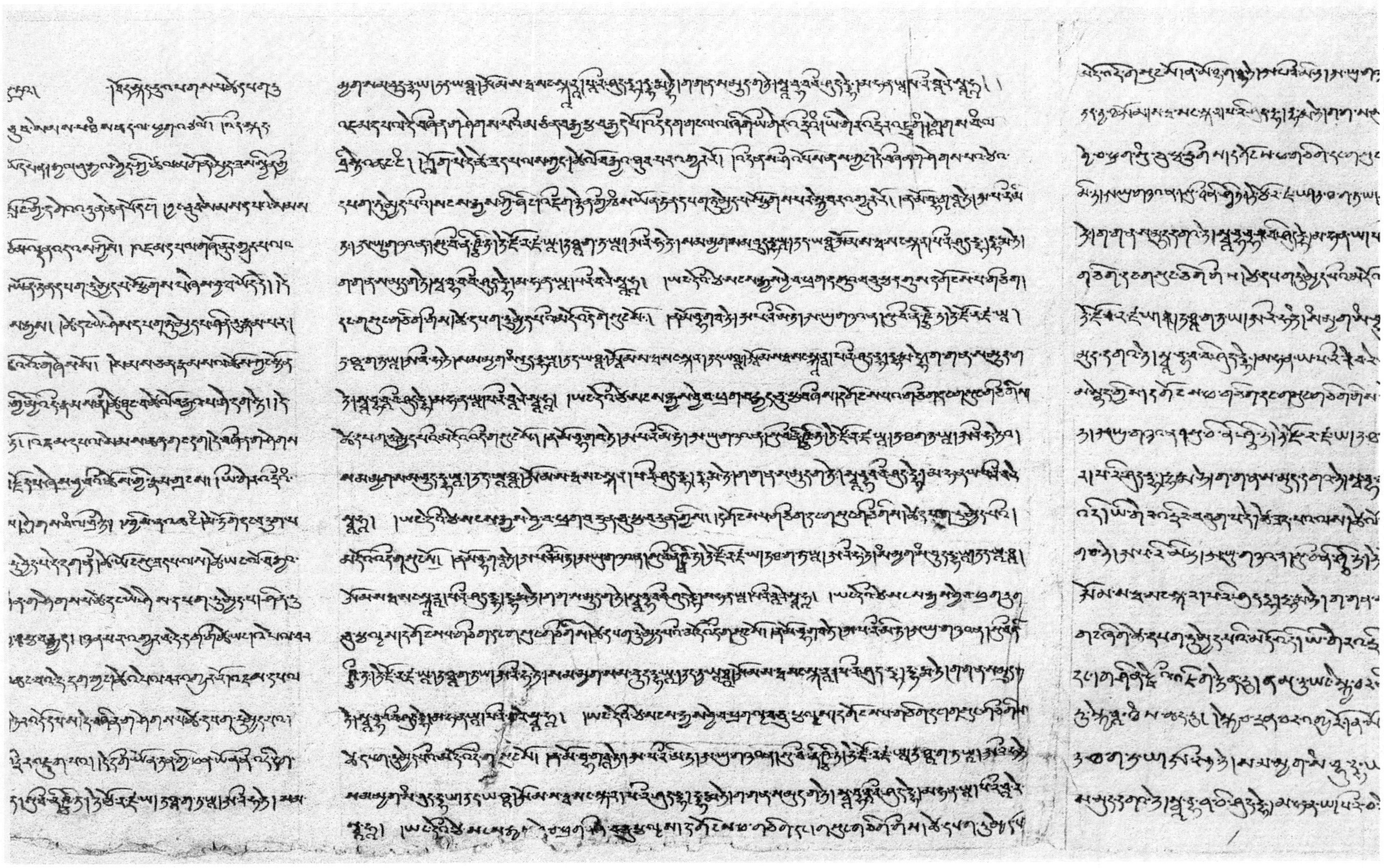

BD14349 號　藏文（無量壽宗要經甲本）　　（6–2）

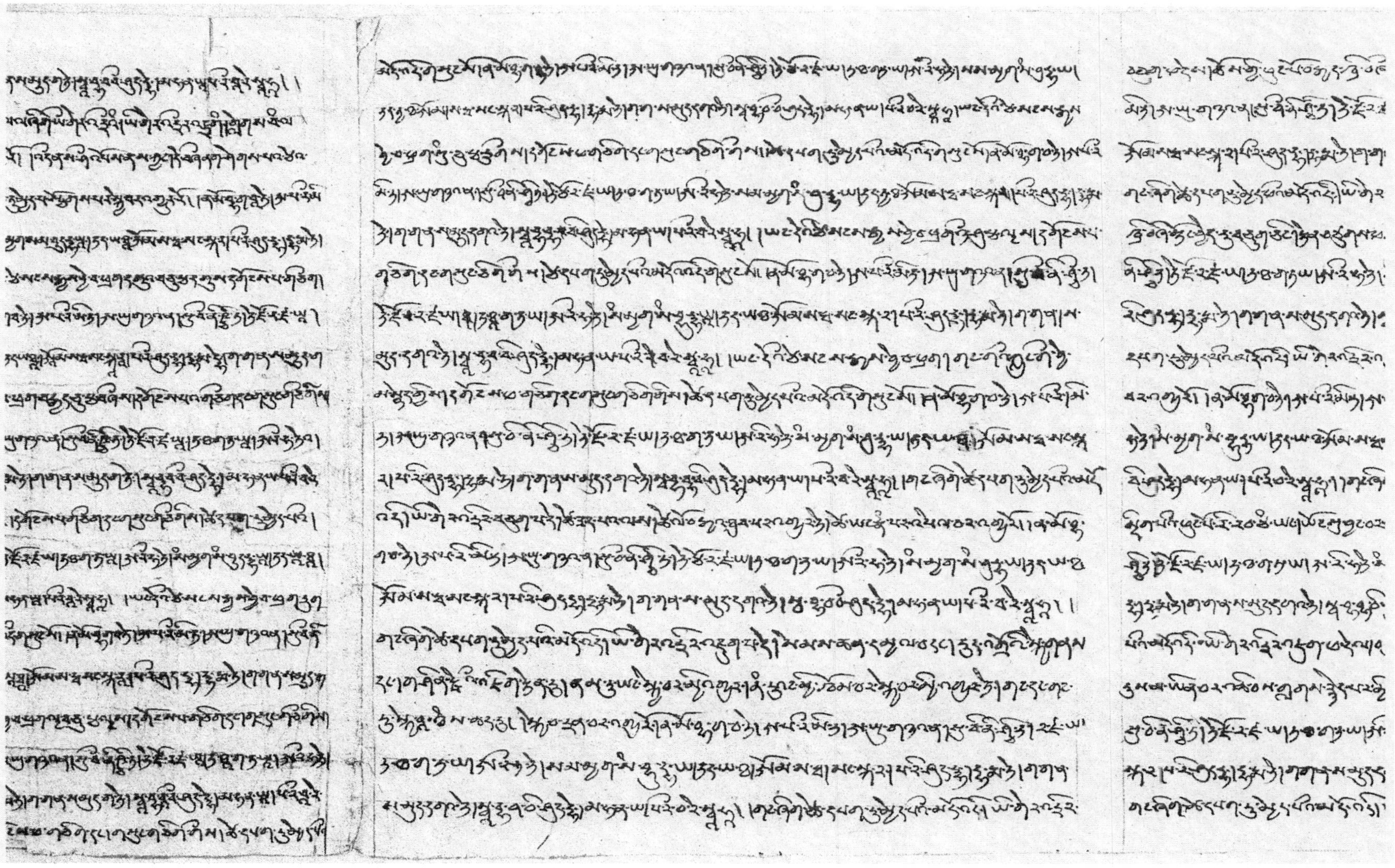

BD14349 號　藏文（無量壽宗要經甲本）　（6–3）

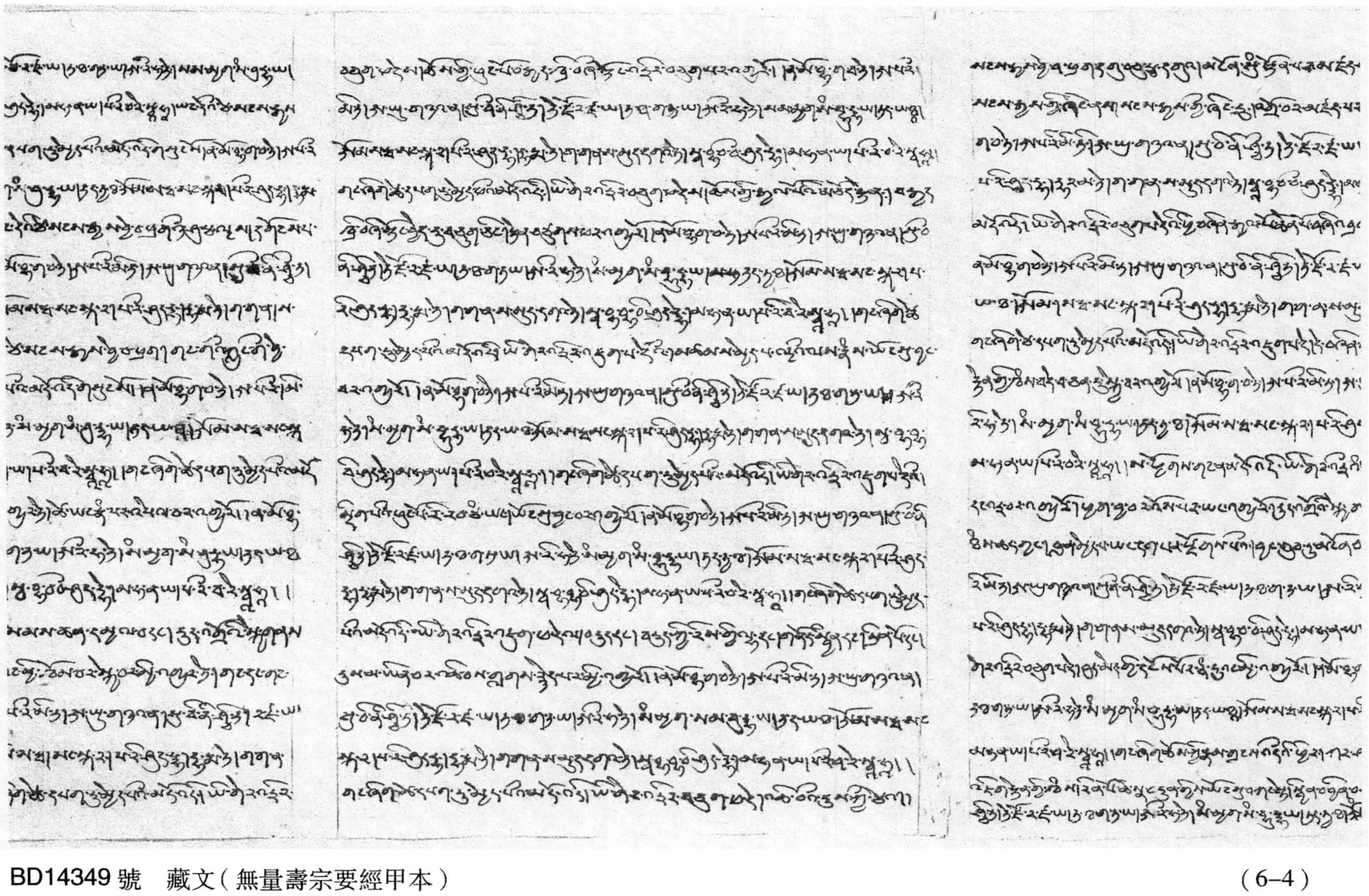

BD14349 號　藏文（無量壽宗要經甲本）　（6–4）

BD14349號 藏文（無量壽宗要經甲本） (6-5)

BD14349號 藏文（無量壽宗要經甲本） (6-6)

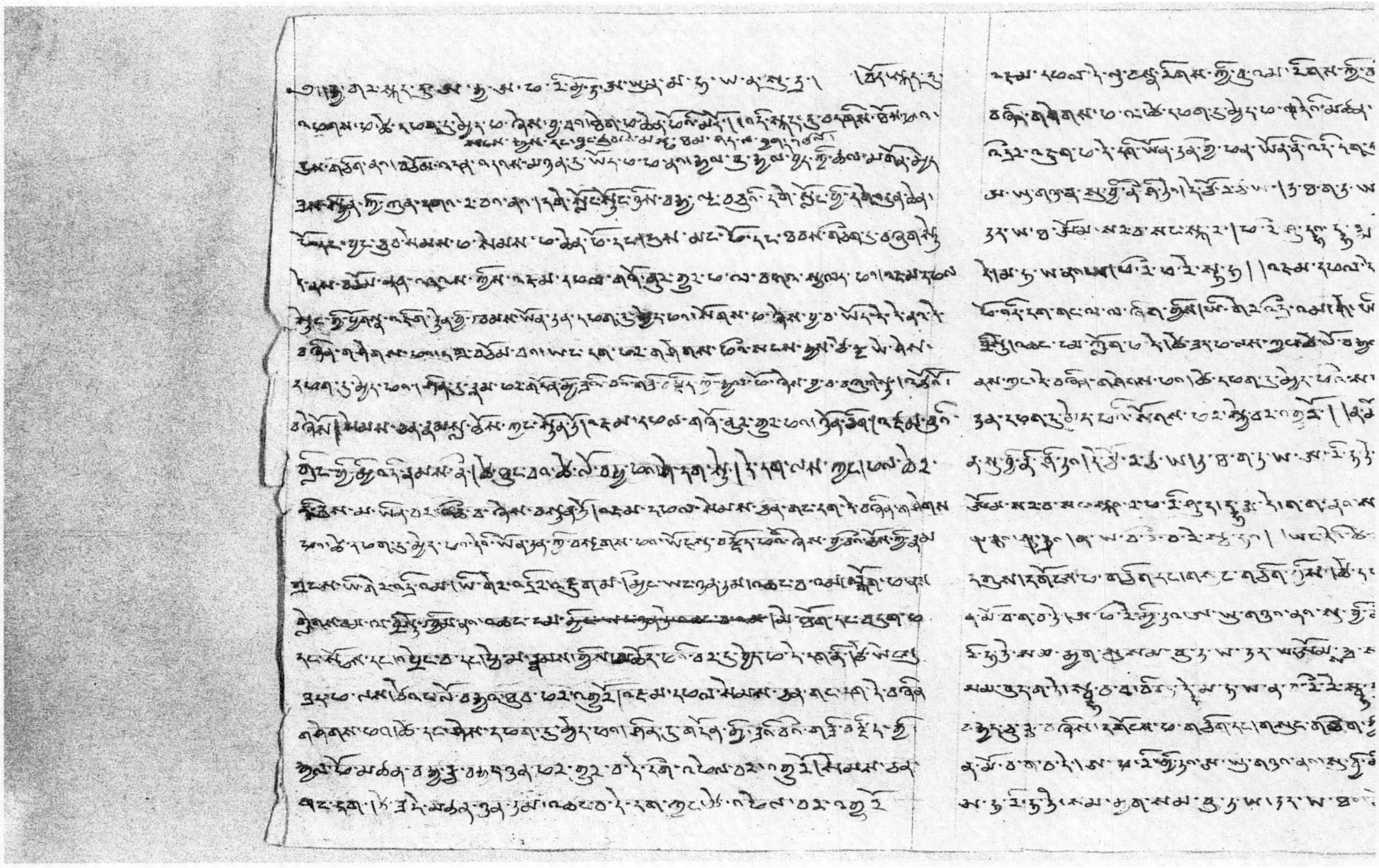

BD14350 號　藏文（無量壽宗要經甲本）　（6–1）

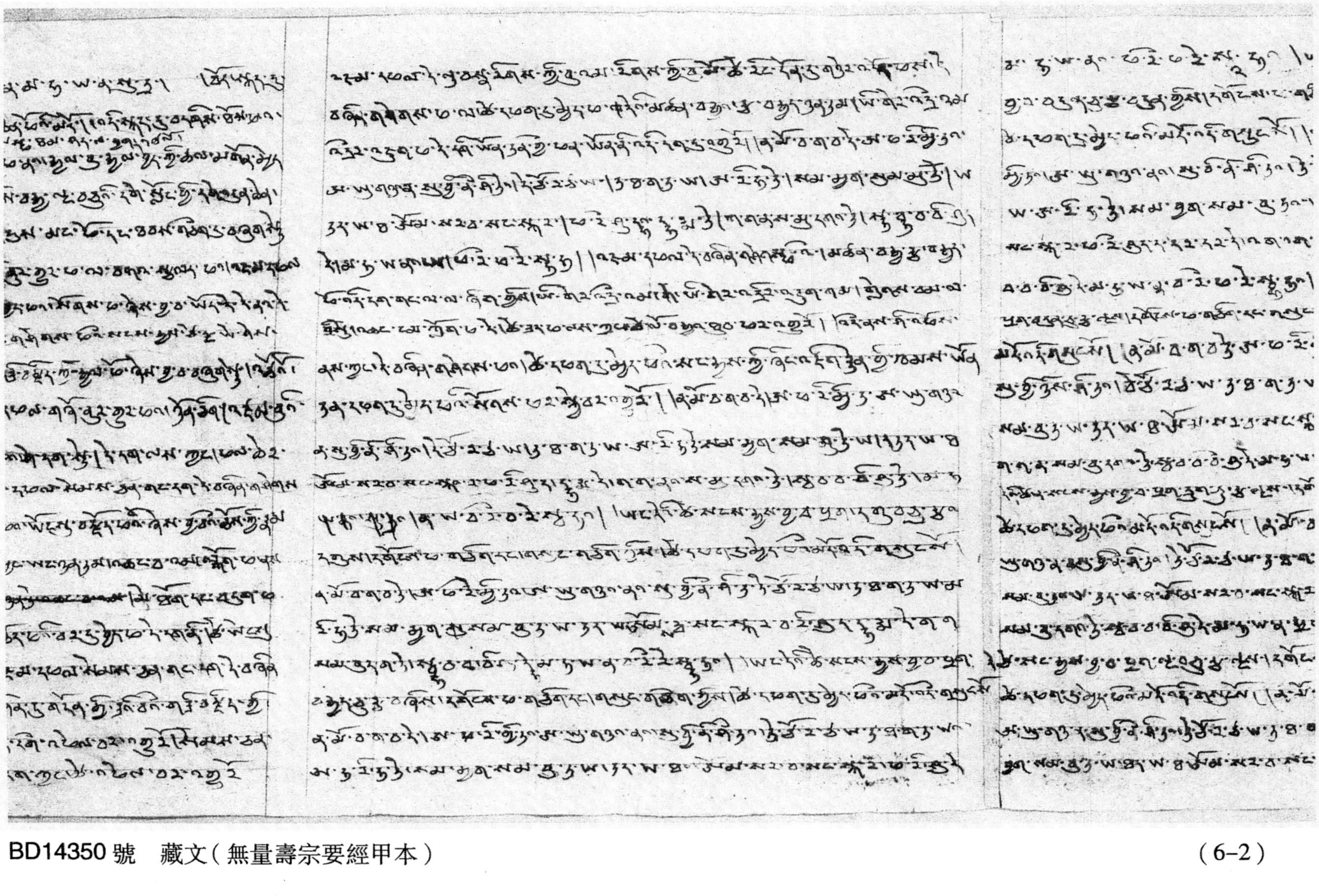

BD14350 號　藏文（無量壽宗要經甲本）　（6–2）

BD14350號　藏文（無量壽宗要經甲本）

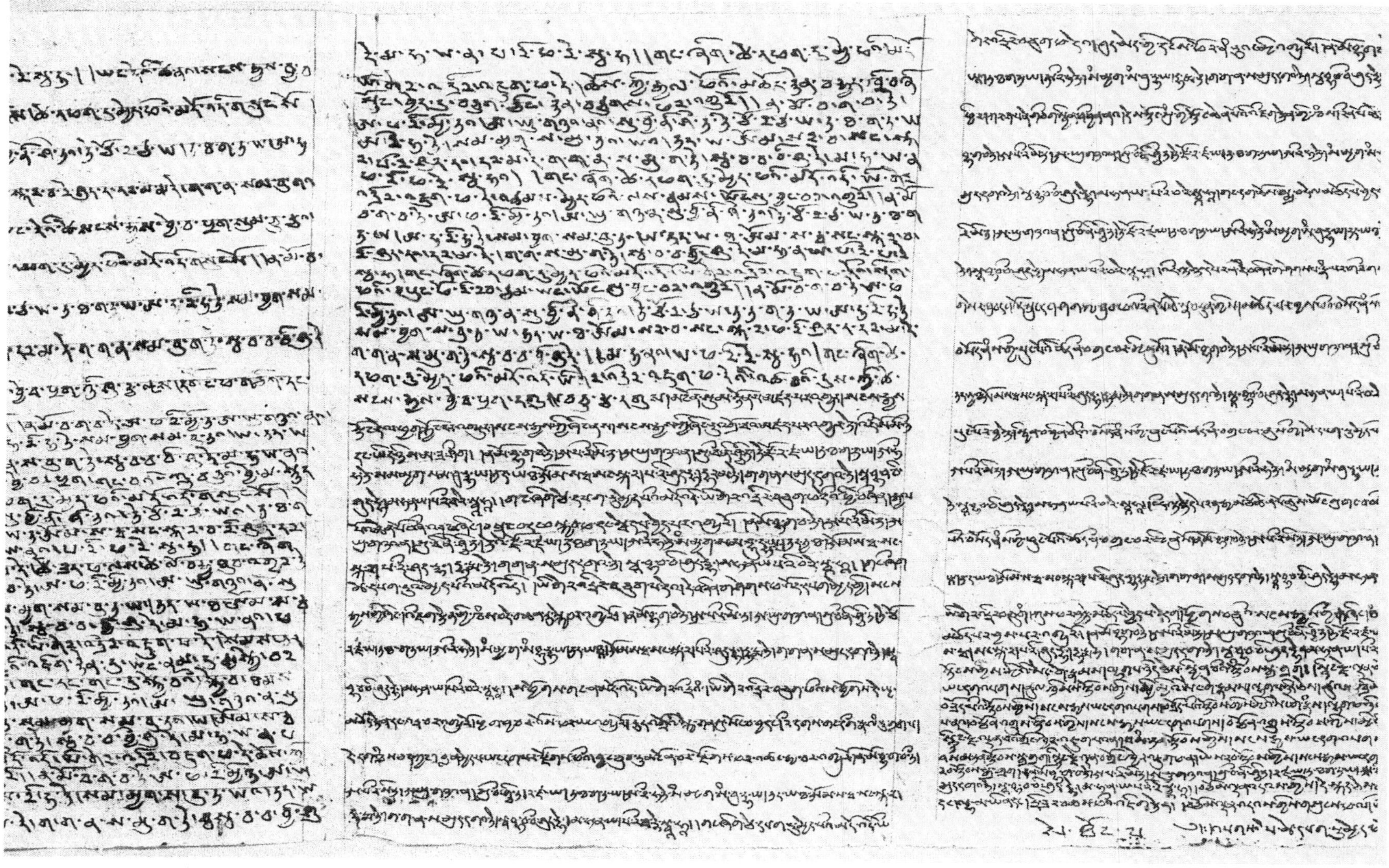

BD14350 號　藏文（無量壽宗要經甲本）　　（6–5）

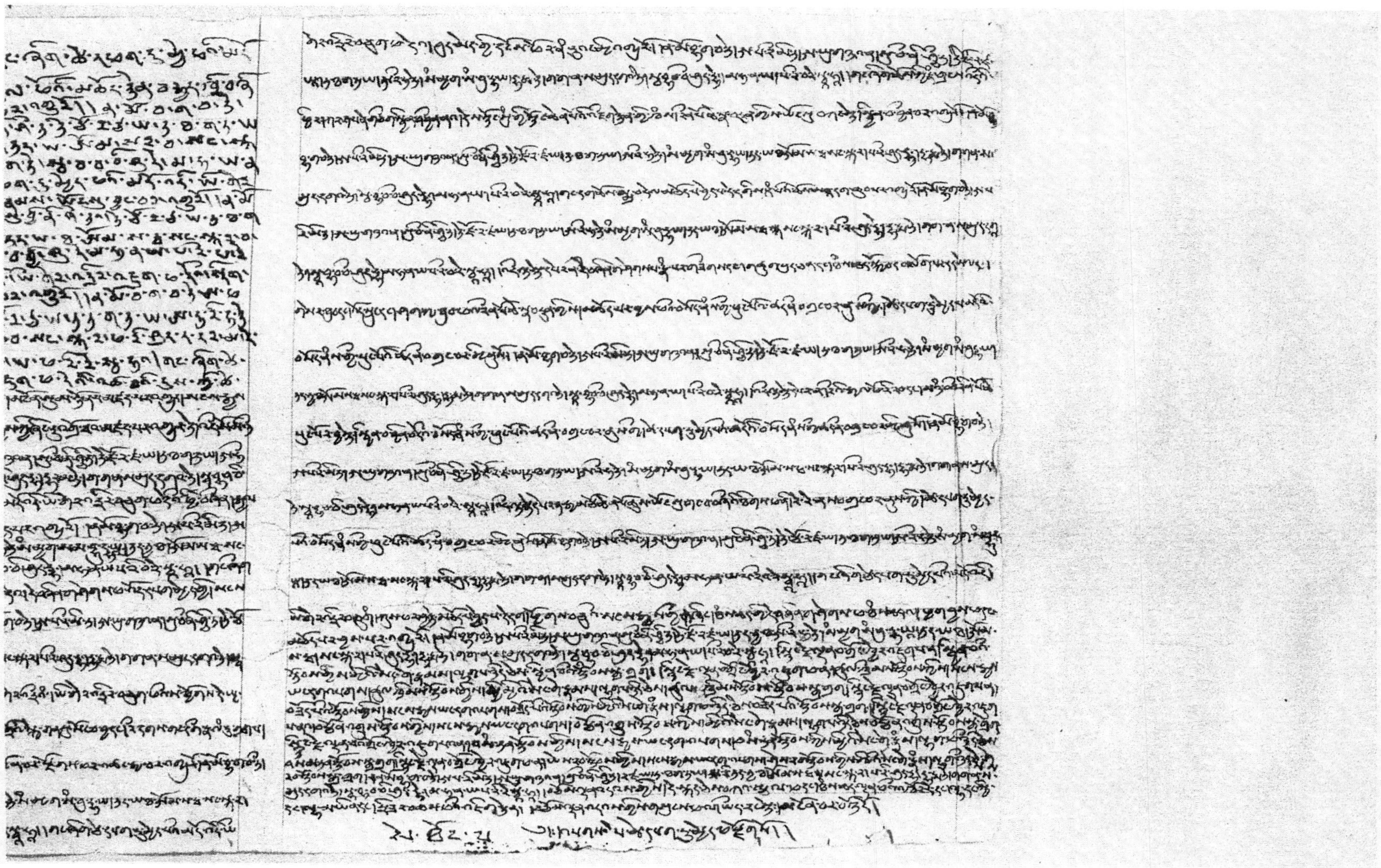

BD14350 號　藏文（無量壽宗要經甲本）　　（6–6）

國家圖書館藏敦煌遺書・新舊編號對照表

新編號	舊編號	新編號	舊編號	新編號	舊編號
新 0524	BD14324 號	新 0536	BD14336 號	新 0543	BD14343 號 4
新 0525	BD14325 號	新 0537	BD14337 號	新 0544	BD14344 號
新 0526	BD14326 號	新 0538	BD14338 號 1	新 0545	BD14345 號 1
新 0527	BD14327 號	新 0538	BD14338 號 2	新 0545	BD14345 號 2
新 0528	BD14328 號	新 0539	BD14339 號	新 0545	BD14345 號 3
新 0529	BD14329 號	新 0540	BD14340 號	新 0545	BD14345 號 4
新 0530	BD14330 號	新 0541	BD14341 號	新 0545	BD14345 號 5
新 0531	BD14331 號	新 0542	BD14342 號 1	新 0546	BD14346 號
新 0532	BD14332 號	新 0542	BD14342 號 2	新 0547	BD14347 號
新 0533	BD14333 號	新 0542	BD14342 號 3	新 0548	BD14348 號 1
新 0534	BD14334 號	新 0542	BD14342 號 4	新 0548	BD14348 號 2
新 0535	BD14335 號 1	新 0543	BD14343 號 1	新 0548	BD14348 號 3
新 0535	BD14335 號 2	新 0543	BD14343 號 2	新 0549	BD14349 號
新 0535	BD14335 號 3	新 0543	BD14343 號 3	新 0550	BD14350 號

新舊編號對照表

新字頭號與北敦號對照表

新字頭號	北敦號	新字頭號	北敦號	新字頭號	北敦號
新 0486	BD14286 號	新 0499	BD14299 號	新 0508	BD14308 號 2
新 0487	BD14287 號 1	新 0500	BD14300 號 1	新 0509	BD14309 號
新 0487	BD14287 號 2	新 0500	BD14300 號 2	新 0510	BD14310 號 1
新 0487	BD14287 號 3	新 0500	BD14300 號 3	新 0510	BD14310 號 2
新 0487	BD14287 號 4	新 0500	BD14300 號 4	新 0510	BD14310 號 3
新 0487	BD14287 號 5	新 0501	BD14301 號	新 0510	BD14310 號 4
新 0488	BD14288 號 1	新 0502	BD14302 號	新 0511	BD14311 號
新 0488	BD14288 號 2	新 0503	BD14303 號	新 0512	BD14312 號
新 0488	BD14288 號 3	新 0504	BD14304 號	新 0513	BD14313 號 01
新 0488	BD14288 號 4	新 0505	BD14305 號	新 0513	BD14313 號 02
新 0489	BD14289 號	新 0506	BD14306 號 01	新 0513	BD14313 號 03
新 0490	BD14290 號	新 0506	BD14306 號 02	新 0513	BD14313 號 04
新 0491	BD14291 號 1	新 0506	BD14306 號 03	新 0513	BD14313 號 05
新 0491	BD14291 號 2	新 0506	BD14306 號 04	新 0513	BD14313 號 06
新 0491	BD14291 號 3	新 0506	BD14306 號 05	新 0513	BD14313 號 07
新 0491	BD14291 號 4	新 0506	BD14306 號 06	新 0513	BD14313 號 08
新 0491	BD14291 號 5	新 0506	BD14306 號 07	新 0513	BD14313 號 09
新 0491	BD14291 號 6	新 0506	BD14306 號 08	新 0513	BD14313 號 10
新 0492	BD14292 號	新 0506	BD14306 號 09	新 0514	BD14314 號 1
新 0493	BD14293 號	新 0506	BD14306 號 10	新 0514	BD14314 號 2
新 0494	BD14294 號 1	新 0507	BD14307 號 01	新 0514	BD14314 號 3
新 0494	BD14294 號 2	新 0507	BD14307 號 02	新 0514	BD14314 號 4
新 0494	BD14294 號 3	新 0507	BD14307 號 03	新 0515	BD14315 號
新 0495	BD14295 號	新 0507	BD14307 號 04	新 0516	BD14316 號
新 0496	BD14296 號 1	新 0507	BD14307 號 05	新 0517	BD14317 號
新 0496	BD14296 號 2	新 0507	BD14307 號 06	新 0518	BD14318 號
新 0496	BD14296 號 3	新 0507	BD14307 號 07	新 0519	BD14319 號
新 0496	BD14296 號 4	新 0507	BD14307 號 08	新 0520	BD14320 號
新 0496	BD14296 號 5	新 0507	BD14307 號 09	新 0521	BD14321 號
新 0497	BD14297 號	新 0507	BD14307 號 10	新 0522	BD14322 號
新 0498	BD14298 號	新 0508	BD14308 號 1	新 0523	BD14323 號

_ myed_ pa zhes_ bya_ ba theg_ pa_ chen_ povi mdo。（藏語：無量壽宗要經）（首）。

4.2　Tshe dpag_ du_ myed_ pa zhes_ bya_ ba theg_ pa_ chen_ povi mdo。（無量壽宗要經）（尾）。

7.1　抄寫者：yum – lha – sbyin.（勇拉京）。

8　　8~9世紀。吐蕃統治時期寫本。

9.1　正書。

10　卷首背上方貼小紙簽寫"佛西一〇八"，下方小紙簽上寫"西一〇八"，"類別8，番號536"。

1.1　BD14348號2
1.3　藏文（無量壽宗要經甲本）
1.4　新0548
2.4　本遺書由3個文獻組成，本文獻為第2個，113行。餘參見BD14348號1之第2項。
4.1　Rgya – gar – skad – du'Apar = mita'ayur nama mahayana sutra。（梵語：無量壽宗要經）（首）。Bod_ skad_ du tshe dpag_ du_ myed_ pa zhes_ bya_ ba theg_ pa_ chen_ povi mdo。（藏語：無量壽宗要經）（首）。
4.2　Tshe dpag_ du_ myed_ pa zhes_ bya_ ba theg_ pa_ chen_ povi mdo。（無量壽宗要經）（尾）。
7.1　抄寫者：yum – Lha – sbyin.（勇拉京）。
8　　8~9世紀。吐蕃統治時期寫本。
9.1　正書。

1.1　BD14348號3
1.3　藏文（無量壽宗要經甲本）
1.4　新0548
2.4　本遺書由3個文獻組成，本文獻為第3個，106行。餘參見BD14348號1之第2項。
4.1　Rgya – gar – skad – du'Apar = mita'ayur nama mahayana sutra。（梵語：無量壽宗要經）（首）。Bod_ skad_ du tshe dpag_ du_ myed_ pa zhes_ bya_ ba theg_ pa_ chen_ povi mdo。（藏語：無量壽宗要經）（首）。
4.2　Tshe dpag_ du_ myed_ pa zhes_ bya_ ba theg_ pa_ chen_ povi mdo。（無量壽宗要經）（尾）。
7.1　抄寫者：yum – Lha – sbyin.（勇拉京）。
8　　8~9世紀。吐蕃統治時期寫本。
9.1　正書。

1.1　BD14349號
1.3　藏文（無量壽宗要經甲本）
1.4　新0549
2.1　138×30厘米；3紙；6欄，欄19行，共126行；行約50字母。
2.2　01：46.0, 2欄；　02：46.0, 2欄；　03：46.0, 2欄。
2.3　卷軸裝。首尾均全。卷首、末邊有粘接痕。末欄有加行，共29行。有界欄。
4.1　Rgya – gar – skad – du'Apar = mita'ayur nama mahayana sutra。（梵語：無量壽宗要經）（首）。Bod_ skad_ du tshe dpag_ du_ myed_ pa zhes_ bya_ ba theg_ pa_ chen_ povi mdo。（藏語：無量壽宗要經）（首）。
4.2　Tshe dpag_ du_ myed_ pa zhes_ bya_ ba theg_ pa_ chen_ povi mdo。（無量壽宗要經）（尾）。
7.1　抄寫者：Se – thong – pa.（思通巴）。
8　　8~9世紀。吐蕃統治時期寫本。
9.1　正書。
10　下方小紙簽寫"一〇九"，"類別8，番號537"。

1.1　BD14350號
1.3　藏文（無量壽宗要經甲本）
1.4　新0550
2.1　138×31.5厘米；3紙；6欄，欄20行，共152行；行約40—65字母。
2.2　01：46.0, 2欄；　02：46.0, 2欄；　03：46.0, 2欄。
2.3　卷軸裝。首尾均全。卷首、末邊有粘接痕。加行，第4欄31行，第5欄33行，第6欄28行。有界欄。
4.1　Rgya – gar – skad – du'Apar = mita'ayur nama mahayana sutra。（梵語：無量壽宗要經）（首）。Bod_ skad_ du tshe dpag_ du_ myed_ pa zhes_ bya_ ba theg_ pa_ chen_ povi mdo。（藏語：無量壽宗要經）（首）。
4.2　Tshe dpag_ du_ myed_ pa zhes_ bya_ ba theg_ pa_ chen_ povi mdo。（無量壽宗要經）（尾）。
8　　8~9世紀。吐蕃統治時期寫本。
9.1　正書。
10　下方小紙簽寫"西一四〇"，"類別8，番號568"。（"568"下有"569"，上橫劃一道被塗去，以下相同，類推）

_ myed_ pa zhes_ bya_ ba theg_ pa_ chen_ povi mdo。（藏語：無量壽宗要經）（首）。

4.2　Tshe dpag_ du_ myed_ pa zhes_ bya_ ba theg_ pa_ chen_ povi mdo。（無量壽宗要經）（尾）。

7.1　抄寫者：Lu－tshe－hing.（魯才興）。

8　　8~9世紀。吐蕃統治時期寫本。

9.1　正書。

1.1　BD14345號4
1.3　藏文（無量壽宗要經甲本）
1.4　新0545
2.4　本遺書由5個文獻組成，本文獻為第4個，111行。餘參見BD14345號1之第2項。
4.1　Rgya－gar－skad－du'Apar=mita'ayur nama mahayana sutra。（梵語：無量壽宗要經）（首）。Bod_ skad_ du tshe dpag_ du_ myed_ pa zhes_ bya_ ba theg_ pa_ chen_ povi mdo。（藏語：無量壽宗要經）（首）。
4.2　Tshe dpag_ du_ myed_ pa zhes_ bya_ ba theg_ pa_ chen_ povi mdo。（無量壽宗要經）（尾）。
7.1　抄寫者：Lu－tshe－hing.（魯才興）。
8　　8~9世紀。吐蕃統治時期寫本。
9.1　正書。

1.1　BD14345號5
1.3　藏文（無量壽宗要經甲本）
1.4　新0545
2.4　本遺書由5個文獻組成，本文獻為第5個，114行。餘參見BD14345號1之第2項。
4.1　Rgya－gar－skad－du'Apar=mita'ayur nama mahayana sutra。（梵語：無量壽宗要經）（首）。Bod_ skad_ du tshe dpag_ du_ myed_ pa zhes_ bya_ ba theg_ pa_ chen_ povi mdo。（藏語：無量壽宗要經）（首）。
4.2　Tshe dpag_ du_ myed_ pa zhes_ bya_ ba theg_ pa_ chen_ povi mdo。（無量壽宗要經）（尾）。
7.1　抄寫者：Lu－tshe－hing.（魯才興）。
8　　8~9世紀。吐蕃統治時期寫本。
9.1　正書。

1.1　BD14346號
1.3　藏文（無量壽宗要經乙本）
1.4　新0546
2.1　138×31.5厘米；3紙；6欄，欄19行，共99行；行約45字母。
2.2　01：46.0，2欄；　02：46.0，2欄；　03：46.0，2欄。
2.3　卷軸裝。首尾均全。卷首、末邊有粘接、裁剪痕。首紙有4個小破洞。有界欄。
4.1　Rgya－gar－skad－du'Apar=mita'ayur nama mahayana sutra。（梵語：無量壽宗要經）（首）。Bod_ skad_ du tshe dpag_ du_ myed_ pa zhes_ bya_ ba theg_ pa_ chen_ povi mdo。（藏語：無量壽宗要經）（首）。
4.2　Tshe dpag_ du_ myed_ pa zhes_ bya_ ba theg_ pa_ chen_ povi mdo。（無量壽宗要經）（尾）。
7.1　抄寫者：Lha－lod.（拉魯）。校者：Dam－vg=.（丹哥）初校；phab－ting.（潘頂）再校；ci－geng.（吉岡）三校。
8　　8~9世紀。吐蕃統治時期寫本。
9.1　正書。
9.2　有硃筆3校。
10　卷末背上方小紙簽寫"佛西一〇六"，下方小紙簽上寫"西一〇六"，"類別8，番號534"。

1.1　BD14347號
1.3　藏文（無量壽宗要經甲本）
1.4　新0547
2.1　132×31厘米；3紙；6欄，欄21行，共125行；行約40字母。
2.2　01：44.0，2欄；　02：44.0，2欄；　03：44.0，2欄。
2.3　卷軸裝。首尾均全。卷首、末邊有粘接、裁剪痕。有界欄。
4.1　Rgya－gar－skad－du'Apar=mita'ayur nama mahayana sutra。（梵語：無量壽宗要經）（首）。Bod_ skad_ du tshe dpag_ du_ myed_ pa zhes_ bya_ ba theg_ pa_ chen_ povi mdo。（藏語：無量壽宗要經）（首）。
4.2　Tshe dpag_ du_ myed_ pa zhes_ bya_ ba theg_ pa_ chen_ povi mdo。（無量壽宗要經）（尾）。
7.1　抄寫者：Vgo－gyu－Len.（郭吉利）。
8　　8~9世紀。吐蕃統治時期寫本。
9.1　正書。
10　卷末背上方小紙簽寫"佛西一〇七"，下方小紙簽上寫"西一〇七"，"類別8，番號535"。

1.1　BD14348號1
1.3　藏文（無量壽宗要經甲本）
1.4　新0548
2.1　405×31厘米；9紙；18欄，欄20行，共335行；行約45字母。
2.2　01：45.0，2欄；　02：45.0，2欄；　03：45.0，2欄；
　　 04：45.0，2欄；　05：45.0，2欄；　06：45.0，2欄；
　　 07：45.0，2欄；　08：45.0，2欄；　09：45.0，2欄。
2.3　卷軸裝。首尾均全。卷首、末邊有粘接、裁剪痕。有界欄。
2.4　本遺書包括3個文獻：（一）《無量壽宗要經》（甲本），116行，今編為BD14348號1。（二）《無量壽宗要經》（甲本），113行，今編為BD14348號2。（三）《無量壽宗要經》（甲本），106行，今編為BD14348號3。
4.1　Rgya－gar－skad－du'Apar=mita'ayur nama mahayana sutra。（梵語：無量壽宗要經）（首）。Bod_ skad_ du tshe dpag_ du

4.2　Tshe dpag_ du_ myed_ pa zhes_ bya_ ba theg_ pa_ chen_ povi mdo。（無量壽宗要經）（尾）。

7.1　抄寫者：Cang‐Stag‐skyes.（姜達杰）。

8　8~9世紀。吐蕃統治時期寫本。

9.1　正書。

1.1　BD14343 號 4
1.3　藏文（無量壽宗要經甲本）
1.4　新 0543
2.4　本遺書由 4 個文獻組成，本文獻為第 4 個，112 行。餘參見 BD14343 號 1 之第 2 項。

4.1　Rgya‐gar‐skad‐du'Apar＝mita'ayur nama mahayana sutra。（梵語：無量壽宗要經）（首）。Bod_ skad_ du tshe dpag_ du_ myed_ pa zhes_ bya_ ba theg_ pa_ chen_ povi mdo。（藏語：無量壽宗要經）（首）。

4.2　Tshe dpag_ du_ myed_ pa zhes_ bya_ ba theg_ pa_ chen_ povi mdo。（無量壽宗要經）（尾）。

7.1　抄寫者：Cang‐Stag‐skyes.（姜達杰）。

8　8~9世紀。吐蕃統治時期寫本。

9.1　正書。

1.1　BD14344 號
1.3　藏文（無量壽宗要經乙本）
1.4　新 0544
2.1　132×31 厘米；3 紙；6 欄，欄 19 行，共 106 行；行約 45 字母。
2.2　01：44.0，2 欄；　02：44.0，2 欄；　03：44.0，2 欄。
2.3　卷軸裝。首尾均全。卷首、末邊有粘接痕。有界欄。

4.1　Rgya‐gar‐skad‐du'Apar＝mita'ayur nama mahayana sutra。（梵語：無量壽宗要經）（首）。Bod_ skad_ du tshe dpag_ du_ myed_ pa zhes_ bya_ ba theg_ pa_ chen_ povi mdo。（藏語：無量壽宗要經）（首）。

4.2　Tshe dpag_ du_ myed_ pa zhes_ bya_ ba theg_ pa_ chen_ povi mdo。（無量壽宗要經）（尾）。

7.1　抄寫者：Lha‐lod.（拉魯）。校者：dam‐vg＝.（丹哥）初校；C＝‐geng.（吉岡）再校；Leng‐pevu.（林布）三校。

8　8~9世紀。吐蕃統治時期寫本。

9.1　正書。

9.2　有硃筆 3 校。

10　卷末背上方貼小紙簽寫"佛西一〇四"，下方小紙簽寫"西一〇四"，"類別 8，番號 532"。

1.1　BD14345 號 1
1.3　藏文（無量壽宗要經甲本）
1.4　新 0545
2.1　678×30 厘米；15 紙；30 欄，欄 19 行，共 554 行；行約 45 字母。

2.2　01：45.0，2 欄；　02：45.0，2 欄；　03：45.0，2 欄；
　　04：45.0，2 欄；　05：45.0，2 欄；　06：45.0，2 欄；
　　07：45.0，2 欄；　08：45.0，2 欄；　09：45.0，2 欄；
　　10：45.0，2 欄；　11：45.0，2 欄；　12：45.0，2 欄；
　　13：45.0，2 欄；　14：45.0，2 欄；　15：45.0，2 欄。

2.3　卷軸裝。首尾均全。卷首、末邊有粘接、裁剪痕。第 2 紙中有一小破洞。有界欄。

2.4　本遺書包括 5 個文獻：（一）《無量壽宗要經》（甲本），110 行，今編為 BD14345 號 1。（二）《無量壽宗要經》（甲本），108 行，今編為 BD14345 號 2。（三）《無量壽宗要經》（甲本），111 行，今編為 BD14345 號 3。（四）《無量壽宗要經》（甲本），111 行，今編為 BD14345 號 4。（五）《無量壽宗要經》（甲本），114 行，今編為 BD14345 號 5。

4.1　Rgya‐gar‐skad‐du'Apar＝mita'ayur nama mahayana sutra。（梵語：無量壽宗要經）（首）。Bod_ skad_ du tshe dpag_ du_ myed_ pa zhes_ bya_ ba theg_ pa_ chen_ povi mdo。（藏語：無量壽宗要經）（首）。

4.2　Tshe dpag_ du_ myed_ pa zhes_ bya_ ba theg_ pa_ chen_ povi mdo。（無量壽宗要經）（尾）。

7.1　抄寫者：Lu‐tshe‐hing.（魯才興）。

8　8~9世紀。吐蕃統治時期寫本。

9.1　正書。

10　卷首背上方貼小紙簽寫"佛西一〇五"，下方小紙簽上寫"西一〇五"，"類別 8，番號 533"。

1.1　BD14345 號 2
1.3　藏文（無量壽宗要經甲本）
1.4　新 0545
2.4　本遺書由 5 個文獻組成，本文獻為第 2 個，108 行。餘參見 BD14345 號 1 之第 2 項。

4.1　Rgya‐gar‐skad‐du'Apar＝mita'ayur nama mahayana sutra。（梵語：無量壽宗要經）（首）。Bod_ skad_ du tshe dpag_ du_ myed_ pa zhes_ bya_ ba theg_ pa_ chen_ povi mdo。（藏語：無量壽宗要經）（首）。

4.2　Tshe dpag_ du_ myed_ pa zhes_ bya_ ba theg_ pa_ chen_ povi mdo。（無量壽宗要經）（尾）。

7.1　抄寫者：Lu‐tshe‐hing.（魯才興）。

8　8~9世紀。吐蕃統治時期寫本。

9.1　正書。

1.1　BD14345 號 3
1.3　藏文（無量壽宗要經甲本）
1.4　新 0545
2.4　本遺書由 5 個文獻組成，本文獻為第 3 個，111 行。餘參見 BD14345 號 1 之第 2 項。

4.1　Rgya‐gar‐skad‐du'Apar＝mita'ayur nama mahayana sutra。（梵語：無量壽宗要經）（首）。Bod_ skad_ du tshe dpag_ du_

1.4　新0542

2.4　本遺書由4個文獻組成，本文獻為第2個，111行。餘參見BD14342號1之第2項。

4.1　Rgya-gar-skad-du'Apar=mita'ayur nama mahayana sutra。（梵語：無量壽宗要經）（首）。Bod_ skad_ du tshe dpag_ du_ myed_ pa zhes_ bya_ ba theg_ pa_ chen_ povi mdo。（藏語：無量壽宗要經）（首）。

4.2　Tshe dpag_ du_ myed_ pa zhes_ bya_ ba theg_ pa_ chen_ povi mdo。（無量壽宗要經）（尾）。

7.1　抄寫者：Stag-skyes.（達杰）。

8　8~9世紀。吐蕃統治時期寫本。

9.1　正書。

1.1　BD14342號3
1.3　藏文（無量壽宗要經甲本）
1.4　新0542

2.4　本遺書由4個文獻組成，本文獻為第3個，113行。餘參見BD14342號1之第2項。

4.1　Rgya-gar-skad-du'Apar=mita'ayur nama mahayana sutra。（梵語：無量壽宗要經）（首）。Bod_ skad_ du tshe dpag_ du_ myed_ pa zhes_ bya_ ba theg_ pa_ chen_ povi mdo。（藏語：無量壽宗要經）（首）。

4.2　Tshe dpag_ du_ myed_ pa zhes_ bya_ ba theg_ pa_ chen_ povi mdo。（無量壽宗要經）（尾）。

7.1　抄寫者：Stag-skyes.（達杰）。

8　8~9世紀。吐蕃統治時期寫本。

9.1　正書。

1.1　BD14342號4
1.3　藏文（無量壽宗要經甲本）
1.4　新0542

2.4　本遺書由4個文獻組成，本文獻為第4個，114行。餘參見BD14342號1之第2項。

4.1　Rgya-gar-skad-du'Apar=mita'ayur nama mahayana sutra。（梵語：無量壽宗要經）（首）。Bod_ skad_ du tshe dpag_ du_ myed_ pa zhes_ bya_ ba theg_ pa_ chen_ povi mdo。（藏語：無量壽宗要經）（首）。

4.2　Tshe dpag_ du_ myed_ pa zhes_ bya_ ba theg_ pa_ chen_ povi mdo。（無量壽宗要經）（尾）。

7.1　抄寫者：Cang-Stag-skyes.（姜達杰）。

8　8~9世紀。吐蕃統治時期寫本。

9.1　正書。

1.1　BD14343號1
1.3　藏文（無量壽宗要經甲本）
1.4　新0543

2.1　552×31厘米；12紙；24欄，欄20行，共458行；行約45字母。

2.2　01：46.0，2欄；　02：46.0，2欄；　03：46.0，2欄；
04：46.0，2欄；　05：46.0，2欄；　06：46.0，2欄；
07：46.0，2欄；　08：46.0，2欄；　09：46.0，2欄；
10：46.0，2欄；　11：46.0，2欄；　12：46.0，2欄。

2.3　卷軸裝。首尾均全。卷首、末邊有粘接痕。有界欄。

2.4　本遺書包括4個文獻：（一）《無量壽宗要經》（甲本），119行，今編為BD14343號1。（二）《無量壽宗要經》（甲本），114行，今編為BD14343號2。（三）《無量壽宗要經》（甲本），113行，今編為BD14343號3。（四）《無量壽宗要經》（甲本），112行，今編為BD14343號4。

4.1　Rgya-gar-skad-du'Apar=mita'ayur nama mahayana sutra。（梵語：無量壽宗要經）（首）。Bod_ skad_ du tshe dpag_ du_ myed_ pa zhes_ bya_ ba theg_ pa_ chen_ povi mdo。（藏語：無量壽宗要經）（首）。

4.2　Tshe dpag_ du_ myed_ pa zhes_ bya_ ba theg_ pa_ chen_ povi mdo。（無量壽宗要經）（尾）。

7.1　抄寫者：Cang-Stag-skyes.（姜達杰）。

8　8~9世紀。吐蕃統治時期寫本。

9.1　正書。

10　卷末背上方小紙簽寫"佛西六九"，下方白紙簽上寫"531"，卷中首面小紙簽上寫"類別8，番號498"。

1.1　BD14343號2
1.3　藏文（無量壽宗要經甲本）
1.4　新0543

2.4　本遺書由4個文獻組成，本文獻為第2個，114行。餘參見BD14343號1之第2項。

4.1　Rgya-gar-skad-du'Apar=mita'ayur nama mahayana sutra。（梵語：無量壽宗要經）（首）。Bod_ skad_ du tshe dpag_ du_ myed_ pa zhes_ bya_ ba theg_ pa_ chen_ povi mdo。（藏語：無量壽宗要經）（首）。

4.2　Tshe dpag_ du_ myed_ pa zhes_ bya_ ba theg_ pa_ chen_ povi mdo。（無量壽宗要經）（尾）。

7.1　抄寫者：Cang-Stag-skyes.（姜達杰）。

8　8~9世紀。吐蕃統治時期寫本。

9.1　正書。

1.1　BD14343號3
1.3　藏文（無量壽宗要經甲本）
1.4　新0543

2.4　本遺書由4個文獻組成，本文獻為第3個，113行。餘參見BD14343號1之第2項。

4.1　Rgya-gar-skad-du'Apar=mita'ayur nama mahayana sutra。（梵語：無量壽宗要經）（首）。Bod_ skad_ du tshe dpag_ du_ myed_ pa zhes_ bya_ ba theg_ pa_ chen_ povi mdo。（藏語：無量壽宗要經）（首）。

1.1　BD14339 號
1.3　藏文（無量壽宗要經甲本）
1.4　新 0539
2.1　135×31 厘米；4 紙；7 欄，欄 13 行，共 124 行；行約 50 字母。
2.2　01：45.0，1 欄；　02：45.0，2 欄；　03：45.0，2 欄；　04：45.0，2 欄。
2.3　卷軸裝。首尾均全。卷末邊有粘接痕。護首 22 厘米。有界欄。
4.1　Rgya‑gar‑skad‑du'Apar=mita'ayur nama mahayana sutra。（梵語：無量壽宗要經）（首）。Bod_ skad_ du tshe dpag_ du_ myed_ pa zhes_ bya_ ba theg_ pa_ chen_ povi mdo。（藏語：無量壽宗要經）（首）。
4.2　Tshe dpag_ du_ myed_ pa zhes_ bya_ ba theg_ pa_ chen_ povi mdo。（無量壽宗要經）（尾）。
7.1　抄寫者：Dwan‑hing‑dar.（旦恒達）。校者：C=‑keng.（吉岡）初校；leng‑pevu.（林布）再校；dam‑vgi（.丹哥）三校。
8　8~9 世紀。吐蕃統治時期寫本。
9.1　正書。
9.2　有 3 次校改。
10　卷末背上方小紙簽寫"佛西九九"，下方小紙簽寫"西九九"，"類別 8，番號 527"。

1.1　BD14340 號
1.3　藏文（無量壽宗要經甲本）
1.4　新 0540
2.1　135×31 厘米；3 紙；5 欄，欄 19 行，共 115 行；行約 50 字母。
2.2　01：45.0，2 欄；　02：45.0，2 欄；　03：45.0，1 欄。
2.3　卷軸裝。首尾均全。卷首、末邊有粘接痕。紙有污點，末紙 1 欄 24 行；第 2 欄 34 行，行約 75 字母。有界欄。
4.1　Rgya‑gar‑skad‑du'Apar=mita'ayur nama mahayana sutra。（梵語：無量壽宗要經）（首）。Bod_ skad_ du tshe dpag_ du_ myed_ pa zhes_ bya_ ba theg_ pa_ chen_ povi mdo。（藏語：無量壽宗要經）（首）。
4.2　Tshe dpag_ du_ myed_ pa zhes_ bya_ ba theg_ pa_ chen_ povi mdo。（無量壽宗要經）（尾）。
7.1　抄寫者：Se‑thong‑pa.（思通巴）。
7.3　首紙背寫"gnang‑dang"首有起頭符。"給與及……"意。
8　8~9 世紀。吐蕃統治時期寫本。
9.1　正書。
10　卷末背下方小紙簽寫"佛西一〇〇"，"類別 8，番號 528"。背下方另有紙簽寫"（縣府）166，（第）3（號），（金）西藏經，（出品者氏名）大谷光瑞。（宗教博覽會）"。括號內的字為鉛印。

1.1　BD14341 號
1.3　藏文（無量壽宗要經甲本）
1.4　新 0541
2.1　136.5×31 厘米；3 紙；6 欄，欄 19 行，共 103 行；行約 50 字母。
2.2　01：45.5，2 欄；　02：45.5，2 欄；　03：45.5，2 欄。
2.3　卷軸裝。首尾均全。卷首、末邊有粘接痕，剪痕。有界欄。
4.1　Rgya‑gar‑skad‑du'Apar=mita'ayur nama mahayana sutra。（梵語：無量壽宗要經）（首）。Bod_ skad_ du tshe dpag_ du_ myed_ pa zhes_ bya_ ba theg_ pa_ chen_ povi mdo。（藏語：無量壽宗要經）（首）。
4.2　Tshe dpag_ du_ myed_ pa zhes_ bya_ ba theg_ pa_ chen_ povi mdo。（無量壽宗要經）（尾）。
7.1　抄寫者：Bzang‑kong.（桑空）。
8　8~9 世紀。吐蕃統治時期寫本。
9.1　正書。
10　卷末背下方小紙簽寫"佛西一〇一"，"類別 8，番號 529"。

1.1　BD14342 號 1
1.3　藏文（無量壽宗要經甲本）
1.4　新 0542
2.1　528×32 厘米；12 紙；24 欄，欄 19 行，共 452 行；行約 45 字母。
2.2　01：44.0，2 欄；　02：44.0，2 欄；　03：44.0，2 欄；　04：44.0，2 欄；　05：44.0，2 欄；　06：44.0，2 欄；　07：44.0，2 欄；　08：44.0，2 欄；　09：44.0，2 欄；　10：44.0，2 欄；　11：44.0，2 欄；　12：44.0，2 欄。
2.3　卷軸裝。首尾均全。卷末邊有粘接痕。有界欄。
2.4　本遺書包括 4 個文獻：（一）《無量壽宗要經》（甲本），114 行，今編為 BD14342 號 1。（二）《無量壽宗要經》（甲本），111 行，今編為 BD14342 號 2。（三）《無量壽宗要經》（甲本），113 行，今編為 BD14342 號 3。（四）《無量壽宗要經》（甲本），114 行，今編為 BD14342 號 4。
4.1　Rgya‑gar‑skad‑du'Apar=mita'ayur nama mahayana sutra。（梵語：無量壽宗要經）（首）。Bod_ skad_ du tshe dpag_ du_ myed_ pa zhes_ bya_ ba theg_ pa_ chen_ povi mdo。（藏語：無量壽宗要經）（首）。
4.2　Tshe dpag_ du_ myed_ pa zhes_ bya_ ba theg_ pa_ chen_ povi mdo。（無量壽宗要經）（尾）。
7.1　抄寫者：Cang‑zhir‑hing.（蔣興恆）。
8　8~9 世紀。吐蕃統治時期寫本。
9.1　正書。
10　卷首背上方貼小紙簽寫"佛西一〇二"，下方小紙簽寫"西一〇二"，"類別 8，番號 530"。

1.1　BD14342 號 2
1.3　藏文（無量壽宗要經甲本）

BD14335 号 1 之第 2 项。

4.1　Rgya – gar – skad – du'Apar = mita' ayur nama mahayana sutra。（梵语：无量寿宗要经）（首）Bod_ skad_ du tshe dpag_ du_ myed_ pa zhes_ bya_ ba theg_ pa_ chen_ povi mdo。（藏语：无量寿宗要经）（首）。

4.2　Tshe dpag_ du_ myed_ pa zhes_ bya_ ba theg_ pa_ chen_ povi mdo。（无量寿宗要经）（尾）。

7.1　抄写者：mtshams – gyu – gz = gs.（唐居思）。

8　8～9世纪。吐蕃统治时期写本。

9.1　正书。

1.1　BD14336 号
1.3　藏文（无量寿宗要经乙本）
1.4　新 0536
2.1　135×31.5 厘米；4 纸；8 栏，栏 19 行，共 104 行；行约 45 字母。
2.2　01：45.0，2 栏；　02：45.0，2 栏；　03：45.0，2 栏；
　　　04：45.0，2 栏。
2.3　卷轴装。首尾均全。卷末边有粘接痕。有剪痕。有界栏。
4.1　Rgya – gar – skad – du'Apar = mita' ayur nama mahayana sutra。（梵语：无量寿宗要经）（首）Bod_ skad_ du tshe dpag_ du_ myed_ pa zhes_ bya_ ba theg_ pa_ chen_ povi mdo。（藏语：无量寿宗要经）（首）。
4.2　Tshe dpag_ du_ myed_ pa zhes_ bya_ ba theg_ pa_ chen_ povi mdo。（无量寿宗要经）（尾）。
7.1　抄写者：Cang – zhun – zhun.（姜新新）。校者：Leng – tse-vu.（朗左）初校；sh = n – dar.（恒达）再校；C = – keng.（吉冈）三校。
8　8～9世纪。吐蕃统治时期写本。
9.1　正书。
10　卷末背上方小纸签写"佛西九六"，下方小纸签写"西九六"，"类别8，番号524"。

1.1　BD14337 号
1.3　藏文（无量寿宗要经乙本）
1.4　新 0537
2.1　135×32 厘米；4 纸；8 栏，栏 19 行，共 123 行；行约 40 字母。
2.2　01：45.0，2 栏；　02：45.0，2 栏；　03：45.0，2 栏；
　　　04：45.0，2 栏。
2.3　卷轴装。首尾均全。卷首、末边有粘接痕。剪痕。有护首 22 厘米画界栏。3 纸均有脱胶。有界栏。
4.1　Rgya – gar – skad – du'Apar = mita' ayur nama mahayana sutra。（梵语：无量寿宗要经）（首）Bod_ skad_ du tshe dpag_ du_ myed_ pa zhes_ bya_ ba theg_ pa_ chen_ povi mdo。（藏语：无量寿宗要经）（首）。
4.2　Tshe dpag_ du_ myed_ pa zhes_ bya_ ba theg_ pa_ chen_ povi mdo。（无量寿宗要经）（尾）。
7.1　抄写者：Vphan – la – brtan.（潘拉旦）。校者：Vod – snang.（奥纳）初校；daeng – the.（桑提）再校；phab – dzang.（潘桑）三校。
8　8～9世纪。吐蕃统治时期写本。
9.1　正书。
9.2　有 3 次校改。
10　下方小纸签写"西九七"，"类别8，番号525"。

1.1　BD14338 号 1
1.3　藏文（无量寿宗要经甲本）
1.4　新 0538
2.1　276×31.5 厘米；6 纸；12 栏，栏 21 行，共 209 行；行约 45 字母。
2.2　01：46.0，2 栏；　02：46.0，2 栏；　03：46.0，2 栏；
　　　04：46.0，2 栏；　05：46.0，2 栏；　06：46.0，2 栏。
2.3　卷轴装。首尾均全。卷首、末边有粘接痕。有界栏。
2.4　本遗书包括 2 个文献：（一）《无量寿宗要经》（甲本），112 行，今编为 BD14338 号 1。（二）《无量寿宗要经》（甲本），117 行，今编为 BD14338 号 2。
4.1　Rgya – gar – skad – du'Apar = mita' ayur nama mahayana sutra。（梵语：无量寿宗要经）（首）Bod_ skad_ du tshe dpag_ du_ myed_ pa zhes_ bya_ ba theg_ pa_ chen_ povi mdo。（藏语：无量寿宗要经）（首）。
4.2　Tshe dpag_ du_ myed_ pa zhes_ bya_ ba theg_ pa_ chen_ povi mdo。（无量寿宗要经）（尾）。
7.1　抄写者：Vwang – hing – tse.（昂恒才）。
8　8～9世纪。吐蕃统治时期写本。
9.1　正书。
10　卷末背上方贴小纸签写"佛西九八"，下方小纸签写"西九八"，"类别8，番号526"。

1.1　BD14338 号 2
1.3　藏文（无量寿宗要经甲本）
1.4　新 0538
2.4　本遗书由 2 个文献组成，本文献为第 2 个，117 行。余参见 BD14338 号 1 之第 2 项。
4.1　Rgya – gar – skad – du'Apar = mita' ayur nama mahayana sutra。（梵语：无量寿宗要经）（首）Bod_ skad_ du tshe dpag_ du_ myed_ pa zhes_ bya_ ba theg_ pa_ chen_ povi mdo。（藏语：无量寿宗要经）（首）。
4.2　Tshe dpag_ du_ myed_ pa zhes_ bya_ ba theg_ pa_ chen_ povi mdo。（无量寿宗要经）（尾）。
7.1　抄写者：Vwang – hing – tse.（昂恒才）。
8　8～9世纪。吐蕃统治时期写本。
9.1　正书。

2.3　卷軸裝。首尾均全。卷首、末邊有粘接痕。有界欄。
4.1　Rgya‐gar‐skad‐du'Apar＝mita'ayur nama mahayana sutra。（梵語：無量壽宗經）（首）。Bod_ skad_ du tshe dpag_ du_ myed_ pa zhes_ bya_ ba theg_ pa_ chen_ povi mdo。（藏語：無量壽宗要經）（首）。
4.2　Tshe dpag_ du_ myed_ pa zhes_ bya_ ba theg_ pa_ chen_ povi mdo。（無量壽宗要經）（尾）。
7.1　抄寫者：Cang‐Legs‐rtsan.（康拉讚）。
8　8~9世紀。吐蕃統治時期寫本。
9.1　正書。
10　卷末背下方小紙簽寫"西九二"，"類別8，番號520"。

1.1　BD14333號
1.3　藏文（無量壽宗要經甲本）
1.4　新0533
2.1　133.5×31厘米；3紙；6欄，欄19行，共115行；行約45字母。
2.2　01：44.5，2欄；　02：44.5，2欄；　03：44.5，2欄。
2.3　卷軸裝。首尾均全。卷首、末邊有粘接痕。第3紙背上端有亂畫線條（如試墨所畫）。有界欄。
4.1　Rgya‐gar‐skad‐du'Apar＝mita'ayur nama mahayana sutra。（梵語：無量壽宗要經）（首）。Bod_ skad_ du tshe dpag_ du_ myed_ pa zhes_ bya_ ba theg_ pa_ chen_ povi mdo。（藏語：無量壽宗要經）（首）。
4.2　Tshe dpag_ du_ myed_ pa zhes_ bya_ ba theg_ pa_ chen_ povi mdo。（無量壽宗要經）（尾）。
7.1　抄寫者：Se‐thong‐pa.（思通巴）。
8　8~9世紀。吐蕃統治時期寫本。
9.1　正書。
10　下方小紙簽寫"西九三"，"類別8，番號521"。

1.1　BD14334號
1.3　藏文（無量壽宗要經甲本）
1.4　新0534
2.1　139.5×31厘米；3紙；6欄，欄19行，共102行；行約45字母。
2.2　01：46.5，2欄；　02：46.5，2欄；　03：46.5，2欄。
2.3　卷軸裝。首尾均全。卷首、末邊有粘接痕。整卷下邊間有污點，卷中有刮改處。第3紙有脫膠。有界欄。
4.1　Rgya‐gar‐skad‐du'Apar＝mita'ayur nama mahayana sutra。（梵語：無量壽宗要經）（首）。Bod_ skad_ du tshe dpag_ du_ myed_ pa zhes_ bya_ ba theg_ pa_ chen_ povi mdo。（藏語：無量壽宗要經）（首）。
4.2　Tshe dpag_ du_ myed_ pa zhes_ bya_ ba theg_ pa_ chen_ povi mdo。（無量壽宗要經）（尾）。
7.1　抄寫者：Song‐klu‐legs.（宋路拉）。（旁邊有"Song‐klu‐la, gasgra 孫路拉，噶扎"），其上被橫劃一道。

8　8~9世紀。吐蕃統治時期寫本。
9.1　正書。
10　下方小紙簽寫"西九四"，"類別8，番號522"。

1.1　BD14335號1
1.3　藏文（無量壽宗要經甲本）
1.4　新0535
2.1　136.6×31厘米；9紙；18欄，欄19行，共336行；行約45字母。
2.2　01：45.5，2欄；　02：45.5，2欄；　03：45.5，2欄；　04：45.5，2欄；　05：45.5，2欄；　06：45.5，2欄；　07：45.5，2欄；　08：45.5，2欄　09：45.5，2欄。
2.3　卷軸裝。首尾均全。有界欄。
2.4　本遺書包括3個文獻：（一）《無量壽宗要經》（甲本），111行，今編為BD14335號1。（二）《無量壽宗要經》（甲本），112行，今編為BD14335號2。（三）《無量壽宗要經》（甲本），113行，今編為BD14335號3。
4.1　Rgya‐gar‐skad‐du'Apar＝mita'ayur nama mahayana sutra。（梵語：無量壽宗要經）（首）。Bod_ skad_ du tshe dpag_ du_ myed_ pa zhes_ bya_ ba theg_ pa_ chen_ povi mdo。（藏語：無量壽宗要經）（首）。
4.2　Tshe dpag_ du_ myed_ pa zhes_ bya_ ba theg_ pa_ chen_ povi mdo。（無量壽宗要經）（尾）。
7.1　抄寫者：mtshams‐gyu‐gz＝gs.（唐居思）。
8　8~9世紀。吐蕃統治時期寫本。
9.1　正書。
10　下方小紙簽寫"西九五"，"類別8，番號523"。

1.1　BD14335號2
1.3　藏文（無量壽宗要經甲本）
1.4　新0535
2.4　本遺書由3個文獻組成，本文獻為第2個，112行。餘參見BD14335號1之第2項。
4.1　Rgya‐gar‐skad‐du'Apar＝mita'ayur nama mahayana sutra。（梵語：無量壽宗要經）（首）。Bod_ skad_ du tshe dpag_ du_ myed_ pa zhes_ bya_ ba theg_ pa_ chen_ povi mdo。（藏語：無量壽宗要經）（首）。
4.2　Tshe dpag_ du_ myed_ pa zhes_ bya_ ba theg_ pa_ chen_ povi mdo。（無量壽宗要經）（尾）。
7.1　抄寫者：mtshams‐gyu‐gz＝gs.（唐居思）。
8　8~9世紀。吐蕃統治時期寫本。
9.1　正書。

1.1　BD14335號3
1.3　藏文（無量壽宗要經甲本）
1.4　新0535
2.4　本遺書由3個文獻組成，本文獻為第3個，113行。餘參見

9.1　正書。
10　卷末背上方小紙簽寫"佛西八七",下方小紙簽寫"西八七","類別8,番號515"。

1.1　BD14328 號
1.3　藏文（無量壽宗要經乙本）
1.4　新 0528
2.1　132×31 厘米；3 紙；6 欄，欄 20 行，共 113 行；行約 45 字母。
2.2　01：44.0,2 欄；　02：44.0,2 欄；　03：44.0,2 欄。
2.3　卷軸裝。首尾均全。卷末有粘接痕。末欄無劃界線，較短，每行 25 字母。第 6 欄每行約 65 字母。有界欄。
4.1　Rgya‑gar‑skad‑du'Apar=mita'ayur nama mahayana sutra。（梵語：無量壽宗要經）（首）。Bod_ skad_ du tshe dpag_ du_ myed_ pa zhes_ bya_ ba theg_ pa_ chen_ povi mdo。（藏語：無量壽宗要經）（首）。
4.2　Tshe dpag_ du_ myed_ pa zhes_ bya_ ba theg_ pa_ chen_ povi mdo。（無量壽宗要經）（尾）。
7.1　抄寫者：Jin‑Legs‑kong.（金路恭）。校者：shin‑dar.（恒達）初校；Sgron‑ma.（卓瑪）再校；Leng‑chevu.（朗確）三校。
8　8~9 世紀。吐蕃統治時期寫本。
9.1　正書。
9.2　有 3 次校改。
10　卷末背上方小紙簽寫"佛西八八",下方小紙簽寫"西八八","類別8,番號516"。

1.1　BD14329 號
1.3　藏文（無量壽宗要經乙本）
1.4　新 0529
2.1　130×31.5 厘米；3 紙；6 欄，欄 20 行，共 109 行；行約 45 字母。
2.2　01：44.0,2 欄；　02：44.0,2 欄；　03：44.0,2 欄。
2.3　卷軸裝。首尾均全。卷首、末邊有粘接痕。有界欄。
4.1　Rgya‑gar‑skad‑du'Apar=mita'ayur nama mahayana sutra。（梵語：無量壽宗要經）（首）。Bod_ skad_ du tshe dpag_ du_ myed_ pa zhes_ bya_ ba theg_ pa_ chen_ povi mdo。（藏語：無量壽宗要經）（首）。
4.2　Tshe dpag_ du_ myed_ pa zhes_ bya_ ba theg_ pa_ chen_ povi mdo。（無量壽宗要經）（尾）。
8　8~9 世紀。吐蕃統治時期寫本。
9.1　正書。
10　卷末背上方小紙簽寫"佛西八九",下方小紙簽寫"西八九","類別8,番號517"。

1.1　BD14330 號
1.3　藏文（無量壽宗要經乙本）
1.4　新 0530
2.1　135×31.5 厘米；3 紙；6 欄，欄 19 行，共 103 行；行約 45 字母。
2.2　01：45.0,2 欄；　02：45.0,2 欄；　03：45.0,2 欄。
2.3　卷軸裝。首尾均全。卷首、末邊有粘接痕。有界欄。
4.1　Rgya‑gar‑skad‑du'Apar=mita'ayur nama mahayana sutra。（梵語：無量壽宗要經）（首）。Bod_ skad_ du tshe dpag_ du_ myed_ pa zhes_ bya_ ba theg_ pa_ chen_ povi mdo。（藏語：無量壽宗要經）（首）。
4.2　Tshe dpag_ du_ myed_ pa zhes_ bya_ ba theg_ pa_ chen_ povi mdo。（無量壽宗要經）（尾）。
7.1　抄寫者：Pevu‑tshwen.（布燦）。校者：dam‑'aing.（黨昂）初校；pavu‑'aing.（布昂）再校；Cab‑vweng.（賈旺）三校。
8　8~9 世紀。吐蕃統治時期寫本。
9.1　正書。
9.2　硃筆 3 校。
10　卷末背下方小紙簽寫"西九〇","類別8,番號518"。

1.1　BD14331 號
1.3　藏文（無量壽宗要經乙本）
1.4　新 0531
2.1　138×28 厘米；3 紙；6 欄，欄 18 行，共 105 行；行約 45 字母。
2.2　01：46.0,2 欄；　02：46.0,2 欄；　03：46.0,2 欄。
2.3　卷軸裝。首尾均全。卷首、末邊有粘接痕。有界欄。
4.1　Rgya‑gar‑skad‑du'Apar=mita'ayur nama mahayana sutra。（梵語：無量壽宗要經）（首）。Bod_ skad_ du tshe dpag_ du_ myed_ pa zhes_ bya_ ba theg_ pa_ chen_ povi mdo。（藏語：無量壽宗要經）（首）。
4.2　Tshe dpag_ du_ myed_ pa zhes_ bya_ ba theg_ pa_ chen_ povi mdo。（無量壽宗要經）（尾）。
7.1　抄寫者：Leng‑ho‑zhun‑tse.（梁和興才）。校者：Shin‑dr.（恒達）初校；Sgron‑ma.（卓瑪）再校；chos‑brtan.（確旦）三校。
8　8~9 世紀。吐蕃統治時期寫本。
9.1　正書。
9.2　有 3 次校改。
10　卷末背上方小紙簽 無。卷末背下方小紙簽寫"西九一","類別8,番號519"。

1.1　BD14332 號
1.3　藏文（無量壽宗要經乙本）
1.4　新 0532
2.1　138×31 厘米；3 紙；6 欄，欄 20 行，共 111 行；行約 45 字母。
2.2　01：46.0,2 欄；　02：46.0,2 欄；　03：46.0,2 欄。

2.3 卷軸裝。首尾均全。卷首、末邊有粘接痕。有護首14厘米。首紙一欄行約65字母。有界欄。

4.1 Rgya–gar–skad–du'Apar=mita'ayur nama mahayana sutra。（梵語：無量壽宗要經）（首）。Bod_ skad_ du tshe dpag_ du_ myed_ pa zhes_ bya_ ba theg_ pa_ chen_ povi mdo。（藏語：無量壽宗要經）（首）。

4.2 Tshe dpag_ du_ myed_ pa zhes_ bya_ ba theg_ pa_ chen_ povi mdo。（無量壽宗要經）（尾）。

7.1 校者：Shin–dar.（恒達）初校；Sgron–ma.（卓瑪）再校；Leng–cevu.（朗覺）三校。

8　8~9世紀。吐蕃統治時期寫本。

9.1 正書。

10　卷末背上方貼小紙簽上寫"佛西八三"，下方小紙簽寫"西八三"，"類別8，番號511"。

1.1 BD14324號
1.3 藏文（無量壽宗要經乙本）
1.4 新0524
2.1 138×31.5厘米；3紙；6欄，欄19行，共115行；行約45字母。
2.2 01：46.0，2欄；　02：46.0，2欄；　03：46.0，2欄。
2.3 卷軸裝。首尾均全。卷首、末邊有粘接痕。有界欄。

4.1 Rgya–gar–skad–du'Apar=mita'ayur nama mahayana sutra。（梵語：無量壽宗要經）（首）。Bod_ skad_ du tshe dpag_ du_ myed_ pa zhes_ bya_ ba theg_ pa_ chen_ povi mdo。（藏語：無量壽宗要經）（首）。

4.2 Tshe dpag_ du_ myed_ pa zhes_ bya_ ba theg_ pa_ chen_ povi mdo。（無量壽宗要經）（尾）。

7.1 抄寫者：Dpal–khy=–sgron–ma.（貝吉卓瑪）。校改者：Leng–pevu.（朗見）初校；Sgron–ma.（卓瑪）二校；Leng–pevu.（朗旦）三校。

8　8~9世紀。吐蕃統治時期寫本。

9.1 正書。

9.2 硃筆3校。

10　卷末背上方小紙簽寫"佛西八四"，下方小紙簽寫"西八四"，"類別8，番號512"。

1.1 BD14325號
1.3 藏文（無量壽宗要經甲本）
1.4 新0525
2.1 132×31厘米；3紙；6欄，欄20行，共120行；行約45字母。
2.2 01：44.0，2欄；　02：44.0，2欄；　03：44.0，2欄。
2.3 卷軸裝。首尾均全。卷首邊有粘接痕。第2紙邊稍有脫膠。有界欄。

4.1 Rgya–gar–skad–du'Apar=mita'ayur nama mahayana sutra。（梵語：無量壽宗要經）（首）。Bod_ skad_ du tshe dpag_ du_ myed_ pa zhes_ bya_ ba theg_ pa_ chen_ povi mdo。（藏語：無量壽宗要經）（首）。

4.2 Tshe dpag_ du_ myed_ pa zhes_ bya_ ba theg_ pa_ chen_ povi mdo。（無量壽宗要經）（尾）。

7.1 抄寫者：Stag–spes.（達貝）。

8　8~9世紀。吐蕃統治時期寫本。

9.1 正書。

10　卷末背上方小紙簽寫"佛西八五"，下方小紙簽寫"西八五"，"類別8，番號513"。

1.1 BD14326號
1.3 藏文（無量壽宗要經乙本）
1.4 新0526
2.1 135×31厘米；4紙；7欄，欄19行，共81行；行約45字母。
2.2 01：45.0，2欄；　02：45.0，2欄；　03：45.0，2欄；　04：45.0，1欄。
2.3 卷軸裝。首尾均全。卷首、末邊有粘接痕。第六欄無字。有界欄。

4.1 Rgya–gar–skad–du'Apar=mita'ayur nama mahayana sutra。（梵語：無量壽宗要經）（首）。Bod_ skad_ du tshe dpag_ du_ myed_ pa zhes_ bya_ ba theg_ pa_ chen_ povi mdo。（藏語：無量壽宗要經）（首）。

4.2 Tshe dpag_ du_ myed_ pa zhes_ bya_ ba theg_ pa_ chen_ povi mdo。（無量壽宗要經）（尾）。

7.1 抄寫者：Stag–Snang.（達囊）。

8　8~9世紀。吐蕃統治時期寫本。

9.1 正書。

10　卷末背上方小紙簽寫"佛西八六"，下方小紙簽寫"西八六"，"類別8，番號514"。

1.1 BD14327號
1.3 藏文（無量壽宗要經乙本）
1.4 新0527
2.1 138×31厘米；3紙；6欄，欄19行，共114行；行約45字母。
2.2 01：46.0，2欄；　02：46.0，2欄；　03：46.0，2欄。
2.3 卷軸裝。首尾均全。卷首、末邊有粘接痕。卷中有刮改處。有界欄。

4.1 Rgya–gar–skad–du'Apar=mita'ayur nama mahayana sutra。（梵語：無量壽宗要經）（首）。Bod_ skad_ du tshe dpag_ du_ myed_ pa zhes_ bya_ ba theg_ pa_ chen_ povi mdo。（藏語：無量壽宗要經）（首）。

4.2 Tshe dpag_ du_ myed_ pa zhes_ bya_ ba theg_ pa_ chen_ povi mdo。（無量壽宗要經）（尾）。

7.1 抄寫者：Jevu–hwa–vod.（覚哈奧）。

8　8~9世紀。吐蕃統治時期寫本。

1.3　藏文（無量壽宗要經乙本）
1.4　新0519
2.1　138×31厘米；3紙；6欄，欄19行，共108行；行約45字母。
2.2　01：46.0，2欄；　02：46.0，2欄；　03：46.0，2欄。
2.3　卷軸裝。首尾均全。卷首、末邊有粘接痕。第2紙接邊脫膠。有界欄。
4.1　Rgya – gar – skad – du'Apar＝mita'ayur nama mahayana sutra。（梵語：無量壽宗要經）（首）。Bod＿ skad＿ du tshe dpag＿ du＿ myed＿ pa zhes＿ bya＿ ba theg＿ pa＿ chen＿ povi mdo。（藏語：無量壽宗要經）（首）。
4.2　Tshe dpag＿ du＿ myed＿ pa zhes＿ bya＿ ba theg＿ pa＿ chen＿ povi mdo。（無量壽宗要經）（尾）。
7.1　抄寫者：Bang – Stag – Snyas.（邦達尼）。
8　8～9世紀。吐蕃統治時期寫本。
9.1　正書。
10　卷末背上方小紙簽上寫"佛西七九"，下方小紙簽上寫"西七九"，"類別8，番號507"。

1.1　BD14320號
1.3　藏文（無量壽宗要經乙本）
1.4　新0520
2.1　135×31厘米；3紙；6欄，欄20行，共116行；行約45字母。
2.2　01：45.0，2欄；　02：45.0，2欄；　03：45.0，2欄。
2.3　卷軸裝。首尾均全。卷首、末邊有粘接痕。末有剪痕。卷中有刮改塗抹處。有界欄。
4.1　Rgya – gar – skad – du'Apar＝mita'ayur nama mahayana sutra。（梵語：無量壽宗要經）（首）。Bod＿ skad＿ du tshe dpag＿ du＿ myed＿ pa zhes＿ bya＿ ba theg＿ pa＿ chen＿ povi mdo。（藏語：無量壽宗要經）（首）。
4.2　Tshe dpag＿ du＿ myed＿ pa zhes＿ bya＿ ba theg＿ pa＿ chen＿ povi mdo。（無量壽宗要經）（尾）。
7.1　抄寫者：Khang – t＝g – tig.（康弟弟）。
8　8～9世紀。吐蕃統治時期寫本。
9.1　正書。
10　卷末背上方小紙簽上寫"佛西八○"，下方小紙簽上寫"西八○"，"類別8，番號508"。

1.1　BD14321號
1.3　藏文（無量壽宗要經乙本）
1.4　新0521
2.1　184×30厘米；4紙；7欄，欄19行，共149行；行約45字母。
2.2　01：46.0，1欄；　02：46.0，2欄；　03：46.0，2欄；　04：46.0，2欄。
2.3　卷軸裝。首尾均全。卷末邊有粘接痕。有護首23.5厘米長。首紙接邊部分脫膠。有界欄。
4.1　Rgya – gar – skad – du'Apar＝mita'ayur nama mahayana sutra。（梵語：無量壽宗要經）（首）。Bod＿ skad＿ du tshe dpag＿ du＿ myed＿ pa zhes＿ bya＿ ba theg＿ pa＿ chen＿ povi mdo。（藏語：無量壽宗要經）（首）。
4.2　Tshe dpag＿ du＿ myed＿ pa zhes＿ byaɛ＿ ba theg＿ pa＿ chen＿ povi mdo。（無量壽宗要經）（尾）。
7.1　抄寫者：'Aan – dge – brtan.（安格丹）。有三校：初校：Phab – dzang（貝桑）；再校：phab – c＝（貝吉）；三校：dpal – mchog.（貝確）。
8　8～9世紀。吐蕃統治時期寫本。
9.1　正書。
10　卷末背上方小紙簽上寫"佛西八一"，下方小紙簽上寫"西八一"，"類別8，番號509"。

1.1　BD14322號
1.3　藏文（無量壽宗要經乙本）
1.4　新0522
2.1　132×31厘米；3紙；5欄，欄20行，共114行；行約45字母。
2.2　01：44.0，1欄；　02：44.0，2欄；　03：44.0，2欄。
2.3　卷軸裝。首尾均全。卷末邊有粘接痕。第3紙稍有脫膠。有護首10.5厘米長。首紙一欄行約70字母。卷中有刮改。有界欄。整卷背面有堅界欄。
4.1　Rgya – gar – skad – du'Apar＝mita'ayur nama mahayana sutra。（梵語：無量壽宗要經）（首）。Bod＿ skad＿ du tshe dpag＿ du＿ myed＿ pa zhes＿ bya＿ ba theg＿ pa＿ chen＿ povi mdo。（藏語：無量壽宗要經）（首）。
4.2　Tshe dpag＿ du＿ myed＿ pa zhes＿ bya＿ ba theg＿ pa＿ chen＿ povi mdo。（無量壽宗要經）（尾）。
7.1　抄寫者：Cang – Leng – cevu.（蔣拉覺）。校者：Cang – chos – brtan.（蔣確旦）初校；sh＝n – dar.（恒達）再校；Sgron – ma.（卓瑪）三校。
7.3　首、2紙背面中間寫"Lha"字，"神"之意。末紙背有不明雜寫若干字，疑為其他文字，但與現知任何一種文字均不類。
8　8～9世紀。吐蕃統治時期寫本。
9.1　正書。
9.2　有3次校改。
10　卷末背上方貼小紙簽上寫"佛西八二"，下方小紙簽寫"西八二"，"類別8，番號510"。

1.1　BD14323號
1.3　藏文（無量壽宗要經乙本）
1.4　新0523
2.1　135×29.5厘米；3紙；5欄，欄18行，共90行；行約45字母。
2.2　01：45.0，1欄；　02：45.0，2欄；　03：45.0，2欄。

povi mdo。（無量壽宗要經）（尾）。

7.1　抄寫者：PHan - phan.（潘潘）。

8　　8~9 世紀。吐蕃統治時期寫本。

9.1　前二紙正書；第三紙有草書意。

1.1　BD14314 號 4

1.3　藏文（無量壽宗要經甲本）

1.4　新 0514

2.4　本遺書由 4 個文獻組成，本文獻為第 4 個，114 行。餘參見 BD14314 號 1 之第 2 項。

4.1　Rgya - gar - skad - du'Apar = mita'ayur nama mahayana sutra。（梵語：無量壽宗要經）（首）。Bod_ skad_ du tshe dpag_ du_ myed_ pa zhes_ bya_ ba theg_ pa_ chen_ povi mdo。（藏語：無量壽宗要經）（首）。

4.2　Tshe dpag_ du_ myed_ pa zhes_ bya_ ba theg_ pa_ chen_ povi mdo。（無量壽宗要經）（尾）。

7.1　抄寫者：PHan - phan.（潘潘）。

8　　8~9 世紀。吐蕃統治時期寫本。

9.1　正書。

1.1　BD14315 號

1.3　藏文（無量壽宗要經甲本）

1.4　新 0515

2.1　(126 + 121)×32 厘米；3 紙；6 欄，欄 20 行，共 120 行；行約 45 字母。

2.2　01：42.0，2 欄；　02：42.0，2 欄；　03：42.0，2 欄。

2.3　卷軸裝。首全尾殘。卷首下部略殘。卷尾左下角稍殘約 5 厘米。首紙末行前幾字缺。卷末邊有粘接痕。第 3 紙有脫膠。有界欄。

4.1　Tshe dpag_ du_ myed_ pa zhes_ bya_ ba theg_ pa_ chen_ povi mdo。（無量壽宗要經）（首）。

7.1　抄寫者：Jevu - rgyen - tseng．（觉堅藏）。署名上横劃一道。

8　　8~9 世紀。吐蕃統治時期寫本。

9.1　正書。

10　卷首背上方紙簽寫"七五"，下方小紙簽上寫"西七五"，"類別8，番號503"。

1.1　BD14316 號

1.3　藏文（無量壽宗要經甲本）

1.4　新 0516

2.1　99×31.5 厘米；3 紙；6 欄，欄 20 行，共 122 行；行約 45 字母。

2.2　01：33.0，2 欄；　02：33.0，2 欄；　03：33.0，2 欄。

2.3　卷軸裝。首尾均全。卷首、末邊有粘接痕。有界欄。

4.1　Rgya - gar - skad - du'Apar = mita'ayur nama mahayana sutra。（梵語：無量壽宗要經）（首）。Bod_ skad_ du tshe dpag_ du_ myed_ pa zhes_ bya_ ba theg_ pa_ chen_ povi mdo。（藏語：無量壽宗要經）（首）。

4.2　Tshe dpag_ du_ myed_ pa zhes_ bya_ ba theg_ pa_ chen_ povi mdo。（無量壽宗要經）（尾）。

7.1　抄寫者：Ser - thong - thong.（思通通）。

8　　8~9 世紀。吐蕃統治時期寫本。

9.1　正書。

10　卷末背下方小紙簽上寫"西七六"，"類別8，番號504"。

1.1　BD14317 號

1.3　藏文（無量壽宗要經甲本）

1.4　新 0517

2.1　138×31.5 厘米；3 紙；6 欄，欄 20 行，共 112 行；行約 45 字母。

2.2　01：46.0，2 欄；　02：46.0，2 欄；　03：46.0，2 欄。

2.3　卷軸裝。首尾均全。卷首、末邊有粘接痕。有刮改處。有界欄。

4.1　Rgya - gar - skad - du'Apar = mita'ayur nama mahayana sutra。（梵語：無量壽宗要經）（首）。Bod_ skad_ du tshe dpag_ du_ myed_ pa zhes_ bya_ ba theg_ pa_ chen_ povi mdo。（藏語：無量壽宗要經）（首）。

4.2　Tshe dpag_ du_ myed_ pa zhes_ bya_ ba theg_ pa_ chen_ povi mdo。（無量壽宗要經）（尾）。

8　　8~9 世紀。吐蕃統治時期寫本。

9.1　正書。

10　卷末背下方小紙簽上寫"西七七"，"類別8，番號505"。

1.1　BD14318 號

1.3　藏文（無量壽宗要經乙本）

1.4　新 0518

2.1　138×31 厘米；3 紙；6 欄，欄 20 行，共 110 行；行約 45 字母。

2.2　01：46.0，2 欄；　02：46.0，2 欄；　03：46.0，2 欄。

2.3　卷軸裝。首尾均全。卷首、末邊有粘接痕。有界欄。

4.1　Rgya - gar - skad - du'Apar = mita'ayur nama mahayana sutra。（梵語：無量壽宗要經）（首）。Bod_ skad_ du tshe dpag_ du_ myed_ pa zhes_ bya_ ba theg_ pa_ chen_ povi mdo。（藏語：無量壽宗要經）（首）。

4.2　Tshe dpag_ du_ myed_ pa zhes_ bya_ ba theg_ pa_ chen_ povi mdo。（無量壽宗要經）（尾）。

7.1　抄寫者：So - hwa - hwe.（蘇哈嘿）。

8　　8~9 世紀。吐蕃統治時期寫本。

9.1　正書。

10　卷首背上方小紙簽上寫"佛西七八"，下方小紙簽上寫"西七八"，"類別8，番號506"。

1.1　BD14319 號

見 BD14313 號 1 之第 2 項。

4.1　Rgya – gar – skad – du'Apar = mita'ayur nama mahayana sutra。（梵語：無量壽宗要經）（首）。Bod_ skad_ du tshe dpag_ du_ myed_ pa zhes_ bya_ ba theg_ pa_ chen_ povi mdo。（藏語：無量壽宗要經）（首）。

4.2　Tshe dpag_ du_ myed_ pa zhes_ bya_ ba theg_ pa_ chen_ povi mdo。（無量壽宗要經）（尾）。

7.1　抄寫者：Heng – Jevu.（黃覺）。

8　8～9 世紀。吐蕃統治時期寫本。

9.1　正書。

1.1　BD14313 號 9
1.3　藏文（無量壽宗要經乙本）
1.4　新 0513
2.4　本遺書由 10 個文獻組成，本文獻為第 9 個，121 行。餘參見 BD14313 號 1 之第 2 項。

4.1　Rgya – gar – skad – du'Apar = mita'ayur nama mahayana sutra。（梵語：無量壽宗要經）（首）。Bod_ skad_ du tshe dpag_ du_ myed_ pa zhes_ bya_ ba theg_ pa_ chen_ povi mdo。（藏語：無量壽宗要經）（首）。

4.2　Tshe dpag_ du_ myed_ pa zhes_ bya_ ba theg_ pa_ chen_ povi mdo。（無量壽宗要經）（尾）。

7.1　抄寫者：Heng – Jevu.（黃覺）。

8　8～9 世紀。吐蕃統治時期寫本。

9.1　正書。

1.1　BD14313 號 10
1.3　藏文（無量壽宗要經乙本）
1.4　新 0513
2.4　本遺書由 10 個文獻組成，本文獻為第 10 個，118 行。餘參見 BD14313 號 1 之第 2 項。

4.1　Rgya – gar – skad – du'Apar = mita'ayur nama mahayana sutra。（梵語：無量壽宗要經）（首）。Bod_ skad_ du tshe dpag_ du_ myed_ pa zhes_ bya_ ba theg_ pa_ chen_ povi mdo。（藏語：無量壽宗要經）（首）。

4.2　Tshe dpag_ du_ myed_ pa zhes_ bya_ ba theg_ pa_ chen_ povi mdo。（無量壽宗要經）（尾）。

7.1　抄寫者：Heng – Jevu.（黃覺）。

8　8～9 世紀。吐蕃統治時期寫本。

9.1　正書。

1.1　BD14314 號 1
1.3　藏文（無量壽宗要經甲本）
1.4　新 0514
2.1　540×31 厘米；12 紙；22 欄，欄 21 行，共 472 行；行約 45 字母。
2.2　01：45.0，2 欄；　02：45.0，2 欄；　03：45.0，2 欄；　04：45.0，2 欄；　05：45.0，2 欄；　06：45.0，2 欄；　07：45.0，2 欄；　08：45.0，2 欄；　09：45.0，2 欄；　15：44.0，2 欄；　11：45.0，2 欄；　12：45.0，2 欄。

2.3　卷軸裝。首尾均全。卷首、末邊有黏接痕。第 3 紙邊有脫膠處，首紙、2 紙各一欄。有界欄。

2.4　本遺書包括 4 個文獻：（一）《無量壽宗要經》（甲本），116 行，今編為 BD14314 號 1。（二）《無量壽宗要經》（甲本），123 行，今編為 BD14314 號 2。（三）《無量壽宗要經》（甲本），119 行，今編為 BD14314 號 3。（四）《無量壽宗要經》（甲本），114 行，今編為 BD14314 號 4。

4.1　Rgya – gar – skad – du'Apar = mita'ayur nama mahayana sutra。（梵語：無量壽宗要經）（首）。Bod_ skad_ du tshe dpag_ du_ myed_ pa zhes_ bya_ ba theg_ pa_ chen_ povi mdo。（藏語：無量壽宗要經）（首）。

4.2　Tshe dpag_ du_ myed_ pa zhes_ bya_ ba theg_ pa_ chen_ povi mdo。（無量壽宗要經）（尾）。

7.1　抄寫者：PHan – phan.（潘潘）。

8　8～9 世紀。吐蕃統治時期寫本。

9.1　首紙草書，工整；二、三紙正書。

10　卷末背上方小紙簽脫落，上寫"佛西七四"，下方小紙簽寫"西七四"、"8，502"。

1.1　BD14314 號 2
1.3　藏文（無量壽宗要經甲本）
1.4　新 0514
2.4　本遺書由 4 個文獻組成，本文獻為第 2 個，123 行。餘參見 BD14314 號 1 之第 2 項。

4.1　Rgya – gar – skad – du'Apar = mita'ayur nama mahayana sutra。（梵語：無量壽宗要經）（首）。Bod_ skad_ du tshe dpag_ du_ myed_ pa zhes_ bya_ ba theg_ pa_ chen_ povi mdo。（藏語：無量壽宗要經）（首）。

4.2　Tshe dpag_ du_ myed_ pa zhes_ bya_ ba theg_ pa_ chen_ povi mdo。（無量壽宗要經）（尾）。

7.1　抄寫者：PHan – phan.（潘潘）。

8　8～9 世紀。吐蕃統治時期寫本。

9.1　正書。

1.1　BD14314 號 3
1.3　藏文（無量壽宗要經甲本）
1.4　新 0514
2.4　本遺書由 4 個文獻組成，本文獻為第 3 個，119 行。餘參見 BD14314 號 1 之第 2 項。

4.1　Rgya – gar – skad – du'Apar = mita'ayur nama mahayana sutra。（梵語：無量壽宗要經）（首）。Bod_ skad_ du tshe dpag_ du_ myed_ pa zhes_ bya_ ba theg_ pa_ chen_ povi mdo。（藏語：無量壽宗要經）（首）。

4.2　Tshe dpag_ du_ myed_ pa zhes_ bya_ ba theg_ pa_ chen_

1.1　BD14313 號 2
1.3　藏文（無量壽宗要經乙本）
1.4　新 0513
2.4　本遺書由 10 個文獻組成，本文獻為第 2 個，120 行。餘參見 BD14313 號 1 之第 2 項。
4.1　Rgya – gar – skad – du'Apar = mita'ayur nama mahayana su-tra。（梵語：無量壽宗要經）（首）。Bod_ skad_ du tshe dpag_ du_ myed_ pa zhes_ bya_ ba theg_ pa_ chen_ povi mdo。（藏語：無量壽宗要經）（首）。
4.2　Tshe dpag_ du_ myed_ pa zhes_ bya_ ba theg_ pa_ chen_ povi mdo。（無量壽宗要經）（尾）。
7.1　抄寫者：Heng – Jevu. （黃覺）。
8　8 ~ 9 世紀。吐蕃統治時期寫本。
9.1　正書。

1.1　BD14313 號 3
1.3　藏文（無量壽宗要經乙本）
1.4　新 0513
2.4　本遺書由 10 個文獻組成，本文獻為第 3 個，111 行。餘參見 BD14313 號 1 之第 2 項。
4.1　Rgya – gar – skad – du'Apar = mita'ayur nama mahayana su-tra。（梵語：無量壽宗要經）（首）。Bod_ skad_ du tshe dpag_ du_ myed_ pa zhes_ bya_ ba theg_ pa_ chen_ povi mdo。（藏語：無量壽宗要經）（首）。
4.2　Tshe dpag_ du_ myed_ pa zhes_ bya_ ba theg_ pa_ chen_ povi mdo。（無量壽宗要經）（尾）。
7.1　抄寫者：Heng – Jevu. （黃覺）。
8　8 ~ 9 世紀。吐蕃統治時期寫本。
9.1　正書。

1.1　BD14313 號 4
1.3　藏文（無量壽宗要經乙本）
1.4　新 0513
2.4　本遺書由 10 個文獻組成，本文獻為第 4 個，119 行。餘參見 BD14313 號 1 之第 2 項。
4.1　Rgya – gar – skad – du'Apar = mita'ayur nama mahayana su-tra。（梵語：無量壽宗要經）（首）。Bod_ skad_ du tshe dpag_ du_ myed_ pa zhes_ bya_ ba theg_ pa_ chen_ povi mdo。（藏語：無量壽宗要經）（首）。
4.2　Tshe dpag_ du_ myed_ pa zhes_ bya_ ba theg_ pa_ chen_ povi mdo。（無量壽宗要經）（尾）。
7.1　抄寫者：Heng – Jevu. （黃覺）。
8　8 ~ 9 世紀。吐蕃統治時期寫本。
9.1　正書。

1.1　BD14313 號 5
1.3　藏文（無量壽宗要經乙本）

1.4　新 0513
2.4　本遺書由 10 個文獻組成，本文獻為第 5 個，112 行。餘參見 BD14313 號 1 之第 2 項。
4.1　Rgya – gar – skad – du'Apar = mita'ayur nama mahayana su-tra。（梵語：無量壽宗要經）（首）。Bod_ skad_ du tshe dpag_ du_ myed_ pa zhes_ bya_ ba theg_ pa_ chen_ povi mdo。（藏語：無量壽宗要經）（首）。
4.2　Tshe dpag_ du_ myed_ pa zhes_ bya_ ba theg_ pa_ chen_ povi mdo。（無量壽宗要經）（尾）。
7.1　抄寫者：Heng – Jevu. （黃覺）。
8　8 ~ 9 世紀。吐蕃統治時期寫本。
9.1　正書。

1.1　BD14313 號 6
1.3　藏文（無量壽宗要經乙本）
1.4　新 0513
2.4　本遺書由 10 個文獻組成，本文獻為第 6 個，112 行。餘參見 BD14313 號 1 之第 2 項。
4.1　Rgya – gar – skad – du'Apar = mita'ayur nama mahayana su-tra。（梵語：無量壽宗要經）（首）。Bod_ skad_ du tshe dpag_ du_ myed_ pa zhes_ bya_ ba theg_ pa_ chen_ povi mdo。（藏語：無量壽宗要經）（首）。
4.2　Tshe dpag_ du_ myed_ pa zhes_ bya_ ba theg_ pa_ chen_ povi mdo。（無量壽宗要經）（尾）。
7.1　抄寫者：Heng – Jevu. （黃覺）。
8　8 ~ 9 世紀。吐蕃統治時期寫本。
9.1　正書。

1.1　BD14313 號 7
1.3　藏文（無量壽宗要經乙本）
1.4　新 0513
2.4　本遺書由 10 個文獻組成，本文獻為第 7 個，111 行。餘參見 BD14313 號 1 之第 2 項。
4.1　Rgya – gar – skad – du'Apar = mita'ayur nama mahayana su-tra。（梵語：無量壽宗要經）（首）。Bod_ skad_ du tshe dpag_ du_ myed_ pa zhes_ bya_ ba theg_ pa_ chen_ povi mdo。（藏語：無量壽宗要經）（首）。
4.2　Tshe dpag_ du_ myed_ pa zhes_ bya_ ba theg_ pa_ chen_ povi mdo。（無量壽宗要經）（尾）。
7.1　抄寫者：Heng – Jevu. （黃覺）。
8　8 ~ 9 世紀。吐蕃統治時期寫本。
9.1　正書。

1.1　BD14313 號 8
1.3　藏文（無量壽宗要經乙本）
1.4　新 0513
2.4　本遺書由 10 個文獻組成，本文獻為第 8 個，115 行。餘參

4.1　Rgya‑gar‑skad‑du'Apar=mita'ayur nama mahayana sutra。（梵語：無量壽宗要經）（首）。Bod_ skad_ du tshe dpag_ du_ myed_ pa zhes_ bya_ ba theg_ pa_ chen_ povi mdo。（藏語：無量壽宗要經）（首）。

4.2　Tshe dpag_ du_ myed_ pa zhes_ bya_ ba theg_ pa_ chen_ povi mdo。（無量壽宗要經）（尾）。

7.1　抄寫者：Snyal‑stag‑snyas.（聶達尼）。

8　8~9世紀。吐蕃統治時期寫本。

9.1　正書。

1.1　BD14311號

1.3　藏文（無量壽宗要經乙本）

1.4　新0511

2.1　176×31厘米；4紙；8欄，欄19行，共129行；行約45字母。

2.2　01：44.0，2欄；　02：44.0，2欄；　03：44.0，2欄；　04：44.0，2欄。

2.3　卷軸裝。首尾均全。卷首、末邊有黏接痕。末欄無字。有界欄。

4.1　Rgya‑gar‑skad‑du'Apar=mita'ayur nama mahayana sutra。（梵語：無量壽宗要經）（首）。Bod_ skad_ du tshe dpag_ du_ myed_ pa zhes_ bya_ ba theg_ pa_ chen_ povi mdo。（藏語：無量壽宗要經）（首）。

4.2　Tshe dpag_ du_ myed_ pa zhes_ bya_ ba theg_ pa_ chen_ povi mdo。（無量壽宗要經）（尾）。

7.1　抄寫者：Ser‑thong‑thong.（思通通）。初校：L=‑phab‑vweng（里朴昂）；二校：he‑Jeng（黑江）；三校：he‑Jeng（黑江）。

8　8~9世紀。吐蕃統治時期寫本。

9.1　正書。

9.2　有硃筆三校。

10　卷末背上方小紙簽寫"佛西七一"，下方紙簽寫"七一"、"8,499"。

1.1　BD14312號

1.3　藏文（無量壽宗要經甲本）

1.4　新0512

2.1　135×31厘米；3紙；6欄，欄20行，共115行；行約45字母。

2.2　01：45.0，2欄；　02：45.0，2欄；　03：45.0，2欄。

2.3　卷軸裝。首尾均全。卷首、末邊有粘接痕。有界欄。

4.1　Rgya‑gar‑skad‑du'Apar=mita'ayur nama mahayana sutra。（梵語：無量壽宗要經）（首）。Bod_ skad_ du tshe dpag_ du_ myed_ pa zhes_ bya_ ba theg_ pa_ chen_ povi mdo。（藏語：無量壽宗要經）（首）。

4.2　Tshe dpag_ du_ myed_ pa zhes_ bya_ ba theg_ pa_ chen_ povi mdo。（無量壽宗要經）（尾）。

7.1　抄寫者：Skyo‑brtan‑Legs.（覺旦拉）。

8　8~9世紀。吐蕃統治時期寫本。

9.1　正書。

10　卷末背上方小紙簽寫"佛西七二"，下方紙簽寫"七二"、"8,500"。

1.1　BD14313號1

1.3　藏文（無量壽宗要經乙本）

1.4　新0513

2.1　1320×31厘米；30紙；60欄，欄20行，共1158行；行約45字母。

2.2　01：44.0，2欄；　02：44.0，2欄；　03：44.0，2欄；
　　　04：44.0，2欄；　05：44.0，2欄；　06：44.0，2欄；
　　　07：44.0，2欄；　08：44.0，2欄；　09：44.0，2欄；
　　　10：44.0，2欄；　11：44.0，2欄；　12：44.0，2欄；
　　　13：44.0，2欄；　14：44.0，2欄；　15：44.0，2欄；
　　　16：44.0，2欄；　17：44.0，2欄；　18：44.0，2欄；
　　　19：44.0，2欄；　20：44.0，2欄；　21：44.0，2欄；
　　　22：44.0，2欄；　23：44.0，2欄；　24：44.0，2欄；
　　　25：44.0，2欄；　26：44.0，2欄；　27：44.0，2欄；
　　　28：44.0，2欄；　29：44.0，2欄；　30：44.0，2欄。

2.3　卷軸裝。首尾均全。卷首、末邊有粘接痕。首欄下邊稍有破損。有塗改處。有界欄。

2.4　本遺書包括10個文獻：（一）《無量壽宗要經》（乙本），119行，今編為BD14313號1。（二）《無量壽宗要經》（乙本），120行，今編為BD14313號2。（三）《無量壽宗要經》（乙本），111行，今編為BD14313號3。（四）《無量壽宗要經》（乙本），119行，今編為BD14313號4。（五）《無量壽宗要經》（乙本），112行，今編為BD14313號5。（六）《無量壽宗要經》（乙本），112行，今編為BD14313號6。（七）《無量壽宗要經》（乙本），111行，今編為BD14313號7。（八）《無量壽宗要經》（乙本），115行，今編為BD14313號8。（九）《無量壽宗要經》（乙本），121行，今編為BD14313號9。（十）《無量壽宗要經》（乙本），118行，今編為BD14313號10。

4.1　Rgya‑gar‑skad‑du'Apar=mita'ayur nama mahayana sutra。（梵語：無量壽宗要經）（首）。Bod_ skad_ du tshe dpag_ du_ myed_ pa zhes_ bya_ ba theg_ pa_ chen_ povi mdo。（藏語：無量壽宗要經）（首）。

4.2　Tshe dpag_ du_ myed_ pa zhes_ bya_ ba theg_ pa_ chen_ povi mdo。（無量壽宗要經）（尾）。

7.1　抄寫者：Heng‑Jevu.（黃覺）。

8　8~9世紀。吐蕃統治時期寫本。

9.1　正書。

10　卷首背上方小紙簽脫落，上寫"佛西七三"，下方小紙簽寫"西七三"、"8,501"。卷首背有收藏印章：印文為"圖書臺帳登錄番號787"（中有橫道）。紫紅色印。

BD14308 號 1 之第 2 項。

4.1　Rgya‑gar‑skad‑du'Apar=mita'ayur nama mahayana sutra。（梵語：無量壽要經）（首）。Bod_ skad_ du tshe dpag_ du_ myed_ pa zhes_ bya_ ba theg_ pa_ chen_ povi mdo。（藏語：無量壽宗要經）（首）。

4.2　Tshe dpag_ du_ myed_ pa zhes_ bya_ ba theg_ pa_ chen_ povi mdo。（無量壽宗要經）（尾）。

7.1　抄寫者：Cang‑sh=b‑tig‑btis.（蔣厚德）。

8　8～9 世紀。吐蕃統治時期寫本。

9.1　正書。

1.1　BD14309 號

1.3　藏文（無量壽宗要經乙本）

1.4　新 0509

2.1　141×32 厘米；3 紙；6 欄，欄 19 行，共 104 行；行約 45 字母。

2.2　01：47.0，2 欄；　02：47.0，2 欄；　03：47.0，2 欄。

2.3　卷軸裝。首尾均全。卷首、末邊有粘接痕。有界欄。

4.1　Rgya‑gar‑skad‑du'Apar=mita'ayur nama mahayana sutra。（梵語：無量壽要經）（首）。Bod_ skad_ du tshe dpag_ du_ myed_ pa zhes_ bya_ ba theg_ pa_ chen_ povi mdo。（藏語：無量壽宗要經）（首）。

4.2　Tshe dpag_ du_ myed_ pa zhes_ bya_ ba theg_ pa_ chen_ povi mdo。（無量壽宗要經）（尾）。

7.1　抄寫者：Lha‑lod.（拉魯）。初校：Dam‑vg=.（丹哥）；二校：Leng‑pevu.（朗表）；三校：dam‑vgi.（丹哥）。

8　8～9 世紀。吐蕃統治時期寫本。

9.1　正書。

10　卷末背下方紙簽寫"佛西一三九"，"8、567"。

1.1　BD14310 號 1

1.3　藏文（無量壽宗要經甲本）

1.4　新 0510

2.1　552×31 厘米；12 紙；24 欄，欄 20 行，共 468 行；行約 45 字母。

2.2　01：46.0，2 欄；　02：46.0，2 欄；　03：46.0，2 欄；
　　04：46.0，2 欄；　05：46.0，2 欄；　06：46.0，2 欄；
　　07：46.0，2 欄；　08：46.0，2 欄；　09：46.0，2 欄；
　　10：46.0，2 欄；　11：46.0，2 欄；　12：46.0，2 欄。

2.3　卷軸裝。首尾均全。卷末邊有黏接痕。首紙首欄有刮改處。有界欄。

2.4　本遺書包括 4 個文獻：（一）《無量壽宗要經》（甲本），118 行，今編為 BD14310 號 1。（二）《無量壽宗要經》（甲本），120 行，今編為 BD14310 號 2。（三）《無量壽宗要經》（甲本），112 行，今編為 BD14310 號 3。（四）《無量壽宗要經》（甲本），118 行，今編為 BD14310 號 4。

4.1　Rgya‑gar‑skad‑du'Apar=mita'ayur nama mahayana sutra。（梵語：無量壽要經）（首）。Bod_ skad_ du tshe dpag_ du_ myed_ pa zhes_ bya_ ba theg_ pa_ chen_ povi mdo。（藏語：無量壽宗要經）（首）。

4.2　Tshe dpag_ du_ myed_ pa zhes_ bya_ ba theg_ pa_ chen_ povi mdo。（無量壽宗要經）（尾）。

7.1　抄寫者：Snyal‑stag‑snyas.（聶達尼）。

8　8～9 世紀。吐蕃統治時期寫本。

9.1　正書。

10　卷末背上方小紙簽脫落，上寫"佛西七〇"，下方小紙簽寫"七〇"、"8，498"。"498"下有"499"被劃去，以下相同，數字可類推。

1.1　BD14310 號 2

1.3　藏文（無量壽宗要經甲本）

1.4　新 0510

2.4　本遺書由 4 個文獻組成，本文獻為第 2 個，120 行。餘參見 BD14310 號 1 之第 2 項。

4.1　Rgya‑gar‑skad‑du'Apar=mita'ayur nama mahayana sutra。（梵語：無量壽要經）（首）。Bod_ skad_ du tshe dpag_ du_ myed_ pa zhes_ bya_ ba theg_ pa_ chen_ povi mdo。（藏語：無量壽宗要經）（首）。

4.2　Tshe dpag_ du_ myed_ pa zhes_ bya_ ba theg_ pa_ chen_ povi mdo。（無量壽宗要經）（尾）。

7.1　抄寫者：Snyal‑stag‑snyas.（聶達尼）。

8　8～9 世紀。吐蕃統治時期寫本。

9.1　正書。

1.1　BD14310 號 3

1.3　藏文（無量壽宗要經甲本）

1.4　新 0510

2.4　本遺書由 4 個文獻組成，本文獻為第 3 個，112 行。餘參見 BD14310 號 1 之第 2 項。

4.1　Rgya‑gar‑skad‑du'Apar=mita'ayur nama mahayana sutra。（梵語：無量壽要經）（首）。Bod_ skad_ du tshe dpag_ du_ myed_ pa zhes_ bya_ ba theg_ pa_ chen_ povi mdo。（藏語：無量壽宗要經）（首）。

4.2　Tshe dpag_ du_ myed_ pa zhes_ bya_ ba theg_ pa_ chen_ povi mdo。（無量壽宗要經）（尾）。

7.1　抄寫者：Snyal‑stag‑snyas.（聶達尼）。

8　8～9 世紀。吐蕃統治時期寫本。

9.1　正書。

1.1　BD14310 號 4

1.3　藏文（無量壽宗要經甲本）

1.4　新 0510

2.4　本遺書由 4 個文獻組成，本文獻為第 4 個，118 行。餘參見 BD14310 號 1 之第 2 項。

4.2 Tshe dpag_ du_ myed_ pa zhes_ bya_ ba theg_ pa_ chen_ povi mdo。（無量壽宗要經）（尾）。

7.1 抄寫者：Vwang – rma – snang – bris.（王麻囊）。

8　8～9世紀。吐蕃統治時期寫本。

9.1　正書。

1.1　BD14307 號 7

1.3　藏文（無量壽宗要經甲本）

1.4　新 0507

2.4　本遺書由 10 個文獻組成，本文獻為第 7 個，113 行。餘參見 BD14307 號 1 之第 2 項。

4.1　Rgya – gar – skad – du'Apar = mita'ayur nama mahayana sutra。（梵語：無量壽宗要經）（首）。Bod_ skad_ du tshe dpag_ du_ myed_ pa zhes_ bya_ ba theg_ pa_ chen_ povi mdo。（藏語：無量壽宗要經）（首）。

4.2　Tshe dpag_ du_ myed_ pa zhes_ bya_ ba theg_ pa_ chen_ povi mdo。（無量壽宗要經）（尾）。

7.1　抄寫者：Vwang – rma – snang – bris.（王麻囊）。

8　8～9世紀。吐蕃統治時期寫本。

9.1　正書。

1.1　BD14307 號 8

1.3　藏文（無量壽宗要經甲本）

1.4　新 0507

2.4　本遺書由 10 個文獻組成，本文獻為第 8 個，111 行。餘參見 BD14307 號 1 之第 2 項。

4.1　Rgya – gar – skad – du'Apar = mita'ayur nama mahayana sutra。（梵語：無量壽宗要經）（首）。Bod_ skad_ du tshe dpag_ du_ myed_ pa zhes_ bya_ ba theg_ pa_ chen_ povi mdo。（藏語：無量壽宗要經）（首）。

4.2　Tshe dpag_ du_ myed_ pa zhes_ bya_ ba theg_ pa_ chen_ povi mdo。（無量壽宗要經）（尾）。

7.1　抄寫者：Vwang – rma – snang – bris.（王麻囊）。

7.3　卷末署名后雜寫：Na – mo – a – myi – ta – bnng。

8　8～9世紀。吐蕃統治時期寫本。

9.1　正書。

1.1　BD14307 號 9

1.3　藏文（無量壽宗要經甲本）

1.4　新 0507

2.4　本遺書由 10 個文獻組成，本文獻為第 9 個，113 行。餘參見 BD14307 號 1 之第 2 項。

4.1　Rgya – gar – skad – du'Apar = mita'ayur nama mahayana sutra。（梵語：無量壽宗要經）（首）。Bod_ skad_ du tshe dpag_ du_ myed_ pa zhes_ bya_ ba theg_ pa_ chen_ povi mdo。（藏語：無量壽宗要經）（首）。

4.2　Tshe dpag_ du_ myed_ pa zhes_ bya_ ba theg_ pa_ chen_ povi mdo。（無量壽宗要經）（尾）。

7.1　抄寫者：Vwang – rma – snang – bris.（王麻囊）。

8　8～9世紀。吐蕃統治時期寫本。

9.1　正書。

1.1　BD14307 號 10

1.3　藏文（無量壽宗要經甲本）

1.4　新 0507

2.4　本遺書由 10 個文獻組成，本文獻為第 10 個，111 行。餘參見 BD14307 號 1 之第 2 項。

4.1　Rgya – gar – skad – du'Apar = mita'ayur nama mahayana sutra。（梵語：無量壽宗要經）（首）。Bod_ skad_ du tshe dpag_ du_ myed_ pa zhes_ bya_ ba theg_ pa_ chen_ povi mdo。（藏語：無量壽宗要經）（首）。

4.2　Tshe dpag_ du_ myed_ pa zhes_ bya_ ba theg_ pa_ chen_ povi mdo。（無量壽宗要經）（尾）。

7.1　抄寫者：Vwang – rma – snang – bris.（王麻囊）。

8　8～9世紀。吐蕃統治時期寫本。

9.1　正書。

1.1　BD14308 號 1

1.3　藏文（無量壽宗要經甲本）

1.4　新 0508

2.1　276×30.5 厘米；6 紙；12 欄，欄 19 行，共 227 行；行約 45 字母。

2.2　01：46.0, 2 欄；　02：46.0, 2 欄；　03：46.0, 2 欄；　04：46.0, 2 欄；　05：46.0, 2 欄；　06：46.0, 2 欄。

2.3　卷軸裝。首尾均全。卷首、末邊有粘妥痕。有界欄。

2.4　本遺書包括 2 個文獻：（一）《無量壽宗要經》（甲本），113 行，今編為 BD14308 號 1。（二）《無量壽宗要經》（甲本），114 行，今編為 BD14308 號 2。

4.1　Rgya – gar – skad – du'Apar = mita'ayur nama mahayana sutra。（梵語：無量壽宗要經）（首）。Bod_ skad_ du tshe dpag_ du_ myed_ pa zhes_ bya_ ba theg_ pa_ chen_ povi mdo。（藏語：無量壽宗要經）（首）。

4.2　Tshe dpag_ du_ myed_ pa zhes_ bya_ ba theg_ pa_ chen_ povi mdo。（無量壽宗要經）（尾）。

7.1　抄寫者：Cang – sh = b – tig – btis.（蔣厚德）。

8　8～9世紀。吐蕃統治時期寫本。

9.1　正書。

10　卷首背上方小紙簽寫"佛西一三八"，下方紙簽寫"西一三八"、"8、566"。

1.1　BD14308 號 2

1.3　藏文（無量壽宗要經甲本）

1.4　新 0508

2.4　本遺書由 2 個文獻組成，本文獻為第 2 個，114 行。餘參見

2.3 卷軸裝。首尾均全。卷首、末邊有粘接痕。第七、八、九紙上邊稍有破損,第16紙下邊有破損。卷中多處有刮改痕。有界欄。

2.4 本遺書包括10個文獻:(一)《無量壽宗要經》(甲本),111行,今編為BD14307號1。(二)《無量壽宗要經》(甲本),110行,今編為BD14307號2。(三)《無量壽宗要經》(甲本),116行,今編為BD14307號3。(四)《無量壽宗要經》(甲本),112行,今編為BD14307號4。(五)《無量壽宗要經》(甲本),113行,今編為BD14307號5。(六)《無量壽宗要經》(甲本),115行,今編為BD14307號6。(七)《無量壽宗要經》(甲本),113行,今編為BD14307號7。(八)《無量壽宗要經》(甲本),111行,今編為BD14307號8。(九)《無量壽宗要經》(甲本),113行,今編為BD14307號9。(十)《無量壽宗要經》(甲本),111行,今編為BD14307號10。

4.1 Rgya‐gar‐skad‐du'Apar=mita'ayur nama mahayana sutra。(梵語:無量壽宗要經)(首)。Bod_ skad_ du tshe dpag_ du_ myed_ pa zhes_ bya_ ba theg_ pa_ chen_ povi mdo。(藏語:無量壽宗要經)(首)。

4.2 Tshe dpag_ du_ myed_ pa zhes_ bya_ ba theg_ pa_ chen_ povi mdo。(無量壽宗要經)(尾)。

7.1 抄寫者:Vwang‐rma‐snang‐bris.(王麻囊)。

8 8~9世紀。吐蕃統治時期寫本。

9.1 正書。

10 卷末背下方小紙籤寫"佛西一三七","8、564"。

1.1 BD14307號2
1.3 藏文(無量壽宗要經甲本)
1.4 新0507
2.4 本遺書由10個文獻組成,本文獻為第2個,110行。餘參見BD14307號1之第2項。
4.1 Rgya‐gar‐skad‐du'Apar=mita'ayur nama mahayana sutra。(梵語:無量壽宗要經)(首)。Bod_ skad_ du tshe dpag_ du_ myed_ pa zhes_ bya_ ba theg_ pa_ chen_ povi mdo。(藏語:無量壽宗要經)(首)。
4.2 Tshe dpag_ du_ myed_ pa zhes_ bya_ ba theg_ pa_ chen_ povi mdo。(無量壽宗要經)(尾)。
7.1 抄寫者:Vwang‐rma‐snang‐bris.(王麻囊)。
8 8~9世紀。吐蕃統治時期寫本。
9.1 正書。

1.1 BD14307號3
1.3 藏文(無量壽宗要經甲本)
1.4 新0507
2.4 本遺書由10個文獻組成,本文獻為第3個,116行。餘參見BD14307號1之第2項。
4.1 Rgya‐gar‐skad‐du'Apar=mita'ayur nama mahayana sutra。(梵語:無量壽宗要經)(首)。Bod_ skad_ du tshe dpag_ du_ myed_ pa zhes_ bya_ ba theg_ pa_ chen_ povi mdo。(藏語:無量壽宗要經)(首)。
4.2 Tshe dpag_ du_ myed_ pa zhes_ bya_ ba theg_ pa_ chen_ povi mdo。(無量壽宗要經)(尾)。
7.1 抄寫者:Vwang‐rma‐snang‐bris.(王麻囊)。
8 8~9世紀。吐蕃統治時期寫本。
9.1 正書。

1.1 BD14307號4
1.3 藏文(無量壽宗要經甲本)
1.4 新0507
2.4 本遺書由10個文獻組成,本文獻為第4個,112行。餘參見BD14307號1之第2項。
4.1 Rgya‐gar‐skad‐du'Apar=mita'ayur nama mahayana sutra。(梵語:無量壽宗要經)(首)。Bod_ skad_ du tshe dpag_ du_ myed_ pa zhes_ bya_ ba theg_ pa_ chen_ povi mdo。(藏語:無量壽宗要經)(首)。
4.2 Tshe dpag_ du_ myed_ pa zhes_ bya_ ba theg_ pa_ chen_ povi mdo。(無量壽宗要經)(尾)。
7.1 抄寫者:Vwang‐rma‐snang‐bris.(王麻囊)。
8 8~9世紀。吐蕃統治時期寫本。
9.1 正書。

1.1 BD14307號5
1.3 藏文(無量壽宗要經甲本)
1.4 新0507
2.4 本遺書由10個文獻組成,本文獻為第5個,113行。餘參見BD14307號1之第2項。
4.1 Rgya‐gar‐skad‐du'Apar=mita'ayur nama mahayana sutra。(梵語:無量壽宗要經)(首)。Bod_ skad_ du tshe dpag_ du_ myed_ pa zhes_ bya_ ba theg_ pa_ chen_ povi mdo。(藏語:無量壽宗要經)(首)。
4.2 Tshe dpag_ du_ myed_ pa zhes_ bya_ ba theg_ pa_ chen_ povi mdo。(無量壽宗要經)(尾)。
7.1 抄寫者:Vwang‐rma‐snang‐bris.(王麻囊)。
8 8~9世紀。吐蕃統治時期寫本。
9.1 正書。

1.1 BD14307號6
1.3 藏文(無量壽宗要經甲本)
1.4 新0507
2.4 本遺書由10個文獻組成,本文獻為第6個,115行。餘參見BD14307號1之第2項。
4.1 Rgya‐gar‐skad‐du'Apar=mita'ayur nama mahayana sutra。(梵語:無量壽宗要經)(首)。Bod_ skad_ du tshe dpag_ du_ myed_ pa zhes_ bya_ ba theg_ pa_ chen_ povi mdo。(藏語:無量壽宗要經)(首)。

1.1　BD14306 號 4
1.3　藏文（無量壽宗要經甲本）
1.4　新 0506
2.4　本遺書由 10 個文獻組成，本文獻為第 4 個，112 行。餘參見 BD14306 號 1 之第 2 項。
4.1　Tshe dpag_ du_ myed_ pa zhes_ bya_ ba theg_ pa_ chen_ povi mdo。（無量壽宗要經）（首）。
8　8~9 世紀。吐蕃統治時期寫本。
9.1　正書。

1.1　BD14306 號 5
1.3　藏文（無量壽宗要經甲本）
1.4　新 0506
2.4　本遺書由 10 個文獻組成，本文獻為第 5 個，112 行。餘參見 BD14306 號 1 之第 2 項。
4.1　Rgya – gar – skad – du'Apar = mita'ayur nama mahayana sutra。（梵語：無量壽宗要經）（首）。Bod_ skad_ du tshe dpag_ du _ myed_ pa zhes_ bya_ ba theg_ pa_ chen_ povi mdo。（藏語：無量壽宗要經）（首）。
4.2　Tshe dpag_ du_ myed_ pa zhes_ bya_ ba theg_ pa_ chen_ povi mdo。（無量壽宗要經）（尾）。
7.1　抄寫者：Khang – vgo – vgos – bris.（康哥哥）。
8　8~9 世紀。吐蕃統治時期寫本。
9.1　正書。

1.1　BD14306 號 6
1.3　藏文（無量壽宗要經甲本）
1.4　新 0506
2.4　本遺書由 10 個文獻組成，本文獻為第 6 個，113 行。餘參見 BD14306 號 1 之第 2 項。
4.1　Tshe dpag_ du_ myed_ pa zhes_ bya_ ba theg_ pa_ chen_ povi mdo。（無量壽宗要經）（首）。
8　8~9 世紀。吐蕃統治時期寫本。
9.1　正書。

1.1　BD14306 號 7
1.3　藏文（無量壽宗要經甲本）
1.4　新 0506
2.4　本遺書由 10 個文獻組成，本文獻為第 7 個，114 行。餘參見 BD14306 號 1 之第 2 項。
4.1　Tshe dpag_ du_ myed_ pa zhes_ bya_ ba theg_ pa_ chen_ povi mdo。（無量壽宗要經）（首）。
7.1　抄寫者：Khang – vgo – vgos – bris.（康哥哥）。
8　8~9 世紀。吐蕃統治時期寫本。
9.1　正書。

1.1　BD14306 號 8
1.3　藏文（無量壽宗要經甲本）
1.4　新 0506
2.4　本遺書由 10 個文獻組成，本文獻為第 8 個，114 行。餘參見 BD14306 號 1 之第 2 項。
4.1　Tshe dpag_ du_ myed_ pa zhes_ bya_ ba theg_ pa_ chen_ povi mdo。（無量壽宗要經）（首）。
7.1　抄寫者：Khang – vgo – vgos – bris.（康哥哥）。
8　8~9 世紀。吐蕃統治時期寫本。
9.1　正書。

1.1　BD14306 號 9
1.3　藏文（無量壽宗要經甲本）
1.4　新 0506
2.4　本遺書由 10 個文獻組成，本文獻為第 9 個，117 行。餘參見 BD14306 號 1 之第 2 項。
4.1　Tshe dpag_ du_ myed_ pa zhes_ bya_ ba theg_ pa_ chen_ povi mdo。（無量壽宗要經）（首）。
7.1　抄寫者：Khang – vgo – vgos – bris.（康哥哥）。
8　8~9 世紀。吐蕃統治時期寫本。
9.1　正書。

1.1　BD14306 號 10
1.3　藏文（無量壽宗要經甲本）
1.4　新 0506
2.4　本遺書由 10 個文獻組成，本文獻為第 10 個，115 行。餘參見 BD14306 號 1 之第 2 項。
4.1　Tshe dpag_ du_ myed_ pa zhes_ bya_ ba theg_ pa_ chen_ povi mdo。（無量壽宗要經）（首）。
7.1　抄寫者：Khang – vgo – vgos – bris.（康哥哥）。
8　8~9 世紀。吐蕃統治時期寫本。
9.1　正書。

1.1　BD14307 號 1
1.3　藏文（無量壽宗要經甲本）
1.4　新 0507
2.1　1290×31 厘米；30 紙；60 欄，欄 19 行，共 1125 行；行約 45 字母。
2.2　01：43.0，2 欄；　02：43.0，2 欄；　03：43.0，2 欄；04：43.0，2 欄；　05：43.0，2 欄；　06：43.0，2 欄；07：43.0，2 欄；　08：43.0，2 欄；　09：43.0，2 欄；10：43.0，2 欄；　11：43.0，2 欄；　12：43.0，2 欄；13：43.0，2 欄；　14：43.0，2 欄；　15：43.0，2 欄；16：43.0，2 欄；　17：43.0，2 欄；　18：43.0，2 欄；19：43.0，2 欄；　20：43.0，2 欄；　21：43.0，2 欄；22：43.0，2 欄；　23：43.0，2 欄；　24：43.0，2 欄；25：43.0，2 欄；　26：43.0，2 欄；　27：43.0，2 欄；28：43.0，2 欄；　29：43.0，2 欄；　30：43.0，2 欄。

2.3　卷軸裝。首尾均全。卷首、末邊有粘接痕。第3紙上邊稍有破損。有界欄。

4.1　Rgya‐gar‐skad‐du'Apar＝mita'ayur nama mahayana sutra。（梵語：無量壽宗要經）（首）。Bod_ skad_ du tshe dpag_ du_ myed_ pa zhes_ bya_ ba theg_ pa_ chen_ povi mdo。（藏語：無量壽宗要經）（首）。

4.2　Tshe dpag_ du_ myed_ pa zhes_ bya_ ba theg_ pa_ chen_ povi mdo。（無量壽宗要經）（尾）。

7.1　抄寫者：Snyal‐stag‐snyas.（聶達尼）。

8　8～9世紀。吐蕃統治時期寫本。

9.1　正書。較工整（後半較潦草）。

10　卷末背上方紙簽寫"佛西一三四"、下方寫"西一三四"、"8、562"。

1.1　BD14305號

1.3　藏文（無量壽宗要經甲本）

1.4　新0505

2.1　315×31厘米；3紙；6欄，欄19行，共126行；行約50字母。

2.2　01：45.0，2欄；　02：45.0，2欄；　03：45.0，2欄。

2.3　卷軸裝。首尾均全。卷首、末邊有粘接痕。有加行，末欄31行。有界欄。

4.1　Rgya‐gar‐skad‐du'Apar＝mita'ayur nama mahayana sutra。（梵語：無量壽宗要經）（首）。Bod_ skad_ du tshe dpag_ du_ myed_ pa zhes_ bya_ ba theg_ pa_ chen_ povi mdo。（藏語：無量壽宗要經）（首）。

4.2　Tshe dpag_ du_ myed_ pa zhes_ bya_ ba theg_ pa_ chen_ povi mdo。（無量壽宗要經）（尾）。

7.1　抄寫者：Se‐thong‐pa.（思通巴）。

8　8～9世紀。吐蕃統治時期寫本。

9.1　正書。

10　卷首背上方小紙簽寫"佛西一三五"、下方寫"西一三五"、"8、563"。

1.1　BD14306號1

1.3　藏文（無量壽宗要經甲本）

1.4　新0506

2.1　1290×31厘米；30紙；60欄，欄19行，共1135行；行約45字母。

2.2　01：43.0，2欄；　02：43.0，2欄；　03：43.0，2欄；
04：43.0，2欄；　05：43.0，2欄；　06：43.0，2欄；
07：43.0，2欄；　08：43.0，2欄；　09：43.0，2欄；
10：43.0，2欄；　11：43.0，2欄；　12：43.0，2欄；
13：43.0，2欄；　14：43.0，2欄；　15：43.0，2欄；
16：43.0，2欄；　17：43.0，2欄；　18：43.0，2欄；
19：43.0，2欄；　20：43.0，2欄；　21：43.0，2欄；
22：43.0，2欄；　23：43.0，2欄；　24：43.0，2欄；
25：43.0，2欄；　26：43.0，2欄；　27：43.0，2欄；
28：43.0，2欄；　29：43.0，2欄；　30：43.0，2欄。

2.3　卷軸裝。首尾均全。卷首、末邊有粘接痕，有刮改處，首紙上部有黏貼補，九欄中有撕裂縫，接口開膠較多。有界欄。

2.4　本遺書包括10個文獻：（一）《無量壽宗要經》（甲本），113行，今編為BD14306號1。（二）《無量壽宗要經》（甲本），113行，今編為BD14306號2。（三）《無量壽宗要經》（甲本），112行，今編為BD14306號3。（四）《無量壽宗要經》（甲本），112行，今編為BD14306號4。（五）《無量壽宗要經》（甲本），112行，今編為BD14306號5。（六）《無量壽宗要經》（甲本），113行，今編為BD14306號6。（七）《無量壽宗要經》（甲本），114行，今編為BD14306號7。（八）《無量壽宗要經》（甲本），114行，今編為BD14306號8。（九）《無量壽宗要經》（甲本），117行，今編為BD14306號9。（十）《無量壽宗要經》（甲本），115行，今編為BD14306號10。

4.1　Rgya‐gar‐skad‐du'Apar＝mita'ayur nama mahayana sutra。（梵語：無量壽宗要經）（首）。Bod_ skad_ du tshe dpag_ du_ myed_ pa zhes_ bya_ ba theg_ pa_ chen_ povi mdo。（藏語：無量壽宗要經）（首）。

4.2　Tshe dpag_ du_ myed_ pa zhes_ bya_ ba theg_ pa_ chen_ povi mdo。（無量壽宗要經）（尾）。

7.1　抄寫者：Khang‐vgo‐vgos‐bris.（康哥哥）。

8　8～9世紀。吐蕃統治時期寫本。

9.1　正書。

10　卷末背上方小紙簽寫"佛西一三六"、下方寫"西一三六"、"8、564"。卷末背另有印章，長方形紫紅色，印中寫"圖書臺帳登錄番號（中間有橫道）787"。

1.1　BD14306號2

1.3　藏文（無量壽宗要經甲本）

1.4　新0506

2.4　本遺書由10個文獻組成，本文獻為第2個，113行。餘參見BD14306號1之第2項。

4.1　Tshe dpag_ du_ myed_ pa zhes_ bya_ ba theg_ pa_ chen_ povi mdo。（無量壽宗要經）（首）。

8　8～9世紀。吐蕃統治時期寫本。

9.1　正書。

1.1　BD14306號3

1.3　藏文（無量壽宗要經甲本）

1.4　新0506

2.4　本遺書由10個文獻組成，本文獻為第3個，112行。餘參見BD14306號2之第2項。

4.1　Tshe dpag_ du_ myed_ pa zhes_ bya_ ba theg_ pa_ chen_ povi mdo。（無量壽宗要經）（首）。

8　8～9世紀。吐蕃統治時期寫本。

9.1　正書。

9.1 正書。
9.2 有涂刮痕。

1.1 BD14300 號 3
1.3 藏文（無量壽宗要經甲本）
1.4 新 0500
2.4 本遺書由 4 個文獻組成，本文獻為第 3 個，114 行。餘參見 BD14300 號 1 之第 2 項。
4.1 Rgya‐gar‐skad‐du'Apar=mita'ayur nama mahayana sutra。（梵語：無量壽宗要經）（首）。Bod_ skad_ du tshe dpag_ du_ myed_ pa zhes_ bya_ ba theg_ pa_ chen_ povi mdo。（藏語：無量壽宗要經）（首）。
4.2 Tshe dpag_ du_ myed_ pa zhes_ bya_ ba theg_ pa_ chen_ povi mdo。（無量壽宗要經）（尾）。
8 8～9 世紀。吐蕃統治時期寫本。
9.1 正書。

1.1 BD14300 號 4
1.3 藏文（無量壽宗要經甲本）
1.4 新 0500
2.4 本遺書由 4 個文獻組成，本文獻為第 4 個，106 行。餘參見 BD14300 號 1 之第 2 項。
4.1 Rgya‐gar‐skad‐du'Apar=mita'ayur nama mahayana sutra。（梵語：無量壽宗要經）（首）。Bod_ skad_ du tshe dpag_ du_ myed_ pa zhes_ bya_ ba theg_ pa_ chen_ povi mdo。（藏語：無量壽宗要經）（首）。
4.2 Tshe dpag_ du_ myed_ pa zhes_ bya_ ba theg_ pa_ chen_ povi mdo。（無量壽宗要經）（尾）。
8 8～9 世紀。吐蕃統治時期寫本。
9.1 正書。

1.1 BD14301 號
1.3 藏文（無量壽宗要經甲本）
1.4 新 0501
2.1 315×31 厘米；3 紙；6 欄，欄 19 行，共 104 行；行約 45 字母。
2.2 01：45.0，2 欄； 02：45.0，2 欄； 03：45.0，2 欄。
2.3 卷軸裝。首尾均全。卷首、末邊有粘接痕。有界欄。
4.1 Rgya‐gar‐skad‐du'Apar=mita'ayur nama mahayana sutra。（梵語：無量壽宗要經）（首）。Bod_ skad_ du tshe dpag_ du_ myed_ pa zhes_ bya_ ba theg_ pa_ chen_ povi mdo。（藏語：無量壽宗要經）（首）。
4.2 Tshe dpag_ du_ myed_ pa zhes_ bya_ ba theg_ pa_ chen_ povi mdo。（無量壽宗要經）（尾）。
7.1 抄寫者：L=‐stag‐snang.（李達曩）。
8 8～9 世紀。吐蕃統治時期寫本。
9.1 正書。

10 卷末背上方紙簽寫"佛西一三一"、下方寫"西一三一"、"8、559"。

1.1 BD14302 號
1.3 藏文（無量壽宗要經甲本）
1.4 新 0502
2.1 315×31 厘米；3 紙；6 欄，欄 20 行，共 116 行；行約 60 字母。
2.2 01：45.0，2 欄； 02：45.0，2 欄； 03：45.0，2 欄。
2.3 卷軸裝。首尾均全。卷首、末邊有粘接痕。有界欄。
4.1 Rgya‐gar‐skad‐du'Apar=mita'ayur nama mahayana sutra。（梵語：無量壽宗要經）（首）。Bod_ skad_ du tshe dpag_ du_ myed_ pa zhes_ bya_ ba theg_ pa_ chen_ povi mdo。（藏語：無量壽宗要經）（首）。
4.2 Tshe dpag_ du_ myed_ pa zhes_ bya_ ba theg_ pa_ chen_ povi mdo。（無量壽宗要經）（尾）。
7.1 抄寫者：Se‐thong‐pa.（思通巴）。
8 8～9 世紀。吐蕃統治時期寫本。
9.1 首欄正書，其餘有草書意。
10 卷首背上方紙簽寫"佛西一三二"、下方寫"西一三二"、"8、560"。

1.1 BD14303 號
1.3 藏文（無量壽宗要經甲本）
1.4 新 0503
2.1 315×31 厘米；3 紙；6 欄，欄 19 行，共 112 行；行約 45 字母。
2.2 01：45.0，2 欄； 02：45.0，2 欄； 03：45.0，2 欄。
2.3 卷軸裝。首尾均全。卷首、末邊有粘接痕。有界欄。
4.1 Rgya‐gar‐skad‐du'Apar=mita'ayur nama mahayana sutra。（梵語：無量壽宗要經）（首）。Bod_ skad_ du tshe dpag_ du_ myed_ pa zhes_ bya_ ba theg_ pa_ chen_ povi mdo。（藏語：無量壽宗要經）（首）。
4.2 Tshe dpag_ du_ myed_ pa zhes_ bya_ ba theg_ pa_ chen_ povi mdo。（無量壽宗要經）（尾）。
7.1 抄寫者：Stag‐lod.（達羅）。
8 8～9 世紀。吐蕃統治時期寫本。
9.1 正書。
10 卷首背上方紙簽寫"佛西一三三"、下方寫"西一三三"、"8、561"。

1.1 BD14304 號
1.3 藏文（無量壽宗要經甲本）
1.4 新 0504
2.1 315×31 厘米；3 紙；6 欄，欄 19 行，共 109 行；行約 45 字母。
2.2 01：45.0，2 欄； 02：45.0，2 欄； 03：45.0，2 欄。

2.1　135×31厘米；3紙；6欄，欄19行，共107行；行約50字母。
2.2　01：45.0，2欄；　02：45.0，2欄；　03：45.0，2欄。
2.3　卷軸裝。首尾均全。卷首、末邊有粘接痕。有界欄。
4.1　Rgya‐gar‐skad‐du'Apar=mita'ayur nama mahayana sutra。（梵語：無量壽宗要經）（首）。Bod_ skad_ du tshe dpag_ du_ myed_ pa zhes_ bya_ ba theg_ pa_ chen_ povi mdo。（藏語：無量壽宗要經）（首）。
4.2　Tshe dpag_ du_ myed_ pa zhes_ bya_ ba theg_ pa_ chen_ povi mdo。（無量壽宗要經）（尾）。
7.1　抄寫者：Lu‐tshe‐hing.（魯才興）。
8　　8~9世紀。吐蕃統治時期寫本。
9.1　正書。
10　　卷尾背上方小紙簽寫"佛西一二七"，下方寫"西一二七"、"8、555"。

1.1　BD14298號
1.3　藏文（無量壽宗要經甲本）
1.4　新0498
2.1　144×31厘米；3紙；6欄，欄20行，共114行；行約45字母。
2.2　01：48.0，2欄；　02：48.0，2欄；　03：48.0，2欄。
2.3　卷軸裝。首尾均全。卷首、末邊有粘接痕。有界欄。
4.1　Rgya‐gar‐skad‐du'Apar=mita'ayur nama mahayana sutra。（梵語：無量壽宗要經）（首）。Bod_ skad_ du tshe dpag_ du_ myed_ pa zhes_ bya_ ba theg_ pa_ chen_ povi mdo。（藏語：無量壽宗要經）（首）。
4.2　Tshe dpag_ du_ myed_ pa zhes_ bya_ ba theg_ pa_ chen_ povi mdo。（無量壽宗要經）（尾）。
7.3　首欄背雜寫：Nes‐rab.
8　　8~9世紀。吐蕃統治時期寫本。
9.1　正書。
10　　卷首背上方小紙簽寫"佛西一二八"、下方寫"西一二八"、"8、556"。

1.1　BD14299號
1.3　藏文（無量壽宗要經甲本）
1.4　新0499
2.1　126×31厘米；3紙；6欄，欄19行，共112行；行約45字母。
2.2　01：42.0，2欄；　02：42.0，2欄；　03：42.0，2欄。
2.3　卷軸裝。首尾均全。卷首、末邊有粘接痕。有界欄。
4.1　Rgya‐gar‐skad‐du'Apar=mita'ayur nama mahayana sutra。（梵語：無量壽宗要經）（首）。Bod_ skad_ du tshe dpag_ du_ myed_ pa zhes_ bya_ ba theg_ pa_ chen_ povi mdo。（藏語：無量壽宗要經）（首）。
4.2　Tshe dpag_ du_ myed_ pa zhes_ bya_ ba theg_ pa_ chen_ povi mdo。（無量壽宗要經）（尾）。
7.1　抄寫者：Se‐thong‐pa.（思通巴）。
8　　8~9世紀。吐蕃統治時期寫本。
9.1　正書。
10　　卷末背上方紙簽寫"佛西一二九"、下方寫"西一二九"、"8、557"。

1.1　BD14300號1
1.3　藏文（無量壽宗要經甲本）
1.4　新0500
2.1　516×31厘米；12紙；24欄，欄19行，共451行；行約45字母。
2.2　01：43.0，2欄；　02：43.0，2欄；　03：43.0，2欄；
　　04：43.0，2欄；　05：43.0，2欄；　06：43.0，2欄；
　　07：43.0，2欄；　08：43.0，2欄；　09：43.0，2欄；
　　10：43.0，2欄；　11：43.0，2欄；　12：43.0，2欄。
2.3　卷軸裝。首尾均全。卷首、末邊有粘接痕。第9紙中有小破洞，末紙上邊有破損。有界欄。
2.4　本遺書包括4個文獻：（一）《無量壽宗要經》（甲本），113行，今編為BD14300號1。（二）《無量壽宗要經》（甲本），108行，今編為BD14300號2。（三）《無量壽宗要經》（甲本），114行，今編為BD14300號3。（四）《無量壽宗要經》（甲本），106行，今編為BD14300號4。
4.1　Rgya‐gar‐skad‐du'Apar=mita'ayur nama mahayana sutra。（梵語：無量壽宗要經）（首）。Bod_ skad_ du tshe dpag_ du_ myed_ pa zhes_ bya_ ba theg_ pa_ chen_ povi mdo。（藏語：無量壽宗要經）（首）。
4.2　Tshe dpag_ du_ myed_ pa zhes_ bya_ ba theg_ pa_ chen_ povi mdo。（無量壽宗要經）（尾）。
8　　8~9世紀。吐蕃統治時期寫本。
9.1　正書。
9.2　有塗刮痕。
10　　卷首背上方紙簽寫"佛西一三〇"、下方寫"西一三〇"、"8、558"

1.1　BD14300號2
1.3　藏文（無量壽宗要經甲本）
1.4　新0500
2.4　本遺書由4個文獻組成，本文獻為第2個，108行。餘參見BD14300號1之第2項。
4.1　Rgya‐gar‐skad‐du'Apar=mita'ayur nama mahayana sutra。（梵語：無量壽宗要經）（首）。Bod_ skad_ du tshe dpag_ du_ myed_ pa zhes_ bya_ ba theg_ pa_ chen_ povi mdo。（藏語：無量壽宗要經）（首）。
4.2　Tshe dpag_ du_ myed_ pa zhes_ bya_ ba theg_ pa_ chen_ povi mdo。（無量壽宗要經）（尾）。
8　　8~9世紀。吐蕃統治時期寫本。

1.1　BD14296 號 1
1.3　藏文（無量壽宗要經甲本）
1.4　新 0496
2.1　675×31 厘米；15 紙；30 欄，欄 19 行，共 536 行；行 45 字母。
2.2　01：45.0，2 欄；　02：45.0，2 欄；　03：45.0，2 欄；
　　 04：45.0，2 欄；　05：45.0，2 欄；　06：45.0，2 欄；
　　 07：45.0，2 欄；　08：45.0，2 欄；　09：45.0，2 欄；
　　 10：45.0，2 欄；　11：45.0，2 欄；　12：45.0，2 欄；
　　 13：45.0，2 欄；　14：45.0，2 欄；　15：45.0，2 欄。
2.3　卷軸裝。首尾均全。卷首、末邊有粘接痕。有界欄。
2.4　本遺書包括 5 個文獻：（一）《無量壽宗要經》（甲本），107 行，今編為 BD14296 號 1。（二）《無量壽宗要經》（甲本），107 行，今編為 BD14296 號 2。（三）《無量壽宗要經》（甲本），107 行，今編為 BD14296 號 3。（四）《無量壽宗要經》（甲本），107 行，今編為 BD14296 號 4。（五）《無量壽宗要經》（甲本），108 行，今編為 BD14296 號 5。
4.1　Rgya‐gar‐skad‐du'Apar=mita'ayur nama mahayana sutra。（梵語：無量壽宗要經）（首）。Bod_ skad_ du tshe dpag_ du_ myed_ pa zhes_ bya_ ba theg_ pa_ chen_ povi mdo。（藏語：無量壽宗要經）（首）。
4.2　Tshe dpag_ du_ myed_ pa zhes_ bya_ ba theg_ pa_ chen_ povi mdo。（無量壽宗要經）（尾）。
7.1　抄寫者：Gzang‐lha‐stos.（桑拉堆）。
8　　8～9 世紀。吐蕃統治時期寫本。
9.1　正書。
10　　卷尾背上方小紙簽寫"佛西一二六"、下方小紙簽寫"西一二六"、"8、554"。另有稍大紙簽寫："（縣府）166、（品名：金）西藏經"。左邊鉛印"宗教博覽會"字樣。括號中的字為鉛印字。

1.1　BD14296 號 2
1.3　藏文（無量壽宗要經甲本）
1.4　新 0496
2.4　本遺書由 5 個文獻組成，本文獻為第 2 個，107 行。餘參見 BD14296 號 1 之第 2 項。
4.1　Rgya‐gar‐skad‐du'Apar=mita'ayur nama mahayana sutra。（梵語：無量壽宗要經）（首）。Bod_ skad_ du tshe dpag_ du_ myed_ pa zhes_ bya_ ba theg_ pa_ chen_ povi mdo。（藏語：無量壽宗要經）（首）。
4.2　Tshe dpag_ du_ myed_ pa zhes_ bya_ ba theg_ pa_ chen_ povi mdo。（無量壽宗要經）（尾）。
7.1　抄寫者：Gzang‐lha‐stos.（桑拉堆）。
8　　8～9 世紀。吐蕃統治時期寫本。
9.1　正書。

1.1　BD14296 號 3
1.3　藏文（無量壽宗要經甲本）
1.4　新 0496
2.4　本遺書由 5 個文獻組成，本文獻為第 3 個，107 行。餘參見 BD14296 號 1 之第 2 項。
4.1　Rgya‐gar‐skad‐du'Apar=mita'ayur nama mahayana sutra。（梵語：無量壽宗要經）（首）。Bod_ skad_ du tshe dpag_ du_ myed_ pa zhes_ bya_ ba theg_ pa_ chen_ povi mdo。（藏語：無量壽宗要經）（首）。
4.2　Tshe dpag_ du_ myed_ pa zhes_ bya_ ba theg_ pa_ chen_ povi mdo。（無量壽宗要經）（尾）。
7.1　抄寫者：Gzang‐lha‐stos.（桑拉堆）。
8　　8～9 世紀。吐蕃統治時期寫本。
9.1　正書。

1.1　BD14296 號 4
1.3　藏文（無量壽宗要經甲本）
1.4　新 0496
2.4　本遺書由 5 個文獻組成，本文獻為第 4 個，107 行。餘參見 BD14296 號 1 之第 2 項。
4.1　Rgya‐gar‐skad‐du'Apar=mita'ayur nama mahayana sutra。（梵語：無量壽宗要經）（首）。Bod_ skad_ du tshe dpag_ du_ myed_ pa zhes_ bya_ ba theg_ pa_ chen_ povi mdo。（藏語：無量壽宗要經）（首）。
4.2　Tshe dpag_ du_ myed_ pa zhes_ bya_ ba theg_ pa_ chen_ povi mdo。（無量壽宗要經）（尾）。
7.1　抄寫者：Gzang‐lha‐stos.（桑拉堆）。
8　　8～9 世紀。吐蕃統治時期寫本。
9.1　正書。

1.1　BD14296 號 5
1.3　藏文（無量壽宗要經甲本）
1.4　新 0496
2.4　本遺書由 5 個文獻組成，本文獻為第 5 個，108 行。餘參見 BD14296 號 1 之第 2 項。
4.1　Rgya‐gar‐skad‐du'Apar=mita'ayur nama mahayana sutra。（梵語：無量壽宗要經）（首）。Bod_ skad_ du tshe dpag_ du_ myed_ pa zhes_ bya_ ba theg_ pa_ chen_ povi mdo。（藏語：無量壽宗要經）（首）。
4.2　Tshe dpag_ du_ myed_ pa zhes_ bya_ ba theg_ pa_ chen_ povi mdo。（無量壽宗要經）（尾）。
7.1　抄寫者：Gzang‐lha‐stos.（桑拉堆）。
8　　8～9 世紀。吐蕃統治時期寫本。
9.1　正書。

1.1　BD14297 號
1.3　藏文（無量壽宗要經甲本）
1.4　新 0497

1.3 藏文（無量壽宗要經甲本）
1.4 新0493
2.1 135×31厘米；3紙；6欄，欄19行，共110行；行約45字母。
2.2 01：44.0，2欄； 02：44.0，2欄； 03：44.0，2欄。
2.3 卷軸裝。首尾均全。卷首、末有粘接痕。有界欄。
4.1 Rgya-gar-skad-du'Apar=mita'ayur nama mahayana sutra。（梵語：無量壽宗要經）（首）。Bod_ skad_ du tshe dpag_ du_ myed_ pa zhes_ bya_ ba theg_ pa_ chen_ povi mdo。（藏語：無量壽宗要經）（首）。
4.2 Tshe dpag_ du_ myed_ pa zhes_ bya_ ba theg_ pa_ chen_ povi mdo。（無量壽宗要經）（尾）。
8 8~9世紀。吐蕃統治時期寫本。
9.1 正書。
10 卷首背上方紙簽上寫"佛西一二三"，下方紙簽寫"西一二三"、"8，551"。另有稍大白紙簽，上有鉛印字欄。寫："（縣府）166、（第）3（號）（品名：金）西藏經，（出品者氏名）大谷光瑞"。左邊印有"宗教博覽會"字樣。括號中的字為鉛印字。

1.1 BD14294號1
1.3 藏文（無量壽宗要經甲本）
1.4 新0494
2.1 405×31厘米；9紙；18欄，欄9行，共328行；行約45字母。
2.2 01：45.0，2欄； 02：45.0，2欄； 03：45.0，2欄；
 04：45.0，2欄； 05：45.0，2欄； 06：45.0，2欄；
 07：45.0，2欄； 08：45.0，2欄； 09：45.0，2欄。
2.3 卷軸裝。首尾均全。卷首、末邊有粘接痕。有界欄。
2.4 本遺書包括3個文獻：（一）《無量壽宗要經》（甲本），110行，今編為BD14294號1。（二）《無量壽宗要經》（甲本），109行，今編為BD14294號2。（三）《無量壽宗要經》（甲本），109行，今編為BD14294號3。
4.1 Rgya-gar-skad-du'Apar=mita'ayur nama mahayana sutra。（梵語：無量壽宗要經）（首）。Bod_ skad_ du tshe dpag_ du_ myed_ pa zhes_ bya_ ba theg_ pa_ chen_ povi mdo。（藏語：無量壽宗要經）（首）。
4.2 Tshe dpag_ du_ myed_ pa zhes_ bya_ ba theg_ pa_ chen_ povi mdo。（無量壽宗要經）（尾）。
7.1 抄寫者：Vgo-gyu-len.（郭吉利）。
8 8~9世紀。吐蕃統治時期寫本。
9.1 正書。
10 卷首背上方小紙簽寫"佛西一二四"，下方小紙簽寫"西一二四"、"8"、"552"。

1.1 BD14294號2
1.3 藏文（無量壽宗要經甲本）
1.4 新0494
2.4 本遺書由3個文獻組成，本文獻為第2個，109行。餘參見BD14294號1之第2項。
4.1 Rgya-gar-skad-du'Apar=mita'ayur nama mahayana sutra。（梵語：無量壽宗要經）（首）。Bod_ skad_ du tshe dpag_ du_ myed_ pa zhes_ bya_ ba theg_ pa_ chen_ povi mdo。（藏語：無量壽宗要經）（首）。
4.2 Tshe dpag_ du_ myed_ pa zhes_ bya_ ba theg_ pa_ chen_ povi mdo。（無量壽宗要經）（尾）。
7.1 抄寫者：Vgo-gyu-len.（郭吉利）。
8 8~9世紀。吐蕃統治時期寫本。
9.1 正書。

1.1 BD14294號3
1.3 藏文（無量壽宗要經甲本）
1.4 新0494
2.4 本遺書由3個文獻組成，本文獻為第3個，109行。餘參見BD14294號1之第2項。
4.1 Rgya-gar-skad-du'Apar=mita'ayur nama mahayana sutra。（梵語：無量壽宗要經）（首）。Bod_ skad_ du tshe dpag_ du_ myed_ pa zhes_ bya_ ba theg_ pa_ chen_ povi mdo。（藏語：無量壽宗要經）（首）。
4.2 Tshe dpag_ du_ myed_ pa zhes_ bya_ ba theg_ pa_ chen_ povi mdo。（無量壽宗要經）（尾）。
7.1 抄寫者：Vgo-gyu-len.（郭吉利）。
8 8~9世紀。吐蕃統治時期寫本。
9.1 正書。

1.1 BD14295號
1.3 藏文（無量壽宗要經甲本）
1.4 新0495
2.1 132×31厘米；3紙；6欄，欄19行，共122行；行約45字母。
2.2 01：43.0，2欄； 02：43.0，2欄； 03：43.0，2欄。
2.3 卷軸裝。首尾均全。第3紙首欄22行、二欄27行，卷首、末邊有粘接痕。有界欄。
4.1 Rgya-gar-skad-du'Apar=mita'ayur nama mahayana sutra。（梵語：無量壽宗要經）（首）。Bod_ skad_ du tshe dpag_ du_ myed_ pa zhes_ bya_ ba theg_ pa_ chen_ povi mdo。（藏語：無量壽宗要經）（首）。
4.2 Tshe dpag_ du_ myed_ pa zhes_ bya_ ba theg_ pa_ chen_ povi mdo。（無量壽宗要經）（尾）。
7.1 抄寫者：Se-thong-pa.（思通巴）。
8 8~9世紀。吐蕃統治時期寫本。
9.1 正書。
10 卷尾背下方小紙簽寫"西佛一二五"、"8、553"。

2.4 本遺書由6個文獻組成，本文獻為第2個，109行。餘參見BD14291號1之第2項。
4.1 Rgya‐gar‐skad‐du'Apar＝mita'ayur nama mahayana sutra。（梵語：無量壽宗要經）（首）。Bod_ skad_ du tshe dpag_ du_ myed_ pa zhes_ bya_ ba theg_ pa_ chen_ povi mdo。（藏語：無量壽宗要經）（首）。
4.2 Tshe dpag_ du_ myed_ pa zhes_ bya_ ba theg_ pa_ chen_ povi mdo。（無量壽宗要經）（尾）。
7.1 抄寫者：Bang‐stag‐rma.（邦達瑪）。
8 8～9世紀。吐蕃統治時期寫本。
9.1 正書。

1.1 BD14291號3
1.3 藏文（無量壽宗要經甲本）
1.4 新0491
2.4 本遺書由6個文獻組成，本文獻為第3個，109行。餘參見BD14291號1之第2項。
4.1 Rgya‐gar‐skad‐du'Apar＝mita'ayur nama mahayana sutra。（梵語：無量壽宗要經）（首）。Bod_ skad_ du tshe dpag_ du_ myed_ pa zhes_ bya_ ba theg_ pa_ chen_ povi mdo。（藏語：無量壽宗要經）（首）。
4.2 Tshe dpag_ du_ myed_ pa zhes_ bya_ ba theg_ pa_ chen_ povi mdo。（無量壽宗要經）（尾）。
7.1 抄寫者：Bang‐stag‐rma.（邦達瑪）。
8 8～9世紀。吐蕃統治時期寫本。
9.1 正書。

1.1 BD14291號4
1.3 藏文（無量壽宗要經甲本）
1.4 新0491
2.4 本遺書由6個文獻組成，本文獻為第4個，108行。餘參見BD14291號1之第2項。
4.1 Rgya‐gar‐skad‐du'Apar＝mita'ayur nama mahayana sutra。（梵語：無量壽宗要經）（首）。Bod_ skad_ du tshe dpag_ du_ myed_ pa zhes_ bya_ ba theg_ pa_ chen_ povi mdo。（藏語：無量壽宗要經）（首）。
4.2 Tshe dpag_ du_ myed_ pa zhes_ bya_ ba theg_ pa_ chen_ povi mdo。（無量壽宗要經）（尾）。
7.1 抄寫者：Bang‐stag‐rma.（邦達瑪）。
8 8～9世紀。吐蕃統治時期寫本。
9.1 正書。

1.1 BD14291號5
1.3 藏文（無量壽宗要經甲本）
1.4 新0491
2.4 本遺書由6個文獻組成，本文獻為第5個，110行。餘參見BD14291號1之第2項。

4.1 Rgya‐gar‐skad‐du'Apar＝mita'ayur nama mahayana sutra。（梵語：無量壽宗要經）（首）。Bod_ skad_ du tshe dpag_ du_ myed_ pa zhes_ bya_ ba theg_ pa_ chen_ povi mdo。（藏語：無量壽宗要經）（首）。
4.2 Tshe dpag_ du_ myed_ pa zhes_ bya_ ba theg_ pa_ chen_ povi mdo。（無量壽宗要經）（尾）。
7.1 抄寫者：Bang‐stag‐rma.（邦達瑪）。
8 8～9世紀。吐蕃統治時期寫本。
9.1 正書。

1.1 BD14291號6
1.3 藏文（無量壽宗要經甲本）
1.4 新0491
2.4 本遺書由6個文獻組成，本文獻為第6個，110行。餘參見BD14291號1之第2項。
4.1 Rgya‐gar‐skad‐du'Apar＝mita'ayur nama mahayana sutra。（梵語：無量壽宗要經）（首）。Bod_ skad_ du tshe dpag_ du_ myed_ pa zhes_ bya_ ba theg_ pa_ cher_ povi mdo。（藏語：無量壽宗要經）（首）。
4.2 Tshe dpag_ du_ myed_ pa zhes_ bya_ ba theg_ pa_ chen_ povi mdo。（無量壽宗要經）（尾）。
7.1 抄寫者：Bang‐stag‐rma.（邦達瑪）。
8 8～9世紀。吐蕃統治時期寫本。
9.1 正書。

1.1 BD14292號
1.3 藏文（無量壽宗要經甲本）
1.4 新0492
2.1 135×31厘米；3紙；6欄，欄21行，共132行；行約60字母。
2.2 01：44.0，2欄； 02：44.0，2欄； 03：44.0，2欄。
2.3 卷軸裝。首尾均全。末欄27行，卷首、末邊有粘接痕。有界欄。
4.1 Rgya‐gar‐skad‐du'Apar＝mita'ayur nama mahayana sutra。（梵語：無量壽宗要經）（首）。Bod_ skad_ du tshe dpag_ du_ myed_ pa zhes_ bya_ ba theg_ pa_ chen_ povi mdo。（藏語：無量壽宗要經）（首）。
4.2 Tshe dpag_ du_ myed_ pa zhes_ bya_ ba theg_ pa_ chen_ povi mdo。（無量壽宗要經）（尾）。
7.1 抄寫者：Se‐thong‐pa.（思通巴）。
8 8～9世紀。吐蕃統治時期寫本。
9.1 正書。
9.2 有加行。
10 卷首背小紙簽寫"佛西一二二"，下方小紙簽寫"西一二二"、"8、550"。

1.1 BD14293號

4.2 Tshe dpag_ du_ myed_ pa zhes_ bya_ ba theg_ pa_ chen_ povi mdo。（無量壽宗要經）（尾）。
7.1 抄寫者：Stag‐slebs.（達拉）。
8　8～9世紀。吐蕃統治時期寫本。
9.1 正書。

1.1 BD14288號4
1.3 藏文（無量壽宗要經甲本）
1.4 新0488
2.4 本遺書由4個文獻組成，本文獻為第4個，110行。餘參見BD14288號1之第2項。
4.1 Rgya‐gar‐skad‐du'Apar=mita'ayur nama mahayana sutra。（梵語：無量壽宗要經）（首）。Bod_ skad_ du tshe dpag_ du_ myed_ pa zhes_ bya_ ba theg_ pa_ chen_ povi mdo。（藏語：無量壽宗要經）（首）。
4.2 Tshe dpag_ du_ myed_ pa zhes_ bya_ ba theg_ pa_ chen_ povi mdo。（無量壽宗要經）（尾）。
7.1 抄寫者：Stag‐slebs.（達拉）。
8　8～9世紀。吐蕃統治時期寫本。
9.1 正書。

1.1 BD14289號
1.3 藏文（無量壽宗要經甲本）
1.4 新0489
2.1 132×31厘米；3紙；6欄，欄19行，共115行；行約45字母。
2.2 01：44.0，2欄；　02：44.0，2欄；　03：44.0，2欄。
2.3 卷軸裝。首尾均全。卷首、末邊有粘接痕。有界欄。
4.1 Rgya‐gar‐skad‐du'Apar=mita'ayur nama mahayana sutra。（梵語：無量壽宗要經）（首）。Bod_ skad_ du tshe dpag_ du_ myed_ pa zhes_ bya_ ba theg_ pa_ chen_ povi mdo。（藏語：無量壽宗要經）（首）。
4.2 Tshe dpag_ du_ myed_ pa zhes_ bya_ ba theg_ pa_ chen_ povi mdo。（無量壽宗要經）（尾）。
7.1 抄寫者：'Aan‐brtsan‐zigs.（安讚司）。
8　8～9世紀。吐蕃統治時期寫本。
9.1 正書。
10　卷末背上方小紙簽上寫"佛西一一九"，下方寫"西一一九"，右邊寫"8、547"。

1.1 BD14290號
1.3 藏文（無量壽宗要經乙本）
1.4 新0490
2.1 135×31厘米；3紙；6欄，欄19行，共109行；行約45字母。
2.2 01：45.0，2欄；　02：45.0，2欄；　03：45.0，2欄。
2.3 卷軸裝。首尾均全。卷首、末邊有粘接痕。有界欄。

4.1 Rgya‐gar‐skad‐du'Apar=mita'ayur nama mahayana sutra。（梵語：無量壽宗要經）（首）。Bod_ skad_ du tshe dpag_ du_ myed_ pa zhes_ bya_ ba theg_ pa_ chen_ povi mdo。（藏語：無量壽宗要經）（首）。
4.2 Tshe dpag_ du_ myed_ pa zhes_ bya_ ba theg_ pa_ chen_ povi mdo。（無量壽宗要經）（尾）。
7.1 抄寫者：'Aim‐stan‐rmas.（恩達明）。
8　8～9世紀。吐蕃統治時期寫本。
9.1 正書。
10　卷末背上方小紙簽上寫"佛西一二〇"，下方寫"西一二〇"、"8、548"。

1.1 BD14291號1
1.3 藏文（無量壽宗要經甲本）
1.4 新0491
2.1 810×31厘米；18紙；36欄，欄19行，共656行；行約45字母。
2.2 01：45.0，2欄；　02：45.0，2欄；　03：45.0，2欄；
　　04：45.0，2欄；　05：45.0，2欄；　06：45.0，2欄；
　　07：45.0，2欄；　08：45.0，2欄；　09：45.0，2欄；
　　10：45.0，2欄；　11：45.0，2欄；　12：45.0，2欄；
　　13：45.0，2欄；　14：45.0，2欄；　15：45.0，2欄；
　　16：45.0，2欄；　17：45.0，2欄；　18：45.0，2欄。
2.3 卷軸裝。首尾均全。卷首、末邊有粘接痕。卷中上邊殘損多處。有界欄。
2.4 本遺書包括6個文獻：（一）《無量壽宗要經》（甲本），110行，今編為BD14291號1。（二）《無量壽宗要經》（甲本），109行，今編為BD14291號2。（三）《無量壽宗要經》（甲本），109行，今編為BD14291號3。（四）《無量壽宗要經》（甲本），108行，今編為BD14291號4。（五）《無量壽宗要經》（甲本），110行，今編為BD14291號5。（六）《無量壽宗要經》（甲本），110行，今編為BD14291號6。
4.1 Rgya‐gar‐skad‐du'Apar=mita'ayur nama mahayana sutra。（梵語：無量壽宗要經）（首）。Bod_ skad_ du tshe dpag_ du_ myed_ pa zhes_ bya_ ba theg_ pa_ chen_ povi mdo。（藏語：無量壽宗要經）（首）。
4.2 Tshe dpag_ du_ myed_ pa zhes_ bya_ ba theg_ pa_ chen_ povi mdo。（無量壽宗要經）（尾）。
7.1 抄寫者：Bang‐stag‐rma.（邦達瑪）。
8　8～9世紀。吐蕃統治時期寫本。
9.1 正書。
10　卷末背上方小紙簽上寫"佛西一二一"，下方寫"西一二一"、"8、549"。

1.1 BD14291號2
1.3 藏文（無量壽宗要經甲本）
1.4 新0491

2.4　本遺書由5個文獻組成，本文獻為第3個，116行。餘參見BD14287號1之第2項。

4.1　Rgya-gar-skad-du'Apar=mita'ayur nama mahayana sutra。（梵語：無量壽宗要經）（首）。Bod_ skad_ du tshe dpag_ du_ myed_ pa zhes_ bya_ ba theg_ pa_ chen_ povi mdo。（藏語：無量壽宗要經）（首）。

4.2　Tshe dpag_ du_ myed_ pa zhes_ bya_ ba theg_ pa_ chen_ povi mdo。（無量壽宗要經）（尾）。

7.1　抄寫者：Snyal-kha-ba-skyes.（聶卡巴杰）。

8　8~9世紀。吐蕃統治時期寫本。

9.1　正書。

1.1　BD14287號4

1.3　藏文（無量壽宗要經甲本）

1.4　新0487

2.4　本遺書由5個文獻組成，本文獻為第4個，116行。餘參見BD14287號1之第2項。

4.1　Rgya-gar-skad-du'Apar=mita'ayur nama mahayana sutra。（梵語：無量壽宗要經）（首）。Bod_ skad_ du tshe dpag_ du_ myed_ pa zhes_ bya_ ba theg_ pa_ chen_ povi mdo。（藏語：無量壽宗要經）（首）。

4.2　Tshe dpag_ du_ myed_ pa zhes_ bya_ ba theg_ pa_ chen_ povi mdo。（無量壽宗要經）（尾）。

7.1　抄寫者：Snyal-kha-ba-skyes.（聶卡巴杰）。

8　8~9世紀。吐蕃統治時期寫本。

9.1　正書。

1.1　BD14287號5

1.3　藏文（無量壽宗要經甲本）

1.4　新0487

2.4　本遺書由5個文獻組成，本文獻為第5個，118行。餘參見BD14287號1之第2項。

4.1　Rgya-gar-skad-du'Apar=mita'ayur nama mahayana sutra。（梵語：無量壽宗要經）（首）。Bod_ skad_ du tshe dpag_ du_ myed_ pa zhes_ bya_ ba theg_ pa_ chen_ povi mdo。（藏語：無量壽宗要經）（首）。

4.2　Tshe dpag_ du_ myed_ pa zhes_ bya_ ba theg_ pa_ chen_ povi mdo。（無量壽宗要經）（尾）。

7.1　抄寫者：Snyal-kha-ba-skyes.（聶卡巴杰）。

8　8~9世紀。吐蕃統治時期寫本。

9.1　正書。

1.1　BD14288號1

1.3　藏文（無量壽宗要經甲本）

1.4　新0488

2.1　564×32.5厘米；12紙；24欄，欄19行，共428行；行50字母。

2.2　01：47.0，2欄；　02：47.0，2欄；　03：47.0，2欄；
　　　04：47.0，2欄；　05：47.0，2欄；　06：47.0，2欄；
　　　07：47.0，2欄；　08：47.0，2欄；　09：47.0，2欄；
　　　10：47.0，2欄；　11：47.0，2欄；　12：47.0，2欄。

2.3　卷軸裝。首尾均全。卷首、末邊有粘接痕，有剪裁痕。有界欄。

2.4　本遺書包括4個文獻：（一）《無量壽宗要經》（甲本），107行，今編為BD14288號1。（二）《無量壽宗要經》（甲本），111行，今編為BD14288號2。（三）《無量壽宗要經》（甲本），110行，今編為BD14288號3。（四）《無量壽宗要經》（甲本），110行，今編為BD14288號4。

4.1　Rgya-gar-skad-du'Apar=mita'ayur nama mahayana sutra。（梵語：無量壽宗要經）（首）。Bod_ skad_ du tshe dpag_ du_ myed_ pa zhes_ bya_ ba theg_ pa_ chen_ povi mdo。（藏語：無量壽宗要經）（首）。

4.2　Tshe dpag_ du_ myed_ pa zhes_ bya_ ba theg_ pa_ chen_ povi mdo。（無量壽宗要經）（尾）。

7.1　抄寫者：Stag-slebs.（達拉）。

8　8~9世紀。吐蕃統治時期寫本。

9.1　正書。

10　卷首上方小紙簽上寫"佛西二八"，下方小紙簽左邊寫"西一一八"，右邊寫"8，546"。

1.1　BD14288號2

1.3　藏文（無量壽宗要經甲本）

1.4　新0488

2.4　本遺書由4個文獻組成，本文獻為第2個，111行。餘參見BD14288號1之第2項。

4.1　Rgya-gar-skad-du'Apar=mita'ayur nama mahayana sutra。（梵語：無量壽宗要經）（首）。Bod_ skad_ du tshe dpag_ du_ myed_ pa zhes_ bya_ ba theg_ pa_ chen_ povi mdo。（藏語：無量壽宗要經）（首）。

4.2　Tshe dpag_ du_ myed_ pa zhes_ bya_ ba theg_ pa_ chen_ povi mdo。（無量壽宗要經）（尾）。

7.1　抄寫者：Stag-slebs.（達拉）。

8　8~9世紀。吐蕃統治時期寫本。

9.1　正書。

1.1　BD14288號3

1.3　藏文（無量壽宗要經甲本）

1.4　新0488

2.4　本遺書由4個文獻組成，本文獻為第3個，110行。餘參見BD14288號1之第2項。

4.1　Rgya-gar-skad-du'Apar=mita'ayur nama mahayana sutra。（梵語：無量壽宗要經）（首）。Bod_ skad_ du tshe dpag_ du_ myed_ pa zhes_ bya_ ba theg_ pa_ chen_ povi mdo。（藏語：無量壽宗要經）（首）。

條 記 目 錄

BD14286—14350

1.1　BD14286 號
1.3　藏文（無量壽宗要經甲本）
1.4　新 0486
2.1　138×31 厘米；3 紙；6 欄，欄 19 行，共 109 行；行約 45 字母。
2.2　01：46.0，2 欄；　02：46.0，2 欄；　03：46.0，2 欄。
2.3　卷軸裝。首尾均全。卷首邊有粘接痕。有界欄。
4.1　Rgya‐gar‐skad‐du'Apar=mita'ayur nama mahayana sutra。（梵語：無量壽要經）（首）。Bod_ skad_ du tshe dpag_ du_ myed_ pa zhes_ bya_ ba theg_ pa_ chen_ povi mdo。（藏語：無量壽宗要經）（首）。
4.2　Tshe dpag_ du_ myed_ pa zhes_ bya_ ba theg_ pa_ chen_ povi mdo。（無量壽宗要經）（尾）。
7.1　抄寫者：Lha‐lod.（拉魯）。
8　8~9 世紀。吐蕃統治時期寫本。
9.1　正書。工整，書品佳。
10　卷首背上方小紙簽上寫"佛西一一六"，下方小紙簽左邊寫"西一六"，右邊寫"8、544"。

1.1　BD14287 號 1
1.3　藏文（無量壽宗要經甲本）
1.4　新 0487
2.1　675×31 厘米；15 紙；30 欄，欄 20 行，共 586 行；行 45 字母。
2.2　01：45.0，2 欄；　02：45.0，2 欄；　03：45.0，2 欄；
　　04：45.0，2 欄；　05：45.0，2 欄；　06：45.0，2 欄；
　　07：45.0，2 欄；　08：45.0，2 欄；　09：45.0，2 欄；
　　10：45.0，2 欄；　11：45.0，2 欄；　12：45.0，2 欄；
　　13：45.0，2 欄；　14：45.0，2 欄；　15：45.0，2 欄。
2.3　卷軸裝。首尾均全。卷首邊有粘接痕。有界欄。
2.4　本遺書包括 5 個文獻：（一）《無量壽宗要經》（甲本），116 行，今編為 BD14287 號 1。（二）《無量壽宗要經》（甲本），120 行，今編為 BD14287 號 2。（三）《無量壽宗要經》（甲本），116 行，今編為 BD14287 號 3。（四）《無量壽宗要經》（甲本），116 行，今編為 BD14287 號 4。（五）《無量壽宗要經》（甲本），118 行，今編為 BD14287 號 5。
4.1　Rgya‐gar‐skad‐du'Apar=mita'ayur nama mahayana sutra。（梵語：無量壽要經）（首）。Bod_ skad_ du tshe dpag_ du_ myed_ pa zhes_ bya_ ba theg_ pa_ chen_ povi mdo。（藏語：無量壽宗要經）（首）。
4.2　Tshe dpag_ du_ myed_ pa zhes_ bya_ ba theg_ pa_ chen_ povi mdo。（無量壽宗要經）（尾）。
7.1　抄寫者：Snyal‐kha‐ba‐skyes.（聶卡巴杰）。
8　8~9 世紀。吐蕃統治時期寫本。
9.1　正書。
9.2　有刮改。
10　卷首背下方紙簽寫"佛西一一七"，"類別 8，番號 545"。

1.1　BD14287 號 2
1.3　藏文（無量壽宗要經甲本）
1.4　新 0487
2.4　本遺書由 5 個文獻組成，本文獻為第 2 個，120 行。餘參見 BD14287 號 1 之第 2 項。
4.1　Rgya‐gar‐skad‐du'Apar=mita'ayur nama mahayana sutra。（梵語：無量壽要經）（首）。Bod_ skad_ du tshe dpag_ du_ myed_ pa zhes_ bya_ ba theg_ pa_ chen_ povi mdo。（藏語：無量壽宗要經）（首）。
4.2　Tshe dpag_ du_ myed_ pa zhes_ bya_ ba theg_ pa_ chen_ povi mdo。（無量壽宗要經）（尾）。
7.1　抄寫者：Snyal‐kha‐ba‐skyes.（聶卡巴杰）。
8　8~9 世紀。吐蕃統治時期寫本。
9.1　正書。

1.1　BD14287 號 3
1.3　藏文（無量壽宗要經甲本）
1.4　新 0487

著 錄 凡 例

本目錄採用條目式著錄法。諸條目意義如下：

1.1 著錄編號。用漢語拼音首字"BD"表示，意為"北京圖書館藏敦煌遺書"，簡稱"北敦號"。文獻寫在背面者，標註為"背"。一件遺書上抄有多個文獻者，用數字1、2、3等標示小號。一號中包括幾件遺書，且遺書形態各自獨立者，用字母A、B、C等區別。

1.2 著錄分類號。本條記目錄暫不分類，該項空缺。

1.3 著錄文獻的名稱、卷本、卷次。

1.4 著錄千字文編號。

1.5 著錄縮微膠卷號。

2.1 著錄遺書的總體數據。包括長度、寬度、紙數、正面抄寫總行數與每行字數、背面抄寫總行數與每行字數。如該遺書首尾有殘破，則對殘破部分單獨度量，用加號加在總長度上。凡屬這種情況，長度用括弧標註。

2.2 著錄每紙數據。包括每紙長度及抄寫行數或界欄數。

2.3 著錄遺書的外觀。包括：(1) 裝幀形式。(2) 首尾存況。(3) 護首、軸、軸頭、天竿、縹帶，經名是書寫還是貼簽，有無經名號，扉頁、扉畫。(4) 卷面殘破情況及其位置。(5) 尾部情況。(6) 有無附加物（蟲繭、油污、線繩及其他）。(7) 有無裱補及其年代。(8) 界欄。(9) 修整。(10) 其他需要交待的問題。

2.4 著錄一件遺書抄寫多個文獻的情況。

3.1 著錄文獻首部文字與對照本核對的結果。

3.2 著錄文獻尾部文字與對照本核對的結果。

3.3 著錄錄文。

3.4 著錄對文獻的說明。

4.1 著錄文獻首題。

4.2 著錄文獻尾題。

5 著錄本文獻與對照本的不同之處。

6.1 著錄本遺書首部可與另一遺書綴接的編號。

6.2 著錄本遺書尾部可與另一遺書綴接的編號。

7.1 著錄題記、題名、勘記等。

7.2 著錄印章。

7.3 著錄雜寫。

7.4 著錄護首及扉頁的內容。

8 著錄年代。

9.1 著錄字體。如有武周新字、合體字、避諱字等，予以說明。

9.2 著錄卷面二次加工的情況。包括句讀、點標、科分、間隔號、行間加行、行間加字、硃筆、墨塗、倒乙、刪除、兌廢等。

10 著錄敦煌遺書發現後，近現代人所加內容，裝裱、題記、印章等。

11 備註。著錄揭裱互見、圖版本出處及其他需要說明的問題。

上述諸條，有則著錄，無則空缺。

為避文繁，上述著錄中出現的各種參考、對照文獻，暫且不列版本說明。全目結束時，將統一編制本條記目錄出現的各種參考書目。

本條記目錄為農曆年份標註其公曆紀年時，未進行歲頭年末之換算，請讀者使用時注意自行換算。